Schäfer/Conzen
Praxishandbuch der Immobilien-Projektentwicklung

Praxishandbuch der Immobilien-Projektentwicklung

Herausgegeben von

Dr. Jürgen Schäfer

und

Dr. Georg Conzen

3. Auflage

Bearbeitet von

Prof. Dr. Wilhelm Bauer, Stuttgart; *Stefan Blümm*, Frankfurt; *Ralf F. Bode*, Hamburg;
Prof. Dr. Thomas Bohn, München; *Dr. Georg Conzen*, Düsseldorf;
Jörg Eschweiler, Hamburg; *Dr. Robin L. Fritz*, Frankfurt;
Dr. Christiane Gebhardt, St. Gallen/Schweiz; *Udo-Ernst Haner*, Stuttgart;
Dr. Thomas Harlfinger, München; *Dr. Friedrich Heilmann*, Frankfurt am Main;
Ulrich Höller, Frankfurt; *Dr. Holger Jakob*, Frankfurt; *Axel Jordan*, Hamburg;
Stephan Jüngst, Frankfurt; *Prof. Dr. Tobias Just*, Eltville; *Jörg Kadesch*, Frankfurt;
Dr. Jörg Kelter, Stuttgart; *Dr. Helmut Knepel*, Bad Homburg v.d.H.;
Wolfgang Kubatzki, Bad Homburg v.d.H.; *Jörg Lamers*, Frankfurt;
Joachim Löw, Wiesbaden; *Rainer Milzkott*, Berlin; *Dr. Hans-Georg Napp*, Frankfurt;
Dr. Georg Reutter, Hamburg; *Stefan Rief*, Stuttgart; *Maik Rissel*, Hamburg;
Dr. Jürgen Schäfer, Bad Homburg v.d.H.; *Wolfgang Schneider*, Hamburg;
Hartwig Schulz, Wiesbaden; *Dr. Ruedi Schwarzenbach*, Erlenbach/Schweiz;
Tarkan Straub, Frankfurt; *Peter Valy*, München; *Andreas Völker*, Frankfurt;
Prof. Kunibert Wachten, Aachen; *Prof. Walter H. A. Weiss*, Oberursel;
Eckhard Wulff, Hamburg

Verlag C.H. Beck München 2013

Verlag C.H. Beck im Internet:
beck.de

ISBN 978 3 406 63919 7

© 2013 Verlag C.H. Beck oHG
Wilhelmstraße 9, 80801 München
Druck: fgb · freiburger graphische betriebe GmbH & Co. KG
Bebelstraße 11, 79108 Freiburg

Satz: Fotosatz Buck
Zweikirchener Str. 7, 84036 Kumhausen

Gedruckt auf säurefreiem, alterungsbeständigem Papier
(hergestellt aus chlorfrei gebleichtem Zellstoff)

Vorwort zur 3. Auflage

Die zweite Auflage wurde – ebenso wie die erste Auflage – sehr gut angenommen und ist mittlerweile vergriffen. Wir freuen uns, dass sich das Buch inzwischen zu einem Standardwerk im Bereich der Immobilien-Projektentwicklung entwickelt hat. Auch in dieser 3. Auflage sind wir der bewährten Linie treu geblieben, dass renommierte und anerkannte Praktiker ein Buch aus Ihrer Praxis für die Praxis schreiben. Alle bisherigen Artikel wurden von den Autoren überarbeitet und aktualisiert. Aufgrund der Aktualität des Finanzierungsthemas haben wir neben einem Artikel zur Projekt-Finanzierung durch Banken auch einen Artikel zu alternativen Finanzierungsformen von Projektentwicklungen aufgenommen. Ferner wurde für die Thematik „Green Building", welche für die Investoren unter dem Schlagwort „Nachhaltigkeit" deutlich an Relevanz gewonnen hat, ein eigenständiger Artikel verfasst. Das Gleiche gilt für das Thema „Redevelopment". Wir wünschen allen Lesern eine interessante Lektüre voller Anregungen.

Bad Homburg v. d. Höhe und Düsseldorf, im August 2013   Dr. Jürgen Schäfer
       Dr. Georg Conzen

Vorwort zur 1. Auflage

In Deutschland werden im Durchschnitt jedes Jahr alleine Büro- und Verwaltungsgebäude mit einer Fläche von 6 Mio. m² fertiggestellt (Statistisches Bundesamt, veröffentlichte Gesamtzahl der Fertigstellungen zwischen 1995 und 1999). Dies entspricht einem Investitionsvolumen von mindestens 13 Mrd. €. Dennoch wurde der Bereich der Projektentwicklung ebenso wie die Immobilienwirtschaft im Ganzen hinsichtlich der Ausbildungsangebote und der zur Verfügung stehenden Literatur bisher stark vernachlässigt. Noch immer gibt es für die Immobilien-Projektentwicklung kein umfassendes Handbuch aus der Praxis für die Praxis. Diesem unbefriedigenden Umstand soll mit dem vorliegenden Werk ein Ende bereitet werden.

Dieses Buch behandelt erstmals umfassend die wichtigsten Aspekte einer Projektentwicklung von der Akquisition des Grundstücks bis zur Veräußerung des fertiggestellten und vermieteten Objektes. Über 20 renommierte Autoren aus der Praxis schildern hierbei sowohl den anzustrebenden idealtypischen Ablauf einer Projektentwicklung als auch Strategien und Maßnahmen zur Vermeidung bzw. Beseitigung der projektentwicklungsimmanenten Problemstellungen.

Wir wünschen dem Leser, dass ihm dieses Handbuch für seine tägliche Arbeit wichtige Hinweise und Anleitungen gibt.

Frankfurt am Main/Düsseldorf im April 2002   Dr. Jürgen Schäfer
       Dr. Georg Conzen

Inhaltsübersicht

Inhaltsübersicht

Inhaltsverzeichnis

Inhaltsverzeichnis

Inhaltsverzeichnis

Inhaltsverzeichnis

Inhaltsverzeichnis

Inhaltsverzeichnis

Inhaltsverzeichnis

Inhaltsverzeichnis

Inhaltsverzeichnis

Inhaltsverzeichnis

Inhaltsverzeichnis

Inhaltsverzeichnis

Inhaltsverzeichnis

Inhaltsverzeichnis

Inhaltsverzeichnis

Literaturverzeichnis

Bauer, Wilhelm/Stiefel, K.-P.: Business communication. In: Bullinger, H.-J. (Ed.): Technology Guide. Berlin Heidelberg: Springer-Verlag, 2009, S. 268–271.

Bauer, Wilhelm/Rief, Stefan: Grüne Büros werden kommen. In: www.Das-Buero-Magazin.de, 06/2010, S. 8-9.

Bauer, Wilhelm/Rief, Stefan; Jurecic, M.: Ökonomische und ökologische Potenziale nachhaltiger Arbeits- und Bürogestaltung. In: Spath, D.; Bauer, W.; Rief, S. (Hrsg.). Green Office, Wiesbaden: Gabler Verlag, 2010, S. 13–35.

Bauer, Wilhelm/Kern, Peter: Office 21. In: C-Blatt, Comet Computer Nr. 4/2001, S. 8–9.

Bauer, Wilhelm/Bullinger, Hans-Jörg: Alle guten Geister aus der Reserve locken. Kreativität in der Wissensgesellschaft. In: Unternehmer-Magazin Nr. 5/2001, S. 24–25.

Bauer, Wilhelm/Kern, Peter: Raumschiff Office, Mensch & Büro Sonderheft New Work, 2001, S. 16.

Bauer et al. (2007): Green Building: Konzepte für nachhaltige Architektur. München

Baumgärtner, F./T. Eßer/R. Scharping (Hrsg.) (2009); Public Private Partnership in Deutschland, Frankfurt a.M.

BGI 650: Berufsgenossenschaftliche Information. BGI 650. Bildschirm- und Büroarbeitsplätze. Leitfaden zur Gestaltung. VBG, Beuth Verlag, 2012.

BGI 856: Beleuchtung im Büro. Hilfen für die Planung von Beleuchtungsanlagen von Räumen mit Bildschirm- und Büroarbeitsplätzen. Berufsgenossenschaftlichen Information der Verwaltungs-Berufsgenossenschaft (VBG), Mai 2003.

BGI 856: Beleuchtung im Büro. Hilfen für die Planung von Beleuchtungsanlagen von Räumen mit Bildschirm- und Büroarbeitsplätzen. Berufsgenossenschaftlichen Information der Verwaltungs-Berufsgenossenschaft (VBG), 2008.

Biesenberger, Werner/Kelter, Jörg/Lozano-Ehlers, Ignacio/Zinser, Stephan: Das Ende der festen Arbeitsplätze. In: Office Management (1999), Nr. 4, S. 66–68.

Bode, Ralf F. (2010): Nachhaltigkeitszertifizierung als Werkzeug des Risikomanagements, Immobilienwirtschaftliche Zukunftsstrategien mit Green Building Labels. In: greenbuilding 10/2010.

Bode, Ralf F. (2012): „Wer nicht mitmacht, hat schon verloren!", Megatrend Nachhaltigkeit: Standards für Immobilien der Zukunft. In: greenbuilding 02/2012.

Bone-Winkel, S., Feldmann, P, Spies, F.F. (2008): Bauwirtschaft und Projektentwicklungsmarkt, in: Schulte, K.-W. [Hrsg.] Immobilienökonomie IV – Volkswirtschaftliche Grundlagen, Oldenbourg, München, S. 43–66.

Bone-Winkel, Stephan/Schulte, Karl-Werner: Handbuch Immobilien-Projektentwicklung. Immobilien Manager Verlag.

Brainard, G. C./Bernecker, C. A.: The effects of light on human physiology and behaviour, 1995 CIE Conference New Delhi.

BREEAM (2013): BREEAM Europe Commercial. URL: http://www.breeam.org/page.jsp?id=293 (Stand: 29.04.2013)

Budäus, D. (1998); Organisationswandel öffentlicher Aufgabenwahrnehmung, Baden-Baden

Bullinger, Hans-Jörg/Kelter, Jörg: Quo vadis Büro? Die Entwicklung des Büro-Arbeitsplatzes. In: Votteler, Arno (Hrsg.): Lebensraum Büro: Ideen für eine neue Bürowelt; Oktagon-Verlag, München, Stuttgart, 1992.

Bullinger, Hans-Jörg/Bauer, Wilhelm/Kern, Peter/Zinser, Stephan: Zukunftsoffensive OFFICE 21: Büroarbeit in der dot-com-Gesellschaft gestalten/Hrsg.: Fraunhofer IAO. vgs, 2000.

Bundesministerium für Verkehr, Bau und Stadtentwicklung (o.J.): BNB-Bewertungsmethodik. URL: http://www.nachhaltigesbauen.de/bewertungssystem-nachhaltiges-bauen-fuer-bundesgebaeude-bnb/bnb-bewertungsmethodik.html (Stand: 29.04.2013)

Literaturverzeichnis

Büschgen, Hans E./Everling, Oliver (Hrsg.): Handbuch Rating, 2. Auflage, Wiesbaden, 2007.

Bundes-SGK – Sozialdemokratische Gemeinschaft für Kommunalpolitik in der Bundesrepublik Deutschland e.V. (2004); Öffentlich-Private Partnerschaften für Kommunen – Ein Wegweiser der Projektarbeitsgruppe Öffentlich-Private Partnerschaften der SPD-Bundestagsfraktion, Berlin

Bundesministerium für Verkehr, Bau und Wohnungswesen (BMVBW) (2003); Gutachten ‚PPP im öffentlichen Hochbau‘, Berlin

Bundesministerium für Verkehr, Bau und Wohnungswesen (BMVBW)/Deutscher Sparkassen- und Giroverband (DSGV) (2009); PPP-Handbuch – Leitfaden für öffentlich-private Partnerschaften, Bad Homburg

Bundesministerium für Wirtschaft und Arbeit (2003); Public Private Partnership – Ein Leitfaden für öffentliche Verwaltung und Unternehmer, Berlin

Deutsche Gesellschaft für nachhaltiges Bauen (DGNB) (2010): Daten und Fakten. URL: http://www.dgnb/international.com/fileadmin/consense/Vortraege_2010/Workshops_100623/VolkerAuchSchwelk_DatenFaktenDGNBZertifizierteGebaeude_Consense2010.pdf

Deutscher Verband der Projektmanager in der Bau- und Immobilienwirtschaft (DVP) e.V. (Hrsg.) (2011): Nachhaltigkeitsrelevante Prozesse in der Projektsteuerung. Berlin

DIN 277–1: Grundflächen und Rauminhalte von Bauwerken im Hochbau – Teil 1: Begriffe, Ermittlungsgrundlagen. Deutsches Institut für Normung e.V, Berlin, Februar 2005.

Draeger, Susan (2010): Endbericht: Vergleich des Systems des Deutschen Gütesiegels Nachhaltiges Bauen mit internationalen Systemen, Forschungsprogramm Zukunft Bau im Auftrag des BMVBS, Berlin

Ehrenstein, W.: Licht ist der stärkste Zeitgeber des Menschen. Therapiewoche 43, 21 (1993), S. 1198–1205.

ders.: Circadian lighting systems, International Lighting Review, 1995, 2, S. 64–67.

Eichholz, Piet et al. (2008): Marktstudie: Doing well by doing good? An analysis of the financial performance of green buildings in the USA

Eichhorn, P.; C. Reichard; G.F. Schuppert (Hrsg.) (1999); Kommunale Wirtschaft im Wandel – Chancen und Risiken, Baden-Baden

Eilbacher, M./H.-G. Napp (2012); Ausschreibung und Vergabe beim PPP-Praxisbeispiel Hochtaunuskliniken, in: Knop, D/M. Weber (Hrsg.)., PPP-Jahrbuch 2012, S. 51–54

Euroconstruct: Summary Report 61st Euroconstruct Conference, Helsinki, June 2011.

Fels, Bernd/Lozano, Inaki/Kelter, Jörg: Optionenkatalog für unterschiedliche Büroraumkonzepte. Unveröffentlichter Abschlussbericht eines Beratungsprojektes, Fraunhofer IAO, Stuttgart und Quickborner Team, Hamburg, 2001.

Finanzministerium des Landes Nordrhein-Westfalen (2004); Public Private Partnership im Hochbau – Finanzierungsleitfaden, Frankfurt am Main/Düsseldorf

Gentz, Michael/Schneider, Rüdiger: Intelligent Office. Verlagsgesellschaft Rudolf Müller, Köln, 1997.

dies.: Immobilienwirtschaftliche Trends. Zukunftsorientierte Bürokonzepte – eine Betrachtung aus Sicht der Immobilienentwicklung. Hrsg.: DEGI Gesellschaft für Immobilienfonds mbH, Frankfurt, 2003.

Giesemann, Susanne: Immobilienwirtschaftliche Trends. Zukunftsorientierte Bürokonzepte – eine Betrachtung aus Sicht der Immobilienentwicklung. Hrsg.: DEGI Gesellschaft für Immobilienfonds mbH, Frankfurt, 2003.

Gottschalk, Ottomar: Verwaltungsbauten – Flexibel, kommunikativ, nutzerorientiert. Bauverlag GmbH; Wiesbaden, Berlin, 1994.

Gottschalk, Ottomar/Latuska, Sabine/Segelken, Sabine: Arbeit im Büro – Ergebnisse des Forschungsprojektes „Arbeitsstätte Büro". Hochschule der Künste (Hrsg.), Berlin, 1992.

GreenBook Live (o.J): BREEAM. URL: http://www.greenbooklive.com/search/scheme.jsp?id=8 (Stand: 26.04.2013)

Green Building Certification Institute (GBCI) (2011): URL: http://www.gbci.org/org-nav/about-gbci/about-gbci.aspx (Stand: 26.04.2013)

Hoeggren, Arne: Efficient work – Preparations for a flexible work concept. Vortragsunterlagen zum Workshop vom 7.3.2000 am Fraunhofer IAO, Stuttgart.

Ifo-Institut: Die volkswirtschaftliche Bedeutung der Immobilienwirtschaft. Gutachten im Auftrag der gif-Gesellschaft für immobilienwirtschaftliche Forschung e.V., Wiesbaden, 2005.

Jones Lang, Lasalle: Property Management Benchmark: Büroflächenkennziffern. 2005.

Just, Tobias: Demografie lässt Immobilien wackeln. Deutsche Bank Research, Aktuelle Themen 283, Frankfurt a.M., 2003.

Kelter, Jörg: Planungstool Office Commander – Bürokonzepte gezielt planen. In: BiT – Bürowelt im Trend; Sonderheft zur Orgatec 2000, S. 106–107.

ders.: Checkliste für Büronomaden – Welche Voraussetzungen sollten für die Einführung von Non-Territorialen Bürokonzepten erfüllt sein?. In: BiT – Bürowelt im Trend; Nr. 6 (2001).

ders.: Entwicklung einer Planungssystematik zur Gestaltung der räumlich-organisatorischen Büroumwelt. IPA-IAO Forschung und Praxis 380. Zugl.: Stuttgart, Univ., Diss., 2002. Jost-Jetter Verlag, Heimsheim, 2003.

Kelter, Jörg/Castor, Jörg: Masterplanung mit beispielhaften Layoutentwürfen. Unveröffentlichter Zwischenbericht eines Beratungsprojektes Fraunhofer IAO, Stuttgart, 2001.

Kelter, Jörg/Kern, Peter: Neue Qualität der Arbeit – Handlungsfelder und Erfolgsfaktoren für exzellente Büros. In: Sicherheitsingenieur, Heft 11/2005, S. 12–18.

Kern, Peter/Lorenz, Dieter: Planung und Realisierung von Bürogebäuden. In: io Management Zeitschrift (1991), Nr. 9, S. 38–42.

Kirchhoff, U./H.-G. Napp (2000); Innovative Finanzdienstleistungen schaffen Haushaltsspielräume, in: Priewasser, E.; N. Kleinheyer; Veränderungsmanagement und Restrukturierung im Kreditgewerbe, Frankfurt am Main, S. 663–692

König, Herbert/Kreuter, Helena: Büroräume/Büroarbeitsplätze in Hochschulen. HIS GmbH, Hannover, 1997.

Kroll, M. (2010); Leasing-Handbuch für die öffentliche Hand (11. Aufl.), Lichtenfels

Krumbach, Torsten: Immobilien-Rating, in: Rating aktuell 03/2004, S. 42–45.

Krüger, H.: Wahrnehmung und Befindlichkeit ins richtige Licht gesetzt, Licht 94 in Interlaken, Tagungsband, S. 13–26.

Lakenbrink, Simone (2009): Zertifizierung von Bestandsimmobilien. Untersuchung der Neubauzertifizierung „Deutsches Gütesiegel Nachhaltiges Bauen" auf die Anwendbarkeit auf Bestandsgebäude. Berlin

Larrea, Quim: Mirando al Tajo. In: Experimenta (März 2001), Experimenta Verlag S.L., Madrid, Nr. 34, S. 85–95.

LEED (2013): LEED Green Building Rating Systems. URL: http://www.usgbc.org/leed/rating-systems (Stand: 29.04.2013)

Lennerts, Kunibert et al. (2010): Handbuch: Nachhaltige Shopping-Center. Karlsruhe und Hamburg

Loftness, Vivian/Beckering, Jack/Miller, William/Rubin, Arthur: Revaluing buildings – Investing inside buildings to support organizational and technological change through appropriate spatial, environmental and technical infrastructures. Steelcase Inc., 1996.

Lorenz, Dieter/Struhk, Hans/Schneider, Fritz: Lean-Office; Die ganzheitliche Optimierung des Büros. Akzente Studiengemeinschaft GmbH; Murnau, 1994.

Lux, Elisabeth: Kombi-Büro Digest. In: Congena (Hrsg.): Kombi-Büro. Verlag Office FBO Media, Baden-Baden, 1990.

MF/G: Richtlinie zur Berechnung der Mietfläche für gewerblichen Raum (MF/G). gif Gesellschaft für Immobilienwirtschaftliche Forschung e.V., 2012.

Mösle, Peter et al. (2009): Green Building Label. Die wichtigsten Zertifizierungen auf dem Prüfstand. In: greenbuilding 02/2009.

Myerson, Jeremy/Ross, Philip: Das kreative Büro. Deutsche Verlags-Anstalt, Stuttgart, 1999.

Literaturverzeichnis

Napp, H.-G. (2002); Schulfinanzierung heute – Nutzungsüberlassung im Rahmen des Public Private Partnership, in: Rathaus consult, Heft 3, S. 22–23

Napp, H.-G. (2003); Finanzierungswege für PPP-Modelle – Angesichts des Aufgabenspektrums der Kommunen bietet sich eine Kooperation von öffentlicher Hand und Privatsektor an – Lösen Public-Private-Partnership-Modelle den Investitionsstau auf?, in: Demokratische Gemeinde, Heft 12, S. 16

Napp, H.-G. (2004); Public Private Partnership – Finanzierungsaspekte, in: Kommunalpolitische Blätter, Heft 10, S. 56–59

Napp, H.-G. (2012); Aus Sicht der Finanzwirtschaft: Beschaffungsvariante mit Zukunft, in: Knop, D/M. Weber (Hrsg.)., PPP-Jahrbuch 2012, S. 17–20

Neufert, Ernst: Bauentwurfslehre. Vieweg Verlagsgesellschaft mbH, Braunschweig, Wiesbaden, 2005.

Neufert, Peter: Bauentwurfslehre. Vieweg Verlagsgesellschaft mbH, Braunschweig, Wiesbaden, 1992.

Neuhaus, Ralf: Flächenbedarf im Büro. In: Angewandte Arbeitswissenschaft, Zeitschrift für die Unternehmenspraxis (2000) Nr. 166, S. 53–71.

Puell, Richard: Raumkonzepte aus 100 Jahren Büroalltag. In: Congena (Hrsg.): Kombi-Büro. Verlag Office FBO Media, Baden-Baden, 1990a.

ders.: Das Kombi-Büro als Heilmittel für veraltete Großraum- und Zellenbüros? In: Congena (Hrsg.): Kombi-Büro. Verlag Office FBO Media, Baden-Baden, 1990b.

Priewasser, E./N. Kleinheyer (2000); Veränderungsmanagement und Restrukturierung im Kreditgewerbe, Frankfurt am Main

Reidenbach, M./Bracher, T./Grabow, B./Schneider, S./Seidel-Schulze, A. (2008); Investitionsrückstand und Investitionsbedarf der Kommunen (Deutsches Institut für Urbanistik (Difu) (Bd. 4), Berlin

Roland Berger Strategy Consultants (2011): Studie: Energie- und Ressourceneffizienz im Immobilienmanagement. München

Schäfer, Jürgen/Conzen, Georg: Praxishandbuch Immobilien-Investitionen, München 2011.

dies.: Praxishandbuch der Immobilienprojektentwicklung. München 2007.

Schlemminger, Horst (Hrsg.) (2013): Green Building: Zertifikate Recht Steuern Finanzierung. Stuttgart

Schneider, Fritz/Struhk, Hans: Das Kombi-Büro – Büroraumkonzept mit Zukunft. Akzente Studiengemeinschaft GmbH; Murnau, 1990.

Schneider, Rüdiger/Gentz, Michael: Intelligent Office – zukunftssichere Bürogebäude durch ganzheitliche Nutzungskonzepte. Verlagsgesellschaft Rudolf Miller, Köln, 1997.

Schwarting, G. (2000); Kommunales Kreditwesen – Haushaltsrechtliche Grundlage/Schuldenmanagement/Neue Finanzierungsformen, Berlin

Spath, Dieter/Bauer, W.; Braun, M.: Gesundes und erfolgreiches Arbeiten im Büro. Berlin: Erich Schmidt Verlag, 2011.

Spath, Dieter/Bauer, W.; Haner, U.-E.; Kelter, J.; Rief, Stefan: Information Work 2009. Stuttgart: Fraunhofer Verlag, 2009.

Spath, Dieter/Bauer, W.; Rief, Stefan (Hrsg.): Green Office. Ökonomische und ökologische Potenziale nachhaltiger Arbeits- und Bürogestaltung. Wiesbaden: Gabler Verlag, 2010.

Spath, Dieter/Kern, Peter (Hrsg.): Zukunftsoffensive Office 21® – Mehr Leistung in innovativen Arbeitswelten. Egmont vgs Verlagsgesellschaft mbH, Köln, 2003.

Spath, Dieter/Kern, Peter (Hrsg.): Zukunftsoffensive Office 21® – Mehr Leistung in innovativen Arbeitswelten. Vgs-Verlag, 2004.

Steelcase Strafor: Büroeinrichtung – Unternehmen, in denen sich die Zukunft bereits zeigt. Informationsbroschüre Steelcase Strafor, 1996.

Struhk, Hans: Edding – Deutschlands erstes Kombi-Büro. In: Congena (Hrsg.): Kombi-Büro. Verlag Office FBO Media, Baden-Baden, 1990.

Sommer, Hans: Vor- und Nachteile verschiedener Büroformen. In: Congena (Hrsg.): Kombi-Büro; Verlag Office FBO Media, Baden-Baden, 1990.

Literaturverzeichnis

Trotz, Raymond (Hrsg.): Immobilien- Markt- und Objektrating, Köln, 2004.

van Meel, Juriaan: The European Office – Office design and national context. 010 Publishers, Rotterdam, 2000.

Verordnung über Arbeitsstätten – Arbeitsstättenverordnung: BGBl I 2004, 2179 vom 25.08.2004

Vornholz, Günter et al. (2012): Marktstudie Deutsche Hypo: Nachhaltigkeit in der Immobilienwirtschaft. Hannover

WGBC (World Green Building Council), (2013): Research Report: THE BUSINESS CASE FOR GREEN BUILDING, A Review of the Costs and Benefits for Developers, Investors and Occupants

Yudelson, Jerry (2007): Green Building A to Z: Understanding the Language of Green Building. Gabriola Island, Kanada

ZIA Zentraler Immobilien Ausschuss e.V. (Hrsg.) (2012): Nachhaltigkeit in der Immobilienwirtschaft: Kodex, Berichte und Compliance. Berlin

Abkürzungsverzeichnis

Abkürzungsverzeichnis

IM .... Immobilienmanagement
IÖ .... Immobilienökonomie
IT .... Informationstechnik
ITW .... Immobilientechnik und Immobilienwirtschaft
IW .... Immobilienwirtschaft

KG .... Kommanditgesellschaft
KWG .... Kreditwesengesetz

LAN .... Local Area Network
LTV .... Loan to Value

MBA .... Master of Business Administration
MF .... Mietfläche
MF-B .... Mietfläche für Büroräume
Msc. .... Master of Science

ODBC .... Open Database Connectivity
OHG .... Offene Handelsgesellschaft
OLG .... Oberlandesgericht
ÖPNV .... Öffentlicher Personen Nahverkehr

PAN .... Personal Area Network
PDA .... Personal Digital Assistant
PM .... Projektmanagement
PPP .... Public-Private-Partnership
PUM .... Projekt- und Unternehmensmanagement
GbR .... Gesellschaft bürgerlichen Rechts
ROE .... Return on Equity
RP .... Raumplanung

SFAS .... Statement of Financial Accounting Standards
SV Bewertung .... Sachverständiger zur Bewertung von Grundstücken

TIME .... Telekommunikation, Informationstechnik, Medien, Entertainment
TZ .... Tageszeitung

UEC .... Urban Entertainment Center
US GAAP .... US Generally accepted accounting principals
USP .... Unique Selling Proposition

VA .... Verwaltungsakt
VOB .... Verdingungsordnung für Bauleistungen

WACC .... Weighted Arerage Cost of Capital
WAN .... Wide Area Network
WAP .... Wireless Application Protocol
WI .... Wirtschaftsingenieurwesen
WIW .... Wohnungs- und Immobilienwirtschaft
W-LAN .... Wireless Local Area Network

Autorenverzeichnis

Prof. Dr. Wilhelm Bauer, Institutsdirektor und stellvertretender Institutsleiter am Fraunhofer-Institut für Arbeitswirtschaft und Organisation IAO, Stuttgart, und Institut für Arbeitswirtschaft und Technologiemanagement IAT der Universität Stuttgart. Geschäftsführender Verwaltungsrat der Fraunhofer Italia Research s.c.a.r.l. Prof. Dr. Wilhelm Bauer studierte an der Universität Stuttgart mit den Schwerpunkten Industrial Engineering, Arbeitswissenschaft und Datenverarbeitung. Als Institutsdirektor verantwortet er Projekte in den Bereichen Innovationsforschung, Technologiemanagement, Leben und Arbeiten in der Zukunft, Smarter Cities und Moderne Bürowelten. Er ist Autor von mehr als 250 wissenschaftlichen und technischen Veröffentlichungen. An den Universitäten Stuttgart und Hannover ist er Lehrbeauftragter für Arbeitsgestaltung.

Stefan Blümm leitet den Development Unternehmensbereich Projektentwicklung der DIC-Gruppe als Geschäftsführer bei der DIC GmbH. Der Schwerpunkt seiner Tätigkeit liegt in der Akquisition, Entwicklung und Vermarktung von Gewerbeimmobilien. Herr Blümm hat zusätzlich zu seinen Studien Architektur und Baubetrieb das Studium Immobilienökonomie an der Immobilienakademie der European Business School (ebs) absolviert. Vor seiner Tätigkeit bei der DIC war Herr Blümm mehrere Jahre als Niederlassungsleiter (Berlin und Frankfurt) und Mitglied der Geschäftsleitung von KSP Engel und Zimmermann tätig. Direkt nach dem Studium war er Geschäftsführer der elterlichen Bau- und Bauträgergesellschaft.

Ralf F. Bode ist geschäftsführender Gesellschafter der atmosgrad° GmbH mit Sitz in Hamburg. Er studierte Architektur an der RWTH Aachen, in Paris und in den USA sowie Immobilienökonomie an der European Business School. Er arbeitete als freier Architekt und war verantwortlicher Projektleiter für das Pavillongelände der Weltausstellung EXPO 2000 in Hannover. Bis 2009 arbeitete er in Projektmanagement und -entwicklung für die offenen Immobilienfonds der Union Investment Real Estate, war für diverse Bauvorhaben und Entwicklungsprojekte im Bereich Büro, Hotel und Einzelhandel verantwortlich, und leitete unter anderem das Bishopsgate Tower Projekt in London.

Seit 2007 ist er in der Deutschen Gesellschaft für Nachhaltiges Bauen (DGNB) aktiv und gründete 2009 mit atmosgrad° eines der ersten Projektmanagement- und Beratungsunternehmen in Deutschland, das sich ganz der Nachhaltigkeit in der Immobilienbranche, dem Green Building Management und der Immobilienzertifizierung widmet. 2012 gründete er mit der pbr AG das Gemeinschaftsunternehmen a°blue, um die zentralen Green Building Themen auch im Planungsalltag zu verankern. Er ist Dozent an der Akademie der Immobilienwirtschaft (ADI) in Hamburg, Mitglied im Arbeitskreis Nachhaltigkeitszertifizierung des AHO und schreibt Fachartikel zum Thema. Er arbeitet als Auditor und berät als Mitglied des Immobilienbeirates das DGNB-Präsidium zu immobilienwirtschaftlichen Fragen.

Prof. Dr.-Ing. Thomas Bohn ist geschäftsführender Gesellschafter der BOHNZIRLEWAGEN GmbH & Co. KG Prozess- und Managementberatung für Immobilen in München sowie Lehrbeauftragter für „Redevelopment von Bestandsimmobilien" am Lehrstuhl für Bauprozessmanagement und Immobilienentwicklung der Technischen Universität München. Nach dem Studium des Bauingenieurwesens an der Universität Stuttgart und einer zweijährigen berufspraktischen Tätigkeit in der Bauplanung und Bauleitung kehrte er 1988 an das Institut für Baubetriebslehre der Universität Stuttgart zurück, wo er 1992 promovierte. Von 1997 bis 2009 war er Lehrbeauftragter und Honorarprofessor für Projektmanagement und Projektentwicklung am Institut für Baubetriebswesen und Bauwirtschaft der Universität Leipzig. Bis Ende 2012 war er als Vorsitzender der Geschäftsführung der Drees & Sommer GmbH München und als Partner/Gesellschafter der Drees & Sommer-Gruppe zuständig und verantwortlich für die erfolgreiche Abwicklung einer Vielzahl von Entwicklungs- und Bauprojekten unterschiedlichster Größenordnungen. Sein aktueller Schwerpunkt liegt in der Entwicklungs- und Management-Beratung für große und komplexe Bauprojekte sowie in der Prozess- und Organisationsberatung bei Immobilieninvestitionen aller Art.

Dr. Georg Conzen, MRICS, ist seit 20 Jahren spezialisiert auf die Bereiche Investment und Projektentwicklung hochwertiger Gewerbeimmobilien. Er ist Mitbegründer und geschäftsführender Gesellschafter der CORESIS Management GmbH. Hier liegen seine Tätigkeitsschwerpunkte in der Selektion und dem Management von gewerblichen Immobilieninvestments für institutionelle Anleger und sehr vermögende Privatpersonen. Herr Dr. Conzen war vor seiner jetzigen Tätigkeit geschäftsführender Gesellschafter der COVER Projektentwicklung GmbH in Düsseldorf, welche 2008 von der CRE Resolution GmbH

Autorenverzeichnis

erworben wurde. In dieser Funktion realisierte er zahlreiche Gewerbeimmobilien und veräußerte diese an institutionelle Investoren. Im Rahmen seiner vorhergehenden beruflichen Stationen als Geschäftsführer der RAG Gewerbeimmobilien GmbH und als Prokurist der IVG Immobilien AG verantwortete er die Geschäftsbereiche Asset-Management und Development. Herr Dr. Conzen ist Studienleiter und Dozent für den Masterstudiengang „Redevelopment – Real Estate and Urban Management" an der RWTH Aachen. Im Weiteren ist er Herausgeber und Co-Autor der Praxishandbücher „Immobilien-Investitionen" und „Immobilien-Projektentwicklung" (Verlag C.H. Beck).

Jörg Eschweiler, Leiter Portfoliostrategie Immobilien, verantwortet im Immobilien Portfoliomanagement des Multi Family Offices Marcard, Stein & Co AG die indirekte Immobilienanlage, die Drittmandate sowie die strategischen Fragestellungen. Er ist Diplomingenieur für Stadtplanung und Immobilienökonom sowie Mitglied in diversen Anlageausschüssen und Beiräten internationaler Fonds. Vor seinem Eintritt bei der Marcard, Stein & Co AG hat er lange Jahre die Portfoliostrategien für die Fonds der Union Investment Real Estate entwickelt.

Dr. Robin L. Fritz (Rechtsanwalt und Partner) hat sein zweites Staatsexamen im Jahr 1986 abgelegt und war anschließend in einer New Yorker Anwaltskanzlei tätig. Im Jahr 1988 erfolgte die Promotion zum Dr. jur. Er ist seit 1987 Rechtsanwalt in Frankfurt am Main in der auf Wirtschaftsrecht mit Schwerpunkt im Bereich Immobilienrecht spezialisierten Kanzlei Paul, Paul & Schmitt, in der er seit 1988 Partner ist. Heute ist er geschäftsführender Partner der Kanzlei Rechtsanwälte & Notare, die aus der Fusion der Kanzleien Paul, Paul & Schmitt und Fritze Weigel Bornemann Arnold & Kelm hervorgegangen ist.

Dr. Christiane Gebhardt ist Partnerin bei malik management, St. Gallen, Schweiz. Ihr Schwerpunkt liegt in der Strategie, Organisation und Strategieumsetzungsbegleitung.

Udo-Ernst Haner hat Wirtschaftsingenieurwesen mit den Schwerpunkten Innovationsmanagement und Entwurf elektronischer Systeme an der Universität Karlsruhe (heute: Karlsruhe Institut für Technologie) studiert und an der University of Massachussetts in Dartmouth den Master of Business Administration erlangt. Herr Haner leitet das Competence Team „Information Work Innovation" am Fraunhofer-Institut für Arbeitswirtschaft und Organisation IAO. Mit seinem Team entwickelt er Konzepte und Anwendungslösungen für die Arbeitsinfrastruktur von Wissensarbeitern: Die persönliche Ausstattung des Einzelnen mit Arbeitsmitteln gehört ebenso zum thematischen Umfang der Forschungsaktivitäten wie die Kooperationsinfrastruktur am Arbeitsplatz und die systemische Unterstützung durch die Gebäudeinfrastruktur. Er hat zahlreiche Projekte für Unternehmenskunden wie aber auch für Ministerien und die EU-Kommission geleitet und ist Autor diverser nationaler und internationaler Fachartikel. Herr Haner ist zudem Lehrbeauftragter für Technologie- und Innovationsmanagement an den Universitäten Stuttgart und Linz.

Dr. Thomas Harlfinger MRICS studierte an der Technischen Universität Dresden Bauingenieurwesen. Im Anschluss an sein Diplom war er als wissenschaftlicher Mitarbeiter am Institut für Stadtentwicklung und Bauwirtschaft an der Universität Leipzig für die Bereiche Projektentwicklung und Projektmanagement verantwortlich. Hierbei übernahm er neben den Lehraufgaben vor allem Forschungs- und Beratungsprojekte zu den Themen „Entwickeln und Bauen im Bestand" und „Immobilienmanagement". Im Jahr 2005 schloss Herr Dr. Harlfinger sein Promotionsverfahren durch die Verteidigung seiner Dissertation mit dem Titel „Referenzvorgehensmodell zum Redevelopment von Bürobestandsimmobilien" ab. Seit 2006 ist Herr Dr. Harlfinger für Drees & Sommer tätig. Hier liegen seine Tätigkeitsschwerpunkte einerseits im Bereich Immobilienconsulting mit Fokus auf Portfoliostrategie und -management, Public Private Partnership sowie Projektentwicklung. Andererseits übernimmt Herr Harlfinger Leistungsbilder des Projektmanagements bei Revitalisierungsvorhaben von Bestandsimmobilien. Weiterhin wissenschaftlich engagiert sich Herr Dr. Harlfinger als Lehrbeauftragter der Universität Leipzig. Seit 2013 ist er Geschäftsführer der Drees & Sommer GmbH München.

Dr. Friedrich Heilmann ist Rechtsanwalt und Notar in Frankfurt am Main und Partner der Sozietät Freshfields Bruckhaus Deringer LLP. Nach Studium und Promotion an der Universität Heidelberg kam er 1990 als Rechtsanwalt nach Frankfurt am Main. Der Schwerpunkt seiner Tätigkeit liegt im Immobilienwirtschaftsrecht, und dort vor allem in der rechtlichen Begleitung von Projektentwicklungen und Immobilientransaktionen.

Ulrich Höller FRICS (47) ist als Vorsitzender des Vorstands der Deutsche Immobilien Chancen AG&Co. KGaA für die Umsetzung der Immobilien- und Unternehmensstrategie der DIC-Gruppe mit ihren drei Geschäftsfeldern Portfolio- und Asset Management über die börsennotierte DIC Asset AG, Projektentwicklung und Opportunistische Investments verantwortlich. Herr Höller verfügt über 22 Jahre Branchenerfahrung, davon 19 Jahre in Führungspositionen u.a. als langjähriger alleiniger Geschäftsführer einer bundesweit tätigen Projektentwicklungsgruppe. Herr Höller hat zusätzlich zu seinem Studium der

Betriebswirtschaftslehre die post-graduierten Studien Immobilieökonomie sowie Handelsimmobilien an der European Business School (ebs) absolviert und ist Fellow of the Royal Institution of Chartered Surveyors, London.

Dr. Holger Jakob hat sein Studium an der Universität Passau absolviert und wurde im Jahre 1996 als Rechtsanwalt zugelassen und promovierte im Jahre 1998 an der Universität Marburg. Herr Rechtsanwalt Dr. Jakob berät im Steuerrecht, Investment- und Investmentsteuerrecht sowie im Gesellschafts- und Insolvenzrecht. Im Gesellschaftsrecht arbeitet er vorwiegend im Bereich von Gesellschaftsgründungen, Umwandlungen und Strukturierungen sowie der Begleitung von Transaktionen und der Sanierung. Seine Bestellung zum Steuerberater war im Jahre 2005. Herr Dr. Jakob verfügt darüber hinaus über langjährige Erfahrungen als Insolvenzverwalter und ist vereidigter Buchprüfer.

Axel Jordan ist Leiter Immobilienfinanzierung FinanzGruppe und Mittelstand der DG HYP. Herr Jordan verfügt über langjährige Erfahrung in der gewerblichen Immobilienfinanzierung. Nach dem Studium der Betriebswirtschaftlehre an der Universität zu Köln arbeitete Herr Jordan in unterschiedlichen leitenden Funktionen bei diversen Pfandbriefbanken u.a. bei der EUROHYPO AG sowie der LBB/Berlin Hyp AG bevor er 2008 als Leiter Immobilienfinanzierung in die DG HYP eintrat. In seinem Verantwortungsbereich liegt die bundesweite Steuerung – über 6 Immobilienzentren – des gemeinschaftlichen Geschäftes mit Volks- und Raiffeisenbanken sowie des Direktgeschäftes mit professionellen Immobilienkunden.

Stephan Jüngst (Rechtsanwalt und Fachanwalt für Bau- und Architektenrecht, Partner) ist im Jahre 1968 in Bad Homburg v. d. H. geboren. Er studierte Rechtwissenschaften in Mainz. Sein erstes Staatsexamen absolvierte er im Jahre 1993 und sein zweites Staatsexamen im Jahre 1996. Herr Jüngst ist seit 1996 in der Sozietät FPS Fritze Paul Seelig in Frankfurt am Main tätig, in der er seit 2000 Partner ist. Herr Jüngst ist auf die Gebiete des Immobilien- und Architektenrecht, Privates Baurecht und gewerbliches Mietrecht spezialisiert.

Prof. Dr. Tobias Just. Wissenschaftlicher Leiter der IRE|BS Immobilienakademie und Professor für Immobilienwirtschaft an der Universität Regensburg. Nach seiner Ausbildung zum Groß- und Außenhandelskaufmann beim Otto-Versand Hamburg studierte Tobias Just Volkswirtschaftslehre an den Universitäten Hamburg und Uppsala/Schweden. Seine anschließende Promotion an der Helmut-Schmidt-Universität der Bundeswehr Hamburg zum Thema Globalisierung und Ideologie wurde 2001 mit dem Wissenschaftspreis der Universität ausgezeichnet. Parallel dazu unterrichtete er am Europa-Kolleg Hamburg und dem Haus Rissen-Institut internationale Ökonomie. Von 2001 bis Oktober 2011 war Tobias Just als Senior Economist bei Deutsche Bank Research für bau- und immobilienrelevante Themen sowie für die Entwicklung von Branchenanalysetools verantwortlich; seit Anfang 2008 leitete er die Branchen- und Immobilienmarktanalyse. Tobias Just war von 2003 bis 2007 Mitglied der IFD-Arbeitsgruppe zur Einführung von REITs in Deutschland und nahm regelmäßige Lehraufgaben an der TU Berlin sowie an der IRE|BS Immobilienakademie wahr. 2006 war Tobias Just Research Fellow am American Institute of Contemporary German Studies an der Johns Hopkins Universität Washington DC. 2010 wurde er mit der Schrift Demografie und Immobilien an der TU Berlin habilitiert. Neben rd. 60 Studien für Deutsche Bank Research hat Tobias Just über 70 Artikel in Fachbüchern und Fachzeitschriften publiziert. Ende 2011 erschien das Buch „Understanding German Real Estate Markets", das Tobias Just gemeinsam mit Wolfgang Maennig herausgegeben hat. Seit 2012 ist er im Executive Committe des Urban Land Institute Germany und im Vorstand der Corporate Governance Initiative der deutschen Immobilienwirtschaft.

Jörg Kadesch (Rechtsanwalt und Fachanwalt für Bau- und Architektenrecht, Partner) ist im Jahre 1971 in Eltville/Rheingau geboren. Er studierte Rechtswissenschaften in Mainz und Modena/Italien. Sein erstes Staatsexamen absolvierte er im Jahre 1997 und sein zweites Staatsexamen im Jahre 2000. Herr Kadesch ist seit 2000 als Rechtsanwalt zugelassen und in der Kanzlei FPS Rechtsanwälte & Notare in den Bereichen Immobilienwirtschaftsrecht und Privates Bau- und Architektenrecht tätig, in der er seit 2005 Partner ist.

Dr.-Ing. Jörg Kelter, Jahrgang 1957, Maschinenbau-Studium an der Universität Stuttgart, Vertiefungsschwerpunkt Arbeitswissenschaft. Langjährige Mitarbeit am Fraunhofer-Institut für Arbeitswirtschaft und Organisation (IAO), Stuttgart, in unterschiedlichen Funktionen. Senior Scientist am Fraunhofer Office Innovation Center (OIC), Stuttgart. Abschluss der Promotion 2002. Tätigkeitsschwerpunkte in Forschungs- und Beratungsprojekten: Konzeption und Durchführung empirischer Studien, (z.B. Büroraum & Bürolayout, Office Index 2000, Office Performance), Entwicklung und Implementierung nutzerorientierter Bürokonzepte unter besonderer Berücksichtigung von organisatorischen Aspekten, technischer Infrastruktur, Büroraumstruktur und ergonomischen Arbeitsplatz-Konzepten, New Work Consulting.

Dr. Helmut Knepel ist Aufsichtsratsvorsitzender der Feri EuroRating Services AG und Executive Consultant im Immobilienbereich. Dr. Knepel war von 1992 bis 2011 Partner bei der Feri, zuletzt als Vor-

Autorenverzeichnis

stand der Feri Finance AG sowie CEO der Feri EuroRating Services AG. Davor leitete er als Direktor den Immobilienbereich der Feri Gruppe und war gleichzeitig Mitglied der Geschäftsleitung der Feri Research GmbH. Vor seiner Tätigkeit bei der Feri nahm Dr. Knepel mehrere Positionen in Wissenschaft und Unternehmensplanung wahr. Seit mehr als 15 Jahren befasst er sich u.a. mit immobilienwirtschaftlichen Themen und mit geschlossenen Fonds. Nach dem Studium der Volks-, Betriebswirtschaft und des Maschinenbaus an der Technischen Universität Darmstadt promovierte er in Statistik und Ökonometrie und war bis 1984 an der Universität Frankfurt Leiter eines Forschungsprojekts. Seit mehr als 30 Jahren ist er Lehrbeauftragter an verschiedenen Universitäten, hält Vorträge und ist Autor einer Vielzahl von Publikationen zu unterschiedlichen Themenbereichen.

Wolfgang Kubatzki (Jahrgang 1960), 1978–1981 Studium an der Fachhochschule für Finanzen in Sigmaringen mit dem Abschluss: Diplom-Finanzwirt, 1992 Studium an der EBS Immobilienakademie mit Abschluss Immobilienökonomie. Von 1987 bis 2000 im Immobilienmanagement in leitender Position tätig. Seit dem Jahre 2000 tätig in der Feri im Bereich Immobilien Portfolio Management und Bewertung, davon mehrere Jahre als Geschäftsführer der Feri Real Estate Management GmbH. Seit 1.7.2005 ist er Mitglied der Geschäftsleitung der Feri EuroRating Services AG und verantwortlich für alle Immobilienaktivitäten der Feri AG.

Jörg Lamers, Rechtsanwalt und Notar, hat sein Studium an der Universität Regensburg und Frankfurt am Main absolviert und wurde im Jahre 1989 als Rechtsanwalt zugelassen. Im Jahre 2008 wurde er als Notar bestellt. Er hat umfassende Erfahrung bei der Beratung und gerichtlichen Vertretung von national wie auch international tätigen Mandanten im Bereich des Immobilienwirtschaftsrechts und des Legal Real Estate Asset Managements. Er berät Unternehmen bei dem Erwerb, der Veräußerung und Strukturierung von Immobilen und Immobilienportfolien. Dies umfasst auch die ständige rechtliche Betreuung und Optimierung von Bestandsportfolien unter allen rechtlichen Gesichtspunkten.

Joachim Löw, Dipl.-Betriebswirt. Nach seinem Studium war Herr Löw als Controller und kaufm. Leiter in der Investitionsgüterbranche tätig. Seit 1991 bis 2004 war Herr Löw geschäftsführender Gesellschafter der Schulz & Löw Consulting GmbH. Hier war er für die Weiterentwicklung und Implementierung von Controlling-Systemen für die Immobilienbranche verantwortlich. Neben seinen Projekttätigkeiten übernahm Herr Löw Lehraufträge im Fachbereich Wirtschaft der Fachhochschule Wiesbaden für Controlling und EDV. Seit 2005 ist Herr Löw selbstständiger Berater für Finanz- und Rechnungswesen.

Rainer Milzkott ist geschäftsführender Gesellschafter der urbanPR Gesellschaft für Öffentlichkeitsarbeit, Projekt- und Standortmarketing mbH in Berlin. Er studierte Soziologie, Stadt- und Regionalplanung und Publizistik. Arbeitete 15 Jahre als Autor und Redakteur bei Hörfunk und Fernsehen zu Themen von Architektur und Stadtentwicklung. 1990 Gründung mit dem Architekten Gerald Blomeyer der Blomeyer & Milzkott Gesellschaft für Öffentlichkeitsarbeit in der Stadtentwicklung. Konzeption und Realisation von neuen Kommunikationsstrategien für große Bauvorhaben und Entwicklungsgebiete in der Region Berlin. 2000 Umfirmierung in urbanPR GmbH. Gemeinsam mit Dr. Ottfried Franke leitet er die Agentur, die bundesweit in der Kommunikation über die gebaute Umwelt für Bauherren, Kommunen, Verbände und Ministerien tätig ist.

Dr. Hans-Georg Napp hat an der Universität-Gesamthochschule Paderborn einen Abschluss als Diplom-Volkswirt erworben. Am finanzwissenschaftlichen Lehrstuhl der Paderborner Universität hat er in der Folge promoviert („Kommunale Finanzautonomie und ihre Bedeutung für eine effiziente lokale Finanzwirtschaft"). Er besitzt Berufserfahrung in der kommunalen Verwaltung. Vor seiner Tätigkeit für die Landesbank Hessen-Thüringen war Herr Dr. Napp im Bundesministerium der Finanzen verantwortlich tätig (Abteilung „Finanzbeziehungen des Bundes zur Europäischen Union, den Bundesländern sowie den Kommunen"). Darüber hinaus hat er während seiner Beschäftigung im Bundesfinanzministerium vor allem auf dem Gebiet der privaten Durchführung öffentlicher Infrastrukturinvestitionen Grundlagenarbeit geleistet. Herr Dr. Napp ist gegenwärtig Bankdirektor und Leiter des Zielkundenbereiches „Öffentliche Hand/Kommunalnahe Unternehmen" der Landesbank Hessen-Thüringen. In dieser Funktion ist er verantwortlich für die Steuerung der Geschäftsbeziehung der Bank zu den Kunden aus diesem Bereich. Er besitzt Finanzierungs- und Projekterfahrung bei der Realisierung öffentlicher Infrastrukturinvestitionen und ist Autor zahlreicher Veröffentlichungen und Vorträge zu Finanzierungsfragen von PPP-Modellen. Herr Dr. Napp ist Vorsitzender des Arbeitsausschusses des Finanz- und Wirtschaftsrates beim Verband kommunaler Unternehmen (VKU) und stv. Vorsitzender des PPP-Vereins Hessen e.V..

Dr. Georg Reutter ist Vorsitzender des Vorstandes der Deutsche Genossenschafts-Hypothekenbank AG. Die DG HYP ist eine der führenden Immobilienbanken in Deutschland und Spezialist für gewerbliche Immobilienfinanzierungen der genossenschaftlichen FinanzGruppe. Dr. Georg Reutter hat mehr als 15 Jahre Erfahrung in der Finanzierung komplexer Immobilien mit nationalen und internationalen

Kunden. Er begann seine Karriere bei der Deutschen Bank AG, arbeitete für die Eurohypo AG und war Bereichsleiter für gewerbliche Immobilienfinanzierung bei der Berlin-Hannoverschen Hypothekenbank AG/Landesbank Berlin AG, bevor er 2008 Vorstandsmitglied der DG HYP wurde. Dr. Georg Reutter ist neben Stabsbereichen zuständig für die Geschäftsbereiche Immobilienfinanzierung und Treasury.

Dipl.-Ing. Stefan Rief, Jahrgang 1972. Nach dem Studium der Architektur wechselte Herr Rief 2001 als wissenschaftlicher Mitarbeiter zum Fraunhofer-Institut für Arbeitswirtschaft und Organisation IAO. Dort leitet er das Competence Center „Workspace Innovation". In den vergangenen Jahren hat Herr Rief zahlreiche Beratungsprojekte zur Entwicklung innovativer Raum- und Gebäudekonzepte für Arbeits- und Lernwelten in unterschiedlichsten Branchen (Dienstleistung, Automobil, Luftfahrt und Pharma) begleitet. Herr Rief ist Lehrbeauftragter für Arbeitsgestaltung im Büro an der Universität Stuttgart.

Maik Rissel ist langjähriger Leiter des Immobilien Portfoliomanagements und Abteilungsdirektor des Multi Family Offices Marcard, Stein & Co. Der diplomierte Immobilienwirt verantwortet das Portfolio- und Asset Management der indirekten und direkten Immobilienbestände. Er verfügt über 18 Jahre interdisziplinäre Immobilien-Erfahrung, davon arbeitet er seit 12 Jahren exklusiv in Family Offices. Er hat drei immobilienökonomische Studienabschlüsse und ist Mitglied in diversen Anlageausschüssen und Beiräten. Sein Team und er managen als Eigentümervertreter die nationalen und internationalen Immobilienbestände verschiedener Unternehmerfamilien. Seit einigen Jahren werden zusätzlich ausgewählte Drittmandate von institutionellen Anlegern und Single Family Offices begleitet. Die Aufgaben decken das komplette immobilienökonomische Managementspektrum ab: Akquisition/Due Diligence, Management, Vermietung, Entwicklung, Reporting/Controlling, Verkauf, Work-out, Vermögensverwaltung von indirekten Anlagen, Konzeption von Club Deals für Projektfinanzierungen (Real Estate Private Equity/ Debt). In den Portfolios werden sowohl konservative als auch opportunistische Anlagestrategien umgesetzt.

Dr. Jürgen Schäfer, FRICS, ist Mitbegründer und geschäftsführender Gesellschafter der CORESIS Management GmbH. Die CORESIS Management GmbH ist ein auf Immobilienanlagen spezialisierter inhabergeführter Vermögensverwalter. Sie ist fokussiert auf das Strukturieren und das Managen renditeorientierter Immobilienanlagen in Deutschland. Mandanten sind deutsche Unternehmerfamilien, Stiftungen, (Multi-) Family Offices, Privatbanken sowie institutionelle Investoren. Vor der Gründung der CORESIS war Herr Dr. Schäfer Vorstand (COO) der börsennotierten DIC Asset AG sowie Partner und Head of Real Estate der Feri AG. Herr Dr. Schäfer ist promovierter Jurist, Bankkaufmann und Immobilienökonom (ebs). Er promovierte als Stipendiat der Studienstiftung des deutschen Volkes im Vertragsrecht. Für den Bereich Immobilieninvestments und Assetmanagement ist er Dozent der Deutschen Vereinigung für Finanzanalyse und Asset Management (DVFA) sowie Dozent an der International Real Estate Business School. Er ist Fellow der Royal Institution of Chartered Surveyors sowie Herausgeber und Co-Autor der im C.H. Beck Verlag erschienen Praxishandbücher „Immobilien-Investitionen", „Immobilien-Projektentwicklung" und „Real Estate Investment Trusts".

Wolfgang Schneider ist Geschäftsführer der BNP Paribas Real Estate Consult GmbH. Nach Abschluss seines Studiums der Wirtschaftsgeographie in Hamburg trat er 1990 beim Gewos-Institut ein, wo er ab 1991 als Teamleiter für die Bereiche Gewerbliche Immobilien und Wirtschaftsförderung verantwortlich war. 1994 wechselte er zur BNP Paribas Real Estate Consult GmbH, damals noch Müller Consult GmbH, später dann Atisreal Consult GmbH, wo er seit 1997 als Prokurist die Niederlassung in Hamburg führte, bevor er im Mai 2001 als Geschäftsführer die Leitung des Unternehmens übernahm. Wolfgang Schneider ist Mitglied im Managementboard der BNP Paribas Real Estate Gruppe und Mitglied des International Research Board. In dieser Funktion ist er u.a. für die nationale und internationale Marktberichterstattung sowie für die vergleichende Analyse der europäischen Märkte verantwortlich. Neben seinen beruflichen Aktivitäten betätigt sich Wolfgang Schneider als Fachautor und Referent bei unterschiedlichen Seminarveranstaltern.

Hartwig Schulz, Dipl.-Betriebswirt, ist geschäftsführender Gesellschafter der Schulz & Löw Consulting GmbH. Nach seinem Studium war Herr Schulz als Softwareentwickler von Treasury-Systemen tätig. Seit 1991 ist er als Geschäftsführer bei Schulz & Löw Consulting GmbH verantwortlich für die Entwicklung von Informationssystemen für die Immobilienwirtschaft, wie beispielsweise das Projekt-Controlling-System für Projektentwickler PCS und das Internetportal für die Immobilienwirtschaft immoportal.de.

Dr. Ruedi Schwarzenbach ist Partner der Improvement Group AG, Winterthur Schweiz. Er berät institutionelle Anleger bei der Festlegung von Immobilienanlagestrategien und der operativen Ausgestaltung des Immobiliengeschäfts. Fokus auf Kundennutzen der Investitionsprojekte.

Tarkan Straub, Immobilienfachwirt (IHK), Associate, ist seit Mai 2006 bei Cushman & Wakefield in Frankfurt für die Beratung und Vermittlung im Bereich der gewerblich genutzten Immobilie für Miet-

Autorenverzeichnis

und Kaufinteressenten, Eigentümer und Projektentwickler zuständig. Schwerpunkt seiner Tätigkeit ist die Durchführung von Bedarfs- und Wirtschaftlichkeitsanalysen zur Schaffung von Entscheidungsgrundlagen sowie die Verhandlungsführung und das Zusammenfassen von Informationen und Ergebnissen als Handlungsempfehlungen. Tarkan Straub kann auf mehr als 10 Jahre Berufserfahrung zurückblicken und hat in dieser Zeit zahlreiche nationale und internationale Kunden erfolgreich beraten.

Peter Valy (Jahrgang 1969) leitet seit 2008 als Partner die Niederlassung von Cushman & Wakefield in München. Seine Tätigkeitsschwerpunkte liegen in der Begleitung bzw. Durchführung von Vertragsverhandlungen für internationale Unternehmen. Seine weiteren Aufgaben umfassen unter anderem Marktanalysen, die Erstellung von Kosten-, Nutzen- und Effizienzvergleichen für internationale Unternehmen sowie die Beratung von internationalen Investoren bei Transaktionen derer Analgestrategien. Peter Valy begleitete seine Kunden in der Vergangenheit erfolgreich bei Großanmietungen oder Standortverlagerungen in Bestandsgebäuden und Projektentwicklungen. Er kann auf mehr als 14 Jahre Berufserfahrung bei namhaften nationalen und internationalen Unternehmen der Immobilienberatung zurückblicken, bei denen er in leitender Funktion tätig war.

Andreas Völker ist Geschäftsführer der BNP Paribas Real Estate Consult GmbH. Nach Abschluss seines Studiums der Wirtschaftsgeographie, der Stadtplanung und der Volkswirtschaftslehre war Herr Völker für das Gewos-Institut in Hamburg tätig. 1996 wechselte er zur BNP Paribas Real Estate Consult GmbH, damals noch Müller Consult GmbH, später dann Atisreal Consult GmbH, zunächst als Projektleiter in der Hamburger Niederlassung. Im Oktober 1999 übernahm er die Leitung der neuen Frankfurter Niederlassung. Im März 2003 wurde er in die Geschäftsführung der BNP Paribas Real Estate Consult GmbH berufen. Seine Arbeitsschwerpunkte liegen in den Bereichen Investment-Consulting, Standort- und Marktanalyse, Konzeptentwicklung und projektbegleitende Beratung für Büro-, Gewerbe- und Wohnimmobilien sowie der Erarbeitung von Umstrukturierungs- und Vermarktungskonzepten für gewerbliche Liegenschaften. Seit 2012 ist er zusätzlich auch in die Geschäftsführung der BNP Paribas Real Estate Holding GmbH berufen worden. Dort widmet er sich der strategischen Weiterentwicklung der Deutschlandaktivitäten der Gruppe. Neben seinen beruflichen Aktivitäten betätigt sich Andreas Völker als Fachautor und Referent bei unterschiedlichen Seminarveranstaltern.

Univ.-Prof. Dipl.-Ing. Kunibert Wachten, wurde 1952 geboren; er studierte Architektur und Städtebau an der RWTH Aachen. Von 1994 bis 1999 war er Professor für Städtebau und Raumplanung an der TU Wien; 1996 Deutscher Kommissar für die Architektur-Biennale in Venedig, seit 1999 ist er Professor für Städtebau und Landesplanung an der RWTH Aachen, zusätzlich seit 2001 Mitglied des Kuratoriums der Landesinitiative „StadtBauKultur" Nordrhein-Westfalen und seit 2006 auch Mitglied des Kuratoriums der IBA Hamburg. Seit 2012 verfügt der Lehrstuhl für Städtebau und Landesplanung der RWTH Aachen über das Prädikat „UNESCO Chair in World Cultural and Urban Landscapes.

Prof. Walter A. Weiss ist geschäftsführender Gesellschafter der Prof. Weiss & Experts Beratungsgesellschaft mbH & Co. KG und der Experts on your Side GmbH. Nach dem Studium der Architektur in Stuttgart war er lange Zeit in unterschiedlichen Positionen in Consulting-Unternehmen und auf Bauherrnseite tätig, bevor er 1989 die Prof. Weiss & Partner Projektsteuerungsgesellschaft mbH gründete und bis 1998 als geschäftsführender Gesellschafter leitete. 1998 wurde die Prof. Weiss & Partner Projektsteuerungsgesellschaft mit der Arthur Andersen Real Estate GmbH verschmolzen, die 2002 in die Ernst & Young Real Estate GmbH überging. Prof. Weiss war dort bis 2010 als verantwortlicher Partner für Development und Projektmanagement zuständig. Er ist öffentlich bestellter und vereidigter Sachverständiger bei der IHK Frankfurt für das Bestellungsgebiet Baupreisermittlung und Abrechnung im Hochbau, FRICS bei dem Royal Institute of Chartered Surveyors, Lehrbeauftragter der Fachhochschule Würzburg für den postgraduate Studiengang Projektmanagement und Beirat des Baukosteninformationsdienstes der Architektenkammern. Prof. Weiss verfügt über jahrzehntelange Erfahrung in der praktischen Umsetzung von Projektmanagement bei einer Vielzahl von Großbaumaßnahmen.

Eckhard Wulff ist Syndikusanwalt und arbeitet seit 1984 für die Deutsche Genossenschafts-Hypothekenbank AG in Hamburg. Als Bereichsleiter „Vorstandsstab, Recht und Kommunikation" ist er u.a. verantwortlich für die Rechtsabteilung der Bank. Einer der Schwerpunkte der Tätigkeit der Rechtsabteilung ist die Beratung der Kreditbereiche in Vertrags- und Sicherheitenfragen. Für die DG HYP als Pfandbriefbank mit dem Schwerpunkt der gewerblichen Immobilienfinanzierung haben die Immobiliensicherheiten, deren rechtliche Gestaltung und Bewertung eine hervorgehobene Bedeutung.

Teil 1
Einführung

1. Definition und Abgrenzung der Immobilien-Projektentwicklung

1.1 Begriff

Der Begriff der Immobilien-Projektentwicklung ist gesetzlich nicht definiert. Eine einheitliche **Begriffsdefinition** konnte sich bisher in der Praxis nicht durchsetzen.

Das Wort Projekt wurde ursprünglich von dem lateinischen Wort „projectum" abgeleitet, welches „das nach vorne Geworfene" bedeutet. Ein Projekt ist also etwas, das man voran bringt. Verbunden mit dem Wort „Entwicklung" ist es sowohl dem Wortsinn als auch dem allgemeinen Sprachgebrauch nach etwas, das ständig weiterentwickelt („weitergeworfen") wird, bis es zur Realisierung gelangt, sofern sich eine Realisierung im Rahmen der Entwicklungsphase als sinnvoll erweist.

Für den Bereich der Immobilienwirtschaft wird der Begriff der Projektentwicklung üblicherweise im Sinne der vorgenannten Definition verwendet. Hier steht der Begriff für die Entwicklung eines Immobilienprojektes von dem Projektanstoß bis hin zur Realisierung, inklusive des Verkaufs des Projektes bzw. des fertigen Produktes. Notwendige Komponenten einer Projektentwicklung sind neben einer Projektidee immer das Grundstück, das notwendige Kapital und der bzw. die Nutzer des fertigen Gebäudes. Projektentwicklungsimmanent ist in der Regel zudem der Wunsch, dass die Investition eine auskömmliche Rendite erwirtschaftet.

Immobilien-Projektentwicklung ist also das Zusammenführen von Projektidee, Grundstück, Kapital und Nutzer mit dem Ziel, eine rentable Investition zu tätigen.

Einen Projektentwickler kann man deshalb als **Entrepreneur** bezeichnen, der versucht, die Nachfrage sowohl von Seiten der Nutzer als auch von Seiten der Investoren vorauszusehen und unter Erwirtschaftung einer Rendite zu erfüllen.

Teilweise wird in der Literatur versucht, unter Beachtung des Lebenszyklusgedankens den Begriff der Projektentwicklung über den gesamten Lebenszyklus einer Immobilie auszudehnen. In diesem Sinne umfasst der Begriff der Projektentwicklung im weiteren Sinne nach Auffassung von Herrn Prof. Dr. Klaus-Jürgen Diederichs „den gesamten Lebenszyklus der Immobilie vom Projektanstoß bis hin zur Umwidmung oder dem Abriss am Ende der wirtschaftlich vertretbaren

Nutzungsdauer"[1]. Durch diese allumfassende Begriffsdefinition wird der Begriff der Projektentwicklung, der für einen dynamischen, zeitlich befristeten Prozess des Gestaltens steht, deutlich überspannt. So lässt sich insbesondere die Phase der Nutzung einer Immobilie, beginnend mit dem Einzug eines Nutzers, nicht mehr als Projektentwicklung bezeichnen.

1.2 Arbeitsinhalte

Ausgehend von der vorgenannten Definition umfasst das Tätigkeitsfeld eines Projektentwicklers üblicherweise die folgenden unterschiedlichen **Arbeitspakete** eines Entwicklungsprozesses, die ineinander verzahnt sind:

1. Projektidee/Analysephase (inkl. Grundstücks-, Standort-, Markt- und Rentabilitätsanalyse)
2. Projektkonzeption (inkl. Grundstückssicherung, Nutzungskonzept, Marketingkonzept, Finanzierungskonzept, etc.)
3. Bauvorbereitung (inkl. Gemeinde- und Behördenabstimmung, Einrichtung Projektcontrolling, Beauftragung von Gutachtern und Architekten)
4. Vermietung (inkl. Erstellung Präsentationsunterlagen, Identifikation von potenziellen Mietinteressenten, Vertragsverhandlungen etc.)
5. Projektrealisierung (inkl. Bauplanung, Bauausführung und Übergabe)
6. Verkauf (inkl. Kalkulation, Erstellung der Präsentationsunterlagen, Identifikation potenzieller Kaufinteressenten, Vertragsverhandlungen etc.)

Anhand dieser zahlreichen, vielschichtigen und miteinander vernetzten Aufgabeninhalte wird deutlich, warum die Projektentwickler Koordinatoren sind, deren Aufgabe darin besteht, sämtliche Teilbereiche eines Projekts zu einem Gesamterfolg miteinander zu verbinden.

1.3 Abgrenzung

1.3.1 Projektmanagement

Gemäß DIN 69901 ist Projektmanagement die Gesamtheit von Führungsaufgaben, -organisation, -techniken und -mittel für die Abwicklung eines Projektes.

Projektmanagement bedeutet nach der Sprachregelung des Deutschen Verbandes der Projektsteuerer e.V. (DVP) die Wahrnehmung aller Aufgaben in organisatorischer, rechtlicher, technischer, wirtschaftlicher und terminlicher Hinsicht, die zur zielorientierten Abwicklung eines Projektes erforderlich sind.

Beide vorgenannten Definitionen – insbesondere die des DVP – beschreiben ein sehr breites Arbeitsfeld des Projektmanagers, welches sich auf den ersten Blick nur geringfügig von den vorgenannten Arbeitsinhalten der Projektentwicklung unterscheidet.

In der Praxis bezieht sich der Begriff Projektmanagement üblicherweise mehr auf technische und wirtschaftliche Aspekte, die direkt im Zusammenhang mit der Planung und Ausführung eines Bauwerks stehen. Das Entwickeln einer Projektidee, die Grundstückssicherung sowie Marketing, Vermietung und Objektverkauf zählen demgegenüber, üblicherweise nicht zum so genannten Projektmanagement.

Begrenzt man das Projektmanagement demgemäß auf die **Projektleitungs- und Projektsteuerungsfunktionen** eines zu realisierenden Bauvorhabens, so ist das Projektmanagement ein Teil der Projektentwicklung und kommt im wesentlichen in den Bereichen der Bauvorbereitung und der Projektrealisierung zum Einsatz.

---

[1] *Diedrichs*, in Handbuch Immobilien-Projektentwicklung, Köln 1996, S. 30.

1.3.2 Projektsteuerung

Der Begriff des Projektmanagements wird umgangssprachlich häufig als Synonym für die Projektsteuerung verwandt. Bei genauerer Betrachtung ist die Projektsteuerung von dem Projektmanagement deutlich zu unterscheiden.

Der Deutsche Verband der Projektsteuerer e.v. hat eine Leistungs- und Honorarordnung mit einer konkreten Beschreibung der Arbeitsinhalte vorgelegt. Hiernach ist die Projektsteuerung die Wahrnehmung delegierbarer Auftraggeberfunktionen in organisatorischer, rechtlicher, technischer und wirtschaftlicher Hinsicht im Sinne von § 31 HOAI. Gemäß § 31 HOAI zählen insbesondere die folgenden 8 Aufgaben zu den Leistungen der Projektsteuerung:

- Klärung der Aufgabenstellung, Erstellung und Koordinierung des Programms für das Gesamtprojekt;
- Klärung der Voraussetzungen für den Einsatz von Planern und anderen an der Planung fachlich Beteiligten (Projektbeteiligte);
- Aufstellung und Überwachung von Organisations-, Termin- und Zahlungsplänen, bezogen auf Projekt und Projektbeteiligte;
- Koordinierung und Kontrolle der Projektbeteiligten, mit Ausnahme der ausführenden Firmen;
- Vorbereitung und Betreuung der Beteiligung von Planungsbetroffenen;
- Fortschreibung der Planungsziele und Klärung von Zielkonflikten;
- laufende Information des Auftraggebers über die Projektabwicklung und rechtzeitiges Herbeiführen von Entscheidungen des Auftraggebers;
- Koordinierung und Kontrolle der Bearbeitung von Finanzierungs-, Förderungs- und Genehmigungsverfahren.

Die in § 31 HOAI beschriebenen Leistungen umfassen **Koordinations-, Kontroll-, Informations- und Beratungsleistungen**. Zum Leistungsumfang der Projektsteuerung zählen demnach, anders als bei dem Projektmanagement, keine Anordnungs-, Entscheidungs- und Weisungsbefugnisse.

Aufgrund des vorstehenden Leistungsspektrums wird der Projektsteuerer ebenso wie der Projektmanager – jedoch ohne dessen weitergehenden Befugnisse – im Wesentlichen in den Bereichen Bauvorbereitung und Projektrealisierung tätig.

Ebenso wie das Projektmanagement ist der Aufgabenbereich der Projektsteuerung ein Teilbereich des Projektentwicklungsprozesses, der Aufgabenbereich der Projektentwickler (vgl. Kap. I 1.2) geht jedoch deutlich darüber hinaus. Ein weiterer Unterschied liegt i.d.R. darin, dass der Projektentwickler üblicherweise die Rolle des Bauherrn innehat, wogegen der Projektsteuerer seine Aufgaben als Dienstleister erfüllt.

1.3.3 Facility-Management

Als Facility-Management wird heute üblicherweise eine ganzheitliche und umfassende **Immobilienbewirtschaftung** verstanden, deren Ziel es ist, die langfristige Ertragssteigerung und Werterhaltung sowohl für den Investor als auch für den Nutzer der Immobilie zu gewährleisten. Der Deutsche Verband für Facility-Management e.V. definiert das Facility-Management als die Koordination und das Bereitstellen von Informationen für das Planen, Bauen und Nutzen von Immobilien, Gebäudebestand, Personal- und Sachanlagen.

Üblicherweise werden von den Facility-Managern folgende Leistungen angeboten:

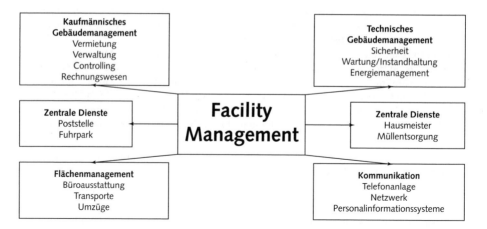

Facility-Manager sollten bei größeren Projekten, sofern im Projektteam kein ausreichendes Know-how vorhanden ist, als Berater in die Projektentwicklung einbezogen werden, da sie aufgrund ihrer praktischen Erfahrungen Hinweise zur Reduzierung der späteren Betriebskosten und zur Vermeidung von Planungsfehlern (z.B. Überprüfung des Anlieferungs- und Entsorgungskonzeptes oder der Reinigungsfähigkeit der Fassade) geben können. Der Zeitpunkt, zu dem der Facility-Manager als Berater tätig werden sollte, ist von Projekt zu Projekt je nach Komplexität verschieden. Grundsätzlich gilt, je komplexer ein Bauvorhaben ist, desto früher sollte ein Berater eingeschaltet werden. Das Einschalten sollte zwischen der Vorentwurfsphase und dem Zeitpunkt der Bemusterung erfolgen. Das Facility-Management selbst stellt sich dennoch nicht als ein Teil der Projektentwicklung dar. Berücksichtigt man, dass die Projektentwicklung mit dem Verkauf eines errichteten und vermieteten Gebäudes an einen Investor bzw. der Übergabe des Gebäudes an einen Nutzer endet, und die Kernaufgabe des Facility-Managements darin besteht, die weitere Nutzungsphase zu begleiten, so zeigt sich, dass zwischen dem Facility-Management und der Projektentwicklung zwar ein fließender Übergang stattfindet, das Facility-Management jedoch kein Teil der Projektentwicklung ist.

2. Beginn und Ablauf einer Immobilien-Projektentwicklung

Der Anstoß für eine Projektentwicklung kann aus unterschiedlichen Richtungen erfolgen. So kann am Anfang der Projektentwicklung, wie in der folgenden Abbildung dargestellt, z.B. die Suche eines Nutzers nach einem neuen Standort, Kapital, welches in Immobilien angelegt werden soll, eine Projektidee für ein fiktives bzw. ein konkretes Grundstück oder ein Bestandsgrundstück, das einer Nutzung zugeführt werden soll, stehen.

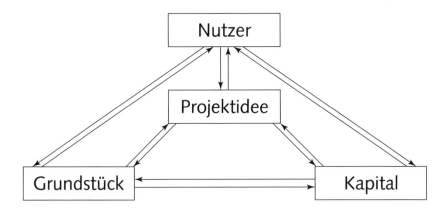

Einen wesentlichen Einfluss auf den Beginn der Projektentwicklung hat sowohl die Lage des Grundstücks als auch die allgemeine Nachfragesituation. Während in sehr guten Lagen nicht nur in Zeiten hoher, sondern auch in Zeiten geringerer Nachfrage vielfach Grundstücke entwickelt werden, ohne dass zuvor ein Nutzer gefunden wurde, steht in Zeiten einer generell schlechten Nachfrage oder bei weniger guten Standorten der potenzielle Nutzer deutlich häufiger im Vordergrund, d.h. am Beginn einer Projektentwicklung.

Der **Projektentwicklungsablauf** von der Projektidee bis hin zur Übergabe an den Nutzer umfasst im wesentlichen die folgenden Arbeitsschritte, wobei deren Reihenfolge variieren kann bzw. einige Arbeitsschritte auch parallel erfolgen:

2.1 Projektidee/Analysephase

- **Projektidee/-skizze**
  - grobes Bebauungs- und Nutzungskonzept
  - Quantifizierung des Kostenrahmens
- **Grundstücksanalyse**
  - Baurecht (Flächennutzungsplan, Bebauungsplan)
  - Erschließung
  - Altlasten
  - Bodenbeschaffenheit
  - Belastungen/Beschränkungen

- **Standortanalyse**
  - demographische Faktoren (Bevölkerungsbestand, -struktur, Erwerbs- und Sozialstruktur etc.)
  - wirtschaftliche Faktoren (Einkommensverhältnisse, -verwendung etc.)
  - technische Infrastruktur (Verkehrsanbindung, Ver- und Entsorgung etc.)
  - soziale Infrastruktur (Kindergärten, Schulen, Versorgungsqualität, kulturelle Einrichtungen etc.)
  - Nachbarschaft
  - Image
  - Konkurrenz (Projekte und Objekte)
- **Analyse gesellschaftlicher Rahmenbedingungen**
  - Akzeptanz in Bürgerschaft
- **Analyse Büroflächenmarkt**
  - Bestand
  - Teilmärkte
  - Nachfrage und Umsatz
  - Leerstand
  - Mietpreise
  - Tendenzen
- **Analyse Anlagemarkt**
  - Zielgruppen
  - Käufer-/Verkäufermarkt
  - Renditeerwartung
  - Tendenzen
- **Developmentrechnung (Grobkalkulation)**
  - Grundstückskosten
  - Baukosten
  - Baunebenkosten
  - Vermarktungskosten
  - Finanzierungskosten
  - Mietertragspotential
  - Festlegung des internen Zinssatzes
  - (Bewirtschaftungskosten)
  - (Steuerdaten)

2.2 Projektkonzeption

- **Zeit- und Ablaufplanung**
- **Bestimmung des Projektträgers**
  - eigenständige Projektgesellschaft (z.B. GmbH/GmbH & Co. KG)
  - Projektträger für mehrere Projektentwicklungen

- **Vermarktungskonzept**
  - Zielgruppenanalyse
  - Zielgruppendefinition
  - Position des Projektes im Wettbewerb
  - Vermarktungsstrategie
  - Marketinginstrumente
  - Marketingkosten/Liquiditätsbedarf
- **Finanzierungskonzept**
  - klassische kurz- bis mittelfristige Projekfinanzierung
  - andere Formen: z.B. Joint Venture unter Eigenkapitalbeteiligung einer Bank
- **Einrichten Projektcontrolling und Einbindung Rechnungswesen**
  - Budget- und Kostenkontrolle
  - Rechnungsprüfung
  - Vorbereitung und Abwicklung Zahlungsverkehr
- **Grundstückssicherung**
  - Ankauf
  - Kaufoption
  - Kaufangebot
- **Bebauungs- und Nutzungskonzept verfeinern (u.U. Architektenwettbewerb)**
  - Abstimmung mit Stadtplanungsamt, Bauaufsichtsamt, Trägern öffentlicher Belange
  - Abstimmung mit Ver- und Entsorgungsunternehmen
- **Aktualisieren/Verfeinern der Developmentrechnung**

2.3 Bauvorbereitung/Vermietung

- **Gemeinde- und Behördenabstimmungen, Bauvoranfragen, Nachbarschaftszustimmungen**
- **Vermietung**
  - Erstellen von Präsentationsunterlagen, Mustermietvertrag und Mieterbaubeschreibung
  - Beauftragen von Maklern
  - Identifikation von Mietinteressenten
  - Aufnahme von Vermietungsverhandlungen
  - Abschluss von Mietverträgen
  - Aktualisieren der Developmentrechnung
- **Ausschreibungen und Vergabe von Aufträgen an**
  - Architekten
  - Gutachter (z.B. Baugrund, Altlasten)
  - Vermessungsingenieure
  - Sachverständige
  - Projektsteuerer

- **Abschluss von Erschließungs- und Versorgungsverträgen**
- **Verfeinern der Projekt- und Baubeschreibung**
- **Abschluss Kreditgespräche (Finanzierungszusage)**
- **Steuerung**
  - Programm-Fortschreibung
  - Ablauf- und Terminkontrolle
  - Aktualisieren der Developmentrechnung

2.4 Projektrealisierung/Verkauf

- **Vergabe von Aufträgen an Fachingenieure, Beweissicherungsverfahren**
- **Behördenabstimmung, Bauantrag und sonstige Genehmigungsanträge**
- **Mengenermittlung, Leistungsbeschreibung und Ausschreibungen von Bauaufträgen**
- **Vergabe von Aufträgen an verschiedene ausführende Baufirmen (Einzel- oder Paketvergabe) oder an einen Generalunternehmer**
- **Abschluss von Versicherungsverträgen für den Projektträger**
- **Management von Mieterausbauwünschen/Änderungsmanagement**
- **Verkauf des Projektes**
  - Vorbereitung der Präsentationsunterlagen
  - Kalkulation des Verkaufspreises
  - Identifikation von potenziellen Investoren
  - Aufnahme von Akquisitionsgesprächen mit potenziellen Investoren
  - Vorbereitung des Kaufvertrages/gegebenenfalls eines GÜ-Vertrages
  - Abschluss von Verträgen mit Investoren
  - Aktualisieren der Developmentrechnung
- **Steuerung/Projektcontrolling**
  - Programm-Fortschreibung
  - Qualitätskontrolle
  - Ablauf- und Terminkontrolle
  - Budget- und Kostenkontrolle
  - Aktualisieren der Developmentrechnung
- **Projektabnahme nach Baufertigstellung**
  - Mitwirken an Beweissicherungsverfahren
  - Dokumentation inklusive Gewährleistungskalender
  - Zusammenstellung und Verfolgung von Gewährleistungsansprüchen
  - Sicherheitseinbehalte
  - Projektabrechnung
  - Abschluss Developmentrechnung

– **Übergabe an Mieter/Investor**
  - technische Einweisung
  - Regelung von Mietereinbauten
– **Abschluss von Facility-Managementverträgen**
  - Verwaltung
  - Wartung
  - Versicherungen

2.5 Post-completion-audit

- nachträgliche Erfolgskontrolle
- Optimieren künftiger Projektabläufe

3. Anforderungen an den Projektentwickler

3.1 Typus/Know-how

Projektentwicklung ist aufgrund der Vielfalt der von ihr umfassten Aufgabenfelder und der Notwendigkeit, sie möglichst zeitnah und reibungslos miteinander zu verbinden, eine sehr komplexe Managementaufgabe. Allein durch die Zusammenarbeit von Spezialisten lässt sich diese interdisziplinäre Aufgabe nicht lösen. Den Spezialisten fehlt hierzu sehr häufig der Blick für das Ganze, auch sind sie nur selten gewillt, sich neben ihrer Spezialdisziplin umfassend mit anderen Disziplinen auseinander zu setzen.

Aufgrund des für die Projektentwicklung notwendigen ganzheitlichen Denkens sollte der Projektentwickler vom Typus her grundsätzlich ein **Generalist** mit Hang zum unternehmerischen Handeln sein.

Die Fähigkeiten und Eigenschaften, die ein Projektentwickler mitbringen muss, um seiner Aufgabe als koordinierende und organisierende Kraft, die hinter einem Projekt steht, gerecht zu werden, sind sehr different.

Das für die Durchführung einer Projektentwicklung notwendige Know-how lässt sich direkt aus den zu bewältigenden Aufgabenfeldern ableiten. Der Developer sollte
- Vorstellungen darüber besitzen, wie sich die Gesellschaft sowie das gesamtwirtschaftliche Umfeld entwickelt, um hieraus Trends für die Immobilienwirtschaft ableiten zu können;
- Ideen entwickeln für die Nutzung von Grundstücken, damit überhaupt mit der Entwicklungsarbeit begonnen werden kann;
- Standortbeurteilungen vornehmen können insbesondere ein Gespür sowohl für die derzeit guten Lagen als auch für die künftig guten Lagen besitzen;
- mit Politikern und Verwaltungen der Städte umgehen können, um Meinungsbildungen zugunsten der formulierten Entwicklungsziele zu erreichen;
- die Interessen/Bedürfnisse der Bürgerschaft kennen;
- den Immobilienmarkt kennen – und zwar sowohl die Angebots- als auch die Nachfrageseite;
- das Bau- und Planungsrecht sowie das Erschließungsrecht so weit kennen, um für die Entwicklung von Projekten Möglichkeiten der Realisierung ausloten zu können und um die zur Führung und Überwachung der Planungs- und Bauphase notwendigen Grundkenntnisse zu haben;
- betriebswirtschaftliche Kenntnisse besitzen, insbesondere zur Anfertigung von Developmentrechnungen, ebenso Grundkenntnisse über die steuerrechtliche Behandlung von Immobilien sowie über die Finanzierungsabläufe besitzen;
- Instrumente im Bereich des Projektcontrollings kennen bzw. einsetzen können;
- Kenntnisse bezüglich Ausschreibung und Vergabe von Planungs- und Bauaufträgen haben;
- juristische Grundkenntnisse in den Bereichen Grundstücksrecht, Gesellschaftsrecht, Werkvertragsrecht und Mietrecht aufweisen;
- grundsätzlich ein erhebliches Maß an Verhandlungsgeschick und Know-how bei der Gestaltung aller abzuschließenden Verträge besitzen – seien es Verträge mit Beratern, Planern, ausführenden Firmen, Nutzern oder Käufern;
- Instrumente im Bereich des Marketings kennen und umfassend anzuwenden wissen.

Sofern Projektentwickler gelegentlich als Spekulanten bezeichnet werden, hat dies zwar einen negativen Beigeschmack. Ausgehend von dem lateinischen Ursprung dieses Wortes, gemäß dem

„speculare" nichts anderes als „voraussehen" bedeutet, muss ein Projektentwickler tatsächlich ein Spekulant sein. Denn gerade das Voraussehen von Marktsituationen ist eine Fähigkeit, die der gute Projektentwickler besitzen sollte.

3.2 Persönlichkeit/Arbeitsweise

Der Developer sollte eine selbstständige ziel- und ergebnisorientierte Arbeitsweise besitzen. Ferner ist ein hohes Maß an Durchsetzungsfähigkeit wichtig. Der Projektentwickler kann nicht Experte in allen Teilgebieten sein. Es ist vielmehr seine Aufgabe, den Spezialisten aus den Bereichen Research, Recht, Steuern, Bauplanung, Baumanagement, Vermietung, Verkauf, Marketing und Objektmanagement die anzustrebenden Ziele vorzugeben, deren Arbeit zum Nutzen des Projekts zusammenzuführen sowie die Arbeitsergebnisse zu kontrollieren. Der Developer muss zudem im Stande sein, die Projektbeteiligten zu motivieren.

4. Ausbildungsstätten für Projektentwickler

4.1 Ausgangssituation

4.1.1 Das Tätigkeitsfeld des Projektentwicklers

Der Prozess der Immobilien-Projektentwicklung ist sehr komplex und setzt sich aus einer Vielzahl von Teildisziplinen zusammen. So erfordert eine grundlegende Standort- und Marktanalyse zu Beginn des Prozesses Erfahrungen in der immobilienwirtschaftlichen Situation eines Gebietes und Kenntnisse grundstücksspezifischer Faktoren und Einflussgrößen.

Bei der anschließenden Umsetzung einer Projektidee innerhalb eines konkreten Nutzungskonzeptes ist Basiswissen aus dem Baubereich unabdingbar, um Planungen und Entwürfe optimal einschätzen und umsetzen zu können. Dazu zählt auch der sichere Umgang mit Vorgaben aus der übergeordneten räumlichen Planung, der Projektplanung sowie HOAI und VOB.

Der Komplex der Vermarktung umfasst nicht nur das Darstellen des Projektes in der Öffentlichkeit, sondern auch die Nutzer- und Investorensuche. Dem Marketing kommt eine wichtige Rolle zu, da erst der Verkauf bzw. die Vermietung des Objektes zur Rentabilität des Projektes führt. Auch Betrachtungen zur Wirtschaftlichkeit sind vom Projektentwickler während der gesamten Spanne der Entwicklung durchzuführen. Dies wiederum erfordert eine realistische Einschätzung von Baukosten und anderen belastenden Faktoren ebenso wie der Gewinne aus Verkauf oder Vermietung.

Parallel dazu sind die Finanzierungsmöglichkeiten zu klären und mit dem Projekt und dessen Ablauf in Einklang zu bringen. Außerdem erfordert die Projektentwicklung ein umfassendes Wissen auf dem rechtlichen Gebiet, da die Baurechtschaffung sowie die notwendigen Verträge (aus Verkauf und Vermietung, zwischen den Baubeteiligten etc.) rechtlich abgesichert und „wasserdicht" sein sollten.

Zusammenfassend werden anhand der Teilgebiete des Projektentwicklungsprozesses folgende Spezialkenntnisse benötigt:

Teilgebiet der Projektentwicklung	Kenntnisse
Marktanalyse	Kaufpreise, Mietpreise, Trends, Prognosen, Konkurrenz, Bestand, ansässige Makler, …
Standortanalyse	Grundstücksbewertung, Altlasten, Denkmalschutz, infrastrukturelle Anbindung, Lage, Besonderheiten, hard/soft facts, …
Nutzungskonzept	Innovative Ideen, Umsetzungen im Rahmen der Vorgaben des Bauplanungs- und Bauordnungsrechtes, sinnvolle Umsetzung der Projektidee, Optimierung des Bauwerkes für potenzielle Nutzer und Investoren, Genehmigungsfähigkeit gewährleisten, Projektmanagement während der Planung und Bauausführung, …
Wirtschaftlichkeit	Kenntnis der gängigen Methoden zur Wirtschaftlichkeitsberechnung, Fähigkeit zur reellen Einschätzung von Kosten und Erlösen, Marktkenntnisse, …
Finanzierung	Erfahrungen im Kreditgeschäft, Optimierung der Finanzierungsart hinsichtlich der Projektart, …
Recht	Kenntnis und sicherer Umgang im Bau-, Planungs-, Miet-, Grundstücks-, Denkmalschutz- und Kaufrecht, Vertragsmanagement, …

Nutzung und Betreiben	Umsetzung ganzheitlicher Konzepte, frühe Berücksichtigung der FM-Konzeption,…
Vermarktung, Nutzer- und Investorensuche	Abstimmung und Beauftragung bzw. Durchführung von Marketingmaßnahmen, Kontaktpflege zu potenziellen Kreisen, Vorbereitung der Vertragsabschlüsse, …

4.1.2 Notwendigkeit zur gezielten Ausbildung

Wie der vorangestellten Aufzählung zu entnehmen ist, umfasst der Bereich der Immobilien-Projektentwicklung sehr viele Einzelgebiete der Bau-, Betriebs- und Immobilienwirtschaft. Es ist jedoch zu differenzieren zwischen der Kenntnis von Sachverhalten, Spezialgebieten und Themenkreisen und deren vollkommener Beherrschung. Für den Projektentwickler sollte im Vordergrund stehen, die angesprochenen Bereiche zu kennen und ganzheitlich zu überschauen. Ebenfalls in seinem „Kenntnisbereich" sollten die „Knackpunkte" eines Projektes liegen, d.h., eine intensive Auseinandersetzung mit baurechtlichen und wirtschaftlichen Fragestellungen ist Voraussetzung.

Für alle Fachrichtungen, die im Prozess der Projektentwicklung angesprochen werden, sind jedoch auch in den meisten Fällen zusätzlich Spezialisten, z.B. Juristen, Steuerberater, Makler, Planer verschiedenster Sparten, Marketingunternehmen, Analysten und andere, einzubinden. Somit ist die Hauptaufgabe des Projektentwicklers die Koordination, Abstimmung und inhaltliche Mitwirkung bei den einzelnen Teilprozessen sowie der beteiligten Personen. Dazu ist nicht nur soziale Kompetenz notwendig, sondern auch Erfahrung in Personalführung und Wissensmanagement.

Der Projektentwickler ist somit der zentrale Ansprechpartner des Projektes, bei dem alle Stränge zusammenlaufen. Ihm obliegt die Koordination des Gesamtprozesses und vor allem die Sicherstellung der Schnittstellen der einzelnen Themenfelder.

In der Praxis bedeutet das oft, dass diese Funktion von Spezialisten eines Fachgebietes besetzt wird, welche sich auf genannter Bandbreite weitergebildet haben oder über langjährige Erfahrung verfügen. Die zunehmende Komplexität und Größe von Immobilienprojekten macht es jedoch immer mehr erforderlich, dass genau für die oben beschriebene Tätigkeit Aus- und Weiterbildungsprofile bereitgestellt werden, durch die kompetenter Nachwuchs ausgebildet wird.

In den letzten Jahren haben einige Ausbildungsstätten auf diese Nachfrage reagiert. Meist wurde basierend auf einer bautechnischen, betriebs- oder immobilienwirtschaftlichen Ausbildung das Angebot um Zusatzvorlesungen oder -fächer erweitert, teilweise entstanden im Zuge von der Weiterentwicklung innerhalb des Real Estate Managements oder der Immobilienwirtschaft völlig neue Ausbildungsrichtungen. Grundsätzlich lässt sich dabei folgende Einteilung der Institutionen vornehmen:
- Universitäten,
- Fachhochschulen,
- Berufsakademien, andere Akademien und Institute.

Im Folgenden sollen die wichtigsten Institutionen mit ihrem jeweiligen Ausbildungsprofil näher beschrieben werden. Die Klassifizierung wurde danach vorgenommen, ob eigene Vorlesungsreihen zur Projektentwicklung angeboten werden oder ob die Themen dieses Gebietes nur innerhalb einer anderen Lehrveranstaltung angesprochen werden.

Die nachfolgenden Ausführungen erheben keinen Anspruch auf Vollständigkeit. Die Recherchen wurden nach bestem Wissen und Gewissen durchgeführt. Sollten trotzdem Institutionen unerwähnt bleiben oder andere sich nicht ausreichend vertreten sehen, so bitten wir, dies zu entschuldigen. Ziel war es, eine weitest gehenden Überblick über die aktuell in Deutschland vorhandenen Ausbildungsstätten für Projektentwickler zu geben und konnte es nicht sein, die einzelnen Aus- und Weiterbildungsveranstaltungen bzw. deren Lehrinhalte eingehend zu beschreiben. Die Angaben zu Preisen und Modalitäten für einzelne Kurse und Weiterbildungsstudiengänge spiegeln den Informationsstand zum Zeitpunkt der Ausarbeitung der Veröffentlichung wider. Sie sind unverbindlich und sollten bei Interesse an den angegebenen Instituten nachgefragt werden.

4.2 Grundausbildung

4.2.1 Überblick

Wie den vorangegangenen Überlegungen zu entnehmen ist, besteht die Notwendigkeit, dem zukünftigen Projektentwickler eine solide Grundausbildung zu bieten. Darin sollte das gesamte benötigte Themenspektrum von Baurecht über Wirtschaftlichkeit bis Finanzierung grundlegend vermittelt werden. Hinzu kommen können tiefer greifende Fragestellungen zu besonders schwerwiegenden Punkten, die zur Beurteilung der Gesamtsituation notwendig sind.

Bei der Untersuchung der Möglichkeiten der Grundausbildung im Bereich der Immobilien-Projektentwicklung in der Bundesrepublik Deutschland fällt auf, dass der Hauptteil des Angebotes von Hochschulen und Fachhochschulen getragen wird. Sonstige Akademien und Ausbildungsstätten hingegen konzentrieren sich in ihrer Tätigkeit mehr auf die Weiterbildungs- und Aufbaustudiengänge. Während bei den ausbildenden Hochschulen zu bemerken ist, dass sich jeweils oft nur ein Fachgebiet mit der Thematik befasst bzw. nur eine Vorlesungsreihe angeboten wird, sind die Fachhochschulen gleich mehrfach mit mehreren Vorlesungsreihen vertreten.

In den Studiengängen, die Immobilien-Projektentwicklung anbieten, variiert die Spannbreite ebenfalls. Im Hochschulbereich befassen sich Immobilienmanager, Bau- und Wirtschaftsingenieure, Architekten, Raumplaner, Immobilien- und Betriebswirtschaftler mit Projektentwicklung, bei den Fachhochschulen hingegen Bauingenieure, Betriebs- und Immobilienwirtschaftler und bei den sonstigen Institutionen nur Betriebs- und Immobilienwirtschaftler.

Im Folgenden werden die Institutionen näher vorgestellt, deren Lehrangebot eine eigene Vorlesungsreihe zur Thematik beinhaltet.

4.2.2 Universitäten

4.2.2.1 RWTH Aachen

Im Zuge des Masterstudiengangs Wirtschaftsingenieur mit der Fachrichtung Bauingenieur werden die Vorlesungen „Immobilien-Projektentwicklung" und „Vorbereitung und Durchführung von Bauprojekten im Lebenszyklus" angeboten.

In der Vorlesungsreihe „Immobilien-Projektentwicklung" werden mit den Phasen, Aufgaben, Zyklen und Kernbegriffen die Grundlagen der Projektentwicklung vermittelt. Weitere Studieninhalte sind Corporate Real Estate Management, Due Diligence-Prüfung für Immobilienobjekte, Marktsektoren mit der Vermittlung von Standort- und Marktanalysen. Finanzierungsthemen und privatwirtschaftliche Finanzierungs- und Betreibermodelle öffentlicher Aufgaben sind ebenso Vorlesungsbestandteil.

Weiterhin besteht mit der Veranstaltung „Vorbereitung und Durchführung von Bauprojekten im Lebenszyklus" die Möglichkeit einer interdisziplinären Gemeinschaftsveranstaltung beizuwohnen, in der anhand eines praktischen Beispiels die Grundlagen der Projektentwicklung praxisnäher vermittelt werden. Dabei gilt es die Aspekte Nutzung, Standort, Kapital und Zeit bei der Zieldefinition in Einklang zu bringen und die Projektorganisation und -steuerung zu planen.

Anschrift:	RWTH Aachen
	Lehrstuhl für Baubetrieb und Projektmanagement
	Mies-van-der-Rohe-Straße 1
	52074 Aachen
Ansprechpartner:	Prof. Dr. Rainard Osebold
Telefon:	+49 (0) 241-80 25140
Fax:	+49 (0) 241-80 22 290
Internet:	www.ibb.rwth-aachen.de

4.2.2.2 Technische Universität Berlin

An der Technischen Universität Berlin können sich Bauingenieure im Master innerhalb der Vorlesung „Lebenszyklus I – Projektentwicklung" mit der Struktur und den Instrumenten des Themengebietes vertraut machen. Ziel der auf das Projektmanagement aufbauenden Vorlesung ist, Kenntnisse über die Entwicklung von Hochbauprojekten zu vermitteln, indem der gesamte Planungsprozess von der Projektidee bis zur Vorplanung behandelt wird. Inhaltlich werden der Immobilienmarkt und die Beteiligten, Werkzeuge und Methoden der Projektentwicklung, Rechtsgrundlagen und zentrale Projektaspekte sowie Immobilienfinanzierung und werthaltiges Bauen behandelt. Mit Hilfe von Beispielen wird der Praxisbezug gewahrt. Die weiterführende Veranstaltung „Projektentwicklung in der Anwendung" behandelt ein reales Projekt, in dem in Teamarbeit die Kenntnisse der Projektentwicklung vertieft werden. Dazu werden Markt-, Standort- und Immobilienanalysen durchgeführt sowie die Themen Finanzierung, Baurecht und Planungskosten behandelt.

Anschrift:	Technische Universität Berlin
	Fachgebiet Bauwirtschaft und Baubetrieb
	Gustav-Meyer-Allee 25
	13355 Berlin
Ansprechpartner:	Prof. Dr.-Ing. Bernd Kochendörfer
Telefon:	(0 30) 31 47 23-30
Fax:	(0 30) 31 47 23-33
Internet:	www.tu-berlin.de

4.2.2.3 Technische Universität Dortmund

Die Fakultät Raumplanung der Universität Dortmund bietet für Studenten der Raumwirtschaftspolitik und des Bauingenieurwesens im Master diverse Module zur Immobilienprojektentwicklung an. In dem Projekt „Integrierte Immobilien- und Quartiersentwicklung" ist das Ziel an einem konkreten Beispiel der Flächenentwicklung eine Machbarkeitsstudie durch eine Analyse und Konzeptentwicklung durchzuführen. In der „Immobilienprojektentwicklung" werden die Handlungsfelder Standort- und Stakeholderanalyse, Baurechtsprüfung, Baukostenanalyse, Nutzungskonzepte, Vermarktung und Wirtschaftlichkeitsbewertung behandelt. Dieses Modul wird in der zweiten Semesterhälfte durch die Veranstaltung „Flächen- und Bestandsmanagement" fortgeführt, die die Bereiche Lebenszyklusbetrachtung, Projektfinanzierung, Ausgestaltung von Immobilieninvestments und Besteuerung durch den Bund, Länder und die Kommunen behandelt. Ein separates Modul befasst sich mit den konzeptionellen Besonderheiten des Städtebaus.

Anschrift:	Technische Universität Dortmund
	Lehrstuhl Immobilienentwicklung
	August-Schmidt-Straße 6
	44227 Dortmund
Ansprechpartner:	Prof. Dr. Nadler
Telefon:	+49 (0)231 / 755-4704
Fax:	+49 (0)231 / 755-4869
Internet:	www.uni-dortmund.de

Studiengang: „Bauprozessmanagement und Immobilienwirtschaft"

Für Bachelor- und Diplomabsolventen der Studiengänge Architektur, Städtebau und Bauingenieurwesen wird der konsekutive Masterstudiengang (Msc.) „Bauprozessmanagement und Immobilienwirtschaft" als Vollzeitstudium über die Dauer von 4 Semestern angeboten. Die Projektentwicklung und das Immobilienmanagement nehmen tragende Rollen ein. Weitere behandelte Themenbereiche sind Organisations- und Prozessmanagement der Immobilienbewertung und der Immobilienvermarktung, Strategisches Vertragsmanagement, Assetmanagement und Portfoliomanagement.

Anschrift:	Technische Universität Dortmund
	Lehrstuhl Immobilienwirtschaft und Bauorganisation
	August-Schmidt-Straße 8
	44227 Dortmund
Ansprechpartner:	Prof. Dr. Čadež
Telefon:	+49 (0)231 / 755-4704
Fax:	+49 (0)231 / 755-5860
Internet:	www.bauwesen.tu-dortmund.de

4.2.2.4 Technische Universität Darmstadt

Zum Masterstudium Wirtschafts-Bauingenieur wird an der TU-Darmstadt der Vorlesungsblock „Immobilienwirtschaft" gelesen. Hier setzt sich der Student mit den zentralen Punkten der Projektentwicklung und der Immobilienwirtschaft auseinander. Die Themen Markt- und Standortanalyse, Nutzungs- und Verwaltungskonzept und Due Diligence werden ebenso wie Immobilienentwicklung, Finanzierung- und Assetmanagement, Nutzung und Betrieb im Rahmen der Vorlesung studiert.

Die Veranstaltungen finden aufbauend auf den Vorlesungen zum allgemeinen Projektmanagement statt.

Anschrift:	Technische Universität Darmstadt
	Fachbereich Immobilienwirtschaft und Baubetriebswirtschaftslehre
	Hochschulstraße 1
	64289 Darmstadt
Ansprechpartner:	Prof. Dr. Pfnür
Telefon:	+49 6151 16-3717
Fax:	+49 6151 16-4417
Internet:	www.real-estate.bwl.tu-darmstadt.de

4.2.2.5 Technische Universität Bergakademie Freiberg

Der Lehrstuhl Allgemeine BWL bietet in der SBWL Baubetriebslehre das Fach „Projektentwicklung" an. Zunächst wird die Projektentwicklung im Immobilienbereich (u.a. Wohnimmobilien, Gewerbeimmobilien, Freizeit- und Sozialimmobilien) erläutert. Dann wird die Infrastruktur- Projektentwicklung (u.a. im Verkehrs- und Umweltbereich) vorgetragen. Die Phasen der Projektentwicklung wurden als Regelkreis zwischen Technik, Nutzung, Marketing, Finanzierung, Projektkalkulation und externen Effekten begriffen.

Anschrift:	TU Bergakademie Freiberg
	Lehrstuhl für Allgemeine BWL, insb. Baubetriebslehre
	Lessingstraße 45
	09599 Freiberg
Ansprechpartner:	Prof. Dr. Ing. Dipl.-Kfm. Dieter Jacob
Telefon:	+49/ (0) 3731 / 39-4081
Fax:	+49/ (0) 3731 / 39-4092
Internet:	fak6.tu-freiberg.de/baubetriebslehre/

4.2.2.6 Hafencity Universität Hamburg

An der Hafencity Universität Hamburg werden den Studenten der Stadtplanung und Architektur in diversen Veranstaltungen die Grundlagen der Projektentwicklung vermittelt. Für den Bachelorstudiengang Stadtplanung hat die Veranstaltung „Immobilienwirtschaft und Wirtschaftsförderung" zum Ziel, den Studenten die Grundlagen der Immobilien-Projektentwicklung, Wirtschaftlichkeitsrechnung und die Gestaltungsmöglichkeiten in der Immobilien-Bewirtschaftung zu vermitteln. In weiterführenden Modulen wie der „Projekt- und Stadtentwicklung", soll das Wissen der Studenten über die wesentlichen Schritte einer (Immobilien-) Projektentwicklung und der (Stadt-) Quartierentwicklung verdichten und Interdisziplinaritäten sowie deren Wirkungszusammenhänge aufdecken. Anhand konkreter Beispiele wird insbesondere die Zusammenarbeit mit öffentlichen Akteuren auf verschiedenen prozessualen Ebenen behandelt. Wahlweise kann das erlangte Wissen anhand einer Projektarbeit in einem Praxisbeispiel gefestigt und erweitert werden.

Für Architekten gibt es im Master eine Veranstaltung, die Projektentwicklung anhand eines „Architekturprojekts im Lebenszyklus der Immobilie" vermittelt. Hier werden die Grundlagen der Projektentwicklung für die direkte Anwendung bei eigenen Projekten gelehrt. Die Architekten sollen in die Lage versetzt werden, baukulturelle und wirtschaftliche Anforderungen in Einklang zu bringen. Inhaltlich werden Grundlagen der Projektentwicklung, Machbarkeitsstudien – Wirtschaftlichkeitsanalysen und Berichte aus der Praxis von Projektentwicklungsgesellschaften abgehandelt.

Anschrift:	Hafencity Universität Hamburg
	Architektur
	Hebebrandstraße 1
	22297 Hamburg
Ansprechpartner:	Cristina de la Cruz
Telefon:	+ 49 (0)40 42827-5351
Fax:	——
Internet:	www.hcu-hamburg.de
Anschrift:	Hafencity Universität Hamburg
	Stadtplanung
	Averhoffstraße 38
	22085 Hamburg
Ansprechpartner:	Sabine Kröpelin / Anja Nettig
Telefon:	+49 (0)40 42827-4343
Fax:	——
Internet:	www.hcu-hamburg.de

4.2.2.7 Karlsruher Institut für Technologie (KIT)

Das KIT bietet den Studenten der Architektur, des Bau- und Wirtschaftsingenieurwesens die Möglichkeit die Vorlesungsreihe „Real Estate Management" zu besuchen. Inhaltlich wird dort das Thema Projektentwicklung behandelt. Weitere Studieninhalte sind der Wohnungsmarkt, -nachfrage und Lebensstile, Bedarfsermittlung, Wirtschaftlichkeitsuntersuchungen, Risikomanagement und Verfahren der Wertermittlung. Das Angebot wird durch Vorträge von Gästen aus verschiedenen Bereichen der Wohnungswirtschaft und durch Exkursionen ergänzt.

Anschrift:	Karlsruher Institut für Technologie (KIT)
	Lehrstuhl für Ökonomie und Ökologie des Wohnungsbaus
	Kaiserstraße 12
	76131 Karlsruhe
Ansprechpartner:	Prof. Dr.-Ing. Lützenkopf
Telefon:	+49/(0)721/608-48336
Fax:	+49/(0)721/608-48341
Internet:	www.oew.kit.edu

4.2.2.8 Technische Universität Kaiserslautern

An der Technischen Universität Kaiserslautern wird Studenten des Bauingenieurwesens und der Raum- und Umweltplanung am Fachbereich Immobilienökonomie ein Vorlesungsblock zu den wirtschaftlichen Aspekten der Immobilie angeboten. Dabei werden die Vorlesungen „Immobilienfinanzierung, -bewertung und -projektentwicklung" sowie „Immobilienprojektentwicklung und Due Diligence" angeboten. Der Themenbereich Projektentwicklung beinhaltet Anforderungen und Ziele des Projektentwicklers, Nutzeranforderungen, Flächendefinitionen, Markt- und Standortanalyse, Projektkalkulation und Immobilienmarketing. Eine Machbarkeitsstudie für ein selbstgewähltes Immobilienprojekt (Projektentwicklung oder Redevelopment) wird in einer Übung selbstständig entwickelt. In der weiterführenden Veranstaltung „Projektentwicklung und Due Diligence" wird Datenmanagement, Finanzierung, Förderung und Besteuerung von Immobilien-Projektentwicklungen behandelt.

Anschrift:	Technische Universität Kaiserslautern
	Fachgebiet Immobilienökonomie
	Paul-Ehrlich-Straße
	67663 Kaiserslautern
Ansprechpartner:	Juniorprof. Dr. Björn-Martin Kurzrock
Telefon:	+49 (0)631 205-2906
Fax:	+49 (0)631 205-3901
Internet:	www.bauing.uni-kl.de/immobilienoekonomie

4.2.2.9 Universität Kassel

An der Universität Kassel werden am Fachgebiet Bauwirtschaft/Projektentwicklung Kenntnisse und Fertigkeiten auf dem Sektor des Bau-Projektmanagements im In- und Ausland vermittelt. Ziel ist es Architekten, tätig in der Bauabwicklung, notwendige Voraussetzungen auf dem Gebiet der Projektorganisation bereitzustellen. In dem Modul Bauwirtschaft/Projektentwicklung wird sich themenspezifisch in den Aspekten Projektentwicklung, Ablaufplanung, Baucontrolling, Projektsteuerung und Projektmanagement vertieft. Im Vertiefungsmodul im Master wird für eine Projektarbeit eine Standort- und Nutzungsanalyse, Bedarfsermittlung, Grundstückseinordnung, Wirtschaftlichkeitsplanung und Machbarkeitsstudie durchgeführt.

Anschrift:	Universität Kassel
	Fachgebiet Bauwirtschaft und Projektentwicklung
	Henschelstraße 2
	34109 Kassel
Ansprechpartner:	Prof. Dr. Antonius Busch
Telefon:	+49 561 804 2376
Fax:	+49 561 8042494
Internet:	www.ibw-kassel.de

4.2.2.10 Universität Leipzig

Institut für Immobilienmanagement

Im Bachelor wird den Studenten der Betriebswirtschaftslehre die Lehrveranstaltung „Immobilienmanagement" angeboten. Die Inhalte bauen auf dem kaufmännischen und volkswirtschaftlichen Wissen der grundlegenden Bachelor-Module auf. Dabei werden die Immobilien aus dem Blickwinkel Rechtslage, Verkehrswert, Verwaltung, Vermittlung, Finanzierung und Investment betrachtet. Abschließend werden die Standort- und Marktanalyse sowie die Projektentwicklung abgehandelt. Im Master wird ein Veranstaltungsblock für die Themenbereiche Immobilienanalyse, Immobilieninvestment und Immobilienresearch angeboten. Die Immobilie wird als Einzelanlage und Anlageprodukt analysiert. Die Veranstaltung „Immobilieninvestment" behandelt die Immobilienprojektentwicklung aus dem Investmentblickwinkel. Der Praxisbezug wird in einer Case Study zur „Immobilienresearch" abgedeckt.

Anschrift:	Universität Leipzig
	Wirtschaftswissenschaftliche Fakultät
	Institut für Immobilienmanagement
	Grimmaische Straße 12
	04109 Leipzig
Ansprechpartner:	Prof. Dr. Wolfgang Pelzl
Telefon:	(0 34 1) 9733 650
Fax:	(0 34 1) 9733 669
Internet:	www.immo.uni-leipzig.de

4.2.2.11 Technische Universität München

Die Technische Universität München ist dem hohen Bedarf an Immobilienprojektentwicklung mit ihrem neuen Ausbildungskonzept nachgekommen und bietet den Bachelorstudiengang „Bauingenieurwesens mit ausführungsorientiertem Profil" an. Das „Construction. Real Estate Management", kurz CoRE, genannte Konzept führt die Studenten von Beginn an die Planung und Realisierung von Projekten heran, indem Planungsprozesse und Kosten- und Leistungsrechnung vermittelt werden.

Der konsekutive Master kann mit den Schwerpunkten Immobilienentwicklung oder Bauprozessmanagement fortgeführt werden. Dieser Master steht auch Bauingenieuren und Architekten frei, wenn die notwendigen Vertiefungsfächer belegt wurden. Die Dauer des Studiums beläuft sich auf 4 Semester und wird mit dem Titel Master of Science (Msc.) abgeschlossen.

In der Veranstaltung „Immobilienprojektentwicklung" werden Grundlagen der Investition, Standortanalyse, Marktdaten und -beteiligte neben der Wirtschaftlichkeit von Immobilien vermittelt. Weiterhin werden Developmentrechnungen und Sensitivitätsanalysen durchgeführt. Mit Gastvorträgen wird Praxisnähe gewährleistet. Die rechtlichen Aspekte der Immobilienentwicklung werden in der eigenen Veranstaltung „Rechtliche Rahmenbedingungen für die Immobilienentwicklung" bearbeitet.

Weitere Themengebiete des Studiums sind u.a. das Portfolio- und Assetmanagement, Wertermittlungsmethoden und Immobilienfinanzierung.

Ein Großteil der Dozenten stammt aus der freien Wirtschaft, wodurch ein praxisnahes Studium zu erwarten ist.

Anschrift:	Technische Universität München
	Lehrstuhl für Bauprozessmanagement und
	Immobilienmanagement
	Arcisstraße 21
	80333 München
Ansprechpartner:	Prof. Dr.-Ing. Josef Zimmermann
Telefon:	(089) 289 22 410
Fax:	(089) 289 22 471
Internet:	www.bpm.bv.tum.de

4.2.2.12 Universität Regensburg/IREBS

Seit 2003 besteht das Institut für Immobilienwirtschaft an der Universität Regensburg. Als Teil der Wirtschaftswissenschaftlichen Fakultät umfasst das Institut mittlerweile 8 Lehrstühle. Dabei wurde die ehemalige „ebs Immobilenakademie" in die Universität Regensburg aufgenommen und integriert. Seit dem Wintersemester 2005/06 werden die Bachelorstudiengänge BWL und VWL mit dem Schwerpunkt Immobilienwirtschaft angeboten. Je nach Studiengang

(BWL/VWL) können betriebswirtschaftliche (Immobilienwirtschaft) oder volkswirtschaftliche (Immobilienökonomie) Aspekte der Immobilie systematisch vertieft werden. Die Thematik Immobilienentwicklung wird als Schwerpunktmodul der Immobilienwirtschaft behandelt und mit Prof. Dr. Bohne-Winkel von einer sehr anerkannten Person betreut.

Die Universität Regensburg bietet einen eigenen Masterstudiengang im Bereich Immobilienwirtschaft („Master of Science in Real Estate") als Vollzeitstudium an. Der Schwerpunkt „Immobilienentwicklung und -management" beinhaltet die Veranstaltungen Immobilienentwicklung II, Immobilienmanagement II und Handelsimmobilien II.

Anhand von Fallstudien und realen Projekten wird den Studenten eine praxisnahe Vermittlung der Instrumente und Methoden der Projektentwicklung vermittelt. Gelehrt wird teilweise fachdisziplinübergreifend und überwiegend in Blockveranstaltungen. Prüfungen erfolgen überwiegend in Form von Projektarbeiten, Studien und Case Assignments. Ein Auslandsaufenthalt und die Möglichkeit eines Doppelabschlusses werden Angeboten. Die Royal Institution of Chartered Surveyors (RICS) hat den Masterstudiengang im für das Maximum von fünf Jahren von 2010 bis 2014 akkreditiert.

Anschrift:	Universität Regensburg
	Honorarprofessur für Immobilienentwicklung
	Universitätstraße 31
	93040 Regensburg
Ansprechpartner:	Prof. Dr. Stephan Bone-Winkel
Telefon:	(0941) 943 6021
Fax:	(0941) 943 6022
Internet:	www.irebs-immobilieninstitut.de

4.2.2.13 Universität Stuttgart

Seit dem Wintersemester 2008/09 wird an der Universität Stuttgart der Bachelorstudiengang „Immobilientechnik und Immobilienwirtschaft" und seit dem Wintersemester 2011/12 der konsekutive Masterstudiengang angeboten. Im Bachelor werden den Studenten mit dem „Immobilienmarketing" und der „Immobilienbewirtschaftung" die finanziellen Aspekte einer Immobilie näher gebracht und im Master fundiert. Dabei werden die Immobilien in sämtliche Lebenszyklusphasen betrachtet und die ingenieur- und wirtschaftswissenschaftlichen, energetischen, planerischen sowie rechtlichen Aspekte vermittelt. Weiterführend ist eine Spezialisierung in den genannten Bereichen möglich. Verpflichtend muss die Veranstaltung „Immobilienplanung und -entwicklung" besucht werden, deren Inhalte Projektentwicklung, Portfoliomanagement sowie Planung und Entwicklung im Wohnungsbau sind. Weitere Fächer wie Städtebau, Marketing oder Rechtsgrundlagen der Immobilienwirtschaft runden das interdisziplinäre Lehrfeld ab. Weiterhin gibt es die Möglichkeit Grundlagen und Methoden der Projektplanung und des Projektmanagements von Bauprojekten zu erlernen.

Das Institut für Baubetriebslehre ist Kooperationspartner der „Deutschen Gesellschaft für nachhaltiges Bauen (DGNB)". Studierende des Masterstudiengangs haben die Möglichkeit, die Grundlagen für die Prüfung zum „Registered Professional" zu erwerben.

Anschrift:	Universität Stuttgart
	Institut für Baubetriebslehre
	Pfaffenwaldring 7
	70569 Stuttgart
Ansprechpartner:	Prof. Dr.-Ing. Fritz Berner
Telefon:	(07 11) 6 85-661 44
Fax:	(07 11) 6 85-561 44
Internet:	www.iui.uni-stuttgart.de

4.2.2.14 Bergische Universität Wuppertal

Studenten des Bauingenieurwesens können den konsekutiven Masterstudiengang „Planen, Bauen und Betreiben" wählen. Pflichtmodule sind „Methoden und Verfahren der Projektentwicklung", „Vertragsrecht/Bauvertragsrecht" und „Unternehmensführung und Marketing/Facility Management". Wahlweise kann man sich mit dem Modul „Projektentwicklung in der Praxis" vertiefen, in der die Projektentwicklung für ein gegebenes, reales Grundstück gefordert ist. Die Ergebnisse sind abschließend im Rahmen einer Ausarbeitung darzustellen.

Architekturstudenten wird im Bachelor an dem Fachgebiet „Ökonomie des Planen und Bauens" ein tieferer Einblick in die Materie der Projektentwicklung durch die Veranstaltungen Real Estate Management I und II ermöglicht. Dort werden der gesamtwirtschaftliche Kontext, die wesentlichen Akteure und ihrer Interessenlagen, die Wirtschaftlichkeitsgedanken und -berechnungen, die Regelwerke (HOAI, VOB, DIN 276, 277) studiert und ihr Einfluss auf die Kostenkalkulation und Projektentwicklung vermittelt. Die Themen werden in einer Übung praktisch erprobt und eingeübt. Die weiterführende Veranstaltung REM II behandelt die wirtschaftlichen Aspekte der Projektentwicklung mit dynamischen Investitionsrechenarten, Wirtschaftlichkeitsberechnungen, Besonderheiten der Wertermittlung, Life-Cycle-Cost-Berechnungen, Kostencontrolling, spezielle Probleme des Wohnungs- und Büroflächenmarktes und Baunutzungskosten von Immobilienprojekten.

Anschrift:	Bergische Universität Wuppertal Juniorprofessur für Immobilienwirtschaft Pauluskirchstraße 7 42285 Wuppertal
Ansprechpartner:	Dr. Susanne Mertens, LL. M.
Telefon:	+ 49 30-31 86 75-36
Fax:	+ 49 30-31 86 75-27
Internet:	www.immo.uni-wuppertal.de
Anschrift:	Bergische Universität Wuppertal Fachgebiet Ökonomie des Planen und Bauens Haspeler Straße 27 42285 Wuppertal
Ansprechpartner:	Prof. Dr. Guido Spars
Telefon:	(0202) 439 4323
Fax:	(0202) 439 4035
Internet:	www.bauoekonomie.uni-wuppertal.de

4.2.3 Fachhochschulen

4.2.3.1 Hochschule 21

Die Hochschule 21 bietet für Studenten des „Bau- und Immobilienmanagements" und der baukonstruktiven Studiengänge die Schwerpunktfächer Projektentwicklung, Projektmanagement und Facility Management an. Ziel ist es ein Immobilienprojekt über den ganzen Lebenszyklus der Immobilie steuern zu können. In diesem Zusammenhang entwickeln die Studierenden oft in enger Zusammenarbeit mit Akteuren der Bau- und Immobilienwirtschaft drei reale Projekte aus unterschiedlichen Marktsektoren. Die Veranstaltung „Projektentwicklung" wird flankiert vom „Lebenszyklusmanagement", „Wirtschafts- und Immobilienrecht" und dem „Immobilienmanagement", um die Immobilie als Wirtschaftsobjekt zu verstehen.

Anschrift:	hochschule21 gemeinnützige GmbH Harburger Straße 6 21614 Buxtehude

Ansprechpartner:	Prof. Dipl.-Ing. Wolfgang Render
Telefon:	04161 648-158
Fax:	04161 648-123
Internet:	www.hs21.de

4.2.3.2 Hochschule Aschaffenburg

Die Fakultät Wirtschaft und Recht bietet für ihren Bachelorstudiengang (BA) „Internationales Immobilienmanagement" als Studienschwerpunkte „Projektentwicklung" an. Hier wird das Modul „Projektentwicklung und Immobilienbewertung" seminaristisch gehalten. Die Lehrinhalte werden mit Hilfe von Praxisbeispielen und Projektarbeiten vermittelt. Weitere Schwerpunktbereiche sind das Bestandsmanagement, die Immobilienbewertung und -rechnungslegung, das Immobilieninvestmentmanagement und das Internationale Management.

Anschrift:	Hochschule Aschaffenburg
	Dekanat Wirtschaft und Recht
	Würzburger Str. 45
	63743 Aschaffenburg
Ansprechpartner:	Prof. Dr. Holger Paschedag
Telefon:	06021 / 314-716
Fax:	06021 / 314-701
Internet:	www.h-ab.de

4.2.3.3 Hochschule für Technik und Wirtschaft, Berlin

Der vom Fachbereich 3 – „Wirtschaftswissenschaften 1" angebotene Bachelorstudiengang „Immobilienwirtschaft" enthält die Veranstaltungen „Lebenszyklus der Immobilie I – Projektentwicklung 1: Neubau (Grundstück, PE)" und „Lebenszyklus der Immobilie III – Projektentwicklung 2", die es jeweils im Grundstudium zu absolvieren gilt. Es muss für ein Neubauprojekt ein Nutzungskonzept entwickelt und weiterführend eine Machbarkeitsstudie in Verbindung mit einem wirtschaftlich geprüften Nutzungskonzept angefertigt werden. Der Studiengang ist durch die ACQUIN akkreditiert. Der Masterstudiengang „Facility Management" beinhaltet die Veranstaltung „Projektentwicklung und Portfoliomanagement", die von dem „Projekt zum Portfoliomanagement" flankiert wird.

Anschrift:	Fachhochschule für Technik und Wirtschaft Berlin
	Fachbereich Wirtschaftswissenschaften I
	Treskowallee 8
	10313 Berlin
Ansprechpartner:	Prof. Dr. Ariane Wägner
Telefon:	+49 30 5019-2305
Fax:	+49 30 5019-2257
Internet:	iw.htw-berlin.de

4.2.3.4 Hochschule für Wirtschaft und Recht, Berlin

Die Betriebswirtschaftslehre mit Schwerpunkt Immobilien soll diese als Assetklasse und Wirtschaftsgut vermitteln und relevante wirtschaftliche, gesellschaftliche und rechtliche Rahmenbedingungen ausleuchten. Darüber hinaus werden Marktteilnehmer und individuelle und gesellschaftliche Anforderungen an die Gebäudenutzung analysiert. Die Studenten erlernen die Entwicklung, Bewirtschaftung und Vermarktung einer Immobilie zu beherrschen und den Markt zu verstehen. Das Thema Projektentwicklung kann vertieft werden. Neben der vorgeschalteten Regionalentwicklung, Stadtplanung und Bauordnung wird im darauffolgenden

Semester die Projekt- und Produktenentwicklung angeboten. Nach 6 Semestern des dualen Vollzeitstudiums wird der Titel „Bachelor of Arts" verliehen.

Anschrift:	Hochschule für Wirtschaft und Recht Berlin Fachbereich Wirtschaft Alt-Friedrichsfelde 60 10315 Berlin
Ansprechpartner:	Prof. Dr. Jeannette Raethel
Telefon:	+49 (0)30 30877-2260
Fax:	+49 (0)30 30877-2269
Internet:	www.hwr-berlin.de

4.2.3.5 Hochschule Biberach

Der Bachelorstudiengang Betriebswirtschaft mit der Studienrichtung Bau und Immobilien enthält im 7. Semester das Pflichtmodul „Grundlagen der Immobilienprojektentwicklung". Inhaltlich werden Themen wie Erfolgsfaktoren und Risiken (Standort- und Marktanalysen, Nutzungskonzeptionen, Renditeberechnungen, Vertragsmanagement und Risiken der Projektentwicklung) und Möglichkeiten (Märkte, Formen, Produkte der Projektentwicklung) behandelt. Im Masterstudiengang ist im 1. Semester das Modul „Projektentwicklung" Pflichtfach. Lehrziele sind die Einführung in die Methoden, Aufgaben und Ziele der Projektentwicklung, markttragfähige Projektkonzeptionen, strategische und operative Ausrichtung eines international aufgestellten Projektentwicklers, Revitalisierung von Unternehmensimmobilien und das Projektcontrolling sowie das Risikomanagement.

Anschrift:	Fachhochschule Biberach Fachbereich Betriebswirtschaft (Bau) Karlstraße 11 88400 Biberach
Ansprechpartner:	Prof. Dipl.-Kfm. Eckhard Klett
Telefon:	+49 (0) 7351 582-400
Fax:	+49 (0) 7351 582-449
Internet:	www.hochschule-biberach.de/web/betriebswirtschaft

4.2.3.6 Hochschule Bochum

Für Architekturstudenten wird der einjährige Masterstudiengang „Projektentwicklung" angeboten. Dabei werden die Fachdisziplinen Städtebau, Projektentwicklung und Architektur zusammengeführt. Der Studiengang wurde im Jahr 2007 akkreditiert und 2012 reakkreditiert. Fragen der Projektentwicklung werden interdisziplinär mit Experten aus den Bereichen Medien, Finanzen, Kommunikation, Urbanistik und Architektur erarbeitet. Dabei wird der Zusammenhang zur gebauten Umwelt, menschlichen Verhaltensweise, Kommerz und Kultur behandelt. In der Regel handelt es sich um architektonische Projekte die Themen wie Stadtmarketing und Medienkommunikation umschließen. Synergien zu den beiden Masterstudiengängen Architektur Mediamanagement und Städtebau der Hochschule Bochum werden entwickelt und genutzt.

Anschrift:	Hochschule Bochum Lennershofstraße 140 44801 Bochum
Ansprechpartner:	Prof. Dipl.-Ing. Xaver Egger
Telefon:	+49 234 3210115
Fax:	+49 234 3214408
Internet:	www.hochschule-bochum.de

4.2.3.7 Fachhochschule Darmstadt

Im Wahlpflichtbereich des Bachelorstudiengangs Bauingenieurwesen bietet der Fachbereich Bauwirtschaft die Vorlesung „Immobilienwirtschaftliche Grundlagen" an, der sich aus der Immobilienbewertung und Immobilienprojektentwicklung zusammensetzt. Weiterführend kann im Master die Veranstaltung „Immobilienprojektentwicklung" besucht werden. Ziel ist es die Studierenden in die Lage zu versetzen, ein Immobilienprojekt selbstständig zu entwickeln. Dazu werden vertiefte Kenntnisse des Entwurfs von Nutzungskonzepten, Durchführung von Kostenschätzungen, Bewertung von Gewerbeimmobilien und Sonderfälle der Grundstücksbewertung vermittelt.

Anschrift:	Fachhochschule Darmstadt
	Fachbereich Bauwirtschaft
	Haardtring 100
	64295 Darmstadt
Ansprechpartner:	Prof. Dr.-Ing. M. Sohni
Telefon:	(0 61 51) 1 68-1 56
Fax:	(0 61 51) 1 68-9 70
Internet:	http://www.fbb.h-da.de

4.2.3.8 Fachhochschule Hildesheim/Holzminden

Im Bachelorstudiengang Immobilienwirtschaft und -management hören die Studenten die Vorlesungen Projektentwicklung, Baurecht, Facility Management, Rechnungswesen und Investition und Finanzierung von Immobilien. Rahmenveranstaltungen zu Managementtechniken und Marketing greifen den interdisziplinären Ansatz bei der Ausbildung von Projektentwicklern auf. Im Master-Studiengang können die Studenten anwendungs- und forschungsorientierte Schwerpunkte wählen bei denen besonders auf die Anforderungen in der höheren Verwaltung eingegangen wird. Im Bereich Projektentwicklung gilt es Ziele, Aufgaben, Funktionen und Instrumente der Projektentwicklung und den Studenten projektentwicklungsspezifischen Anforderungen, Methoden und Techniken der Öffentlichkeitsarbeit zu vermitteln. Eine eigene Vertiefung im Rahmen des Public-Private-Partnership wird angeboten.

Anschrift:	Fachhochschule Hildesheim/Holzminden
	Fakultät Management, Soziale Arbeit, Bauen
	Haarmannplatz 3
	37603 Holzminden
Ansprechpartner:	Prof. Dr. Dieter Grommass
Telefon:	(0 55 31) 1 26-115
Fax:	(0 55 31) 1 26-150
Internet:	www.hawk-hhg.de

4.2.3.9 Jada Hochschule

Der internationale Masterstudiengang (Master of Engineering) „Facility Management und Immobilienwirtschaft" behandelt die Führung und Steuerung einer Immobilie über ihren gesamten Lebenszyklus. Das Studium richtete sich an Architekten, Bau-, Wirtschafts-, Vermessungsingenieure und Maschinenbauingenieure (Verfahrenstechnik). Lerninhalte sind neben Soft Skills und Immobilienrecht das technische, kaufmännische und immobilienwirtschaftliche Management. Im Bereich der Projektentwicklung wird die Veranstaltung „Immobilienprojekte und Immobilienanalyse" angeboten, die Immobilien- und Gebäudeanalyse (Standort- und Markt-, Miet-, Bewertungs- und Investitionsanalysen, Immobilienbewertung), Immobilienmanagement (Asset Management, Portfoliotheorie, Immobilientransaktion), Projektentwicklung (Phasen, Beteiligte, Residualwertverfahren) und Immobilienanlagen (Investmentmöglichkeiten, Kommunale Immobilien, Grundlagen der Immobilienwirtschaft) behandelt.

Anschrift:	Jada Hochschule
	Fachbereich Bauwesen und Geoinformation
	Ofener Straße 16/19
	26121 Oldenburg
Ansprechpartner:	Prof. Dr. Thomas Priesemann
Telefon:	0441-7708-3144
Fax:	0441-7708-3135
Internet:	www.jade-hs.de

4.2.3.10 Duale Hochschule Baden-Württemberg Mannheim

Im 6 semestrigen BA Studiengang „Immobilienwirtschaft" wird den Studierenden ein breites Grundwissen der Immobilienwirtschaft vermittelt. Ihnen wird eine Spezialisierung in Projektierung, Finanzierung, Bauliche Maßnahmen, Immobilienrecht, Facility Management, Vermietung und Vermarktung und Standort ermöglicht. In der Projektierung wird unter anderem „Projektentwicklung und Projektmanagement" als ein Modul angeboten und der Bogen zur Stadt- und Regionalplanung und -entwicklung geschlagen. Von der Hochschule werden in Kooperation einige Duale Partner u.a. die Deutsche Post Real Estate GmbH, die GWH Wohnungsgesellschaft mbH Hessen und die MVV Energie Mannheim angeboten.

Anschrift:	Duale Hochschule Baden-Württemberg Mannheim
	Fakultät Wirtschaft
	Postfach 10 04 61
	68004 Mannheim
Ansprechpartner:	Prof. Dr. Harald Nitsch
Telefon:	(0621) 4105-2253
Fax:	(0621) 4105-2259
Internet:	www.iw.dhbw-mannheim.de

4.2.3.11 Hochschule Mittweida

Im Studiengang „Immobilienmanagement und Facilities Management" (BEng.) werden Kenntnisse und Handlungsmöglichkeiten bezüglich der Planung, Realisierung, Nutzung und Verwertung von Wohn-, Verwaltungs- und Büroimmobilien sowie Handels-, Industrie- und Spezialimmobilien über den gesamten Lebenszyklus vermittelt. Die Module „Immobilieninvestitionen/Immobilienfinanzierung", „Immobilienbewertung" und „Immobilienprojektentwicklung I+II" werden angeboten. In der Immobilienprojektentwicklung werden die Grundlagen des Immobilienmarketings und spezielle Kenntnisse der Vermarktung vermittelt. Ziel ist es eigenständig Planungsabläufen hinsichtlich der Standortanalyse, der Projektplanung, dem Stellen des Bauantrages und der Marketingstrategie, sowie die erarbeiteten Daten in einem Exposè zu entwickeln und umzusetzen. Die Teamarbeit wird durch Projektarbeit vermittelt.

Anschrift:	Hochschule Mittweida
	Fakultät Maschinenbau
	Technikumplatz 17
	09648 Mittweida
Ansprechpartner:	Prof. Dr.-Ing. Jörg Mehlis
Telefon:	+49 (0)3727 58-1216
Fax:	+49 (0)3727 58-1376
Internet:	www.hs-mittweida.de

4.2.3.12 Hochschule für Wirtschaft und Umwelt Nürtingen-Geislingen

Der Bachelorstudiengang „Immobilienwirtschaft" bietet im Vertiefungsstudium die Vorlesungen „Projektentwicklung von Wohnimmobilien" und „Projektentwicklung von Gewerbeimmobilien" an. In dem Bereich Wohnimmobilien werden theoretische Grundlagen und komplexe Prozesse einer Immobilien-Projektentwicklung detailliert in ihren einzelnen Phasen behandelt. Die Nutzung der Wohnimmobilie steht im Vordergrund. In der weiterführenden Veranstaltung wird das Wissen anhand der zentralen Gewerbeimmobilien vertieft. Dabei fällt der Fokus auf Büroimmobilien und Handelsimmobilien, die in ihrer Komplexität ausführlich erörtert werden. Dies wird aus aktueller Marktsicht um weitere ausgesuchte Nutzungsarten (z.B. Senioren- und/oder Logistikimmobilien etc.) ergänzt. Darüber hinaus werden u.a. die Themen der Finanzierung, Immobilienbewertung, Corporate Real Estate/Public Real Estate und Risikomanagement behandelt.

Anschrift:	Hochschule für Wirtschaft und Umwelt Nürtingen-Geislingen
	Studiengang Immobilienwirtschaft
	Parkstraße 4
	73312 Geislingen
Ansprechpartner:	Prof. Dr. rer. pol. Robert Göötz
Telefon:	07331/22-502
Fax:	07331/22-500
Internet:	www.hfwu.de/de/4fwr/immobilienwirtschaft.html

4.2.3.13 Hochschule Anhalt (FH)

Mit dem Bachelorstudiengang Immobilienwirtschaft wird in Bernburg auch ein umfassendes Know-how aus dem Development-Bereich vermittelt. Neben den Veranstaltungen „Real Estate Development and Urban Studies I/II" tragen dazu auch die flankierenden Vorlesungen der „Immobilienfinanzierung", „Immobilienmarketing", „Immobilienbesteuerung" und „Facility Management" Immobilien- sowie Betriebswirtschaft bei, so dass die Projektentwicklung im realen Prozesszusammenhang übermittelt wird.

Anschrift:	Hochschule Anhalt (FH)
	Fachbereich Wirtschaft
	Strenzfelder Allee 28
	06406 Bernburg
Ansprechpartner:	Prof. Dr. Heribert Pauk
Telefon:	+49 (0) 3471-355 1338
Fax:	+49 (0) 3471-355 9 1338
Internet:	ire.wi.hs-anhalt.de

4.2.3.14 Duale Hochschule Stuttgart

An der Dualen Hochschule Stuttgart kann im Bachelorstudium der Schwerpunkt Immobilienwirtschaft gewählt werden. Dabei werden Spezialisierungen in den Bereichen Vermittlung, Bewertung/Finanzierung von Immobilien, Projektentwicklung, Immobilienfonds und Wohnungseigentums-Verwaltung (WEG-Verwaltung) angeboten. Dabei werden neben der Projektentwicklung noch Corporate Real Estate Management, Facility Management, Immobilienrecht, finanztheoretische Grundlagen und Schlüsselqualifikationen der Rhetorik und des Projektmanagements vermittelt. Die Dozenten werden von der DHBW, anderen Hochschulen und Experten aus der freien Wirtschaft gestellt. Der Studiengang ist durch die Royal Institution of Chartered Surveyors (RICS) akkreditiert, womit die Absolventen die Möglichkeit haben, sich zum Chartered Surveyor (MRICS) weiterzuqualifizieren.

Die Duale Hochschule bietet insgesamt 70 Duale Partner in dem Bereich der Immobilienwirtschaft an.

Anschrift:	Duale Hochschule Stuttgart
	Fakultät Wirtschaft
	Herdweg 20
	70174 Stuttgart
Ansprechpartner:	Prof. Dr. Hanspeter Gondring
Telefon:	0711/1849-827
Fax:	0711/1849-851
Internet:	ire.wi.hs-anhalt.de

4.2.4 Sonstige Einrichtungen

4.2.4.1 Berufsakademie Sachsen

Die Staatliche Studienakademie Leipzig bietet den Studiengang Immobilienwirtschaft an. In diesem Rahmen können Lehrveranstaltungen mit dem Titel „Bewertung und Entwicklung von Immobilien" besucht werden das aus einem Theorie- und einem Praxismodul besteht. Eine sinnvolle Ergänzung bilden die ebenfalls angebotenen Fächer wie beispielsweise Immobilienverwaltung, Management, Steuern, Finanzierung und Gebäudebewertung und Facility Management. Das Studium schließt mit dem Titel Diplom-Betriebswirt (BA) ab. Durch die Akkreditierung durch „The Royal Institution of Chartered Surveryors" ist der Studiengang international anerkannt. Die Absolventen haben dadurch die Möglichkeit, den hoch anerkannten Abschluss „Chartered Surveyor" zu erlangen.

Anschrift:	Berufsakademie Sachsen
	Staatliche Studienakademie Leipzig
	Schönauer Straße 113a
	04207 Leipzig
Ansprechpartner:	Prof. Dr. habil. Kerry-U. Brauer
Telefon:	(03 41) 42 74 34 441
Fax:	(03 41) 4 27 43 331
Internet:	www.ba-leipzig.de

4.3 Weiterbildung

4.3.1 Überblick

Das Weiterbildungsangebot im Bereich der Immobilien-Projektentwicklung richtet sich vor allem an Berufstätige, die durch eine spezielle Zusatzbildung ihr Wissensspektrum vergrößern wollen. Auslösend dafür kann beispielsweise sein, dass innerhalb von Unternehmen der Immobilienwirtschaft gezielt Weiterbildung auf diesem Sektor angeboten bzw. gefördert wird. Auch zur Verbesserung der Chancen am Arbeitsmarkt können Fortbildungsmaßnahmen dienen. Grundlage sollte jedoch immer eine fachverwandte Ausbildung sein, wie z.B. Betriebswirtschaftslehre, Immobilienökonomie oder Bauingenieurwesen.

Der Großteil der Weiterbildungsmöglichkeiten mit Projektentwicklungsthemen wird von freien Instituten angeboten. Es ergeben sich in diesem Bereich allerdings erhebliche Schwankungen im Inhalt der einzelnen Maßnahmen, im zeitlichen Umfang und bezüglich der Kosten.

4.3.2 Universitäten

4.3.2.1 Technische Universität Berlin

Seit 2007 wird an der Technischen Universität Berlin der berufsbegleitende Masterstudiengang (Msc.) „Real Estate Management" angeboten. Das Teilzeitstudium erstreckt sich über 2 Jahre und ist mit einem einjährigen Vollzeitstudium zu vergleichen. Es findet in einer internationalen Kooperation mit dem Real Estate Institute der New York University, der Technischen Universität Danzig und der Universität Danzig statt. Der Studienplan umfasst zwei einwöchige Workshops, die in Berlin und New York stattfinden. Die Unterrichtssprache ist deutsch und englisch. Das Studium behandelt die Projekt- und Standortentwicklung von der rechtlichen, ökonomischen und ingenieurwissenschaftlichen Seite. Die Dozenten kommen zu 60% von der Hochschule und 40% aus der Immobilienwirtschaft bzw. Standort- und Projektentwicklung, wodurch vom Praxisbezug auszugehen ist. Zulassungsvoraussetzung ist eine zweijährige Berufserfahrung und die Zahlung der Studiengebühren in Höhe von 13.800 €. Hinzu kommen 275 € pro Semester.

Anschrift:	Technische Universität Berlin
	Fakultät VI Planen Bauen Umwelt
	Straße des 17. Juni 152
	10623 Berlin
Ansprechpartner:	Prof. Dr. Rudolf Schäfer
Telefon:	+49 (030) 314-21829
Fax:	+49 (030) 314-21826
Internet:	www.rem-berlin.de

4.3.2.2 RWTH Aachen

Der Master in Redevelopment läuft bereits seit 2007 erfolgreich an der RWTH Aachen. Um auch zukünftigen Anforderungen gerecht zu werden und ebenfalls für die Zielgruppe der Bachelorabsolventen ein Angebot abbilden zu können, hat sich der Lehrstuhl für Städtebau und Landesplanung der RWTH Aachen entschieden die Studieninhalte weiter zu fokussieren. Ab September 2013 startet der Master of Science in Redevelopment „Real Estate and Urban Management".

In den Modulen des Masters werden die Methoden, Instrumente, Trends und Strategien für
- Stadt- und Immobilienentwicklung
- Regional- und Stadtentwicklung, Flächenentwicklung
- Standort- und Nutzungskonzepte
- Immobilienprojektentwicklung
- Investitionsentscheidung und Redevelopment
- Finanzierungs- und Betreibermodelle
- Vermarktungsstrategien
- Projektmanagement

gelehrt und um Softskills wie Kommunikation und Führungskompetenzen ergänzt.

Das Konzept der RWTH fußt auf der Integration von praxisrelevanten Inhalten in den wissenschaftlichen Kontext. Der Dozentenpool besteht zu 50% aus Lehrenden der RWTH Aachen und zu 50% aus Praktikern aus der Immobilienwirtschaft und weiteren Hochschulen. Das didaktische Konzept umfasst Vorlesungen, Workshops, Rollenspiele und die Arbeit am begleitenden Projekt, an dem das Erlernte praktisch umgesetzt werden muß.

Die Inhalte werden in insgesamt 12 Monaten abgehandelt, danach beginnt eine einsemestrige Masterphase. Der Studiengang richtet sich an Architekten, Ingenieure, Landschafts-, Raum- und Stadtplaner, Wirtschaftswissenschaftler und Geographen. Zulassungsvoraussetzung sind ein anerkannter Abschluss als Bachelor, Master oder Diplomingenieur an einer Universität in Landschaftsarchitektur, Architektur, Stadt- und Raumplanung, Bauingenieurwesen, Geographie/

Wirtschaftsgeographie, eine zweijährige (für Bachelorabsolventen dreijährige) berufspraktische Erfahrung und sehr gute Deutschkenntnisse. Die Studienkosten belaufen sich auf 18.000 € inkl. der Semestergebühren der RWTH Aachen. Der Studiengang schließt mit dem Titel „Master of Science in Redevelopment".

Wissenschaftliche Leitung:	Prof. Kunibert Wachten Lehrstuhl für Städtebau- und Landesplanung der RWTH Aachen
Anschrift:	RWTH International Academy Kackertstraße 10 52072 Aachen, Deutschland / Germany
Ansprechpartner:	Martina Knoblauch
Telefon:	+49 (0) 241-80 27610
Fax:	+49 (0) 241-80 92525
Internet:	www.academy.rwth-aachen.de www.master-redevelopment.de

4.3.2.3 Technische Universität Bergakademie Freiberg

Die Veranstaltung „Projektentwicklung" im Rahmen der SBWL Baubetriebslehre kann im Rahmen des Aufbaustudiums Wirtschaftswissenschaften und des berufsbegleitenden Aufbaustudiums für Architekten und Ingenieure belegt werden. Inhaltlich teilt sich die Veranstaltung in zwei Teile. Zunächst erfolgt eine Vermittlung der Projektentwicklung im Immobilienbereich (u.a. Wohnimmobilien, Gewerbeimmobilien, Freizeit- und Sozialimmobilien). Anschließend findet eine Konzentration auf die Infrastruktur-Projektentwicklung (u.a. im Verkehrs- und Umweltbereich) statt.

Zulassungsvoraussetzung für das Aufbaustudium Wirtschaftswissenschaften ist ein erfolgreich abgeschlossenes Studium in einem ingenieurwissenschaftlichen oder mathematisch-naturwissenschaftlichen Studiengang an einer Universität oder gleichgestellten Hochschule oder Examensprädikat „gut" oder besser einer Fachhochschule oder ein Bachelorabschluss nach Ablegen einer Eignungsprüfung. Das Studium ist ein Präsenzstudium und hat eine Regelstudienzeit von zwei Jahren. Als Abschluss wird der Titel „Dipl.-Wirtsch.-…" dem bereist erworbenen akademischen Titel vorangestellt. Neben den normalen Semestergebühren fallen keine Studiengebühren an.

Das berufsbegleitende Aufbaustudium Wirtschaftswissenschaften für Architekten und Bauingenieure ist eine Variante der zuvor beschriebenen Aufbaustudiums Wirtschaftswissenschaften. Neben Absolventen von Universitäten und gleichgestellten Hochschule oder Examensprädikat „gut" oder besser einer Fachhochschule oder ein Bachelorabschluss nach Ablegen einer Eignungsprüfung sind zur Immatrikulation zugelassen. Das berufsbegleitende Studium dauert drei Studienjahre und findet in zehn Blockkurswochenenden im monatlichen Abstand je Studienjahr statt. Der Ausbildungsort ist das Bildungszentrum der Hessischen Bauwirtschaft in Frankfurt am Main.

Die Teilnehmer schließen einen Ausbildungsvertrag mit dem Bildungszentrum der Hessischen Bauwirtschaft ab. Bei der Buchung einzelner Veranstaltungen kostet ein Blockkurswochenende 500 €. Bei Buchung eines gesamten Studienjahres kostet das Blockwochenende 400 €, also 4.000 € für ein Studienjahr.

Anschrift:	Technische Universität Bergakademie Freiberg Fakultät für Wirtschaftswissenschaften Lessingstraße 45 09596 Freiberg
Ansprechpartner:	Prof. Dr. Ing. Dipl.-Kfm. Dieter Jacob
Telefon:	(03731) 39 40 81
Fax:	(03731) 39 40 92
Internet:	www.wiwi.tu-freiberg.de

4.3.2.4 Deutsche Immobilien Akademie an der Universität Freiburg (DIA)

Die Deutsche Immobilien Akademie bietet den qualifizierten Zwischenabschluss zum/r „Geprüften Immobilienfachwirt/in (IHK)" bzw. „Immobilienwirt/in (DIA)" an. Dieser kann nach insgesamt 4 Studiensemestern erworben werden. Darauf aufbauend besteht mit dem „Kontaktstudiengang für Immobilienwirtschaft" die Möglichkeit in zwei Semestern einen universitären Abschluss zu erreichen. Dieser steht auch Fachwirten bzw. Interessenten mit einem ähnlichen Abschluss zur Verfügung. Aufbauend auf dem Kontaktstudiengang ist das Master-Programm „Real Estate Management" an der Hochschule für Wirtschaft in Zürich möglich. Es wird in Blockveranstaltungen gelehrt die berufsbegleitend mit jeweils 14-tägiger Dauer stattfinden. Pro Halbjahr wird ein Block angeboten, sodass die Vorbereitung auf die Prüfungen in zwei Jahren erfolgen kann. Eine zeitliche Straffung des Studiums ist grundsätzlich möglich.

Aufgrund der parallelen Einschreibung an der Steinbeis-Hochschule Berlin wurde für die aufeinander aufbauenden Studiengänge eine umfassende Qualifikation geschaffen, die mit den akademischen Grad BA in Real Estate abschließt. Mit diesem ersten Hochschulabschluss stehen DIA-Absolventen weitere akademische Master-Abschlüsse offen.

Anschrift:	Deutsche Immobilien Akademie an der Universität Freiburg
	CRES/Center for Real Estate Studies
	Eisenbahnstraße 56
	79098 Freiburg
Ansprechpartner:	Thomas Büren
Telefon:	0761 207-5527
Fax:	0761 207-5533
Internet:	www.steinbeis-cres.de

4.3.2.5 Technische Universität Dresden

Mit dem „Europäischem Institut für postgraduale Bildung GmbH" (EIPOS) bietet die Technische Universität Dresden AG (TUDAG) seit 1990 Weiterbildungen in den Bereichen Bauwesen, Immobilienwirtschaft, Brandschutz und Unternehmensführung auf Hochschulniveau an.

Im Bereich der Immobilienwirtschaft gibt es den Masterstudiengang „Real Estate" und die Fachfortbildung in der „Immobilienprojektentwicklung". Der Masterstudiengang ist von der FIBAA akkreditiert und soll den Absolventen auf neue Anforderungen im Management von Immobilien vorbereiten damit er richtig und fachgerecht reagieren kann. Durch die Anfertigung von Studienarbeiten kann der Student die formulierten Lösungen direkt für das eigene Unternehmen benutzen und damit einen konkreten Mehrwert generieren. Die Regelstudienzeit umfasst 4 Semester und beginnt zum Wintersemester. Inhaltlich ist der Studiengang in 9 Module gegliedert die in Form einer Präsenzwoche zu erbringen sind. Hauptstudienort ist Dresden, wobei ein Modul an der Donau-Universität in Krems (Österreich) und eins in Shanghai (China) stattfindet. Der Studiengang schließt mit der Bearbeitung einer Masterarbeit und deren Verteidigung ab.

Besonders interessant sind die Module „Entwicklung von Immobilienprojekten I und II, die in Dresden als Vorlesung und Shanghai in Form einer Projektarbeit vermittelt werden.

Die Fortbildung „Immobilienprojektentwicklung" vermittelt die spezifische Fachkompetenz und interdisziplinäre Handlungs- und Planungskompetenz eines Projektentwicklers. In den Grundlagen werden Konzeption von Immobilienprojekten, Markt- und Standortanalyse und die gesetzlichen Rahmenbedingungen vermittelt. Mit den Themen Wertermittlung, Risikobewertung, Wirtschaftlichkeitsberechnung und Finanzierung werden die Anforderungen bezüglich der wirtschaftlichen Machbarkeit der Projekte behandelt. In der Analyse der aktuellen Entwicklung von Büro- und Wohnimmobilien sowie von Handels- und Logistikimmobilien wird der Bogen zur Praxis geschlagen. Der erfolgreiche Abschluss der Fachfortbildung wird mit dem Zertifikat „Immobilien-Projektentwickler (EIPOS)" beendet.

Anschrift:	Technische Universität
	Goethealle 24
	01309 Dresden
Ansprechpartner:	Dr. Uwe Reese
Telefon:	(0 351) 440 72 10
Fax:	(0 351) 440 72 20
Internet:	www.eipos.de

4.3.2.6 Universität Weimar

An der Universität Weimar wird das berufsbegleitende Studium „Projektentwicklung und Immobilienresearch" angeboten. In zwei Semestern werden die Disziplinen Immobilienprojektentwicklung und -research mit planerischen Ansätzen und Analytik verbunden. In der Projektentwicklung werden inhaltlich neben Grundlagen die Typologien, Anforderungen, Rahmenbedingungen und Wirtschaftlichkeitsbetrachtungen verschiedener Spezialimmobilien behandelt. Im zweiten Semester die Research Themen Immobilienmärkte und ihre Konjunktur, Immobilienrating, Finanzierung und Bewertung behandelt. Ein weiterer thematischer Schwerpunkt ist das wissenschaftliche Arbeiten an sich. Bei erfolgreichem Abschluss des Studiums wird das Zertifikat „Projektentwicklung und Immobilienresearch" der Bauhaus-Universität Weimar und der Bauhaus Weiterbildungsakademie e.V. Weimar vergeben. Als Voraussetzung für die Teilnahme gilt eine abgeschlossene technische oder kaufmännische Hochschulausbildung (Fachhochschule oder Universität) mit mehrjähriger Berufserfahrung. Die Studiengebühren belaufen sich auf 2.925,00 € pro Semester. Pro Semester finden 4 Präsenzphasen, jeweils Freitag und Samstag, in Weimar statt. Im Anschluss an das weiterbildende Studium besteht die Möglichkeit eines Promotionsstudiums das mit dem Titel Dr.-Ing. beendet wird. Das weiterbildende Studium Bauprojektmanagement bietet die inhaltlichen Schwerpunkte Projektorganisation, -finanzierung, Vertragswesen, Risikomanagement und Projektentwicklung an, in denen die Bereiche Aufgaben, Etappen und Wirtschaftlichkeit behandelt werden. Bei erfolgreichem Abschluss wird das Zertifikat „Bauprojektmanagement" der Bauhaus-Universität Weimar und der Bauhaus Weiterbildungsakademie e.V. Weimar vergeben. Vorausgesetzt wird ebenso eine abgeschlossene technische oder kaufmännische Hochschulausbildung (Fach- bzw. Fachhochschule, Universität) mit mehrjähriger Berufserfahrung. Die Studiengebühr beträgt 1.300 € und die Studiendauer beträgt ein Semester. Studenten der viersemestrigen Masterstudiengänge „Europäische Urbanistik (EU)" und „Integrated International Urban Studies (IIUS)" können die Veranstaltung „Grundlagen und Methoden der Projekteentwicklung" besuchen.

Anschrift:	WBA – Bauhaus Weiterbildungsakademie Weimar e.V.
	Coudraystraße 13a
	99423 Weimar
Ansprechpartner:	Dipl.-Ing. Beatrice von Gynz-Rekowski
Telefon:	+49 (0) 3643 / 58 42 34
Fax:	+49 (0) 3643 / 58 42 15 34
Internet:	www.wba-weimar.de

4.3.2.7 Universität Wuppertal

Der Masterstudiengang (Msc.) Real Estate Management + Construction Project Management ist ein zweijähriger, berufsbegleitender Studiengang, der interdisziplinäres Wissen über den gesamten Lebenszyklus einer Immobilien vermittelt. REM + CPM behandelt inhaltlich die Projektentwicklung, das Projektmanagement, das Real Estate- und Facility Management. In 12 Modulen werden von 80 Dozenten technische und kaufmännische Kompetenzen zum Immobilienmanagement und der Unternehmensführung sowie Soft Skills zur Teamleitung vermittelt. Darüber hinaus werden zwei Auslandsmodule an der Business School der University of Aberdeen gehalten. Seit September 2002 ist der Masterstudiengang REM + CPM durch die ASIIN akkreditiert. Es wird im 2-Wochen-Takt, Donnerstag bis Samstag studiert und die Studenten nehmen an 5 Präsenzwochen, davon 2 in Wuppertal und zweieinhalb im Ausland, teil. Der Praxisbezug wird durch semesterbegleitende Fallstudien abgedeckt die in Teamarbeit gelöst werden. Im Modul „Projektentwicklung, Immobilienbewertung und –marketing" werden die Aufgabenfelder Marktanalyse, Nutzungskonzeption, Kosten-, Ertrags- und Terminrahmen, Rentabilitätsanalyse, Finanzierung, steuerliche Aspekte, Vermietung/Vermarktung, Risiko- und Sensitivitätsanalyse sowie Chancen und Risiken der Projektentwicklung behandelt. Darüber hinaus werden die Themen der Verkehrswertermittlung und die Vermarktung von Wohn- und Gewerbeimmobilien vermittelt. Zulassungsvoraussetzungen sind ein abgeschlossenes Studium an einer Hoch-, Fachhochschule oder Berufsakademie (Diplom, Staatsexamen, Bachelor), mindestens ein Jahr Berufserfahrung und der TOEFL-Test, wobei dieser bis zum Auslandsaufenthalt nachgeholt werden kann.

Anschrift:	Weiterbildung Wissenschaft Wuppertal GmbH
	c/o Bergische Universität Wuppertal – FB D
	Pauluskirchstraße 7
	42285 Wuppertal
Ansprechpartner:	Univ.-Prof. Dr. M. Helmus
Telefon:	0202/ 439-4192/-4269
Fax:	0202/ 439-4490
Internet:	www.rem-cpm.de

4.3.3 Fachhochschulen

4.3.3.1 Hochschule für Technik und Wirtschaft, Berlin

Der viersemestrige MBA „Real Estate Management" ist als berufsbegleitender Studiengang ausgelegt. Studieninhalte sind neben der Projektentwicklung u.a. Rechnungswesen, Marketing, Immobilien- und Unternehmensbewertung, Portfolio- und Risikomanagement sowie Präsentation und Rhetorik. Das Studium ist in Form größerer Präsenzblöcke von jeweils zehn Tagen und kürzeren Unterrichtsblöcken von Freitag bis Sonntag in Berlin aufgebaut. Es existiert eine Kooperation mit der BBA (Akademie der Immobilienwirtschaft Berlin e.V.). Die Dozenten werden von der HTW und der BBA gestellt. Der Studiengang ist durch die Royal Institution of Chartered Surveyors (RICS) und die FIBAA akkreditiert, wodurch die Absolventen Mitglied der RICS werden können. Mitarbeiter von Mitgliedsunternehmen der BBA zahlen einmalig 1.000 € bei der Anmeldung und weitere 3.000 pro Semester die in Monatsraten à 500 € zu entrichten ist. Für Nicht-Mitglieder gilt 2.000 € bei Anmeldung und 3.375 € pro Semester in Monatsraten à 562,50 €. In der Summe bedeutet dies 13.000 € für Mitglieder der BBA, 15.500 € für Nichtmitglieder der BBA. Zulassungsvoraussetzungen sind ein Abgeschlossenes Studium an einer Hoch- oder Fachhochschule, mindestens ein Jahr, idealerweise zwei Jahre branchenspezifische Berufserfahrung und nachgewiesene Englischkenntnisse. Die Unterrichtssprachen sind Deutsch, teilweise Englisch.

Der englischsprachige internationale Aufbaustudiengang „Construction and Real Estate Management" (ConREM) wird im Rahmen einer Kooperation der HTW mit der STADIA Helsinki angeboten. Das Programm dauert 16 Monate und gliedert sich in vier Blöcke von 15 Wochen. Der erste Block erfolgt durch eLearning, der zweite findet in Finnland, der dritte in Berlin statt und im vierten Block ist die Masterarbeit zu schreiben. Im Programm wird die Veranstaltung „International Project Development and Project Management" angeboten. Zulassungsvoraussetzung sind ein akademischer Abschluss im Bereich Bauingenieurwesen, Architektur, Facility Management oder Ähnliche. Die Studiengebühren betragen 2.000 € plus Semestereinschreibegebühren von ungefähr 168 € in Helsinki und 178 € in Berlin.

Anschrift:	BBA – Akademie der Immobilienwirtschaft e.V., Berlin
	Lützowstraße 106
	10785 Berlin
Ansprechpartner:	Tina Haake (MBA Real Estate),
	Prof. Dr.-Ing. Dieter Bunte (ConREM)
Telefon:	(030) 23 08 55-18
Fax:	(030) 23 08 55-20
Internet:	rem.htw-berlin.de
	www.mba-real-estate.de

4.3.3.2 Akademie der Hochschule Biberach

Seit Februar 2002 besteht zudem die Möglichkeit, den Master-Studiengang „Internationales Immobilienmanagement" zu belegen. Programminhalt ist neben den Veranstaltungen „Immobilienmärkte", „Immobilienbewertung" und „Immobilienvermarktung" die „Projektentwicklung". Das Studium gliedert sich über einen Zeitraum von 13 Monaten in ca. elf Wochen Präsenzzeit in fünf Blöcke. Die Gesamtdauer des Masterstudiums beträgt ca. 1 Jahr plus Masterarbeit. Die Lehrveranstaltungen werden in Biberach, Zürich und London durchgeführt. Zulassungsbedingung ist ein abgeschlossenes Studium an einer Hochschule, FH oder BA sowie gute Englischkenntnisse. Die Bewerber sollten darüber hinaus mindestens ein Jahr Berufserfahrung in der Immobilienwirtschaft verfügen. Die Teilnehmerzahl ist begrenzt. Maßgeblich für die Zulassung ist die Reihenfolge des Eingangs der Anmeldungen. Die Gesamtgebühr für das Masterstudium Internationales Immobilienmanagement beträgt 16.250,- Euro.

Anschrift:	Hochschule Biberach
	Fakultät Betriebswirtschaft (Bau & Immobilien)
	Karlstraße 11
	88400 Biberach
Ansprechpartner:	Prof. Dr. Norbert Geiger
Telefon:	+49 7351 582-414
	+49 7351 582-559
Internet:	www.akademie-biberach.de

4.3.3.3 SRH Hochschule Heidelberg

Die SRH Hochschule Heidelberg bietet den Masterstudiengang „Projektmanagement Bau" an. In Projektform werden als Schwerpunkt die Phasen „Projektentwicklung und Projektrealisierung" und „Projektrealisierung und Facility-Management" bearbeitet. In dem Modul „Projektentwicklung und Immobilienmanagement" werden Trends in Stadt- und Immobilienentwicklung sowie Instrumente und Rechtsgrundlagen der Raumplanung, Planungsgrundlagen zur Projektentwicklung vermittelt. Das Studium dauert insgesamt 20 Monate. Die Vorlesungen finden freitags und samstags ganztags statt. Sie werden durch ein bis zwei Präsenzwochen im Jahr ergänzt. Die monatlichen Kosten belaufen sich auf 620 €. Voraussetzung für die Zulassung ist ein abgeschlossenes Bachelor- oder Diplomstudium in den Studiengängen Betriebswirtschaft, Wirtschaftsingenieurwesen, Architektur, Bauingenieurwesen, Stadtplanung oder vergleichbaren Studiengängen. Gleichzeitig sollte mindestens eine einjährige Berufserfahrung im Bau- oder Immobilienbereich bestehen.

Anschrift:	SRH Hochschule Heidelberg
	Bonhoefferstraße 11
	69123 Heidelberg
Ansprechpartner:	Prof. Dipl.-Ing. Bernhard Hort

Telefon:	+49(0) 6221-88 2752
Telefax:	+49(0) 6221-88 2532
Internet:	www.fh-heidelberg.de

4.3.3.4 Hochschule Anhalt (FH)

Im postgradualen Studiengang Immobilienbewertung sorgen die Veranstaltungen „Investition und Finanzierung", „Baukonstruktion", „Grundstückswertermittlung", „Rechtsfragen der Projektentwicklung", „Bauträger- und Maklerwesen" sowie „Marketing" für eine prozessorientierte Übermittlung der Projektentwicklung. Zum Ergänzungsstudium ist berechtigt, wer einen Hochschulabschluss auf dem Gebiet Architektur, Bauingenieurwesen, Geodäsie, Betriebswirtschaft oder Volkswirtschaft vorweisen kann. Es ist ein Präsenzstudium bestehend aus vier Semestern, die sich in zwei reinen Theoriesemestern und zwei kombinierten Theorie- und Praxissemestern gliedern. Das Studium schließt mit der Verleihung des Titels Dipl. Wirtschaftsingenieur (FH) ab.

Anschrift:	Hochschule Anhalt (FH)
	Abt. Bernburg
	Alter Markt 17
	06406 Bernburg
Ansprechpartner:	Prof. Dr.-Ing. Ulrich Weber
Telefon:	+49 (0) 3471-355 1348
Fax:	+49 (0) 3471-355 1399
Internet:	www.hs-anhalt.de

4.3.4 Sonstige Einrichtungen

4.3.4.1 Europäische Immobilienakademie

An der Europäischen Immobilienakademie kann man den Titel des geprüften „Immobilien-Projektentwickler" erlangen. Schwerpunktthemen sind Prüfung des Standorts und des Baurechts, Erarbeitung einer Nutzungskonzeption, Ermittlung der Mieterträge und Investitionen, Prüfung der Wirtschaftlichkeit und vorbereitende Maßnahmen zur Projektrealisierung. Abschließend wird eine Fallstudie besprochen. Zusätzlich zu den Lehrveranstaltungen wird ein Immobilienprojekt besichtigt und die einzelnen Schritte der Projektentwicklung vor Ort analysiert. Darüber hinaus erarbeiten die Teilnehmer im Rahmen einer Projektarbeit eine Konzeption für ein reales Grundstück. Die Projektarbeit beinhaltet die Besichtigung des Grundstücks und die Erstellung und Präsentation der Projektstudie. Zusätzlich zum EIA-Zertifikat kann am Studienort Saarbrücken das Zertifikat „Immobilien-Projektentwickler/in (IHK)" erworben werden. Unterrichtet wird an den Standorten Saarbrücken, Berlin, Leipzig, Köln und Frankfurt. An den Studienorten werden die Lehrgänge mit unterschiedlichen zeitlichen Konzeptionen angeboten. Weitere Module und Titel die an der Akademie erreicht werden können sind Immobilienmakler, -verwalter und Wertermittler für Immobilien.

Zulassungsbedingungen zur Grundausbildung sind ein mittlerer Bildungsabschluss und zwei Jahre berufspraktische Erfahrung in der Immobilienbranche. Die Kosten belaufen sich pro Lehrgang ab 2013 auf 1.290 € plus 150 € Diplomprüfungsgebühr.

Anschrift:	Europäische Immobilien Akademie Saarbrücken
	Hohenzollernstraße 35
	66117 Saarbrücken
Ansprechpartner:	Günter Brittnacher, Beate Leinen
Telefon:	(06 81) 9 27 38-0
Fax:	(06 81) 9 27 38-29
Internet:	www.eia-akademie.de

4.3.4.2 Akademie der Immobilienwirtschaft (ADI)

Im berufsbegleitenden Kontaktstudium Immobilienökonomie wird das Wissen der modernen Immobilienökonomie vermittelt. Das Aufbaustudium schließt mit dem Titel Diplom-Immobilienökonom und ist an allen sechs zentralen Standorten der ADI (Hamburg, Berlin, Leipzig, Frankfurt a.M., München und Stuttgart) von der RICS akkreditiert. Die Vermittlung der Lehrinhalte findet innerhalb von 5 Trimestern seminaristisch und durch Vorlesungen statt. Themengebiete sind betriebswirtschaftliche, juristische, technische und planerische Grundlagen, Entwicklung, Investition, Finanzierung und Bewertung von Immobilien und abschließend die separate Betrachtung von Gewerbe- und Wohnimmobilien. Abschließend wird in einer Projektarbeit das erlernte Wissen anwendungs- und problemorientiert umgesetzt. Dazu muss ein real existierendes Grundstück/Immobilie entwickelt, revitalisiert oder umgewidmet werden. Schwerpunkte der Projektarbeit stellen die Standort- und Marktanalyse (einschließlich der Prüfung von Baurechten, Altlasten sowie sonstigen Lasten und Beschränkungen), die Projektentwicklung, die Wirtschaftlichkeits- und Risikoanalyse, die Finanzierung und die Vermarktung dar. Am Ende verteidigen die einzelnen Gruppen ihre Ergebnisse vor einem Expertenteam (Disputation). Das Immobilienstudium endet mit einer mündlichen Abschlussprüfung. Die Studiendauer umfasst 15 Monate bei 58 Präsenzstunden und kostet 12.900 € zzgl. Mwst. Zudem bietet die ADI geschlossene und Inhouse-Seminare für Unternehmen an.

Anschrift:	Akademie der Immobilienwirtschaft (ADI) GmbH
	Staatliche Studienakademie
	Postfach 72 01 71
	70577 Stuttgart
Ansprechpartner:	Prof. Dr. H. Gondring
Telefon:	+49 (0)711 / 30 00 506
Fax:	—
Internet:	www.adi-stuttgart.de
Anschrift:	Duale Hochschule Stuttgart
	Fakultät Wirtschaft
	Herdweg 20
	70174 Stuttgart
Ansprechpartner:	Prof. Dr. Hanspeter Gondring
Telefon:	0711/1849-827
Fax:	0711/1849-851
Internet:	www.adi-akademie.de

4.3.4.3 EBZ Business School

An der EBZ Business School wird der BA Studiengang „Real Estate" in Kooperation mit der „Südwestdeutsche Fachakademie" als Vollzeit- und Fernstudium angeboten. Das Vollzeitstudium führt in sechs Semestern zum Bachelor-Abschluss. Dabei sind die Präsenzphasen und Praxisanteile so konzipiert, dass ein duales Studienmodell zugelassen wird. Die Kosten belaufen sich auf 3.600,00 € pro Semester und hinzu kommen 300,00 € für die Abschlussprüfung. Die Zwischenprüfungen für den Immobilienökonom (GdW) bzw. Dipl. Wohnungs- und Immobilienwirt sind möglich. Zulassungsvoraussetzung sind eine Hochschulreife oder eine als gleichwertig anerkannte Zugangsberechtigung wie z.B. abgeschlossene Ausbildung und dreijährige Berufstätigkeit oder Abschluss als Fachwirt bzw. Immobilienökonom. Das Fernstudium führt Sie berufsbegleitend in sechs (Vollzeit) bzw. zwölf (Teilzeit) Semestern zum Bachelor-Abschluss. Um eine größtmögliche Flexibilität zu gewährleisten, ist jeweils zum Semesterende ein Wechsel zwischen den beiden Varianten möglich. Die Thematik Projektentwicklung wird im 5. Semester als Wahlpflichtfach angeboten. Nebenbei werden den Studenten im Verlauf des Studiums die Themenbereiche Rechnungswesen und Controlling, Allgemeines und Steuerrecht, Soft Skills und der praktische Bezug in diversen Projektarbeiten vermittelt. Der Studiengang ist zudem durch die FIBAA akkreditiert. Weiterführend wird ein Msc. in der Projektentwicklung angeboten und ist in Vollzeit (4 Sem.) und Teilzeit (6 oder 8 Sem.) ablegbar. Die Präsenzphasen des Studienganges finden grundsätzlich in Blockform und i.d.R. Freitagnachmittag und samstags statt. Zulassungsvoraussetzungen sind ein abgeschlossenes Hochschulstudium (Bachelor/Diplom) und nachweisbare Grundkenntnisse der BWL sowie der Architektur/Stadtentwicklung. Absolventen des Bachelorstudienganges Real Estate erfüllen diese Voraussetzungen. Ausreichende Grundkenntnisse können u.a. erworben werden durch Besuch von Grundlagenmodulen/ -veranstaltungen an Hochschulen im Umfang von mind. 2 Semesterwochenstunden, einschlägige Aus- oder Weiterbildung von mind. 24 Unterrichtsstunden und erfolgreiche Teilnahme am Brückenkurs an der EBZ Business School. Inhaltlich unterteilt sich der Studiengang in die Bereiche Ökonomie, Konzeption und Architektur. In der Ökonomie werden die Grundlagen der BWL, Investition und Finanzierung sowie Marketing aus der Sicht des Projektentwicklers erklärt. In der Konzeption geht es um Strategie-, Grundstücks- und Stadtentwicklung und im Bereich Architektur werden die Themen Stadtentwicklung und nachhaltiges Bauen aus dem Blickwinkel der Projektentwicklung betrachtet.

Anschrift:	EBZ BUSINESS SCHOOL
	Springorumallee 20
	44795 Bochum
Ansprechpartner:	Dr. Lieselotte Steveling
Telefon:	+49 (0) 234 94 47-720
Fax:	+49 (0) 234 94 47-199
Internet:	www.ebz-business.school.de/

4.3.4.4 EBS Universität

An der EBS Universität wird das Intensivstudium der nachhaltigen Projektentwicklung angeboten. Dort werden in drei Modulen die Themen Management, Recht, Steuern, Zertifizierung, Projektmanagement und Technik in der Immobilien-Projektentwicklung behandelt. Das Studium richtet sich insbesondere an Führungs- und Nachwuchskräfte sowie Fachkräfte aus den Bereichen Immobilieninvestition, Immobilienfinanzierung und Immobilien-Entwicklung. Zulassungsvoraussetzung ist der Nachweis eines abgeschlossenen Studiums an einer Universität, Fachhochschule oder Berufsakademie und mindestens zwei Jahren Berufserfahrung. Fallweise ist ein Fachwirt-Studiengang zulassungsgewährend. Der reguläre Preis beläuft sich auf 9.000 € zzgl. MwSt., wobei es für persönliche Mitglieder von EBS Alumni e.V. oder IMMOEBS einen reduzierten Preis von 8.300 € zzgl. MwSt gibt. Die Studiendauer beträgt 1 Semester bei 20 Präsenztagen über ca. 5 Monate und schließt mit dem Titel Immobilien-Projektentwickler (EBS) ab. In dem Kontaktstudium Immobilienökonomie beschäftigt man sich im Modul Lebenszyklus mit der nachhaltigen Projektentwicklung, dabei aber eine untergeordnete Rolle einnimmt. Der Fokus liegt auf den klassischen Tätigkeiten der Immobilientransaktion und dem Immobilienmanagement. Der Studiengang ist von der Royal Institution of Chartered Surveyors (RICS) akkreditiert und die Gesamtstudiendauer beträgt berufsbegleitend 21 Monate, bestehend aus 3 Semestern mit insgesamt 58 Präsenztagen. Der reguläre Preis beträgt 15.990 € zzgl. MwSt. und für Mitglieder von EBS Alumni e.V. oder IMMOEBS gibt es einen reduzierten Preis von 14.990 € zzgl. MwSt. Erfolgreiche Absolventen erhalten das Universitätszertifikat Immobilienökonom (EBS). Weiterhin bietet die EBS den „Master in Real Estate" (Msc.) an, der als Modul „Sustainable Real Estate Development" beinhaltet. Dies unterteilt sich in die Entwicklung und Nachhaltigkeit. Weitere Module des Studiums sind die Immobilienbewertung, -finanzierung, und das Investment, und Management. Die Studiendauer beläuft sich auf 4 Semester und schließt mit einem Praktikum ab, wo von einem breiten Unternehmensnetzwerk profitiert werden kann. Ein Auslandsstudium ist verpflichtend, bei dem über 200 Partneruniversitäten zur Verfügung stehen. Zudem wird ein Doppelabschluss angeboten. Der Unterricht findet hauptsächlich auf Englisch statt und der Studiengang ist von der FIBAA akkreditiert.

Anschrift:	EBS Business School
	Real Estate Management Institute
	Gustav-Stresemann-Ring 3
	65189 Wiesbaden
Ansprechpartner:	Prof. Dr. Nico B. Rottke FRICS CRE
Telefon:	+49 611 7102 1228
Fax:	+49 611 7102 101228
Internet:	www.ebs-remi.de

4.3.4.5 FORUM Berufsbildung

An dem Institut FORUM Berufsbildung wird die Fortbildung zum „Real Estate Immobilienwirt/in" angeboten. Diese besteht aus den Modulen „Real Estate Hausverwalter" und „Real Estate Sales Manager". Im zweiten Modul werden die Themen Immobilienmarketing, Wertermittlung, Projektentwicklung, Grundstücksrecht, Finanzierung und Steuern und Bewerbungstraining behandelt. Die Fortbildung dauert 9 Monate inklusive 4 Monate Praktikum. Teilnahmevoraussetzung ist eine kaufmännische Ausbildung, Berufspraxis im kaufmännischen Bereich oder ein themenverwandtes Studium. FORUM bietet auch die berufsbegleitende Weiterbildung zum/r „Geprüften Immobilienfachwirt/in" (IHK) an. Die Weiterbildungsdauer beträgt 17 Monate. Die Veranstaltungen finden einmal die Woche abends statt. Inhaltlich wird Know-how zur Immobilienwirtschaft, Unternehmenssteuerung, Personalmanagement, Arbeitsorganisation und Bauprojektmanagement, Marketing und Vertrieb vermittelt. Man wird im Verlauf auf eine Schwerpunktwahl der Immobilienprojektentwicklung vorbereitet. Die Kosten belaufen sich auf 3.222 €, zzgl. den Prüfungsgebühren des IHK. Voraussetzungen sind eine Ausbildung zum Kaufmann/frau in der Grundstücks- und Wohnungswirtschaft oder Immobilienkaufmann/frau mit einjähriger Berufserfahrung, kaufmännische Ausbildung und zweijährige Berufserfahrung in der Immobilienbranche oder eine mindestens fünfjährige Berufserfahrung in der Immobilienbranche.

Anschrift:	FORUM Berufsbildung
	Charlottenstraße 2
	10969 Berlin
Ansprechpartner:	Andreas A. Koch und André Gellert
Telefon:	(030) 25 90 08-0
Fax:	(030) 25 90 08-10
Internet:	www.forum-berufsbildung.de

4.3.4.6 gtw Weiterbildung

Der berufsbegleitende Teilzeitlehrgang zum Immobilienfachwirt (gtw) und der Vorbereitungslehrgang zum geprüften Immobilienfachwirt beinhalten den abgeschlossenen Teil „Bauprojektmanagement". Neben Projektmanagementmethoden, Stadt- und Raumplanungskonzepten, Objektfinanzierung und Wirtschaftlichkeitsberechnung werden mit den Themen Ausschreibung und Vergabe sowie die Überführung von Bauprojekten in die Immobilienbewirtschaftung relevante Themen der Immobilienprojektentwicklung abgehandelt. Weitere Themenbereiche des Lehrgangs sind u.a. die Immobilienbewirtschaftung, Unternehmenssteuerung und Kontrolle sowie Marktorientierung und Vertrieb. Der Lehrgang soll die Teilnehmer dazu befähigen Immobilienkonzepte zu erstellen und Führungsaufgaben wahrzunehmen. Die Lehrgangsdauer beträgt in der Regel ca. 16 Monate und ist je nach Termin der IHK-Prüfung auf ca. 12-13 Monate verkürzbar. Der Lehrgang wird an 10 Wochenenden im ca. 3–5-wöchigen Rhythmus und einer abschließenden Blockwoche am Ort der prüfenden IHK abgehalten. Alle Teilnehmer/

innen bekommen bei erfolgreichem Abschluss den Titel „Immobilienfachwirt (gtw)" verliehen. Die Lehrgangsgebühr beträgt 3.390,– €. Zugelassen sind Personen, die eine einschlägige Berufsausbildung in der Immobilienbranche durchlaufen haben, die über eine gleichwertige kaufmännische oder verwaltende Fachausbildung verfügen und mindestens ein Jahr in der Immobilienbranche berufstätig sind oder ohne kaufmännischen Berufsabschluss aber mit mehrjähriger nachweisbarer kaufmännischer Berufspraxis in der Immobilienbranche ausgestattet sind. Für Architekten, Bauingenieure und Fachleute mit einschlägiger Berufserfahrung wird der dreimonatige Vollzeitlehrgang „Immobilien Facility Management" angeboten, dessen Inhalt die Veranstaltung „Projektentwicklung" umfasst. Die Kosten können mit einem Bildungsgutschein beglichen werden. Die Lehrgangsorte sind München und Nürnberg.

Anschrift:	gtw Weiterbildung GmbH
	Westendstraße 179
	80686 München
Ansprechpartner:	Anita Sander und Anett Mährlein
Telefon:	089-57 88 79
Fax:	089-57 69 44
Internet:	www.gtw.de

4.3.4.7 Immobilien-Institut (IMI)

Am Immobilien-Institut Pachowsky besteht die Möglichkeit der Weiterbildung zum Immobilienfachmann/frau mit dem Schwerpunkt Entwicklung und Vermarktung via Fernstudium. Dabei werden Immobilien-Fachkenntnisse für die kaufmännische Projektentwicklung und Vermarktung vermittelt. Der Lehrgang besteht aus drei Bereichen. Dabei werden die Themengebiete Grundstücke und Nutzungen, Grundbuch und Bauplanungsrecht, Markt- und Standorte, Produkt- und Immobilienmarketing, Werbung nach Zielgruppen, Kundenkommunikation, Kaufpreisfinanzierung und Notarwesen behandelt. Die übliche Studiendauer beträgt 9 und max. 27 Monate. Voraussetzung ist eine echte Immobilie als Musterobjekt mit Zugang zu den relevanten Daten. Die Kosten belaufen sich auf 1.647 €.

Anschrift:	IMI Immobilien-Institut
	Löbleinstraße 21
	90409 Nürnberg
Ansprechpartner:	Reinhold Pachowsky
Telefon:	(09 11) 36 76 80
Fax:	(09 11) 36 75 65
Internet:	www.immobilien-institut.de

4.3.4.8 IRE|BS Immobilienakademie GmbH

Das Weiterbildungsangebot der IREBS Immobilienakademie GmbH ist sehr vielfältig und reicht vom Kontaktstudium Immobilienökonomie über einen Corporate Real Estate-Studiengang bis hin zu geschlossenen Immobilienseminaren.

Im Rahmen des Kontaktstudiums Immobilienökonomie wird die Vorlesungsreihe „Projektentwicklung und Stadtplanung" angeboten, deren Inhalt sich nahtlos in das komplexe Vorlesungsprogramm einfügt. Im gesamten Lehrangebot werden dabei alle notwendigen immobilienwirtschaftlichen und bauspezifischen Themen vermittelt, welche die Grundlage der Projektentwicklung sind. Der genaue Aufbau kann dem Modulstudium „Projektentwicklung und Stadtplanung" entnommen werden. Jedes Studiensemester besteht aus einer Blockphase (zwei Wochen) und elf bzw. acht Wochenendphasen. Zulassungsvoraussetzung sind ein abgeschlossenes Studium an einer Universität, Hochschule (Fachhochschule) oder Dualen Hochschule (Berufsakademie) in verschiedenen Studiengängen (Betriebswirtschaftslehre, Volkswirtschaftslehre, Rechtswissenschaft, Stadtplanung, Architektur und Ingenieurwesen etc.) oder die erforderliche Eignung, die durch andere qualifizierte Aus-/Weiterbildung oder durch mehrjährige Berufserfahrung erworben wurden. Die Studiengebühren belaufen sich auf 14.950 € und bei erfolgreicher Teilnahme wird der von der Royal Institution of Chartered Surveyors (RICS) anerkannten Titel „Immobilienökonom (**IREBS**)" verliehen.

Das Intensivstudium Corporate Real Estate Management beinhaltet ein weiter gespanntes Lehrangebot, so dass die Themenbereiche der Projektentwicklung zwar behandelt werden, jedoch nicht so ausführlich wie im vorgenannten Studiengang. Die Studiendauer umfasst 16 Tage in vier Monaten und ist in vier Module zu jeweils vier Tagen unterteilt. Es gibt keine Zulassungsvoraussetzungen mehr aber der Studiengang richtet sich insbesondere an Führungs-, Führungsnachwuchs- und Fachkräfte. Die Studiengebühren belaufen sich auf insgesamt 7.500 € zzgl. MwSt. Ein erfolgreicher Abschluss führt zur Verleihung des Titels „Corporate Real Estate Manager (**IREBS**).

In dem „Executive MBA Real Estate" wird in dem Modul „International Real Estate" die internationale Veranstaltung „Real Estate Development & Urban Planning" angeboten, die mit 12 Tagen den zweitgrößten alleinstehenden Block bildet und ein Vorbereitungskurs der Immobilienentwicklung und Stadtplanung vorgeschaltet ist. Neben den zentralen immobilienwirtschaftlichen Themen orientiert sich dieser Studiengang insbesondere an die Internationalen Herausforderungen der Immobilienbranche und fokussiert sich dabei auf die Standorte Großbritannien, China und die USA. Der Studiengang dauert berufsbegleitend zwölf Monate und die Studiengebühren belaufen sich auf 20.500 €, wobei diese MwSt-befreit sind. Jedoch beinhalten die Studiengebühren nicht die Reise-, Unterkunfts- und Verpflegungskosten der Teilnehmer. Zulassungsvoraussetzung ist ein erster Hochschulabschluss (Primärstudium), ein immobilienökonomisches bzw. -wirtschaftliches Weiterbildungsstudium, mehrjährige Berufserfahrung und gute Kenntnisse der englischen Sprache. Bei erfolgreicher Teilnahme wird der akademische Grad „Master of Business Administration" der Universität Regensburg verliehen.

Das Modulstudium „Projektentwicklung und Stadtplanung" behandelt neben der Immobilien-Projektplanung modular die Themen Wertschöpfung zur Projektentwicklung, Markt- und Standortanalyse, Nachhaltigkeit im Lebenszyklus, Stadtplanung und technische Immobilienplanung. Das Studium besteht insgesamt aus 13 Modulen. Diese werden über einen Zeitraum von knapp 2 Monaten in 9 Unterrichtstagen vermittelt. Studienorte sind dabei Berlin und Essen. Absolventen erhalten ein Zertifikat der IREBS Immobilienakademie. Das Studium ist ein Baustein der Kontaktstudiums Immobilienökonomie. Die Kosten belaufen sich auf 3.400 € zzgl. MwSt. und eine Zulassungsvoraussetzung gibt es nicht.

Weiter Intensivstudiengänge die angeboten werden beziehen sich auf Handelsimmobilien, Certified Real Estate Investment Analyst, Real Estate Asset Management und Certified Real Estate Risk Manager. Darüber hinaus besteht für einzelne Unternehmen die Möglichkeit, in Zusammenarbeit mit der IREBS Immobilienakademie Konzepte zu Seminaren zu erarbeiten. Diese werden dann für einen bestimmten Mitarbeiterkreis als geschlossene Immobilienseminare angeboten.

Anschrift:	**IRE**BS Immobilienakademie GmbH
	Kloster Eberbach
	65346 Eltville im Rheingau
Ansprechpartner:	Unterschiedliche je nach Studiengang
Telefon:	+49 (0)6723-9950-30
Fax:	+49 (0)6723-9950-35
Internet:	www.irebs-immobilienakademie.de

4.3.4.9 VÖB-Bildungsservice Gesellschaft

Die VÖB-Bildungsservice Gesellschaft des Bundesverbandes öffentlicher Banken Deutschlands bietet in Zusammenarbeit mit dem Deutschen Sparkassen- und Giroverband die Durchführung von Seminaren an, auf deren Grundlage eine Zertifizierung durch die HypZert erfolgen kann. Im Bereich der Aufbauseminare „Hypothekarische Beleihungswertermittlung" findet ein Komplex „Projektentwicklung" statt, dessen Inhalte auch in einem (auch einzeln erwerbbaren) Studienbrief wiedergegeben werden. Der Lehrgang für die Qualifizierung zum „Immobiliengutachter HypZert" kann für Standardobjekte und finanzwirtschaftliche Zwecke und Marktwertermittlung abgelegt werden. Dabei wird neben der Immobilienwertermittlung, den volks- und betriebswirtschaftlichen Grundlagen sowie dem Gutachterwesen auch konkret die Projektentwicklung behandelt. Diese umfassen das Zusammenspiel der Projektbeteiligten, die Projektinitiierung, die Projektkonzeption, die Vermarktung, die Risikoanalyse sowie Wirtschaftlichkeits- und Renditebetrachtungen und kann auch als einzelnes Seminar besucht werden. Es erstreckt sich über einen Tag und kostet 680 €.

Der Lehrgang „Immobiliengutachter für finanzwirtschaftliche Zwecke und für Marktwertermittlung" findet in 16 Veranstaltungen statt und erstreckt sich über den Zeitraum von knapp 7 Monaten. Die Kosten belaufen sich auf 5.220 €. Der Lehrgang wendet sich direkt an die in der Finanzwirtschaft tätigen Immobiliengutachter. Die Kosten für den Lehrgang für Standardobjekte (12 Seminartage) betragen 3.480 EUR.

Anschrift:	VÖB-Bildungsservice Gesellschaft des Bundesverbandes öffentlicher Banken Deutschlands Godesberger Allee 88 53175 Bonn
Ansprechpartner:	Kathleen Weigelt
Telefon:	+49 228 8192-221
Fax:	+49 228 8192-277
Internet:	www.voeb-service.de
Anschrift:	HypZert GmbH Georgenstraße 21 10117 Berlin
Ansprechpartner:	Dipl. -Kaufmann Reiner Lux
Telefon:	(0 30) 20 62 29-0
Fax:	(0 30) 20 62 29-12
Internet:	www.hypzert.de

4.4 Zusammenfassung und Ausblick

4.4.1 Bau- bzw. Wirtschaftsingenieur

Zusammenfassend kann gesagt werden, dass sich in Deutschland sowohl auf dem Gebiet der Grundlagenausbildung als auch innerhalb der Weiterbildung vielfältige Möglichkeiten bieten, die Immobilien-Projektentwicklung als multidisziplinäre Funktion vermittelt zu bekommen. Schwerpunktmäßig geschieht dies im Bereich der Ausbildung zum Betriebswirt oder Bau- bzw. Wirtschaftsingenieur. Insbesondere ist festzustellen, dass einige der früheren universitären Lehrstühle oder Institute für Baubetriebslehre oder Baubetriebswirtschaft ein zweites Lehr- und Forschungsgebiet erschlossen haben, das sich mit weitreichenden Fragestellungen der Immobilienwirtschaft befasst. Hierbei steht oft die Projektentwicklung mit ihrem vielfältigen Aufgabenspektrum im Fokus. Neben den Kernaufgaben der Projektentwicklung von Neubauvorhaben gewinnt auch das Redevelopment von Bestandsimmobilien eine immer größere Bedeutung, indem die besonderen Spezifika von Projektentwicklungen im Bestand beleuchtet werden.

4.4.2 Raumplaner und Architekten

Aber auch aus der Sicht von Raumplanern und Architekten wird Projektentwicklung vermittelt, dann natürlich mit anderen Schwerpunkten. Hauptsächlich werden die Inhalte der Projektentwicklung in Studiengänge eingebunden, deren Inhalte zumeist betriebs- und immobilienwirtschaftliche oder baufachliche Grundlagen vermittelt, aus denen heraus der Projektentwicklungsprozess übergeordnet den Zusammenhang mit weiteren Inhalten, z. B. Marketing, Baurecht oder Finanzierung, bildet.

4.4.3 Berufsbegleitende Weiterbildung

Dieser Ansatz wird vor allem auf dem Gebiet der Weiterbildung oft verfolgt. Hier erstreckt sich das Angebot von berufsbegleitenden Aufbaustudiengängen über Vollzeit-Weiterbildungsangebote bis hin zu Einzelseminaren. Letztere sind jedoch nur eingeschränkt zur umfassenden Wissensvermittlung nutzbar, da sie aufgrund Ihrer kurzen Dauer (oft nur ein Tag) meistens nicht den gesamten relevanten Lehrstoff vermitteln können und stark auf ein schon vorhandenes Grundwissen angewiesen sind.

5. Volkswirtschaftliche Bedeutung der Immobilien-Projektentwicklung

5.1 Einleitung

Für Analysten ist eine Branche dann besonders spannend, wenn sie entweder sehr groß ist oder sie überdurchschnittlich rasch expandiert respektive schrumpft, mit einem Investment also sehr hohe Chancen bzw. Risiken verbunden sind. Veränderungen in großen Branchen können gravierende Rückwirkungen auf andere Wirtschaftszweige in einer Volkswirtschaft haben.

Die Immobilienprojektentwicklung ist also aus guten Gründen ein lohnender Untersuchungsgegenstand. Weder bewegen sich die Marktakteure in „ruhigem Fahrwasser", noch handelt es sich hierbei um eine „Quantité négligeable". Wie *Schäfer/Conzen* in der Einführung zeigen, fehlt es allerdings an einer offiziellen Definition. Das „Zusammenführen von Projektidee, Grundstück, Kapital und Nutzer"berührt mehrere in der Wertschöpfungsstatistik des Statistischen Bundesamts ausgewiesene Wirtschaftszweige (z.B. Architekten, Grundstückskäufer und -händler). Die Messung der Projektentwicklung gelingt daher am leichtesten über die sichtbaren Marktergebnisse, also die geleistete Bautätigkeit. Diese ist nur ein Derivat der Branche, denn der Projektentwickler ist gewissermaßen der Intermediär, der alle notwendigen Akteure an einen Tisch bringt, die Bauleistung selber ist aber das Ergebnis aller dieser Akteure. Gleichwohl ist die Bauleistung letztlich der eigentliche Sinn und Zweck der Projektentwicklung.

Projektentwicklung und Bauwirtschaft sind sehr ähnlichen Zyklen unterworfen. Der Projektentwickler setzt mit seiner Arbeit viel früher als die eigentliche Bauwirtschaft an, denn die Grundstückssuche und -kauf gehören genauso zu seinen Aufgabenfeldern wie die Kapitalbeschaffung und die Machbarkeitsstudien. Die Wertschöpfungsstufen des Projektentwicklers sind umfassender als in der Bauwirtschaft. Dies lässt höhere Margen in der Projektentwicklung als in der Bauwirtschaft zu.

Im Folgenden wird zunächst die Bedeutung der Bauwirtschaft für die gesamte Volkswirtschaft skizziert, um von den Ergebnissen der Bauwirtschaft auf die vorauslaufenden Projektentwickler schließen zu können. Hierbei geht es in einem ersten Schritt um Neubauten. Es wäre jedoch unzureichend, nur neue Immobilien als Ergebnis erfolgreicher Projektentwicklung zu begreifen, da auch eine umfangreiche Sanierung oder Renovierung das Resultat einer Projektentwicklung nach obiger Definition ist. Gerade in einer alternden Gesellschaft, muss der Anteil der Sanierungsmaßnahmen stetig zunehmen, denn das Volumen der Bestandsbauten ist in der Vergangenheit im Zuge demografischer Expansion gewachsen, der Bedarf an Erhaltungsmaßnahmen wächst also mit dem Entwicklungsstand und der Alterungsgeschwindigkeit einer Volkswirtschaft. In gleichem Maße verlagert sich das Gewicht für Projektentwickler von Neubauten zu Bestandsmaßnahmen.

Im Anschluss an die Darstellung der Bauwirtschaft wird gezeigt, wie sich die Projektentwicklung im Konjunkturverlauf darstellt. Wird das gesamtwirtschaftliche Auf und Ab durch die Branchenkonjunktur verstärkt oder sogar gedämpft? Lässt sich hiermit sinnvolle Konjunkturpolitik betreiben?

Schließlich wird die typische Risiko-Rendite-Position von Projektentwicklungen dargestellt, um diese mit den Positionen anderer Immobilieninvestitionsmöglichkeiten zu vergleichen. Dies ist für institutionelle Anleger wichtig, die ihr Portfolio über das gesamte Immobilienanlageuniversum diversifizieren möchten.

5.2 Die Bauwirtschaft in der Volkswirtschaftlichen Gesamtrechnung

Folgt man der gängigen Definition für Projektentwicklung ließe sich quasi jede Bautätigkeit als Projekt bezeichnen. Daher lässt sich die Bedeutung der Projektentwickler sehr gut über das Volumen der gesamten Bautätigkeit erfassen – auch wenn damit eben die anderen Wertschöpfungsstufen ausgeblendet werden.

5.2.1 Struktur und Volumen der Bauinvestitionen

Für 2011 werden die gesamten Bauinvestitionen in Deutschland auf knapp 260 Mrd. EUR veranschlagt – und damit um 8 % mehr als noch zwei Jahre zuvor. Insgesamt beläuft sich die Bautätigkeit aktuell auf etwa 10 % des Bruttoinlandsprodukts. Damit hat die Bauwirtschaft in den letzten Jahren eine bemerkenswerte Wende vollzogen und zumindest nominal nahezu wieder das Produktionsniveau von 1995 – dem Spitzenjahr nach der Wiedervereinigung erreicht. Preisbereinigt wurde der Spitzenwert noch nicht wieder erreicht. Zwischen 1995 und 2005 sanken die nominalen Bauinvestitionen um 25 % – diese Anpassungsrezession, die letztlich in der Überbauung nach der Wiedervereinigung ihre Ursache hat, ging Mitte des letzten Jahrzehnts zu Ende.

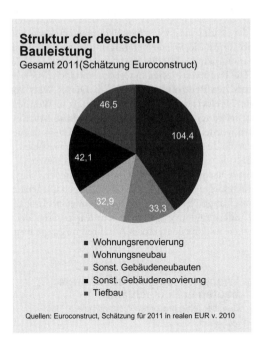

Struktur der deutschen Bauleistung
Gesamt 2011(Schätzung Euroconstruct)

46,5
104,4
42,1
32,9
33,3

- Wohnungsrenovierung
- Wohnungsneubau
- Sonst. Gebäudeneubauten
- Sonst. Gebäuderenovierung
- Tiefbau

Quellen: Euroconstruct, Schätzung für 2011 in realen EUR v. 2010

Der überwiegende Teil der gesamten Bauleistung entfällt auf Investitionen in Gebäude (rd. 218 Mrd. EUR), der Rest auf Tiefbauinvestitionen. Bei den Gebäudeinvestitionen entfällt das größte Gewicht auf Wohnungsbauten. Fast 60 % der gesamten Bautätigkeit (144 Mrd. EUR) findet im Wohnungssegment statt. Somit bleiben knapp 112 Mrd. EUR für den Bau von „Nicht-Wohngebäuden", wie es in der der offiziellen Statistik etwas schwerfällig heißt, davon entfallen in etwa 40 Mrd. EUR auf Tiefbauten.

Wie in entwickelten Volkswirtschaften mit einem hochwertigen Immobilienbestand üblich, verlieren Neubauten im Trend relativ an Bedeutung. Das gilt sowohl für den gewerblichen als auch für den Wohnungs- und den Tiefbau. Knapp 60 % der gesamten Bautätigkeit findet an bestehenden Immobilien statt – im Wohnungssegment ist der Anteil sogar noch deutlich höher.

Seit 2006 erholt sich der Neubau wieder, sodass der Anteil der Bestandsmaßnahmen wieder leicht sinken konnte. Dies ist aber keine Trendumkehr, sondern eine Fernwirkung der scharfen Anpassungsrezession, also eine vorübergehende Entwicklung. Der Trend zu einem höheren Anteil von Bestandsmaßnahmen dürfte sich mittelfristig fortsetzen.

Der hohe Anteil von Renovierung und Sanierung liegt im Wesentlichen an fünf Gründen. Erstens profitiert Deutschland von der hohen wirtschaftlichen Dynamik früherer Jahrzehnte und der teilweise rechtlich verankerten Pflicht zu hoher Bauqualität. Es wurden somit in der Vergangenheit Immobilien gebaut, die heute noch immer nutzbar sind. Zweitens hat der Nachholbedarf nach dem zweiten Weltkrieg und nach Ende des Sozialismus in Ostdeutschland dazu geführt, dass der Immobilienbestand insgesamt relativ jung ist. Der Anteil der Ersatzneubauten ist also etwas geringer als er es ohne diese Zäsuren gewesen wäre. Drittens wirft die demografische Entwicklung erste Schatten auf die Neubautätigkeit, denn zunehmend fehlen junge Familien als Bauherrn. Viertens hat sich der Staat sukzessiv aus der Neubauförderung zurückgezogen. Schließlich hat die Abfolge aus Dot-Com-Euphorie und anhaltende Wirtschaftsschwäche seit 2001 dazu geführt, dass heute deutlich mehr Büros leer stehen als noch vor zehn Jahren. Für die Büromärkte und die Höhe der Büroleerstände wog die Krise nach der Dot-Com-Blase (bisher) sogar schwerer als die Finanz- und Wirtschaftskrise.

5.2.2 Entwicklung und Prognose für Deutschland

Der starke Rückgang der Bauleistung zwischen 1995 und 2006 war einer Reihe von Sondereffekten geschuldet. So sorgte die Wiedervereinigung in Ostdeutschland für umfangreiche Bauprojekte in allen Bausegmenten. Hierbei wurde mit „deutscher Gründlichkeit" der Bogen erheblich überspannt. Die Bauinvestitionen in Ostdeutschland stiegen bis Mitte der 90er Jahre auf rd. 35 % des ostdeutschen Bruttoinlandsprodukts. Dieser Wert konnte nicht nachhaltig sein – nach dem Zweiten Weltkrieg kam die Bauwirtschaft in Westdeutschland nicht einmal auf 20 % der Wirtschaftsleistung. Als die Fördermaßnahmen ab Mitte der 90er Jahre zu Recht deutlich zurück gefahren wurden, und sowohl auf den Wohnungs- als auch auf den Gewerbeimmobilienmärkte die Leerstände stiegen und die Mieten und Preise fielen, musste die ostdeutsche Bauwirtschaft einen massiven „Gesundschrumpfungsprozess" starten.

Aber nicht nur die ostdeutsche Bauwirtschaft hatte Anfang der 90er Jahre eine positive Sonderkonjunktur. Im Westen sorgte der Zuzug von 1,5 Millionen Ostdeutschen und 2,5 Millionen Aussiedlern für Zusatznachfrage. Westdeutsche Unternehmen profitierten von dem Nachfrageimpuls aus den neuen Ländern und investierten in neue Kapazitäten, der westdeutsche Bau war durch die Eigenheimzulage und die degressiven Abschreibungsregelung begünstigt. Nachdem

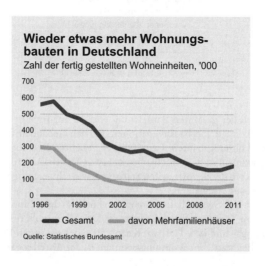

Wieder etwas mehr Wohnungsbauten in Deutschland
Zahl der fertig gestellten Wohneinheiten, '000

Quelle: Statistisches Bundesamt

diese Fördermaßnahmen beendet wurden und der Nachfrageimpuls aus der Wiedervereinigung abebbte, musste auch die westdeutsche Bauwirtschaft auf Normalniveau konsolidieren.

Im Wohnungsneubau nahm die Zahl der neu fertig gestellten Wohneinheiten in den zehn Jahren seit Mitte der 90er Jahre um über 50 % ab. Im Mehrfamilienneubau beträgt der Rückgang sogar 75 %. Erst 2006 wurde die Talsohle durchschritten und der Wohnungsbau erholte sich etwas. Im Zuge der letzten Finanz- und Wirtschaftskrise und v.a. im Zuge der anschließenden Staatsschuldenkrise im Euroraum profitierte der deutsche Wohnungsbau gleich in mehrfacher Hinsicht: Erstens liegen die Finanzierungszinsen auf historisch sehr niedrigem Niveau, zweitens konnte sich die deutsche Wirtschaft auch dank der Industriestärke und der fehlenden Immobilienblase, hierzulande gab es keine Überbauung so wie v.a. in Spanien oder Irland, viel besser von der Finanzkrise erholen als andere europäische Länder. Hinzu kommt, dass die Immobilienmärkte durch zwei weitere Umstände sogar zum relativen „Profiteur" der Staatsschuldenkrise werden: Zum einen ziehen immer mehr arbeitsuchende Südeuropäer nach Deutschland, zum anderen erscheint vielen Anlegern die Investition in Wohneigentum heute attraktiver als noch vor der Krise; sie schichten ihr privates Anlageportfolio zu Lasten von Aktien und Anleihen und zu Gunsten von Wohnungsinvestments um. Im Jahr 2011 wurden in Deutschland fast 15 % mehr Wohneinheiten fertig gestellt als im Jahr zuvor und die stark steigenden Baugenehmigungszahlen deuten nicht auf ein Ende dieser Entwicklung hin. 2011 stieg die Zahl der genehmigten Wohneinheiten um über 10 %; inklusive der Bestandsmaßnahmen fällt der Zuwachs der Baugenehmigungen sogar noch deutlich stärker aus. Eine Übertreibung ist angesichts des sehr niedrigen Ausgangsniveaus noch nicht zu befürchten, denn diese Dynamik wird getragen von moderat steigenden Preisen und Mieten.

Im Nichtwohnungsbau verlief der Anpassungsprozess etwas anders: Bis zur Jahrtausendwende expandierte dieses Segment noch getragen von der Euphorie am Neuen Markt, für potenzielle IT-Unternehmen und IT-Berater wurden umfangreiche Büro- und Werksgebäude konzipiert. Als die Blase platzte, brach der Nichtwohnungsbau v.a. bei Büro- und Fabrikbauten deutlich ein. Von 2001 bis 2005 sank das Bauvolumen (gemessen in umbautem Raum) bei Bürobauten um über 40 %. Bei Handelsbauten lag das Minus im selben Zeitraum „lediglich" bei 15 %. Seitdem hat sich zwar auch der Nichtwohnungsbau wieder etwas erholt, doch fällt der Anstieg insgesamt weniger kräftig aus als bei den Wohnungsbauten. Im Bürobereich sind noch viele Büros unvermietet, zudem gab es gerade bei gewerblichen Immobilienfinanzierungen eine massive Flurbereinigung im Zuge der Finanz- und Wirtschaftskrise. Finanzierungen für

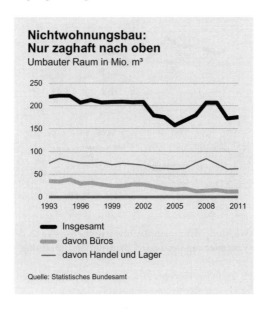

Wohnungsprojekte sind aktuell noch immer einfacher zu bekommen als Finanzierungen für Gewerbeimmobilienprojekte.

Nach vorne schauend dürfte der Dynamikunterschied zwischen Wohnungs- und Gewerbeimmobilienbaumarkt anhalten, denn die Preissignale sind auf dem Wohnungsmarkt noch immer stärker positiv als bei Büro- oder Einzelhandelsimmobilien. Allerdings werden zwei wichtige Belastungsfaktoren die Wachstumsdynamik der Bauwirtschaft in den kommenden Jahren bremsen: Erstens wird das regulatorische Umfeld insbesondere mit Basel III die Immobilienfinanzierung für Banken weniger attraktiv machen. Hier droht also von der Finanzierungsseite eine Verteuerung, wenn nicht sogar ein Engpass. Zweitens stehen in den nächsten Jahren viele Gewerbeimmobiliendarlehn zur Refinanzierung aus. Für Neugeschäft bleibt den Banken mit höherer Eigenkapitalhinterlegung dann weniger Manövriermasse übrig. Ob diese Lücke z.B. durch privates Eigenkapital oder durch Versicherungen gefüllt werden kann, ist aktuell nicht absehbar. Da bisher noch kein Ende der Wachstumsschwäche in den südeuropäischen Ländern zu erkennen ist, dürfte es auch für die Exportnation Deutschland schwer werden, zurück auf den Wachstumspfad zu finden. Da wirtschaftliche Dynamik der wichtigste Bestimmungsfaktor für Bautätigkeit ist, setzt die Eurolandkrise auch der Bauwirtschaft Wachstumsgrenzen.

5.3 Die Bauwirtschaft im Konjunkturverlauf

Es ist wenig überraschend, dass die Bauwirtschaft und gerade auch das Neubaugeschäft eng mit der gesamtwirtschaftlichen Lage korreliert. Zum einen gibt es die definitorische Beziehung, immerhin erklären die Bauinvestitionen fast ein Zehntel des gesamten Bruttoinlandsprodukts (BIP). Vor allem resultieren neue Wirtschaftsbauten aus der Investitionsbereitschaft der Unternehmen, und neue Wohngebäude entstehen dann, wenn die Menschen zuversichtlicher in die Zukunft blicken und ihr Einkommen langfristig binden wollen.

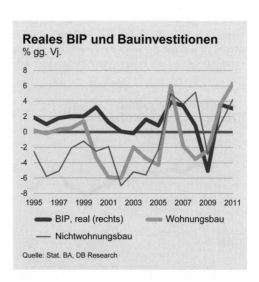

Vergleicht man die Entwicklung der realen Bauinvestitionen (in Veränderungsraten gegenüber dem Vorjahr) mit der Veränderung des realen Bruttoinlandsprodukts, werden vier wichtige Aspekte deutlich:
1. Die Bauinvestitionen sind von 1995 bis 2005 stetig zurückgegangen und die gesamte Entwicklung ist volatiler als jene des Inlandsprodukts insgesamt.

2. Die Bauwirtschaft erreicht ihre Wendepunkte (außerhalb der Strukturanpassungsphase) etwas früher als die Gesamtwirtschaft; sie ist also ein Frühindikator. Das gilt zumal hier Fertigstellungen und nicht Genehmigungen oder Auftragseingänge in die Analyse einbezogen wurden.

3. Der Struktureffekt der Anpassungsrezession ist in diesem Zeitraum sehr deutlich zu erkennen. Den Jahren mit deutlichen Rückgängen in der Bauproduktion stehen keine Aufschwungjahre mit ähnlich hohen Zuwächsen gegenüber. Über einen gesamten Konjunkturzyklus verliert die Branche also insgesamt an Gewicht.

4. Es ist erkennbar, dass die Bauwirtschaft gestärkt aus der Finanz- und Wirtschaftskrise kam. Dies lag zum Teil auch daran, dass die öffentliche Hand bemüht war, gerade der Bauwirtschaft rasch auf die Beine zu helfen, weil mit Bautätigkeiten hohe gesamtwirtschaftliche Multiplikatoren verbunden sind, d.h. es ist sinnvoll, in einer Krise durch gezielte (und befristete) Bauförmaßnahmen die Wirtschaft zu stimulieren.

Es ist jedoch wichtig, dass die Fördermaßnahmen befristet bleiben – am besten sollten sie bereits in der Verabschiedung ihr klares Ende enthalten haben. Gerade die Erfahrungen mit Bauförderung in Ostdeutschland zeigen, dass man mit dem Instrument mittelfristig viel Schaden anrichten kann, wenn die Förderung zu hoch ist und zu lange gewährt wird. Die genaue Dosierung der Maßnahme gelingt selten in der notwendigen Ausgabenhöhe oder zum gewünschten Zeitpunkt. Dann entstehen in der Bauwirtschaft Überkapazitäten, die nicht schnell abgebaut werden können. Staatlicher Aktionismus wird dann, durch dauerhaften Preisdruck, rasch zum Bumerang für die Branche.

5.4 Der Projektentwickler als Entrepreneur

Neben dieser nüchternen Statistik kommt den Projektentwicklern innerhalb der Baubranche eine besondere Bedeutung zu. Sie sind Entrepreneure. Sie schaffen etwas Neues durch das Zusammenbringen und Koordinieren vieler Experten und Einzelfertigkeiten. Dies bedeutet in der Regel höheres Risiko, denn Engpässe in einer Kernbranche wie Finanzierung oder Bauwirtschaft schlagen sofort auf den Markt der Projektentwickler durch. Gleichzeitig ist diese Schlüsselstellung in der tiefen Wertschöpfungskette jedoch nicht nur mit vergleichsweise hohem Risiko verbunden, dieses Risiko wird in guten Jahren mit hohen Renditemöglichkeiten belohnt.

Zwar wird regelmäßig der Eindruck erweckt, die Wirtschaftsentwicklung in Deutschland sei eine Einbahnstraße, in der lang anhaltende Trends wie Strukturwandel, demografische Entwicklung oder Globalisierung nur wenig Bewegungsraum lassen, dies ist jedoch nur eingeschränkt richtig. Zwar sind die meisten der demografischen Trends quasi unumkehrbar, jedoch kennt man viele der immobilienbezogenen Auswirkungen für die nächsten Jahrzehnte bisher nur bruchstückhaft, da man das Verhalten der zukünftigen Senioren exante nicht kennt. Offensichtlich haben Entrepreneure hier Prägemöglichkeiten. Es bleibt zwar richtig, dass bedeutende strukturelle Veränderungen vor uns liegen und diese auch Lasten für die Immobilien- und Bauwirtschaft mitbringen werden, in einem solchen Umfeld werden sich jedoch gerade die unternehmerischen Projektentwickler von den „Kopierern" positiv abheben.

Darüber hinaus sind Projektentwicklungen im Rahmen eines gut diversifizierten Immobilienportfolios eine sinnvolle Bereicherung, da sie für das Portfolio Zusatzgewinne bringen können.

Wichtig ist zudem, dass die Schlüsselrolle der Projektentwickler ein hohes Maß an Vernetzung erzwingt. Sind Schlüsselbranchen regional oder sogar lokal aufgestellt, verlieren mögliche Größenvorteile für die Branche der Projektentwickler an Bedeutung. Projektentwicklungen erfordern viel lokale Expertise, da der Zugang zu Land, Finanzierung und Architekturexpertise mitunter lokal unterschiedlich ist. Dies führt national zu einem sehr granularen Markt; die einzelnen lokalen Teilmärkte sind mitunter jedoch hoch konzentriert. Auch dieser Konzentrationsgrad und die Belohnung lokaler Expertise erklären (in guten Jahren) die vergleichsweise guten Renditemöglichkeiten.

5.5 Schlussbemerkungen

Es wird regelmäßig darauf hingewiesen, dass Projektentwickler in den 90er Jahren eine regelrechte Achterbahnfahrt hinter sich hatten. Nach dem steilen Aufschwung, ging es in einer langen Schussfahrt mit dem kleinen Zwischenhoch zur Jahrtausendwende abwärts. Zwar beschleunigten zahlreiche Sonderfaktoren, wie z.B. die Anpassungen an die Wiedervereinigung oder die Euphorie und Enttäuschung am Neuen Markt diese Dynamik, daraus jedoch zu schlussfolgern, dass Übertreibungen in der Zukunft nicht mehr zu erwarten seien, weil eben diese Sonderfaktoren ihre Wirkung verloren haben, wäre fahrlässig. Projektentwicklungen bleiben auch in Zukunft ein volatiles und somit risikobehaftetes Geschäft. Das ist der Charme der Branche und es ist gerade auch ihr spezifischer Nutzen für die Volkswirtschaft. Es ist freilich unerlässlich, dass sich die Entwickler, die Baufirmen und nicht zuletzt auch die Banken dieser besonderen Risikoposition bewusst sind. Das ist der beste Schutz vor zukünftigen Übertreibungen und damit auch die Gewähr, dass die überdurchschnittlichen Renditen nachhaltig erwirtschaftet werden können.

6. Trends der Stadtplanung heute

6.1 Vorbemerkung

Fast alle Städte, ob sie wachsen, stagnieren oder schrumpfen, stehen vor der Herausforderung, die demografischen und gesellschaftlichen Veränderungen, den Klimawandel und die Energiewende, den wirtschaftlichen und infrastrukturellen Wandel in ihrem Inneren zu bewältigen. Gerade die Innenstädte haben wieder eine besondere Anziehungskraft gewonnen, da im Inneren der Stadt auf engstem Raum ein vielfältiges Spektrum von schulischen, sozialen und kulturellen Einrichtungen und wichtigen Versorgungs- und Dienstleistungsangeboten sichergestellt ist. Da der Wandel im Rahmen der gebauten Stadt und bei geringen finanziellen Ressourcen zu organisieren ist, potenziert sich die Schwierigkeit dieser Stadtentwicklungsaufgabe. In den Wissenschaften, den Medien und fast allen politischen Lagern herrscht deshalb auch weitgehend Einigkeit darüber, dass sich diese Phase des strukturellen, wirtschaftlichen und gesellschaftlichen Wandels, in der sich die meisten Städte zur Zeit und in absehbarer Zukunft befinden, sich von den Entwicklungs- und Veränderungsmustern vergangener Jahrzehnte deutlich unterscheidet, da die Stadtentwicklung beinahe ausschließlich im Bestand stattfinden wird.

Die Folgen des demographischen Wandels, die zunehmende Spaltung der städtischen Gesellschaft, vermehrte kulturelle und ethnische Divergenzen, eine neue Wohnungsnot und die Verschärfung der Finanzmisere der öffentlichen Hand fordern überdies die Städte in wesentlich stärkerem Maß als noch vor wenigen Jahren zu ganzheitlichen Strategien und Handlungskonzepten in der Stadtentwicklung heraus. Dabei versuchen die Städte einerseits ihre Konkurrenzfähigkeit und Standortattraktivität im nationalen wie internationalen Maßstab zu steigern und andererseits sozialen Ausgleich, kulturelle Vielfalt, öffentliche Versorgung und ökologische Stabilität gleichermaßen noch sicher zu stellen.

6.2 Zeichen der Zeit

Seit gut fünf Jahren werden wieder umfassende, integrierte Planwerke zur städtischen Entwicklung vielerorts in Europa erarbeitet. Beinahe jede größere Stadt versucht ein ‚Leitbild‘ oder einen ‚Masterplan‘ oder ein ‚Integriertes Entwicklungskonzept‘ aufzustellen. Die ‚Renaissance‘ integrierter Planwerke ist auch den Anforderungen der Fördermittelgeber geschuldet. Vor allem aber ist es die Komplexität der Stadtentwicklungsaufgaben in Kombination mit gesunkenen kommunalen Handlungsspielräumen, die Konzepte quasi erzwingt, die von sachlicher Integration und Bündelung der Ressourcen geprägt sind. Erst vor einigen Jahren sind unterstützt durch die EU in den Städten London, Wien und Berlin Studien zur gesamtstädtischen Entwicklung mit strategischer Ausrichtung erarbeitet worden. Ähnliche Wege haben etwa Hamburg oder auch München eingeschlagen, die ihre gesamtstädtische Entwicklungspolitik jedoch deutlich pointierter auf Strategien eines neuen Wachstums im Inneren der Stadt orientieren.

Die ‚integrierten Konzepte‘ haben zur Zeit in der Stadtplanung Konjunktur und prägen die momentane Planungskultur. Mit ihrer zumeist interdisziplinären und ressortübergreifenden Ausrichtung verfolgen sie den Anspruch, der Komplexität städtischer Problemlagen analytisch und konzeptionell gerecht zu werden.

Auf den ersten Blick erinnern die integrierten Planwerke an die umfassenden Stadtentwicklungskonzepte der 1970er Jahre und lassen eine Abkehr von der projektorientierten Planung vermuten. Bei näherer Betrachtung zeigen sich jedoch höchst differenzierte Planwerke, die Antworten auf komplexe gesellschaftliche Aufgabenfelder der Stadtentwicklung, auf komplizierte wirtschaftliche und finanzielle Rahmenbedingungen suchen. Diesen Herausforderungen hat sich auch die Immobilien-Projektentwicklung zu stellen. Denn die Zeiten, in denen man mit Standardentwicklungen von Wohn-, Büro-, Gewerbe- oder Handelsimmobilien auf eine kurzfristige Rendite setzen konnte, scheinen immer seltener zu werden. Deshalb ist heute eine vor allem auch strategisch ausgerichtete Kooperation der Planung der Stadtentwicklung und der Immobilien-Projektentwicklung erforderlich, bei der nicht mehr die Standardlösung sondern differenzierte, neue Wege und Verfahren der Entwicklung, Organisation und Finanzierung von Projekten im Vordergrund stehen müssen.

Die Wiederkehr integrierter Planwerke und die Renaissance der großen Pläne bedeutet nicht die Abkehr von der projektorientierten Planung, die die vorherige Planungsphase deutlich bestimmt und das Planungsverständnis markant verändert hat. Es zeigt sich jedoch schon eine Art Gegenbewegung, bei der integrierte Konzepte und kooperatives Vorgehen prägender sind als vor einem Jahrzehnt.

6.3 Ein Blick zurück

Stadtplanung mit ihren Leitbildern, Konzepten und Instrumenten entwickelt sich aus ihren wirtschaftlichen und gesellschaftlichen Rahmenbedingungen heraus, um auf wechselnde Anforderungen zu reagieren. Der Wandel der Planung steht jedoch selbst in eigener Tradition und Geschichte. Neue Trends in der Planung sind daher nicht nur als Reaktion auf aktuelle Erfordernisse anzusehen, sondern sind auch Ausdruck reflektierter Erfahrungen aus vorangegangenen Planungsphasen. Zumindest auf den ersten Blick scheint es so, dass sich damit der Wechsel städtebaulicher Leitbilder und der Wandel im Planungsverständnis in Form von Gegenbewegungen zu den jeweils vorangegangenen Planungsphasen vollzieht.

So folgen beispielsweise – sehr holzschnittartig betrachtet – auf die Erfahrungen des ‚Stadtschocks‘ durch die Dichte der europäischen Stadt zum Ausgang des 19. Jahrhunderts nach vielen Reaktionsversuchen im Verlauf des 20. Jahrhunderts die Nachkriegsleitbilder der ‚Stadtlandschaft‘, die sich im traumatischen Nachhall der Kriegserlebnisse aufdrängen. Die Idee der ‚gegliederten und aufgelockerten Stadt‘ wird jedoch wieder abgelöst durch neue, diesmal sozial motivierte Dichtevorstellungen. Das Leitbild der ‚Urbanität durch Dichte‘ formulierte für eine wirtschaftlich erstarkte Gesellschaft die Kritik am Wiederaufbau mit seinen ‚verpassten Chancen‘ und war auch Ausdruck einer Entwicklungseuphorie mit einem geradezu unerschütterbaren Machbarkeitsglauben, der sich planungsmethodisch und -instrumentell in reinen Rationalitätsprinzipien und ausschließlich hoheitlichen Steuerungsansprüchen niederschlug.

Dieses Bild der gegenläufigen Bewegungen lässt sich an fast allen Etappen der Planungsgeschichte der Nachkriegszeit nachzeichnen. Es ist beispielsweise auch in der Maßstäblichkeit von Planung zu beobachten. So folgt auf die flächenhaften Abrisse der 1960er Jahre die kleinteilige und behutsame Erneuerungsstrategie der 1980er Jahre, die – beinahe in einer gewissen Dankbarkeit um die wiedererlangte Möglichkeit machtvoller Eingriffe – durch das Denken in Großprojekten und ganzen Stadterweiterungen in den 1990er Jahren abgelöst wird.

Die Gegenbewegungen mit ihrer Ablehnung des Vorangegangenen lassen sich nicht nur in den Leitbildern, sondern ebenso im Selbstverständnis der Disziplin und in ihrer Methodik wiederentdecken. So ist offensichtlich, dass nach dem pragmatisch-technisch, fast im Sinne eines Handwerks geprägten Verständnis des Städtebaus in der Nachkriegszeit der Anspruch der wissenschaftlichen Fundierung planerischen Handelns einsetzt, der seinen Gipfel in der integrierten Stadtentwicklungsplanung findet. Deren Scheitern jedoch lockert den Bezug von Planungswissenschaften und Planungspraxis wieder. Die Ablehnung der fundierten Analyse und des übergreifenden Planes, die Orientierung auf kurzfristig erfolgreiche Projekte, die handlungsorientiert entwickelt werden und keiner theoretischen Fundierung bedürfen, sind Ausdruck einer erneuten Gegenbewegung. Mit den heutigen wirtschaftlichen und gesellschaftlichen Herausforderungen an die Stadtentwicklung scheinen jedoch auch die Grenzen einer auf sich selbst orientierten Handlungsdisziplin deutlicher. Die Kritik an verschenkten Synergien durch unverbundene Projekte und die Wiedereinführung übergreifender Pläne sind Ausdruck dieser Bewegung.

Lässt man die Zusammenschau der wechselnden, sich jeweils ablösenden städtebaulichen Leitbilder und des jeweiligen Selbstverständnisses der Disziplin und ihrer Arbeitsweisen und Methodik grob Revue passieren, so liefert sie einige Anhaltspunkte dafür, dass sich der planungskulturelle Wandel in Form von Gegenbewegungen vollzieht. Das Bild eines Pendelschlages wird beansprucht, um das Phänomen fortlaufender Gegenbewegungen als Reaktion auf jeweils aktuelle Rahmenbedingungen und als Lernprozess der Disziplin anschaulich zu machen.

6.4 Neue Formen integrierter Konzepte

Seit einiger Zeit zeigt nun das Pendel wieder auf integrierte Planungskonzepte. Im Unterschied zur projektorientierten Planung einerseits und zur integrierten Stadtentwicklungsplanung oder vergleichbaren Planwerken der Vergangenheit andererseits scheinen die neuen Planwerke weniger mit der Absicht der Determinierung, sondern eher als Mittel zum Diskurs über eine mögliche Zukunft von Stadt eingesetzt zu werden.

– Die Organisation eines breit angelegten öffentlichen Prozesses der Mitwirkung der Bevölkerung und wichtiger Akteure ist diesen Plänen damit zwangsläufig wesenseigen. Ergebnisoffene Prozesse kannte die Entwicklungsplanung ‚früherer Tage‘ nicht und auch in der projektorientierten Planung vertrugen sich oftmals die Fixierung auf ein Projekt nicht mit der Ergebnisoffenheit. Spätestens im Eindruck von „Stuttgart 21“ ist jeder Kommunalverwaltung bewusst geworden, dass eine frühzeitige Organisation dialogorientierter Planungsprozesse unverzichtbar geworden ist, wenn ein Stück Kalkulierbarkeit der Abläufe zurück gewonnen werden soll.

– Die Dialogorientierung ist auch deshalb zu einem unverzichtbaren Bestandteil heutiger integrierter Planungskonzepte geworden, weil das Einwerben der Mitwirkung der Privatwirtschaft, der Bürgerschaft und weiterer für die Stadtentwicklung relevanter Akteure bereits in der Konzeptphase und nicht erst in der Phase der Umsetzung gelingen muss. Denn diejenigen, die bei Umsetzungen mitwirken sollen, müssen vorher auch an den konzeptionellen Ausformungen beteiligt werden. Die öffentliche Hand hat nämlich aufgrund gesunkener finanzieller Ressourcen und reduzierter personeller Kapazitäten allein nicht mehr die Kraft, alle Stadtentwicklungsaufgaben zu erfüllen. Diese Form kooperativer Planung fordern daher auch alle Fördermittelgeber.

– Wegen der Komplexität der Aufgabenstellung benötigen die neuen Pläne – unabhängig von ihrer Größenordnung – zwangsläufig wieder ein größeres Reservoir an Bezugsquellen für Planungswissen. Die Informationsquelle ‚Wissenschaft‘ ist ebenso wie die Wissensquelle ‚Bürgerschaft‘ zu erschließen, anders als dies in der vergangenen Planungsphase war, in der solide Analysen und wissenschaftliche Fundierungen als Ballast diskreditiert wurden.

– Sie müssen auch wesentlich konkreter und anschaulicher sein, als man es von den Plänen aus dem Genre der ‚Stadtentwicklungsplanung alter Couleur‘ kennt, denn sie sollen spezifische Entwicklungsperspektiven aufzeigen, deren Konsequenzen absehbar machen und mit ersten realistischen Maßnahmen den Entwicklungsweg markieren. Sie müssen also auch mehr als früher „planerische Maßarbeit“ sein.

– Diese neuen Pläne kennen nicht nur eine Arbeitsform, ein gesetzlich vorgeschriebenes Prozedere, sondern sie bedienen sich vieler Instrumente gleichzeitig. Dabei stehen oftmals formelle und informelle Planungen komplementär zueinander. Planung entstandardisiert sich.

Welche Auswirkungen die komplexer gewordenen Stadtentwicklungsprobleme und damit die veränderten Intentionen und Wertsetzungen sowie die verfeinerten Verfahren und Instrumente der Stadtplanung auf die Positionierung der Immobilien-Projektentwicklung haben, lässt sich nur grob umreißen. Sicher scheint jedoch, dass den Städten zeit-, abstimmungs- und investitionsintensive Prozesse bevorstehen, deren Aufwand und Umfang noch nicht ganz absehbar ist, dass damit künftig in fast allen stadtentwicklungsrelevanten Disziplinen verfeinerte, speziellere und damit weniger standardisierte Lösungswege, Verfahren wie Konzepte gleichermaßen zu suchen sind.

7. Projektentwicklung in der börsennotierten Immobilien-AG

7.1 Projektentwicklung als Teilfunktion des Asset Managements

Development-Aktivitäten haben inzwischen in viele Bereiche insbesondere des Portfolio- und Asset Managements Einzug gehalten. Die Verkürzung von Immobilien-Lebenszyklen durch den schnellen Wandel von Nutzerbedürfnissen und Umfeldbedingungen führt zur **Parallelisierung der Management-Phasen** und -Aufgaben. Die Integration von Entwicklungsprozessen in verschiedene Teilbereiche der Immobilienbewirtschaftung zielt auf eine Verlängerung der ökonomischen Nutzungsdauer von Objekten und eine kontinuierliche Verjüngung des Bestandsvermögens. Damit verbunden ist auch eine Integration konzeptioneller Teilaufgaben des Facility- und Property Managements.

Viele Beteiligte, eine Schnittstelle: der Entwickler ist das Bindeglied zwischen diesen vielfältigen Interessen und Funktionen in der Immobilienwirtschaft. Die Konstellation, die in der Praxis eine besonders enge strategische Verflechtung von Development-Aufgaben mit dem Asset Management bedeutet, ist die **institutionelle Zusammenarbeit** mit einem Portfolio-Investor in Gestalt einer börsennotierten Immobilien-AG. Der prägende Unterschied zu anderen Gesellschaftsformen (wie Kommanditgesellschaft, GmbH) liegt in der sehr hohen Attraktivität dieses Anlagemodells für nationales und internationales Anlagekapital, begründet durch die Transparenz der Unternehmung, die durch gesetzliche Aufsichts- und Publizitätspflichten gewährleistet wird.

Der Zugang zu den nationalen und internationalen Kapitalmärkten einerseits und zu den interessanten Investmentmöglichkeiten in regionalen und lokalen Immobilienmärkten andererseits ist eine sehr erfolgversprechende Konstellation, mit Vorteilen für alle beteiligten Akteure. Der Projektentwickler muss sich hierzu auf eine Reihe von Besonderheiten einstellen.

7.2 Charakteristische Anforderungen der börsennotierten Immobilien-AG

Zu den Charakteristika der börsennotierten AG, die unabhängig vom individuellen Geschäftsmodell sind, gehören sehr weitgehende regelmäßige Rechenschaftspflichten. Die Beachtung weiterer informationspolitischer Anforderungen gehört zum „guten Ton" und zeichnet ein professionelles Management aus. Das Management der AG wird in aller Regel bestrebt sein, den Kapitalmarkt über gesetzliche Mindestpflichten hinaus zu informieren und **Entscheidungen nachvollziehbar** zu machen, um das Vertrauen der Aktionäre wie auch potenzieller weiterer Kapitalgeber zu erhalten.

7.2.1 Wachstumsstory: Kontinuität und Nachhaltigkeit

Entscheidend für den Zugang zum Kapitalmarkt ist die Attraktivität der Aktie. Dazu muss das Unternehmen glaubhaft machen, dass es nicht nur fallweise und unter günstigen Szenarien erfolgreich ist. Geschäftsmodelle von Publikums-AGs forcieren daher in der Konkurrenz um weiteres Anlagekapital prinzipiell **stetige und dauerhafte Zuwächse**.

7.2.2 Strategiekonformität: Fokussierung und Profil-Schärfe

Eine Konsequenz davon ist, dass der Erfolg einzelner Projekte sich der Verfolgung der Unternehmensstrategie unterordnet. Über die Auswahl von Aktivitäten und Lenkung von Ressourcen entscheidet nicht nur der erwartete wirtschaftliche Erfolg, sondern auch die **strategische Passform** im Kontext der marktlichen Ausrichtung des Unternehmens.

7.2.3 Transparenz: Monitoring- und Reportingfähigkeit

Aus der Gremien- und Kapitalmarktpublizitätspflicht der börsennotierten AG ergeben sich regelmäßige Reporting-Erfordernisse. Der extern vorgegebene Berichts-Takt kann dazu führen, dass Entwicklungsaktivitäten sich zusätzlich an einem anderen (in der Regel kürzeren) Terminrhythmus orientieren, als es Planungsphasen und Entwicklungsfortschritte in der Praxis ansonsten erfordern. Zudem gilt es, geeignete **Darstellungs- und Bewertungsformen** für den Kapitalmarkt aufzustellen, um die geleistete Wertschöpfung nachvollziehbar und stichtagsbezogen anschaulich zu machen.

7.2.4 Markteintrittsbarrieren durch „Unikate in Großserie"

Klassisches Projektentwicklungsgeschäft ist nur in geringem Umfang standardisierbar. Typisch ist die Optimierung von Fall zu Fall und das Ausschöpfen von individuellen Konstellationen vor Ort hinsichtlich Liegenschaft, Infrastruktur, Nutzungskonzepten etc. Das kreative Lösungspotenzial und das Herausarbeiten einzigartiger Vorzüge einer Entwicklungsmöglichkeit zeichnen gerade den guten Projektentwickler aus. Das bedeutet auch, dass eine Unternehmensräson, die auf Vorhersehbarkeit, Kontinuität, Reproduzierbarkeit von Wertschöpfungsprozessen ausgelegt ist und lukrative Projekte, denen es an strategischer Passform mangelt, links liegen lässt, wesentliche Erfolgsmuster des Projektentwicklers „gegen den Strich bürstet".

Wie jedes Projektgeschäft erscheint auch das Projektentwicklungsgeschäft für sich betrachtet nicht ohne Weiteres börsengängig. In Verbindung mit dem Asset Management und der Aussicht auf stetige Cash-Flows allerdings entfaltet die Projektentwicklung einen besonderen „Charme" für den Kapitalmarkt. Voraussetzung ist, dass der Projektentwickler in der Lage ist, sich die Sichtweisen und Überlegungen der Investoren anzueignen und auf die jeweilige übergeordnete Anlagestrategie einzustellen.

7.3 Funktionen der Projektentwicklung in der Immobilien-AG

7.3.1 Der „Rendite-Kicker"

Aus Sicht eines Immobilienportfolio-Investors versprechen Projektentwicklungsaktivitäten attraktive zusätzliche Ertragsaussichten bei individuell gestaltbarem Zusatzrisiko. Wenn sich Grundstücke oder Gebäude im Bestand befinden, deren Ertragswert hinter den Möglichkeiten zurückbleibt, die der Standort bietet, ist das Development (oder Redevelopment) eine Option, die geeignet ist, die Rendite des Immobilieninvestments deutlich zu steigern.

Wenn ein langfristig orientiertes Asset Management den Kern des Geschäfts darstellt, haben selektive Development-Maßnahmen (nur) die Funktion eines Rendite-Kickers: d.h. Renditen durch Projektentwicklungsaktivitäten werden mehr oder weniger systematisch „obendrauf" erwirtschaftet. Development-Kapazitäten, die eine Immobilien-AG dazu vorhält, konzentrieren sich dann häufig auf ein überschaubares und probates Instrumentarium, wie z.B. Modernisierungsmaßnahmen und Refurbishments ohne Änderung des Nutzungskonzepts. Komplette Neuentwicklungen und tiefgreifende Nutzungsänderungen mit Neupositionierung am Markt sind dabei eher selten, da die Investmentpolitik auf leicht planbare stetige Erträge ausgelegt ist.

7.3.2 Der Wertschöpfungsmotor

Eine andere strategische Funktion kann die Projektentwicklung in einer Immobilien-AG übernehmen, deren Investmentpolitik stärker opportunistisch ausgelegt ist, d.h. auf eine gezielte Ausnutzung von Gelegenheiten zum günstigen Erwerb von Liegenschaften, die Restrukturierungs- und Repositionierungspotenzial bieten. Anders als beim Portfolio-Management mit Rendite-Kicker besteht hier das Geschäftsmodell darin, Objekte mit identifiziertem Wertschöpfungspotenzial zu einem günstigen Kaufpreis zu akquirieren, mittels eigenem Know-how und Kapital zu entwickeln und schließlich die Immobilie mit signifikant gesteigertem Substanz- und Ertragswert weiterzuplatzieren. Den höheren Risiken stehen höhere Ertragsaussichten gegenüber; die höhere Risikobereitschaft und die höheren Renditeerwartungen sind in der Investmentpolitik verankert.

In der Praxis werden Unternehmen dieses Typs selten als Publikumsgesellschaft geführt; sie refinanzieren sich häufig durch Private Equity. Ein überschaubarer, stabiler Anteilseignerkreis garantiert einen Konsens hinsichtlich Risikobereitschaft und Renditezielen, beschränkt allerdings auch die Möglichkeiten zur Beschaffung von weiterem Wachstumskapital.

7.3.3 Die Prozessorganisationsfunktion

Ein Projektentwicklungsteam ist als **Koordinator und Promotor** komplexer Wertschöpfungsprozesse einsetzbar. Die Vergrößerung von Portfolien und Zuwachs an Aktivitäten lässt die Anzahl der „Baustellen" einer Immobilien-AG anwachsen. Hält die Organisation mit der Komplexität der Prozesse nicht Schritt, kann das zum Stillstand des Wachstums und sogar insgesamt sinkenden Erträgen führen. Um auch in großem Stil dynamisches Asset- und Portfoliomanagement betreiben zu können, setzen große Unternehmen auf neue Strukturen in **integrierten Investment-, Planungs- und Vermarktungsprozessen**. Dabei helfen Projektentwickler im Hinblick auf Prozessorganisation im Team, bei der lokalen Markt- und Kundenorientierung, dem Interessenausgleich zwischen unterschiedlichen Optimierungszielen sowohl interner als auch externer Gremien. Inhouse-Expertise und Kapazitäten für das Management von Querschnittsprozessen sorgen für Vorteile in der Projektsicherheit, Zeiteinsparung und Kostenvorteile, die dem Unternehmen insgesamt zugute kommen.

7.3.4 Kombinierte (integrierte) Modelle

In der Praxis sind Mischformen der o.g. Erscheinungsformen der Projektentwicklung in der Immobilien-AG der Regelfall; die Funktionen werden in unterschiedlichem Umfang genutzt, um das ertragsorientierte Geschäftsmodell zu stützen und zu ergänzen. Einen nicht nur taktischen, sondern strategischen Stellenwert bekommt die in ein langfristig ausgerichtetes Asset Management integrierte Projektentwicklungsaktivität. In der klassischen Managementphasen-Betrachtung, die Entstehung, Nutzung und Verwertung unterscheidet, stellt dies sowohl eine Vorwärts- wie eine Rückwärtsintegration dar. Das Development kann formal als Zwischeninvestor oder interner Dienstleister auftreten, ist allerdings in hohem Maße für den Erfolg der Asset- und Portfoliomanagement-Strategie mitverantwortlich. Die wichtigsten Effekte stellt der folgende Abschnitt dar.

7.4 Vorteile der internen Projektentwicklung aus Portfolioinvestorensicht

In den letzten Jahren hat eine verstärkte Annäherung zwischen Projektentwicklung einerseits sowie Asset- und Portfoliomanagement andererseits stattgefunden. Der wesentliche Charme des Developments für Portfolioinvestoren liegt in der Ausdehnung des unternehmerischen Entscheidungs- und Handlungsspielraums durch aktive gestalterische Einflussnahme auf neue oder bereits vorhandene Immobilien.

7.4.1 Gewinnabschöpfung und Unterstreichung der Immobilienkompetenz

Ein starker Anreiz für eine Immobilien-AG zur Integration der Projektentwicklung besteht darin, den Gewinn der Projektentwickler selbst zu erwirtschaften und so bei gleichem Investmentobjekt eine höhere Gesamtrendite zu erzielen. Damit ist nicht nur ein finanzieller Gewinn verbunden: Durch die sichtbaren Wertschöpfungsaktivitäten kann das Unternehmen positive Marketing- und Imageeffekte vereinnahmen und unterstreicht mit gelungenen Projekten seine immobilienwirtschaftliche Kompetenz.

7.4.2 Ertragswertoptimierung und außerordentliche Projektrealisierungsgewinne

Die Möglichkeit, im Rahmen von Developments frühzeitig einen den eigenen strategischen Zielen entsprechenden Mieter-Mix aufzubauen und eine Gestaltung der Mietverträge vornehmen zu können, ist ebenfalls ein großer Vorteil für den Asset Manager. Beim Ankauf vollvermieteter Objekte fehlt diese Gestaltungsmöglichkeit. Eine weitergehende Gestaltbarkeit ergibt sich beim zeitlichen Anfall von Erträgen aus der Immobilie. Dem Developer stehen mehr Stellschrauben zur Verfügung als dem reinen Asset Manager, um künftige Cashflows für den jeweiligen Anlagehorizont und die dazugehörige Strategie zur Realisierung von Erträgen („Buy and Hold", „Buy and Sell") zu optimieren.

7.4.3 Bestandsrevitalisierung und Portfolio-Verjüngung

Bei Immobilien-AGs, die große Bestandsportfolien akquirieren, spielt die Projektentwicklung für das aktive Portfoliomanagement eine wichtige Rolle. Die vorherigen Bestandshalter trennen sich vor allem von Portfolien, in denen sich für sie Ertragsschwächen abzeichnen, die sie nicht selbst beheben können oder wollen. Für Immobilien-AGs mit Projektentwicklungs-Kompetenz ergibt sich dann die Chance zum günstigen Aufkauf mit anschließender Revitalisierung und Verjüngung des Liegenschaftsvermögens durch gezielte Modernisierungs- und Umstrukturierungsmaßnahmen. Auch eigene Immobilien, die schon länger im Bestand sind und bei Auslaufen der Mietverträge als nicht mehr marktkonform gelten müssen, sind auf diese Weise weiterzuentwickeln und neu zu positionieren.

7.4.4 Füllen der Pipeline

Eigene Projektentwicklungsaktivitäten können helfen, einen eventuellen Mangel an geeigneten Objekten zu beheben. Der Investor kann sich Immobilien nach seinen Anforderungen gestalten und ist weniger davon abhängig, was der Markt anbietet. Er kann die Qualitätsmerkmale der Objekte und auch das Timing der Verfügbarkeit – etwa während Phasen ansteigenden Preisniveaus und hohen Wettbewerbsdrucks, die den Ankauf am Immobilienmarkt unattraktiv erscheinen lassen – auf sein Investment-Anforderungsprofil zuschneiden.

7.4.5 Ausschöpfen von Marktzyklen

Institutionelle Anleger mit hohen Renditeerwartungen sind daran interessiert, Investitionen antizyklisch vorzunehmen. Die Vorteile der Investition in Zeiten der Marktkontraktion, wenn Grundstücke, Objekte und auch Bauleistungen günstig einzukaufen sind, und der Vermarktung in eine steigende Flächennachfrage und optimistische Stimmung hinein liegen auf der Hand. Durch eigene Projektentwicklung lassen sich zukunftsorientierte Bestände schaffen, die neben dem maßgeschneiderten jährlichen Cashflow auch einen **Zuwachs an stillen Reserven** sicherstellen.

7.4.6 Mögliche Nachteile

Der Liste der Vorteile eigener Projektentwicklung stehen für den Investor auch einige Nachteile gegenüber, die es abzuwägen gilt:

Zum einen der mit dem Aufbau eigener Kapazitäten stets verbundene **Flexibilitätsnachteil**; die hier entstehenden Personalvorhaltekosten machen sich bemerkbar, wenn der Kapitalzufluss der AG und ihr interner Entwicklungsbedarf stark schwankt. Ein leistungsfähiges, kompetent aufgestelltes Entwicklungsteam sollte in der Lage sein, **Engagements mit Dritten**, also Vertragspartnern auf dem freien Markt einzugehen. Dies nicht allein zur Optimierung der Auslastung, sondern auch, um einen wettbewerbsfähigen Leistungsstandard zu pflegen und auszubauen. (Ansonsten muss für das Asset Management gelten: lieber gut zugekauft als schlecht selbst entwickelt.)

Eigene Entwicklungsaktivitäten können für einen Investoren auch bedeuten, dass er am Markt von anderen Projektentwicklern als Wettbewerber wahrgenommen wird, mit der Folge, dass ihm Projekte erst dann angeboten werden, wenn andere Investoren nicht interessiert sind.

Nicht ganz von der Hand zu weisen ist das Phänomen einer steigenden Fehlertoleranz: Auf Fehler anderer wird oftmals schneller und stringenter reagiert als auf die eigener Geschäftseinheiten. Das Hereinnehmen von Risiken schließlich, die ansonsten ein externer Entwickler trägt, ist allerdings bloß die Kehrseite der zusätzlichen Chancen und Ertragspotenziale, an denen der Investor interessiert ist.

7.5 Vorteile der Integration in die Immobilien-AG aus Developersicht

7.5.1 Kapitalmarktzugang und Kapitalmarkt-Standing

Differenzierte Ausgestaltungsmöglichkeiten der Projektfinanzierung mit risikoangepassten Beteiligungsmodellen stehen prinzipiell jedem Unternehmen offen, das über hinreichend Know-how im Financial Engineering verfügt. Die Aufnahme von Eigenkapital über die Börse jedoch ist das Privileg der „Listed Company", die dafür allgemein überzeugende Nachweise langfristiger Wachstums- und Ertragsaussichten oberhalb der Ebene von Einzelprojekten erbringen muss.

Projektentwicklungsaktivitäten, die in eine börsennotierte Immobilien-AG eingebunden sind, profitieren von dem eingesammelten Kapital, sodass – sofern den Investment-Gremien Passform und Wirtschaftlichkeitsberechnung des Einzelprojekts plausibel gemacht werden können – ein komfortabler, passend tranchierter **Eigenkapital-Zufluss** erfolgt.

Auch auf der Fremdkapitalseite genießt der Projektentwickler der börsennotierten AG gegenüber dem weniger transparenten mittelständischen Entwickler einen Publizitätsvorteil. Für die Finanziers der Projektentwicklung – Institutionen wie Geschäftsbanken oder Versicherungen – ist theoretisch die Konzeption des Projekts und seine Fähigkeit zur Erwirtschaftung des Kapitaldienstes das bedeutendste Kriterium für die Vergabeentscheidung und die Konditionen. Praktisch spielt auch der „gute Ruf" – Bonität und Reputation – der entwickelnden Organisation eine gewichtige Rolle, denn er repräsentiert einen Erfahrungswert des Marktes hinsichtlich der Management-Risiken. Die Einbindung der Entwicklungsaktivitäten in das Konstrukt der vergleichsweise stark kontrollierten und regulierten börsennotierten Publikumsgesellschaft und der damit nahezu lückenlose Track-record machen sich dann als **Risikoabschlag** bei den Fremdkapitalkosten bemerkbar.

7.5.2 Mehrere parallele Pipelines

Ein leistungsfähiges Entwicklungsteam in einer Immobilien-AG hat prinzipiell **mehrfachen Marktzugang**. Projekte kommen zum ersten durch Ankäufe des Portfoliomanagements zustande, bei denen weiteres Entwicklungspotenzial identifiziert wurde. Wegen der hohen Renditechancen werden die Investmentmanager am Markt gezielt nach interessanten Portfolien und Einzelobjekten mit solchen Potenzialen suchen und sich dann für ihre Objekte „den Termin beim Entwickler geben lassen", um die wertsteigernde **Operation im Bestand** durchführen zu lassen. Zum zweiten können die Entwickler in Eigeninitiative Entwicklungsprojekte am Markt rekrutieren und auch das **Investment in Eigenregie** durchführen, um das Objekt entweder für die spätere Übernahme ins Portfolio auszugestalten oder aber mit erfolgreicher Entwicklung gewinnbringend weiterzuplatzieren. Schließlich ergibt sich bei guter Reputation der AG im Markt auch noch die Möglichkeit, für Dritte oder zusammen mit Dritten tätig zu werden, zum Beispiel in Form von **Entwicklungspartnerschaften** bei komplexen Projekten. Die Nutzung aller drei Marktzugänge hält die Wettbewerbsfähigkeit des Entwicklungsteams auf hohem Niveau und sorgt zugleich für eine konsequente Projektselektion.

7.5.3 Institutionalisierung und Verstetigung von Erfolg

Eine Ausrichtung als Publikums-AG führt dazu, dass Schlüsselqualifikationen, Know-how und Entscheidungsregeln der Projektentwicklung so in die Organisation zu integrieren sind, dass sie nachvollziehbar werden, langfristig für die Unternehmensentwicklung zur Verfügung stehen und sich auf eine wachsende Anzahl von Engagements übertragen lassen. Im organisatorischen Repertoire des Entwicklers bekommt das Delegieren, Disziplinieren und Dokumentieren von Entscheidungen einen hohen Stellenwert, um nicht der Flaschenhals der Engagements zu sein. Mit der Implementierung dieser Muster geht ein wichtiger Teil des Potenzials von Einzelpersonen auf die Institution über. Dies ist die Basis dafür, dass über die Bewertung der aktuellen Projekte hinaus ein signifikanter, **nachhaltiger Unternehmenswert** geschaffen wird. Zugleich verschafft die Institutionalisierung und der Bekanntheitsgrad als börsennotierte AG dem Entwickler ein **leichteres Entree** bei neuen Geschäfts- und Verhandlungspartnern.

7.6 Strategische Anforderungen an die Projektentwicklung

7.6.1 Fokussierung und Spezialisierung

Als Gegenstand der Projektentwicklung sind grundsätzlich alle Nutzungsformen denkbar; da Developments aber know-how- und managementintensiv sind, empfiehlt sich eine konsequente Fokussierung und Spezialisierung, um sich in bestimmten Teilmärkten einen Namen zu machen und eine Erfolgskontinuität dokumentieren zu können. **Sichtbare und charakteristische Engagements** spielen für die Immobilien-AG eine wichtige Rolle als Türöffner, wenn es darum geht, sich bei interessanten Objekten als präferierten Transaktionspartner ins Gespräch zu bringen. Visibilität und Erfolgsdynamik der umgesetzten Projekte fördern den gewünschten „Deal flow": die laufende Akquise von Objekten. Auch auf der Finanzierungsseite zählt ein fundierter Track-record meist als zusätzlicher Vermögenswert.

7.6.2 Wachstumsfreundliche Strukturen

Typisch für das traditionell mittelständische Projektentwicklungsgeschäft ist die fallweise Entwicklung – ein Markt mit standardisierten Projekten besteht nur in Ausnahmefällen. Entsprechend stark ist der Drang, die individuellen Optimierungsmöglichkeiten eines Projekts auszuschöpfen. Die Einbindung in eine größere Organisation, die einen wachsenden Projektfluss sicherstellt, beeinflusst die Prioritäten des Entwicklers bei der Ressourcenlenkung. Die Beschäftigung vieler zusätzlicher Köpfe mit Einzeloptimierungsaufgaben ist für ein Unternehmen, das auf dynamisches Wachstum zielt, keine Option. Der Developer muss unter dieser Prämisse stärker auf **Standardisierungspotenziale** achten und die eigenen Entscheidungsprozesse auf Strukturen einstellen, die der Organisation ein sicheres „Scaling-up", also den Erfolg in größerem Maßstab erlauben.

7.6.3 Fungibilität am Miet- und Investmentmarkt

Vom Projekt zum Produkt: Die Immobilie „under development" muss sich mit anderen Kapitalmarktprodukten messen lassen. Daher muss der Projektentwickler verstärkt auf Flexibilität und höhere Fungibilität bei **Nutzerwechsel** wie auch für eine mögliche **Weiterplatzierung** achten. Die Marktgängigkeit der Immobilie als Anlagegut wird ein gewichtiges Bewertungskriterium. Da die entwickelten Immobilien oftmals in das eigene Portfolio eingehen, rückt der Planungs- und Entwicklungsansatz „Nachhaltiges Bauen" stark in den Vordergrund.

7.6.4 Gibt es „ideale" Projektgrößen?

Die Betreuung von Projektentwicklungsaktivitäten ähnelt dem Management von Beteiligungsunternehmen: Das Engagement lässt sich nicht allein vom Schreibtisch aus steuern, und zahlreiche kleine Projekte erfordern in vielen Belangen die gleiche Aufmerksamkeit wie dieselbe Anzahl mittelgroßer Projekte. Unter Effektivitätsgesichtspunkten ist es also sinnvoll, für know-how- und managementintensive Restrukturierungsengagements, die längerfristig Kapazitäten binden, Mindestgrößen im Rahmen der Investmentpolitik zu beachten.

Je größer das Einzelprojektvolumen, desto überschaubarer wird allerdings auch die Anzahl der möglichen späteren Käufer, und je länger der Entwicklungshorizont, desto mehr nimmt die Kalkulierbarkeit von Risiken wie z.B. nachfrageseitigem Strukturwandel sowie des Entstehens von konkurrierenden Angeboten ab. In der Praxis bevorzugen institutionelle Investoren daher aus Gründen der Fungibilität und Risikostreuung „mittlere" Projektgrößen, mit Investitionssummen von bis zu 50 Mio. € und Entwicklungszeiten von 24 bis 42 Monaten.

7.6.5 Anforderungen an Projekte: Checkpunkte der Feasibility Study

---

Markt:
* relative Attraktivität des Segments, auch im internationalen Kapitalmarkt-Kontext
* Turnaround-Phase, langsam anziehende Preise

Wettbewerb:
* klare Differenzierung durch unternehmenseigene Kompetenzen
* Vorteil oder zumindest gute Position beim Zugang zu angepeilten Nutzer- und/oder Käufer-Gruppen

keine Konkurrenzimmobilien in Planung oder falls doch, erst deutlich später am Markt
Makrostandort:
* häufig unterschätzt: Bedeutung des Makrostandorts für Wertentwicklung steigt mit zunehmender Projektgröße
* wachsende Attraktivität für die angepeilte Nutzer- und Investorenklientel aufgrund von Wirtschaftsdynamik, soziodemografischer Dynamik, Investmentklima
* positive Infrastrukturentwicklung im Vergleich der Regionen

Mikrostandort:
* Image und Adresse unbelastet; Umpositionierung schlechter Adressen erfordert erheblichen Kapitaleinsatz und unkalkulierbar langen Zeitraum
* historische Nutzung und Umfeldnutzung passend zu geplantem Konzept – schlüssige Anknüpfung an traditionelle Nutzungsstrukturen

Grundstück/Baurecht:
* Erschließungsgrad hoch oder determinierbar; kooperative Verwaltung
* Alt- und Baulastenfreiheit unzweifelhaft
* hohe Wahrscheinlichkeit für Genehmigungsfähigkeit und öffentliche Akzeptanz des Vorhabens

---

Nutzungskonzept:
- Kontakte zu potenziellen Nutzern geknüpft bzw. Kenntnis von konkretem Bedarf im Markt: hohe Vermietungsgeschwindigkeit zu erwarten
- Nutzerbedarf hinsichtlich Modernität, Funktionalität, Flächen- und Raumbedarf, Gestaltung und Ausstattung klar identifiziert und erfüllbar bei spezifischem Zuschnitt: Top-Nutzer ist langfristig zu binden
- Flexibilität gewährleistet bei Veränderungen der Bedürfnisse des Hauptnutzers – dadurch auch: Potenzial zur Vertragsaufwertung

Investitions- und Rentabilitätsanalyse:
- Projekt tragfähig unter Berücksichtigung der Folgekosten der Erstinvestition
- relative Vorteilhaftigkeit: besser als alternative Investmentmöglichkeiten der AG?
- Rentabilitätsanalyse aus Sicht von Zwischen- und Endinvestor; Gegenüberstellung unterschiedlicher Haltedauern und Verwertungsszenarien

7.7 Risikominimierung und Risikooptimierung durch Projektentwicklung in der Immobilien-AG

Projektentwicklung in der Immobilien-AG bedeutet in der Praxis nicht einfach nur mehr Risiken durch die Vorwärts- und Rückwärtsintegration in der Wertschöpfungskette, sondern gleichzeitig auch: mehr Steuerbarkeit der Risiken. Dieser Umstand stellt eine wertvolle Komponente für das aktive Asset- und Portfoliomanagement der Immobilien-AG dar.

7.7.1 Systematische Reduzierung der Bewertungsrisiken des Investors und fundierte Szenarien für das Asset Management

Integriertes Entwicklungsgeschäft bedeutet einen **Informationsvorteil** hinsichtlich des Wertes der Immobilie. Der Objektwert kann von Seiten des Entwicklers besser beurteilt und gestaltet werden als vom Erwerber der fertigen Immobilie. Für höhere Transparenz sorgt das Wissen des Entwicklers nicht nur bei den eigenen Entwicklungen, sondern auch bei der Einschätzung der Konzepte Dritter.

Die Expertise und Perspektive des Projektentwicklers ist systematisch in der Fundierung von Investmententscheidungen in der Immobilien-AG einsetzbar. Zum einen in Form praktischer Erfahrung zur Einschätzung der Nutzungsflexibilität und eines späteren **Redevelopment-Potenzials**, aber auch in Form von weiterem Projektentwicklungs-Rüstzeug wie dynamischen Investitionsrechnungen und **Sensitivitätsanalysen**.

Nicht nur bei der Akquisition, sondern auch in der Phase der Bestandsbewirtschaftung entstehen durch das Projektentwicklungsengagement Synergien und Informationsvorteile für das Unternehmen. Dank Research aus erster Hand und **Monitoring von Marktindikatoren** für das Asset Management ist das Unternehmen in der Lage, frühzeitig Trends und Potenziale zu erkennen und unterbewertete Standorte und Objekte neu zu nutzen.

7.7.2 Optimierung des Kapitalaufwands durch Projektentwickler-Know-how

Hohen Kapitalaufwand für Liegenschaften in 1a-Lagen und vollvermietete Objekte rechtfertigt das Management einer aufs Asset- und Portfoliomanagement beschränkten Immobilien-AG gegenüber seinen Anlegern regelmäßig mit dem beherrschbaren Risiko. Objekte in B-Lagen und Randlagen ebenso wie die Übernahme notleidender Engagements bieten darüber hinaus große Chancen, stellen allerdings für die börsennotierte Immobilien-AG hohe Anforderungen an die Analyse und das weitere Handling. Das Projektentwickler-Know-how macht es möglich, gezielt solche Objekte zu akquirieren, die mit einem Abschlag zu erwerben und mit kalkulierbarem Einsatz neu zu positionieren sind. Diese **kalkulierten Risikostrukturen** bleiben bei disziplinierter Strategieumsetzung zu jedem Zeitpunkt überschaubar, sodass die Anleger keine Abschläge in der Qualität des langfristigen Bestandsportfolios in Kauf nehmen müssen, aber höhere Renditen auf das Eigenkapital erwirtschaftet werden können.

Mit Rücksicht auf die präzisen Planungs- und Reporting-Erfordernisse der Publikums-AG, was den zeitlichen Anfall von Aufwand und Erträgen angeht, erstreckt sich der Kalkulationshorizont des Entwicklers von der Investition über die gesamte Managementphase bis zum Verkauf oder Redevelopment. Seine Aufgabe ist es unter anderem, anfallende Zahlungen im Rahmen von Investitionsrechnungen möglichst exakt zu prognostizieren und in die Geschäftsplanung zu integrieren. Mit der Ausgestaltung seiner Maßnahmen hat er **Einfluss auf die „lifecycle costs"** eines Objekts – die jährlichen Zahlungsströme, die von der Investition während der Lebensdauer der Immobilie ausgelöst werden. Dies kann planvoll eingesetzt werden zur Einflussnahme und Justierung im Kontext der Portfolio-Strategie und Erfolgsplanung der Gesellschaft.

7.7.3 Erfolgreiches Schnittstellenmanagement

Ein weiterer wichtiger Beitrag zur Risikogestaltung ist die **Gesamtprozessoptimierung**, die mit Hilfe des Projektentwicklungsteams (vgl. 3.3 „Die Prozessoptimierungsfunktion") erreicht werden kann. Projektsicherheit, Zeiteinsparung und Kostenvorteile kommen dem Unternehmen insgesamt zugute.

Immobilienprojekte werden nicht dadurch erfolgreicher, dass sie konstruktionstechnisch, architektonisch oder ingenieursmäßig optimiert werden; es muss dafür gesorgt werden, dass konsequente Make-or-Buy- oder auch Outsourcing-Entscheidungen getroffen werden, spezielle Dienstleistungen zur richtigen Zeit in Anspruch genommen und die Investment-Zielsetzungen in wirtschaftlicher und rechtlicher Hinsicht abgedeckt werden.

Der Projektentwickler hat mit der Koordination vielfältiger Innen- und Außenkontakte eine Schlüsselposition als Schnittstellenmanager. Er muss wissen, wer welche Beiträge zu welcher Zeit leisten kann und soll. Die Projektentwicklung im Hause ist dazu geeignet, auf einer interdisziplinären Ebene der Organisation den Wertschöpfungsprozess anzutreiben und innovative Lösungen in die Wege zu leiten.

In der typischerweise flacheren Hierarchie bleiben Eigenverantwortlichkeit und das Bedürfnis nach Kreativität auch in Routinearbeiten relativ hoch. Für den Einfluss auf das Ergebnis ist nicht eine formelle Machtbefugnis ausschlaggebend, sondern die Fähigkeit, einem Projekt oder Objekt Wertzuwachs zu geben. Der Projektentwickler hat in diesem Unternehmensmodell eine informelle Leitungsfunktion, indem er die Möglichkeiten schafft, durch die andere zur Wertschöpfung beitragen können.

7.8 Fazit: Risikooptimierung statt Risikovermeidung

Der Ursprung vieler Immobilien-AGs liegt in industrienahen Bestandsgesellschaften; sie wurden ursprünglich mit dem Zweck etabliert, große betriebliche Immobilienportfolios in Anteile aufzuteilen und so fungibel zu machen. Die Liegenschaftsverwaltung war konservativ geprägt; entsprechend galt, dass der Börsenwert der Anteile sich maßgeblich am Wert des Immobilienbestands zu orientieren hatte.

Die Tätigkeitsfelder von Immobilien-AGs der neueren Generation sind inzwischen umfassender und in den Renditezielen ambitionierter geworden; sie reichen von der Verwaltung betrieblicher und außerbetrieblicher Immobilien über die Projektentwicklung, Vermietung und Vermarktung für Dritte bis hin zu vielfältig diversifizierten Geschäftsbereichen, die das gesamte Spektrum der immobilienwirtschaftlichen Wertschöpfungskette nutzen.

Entsprechend kann sich im Börsenwert nicht nur der Bestandswert niederschlagen, sondern auch zu einem nicht unbedeutenden Teil das **Wertschöpfungspotenzial** widerspiegeln, über das die jeweilige Gesellschaft verfügt. Die Projektentwicklung spielt sowohl bei der Identifikation wie bei der Dokumentation, Hebung und Optimierung solcher Potenziale eine zentrale Rolle. Viele der Merkmale, die für den traditionellen Immobilieninvestor Anlagerisiken darstellen (wie z.B. Leerstände, ausgeprägte Marktzyklen, für die Objektlage suboptimale Nutzungskonzepte) stellen in Verbindung mit Development-Know-how und -Kapazitäten hohe Renditechancen dar.

Projektentwicklung erweitert das Instrumentarium des Asset Managements und das Investment-Spektrum in der Immobilien-AG. Dies allerdings nicht zwingend im Hochrisiko-Bereich: zusammengenommen – in der Kombination von Development mit Asset- und Portfoliomanagement – ist eine **Risikoadjustierung** möglich, die unter dem Strich zu höheren Renditen bei gleichem Kapitaleinsatz oder gleicher Rendite bei niedrigerem Einsatz führt. Aus Sicht der einzelnen Akteure und aus Kapitalmarktsicht stellt dies somit einen absolut überlegenen Ansatz dar.

Die Gründe, warum dieses Erfolgsmodell bislang nicht von vielen Unternehmen in großem Stile realisiert wird, liegen in der **organisatorischen Komplexität**, die mit der Unternehmensgröße stark ansteigt. Die laufenden Anforderungen an Effizienz und Teamorganisation sind hoch und setzen eine disziplinierte Strategieumsetzung, ein hohes Handlungstempo und kurze Entscheidungswege voraus.

Während diese Querschnittsorganisation in kleinen Firmen noch leicht auf Zuruf zu realisieren ist, tendieren große Institutionen zu struktureller Trägheit und einer zunehmenden Aufspaltung von Verantwortungsbereichen. Dies birgt die Gefahr einer schleichenden Desintegration. Der „**entwicklungsfähigen Immobilien-AG**" gelingt es, klare **Entscheidungsmodelle** ohne strukturelle Verkrustungen zu etablieren, Teams bereichsübergreifend an einem Strang ziehen zu lassen und eine hohe **Identifikation** der Entscheidungs- und Leistungsträger mit dem Gesamterfolg zu sichern.

Mit eines der wichtigsten Merkmale der Hochleistungsorganisation ist das **hohe Handlungstempo** und die Flexibilität zur kurzfristigen Chancenwahrnehmung, bei zugleich nachvollziehbarer Darstellung nach außen. Hierzu muss eine pointierte Gremienkommunikation erfolgen, und es bedarf auch des aufgeklärten Aktionärs, der die Unternehmenspolitik der „kurzen Prozesse" mitträgt.

Projektentwicklung als Wertschöpfungsmotor einer wachstumsorientierten börsennotierten Immobilien-AG stellt außergewöhnlich hohe strukturelle Anforderungen an die AG als **Hochleistungsorganisation**. Der Erfolg ergibt sich schließlich als Produkt aus Kapital, Idee, Timing und Umsetzungsgeschwindigkeit.

8. Rating von Projektentwicklungen und von Projektentwicklungsgesellschaften

8.1 Einführung

Investitionsentscheidungen beziehen sich immer auf die zukünftige Entwicklung. Ob die Erwartungen an eine Investition tatsächlich erfüllt werden können, zeigt sich erst in der Zukunft. Dies gilt auch bei Investionen im Immobilienbereich und dabei im besonderen Maße für Projektentwicklungen. Hier entstehen nicht nur die Erträge in der Zukunft, auch bezüglich der erfolgreichen Fertigstellung der Immobilie bestehen Risiken.

Bei Projektentwicklungen bestehen für alle handelnden Akteure, den Projektentwickler selbst und seinen kapitalgebenden Partnern, der finanzierenden Bank und letztlich dem Endinvestor, eine Vielzahl von Unsicherheiten: Wie wird sich der Standort entwickeln? Wird die Immobilie erfolgreich vermarktet werden können? Wird die geplante Immobilie termingerecht fertig? Ist der Projektentwickler in der Lage Kosten und Qualität des Projekts zu kontrollieren? Wird die Projektentwicklungsgesellschaft überhaupt das Ende der Projektentwicklung überleben? Das sind nur einige Fragen, die bei allen Projektentwicklungen eine große Rolle spielen. Rating im Bereich der Projektentwicklungen hat die Aufgabe, diese Unsicherheit zu reduzieren. Durch die Finanzmarktkrise haben sich zudem die Finanzierungsbedingungen für Projektentwickler deutlich verschlechtert. Im Hinblick auf die Erschließung alternativer Finanzierungsquellen erlangt das Rating eine noch größere Bedeutung.

Ratings sind in vielen Wirtschaftszweigen nicht mehr aus der täglichen Praxis wegzudenken. Die Bonität von Unternehmern oder Anleihemittenten wird ebenso in Rating-Noten ausgedrückt wie die Beurteilung von Investmentfonds. Gemeinsam ist allen Ratings, dass einem Dritten auf schnelle und einfache Weise eine Bewertung unterschiedlicher Alternativen ermöglicht werden soll, ohne dass er selbst über alle dafür erforderlichen Informationen verfügen oder detaillierte eigene Untersuchungen anstellen muss. Auch in der Immobilienwirtschaft gewinnt der Rating-Gedanke zunehmend an Bedeutung. So wird seit einiger Zeit – auch unterstützt durch die Diskussion um eine Vielzahl von Regulierungsvorhaben – ein Rating von Immobilienmärkten, von Immobilienobjekten und von Immobilienfonds praktiziert.

Auch in der Presse wurde das Thema im Hinblick auf private Anleger bereits intensiv diskutiert, beispielsweise im Zusammenhang mit dem Rating von offenen Immobilienfonds oder von Fondsobjekten geschlossener Immobilienfonds.

Im Folgenden sollen einige Grundlagen für das Rating von Projektentwicklungen und das Rating von Projektentwicklungsgesellschaften vorgestellt werden.

8.2 Rating Grundlagen

8.2.1 Ratingarten

Rating ist eine multi-dimensionale Bewertung in Hinblick auf eine bestimmte Zielsetzung. Es haben sich grundsätzlich zwei Typen von Ratings in der Praxis bewährt:
- Bonitäts- bzw. Creditrating
- Investitionsrating

Das Bonitätsrating oder Creditrating ist die Bewertung der Zahlungsfähigkeit eines Schuldners (Land, Unternehmen, Emission, usw.). Analysiert wird die Fähigkeit eines Schuldners zum Beispiel Zins und Tilgung eines Darlehens termingerecht und vollständig zu bezahlen. Dabei wird entweder ausschließlich die Ausfallwahrscheinlichkeit oder aber der zu erwartende Verlust unter bestimmten Stressszenarien ermittelt. Das Investitonsrating bewertet die Qualität einer Investition (Aktie, Immobilie, Fonds usw.) unter Berücksichtigung von Rendite und Risiko. Es wird untersucht, ob ein Investment in der Lage ist, dass versprochene bzw. erwartete Renditeziele zu erreichen Während beim Bonitätsrating also die Bestimmung einer Ausfallwahrscheinlichkeit oder der erwartete Verlust im Zentrum des Interesses stehen, also lediglich ein Downward-Risk betrachtet wird, geht es beim Investitionsrating um Chancen und Risiken einer Investition.

Gemeinsam ist allen Ratings, dass einem Dritten auf schnelle und einfache Weise eine Bewertung unterschiedlicher Alternativen ermöglicht werden soll, ohne dass er selbst über alle dafür erforderlichen Informationen verfügen oder detaillierte eigene Untersuchungen anstellen muss.

Beim Rating von Projektentwicklungen und von Projektentwicklern handelt es sich um einen komplexen Ratingansatz, bei dem Elemente des Creditratings und des Investitionsratings miteinander kombiniert werden. Nicht betrachtet werden die inzwischen bei den meisten Banken existierenden Systeme zum Immobilien Rating im Hinblick auf die Anforderungen von Basel II. Hierbei handelt es sich um ein Bonitätsrating und es geht darum, das Rating der Bonität des Kreditnehmers um ein Rating der zu finanzierenden Immobilie (Objektrating) zu ergänzen. Zielsetzung ist es, eine Prognose der Ausfallwahrscheinlichkeit für ein bestimmtes Objekt abzuleiten. Dabei werden neben einer Analyse der Cashflows aus einer Immobilie auch Fragen zum Standort und zur Qualität der Immobilie, zur Qualität des Managements sowie zum Mieter des Objekts berücksichtigt.

8.2.2 Anforderungen

Damit Ratings den in sie gesetzten Erwartungen gerecht werden können, sind an sie eine Reihe von Anforderungen zu stellen:
- Prognoseorientiert
  Ratings sollen Hilfen für Investitionsentscheidungen liefern. Sie müssen deshalb die zukünftige Entwicklung reflektieren.
- Langfristig
  Da Immobilieninvestitionen langfristig orientiert sind, müssen auch Ratings langfristig ausgerichtet sein.
- Vergleichbar
  Um Investitionsalternativen und Risiken miteinander vergleichen zu können, muss eine Vergleichbarkeit zwischen verschiedenen Investitionsobjekten an unterschiedlichen Standorten und mit verschiedenen Nutzungsarten gegeben sein.
- Quantitativ
  Damit die Ergebnisse überprüfbar sind, müssen Ratings quantitativ gestaltet sein.
- Transparent
  Die Ergebnisse müssen so dargestellt werden, dass die Begründungen vom Anwender nachvollzogen werden können.

Die Aufgabe der Ratings ist es, die Unsicherheit von Investitionsentscheidungen am Immobilienmarkt zu reduzieren.

8.2.3 Ratingbegriff

Obwohl der Begriff Rating in aller Munde ist, gibt es noch immer keine von allen Marktteilnehmern anerkannte Definition. Moody's definiert Ratings als Meinungen über die Fähigkeit und Bereitschaft eines Emittenten zur vollständigen und fristgerechten Erfüllung seiner Zahlungsverpflichtungen aus der von ihm begebenen Schuldverschreibung während der Laufzeit. Ratings sind also zukunftsorientierte Aussagen. Sie basieren auf Indikatoren und Prognosen über die Fähigkeit, Zahlungsverpflichtungen zu erfüllen. Was bedeutet dies für Ratings im Immobilienmarkt?

Nach Feri sind Ratings Bewertungen der Qualität des Immobilienmarktes, eines Immobilienobjekts oder eines Immobilienprodukts im Hinblick auf die zu erwartenden Wertentwicklungspotenziale und der Risiken aus der Sicht eines Investors. Der Verband der Pfandbriefbanken (vdp) bezeichnet das Markt- und Objektrating für Immobilien als ein standardisiertes Verfahren, um die nachhaltige Qualität einer Immobilie in ihrem relevanten Markt darzustellen. Maßstab der Qualität ist die mittelfristige Verkäuflichkeit der Immobilie zu einem dann angemessenen Preis zwischen Experten, denen alle Markt- und Objektinformationen zur Verfügung stehen.

8.2.4 Ratingkriterien und Ratingprozess

An Ratings und Ratingagenturen sind einige Anforderungen zu stellen, die die Auswahl möglicher Agenturen begrenzt.
- Formale Kriterien
  Es muss sich um eine Kapitalgesellschaft handeln, die über eine Mindestgröße verfügt und die seit geraumer Zeit am Markt etabliert ist.
- Inhaltliche Kriterien
  Es ist der Nachweis einer am Markt erprobten und wissenschaftlich abgesicherten Analysesystematik zu erbringen.
- Unabhängigkeit
  Das Analyseinstitut darf keine eigenen Anlageprodukte konzipieren und anbieten. Auch darf keine Abhängigkeit von Gesellschaftern oder Tochterunternehmen bestehen, die Anlageprodukte konzipieren oder anbieten.
- Offenheit
  Das Unternehmen muss seine Ratingmethodik offen legen und sich zudem einer Überprüfung der Anforderungen stellen.

Die wichtigsten Marktteilnehmer für Ratings im Immobilienbereich sind:
- Feri EuroRating
- Fitch
- Moody's
- Standard & Poors (S&P)

Darüber hinaus spielt das von einem international besetzten Arbeitskreis der TEGoVA (The European Group of Valuers' Association) entwickelte System zum Rating von Immobilien eine große Rolle, das in etwas abgewandelter Form auch vom Verband deutscher Pfandbriefbanken im Rahmen der Securitisation (Forderungsverbriefung) festgeschrieben wurde.

Neben diesen bankinternen Aktivitäten wurde von der Feri EuroRating Services AG ein spezieller Analyseansatz entwickelt, der sich auf Projektentwicklungen bezieht.

Der Ablauf eines Ratings erfolgt üblicherweise nach fest vorgegebenen Regeln (Beispiel Feri):
- Datenanforderung und -erhebung
  Fragenkataloge: Immobilie, Fondskonstruktion, Management, Organisation, etc.
- Objektbegehung und Interviews
  Durchführung von Objektbegehungen und Interviews mit Geschäftsführung und wesentlichen Mitarbeitern
- Analyse und Bewertung
  Durchführung der Analysen und Bewertungen anhand der Daten und der Interviews
- Rückkopplung mit Auftraggeber
  Diskussion der vorläufigen Analyseergebnisse mit dem Auftraggeber
- Ratingkomitee
  Festlegung der Ratingergebnisse im Ratingkomitee
- Abschlussgespräch
  Präsentation der Ratingergebnisse beim Auftraggeber, Begründung des Ratings

8.2.5 Ratingskalen

Ergebnis des Ratingprozesses ist die Zusammenfassung der Bewertung mittels einer Rating-note. Die Aussage ist um so genauer, je mehr Noten vergeben werden. Eine Ausnahme stellt die Feri-Systematik dar. Hier basiert die Bewertung auf einer Unterteilung in 100 Punkte, die zu den 10 unten dargestellten Ratingklassen zusammengefasst werden.

Die Ratingnoten dienen zum einen der Zuweisung einer bewertenden Kommentierung, andererseits erlauben Sie – zumindest in Grenzen – eine Vergleichbarkeit von Ratings verschiedener Institutionen (Agenturen oder Banken).

8.2.6 Ratingtypen

Die vorhandenen Ratings lassen sich in vier Typen unterteilen:
- Markt- und Standortrating
  Bewertung der Entwicklung des Immobilienmarktes für verschiedene Nutzungsarten am Standort der Immobilie, Bewertung von Potenzial und Risiko.
- Objektrating
  Bewertung von Potenzial und Risiko eines einzelnen Immobilenobjekts.
- Produktrating
  Bewertung von Immobilienprodukten, wie geschlossene oder offene Immobilienfonds.
- Unternehmensrating
  Bewertung der Managementqualität und der Finanzstärke von Unternehmen unter Berücksichtigung des Branchenumfeldes

Beim Rating von Projektentwicklungen handelt es sich um ein Objektrating, bei dem allerdings – wie einleitend bereits angemerkt – auch Elemente eines Unternehmensratings berücksichtigt werden müssen. Das Rating von Projektentwicklern ist ein Unternehmensratingansatz, der auf die spezifischen Anforderungen eines Projektentwicklers abstellt. Beim Rating einer Projektentwicklung hängt der erfolgreiche Abschluss des Investitionsvorhabens besonders von der Qualität des Projektentwicklers ab, insofern muss das Rating der Projektentwicklungsgesellschaft in die Bewertung der Projektentwicklung mit einfließen. Im Folgenden wird deshalb zunächst das Rating von Projektentwicklungsgesellschaften am Beispiel des Feri-Unternehmensrating – Ansatzes dargestellt.

8.3 Rating von Projektentwicklungsgesellschaften

8.3.1 Grundlagen

Der Erfolg eines Immobilieninvestments wird in wesentlichem Maße durch die Immobilie – Standort, Objektqualität und Vermietungssituation – selbst bestimmt. Darüber hinaus hängt der Investitionserfolg auch in hohem Maße von der Managementleistung einzelner Unternehmen ab (z.B. Betreiber, Asset Manager, Property Manager). In diesen Fällen spiel die Bewertung der Managementqualität eine große Rolle. Im Falle einer Immobilienprojektentwicklung ist dies insbesondere der Projektentwickler.

Das Feri Unternehmensrating für Projektentwickler prüft die Qualität und den Geschäftserfolg eines Unternehmens und bewertet alle relevanten Einflussfaktoren auf die Geschäftsrisiken. Das Rating basiert auf der Bewertung der Managementqualität, der Finanzkennzahlen und des Branchenumfeldes. Die Beurteilung der Managementqualität analysiert, ob der Projektentwickler über die Fähigkeit verfügt, das Projekt erfolgreich zu planen, zu organisieren, zu steuern und termingerecht fertigzustellen. Bei der Bewertung der Finanzkennzahlen geht es um eine kurzfristig orientierte Prüfung der Bonität des Unternehmens im Hinblick auf die Bewertung der finanziellen Stabilität. Der Erfolg eines Unternehmens wird durch sein Umfeld wesentlich beeinflusst. Die Bewertung erfolgt durch das Feri Branchen Rating.

8.3.2 Managementqualität

Die Projektentwicklung von Immobilien ist ein komplexer Managementvorgang. An den Projektentwickler sind sehr unterschiedliche Anforderungen in verschiedenen Disziplinen zu stellen. Hierzu gehört zuerst ein hinreichendes Maß an Kreativität und Ideenreichtum für die Entwicklung des Grundstücks eine Lösung zu entwickeln, die Politik, Banken, Nutzer und Investoren überzeugt. Die Fähigkeit einen Standort entsprechend beurteilen zu können und profunde Kenntnisse des Immobilienmarktes, sind ebenso essentiell wie rechtliche und ausgeprägte betriebswirtschaftliche Kenntnisse. Hinzu kommt die Beherrschung der Marketinginstrumente. Die Fähigkeit zur Prozesssteuerung erscheint in diesem Gesamtkontext schon als Selbstverständlichkeit.

Inwieweit der Projektentwickler diese Anforderungen erfüllt, beurteilt Feri in den drei Komponenten Unternehmen, Produkte und Prozesse sowie Kunden: Bei der Bewertung des Unternehmens wird die Organisation, die Qualität der Geschäftsführung und der Mitarbeiter und die eingesetzten Systeme analysiert. Kriterien sind hierbei u.a. die Organisationsstruktur und deren Flexibilität, der persönliche Track Record der Geschäftsführung, die Struktur der Mitarbeiter, deren Ausbildung und Incentivierung und daneben die Qualität der im Unternehmen implementierten Systeme.

In der Kategorie Produkte und Prozesse werden Produktstrategie und Produkterfolg ebenso untersucht wie die Prozessorganisation und das Risikomanagement. Aus der Produktstrategie kann die Fokussierung des Unternehmens auf die einzelnen Märkte beurteilt werden, ebenso ob sich hieraus Risiken auf Grund von Abhängigkeit von der zyklischen Entwicklung einzelner Märkte ergeben können, die den mittel- bis langfristigen Erfolg des Unternehmens wesentlich beeinflussen. Aus dem Track Record des Unternehmens bezogen auf verschiedene Erfolgskennziffern wird empirisch die bisherige Leistungserbringung des Projektentwicklers bewertet. Alle Prozesse, die durch einen Projektentwickler abgebildet werden müssen, werden definiert und mit den tatsächlichen Verhältnissen im Unternehmen verglichen. Ebenfalls untersucht wird in welcher Weise der Projektentwickler Risiken erkennt, beurteilt und geeignete Vorsorgemaßnahmen trifft beziehungsweise auf Krisenmanagement vorbereitet ist.

Im Bereich Kunden werden die Marktstellung des Unternehmens, seine Vertriebsstrategie und die Qualität der Kundenbeziehungen bewertet. Untersucht werden bei der Marktstellung sowohl der Marktanteil des Projektentwicklers im relevanten Markt als auch der Wachstumsabstand zum Wettbewerb. Die Analyse der Vertriebsstrategie beurteilt die Fähigkeit, Produkte erfolgreich und in angemessenem Zeitraum zu vermarkten. Dies beginnt bei der Sicherstellung der Finanzierung, sei es durch Projektpartner, sei es durch finanzierende Banken, und reicht von den Vermietungsaktivitäten bis zum Verkauf der Immobilie an den Endinvestor. Abschließend wird analysiert, ob und in welcher Form der Projektentwickler mit den vorgenannten Partnern kommuniziert.

Die Managementqualität bildet einen Indikator mit mittelfristigem Beurteilungshorizont.

8.3.3 Finanzkennzahlen

In diesem Bereich werden Kennzahlen aus Bilanz sowie Gewinn- und Verlustrechnung zu Ertragsstärke, Vermögen, Liquidität und Kapitalnutzung errechnet und im Rahmen eines Benchmarkings aus Branchendaten bewertet. Die Bewertung der Finanzkennzahlen ist nur ein kurzfristiger Indikator für den Unternehmenserfolg.

8.3.4 Branchenumfeld

Das Branchenumfeld wird durch das Feri Branchen Rating bestimmt, welches Feri für mehr als 800 Branchen bestimmt und die Bonität aller Branchen im Rahmen einer permanenten, quantitativen Analyse bewertet. Das Branchenrating bildet den Langfristindikator im Rahmen des Feri Unternehmens Ratings.

Das Feri Unternehmens Rating für Projektentwickler beurteilt den Projektentwickler als Unternehmen im Ganzen. Es kann noch keine Aussage über die Qualität einzelner Projektentwicklungen machen. Dies erfolgt im Rating von Projektentwicklungen. Allerdings hat die Beurteilung der Managementqualität des Projektentwicklers ein wesentliches Gewicht im Rating für Projektentwicklungen.

8.4 Rating von Projektentwicklungen

8.4.1 Grundlagen

Im Unterschied zu Ratings von bestehenden Immobilien bezieht sich das Rating von Projektentwicklungen auf Immobilien, die sich in der Planung, Projektierung oder im Bau befinden. Für Investoren ergibt sich ein gegenüber dem Investment in eine fertiggestellte Immobilie ein erhöhtes Renditepotenzial. Dies ist zum einen die Beteiligung an der Projektentwicklung selbst mit dem Ziel, am Projektentwicklungsgewinn des Projektentwicklers zu partizipieren. Im Zuge der restriktiveren Finanzierungspraxis der Banken hat diese Investmentform wesentlich an Bedeutung gewonnen. Zum anderen sehen Investoren das Investment in Projektentwicklungen als Möglichkeit der Immobilieninvestition auf einer früheren Stufe der Wertschöpfung verbunden mit entsprechenden Preisvorteilen. Demgegenüber stehen die zusätzlichen Risiken aus den komplexen Planungs-, Projektierungs- und Bauprozessen sowie Risiken aus der Finanzierung und der Vermarktung der Immobilie.

Das Feri Immobilien Rating für Projektentwicklungen prüft die für den Erfolg und für die Qualität eines Projektes relevanten Einflussfaktoren sowie die damit verbundenen Risiken und bewertet sie aus der Sicht eines Investors und der finanzierenden Bank. Das Rating basiert auf der Bewertung des Projektes und der geplanten Immobilie. Die Bewertung der *Projektes* bezieht sich auf die Analyse der Planungsrisiken, der Ausführungsrisiken, der Organisationsrisiken und der Ertragsrisiken. Zentrales Bewertungskriterium ist darüber hinaus die Wirtschaftlichkeit für den Entwickler. Bei der Bewertung der geplanten *Immobilie* wird der Marktwert der geplanten Immobilie ermittelt und die Wirtschaftlichkeit aus der Sicht eines Investors analysiert.

Ein besonderes Kennzeichen bei Bewertungen innerhalb eines Ratings ist, dass allen Kriterien in der Gesamtbewertung ein bestimmtes Gewicht zugeordnet ist. Bei Projektentwicklungen ist dabei auf die unterschiedlichen Projektstufen abzustellen, da mit fortscheitender Realisierung des Projektes die Bewertungskriterien für das Rating des Projektes an Bedeutung verlieren zu Gunsten der Bewertungskriterien für das Objekt selbst.

Die unterschiedlichen Interessenlagen aus der Sicht des Projektentwicklers bzw. aus der Sicht des Endinvestors spiegeln sich in der unterschiedlichen Bewertung der Wirtschaftlichkeit wieder. Während der Projektentwickler auf den Projektentwicklungsgewinn reflektiert, ist für den Investor von Bedeutung, ob der von ihm zu zahlende Kaufpreis angemessen ist.

8.4.2 Bewertung des Projektes

Bei der Bewertung des Projektes steht die umfassende Beurteilung der Projektrisiken im Vordergrund. Das Rating des Projektes besteht aus den Komponenten Planungsrisiken, Ausführungsrisiken, Organisationsrisiken und Ertragsrisiken. In der Kategorie *Planungsrisiken* werden die Planungsgrundlagen, Genehmigungsgrundlagen sowie die Kosten- und Terminplanung untersucht. Vollständigkeit und Qualität der Planung sind dabei die wesentlichen Bewertungskriterien. Desweiteren wird beurteilt, ob die planungsrechtlichen Vorgaben eingehalten werden.

Im Bereich Ausführungsrisiken werden die Eignung des Baugrundes und die Qualität der geplanten bzw. der fertiggestellten Ausführung beurteilt. Hinzu kommt die Überprüfung der Termineinhaltung im laufenden Projektfortschritt. Die Ausprägung der Ausführungsrisiken hängt somit wesentlich vom Projektstatus zum Bewertungsstichtag ab.

Der Bereich Organisationsrisiken beinhaltet die Beurteilung der Managementqualität des Projektentwicklers wie in Kapitel 8.2. beschrieben. Bei der Bewertung der *Ertragsrisiken* werden die marktspezifischen Risiken, das Vermietungsrisiko und das Finanzierungsrisiko analysiert.

In allen Bereichen werden die projektrelevanten Verträge geprüft inwieweit sich hieraus Risiken für die Projektentwicklung ergeben. Die *Wirtschaftlichkeit* der Projektentwicklung wird danach beurteilt, ob auf der Grundlage des bei der Bewertung des Objektes festgestellten Marktwertes und unter der Berücksichtigung der umfassenden Risikoanalyse das Projekt in der Lage ist, einen angemessenen Projektentwicklungsgewinn zu erzielen.

8.4.3 Bewertung des Objektes

Die Bewertung des Objektes ist sowohl für die Bewertung der Wirtschaftlichkeit des Projektentwicklers als auch der des Investors von zentraler Bedeutung. Deshalb erstellt Feri ein Objektrating zur Bestimmung von Attraktivität und Risiken der Immobilie und ermittelt einen Marktwert, der sich auf denjenigen Zeitpunkt in der Zukunft bezieht, zu dem die Immobilie fertiggestellt wird. Das bedeutet natürlich, dass – anders als bei einer Bestandsimmobilie – die Wertermittlung mit höheren Unsicherheiten behaftet ist, da wesentliche Parameter, wie z.B. die Vermietungssituation, noch nicht bekannt sind und mit Annahmen gearbeitet werden muss. Es handelt sich also um die Bewertung einer „virtuellen" Immobilie, die in hohem Maße von Prognosen abhängt.

Bei der Bewertung des Objektes wird nach einem Top-Down-Ansatz vorgegangen, der von überregionalen Markttrends bis hin zu spezifischen Merkmalen des Mikrostandorts und des zu bewertenden Objektes die relevanten Einflussfaktoren analysiert, bewertet und entsprechend ihrer Bedeutung gewichtet.

Die Berechnung der Wirtschaftlichkeit basiert auf einem Vergleich des Marktwerts einer Immobilie mit dem Investitionsvolumen oder anders ausgedrückt, auf einem Vergleich der Investitionsrendite, die – zusammengesetzt aus Mietrendite und Wertänderungsrendite – aus dem Objekt erzielt werden kann mit einer risikogerechten Verzinsung der Immobilie. Voraussetzung des Feri Ratings ist deshalb die Ermittlung eines Markt- oder Ertragswertes der Immobilie. Eine Besonderheit des Feri Ansatzes ist zudem, dass er auf expliziten Prognosen über die Cashflows der Immobilie beruht, wobei die Marktprognosen für den Standort hier automatisch einfließen.

Das Feri Objektrating basiert auf einer Bewertung von
- Attraktivität
- Mietverträgen
- Wirtschaftlichkeit.

Die Messung der Attraktivität erfolgt – ähnlich wie beim oben dargestellten Ansatz – durch einen umfassenden Kriterienkatalog, der auf ca. 150 Einzelkriterien aufgefächert wird.
- Makrostandort
  Angebot
  Nachfrage
  Wertentwicklung

- Mikrostandort
  Lagequalität
  Verkehrsinfrastruktur
  Versorgungsinfrastruktur

- Objektqualität
  Gebäudequalität
  Grundstücksqualität

Die für die Beurteilung der Makrostandortes erforderlichen Prognosen werden dem Feri Immobilienmarkt Rating System entnommen. Die anderen Kriterien werden entsprechend der Bauplanung ermittelt, es handelt sich also, wie erwähnt, um Annahmen.

Die Attraktivität der Immobilie dient neben einer detaillierten Erfassung aller relevanten Qualitätseigenschaften der Immobilie zur Ableitung einer objektspezifischen Marktmiete, die für die zu bewertende Immobilie nachhaltig angemessen ist. Hier fließt auch die Marktprognose der Feri ein, die mit Hilfe der Attraktivitätskomponenten auf die individuelle Immobilie heruntergebrochen wird.

Darüber hinaus wird die Attraktivität dazu verwendet, um eine risikogerechte Verzinsung der Immobilie zu ermitteln. Dieser Zinssatz, der alle mit der Immobilie verbundenen Risiken berücksichtigt und der im Rahmen der Wertermittlung als Kapitalisierungszinssatz verwendet wird, wird von Feri „Break Even Rendite" genannt.

Die Auswertung der Mietverträge erfolgt im Hinblick auf die Berechnung der Cashflows als Basis der Berechnung des Marktwerts der Immobilie im Rahmen des Discounted-Cashflow -Modells (DCF) und der Ermittlung der Mieterrisiken.

8.5 Bedeutung des Ratings bei Projektfinanzierungen

Wie bereits eingangs erwähnt, haben sich die Finanzierungsbedingungen für Projektentwickler in Folge der Finanzkrise wesentlich verändert. War früher eine Fremdkapitalquote von 80 % durchaus üblich, verlangen die Banken dies heute als Eigenkapitalausstattung des Projektentwicklers. Ohne Zweifel bedeutet dies eine deutliche Einschränkung der unternehmerischen Gestaltungsmöglichkeiten eines jeden Projektentwicklers. Folgerichtig sind viele Unternehmen auf der Suche nach alternativen Finanzierungsmöglichkeiten. Populär sind dabei Projektentwicklungsfonds in Form Geschlossener Beteiligungen, die Begebung von Anleihen oder sogenannte „Debt Funds". Egal welches Vehikel gewählt wird, stets soll dabei die entstandene Lücke zwischen Bankfinanzierung und Eigenkapital geschlossen werden. In einem solchen Fall erwarten Investoren dann ein entsprechendes Creditrating. Dies ändert jedoch nur wenig an der Analyse der jeweiligen Projektentwicklung, denn die zu prüfenden Kriterien sind weitgehend identisch. So erstellt Feri zum Beispiel bei der Bewertung von Anleihen oder Bonds stets ein Investitionsrating, dass als Grundlage für das folgende Creditrating dient.

8.6 Zusammenfassung

Der Immobilienmarkt hat, weit später als andere Anlage-Marktsegmente, erst in den letzten Jahren eine Professionalisierung erfahren. Während in der Vergangenheit Immobilien-Investitionen „Bauchentscheidungen" waren, sind heute fundierte Prognosen und Ratings für langfristig orientierte Entscheidungen am Immobilienmarkt unverzichtbar.

Das gilt in besonderem Maße für Projektentwicklungen, da hier eine Vielzahl von Unsicherheiten bestehen, die für die Projektbeteiligten, insbesondere den Investor und die finanzierende Bank, zu hohen Risiken führen. Ein systematischer Analyseprozess, bei dem alle Risikofaktoren überprüft und bewertet werden, kann diese Risiken transparent machen und im Risikomanagement zur Sicherstellung des Investmenterfolges eingesetzt werden. Daneben gewinnt das Rating von Projektentwicklungen im Zusammenhang mit der Erschließung anderer Kapitalquellen eine besondere Bedeutung.

9. Kundennutzenanalyse und Projektstrategie im Projektentwicklungsgeschäft

9.1 Einführung

Die Prinzipien des guten Projektmanagements sind einfach und vielerorts klar beschrieben. Jeder gut ausgebildete, erfahrene Projektmanager kann Immobilienprojekte sicher und technisch korrekt abwickeln. Warum also scheitern Immobilienprojekte? Es fehlt an einer Strategie und an einem Strategischen Controlling als Begleitung zur Projektumsetzung.

Projektstrategien folgen den gleichen methodischen Regeln wie jedes **Start-Up Geschäft**. Eine ausgewogene Konzeption aus dem auf dem Grundstück Möglichen und dem aus Nutzersicht Notwendigen sowie aus Investorensicht Attraktiven ist der Schlüssel zu einer erfolgreichen Projektentwicklung. Zunehmend gewinnt auch die Betreibersicht an Bedeutung. Betriebskosten werden weitgehend in der Projektkonzeption und Projektierung festgelegt.

Diese vier Dimensionen im Projekt abzubilden, gelingt nicht allein durch Ideenreichtum und Risikofreude, sondern wird vor allem durch Methode und Erfahrung gewährleistet. Eine kundenorientierte Outside-In Betrachtung beim Start der Projekte ermöglicht es einem guten Projektentwickler, die Projekteckwerte ausgewogen und attraktiv für alle Beteiligten zu gestalten.

Diese Perspektive fehlt im klassischen Projektmanagement, und damit greift es zu kurz. Die heutigen Probleme wie Leerstände, Wertberichtigungsbedarf (in den Büchern) und hohe Instandsetzungskosten beweisen letztlich, dass vielfach ein Projektmanagement betrieben wird, das am Kunden vorbei operiert und letztlich an ihm scheitert.

Dabei ist die Verbindung von Strategie und Projektmanagement einfach zu bewerkstelligen. Strategie ist schlicht der Umgang und die Berücksichtigung dessen, was der Kunde heute und vor allem in Zukunft braucht.

9.2 Projektstrategie und Kunde

Die zentrale Frage, die sich hier anschließt, ist diejenige nach dem Kunden. Während der Entwicklungszeit wechseln sowohl die Kunden als auch die Kundenwünsche, sodass sich bei einer zeitlichen Differenzierung von Projektentwicklungen vier Kundenarten darstellen lassen.

9.2.1 Kunden mit kurzfristiger Perspektive:

- **Der renditeorientierte Investor mit einer Anlagenperspektive von 1–3 Jahren**
  Diese Ansprüche decken sich häufig mit den Planungen des Projektentwicklers von Immobilienprojekten. Die Ziele sind klar und bestehen in der raschen Vermietung zum Zwecke der Veräußerung der Projektgesellschaft. Dies bedingt klare, marktorientierte Konzepte, die Kenntnisse der Zielgruppen für die Nutzungsart, die Antizipation der kurz- bis mittelfristigen Marktzyklen und der Nutzerpräferenzen.

- **Der heutige Nutzer (1–3 Jahre)**
  Die heutigen Nutzer von Büro- und Einzelhandelsflächen sind an kurze Mietzeiten gewöhnt. Standorte werden aus Kostenüberlegungen schneller gewechselt. Damit werden sowohl von den Nutzern selbst als auch von der Vermarktungsseite Flexibilität und Fungibilität erwartet. Die Anforderungen der heutige Nutzer kann mit Kundennutzenanalysen recherchiert werden. Eine solche Analyse wird jedoch selten durchgeführt.

9.2.2 Kunden mit langfristiger Perspektive:

- **Der renditeorientierte Investor mit einer Langzeitperspektive von 10 bis 15 Jahren**
Die Entwicklung von Flächennutzungskonzepten und die Antizipation von städtebaulichen Entwicklungen sind langfristig angelegt. Die Ansprüche sind im Falle des renditeorientierten Investors langfristiger Natur mit der Aussicht auf interessante Projektrenditen und einer Bereitschaft das erhebliche Development-Risiko zu tragen. Sozioökonomische Veränderungen, technische und soziale Innovationen, gesamtwirtschaftliche sowie währungstechnische Chancen- und Risikoabwägungen sind hier projektbegleitend zu berücksichtigen.

- **Der zukünftige Nutzer (10–15 Jahre)**
Die Nutzerentwicklung der letzten Jahre und die Beobachtung von heute attraktiven Objekten zeigen, wie stark sich die Ansprüche der Nutzer im Zeitverlauf ändern. Flexibilität bezüglich räumlicher Nutzung aber auch bezüglich der Durchmischung von Nutzungsarten wird daher von vielen langfristig orientierten Nutzern gefordert. Einen anderen Weg stellen klare Konzeptionen mit Begeisterungsattributen dar, die durch Neuartigkeit überzeugen. Dieser Nutzer existiert in den Anfängen des Projektes nicht. Die Plausibilität der Story sichert die Finanzierung. Die Dokumentation der Projektstrategie und ein regelmäßiger Strategie-Check mit Überprüfung der Prämissen sind in diesen Fällen unabdinglich.

Um in der Immobilienwirtschaft projektbezogene Strategien entwickeln zu können, bedarf es demnach eines Methodenwissens in den Themen Strategie und Kundennutzen, um das eigene Vorhaben zu positionieren und mit einer plausiblen Story zu vermarkten.

Dabei ist zu beachten, dass sich Kundenschwerpunkte in den regionalen Immobilienmärkten aufgrund einer hohen Dynamik verschieben. So war nach dem Ende der 80er Jahre der renditeorientierte Investor mit einer langfristigen Anlagestrategie dem Investor mit einer kurzfristigen Shareholder-Value Perspektive gewichen. Gegenwärtig ist eine Rückbesinnung auf die alten Werte zu beobachten.

Dominieren in westeuropäischen Immobilienmärkten die renditeorientierten Investoren, die anhand bestimmter Kriterien zu einer kurzfristigen, kennzahlengetriebenen Anlagestrategie gezwungen sind, sind in Osteuropa andere Anlageprofile zu erkennen, die auf einem anderen Risiko-Rendite Mix basieren. Während die erste Kategorie in den letzten Jahren in genehmigte Projekte oder bestehende Immobilien und Immobilienportfolios investiert hat, haben die spekulativen Investments Startkapital für Entwicklungsprojekte bereitgestellt. In diesem Segment wurden nicht nur hohe Marktanteilsgewinne verzeichnet, sondern dank Erfahrungskurveneffekten ein äußerst professioneller Umgang mit dem Risiko entwickelt.

Als Folge dieser Entwicklung ergeben sich auch für die Projektentwickler, die „nur" eine Story und die richtigen strategischen Partnerschaften besitzen, neue Marktchancen. Sie erleben derzeit eine Renaissance, die mit der Neubewertung von Metropolen zunehmen wird.

Projektentwickler, die sich in diesem Geschäftssegment bewegen, sind rar geworden. Hier sind Umfeldanalysen und fundierte Szenarien vonnöten, die gesellschaftliche Entwicklungen und Zielgruppen aufgreifen. Die Kaufentscheidung des zukünftigen Nutzers einer Immobilie wird von mehr bestimmt sein, als von Kostenerwägungen und Lagen. Eine Immobilie muss dem Einzelnen Nutzen stiften und sozioökonomische Entwicklungen abbilden, und antizipieren.

In dieser zeitlichen Differenziertheit der Ansprüche an eine Projektentwicklung beginnt tatsächlich die Fungibilität des Objekts. Um ihr gerecht zu werden, müssen Strategieüberlegungen vor dem Projekt Set-up stattfinden und zu ausgewählten Zeitpunkten des Projektfortschritts in einem Prämissen-Controlling überprüft werden.

Es sollte fest fixierte Meilensteine geben, zu denen das Projekt bezüglich seiner Zielsetzung infrage gestellt werden kann und ein Abgleich mit dem Kundennutzen stattfindet, sonst besteht die Gefahr, dass am Kunden vorbei entwickelt wird.

Im Folgenden werden die zwei wesentlichen Werkzeuge vorgestellt. Die **Kundennutzenanalyse** für die heutigen Erfolgspotenziale und die **Direttissima** als Strategiewerkzeug.

9.3 Das Werkzeug für den heutigen Investor und den heutigen Nutzer: Die Kundennutzenanalyse

Zur Auswahl und Überprüfung von Entwicklungskonzeptionen sprechen erfahrene Projektentwickler mit potenziellen Nutzern und Investoren, testen Ideen und verfeinern ihre Ansätze. Dieses Vorgehen hat einen wesentlichen Nachteil; es schließt vergleichbare, konkurrierende Objekte aus. Eine Investitions- oder Nutzungsentscheidung wird aber immer auf Grundlage eines relativen Vergleichs der Angebote erfolgen. Die **Relativität der Kundennutzenanalyse** hilft, diese Entscheidungsfindung transparent zu machen und gibt sowohl in strategischer als auch in operativer Hinsicht neue weiterführende Einsichten. Regelmäßig angewandt sichert sie in einem Trial-and-Error Prozess, das **Risikomanagement.** Diese Analyse schafft einen **sachlichen Zugang zum potenziellen Kunden** und sichert ein **marktgerechtes Preis-Leistungs-Verhältnis**, indem sie es ermöglicht, Features, die der Kunde will, aber nicht braucht, als solche zu erkennen und ggf. auf sie zu verzichten.

Mit zukünftigen oder aktuellen Nutzern werden dabei in einem Interview oder in einer Fokusgruppe vergleichbare Objekte relativ zueinander beurteilt. Dazu werden die kaufentscheidenden Kriterien eruiert und gewichtet, dann werden die Objekte relativ zueinander bewertet und mit indexierten Preisvorstellungen versehen. Aus diesen Daten lassen sich folgende Erkenntnisse gewinnen:
1. Strategische Position: Welches Objekt bietet welches relative Qualitäts-/Preis Verhältnis, wie ist die eigene Marktstellung im Vergleich zur Konkurrenz.
2. Operative Vor- und Nachteile der Konzeption: Welche entscheidenden Kriterien werden besonders gut oder viel schlechter erfüllt? Welche Projektänderungen würden zu einer Verbesserung der strategischen Position führen?

Ein analoges Vorgehen mit hypothetischen Nutzungsvarianten kann interessante und handlungsleitende Hinweise für zukunftsgerichtete Entwicklungen liefern.

9.3.1 Wie ist der Kundennutzen zu definieren?

Kundennutzen kann am besten durch das **relative Preis-/Leistungsverhältnis** zum Ausdruck gebracht werden. Es handelt sich somit nicht um einen eindimensionalen, sondern um einen zweidimensionalen, und weiter nicht um einen absoluten, sondern einen relativen Begriff. Die erste Dimension ist die **relative Qualität der Marktleistung,** die zweite Dimension ist der **relative Preis**. Die Kombination dieser beiden Dimensionen ergibt den Wert oder Nutzen dessen, was man für den Kunden tut.

9.3.2 Die erste Dimension des Kundennutzens: Die relative Qualität der Marktleistung

Bei der Definition von Qualität entspannen sich vielfach sehr kontroverse Diskussionen. Deshalb soll an dieser Stelle eingehender auf diesen Begriff eingegangen werden. Qualität wird hier in einem umfassenden Sinn verstanden. Dabei ist auf folgende wesentliche Elemente zu achten:
– Mit „Qualität" darf nie die Qualität der Dienstleistung oder des Produktes allein gemeint sein. Sie bedeutet immer die Qualität der gesamten Marktleistung. Sie beinhaltet einerseits die direkten Merkmale des Produkts bzw. der Dienstleistung, also die technischen Spezifikationen und Leistungsparameter, usw. Andererseits umfasst sie auch die mit dem Produkt oder der Dienstleistung verbundenen ergänzenden Servicemerkmale wie Liefertreue, Verfügbarkeit, Service, Zuverlässigkeit.
Weshalb dieses extensive Verständnis von Qualität?
Trotz aller Bemühungen um Differenzierung der Produkte werden sich diese dennoch immer ähnlicher. Alle Anbieter können heute technische Qualität liefern, sonst haben sie kaum mehr Gelegenheit, überhaupt ein Angebot zu legen. Die Dienstleistungsmerkmale werden

daher immer wichtiger. In einer Reihe von Branchen sind bereits nicht mehr die Produkte kaufentscheidend, sondern eben die in der Marktleistung eingeschlossene Dienstleistung. Sie haben einen ganz wesentlichen Anteil an der Nutzenstiftung für den Kunden. Es gibt keinen Musterkatalog von Qualitätsfaktoren, aus dem man je nach Branche auswählen könnte. Zwar findet man bei vielen Qualitätserhebungen ähnliche Faktoren, zum Beispiel „Flexibilität", „Angebotsbreite", „Lieferpünktlichkeit", „Erscheinungsbild" (von Bauten, Mitarbeitern oder Unterlagen). Die Ähnlichkeit erstreckt sich jedoch meist nur auf die Überschriften. Die genaue Bedeutung der Faktoren muss für jede Entwicklung, Nutzungsart, Käufersegment und Region gesondert erarbeitet werden.

– Unter Qualität ist nicht die von der Bauabteilung oder der Qualitätssicherung verstandene Qualität, sondern jene Qualität zu verstehen, die der Kunde wahrzunehmen vermag. „Qualität" heißt deshalb ausnahmslos **Qualität aus Kundensicht.** Es gibt nur eine einzige Objektivität in der Wirtschaft – das ist die Subjektivität der Kunden. Gleichgültig, wie irrational uns das Verhalten des Kunden erscheinen mag, es ist seine Wirklichkeit, so sieht er die Dinge, und das ist das Einzige, das zählt. Daher kann Qualitätsbeurteilung auch niemals von der Qualitätssicherung oder von den technischen Abteilungen allein vorgenommen werden.

– Man darf sich nicht mit der Feststellung begnügen, dass „Flexibilität" wichtig sei. Vielmehr ist zu hinterfragen, was „Flexibilität" im betrachteten Markt für den Kunden bedeutet, wie sie wahrgenommen wird und wie gut die einzelnen Anbieter sie in seinen Augen erfüllen.

– Es sind alle wichtigen Stellen im Unternehmen zu berücksichtigen, die den Kunden kennen bzw. kennen müssen. Die Projektleiter selbst sind nur in der Lage, sich ihr eigenes Bild der so verstandenen Qualität zu bilden. Deshalb empfiehlt es sich, den Kunden selber zu fragen. Aber auch das genügt nicht immer, denn oft kann er gar nicht sagen, warum er etwas kauft und etwas anderes nicht: Die Befragungsergebnisse müssen durch Beobachtungen des Kunden in der Kauf- und Anwendersituation plausibilisiert und ergänzt werden. Dies ist umso wichtiger, wenn es sich um die Nutzer von Immobilien handelt, wenn also der Kunde der Konsument ist. Wenn der Kunde seinerseits ein „Profi" oder ein Investor ist, ist die Befragung und Beobachtung möglicherweise weniger wichtig. Deren Rationalität und Verhalten lassen sich eher abschätzen.

– Die Qualität der eigenen Marktleistung ist **relativ zu derjenigen der wichtigsten Konkurrenten** ausschlaggebend. Man muss (zum Glück) in der Wirtschaft **nicht absolut** gut sein. Es genügt, etwas besser als die Konkurrenz zu sein. Die Fragestellung muss deshalb lauten:

Sind wir besser oder schlechter als die Konkurrenz?

Dabei ist die Frage der relevanten Konkurrenz möglicherweise nicht so selbstverständlich zu beantworten, wie dies auf den ersten Blick den Anschein macht. Anbieter anderer Lösungen wie z.B. Vermieter von Immobilien sind durchaus auch Konkurrenten. Gerade für ausgesprochen technisch orientierte Unternehmen ist der Vergleich mit der Konkurrenz wichtig, denn in diesen Unternehmen ist die Gefahr besonders groß, das technisch Mögliche zu realisieren und sich zu wenig am Kunden bzw. an der Konkurrenz zu orientieren. **„Relativ" bedeutet den Vergleich der eigenen Qualitätsposition zu derjenigen der wichtigsten Mitbewerber im Markt bzw. zur Systemkonkurrenz.** Erhoben wird also nicht die absolute Qualität, sondern die relative, die Qualitätserfüllung im Vergleich zu den Hauptkonkurrenten oder zu den anderen Lösungen des Anwenderproblems.

Dadurch wird sichergestellt, dass bei der Messung kein Aspekt der Qualität entgeht, da „weiche" Faktoren erfasst werden können. Dies sind solche, deren absolute Höhe schwer feststellbar ist, wie z.B. „Erscheinungsbild der Immobilie, Image des Viertels, etc." Sie sind zwar nicht absolut messbar, sehr wohl aber lässt sich die Erfüllung im Vergleich zur Konkurrenz feststellen. „Das Erscheinungsbild unserer Unterlagen ist um zwei Punkte besser als das von A, gleich gut wie B und einen Punkt schlechter als jenes von C".

– Der letzte wichtige Punkt betrifft den Preis. Fälschlicherweise wird der Preis häufig als Bestandteil der Qualität angesehen. Der Preis stellt jedoch das Entgelt für die gebotene Qualität dar. Qualität und Preis sind deshalb zwei eigenständige Dimensionen des Kundennutzens, die getrennt voneinander zu berücksichtigen sind.

9.3.3 Die zweite Dimension des Kundennutzens: Der relative Preis

Auch bei der zweiten Dimension des Kundennutzens sind zwei bereits bei der Qualität betonte Punkte zu beachten:

- Wie bei der Qualität kommt es auch bei der Preisbestimmung darauf an, welchen Preis **der Kunde** wahrnimmt. Die Kundenentscheidung wird daraufhin untersucht, welchen Preis der Kunde betrachtet. Entscheidet er zum Beispiel aufgrund des Anschaffungspreises oder auf Basis der Kosten pro qm? Bezieht er den Wiederverkaufswert in seine Rechnung ein?

- Ferner zählt der relative Preis unserer Marktleistung im Verhältnis zu unseren wichtigsten Konkurrenten. Am besten wird der relative Preis als Index ausgedrückt. Der eigene Preis wird auf 100 gesetzt. Ist ein Mitbewerber um 5 % teurer, erhält er den Wert 105, und 95 bedeutet, dass er um 5 % billiger ist.

- Der Preisvergleich ist in der Regel viel einfacher als die Ermittlung der relativen Qualität. Viele Unternehmen konzentrieren sich zu stark auf den Preis und erkennen deshalb nicht die wirklichen, nicht-preislichen Besonderheiten und Eigenschaften, die bei der Kaufentscheidung eine Rolle spielen.

9.3.4 Die Messung des Kundennutzens

Die Messung der relativen Qualität und des Preises ist die entscheidende Voraussetzung dafür, Kundennutzen in den Mittelpunkt der strategischen und organisatorischen Ausrichtung zu stellen und die Kategorie Kundennutzen im täglichen Handeln aller Mitarbeiter zu verankern. Nur was wir messen, können wir auch wirklich verfolgen! Dazu bedarf es eines strukturierten Vorgehens.

Der Messprozess selber umfasst **sieben Teilschritte** und ist in Abb. 1 am Beispiel eines Erhebungsblattes aus der Werkzeugmaschinenindustrie dargestellt:

1. Zuerst wird das zu analysierende Segment (Produkt, SGF, etc.) definiert,
2. Im zweiten Schritt werden die Namen der Wettbewerber im vorgesehenen Segment aufgelistet,
3. Im dritten Schritt werden die für den Kunden kaufentscheidenden Kriterien bezogen auf Produkt, Service und Image bestimmt,
4. Im vierten Schritt werden diese Kriterien nach der Wichtigkeit für den Kunden gewichtet,
5. Im fünften Schritt wird der Grad der Erfüllung der einzelnen Qualitätskriterien durch das eigene Unternehmen nach einer Skala 1–10 und die Leistungsbewertung jedes Wettbewerbers (relative Qualität) ermittelt,
6. Im sechsten Schritt wird die Preisposition gegenüber den Konkurrenten festgestellt (der Index lautet wie folgt: „Wir" = 100 %; um wie viel Prozent bietet Wettbewerber X günstiger an? Bietet er zum gleichen Preis an oder zu einem höheren Preis? 20 % günstiger entspricht 80 % und 15 % teurer entspricht 115 %),
7. Im siebenten Schritt erfolgt die Beurteilung der Wichtigkeit der Qualitätskriterien für den Kaufentscheid im Verhältnis zur Bedeutung des Preises. Kommt dem Preis im Verhältnis zur Qualität viel mehr Gewicht zu, so dürfte es eigentlich bei der relativen Qualität der Marktleistung keine grossen Unterschiede geben, denn solche werden ja vom Kunden weder verlangt noch durch einen wesentlich höheren Kaufpreis honoriert. Nehmen in solchen Geschäftsfeldern wichtige Konkurrenten dennoch ausgeprägte Minimumqualitäts- bzw. Luxuspositionen ein, wird damit deutlich, dass es sich eben nicht um einen Commodity-Markt handelt. Qualität kann selbst dort eine starke und gefährliche Waffe sein, wo Märkte empfindlich auf Preise reagieren und Produkte weitgehend standardisiert sind. Der Immobilienmarkt ist ein typisches Beispiel.

Abb. 1: Erhebungsblatt *(malik management 2012)*

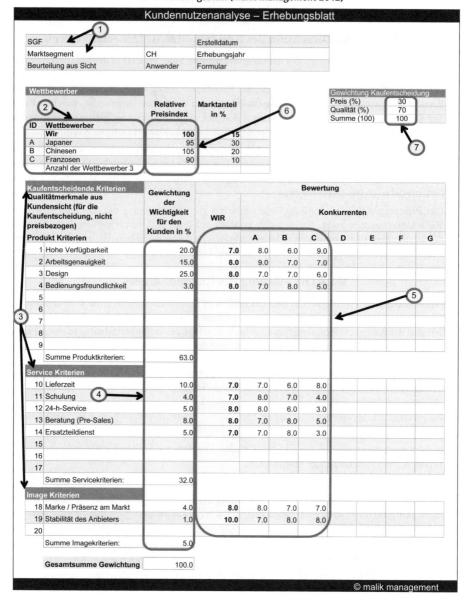

9.3.5 Die „strategische Landkarte" oder „Value Map"

Die Kombination der beiden Dimensionen Qualität und Preis ergibt das, was als „strategische Landkarte" bezeichnet werden kann. Diese Landkarte bringt grafisch zum Ausdruck, welchen Kundennutzen die Mitbewerber einer Geschäftseinheit erzielen. Die relative Qualität und der relative Preis bilden die beiden Koordinaten der strategischen Landkarte oder „Value Map".

Die Positionierung auf der Landkarte führt zu eminent wichtigen Schlussfolgerungen in Bezug auf die Möglichkeiten, den Kundennutzen zu steigern. Ein Beispiel für eine Value Map findet sich in Abb. 2. Eine Position entlang der Geraden zeigt eine Ausgeglichenheit zwischen

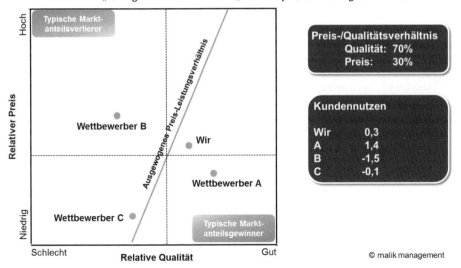

Abb. 2: Die „strategische Landkarte" oder „Value Map" (*malik management 2012*)

Preis und Qualität, also die den einzelnen Qualitätsniveaus aus Sicht des Kunden entsprechenden „gerechtfertigten" Preise. Dieser ausgewogene Kundennutzen wird im Beispiel ziemlich genau durch die Position „Wir" sowie durch den Wettbewerber C geboten. Die Steigung der Geraden in Abb. 2 ergibt sich aus der Relation von Preis zu Qualität. In unserem Beispiel beträgt dieses Ratio 30:70.

Eine Position links der Geraden bedeutet einen schlechten oder geringen Wert oder Nutzen für den Kunden: ein zu hoher Preis für das angebotene Qualitätsniveau (im Beispiel Wettbewerber B). Eine Position rechts der Geraden zeigt ein positives Preis-/Leistungsverhältnis, einen hohen Wert bzw. guten Kundennutzen (im Beispiel der Wettbewerber A).

9.3.6 Die Wirkungen des Kundennutzens

Die Value Map ist für die Beurteilung der strategischen Position des untersuchten Projektes von herausragender Bedeutung. Der **Kundennutzen stützt die Rentabilität** eines Geschäftes auf Dauer. Geschäftseinheiten mit ausgeglichenem oder gutem Kundennutzen – im Beispiel „Wir" sowie die Konkurrenz A – erwirtschaften langfristig durchschnittlich einen höheren Trading Profit als solche mit schlechtem Kundennutzen und haben tendenziell ein geringeres Leerstandsrisiko.

Durch weitere Auswertungen wird deutlich, in welchen konkreten Punkten Wettbewerbsvorteile und Nachteile bestehen und welche Angebote aus dem Leistungsangebot der Immobilienentwicklung und welche Aspekte der Immobilie dem Kunden wirklich wichtig sind. Nur hierfür ist er bereit, zu bezahlen. Alle anderen vorgehaltenen Leistungen verschlechtern die Kostenposition und die Marktgängigkeit. Durch die Anwendung von Kundennutzenanalysen können Projektentwicklungen in die Profitabilität entwickelt werden.

Als weiteres wichtiges Werkzeug empfiehlt sich der kurze, aber effektive **Strategie-Check der Direttissima**.

9.4 Das Tool für den zukünftigen Investor und den zukünftigen Nutzer: Die Direttissima

Um die Ansprüche der Nutzer und Investoren in der Entwicklungszeit nicht aus den Augen zu verlieren, ist eine solide Strategie im Rahmen des Projekt Set up zu erarbeiten. Ebenso ist ein regelmäßiges Überprüfen der Projektprämissen im Projektverlauf notwendig, um Projektrisiken in ihrem Ursprung zu erfassen und zu steuern.

Es gibt gute Gründe die Annahmen der Storyline der Projektentwicklung zu bestimmten Zeitpunkten zu hinterfragen.

– Wirtschaft und Gesellschaft befinden sich in einem fundamentalen **Transformations-prozess.** Branchen – und Konjunkturzyklen, demografische Veränderungen sowie das Verschwinden und Auftauchen von Nutzergruppen ändern die Ansprüche an die Projekt-konzeption.

– Die **Änderungsraten** nehmen zu und die Lebenszyklen werden kürzer.

– Aufgrund der Vielzahl von Treibern und den gegenseitigen Rückkopplungen sind **Prognosen mit großen Unsicherheiten behaftet.**

– Die Globalisierung vieler Märkte ist eine Realität und führt zu steigendem **Konsolidierungsdruck.**

– Die **Lebensdauer einer Projektentwicklungsstrategie** hat abgenommen, ihre **Bedeutung** gleichzeitig aber zugenommen.

Die Direttissima ist ein Ansatz, der ausgehend von der Analyse heutiger Geschäftsmodelle, hilft, die Änderungen bei den relevanten Treibern zu identifizieren. In der Gegenüberstellung mit den neuen Geschäftsmodellen und den geänderten Spielregeln des relevanten Marktes können strategische Optionen erarbeitet und bewertet werden. Heute und morgen, Innensicht und Umfeld werden in diesem Ansatz in sinnvoller Weise zusammengebracht, um die Projekt-strategie zu erarbeiten und sie durch Strategie Checks später zu validieren oder zu revidieren.

Die Methode bietet wertvolle Hilfe in den folgenden Punkten an:

1. Erkennen der **künftigen Herausforderungen** und des **strategischen Handlungsbedarfes**

2. Systematisches **infrage stellen** von tradierten Geschäftsgrundsätzen und von bisherigen Erfolgsrezepten

Abb. 3: Vorgehen Direttissima *(malik management 2012)*

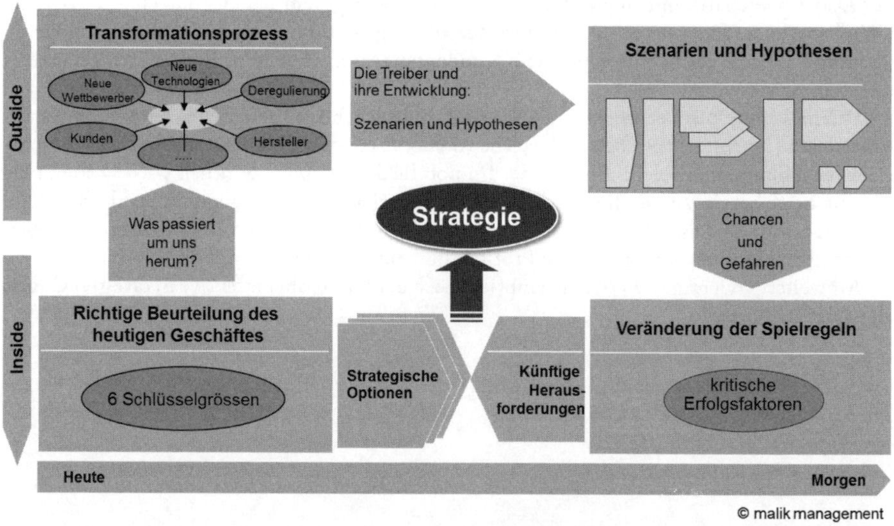

© malik management

3. **Lösen** von der **Vorstellung**, die **Zukunft** sei berechenbar oder **prognostizierbar:** je genauer die Analyse, desto präziser der Irrtum
4. **Risikovermeidung** durch **Risikoerkennung**
5. **Chancenwahrung** durch **Antizipationsvermögen**

9.5 Fazit:

Kundennutzenanalyse und Direttissima sind Strategiewerkzeuge, die dazu dienen, dass nicht am Markt vorbei entwickelt wird und Risiken eingestellt werden können. Sie erlauben es, eine Story oder Projektstrategie hypothesengeleitet mit allen Stakeholdern zu erarbeiten und Korrekturen auf dem Wege zur Immobilie vorzunehmen. Gerade mit der Kundennutzenanalyse werden wesentliche Eckwerte des Projektes überprüft und konkrete Verbesserungsansätze aufgezeigt. Damit entlassen sie die Developer-Branche aus dem Bereich der Beliebigkeit der Entscheidungen und unterstreichen die zunehmende Professionalisierungstendenz in diesem Geschäft.

Teil 2
Akquisition

Übersicht

1. Grundlagen der Investitionsentscheidung

1.1 Basisüberlegungen vor Beginn einer Investitionsentscheidung

Wie bei allen Investitionsentscheidungen ist auch vor der Investitionsentscheidung eines Projektentwicklers zu prüfen, ob die Investition die angestrebte Rendite bei einem akzeptablen Risiko erwarten lässt. Aufgrund der Vielfalt möglicher Einflussfaktoren auf das Rendite-/ Risikoverhältnis einer Projektentwicklung muss es das Bestreben des Projektentwicklers sein, möglichst alle wesentlichen Einflussfaktoren vor dem rechtsverbindlichen Abschluss von Verträgen, insbesondere des Grundstückskaufvertrages, so weit wie nötig zu überprüfen. Häufig kollidiert dieses Bestreben mit der Notwendigkeit schnell zu handeln, um zum Beispiel einem konkurrierenden Unternehmen zuvorzukommen. Diesen Zielkonflikt muss der Projektentwickler individuell für jedes einzelne Projekt lösen und einschätzen, zu welchem Zeitpunkt er ein ausreichendes Maß an Informationen besitzt, um eine Investitionsentscheidung treffen zu können.

Die Fehler der meisten fehlgeschlagenen Projektentwicklungen wurden nicht im Laufe einer Projektentwicklung, sondern vor der Investitionsentscheidung gemacht. Hierzu zählen zum Beispiel die Fehleinschätzung bezüglich der Vermarktbarkeit der Immobilie, das Unterschätzen des notwendigen Zeitbedarfs bis zum Baubeginn, das „Schönrechnen" eines Projektes wegen des unbedingten Willens das Projekt durchzuführen oder keine ausreichende Berücksichtigung der Nachbarrechte.

Der optimale Start einer Projektentwicklung ist also durch die ausreichende Berücksichtigung aller die Projektentwicklung wesentlich beeinflussenden Faktoren gekennzeichnet. Im Folgenden werden solche wesentlichen Aspekte in übersichtlicher Kurzform angesprochen. Je nach Projekt können diese mehr oder weniger erheblich sein bzw. weitere wesentliche Aspekte können hinzukommen.

1.2 Wesentliche Aspekte von A bis Z

1.2.1 Abriss

Vor dem Abriss von Gebäuden ist zu prüfen, ob eine Abrissgenehmigung einzuholen ist. Im Weiteren sind Umfang und die Art der Abrisssubstanz unbedingt zu untersuchen. Die Kosten für die Entsorgung von Sondermüll (z.B. Asbest), aber auch die hierdurch entstehende Verzögerung sind nicht zu unterschätzen. Hinzu kommen Transportkosten zu entfernter liegenden Deponien, wenn nahe liegende Deponien nicht existieren oder vorübergehend geschlossen wurden. Sofern durch den Abriss die benachbarte Bebauung in Mitleidenschaft gezogen werden könnte, ist ein Beweissicherungsverfahren bezüglich der Nachbarbebauung durchzuführen und in den Zeitplan sowie die Developmentkalkulation einzustellen. Befindet sich bzw. befand sich in der Abrisssubstanz Wohnraum, ist in jedem Fall zu überprüfen, ob für den abzureißenden Wohnraum Ersatzwohnraum geschaffen werden muss. Von Sprengungen im Rahmen des Abrisses sollte bei innerstädtischen Grundstücken sehr zurückhaltend Gebrauch gemacht werden, da die hierdurch unter Umständen entstehenden zeitlichen und finanziellen Einsparungen vielfach durch den notwendigen Ausgleich von Folgeschäden aufgehoben werden.

1.2.2 Altlasten/Kampfmittel

Vor Beginn einer Projektentwicklung sollte ein erster Blick in das örtliche Altlastenverdachtskataster erfolgen. Mögliche Problemflächen sind hier oftmals bereits festgehalten. Im Weiteren kann mittels entsprechender Gutachten Klarheit über den Umfang und die Art möglicher Kontaminierungen erzielt werden. In diesem Zusammenhang sind die möglichen Entsorgungsarten, notwendige Zeiträume und die zu erwartenden Kosten zu ermitteln. Vorsicht ist insofern geboten, als die Städte und Gemeinden häufig kostenintensive Entsorgungsverfahren verlangen. Falls eine umfassende Altlastenuntersuchung vor dem Grundstückskauf nicht möglich ist, sollte versucht werden, dass der Verkäufer eines Grundstücks den Projektentwickler von den Kosten einer öffentlich-rechtlichen und/oder privatrechtlichen Inanspruchnahme aufgrund der Altlasten freistellt. Darüber hinaus kommen Vertragsgestaltungen in Betracht, wonach sich der Verkäufer an den Kosten zumindest beteiligt und/oder dem Käufer bei Überschreiten eines bestimmten Betrages ein Rücktrittsrecht vom Vertrag einräumt.

Weiterhin sollte das Risiko vorhandener Kampfmittel beachtet werden. Hier sollte über die Behörden geklärt werden, ob ein Kampfmittelverdacht besteht, welche Gutachten eingeholt und welche Maßnahmen zur Entsorgung oder baubegleitend beim Aushub der Baugrube durchgeführt werden müssen.

Neben dem Sanierungsrisiko ist im Zusammenhang mit Altlasten das Risiko einer möglichen Bauzeitverlängerung sowie einer Baukostenerhöhung zu berücksichtigen. Indizien für Altlasten bzw. Kampfmittel lassen sich insbesondere aus der Historie der Grundstücke ablesen. In diesem Sinne können z.B. Luftaufnahmen, die direkt nach dem 2. Weltkrieg gemacht wurden, Aufschluss über die Wahrscheinlichkeit von Bombenfunden geben.

1.2.3 Altsubstanzerhaltung/-sanierung

Grundsätzlich ist eine genaue Untersuchung des Altbestandes notwendig. Sinnvoll ist insofern, Gutachten einzuholen und die Kosten für eventuell vorhandene Denkmalschutzauflagen zu beachten. Zu berücksichtigen ist auch, dass bei historischen Bauten vielfach eine Abweichung der tatsächlichen Bauausführung von den vorhandenen Plänen stattgefunden hat. Den Unwägbarkeiten im Rahmen der Altbausanierung ist durch entsprechende Risikopositionen in der Developmentrechnung zu begegnen. Den erhöhten Kosten bei der Denkmalschutzsanierung sind die steuerlichen Vorteile im Rahmen der Abschreibungsmöglichkeiten gegenüberzustellen, wobei der Traderdeveloper frühzeitig eine Konstruktion wählen muss, die es dem Erwerber erlaubt, an der erhöhten Abschreibung zu partizipieren.

1.2.4 Baugenehmigung/Bauvorbescheid

Es empfiehlt sich, die Genehmigungsfähigkeit des geplanten Vorhabens – soweit wie möglich vor rechtsverbindlichem Ankauf des Grundstückes – zu klären. Sofern noch keine Baugenehmigung vorliegt, lassen sich vertragliche Rücktrittsrechte vielfach an die Art und das Maß der möglichen Bebauung koppeln.

Neben den bauplanungsrechtlichen Anforderungen sind auch bauordnungsrechtliche Aspekte zu berücksichtigen, wie z.B. die Stellplatzpflicht und das Zufahrtserfordernis. Ein gutes Mittel, die Genehmigungsfähigkeit einer geplanten Maßnahme in ihren wesentlichen Ausprägungen frühzeitig zu klären, ist die Bauvoranfrage. Der auf die Bauvoranfrage erteilte Bauvorbescheid ist nicht nur deutlich preiswerter als eine umfassende Baugenehmigung, sondern auch deutlich schneller zu erlangen. Der Bauvorbescheid gibt hinsichtlich der hierin enthaltenen Aussagen dem Projektentwickler Rechtssicherheit, sobald die Rechtskraft des Bauvorbescheides eingetreten ist.

Im Hinblick auf die in vielen Landesbauordnungen enthaltene Genehmigungsfiktion, wonach das Bauvorhaben als genehmigt gilt wie es beantragt wurde, falls nicht innerhalb einer bestimmten Frist ein abweichender Bescheid erlassen wird, sind manche Behörden dazu übergegangen, die Frist dadurch zu „verlängern", dass sie kurz vor deren Ablauf noch das Nachreichen weiterer Unterlagen verlangen. Es ist deshalb angeraten, eine schriftliche Anfrage nach Einreichung der Bauantragsunterlagen zu stellen, ob noch weitere Unterlagen gewünscht werden.

1.2.5 Baulasten

Baulasten, wie z.B. eine Abstandsflächenbaulast oder eine Zufahrtsbaulast, sind durch einen Blick in das Baulastenverzeichnis zu ermitteln und entsprechend bei den weiteren Überlegungen zu berücksichtigen. In manchen Fällen können sie die sinnvolle Verwertung eines Grundstückes massiv beeinträchtigen. Daher kann es angebracht sein, noch vor dem rechtsverbindlichen Ankauf eines Grundstückskaufs, vom Verkäufer Änderungen hinsichtlich der Baulasten zu verlangen oder diese Veränderungen gemeinsam mit dem Verkäufer durchzuführen.

1.2.6 Baum- und Artenschutz

Bezüglich der Pflanzenarten ist die Baumschutzsatzung bzw. Baumschutzverordnung einzusehen, ferner sind die Ausgleichskosten für gerodete Pflanzen sowie die Kosten für die auflagengemäße Bepflanzung zu ermitteln. Besteht die Gefahr einer eventuellen Nichtbebaubarkeit des gesamten oder von Teilen des Grundstücks aufgrund seltenem/altem Baum-/Gräserbewuchs sowie seltener Tierarten, sollte ein ökologisches Gutachten eingeholt werden.

Insbesondere bei größeren oder seit langem brachliegenden Grundstücken kann es vorkommen, dass sich seltene Tierarten (z.B. die spanische Mauereidechse) oder seltene Pflanzenarten (z.B. Silbergras) auf dem projektierten Grundstück niedergelassen haben. Abstimmungen mit den Naturschutzbehörden, den kommunalen Behörden und den Regierungspräsidien sowie die artengerechte Erhaltung bzw. Umsiedlung von seltenen Pflanzen oder vom Aussterben bedrohter Tiere können sich über mehrere Jahre erstrecken und ein Bauvorhaben wirtschaftlich untragbar machen.

1.2.7 Baurecht/Bebaubarkeit

Zu den ersten Schritten im Rahmen einer Projektentwicklung zählt es, die Bebaubarkeit eines Grundstückes und damit das einschlägige Baurecht zu klären. Hierzu zählt die Prüfung, ob für das Grundstück ein rechtskräftiger Bebauungsplan vorliegt und ob eventuell ein Bauleitverfahren (Aufstellung eines neuen Bebauungsplanes) durchgeführt oder geplant wird. Wichtige Aspekte sind z.B. die Berücksichtigung von Auflagen und Ausnutzungskennziffern eines Bebauungsplanes (GFZ, GRZ, Baugrenzen, Höhen, Abstände). Wenn kein Bebauungsplan vorliegt, gelten im Allgemeinen die Regelungen des BauGB §§ 34 ff., das heißt, dass ein Vorhaben zulässig ist, wenn es sich nach Art und Maß der baulichen Nutzung, der Bauweise und der Grundstücksfläche, die überbaut werden soll, in die Eigenart der näheren Umgebung einfügt und die Erschließung gesichert ist. Die Regelungen beziehen sich insbesondere auf die GRZ und die Geschossigkeit sowie die Dachform.

Sollte kein Bebauungsplan existieren und sich auch keine Bebaubarkeit nach § 34 BauGB anbieten, kann in Zusammenarbeit mit der Stadt ein Vorhaben- und Erschließungsplan erstellt werden. Dies ist zwar zeitaufwendig, jedoch im Verhältnis zum regulären Ablauf eines B-Planverfahrens üblicherweise noch zeitsparend. Die Kosten für den Vorhaben- und Erschließungsplan werden gerne zu 100 % den Projektentwicklern auferlegt und müssen daher einkalkuliert werden. In diesem Zusammenhang sollte ebenfalls überprüft werden, ob zusätzlich zum Bebauungsplan im Rahmen eines städtebaulichen Vertrages weitere über den Bebauungsplan hinausgehende Regelungen, wie z.B. die Genehmigung besonderer Nutzungen innerhalb bestimmter Fristen erforderlich sind. Erschließungsverträge regeln ferner, welche Qualitäten bei den Erschließungsmaßnahmen vorzusehen sind und ob die Kosten für erforderlichen Erschließungsmaßnahmen und Ausgleichs- und Ersatzmaßnahmen durch den Vorhabenträger zu finanzieren sind.

Neben den rechtlichen Aspekten der Bebaubarkeit sind auch tatsächliche Aspekte zu prüfen. Hierzu zählen zum Beispiel die Zufahrtmöglichkeit für Baufahrzeuge, Überfahrtswege auf Nachbargrundstücken, die Nutzung von Nachbargeländen für Baucontainer, Vorhandensein von Strommasten, von denen in der Bauphase oder aber auch dauerhaft Störungen ausgehen können. Zu berücksichtigen ist ferner, dass Nachbarn durch Kräne in ihrem Luftraum verletzt werden könnten. Bei einer dichten nachbarschaftlichen Bebauung muss beim Aushub häufig ein Baugrubenverbau mit rückwärtiger Verankerung eingebracht werden, um die Baugrube abzustützen. Bei einer rückwärtigen Verankerung im Nachbargrundstück ist eine schriftliche Nachbarzustimmung einzuholen.

Sobald Nachbarn von der Baumaßnahme betroffen werden, sollte in einem ausreichend frühen Stadium mit ihnen gesprochen und schriftliche Einverständniserklärungen eingeholt werden. Ängstliche Nachbarn erhöhen die kalkulierten Kosten in der Regel durch herbeigeführte Baustopps, wirtschaftlich denkende Nachbarn erhöhen die kalkulierten Kosten durch Ablöseforderungen für ihre Zustimmung. Ein Beweissicherungsverfahren für die nachbarschaftliche Bebauung ist sinnvoll.

1.2.8 Bodendenkmäler

Archäologische Funde führen vielfach zu unkalkulierbaren Kosten; dies nicht zuletzt durch sehr lange Baustopps aufgrund langwieriger Untersuchungen. Ebenfalls ist eine komplette Einstellung des Bauvorhabens aufgrund der Nichtverlegbarkeit/-versetzbarkeit historischer Bauten/-teile nicht auszuschließen. Sinnvoll ist es diesbezüglich, sich die geschichtlichen Unterlagen zum historischen Stadtaufbau und Berichte über Funde in der näheren Umgebung anzusehen. Darüber hinaus sollten Bodengutachter, die sich bereits mit den umliegenden Grundstücken beschäftigt haben, befragt werden.

1.2.9 Bürgerinitiativen

Die geplante Projektentwicklung kann erheblich durch Bürgerinitiativen behindert werden. Die Gefahr, die von Bürgerinitiativen ausgeht, ist stark davon abhängig, auf welche „Sensibilitäten" die Projektentwicklung bei den Bürgern und den Politikern trifft. Insofern gilt es, frühzeitig ein Gefühl für die Befindlichkeiten vor Ort zu entwickeln. Gespräche mit dem Stadtplanungsamt und den politischen Parteien können hierbei eine große Hilfe sein.

1.2.10 Denkmalschutz

Denkmalgeschützte Gebäude haben in der Regel ihren besonderen Reiz und bieten darüber hinaus attraktive Abschreibungsmöglichkeiten und öffentliche Fördermöglichkeiten. Nicht zu unterschätzen jedoch sind die Schwierigkeiten und der bauliche Aufwand, der mit der Erfüllung der Denkmalschutzauflagen und der Sanierung der oft maroden Altbausubstanz einhergeht. Die Einschaltung eines Historikers kann sinnvoll sein, um die Diskussion über unangemessene Auflagen zu versachlichen.

1.2.11 Development-Kalkulation

In der Development-Kalkulation werden häufig in einer statischen Betrachtung das zum Zeitpunkt der Fertigstellung und Vollvermietung angefallene Gesamtinvestitionsvolumen für ein Projekt der geplanten Jahresnettomiete gegenübergestellt, um die Rendite auf die Investition zu ermitteln. Weiterhin wird der Entwicklungsgewinn bei Weiterverkauf des Projektes kalkuliert (vgl. Kapitel 8.1).

1.2.12 Entmietung

Sofern die zum Abriss/zur Sanierung vorgesehene Altbausubstanz noch vermietet ist, sind erhöhte Kosten, insbesondere aufgrund von Abstandszahlungen und zeitlicher Verzögerungen einzukalkulieren. In Extremfällen können notwendige Entmietungen, insbesondere im Wohnungsbereich zu jahrelangen Rechtsstreitigkeiten führen.

1.2.13 Erschließung

Es ist zu überprüfen, ob das Grundstück voll erschlossen, teilerschlossen oder nicht erschlossen ist. Entsprechend sind die Erschließungskosten einzukalkulieren. Bei sehr großen Grundstücken werden die Kosten für eine interne Erschließung des Areals eventuell nicht von der Stadt übernommen. Sie müssen dann bei der Kalkulation sowie als Vertriebsnachteil (höhere Verkaufspreise sowie Folgekosten für die Anlieger) berücksichtigt werden.

1.2.14 Erwerbskosten

Im Zusammenhang mit den Verhandlungen über den Grundstückskaufpreis sollte der Bodenrichtwert (Gutachterausschuss) eingeholt sowie Vergleichswerte ermittelt werden. Vergleichswerte können z.B. durch Auswertung von Verkaufsanzeigen, Maklerbefragung oder durch Einschalten ortskundiger Gutachter ermittelt werden. Die Ermittlung eines vertretbaren Grundstückskaufpreises kann sowohl über das Residualwertverfahren als auch über eine Investitionsrechnung erfolgen (vgl. Kapitel 8.1.2).

1.2.15 Erwerbsnebenkosten

Hinsichtlich der Erwerbsnebenkosten ist frühzeitig zu prüfen, ob im Rahmen des Erwerbs eine Provisionspflicht gegenüber einem Makler entstehen wird. In Ausnahmefällen ist es denkbar, dass man sich im Rahmen der Erwerbsverhandlungen mehreren Maklern gegenüber provisionspflichtig gemacht hat. Besteht diese Gefahr, so ist mit den betroffenen Maklern vor Ankauf der Immobilie eine Vereinbarung zur Provisionspflicht zu schließen.

Sofern ein Erwerb über einen Makler erfolgt und eine Courtagereduktion hinsichtlich des Ankaufs dadurch beabsichtigt wird, dass dem Makler der weitere Vertrieb des Grundstückes inklusive des noch zu erstellenden Gebäudes überlassen werden soll, ist zuvor die Leistungsfähigkeit des Maklers genau zu prüfen. Dies resultiert insbesondere daraus, dass Projektentwickler immer wieder in dem Bestreben, am Anfang des Projektes Geld zu sparen, mit dieser Aktion gegebenenfalls viel mehr Geld riskieren, da der Makler, der das entwicklungsfähige Grundstück vermittelt hat, eben nicht der Richtige ist, der im Rahmen des Verkaufs des fertiggestellten Projektes die besten Käufer zu den besten Konditionen vermitteln kann.

Ferner ist zu prüfen, ob eine Grunderwerbssteuerpflicht nur bezüglich des Grundstückswertes besteht oder bei einer mitverkauften Planung auch die noch zu realisierende Immobilie umfasst. Darüber hinaus sollte geklärt werden, ob die Grunderwerbsteuerpflicht über einen Share Deal (Gesellschaftsanteilserwerb) vermieden werden kann.

1.2.16 Finanzierungsmodalitäten

Zur Vermeidung von negativen Überraschungen sind mit der finanzierenden Bank frühzeitig die Konditionen für den Grundstücksankauf oder besser noch für die gesamte Entwicklungsmaßnahme abzustimmen. Zu den insofern abzustimmenden Konditionen zählen nicht nur der Zinssatz und die Laufzeit, sondern auch das Verhältnis von Eigen- und Fremdkapital sowie Art und Maß von Sicherheiten.

Aufgrund der Tatsache, dass Finanzierungszusagen von Seiten der Bank vielfach nicht nur auf das Objekt/Projekt abgestellt werden, sondern auch von der Einschätzung der Bank hinsichtlich der Bonität und Erfahrung des Darlehensnehmers abhängig sind, sollte üblicherweise versucht werden, mit einer Bank bzw. mehreren Banken eine langfristige Vertrauensbasis aufzubauen. Dies bringt nicht selten eine erhebliche Zeit- und Kostenersparnis mit sich.

1.2.17 Gründung

Bezüglich der Tragfähigkeit des Baugrundes sind so schnell wie möglich ausreichende Informationen (Bodengutachten) einzuholen. So ist beispielsweise das Vorhandensein von Schwemm-/Fließsand für jedes tiefer zu gründende Bauvorhaben sehr problematisch; Fels führt zu kostenintensiven Sprengungen.

Weiterhin sollten der Grundwasserstand und die Sickerungsmöglichkeiten untersucht werden, um Einschätzungen über eine mögliche Wasserhaltung während der Bauzeit sowie die Art der Fundamentierung und Kellerabdichtung treffen zu können.

1.2.18 Grunddienstbarkeiten

Grunddienstbarkeiten, wie z.B. Überfahrtsrechte und Leitungsrechte sind durch einen Blick in Abteilung II des Grundbuches zu ermitteln und deren Folgewirkung auf das Projekt einzukalkulieren. Bei zu massiven Störungen des Projektes ist zu klären, ob sie beseitigt werden können oder ob von der Projektdurchführung Abstand zu nehmen ist.

1.2.19 Image

Das Image eines Standortes als wesentlicher Faktor einer Projektentwicklung wird häufig unterschätzt. Aus diesem Grunde sollte das Image eines Standortes genauestens untersucht werden, um eine negative Beeinträchtigung der Projektentwicklung zu vermeiden. Besteht ein negatives Image und ist nicht absehbar, dass sich das Image mittels einer Reihe von Marketingmaßnahmen kurzfristig zum Positiven verändern lässt – was sehr selten der Fall sein wird –, sollte man im Zweifel von einer Projektentwicklung Abstand nehmen.

1.2.20 Infrastruktur

Die Infrastruktur eines Standortes ist ein entscheidender Erfolgsfaktor und ist in jedem Fall nutzerorientiert zu untersuchen. In diesem Sinne haben zum Beispiel für Bürobauten die Anbindung an den öffentlichen Personennahverkehr, an den Individualverkehr und an den Flughafen einen ähnlichen Stellenwert wie Nahversorgungseinrichtungen für Wohnungsbauvorhaben. So sollte man sich z.B. die Erstellung einer großen Einfamilienhaussiedlung in einem kleinen Ort mit 3.000 Einwohnern ohne Läden, Kindergärten und Schulen genauestens überlegen.

1.2.21 Konkurrenz

Vor der Durchführung einer Projektentwicklung ist unbedingt eine Konkurrenzuntersuchung bezüglich der momentan im Bau befindlichen sowie der geplanten Bauvorhaben im Wesentlichen nach Art, Zielgruppe, Größe, Schnitt, Lage und Preis vorzunehmen. Ebenso muss der vorhandene Leerstand untersucht werden. Die Untersuchung muss im Ergebnis erkennen lassen, ob das geplante Projekt – ausgehend von der Konkurrenzsituation – unter einen Zeit-, Qualitäts- und/oder Preisdruck kommt und ob zu erwarten ist, dass das Projekt diesem Druck standhalten also dennoch erfolgreich sein wird. Im Idealfall wird ein Projekt so geplant, dass es über die Aspekte Zeit, Qualität und/oder Preis gegenüber der Konkurrenz Vorteile erlangt.

1.2.22 Kostenschätzung

Vor Beginn der Realisierung einer Projektentwicklung ist es wichtig, eine relative Sicherheit bezüglich der anfallenden Kosten zu haben. Dazu zählen neben den Baukosten auch die Nebenkosten, die durch Planer, Behörden und Finanzierung anfallen. Idealerweise sollten Kostenschätzungen der Planer und Projektsteuerer möglichst durch Kostenberechnungen der potentiellen ausführenden Unternehmen ergänzt und mit den eigenen Erfahrungswerten verglichen werden.

1.2.23 Lage

Die Lage des zu entwickelnden Grundstücks ist und bleibt ein wesentlicher Erfolgsfaktor einer Projektentwicklung. Sie sollte deshalb im Hinblick auf das angedachte Bauvorhaben mittels einer Stärken- und Schwächenanalyse genauestens untersucht werden. Hierzu zählt eine Untersuchung des unmittelbar angrenzenden Umfeldes (heruntergekommene nachbarschaftliche Bebauung, Grünanlagen, Fabrikgelände mit Emissionen, Problemzonen wie BAB, Bahngleise oder Ähnliches); die Lage innerhalb des Stadtviertels, innerhalb der Stadt sowie innerhalb des Kreises und der Region. Je nach Größe und Art des Bauvorhabens kann die Betrachtung des Umfeldes noch weiter gefasst werden.

1.2.24 Leverageeffekt

Ein wesentlicher Aspekt im Hinblick auf das einzugehende Risiko und die Finanzierung ist die Frage, mit wie viel Fremdkapital die Projektentwicklung durchgeführt werden soll und kann. Während einerseits – im Falle eines erfolgreichen Verlaufs der Projektentwicklung (Rendite des Gesamtprojektes liegt über der Fremdkapitalverzinsung) – die Eigenkapitalrendite mittels eines hohen Fremdkapitaleinsatzes deutlich gesteigert werden kann, besteht andererseits die Gefahr, dass bei einem zu geringen Eigenkapitaleinsatz und dem Eintritt von Projekthindernissen das Eigenkapital zu schnell aufgebraucht wird und die Insolvenz droht. Vor dem Hintergrund der vielen potentiellen Hindernisse im Laufe eines Immobilienprojektes sollte das Eigenkapital immer mit erheblichen Sicherheitspolstern kalkuliert werden und der mögliche positive Leverageeffekt somit nicht in Gänze ausgereizt werden.

1.2.25 Marktprognose

Die erzielbaren Miet- und Kaufpreise des angedachten Projektes müssen unter Berücksichtigung der zu erwartenden Angebots- und Nachfragesituation auf den Zeitpunkt der Fertigstellung prognostiziert werden. Bei Einzelhandelsprojektentwicklungen ist zudem die Entwicklung der Kaufkraft innerhalb der abzudeckenden Region zu untersuchen.

Im Hinblick auf die durch den Projektentwickler zu tätigenden Prognosen kann auf die Ergebnisse von spezialisierten Marktforschungsunternehmen und Analysegesellschafen zurückgegriffen werden. In jedem Fall muss der Projektentwickler aber eine eigene Expertise aufbauen, um eine möglichst gute Einschätzung der künftigen Marktlage entwickeln zu können.

1.2.26 Mietverträge

Sollen bestehende Objekte abgerissen werden oder Um- bzw. Anbauten vorgenommen werden, so sind die Vertragsklauseln der bestehenden Mietverträge in die Planung einzubeziehen und hinsichtlich der Risiken zu bewerten. Hierzu zählen z.b. Fristen, Mieteroptionen, Wertsicherung (Indexierung), Optierbarkeit (Umsatzsteuer) und die Vertragsbedingungen bei Revitalisierungsarbeiten.

1.2.27 Nachbarschaftserklärung

Sofern die Notwendigkeit von Nachbarschaftszustimmungen absehbar ist (z.B. Grenzbebauung, Überfahrtsrechte), sollten diese rechtzeitig in schriftlicher Form eingeholt werden. Nicht selten werden in diesem Zusammenhang von den Nachbarn finanzielle Forderungen gestellt, die in die Gesamtinvestitionskosten zumindest als Risikoposition einkalkuliert werden sollten.

1.2.28 Politische Lage

Instabile politische Lagen oder bevorstehende Wahlen führen seitens der Gemeinde/Stadt oftmals zu Zugeständnissen oder auch Absagen, die kurze Zeit später widerrufen oder nur noch in abgeänderter Form beibehalten werden. Dies kann von Vorteil sein, kann jedoch auch ganze Bauvorhaben zum Scheitern bringen. In diesem Sinne ist es von besonderer Wichtigkeit die „Stabilität" der Gemeinde/Stadt einschätzen zu können und sich möglichst frühzeitig ein umfassendes Bild über die politische Willensbildung zu machen.

In der Regel gilt: „Was seitens des Hoheitsträgers nicht rechtsverbindlich erklärt ist, ist nicht erklärt"! Ein sinnvolles Mittel zur Erlangung einer Rechtssicherheit ist auch hier das Einreichen einer Bauvoranfrage.

1.2.29 Team

Zur Durchführung eines Projektes ist in jedem Fall ein interdisziplinäres Team zusammenzustellen. Wichtige Aspekte bei der Zusammenstellung sind insbesondere, dass das Team aufgrund seiner Kapazität und Kompetenz in der Lage ist, dass Projektziel innerhalb des vorgegebenen zeitlichen, finanziellen und qualitativen Rahmens zu bewältigen. Nicht selten resultiert aus der Nichtbeachtung der verfügbaren Kapazitäten und Kompetenzen ein erhebliches Problem, welches aber erst im Projektablauf deutlich erkennbar wird. Zudem ist es sinnvoll, eine Person mit der Führung des Teams zu betrauen, was es notwendig macht, diese Person bereits vor dem Projektstart entsprechend dem vorstehend Gesagten auszuwählen.

1.2.30 Verkehrsanbindung

Die Verkehrsanbindung ist nutzerorientiert zu untersuchen: Bus, Bahn, S- und U-Bahn, Land- und Bundesstraßen sowie Bundesautobahnen sind zu berücksichtigen. Insofern ist auf ihr Vorhandensein, ihre Haltestellen, ihre Frequentierung (Staus) sowie ihre Befahrbarkeit im Winter zu achten.

1.2.31 Vermarktungskonzept/Vertrieb

Schon im Rahmen der ersten Überlegungen bezüglich des Beginns einer Projektentwicklung muss der Vertrieb (Vermietung und Verkauf) sowohl hinsichtlich der Art des Vertriebes (direkter Vertriebsweg mittels eigener Vertriebsabteilung oder indirekter Vertriebsweg mittels Makler bzw. anderer externer Dritter) und damit auch hinsichtlich der Vertriebskosten ermittelt werden. Darüber hinaus muss geklärt sein, zu welchen Marktbedingungen (Miete/Verkaufspreis) eine Vermarktung mit hoher Wahrscheinlichkeit möglich ist. Diese Festlegungen sind wesentliche Teile eines Vermarktungskonzeptes.

In diesem Vermarktungskonzept werden alle mit der Vermarktung zusammenhängenden Informationen sowie die hieraus gezogenen Schlussfolgerungen systematisch erfasst. Dieses

Konzept fördert damit den Marktüberblick sowie eine realistische Markteinschätzung und hilft somit auch Fehler in der Vermarktung zu vermeiden. Im Rahmen des Erstellens des Vermarktungskonzepts ist streng darauf zu achten, dass bei vorangegangenen Projekten beschrittene Vermarktungswege nicht einfach ungeprüft auf neue Projekte übertragen werden. Jedes Projekt hat seine individuellen Besonderheiten auch in vermarktungstechnischer Hinsicht. Das Vermarktungskonzept ist erstmalig vor der Grundstückssicherung zu erstellen, es sollte ständig überprüft und – sofern nötig – aktualisiert werden.

Ein Vermarktungskonzept sollte mindestens die folgenden Aspekte beinhalten: Standortanalyse (inklusive aller wichtigen Standortrahmenbedingungen hinsichtlich Makro- und Mikrostandort), Marktanalyse (inklusive Zielgruppen, Angebot, Nachfrage, Umsatz, Leerstand, Mietpreise, Verkaufspreise und Tendenzen), Betrachtung der Position des Projektes im Wettbewerb (inklusive Stärken- und Schwächenanalyse), Entwicklung der Vermarktungsstrategie (inklusive der anzustrebenden Ziele, der Miet- und Verkaufspreise, der Marketingmittel, des Zeitpunktes ihres Einsatzes, Aussagen zur Einschaltung von Maklern und sonstigen Vermittlern bzw. Multiplikatoren) sowie die Planung der Marketingkosten und des Liquiditätsbedarfs.

1.2.32 Vorkaufsrechte

Vorkaufsrechte sind zu ermitteln und – sofern vorhanden – schriftliche Verzichtserklärungen einzuholen. Neben den vertraglichen Vorkaufsrechten, die durch Grundbucheinsicht ermittelt werden können, ist bei größeren Bauvorhaben das gesetzliche Vorkaufsrecht der Städte/Gemeinden nicht außer Acht zu lassen. Letzteres wird aufgrund der finanziellen Situation der Städte und Gemeinden jedoch in den seltensten Fällen ausgeübt.

1.2.33 Zahlungsmodalitäten

Der Kaufpreis sollte – sofern die Bebaubarkeit eines Grundstückes noch nicht feststeht – abhängig von dem Ausnutzungsgrad des Grundstücks gestaltet werden (z.B. auf Basis der BGF). Eine Kaufpreiszahlung in festgesetzten Raten, z.B. erste Rate nach Baugenehmigung, zweite Rate nach Verkauf o.Ä. bedeutet eine starke Risikominderung – vor allem bei Problemgrundstücken. Denkbar ist auch eine Kaufpreiszahlung in Form eines Anteils an der zu erstellenden Immobilie, z.B. durch Übertragung von Eigentumswohnungen.

1.2.34 Zeitplan

Die Komplexität einer Immobilienprojektentwicklung erfordert einen durchdachten Zeitplan, um alle wesentlichen Tätigkeiten zu erfassen und soweit wie möglich zeitlich zu optimieren. Ein realistischer Zeitplan muss bereits vor Projektbeginn aufgestellt sein und zumindest die wesentlichen Stufen der Projektentwicklung wie Grundstückskauf, Bauantrag, Baubeginn, Vermarktungsbeginn (Vermietung/Verkauf) und Fertigstellung beinhalten.

1.2.35 Zyklus

Die Erfahrung zeigt, dass sowohl der Miet- als auch der Investmentmarkt eigenen Zyklen folgt. Der Zeitpunkt des Einkaufs des entwicklungsfähigen Grundstückes und der Zeitpunkt der Fertigstellung des vermietbaren Gebäudes sowie des Verkaufs des vermieteten Objektes sind somit ganz erhebliche Aspekte, die über den Erfolg oder Misserfolg einer Projektentwicklung entscheiden. Es ist daher für den Entwickler von essentieller Bedeutung, die Zyklik des Immobilienmarktes zu erkennen und richtig zu nutzen. Im Hinblick auf lokale Unterschiede in den Zyklen und den Einfluss des gesamtwirtschaftlichen Umfeldes (Zins, Wirtschaftswachstum, etc.) ist es somit wichtig, dass sich der Entwickler sowohl mit den lokalen Gegebenheiten als auch mit der gesamtwirtschaftlichen Situation auseinandersetzt, um Entwicklungen rechtzeitig antizipieren zu können.

2. Grundstücks-, Standort- und Marktanalyse

2.1 Einsatzgebiete und Nutzen von Analysen

Grundstücks-, Markt- und Standortanalysen im Zusammenhang mit einer Projektentwicklung sollten niemals ihrer selbst willen erstellt werden, sondern immer eine zielorientierte Fragestellung beantworten. Dies setzt voraus, dass sich der Projektentwickler im Klaren darüber ist, welche zusätzlichen Informationen Analysen in den unterschiedlichen Phasen der Entwicklung liefern können und welchen Nutzen das Projekt daraus ziehen kann.

Die Einsatzgebiete von Analysen sind grundsätzlich sehr vielfältig. Bereits die prinzipielle Entscheidung darüber, ob sich ein Projektentwickler an einem Makrostandort bzw. in einer Stadt engagiert, kann über eine gezielte Marktanalyse abgesichert werden. In bestimmten Marktsituationen ist dies sogar zwingend anzuraten. Als Beispiel kann die Investitionsentscheidung in zyklisch verlaufenden Büromärkten herangezogen werden. Immer dann, wenn das Flächenangebot bei hoher Nachfrage knapp wird und die Mietpreise steigen, werden viele neue Projektentwicklungen in Angriff genommen. In dieser Situation stellt sich oft die Frage, ob es mittelfristig zu einem Überangebot und damit zu Vermarktungsschwierigkeiten kommt. In diesem Zusammenhang muss eine gute Büromarktanalyse die zu erwartende Nachfrage- und vor allem Angebotssituation anhand nachvollziehbarer Informationen und Modellrechnungen aufzeigen.

Wenn bereits ein konkretes Grundstück vorhanden ist, müssen Standort- und Marktanalysen nicht nur den Gesamtmarkt umfassen, sondern insbesondere auf den Mikrostandort, das Umfeld und weitere Standortaspekte reflektieren. Die Frage, ob das Grundstück eine ausreichende Qualität hat, um im Gesamtmarkt zu bestehen, rückt dabei stärker in den Vordergrund.

Aber Analysen können auch konkrete Informationen über die bauliche Konzeptionierung oder die anzustrebende Vermarktungsstrategie liefern und damit integraler Bestandteil innerhalb der gesamten Projektentwicklungsphase sein. Themen wie Zielgruppenbestimmung, Standortimage oder qualitative Trends der Nutzeranforderungen stehen dann im Mittelpunkt der Untersuchungen.

Das mögliche Einsatzspektrum von Grundstücks-, Markt- und Standortanalysen ist also sehr umfangreich. Wichtig ist vor jeder Analyse eine klare Definition der zu beantwortenden Fragen und der prinzipiellen Zielrichtung. Im Idealfall sollte die Abstimmung gemeinsam zwischen Projektentwickler und Berater erfolgen. Eine vertrauensvolle Zusammenarbeit ist Grundvoraussetzung für nutzbare und hilfreiche Analyseergebnisse. Genau wie jede Immobilie ist auch jede gute Markt- und Standortanalyse ein Unikat.

2.2 Grundlagen marktorientierter Analysen

2.2.1 Grundstücksanalyse

2.2.1.1 Grundstücksanforderungen unterschiedlicher Nutzungen

Bei der Grundstücksanalyse ist zu unterscheiden zwischen den unmittelbaren Grundstücksfaktoren und den weiteren mittelbaren Einflussparametern. Zu den unmittelbaren Grundstücksfaktoren gehören z.B. die Bodenbeschaffenheit, die Topographie, der Zuschnitt oder Altlasten. Die Qualität und Nutzbarkeit eines Grundstücks wird darüber hinaus durch weitere Aspekte, insbesondere das Baurecht, Gestaltungssatzungen oder stadtplanerische Vorgaben beeinflusst.

Ziel der Grundstücksanalyse ist es demzufolge einerseits, zu überprüfen, ob die Rahmenbedingungen für die angedachte Nutzung geeignet sind. Andererseits muss sie aber auch aufzeigen, ob der für die Aufbereitung des Grundstücks notwendige finanzielle Aufwand und die realistischen Ertragsperspektiven zusammen passen.

Vor allem der Kenntnis und Berücksichtigung der Grundstücksanforderungen unterschiedlicher Nutzungen kommt dabei eine besondere Bedeutung zu. So sind z.B. sanierte oder gesicherte Altlasten für gewerbliche Nutzungen in der Regel ein geringeres Problem als für Wohnnutzungen. Selbst wenn keine Gefahr von gesicherten Altlasten mehr ausgeht, sind die Imageprobleme bei der Vermarktung von Wohnungen oder Häusern oft nicht zu überwinden. Häufig unterschätzt wird auch die topographische Situation eines Grundstücks. Selbst geringe Grundstücksneigungen können beispielsweise für großflächige Einzelhandelsflächen zu erheblichen Problemen bei der inneren Erschließung oder Andienung führen.

Während hohe Grundwasserstände für Nutzungen, die nur oberirdisch Flächen benötigen, normalerweise kein Problem darstellen, können sie für große Büroentwicklungen, die auf Tiefgaragen angewiesen sind, zu überproportional hohen Baukosten und damit zum Scheitern des Projektes führen. Auch die Schmerzgrenze bei unregelmäßig geschnittenen Grundstücken ist bei einzelnen Nutzungen unterschiedlich hoch. Während Büro- und Wohnnutzungen durch entsprechend angepasste architektonische Konzepte eher mit schwierigen Zuschnitten umgehen können, sind Gewerbe- und Logistiknutzungen und teilweise auch Handelseinrichtungen hier kaum flexibel.

Diese wenigen Beispiele sollen exemplarisch verdeutlichen, dass es keine „Wunder-Grundstücke" gibt, auf denen Alles funktioniert. Nutzeranforderungen und Grundstücksrahmenbedingungen müssen zusammen passen.

2.2.1.2 Einfluss von Grundstücksfaktoren auf Vermarktungsperspektiven

Im Rahmen der Grundstücksanalyse sollte auch immer beachtet werden, dass trotz insgesamt guter Rahmenbedingungen häufig ein einziger Faktor ausreichen kann, um die Vermarktungsperspektiven zu beeinträchtigen. So kann z.B. eine fehlende oder ungenügende Sichtanbindung die Vermarktung eines Grundstücks, das aufgrund aller anderen Bedingungen (Lage im Stadtgebiet, Baurecht, Einzugsgebiet, Grundstücksgröße und -zuschnitt, Verkehrsanbindung) für eine Einzelhandelsnutzung prädestiniert wäre, verhindern oder zumindest die erzielbaren Preise erheblich reduzieren.

Gleiches gilt auch für den Zusammenhang von einzelnen Grundstücksfaktoren und anzusprechenden Zielgruppen. Ein Grundstück, das durch seine Lage und sein Umfeld für die Zielgruppe der sogenannten „Kreativen" geeignet ist, kann z.B. aufgrund einer bestehenden Gestaltungssatzung trotzdem nicht funktionieren. Wenn die Gestaltungssatzung beispielsweise eine eher konservative, „langweilige" Fassade vorschreibt, wird es vielfach schwierig, ein architektonisches Konzept zu finden, das diese Zielgruppen anspricht.

Zusammenfassend lässt sich also festhalten, dass eine Vielzahl von Grundstücksfaktoren in der Analyse zu berücksichtigen ist. Eine frühzeitige Euphorie auf Seiten des Projektentwicklers – ohne vorherige Prüfung und Analyse aller relevanten Einflussparameter – kann fatale Folgen haben, die nicht oder nur mit erheblichen Anstrengungen zu korrigieren sind.

2.2.2 Standortanalyse

2.2.2.1 Standortanforderungen unterschiedlicher Nutzungen

Das unterschiedliche Nutzungen auch variierende Standortanforderungen aufweisen erscheint selbstverständlich. Während für den Einzelhändler der Kunde – vor allem in ausreichender Zahl – im Vordergrund steht, sind es für Büronutzer in der Regel die Mitarbeiter, das Image oder Kostenaspekte. Ob Schulen und Kindergärten in ausreichender Quantität und Qualität vorhanden sind, muss der Projektentwickler im Wohnungsbau berücksichtigen, ansonsten kann es ihm relativ gleichgültig sein. Dass es aber auch innerhalb der einzelnen Immobilienteilmärkte bzw. den jeweiligen Zielgruppen deutliche Unterschiede hinsichtlich der Standortanforderungen gibt, wird häufig vergessen.

Gerade hier gibt es aber Wirkungszusammenhänge, die nicht auf den ersten Blick erkennbar sind, gleichwohl aber sehr entscheidend sein können. Leicht nachvollziehbar ist es z.B. bei Handelseinrichtungen, dass Fachmärkte auf der „grünen Wiese" vor allem ausreichende Stellplätze und ein großes Einzugsgebiet brauchen, wohingegen die Geschäfte der Innenstadt in erster Linie viele Passanten benötigen. Dass aber Konkurrenz für einige Branchen nichts Schlechtes, sondern sogar positiv ist, und sie deshalb oftmals Grundstücke oder Geschäfte in unmittelbarer Nähe des Wettbewerbs suchen, ist nicht jedem Entwickler geläufig. Als Beispiele stehen Möbel- oder auch Schuhgeschäfte. Da Kunden diese Güter nur selten benötigen, suchen sie Standorte, bei denen sie dicht beieinander viel Auswahl haben.

Auch bei der Entwicklung von großen Büroobjekten wird oft vergessen, welche Anforderungen die Zielgruppen haben und wie Standortentscheidungen gefällt werden. So wird sich ein Projektentwickler, der gezielt Büroflächen für Backoffice-Bereiche baut, weil er einen vermeintlich idealen Standort hierfür hat (ausreichend großes und günstiges Grundstück, viele Stellplätze, gute Individualverkehrsanbindung, niedrige Mieten), nicht lange freuen, falls er nicht auch auf eine vernünftige ÖPNV-Anbindung geachtet hat. Große Backoffice-Einheiten, gehören zu großen Unternehmen, die normalerweise einen Betriebsrat haben, der bei derartigen Entscheidungen eingebunden werden muss. Da Betriebsräte häufig begeisterte ÖPNV-Nutzer sind, sollte dieser Faktor – genauso wie die geringe Neigung von Geschäftsleitungen sich mit dem Betriebsrat anzulegen – niemals unterschätzt werden. Ähnlich ist es übrigens, wenn der Projektentwickler bei der Konzeption des Objektes die mögliche Integration einer Kantine vergisst. Dies ist zwar meistens baulich auch nachträglich heilbar, verursacht dann aber nicht kalkulierte Kosten. Einige der wichtigsten Standortanforderungen ausgewählter Nutzungen sind in Abb. 1 dargestellt.

2.2.2.2 Harte Standortfaktoren

Grundsätzlich unterscheidet man bei harten Standortfaktoren zwischen physischen und sozioökonomischen Faktoren. Zu den physischen Faktoren zählt dabei in erster Linie die vorhandene infrastrukturelle Situation in unterschiedlichen Bereichen, wohingegen die sozioökonomischen Faktoren die sozialen und wirtschaftlichen Rahmenbedingungen widerspiegeln.

Im Vordergrund vieler Standortanalysen stehen häufig die sogenannten harten Standortfaktoren. Hierfür gibt es mehrere Gründe. Zum einen ist ein Standort, bei dem die harten Faktoren nicht stimmen, in der Regel automatisch zum Scheitern verurteilt, weil elementare Nutzeranforderungen nicht erfüllt werden können. Zum anderen lassen sich harte Faktoren aber auch erheblich besser erfassen als weiche und vor allem untereinander vergleichen. Sie sind üblicherweise messbar und können hinsichtlich ihrer Bedeutung und Ausprägung mit Erfahrungswerten aus vielen anderen Projektentwicklungen verglichen werden. Den harten Faktoren kommt damit ein besonderes Gewicht bei der Analyse einzelner Standorte zu.

Um zu aussagefähigen Ergebnissen zu kommen, ist es allerdings wichtig, die „richtigen" Faktoren zu analysieren. Gerade diese Fähigkeit macht den erfahrenen Standortanalytiker aus. Häufig ufert in Standortanalysen der deskriptive Teil (insbesondere bezogen auf den Makrostandort) aus, während der analytische Teil zu kurz kommt. Für die Analyse eines Bürostandortes ist beispielsweise die Entwicklung der Übernachtungszahlen in einer Stadt, des Passagieraufkommens des örtlichen Flughafens oder der Anteil der Altersgruppe der 10- bis 15-jährigen völlig irrelevant. Hierdurch wird zwar Fleißarbeit dokumentiert, der Entwickler kann damit aber nichts anfangen. Insbesondere im Zusammenhang mit der Flut verfügbarer Informationen im Internet ist die Verlockung groß, die Standortanalyse „aufzupusten". Ziel muss es demgegenüber sein, sich auf die wichtigen Faktoren zu konzentrieren, diese aber auch wirklich zu interpretieren und zu kommentieren. Auch bei der Auswahl der einzubeziehenden Standortfaktoren muss berücksichtigt werden, dass unterschiedliche Nutzungen jeweils andere Anforderungen stellen.

Abb. 1: Die wichtigsten Standortanforderungen ausgewählter Nutzungen

	Besonders wichtig	Wichtig
Büro		
Hochwertige Nutzungen	• gutes infrastrukurelles Umfeld (Einzelhandel, Gastronomie) • positives Image des Standortes • gute ÖPNV-Anbindung	• ausreichende Individualverkehrsanbindung • Mindestanzahl an Stellplätzen
Backoffice-Bereiche	• gute Individualverkehrsanbindung • ausreichende ÖPNV-Anbindung • ausreichende Parkplätze	• Gastronomieeinrichtungen im Umfeld • ausreichende Nähe zu Arbeitskräften
Einzelhandel		
Innerstädtischer Handel	• gute fußläufige Erreichbarkeit • hohe Passantenfrequenz • Parkhäuser • ÖPNV-Anbindung	• Wettbewerbssituation im Umfeld • Synergien zu Gastronomie und Freizeit
Stadtteillagen	• Nähe zu Wohngebieten • gute Erreichbarkeit (ÖPNV, IV) • ausreichende Parkplätze	• Nähe zu ergänzenden Handelseinrichtungen • gute Sichtanbindung
„Grüne Wiese"	• ausreichendes Einzugsgebiet • gute Erreichbarkeit mit dem PKW • ausreichende Parkplätze	• guter Branchenmix bei Centern • Nähe zu ergänzenden Handelseinrichtungen
Wohnen		
Einfamilienhäuser/ Reihenhäuser	• attraktives, möglichst „grünes" Umfeld • gute Individualverkehrsanbindung • gute Erreichbarkeit Schule, Kindergarten	• ÖPNV-Anbindung • Nahversorgung in mittelbarer Nähe
Geschosswohnungsbau	• gute ÖPNV-Anbindung • gute Nahversorgung in fußläufiger Nähe • gute Erreichbarkeit Schule, Kindergarten	• ausreichende Parkplätze
Gewerbepark		
	• Nähe zum großstädtischen Wirtschaftsraum • gute Individualverkehrsanbindung	• moderate Grundstückspreise
Hotel		
Top-Hotels	• imageträchtiger Standort • zentrale Lage • attraktives Kultur-/Freizeitangebot	• ÖPNV-Anbindung
Tagungshotels	• gute Individualverkehrsanbindung • ausreichendes Einzugsgebiet	• Nähe zum Flughafen
2-Sterne-Hotels	• überregionale Verkehrsanbindung • hohes Verkehrsaufkommen	• moderate Grundstückspreise

Quelle: BNP Paribas Real Consult GmbH

2.2.2.3 Weiche Standortfaktoren

Von großer Bedeutung sind aber auch die weichen Standortfaktoren. Anders als die harten Faktoren sind diese in den meisten Fällen nicht oder nur sehr bedingt messbar. Gerade bei der Bewertung weicher Standortfaktoren kommt es deshalb in ganz besonderem Maße auf die Erfahrung des Standortanalytikers an. Sie können häufig nur mit qualitativen Methoden, also z.B. persönliche Gespräche oder Begehungen, ermittelt werden. Zu den weichen Standortfaktoren gehören z.B.

– Image des Mikrostandortes
– Umfeldnutzungen/-ambiente
– historische Nutzungen von Standorten
– politische Mehrheiten
– Wirtschaftsklima
– Genehmigungspraxis der Verwaltung
– Wohn- und Freizeitqualität
– kulturelles Angebot

Die Bedeutung von weichen Standortfaktoren kann aus unterschiedlichen Zusammenhängen resultieren. Besonders wichtig ist die Tatsache, dass die mit Abstand meisten Standortentscheidungen nicht ausschließlich rational, sondern auch mit einer großen emotionalen Komponente getroffen werden. Bei einer Einzelhandelsnutzung kann es aber z.B. auch sein, dass Kunden einen Standort trotz aller realen Vorteile aufgrund von Imageaspekten nicht annehmen. Mitunter reicht es aus, wenn dieses mit historischen Ereignissen im Zusammenhang steht, die für den Projektentwickler kaum nachvollziehbar sind. Deshalb sollten Projektentwickler gerade an Standorten, an denen sie nicht über eigene regionale Erfahrungen verfügen, besonderes Gewicht auf eine fundierte Analyse weicher Faktoren legen.

Aufgrund der zunehmenden Ausdifferenzierung von Märkten, mit daraus resultierenden, neuen Nutzeranforderungen entstehen teilweise sogar neue Standortfaktoren. Ein eindrucksvolles Beispiel war im Zuge der Etablierung von Call-Centern zu beobachten. Dass die Call-Center-Dichte südlich des Ruhrgebietes spürbar abnimmt, liegt am bis zum damaligen Zeitpunkt nicht relevanten Standortfaktor „Dialektfreiheit". Für Call-Center ist es wichtig, ein ausreichendes Arbeitskräftepotential vorzufinden, das weitestgehend dialektfreies Hochdeutsch spricht, um die Kunden nicht „zu verschrecken". Dies ist im norddeutschen Raum leichter zu realisieren.

Ganz entscheidend ist, dass gerade weiche Standortfaktoren extrem stabil sind. Eine Stadt, die es geschafft hat als besonders wirtschaftsfreundlich zu gelten, muss schon über einen längeren Zeitraum ziemlich viel „Mist bauen", um dieses Image wieder zu zerstören. Umgekehrt ist es aber auch ein extrem langer und schwieriger Weg, wenn man ein schlechtes Image abstreifen will. Gerade der letzte Aspekt hat in der Vergangenheit schon so manche Projektentwicklung scheitern lassen, weil die Entwickler der Meinung waren, dass sie allein durch die Größe ihres Projektes das Image schon „drehen" würden.

2.2.2.4 Beeinflussbarkeit von Standortfaktoren

Zu einer professionellen Standortanalyse gehört aber nicht nur die Erfassung und Interpretation der Ist-Situation, sondern auch der Blick in die Zukunft. Vor allem die Frage, inwieweit vorhandene Rahmenbedingungen durch den Projektentwickler zu beeinflussen sind, muss hierbei beantwortet werden. Eine Grundregel hierbei ist, dass die Möglichkeiten der Einflussnahme in einzelnen Standortfaktorgruppen unterschiedlich sind. Am höchsten ist sie im Bereich der harten physischen Faktoren. Eine Verbesserung der straßenseitigen Erschließung oder größere Dimensionierung einzelner Medien der Ver- und Entsorgung kann mit entsprechenden Ämtern und Versorgungsunternehmen verhandelt werden.

Demgegenüber sind sozioökonomische Faktoren vielfach gar nicht zu beeinflussen. Zwar kann ein Entwickler eine nicht ausreichende Kaufkraft durch die Integration von Handelsnutzungen, die größere Einzugsbereiche haben, versuchen zu erhöhen, aber z.B. das Problem nicht in ausreichendem Maße qualifizierter Arbeitskräfte wird er kaum lösen können.

Nahezu chancenlos ist ein Projektentwickler bei den weichen Faktoren. Ein negatives Image beispielsweise zu ändern ist zwar theoretisch möglich, dauert aber solange, dass eine wirtschaftliche Projektentwicklung kaum möglich ist.

2.2.3 Marktanalyse

Zusammen mit der Standortanalyse bildet die Marktanalyse die zweite wesentliche Grundlage für die Entwicklung von Nutzungs-, Optimierungs- und Vermarktungskonzepten. Die Marktanalyse soll Auskunft geben über die bisherige, aktuelle und zukünftig zu erwartende Entwicklung von Angebot und Nachfrage sowie Preisen.

Wie bei jeder Analyse ist die Aufgaben- und Fragestellung entscheidend bei der Wahl der Methodik und Instrumente sowie der Bestimmung des Umfanges der Analyse. Marktanalysen in der Immobilienwirtschaft dienen der allgemeinen Marktbeobachtung von Marktteilnehmern, um die eigenen Aktivitäten entsprechend optimal am Markt ausrichten zu können. Häufig werden Marktanalysen in Vorbereitung konkreter Immobilienprojekte erstellt, um die anstehenden Investitionsentscheidungen auf eine fundierte Grundlage stellen zu können. Mit Hilfe der Analyseergebnisse lässt sich das Investitionsrisiko abschätzen und gegebenenfalls eingrenzen, indem das geplante Immobilienprodukt möglichst nah an den Nachfragepräferenzen ausgerichtet werden kann. Von besonderem Interesse ist dabei vor allem der Blick in die Zukunft und die Frage nach abseh- und abschätzbaren Marktentwicklungen im Detail.

Je nach dem zu untersuchenden Immobilienmarktsegment gelten unterschiedliche Voraussetzungen und Rahmenbedingungen. So sind allein Datenlage und verfügbare Quellen der Marktanalyse im Wohnungsmarkt andere als im Büromarkt. Für Spezialmärkte, wie Freizeit- und Hotelimmobilien müssen teilweise Marktdaten erst über Primärerhebungen oder langjährige eigene Beobachtungen zusammengetragen werden. Kapitel 2.4 gibt Auskunft über die jeweils zur Verfügung stehenden und geeigneten Quellen der Recherche. Daraus folgt, dass für die verschiedenen Immobilienmarktsegmente zum Teil unterschiedliche Instrumente der Analyse eingesetzt werden müssen.

Die Methodik wird darüber hinaus maßgeblich von der erforderlichen Analysetiefe bestimmt, welche sich aus der Fragestellung ergibt. Beispielsweise gibt die gesamtstädtische Angebots- und Nachfragesituation zunächst nur eine recht allgemeine Auskunft über Größe, Dynamik, Entwicklungsstand und Niveau eines Marktes. Noch wichtiger für eine Investitionsentscheidung sind jedoch die Bedingungen auf Teilmärkten und in einzelnen Marktsegmenten, weil hier die Entwicklungen zum Teil sehr unterschiedlich verlaufen. Eine Büroimmobilie in der City kann z.B. immer noch erfolgreich am Markt platziert werden, wenn der Gesamtmarkt schon von einem Überangebot geprägt wird.

Da die Informations- und Datenlage je nach Maßstabsebene der Untersuchung sehr unterschiedlich ist, kann auch die Aussagekraft der Analysen nicht beliebig kleinräumig oder bezogen auf einzelne Objekte herunter gebrochen werden. Erschwerend kommt hinzu, dass eine isolierte Betrachtung von Teilmärkten und Marktsegmenten ebenso irreführend sein kann, wie die Analyse, die sich nur auf die Globalsicht des Gesamtmarktes beschränkt. Denn es bestehen wechselseitige Beziehungen zwischen den Teilmärkten. Ein Angebotsdefizit an einem Standort führt häufig zu einer Abwanderung der Nachfrage an andere Standorte mit verfügbarem Angebot.

Aussagekräftige Marktanalysen sollten deshalb die Teilmärkte einer Stadt oder eines Raumes möglichst differenziert betrachten. Entsprechend der unterschiedlichen Datenlage auf den Maßstabsebenen müssen angepasste Analyseinstrumente zum Einsatz kommen.

2.2.3.1 Angebots- und Wettbewerbsanalyse

Die Angebots- und Wettbewerbsanalyse untersucht die Qualität und Quantität des bereits vorhandenen, in Bau befindlichen, sicher projektierten und geplanten Immobilienangebotes. Dabei sollte das Angebot möglichst klar in vorhandene bzw. relevante Marktsegmente differenziert werden.

So gliedert sich das Büroflächenangebot in Flächen unterschiedlicher Typen (Einzel-, Gruppen-, Großraumbüros usw.) sowie Ausstattungs- und Nutzwertkategorien. Diese Typen und Kategorien können durchaus abweichend voneinander am Markt gehandelt werden: Ein Angebotsüberhang an Großraumbüroflächen ist für die Nachfrage nach Zellenbüros nahezu irrelevant. Der umfangreiche Leerstandssockel auf vielen deutschen Büromärkten setzt sich häufig aus einem überdurchschnittlichen Anteil älterer oder nicht nachfragegerechter Flächen zusammen. Trotzdem herrscht teilweise ein Mangel an hochwertigen, flexibel und effektiv nutzbaren Flächen an den präferierten Standorten. Die spezifischen Nachfrage- und Preisparameter reagieren in den jeweiligen Kategorien entsprechend unterschiedlich.

Der Wohnungsmarkt kennt ebenfalls sehr differenziert zu betrachtende Segmente, wie zum Beispiel Eigenheime und Geschosswohnungsbau. Das Marktsegment der Eigenheime kann weiter differenziert werden in die Kategorien „Freistehendes Einfamilienhaus, Doppelhaushälften, Reihenhäuser", das Segment Geschosswohnungsbau üblicherweise in „Eigentumswohnungen, freifinanzierter Mietwohnungsbau und geförderter Wohnungsbau". Weitere Spezialsegmente sind etwa das Seniorengerechte Wohnen, wie das Betreute Wohnen, oder Boardinghäuser. Weitergehende Untergliederungen der genannten Kategorien sind möglich und sinnvoll, etwa nach

Alter, Lage, Größe, wenn eine sehr umfassende Analyse durchgeführt und in diesen Kategorien konkretisierte Ergebnisse erarbeitet werden sollen.

Zwischen den einzelnen Marktsegmenten und Kategorien herrschen Interdependenzen in unterschiedlicher Ausprägung. Diese Wechselwirkungen zu kennen ist wichtig, um die richtige Auswahl der zu untersuchenden Segmente und Kategorien im Rahmen der Marktanalyse treffen zu können. In einem engen Wohnungsmarkt eines Ballungsraumes gibt es aufgrund der Knappheit an Eigenheimen ein Ausweichen der Nachfrage auf Eigentumswohnungen oder auch auf hochwertige Mietwohnungen. Im ländlichen Raum kann dagegen das Segment der Eigenheime bei entspanntem Markt relativ isoliert von dem des Geschosswohnungsbaus betrachtet werden.

Im Wohnungsmarkt vermag die Angebotsanalyse teilweise auf recht detaillierte und regelmäßig aktualisierte Bestandserfassungen zurückzugreifen. Da die Wohnungspolitik eines der bedeutenden Politikfelder war und noch ist, erfasst die amtliche Statistik in der Regel sehr genau, wie viele Wohnungen in welcher Größe und welchem Gebäudetyp (Wohngebäuden mit ein bis zwei Wohneinheiten, Wohngebäuden mit mehr als zwei Wohnungen) an einem Ort vorhanden sind, zum Bau genehmigt oder fertiggestellt sind. Im Rahmen von Gebäude- und Wohnungszählungen werden darüber hinaus Bestandsstrukturen hinsichtlich Alter, Größe und Ausstattung, bezogen auf statistische Räume abgebildet.

Auf dem gewerblichen Immobilienmarkt liegen solche öffentlich erstellten Statistiken nicht vor, so dass auf eigene Primär- oder Fremderhebungen oder qualitative Methoden zurückgegriffen werden muss. (siehe auch Quelle für Researcharbeit Kapitel 2.4). Ein weiterer Aspekt ist die klare Definition der Parameter, etwa der „Bürofläche": Welche werden in den Quellen genutzt und können für die Marktanalyse herangezogen werden? Hier konnten durch die Festlegungen der gif Gesellschaft für immobilienwirtschaftliche Forschungen e.V. wesentliche Fortschritte erreicht werden. Trotzdem sind detaillierte Marktkenntnisse unabkömmlich, wie das Beispiel München zeigt, wo das Marktgeschehen immer noch – trotz gif – Definitionen – überwiegend durch Flächenangaben bezogen auf BGF bestimmt wird.

Im Rahmen der Angebots- und Wettbewerbsanalyse werden zunächst die harten, weitgehend vergleichbaren Faktoren des Angebotes ausgewertet. Hierzu zählen neben der Lageeinordnung, die Parameter Größe, Ausstattung, Preis. Wenn es um die Bestands- oder Neubauentwicklung geht, kann hierzu die amtliche Statistik herangezogen werden (z.B. Wohnungsbestandsdatei). Darüber hinaus können Primärerhebungen Lücken der amtlichen Statistik überbrücken helfen. Beispielsweise lassen sich durch Begehungen Immobilienbestände erfassen und nach unterschiedlichen Kriterien bewerten, was allerdings ein sehr aufwändiges Verfahren ist und nur begrenzte Aussagen zum Innern der Objekte zulässt.

Für die Bewertung des Angebotes insbesondere bei einer Wettbewerbsanalyse hilft die Auswertung von Zeitungsinseraten und Exposees sowie umfänglichen Informationen im Internet. Die Aussagekraft dieser Analysen muss allerdings kritisch hinterfragt und verifiziert werden, da sie über eine tatsächliche Realisierung am Markt noch keine Auskunft geben. Da hier jedoch der unmittelbare Kontakt zur Vermarktung von Objekten gegeben ist, wird dieses Instrument vor allem bei Marktanalysen eingesetzt, die die Grundlage von Neubauinvestitionen bilden sollen. Aber nicht nur die quantitativen und klar vergleichbaren Fakten sind entscheidend. Wie bei der Standortanalyse spielen auch weiche Faktoren eine nicht unwesentliche Rolle. Ein Neubauangebot wird im Wettbewerb erfolgreich platziert werden können, wenn Faktoren wie Standortimage und Vermarktungskonzept den Wünschen der Zielgruppen entsprechen.

2.2.3.2 Nachfrageanalyse

Die Untersuchung der Nachfrage ist neben der des Angebotes das zweite Kernelement der Marktanalyse. Im Vergleich zum Angebot, welches in der Immobilienwirtschaft aufgrund der langen Herstellungszeiten naturgemäß eher „träge" reagiert, handelt es sich bei der Nachfrage um einen höchst sensiblen Faktor. Dies gilt insbesondere in Marktphasen mit hohem und/oder steigendem Angebot. In Phasen eines erheblichen Nachfrageüberhanges bzw. hoher Bedarfe gibt es wenige Auswahlmöglichkeiten. Das knappe Angebot kann mit hoher Chance am Markt platziert werden, auch wenn die Nachfragepräferenzen nicht hundertprozentig getroffen werden. Während der Entspannungsphasen differenziert sich das Marktgeschehen allerdings stark aus und es muss versucht werden, möglichst nachfragegerechte Angebote zu schaffen. Für diese maßgeschneiderten Immobilien werden deshalb Nachfrageanalysen besonders häufig eingesetzt.

Die Analyse der Nachfrage ist mit besonderen Schwierigkeiten verbunden, da hierfür zum einen nur wenige konkrete und verwendbare Daten vorliegen und sie zum anderen relativ kurzfristig, etwa durch externe Faktoren beeinflusst, sich verändern kann. Auf die qualitativen und quantitativen Bestimmungsfaktoren einer potenziellen Nachfrage lässt sich daher häufig nur indirekt durch verschiedene Analyseverfahren schließen, etwa durch die langjährige Beobachtung des bisherigen Nachfrageverhaltens. Die Einschätzung der zukünftigen Nachfrage ist dagegen mit erheblichen Unsicherheiten verknüpft (siehe auch Prognosen Kapitel 2.3.4).

Als Instrumente und Quellen stehen Marktberichte der großen Maklerhäuser und von Beratungsunternehmen zur Verfügung. Auf dem Wohnungs- und Einzelhandelsmarkt werden teilweise auch Analysen und Strukturuntersuchungen durch die Kommunen veranlasst, um Flächenplanungen und politische Entscheidungen vorzubereiten. Darüber hinaus bieten Primärerhebungen Möglichkeiten, relativ konkrete und aktuelle Aussagen zu Potenzial und Präferenzen der Nachfrage zu ermitteln. Die Befragung von (potentiellen) Nachfragern, zum Beispiel im Rahmen eines Vorvermarktungstests, lässt Aussagen zu der Marktgängigkeit eines Immobilienproduktes zu. Nicht zuletzt erlauben intensive Expertengespräche mit Marktakteuren und Nachfragern qualitative Aussagen zur Nachfrage. Damit kann zwar ebenfalls kein konkretes zukünftiges Nachfragevolumen ermittelt werden, jedoch werden hiermit wichtige Entscheidungsfaktoren und Präferenzen der Nachfrager ermittelt und erörtert – bedeutende Informationen, die im Rahmen von standardisierten Fragebogenaktionen häufig verloren gehen.

Am Büromarkt wird mit Hilfe der Aufzeichnung der Vermietungsleistungen durch die großen Maklerhäuser die Nachfrage der vergangenen Jahre recht gut abgebildet, mitunter sogar differenziert nach Teilmärkten, angemieteten Flächenarten und den Branchen der Nachfrager. Um die zukünftige Nachfrageentwicklung auf dem Büromarkt analysieren zu können, stehen verschiedene Ansätze zur Verfügung. Bei den Maklerhäusern werden Nachfragegesuche erfasst: Damit ist hier zwar keine absolute Größe der Nachfrage ermittelbar, da nicht sicher ist, wie viele der tatsächlichen Gesuche registriert sind und welche davon letztendlich in effektive Nachfrage verwandelt werden können. Immerhin ist mit Hilfe der Gesuche aber ein Trend der Nachfrage, auch differenziert nach Lagen und Flächenkategorien ablesbar.

Auf dem Wohnungsmarkt werden Vermietungen nicht zentral erfasst, hier sind Einzelbefragungen von Maklern und Vermietern hilfreich. Die Gutachterausschüsse für Grundstückswerte registrieren immerhin neben den Grundstückspreisen bzw. Bodenrichtwerten für unterschiedliche Grundstückskategorien für den Eigentumsmarkt die Verkaufsfälle und Preise für Eigenheime und Eigentumswohnungen. Insbesondere für die Ballungsräume liefern diese Gutachterberichte sehr umfangreiche Daten und Informationen zu den erwähnten Marktsegmenten.

Auf dem Markt für Einzelhandelsflächen, zum Beispiel bei der Planung eines Fachmarktzentrums, eines Discounters oder eines Verbrauchermarktes, wird häufig zunächst das Kaufkraftpotential ermittelt, um über erprobte Modellrechnungen eine Umsatzchance zu kalkulieren. Die Kaufkraftzahlen der GfK in Nürnberg geben die kleinräumig lokalisierbare Kaufkraft der Einwohner in der Bundesrepublik Deutschland an. Mit Hilfe von Berechnungsverfahren lassen sich für einzelne Warengruppen Ausgabenvolumina pro Jahr ermitteln, die für den Einzelhandel potenziell zur Verfügung stehen. Im nachfolgenden Schritt wird der vorhandene Besatz an Verkaufsflächen der relevanten Wettbewerber erhoben und bewertet, um dann das Einzugsgebiet für das geplante neue Angebot abzugrenzen. Da ein neuer Fachmarkt selten das gesamte Ausgabenvolumen auf sich vereinen kann, ist die entscheidende Größe die Abschöpfungsquote bezogen auf den neuen Fachmarkt. Sie hängt ab vom Einzugsgebiet und der darin „lebenden" Kaufkraft der Einwohner, der Erreichbarkeit des geplanten Fachmarktes und dem Wettbewerb im relevanten Umfeld. Das anteilige und abgeschöpfte Ausgabenvolumen in der jeweiligen Warengruppe am geplanten Standort wird im letzten Schritt umgerechnete auf eine realistische Raumleistung. Um einen Fachmarkt erfolgreich betreiben zu können, müssen bestimmte Raumleistungen erreicht werden. Andererseits gibt es für die verschiedenen

Branchen bestimmte Betriebstypen und Mindestgrößen an Fachmärkten, Discountern oder Verbrauchermärkten. Gelingt es, die Umsatzchance mit gängigen Betriebstypen und -größen am Standort in Deckung zu bringen, kann ein Projekt realisiert werden, das auch eine längerfristige Tragfähigkeit verspricht.

Um über einen längeren Zeitraum in der Zukunft das Nachfragevolumen ermitteln zu können, wurden in der Immobilienwirtschaft schon verschiedene Verfahren entwickelt und erprobt. Hierzu folgen in Kapitel 2.3 weitere Ausführungen.

2.2.3.3 Analyse der Nutzeranforderungen

Zunächst ist zwischen eigengenutzten und für die Fremdvermietung vorgesehenen Immobilien zu unterscheiden. Da bei der eigengenutzten Immobilie der zukünftige Nutzer bereits bekannt ist, können die spezifischen Nutzeranforderungen durch Befragung oder Planungsbeteiligung recht einfach ermittelt werden. Da die Lebens- und Nutzungsdauer auch von eigengenutzten Immobilien tendenziell kürzer wird, sollte jedoch in diesem „einfachen" Bereich der Marktanalyse eine Drittverwertungsmöglichkeit in jedem Fall mit berücksichtigt werden. Ob die geplante Immobilie bei Bedarf auch auf dem Mietmarkt erfolgreich platziert werden könnte, interessiert beispielsweise auch die finanzierende Bank oder den Gutachter, der den Marktwert des Objektes für die Bilanz einschätzen soll.

Die Anforderungen der noch unbekannten Nutzer bzw. Mieter an eine Mietimmobilie lassen sich demgegenüber nur mit erheblich mehr Aufwand erfassen. Zum einen kann man beobachten, welche Immobilienangebote am Markt bisher erfolgreich absorbiert worden sind und aktuell werden. Dabei ist zwischen gesättigten und engen, unterversorgten Märkten zu unterscheiden. In gesättigten Märkten wird besonders deutlich, welche Angebote im verschärften Wettbewerb bestehen. Im unterversorgten Markt gehen die Nutzer auch Kompromisse ein, so dass erfolgreiche Angebote nicht immer und nicht dauerhaft den Nutzeranforderungen entsprechen müssen. Zum anderen bieten sich direkte Befragungen von potenziellen Nutzern an.

2.2.3.4 Zielgruppenbestimmung

Häufigstes Ziel der Angebots- und Nachfrageanalyse ist die Bestimmung einer geeigneten Zielgruppe für ein geplantes Immobilienprojekt. Dabei kann entweder mit Hilfe einer Analyse geprüft werden, für welche noch nicht näher definierten Immobilienprodukte ein ausreichendes Potenzial vorhanden und nutzbar ist. Oder umgekehrt: Für ein definiertes Immobilienprodukt soll analysiert werden, wie umfangreich oder wie kaufkräftig die avisierte Zielgruppe ist.

Ist erst einmal die Nachfrage von Zielgruppen in Umfang und Qualität bestimmt, lassen sich für Immobilienprojekte recht aussagekräftige Nutzungs- und Vermarktungskonzepte entwickeln.

Eine besondere Herausforderung für das Immobilienconsulting ist es dabei, neue, latente oder angebotsinduzierte Nachfrage zu erfassen. Denn in den sich differenzierenden Märkten weisen insbesondere diejenigen Immobilienentwickler und -investoren Erfolge auf, die einen Trend frühzeitig erkennen und bisher unterbewertete Standorte in dieser Weise neu nutzen und prägen. In dieser Weise sind die Umnutzungen alter Industrieobjekte für neue Büro-, Einzelhandels- und Wohnnutzungen in mehreren deutschen Städten, nicht zuletzt im Zusammenhang mit einer Wasserlage, zu werten. Diese „unkonventionellen" Produkte haben sich mitunter an schwierigen Standorten durchgesetzt und konnten mit einer klaren Zielgruppenansprache neue Nachfrage generieren. Bei nüchterner ex-post-Analyse sind solche Trends und innovativen Marktentwicklungen nicht vorhersehbar gewesen. Rein objektiv entsprechen die Flächen auch nicht immer den optimalen Ansprüchen. Doch wirken auch hier weiche Faktoren, wie Atmosphäre, Tradition usw., die eine Nachfrageentscheidung nicht unwesentlich beeinflussen.

2.3 Ausgewählte Analyseinstrumente

Für die Angebots- und Nachfrageanalyse steht eine Reihe von Instrumenten zur Verfügung. Die Wahl des geeigneten Instruments bzw. Instrumentenbündels hängt von der Aufgaben- und Fragestellung der Untersuchung, der Anforderung nach Detailgenauigkeit und von den betroffenen Immobilienmarktsegmenten ab.

2.3.1 Stärken–Schwächen- und SWOT-Analyse

Die Stärken-Schwächen-Analyse steht häufig am Ende einer Standortanalyse und dient der zusammenfassenden Bewertung der Standortfaktoren. Sie wird eingesetzt, wenn die Nutzung des Standortes bereits weitgehend festgelegt ist und diese noch auf Standorteignung geprüft werden soll. Jeweils für die einzelnen in der Untersuchung betrachteten Markt- oder Nutzungssegmente müssen eigene Profile erstellt werden, da die Standorteignung für diese jeweils unterschiedlich zu bewerten ist. So können Standorte für Wohnen hervorragend geeignet, für Einzelhandelsnutzungen jedoch völlig ungeeignet sein.

Das in einem Profil dargestellte Analyseergebnis weist auf der Kopfzeile eine Bewertungsskala auf, beispielsweise gestaffelt von „sehr gut" bis „ungenügend". Auf der linken Spalte werden die Standortfaktoren gelistet, meist unterteilt in Makro- und Mikrostandortfaktoren. Die Bewertung der Faktoren für eine Immobiliennutzung erfolgt dann mit Hilfe eines Symbols im betreffenden Kästchen, etwa „Straßenverkehrsanbindung – sehr gut". Durch die Verbindung der Symbole mit einer Linie wird die Gesamtschau der Standorteignung im Bild sichtbar. Eine Linie überwiegend im linken Bereich des Profils signalisiert gute Wertungen der Standortfaktoren und damit eine gute Standorteignung. Der rechte Bereich steht für eine geringere Eignung. Ist die Linie geradlinig, ist die Aussage eindeutig. Einzelne Ausschläge geben Anlass zur Interpretation und zur Klärung der Frage, ob einzelne Standortbedingungen gegen eine Realisierung der Nutzung sprechen. Dies kann eintreten, wenn zum Beispiel die Anbindung an den Straßenverkehr für eine Fachmarktnutzung „ungenügend" ausweist.

Stärken-Schwächen-Analysen sind Ist-Betrachtungen und können beinahe beliebig ausgeweitet und detailliert werden, je nach dem wie viele Standortfaktoren für die Fragestellung eine Rolle spielen. Sind auf absehbare Zeit wesentliche Änderungen einzelner Standortbedingungen zu erwarten, kann dies entsprechend vermerkt werden, oder das Profil wird von vornherein auf einen zukünftigen Ist-Zustand ausgelegt.

Am Ende einer Stärken-Schwächen-Analyse sollte eine abschließende Bewertung der Standorteignung der untersuchten Nutzungssegmente stehen. Hierbei ist zu klären, welche Standortfaktoren möglicherweise im Rahmen der Projektentwicklung beeinflusst werden oder sich verändern können, wodurch sich verbesserte Rahmenbedingungen ergeben könnten.

In einem erweiterten Profil können neben den Stärken und Schwächen eines Standortes auch die Chancen und Risiken für Immobilieninvestitionen in einzelnen Segmenten benannt und bewertet werden. Eine solche zusammenfassende Darstellung – häufig in einer Vier-Felder-Matrix gegliedert – wird „SWOT-Analyse" genannt. Die Wertungen und Aussagen zu den vier Bereichen werden in Kurzform in das jeweilige Feld geschrieben.

Die SWOT-Analyse bietet den Vorteil, neben der Bewertung der Standorteignung zugleich auch das Risiko einer Projektentwicklung aus Standortsicht erörtern zu können. Außerdem werden in einer Übersicht „beide Seiten einer Medaille" sicht- und ablesbar und können gegeneinander abgewogen werden. Die SWOT-Analyse sollte deshalb auch eine Diskussion der einzelnen Aussagen umfassen, um letztendlich eine abschließende Wertung des Standortes und Bewertung für die jeweilige Nutzung zu bieten.

Abb. 2: Ergebnisdarstellung einer Zielgruppenbestimmung

Ergebnisdarstellung einer Zielgruppenbestimmung

Nutzergruppe / Merkmal	Logistik		Handel					Dokumenten-Logistik			Kreative			
	Spedition & Logistik	Citylogistik	Teppichhandel	Pelzhandel	Lebensmittel-spezialgroß-handel	Spezial Möbel-großhandel	Antik- & Kunsthandel	Daten- & Akten-vernichtung	Druckerei	Archiv	Gold & Juwelen Manufaktur	Film & Medien	IT-Branche	Design
Seriösität der Branche	+	+	-	++	+	++	+	++	++	++	++	+	+	+
Volatilität der Branche	+	-	++	-	+	++	+	-	-	-	-	+	++	+
Kombination Produktion/Vertrieb/Lager möglich	0	0	0	+	0	-	0	+	+	0	+	0	++	++
Kombination Showroom/Lager möglich	0	0	+	+	++	++	++	0	+	0	++	0	++	++
Trennung von Kopffunktionen und Lager/Produktion möglich	+	-	-	-	+	+	-	+	-	+	++	++	-	-
Fühlungsvorteile mit gleichen Unternehmen für Standortwahl bedeutend	0	0	+	+	0	+	++	+	-	-	+	++	++	++
innenstadtferner Standort möglich	0	0	+	-	++	++	+	++	++	+	-	++	++	+
Anforderung an Sicherheitsstandard	+	+	+	++	-	+	++	++	+	++	++	+	+	-
Warenumschlags-intensität	++	++	+	-	++	++	+	++	+	+	-	+	++	0
Mietpreis (DM/m²/Monat) Kopffunktionen (Verwaltung)	16-20	16-20	7-12	17-20	14-18	14-18	14-18	16-20	14-16	16-20	18-22	23-26	24-28	14-18
Mietpreis (DM/m²/Monat) Archiv/Lager/Produktion/Showroom	8-10	8-10	7-12	30-40 [1]	8-10	8-10	8-10	8-12	8-12	10-14	30-40 [1]	10-12	12-16	14-18
Bewertung für Nutzungskonzept	flächenintensiv; Stockwerklager paßt nicht in moderne Logistikkonzepte; geringe Zahlungsbereitschaft		schwieriges Klientel; Flächennach-frage rückläufig	seriös; Stockwerklagerung möglich; Flächenkombinationen gewünscht; hoher Sicherheitsstandard gewünscht; können in ein Thema eingebunden werden				seriös; sehr großer Flächenbedarf; Stockwerke nicht gefragt; innenstadt- ferner Standort gefragt	seriös; großer Flächenbedarf; für Dokumente hoher Sicher-heitsstandard; innenstadt-ferner Standort gewünscht	seriös; hoher Sicherheits-standard; Stockwerke möglich; gute Zahlungs-bereitschaft	seriös; Flächen kombinationen gewünscht; gute Zahlungs-bereitschaft; aber geringe Nachfrage	seriös; Flächenkombinationen und Sicherheitsstandards gewünscht; hohe Zahlungsbreitschaft; hohe Flächennachfrage aber gehobene Ansprüche an Ausstattungsqualität		
Gesamtbewertung für Standort	↗	↗	↑	↗	↗	↗	↗	↑	↑	↗	↗	←	←	←

Mietpreise orientieren sich an Zahlungsbereitschaft für bisherigen Standort
1) Mieten in Einzelhandelslagen

Legende: Bedeutung für Standort/Branche
++ sehr hoch
+ hoch
0 weniger bedeutend
- gering
-- sehr gering

Quelle: BNP Paribas Real Estate Consult GmbH

Abb. 3: Beispiel für ein Stärken-/Schwächenprofil

Standortmerkmal	Standortbewertung				
	sehr gut	gut	mittel	weniger gut	unzureichend
überregionale Individualverkehrsanbindung		●			
innerörtliche Individualverkehrsanbindung		●			
ÖPNV-Anbindung	●				
Nahversorgungsinfrastruktur		●			
Nutzungsstruktur und Erscheinungsbild des Umfeldes			●		
Sichtanbindung des Projektgrundstücks		●			
Entwicklungspotential für Standortstärkung		●			
Nutzungskonflikte und Lärmemissionen im Standortumfeld					
Quelle: BNP Paribas Real Estate Consult GmbH					Jul 06

2.3.2 Nutzwertanalyse

Die Nutzwertanalyse wird in der Regel für Standorte oder Grundstücke eingesetzt, für die noch keine konkreten Nutzungsüberlegungen bestehen. Die Analyse trägt dazu bei, die Standorteignung für verschiedene denkbare Nutzungen auf einem ausgewählten Grundstück vergleichend bewerten zu können.

Die Nutzwertanalyse wird in der Form einer tabellarischen Übersicht erstellt, die in der Kopfzeile die verschiedenen ausgewählten und zu prüfenden Nutzungssegmente enthält. In der linken Spalte erscheinen wie bei der Stärken-Schwächen-Analyse die Standortfaktoren im gewünschten Detaillierungsgrad. Mit Hilfe eines einfachen Bewertungsverfahrens wird der Standortfaktor je nach Bedeutung und Wirkung für die ausgewählten Nutzungen bewertet. Eine U-Bahn-Anbindung für eine Büronutzung erhält demnach eine positive Wertung in Form einer hohen Punktzahl.

Die einzelnen Bewertungen ergeben eine Gesamtpunktzahl. Diese Gesamtwertungen für die einzelnen Nutzungen werden miteinander verglichen. Dabei wird schnell ersichtlich, welche Nutzungen überwiegend gute Bewertungen erhalten haben und damit besonders geeignet sind, am analysierten Standort platziert zu werden. Dabei ist die Höhe der Punktzahl nicht von entscheidender Bedeutung, vielmehr sollen Tendenzen der Wertigkeit verglichen werden.

Da die Nutzwertanalyse vielfach als subjektiv bezeichnet wird, entstand der Wunsch nach stärker quantifizierbaren Kriterien und Bewertungsmaßstäben. In diesem Zusammenhang wurde in den Niederlanden die Real Estate Norm (REN) entwickelt, die im Prinzip ein ähnliches Verfahren darstellt. Für die Bewertung der einzelnen Standortkriterien werden jedoch bestimmte Normen und Zielerfüllungskriterien festgelegt. Das Erreichen der Kriterien wird mit Hilfe von Punkten bewertet. Da nicht alle Standortfaktoren über die gleiche Bedeutung verfügen, werden außerdem die Bewertungen gewichtet. Die Bewertung bedeutender Standortfaktoren schlägt sich also im Ergebnis stärker nieder, als die der weniger bedeutenden.

In der Praxis kommt die REN meistens zu den gleichen Ergebnissen, wie die Nutzwertanalyse – einen erfahrenen Anwender vorausgesetzt – allerdings mit einem deutlich höheren Aufwand. Außerdem ist anzumerken, dass der Versuch, Standortbedingungen zu quantifizieren, eine Scheingenauigkeit und Objektivität suggeriert, die der Realität nicht entspricht. Dies gilt zumal dann, wenn wir es wie hier nicht mit monokausalen Zusammenhängen, sondern mit sehr komplexen Systemen in der immobilienwirtschaftlichen Standort- und Marktanalytik zu tun haben, die nicht immer rationalen Gesetzmäßigkeiten unterliegen.

2.3.3 Szenariotechnik

Um zukünftige Marktentwicklungen besser einschätzen zu können, werden im Rahmen von Marktanalysen häufig Szenarien aufgestellt. Szenarien sind Entwicklungsrichtungen und -verläufe, die unter bestimmten, vorher definierten Rahmenbedingungen eintreten könnten. Ursachen und Folgen bestimmter Entwicklungen und deren Wechselwirkungen sollen also aufgezeigt und nachvollziehbarer gemacht werden.

Die Entwicklung von Szenarios dient damit weniger der genauen Vorhersage von zukünftig zu erwartenden Ereignissen oder Marktentwicklungen. Die eingesetzten Szenariotechniken tragen vielmehr zum Verständnis der Marktzusammenhänge und der sie beeinflussenden Rahmenbedingungen bei.

Im Vergleich mehrerer, meist zweier oder dreier Szenarien untereinander werden die realistischen Entwicklungsspielräume eines Marktes sichtbar. Durch die intensive Auseinandersetzung mit den Einflussparametern, den Wirkungen und Folgen kann die Eintrittswahrscheinlichkeit von Marktentwicklungen innerhalb eines Entwicklungskorridors besser eingeschätzt werden. Ein aktuelles Beispiel für den sinnvollen Einsatz ist die zukünftige Entwicklung der Büromärkte. Durch die Berücksichtigung von Wechselwirkungen und unterschiedlichen Eintrittswahrscheinlichkeiten der Nachfrage- und Angebotsentwicklung können der Entwicklungskorridor aufgezeigt und Investitionen abgesichert werden.

Die Szenariotechnik ist damit eines der wichtigsten und zur Zeit am häufigsten eingesetzten qualitativen Analyseinstrumente.

2.3.4 Prognosen

Die Forderung nach aussagekräftigen Prognosen in der Immobilienwirtschaft ist weit verbreitet. Wissenschaftlich fundierte Prognosen vermitteln einen hohen Anspruch auf Seriosität und hohe Eintrittswahrscheinlichkeit. Die Beobachtung der regelmäßigen und in kurzen Abständen aufeinander folgenden Revisionen der Wirtschaftsprognosen gibt allerdings Anlass zu erheblichen Zweifeln. Dabei können die allgemeinen Wirtschafts- und Wachstumsprognosen auf einen viel umfangreicheren Datenkranz zurückgreifen als die Immobilienwirtschaft.

Im Wohnungsmarkt gab es schon seit den sechziger Jahren intensive Bemühungen um Marktprognosemodelle. Da die Datenlage auf dem Wohnungsmarkt – wie bereits erwähnt – ungleich besser ist, als in den gewerblichen Marktsegmenten, konnten auch relativ anspruchsvolle Modelle entwickelt und eingesetzt werden. Allerdings herrschten über einen langen Zeitraum überwiegend Nachfrageüberhänge auf dem deutschen Wohnungsmarkt. Es ging deshalb damals vor allem um die Ermittlung des Bedarfs in der Zukunft. Unter Festlegung gewisser pauschaler Versorgungskriterien, zum Beispiel pro Kopf ein Zimmer, ließen sich sehr detaillierte Prognosen mit dem Ziel der Ermittlung von Neubaubedarfen in den einzelnen Wohnungsmarktsegmenten berechnen. Vorteilhaft erwies sich dabei, dass Geburten- und Sterberate als Rahmenbedingungen der Bevölkerungsstatistik bekannt waren und diese Parameter sich in der Regel nur langsam ändern.

Dass die Prognosen dennoch in der Realität nur selten eintrafen, um eine wenigstens mittelfristig fundierte Planungsgrundlage zu bilden, hatte ihre Ursachen in der ungleich schwieriger zu kalkulierenden Zuwanderung, etwa durch Aus- und Übersiedler, aber auch der interregionalen Wanderungen. Außerdem zeigt die vermeintlich gesicherte amtliche Statistik, wie die letzte Volkszählung mit der immensen Untererfassung belegt, ihre Schwächen. Viele der Bevölkerungsprognosen der letzten Jahre lagen deshalb trotz vermeintlich ausgefeilter Methodik zu niedrig. Besonders nachteilig ist, dass die Prognosemodelle auf konkrete Einzelfälle, etwa Immobilieninvestitionen an einem Standort, nur schwer herunterzubrechen sind. Außerdem lassen sie Marktfaktoren wie Preise und Mieten außer Acht. Von daher bedürfen auch Wohnungsmarktprognosen immer einer Überprüfung bzw. Interpretation, insbesondere bezüglich der Plausibilität der eingeflossen Grundannahmen.

Mit der zunehmenden Professionalisierung der Branche und den inzwischen länger werdenden Zeitreihen der professionell erhobenen Marktkennziffern wächst die verlässliche Datenbasis

Abb. 4: Beispiel für eine Nutzwertanalyse

Standortbedingungen	hafenbezogenes Gewerbe	nicht hafenbezogenes Gewerbe	Handwerk/ Kleingewerbe	Technologie / Gründerunternehmen	Büro / Dienstleistungen	Wohnen (geringer Wohnwert)	Wohnen (hoher Wohnwert)	kleine Freizeiteinrichtungen / Sport / Museum	Freizeitgroßeinrichtung / Hotel / Kino
Makrostandort									
Anbindung									
überregionale Verkehrsanbindung	++	++	+	+	+	+	+	+	++
lokale Verkehrsanbindung / Erschließung	-	-	-	-	-	+	+	o	-
ÖPNV-Anbindung	+	+	+	+	+	+	+	+	+
Wasserlage / Kaianlagen	++	+	o	o	o	+	++	o	++
Gleisanschluß	++	+	o	o	o	o	o	-	o
fußläufige Erreichbarkeit	o	o	o	o	o	-	-	-	-
Wirtschaftsstruktur									
privatwirtschaftliches Investitionsklima	-	-	+	+	-	o	o	-	+
qualifiziertes Arbeitskräftepotential	o	o	+	+	o	o	+	o	o
Tourismuspotential	o	-	o	o	o	o	o	+	++
Aussicht auf öffentliche Förderung	-	-	-	+	-	+	-	-	-
Bevölkerungsstruktur in der Region									
Bevölkerungswachstum	o	o	o	o	o	+	+	o	o
Alters- und Sozialstruktur	o	o	o	o	o	+	+	+	+
Kaufkraftpotential	o	o	+	o	o	o	+	+	+
Umfeldstruktur									
vorhandene gewerbliche Nutzung	+	+	+	o	o	+	-	-	-
vorhandene Marine-Nutzung	o	o	o	o	o	o	o	+	+
vorhandene Wohnnutzung	-	-	o	o	+	+	o	o	o
Entfernung zu Bürolagen	o	o	o	-	--	o	o	o	o
Entfernung zu Einkaufslagen	o	o	o	-	-	-	-	-	-
infrastrukturelle Ausstattung	o	o	o	-	-	-	-	-	-
Wertung Makrostandort	+ 4	+ 1	+ 3	+ 1	– 6	+ 4	+ 4	+ 2	+ 6
Mikrostandort									
topografische Situation	+	+	+	o	o	o	o	o	o
baurechtliche Voraussetzungen	+	+	+	+	+	-	-	-	-
vorhandene Flächen- u. Entwicklungspotentiale	--	--	+	+	-	-	--	o	--
Nutzbarkeit der Bausubstanz	o	o	o	+	o	-	o	o	-
Sichtanbindung	o	o	o	o	o	o	o	-	-
Zufahrtsmöglichkeiten	o	-	o	o	o	o	o	-	-
interne Verkehrserschließung	-	-	+	+	-	o	+	o	o
Park- u. Abstellmöglichkeiten	o	o	o	+	o	+	o	o	-
Passantenfrequenz	o	o	+	o	o	-	-	--	-
Umfeldeinflüsse	o	o	o	+	o	o	--	o	-
Synergieeffekte durch Umfeld	o	o	+	+	o	o	o	o	o
Wertung Mikrostandort	– 3	– 3	+ 6	+ 5	– 3	– 2	– 5	– 6	– 15
Gesamtwertung Standort	1	– 2	+ 10	+ 6	– 9	+ 2	– 1	– 4	– 9

Bewertungsschema: + = positiv; - = negativ; o = neutral / irrelevant; ++ / -- = positive bzw. negative Ausprägung wird durch die besondere Relevanz für die jeweilige Nutzungsart verstärkt

Quelle: BNP Paribas Real Estate Consult GmbH; 07/2006

auch auf dem Büromarkt. Da der Bedarf an Prognosemodellen, nicht zuletzt aufgrund der zunehmenden Bedeutung internationaler Marktteilnehmer in Deutschland, in den letzten Jahren erheblich gewachsnen ist, gibt es mittlerweile auch ein entsprechendes Angebot.

Die Treffsicherheit der vorhandenen Prognosen lässt aber immer noch, nicht anders als bei den gesamtwirtschaftlichen Prognosemodellen großer Wirtschaftsforschungsinstitute, stark zu Wünschen übrig. Ein Grund hierfür ist darin zu sehen, dass die Prognosen häufig auf die Nachfrageseite des Büromarktes ausgerichtet sind. Sie orientieren sich an den Bürobeschäftigten, deren Entwicklung wiederum abhängig ist von der Gesamtbeschäftigtenentwicklung. Da die Zahl der Bürobeschäftigten durch die amtliche Statistik nicht erfasst wird, muss man sich mit Hilfe von Modellrechnungen und Schätzungen dieser Größe nähern. Wurde die Bürobeschäftigtenzahl ermittelt und für die kommenden Jahre hochgerechnet – mit welchen Annahmen und Prognosefaktoren auch immer – ergibt sich über einen Schlüssel des Flächenverbrauchs je Bürobeschäftigten der zukünftige Flächenbedarf.

Die Ungewissheit über das zukünftige Wirtschafts- und Beschäftigtenwachstum macht diese Prognosen demzufolge nur bedingt nutzbar. Besonders dynamische Entwicklungen in bestimmten Branchen, wie etwa nach der Liberalisierung des Telekommunikationsmarktes oder im Zusammenhang mit dem IT- und Internet-Boom, werden chronisch untererfasst, weil die Beschäftigtenentwicklung hier kaum vorausgesagt werden kann.

Außerdem hat sich die Nachfrage als eine insgesamt dynamische Größe erwiesen. Mit Ausnahme der überproportionalen, und nicht an fundamentalen wirtschaftlichen Kennziffern orientierten, Nachfragesteigerung in den Jahren des New Economy Booms, ist die Nachfrage nach Büroflächen in den letzten zwei Jahrzehnten letztendlich kontinuierlich gestiegen. Vielmehr war das Angebot die entscheidende Größe im Markt, welche zu Leerstand und Preisverfall geführt hat. Deshalb bestimmt nicht der Bedarf nach Büroflächen den Erfolg einer Büroimmobilie, sondern die Wettbewerbsposition innerhalb eines Marktes. Einer Analyse des Angebotes mit Vorausschau der zukünftigen Entwicklung kommt also mindestens ebenso große Bedeutung in der Marktanalytik zu.

Im anglo-amerikanischen Raum, wo zum Teil bereits über einen sehr viel längeren Zeitraum Büromarktdaten erfasst und ausgewertet werden sowie eine generell höhere Markttransparenz herrscht, wurden verschieden Prognose- und ökonometrische Modelle aufgelegt. Diese verfolgen häufig einen Ansatz der Vorausberechnung zyklischer Marktbewegungen. Sie sind aufgrund der schwierigen Datenlage in Deutschland nur sehr begrenzt oder mit großen Abstrichen einsetz- bzw. übertragbar. Vor diesem Hintergrund benötigt eine aussagekräftige Standort- und Marktanalytik immer noch den Einbezug qualitativen Verfahren und Instrumenten. Umso mehr kommt es deshalb auf langjährige Erfahrungen sowie umfassende und detaillierte Marktkenntnisse des Analytikers an.

2.4 Quellen für Researcharbeit

2.4.1 Allgemein zugängliche Informationen

2.4.1.1 Amtliche Statistiken

Bei der Researcharbeit kann der Standort- und Marktanalytiker auf eine ganze Reihe allgemein zugänglicher Informationen zurückgreifen. Eine Quelle hierbei ist die amtliche Statistik. Dies gilt insbesondere für die Bereiche der Analyse, in denen allgemeine Rahmenbedingungen berücksichtigt werden. So können z.B. die wirtschaftliche Situation eines Standortes, Arbeitsmarkt- und Bevölkerungszahlen oder Pendlerbeziehungen mit amtlichen Daten abgebildet werden.

Immobilienmarktbezogene Daten sind demgegenüber in der amtlichen Statistik nur begrenzt verfügbar. Dabei gestaltet sich die Situation für den Wohnungsmarkt noch erfreulicher als für die gewerblichen Immobilienmärkte. Zahlen zur Bevölkerungs- und Haushaltsentwicklung, Veränderung der Haushaltsgrößen, Wanderungsbewegungen sowie Baufertigstellungen und

-genehmigungen (differenziert nach Marktsegmenten) stellen für den Projektentwickler wichtige Informationen zur Einschätzung der zukünftigen Entwicklung und Konkurrenzsituation dar. Für gewerbliche Immobilien beschränkt sich die amtliche Statistik dagegen auf Angaben zu Baufertigstellungen und -genehmigungen. Hierbei erfolgt eine Differenzierung nach den Kategorien Büro- und Verwaltungsgebäude, Fabrik und Werkstattgebäude, Handels- einschließlich Lagergebäude, Hotels und Gaststätten sowie sonstige Nichtwohngebäude.

2.4.1.2 Sonstiges

Neben der amtlichen Statistik stehen eine Reihe weiterer Informationsquellen zur Verfügung, die allgemein zugänglich sind. Hierzu gehören einerseits veröffentlichte Informationen, andererseits aber auch das Wissen vieler Mitarbeiter öffentlicher Ämter oder Gesellschaften. Allerdings sind nicht alle diese Informationen kostenfrei zu beziehen. Regelmäßige Erhebungen zur Kaufkraft, Datenbanken privater Anbieter im Internet, Zeitungsarchive u.s.w. sind in der Regel kostenpflichtig. Hier bedarf es einer genauen Abwägung, ob sich die Investitionskosten für diese Informationen unter Kosten-/Nutzenaspekten rechnen.

Quellen für allgemein zugängliche Informationen:
- Zeitungsarchive
- Fachzeitschriften
- Internet
- Sonderuntersuchungen statistischer Ämter
- Marktberichte von Maklern und Banken
- Berichte von Wirtschaftsförderungen
- Veröffentlichte Gutachten von Kommunen und Forschungsinstituten
- regelmäßige Untersuchungen kommerzieller Anbieter (z.B. Kaufkraftzahlen der GfK)
- Datenbanken kommerzieller Anbieter (z.B. PMA)
- Wirtschaftsförderungsämter/-gesellschaften
- Stadtplanungsämter
- Industrie- und Handelskammern

2.4.2 Primärdatenerhebung

Um wichtige Marktdaten, zukünftige Entwicklungen, Nachfragepotentiale oder strukturelle Aspekte einbeziehen zu können, sind aber Primärerhebungen durchzuführen. Da gerade diese Informationen aber häufig die entscheidenden sind, um den Erfolg einer geplanten Projektentwicklung beurteilen zu können, muss ein guter Standort- und Marktanalytiker nicht nur über das notwendige methodische Instrumentarium, sondern auch über viel Erfahrung verfügen.

Als Beispiele für Informationen, die nur mit Primärdatenerhebungen zu gewinnen sind, stehen das Einzugsgebiet für Handelseinrichtungen, zu realisierende Flächenumsätze, Nachfragezielgruppen für unterschiedliche Bürostandorte, sich verändernde Nutzeranforderungen an Büroflächen, Wettbewerbsanalysen von Konkurrenzobjekten, Ausstattungswünsche von Wohnungseigentümern und viele mehr.

Das Instrumentarium zur Recherche dieser Daten ist sehr vielfältig und muss der jeweiligen Fragestellung entsprechend eingesetzt werden. Besonderes Augenmerk sollte dabei auf Kosten-/Nutzenaspekte gelegt werden. Vielfach kann mit geringerem Aufwand und intelligenter Methodik ein besseres Ergebnis erzielt werden als mit überdimensionierten Ansätzen. Zum Einsatz kommen u.a. folgende Instrumente:
- Befragungen
- Haushaltsbefragungen
- Unternehmensbefragungen
- Nutzer-/Mieterbefragungen
- Kundenbefragungen
- Passantenbefragungen
- Expertengespräche

Teil 2

- Workshops
- Modellrechnungen
- Szenarien
- Prognosen
- Kartierungen
- Zählungen
- Begehungen

Schneider/Völker

3. Formen der Grundstücksakquisition und -sicherung

Die Grundstücksakquisition gehört zu den typischen Projektphasen einer Projektentwicklung in der Immobilienbranche.

Vor Beginn der Projektentwicklung steht regelmäßig die Idee oder das Kapital für ein Projekt. Dann wird ein adäquates Objekt und ein adäquater Standort gesucht werden.

Der nächste Schritt neben Analysen und Grobkalkulationen ist daher die Grundstücks-/Immobilienakquisition, also die Vermittlung bzw. Ermittlung eines entsprechenden Grundstückes, einer entsprechenden Immobilie. Zu dieser wird sich in der Regel eines „Maklers" bedient.

Konnte ein Objekt (Grundstück/Immobilie) gefunden werden, das für das angedachte Projekt in Frage kommt, ist es zumeist erforderlich, die Zugriffsmöglichkeit auf das Grundstück, während der Planungsphase bis zum Zeitpunkt einer Entscheidung für das Projekt, zu sichern.

Dem Investor stehen hierbei diverse Möglichkeiten zur frühen Sicherung des Grundstücks zur Verfügung, wobei insbesondere die nachfolgend aufgeführten in Betracht kommen.

3.1 Vorkaufsrechte

Nach der Einräumung eines Vorkaufsrecht besteht zugunsten des hierdurch Berechtigten die Möglichkeit, dass er im Falle des Verkaufs des gesicherten Grundstücks, durch eine einseitige Erklärung gegenüber dem Verkäufer, mit diesem einen Kaufvertrag zustande zu bringen. Dies zu den gleichen Bedingungen wie sie in dem Vertrag zwischen Verkäufer und dem Dritten vorgesehen sind. Dabei tritt der Vorkaufsberechtigte nicht in den Vertrag zwischen Verkäufer und Drittem ein, sondern es entsteht ein eigenständiger Kaufvertrag. Da auch der Kaufvertrag zwischen Verkäufer und Drittem bestehen bleibt, wird bzw. muss sich der Verkäufer beispielsweise ein Rücktrittsrecht gegenüber dem Dritten für den Fall einräumen lassen, dass der Vorkaufsberechtigte sein Vorkaufsrecht ausübt. Anderenfalls wäre er gegenüber zwei Vertragspartnern zur Vertragserfüllung betreffend ein und denselben Vertragsgegenstand verpflichtet.

Das Vorkaufsrecht ist dabei beschränkt auf den Fall des Verkaufs, soweit der Verpflichtete also einen Tausch oder eine Schenkung vornimmt, greift es nicht, es sei denn, der Verpflichtete nimmt dabei ein Umgehungsgeschäft vor, was in der Regel schwer nachweisbar ist.

Ist an einem veräußerten Grundstück ein privatrechtliches Vorkaufsrecht eingetragen, so hat der Notar darauf hinzuweisen.

Üblicherweise tritt der Notar an die eingetragenen Vorkaufsberechtigten nach rechtswirksamen Vertragsabschluss heran, um die Vorkaufsfrist (sofern nichts anderes vertraglich vereinbart wurde: zwei Monate, § 469 Abs. 2 S. 2 BGB) durch Mitteilung an den Vorkaufsberechtigten in Gang zu setzen.

Auch wenn der Notar die Frist zur Ausübung des Vorkaufsrechts auslöst, kann der Vorkaufsberechtigte die Ausübung gegenüber dem Verkäufer erklären, so dass Notar und Käufer im Ungewissen bleiben, ob der Berechtigte das Vorkaufsrecht ausgeübt hat oder nicht. Deshalb unterliegt die von der Nichtausübung des Vorkaufsrechts abhängige Kaufpreisfälligkeit einer gewissen Unsicherheit.

Anders als beispielsweise das gesetzliche Vorkaufsrecht nach dem BauGB hindert ein im Grundbuch eingetragenes Vorkaufsrecht den grundbuchlichen Vollzug des Kaufvertrages, also die Eintragung des neuen Eigentümers in der Abt. I nicht. Das eingetragene Vorkaufsrecht hat die rechtliche Wirkung einer Vormerkung. Gesichert wird also der bedingte Übereignungsanspruch des Vorkaufsberechtigten.

Die Belastung des Grundstücks mit einem Vorkaufsrecht führt, jedenfalls so weit das Vorkaufsrecht zeitlich unbeschränkt gewährt wird, zu einer nicht unerheblichen Wertminderung des belasteten Grundstücks. Denn Kaufinteressenten erlangen erst nach Ablauf der zweimonatigen Ausübungsfrist Gewissheit darüber, ob ihr Kauf tatsächlich wirksam ist. Zudem wird das vorkaufsrechtbelastete Grundstück erschwert beleihbar, weil die finanzierende Bank bei der Auszahlung des Kredits nicht mit hinreichender Gewissheit feststellen kann, ob vor Entstehung ihres Grundpfandrechts noch ein Verkauf stattgefunden hat. Im Allgemeinen verlangen finanzierende Banken deshalb einen Rangrücktritt des Vorkaufsberechtigten. Der Vorkaufsberechtigte ist dann zwar über die Grundpfandrechtsbestellung zu Gunsten der Bank zu unterrichten, jedoch trotzdem nicht verpflichtet zurückzutreten.

Zu unterscheiden ist zwischen schuldrechtlichen (§§ 463 ff. BGB), dinglichen (§§ 1094 BGB) sowie gesetzlichen Vorkaufsrechten.

3.1.1 Schuldrechtliches Vorkaufsrecht gem. §§ 463 ff. BGB

Unter den Anwendungsbereich des schuldrechtlichen Vorkausfrechts gemäß §§ 463 ff. BGB fällt alles, was Gegenstand eines Kaufvertrages sein kann, somit auch ein Grundstück oder eine Immobilie.

Der Vorkaufsvertrag bedarf dabei der Form des Kaufvertrages, was für den Fall der Sicherung einer Immobilie oder eines Grundstückes bedeutet, dass auch dieser notariell beurkundet werden muss. Das schuldrechtliche Grundgeschäft ist gem. § 311 b Abs. 1 BGB notariell zu beurkunden. Durch die Eintragung des Vorkaufsrechts im Grundbuch kann der Formmangel jedoch gem. § 311 Abs. 1, Satz 2 BGB geheilt werden, sofern nicht nur ein schuldrechtliches Vorkaufsrecht vorgemerkt war.

Da ein schuldrechtliches Vorkausfrecht lediglich zwischen den Vertragspartnern und nicht gegenüber Dritten wirkt, wird das Grundstück/die Immobilie allein hierdurch noch nicht ausreichend gesichert.

Hierzu ist die dingliche Sicherung in Verbindung mit einer Auflassungsvormerkung (§ 883 BGB) empfehlenswert.

3.1.2 Dingliches Vorkaufsrecht gem. §§ 1094 ff. BGB

Das dingliche Vorkaufsrecht entsteht als abstrakt dingliches Recht durch Einigung und **Eintragung** auf dem Blatt des belasteten Grundstücks (§§ 873, 874 BGB).

Das dingliche Vorkaufsrecht **wirkt Dritten** gegenüber, im Gegensatz zum schuldrechtlichen Vorkaufsrecht, gem. § 1098 Abs. 2 BGB wie eine Vormerkung.

Vorteil des dinglichen Vorkaufsrechts gegenüber dem schuldrechtlichen ist zum einen, dass das dingliche Vorkaufsrecht auch ausgeübt werden kann, wenn das Grundstück von einem Insolvenzverwalter aus freier Hand verkauft wird (§ 1098 Abs. 1, Satz 2 BGB). Zum anderen ist es möglich, dass dingliche Vorkaufsrecht für mehrere oder alle Vorkaufsfälle zu bestellen (§ 1097 BGB), so dass die Ausübung auch dann möglich ist, wenn der Vorkaufsberechtigte in einem voherigen Vorkaufsfall bereits auf die Ausübung verzichtet oder sie unterlassen hatte.

Im Gegensatz zum schuldrechtlichen Vorkaufsrecht kann das dingliches Grundstücksrecht nur zu Lasten von Grundstücken und grundstücksgleichen Rechten vereinbart werden, es genügt damit dem vorliegenden Ziel der Sicherung eines Grundstücks im Rahmen einer Projektentwicklung voll und ganz. Eine Einschränkung besteht jedoch dahingehend, dass das dingliche Vorkaufsrecht im Gegensatz zum schuldrechtlichen nicht auf einen bestimmten Kaufpreis begrenzt werden kann.

3.1.3 Gesetzliche Vorkaufsrechte

Ein solches findet sich beispielsweise in § 577 BGB für den Mieter von Wohnraum oder in § 2034 BGB für den Miterben. Weiterhin im BauGB für Gemeinden zur Sicherung der Bauleitplanung, im Reichssiedlungsgesetz oder in verschiedenen Landesgesetzen.

Im Rahmen der Sicherung von Grundstücken/Immobilien für eine Projektentwicklung sind diese jedoch nur eingeschränkt nutzbar, da der Investor zuvor in die Stellung des jeweiligen Vorkaufsberechtigten (Mieter, Miterbe, Gemeinde, usw.) gelangen müsste.

Von den Vorkaufsrechten zu unterscheiden sind:

3.2 Optionsrecht

Das Optionsrecht ist das Recht, durch einseitige Erklärung einen Vertrag, insbesondere einen Kaufvertrag zustande zu bringen. Es begründet keinen schuldrechtlichen Anspruch auf Abschluss des Hauptvertrages, sondern ein Gestaltungsrecht.

Je nachdem, welche Art das Recht ist, spricht man zum Beispiel bei einer Option auf einen Ankauf von einem Ankaufsrecht (*call-option*) oder bei einer Option auf eine Veräußerung von einem Verkaufsrecht (*put-option*).

Das Optionsrecht ergibt sich in der Regel aus einem aufschiebend bedingten Vertrag (Optionsvertrag im engeren Sinn). Dieser Vertrag wird dadurch unbedingt, dass der Optionsrechtsinhaber erklärt, sein Optionsrecht auszuüben.

Bei dieser Form des Optionsrechts ist die Optionsvereinbarung/der Optionsvertrag formbedürftig gem. § 311 b BGB, die Optionserklärung ist jedoch **formfrei** möglich.

Anders dann, wenn im Rahmen der Einräumung des Optionsrechts dem Berechtigten ein langfristiges bindendes Vertragsangebot gemacht wird. In diesem Fall ist auch die Optionserklärung **formbedürftig**.

Da die Veräußerungsverpflichtung aus dem Optionsvertrag im Sinne von § 883 Abs. 1, Satz 2 BGB ein aufschiebend bedingter Anspruch ist, kann und sollte hier für den bedingten Erwerber eine Eigentumsvormerkung im Grundbuch eingetragen werden. Die entsprechende Bewilligung nebst Antragstellung kann und sollte bereits im (notariell zu beurkundenden) Optionsvertrag enthalten sein.

In der Praxis häufig vertreten ist das Ankaufsrecht. Das Ankaufsrecht geht in seiner Bedeutung weiter als das Vorkaufsrecht, indem es nicht nur den Abschluss eines anderweitigen Kaufvertrages, sondern auch andere Ereignisse, bis hin zum freien Entschluss des Ankaufsrechtberechtigten berücksichtigen kann. Beim Ankaufsrecht kann die Ausübung auch in den freien Willen beider Vertragsparteien gestellt werden.

Das Ankaufsrecht hat den Vorteil gegenüber einer Option, bei der Angebot und Annahme getrennt beurkundet werden, dass die Risiken einer solchen getrennten Beurkundung vermieden werden, weil es sich um einen „normale ausgehandelten Kaufvertrag" mit Auflassung handelt, der die Besonderheit hat, dass die Wirksamkeit des schuldrechtlichen Vertrages unter einer oder auch mehreren aufschiebenden Bedingungen steht. Hierbei kann aufschiebende Bedingung allein die Erklärung des Käufers sein, von seinem Ankaufsrecht Gebrauch zu machen, aber auch der Eintritt bestimmter Voraussetzungen, die im Interesse des Käufers vor Wirksamwerden des Vertrages erfüllt sein sollen, z.B. die Erteilung der Baugenehmigung.

Der Anspruch aus dem Ankaufsrecht ist regelmäßig im Wege der Abtretung auf Dritte übertragbar und unterliegt einer **10-jährigen** Verjährung. Schon mit Beurkundung des Grundstückverkaufsangebotes kann der – möglicherweise erst noch durch Annahme entstehende – Kaufvertrag durch Vormerkung gesichert werden.

Zudem entsteht die Grunderwerbsteuer erst mit Bedingungseintritt (§ 14 Nr. 1 GrEStG), weshalb der aufschiebend bedingte Kaufvertrag einem unbedingten Kaufvertrag mit einem vertraglichen Rücktrittsrecht des Käufers vorzuziehen ist. Auch in letzterem Fall gibt es noch Möglichkeiten, die entstandenen Grunderwerbsteuer zurückzuerlangen. Neben dem Zinsschaden ist dieser Weg an gesetzliche Formalien gebunden, bei deren Verletzung eine Rückerstattung der Grunderwerbsteuer ausgeschlossen ist.

3.3 Kaufvertrag mit Rücktrittsvorbehalt

Ein Rücktrittsvorbehalt ist ein vertragliches Rücktrittsrecht, das eine schuldrechtliche Vereinbarung fordert.

Abhängig von dem angestrebten Ziel kann der Rücktrittsvorbehalt dabei unterschiedlich ausgestaltet sein, wobei er eher weit gefasst sein wird, sollte einer der Parteien noch nicht abschließend zum Erwerb entschlossen sein und sich daher die Möglichkeit der Lösung vom Vertrag offen halten möchte.

3.4 Befristetes Kaufangebot

Es besteht außerdem die Möglichkeit, sich vom Verkäufer ein befristetes Kaufangebot geben zu lassen, das die angestrebten Vertragsbedingungen enthält.

Eine dingliche Sicherung ist allein hierdurch jedoch nicht gegeben, insoweit gilt ebenfalls das bereits unter Punkt 3.1.1 Gesagte.

3.5 Kaufvertrag mit aufschiebender oder auflösender Bedingung

Bei einer aufschiebenden Bedingung steht dem Erwerber zunächst nur ein Anwartschaftsrecht zu, das mit Eintritt der Bedingung zum Vollrecht erstarkt.

Bei der auflösenden Bedinung hingegen tritt zunächst die gewollte Rechtsänderung ein. Die Partei, die durch die auflösende Bedingung begünstigt wird, hat jedoch ein Anwartschaftsrecht auf Widerherstellung des früheren Zustandes, bei einem Kauf somit ein Recht auf Rückerwerb.

Bis zum Eintritt der vereinbarten Bedingung befindet sich das jeweilige Rechtsgeschäft in einem Schwebezustand, wobei die Formbedürftigkeit des Rechtsgeschäftes entsprechend § 311 Abs. 1, Satz 1 BGB zu beurteilen ist.

Im Gegensatz zum Ankaufsrecht (Punkt 3.2), bei dem durch ein bindendes Verkaufsangebot, das nur innerhalb einer bestimmten Frist angenommen werden kann und das Zustandekommen allein durch den Ankaufsberechtigten beeinflusst wird, ist das Zustandekommen bei einem aufschiebenden bedingten Kaufvertrag – wie auch bei einem Vorvertrag – (Punkt 3.6) in den freien Willen der Parteien gestellt.

3.6 Vorvertrag

Der Vorvertrag ist ein schuldrechtlicher Vertrag, der die Verpflichtung zum späteren Abschluss eines Hauptvertrages begründet. Er kann so gestaltet sein, dass nur der eine Teil gebunden ist, der andere hingegen keine Pflicht zum Vertragsschluss übernimmt. Die vorzeitige Bindung durch einen Vorvertrag kann dann sinnvoll sein, wenn dem Abschluss des Hauptvertrages noch tatsächliche und rechtliche Gründe entgegenstehen.

3.7 Vorhand

Die Einräumung einer Vorhand kann unterschiedlich ausgestaltet sein. Gleich ist allen Varianten, dass sich jemand vertraglich verpflichtet, vor Veräußerung oder Vermietung eines Gegenstandes, diesen zunächst dem Vorhandberechtigten anzubieten.

Je nach Ausgestaltung bedarf dabei auch die Einräumung der Vorhand bezüglich eines Grundstücks der Form des § 311 Abs. 1, Satz 1 BGB.

3.8 Grundstückskauf als Form der Akquise

Der Grundstückserwerb als solcher ist gekennzeichnet durch den Abschluss der Verträge vor dem Notar und die formalen Eintragungen im Grundbuch. Das Grundbuch ist ein öffentliches Register, welches in seiner Abteilung I die Eigentümer, in der Abteilung III die Hypotheken und Grundschulden und in der Abteilung II die sonstigen Belastungen führt.

Der Grundstückskaufvertrag ist ein Verpflichtungsgeschäft, er bedarf gem. § 311 b Abs. 1 BGB der notariellen Beurkundung, durch ihn **verpflichtet** sich der Verkäufer, das Eigentum an einem Grundstück zu übertragen.

Von dem Verpflichtungsgeschäft ist das Verfügungsgeschäft zu unterscheiden. Hierunter versteht das BGB Rechtsgeschäfte, die darauf gerichtet sind unmittelbar auf ein bestehendes Recht einzuwirken, es also zu verändern, zu übertragen, zu belasten oder aufzuheben.

Für Verfügungsgeschäfte über Grundstücke ist einerseits eine dingliche Einigung, die Auflassung genannt wird und grundsätzlich vor einem Notar erklärt werden muss, und andererseits eine Eintragung im Grundbuch, die aufgrund Eintragungsbewilligung und Eintragungsantrag erfolgt, erforderlich.

3.8.1 Vorbereitung

Schon vor dem Besuch beim Notar empfiehlt es sich für den Erwerber, sich über den Grundbuchinhalt und die dort eingetragenen Belastungen zu informieren. Einsichtnahme in das Grundbuch ist jedem gestattet, der ein berechtigtes Interesse darlegen kann, also auch dem Kaufinteressenten, wenn er bereits in Kaufverhandlungen eingetreten ist. Kein Einsichtsrecht hat hingegen, wer durch Grundbucheinsichtnahme erst den Namen des Grundstückseigentümers erfahren will.

Da der Notar nicht zu Nachforschungen über das Bestehen einer Wohnungsbindung verpflichtet ist, empfiehlt es sich für den Investor, selbstständig Erkundigungen über das Bestehen einer möglichen Wohnungsbindung einzuholen. Denn nach dem Wohnungsbindungsgesetz wird die Zweckbestimmung von öffentlich geförderten Sozialwohnungen durch Festschreibung der Kostenmiete gesichert.

Gleiches gilt für Baulasten. Denn der Notar ist vor der Beurkundung auch nicht verpflichtet das Baulastenverzeichnis einzusehen. Baulasten sind weder in der Natur zu erkennen, noch lassen sie sich dem Grundbuch entnehmen, sondern sind nur aus dem, bei den Baubehörden geführten Baulastenverzeichnissen, zu entnehmen. Eine Baulast begründet eine öffentlich-rechtliche Verpflichtung – beispielsweise zur Sicherung der Durchleitung von Wasser und Abwasser – gegenüber der Baubehörde, nicht jedoch gegenüber einem etwaig Begünstigten. Strittig ist, ob Baulasten in der Zwangsversteigerung des belasteten Grundstücks bestehen bleiben. Nimmt man dies an, so hat die Baulast eine außerordentlich starke Stellung, die durch eine Dienstbarkeit nur erreicht werden kann, wenn diese an erster Stelle eingetragen wird. Die Baulast kann also die Bebaubarkeit und damit die Werthaltigkeit des Grundstücks in erheblicher Weise mindern.

Steuerliche Fragen des zu beurkundenden Geschäfts werden seitens des Notars grundsätzlich nicht geprüft, sofern für ihn kein Anlass zur Besorgnis besteht, einem Beteiligten drohe ein Schaden, weil dieser sich wegen mangelnder Kenntnis der Rechts- oder Sachlage einer Gefährdung seiner Vermögensinteressen nicht bewusst werde. Eine Zerlegung des Kaufpreises in einen Grundstücks-/Gebäudeanteil und einen Anteil für die mitverkauften Einrichtungsgegenstände, die nicht grunderwerbsteuerpflichtig sind, ist grundsätzlich sinnvoll. Ein Vorgang, welcher der Grunderwerbsteuer unterliegt ist nach dem Willen des Gesetzgebers von der Umsatzsteuerpflicht befreit. Eine umsatzsteuerfreie Veräußerung kann bei dem Verkäufer jedoch zu umsatzsteuerlichen Schwierigkeiten führen. In diesen Fällen macht der Verkäufer von der Möglichkeit (Option)gebrauch, auf die Steuerbefreiung zu verzichten (§ 9 UStG). Im Sprachgebrauch „optiert" der Verkäufer. Es ist allerdings bei der Veräußerung von bereits vermieteten Immobilien stets zu prüfen, ob überhaupt die Möglichkeit besteht, die Option wirksam auszuüben.

3.8.2 Formerfordernis

Gem. § 311 b I BGB sind Verträge, die einen Teil verpflichten, das Eigentum an einem Grundstück zu übertragen oder zu erwerben in notarieller Form zu beurkunden. Zu beurkunden ist der gesamte Vertrag, also alles, was nach dem Willen der Vertragsteile Leistung und Gegenleistung darstellt. Somit sind auch alle anlässlich eines Grundstückskaufvertragsabschlusses getroffenen Nebenabreden – unabhängig ob wichtig oder nebensächlich – und mit dem Kaufvertrag gekoppelte Rechtsgeschäfte, wie z.B. Sanierungsvereinbarungen zu beurkunden. Formbedürftig ist aber auch jedwede Vereinbarung, durch die für den Fall des Scheiterns eines Vertrages die Entscheidungsfreiheit des Erwerbers beeinträchtigt wird. Ebenso bedürfen spätere Änderungen des Kaufvertrages der notariellen Beurkundung, wobei eine formlose Abänderung dann möglich ist, wenn die Auflassung bereits beurkundet ist.

Daneben muss die Eigentumsübertragung am Grundstück durch Einigung und Eintragung erfolgen (§ 873 BGB).

Ausreichend ist es, wenn der Kaufgegenstand im Vertrag grundbuchmäßig bezeichnet wird, also entweder mit der Flurstücknummer oder der Grundbuchstelle. Bei Kaufverträgen über bebaute Grundstücke umfasst die gesetzliche Übereignungspflicht das Grundstück und darauf errichtete Gebäude sowie die zur Herstellung des Gebäudes eingefügten Sachen und das entsprechende Zubehör. In einer Anlage zum Kaufvertrag kann ein Bestandsverzeichnis des mitverkauften Zubehörs beigefügt werden, welches nicht vom Notar verlesen werden muss.

3.8.3 Gestaltungsmöglichkeiten

Oftmals liegen Erschließungskosten, insbesondere für Straßen und Abwasserkanäle, als öffentliche Last auf dem Kaufgrundstück. Da zwischen Fertigstellung einer Erschließungsanlage und Erhebung des Erschließungsbeitrags oftmals Jahre liegen können, führt dies dazu, dass der Erwerber oftmals nicht mehr mit einer Erhebung rechnet.

Deshalb sollte hierzu eine vertragliche Kostenregelung getroffen werden.

Da das Eigentum am Grundstück erst mit der Eintragung im Grunduch auf den Käufer übergeht, ist eine Sicherung zu Gunsten des Käufers anzuraten, für die es verschiedene denkbare Methoden gibt.

Eine Möglichkeit ist die treuhänderische Einschaltung eines Notars, bei dem der Kaufpreis hinterlegt wird. Die einen Teil des Kaufvertrages bildende Verwahrungsvereinbarung bestimmt, ob und wann der Kaufpreis auf das Notaranderkonto einzuzahlen und unter welchen Umständen es an den Verkäufer auszuzahlen ist. Üblicherweise erfolgt dies, wenn der Käufer im Grundbuch vorgemerkt ist, die Lastenfreistellung gesichert ist, die erforderlichen Genehmigungen vorliegen und die Bestätigung der Gemeinde über die Nichtausübung ihres Vorkaufsrechts vorliegt.

Es kann auch vereinbart werden, dass der Kaufpreis direkt vom Käufer an den Verkäufer geleistet wird. Der Notar wird dann von beiden Seiten dazu angewiesen, Fälligkeitsmitteilung zu machen, sobald die vertraglich vereinbarten Voraussetzungen vorliegen.

Fälligkeitsvoraussetzung ist in der Regel die Eintragung einer Vormerkung zugunsten des Käufers. Deshalb wird zumeist bereits im Kaufvertrag die Vormerkung für den Erwerber bewilligt. Durch die Vormerkung wird der Käufer gegen Zwischeneintragungen im Grundbuch geschützt, da er verlangen kann, dass Zwischeneintragungen, die nach der Vormerkung eingetragen wurden, gelöscht werden.

Sofern der Verkäufer selbst noch nicht Eigentümer des Grundstücks ist, kann der Erwerber durch Abtretung des Anspruchs auf Eigentumsverschaffung gesichert werden, wobei i.d.R. die Rechte aus einer Vormerkung mit auf den Erwerber übergehen. Dabei ist der Erwerber in den Fällen nicht gänzlich geschützt, in denen der abgetretene Anspruch überhaupt nicht existiert oder ihm eine Einrede entgegensteht, bzw. außerhalb des Grundbuchs bereits abgetreten oder gepfändet wurde. Zweckmäßig ist es, die Abtretung des Eigentumsverschaffungsanspruchs bei der Vormerkung des Eigentümers im Grundbuch eintragen zu lassen und den eingetragenen Eigentümer zur Anerkennung des abgetretenen Anspruchs unter Einwendungsausschluss zu veranlassen. Eine weitergehende Sicherung des Erwerbers ist dadurch erreichbar, dass der eingetragene Eigentümer eine Vormerkung zugunsten des Erwerbers bewilligt und ein unmittelbarer Eigentumsverschaffungsanspruch gegen ihn begründet wird.

Der Käufer hat beim Grundstückskaufvertrag gem. § 447 Abs. 2 BGB die Kosten der Beurkundung, der Auflassung, der Eintragung ins Grundbuch und der zur Eintragung erforderlichen Erklärungen zu tragen. Im Übrigen ist die Frage der Kostentragungspflicht nicht gesetzlich geregelt. Üblicherweise enthält der Vertrag zwar die Regelung, dass der Erwerber sämtliche mit dem Vertrag und seiner Durchführung verbundenen Notar- und Gerichtskosten trägt. Allerdings sollte zu Zwecken der Streitvermeidung ebenfalls geregelt werden, wer die Kosten der Bestellung eines dinglichen Rechts, z.B. eines Wegerechts zugunsten des Verkäufers, die Kosten eines nicht zustande gekommenem Vertrages bei Vereinbarung eines Ankaufsrechtes etc., die Kosten bei vereinbartem Rücktrittsvorbehalt, die Kosten der Grunderwerbsteuer, die Maklerkosten oder die Kosten bei Scheitern eines Kaufvertragabschlusses aufgrund des Umstandes, dass eine Partei nicht ordnungsgemäß vertreten ist.

Der Notar muss den Vertragsparteien den Kaufvertrag vollständig vorlesen, dies gilt einschließlich aller Anlagen. Einen Verzicht auf das Vorlesen gestattet das Gesetz nur bei Verweisen auf eine andere notarielle Niederschrift und bei „Bestandsverzeichnissen über Sachen, Rechte und Rechtsverhältnisse" (§ 14 BeurkG). Hierunter fallen Listen des mitverkauften Inventars und eine Aufstellung über die bestehenden Mietverhältnisse, nicht jedoch eine Baubeschreibung, die stets als zu verlesende Anlage mitbeurkundet werden muss. Jede einzelne Seite des Bestandsverzeichnisses ist jedoch von den Parteien als Gültigkeitsvoraussetzung bei dem Notartermin zu unterschreiben.

3.8.4 Tatsächliche und rechtliche Auswirkungen

Der Verkäufer ist verpflichtet die Sache zu übergeben, während der Käufer die gekaufte Sache zum vertraglich vereinbarten Zeitpunkt abzunehmen hat. Dabei empfiehlt es sich, den Zeitpunkt der Besitzübergabe durch Angabe eines Kalendertages genau festzulegen, damit der Verkäufer auch ohne Mahnung in Schuldnerverzug kommt und den durch den Verzug entstandenen Schaden zu ersetzen hat.

Mit der Besitzübergabe gehen nach der gesetzlichen Regelung Nutzen und Lasten auf den Käufer über, ebenso wie die Gefahr der zufälligen Verschlechterung. Die Ansprüche aus der Gebäudeversicherung stehen dem Käufer jedoch erst nach Eigentumsumschreibung im Grundbuch zu. Prinzipiell wird der Käufer seine Ansprüche im Schadensfall zwar mit Zustimmung des Verkäufers geltend machen können. Hierbei kommt es im Einzelnen aber auf die Versicherungsbedingungen an.

Besitzübergabe bedeutet grundsätzlich die Übergabe des unmittelbaren Besitzes. Dies ist nicht möglich, so weit das Kaufobjekt vermietet ist, weil dann nur der mittelbare Besitz verschafft werden kann. Denn durch den Verkauf und Eigentumswechsel erlöschen Miet- und Pachtverhältnisse nicht. Wird das Grundstück von Miet- oder Pachtrechten nicht freigestellt und die Gewährleistung für die Freimachung des Grundstückes nicht vertraglich ausgeschlossen, so liegt ein Rechtsmangel vor.

Ein **Rechtsmangel** liegt aber auch dann vor, wenn eine Wohnungsbindung nach dem Wohnungsbindungsgesetz besteht oder Grundstücksbelastungen, wie z.B. Dienstbarkeiten zugunsten von Versorgungsunternehmen, bestehen.

Die früher erforderliche Unterscheidung zwischen Sach- und Rechtsmängeln, aufgrund des Umstandes, dass die Haftung für Rechtsmängel erheblich strenger als diejenige für Sachmängel war, weil der Verkäufer stets, es sei denn der Käufer kannte den Mangel bei Kaufvertragsabschluss, haftete und grundsätzlich Schadensersatz wegen Nichterfüllung zu leisten hatte, während bei Sachmängeln eine zugesicherte Eigenschaft fehlen oder ein Mangel arglistig verschwiegen worden sein musste. Zudem galt bei Rechtsmängeln nicht die kurze Verjährungsfrist von einem Jahr ab Übergabe. Nunmehr sind Sach- und Rechtsmängel gleich gestellt. Ansprüche aufgrund von Sach- und Rechtsmängeln verjähren nunmehr grundsätzlich in 2 Jahren (§ 438 I Nr. 3 BGB).

Anders als eine Dienstbarkeit gilt eine Baulast, ebenso wie nicht genehmigte Umbauten oder bauliche Mängel, als Sachmangel. Die Gewährleistung für diese Mängel kann ausgeschlossen werden, nicht jedoch für vom Verkäufer arglistig verschwiegene Mängel.

3.9 Kauf von Objektgesellschaften als Form der Akquisition

Besonderheiten können sich beim Erwerb von Objektgesellschaften ergeben, die Grundstücke oder Gebäude zum Eigentum haben.

Der Kauf von Objektgesellschaften lässt sich nicht ohne weiteres – nur – mit den Regeln des Kaufrechts vollständig erfassen.

Der Erwerb einer Objektgesellschaft erfolgt durch Übertragung von Gesellschaftsanteilen oder durch die Übertragung aller oder bestimmter Wirtschaftsgüter und Verbindlichkeiten.

3.9.1 Voraussetzungen

Bei Veräußerung eines Grundstücks, das zum Gesamthandsvermögen einer GbR gehört, müssen alle Gesellschafter mitwirken oder ein ausweislich des Gesellschaftsvertrages Bevollmächtigter.

Wollen Erwerber als Gesellschafter einer GbR Grundstücke erwerben, so sollte bei der Abfassung des Gesellschaftsvertrages jedenfalls ein Notar miteinbezogen werden, da die gesetzlichen Regelungen bei Gesellschaften deren alleiniger Zweck das Halten eines Grundstücks ist, nicht zu interessengerechten Ergebnissen führen. Der Gesellschaftsvertrag wird jedenfalls dann ohnehin beurkundungsbedürftig, wenn Gesellschaftszweck der Erwerb eines bestimmten Grundstücks ist oder sich ein Gesellschafter zur Einbringung eines Grundstücks verpflichtet.

Beurkundungsbedürftig ist die Umwandlung von Gesamthands- in Bruchteilseigentum oder von einer Gesamthandsgemeinschaft auf eine andere. In allen Fällen wird eine Auflassung erforderlich. Dies gilt auch für die Fälle, in denen ein Grundstück von einer fortbestehenden auf eine andere GbR übereignet wird – selbst wenn die Gesellschaften personenidentisch sind.

3.9.2 Gestaltungsmöglichkeiten

Besondere Bedingungen gelten, so weit im Zusammenhang mit dem Erwerb einer Objektgesellschaft die Überführung von Personengesellschaften, wie der GbR oder KG, in Kapitalgesellschaften, z.B. eine GmbH oder AG erfolgen soll. Hier sind aus juristischer Sicht verschiedene Wege gangbar. Zum Einen kann die Personengesellschaft liquidiert werden und das bei der Liquidation vorhandene Vermögen, also das Grundstück in eine neu zu gründende Kapitalgesellschaft eingelegt werden. Ferner kann die Personengesellschaft ihr gesamtes gesamthänderisch gebundenes Vermögen oder auch Teile davon an die GmbH verkaufen und übereignen oder mit und ohne Gewährung von Gesellschaftsrechten in die Kapitalgesellschaft einbringen. Weitere Möglichkeit ist, dass die Gesellschafter der Personengesellschaft ihre Gesellschaftsanteile in Form des Grundstücks gegen Gewährung von Gesellschaftsrechten in eine GmbH einbringen. Nach dem UmwG kann die Personengesellschaft außerdem formwechselnd auf eine GmbH oder auch GmbH und Co. KG umgewandelt werden oder auf eine bestehende oder neu zu errichtende GmbH verschmolzen werden.

Soll hingegen eine Kapitalgesellschaft auf eine Personengesellschaft, also OHG und KG, verschmolzen werden, so unterscheidet das Gesetz zwischen der Verschmelzung durch Aufnahme und der Verschmelzung durch Neugründung. Zudem ist die sog. Spaltung zur Aufnahme und zur Neugründung zulässig. Daneben kann durch einen Formwechsel der Rechtsträger lediglich sein „rechtliches Gewand" wechseln.

Für die jeweiligen Rechtskonstruktionen gelten unterschiedliche steuerrechtliche Konsequenzen, die im konkreten Einzelfall die juristisch gangbaren Wege unter Berücksichtigung der Gesellschafts- und Gesellschafterinteressen aufzeigen.

3.9.3 Tatsächliche und rechtliche Auswirkungen

Der Erwerb einer Gesellschaft, deren Einbringung in eine bestehende oder zu diesem Zweck gegründete Personen- und Kapitalgesellschaft und die einem Unternehmenskauf gleichbleibende Veräußerung von Anteilen an Gesellschaften zählen zahlreiche steuerliche – verschiedene Steuerarten betreffende – Auswirkungen.

Erwerben mehrere Personen gemeinschaftlich als Gesellschafter einer GbR Grundstücke, so hat dies gegenüber der Kapitalgesellschaft für sie den Vorteil grunderwerbsteuerfreier Übertragung der Beteiligung an Dritte oder unter den Gesellschaftern sowie der gesamthänderischen Bindung, also des Umstandes, dass der einzelne Gesamthänder über Forderungen weder ganz noch teilweise verfügen kann. Dem stehen jedoch die Nachteile gesamtschuldnerischer Haftung, der Auflösung der GbR durch den Tod eines Gesellschafters und die jederzeitige Kündigungsmöglichkeit eines jeden Gesellschafters gegenüber.

4. Public Private Partnership

4.1 Ausgangslage – Der aktuelle PPP-Markt in Deutschland

Die Finanzierungskrise der öffentlichen Haushalte, die erheblichen Belastungen aus Schuldendiensten, das hohe Leistungsniveau des Staates und der erhebliche Bedarf an moderner Infrastruktur stellen Rahmenbedingungen dar, vor deren Hintergrund es über die derzeitige Arbeitsteilung zwischen Staat und Privatwirtschaft neu nachzudenken gilt.

Im Unterschied zur (endlichen) Privatisierung von öffentlichen Vermögenswerten und der vollständigen Übertragung traditionell öffentlich erbrachter Leistungen an Private, geht es bei den ursprünglich aus dem Angelsächsischen kommenden Ansätzen in Form der Public Private Partnership (PPP) bzw. der Public Finance Initiative (PFI) um eine Partnerschaft oder Zusammenarbeit auf Zeit zwischen öffentlichem und privatem Sektor. Es gibt diese „Partnerschaften" in Deutschland seit nunmehr beinahe zwei Jahrzehnten, wobei die Gebietskörperschaften Privaten quasi als „Erfüllungsgehilfen" öffentliche Dienstleistungen übertragen haben, hierbei jedoch ihre Gewährleistungsverantwortung bzw. Daseinsvorsorgeverpflichtung dem Bürger gegenüber behalten.

Vor diesem Hintergrund stellt sich die Frage, wie öffentlich-private Partnerschaften zukünftig weiter als Beschaffungsalternative genutzt werden können und vor allem welche öffentlichen Aufgaben der Daseinsvorsorge sich anbieten, in Form einer Public Private Partnership umgesetzt zu werden. Obwohl die Finanzmarktkrise den Blick verständlicherweise auf die Frage der Finanzierbarkeit solcher Projekte gelenkt hat, sollten dadurch die wichtigsten Gründe zur Auswahl dieser Kooperationen für die Bereitstellung öffentlicher Infrastruktur nicht übersehen werden. Öffentlich-private Partnerschaften sind eine erprobte Alternative zu einer konventionellen Beschaffung.

Die öffentliche Hand hat mit Beschaffungsalternativen im Rahmen von Public Private Partnerships (PPP) ein neues Verständnis zur Realisierung von öffentlichen Infrastrukturprojekten entwickelt. Verbunden mit der Umsetzung erfolgversprechender PPP-Strukturen ging eine Sensibilisierung der öffentlichen Hand bezüglich der preis- und der kostenbestimmenden Faktoren eines Projektes einher. Waren bei privatwirtschaftlichen Beschaffungsvorgängen der ersten Generation der (Bau-)Preis oder auch steuerinduzierte Barwertvorteile gegenüber qualitativen Faktoren dominierend, so hat die Befassung mit PPP richtigerweise zu einer Beschäftigung und damit zu einer Quantifizierung jeder einzelnen, ein Projekt bestimmenden, Einflussgröße geführt. Dabei geht es letztlich um eine Gesamtoptimierung über den Lebenszyklus und damit die Realisierung von Effizienzvorteilen, die auch die jeweiligen Betriebsphase beinhalten.

Diese Partnerschaften der privaten Auftragnehmer und Finanzdienstleister mit der öffentlichen Hand sind angesichts der Ergebnisse und Veränderungen im Zuge der Wirtschafts- und Finanzmarktkrise sicherlich vor neue und anspruchsvolle Herausforderungen gestellt. Nur eine offene regelmäßige Kommunikation unter allen Beteiligten wird es auch zukünftig ermöglichen, die Chancen auch bei angespannten Rahmenbedingungen zu nutzen. Gleichwohl ist und bleibt die öffentlich-private Partnerschaft eine Beschaffungsvariante mit Zukunft, denn bisherige Erfahrungen haben deren Vorteile mehr als verdeutlicht.

Hinsichtlich der jeweiligen Finanzierung empfiehlt sich aufbauend auf den zeitnahen weiteren Erfahrungen vor allem,

– bereits bei Ansprache der Finanzierungspartner die Aufteilung des Finanzierungsbedarfes auf mehrere Partner (Bankenclub) in Erwägung zu ziehen,

– die aktuell häufig begrenzte Kreditlaufzeit durch Zinsderivate für die verbleibende Investitions-/Lebenszyklusperiode abzusichern, um die Kalkulationssicherheit für die Projektgesamtdauer zu erhöhen bzw.

Schaubild 1: PPP zwischen Eigenerledigung und materieller Privatisierung

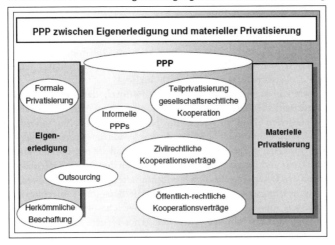

– neben klassischen Bankdarlehen auch geeignete Kapitalmarktprodukte oder die Platzierung von Schuldscheinen zu prüfen.

4.2 Vielfältige Organisationsmodelle sind denkbar und wurden/werden umgesetzt

Unter diesen Rahmenbedingungen hat sich in Deutschland eine Vielzahl unterschiedlicher Organisations- und Finanzierungsmodelle herausgebildet. Diese ermöglichen der jeweiligen Gebietskörperschaft für fast alle Anwendungsfälle und Aufgabenfelder eine zweckmäßige Umsetzung. Schließlich sollen die Kostenvorteile von PPP-Modellen nicht durch zusätzliche Steuerlasten oder den Wegfall von Fördermitteln aufgezehrt werden. Die Banken waren und sind weiterhin an der Entwicklung entsprechender Modellvarianten an vorderster Stelle beteiligt.

Schaubild 2: Organisationsformen

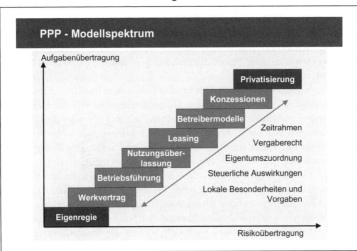

Die Liste deutscher PPP-Projekte ist bis heute schon sehr umfangreich. Hierzu zählten anfangs vor allem Forfaitierungslösungen unter dem sogenannten „Mogendorfer Modell" (ursprünglich entwickelt anhand von Verkehrsinfrastrukturprojekten in Rheinland-Pfalz), Hochbauprojekte oder die Finanzierung von Mautmodellen im Straßenbau wie der Herrentunnel in Lübeck oder die Warnowquerung in Rostock. Nicht immer wurden Optimierungspotentiale in vollem Umfang ausgeschöpft, was vor allem auch an der bisher in Deutschland geringer genutzten Möglichkeit von „Lebenszyklusansätzen" liegen dürfte.

Erst vor wenigen Jahren setzte sich die Erkenntnis durch, dass PPP mehr als nur eine haushalts- oder steuerorientierte Struktur sein kann, sondern eine Alternative darstellt, komplexe Vorhaben der öffentlichen Hand für weite Teile der beabsichtigten Nutzungsdauer im „Paket" zu beschaffen („Lebenszyklusansatz"). Stehen Projekte wie beispielsweise das Universitätsklinikum in Jena als klassischer Vertreter noch für PPP-Modelle der ersten Generation, so stellt die bauliche Sanierung und Bewirtschaftung der Schulen des Kreises Offenbach aus dem Jahre 2004 exemplarisch den Übergang auf die Umsetzungsalternativen der zweiten Generation dar. Die dortigen Entscheidungsträger haben nicht nur die Bau- und Sanierungsleistungen sowie deren Vorfinanzierung sondern auch und gerade den Betrieb sowie den laufenden Unterhalt für einen Zeitraum von fünfzehn Jahren an private Partner vergeben. Es handelt sich folglich um eine integrierte Beschaffung von Bau- und Bewirtschaftungsleistungen, die im Gegensatz zur traditionellen Beschaffung nicht mehr gewerkeweise einkauft werden, sondern als Gesamtansatz weite Teile öffentlicher Infrastrukturbereitstellung umfassen.

Der öffentliche Auftraggeber beschränkt sich dabei auf seine Kernaufgaben wie Bereitstellung, Bedarfsbestimmung, Controlling; die privaten Partner übernehmen weitestgehend die operativen Funktionen. Über ein komplexes Vertragswerk wird sichergestellt, dass Risiken nicht mehr überwiegend von der öffentlichen Hand zu tragen sind, sondern „verursachungsgerecht" zugewiesen werden können. Vor dem Hintergrund aufsichtsrechtlicher Vorgaben und vor allem wegen der Vorteilhaftigkeit kommunalkreditähnlicher Konditionen wird bei der eigentlichen Finanzierung weiterhin oft mit den aus der ersten Generation bekannten Einredeverzichtserklärungen gearbeitet.

Aber die Kreativität der PPP-Anbieter hat angesichts der fast erdrückenden Rahmenbedingungen auch ihre Kehrseite. Trotz langjähriger Erfahrungen mit diesen Modellen haben sich bisher wenig bundesweite Standards etablieren können. Im föderalen Deutschland werden etwa 70 % der öffentlichen Investitionen durch Kommunen getätigt. Jede Stadt oder Gemeinde muss sich ihre Informationen selbst beschaffen, was kosten- und zeitintensiv ist. Aktuell laufende Projekte bzw. Ausschreibungsverfahren belegen dies leider eindrucksvoll.

In Deutschland werden laut Bundesministerium für Verkehr, Bau und Stadtentwicklung sowie der ÖPP Deutschland AG aktuell 235 PPP-Projekte erfasst: 38 in der Ausschreibungsphase, 176 vertraglich fixiert. Dies erscheint als vorzeigbare Statistik. Allerdings beinhaltet dieser empirische Befund auch sehr kleine Losgrößen wie einzelne Zweckbauten für kommunale Auftraggeber. Betrachtet man zudem die Presse zu solchen Partnerschaften fällt auch auf, dass auch Großprojekte wie Stuttgart 21 und die Hamburger Elbphilharmonie als Negativbeispiele angeführt werden.

Trotz erfolgreich umgesetzter Vorhaben konnte sich in der Gesellschaft und damit auch auf politischer Ebene bislang keine durchgängige Unterstützung für PPP entwickeln. Stattdessen führt die zunehmende Verunsicherung bei der Entscheidung für eine Beschaffungsvariante PPP teilweise zu einem Rückzug. Makroökonomisch könnte man zwar erwarten, dass die deutsche Konjunktur durch den stabilen Arbeitsmarkt und die belebte Entwicklung der Binnennachfrage positiv beeinflusst wird. Doch haben die Auswirkungen der Kapitalmarktkrise erhebliche Folgen für die Mittelbeschaffung – selbst bei kommunaler Bonitätsleihe. Zudem bedürfen Erhaltung und Ausbau der öffentlichen Infrastruktur neben den Anforderungen der Energiewende im Besonderen und den finanzpolitischen Herausforderungen im Allgemeinen großer Anstrengungen auf allen föderalen Ebenen. Auch die Konjunkturprogramme I und II ziehen zum Teil erhebliche Folgekosten nach sich, worauf die Kommunen reagieren müssen. Wenngleich die Steueraufkommen für 2011 und 2012 positive Zahlen gebracht haben bzw.

erwarten lassen, ist die Belastbarkeit öffentlicher Haushalte für all diese Aufgaben vielfach nicht mehr gegeben. Verbunden mit den genannten Anforderungen wird mittelfristig auch die demographische Entwicklung Spielräume weiter einengen und der Sparzwang zunehmen. Daher scheint es geboten, dass Bund, Länder und Kommunen die Chancen auf wirtschaftliche Vorteile und betriebswirtschaftliche Effizienz prüfen, um öffentliche Gelder wirkungsorientiert einsetzen zu können. Eine erhöhte politische Offenheit für PPP sollte die Folge sein.

Das Misstrauen gegenüber PPP-Projekten ist jedoch gewachsen. Dabei hält man PPP in der Bundesregierung wie in vielen Bundesländern nach wie vor für eine sinnvolle Beschaffungs-alternative. Die Grundlagenarbeit hat mittlerweile eine große Breite erreicht. Im Jahr 2011 wurden im Hoch- und Tiefbau 13 Projekte mit rund 1,1 Milliarden Euro Investitionsvolumen abgeschlossen. Nach 15 Projekten mit einem Investitionsvolumen von nur 364 Millionen Euro 2010 ein deutlicher Anstieg. Gleichwohl gibt es in den beiden vergangenen Jahren einen deutlichen Anstieg der sogenannten 3-Phasen-Projekte ohne Endfinanzierung. Die positive Resonanz des regionalen Mittelstandes häuft sich.

In Schleswig-Holstein wurde im Februar 2012 ein Vergabeverfahren an einen privaten Investor zur Sanierung des Universitätsklinikums Schleswig-Holstein (UKSH) an den Stand-orten Kiel und Lübeck gestartet. Das Investitionsvolumen für beide Klinikgebäude wird auf 380 Millionen Euro limitiert. Weitere 160 Millionen sollen öffentlich finanziert in Gebäude der Forschung und Lehre investiert werden. Aufgabe des Investors ist die Übernahme der Gebäude, deren Sanierung, der Betrieb für 25 Jahre sowie die Verpachtung an das UKSH. Zunächst wird das UKSH mit der Landesregierung den Teilnahmewettbewerb EU-weit ausloben – mit einem Zuschlag wird Ende 2013 gerechnet. Das PPP-Modell soll sich aus den Pacht-Entgelten sowie potenziellen Effizienz-Steigerungen mittels Rationalisierungsprozessen der modernisierten UKSH-Immobilien tragen.

Der Ende Februar 2012 unterzeichnete Vertrag für das erste ÖPP-Projekt im Landkreis Ostallgäu läuft über 20 Jahre und umfasst Planung, Bau und Betrieb eines Gymnasiums in Buchloe. Nach eineinhalb Jahre eines europaweiten Vergabeverfahrens hat sich der Bestbieter in der Wertung nach Punkten durchgesetzt. Die Ausschreibung erfolgte nach einer den Bietern bekannten Bewertungsmatrix mit den Bestandteilen Architektur, Städtebau, Nachhaltigkeit, Funktionalität, Gebäudemanagement und Preis. In Kürze soll der Spatenstich für das 23 Millionen Euro Projekt erfolgen. Zum 1. August 2013 soll das dreizügige Gymnasium samt Turnhalle und Sportanlagen schlüsselfertig übergeben werden.

Von einer Projektgesellschaft der Hannover Leasing, dem Baukonzern BAM sowie dessen Betreiber- bzw. Facility-Management-Gesellschaft werden im Hochtaunuskreis Krankenhäuser in einer ÖPP errichtet und von einem Konsortium aus Landesbank Hessen-Thüringen, Bay-erischer Landesbank und Taunussparkasse finanziert. Das Investitionsvolumen liegt bei rund 190 Millionen Euro.

4.3 Internationale Erfahrungen

Ein wichtiger Faktor für das Interesse an PPP-Lösungen in Deutschland liegt an positiven Erfahrungen mit PPP-Projekten in anderen Staaten der Europäischen Union. Es sind nicht nur Projekte in Großbritannien und in anderen europäischen Staaten wie Frankreich oder den Niederlanden, die Gedanken der PPP's bekannt gemacht haben. Eine Untersuchung der Europäischen Investitionsbank (EIB) ergab zudem eine Konzentration von PPP-Projekten in den Ländern Großbritannien, Portugal, Griechenland, den Niederlanden, Italien und Irland.

Die ausländischen Erfahrungen helfen bei der Quantifizierung möglicher Effizienzsteigerun-gen: Eine britische Untersuchung aus dem Jahre 2000 berichtet, dass bei 29 PFI-Projekten im Rahmen der Private Finance Initiative durch den ganzheitlichen Ansatz und die Optimierung von Planen, Errichten, Finanzieren und Betreiben Effizienzgewinne von durchschnittlich 17 % erzielt werden konnten (vgl. auch Bundesministerium für Verkehr, Bau und Wohnungswesen (BMVBW), 2003).

Als maßgebliche Value-Treiber sind in der Regel folgende Faktoren erwähnt:

– *Optimierte Risikoallokation:* Die Einsparungen entstehen durch die optimierte Verteilung der Risiken zwischen öffentlichem und privatem Sektor. Sie tragen zu rund 60 % zu den gesamten Einsparungen bei. Risiken entstehen bspw. durch Baukosten- oder Bauzeitüberschreitungen.

– *Existenz funktionaler Leistungsvorgaben*

– *Geringe Lebenszykluskosten durch langfristige Vertragsdauer:* Hierunter versteht man, dass auch bei Projekten mit langer Lebensdauer nicht nur hinsichtlich der Erstellung/Sanierung/Bauphase mit Effizienzgewinnen zu rechnen ist, sondern darüber hinaus über den gesamten Lebenszyklus hinweg.

– *(intensiver) Wettbewerb auf der Bieterseite*

– *Anreiz- bzw. Beitragsstrukturen*

Die Gründe für die niedrigeren Kosten sind durch die unterschiedlichen Strukturen der Handlungsabläufe bedingt. Private Anbieter besitzen in der Regel einen wesentlich größeren Optimierungsspielraum sowohl bei der Planung als auch bei der Erstellung. So kann ein Baukonzern unternehmensspezifische Kompetenzen ausnutzen, wie beispielsweise den Zugang zu günstigen Ressourcen. Die optimale Abstimmung zwischen den einzelnen Gewerken kann bereits in der Planungsphase eines PPP-Projektes erfolgen. Weitere Gründe für geringere Kosten bei PPP-Projekten sind das Eigeninteresse der privaten Partner an optimierten Kosten und die Einschränkung nachträglicher Nutzerwünsche, die als Kostenfaktor weitgehend ausgeschaltet sind.

In den letzten Jahren intensivierte sich die Diskussion in Großbritannien um bereits länger laufende PFI-Projekte aus der Vergangenheit. In erster Linie geht es dabei um die Frage, wem mögliche Gewinne zustehen, wenn auf dem Sekundärmarkt Anteile an PPP-Projekten veräußert werden. In einem konkreten Fall wurde ein Anteil an einem Krankenhausprojekt veräußert und dadurch ein außerordentlicher Gewinn in Höhe von 11,2 Mio. GBP erzielt. In diesem Zusammenhang stellte sich die „Öffentlichkeit" die Frage, ob der Steuerzahler bei Initiierung des Projektes zu viel bezahlt habe und (nachträglich) übervorteilt wurde. Der britische Rechnungshof ist und wird dieser Frage weiterhin nachgehen. In diesem Zusammenhang wird dann analysiert, ob private Anbieter, die jüngst das gesunkene Zinsniveau zur Refinanzierung nutzten, Teile des Refinanzierungsgewinnes an die öffentliche Hand abtreten bzw. diese beteiligen müssen. 2002 schlug das National Audit Office eine Abtretung von 30 % des Gewinnes aus geänderten und damit optimierten Refinanzierungen vor. Diese Entscheidung ist jedoch durchaus kritisch zu sehen, denn eine Zwangsabführung von privaten Gewinnen würde das Interesse der Privaten an PPP generell mindern. Egal wie diese Problematik letztendlich gelöst wird, sie zeigt, dass bereits in der Ingangsetzungsphase der PPP-Projekte Regelungen für zukünftige Eventualitäten und Veränderungen während der Vertragslaufzeit getroffen werden sollten.

4.4 PPP – wie finanzieren?

Der jederzeitige und umfassende Zugang von Banken zu kurz- und langfristiger Liquidität wurde durch die andauernden weltweiten Krisen und deren Auswirkungen auch auf die Kapitalbasis der Kreditinstitute deutlich beeinträchtigt. Die stark gestiegene Unsicherheit der Kreditinstitute bezogen auf ihren eigenen Liquiditätsbedarf sowie die Beeinträchtigung einer zuverlässigen Bonitätseinschätzung der Geschäftspartner erlauben die Refinanzierung vieler Institute nur mit (Marktrisiko-)Aufschlägen. Die Frage der (Re-)finanzierung auch bei PPP-Projekten steht daher stärker denn je im Focus.

PPP-Finanzierungsstrukturen, insbesondere beim „Einredefreien Ankauf von Forderungen", sind aber von den Auswirkungen der Krise weniger betroffen, als viele andere Bereiche der Wirtschaft. Die PPP-Finanzierungssystematik bietet in der Regel umfangreiche Variationsmöglichkeiten, um auf die geänderten Rahmenbedingungen zu reagieren. Bonitätsunabhängig können Darlehensanfragen aber oft nicht mehr aus einer Hand allein bedient werden. Dabei sind interne Restriktionen ebenso ausschlaggebend wie lange Laufzeiterwartungen auf der Kundenseite. Es empfiehlt sich daher, bereits bei Ansprache der Bankpartner die Aufteilung des Finanzierungsbedarfes auf mehrere Gläubiger in Erwägung zu ziehen oder die aktuell häufig mit maximal 10 Jahren darstellbare Kreditlaufzeit durch Zinsderivate für die verbleibende Restlaufzeit abzusichern, um die Kalkulationssicherheit für die Projektgesamtdauer zu erhöhen.

Wesentliches Ziel einer risikoadjustierten Finanzierung ist die Identifikation und sachgerechte Zuweisung von Projektrisiken. Die Projektfinanzierung ist die Form der Finanzierung, mit der in der weitestgehenden Art und Weise Risiken auf den privaten Projektpartner übertragen werden. Finanzierungspartner werden daher an die Projektprüfung und an die Projektbegleitung hohe Anforderungen stellen. Hierin liegt ein wesentlicher Vorteil für den (öffentlichen) Auftraggeber.

4.4.1 Bauzeitfinanzierung

Üblicherweise hat der private Auftragnehmer die während der Bauphase zur Erstellung des Gewerkes benötigten finanziellen Mittel ohne Mitwirkung des öffentlichen Auftraggebers zu beschaffen. Die Finanzierung des Bauvorhabens erfolgt daher regelmäßig über die Aufnahme gewerblicher Kreditmittel durch den privaten Auftragnehmer. Bei der Konditionierung des Kredites stellt die finanzierende Bank auf die Bonität des privaten Auftragnehmers – bzw. auf die hinter einer ggf. eingesetzten Projektgesellschaft stehenden Gesellschafter – ab. Dieser Kredit wird beim Übergang in die Endfinanzierung, d.h. im Zuge der Abnahme bzw. Übergabe der Immobilien/Infrastruktur an den öffentlichen Auftraggeber, üblicherweise durch einen Forderungsverkauf abgelöst. Die Kosten für die Zwischenfinanzierung werden damit den Erstellungskosten hinzugerechnet und fließen in die Endfinanzierung bzw. die Projektkalkulation ein.

Grundlage für die Kalkulation der Zwischenfinanzierung ist der sog. Mittelabflussplan. In diesem Plan sind die während der Bauphase vom Auftragnehmer benötigten finanziellen Mittel für die Erstellung des Gewerkes nach Zeitpunkt und Höhe aufgeschlüsselt.

Die Kreditaufnahme erfolgt entweder auf Basis eines variablen oder festen Zinssatzes. Welche dieser beiden Varianten sinnvoll ist, hängt von der aktuellen Zinsstruktur des Geldmarktes und von der Einschätzung deren Entwicklung über die Bauphase ab. Um eine Vergleichbarkeit der Zwischenfinanzierungskonditionen im Rahmen der Angebotsvergleiche zu gewährleisten, werden von der Vergabestelle entsprechende Referenzzinssätze vorgegeben. Bei einer variablen Verzinsung werden üblicherweise EURIBOR-Sätze (z.B. 1-Monats EURIBOR) als Referenz verwendet. Bei Ausschreibungen, die einen festen Zinssatz für die gesamte Bauzeit abfragen, kommen auch andere Referenzzinssätze (z.B. ISDA-Sätze) oder Zinssicherungsinstrumente (z.B. FRA's) zum Einsatz.

Auf Grundlage dieser Referenzzinssätze werden von der finanzierenden Bank in der Angebotsphase Margenaufschläge ermittelt und offeriert. Die Margenaufschläge für die Zwischenfinanzierung orientieren sich an denen für klassische gewerbliche Darlehen. Die Zinsfestschreibung (Zinsfixing) erfolgt nach Vereinbarung mit dem Auftraggeber, üblicherweise im Zuge der Unterzeichnung des PPP-Projektvertrages bei festen Zinskonditionen bzw. regelmäßig während der Bauphase bei variablen Zinskonditionen. Dies jeweils unter Verwendung des dann aktuellen Referenzzinssatzes unter Hinzurechnung des angebotenen Margenaufschlages.

Von entscheidender Bedeutung für die Zwischenfinanzierung ist die Bonität des privaten Auftragnehmers. Diese bestimmt, ob im Hinblick auf das geplante Projekt- und damit auch Zwischenfinanzierungsvolumen Kreditmittel überhaupt gestellt werden können und falls ja, wie hoch der Margenaufschlag ist.

Aufgrund der bei zwischengeschalteten Projektgesellschaften regelmäßig geringen Bonität des Kreditnehmers müssen die finanzierenden Banken bei ihrer Kreditentscheidung auf die Bonität der Gesellschafter der Projektgesellschaft sowie insbesondere auf die Bonität des eingebundenen Bauunternehmens abstellen. Die Objektgesellschaft kann in der Bauphase nur dann gefährdet sein, wenn deren Gesellschafter bzw. das Bauunternehmen – sofern dieses nicht Gesellschafter der Objektgesellschaft ist – ausfällt.

Zur Besicherung des Kredites wird die Bank – unabhängig vom Einsatz einer Objektgesellschaft – regelmäßig die sicherungsweise Abtretung der Entgeltansprüche (inkl. Sekundäransprüche) aus dem Projektvertrag verlangen. Im Einzelfall kann die Stellung weiterer Sicherheiten notwendig sein. Grundsätzlich orientieren sich die Anforderungen hierbei an den klassischen Sicherungsbedürfnissen im Rahmen gewerblicher Betriebsmittelkredite.

4.4.2 Forfaitierung mit Einredeverzicht

Bei der traditionellen Form der Realisierung öffentlicher Investitionsvorhaben werden die benötigten Finanzierungsmittel üblicherweise über den öffentlichen Haushalt als Kommunalkredit aufgenommen. Aufgrund von Bonitätsvorteilen, die öffentliche Gebietskörperschaften in Deutschland genießen, können so im Vergleich zu z.B. gewerblichen Finanzierungen deutlich günstigere Zinskonditionen erzielt werden.

Diese im Rahmen von Kommunalkrediten erzielbaren Finanzierungskonditionen gelten nach wie vor in der Praxis als Vergleichsmaßstab für alternative Finanzierungsvarianten im Rahmen von PPP-Projekten.

Um einerseits das Projektrisiko für den öffentlichen Auftraggeber so gering wie möglich zu halten, andererseits aber auch die, aufgrund der ausgezeichneten öffentlichen Bonität bestehenden Finanzierungsvorteile zu nutzen, hat sich in Deutschland ein PPP-Finanzierungsmodell – die „Einredefreie Forfaitierung" – etabliert, welches diese beiden Aspekte berücksichtigt. Während bei diesem Modell die Zwischenfinanzierung in der risikoreicheren Bauphase, wie dargestellt, regelmäßig über einen gewerblichen Kredit des Auftragnehmers erfolgt, wird nach (Teil-)Abnahme des Gewerkes die Finanzierung auf die öffentliche Hand abgestellt. Damit ist das Projekt nicht über die gesamte Laufzeit (auch nicht indirekt) mit den höheren Finanzierungskosten des Privaten belastet.

4.4.2.1 Begriff der Forfaitierung

Im Gegensatz zur Fremdfinanzierung des privaten Partners über ein Darlehen (Dauerschuldverhältnis) erfolgt die Endfinanzierung bei Forfaitierungsmodellen nicht über eine Kreditgewährung (§§ 488 ff. BGB), sondern über einen Forderungskaufvertrag (§§ 433 ff. BGB). Durch den Verkauf von Forderungen des privaten Partners, die dieser durch die Auftragserfüllung gegenüber dem öffentlichen Auftraggeber erworben hat, wird der Finanzbedarf sichergestellt. Dafür stehen grundsätzlich ankaufbare Entgeltströme wie Werklohnforderungen, Mieten, Pachten, Facility Management- bzw. Betreiberentgelte etc. zur Verfügung. Forderungskäufer ist ein finanzierendes Kreditinstitut.

Der Begriff Forfaitierung kommt aus dem Französischen. „À forfait" bedeutet „In Bausch und Bogen", eine Umschreibung der Regresslosigkeit des Verkaufs. Forfaitierung ist demnach der regresslose Forderungsverkauf bestehender oder zukünftiger Forderungen. Als regresslos bezeichnet man einen Forderungsverkauf, wenn der Verkäufer nur für die Verität (d.h. den Bestand), nicht aber für die Bonität (d.h. die inhaltliche Güte, Erbringlichkeit) der verkauften Forderung einsteht. In der Praxis bedeutet dies, dass sich der Forderungskäufer nicht mehr an den Forderungsverkäufer wenden (Regress nehmen) kann, wenn der Schuldner die Leistung nicht erbringt. Der Forderungskäufer trägt das Risiko des Forderungsausfalls.

Die finanzierende Bank wird durch die Abtretung Inhaber der Forderungen. Sie wird die Rückführung der ausgereichten Mittel (Forderungskaufpreis) durch Zahlungen des Forderungsschuldners, dem öffentlichen Partner einer PPP-Struktur, sicherstellen.

Unter dem Begriff „Forfaitierung" bzw. „Forfaitierungsmodell" wird im deutschen PPP-Markt üblicherweise die nachfolgend beschriebene „Forfaitierung mit Einredeverzicht" verstanden. Ein Forderungsverkauf, der ohne Erklärung eines Einredeverzichts durch den öffentlichen Auftraggeber erfolgt, wird im Regelfall dem Bereich der Projektfinanzierung zugeordnet.

Neben dem schuldrechtlichen Kaufvertrag, der im Rahmen einer Forfaitierung geschlossen wird, erfolgt zur Übertragung der Forderung eine Forderungsabtretung (dingliches Rechtsgeschäft). Um im Falle einer solchen Abtretung den Schuldner zu schützen und seine Stellung nicht zu verschlechtern, hat der Gesetzgeber in den §§ 398 ff. BGB auch Schuldnerschutzvorschriften implementiert. Der Schuldner kann unter gewissen Voraussetzungen dem neuen Gläubiger (Forderungskäufer) Einwendungen, die ihm aus dem ursprünglichen Vertragsverhältnis zum alten Gläubiger (Forderungsverkäufer) zustehen, geltend machen und damit die Erfüllung der Forderung verweigern (§ 404 BGB). Ebenso kann er unter gewissen Voraussetzungen mit einer bestehenden Forderung gegen den Altgläubiger auch gegenüber dem neuen Gläubiger aufrechnen (§ 406 BGB).

Bei der Festsetzung der Finanzierungskonditionen wird jedes Kreditinstitut neben der Bonität des Schuldners auch die Wahrscheinlichkeit des Ausfalls, d.h. die Störung der erwarteten Rückführung der angekauften Forderungen, Preis bestimmend in die Angebote einfließen lassen.

Durch die Erklärung eines Verzichts auf die Geltendmachung der oben beschriebenen Schuldnerrechte (Einredeverzicht) verringert sich für das finanzierende Kreditinstitut das Risiko eines Zahlungsausfalls bzw. Zahlungsverzugs. Das finanzierende Kreditinstitut kann daher aufgrund des durch den Einredeverzicht stabilisierten Zahlungsstroms allein auf die Bonität der Öffentlichen Hand abstellen und für Kommunen eine „kommunalkreditähnliche" Finanzierungskondition gewähren. Der öffentliche Auftraggeber verliert durch die Erklärung des Einredeverzichts keine Rechte (Mängelhaftungsrechte) gegenüber dem Privaten. Einen solchen Einredeverzicht erklärt der öffentliche Auftraggeber nur nach eingehender Prüfung der erbrachten Leistungen (Abnahme der Bauleistungen).

Aufgrund der Natur mancher Forderungen (z.B. Mietzinsforderungen) und der Auswirkungen der aktuellen Insolvenzordnung (2-monatiger Bestand der Vorabzession) muss die finanzierende Bank zur Erreichung von kommunalkreditähnlichen Konditionen die Einredeverzichtserklärung zu einem selbstständigen (abstrakten) Schuldversprechen weiterentwickeln. Daher enthält in der heutigen Praxis die dargestellte Einredeverzichtserklärung des öffentlichen Auftraggebers üblicherweise auch immer ein sog. „abstraktes Schuldversprechen".

Neben dem klassischen Einredeverzicht werden folglich sog. abstrakte Schuldversprechen oder Schuldanerkenntnisse im Sinne der §§ 780, 781 BGB durch den öffentlichen Auftraggeber gegenüber der Bank abgegeben. Durch diese Erklärung verpflichtet sich der öffentliche Auftraggeber unabhängig vom Bestand des zugrunde liegenden Vertragsverhältnisses zum Privaten – aus dem die Forderung abgetreten wird – gegenüber der Bank zur Zahlung eines bestimmten Betrages, der der forfaitierten Forderung entspricht.

Ein solches abstraktes Schuldversprechen stellt eine Absicherung für die Bank für den Fall dar, dass sie den öffentlichen Auftraggeber nicht oder nicht dem vereinbarten Umfang aufgrund der Abtretung in Anspruch nehmen kann. Dies könnte der Fall sein, wenn die Abtretung selbst nicht wirksam ist, die Bank also nie Rechtsinhaberin wurde oder etwa, wenn die abgetretene Forderung nie entsteht und die Abtretung damit gegenstandslos ist. Ein abstraktes Schuldversprechen des öffentlichen Auftraggebers ermöglicht es somit dem finanzierenden Kreditinstitut, den öffentlichen Auftraggeber aus einem selbstständigen Schuldverhältnis in Anspruch zu nehmen.

Aus Sicht des öffentlichen Auftraggebers ist hierbei darauf zu achten, dass das abstrakte Schuldversprechen nur aufschiebend bedingt für den Zeitpunkt der Abnahme der Bauleistung abgegeben bzw. basierend auf einer vertraglichen Verpflichtung erst dann erklärt wird. Andernfalls würde der öffentliche Auftraggeber das Risiko einer Inanspruchnahme durch die Bank ohne Gegenleistung von Seiten des privaten Partners tragen. Letztlich soll der öffentliche Auftraggeber erst dann eine Zahlungsverpflichtung eingehen, wenn er auch definitiv die vertraglich vereinbarte Leistung erhalten hat.

Des Weiteren sind vertragliche Regelungen zwischen dem privaten Partner und dem öffentlichem Auftraggeber erforderlich, die die Gefahr einer doppelten Inanspruchnahme des öffentlichen Auftraggebers durch Bank und privaten Partner in jedem Falle ausschließen.

Je nachdem, wie das vertragliche Verhältnis zwischen öffentlichem Auftraggeber und privatem Partner ausgestaltet ist, kommen unterschiedliche Forfaitierungsmodelle zum Einsatz. Üblicherweise werden bei PPP-Projekten zwischen den Parteien lieferungs- und leistungsbasierte Verträge, Mietverträge (bzw. Nutzungsüberlassungsverträge) oder Leasingverträge geschlossen. Nachfolgend sollen die entsprechenden Finanzierungsmodelle mit ihren jeweiligen Eigenarten dargestellt werden.

Bei diesen Vertragsmodellen wird zwischen öffentlichem Auftraggeber und privatem Auftragnehmer ein typengemischter Vertrag mit im Schwerpunkt werkvertraglichem Charakter geschlossen. Die im Regelfall nach der Bauendabnahme fälligen Werklohnforderungen für die Erbringung der vereinbarten Bauleistung werden dem öffentlichen Auftraggeber gestundet bzw. durch Novation durch eine Darlehensforderung ersetzt und an den Finanzierungspartner veräußert (forfaitiert). Die Stundungs- bzw. Darlehenskonditionen sind gemeinsam mit dem Finanzierungspartner bei Vertragsabschluss festgelegt worden. Für den öffentlichen Auftraggeber bedeutet dies, dass anders als bei der klassischen Vergabe, die haushalterischen Belastungen aus dem Investitionsvorhaben nicht bereits als Gesamtentgelt bei den Bauabnahmen, sondern nur in Höhe der Jahresannuität während des Stundungs- bzw. des Kreditzeitraums erscheinen.

4.4.2.2 Bundmodell

Diese Modellvariante geht auf Überlegungen des Bundesverkehrministeriums Anfang der neunziger Jahre zurück, im Fernstraßenbau durch den Einsatz von privatem Know-how und Kapital Zeit- und Effizienzgewinne zu realisieren. Kennzeichnend ist, dass der Auftraggeber erst nach Endabnahme des gesamten Projektes bzw. großer Zwischenabschnitte als Bonitätsträger für die finanzierenden Institute herangezogen werden kann. Die während der Bauphase benötigte Zwischenfinanzierung wird als Fremdkapital in Form eines klassischen kurzfristigen Kredits dem privaten Auftragnehmer zur Verfügung gestellt. Regelmäßig sehen die Verträge vor, dass der bis zur Endabnahme aufgelaufene Zwischenfinanzierungssaldo durch den Verkauf der aus dem Werkvertrag resultierenden Ansprüche abgelöst bzw. mit diesen verrechnet wird. Erst zu diesem Zeitpunkt geht die Öffentliche Hand ins Obligo. Sie hat sich bei Auftragserteilung verpflichtet, nach erfolgter Fertigstellung und Abnahme einen Einredeverzicht gegenüber dem Finanzierungspartner zu erklären.

Die höheren Finanzierungskosten der gewerblichen Zwischenfinanzierung in der Bauphase werden von den öffentlichen Auftraggebern bewusst in Kauf genommen, um – anders als bei traditionellen Vergaben – Finanzierungs- bzw. Haftungsverpflichtungen erst nach der Endabnahme entstehen zu lassen ((Teil-)Risikotransfer).

Schaubild 3: Einredefreie Forfaitierung: Bundmodell

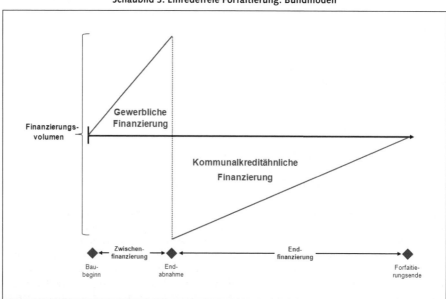

4.4.2.3 „Mogendorfer-Modell"

Diese Modellstruktur ist benannt nach dem PPP-Projekt „Ortsumgehung Mogendorf" in Rheinland-Pfalz, bei dem in den neunziger Jahren erstmals für PPP-Vorhaben auch eine Kommunalkreditfähigkeit schon während der Bauzeit erreicht werden konnte. Bei diesem Verfahren werden vom Auftraggeber während der Bauphase bereits sog. Bautestate erteilt. Darin erklärt der öffentliche Auftraggeber gegenüber dem Auftragnehmer und dem finanzierenden Institut, dass eine Teilleistung (etwa ein Bauabschnitt) vertragsgemäß erbracht wurde und damit eine (Teil-)Werklohnforderung entstanden ist. Zusätzlich wird für die Teilforderung durch entsprechende Ausgestaltung des Testats ein Teil-Einredeverzicht erklärt. Diese Forderungen können dann vom Unternehmen zur Sicherstellung des Liquiditätsbedarfs während der Bauphase an die Bank verkauft werden. Der bis zur Erteilung des jeweiligen Zwischentestats aufgelaufene Zwischenfinanzierungssaldo (gewerbliche Finanzierung, z.B. Betriebsmittellinie des privaten Auftragnehmers) wird durch die Forfaitierung abgelöst. Dies kann nicht nur für den Auftraggeber im Hinblick auf die gegenüber dem Bundmodell in der Bauphase (kommunalkreditähnliche Konditionen) reduzierten Finanzierungskosten interessant sein, sondern ist besonders bei Projekten hilfreich, bei denen mittelständische Bauunternehmen beauftragt werden sollen. Denn der private Auftragnehmer benötigt insgesamt ein geringeres Zwischenfinanzierungsvolumen, sodass die Kreditinstitute im Rahmen der Kreditlinie für den privaten Partner ein verringertes Risiko einkalkulieren. Durch den bei dieser Finanzierungsvariante geringeren kurzfristigen Fremdfinanzierungsbedarf ist für mittelständische Unternehmen die Teilnahme am PPP-Verfahren erleichtert.

Eine Weiterentwicklung erfuhr das „Mogendorfer Modell" 1998 in einem Hochbauvorhaben, dem Neubau des Universitätsklinikums Jena. Da hier neben anderen zu beachtenden Vorgaben die zwingende HBFG-Fähigkeit (50% Kostenübernahme durch den Bund) auch langfristige Zinssicherheit vorschrieb, mussten Strukturen entwickelt werden, die die bei Bauprojekten nicht auszuschließenden Verzögerungen, Minderleistungen etc. gegenüber den ursprünglichen Plänen in Einklang bringen mit den banktechnischen Notwendigkeiten zur Quotierung langfristiger Stundungszinssätze. Diese Vorgaben können von den Banken mit vielfältigen Instrumenten zur Zinssicherung erreicht werden.

Schaubild 4: Einredefreie Forfaitierung: Mogendorfer Modell

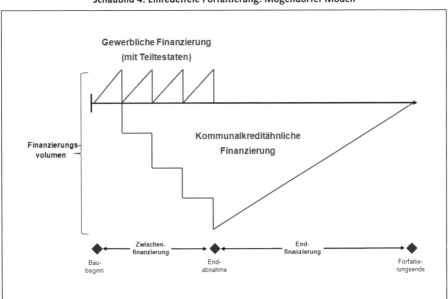

Diese Struktur wurde im Rahmen des Projektes „privatwirtschaftliche Sanierung und Bewirtschaftung der Schulen des Kreises Offenbach" im Jahre 2004 nochmals weiterentwickelt. Das Projekt steht für den Übergang von PPP-Projekten der ersten Generation (z.B. Bundmodell und Mogendorfer-Modell), die noch Bauen und Betrieb trennten, zu Projekten der zweiten Generation (z.B. PPP-Inhabermodell und PPP-Erwerbermodell), bei dem über die gesamte Vertragslaufzeit (hier 15 Jahre) auch die Bewirtschaftung durch Private übernommen wird. Bei diesem größten bisher in Deutschland realisierten PPP-Projekt lagen die Schwerpunkte auf der zeitnahen Sanierung der Gebäude und der Hebung von Effizienzpotenzialen in der Bewirtschaftung (aktuelle Auswertungen gehen von Effizienzvorteilen von ca. 18 % aus). Als Finanzierungsvariante wurde deshalb eine flexible Forfaitierungsstruktur gewählt, die es erlaubt, sowohl in der Bauzeit als auch in der Bewirtschaftungsphase die günstigen Kommunalkreditkonditionen anzusetzen. Die Verpflichtung der Öffentlichen Hand aus dieser Erklärung setzt gegenüber dem Finanzier allerdings erst nach mängelfreier Fertigstellung und Abnahme der zu finanzierenden (Teil-)Leistungen ein, obwohl langfristige Zinssicherheit bereits ab Vertragsunterzeichnung gewährt wird (modifizierte Mogendorf-Struktur).

Die Forfaitierung ist eine marktübliche, praktikable und erprobte Form der Finanzierung, die bei fast sämtlichen kleinen bis mittelgroßen und damit der Mehrzahl der PPP-Projekte in Deutschland zur Anwendung kommt und sich bewährt hat.

Im Rahmen der bei PPP-Projekten erforderlichen Wirtschaftlichkeitsuntersuchung wird die Forfaitierung von manchen Beratern – neben einem obligatorischen Vergleich mit einer Kommunaldarlehensfinanzierung – auch mit der Finanzierungsform „Projektfinanzierung" verglichen. Im Hinblick auf die Risikopositionen des öffentlichen Auftraggebers bietet die Forfaitierung in Verbindung mit einer PPP-Zwischenfinanzierung die Möglichkeit gewisse Risiken auf den privaten Auftragnehmer zu verlagern, die bei einer Kommunaldarlehensfinanzierung bei der öffentlichen Hand verbleiben würden. Eine noch weitergehende Risikoübertragung ist im Vergleich hierzu unter Verwendung einer Projektfinanzierung möglich.

Letztlich ist eine Risikoverlagerung von der öffentlichen Hand auf den privaten Partner aber nicht per se sinnvoll, sondern muss immer im Verhältnis zu den damit verbundenen (Mehr-) Kosten beurteilt werden. Beim o.g. Wirtschaftlichkeitsvergleich zwischen Forfaitierung und Projektfinanzierung werden also die jeweiligen Mehr- bzw. Minderrisiken für die öffentliche Hand quantifiziert und in die Bewertung mit aufgenommen. Es hat sich vielfach gezeigt, dass die Projektfinanzierung in der Gesamtbetrachtung – „Risiko-/Kostenrelation" – insbesondere bei großvolumigeren PPP-Projekten wirtschaftlicher sein kann als ein Forfaitierungsmodell. Dies liegt u.a. an den bei Projektfinanzierungen bestehenden, im Vergleich zur Forfaitierung deutlich höheren Transaktionskosten. Um einen solchen (nicht direkt vom Projektvolumen abhängigen) Kostenblock zu rechtfertigen, bedarf es einer gewissen Masse an potentiellen, übertragbaren Risiken, die in Proportionalität zum Projektvolumen bestehen. D.h. bei vielen Projekten zahlt der öffentliche Auftraggeber erst ab einem gewissen Projektvolumen einen angemessenen Preis für die mit Hilfe der Projektfinanzierung übertragenen Risiken. Eine Überprüfung, welches Finanzierungsmodell – Forfaitierung oder Projektfinanzierung – das wirtschaftlicherer ist, muss daher im Einzelfall vorgenommen werden.

Beabsichtigt der öffentliche Auftraggeber Finanzierung als Forfaitierungsmodell auszugestalten und damit einen Einredeverzicht zu erklären, ist er gut beraten, die Entscheidung bereits im Vorfeld der Ausschreibung zu fällen und in der Vergabebekanntmachung zu veröffentlichen. Würde die Bereitschaft zu einer Einredeverzichtserklärung nicht allen Bietern gleichermaßen mitgeteilt, könnte dies zu einer Begünstigung einzelner Marktteilnehmer im Verfahren führen und möglicherweise einen Beihilfetatbestand auslösen.

Strittig ist nach wie vor die Anrechnungspflicht der mit einem Einredeverzicht versehenen forfaitierten Forderungen auf den öffentlichen Defizitsaldo nach den Maastrichter Verschuldungskriterien. EUROSTAT hat zwar zur Anrechnung von PPP-Modellen ausgeführt, dass Projekte dann nicht im Sinne der Maastrichter Kriterien einzurechnen seien, wenn das Baurisiko und entweder das Ausfall- oder das Nachfragerisiko auf den privaten Partner übertragen wird. Aber gerade die Bewertung, wann das Ausfall- oder Nachfragerisiko tatsächlich übertragen wird, ist strittig. In Abhängigkeit von der konkreten vertraglichen Ausgestaltung, insbesondere dem Sicherheitenkonzept, kann die einredebefreite Forfaitierung jedenfalls dazu führen, dass ein hinreichender Risikotransfer auf den privaten Partner im Sinne der EUROSTAT-Kriterien nicht vorliegt und die Verbindlichkeiten im Sinne der Maastrichter Verschuldungsregeln anrechnungspflichtig sind.

Letztlich sollte jedoch bei keinem Projekt eine Entscheidung für oder gegen eine bestimmte Finanzierungsform aufgrund der Maastricht-Kriterien fallen. Entscheidend ist, wie bereits dargestellt, welche Finanzierungsvariante in der Gesamtbetrachtung die Wirtschaftlichere ist. Und diese ist aufgrund gesetzlicher Bestimmungen (öffentliches Haushaltsrecht, Grundsatz der Wirtschaftlichkeit) zwingend zu wählen – unabhängig von EU-Kategorisierungen.

4.4.3 Projektfinanzierung

Projektfinanzierungen erfordern eine eigene Projektgesellschaft. Sie wird als GmbH oder GmbH & Co. KG gegründet, um ihre Gesellschafter haftungsrechtlich vom Projekt abzugrenzen. Sie ist auf einen einzigen Geschäftsgegenstand beschränkt, beispielsweise die Sanierung und anschließende Bauunterhaltung/Instandsetzung und Bewirtschaftung eines Schulgebäudes und wird deshalb als Einzweckgesellschaft oder Special Purpose Vehicle bezeichnet. Sie ist allerdings kein reines Finanzierungsvehikel, da sie auch Management- und Betreiberfunktion für das Vorhaben übernimmt.

Im Rahmen einer Projektfinanzierung werden die aufzubringenden Mittel zu 80 % bis 90 % von Fremdkapitalgebern zur Verfügung gestellt. Bestandteile dieses Fremdkapitalanteils können langfristige Kapitalmarktmittel, Fördermittel und Mezzaninkapital sein, wobei letzteres sowohl Fremd- als auch Eigenkapitalcharakter hat.

Die Darstellung der langfristigen Kapitalmarktmittel kann in Form klassischer Darlehen an die Projektgesellschaft erfolgen. In der Praxis hat sich allerdings – auch aus steuerlichen Gründen – durchgesetzt, diese Mittel im Wege der Forfaitierung von z.B. Werklohnforderungen, als Mieten, Pachten oder Leasingraten darzustellen. Die Forfaitierung wird nicht einredefrei gestellt. Somit verbleiben alle Einreden und Einwendungen des öffentlichen Auftraggebers erhalten. Gängig ist auch die Aufteilung der Fremdmittel in Risikotranchen mit entsprechender Konditionierung.

Die verbleibenden 10 % bis 20 % muss in erster Linie das investierende Unternehmen selbst aufbringen, meist in Form von Eigenkapital oder sonstigem Nachrangkapital. Dieser Anteil kann aber auch durch Kapitalbeteiligung von Finanzinvestoren ganz oder teilweise ersetzt werden.

Bezüglich der Gesamtfinanzierungskosten befindet sich die Öffentliche Hand an diesem Punkt in einem Interessenskonflikt. Sie ist einerseits an der Minimierung der Finanzierungskosten mit Hilfe einer entsprechenden Minimierung der Eigenkapitalquote interessiert, wodurch das später zu zahlende Leistungsentgelt reduziert wird (Reduzierung der Finanzierungskosten, weil Eigenkapital teurer als Fremdkapital ist). Andererseits braucht sie eine möglichst hohe Interessensangleichung des Privaten an die eigenen Ziele, um Sicherheit in der Leistungserstellung und wirtschaftliche Stabilität im Projekt zu erlangen. Eine hohe Kapitalbeteiligung der Sponsoren wird in diesem Zusammenhang als glaubhafte Zusicherung angesehen, vertragliche Vereinbarungen einzuhalten und auf opportunistisches Verhalten zu verzichten. Gleichwohl sind Projektsponsoren grundsätzlich daran interessiert, eigene Risiken und damit die Haftung zu begrenzen. Insofern bevorzugen diese wiederum einen möglichst geringen Eigenkapitalanteil. Eine Minimierung des Eigenkapitals trägt ferner dazu bei, die Rendite des eingesetzten Kapitals zu erhöhen (Leverage-Effekt).

Da die Projektfinanzierung – wie oben ausgeführt – allein auf das Projektvorhaben abstellt, ist der PPP-Projektvertrag zwischen Projektgesellschaft und öffentlichem Auftraggeber im Rahmen der Risikobeurteilung von zentraler Bedeutung. In diesem Vertrag konkretisieren sich
- sämtliche Rechte und Verpflichtungen der Vertragspartner in Bezug auf die grundlegenden Rechtsbeziehungen der Partner,
- Regelungen zu den Bau- und Betriebsleistungen,

- Regelungen zur Vergütung,
- Regelungen zur Finanzierung der anfänglichen Bauleistungen,
- Regelungen zum Versicherungsumfang,
- Bestimmungen zu Vertragsänderungen und -kündigungen,
- Entschädigungsregelungen, etc.

Ein Entwurf des Vertrages nach den Vorstellungen des Auftraggebers wird meist der Ausschreibung zugrunde gelegt und während des Vergabeverfahrens mit den Bewerbern verhandelt. Für die Bank ist dieser Vertrag die Basis der Finanzierung; insofern hat die Bank ein hohes Interesse daran, an der Gestaltung des Vertrages mitzuwirken, und zwar zur Sicherung der notwendigen Rahmenbedingungen für die Finanzierungsvereinbarungen. Hierzu zählt eine ausgewogene Risikoverteilung, Beherrschbarkeit übernommener Risiken, Mitwirkungspflichten des öffentlichen Auftraggebers bei Maßnahmen der Bank im Falle von Leistungsstörungen (Direktvereinbarung), etc.

Die detaillierte Untersuchung und Kostenkalkulation des projektierten Vorhabens (rechtliche, technische, steuerliche und finanzwirtschaftliche Due Diligence) seitens der Banken sowie deren aktive Rolle und Einflussnahme auf die Finanzplanung und Vertragsgestaltung ist typisch für Projektfinanzierungen. Es entsteht also ein gewisser Zeitbedarf bei den Banken; die Prüfung ist auch mit erheblichen Kosten verbunden.

Aus Sicht der Bank ist jede Projektfinanzierung ein individuelles Produkt, ebenso wie das finanzierte Projekt selbst. Kosten- und Risikostrukturen, Cash Flow-Pläne, Laufzeit- und Tilgungsstrukturen, Projekt- und Leistungsverträge, Finanzierungsmodalitäten, Sicherheiten usw. werden auf die spezifischen Erfordernisse des Projekts angepasst. Ein Schulneubau bringt andere Risiken mit sich als die Sanierung eines Krankenhauses, der Bau und Unterhalt einer Ortsumfahrung andere Herausforderungen als die Erweiterung und der Betrieb einer Mautautobahn.

Was aber kann im Kontext der PPP-Partner aus der Krise mitgenommen werden; wie angemessen haben sich die Partner den neuen Herausforderungen stellen können? Während in der Privatwirtschaft an der Kostenschraube gedreht wird, um Arbeitsplätze – mitunter trotz zufriedenstellender Unternehmensergebnisse – abzubauen, trägt die Öffentliche Hand mit einem Trend zur Rekommunalisierung ihren Teil zur Überwindung der Krise bei.

4.5 Mögliche Vorteile und zu beachtende Risiken von PPP-Projekten

Ein Blick auf mögliche Vor- und Nachteile öffentlich-privater Zusammenarbeit offenbart die Chancen und Risiken, die bei der Entscheidung über die Ingangsetzung eines PPP-Projektes zu berücksichtigen sind. Vor- und Nachteile betreffen sowohl die strategische (sprich die Grundsatzentscheidung, ob ein PPP-Projekt zustande kommen soll) als auch die operative Ebene (Frage nach der Ausgestaltung des laufenden Betriebs). Die operative Ebene sollte bereits zu Beginn entsprechender Projekte Berücksichtigung finden, denn der laufende Betrieb hat im Regelfall Rückwirkungen auf die Arbeit und das Entscheidungsverhalten der staatlichen Aufgabenträger.

Als entscheidende **strategische Vorteile** gelten:
- Die öffentliche Hand kann bei entsprechender privatrechtlicher Realisierung nicht nur auf private Finanzmittel zugreifen, sondern auch betriebswirtschaftliche sowie technologische Kenntnisse nutzen, über die sie selbst nicht verfügt. Damit können Leistungen erbracht, aufrechterhalten oder optimiert werden, die ohne PPP dem (finanziellen) Ressourcenmangel zum Opfer fallen würden.

- Häufig gehen mit PPP positive regionalwirtschaftliche Effekte wie die Schaffung von Arbeitsplätzen und/oder eine Verbesserung der Infrastruktur (mit ihrem Vorleistungscharakter für alle Wirtschaftsaktivitäten) einher.

- Anders als im Fall einer vollständigen materiellen Privatisierung von Aufgaben bleiben politische Einflussmöglichkeiten und die Mitsprache der öffentlichen Hand in Projektgremien und bei der Vertragsgestaltung grundsätzlich erhalten.

– Finanzielle, technische, organisatorische und personelle Risiken, die besonders bei überdurchschnittlich großen und/oder besonders innovativen Projekten auftreten, können geteilt
und damit für den einzelnen Partner verringert werden.

– Interessen der Politik, gesellschaftlicher Gruppen sowie der Beschäftigten sind in entsprechende Projekte integrierbar.

Als wesentliche **operative Vorteile** lassen sich anführen:

– Managementtechniken aus dem privaten Sektor können in Einzelprojekten erprobt und
aufgrund der gewonnenen Erfahrungen – ggf. auch in modifizierter Form – auch für andere
Verwaltungsbereiche ein- und umgesetzt werden.

– Die Existenz von PPP-Projekten ermöglicht es (im Sinne der Setzung neuer Leistungsstan-
dards und eines Qualitätsmanagements), den verwaltungsinternen Erfahrungsaustausch und
Wettbewerb zu fördern.

– Der enge Kontakt mit einem privaten Partner erleichtert es, mögliche Folgeprojekte vorzubereiten und deren Realisierbarkeit und Marktchancen frühzeitig auszuloten. Darüber
hinaus kann ein (größerer) privater Partner, der im Regelfall verschiedenste nationale und
internationale Projekte gleichzeitig durchführt, einer Verwaltung und damit dem öffentlichen Auftraggeber wertvolle Informationen bezüglich aktueller Entwicklungen in einem
Projektfeld bzw. Infrastrukturbereich geben.

Doch auch einige **strategische Risiken** sind aufzuführen:

– Der organisatorische und personelle Aufwand für die Projektvorbereitung ist in der Regel
recht hoch. Die Prüfung, Vorbereitung und Durchführung von vergabe- und personal-
rechtlichen Maßnahmen, Vertragsklauseln (Ausschreibungen, Beihilferegelungen, Per-
sonalüberleitung, Kontroll- und Konfliktmechanismen) sind zeitintensiv und erfordern
spezielles Know-how. Diese Nachteile dürften in der Regel verschwinden, sobald dieses
Know-how vorhanden ist.

– Politische Beteiligungsmöglichkeiten bleiben zwar grundsätzlich erhalten, werden jedoch
im Gegensatz zu vollständig öffentlichen Projekten eingeschränkt.

– Die privatwirtschaftliche und öffentlich-rechtliche Vorgehensweise unterscheiden sich in
der Regel deutlich. In den PPP-Gremien muss jedoch eine gemeinsame Vorgehensweise
erarbeitet werden.

– Grundsätzlich ist mit Ausführungsproblemen oder im Extremfall sogar der Insolvenz des
privaten Anbieters zu rechnen. Diese Aspekte können häufiger in einem rezessiven Umfeld
oder bei neuartigen innovativen Projekten auftreten.

4.6 Welche Infrastrukturbereiche können auch in/nach der Krise von PPP-Modellen profitieren?

Die PPP-Initiative ÖPP Deutschland AG (Partnerschaften Deutschland) ist angetreten, interessierten Gebietskörperschaften bei der Identifikation geeigneter Vorhaben beratend und
begleitend zur Seite zu stehen.

Wenngleich die Bundesregierung aktuell bestimmte Infrastrukturbereiche für besonders
förderwürdig erachtet, kommen für PPP-Projekte auch Bereiche wie

– der Hochbau (z.B. Schulen, Krankenhäuser),
– die kommunale Ver- und Entsorgung,
– der Öffentliche Personennahverkehr bzw.
– städtebauliche Maßnahmen

in Frage.

Generell, aber insbesondere für den gewerblichen Mittelstand, können sich Projektfinanzierungen als problematisch erweisen. Die Ursache liegt in den Anforderungen an das einzu-

bringende Eigenkapital als Haftungsgrundlage. Die Einsatzmöglichkeiten sind aufgrund der Kapitalausstattung der kleinen und mittleren Unternehmen begrenzt. Vor diesem Hintergrund gewinnt das Thema Eigenkapitaleinbringung durch Dritte im Rahmen der Projektfinanzierung auch bei der Finanzierung von PPP-Projekten zunehmend an Bedeutung. Auch aus Sicht der öffentlichen Hand sprechen gewichtige Gründe für eine Projektfinanzierung, allen voran der tatsächliche und umfassende Risikotransfer. In der konventionellen Realisierungsvariante verbleiben Risiken im Wesentlichen bei der öffentlichen Hand und sind dem mit Kapitalmarktaktivitäten einhergehenden Anpassungsprozess an neue Umweltsituationen oder Präferenzen entzogen. Im Hinblick auf die übliche Lebens- und Nutzungsdauer von Infrastruktureinrichtungen kann die mit einer konventionellen Realisierung fixierte Risikoallokation folglich ineffizient sein, selbst wenn sie sich auf Basis der zum Zeitpunkt der Beschaffungsentscheidung verfügbaren Informationen als vorteilhaft dargestellt hat. Die letztendliche Entscheidung ist folglich im jeweiligen Einzelfall zu treffen.

4.7 Die weiteren Aussichten für den PPP-Markt in Deutschland

Vom November 2008 bis Januar 2009 wurde zur Erhebung der PPP-Projekte in Deutschland vom Deutschen Institut für Urbanistik (Difu) eine Befragung durchgeführt. Städte und Gemeinden mit mehr als 10.000 Einwohnern aber auch alle Landkreise, Landes- und Bundesministerien wurden nach ihrer allgemeinen Einschätzung zu PPP in der jeweiligen Kommune bzw. in der jeweiligen Landes- oder Bundeseinrichtung befragt. Interessant ist als Ergebnis, dass nur etwa 140 Befragte PPP befürworteten, während etwa 240 sich in ihrer Argumentation gegen PPP richteten. Dabei spielten unter den genannten Risikofaktoren die Gefahr unvollständiger Verträge sowie die Sorge vor Kontrollverlust für die Öffentliche Hand (vgl. dazu eine Stichprobenerhebung unter Kommunen aus 2006 von Bremeier) eine ausgeprägte Rolle. Tatsächlich kann die Übertragung der Verantwortung in private Hände gerade den Beschäftigten nur selten die gleiche Arbeitsplatzsicherheit bieten, wenngleich die wachsenden Defizite auf kommunaler Seite diesbezüglich auch zu entsprechenden Anstrengungen führen. Wie Budäus in seinem Werk „Organisationswandel öffentlicher Aufgabenwahrnehmung" bereits 1998 Jahre ausführte – und der Prozess ist noch längst nicht abgeschlossen – befindet sich der öffentliche Sektor in Deutschland im Umbruch. „Eine die Vergangenheit prägende gesellschaftliche Mentalität der Allzuständigkeit von Staat und Verwaltung für möglichst viele Risiken und Problemlagen der einzelnen Gesellschaftsmitglieder wird immer stärker in Frage gestellt. Es vollzieht sich ein grundlegender Wandel des Funktions- und Rollenverständnisses des Staates."

Die Voraussetzung für gesicherte Arbeitsplätze im Dienstleistungssektor ist ein intakter ausgelasteter Produktionssektor. Da dieser nur in Teilen, wie etwa den Versorgungsunternehmen oder dem ÖPNV der staatlichen Daseinsvorsorge unterliegt, ist der staatliche Einfluss auf die Standortfrage für den Produktionsfaktor Arbeit limitiert. Die Privatwirtschaft profitiert zwar als Auftragnehmer von staatlichen Konjunkturprogrammen sowie zinssubventionierten Förderprogrammen. Leider gelingt es jedoch nur selten – wie etwa dem Textilhersteller Trigema in Burladingen – sich betriebswirtschaftlicher Zwänge soweit zu entledigen, dass dies zu einer freiwilligen Selbstverpflichtung zum Standort Deutschland führt.

So ist die Privatisierung öffentlicher Dienstleistungen durchaus kritisch zu hinterfragen, insbesondere da die Effizienzvorteile sowie die Kernkompetenz der Privatwirtschaft in vielen Feldern einem gleichzeitig wachsenden Service-Bedürfnis in der Bevölkerung gerecht werden sollte.

So kann die Privatisierung öffentlicher Dienstleistungen durchaus kritisch hinterfragt werden, insbesondere da die Effizienzvorteile sowie die Kernkompetenz der Privatwirtschaft in vielen Feldern einem gleichzeitig wachsenden Service-Bedürfnis in der Bevölkerung gerecht zu werden haben. Waren es in 90er Jahren der kommunale Rückzug aus der netzgebundenen Infrastruktur, so hat sich dies zuletzt auch auf den Gesundheits- und Pflegebereich sowie öffentliche Wohnungsbaugesellschaften und den Bildungssektor ausgeweitet. Gemäß einer Untersuchung von Brandt und Schulten im letzten Jahr fand der größte Personalabbau bei öffentlichen Dienstleistungen in den Bereichen Verkehr (vor allem Deutsche Bahn) sowie der Post und in der Energie- und Wasserwirtschaft statt.

Zu den Risiken zählen hierbei Konflikte zwischen den beiden Partnern, wie etwa der Verlust von öffentlichem Einfluss sowie ein Imageverlust auf beiden Seiten, wenn das Projekt nicht erfolgreich verläuft. Ein gelungenes PPP-Projekt benötigt daher klar verteilte Verantwortungs- und Entscheidungskompetenzen sowie eine deutliche Trennung von Leistungserstellungen und politischer Einflussnahme. Die oben bereits erwähnte PPP-Umfrage des Difu aus 2008 hat in diesem Zusammenhang ergeben, dass immerhin 64 der befragten 541 Kommunen und Ministerien in Bund und Ländern in den letzten fünf Jahren PPP-Projekte abgebrochen haben, da in 55 % der angegebenen Fälle die Eigenerstellung wirtschaftlicher erschien oder in immerhin 30 % der Fälle eine alternative Realisierung durch die Öffentliche Hand als möglich angesehen wurde. Dies trägt mit dazu bei, dass die Privatwirtschaft und die Öffentliche Hand näher zusammenrücken müssen, um auch weiterhin die Chancen im PPP-Markt gemeinsam zu heben. Sobald sich die Bewertung von Chancen und Risiken im Nachlauf der Krise wieder normalisiert habt, werden PPP-Projekte erneut in den Fokus aller Beteiligten rücken. Noch allerdings sorgen staatliche Maßnahmen wie die Konjunkturpakete mit dafür, dass Öffentlich-Private Partnerschaften mit ihrem Planungsvorlauf und nicht selten aufwändigen Projektstrukturen temporär an Attraktivität einbüßen könnten.

Gemäß einer Studie von forsa aus 2008 bewerten 50 % der Deutschen die Übernahme von öffentlichen Dienstleistungen durch private Unternehmen negativ. Es gilt daher, vertragliche Modelle dahingehend zu entwickeln, dass gegenüber der Öffentlichkeit ein hohes Maß an Transparenz sichergestellt wird und gleichzeitig möglichst viele der Aspekte beachtet werden, die für die Kommunen, die Beschäftigten und die Bürger von Bedeutung sind.

Die Berücksichtigung des Gemeinwohls etwa durch eine die privaten Haushalte schonende Gebührenpolitik könnte zu Lasten einer Gewinnmaximierung als Zeichen gesetzt werden, das zu einer Akzeptanzerhöhung beitragen kann. Für jegliche Zusammenarbeit mit der Privatwirtschaft sollte aus kommunaler Sicht dafür Sorge getragen werden, dass der Bürger als Quasi-Gesellschafter der Kommune wieder stärker in den Fokus gerückt wird. Dies nicht zuletzt, da Daseinsvorsorge nicht nur die flächendeckende Bereitstellung von Leistungen unter Kosten- und Qualitätsaspekten beinhaltet, sondern auch die aktive Einbindung der Nutzer und damit Bürger an der Weiterentwicklung und Nachhaltigkeit öffentlicher Dienstleistungen.

Es ist zu konstatieren, dass sich auf Seiten der politisch Verantwortlichen unverändert Mehrheiten gegen die Privatisierung im Bereich kommunaler Infrastruktur finden. Die Ergebnisse der gerade zurückliegenden Landtagswahlen lassen eine wachsende Sensibilität in Bezug auf das Vertrauen in wirtschaftliche Prozesse im Allgemeinen und die Partizipation an deren Ergebnissen im Besonderen erkennen. Die zunehmende Bedeutung solcher Fragen und die Bedeutung der Einbindung der Bürgerschaft bei Planung und Realisierung bedeutender Infrastruktur-Großprojekte steckt die Rahmenbedingungen und Eckpunkte der Zusammenarbeit zwischen privatem und öffentlichem Sektor neu ab.

Obgleich sich trotz vieler erfolgreich verlaufender Projekte und Vorhaben bis dato in der Gesellschaft und damit auch auf politischer Ebene keine echte Unterstützung für Partnerschaftsprojekte entwickelt hat und die Verunsicherung bei und mit einer Entscheidung für diese Beschaffungsvariante oft geblieben ist, bieten deren Erfahrungen Orientierung für künftige Problemlösungen im Rahmen des staatlichen Bereitstellungsauftrages für diverse Infrastrukturen.

So trifft oft eine angespannte Finanzlage der staatlichen bzw. kommunalen Haushalte auf eine Erwartungshaltung der Bürger, ökologisch orientierte Energieversorgung zukünftig vor allem auch durch öffentliche Leistungserbringer umzusetzen. In der Vergangenheit gefällte Privatisierungsentscheidungen bei der Daseinsvorsorge werden hinterfragt und die hohe Zahl auslaufender Konzessionsverträge führt zu einer Auseinandersetzung und neuen Ausrichtung der gemeindlichen Energiepolitik. Damit wird deutlich, dass Lebenszyklusgedanken, Effizienzgesichtspunkte, Nachhaltigkeitsaspekte und Risikoabwägungen wie bei Public Private Partnerships entwickelt und angewendet, auch im Rahmen der Energiewende Beachtung finden werden.

5. Projektentwicklungspartnerschaften

Da der Initiator eines Projekts in der Regel nicht in sämtlichen Bereichen, die bei einer Immobilienprojektentwicklung betroffen sind, versiert ist, empfiehlt es sich, dass er sich einen oder mehrer Partner für die Realisierung des Projektes sucht.

Als Partner kommen Finanzinvestoren, (z.B. Banken), insbesondere der Endinvestor, Bauunternehmen/-er, die öffentliche Hand (z.B. in Form der Stadt, der Gemeinde oder des Landes, in der das Projekt geplant ist) in Betracht.

Selbstverständlich kann das jeweilige Projekt unmittelbar durch den Projektentwickler bzw. seine Gesellschaft durchgeführt werden.

Sinnvoller ist jedoch die Durchführung durch eine unabhängige Gesellschaft, bestehend aus den einzelnen Partnern. Die Übernahme der aus dem Projekt entstehenden Rechte und Verbindlichkeiten kann dann durch diese eigens zu diesem Zweck geschaffene Gesellschaft erfolgen. Eine solche rechtlich selbstständige **Projektgesellschaft** wird zumeist ein auf die Projektaktiva beschränkter Projektträger sein, der ohne bzw. mit beschränktem Rückgriff auf die Eigentümer der Gesellschaft für alle Projektverbindlichkeiten haftet, die Haftung wird also auf die Projektgesellschaft begrenzt. Interssanter Aspekt ist auch die Tatsache, dass ein Verkauf durch Übertragung der Gesellschaftsanteile erfolgen kann (*share deal*). Diese Gesellschaft wird regelmäßig Kernstück eines komplexen Vertragswerkes sein, welches die rechtlichen Beziehungen der Beteiligten regelt und Grundlage der Kreditgewährung ist.

Daneben besteht für den Projektentwickler aber auch die Alternative, unter Vermeidung einer Gesellschaftsgründung, einen **Projektentwicklungsvertrag** mit seinem Auftraggeber zu schließen.

5.1 Partnerschaftliche Verträge

Die Aufgaben einer Projektgesellschaft sind abhängig von der jeweiligen Projektstruktur, den Projektzielen und der Konstellation der Beteiligten. Allgemein gültige Definitionen existieren insoweit nicht. Hieran hat sich die juristische Konstruktion im konkreten Einzelfall auszurichten. Die Aufgabenverteilung bei Projektpartnerschaften, auch diejenige zwischen der Projektgesellschaft und den Projektbeteiligten, wird sich vielmehr an den steuerlichen, landesspezifischen – nicht zuletzt rechtlichen – Parametern ausrichten. Das Aufgabenspektrum der Projektgesellschaft kann von einer reinen Verwaltung eines rechtlichen Instrumentes bis hin zur Wahrnehmung sämtlicher für die Projektfinanzierung und den Projektbetrieb erforderlichen Aufgaben reichen. Die denkbaren gesellschaftsrechtlichen Konstruktionen der Projektpartnerschaften und ihre Konsequenzen können aufgrund ihrer Vielfältigkeit an dieser Stelle nur angedeutet werden.

5.1.1 Gestaltungsmöglichkeiten

Die Gründung eines selbstständigen Rechtsträgers dient der Vermeidung eines Rückgriffs auf die Projektpartner. Gläubiger der Projektpartnerschaft sollen lediglich auf die Projektaktiva und den zukünftig zu erwartenden Zahlungsstrom zurückgreifen können. Die neue Projektpartnerschaft wird zentrales Kernstück in dem die Projektfinanzierung stützenden Vertragsgeflecht. Maßgebliche Bedeutung für die Wahl der Rechtsform der Projektpartnerschaft haben die Frage der Ausgrenzung der Projektaktiva und -passiva aus den Bilanzen der Beteiligten, deren Haftungsbegrenzung und die Optimierung ihrer steuerlichen Belastung. Ferner sind Fragen der Stellung von Kreditsicherheiten, der Beherrschung der Projektpartnerschaft bzw. der Zusammenarbeit der Partner und Investoren zu berücksichtigen.

Die Projektentwicklungspartner verpflichten sich regelmäßig als Gesamtschuldner zur Leistungserbringung an den Kunden, wobei die einzelnen Partner die entstehenden Verpflichtungen und Risiken so übernehmen, als ob jeder für seinen Leistungsanteil einen besonderen Vertrag mit dem Kunden geschlossen hätte. Zentraler Regelungskomplex der Projektentwicklungspartnerschaftsverträge wird der Abschnitt über die Haftung sein, dessen Ziel es ist, die einzelnen Ereignisse den einzelnen Partnern zuzuordnen.

Zu regeln ist die Behandlung von Ansprüchen Dritter im Verhältnis der Partner untereinander. Daneben sind diejenigen Ansprüche zu regeln, die Schäden betreffen, die ein Partner dem anderen zugefügt hat und Kosten für die Beseitigung von Störungen, wie Mängel und Verzögerungen, die einer der Partner verursacht hat. Dabei sind auch die Ansprüche einer weitgehenden Regelung zuzuführen, die kein Verschulden oder keine Verantwortlichkeit der einzelnen Partner voraussetzen.

Der Projektentwicklungspartnerschaftsvertrag wird also weitestgehend als gesellschaftsrechtlicher Vertrag einzustufen sein, knüpft jedoch hinsichtlich der Zuordnungs- und Haftungsregeln weitgehend an werkvertragliche Ereignisse im Rahmen der Projektrealisierung an, so dass die gesellschaftsrechtliche Vertragsbasis oftmals durch die werkvertraglichen Beziehungen bestimmt wird, wie bspw. bei der Frage, ob ein Mangel vorliegt und wer diesen verursacht hat.

5.1.1.1 Personengesellschaft

Grundsätzlich ist als Rechtsform der Projektpartnerschaft auch eine Personengesellschaft, wie z.B. eine Gesellschaft bürgerlichen Rechts (GbR) denkbar, wodurch jedoch regelmäßig die üblicherweise gewünschte Haftungsbegrenzung nicht erzielt werden kann. Sofern es mehrere gemeinsam handelnde Partner gibt, sind die Fragen der Vertretung der Gesellschaft und der gesamtschuldnerischen Haftung durch eine meist umfangreiche Regelung im Innenverhältnis zu bewältigen.

Diesen konzeptionellen Nachteilen der Personengesellschaft steht die größere steuerrechtliche Flexibilität gegenüber, die es den Beteiligten ermöglicht die steuerrechtliche Behandlung ihrer Projekteinkünfte weitgehend unabhängig voneinander zu gestalten. Die Rechtsform der Personengesellschaft ist auch Voraussetzung für die Inanspruchnahme steuerlicher Vorteile.

Mehr Freiraum bietet die GmbH & Co. KG, da die Haftung von der Komplementärin getragen wird und die Kommanditisten typischerweisein ihrer Haftung auf die Hafteinlage beschränkt sind und das Kommanditkapital je nach Bedarf angepasst werden kann.

5.1.1.2 Kapitalgesellschaft

Die Schaffung einer eigenständigen Kapitalgesellschaft, wie z.B. einer GmbH oder AG, deren alleiniger Gesellschaftszweck Errichtung, Finanzierung, Vermarktung oder Betrieb des jeweiligen Projekts ist, hat regelmäßig steuerlichen, rechtlichen und betriebswirtschaftlichen Aspekten Rechnung zu tragen.

Hierbei ist zu Bedenken, dass Vorteil einer GmbH der ist, dass sie weniger strengen Regularien unterliegt, als eine AG.

Ob die von den Projektpartnern gewünschte Haftungsbegrenzung im Ergebnis tatsächlich erreicht wird, ist im Einzelfall zu prüfen, da die Haftung über die geleistete Einlage hinaus durchaus möglich ist und sich die Gläubiger über die Projektaktiva hinaus zusätzliche Sicherheiten in Form von Garantien, Bürgschaften, etc. einräumen lassen werden.

Die Rechtsform der Kapitalgesellschaft hat den Vorteil, die Projektdurchführung organisatorisch aus den Unternehmen der Projektbeteiligten herauszulösen und die Verfolgung von Partikularinteressen einzelner Projektbeteiligter somit zu erschweren. Insgesamt unterliegt die Kapitalgesellschaft höheren Anforderungen rechtlicherseits, z.B. im Hinblick auf die Veröffentlichungspflichten, ist im Hinblick auf die zukünftige Übertragbarkeit von Anteilen, bspw. an andere Investoren oder im Rahmen eines Börsenganges, andererseits jedoch auch flexibler.

Hinzu kommt bei einer, im Rahmen einer zur Projektentwicklung/-durchführung gegründeten GmbH, dass die Ausschüttungen bzw. der Verkaufserlös der Gesellschaftsanteile nahezu steuerfrei ist, was einen *share deal* für den Verkäufer noch lukrativer macht. Die GmbH ist allerdings strengen gesetzlichen Regularien unterworfen und ist darüber hinaus sowohl in den Ausschüttungsmöglichkeiten, als auch bei der Nutzung von Verlusten aus der Entwicklungsphase benachteiligt.

Für den Käufer gilt dies allerdings nicht. Ein steuerlich beratener Käufer wird im Falle eines *share deal* erhebliche Abschläge auf den Kaufpreis gegenüber einem Asset-deal machen. Eine derartige Vorgehensweise ist für den Käufer aus rechtlichen und kaufmännischen Ewägungen sinnvoll, da er mit dem Erwerb der Anteile tiefgreifende steuerliche Nachteile in Kauf nehmen muss.

5.1.1.3 Weitere Rechtsträger

In bestimmten Fallkonstellationen ist es für die Projektbeteiligten zweckmäßig, weitere Rechtsträger, also bspw. eine Betriebs- und eine Besitzgesellschaft, zu schaffen, die in genau definierten Verhältnissen zueinander stehen. Die Gründe hierfür können in der Risikoverteilung zwischen den Beteiligten, die ihre Beiträge streng voneinander abgrenzen wollen oder aber auch in den besonderen Rechtsvorschriften des Projektlandes liegen. Bei Direktinvestitionen im Ausland werden häufig Vorschaltgesellschaften oder Holdings gegründet, die entweder im Heimatland oder in sog. Steueroasen ihr Domizil finden.

Vorschaltgesellschaften sind insbesondere dann zweckmäßig, wenn bei Projekten mit vielen Projektbeteiligten die Interessen schon vorab gebündelt werden sollen, um auf diese Weise die Entscheidungsfindung zu vereinfachen oder die Devisenbestimmungen des Projektlandes den Kapitaltransfer bürokratisch aufwendig und restriktiv zu gestalten.

Ferner können sich aus dem Unternehmensstandort Steuervorteile ergeben, Projektbeteiligte können ihre Anteile an der Projektgesellschaft kurzfristig veräußern und bei entsprechender Ausgestaltung der Anteilsverhältnisse ist mit vergleichsweise geringem Kapitaleinsatz die Kontrolle über das Projekt möglich. Außerdem ermöglicht die Zwischenschaltung einer Vorschaltgesellschaft eine zusätzliche Sicherung vor dem Durchgriff auf Projektbeteiligte, so weit die Projektpartnerschaft in Form einer Personengesellschaft geführt wird.

Oftmals werden auch Finanzierungstochtergesellschaften der Projektpartner in die Projektstruktur eingebunden. Diese stellen der Projektpartnerschaft Kapital in Form von Eigenkapital oder nachrangigen Gesellschafterdarlehen zur Verfügung. Da Finanzierungsgesellschaften mit der Kreditwürdigkeit der Muttergesellschaft ausgestattet sind, können sie sich auch zu deren Konditionen am Kapitalmarkt refinanzieren.

Insbesondere bei internationalen Projekten bestehen Fremdkapitalgeber oftmals auf der Einbindung von Treuhändern, die ihre Interessen gegenüber den Projektpartnern vertreten sollen. Die Kontrolle der Erlöszahlungen erfolgt dabei oftmals dadurch, dass der Projektträger seine Forderungen aus Lieferungen und Leistungen an den Treuhänder abtritt, der die Erlöse dann nach der vereinbarten Rangordnung an die Berechtigten weiterleitet.

Leasinggesellschaften werden in die Finanzierung des Projektes oftmals eingebunden, um steuerliche Vorteile zu nutzen, die sich aus nationalem Steuerrecht, wie z.B. steuerlich wirksame Verlustvorträge, oder über die Ausnutzung unterschiedlicher länderspezifischer Abschreibungsvorschriften bei grenzüberschreitenden Finanzierungen ergeben. Diese Vorteile werden dann über niedrige Leasingraten an die Projektgesellschaft weitergeleitet. Bei diesen Konstruktionen ist allerdings stets zu beachten, dass sie immer auf den aktuellen steuerrechtlichen Rahmenbedingungen beruhen und durch zukünftige Rechtsänderungen ihre Gültigkeit verlieren können.

5.1.1.4 Public Private Partnership

Zuweilen werden Public Private Partnerships (kurz PPPs) als eigenständige Form der Projektrealisierung genannt. Dabei handelt es sich bei der typischen PPP um eine Zweckgemeinschaft zwischen Sponsoren der öffentlichen Hand und der Privatwirtschaft. Bereits in den 70er Jahren wurden in den USA PPPs bei größeren städtebaulichen und stadtenwicklungspolitischen Vorhaben eingesetzt, um die Finanznot öffentlicher Stellen zu lindern und neue Wege zur Finanzierung hoheitlicher Aufgaben zu beschreiten. In Partnerschaft mit einem privaten Unternehmen und gegen Zahlung von Nutzungsentgelten soll die Verwendung öffentlicher Ressourcen minimiert werden.

Ob diese öffentlich-privaten Partnerschaften wirklich die Merkmale eines eigenständigen Rechtsträgers erfüllen, hängt vom Einzelfall ab. Denkbar sind hier Kooperationsformen eher informeller Art, Kooperationen vertraglicher Art, aber auch Zusammenschlüsse in gemeinsamen Gesellschaften.

Letztere werden erkennbar, bei den Grundstücksverkehrs- und Wohnungsbaugesellschaften. Zweck dieser Gesellschaften ist es, Grundstücke zu erwerben, zu erschließen, teilweise zu bebauen und zu veräußern. Für die öffentliche Hand bietet dies die Möglichkeit zur Einflussnahme auf die Realisierung des hoheitlich geschaffenen Baurechts, die Ausnutzung des Know-how der beteiligten Privaten und die Aufteilung von planungsbedingten Wertzuwächsen zwischen Kommune und Privateigentümern. Die beteiligten Privatpersonen versprechen sich hingegen eine Einflussnahme auf die Bauleitplanung und eine Beschleunigung von Entscheidungsvorgängen durch die Übernahme privatrechtlicher Organisationsstrukturen.

Je nach rechtlicher Konstruktion der PPP kann der Handlungsspielraum der Projektpartnerschaft erheblich eingeschränkt sein. Bei der Gründung öffentlich-privater Unternehmen sind die Vorschriften des jeweiligen öffentlichen Wirtschaftsrechts zu beachten. Bei rechtlich selbstständigen Organisationsformen lässt etwa das Kommunalrecht in der Bundesrepublik Deutschland nur solche Formen zu, bei denen die Haftung auf einen bestimmten Betrag begrenzt ist. Gemeinden können deshalb nicht Gesellschafter einer OHG oder GbR sein oder persönlich haftender Gesellschafter einer KG, können sich aber an einer GmbH oder als Kommanditist an einer KG beteiligen. Dagegen scheiden AG's aufgrund der selbstständigen Stellung des Vorstandes und der Pflicht der Aufsichtsratmitglieder, nur die Belange bei ihren Entscheidungen zu berücksichtigen, regelmäßig aus. Dient das gemischtwirtschaftliche Unternehmen der öffentlichen Aufgabenerfüllung, wie z.B. der Wohnungsbauförderung, so kann sich die Kommune durch den Wechsel der Rechtsform nicht ihrer Grundrechtsbindung entziehen.

5.1.2 Risiken und Probleme

Die beschriebenen Projektpartnerschaften unterliegen diversen Risiken. Störungen der Realisierung eines Gesamtprojektes können beispielsweise darauf beruhen, dass aus den unterschiedlichsten Gründen die Fertigstellung des Objekts verzögert wird, sich die Herstellungskosten erhöhen, oder sich die Erlöse aus dem Projekt als geringer als erwartet darstellen. Bei derartigen Projektstörungen, die den wirtschaftlichen Zahlungsfluss behindern und in Extremfällen zur Insolvenz der Projektgesellschaft führen können, stellt sich die Frage der Verantwortlichkeit der einzelnen Projektbeteiligten.

Projektstörungen werden regelmäßig sowohl im Rahmen der Vertragsverhältnisse mit Dritten und der Projektpartner untereinander relevant werden. Insbesondere bei Projektentwicklungspartnerschaften, die von mehr als zwei Partnern getragen werden, treten prozessuale Probleme auf, weil das Zivilprozessrecht auf den Zwei-Parteien-Prozess zugeschnitten ist. Zwar sind Parteienhäufung und Streitgenossenschaft denkbare zivilprozessuale Erscheinungsformen, jedoch sind bei drei oder mehr völlig selbstständigen Parteien mit divergierenden Interessen oftmals bei der dritten oder vierten Partei eigenständige Interessen vorhanden, die nicht der Kläger- oder Beklagtenseite zuordenbar sind.

Es ist deshalb verfahrensmäßig zweckmäßig, die wesentlichen Komplexe voneinander zu trennen und dann in Zweiparteien-Konstellationen die jeweiligen zwei Streitpartner untereinander diesen Komplex klären zu lassen. Zu vermeiden ist, dass drei oder mehr Partner wechselseitig nach Art des „jeder gegen jeden" Ansprüche geltend machen.

Der Frage der Risikoverteilung wird bei der Abfassung der einzelnen Verträge große Aufmerksamkeit zu schenken sein. Angesichts beschränkter Finanzressourcen der Projektpartnerschaft ist das Risiko der durch Projektänderungen oder Projektverzögerungen bedingten Überschreitungen der Kosten besonders gravierend. Angesichts der Vielzahl der denkbaren Planungs-, Bau- und Betriebskostenrisiken wird allerdings eine lückenlose vertragliche Regelung kaum denkbar sein. Vor diesem Hintergrund sollten die Projektpartner im Vorfeld prüfen, ob auch im Falle der Verwirklichung möglicher Risiken das Projekt wirtschaftlich robust genug ist, um beendet zu werden.

Im Hinblick auf die Risiken und die Möglichkeiten der Projektstörung besteht ein erhebliches Bedürfnis der Beteiligten nach schnellen und effizienten Mechanismen zur Streitbeilegung. Insofern ist zu beobachten, dass Schiedsgerichtsverfahren in verstärktem Maße vertraglich bevorzugt werden.

5.2 Projektentwicklungsverträge

Neben den Fragen gesellschaftsrechtlicher Kooperation der Projektpartner kann, unter Vermeidung einer Gesellschaftsgründung, ein Projektentwicklungsvertrag zwischen Auftraggeber und Projektentwickler geschlossen werden, **der regelmäßig werkvertraglichen Charakter haben wird.**

Gegenstand dieses Vertrags kann die Schaffung der Grundlagen für eine der stadtbildprägenden Lage des Grundstücks entsprechende, architektonisch anspruchsvolle und für künftige Nutzer attraktive Bebauung mit Büro-, Wohn- und Einzelhandelsflächen sein. Ziel des Projektentwicklungsvertrages ist es, die Zusammenarbeit der Beteiligten zur Erreichung der angestrebten Ziele zu regeln, ohne jedoch eine Gesellschaft bürgerlichen Rechts zu gründen.

Im Einzelnen ist eine Vielzahl von Vertragspflichten denkbar.

Der Projektentwicklungsvertrag verpflichtet den Projektentwickler oftmals zu Erwerb, Bebauung und Vermarktung, d.h. Veräußerung an einen oder mehrere Investoren, im Rahmen der Projektentwicklung. Vertraglich zu vereinbarende Aufgabe des Projektentwicklers ist zum einen die Bestandsaufnahme der für die Zielrichtung maßgeblichen Determinanten des Projektes, wie z.B. Mitpreisniveau und Konkurrenzsituation. Zum anderen obliegt ihm die Aufstellung und Realisierung einer Projektorganisation sowie die Erarbeitung und Vorlage einer baulichen Konzeption auf der Grundlage der ermittelten Determinanten und unter Berücksichtigung der stadtbildprägenden Lage des Grundstückes. Ferner hat gewöhnlich der Projektentwickler marktgängige Nutzungskonzeptionen für das Projekt zu erarbeiten und Marketingleistungen für das Projekt einschließlich der Akquisition von Investoren und der damit verbundenen PR-Tätigkeit zu erbringen.

Vereinbart werden kann auch, dass der Projektentwickler die Beschaffung der Finanzierungsmittel sicherstellt. Oftmals werden die Verpflichtungen des Projektentwicklers dadurch einer Kontrolle zugeführt, dass ihm die Pflicht auferlegt wird, regelmäßig Projektberichte zu erstellen.

Der Auftraggeber wird hingegen verpflichtet, das Grundstück in einem vertraglich zu fixierenden Zustand zur Verfügung zu stellen. Im Einzelnen ist vertraglich zu bestimmen, nicht zuletzt vor der Frage der Kostenverteilung, ob das Grundstück von Anlagen baulicher und sonstiger Art sowie von Altlasten, Boden- und Grundwasserverunreinigungen zu räumen ist. Sollte Auftraggeber eine Kommune sein, kann die Durchführung sämtlicher bauplanungsrechtlicher und bauordnugsrechtlich erforderlicher Maßnahmen, die das Baurecht für die Verwirklichung des Projekts im Rahmen der gesetzlichen Möglichkeiten fordert, Gegenstand vertraglicher Vereinbarung werden.

5.2.1 Gestaltungsmöglichkeiten

Vereinbart werden kann, ob der Auftraggeber bei der Entscheidung über konkrete Nutzer und Investoren – mit oder ohne Vetorechtswirkung – zu beteiligen ist. Weiterhin wird dem Auftraggeber regelmäßig die Verpflichtung auferlegt werden können, den Projektentwickler bei der Lösung von Problemen zu unterstützen.

Zweckmäßigerweise wird das Erreichen des Projektzieles als Ende des Vertrages bestimmt werden. Im Übrigen sollte der Vertrag nur aus wichtigen Gründen kündbar sein. Dies insbesondere dann, wenn die für den Projektfortgang erforderlichen wesentlichen Entscheidungen der städtischen Körperschaft nicht oder in nicht zureichender Weise – sowohl inhaltlich als auch zeitlich – herbeigeführt werden, obwohl der Projektentwickler diese unter angemessener Fristsetzung schriftlich angemahnt hat. Der Projektentwickler sollte sich eine Kündigung aus wichtigem Grund für den Fall einräumen lassen, in dem planungsrechtliche Festlegungen des

Auftraggebers die Vermarktungsfähigkeit der vom Projektentwickler im Benehmen mit dem Auftraggeber entwickelten baulichen, an sich planungsrechtlich zulässigen Konzeption ausschließen oder nachhaltig beeinträchtigen. Zudem ist es im Interesse des Projektentwicklers dann ein Sonderkündigungsrecht zu haben, wenn der Auftraggeber den vom Projektentwickler vorgeschlagenen Investor nicht zum Zuge kommen lässt.

Für den Fall der Vertragskündigung sind die Erstattungs- und Honoraransprüche des Projektentwicklers zweckmäßigerweise schon vorab zu bestimmen. Praktikabel ist hier eine Lösung, die eine pauschale Monatsvergütung neben einem Selbstkostenerstattungsanspruch und einem Anspruch auf Aufwendungsersatz für bei Dritten in Auftrag gegebener Planungen vorsieht. Ferner sollten Ansprüche auf Schadensersatz wegen schuldhafter Vertragsverletzungen unberührt bleiben.

5.2.2 Tatsächliche und rechtliche Auswirkungen

Für den Projektentwicklungsvertrag gilt Werkvertragsrecht. Dies bedeutet, dass bei fehlerhafter Leistungserbringung seitens des Projektentwicklers der Auftraggeber Mangelbeseitigung (Nacherfüllung), wozu auch die Herstellung eines neuen Werkes zählt (§§ 634, 635 BGB), nach erfolgloser Nacherfüllung die Mängelbeseitigung selber vornehmen und die Kosten hierfür ersetzt verlangen (§ 637 BGB), Rücktritt oder Minderung (§§ 636, 638 BGB) verlangen, bzw. wenn der Projektunternehmer den Mangel zu vertreten hat, auch Schadensersatz (§ 636 BGB) oder Ersatz vergeblicher Aufwendungen. Die Ansprüche verjähren bei Bauwerken in fünf Jahren nach Abnahme.

Zumeist verpflichten sich die Vertragsparteien zu einer vertrauensvollen, wechselseitig offenen Zusammenarbeit. Dabei hat der Projektentwickler die ihm obliegenden Entscheidungen zügig zu treffen und die Projektentwicklung auch in Bereichen außerhalb seiner eigenen Vertragspflichten nachhaltig zu fördern. Der Auftraggeber wird hingegen die Vorschläge des Projektentwicklers zur Projektoptimierung bei rechtlicher Zulässigkeit unterstützen.

6. Besonderheiten beim Grundstückskauf von und bei der Zusammenarbeit mit Kommunen

Aufgrund der Deregulierungen der letzten Jahre bedürfen nur noch in wenigen Bundesländern Verfügungen über den kommunalen Grundbesitz aufsichtsbehördlicher Genehmigungen. Hingegen bedarf die Belastung kommunaler Grundstücke mit Grundpfandrechten, so weit nicht im Verordnungswege Freistellungen erfolgt sind, nach wie vor eines Dispenses der Aufsichtsbehörde, wenn damit fremde Verbindlichkeiten gesichert werden. Ist der Urkundeninhalt insoweit nicht ergiebig oder lässt er Fragen offen, werden die Grundbuchämter bei der Prüfung der Verfügungsbeschränkung wegen des Sicherungszwecks ein Negativattest der Aufsichtsbehörde verlangen. Fehlt die Genehmigung oder wird sie versagt, ist das genehmigungsbedürftige Rechtsgeschäft unwirksam bzw. nichtig. Zweck der Genehmigungsvorbehalte ist, das Vermögen der Kommunen zu schützen, indem ihnen das weiter benötigte Grundeigentum in der Substanz zur weiteren Nutzung zu erhalten bleibt.

6.1 Besonderheiten öffentlich-rechtlicher Verträge

Die Verwaltungsverfahrensgesetze (VwVfG) des Bundes und der Länder regeln mit Blick auf die Betätigung der öffentlichen Hand, dass Behörden bei der Ausübung öffentlich-rechtlicher Verwaltungstätigkeit ein öffentlich-rechtliches Rechtsverhältnis durch Vertrag begründen, ändern oder aufheben können, soweit Rechtsvorschriften dem nicht entgegenstehen. Die Behörde kann also einen öffentlich-rechtlichen Vertrag auch mit demjenigen schließen, an den sie sonst einen Verwaltungsakt (VA) richten würde. Im Staat-Bürger-Verhältnis ist diese Regelung sowohl in rechtlicher, als auch in praktischer Hinsicht von erheblicher Bedeutung und zugleich Ausdruck rechtsstaatlichen und bürgerfreundlichen Verwaltungshandelns. Ein öffentlich-rechtlicher Vertrag kommt wegen der notwendigen Willensübereinstimmung nur einvernehmlich zustande und wird – abgesehen von Anfechtungs-, Rücktritts- und Kündigungsrechten – grundsätzlich auch nur einvernehmlich wieder beseitigt. Verträge mit der öffentlichen Hand können dem Bürger eine Mitwirkungsbefugnis in den Grenzen der gesetzlichen Zulässigkeit bei der Ausübung öffentlicher Gewalt einräumen.

Durch die Kooperation zwischen den Kommunen und Projektentwicklern kann die Bereitstellung, Erschließung und Bebaubarkeit von Grundstücken beschleunigt und verbessert werden. Zudem kann durch eine vertragliche Regelung den Besonderheiten des Einzelfalls flexibler Rechnung getragen werden. Jedoch zwingt der Grundsatz der Gesetzmäßigkeit der Verwaltung die Kommunen dazu, die gesetzlichen Spielräume auf der Tatbestands- oder Rechtsfolgenseite einzuhalten. Dem Vertrag zuwiderlaufende Rechtsvorschriften sind zu beachten. Hierunter fallen nicht nur die Rechtsprinzipien des Verfassungsrechts, etwa die Grundsätze des Vorrangs und des Vorbehalts des Gesetzes sowie die Verhältnismäßigkeit, sondern auch einfachgesetzliche Regelungen in Gesetzen und Rechtsverordnungen. Ob und inwieweit Rechtsvorschriften einem öffentlich-rechtlichen Vertrag entgegenstehen, hängt von der Ausgestaltung des jeweils einschlägigen Rechts ab und bedarf einer Prüfung im konkreten Einzelfall.

Eine weitere Zulässigkeitsgrenze öffentlich-rechtlicher Verträge besteht darin, dass eine auf Abschluss eines solchen Vertrags gerichtete Behördentätigkeit eine einzelfallbezogene Tätigkeit erfordert. Es muss sich um eine konkrete Entscheidung in einem konkreten Fall zwischen konkreten Vertragspartnern handeln.

Der öffentlich-rechtliche Vertrag kommt durch ein stets schriftliches, von einem entsprechenden Erklärungsbewusstsein getragenes Angebot und durch eine entsprechende Annahmeerklärung zustande. Insoweit finden zivilrechtliche Vorschriften entsprechend Anwendung. Der

Gegenstand des Vertrages und die vereinbarten Regelungen müssen bestimmt oder jedenfalls genügend bestimmbar sein. Inhalt, Umfang und Zweck der beider- oder einseitigen Leistungen müssen eindeutig und zweifelsfrei sowie grundsätzlich allein aus dem Wortlaut der Urkunden ersichtlich sein.

Ob ein Vertrag auf dem Gebiet des öffentlichen Rechts vorliegt, kann im Einzelfall – wie etwa im Bauplanungsrecht – schwierig feststellbar sein, da öffentlich-rechtliche und zivilrechtliche Elemente zusammenfließen können, so dass eine strikte Trennung nicht möglich ist. Ein Vertrag kann bei isolierter Betrachtung der dort jeweils vereinbarten einzelnen Rechte und Pflichten vielmehr sowohl öffentlich-rechtlich als auch privatrechtliche Elemente enthalten. Bei einem solchen gemischten Vertrag kommt es darauf an, ob die Vertragsabmachungen mit ihrem Schwerpunkt öffentlich-rechtlich oder privatrechtlich ausgestaltet sind. Der Vertrag ist dann jedenfalls für die sich gegenüberstehenden, maßgeblichen Leistungen und Gegenleistungen insgesamt dem einen oder anderen Bereich zuzuordnen. Als öffentlich-rechtliche Verträge gelten beispielsweise Garagen- und Stellplatzersatzverträge, Baudispensverträge, Erschließungsverträge, Ablösungsverträge über Erschließungsbeiträge, Folgelastenverträge bei Ausweisung neuer Baugebiete, Flächennutzungsplanpflichtungsverträge und freiwillige Baulandumlegungen zwischen Gemeinde und Grundstückseigentümern zur Erschließung und Bebauung eines Gebiets. Hingegen sind beispielsweise die Vereinbarung einer Gemeinde mit Privatpersonen über die Verlegung eines Gemeindekanals, der Bauwichvertrag im Kaufvertrag von zwei Nachbarn, der Vertrag über Leitungsverlegungen in öffentlichen Straßen zwischen Grundstückseigentümer und Gemeinde sowie der Vertrag zwischen Gemeinde und Bahngesellschaft über kostenlose Wasserlieferung, zivilrechtliche Verträge.

In der Praxis haben sich in einzelnen Teilrechtsgebieten bestimmte verwaltungsrechtliche Verträge herausgebildet, weil sich herausgestellt hat, dass konsensuales Verwaltungshandeln zu Problemlösungen durchweg besser geeignet ist, als vornehmlich einseitige Entscheidungen. Im Rahmen der Vertragsverhandlungen kommt der Gemeinde als Trägerin der Planungshoheit zwar regelmäßig ein Übergewicht zu, jedoch sind auch Fälle denkbar, insbesondere bei Industrieansiedlungen in kleineren Gemeinden, in denen ein kapitalkräftiger Investor die Vertragsbedingungen diktiert.

Der Planungshandel, bei dem eine nicht näher bezifferte Zahlung in die Gemeindekasse oder die unentgeltliche Übereignung von Grundstücken von dem Umfang des geschaffenen Baurechts abhängig gemacht wird, ist zwar unzulässig, wird jedoch real praktiziert.

Neben dem Schriftformerfordernis für mit den Kommunen abgeschlossene Verträge ist zur Rechtswirksamkeit eine notarielle Beurkundung erforderlich, wenn sich in ihm ein Vertragsteil verpflichtet, das Eigentum an einem Grundstück oder Grundstücksteil zu übertragen oder zu erwerben. Ein ohne Beachtung dieser Form geschlossener Vertrag ist nichtig. Er wird allerdings seinem ganzen Inhalt nach gültig, wenn die Auflassung und die Eintragung in das Grundbuch erfolgen. Entsprechendes gilt für Wohnungs- und Teileigentum und für Erbbaurechte. So ist beispielsweise die Verpflichtung in einer schriftlichen Urkunde, bestimmte Grundstücksflächen, insbesondere Straßengrundstücke, an die Gemeinde abzutreten wegen Formmangels nichtig. Eine Heilung dieses Mangels tritt erst mit Auflassung und Eintragung im Grundbuch ein. Insoweit ist auch zu beachten, dass ein aus mehreren selbstständigen Vereinbarungen bestehender, zusammengesetzter Vertrag insgesamt beurkundungspflichtig ist.

Besonderheit öffentlich-rechtlicher Verträge zwischen einer Privatperson und einer Gemeinde ist, dass sich jeder der Vertragsschließenden der sofortigen Zwangsvollstreckung unterwerfen kann (§ 61 VwVfG). Auch für die Unterwerfungserklärung ist das Schriftformerfordernis einzuhalten. Gibt die Behörde die Unterwerfungserklärung ab, so muss sie von dem Behördenleiter, seinem allgemeinen Vertreter oder einem Angehörigen des öffentlichen Dienstes, der die Befähigung zum Richteramt hat, vertreten werden, um wirksam zu sein. Die Unterwerfung unter die sofortige Zwangsvollstreckung der Behörde ist auch nur dann wirksam, wenn sie von der fachlich zuständigen Aufsichtsbehörde der vertragschließenden Behörde genehmigt worden ist. Zweck dieser Regelung ist es, die Behörde und ihren Vertragspartner zu schützen. Deshalb werden nach herrschender Meinung die vorstehenden Einschränkungen auch für die

Entgegennahme der Unterwerfungserklärung angewandt. Ist ohnehin eine notarielle Beurkundung erforderlich, so bietet es sich an, eine Zwangsvollstreckungsunterwerfung in die Urkunde aufzunehmen.

6.2 Vertragliche Vereinbarungen über die Erschließungskosten

6.2.1 Gestaltung des Erschließungsvertrages

Die Kommune kann die Erschließung durch Vertrag auf einen Dritten übertragen (§ 124 Abs. 1 BauGB). Bei einem echten Erschließungsvertrag führt der Unternehmer die Erschließung auf eigene Kosten und eigene Rechnung durch, ohne dass eine spätere Abrechnung gegenüber der Kommune stattfindet. Demgegenüber übernimmt beim unechten Erschließungsvertrag der Unternehmer die Herstellung der Erschließungsanlagen, wobei er die anfallenden Kosten jedoch nur vorübergehend trägt und diese zu einem späteren Zeitpunkt von der Kommune erstattet erhält.

Gegenstand eines Erschließungsvertrags können beitragsfähige sowie nichtbeitragsfähige Erschließungsanlagen in einem bestimmten Erschließungsgebiet sein. Der Erschließungsvertrag muss deshalb das Erschließungsgebiet genau regelnd festsetzen. Zudem sollte die Herstellungsverpflichtung des Erschließungsunternehmers bezüglich der zu errichtenden Erschließungsanlagen und deren Durchführung möglichst konkret geschrieben werden. Die vertraglich vereinbarten Leistungspflichten müssen den gesamten Umständen nach angemessen sein und in sachlichem Zusammenhang mit der Erschließung stehen. Unwirksam sind deshalb „Luxuserschließungen", also Erschließungen die über das hinausgehen, was die Bebauung und der Verkehr im Erschließungsgebiet erfordern. Dabei kann sich das Erschließungsunternehmen auch zur Tragung des gemeindlichen Eigenanteils verpflichten.

Mit Fremdanliegern, also Eigentümern von Grundstücken die durch die im Erschließungsvertrag vereinbarten Maßnahmen einen Vorteil erlangen, kann der Erschließende privatrechtliche Erstattungsvereinbarung treffen. Unterlässt er dies, so hat er gegen diese Fremdanlieger keinen zivilrechtlichen Kostenerstattungsanspruch.

Vertraglich zu regeln sind ferner die Auswirkungen von Änderungen des Planungsentwurfs auf die Herstellungspflicht des Erschließenden, die Erstellung der Grundstücksanschlüsse sowie das Recht der Gemeinde zur Ersatzvornahme.

6.2.2 Gestaltung der Ablösungsvereinbarungen

Die Gemeinde ist grundsätzlich zur Erhebung von Erschließungsbeiträgen und landesrechtlichen Kommunalabgaben mittels Beitragsbescheides verpflichtet. Nähere Regelungen treffen die jeweiligen gemeindlichen Erschließungsbeitragssatzungen. Vereinbarungen über Beiträge sind nur mit Ablösungsvertrag oder nach Maßgabe der gesetzlichen Billigkeitsregelungen zulässig.

Nach § 133 Abs. 3 Satz 5 Baugesetzbuch kann die Gemeinde Erschließungsbeiträge durch öffentlich-rechtlichen Vertrag mit dem Grundstückseigentümer ablösen. Die Ablösung hinsichtlich der Erschließungsbeiträge nach dem Baugesetzbuch ist nur für eine bestimmte, beitragspflichtige Erschließungsanlage möglich, für die die sachliche Beitragspflicht noch nicht entstanden ist.

Nach dem Gesetzeswortlaut kann nur der Erschließungsbeitrag im ganzen abgelöst werden. Die Ablösung hat zur Folge, dass die Beitragspflicht nicht mehr entsteht, was auch dann gilt, wenn sich die Eigentumsverhältnisse nach Abschluss des Ablösungsvertrages ändern.

Eine Ablösung ist auch durch Landabtretung und andere Sachleistung möglich. Bei der Ablösung beim Verkauf gemeindeeigener Grundstücke ist zu beachten, dass die Vereinbarung einer verdeckten Ablösung, d.h. eines Gesamtkaufpreises inkl. der Erschließung, nichtig ist[1].

---

[1] BVerwG NJW 1990, 1679.

Die Grundsätze der Abgabengerechtigkeit und Gleichheit verlangen die Offenlegung des Ablösebetrages, damit der Erwerber nachprüfen kann, ob der Ablösebetrag in inhaltlicher Übereinstimmung mit den Ablösebestimmungen ermittelt worden ist. Beim Verkauf von gemeindeeigenen Grundstücken ist es so, dass die sachliche Erschließungsbeitragspflicht erst mit Übergang des Eigentums auf den Erwerber oder der Bestellung eines Erbbaurechtes eintritt. Ausreichend kann es hingegen sein, wenn der Ablösungsbetrag zwar nicht im Vertrag genannt wird, jedoch die Kommune dem Grundstückserwerber den Ablösungsbetrag vor Abschluss des Vertrages mitgeteilt hat.

6.2.3 Gestaltung von Vorauszahlungsvereinbarungen

Bei Veräußerung von gemeindeeigenen Grundstücken wird häufig vereinbart, dass der Erwerber Vorauszahlungen auf die Erschließungsbeiträge sowohl im Bereich des Erschließungsbeitragsrechts nach dem Baugesetzbuch, als auch für die Kommunalabgabengesetzbeiträge leistet. Auch Sachleistungen, wie beispielsweise die Übereignung von Grundstücksteilen, sind zulässig. Für die vertraglich vereinbarte Vorauszahlung bedarf es keiner Erschließungsbeitragssatzung, allerdings muss die endgültige Abrechnung auf der Grundlage der gesetzlichen Vorschriften durch Erlass von Beitragsbescheiden erfolgen.

Die Verrechnung der Vorausleistungen, die auf einer vertraglichen Vorauszahlungsvereinbarung beruhen, mit der endgültigen Beitragsschuld kann vereinbart werden. Denn während die bescheidmäßig erhobenen Beiträge überwiegend mit der endgültigen Beitragsschuld – auch wenn der Vorausleistende nicht mehr beitragspflichtig ist – zu verrechnen sind, erfolgt bei vertraglich vereinbarten Vorauszahlungen keine automatische Verrechnung mit den endgültigen Beitragsforderungen. Es bietet sich deshalb an, zu vereinbaren, dass die Vorausleistung auch als zu Gunsten eines evtl. Rechtsnachfolgers erbracht anzusehen ist.

6.3 Durchführungsverträge zum Vorhaben- und Erschließungsplan

Der vorhabenbezogene Bebauungsplan (§ 12 BauGB) ist im Gegensatz zum einfachen oder „qualifizierten" Bebauungsplan von Beginn an auf Verwirklichung angelegt. Es handelt sich also um eine Kombination verschiedener Verträge, nämlich des mit der Gemeinde abgestimmten Vorhaben- und Erschließungsplans des Investors, der gemeindlichen Satzung und des zwischen Vorhabenträger und Gemeinde zu schließenden Durchführungsvertrags. Mit diesem – dem öffentlichen Recht zuzuordnenden – Vertragstyp soll die beschleunigte Investition der privaten Wirtschaft in den neuen und alten Ländern gefördert werden. Öffentlich-rechtliche und zivilrechtliche Elemente sind in den Durchführungsverträgen zum Vorhaben- und Erschließungsplan miteinander verknüpft und stehen in einer gegenseitigen Wechselwirkung.

Regelmäßig vollzieht sich das Verfahren derart, dass in einer Vorbereitungsphase der Investor für ein bestimmtes Projekt einschließlich der Erschließung der Kommune einen Plan vorlegt. Dieser Plan muss sich auf städtebauliche Angelegenheiten beschränken, jedoch nicht zwangsläufig mit der Baunutzungsverordnung in Einklang stehen. Oftmals endet das Verfahren mit dem Antrag des Investors an die Kommune, für den von ihm vorgelegten, mit der Gemeinde abgestimmten Vorhaben- und Erschließungsplan, das Planaufstellungsverfahren einzuleiten. Ein Anspruch auf eine Bauleitplanung besteht jedoch auch in diesem Verfahren nicht. Der Bebauungsplan wird – anders als der Durchführungsvertrag – Inhalt der Satzung. Im Gegensatz zum „üblichen" Bebauungsplanverfahren kommen jedoch viele Instrumente des BauGB nicht zur Anwendung, wie z.B. die Teilungsgenehmigung, das Vorkaufsrecht, die amtliche Umlegung oder das Erschließungsbeitragsrecht. Im Ergebnis steht jedoch der vorhabenbezogene Bebauungsplan hinsichtlich seiner Rechtsfolgen einem einfachen oder „qualifizierten" Bebauungsplan gleich.

6.3.1 Gestaltungsmöglichkeiten

Der Durchführungsvertrag zum Vorhaben- und Erschließungsplan ist ein Spezialfall zum städtebaulichen Vertrag. Er verbindet den Vorhaben- und Erschließungsplan des Investors mit dem Bebauunsplan der Gemeinde. Sofern Erschließungsflächen an die Kommune veräußert werden, ist seine notarielle Beurkundung erforderlich.

Der Durchführungsvertrag muss vor dem Beschluss der Gemeinde über den vorhabenbezogenen Bebauungsplan geschlossen werden, wobei es möglich ist, seine Wirksamkeit an das Inkrafttreten des vorhabenbezogenen Bebauungsplans zu knüpfen.

Investor kann jede natürliche oder juristische Person sein, also auch eine GbR oder eine Körperschaft öffentlichen Rechts. Die Gemeinde selbst kann nicht Vorhabenträger sein, wobei eine juristische Person des Privatrechts, also insbes. eine städtische Wohnungsbaugesellschaft, die ganz oder überwiegend im Eigentum der Gemeinde steht, wiederum nach H.M. Vorhabenträger sein kann.

Ein Wechsel des Investors ist nur nach Zustimmung der Kommune möglich. Allerdings darf die Kommune die Zustimmung nur dann verweigern, wenn Tatsachen die Annahme rechtfertigen, dass die fristgemäße Durchführung des Vorhaben- und Erschließungsplans gefährdet ist (§ 12 Abs. 5 2 BauGB). Hingegen hat die Kommune nicht das Recht, die bereits erlassene Satzung anlässlich des Wechsels des Vorhabenträgers wieder aufzuheben.

Das zur realisierende Vorhaben sollte nach Art und Maß der baulichen Nutzung, der überbaubaren Grundstücksflächen und der Außengestaltung im Durchführungsvertrag möglichst exakt beschrieben werden. Im Rahmen der Vertragsdurchführungspflicht sollten die Fristen zur Abgabe des Bauantrags, des Baubeginns und der Fertigstellung vertraglich fixiert werden. Im Interesse der Kommune liegt es grundsätzlich, die Durchführung derjenigen Maßnahmen vertraglich sicherzustellen, an denen der Investor kein eigenes wirtschaftliches Interesse hat und die Finanzausstattung des Investors durch Kreditzusagen oder Bankbürgschaften zu gewährleisten.

Vertragsbestandteil ist weiterhin die Verpflichtung des Investors zur Erbringung der Erschließungsleistungen, so wie sie durch von der Gemeinde genehmigte Ausbaupläne konkretisiert werden. Diese Verpflichtung wird regelmäßig durch eine Vertragserfüllungsbürgschaft gesichert.

Zu regeln ist ferner die Verteilung der Planungs- und Erschließungskosten. Gesetzlich zulässig ist, dass der Investor entweder nur einen Teil, oder aber die gesamten Kosten trägt. Das Risiko des Ausbleibens einer beiderseits zugrunde gelegten Planverwirklichung kann der Kommune auferlegt werden, die in diesem Fall die Planungskosten zu ersetzen hat.

Letztlich ist es denkbar, das gesamte Spektrum des städtebaulichen Vertrages zu regeln. Denkbar sind daher Einheimischenbindungen, Verpflichtungen im Rahmen des sozialen Wohnungsbaus und Regelungen zu Arbeitsplatzsicherungen. Zudem sollte eine Verpflichtung zur Vertragsanpassung aufgenommen werden, da sich regelmäßig Modifizierungen des ursprünglichen Vorhabenplans im Laufe der Vorhabenrealisierung ergeben werden.

6.3.2 Tatsächliche und rechtliche Auswirkungen

Kommt es zu Leistungsstörungen, so berühren diese nur den Durchführungsvertrag, nicht jedoch den Bebauungsplan selbst. Den Vertragsparteien stehen die üblichen vertragsrechtlichen Möglichkeiten offen und der Gemeinde zusätzlich die Möglichkeit, die Satzung aufzuheben, wenn der Vorhaben- und Erschließungsplan nicht innerhalb der vereinbarten Frist durchgeführt wird (§ 12 Abs. 6 BauGB). Erfolgt die Satzungsaufhebung, so fällt auch automatisch die Geschäftsgrundlage für den Durchführungsvertrag weg. Die Gemeinde hat ein Wahlrecht, ob sie ihre Ansprüche aus dem Durchführungsvertrag geltend macht oder den Bebauungsplan aufhebt.

Aus der Aufhebung des vorhabenbezogenen Bebauungsplans können dem Investor keine Entschädigungsansprüche gegen die Gemeinde erwachsen. Dieser Anspruchsausschluss findet jedoch keine Anwendung auf die Flächen außerhalb des Vorhaben- und Erschließungsplangebietes.

6.4 Gewährverträge

Die Kommunen haben die Möglichkeit, die Förderung ihrer individuellen Ziele auf verschiedensten Wegen zu sichern.

Zunächst können öffentlich-rechtliche Verträge zur Sicherung städtebaulicher Ziele dienen. Dies bedeutet im Einzelfall, dass Bau- und Nutzungspflichten vereinbart werden können. Regelmäßig wird dies bei der Veräußerung gemeindeeigener Grundstücke der Fall sein. Die Baupflichten enthalten dabei zumeist eine Fristvereinbarung, in der ein Bauwerk entsprechend den Festsetzungen des Bebauungsplans und unter Beachtung der sonstigen baurechtlichen Vorschriften bezugsfertig zu errichten ist. Zulässig ist auch die Vereinbarung bestimmter Nutzungszwecke, wie z.B. als Wohnraum, für den Fremdenverkehr oder die Vermietung an bestimmte Personenkreise. Maßstab für derartige Nutzungsbindungen dürfte die Geltungsdauer eines Bebauungsplanes, nach Ansicht des OLG München[2] 20 Jahre, sein.

Die vertragliche Sicherung derartiger Nutzungsbindungen erfolgt beim Verkauf gemeindeeigener Grundstücke in der Regel durch ein Wieder- oder Rückkaufsrecht, wobei der Rückübertragungsanspruch der Gemeinde mittels einer Auflassungsvormerkung im Grundbuch abgesichert wird.

Nutzungs- oder Baupflichten werden oftmals auch über Kaufpreiserhöhungsklauseln gesichert, die bei einem Verstoß gegen die eingegangenen Bau- und Nutzungspflichten als Kaufpreisaufzahlung die Differenz zwischen dem von der Gemeinde geforderten Kaufpreis und dem auf dem freien Baulandmarkt üblichen Kaufpreis umfassen.

Gängige Sicherungen von bestimmten Grundstücksnutzungen sind aber auch Fremdenverkehrsdienstbarkeiten, die die Nutzung bestimmter Gebäude für den Fremdenverkehr festschreiben, oder auch die Verpflichtung zur Errichtung eines Seniorenwohnheimes.

Problematisch sind hingegen Verpflichtungen zu Betriebsansiedlungen im Rahmen kommunaler Wirtschaftsförderungsmaßnahmen. Diese unterliegen der Beihilfenkontrolle der Europäischen Kommission nach dem EG-Vertrag. Kommt es zur Feststellung einer Unvereinbarkeit einer Beihilfe mit dem EG-Vertrag, so ist der gesamte öffentlich-rechtliche Vertrag gemäß § 134 BGB nichtig. Der EuGH hält das Vertrauen auf dem Bestand einer gemeinschaftsrechtswidrigen Bewilligung von Förderungsgeldern nicht für schutzwürdig und verneint zudem die Zulässigkeit eines Entreicherungseinwandes wegen Bösgläubigkeit.

Relativ neu sind Vereinbarungen umweltrechtlichen Charakters. Das Bundesverwaltungsgericht hat die Zulässigkeit eines öffentlich-rechtlichen Vertrags über Immissionsschutzmaßnahmen und seine Kopplung mit Wirtschaftsförderungsprojekten ausdrücklich bejaht. Allerdings bestehen insoweit Grenzen, als beispielsweise die Ansprüche der Nachbarn eines Gewerbebetriebes im Rahmen bauleitplanerischer Konfliktbewältigung zu berücksichtigen sind. Weder förmliche, öffentlich-rechtliche Verträge noch Absprachen unterhalb der Vertragsebene dürfen also gegen Rechtsverbote, also insbesondere Rechte Dritter verstoßen.

Auch Verpflichtungen, bestimmte Energiearten von einer explizit benannten Energieversorgungsanlage zu beziehen, können nicht zulässigerweise vereinbart werden. Hingegen sind die Kommunen aufgrund des § 1 a Baugesetzbuch dazu verpflichtet, Ausgleichs- und Ersatzmaßnahmen für Eingriffe in Natur und Landschaft zu ergreifen. Eine Vereinbarung, die eine Verpflichtung zur Durchführung von Kompensationsmaßnahmen beinhaltet, ist zulässig. Üblich und zulässig ist es, dass der Investor die Kosten für die Ausgleichs- und Ersatzmaßnahmen einschließlich einer Anwuchsphase von ca. 3 Jahren samt Ersatzbepflanzung übernimmt.

6.4.1 Sicherung der Einheimischenrechte

Insbesondere in Ballungsgebieten, aber auch in Fremdenverkehrsbereichen besteht oftmals das Problem, dass Wohnraum für die ortsansässige Bevölkerung zu angemessenen Bedingungen nur schwer beschaffbar ist. Da die Wohnraumversorgung der ortsansässigen Bevölkerung

---

[2] OLG München, NJW 1998, 1962.

nicht durch Festsetzungen in Bebauungsplänen lenkbar ist, wurden frühzeitig zivilrechtliche Gestaltungen gesucht, bei denen der Erwerber vor Einleitung des Bauleitplanverfahrens entweder gegenüber der Gemeinde ein Angebot abgibt oder ihr ein Ankaufsrecht einräumt, von dem jeweils nur beim Verkauf an einen Nichteinheimischen Gebrauch gemacht werden darf. Die Bindungsfrist derartiger Vertragsmodelle darf 20 Jahre nicht überschreiten und kann auch durch Erbaurechtsmodelle nicht umgangen werden. Oftmals liegt der Kaufpreis bei derartigen Modellen unter demjenigen, den auswärtige Grundstückserwerber zu entrichten hätten. Zu Zwecken der Streitvermeidung ist es zweckmäßig, den Begriff des Einheimischen genau zu definieren. Derartige Vertragskonstruktionen dürfen keinen vollständigen Ausschluss Ortsfremder von der Ansiedlung bewirken, was jedenfalls dann nicht der Fall ist, wenn Ortsfremden Bauplätze im privaten Grundstücksverkehr zur Verfügung stehen. Zu beachten ist auch, dass Höchstpreisklauseln zulässig sind, sofern der von der Gemeinde zu entrichtende Kaufpreis dem Sondermarktniveau für Grundstücksgeschäfte zwischen Einheimischen folgt.

6.4.2 Verpflichtung zum Sozialwohnungsbau

Die Kommunen haben zudem die Möglichkeit, vertraglich die Verpflichtung zum Sozialwohnungsbau zu vereinbaren, wobei zwei Rechtskonstruktionen denkbar sind. So weit die Verpflichtung, Wohnungen mit den Mitteln des sozialen Wohnungsbaus zu errichten, nach dem Wohnungsbindungsgesetz besteht, muss nur die Verpflichtung zur Beantragung und Verwendung der Förderungsmittel vertraglich geregelt werden. Meist geschieht dies derart, dass der Bauherr bis zu einem bestimmten Zeitpunkt die entsprechenden Mittel zu beantragen und bei deren Gewährung diese sodann in Anspruch zu nehmen hat. Im Übrigen gelten die Vorschriften des Wohnungsbindungsrechts, insbesondere die dem Investor im Bewilligungsbescheid auferlegten Pflichten. Hiervon abweichende Vereinbarungen dürften nicht zulässig sein.

Daneben versuchen Kommunen, Sozialwohnungen auch im Rahmen freifinanzierter Vorhaben zu realisieren. Dabei verpflichtet sich der Investor der Gemeinde gegenüber, Wohnungen in den Größen des II. Wohnungsbaugesetzes zu errichten und nur an Personen zu veräußern oder zu vermieten, die die Voraussetzungen des sozialen Wohnungsbaus erfüllen. Die im ersten Fall vom Gesetz detailliert geregelten Bindungen müssen bei freifinanzierten Vorhaben vertraglich detailliert geregelt werden, um insbesondere die Belegungsbindung sicherzustellen. Anders als bei den mit Mitteln des sozialen Wohnungsbaus geförderten Wohnungen können aber auch höhere Einkommensgrenzen oder weitere Kriterien, wie z.B. Zugehörigkeit zu einer bestimmten Bevölkerungsgruppe, vereinbart werden. Möchte die Kommune hingegen Einfluss auf die Auswahl des späteren Mieters haben, muss sie sich dieses Recht vertraglich ausbedingen und als Dienstbarkeit im Grundbuch eintragen lassen. Dabei dürfen die Bindungen aber wohl nicht strenger sein, als im öffentlich geförderten sozialen Wohnungsbau, weshalb auch mindestens ein Vorschlag von drei Mietern gemacht werden muss und die Mietpreisbindung jedenfalls nicht unterhalb der im sozialen Wohnungsbau zulässigen Kostenmiete liegen darf.

Oftmals werden Vertragsstrafenvereinbarungen getroffen, da auch bei einem grundbuchmäßig gesicherten Wohnungsbesetzungsrecht ein entgegenstehender Mietvertrag wirksam bleibt. Denn anders als beim öffentlich geförderten, preisgebundenen Wohnungsbau stellen Verstöße gegen die Belegungsverpflichtungen keine Ordnungswidrigkeiten dar. Die Ablösung einer freiwillig eingegangenen Bindung zur Errichtung von Sozialwohnungen durch Zahlung eines Geldbetrages ist nach überwiegender Ansicht, da es sich um Wohnungsbauabgaben ohne gesetzliche Grundlage handeln würde, unzulässig.

6.5 Kostenübernahmevereinbarungen

Grundsätzlich muss die Gemeinde die Kosten ihrer kommunalen Planung selbst tragen. Jedoch kann ein Vertragspartner sich gegenüber der Gemeinde zur Übernahme der Kosten verpflichten, die sein Bauvorhaben verursacht. Gängiger Vertragstyp sind Folgekostenlastenverträge, die die

Übernahme von Aufwendungen betreffen, die den Gemeinden als Folge neuer Ansiedlungen für Anlagen und Einrichtungen des Gemeindebedarfs entstehen und sich schon dadurch von Erschließungsverträgen unterscheiden. Derartige Verträge sind solange zulässig, wie kein Machtmissbrauch durch die öffentliche Hand vorliegt, die Ursächlichkeit zwischen Bauvorhaben und Folgelasten gewahrt bleibt und keine Unverhältnismäßigkeit zu bejahen ist. Von der Typologie her handelt es sich um einen öffentlich-rechtlichen Austauschvertrag. Beispiele für Folgelasten sind Schulen, Altenheime, Senioreneinrichtungen, Sportplätze und Kindergärten.

Nach vorherrschender Ansicht sind Folgekostenverträge nur bei einheitlich geplanten, großen Projekten zulässig, nicht jedoch bei kleineren Bauvorhaben, die nicht auf eine zusammenhängende gemeindliche Planung zurückzuführen sind und nicht zu einer grundlegenden Änderung der kommunalen Infrastruktur führen würden.

Gegenstand derartiger Verträge können Anlagen und Einrichtungen sein, die der Allgemeinheit dienen. Sie können außerhalb des Bau- oder Planungsgebiets der Gemeinde liegen. Entscheidend ist allein, dass nur Kosten für Maßnahmen übernommen werden dürfen, die Voraussetzungen oder Folge des geplanten Vorhabens sind.

Unzulässig sind allerdings Verträge, die eine Gemeinde unterschiedslos bei jeder Schaffung neuen Baurechts zur Voraussetzung macht und die letztlich auf eine unzulässige Zuzugs- oder Infrastrukturabgabe hinauslaufen. Allerdings kann die Gemeinde bei der Kostenschätzung von konkreten Erfahrungswerten ausgehen, wobei jedoch stets die genaue Zuordnung zu den vom konkreten Projekt ausgelösten Maßnahmen erforderlich ist.

7. Finanzierung von Immobilien-Projektentwicklungen

7.1 Rahmenbedingungen

Die Finanzierung von Immobilien-Projektentwicklungen gehört zu den spannendsten Themen in der Immobilienfinanzierung. Wer bietet diese komplexe Dienstleistung an und welche Aspekte sind zu beachten?

7.1.1 Projektentwicklung und Investment

Projektentwicklung (Development) wird von der Bestandshaltung (Investment) abgegrenzt. Während die Bestandshaltung auf fertiggestellte und vermietete Immobilien abzielt, beschäftigt sich die Projektentwicklung mit der Erstellung und der Vermarktung von Immobilien, wobei Vermarktung sowohl für Vermietung als auch den anschließenden Verkauf (Exit) der Immobilie steht. Während der Projektentwickler die Immobilie im Umlaufvermögen hält (Dividende entsteht durch Gewinnrealisierung beim Verkauf), ist die Immobilie beim Investor Teil des Anlagevermögens (Dividende entsteht aus dem Mietcashflow).

Weiterhin wird die Projektentwicklung im engeren Sinne von der klassischen Bauträgertätigkeit abgegrenzt. Während sich Bauträger ausschließlich mit der Erstellung von Wohngebäuden beschäftigen, die in der Regel an Retailkunden verkauft werden (Einfamilienhäuser, Doppelhäuser, Reihenhäuser, Eigentumswohnungen; Käufer sind Kapitalanleger oder Eigennutzer), beschäftigen sich Projektentwickler mit gewerblichen (Büro, Einzelhandel, Logistik, Hotel) oder gemischt genutzten Objekten (Wohnanteil), die in der Regel ein größeres Volumen sowie höhere Komplexität aufweisen und die an Privatinvestoren/Family Offices, Fonds und institutionelle Bestandshalter verkauft werden.

Im Vergleich zum Investment zeichnet sich die Projektentwicklung durch besondere Risiken aus, die in der reinen Bestandshaltung nicht in dem Maße bestehen: das Bauen und das Vermarkten (Vermietung und Exit). Die Projektentwicklung gilt somit in der Finanzierungspraxis als besonders risikobehaftetes Geschäft.

Vor diesem Hintergrund lassen sich plakativ zwei Einstellungen zur Finanzierung von Projektentwicklungen unterscheiden: Während es Banken gibt, die die Finanzierung von Projektentwicklungen unter Komplexitäts- und Risikogesichtspunkten grundsätzlich ausschließen („No Developments"), gibt es andere, die dieses Segment als Teil des normalen Geschäfts begreifen. Dazu gehören insbesondere die spezialisierten Immobilienbanken in Deutschland. Es spricht viel dafür, diese Haltung einzunehmen, die Projektentwicklung jedoch in der Kreditrisikostrategie mit einem besonderen Fokus zu behandeln.

7.1.2 Projektentwicklung als Teil der Wertschöpfungskette

Zunächst ist festzustellen, dass Development und Investment sich hinsichtlich der Risikodimensionen „Bauen" und „Vermarkten" nicht grundsätzlich, sondern nur graduell unterscheiden. Da es sich bei Immobilien nicht um statische Aktiva handelt, sondern um Wirtschaftsgüter, die ständigem Wandel standhalten müssen und die insofern zu jeder Zeit eines aktiven Managements bedürfen, beinhaltet auch die Bestandshaltung Risikodimensionen, die sonst der Projektentwicklung zugeordnet werden. Auch langfristige Mietverträge (10 Jahre) laufen eines Tages aus („schneller als man denkt") und es entstehen Vermietungsrisiken, die häufig auch mit baulichen Anpassungen (z.B. Mieterausbauten, Anpassung an den technischen Fortschritt, Ökostandards) oder einer gänzlichen Repositionierung der Immobilie (z.B. Umbau Büro in Wohnen, Aufteilung) einhergehen. Das reine Abstellen auf die vermeintlich risikoarmen Objektzustände

„fertiggestellt und vermietet" ist somit zu relativieren. Die Bank sollte analysieren, welche tatsächlichen Risikophasen es im Lebenszyklus von Immobilien in jedem Einzelfall geben mag und ihre Finanzierungsbereitschaft danach ausrichten. Dabei kann sich sogar ergeben, dass die Projektentwicklung in bestimmten Konstellationen (z.B. Baukostensicherheit, Vermietung und Exit gegeben) faktisch risikoärmer ist als die Bestandshaltung, die sich bei Auslaufen des Mietvertrags mit einer gewissen Wahrscheinlichkeit mit einem leergezogenen Objekt konfrontiert sieht, das aufgrund seiner Spezifik unter Umständen nur schwer zu revitalisieren ist.

Da die Projektentwicklung wertschöpfend agiert oder agieren sollte (Immobilie wird unter Verkehrswert hergestellt, typische Marge liegt bei 15–20%), ist bei Projektentwicklungen ein zusätzlicher Risikopuffer vorhanden, so dass bei gleichem Eigenkapitaleinsatz der Loan to value (LTV) bei der Projektentwicklung niedriger sein kann. Ein ausgereiztes Investment hingegen (z.B. teurer Ankauf einer Core-Immobilie) mag nur geringe Chancen bieten, aus der Immobilie im weiteren Verlauf „etwas zu machen", sodass eine Bank zum Ergebnis kommt, die Projektentwicklung zu begleiten, nicht jedoch die anschließende Bestandshaltung, bzw. diese nur unter einer risikoadjustierten Struktur.

Last but not least ist nicht nur bei der Risikostruktur, sondern auch auf Seiten der Kundschaft die Abgrenzung vom Projektentwickler zum Bestandshalter fließend. Erfolgreiche Projektentwickler können selbst Bestandshalter sein (oft mit ihren besten Objekten, die sie behalten) und große Bestandshalter können als Projektentwickler agieren, sei es nolens volens in der Revitalisierung oder auch, um das Know How zu verbreitern, besser zu nutzen oder das Risiko-/Ertragsprofil zu schärfen.

7.1.3 Strategien aus Banksicht

Banken/Fremdkapitalgeber, die sich auf professionelle Weise mit Immobilienfinanzierungsrisiken auseinandersetzen und regelmäßig investieren, sollten das Segment der Projektentwicklung aktiv besetzen, um Kompetenz und Kundenbindung darstellen zu können, einen tiefen Einblick in das ständig erforderliche Management von Immobilien zu erhalten und das eigene Kreditportfolio mit unterschiedlichen Aggregatzuständen zu diversifizieren. Die Begleitung von Projektentwicklungen hat ein anderes Risiko-/Rendite – Profil, als die klassische Langfristfinanzierung. Hier gehen – neben dem Gesagten – weitere Aspekte ein, die unten eingehender thematisiert werden. Developments binden höhere Ressourcen in der Bank, zum einen personell (Arbeitsaufwand, begleitendes Controlling), zum anderen finanziell (ungedeckte Refinanzierung, Eigenkapital). Dem steht ein höherer Ertrag (Marge/Bearbeitungsgebühr) gegenüber und eine im Durchschnitt kürzere Laufzeit der Finanzierungen.

Dies vorausgesetzt ist für die Projektentwicklung eine gesonderte Geschäfts- und Risikostrategie angezeigt:

– Die Begleitung von Projektentwicklungen sollte vorrangig die Kernmärkte einer Bank umfassen, in denen sie sich besonders gut auskennt und in denen sie einen besonders breiten und tiefen Marktzugang hat. Das heißt: Je weiter weg vom Heimatmarkt/Kernmarkt, desto kritischer muss geprüft werden, ob und in welchem Umfang Developments zum Finanzierungsangebot zählen.

– Der Anteil der Developments am Kreditportfolio sollte beobachtet werden. Da Finanzierungen von Developments eine niedrigere durchschnittliche Laufzeit aufweisen als Investments (z.B. 3 Jahre vs. 6 Jahre im Schnitt), wird entsprechend der Anteil am Neugeschäft höher sein (z.B. 50% Anteil am Neugeschäft um 25% Anteil am Portfolio zu generieren).

– Da Projektentwicklungen für die Bank einen spürbar höheren Aufwand bedeuten, sind die hierfür erforderlichen Ressourcen sorgfältig zu kalkulieren, um zu jeder Zeit zuverlässig und konstant liefern zu können. Dem steht ein höherer Ertrag entgegen, der das Geschäft entsprechend attraktiv machen sollte.

Nachfolgend werden die unterschiedlichen Aspekte der Finanzierung von Projektentwicklungen dargestellt. Dabei wird vor allem auf Praxistauglichkeit Wert gelegt, d.h. es werden Punkte angesprochen, die im täglichen Umgang mit diesem Geschäft zu beachten sind.

7.2 Grundlagen der Projektentwicklungsfinanzierung

Ein Development kann in drei Phasen aufgeteilt werden:
(1) die Grundstücksankaufsphase
(2) die Bauphase und
(3) die Vermarktungsphase
Entsprechend dieser Einteilung wird eine Finanzierung strukturiert.

7.2.1 Grundstücksankaufsphase

7.2.1.1 Wirtschaftlichkeit

Grundlage jeder Projektentwicklung ist die Wirtschaftlichkeit. Zu ihrer Bestimmung sind unterschiedliche, aufeinander aufbauende Aspekte zu analysieren um die „Sinnhaftigkeit" eines Developments einschätzen zu können. Grundsätzlich sollte ein Development „wertschöpfend" kalkuliert sein, wobei die Marge in der Regel zwischen 15 bis 20 % der Gesamtkosten liegt.

Die Analyse beginnt mit der Untersuchung des Standortes, also der Lagebeurteilung, der Struktur und Charakteristik der Kommune, ihrer Wirtschaftskraft und Infrastruktur. Ferner sind Aspekte des direkten Umfeldes zu analysieren, der Bebaubarkeit des Grundstückes hinsichtlich Größe, Zuschnitt, Zuwegung, Planungs-und Baurecht, Baugrund und Altlasten.

Basierend auf dieser Analyse ist das Projekt- und Nutzungskonzept zu entwickeln, das sich mit den Themenschwerpunkten Flächenausnutzung und -effizienz, Qualität der Bauausführung und den überschlägigen Gesamtkosten auseinander setzt.

Die sich nun anschließende Marktanalyse beschäftigt sich, aufbauend auf dem Nutzungskonzept, mit der Fragestellung, ob das Projekt „in den Markt passt". Hierzu wird die Marktnachfrage am Standort, die Leerstandssituation, Flächenabsorption sowie das Mietpreisniveau analysiert. Auf Basis dieser Analysen ist die optimale Positionierung des Projektes im Marktumfeld möglich.

Zu jeder Wirtschaftlichkeitsanalyse gehört auch die Risikoanalyse. Hierbei werden wesentliche risikorelevante Aspekte identifiziert, die die Realisierung einer Projektentwicklung erschweren. Kernelemente sind das Genehmigungsrisiko, Kosten- und Terminrisiken der Bauausführung, Vermietungs- und Vermarktungsrisiken. Die Analyse soll aufzeigen, ab welchen „Verschiebungen" eine Projektentwicklung wirtschaftlich keinen Sinn mehr macht. Welche Pufferpositionen sind einzuplanen, um bei Veränderungen dennoch ein wirtschaftlich tragfähiges Development umsetzen zu können?

Die Bank wird bei ihrer Finanzierung die Wirtschaftlichkeitsanalyse kritisch nachvollziehen, ggf. externe Experten (Gutachter) einbeziehen und eigene Risikoabschläge kalkulieren. Projekte ohne ausreichende Wirtschaftlichkeit (< 15 %) werden zunehmend negativ beurteilt und ggf. von der Finanzierung ausgeschlossen.

7.2.1.2 Residualwert

Der Einstieg in eine Developmentfinanzierung beginnt mit der Finanzierung des Grundstückskaufes. Grundvoraussetzung für die Finanzierungsbereitschaft einer Bank ist die gesicherte Bebaubarkeit des Grundstückes gemäß dem Nutzungskonzept des Developers. Da zum Zeitpunkt des Grundstückserwerbs dieses Konzept zwar feststehen sollte, in der Regel aber weder eine Vermietung noch ein Exit/Verkauf vorliegt und damit die Realisierungswahrscheinlichkeit unsicher ist, wird aus Banksicht die Grundstücksankaufsfinanzierung als risikoträchtigste Phase eingeschätzt. Vor diesem Hintergrund ist die Strukturierung konservativ zu gestalten, das heißt ein erhöhter Eigenkapitaleinsatz ist erforderlich. Eine typische Relation beträgt 50:50.

Zur genaueren Strukturierung/Bestimmung der Relation Eigenkapital/Fremdkapital in der Phase des Grundstückserwerbs ist die Einschätzung des Grundstückswertes von entscheidender Bedeutung. Hierzu wird üblicherweise das sogenannte Residualwertverfahren eingesetzt (auch Investorenmethode genannt). Dies stammt aus der Immobilienbewertung zur Ermittlung des maximalen Grundstückskaufpreises. Das Verfahren wird angewandt, wenn ein Investor sich fragt, welchen maximalen Grundstückspreis er zahlen kann, um ein Projekt wirtschaftlich realisieren zu können.

Zunächst wird der vorläufige Verkehrswert der fertiggestellten und vermieteten Immobilie ermittelt. Dabei wird ein vereinfachtes Ertragswertverfahren ohne Berücksichtigung des Bodenwertes verwendet, da der Bodenwert ja gerade ermittelt werden soll. Im Anschluss werden alle für die Realisierung der Baumaßnahme notwendigen Kosten einschließlich Zinsen und Gewinn (Risikomarge) abgezogen. Daraus ergibt sich der maximal tragfähige Grundstückswert/-preis (Residuum).

Parameter sind Verkaufspreise/Mieten zur Ermittlung des Verkehrswertes, Baukosten, Developergewinn, Finanzierungskosten. Der Wert wird über die voraussichtliche Wartezeit bis zur Realisierung diskontiert (abgezinst).

Die Finanzierungshöhe wird in der Grundstücksankaufsphase nicht nur in Relation zum Kaufpreis gesetzt (Loan to cost), sondern auch in Relation zum Residualwert (Loan to residual value).

7.2.1.3 Baurecht

Bei Projektentwicklungen sind sowohl aus Sicht des Projektentwicklers als auch aus Sicht des finanzierenden Institutes die baurechtlichen Fragen rechtzeitig und zufriedenstellend zu klären.

Zu den wesentlichen Punkten zählen die Erteilung der Baugenehmigung bzw. auch der jeweiligen Teilbaugenehmigung sowie ggf. eine schriftliche Bestätigung der Kommune, dass der Erteilung der endgültigen Baugenehmigung keine Hindernisse entgegenstehen. Insoweit ist ein eindeutiger Bezug zum Bauantrag herzustellen. Eventuell kann es in der Phase der Grundstücksankaufsfinanzierung ausreichen, die Bebaubarkeit zunächst auch ohne Baugenehmigung, jedoch auf Basis eines beschlossenen Bebauungsplanes oder Bauvorbescheids nachzuweisen. Dies kann Abschläge in der Finanzierungshöhe zur Folge haben.

An dieser Stelle sind auch städtebauliche Verträge und Erschließungsverträge zu erwähnen. Städtebauliche Verträge (§ 11 BbauG) werden in der Regel im Rahmen des Bebauungsplanverfahrens geschlossen und dienen der Durchsetzung städtebaulicher Aufgaben. Die Kommune kann damit Einfluss auf die städtebauliche Entwicklung und die Stadtgestaltung nehmen. Führt die Kommune eine Erschließung nicht selbst aus, kann sie diese gemäß § 124 i.V.m. 11 BbauG auch z.B. auf einen Bauträger übertragen. Dieses hat einen erheblichen Kostenvorteil für die Kommune und gibt dem Bauträger hinsichtlich der Erledigungszeiträume Planungssicherheit.

Ohne gutachterlichen Nachweis des Baurechts sollte keine Grundstücksankaufsfinanzierung erfolgen.

7.2.1.4 Grundstückssicherung

Der Developer hat unterschiedliche Möglichkeiten, sich ein Grundstück zur Entwicklung zu „sichern".

Der klassische Weg ist der Abschluss eines Kaufvertrages ohne besondere Nebenabreden. Die Fälligkeit des Kaufpreises ist hierbei in der Regel lediglich davon abhängig, dass sichergestellt ist, dass der Erwerber im Grundbuch als Eigentümer eingetragen wird. Eine „Sicherung" des Grundstückes über diesen Weg wird ein Developer in der Regel nur dann umsetzen, wenn die geplante Entwicklungsmaßnahme bereits weit fortgeschritten ist; d.h. die Bebaubarkeit ist geklärt, erste Nutzer/Mieter wurden gefunden, sodass mit der Umsetzung/dem Bau der Projektentwicklung ohne zeitliche Verzögerungen begonnen werden kann.

Bei der Grundstückssicherung über Option handelt es sich hingegen um einen Grundstückskaufvertrag mit aufschiebenden Bedingungen. Die Fälligkeit des Kaufpreises bzw. das Wirksamwerden des Kaufvertrages (Rücktrittsrechte des Erwerbers) wird unter gewisse Bedingungen gestellt, die entweder der Veräußerer oder der Erwerber zu erfüllen haben. Typisch ist die Vereinbarung, dass der Erwerber/Developer vom Kaufvertrag zurücktreten kann, sofern eine Baugenehmigung für die geplante Nutzung des Grundstückes innerhalb einer festgelegten Zeitspanne nicht erwirkt werden kann. Damit sichert sich der Developer das Grundstück für seine Planungen ohne Übernahme von Grundstücksankaufskosten. Dies wirkt deutlich risikominimierend für den Developer und erleichtert die Finanzierungsbeschaffung.

In ähnlicher Weise wirkt das „Anhandgabeverfahren", das im kommunalen Bereich für die Entwicklung stadteigener Grundstücke angewandt werden kann. Mit der Anhandgabe erhält der Developer die Möglichkeit, innerhalb einer definierten Frist eine Baugenehmigung oder einen Vorbescheid zu erwirken. Die Anhandgabe ist eine Selbstbindung der Kommune. Sie gibt dem Interessenten die Gewähr, dass das Grundstück innerhalb eines bestimmten Zeitraumes keinem Dritten angeboten wird. Sie ist zwar rechtlich keine Verkaufszusage, in der faktischen Wirkung kommt sie dieser aber nahe.

7.2.2 Bauphase

7.2.2.1 Baurisiko

Das Baurisiko lässt sich unterteilen in das Risiko der Bauzeit und der Baukosten. Die Beherrschung und das Management beider Risiken sind elementar für das Gelingen einer Projektentwicklung.

Die Termintreue, als die zeitgerechte Fertigstellung des Projektes, ist von großer Bedeutung, da in der Regel die abgeschlossenen Mietverträge mit festen Übergabeterminen versehen sind. Sollten diese durch den Projektentwickler nicht eingehalten werden, haben die potentiellen Mieter ein Kündigungsrecht hinsichtlich des Mietvertrages. Im worst case bedeutet dies, dass bei verspäteter Fertigstellung das Objekt vollständig leer steht. Der sinnvolle Verkauf eines solchen Objektes ist kaum möglich, die Bedienung des aufgenommen Fremdkapitals ist nicht gewährleistet, die Neuvermietung ist mit zusätzlichen Kosten verbunden. Vor diesem Hintergrund ist es auch aus Sicht der Bank ratsam, die Mietverträge mit zeitlichen „Puffern" auszustatten, um so ggf. auftretende zeitliche Verzögerungen der Fertigstellung auffangen zu können.

Das Baukostenrisiko lässt sich einerseits durch Einplanung von Kostenreserve-Positionen reduzieren. Diese sollten mindestens 5 % der Baukosten betragen. Andererseits lässt sich durch Abschluss eines GU-Vertrages (Generalunternehmer) mit Vereinbarung einer Fertigstellungsgarantie und eines festen Kostenrahmens das Risiko weiter minimieren. Insbesondere bei größeren Projektentwicklungen kann die damit verbundene Reduzierung des Baurisikos wertvoller sein als die ggf. etwas höheren Kosten des GU im Vergleich zur Einzelgewerkvergabe.

7.2.2.2 Projektcontrolling

Das Projektcontrolling ist eine zentrale Aufgabe des Projektmanagements/Developers. Hierunter versteht man nicht nur die reinen Überwachungsfunktionen der Themenbereiche Terminkontrolle, Kostenkontrolle, Qualitätskontrolle sondern im Kern auch den Einsatz von Steuerungsmaßnahmen, die es ermöglichen, bei Abweichungen zur Planung doch noch im festgelegten Zeitfenster und Budgetrahmen zu bleiben.

Das Controlling erfolgt dabei über regelmäßige Soll/Ist-Vergleiche der wesentlichen Projektparameter, um im Bedarfsfall unverzüglich Maßnahmen zu ergreifen und Abweichungen zum ursprünglichen Plan aufzufangen.

Die finanzierende Bank hat ein fundamentales Interesse an der Steuerung/Beherrschung des Baurisikos. Hierfür kann, abhängig von der Größe und Komplexität einer Projektentwicklung, zusätzlich ein externer Projektcontroller beauftragt werden, der im Auftrag der Bank das Baurisiko in seinen Ausprägungen Termin- und Kostentreue überwacht. Aus Banksicht ist es ratsam, diesen Projektcontroller bereits während der Entwicklungsphase des Projektes einzuschalten, um einerseits frühzeitig mit einer Projektentwicklung vertraut zu werden, sowie andererseits ggf. steuernd bereits in einem frühen Stadium (im Sinne der Bank) eingreifen zu können. Die in der Regel monatlich vorzulegenden Projektberichte geben der Bank einen regelmäßigen und zeitnahen Einblick über den Fortschritt des Projektes. Ergänzt wird dies durch regelmäßige Bautenstandsberichte, die in der Regel durch bankeigene Gutachter erfolgen. Diese Unterlagen/ Berichte sind letztlich auch Basis für die baufortschrittsgemäßen Valutierungen der Kreditmittel.

7.2.2.3 Cost Overrun und Interest Shortfall

Hinsichtlich der Kostenrisiken besteht ein gleichgelagertes Interesse zwischen Bank und Projektentwickler, die damit verbundenen Gefahren in den Griff zu bekommen. Neben den oben genannten Maßnahmen wird die Bank in vielen Fällen als zusätzliches Mittel zur Sicherstellung der Fertigstellung eine Kostenüberschreitungsgarantie (cost overrun) verlangen. In der Praxis übernimmt häufig die Muttergesellschaft des Darlehensnehmers oder aber eine Drittbank die Sicherstellung der Abdeckung von Kostenüberschreitungen in der Bauphase. Im Rahmen der Kostenüberschreitungsgarantie wird zunächst die Gesamtkostenkalkulation festgeschrieben. Sollten während der Bauphase Kostenüberschreitungen bei einzelnen Positionen festgestellt werden, so erfasst die Garantie jeweils die Differenz zwischen geplantem Betrag und der Überschreitung. Kommt es in einzelnen Fällen zu Kostenunterschreitungen hat dies keinen Einfluss auf die Garantieverpflichtung, da üblicherweise keine Saldierung vorgenommen wird. Allerdings sind auch Regelungen bekannt, wonach Überschreitungen mit Unterschreitungen verrechnet werden, diese sind in der Praxis aber mangels Vorsehbarkeit der Kostenentwicklung nur schwer nachzuhalten und zu kontrollieren. Kostenüberschreitungsgarantien können auch auf einen Höchstbetrag begrenzt sein.

Eine weitere Sicherungsmaßnahme im Hinblick auf den erfolgreichen Abschluss des Bauprojektes ist die Interest Shortfall-Garantie. Sie dient der Absicherung von potentiellen Lücken in der Kapitaldienstfähigkeit durch die Garantie eines bonitätsstarken Garantiegebers, z.B. um bei einer möglichen Bauzeitverlängerung und somit Laufzeitverlängerung der Kreditmittel die Zinszahlungen zugunsten der Bank sicherzustellen.

7.2.3 Vermarktungsphase

7.2.3.1 Vermietung

Die Vermietung bzw. Vorvermietung eines Projektes ist elementarer Bestandteil für das Gelingen einer Projektentwicklung. Ohne Nutzer/Mieter lässt sich ein Projekt in der Regel nicht umsetzen.

Dem Vermietungskonzept ist daher besondere Beachtung zu schenken. Das Vermietungsmanagement sollte bereits in der Projektentwicklungsphase eng eingebunden werden, um, abgestimmt auf die jeweiligen Anforderungen des Standortes, Aspekte wie Ziel-/Nutzergruppen, Ausstattungsstandard, Flächenkonzeption, Mietpreis sowie Nebenkosten einschließlich der Festlegung von Mietincentives zu definieren. Auf Basis dieser Parameter erfolgt dann durch den Projektentwickler oder durch beauftragte Makler die gezielte Ansprache von Interessenten bzw. die Festlegung des Marketing-/Vertriebskonzeptes. Um die Vermietungschancen eines Projektes besser einschätzen zu können, bietet es sich grundsätzlich an, auf Basis der festgelegten Parameter ein „market sounding" durchzuführen, d.h. Interessenten das Projektkonzept vorzustellen und deren Interessenlage zu bewerten. Damit können noch vor Projektstart Änderungen auf Grund von Anregungen/Wünschen potenzieller Mietinteressenten berücksichtigt werden. Letztlich wird ein Projekt erst gestartet, wenn eine gewisse Vorvermietung erreicht ist. Die Höhe der Vorvermietung hängt dabei wesentlich von der Objektart ab. Je spezieller die Nutzungsart des Projektes, desto höher die Vorvermietung. So wird beispielsweise eine Hotelprojektentwicklung erst gestartet, wenn der Hotelbetreiber vertraglich gebunden ist. Gleiches gilt für Pflegeheime. Bei der Projektentwicklung von Einzelhandelsimmobilien, z.B. Einkaufszentren, ist zumindest die Sicherung der Ankermieter eine Grundvoraussetzung für das Gelingen.

Im Bürobereich ist eine differenzierte Betrachtung erforderlich, abhängig von der Lage des Objektes, des Nutzungskonzeptes sowie der jeweiligen Marktsituation/Nachfragesituation. Die Spanne der Vorvermietung sollte dabei grundsätzlich mindestens zwischen 30 und 50 % der Flächen bzw. des kalkulierten Mietertrages liegen. Eine hohe Vorvermietung signalisiert letztlich die Marktgängigkeit eines Projektes.

Aus Banksicht ist eine angemessene Vorvermietung des Projektes unabdingbar. Die Angemessenheit wird dabei beurteilt nach den bereits oben genannten Kriterien sowie zusätzlich nach der Möglichkeit der „Tragbarkeit" der Fremdfinanzierung. Grundsätzliche Überlegung dabei ist, dass die Mieterträge aus der vereinbarten Vorvermietung mindestens den Zinsdienst der Fremdfinanzierung sichern.

7.2.3.2 Verkauf

In der Regel erfolgt der Verkauf einer Projektentwicklung im Laufe oder mit Fertigstellung des Projektes. Daher sollte bereits in der Planungsphase das Projekt so konzipiert werden, dass es für eine Vielzahl von Investoren attraktiv ist. Es sollte aber nicht nur das Projekt an sich attraktiv sein, auch rechtliche Gestaltungen können eine Vermarktung positiv beeinflussen. Die Abwicklung über eine SPV (single purpose Gesellschaft, z.B. in der Rechtsform einer GmbH & Co. KG) ermöglicht dem Developer, den Verkauf des Projektes über einen Share Deal abzuwickeln, also den Verkauf der Gesellschaft bzw. Gesellschaftsanteile. Dabei besteht die Möglichkeit, Grunderwerbssteuern einzusparen, somit also Kostenvorteile für den Erwerber zu generieren.

Ebenso kann es die Vermarktung eines Projektes befördern, wenn der Developer mit dem Projekt zugleich eine Investorenfremdfinanzierung einer Bank „mitliefert".

Potentielle Investoren sind im Hinblick auf ihr jeweiliges Anlegerinteresse (Objektarten, Investitionsvolumina, Renditevorstellungen) zu analysieren und dann gezielt anzusprechen. Die Gruppen der Investoren lassen sich grob wie folgt unterscheiden:
- private Investoren
  heterogene Gruppe, die Bandbreite reicht von Einzelinvestoren bis zu institutionalisierten Vermögensverwaltungen bzw. Family Offices
- geschlossene Fonds
  Gruppe der stärksten Nachfrager. Das Investitionsvolumen hängt wesentlich von der Platzierungskraft des Fondsauflegers ab, i.d.R. werden Investitions-Volumina zwischen € 20–50 Mio. nachgefragt. Forward-Sales (Ankauf der Projekte noch in der Erstellungsphase) haben sich in den letzten Jahren durchgesetzt. Diese bieten dem Fondsaufleger den zeitlichen Rahmen, das Eigenkapital bis zur Fertigstellung des Projektes „einzusammeln".
- Institutionelle
  Versicherungen und offene Fonds, Investitionsvolumina liegen in der Regel > € 50 Mio.

Aus Banksicht kommt dem Exit, also dem Verkauf des Projektes, eine entscheidende Rolle zu, da die Laufzeit der Finanzierung an die Exit-Planungen des Developers angepasst ist. Insofern ist beispielsweise ein frühzeitiger Exit/Verkauf des Objektes (forward-sale) aus Banksicht ein deutlich risikominimierender Faktor, da die Bank davon ausgehen kann, dass im Rahmen der Laufzeit der Finanzierung diese auch planmäßig aus dem Verkaufserlös zurückgeführt wird. Ebenso kann ein vorzeitiger Verkauf des Projektes die Bank veranlassen, einen sogenannten EK-Release durchzuführen. Hierunter ist zu verstehen, dass die Bank einen Teil des vom Developer eingesetzten Eigenkapitals zurückerstattet, da sich die Risikolage des Projektes deutlich verbessert hat und die planmäßige Rückführung der Finanzierung gesichert erscheint. Wesentliche Parameter, die eine Bank im Rahmen der Prüfung eines EK-Release durchführt, sind beispielsweise die Einschätzung der Bonität des Erwerbers, die Prüfung des Verkaufsvertrages (dieser sollte keine besonderen Auflagen/Bedingungen enthalten, die eine Abwicklung gefährden) sowie die allgemeine Prüfung des planmäßigen Verlaufes der Projektes hinsichtlich der Kosteneinhaltung und der termingerechten Fertigstellung. Erst eine positive Einschätzung zu diesen Punkten wird eine Bank veranlassen, einem EK-Release zuzustimmen.

7.3 (Langfristige) Finanzierung über einen Hypothekarkredit

Im Fokus des Developers steht zunächst nur die Phase der Projektentwicklung selbst, die selten 3 Jahre übersteigt und durch spezifische Finanzierungsstrukturen gekennzeichnet ist.

Mit Blick auf die zukünftige Veräußerung des Objektes und somit auf das anschließende Investment ergibt sich das Erfordernis einer an die Entwicklungsphase anschließenden Endfinanzierung. Für jeden Projektentwickler sollte es ein Anliegen sein, die langfristige spätere Beleihbarkeit optimal zu gestalten. Dies kann den Wert einer Immobilie signifikant beeinflussen. Werden die Kriterien einer Endfinanzierung bereits frühzeitig berücksichtigt, kann daraus nicht nur ein Kosten- sondern auch ein Zeitvorteil erwachsen. Nicht selten übernimmt der Finanzierer der Projektentwicklung anschließend auch die Endfinanzierung.

Die typische Form einer Endfinanzierung findet sich in dem (langfristigen) Real- bzw. Hypothekarkredit. Im folgenden werden der Realkredit und seine Anforderungen dargestellt. Hierbei ist zu berücksichtigen, dass die genannten Kriterien nicht alleine für den Realkredit maßgeblich sind, sondern dem Projektentwickler wichtige Hinweise geben, die eine sorgfältige Projektfinanzierung begünstigen.

7.3.1 Realkredit und Refinanzierung

Der Realkredit ist ein durch ein Grundpfandrecht gesicherter Kredit. Seine Voraussetzungen sind im Pfandbriefgesetz (PfandbG) geregelt. Eine ausführliche Darstellung der rechtlichen Rahmenbedingungen findet sich in Schimansky/Bunte/Lwowski – Stöcker, „Bankrechts-Handbuch", 4. Auflage, 2011. Die Definition des Realkredites gilt darüber hinaus aber auch für alle anderen Kreditinstitute, die Immobilienfinanzierungen betreiben.

Das Pfandbriefbankgeschäft darf grundsätzlich von jedem Kreditinstitut in Deutschland betrieben werden. Voraussetzung ist, dass es eine schriftliche Genehmigung der Bundesanstalt für Finanzdienstleistungsaufsicht (BaFin) nach § 32 Kreditwesengesetz (KWG) besitzt und weitere in § 2 Abs. 1 PfandbG geregelte Voraussetzungen erfüllt.

7.3.2 Realkredit und Eigenkapital

Nach der Solvabilitätsverordnung (SolvV) sind Realkredite, die bestimmte Kriterien erfüllen hinsichtlich der Eigenkapitalanforderung privilegiert. So beträgt gemäß § 35 SolvV das Risikogewicht für eine sogenannte „Kreditrisiko Standardansatz – Position" (KSA) bei einer grundpfandrechtlichen Besicherung von Gewerbeimmobilien 50 Prozent, soweit das Grundpfandrecht den Anforderungen der SolvV entspricht (hierzu ausführlich die Regelung des § 35 SolvV). Basiert die Risikobetrachtung auf einem internen Rating (IRBA Ansatz, § 55 ff. SolvV), ergibt sich in der Regel eine noch höhere Eigenkapitalentlastung für die Bank. Dies hat in der Konsequenz auch positive Auswirkungen auf das Risikomanagement der Bank, sodass die Bank Wert darauf legen wird, die geforderten Kriterien konsequent einzuhalten. Letztlich kommt dieses dem Darlehensnehmer zu Gute, da es im Ergebnis den Kredit verbilligt.

7.3.3 Voraussetzungen

7.3.3.1 Grundpfandrecht

Die Absicherung des Realkredites geschieht in der Regel durch Grundschulden, in Einzelfällen durch Hypotheken. In der Kreditpraxis sind Grundschulden heute Standard, da sie grundsätzlich unabhängig von einer zugrundeliegenden Forderung bestehen können. Damit erlangen sie eine höhere Verkehrsfähigkeit als die Hypothek, deren Bestehen von der Forderung abhängig ist (Akzessorietät). Die Ausgestaltung eines Grundpfandrechts kann sowohl als Buch- als auch als Briefrecht erfolgen. Briefrechte können durch Übergabe des Briefes auch außergrundbuchlich übertragen werden. Die höhere Flexibilität birgt jedoch eine größere Unsicherheit hinsichtlich des Nachweises der Rechtsinhaberschaft.

Wichtig ist, dass die Eintragung des Grundpfandrechts möglichst an erster Rangstelle in den Abteilungen II und III des Grundbuches erfolgt, um den 60 %igen Beleihungsrahmen voll auszuschöpfen. Nicht wertmindernde Rechte dürfen in Abteilung II des Grundbuches vorgehen, hierzu können unter Berücksichtigung des Einzelfalles z.B. Leitungs- oder auch Wegerechte gehören. Im Übrigen sind vorgehende Rechte wertmäßig zu erfassen und schmälern so die Ausnutzung des Beleihungswertes von 60 % und damit den Realkreditrahmen.

7.3.3.2 Vollstreckungsunterwerfung

Die Möglichkeit der Einleitung von Vollstreckungsmaßnahmen gegen einen säumigen Darlehensnehmer steht naturgemäß nicht in dessen Fokus bei der Kreditaufnahme. Ungeachtet dessen handelt es sich hierbei um einen wichtigen Baustein aus Sicht der finanzierenden Bank, letztlich aber auch um eine Voraussetzung, die bei der Konditionengestaltung dem Darlehensnehmer zu Gute kommt. Um die privilegierende Wirkung des Realkredites im Hinblick auf Eigenkapitalbelastung und Deckungsfähigkeit nutzen zu können, verlangt die SolvV i.V.m. § 20 a Abs. 4 KWG die „rechtliche Durchsetzbarkeit" des Grundpfandrechts. Diese ist gegeben, wenn die Bank in der Lage ist, bei Eintritt des Sicherungsfalles den Wert des Grundpfandrechtes in angemessener Zeit realisieren zu können.

Von der Möglichkeit einer zeitnahen Verwertbarkeit ist insbesondere auszugehen, wenn das im Grundbuch eingetragene Grundpfandrecht gemäß § 800 ZPO dinglich vollstreckbar ausgestaltet ist. Dies wird dadurch erreicht, dass sich der Eigentümer des Grundstücks in der (Grundpfandrechts-) Bestellungsurkunde hinsichtlich des Grundstücks der Vollstreckung unterwirft, der Notar auf der Urkunde eine sogenannte Vollstreckungsklausel anbringt und die Vollstreckbarkeit im Grundbuch zusammen mit dem Grundpfandrecht eingetragen wird. Die Bank erhält mit der vollstreckbaren Ausfertigung der Bestellungsurkunde einen „Titel", der sie berechtigt, im Falle des Notleidendwerdens des Darlehens Vollstreckungsmaßnahmen (Zwangsversteigerung/Zwangsverwaltung) bei Gericht zu beantragen.

Aus Kostengründen wird von Darlehensnehmern oftmals Wert auf eine sogenannte Teilvollstreckbarkeit gelegt. Handelt es sich um ein einzelnes Grundpfandrecht, wird in einem solchen Fall die Vollstreckbarkeit nur hinsichtlich eines „zuletzt zu zahlenden Teilbetrages" erklärt (hierzu ausführlich Gaberdiel/Gladenbeck, „Kreditsicherung durch Grundschulden, 8. Auflage, Rn. 319 ff.). Ein maßgeblicher Kostenvorteil wird allerdings nur erreicht, wenn die Grundschuldbestellungsurkunde nicht vom Notar gefertigt wird, er vielmehr nur die Unterschriften beglaubigt und daneben eine gesonderte Unterwerfungserklärung wegen eines Teilbetrages fertigt. Nicht zuletzt aus Haftungsgründen wird die Bank aber häufig verlangen, dass die Bestellungsurkunde vom Notar erstellt wird. In diesem Fall reduziert sich der Kostenvorteil bereits erheblich. Auch hat die Bank zu bedenken, dass der Eigentümer oder ein nachrangiger Gläubiger berechtigt ist, auf den vollstreckbaren Teil zu zahlen und damit die Vollstreckung zu beenden. Ein vollstreckbarer Teilbetrag wird daher aus Sicht der Bank immer eine im Verhältnis zum Darlehensbetrag angemessene Höhe haben müssen. Wird ein Gesamtrecht auf verschiedenen Grundstücken, die keine wirtschaftliche Einheit darstellen, bestellt, sind Teilvollstreckbarkeiten für die Bank nicht akzeptabel, da die erhebliche Gefahr besteht, dass durch Vollstreckungen in Einzelgrundstücke der Vollstreckungstitel „aufgebraucht" wird.

Ungeachtet der dinglichen Vollstreckungsunterwerfung, die im Hinblick auf die Eigenkapitalunterlegung eine besondere Rolle spielt, wird, abhängig vom Einzelfall, häufig auch eine sogenannte" persönliche" Vollstreckungsunterwerfung vereinbart, in der sich der Darlehensnehmer der Vollstreckung in sein gesamtes Vermögen unterwirft. Dies bedeutet, dass ungeachtet einer Verwertung des Beleihungsobjektes, die Bank Zugriff auf das sonstige Vermögen des Darlehensnehmers hat. Im Falle einer Objektgesellschaft würde sich dieser Zugriff auf das Vermögen der Objektgesellschaft beschränken. Von den Banken werden zum Teil auch persönliche Unterwerfungserklärungen von Privatpersonen (z.B. Geschäftsführern, Anteilsinhabern etc.) verlangt, um die Sicherheitenposition zu verbessern. Eine erfolgreiche Vollstreckung ins persönliche Vermögen kann ggf. eine Verwertung des Beleihungsobjektes unnötig machen, allerdings zeigt die Praxis, dass Vollstreckungsmaßnahmen, gegen welche Vermögenswerte auch immer, ein eindeutiges Zeichen des Scheiterns einer Finanzierung sind. Im Interesse der Vertragsparteien sollten daher Probleme, die die Finanzierung gefährden könnten, rechtzeitig und offen angesprochen werden, um gemeinsame Lösungen zu finden.

7.3.3.3 Deckungsfähigkeit

Wesentliche Grundlage des Realkredites ist die Beleihungswertermittlung nach § 16 PfandbG, die die Bank mittels Begutachtung des zu finanzierenden Objektes durchzuführen hat. 60 % des auf Grund dieser Wertermittlung festgesetzten Grundstückswertes (Beleihungswert) gelten als Realkredit.

Eine Pfandbriefbank refinanziert den Realkredit durch die Emission von Pfandbriefen. Aufgrund dieses Refinanzierungsmittels kann die Pfandbriefbank nicht nur zinsgünstige sondern auch langfristige Finanzierungen anbieten. Pfandbriefe sind mündelsichere Wertpapiere (§ 1807

Abs. 1 Ziffer 4 BGB), deren besondere Sicherheit und Qualität sich dadurch auszeichnen, dass sie mit grundpfandrechtlich gesicherten Forderungen unterlegt sind. Diese grundpfandrechtlich gesicherten Forderungen werden in eine sogenannte Deckungsmasse, die die Pfandbriefbank unterhält, eingestellt und dienen zur Absicherung der Pfandbriefkäufer.

Grundsätzlich kann eine Pfandbriefbank auch über den 60%igen Beleihungsraum hinaus Finanzierungen darstellen, diese genießen dann allerdings nicht die Privilegierung des Realkredites und sind auch nicht über die Emission von Pfandbriefen refinanzierbar („ungedeckte" Refinanzierung).

7.3.3.4 Beleihungswertermittlung

Rechtliche Grundlagen der Beleihungswertermittlung ist neben § 16 Abs. 2 PfandbG die Beleihungswertermittlungsverordnung (BelWertV), in der das Wertermittlungsverfahren und der Einsatz von Gutachtern geregelt sind. Die Bank hat den Beleihungswert zu ermitteln und anschließend festzusetzen. Eine ausführliche Darstellung des Beleihungswertes findet sich in Crimman, „Der Beleihungswert", vdp Schriftenreihe Bd. 48, Berlin 2011.

Der Beleihungswert stellt einen eigenständigen Wert mit einer eigenständigen Methodik der Ermittlung dar und ist klar abzugrenzen gegen den Verkehrswert einer Immobilie.

Der Verkehrswert ist der Wert, der auf dem Immobilienmarkt aktuell zu erzielen ist. Der Beleihungswert ist demgegenüber nach der Definition des § 3 Abs. 1 BelWertV der Wert einer Immobilie, der erfahrungsgemäß unabhängig von vorübergehenden, etwa konjunkturell bedingten Wertschwankungen am maßgeblichen Grundstücksmarkt und unter Ausschaltung von spekulativen Elementen während der gesamten Dauer der Beleihung bei einer Veräußerung voraussichtlich erzielt werden kann. Im Gegensatz zum aktuellen Verkehrswert steht also die Nachhaltigkeit bei der Ermittlung des Beleihungswertes im Vordergrund.

In der Praxis werden bei der Beleihungswertermittlung hinsichtlich aller wertbestimmenden Faktoren Abschläge vorgenommen, die die Nachhaltigkeit reflektieren. Dies betrifft insbesondere den Kapitalisierungszins, der im Beleihungswertverfahren gemäß § 12 Abs. 4 BelWertV bei gewerblicher Nutzung nicht unter 6% in Ansatz gebracht werden darf, sodass die Abschläge in besonders „heißen" Marktphasen (z.B. Marktkredite 4%) höher ausfallen. Ebenso wichtig ist der Mietansatz, der auf nachhaltige Mieten abzielt und insofern außergewöhnlich hohe Mieten (overrents), die z.B. für „maßgeschneiderte" Objekte gezahlt werden, unberücksichtigt lässt.

Erfahrungsgemäß liegt der Beleihungswert zwischen 10 und 25% unter dem Verkehrswert. Dieser Aspekt spielt bei der Finanzierbarkeit eine maßgebliche Rolle, da Banken in der Regel Obergrenzen nicht nur für den LTV (Auslauf auf den Verkehrswert/Loan to value), sondern auch auf den LTMV (Auslauf auf den Beleihungswert/Loan to mortgage value) vorsehen. Das Beleihungswertkonzept wirkt insgesamt zyklusdämpfend und ist damit ein wichtiger Baustein der deutschen Finanzierungskultur und einer generell stabilitätsorientierten Marktverfassung. Zur Bestimmung des Beleihungswertes sind der Ertragswert und der Sachwert getrennt zu ermitteln. Der Beleihungswert ist unter Berücksichtigung dieser Werte abzuleiten. Die Grundlagen der Ertragswert- und Sachwertermittlung sind in den §§ 8 ff. und 14 ff. BelWertV niedergelegt.

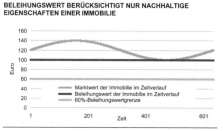

BELEIHUNGSWERT BERÜCKSICHTIGT NUR NACHHALTIGE EIGENSCHAFTEN EINER IMMOBILIE

Marktwert der Immobilie im Zeitverlauf
Beleihungswert der Immobilie im Zeitverlauf
60%-Beleihungswertgrenze

Quelle: vdp, Darstellung DZ BANK AG

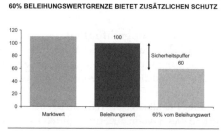

60% BELEIHUNGSWERTGRENZE BIETET ZUSÄTZLICHEN SCHUTZ

Quelle: DZ BANK AG

§§ 4 Abs. 1, 7 BelWertV verlangen, dass eine Besichtigung des Beleihungsobjektes durch einen unabhängigen Gutachter zu erfolgen hat. Der Gutachter muss von der Bank bestimmt werden. Es genügt nicht, dass Gutachten vom Darlehensnehmer vorgelegt oder in Auftrag gegeben werden (§ 5 Abs. 2 BelWertV). Hierdurch soll vermieden werden, dass sich der Gutachter in ein (finanzielles) Abhängigkeitsverhältnis zum Darlehensnehmer begibt. Der Gutachter muss für die Wertermittlung von Immobilien besonders qualifiziert sein. Eine solche Qualifikation wird bei staatlich bestellten bzw. zertifizierten Gutachtern angenommen (§ 6 BelWertV). Insbesondere Pfandbriefbanken arbeiten mit auf die Immobilienbewertung spezialisierten Gutachtergesellschaften (wie z.B. der VR WERT) zusammen, deren Mitarbeiter die erforderliche Qualifikation aufweisen.

Das Gutachten muss Aussagen zur Objekt- und Standortqualität, zum regionalen Immobilienmarkt, zu den rechtlichen und tatsächlichen Objekteigenschaften und zur Beleihungsfähigkeit des Objektes, seiner Verwertbarkeit und Vermietbarkeit enthalten (§ 5 Abs. 3 BelWertV).

Bei der Ermittlung des Beleihungswertes ist also neben den Objekteigenschaften die rechtliche Situation des Beleihungsobjektes zu berücksichtigen. Zu prüfen ist demnach auch, ob das zugunsten der Pfandbriefbank eingetragene Recht erstrangig ist, oder aber andere Grundpfandrechte in Abteilung III bzw. Rechte in Abteilung II des Grundbuches vorgehen, ggf. auch gleichrangig eingetragen sind. Vorgehende und gleichrangige Grundpfandrechte sind grundsätzlich mit ihrem Nominalwert zu berücksichtigen und schmälern damit den privilegierten Realkreditanteil.

Neben nicht wertrelevanten Rechten in Abteilung II des Grundbuches sind auch wertmindernde Rechte zu beachten, wie z.B. Dienstbarkeiten (s.u. Mieterdienstbarkeit). Auch insoweit muss die Pfandbriefbank bei der Beleihungswertprüfung ermitteln, ob nicht eine Einschränkung der Verwertbarkeit gegeben ist, die wiederum Einfluss auf den Beleihungswert und damit im Ergebnis auf die Ausnutzung des 60%-Rahmens hat.

Eine Übersicht über die Dienstbarkeiten bzw. die Rechte in Abteilung II des Grundbuches finden sich in Hennings, „Eintragungen in Abteilung II des Grundbuches", 13. Auflage, 2006.

7.3.3.5 Mieterdienstbarkeit

Dienstbarkeiten sind Rechte, die zugunsten einer dritten Person in Abteilung II des Grundbuches eingetragen werden. Für alle Dienstbarkeiten gilt, dass die Auswirkungen auf die Beleihbarkeit bzw. den Realkreditanteil sorgfältig zu bewerten sind. Eine auch bei der Finanzierung von Projektentwicklungen besonders praxisrelevante Form der Dienstbarkeiten ist die Mieterdienstbarkeit, die hier gesondert erörtert werden soll.

In neuerer Zeit verlangen insbesondere Ankermieter vom Eigentümer/Vermieter die grundbuchliche Absicherung ihrer Mietverträge. Dies kann durch die Eintragung einer sogenannten Mieterdienstbarkeit in Abteilung II des Grundbuches geschehen. Durch die Mieterdienstbarkeit erreicht der Mieter, dass unabhängig vom Bestand des Mietvertrages ein Nutzungsanspruch des Mietobjektes besteht. Aus Sicht des Mieters, der ggf. erhebliche Aufwendungen getätigt hat, wie auch aus Sicht des Vermieters/Eigentümers, der seinen Mieter halten will, eine verständliche Forderung. Aus Sicht der Bank aber ein Kriterium, das sich nachteilig auf die Beleihungswertberechnung auswirken kann. Wie bereits oben dargelegt, wird der Spielraum für den Realkredit eingeengt und damit der Kredit für den Darlehensnehmer verteuert.

Aktuell haben sich unterschiedliche Spielarten der Eintragung einer Mieterdienstbarkeit entwickelt.

Die Eintragung wird sowohl vorrangig vor dem Bankengrundpfandrecht als auch nachrangig vorgenommen. Aus Bankensicht grundsätzlich unproblematisch ist die nachrangige Eintragung einer solchen Dienstbarkeit, da diese bei einer zwangsweisen Verwertung des Beleihungsobjektes erlöschen würde. Allerdings wird die nachrangige Dienstbarkeit häufig mit dem Ansinnen einer sogenannten „Liegenbelassens"- bzw. „Bestehenbleibensvereinbarung" verknüpft. Im Falle der Verwertung des Beleihungsobjektes verpflichtet sich danach die Bank, im Versteigerungsverfahren, unter der Voraussetzung der wirksamen Existenz des Mietvertrages, Anträge auf Liegenbelassen bzw. Bestehenbleiben des Rechts zu stellen. Letztlich bedeutet dieses, dass das Recht trotz Nachrangigkeit bestehen bleibt und ein Erwerber den Mieter „übernehmen" muss. Damit wird das gesetzliche Kündigungsrecht des Erstehers (§ 57a ZVG) im Ergebnis „ausgehebelt", da der Mieter aufgrund des Bestehenbleibens der Mieterdienstbarkeit weiterhin zur Nutzung berechtigt ist. Eine gleiche Wirkung wird in der Insolvenz über § 111 InsO erreicht. Das kann für den Ersteher/Erwerber in bestimmten Fällen (z.B. Ankermieter) durchaus wünschenswert sein, schränkt aber auch die Möglichkeit der Eigennutzung für ihn ein und kann sich für die Bank als Verwertungshindernis herausstellen.

Eine weitere Möglichkeit ist, dass die Mieterdienstbarkeit von vornherein vorrangig vor dem Grundpfandrecht eingetragen wird. Die Folge für den Ersteher und die Bank ist die selbe wie oben beschrieben.

Bei beiden Varianten unberührt bleibt die Verpflichtung des Dienstbarkeitsberechtigten, die Mieterdienstbarkeit löschen zu lassen, wenn der Mietvertrag nach mietrechtlichen Regeln kündbar ist bzw. gekündigt ist.

Sowohl bei der vorrangigen als auch bei der nachrangigen Mieterdienstbarkeit ist der Verwertungsnachteil von der Bank zu bewerten. Die Bewertung geschieht insbesondere aus dem Blickwinkel eines potenziellen Erstehers, für den sich die Frage stellt, ob und in welcher Höhe sich durch die Mieterdienstbarkeit eine Wertverschlechterung des Objektes ergibt. Inwieweit ein Abzug vom Beleihungswert und damit eine Verkürzung des Realkredites mit dem Zinsnachteil für den Darlehensnehmer die Folge ist, ist im Einzelfall unter Abwägung aller Besonderheiten des Einzelfalles von der Bank zu entscheiden. In jedem Fall ist zwingend darauf zu achten, dass bei beiden Konstellationen (Vorrang/Nachrang) die Mieterdienstbarkeit mit einem im Grundbuch verzeichneten Höchstbetrag versehen wird (§ 882 BGB). Hierdurch wird erreicht, dass nicht nur für die finanzierende Bank sondern auch für mögliche zukünftige Ersteher und deren Finanzierer, zumindest das Risiko bei Erlöschen der Mieterdienstbarkeit in der zwangsweisen Verwertung berechenbarer bleibt.

Beispiel für die Ermittlung des Realkreditanteiles unter Berücksichtigung einer Mieterdienstbarkeit:

Verkehrswert	10,0 Mio. €
Ermittelter Beleihungswert (ohne Wertreduzierung):	9,0 Mio. €
./. Wertreduzierung durch Dienstbarkeit	0,5 Mio. €
Beleihungswert:	<u>8,5 Mio. €</u>
60 % des Beleihungswertes:	5,1 Mio. €
./. Abteilung 3: vorgehende Grundschuld über	0,9 Mio. €
./. Höchstbetrag der Dienstbarkeit (§ 882 BGB)	10 T €
Es ergibt sich ein Realkreditanteil von	<u>4,19 Mio. €</u>

7.3.3.6 Regelmäßige Überprüfung der Beleihbarkeit

Die Pfandbriefbank ist gehalten, die Beleihbarkeit regelmäßig zu überprüfen. Neben der laufenden Einreichung von Wirtschaftlichkeitsunterlagen zur Bewertung des Kreditrisikos und des Beleihungsobjektes muss sie in regelmäßigen Abständen eine Einschätzung des Beleihungsobjektes vornehmen. § 26 der BelWertV verlangt, dass bei Anhaltspunkten, die darauf hindeuten, dass sich die Grundlagen der Beleihungswertermittlung nicht nur unerheblich verschlechtert haben, diese zu überprüfen sind. Dies wird insbesondere dann der Fall sein, wenn sich das Preisniveau auf dem jeweiligen regionalen Immobilienmarkt in einem die Sicherheit gefährdenden Umfang verschlechtert hat. Die Konsequenz einer solchen Entwicklung kann sein, dass die darlehensvertraglichen Regelungen anzupassen bzw. ggf. auch weitere Sicherheiten zu stellen sind (s.u. Covenants).

7.4 Strukturierung von Krediten

Die Finanzierung von Projektentwicklungen ist ein maßgeschneidertes Produkt, das in der Finanzierung die unterschiedlichen Phasen des Vorhabens abbildet. Der Einsatz von Eigenkapital und Fremdkapital, das Pricing und die Eingriffs- und Rückgriffsrechte der Bank werden an den Projektfortschritt individuell angepasst.

Die grundsätzliche Höhe des Eigenkapitaleinsatzes hängt schwerpunktmäßig vom Risikogehalt des Projektes ab und steht somit in direkter Abhängigkeit zur Vermietungsleistung/ Vorvermietungsquote, der Exit-Wahrscheinlichkeit, bzw. des realisierten Exits sowie der Handhabung der Baurisiken. In Abhängigkeit dieser Parameter und des Projektfortschrittes erfolgt individuell die Festlegung des Eigenkapitaleinsatzes.

Die Strukturierung einer Developmentfinanzierung ist ein iterativer Prozess, der den unterschiedlichen Interessen der Bank und des Projektentwicklers Rechnung trägt. In der Regel überschreiten die Projektvolumina häufig die Eigenkapitalkapazitäten eines Developers, dies auch vor dem Hintergrund, dass mehrere Projekte parallel realisiert werden.

Diesem Umstand tragen verschiedene Finanzierungsinstrumente Rechnung, die im folgenden näher erläutert werden.

7.4.1 Horizontale Tranchierung

Unter der horizontalen Tranchierung von Krediten wird allgemein die Einteilung der jeweiligen Kredittranche nach ihrem Risikogehalt, also ihrem jeweiligen Rangverhältnis zu anderen Finanzierungstranchen verstanden (Frage des „first loss pieces"). Dabei wird pauschal unterstellt, dass nachrangige Finanzierungstranchen mit einem erhöhten Ausfallrisiko behaftet sind. Entsprechend dieser Maßgabe erwarten daher nachrangige Kapitalgeber auch eine höhere Verzinsung.

7.4.1.1 Senior- und Junior loan

Die klassische Projektfinanzierung wird über einen Senior loan dargestellt. Orientierungsgröße bei normaler Risikostruktur ist eine 70/30 Aufteilung im Hinblick auf Fremdmittel/ Eigenmittel. Diese Quote wird auch LTC bezeichnet (Loan to cost). Die Absicherung des Senior loan erfolgt im wesentlichen durch erstrangige grundpfandrechtliche Besicherung auf dem zu realisierenden Projekt.

Diese Finanzierungsform verlangt vom Developer einen spürbaren Eigenkapitaleinsatz. Im Hinblick auf die in der Regel knappe Verfügbarkeit von Eigenkapital besteht grundsätzlich, in Abhängigkeit der jeweiligen Risikolage des Projektes (Stichworte: Vermietungsstand, Exit-Wahrscheinlichkeit etc.), die Möglichkeit, die Fremdmittelquote durch die Aufnahme eines Junior loan zu erhöhen.

Durch die Aufnahme eines Junior loan kann die Struktur der Fremdfinanzierung z.B. auf 80/20 erhöht werden, d.h. der LTC steigt auf 80%. Ein Junior loan wird wesentlich durch eine nachrangige grundpfandrechtliche Besicherung abgesichert. Der höhere Risikogehalt eines Junior loan schlägt sich in einer deutlich höheren Verzinsung nieder.

In der Praxis hat der Junior loan an Bedeutung verloren. Banken haben die Erfahrung gemacht, dass das adäquate Pricing solcher Tranchen einerseits schwierig ist, andererseits die Tranchierung eines Kredites in mehrere Teile zu unerwünschter Komplexität führt.

Häufig wurde daher die „Junior-Tranche" gar nicht separat bezeichnet, sondern als „Aufvalutierung" des bestehenden Senior loan definiert.

7.4.1.2 Mezzanine und Eigenkapitalderivate

Eine größere Rolle spielt das Mezzanine-Kapital. Abgeleitet aus der Architektur im Sinne von „Zwischengeschoss" ist Mezzanine als Sammelbegriff für Finanzierungsarten zu verstehen, die in ihren rechtlichen und wirtschaftlichen Ausgestaltungen eine Mischform zwischen Eigen- und Fremdkapital darstellen. Die Bereitstellung von Mezzanine-Kapital kann dabei in unterschiedlichsten Ausprägungen erfolgen. Grundsätzlich üblich bei Immobilien-Projektentwicklungen ist die Form des nachrangigen Darlehens, des partiarischen Darlehens und der stillen Beteiligung. Diese drei Ausprägungen unterscheiden sich einmal hinsichtlich der Mitwirkungs-, Informations- und Kontrollrechte der Kapitalgeber sowie andererseits hinsichtlich der rechtlichen und wirtschaftlichen Behandlung dieser Kapitalform durch die vorrangigen Gläubiger. In der Regel wird Mezzanine-Kapital nicht grundpfandrechtlich besichert.

Mezzanine-Geber sind oftmals Private Equity-Gesellschaften, Banken sowie spezielle Mezzanine-Fonds. Die Mezzanine-Geber refinanzieren sich ihrerseits größtenteils über Fremdkapital bzw. reichen die gewährten Darlehen gebündelt in Form von Verbriefungen an Investoren weiter.

Der Einsatz der jeweiligen Kredittranchen aus Sicht des Developers sollte grundsätzlich nach dem Prinzip der optimalen Allokation der begrenzten eigenen Eigenmittel erfolgen. Zu berücksichtigende Faktoren sind dabei die Bereitschaft von Gläubigern, entsprechende Tranchen zu übernehmen, die steigenden Kosten/Verzinsung der nachrangig besicherten Tranchen sowie die ggf. vorhandenen Mitwirkungsrechte von Gläubigern, die eine unabhängige pragmatische Umsetzung einer Developmentmaßnahme erschweren können.

Um eine Anrechnung von Mezzanine- bzw. eigenkapitalähnlichen Mitteln als tatsächliches Eigenkapital im Rahmen der Finanzierung durch die Bank zu erreichen, hat der Developer einige grundsätzliche Parameter zu berücksichtigen.

In der Regel werden nachrangige Finanzierungsmittel nur befristet zur Verfügung gestellt. Ferner erwarten die Kapitalgeber oft eine laufende Verzinsung sowie zusätzlich eine Beteiligung am Developer-Erfolg. Die Befristung der Bereitstellung der Mittel ist so zu wählen, dass die Laufzeit der Mittel größer ist als die zugrundeliegende Laufzeit der Finanzierungszusage des Senior lenders. Ebenso sollte sichergestellt werden, dass eine laufende Verzinsung des Kapitals nicht über das Projekt an sich erfolgt, sondern der Developer hier zusätzliche Mittel einsetzt. Wesentlich ist zusätzlich der Abschluss einer „Intercreditor Vereinbarung" oder „Nachrangvereinbarung".

Diese Vereinbarung zwischen dem Senior lender und dem Nachranggläubiger regelt im wesentlichen, dass der Nachranggläubiger (unabhängig von seiner Besicherung) seine Rechte aus dem Nachrangdarlehen erst geltend macht, sobald alle vertraglichen Ansprüche des Senior lenders erfüllt sind. Nur damit wird erreicht, dass die Nachrangverbindlichkeiten des Developers als eigenkapitalähnliche Mittel eingestuft werden können. In der Finanzierungspraxis ist hingegen häufig zu beobachten, dass Mezzaninekapitalgeber einen hohen Verzinsungsanspruch gleichzeitig mit der starken Rechtsposition eines klassischen Fremdkapitalgebers (Besicherung, Einfluss auf die Verwertung) kombinieren wollen. Davor kann nur gewarnt werden, da solche Konstellationen regelmäßig zu großen Problemen mit dem Fremdkapitalgeber führen bis hin zur gänzlichen Unfinanzierbarkeit eines Projektes.

7.4.2 Vertikale Tranchierung

Während die horizontale Tranchierung von Krediten die Aufteilung der Kredittranchen nach ihrem Risikogehalt bestimmt, ist unter der vertikalen Tranchierung die Aufteilung von Kredittranchen, die ein gleiches Risikoprofil ausweisen, auf mehrere Gläubiger gemeint (Pari passu).

Die vertikale Tranchierung von Krediten ermöglicht es Banken, größere Transaktionen darzustellen, da entweder von Anfang an oder im Nachgang andere Banken oder der Kapitalmarkt an einer Transaktion beteiligt werden.

Hierbei können zwei grundsätzlich unterschiedliche Wege der Tranchierung festgestellt werden, die Syndizierung und die Verbriefung.

Während die Verbriefung von Kreditrisiken seit einigen Jahren kaum noch eine Rolle spielt, hat die klassische Syndizierung von Krediten, insbesondere bei großvolumigen Transaktionen, wieder deutlich an Bedeutung gewonnen.

7.4.2.1 Verbriefung

Verbriefung (Securitization) bedeutet die Schaffung von handelbaren Wertpapieren (Securities) aus Forderungen (zukünftige Zahlungsströme) oder Eigentumsrechten im weitesten Sinne.

In einer Verbriefungstransaktion überträgt der Verkäufer (Bank) bestimmte Vermögenspositionen (Darlehensforderungen inkl. der zu Grunde liegenden Sicherheiten) auf einen Käufer. Der Käufer refinanziert diesen Kauf durch die Emission von Wertpapieren auf dem Kapitalmarkt.

Hierbei wird unterschieden zwischen dem „True sale" und einer „synthetischen" Verbriefung. Während bei einer True sale Transaktion die Bank mit bilanzbefreiender Wirkung Vermögenspositionen auf einen Käufer überträgt, erfolgt bei der synthetischen Verbriefung mit Hilfe von Kreditderivaten lediglich ein Risikotransfer.

Somit verkürzt sich im Rahmen einer True sale Verbriefung die Bilanz der Bank, ein tatsächlicher Verkauf der Forderung findet statt; bei der synthetischen Verbriefung erfolgt keine Verkürzung der Bilanz, es werden lediglich die Risiken aus der Vermögensposition „verkauft"/ abgesichert.

In beiden Fällen bleibt die Bank in der Regel der Ansprechpartner des Kunden/Developers. Die Bank übernimmt die Servicer-Funktion für die Transaktion.

7.4.2.2 Syndizierung

Hinsichtlich der Syndizierung von Krediten können grundsätzlich zwei Wege unterschieden werden, zum einen die sofortige Beteiligung anderer Banken an einer Transaktion, zum anderen die nachträgliche Beteiligung.

Die sofortige Beteiligung von mehreren Banken wird auch als „Club Deal" bezeichnet, d.h. mehrere Banken (mindestens zwei) strukturieren gemeinsam eine Finanzierung von Beginn an. In der Regel wird im Rahmen der Strukturierung ein Konsortialführer festgelegt, der die wesentlichen Abwicklungsaufgaben (z.B. treuhänderisches Halten der Sicherheiten für alle Banken) übernimmt.

Bei der nachträglichen Beteiligung von Banken an einer Transaktion übernimmt eine Bank zu Beginn das sogenannte „Underwriting", d.h. die gesamte Finanzierung wird zunächst nur von einer Bank alleine zugesagt. Im Nachgang, d.h. nach Zusage und ggf. Auszahlung des Kredites beteiligen sich andere Banken an der Finanzierung. Um das Risiko der nachträglichen Syndizierung einzuschränken, erfolgt durch die zunächst allein übernehmende Bank (vor Zusage an den Kunden/Developer) ein „Market sounding", in dem die grundsätzlichen Parameter der Finanzierung anderen Banken in anonymisierter Form dargelegt werden. Auf diese Weise lassen sich Interessebekundungen einholen, um die Syndizierbarkeit präzise einschätzen zu können.

Für den Kunden/Developer ist grundsätzlich das „Underwriting" Verfahren die präferierte Vorgehensweise, da hier nur mit einer Bank verhandelt werden muss.

In den letzten Jahren hat allerdings das „Club Deal" Verfahren an Bedeutung gewonnen, da hiermit das Risiko, im Rahmen des „Underwriting" auf einem Kredit „sitzen" zu bleiben, ausgeschlossen werden kann. Ebenso ist es von großer Bedeutung, dass bei größeren Transaktionen von Anbeginn an mehrere Banken ein gleiches Verständnis von Risiko/Ertragsrelationen haben. Die Entscheidungsfindung wird somit für alle Beteiligten sicherer.

Die Konsortialbeteiligung kann sowohl durch Zurverfügungstellung von liquiden Mitteln, als auch in Form einer Bürgschaft erfolgen. Die beteiligten Banken vereinbaren einen Konsortialvertrag, der auf den Darlehensvertrag Bezug nimmt und das Verhältnis der Konsorten untereinander regelt. Konsortialverträge sind grundsätzlich auf Konsens ausgelegt. Das Auftreten gegenüber dem Darlehensnehmer aber auch die interne Abstimmung im Konsortium sollte einvernehmlich erfolgen.

Insbesondere Finanzverbünde, wie die genossenschaftliche Finanzgruppe, können den Darlehensnehmern im Rahmen von Konsortialfinanzierungen einen Mehrwert bieten, da hier das regionale Know How der Primärbanken mit dem fachlichen Know How des Spezialfinanzierers (Pfandbriefbank) kombiniert wird. Durch die flächendeckende Präsenz der Primärbanken werden auch regionale Märkte in der gewerblichen Immobilienfinanzierung kundennah und professionell bearbeitet.

7.4.2.3 Sicherheitenverteilung

Wichtig für die beteiligten Konsorten ist die Sicherheitenverteilung. Augenmerk wird hier zunächst auf die grundpfandrechtliche Absicherung gelegt. Beim Club Deal ist vorstellbar, dass die beteiligten Banken jeweils ein Grundpfandrecht erhalten, das in der Höhe ihrer Beteiligung an dem Konsortium entspricht. Diese einzelnen Grundpfandrechte werden gleichrangig im Grundbuch eingetragen. Nicht selten wird das Grundpfandrecht aber in voller Höhe für den Konsortialführer bestellt. Dieser hält es treuhänderisch für die Konsorten. Allerdings wird den meisten Konsorten das Treuhandverhältnis alleine nicht reichen.

- **Übertragung von Grundpfandrechten**

Wie bereits dargestellt, ist eine eigenkapitalprivilegierende Wirkung nur zu erreichen, wenn die Bank auch tatsächlich Inhaberin des Rechts wird. Handelt es sich bei dem Konsorten um eine Pfandbriefbank, wird diese, auch unter dem Gesichtspunkt ihrer eigenen Pfandbriefdeckung, Wert auf die Inhaberschaft des Rechtes legen. Auch andere Banken werden dieses wegen der eigenkapitalprivilegierenden Wirkung des Grundpfandrechts fordern.

Inhaber des Rechts wird der Konsorte durch Abtretung und Eintragung des Grundpfandrechts im Grundbuch. Dies ist ein verhältnismäßig (kosten- und zeit-)aufwändiges Verfahren. Handelt es sich bei dem Grundpfandrecht um ein Briefrecht, kann auch eine Abtretung mit Briefübergabe erfolgen, eine Eintragung im Grundbuch ist zum Rechtserwerb dann nicht erforderlich, die Abtretungserklärung ist aber notariell zu beglaubigen, um die Rechtsnachfolge unzweifelhaft belegen zu können.

- **Refinanzierungsregister**

Seit 2009 steht ein vereinfachtes Verfahren zur Verfügung, um den beteiligten Konsortialbanken Zugriff auf das Grundpfandrecht zu verschaffen. Der Gesetzgeber hat das Refinanzierungsregister (§§ 22 a ff KWG) 2009 ausdrücklich zur Anwendung bei Konsortialfinanzierungen eröffnet (BT Drucksache 16/11130, S. 46). Den Banken ist damit bei Konsortialfinanzierungen ein Instrument an die Hand gegeben worden, das die Verteilung von grundpfandrechtlichen Sicherheiten im Konsortium schnell und unbürokratisch löst. Zwischenzeitlich führen nahezu alle großen, im gewerblichen Immobilienkreditgeschäft tätigen Banken ein solches Register. Ebenso wie über die Deckungsmasse der Pfandbriefbank der staatlich bestellte Treuhänder, wacht über das Refinanzierungsregister der staatlich bestellte „Verwalter des Refinanzierungsregisters" (§ 22 e KWG), der die Ordnungsgemäßheit des Registers prüft.

Grundlage der Regelung ist das treuhänderische Halten des Grundpfandrechtes durch den Konsortialführer (selten: durch einen Konsorten). Wird zugunsten des Konsortialführers das gesamte Recht bestellt, kann dieser ein sogenanntes Refinanzierungsregister einrichten, in das der dem Konsorten zustehende Anteil des Rechts eingetragen wird. Mit dem Auszug aus dem Refinanzierungsregister erhält der Konsorte ein Dokument, das seinen Anspruch auf Übertragung des ihm zustehenden Grundpfandrechtsteiles insolvenzfest macht (Aussonderungsanspruch). Dieser insolvenzfeste Anspruch wiederum wird heute sowohl privilegierend unter Eigenkapitalgesichtspunkten als auch geeignet zur Einstellung in die Deckung anerkannt.

- **Sonstige Sicherheiten**

Soweit im Darlehensvertrag weitere Sicherheiten bestellt werden (z.B. Mietabtretungen etc.), ist es üblich, dass diese vom Konsortialführer für die Konsorten treuhänderisch gehalten werden. Im Verwertungsfall handelt der Konsortialführer dann auch für die Konsorten bzw. tritt die Zusatzsicherheiten an die Konsorten entsprechend ihrer Konsortialbeteiligung ab.

7.5 Ausgestaltung des Darlehensvertrages

7.5.1 Finanzierungskosten

Die für den Darlehensnehmer entstehenden Kreditkosten setzen sich aus dem Kreditzins sowie weiteren Gebühren und Kosten zusammen. Unter dem Begriff Kreditzins lassen sich die Refinanzierungskosten der Bank und die Marge subsumieren.

7.5.1.1 Refinanzierungskosten

Eine der ureigensten Aufgaben von Banken ist die Versorgung der Wirtschaft mit Krediten. Zu diesem Zweck generieren Banken im Rahmen ihrer Refinanzierung Liquidität, die sie anschließend als Kredit der Wirtschaft zur Verfügung stellen können. Die Kosten dieser Refinanzierung spiegeln den Zinsaufwand wider, den eine Bank für die Aufnahme von Liquidität zu entrichten hat.

Die Höhe der Refinanzierungskosten ist abhängig vom aktuellen Marktzins und den Liquiditätskosten einer Bank. Dabei orientiert sich der Marktzins am aktuellen Zinsniveau für die festgelegte Zinsbindung des Kredites (z.B. Swapsatz, Euribor). Die Liquiditätskosten spiegeln den Zinsaufwand für die Beschaffung von Liquidität über die Dauer der Liquiditätszusage für den Kredit wider. Die Höhe der Liquiditätskosten wird sowohl von der Art der Besicherung der Liquiditätsaufnahme (gedeckt/ungedeckt) als auch von der Bonität der Bank beeinflusst. Je besser die Bonität einer Bank, desto geringer die Liquiditätskosten.

Während in der Vergangenheit die Liquiditätskosten kaum eine Rolle spielten, hat sich dies angesichts der Finanzmarktkrise verändert. Die Liquiditätsbeschaffung ist schwieriger geworden, was sich unmittelbar auf die Finanzierungskosten auswirkt.

7.5.1.2 Marge
Die Höhe der Marge wird durch eine Vielzahl von Faktoren bestimmt. Hierzu zählen die jeweilige Marktsituation, die Bonität des Darlehensnehmers und die Qualität des Beleihungsobjektes. Zudem ist zu hinterfragen, ob die Erwartungen des Kunden hinsichtlich des Projekterfolges realistisch sind. Decken die angestrebten Erlöse die anfallenden Kosten für Verwaltung, Risiko und Eigenkapital? Wird ein ausreichender Gewinn erwirtschaftet?

Bei prosperierender Wirtschaft wird erfahrungsgemäß der Wettbewerb unter den Banken zu einem Druck auf die Margen führen, während sich umgekehrt in wirtschaftlich schwierigen Zeiten auch die Banken im Finanzierungsgeschäft zurückhalten und zum Ausgleich ihres Risikos höhere Margen durchsetzten können. Ggf. kann es in einer solchen Situation zu einer Kreditklemme kommen, wenn es an liquiden Mitteln fehlt. Dann sind nur noch wenige Banken überhaupt bereit und in der Lage, Kreditrisiken einzugehen, was ihnen wiederum ermöglicht, ihre Margenvorstellungen anzupassen.

7.5.1.3 Gebühren und sonstige Kosten
Zur Abdeckung ihres Bearbeitungsaufwandes erhebt die Pfandbriefbank Bearbeitungsgebühren. Diese werden in der Regel in Höhe eines Prozentsatzes des Darlehensnominalbetrages errechnet und einmalig geltend gemacht. Zu berücksichtigen ist hierbei, dass die Bearbeitung eines Kreditantrages einen hohen zeitlichen und personellen Aufwand für die Bank bedeutet, der z.B. auch anfällt, wenn die Finanzierung letztendlich nicht zustande kommt. Häufig wird daher bereits in den vorvertraglichen Regelungen (z.B. im sogenannten Term Sheet) eine Gebührenregelung zwischen Bank und potenziellem Darlehensnehmer getroffen. Insbesondere bei komplexen Finanzierungen wird es für die Bank erforderlich sein, bereits vor Vertragsschluss nähere Kenntnisse über das Beleihungsobjekt zu erlangen, die die Erstellung eines Gutachtens erforderlich werden lassen.

Mit Unterzeichnung des Term Sheet wird dann eine Mandatierungsgebühr fällig, die die Kosten der Bank in der anstehenden Due Diligence zumindest teilweise abdeckt.

Die für die Bestellung und Eintragung der Grundpfandrechte anfallenden Notar-/Grundbuchkosten sowie sonstige eventuell für die Dokumentation erforderlichen externen Kosten (z.B. für rechtliche Beratung) sind nach den üblichen Gepflogenheiten ebenfalls durch den Darlehensnehmer zu tragen.

Eine Zusageprovision fällt an, wenn die Bank zwar den Kredit bereits zugesagt hat, die Zinshöhe aber noch nicht vereinbart ist. Eine solche Regelung bietet dem Darlehensnehmer den Vorteil, dass er einerseits eine gesicherte Finanzierung erlangt, andererseits aber in einem gewissen, mit der Pfandbriefbank abgestimmten Rahmen die Marktentwicklung für sich nutzen kann. In diesem Fall muss die Bank aufgrund der Bindungswirkung der Kreditzusage jedoch bereits Eigenkapital vorhalten.

Eine entsprechende Situation tritt ein, wenn das Recht eingeräumt wird, ein Darlehen sukzessive in Anspruch zu nehmen. Die Zusageprovision ist insofern gerade bei der Finanzierung von Projektentwicklungen ein wichtiges Thema.

Nach Abschluss des Darlehensvertrages und Fixierung des Zinssatzes wird eine sogenannte Bereitstellungsprovision bis zur Auszahlung des Darlehens erhoben. Diese stellt für die Bank den Ausgleich zwischen erfolgter Refinanzierung und noch nicht eingesetzter Darlehensverzinsung dar. Bei sorgfältiger Planung und rechtzeitiger Erfüllung der Auszahlungsvoraussetzungen können die Bereitstellungszinsen minimiert bzw. ganz vermieden werden, zumal die Banken nach erfolgter Kreditzusage oftmals einen Übergangszeitraum akzeptieren, in denen die Bereitstellungszinsen noch nicht einsetzen.

Weitere Gebühren und sonstige Kosten können im Einzelfall anfallen (z.B. Arranger fee, Agency fee etc.).

7.5.2 Management von Zinsänderungsrisiken

Grundsätzlich werden Developmentfinanzierungen aufgrund ihrer kurzen Laufzeit auf Basis kurzfristiger Zinsen refinanziert. Typisch ist die Bereitstellung auf Basis des 3-Monats-Euribor als sogenanntes Roll-Over-Darlehen. Bei dieser Darlehensform wird zu festgelegten Zeitpunkten (i.d.R. alle 3 Monate) der Zinssatz auf Basis des Euribor-Satzes neu festgelegt.

Aufgrund der kurzen Laufzeit von Developmentfinanzierungen spielt das Management von Zinsänderungsrisiken im Vergleich zum klassischen, langfristigen Investorenkredit eine eher untergeordnete Rolle.

Dennoch ist dem Zinsmanagement eine gewisse Aufmerksamkeit zu schenken, da üblicherweise bis zum Projektstart nach Zusage der Darlehensmittel durch eine Bank mehrere Monate vergehen können und die Darlehensaufnahmen sukzessive erfolgen (entsprechend Baufortschritt). Damit können steigende Zinsen die Realisierung eines Projektes gefährden, sofern die möglichen Zusatzkosten durch den Investor nicht getragen werden können.

Vor diesem Hintergrund sollten mögliche Zinssteigerungen in der Kalkulation berücksichtigt werden. Ebenso können durch den Einsatz von Sicherungsinstrumenten Zinsänderungsrisiken reduziert und somit eine größere Planungssicherheit für das Development erreicht werden. Ein aktives Zinsmanagement ist ein geeignetes Mittel, um sich eine bessere Kalkulationsgrundlage hinsichtlich der Zinshöhe zu verschaffen und Risiken abzufedern.

7.5.2.1 Festzins

Als klassisches Zinssicherungsinstrument gilt der Festsatzkredit, bei dem ein unveränderlicher Zinssatz für die gesamte Kreditdauer bzw. die vereinbarte Zinsfestschreibung festgelegt wird. Der Developer erhält somit vollständige Planungssicherheit hinsichtlich der Zinshöhe für sein Vorhaben, kann aber von möglichen Zinssenkungen nicht profitieren. An zusätzlichen Kosten für diese Sicherheit hat der Developer Bereitstellungsprovisionen zu entrichten (s.o.).

7.5.2.2 Swap/Swaption/Cap

Ein weiteres Instrument zur Absicherung von Zinsänderungsrisiken ist der Swap. Ein Swap ist eine vertragliche Vereinbarung zwischen zwei Partnern (Developer und Bank), die sich unabhängig von einem eventuell bestehenden Kredit auf Zinszahlungsmodalitäten bezieht. In der praktischen Auswirkung ist der Swap wirtschaftlich einer Festzinsvereinbarung angenähert.

Da es sich bei einem Swap-Geschäft um den Austausch von Zahlungsströmen handelt, sind bei einer Developmentfinanzierung in der Swap-Struktur die vorgesehenen Auszahlungstermine zu berücksichtigen. Hierdurch verliert der Developer Flexibilität bzw. bei abweichenden Auszahlungsterminen des Kredites zum Swap-Geschäft die fristenkongruente Zinssicherung. Vor diesem Hintergrund kann es sich anbieten, eine Swaption abzuschließen, bei der der Developer zum Optionstermin entscheidet, ob der Swap in Anspruch genommen wird oder nicht.

Beabsichtigt der Developer an fallenden Zinsen zu partizipieren aber gleichzeitig Planungssicherheit hinsichtlich der Zinshöhe zu erreichen, so kommt der Abschluss eines Cap in Frage. Ein Cap ist die vertragliche Festlegung einer Zinsobergrenze bezogen auf einen Referenzzinssatz (in der Regel Euribor). Durch den Kauf eines Zinscap sichert sich der Developer einen Höchstzinssatz für seine Finanzierung in Höhe der vereinbarten Zinsobergrenze auf Basis des zugrunde liegenden Euribor-Darlehens. Hierfür zahlt er als Käufer des Cap bei Abschluss eine einmalige Prämie.

Somit profitiert der Developer von den Vorteilen der variablen Finanzierung (Partizipation an sinkenden Zinsen), bei gleichzeitiger Absicherung des Risikos steigender Zinsen.

7.5.2.3 Trigger Rate

Ein praktikables und kostengünstiges Instrument, um einerseits von niedrigen/fallenden kurzfristigen Zinsen zu profitieren und sich andererseits gegen steigende Zinsen zu schützen, ist die darlehensvertragliche Vereinbarung einer Trigger Rate. Die Trigger Rate stellt eine Barriere dar, ab welcher der Kunde auf Verlangen der Bank von einem variablen Zins bzw. einer kurzfristigen Zinsfestschreibung in eine feste (langfristige) Zinsvereinbarung wechseln muss.

7.5.3 Auszahlungsvoraussetzungen, Auflagen, Covenants

7.5.3.1 Grundpfandrechtliche Sicherheiten

Die Realkreditfähigkeit setzt die rangrichtige Eintragung von Grundpfandrechten voraus. Vor Auszahlung des Darlehens muss daher die Eintragung des Grundpfandrechtes zu Gunsten der Pfandbriefbank an der zuvor vereinbarten (ersten) Rangstelle nachgewiesen sein. Der Nachweis wird durch Vorlage von (beglaubigten) Grundbuchauszügen erbracht. Auch ist der Bank die notarielle Grundschuldbestellungsurkunde möglichst in vollstreckbarer Form einzureichen. In Ausnahmefällen kann eine Auszahlung auch vor Eintragung der Grundpfandrechte erfolgen, wenn der Notar im Rahmen einer gutachterlichen Bewertung eine sogenannte „Notarbestätigung" abgibt, dass er die Grundpfandrechtsbestellungsurkunde auch im Namen der Bank beim Grundbuchamt eingereicht hat, alle Grundbuchkosten gezahlt sind und er sich davon überzeugt hat, dass der rangrichtigen Eintragung nichts im Wege steht.

7.5.3.2 Sonstige Auszahlungsvoraussetzungen und Auflagen

Vor Auszahlung ist der wirksame Abschluss des Darlehensvertrages durch rechtsverbindliche Unterzeichnung zu belegen. Hierbei ist insbesondere die erforderliche Vertretungsbefugnis der handelnden Personen auf Seiten des Darlehensnehmers durch entsprechende Dokumente nachzuweisen.

Die Pfandbriefbank zahlt das Darlehen bzw. zuvor vereinbarte Darlehensteile nach Erfüllung der Auszahlungsvoraussetzungen zur zweckgerechten Verwendung aus. Bei Projektfinanzierungen ist zwischen Darlehensnehmer und Bank ein entsprechender Auszahlungsplan zu erstellen und regelmäßig zu überwachen.

Bei den Auszahlungsvoraussetzungen ist zu unterscheiden zwischen Voraussetzungen, die bereits bei erster Teilauszahlung vorliegen müssen und Voraussetzungen, die mit dem jeweiligen Baufortschritt zu erfüllen sind. Neben den Unterlagen zum Beleihungsobjekt wie z.B. Kaufvertrag, Katasterunterlagen, Flurkarten, Bauplanungsunterlagen, Baugenehmigungen, Bauzeichnungen etc. sind ggf. auch bereits abgeschlossene Mietverträge (mit Ankermietern) vorzulegen. Für die jeweilige Auszahlung nach Baufortschritt ist ein entsprechendes Baucontrolling einzurichten (s.o.). Auszahlungen erfolgen gegen Bestätigung des Bautenstandes durch den bauleitenden Architekten oder unter zusätzlicher Einschaltung eines von der Bank bestellten Sachverständigen. Üblicherweise werden von der Bank Zusatzsicherheiten wie z.B. Mietabtretungen, Abtretungen von Versicherungsleistungen etc. verlangt. Vorzulegen sind von dem Darlehensnehmer Bonitätsunterlagen wie Jahresabschlussunterlagen etc., diese sind als Auflagen auch in den folgenden Jahren nach Auszahlung des Darlehens in vereinbarten zeitlichen Abständen einzureichen.

7.5.3.3 Covenants

Unter Covenants werden Bedingungen verstanden, die im Kreditvertrag vereinbart werden und an deren Verletzung bestimmte Rechtsfolgen (insbes. Margenerhöhung, Nachbesicherung und Kündigung) geknüpft sind. Dabei wird das Ziel verfolgt, nach Eintritt einer wirtschaftlichen Verschlechterung des Kreditnehmers (bilanzbezogene Covenants) oder des Beleihungsobjektes (objektbezogene Covenants) die Sicherheitenposition der Bank zu stabilisieren. Dies geschieht entweder mittels Durchsetzung der vereinbarten Rechtsfolgen oder aber durch den befristeten

Verzicht darauf als „Gegenleistung" im Rahmen einer Nachverhandlung. Die Vereinbarung von Covenants hat im Gegensatz zu den allgemeinen Regelungen aufgrund der AGB den Vorteil, dass bereits bei Vertragsabschluss eindeutig definiert und dem Kunden bekannt ist, wann für die Bank eine wirtschaftliche Verschlechterung eingetreten ist und welche Rechtsfolgen daraus hergeleitet werden können.

Bei objektbezogenen Covenants spielt der sogenannte LTV (Loan to value) eine wichtige Rolle. Hierbei handelt es sich um die Gegenüberstellung von Darlehenssumme und Verkehrswert des Objektes. Steht z.B. einem Darlehen von 1 Mio. € ein Verkehrswert von 1,5 Mio. € gegenüber, so beträgt der LTV 67 %. Die Bank wird im Rahmen der Finanzierungsprüfung aus Risikogesichtspunkten eine Obergrenze des LTV festlegen. Eine Verschlechterung des LTV wird in der Regel einen Covenantbruch mit den damit verbundenen Konsequenzen auslösen.

7.6 Finanzierungsgespräch

Die Finanzierung von Projektentwicklungen basiert auf Vertrauen – alles andere kommt später, auch das „Kredithandwerk". Die Verhandlung einer Finanzierung ist ein anspruchsvoller Prozess, der zeitlich und sachlich sorgfältig gesteuert werden muss.

7.6.1 Im Mittelpunkt steht der Kunde

Wie bei allen Finanzierungen ist zunächst die Kundenbonität zu bewerten. Wichtig ist die Vorlage von Jahresabschlüssen, Wirtschaftlichkeitsunterlagen etc., die durch die Bank sorgfältig zu prüfen sind. Nicht zu vernachlässigen sind aber auch Kenntnisse über die bisherigen Erfahrungen des Kunden im Projektentwicklungsgeschäft und dessen Ansehen im Markt. Handelt es sich um Objektgesellschaften, so steht die Erfahrung der Akteure aber auch die Kapitalausstattung der Gesellschaft im Vordergrund. Liegen komplexe Kundenstrukturen zugrunde, z.B. durch Einbindung von Mutter- und Tochterunternehmen bzw. verschachtelte Beteiligungsverhältnisse, ist unter Berücksichtigung der Anforderungen des Geldwäschegesetzes die Frage nach dem wirtschaftlich Berechtigten durch den Darlehensnehmer ausreichend zu beantworten.

In den Jahren vor 2007 stand das Bankgeschäft unter den strategischen Leitgedanken der Globalisierung (Ausweitung der Tätigkeit auf weit entfernte Märkte), Disintermediation (räumliche/sachliche Entkopplung von Kreditgeber und Kreditnehmer) und Securitization (Herstellung einer Handelbarkeit von Kreditrisiken durch Verbriefung). Die natürliche Produktionstiefe im Kreditgeschäft wurde arbeitsteilig aufgespalten – aus einer „Bank" (aus einem Team) wurden mehrere Häuser (mehrere unterschiedliche Teams), die jeweils nur einen Teilausschnitt des Kreditgeschäfts verantworteten: (1) Einkäufer (Origination), (2) Zwischenlagerstellen (Warehousing), (3) Strukturierer und Verpacker (Securitization), (4) Verkäufer (Sales) sowie (5) Investoren in Kreditrisiko (institutionelle Anleger). Letztlich war den Investoren (den eigentlichen Kreditgebern) der Kreditkunde am Anfang der Kette kaum oder nicht mehr bekannt, ebenso wenig dessen spezifischer Markt. Eine hohe Kundenferne im Kreditgeschäft war zulässig und von den Märkten akzeptiert – sogar erwünscht. Dem lag der Gedanke zugrunde, dass Kreditrisiko sich numerisch – quantitativ vollumfänglich greifen lässt (durch weit ausgearbeitete und auf mathematischen Modellen basierende Ratinginstrumente). Die persönliche Kenntnis des Kreditkunden und seiner Beweggründe war damit entbehrlich und wurde durch das mathematisch-statistisch gesteuerte Zusammensetzen global diversifizierter Risiken ersetzt. Die Vorgehensweise galt nicht nur für das Massengeschäft (z.B. Kreditkartenforderungen, private Baufinanzierung), sondern auch für großvolumige und entsprechend komplexe gewerbliche Finanzierungen einschließlich des Projektentwicklungsgeschäfts.

Dieses Modell muss seit 2007 als gescheitert betrachtet werden, da es in dieser Arbeitsteilung in großem Umfang zu leichtfertiger Kreditvergabe und deutlich erhöhten Risiken gekommen ist. Die gewünschte Entkopplung von Kreditgeber und Kreditnehmer hat nicht funktioniert. Heute ist festzustellen, dass – zumindest bei komplexen Finanzierungen (natürlich Projektentwicklungen!) – das Vertrauen und die persönliche Beziehung die entscheidende Eingangsgröße ist, an der sich das anschließende Verhandeln über Strukturen, LTVs und Covenants ausrichtet. Auch ohne dokumentierte Haftung ist das persönliche Commitment, das Gespräch und der Austausch mit einem langjährig aktiven Partner über viele Jahre hinweg eine unverzichtbare Größe, die eine Bank (bei ansonsten gleichen rechtlichen Vereinbarungen) anders handeln lässt.

7.6.2 Auswahl der anzusprechenden Banken

Der Aufbau und die Pflege langfristiger Bankbeziehungen und die Bildung verlässlicher Partnerschaften sollten insofern effizienter sein, als die kühle Kalkulation „die Bank wusste doch, worauf sie sich einlässt". Projektentwickler, bei denen die Bank annehmen kann, dass sie sich auch ohne formelle Verpflichtung um einen Problemfall kümmern, haben eine wesentlich stabilere Finanzierungsbasis als Kunden, die bei Aufkommen von schlechtem Wetter der Bank „den Schlüssel in die Hand drücken". Dies hat Folgen für das Finanzierungsgespräch.

Für das Finanzierungsgespräch sollte eine ausgewählte, aber nicht zu große Zahl von Banken angesprochen werden. Es muss vorher klar sein, welche Banken für eine gewünschte Finanzierung mit einer hohen Abschlusswahrscheinlichkeit in Frage kommen. Die kreditmäßige Prüfung einer Projektentwicklung macht für alle Beteiligten viel Arbeit. Nichts ist unerfreulicher und belastet eine Bankbeziehung mehr, als wenn die Bank den Eindruck hat, in einem „Wettbewerb" verheizt zu werden. Auf der anderen Seite ist es für den Projektentwickler besonders unangenehm, wenn er nach einer naturgemäß langen Prüfungsphase von der einzigen angefragten Bank eine Absage bekommt und damit ggf. das ganze Projekt in Gefahr gerät.

7.6.3 Verhandlung des Term Sheet

Nach dem Erstkontakt sollte unverzüglich die grundsätzliche Finanzierungsbereitschaft geklärt werden. Anschließend ist gemeinsam ein Term Sheet zu erarbeiten, das die umfangreichen, für eine Projektentwicklung einschlägigen Finanzierungsparameter klarstellt. Bindende Term Sheets kann die Bank erst nach ihrer internen Genehmigung durch das Kreditkomitee herausgeben. Sofern dieser Schritt bereits absolviert ist, wird in der Regel aus Effizienzgründen gleich ein Kreditvertrag erstellt, so dass „Binding Term Sheets" in der Praxis nur selten vorkommen. Term Sheets sind somit in aller Regel für beide Seiten nicht bindend (Non binding), d.h. die Bank macht einen Gremienvorbehalt („vorbehaltlich abschließender Prüfung und Zustimmung unseres Kreditkomitees, etc.") und der Projektentwickler ist nicht zur Abnahme verpflichtet. Gleichwohl entsteht in dieser Phase eine erhebliche moralische Bindungswirkung. Es kann vorkommen, dass eine Bank trotz Term Sheet schließlich absagt und es kann vorkommen, dass ein Projektentwickler eine Finanzierung nicht abnimmt, obwohl diese durch Term Sheet ins Auge gefasst wurde und die Bank schließlich auch bereit war, einen Kreditvertrag zu liefern. Allerdings sollten solche „Unfälle" eine Ausnahme sein. Banken sind insofern gut beraten, vor Herausgabe eines Term Sheets das Kreditkomitee zumindest überschlägig mit der Anfrage vertraut zu machen (sogenannter „Quick Check"), um Überraschungen zu vermeiden. Dies verlangsamt zwar den Prozess ein wenig, sorgt aber für eine höhere Zuverlässigkeit im anschließenden Entscheidungsprozess. Der Projektentwickler sollte nachfragen, wer in der Bank sich mit einem Fall schon beschäftigt hat, wenn ein Term Sheet herausgegeben wurde. Generell sind Banken zu bevorzugen, bei denen der Entscheidungsprozess transparent ist und die Beteiligten persönlich bekannt sind. Es macht keinen Sinn, die Entscheidungsträger der Bank (Bereichsleiter, Vorstand) laufend in die Verhandlungen einzubinden; es sollte aber eine Nähe vorhanden sein, die es ermöglicht, bei Eilbedürftigkeit oder Missverständnissen den direkten Kontakt aufzunehmen.

7.6.4 Detailanalyse, Beschaffung der erforderlichen Gutachten

Daran schließt sich die Detailanalyse der Bank an, die die Beschaffung ggf. erforderlicher Gutachten miteinschließt. In jedem Fall wird die Bank ein Wertgutachten beauftragen um den Auslauf auf den Verkehrswert (LTV) und den Beleihungswert (LTMV) feststellen zu können. Dazu treten, insbesondere bei Spezialimmobilien (z.B. Hotels, Shopping Center) weitere Fachgutachten, die das Marktpotential und die kritischen Erfolgsfaktoren der projektierten Immobilie zusätzlich untersuchen. Es ist wichtig, die Begutachtung sorgfältig zu begleiten und insbesondere bei der Objektbesichtigung dafür zu sorgen, dass die eigene Begeisterung für das Projekt auch adäquat transportiert wird. Weiterhin wird die Bank in dieser Phase alle noch fehlenden Unterlagen anfordern, die der Projektentwickler im eigenen Interesse zügig liefern sollte.

Kritisch ist in dieser Phase die Zeit. Es ist insofern wichtig, nachzuhaken und einen verbindlichen Zeitplan zu vereinbaren. (Wann liegen die Gutachten vor? Wann ist die Kreditvorlage fertig? Wann entscheidet das Kreditgremium?)

7.6.5 Kreditentscheidung und Vertragsschluss

Nach der finalen Kreditentscheidung wird der Kreditvertrag verhandelt. Hierbei steht das angelsächsische Modell (Vertrag wird von beiden Seiten durch Anwälte verhandelt, „Case law", umständlicher, langer Kreditvertrag) dem deutschen Modell gegenüber (Vertrag wird von der Bank direkt mit dem Kunden verhandelt, Allgemeine Geschäftsbedingungen, kurze und standardisierte Kreditverträge). Im beiderseitigen Interesse ist das deutsche Modell zu bevorzugen, in dem alle notwendigen Aspekte rechtssicher geregelt werden können, das erhebliche Ressourcen spart sowie für Transparenz sorgt. Ziel sollte es sein, dass der Darlehensnehmer den Kreditvertrag in angemessener Zeit selbst lesen und verstehen kann.

7.7 Fazit

Die Finanzierung von Projektentwicklungen ist ein spannendes Feld, die „hohe Kunst" im Kreditgeschäft und ermöglicht, wenn sie richtig gemacht wird, lohnende Geschäfte für beide Seiten. Neben kredithandwerklichen, kaufmännischen und rechtlichen Aspekten sind insbesondere auch „weiche" Faktoren zu berücksichtigen, denn: Trotz komplexer Strukturen und oftmals hoher Volumina ist und bleibt diese anspruchsvolle Finanzierungsform ein „People's business".

8. Alternative Projekt-Finanzierungen außerhalb der Bankenwelt

8.1 Einführung

Das Umfeld für die Finanzierung von Immobilienprojektentwicklungen hat sich spätestens seit dem Platzen der US-Hauspreisblase und der Lehman-Pleite 2008 erheblich verändert. Insbesondere für spekulative Projektentwicklungen steht heute kaum noch Fremdkapital zur Verfügung. In der Folge sind die Neubaufertigstellungen im gewerblichen Bereich vielerorts auf das niedrigste Niveau seit vielen Jahren gefallen. Vor der Finanzkrise konnten Projektentwicklungen deutlich einfacher finanziert werden. Banken stellten für Projektentwicklungen mit Vorvermietung bis zu 90 Prozent des benötigten Kapitals, die verbleibenden zehn Prozent wurden aus Mitteln des Projektentwicklers oder seines Gesellschafterkreises gestellt. Die Margen der Banken waren moderat und verhandelbar und üblicherweise hatte der Entwickler eine hinreichende Auswahl verschiedener Finanzierungsangebote, um wirtschaftlich attraktive Konditionen abschließen zu können.

Unter dem regulatorischen Einfluss von Basel II, den Vorboten von Basel III und dem bilanziellen „verarbeiten" der Finanz- und Wirtschaftskrise finanzieren die Banken, die im Segment „Projektfinanzierung" verblieben sind, heute lediglich noch 50–75 Prozent der Gestehungskosten. Die Deckungslücke zwischen dem Fremdkapital in Gestalt des klassischen Bankdarlehens und dem klassischen Eigenkapital muss aus alternativen Finanzierungsquellen erbracht werden. Diese alternativen Finanzierungsinstrumente sind Gegenstand der nachfolgenden Ausführungen.

Für Kapitalgeber eröffnen die alternativen Finanzierungsinstrumente neue Anlagemöglichkeiten, die im angelsächsischen Raum bei Großanlegern seit Jahren etabliert sind.

Vielen Marktteilnehmern in Deutschland erscheinen alternative Finanzierungsinstrumente für Immobilienprojektentwicklungen hingegen noch immer als ein geradezu mystisches Thema. Dabei sind die „Spielregeln", wenn man sie einmal durchdrungen hat, relativ einfach.

Das Kapitel erläutert die Hintergründe für den rasant steigenden Bedarf für alternative Projektfinanzierungen, beschreibt die gebräuchlichen Instrumente einer alternativen Projektfinanzierung und untersucht typische Fragestellungen im Kontext der Anwendung. Dabei bemühen sich die Autoren, sowohl den Sichtweisen eines Entwicklers als auch denen eines Kapitalgebers gerecht zu werden.

8.2 Ausgangssituation

8.2.1 Änderungen des regulatorischen Umfelds

Klassische Bankkredite sind der „Kraftstoff" der kapitalintensiven Immobilienindustrie. Im Zuge der Bankenregulierung unterliegen die Vergabemechanismen für Bankkredite seit einigen Jahren maßgeblichen Veränderungen mit erheblichen Auswirkungen auch auf Immobilienprojektentwickler. Nachfolgend sollen die wesentlichen Regulierungsinitiativen und ihre Folgen kurz skizziert werden.

Der Baseler Ausschuss für Bankenaufsicht bemüht sich um die Schaffung eines einheitlichen Regelwerks für das internationale Bankensystem. Am ersten Regelungsversuch **Basel I** wurde insbesondere kritisiert, dass im Kontext von Kreditvergaben die Differenzierung des Kreditausfallrisikos nur unzureichend erfolgte. Deshalb diente **Basel II** insbesondere dem Ziel, Differenzierungen beim Risikogewicht[1] zu erreichen. Die Höhe des vorzuhaltenden Eigen-

---

[1] Das Risikogewicht ermöglicht die Ermittlung der mit Eigenmitteln zu unterlegenden risikogewichteten Aktiva durch Multiplikation von Risikogewicht und Positionsvolumen.

kapitals je verliehenem Euro richtet sich seither insbesondere nach der Bonität des jeweiligen Kreditnehmers: Kredite an Unternehmen mit schlechterer Bonität müssen durch die Bank mit mehr Eigenkapital unterlegt werden, Kredite an Unternehmen mit besserer Bonität müssen mit weniger Eigenkapital unterlegt werden.

Der Begriff **Basel III** bezeichnet das nächste Reformpaket. Es stellt die Reaktion auf die von der weltweiten Finanz- bzw. Wirtschaftskrise ab 2007 offengelegten Schwächen der bisherigen Bankenregulierung dar. Im Kern der Reform steht das Ziel einer Balance zwischen einem stabileren Finanzsystem und der Vermeidung einer Kreditverknappung, außerdem die Begrenzung der Haftung der öffentlichen Hand und der Steuerzahler. Basel III steigert das verpflichtend vorgeschriebene Niveau und die Qualität des durch die Banken vorzuhaltenden Eigenkapitals erheblich. Kreditinstitute müssen künftig ca. 30 Prozent mehr und qualitativ besseres – und damit teureres – Eigenkapital bereithalten.

Abb. 1: Basel III – Veränderung der Eigenkapitalanforderung für Banken

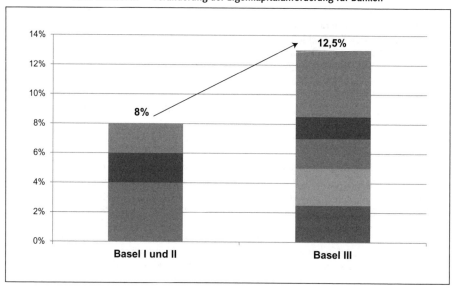

Quelle: eigene Darstellung in Anlehnung an: Deutsche Bundesbank

Hinzu kommt, dass Banken mehr liquide Vermögenswerte vorhalten müssen, was die Möglichkeiten zur Fristentransformation (Umwandlung kurzfristiger Einlagen in langfristige Kredite) einschränkt. Schließlich soll eine neue Verschuldungsobergrenze eingeführt werden. Die Beschlüsse sehen eine stufenweise Einführung der neuen Vorgaben bis 2019 vor. Mit der Einführung von Basel II und der Ankündigung von Basel III soll die Eigenkapitalausstattung der Banken stärker an den tatsächlichen Risiken des Bankgeschäfts orientiert werden, um die Stabilität des Bankensystems zu stärken.[2] In jedem Fall werden die Banken erhebliche Anstrengungen unternehmen müssen, um mehr Eigenkapital aufzubauen.

Darüber hinaus steckt die Bankenlandschaft grenzüberschreitend in einer **Konsolidierungswelle**, mit der Folge dass sich Landesbanken, Immobilienbanken und internationale Geschäftsbanken komplett aus der gewerblichen Projektfinanzierung zurückziehen oder gar ganz verschwinden.

Parallel wird eine verschärfte Regulierung von Eigenkapitalsammelstellen (Fonds) diskutiert. Als **alternative Investmentfonds (AIF)** werden Organisationen bezeichnet, die von einer

---

[2] Vgl. Basler Ausschuss für Bankenaufsicht, www.bis.org/

Gruppe von Anlegern Kapital einsammeln, um es gemäß einer festgelegten Anlagestrategie zu investieren. Alternative Investment Fonds, insbesondere Private Equity Fonds und Hedge Fonds, werden als Mitverursacher der Finanzkrise gesehen. Aber auch Immobilienfonds werden zur „Alternativen Fondsanlage" gezählt. Unter der **AIFM** (Alternative Investment Fund Managerrichtlinie) sollen die Verwalter alternativer Investmentfonds europaweit einheitlich reguliert werden. Es besteht die Gefahr, dass Fonds in Folge einer umfassenden Regulierung zukünftig nicht mehr in dem bekannten Umfang als Kapitalsammelstelle für Immobilieninvestitionen zur Verfügung stehen.

Solvency II ist ein Projekt der EU-Kommission zur Reform des Versicherungsaufsichtsrechts. Der Schwerpunkt liegt auf der Verschärfung der Eigenkapitalanforderungen an Versicherungen. Die Richtlinie legt unter anderem fest, dass Versicherer ihre Immobilieninvestitionen mit mehr Eigenkapital als bisher unterlegen müssen. Es besteht deshalb die Möglichkeit, dass Versicherungen ihre Immobilienquote absenken. Kritiker monieren vor allem die Ungleichbehandlung der Anlageklassen. So gilt für Staatsanleihen pauschal eine Eigenkapitalunterlegung von null Prozent. Experten erwarten, dass Versicherungen ihre Immobilienanlagestrategie verstärkt über Instrumente der Immobilienfinanzierung abdecken werden, da hier die Eigenkapitalanforderungen gegenüber der Investition in direkte Bestände oder Immobilienfonds geringer sind.

In der Summe lassen die Regulierungsvorhaben folgende Konsequenzen erwarten:
- Erhöhung der Eigenkapitalunterlegung von Krediten → Geringeres Kreditvolumen der Banken → Kreditmargen steigen → Bankkredite werden teurer
- Weniger Kapital für Vergabe von Krediten → Rationierung der Kreditvergabe → Weniger und kleinere Bankkredite → Intensivere Kreditprüfung
- Höhere Eigenkapitalanforderungen an den Entwickler → Erhöhte Anforderungen an Sicherheiten, Garantien, Patronate, Unterwerfungen, erweiterte Zweckerklärungen → Höhere Auszahlungshürden wie Vorvermietung, gesicherte Baukosten, …
- Bankenkonsolidierung → Weniger Anbieter von Krediten → Weniger Personal zur Kreditbearbeitung → Oligopolistische Marktstrukturen
- AIFM, Solvency II → Alle europäischen Kapitalsammelstellen werden umfassend neu reguliert → Konsolidierung und Neuausrichtung der Fondsindustrie wahrscheinlich
- Diskussion über AIFM, Solvency II → Verunsicherung der Anleger und Manager → Gestörter Prozess der Kapitaleinwerbung
- Solvency II → Höhere Eigenkapitalunterlegung für klassische Immobilienanlagen bei Versicherungen/Pensionskassen → Fremdkapitalähnliche Immobilienanlagen werden interessanter

8.2.2 Gestiegene Eigenkapitalanforderungen an den Entwickler

Der Markt für Immobilienfinanzierungen wurde traditionell von Bankdarlehen dominiert. In Deutschland war für Projektentwickler eine hohe Fremdfinanzierung jahrzehntelang die bevorzugte und allgemein übliche Form der Immobilienprojektfinanzierung. Vor Basel II waren Banken bereit, für geringe Zinsen höhere Risiken einzugehen. Fremdkapital wurde in ausreichendem Umfang und zu günstigen Konditionen zur Verfügung gestellt. Demzufolge sahen weder Projektentwickler noch Banken den Mehrwert von alternativen Finanzierungsinstrumenten. Nach heutigem Verständnis wurden jedoch seinerzeit Risiken beim Pricing der Zinskonditionen nicht hinreichend berücksichtigt.

Heute sehen sich Projektentwickler einer neuen Realität gegenüber. Die Kapitalakquisition ist insbesondere für Großprojekte deutlich mühsamer geworden. „Durch den Wegfall namhafter Finanzierungsinstitute ist es beim Neugeschäft so, dass Entwickler heute nur mit vier oder fünf Banken über Projektakquisitionen sprechen müssen und damit die kompletten Anbieter

Abb. 2: Welche Beleihungsausläufe (Loan to Cost) werden für Projekte gewährt?

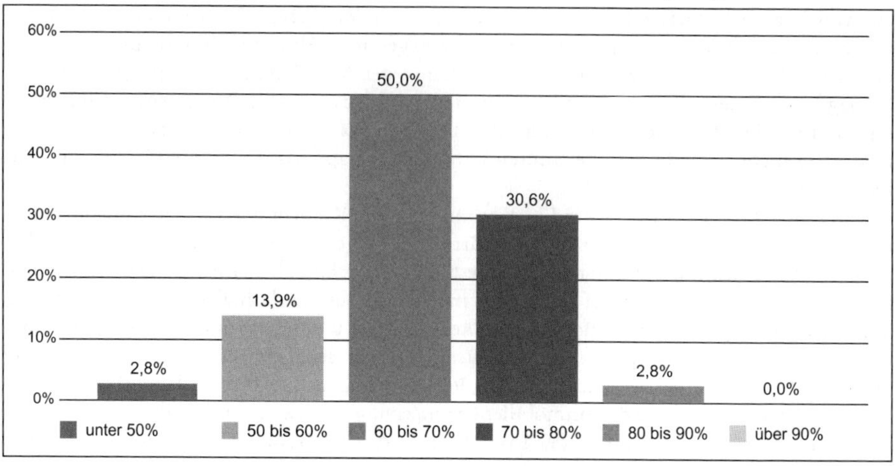

Quelle: *BulwienGesa, Flatow Advisory Partners: FAP Barometer für Immobilienfinanzierung,*
Q3/2012

der finanzierungsfähigen, überregionalen Banken abdecken."[3] Unter Marktakteuren heißt es, dass derzeit allenfalls noch eine Handvoll Geschäftsbanken Projektfinanzierungen jenseits der Schwelle von 50 Millionen € stemmen.

Nach einer aktuellen Befragung unter 225 Finanzierungsexperten[4] werden heute, bezogen auf das Verhältnis von Kreditvolumen zu Gestehungskosten (Loan-to-Cost), im Schnitt rund 67 Prozent der Kosten einer Projektentwicklung durch Fremdkapital der Banken getragen. Im Umkehrschluss bedeutet dies, dass der Entwickler heute rund 33 Prozent des benötigten Kapitals aus eigenen oder dritten Quellen aufbringen muss.

An einem simplen Beispiel veranschaulicht, benötigte ein Entwickler früher für eine Gewerbeimmobilie mit Vorvermietung und Gestehungskosten von 50 Mio. € rund 5 Prozent oder 2,5 Mio. € Eigenkapital. Für das gleiche Objekt mit gleicher Vermietungsquote werden heute rund 30 Prozent oder 15 Mio. € Eigenkapital gefordert. Die Eigenkapitalanforderung an den Entwickler hat sich um 600 Prozent erhöht. Da die Unterkapitalisierung in der Projektentwicklungsbranche kurz- bis mittelfristig nicht allein durch Innenfinanzierungspotenzial ausgeglichen werden kann, kommt der Beschaffung von externem (Eigen-)Kapital eine Schlüsselrolle zu.[5]

Für externes Kapital besteht aber auch noch aus einem anderen Grund steigender Bedarf, denn das „Beuteschema" der klassischen Fremdkapitalgeber hat sich extrem eingeengt. Vergleichbar mit der Anlagestrategie vieler Endinvestoren finanzieren Banken heute fast ausnahmslos
– Neubauprojekte in wachstumsstarken Metropolregionen
– Projekte mit mehr als 50 Prozent Vorvermietung mit bonitätsstarken Mietern
– Projekte mit gesichertem Baurecht und Bauvorbescheid sowie gesicherten Baukosten
– Bekannte und unbelastete Geschäftsbeziehungen
– Projektvolumina von 30–100 Mio. €.

Je stärker Projekte von dem idealtypischen Profil abweichen, umso schwerer finden sie heute eine Finanzierung.

---

[3] Frankfurter Allgemeine Zeitung vom 20.06.2012, Artikel „Projektfinanzierung". Hier: Zitat Prof. Fay
[4] BulwienGesa, Flatow Advisory Partners: FAP Barometer für Immobilienfinanzierung, Q3/2012.
[5] Vgl. Pitschke, Christoph: Konsequenzen der Neuen Basler Eigenkapitalvereinbarung für mittelständische Immobilien-Projektentwickler. Diplomarbeit an der European Business School Schloss Reichertshausen. Oestrich-Winkel 2001, S. 37.

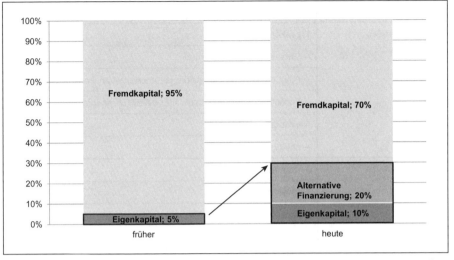

Abb. 3: Höhere Eigenkapitalanforderungen für Entwickler

Quelle: eigene Darstellung

8.3 Alternative Instrumente der Projektfinanzierung

8.3.1 Bausteine der Finanzierung einer Unternehmung

In der Unternehmensbilanz wird auf der Aktivseite die Mittelverwendung und auf der Passivseite die Mittelherkunft unterschieden. Die Mittelherkunft untergliedert sich in Eigenkapital und Fremdkapital. Als Eigenkapital gelten Mittel, die der Unternehmung unbefristet zur Verfügung gestellt werden, u.a. die Einlagen der Gesellschafter, Aktien oder einbehaltene Gewinne. Fremdkapital ist das durch Schuldenaufnahme finanzierte Kapital der Gesellschaft, das durch Gläubiger befristet zur Verfügung gestellt wird und für das i.d.R. Zinsansprüche bestehen. Im Insolvenzfall besteht der wesentliche Unterschied zwischen Eigen- und Fremdkapital darin, dass das Eigenkapital gegenüber den Gläubigern der Gesellschaft haftet.

Es gibt zwischen den Polen Eigenkapital und Fremdkapital aber auch noch eine Bandbreite von Finanzierungsinstrumenten, die nicht eindeutig dem Eigen- oder Fremdkapital zuzuordnen sind. Diese werden gemeinhin als Mezzanine Kapital bezeichnet. Je nachdem, ob die Instrumente stärker dem Eigenkapital oder dem Fremdkapital angenähert sind, spricht man von Equity Mezzanine oder Debt Mezzanine Kapital.

8.3.2 Abgrenzung und Beschreibung alternativer Finanzierungsinstrumente

Die Immobilienprojektentwicklung ist nun ein besonderer Finanzierungsanlass, der sich von üblichen Unternehmensfinanzierungen insbesondere dadurch unterscheidet, dass das unternehmerische Risiko in der Projektentwicklung sehr hoch ist, der Zeitraum, in dem die Finanzierung in Anspruch genommen wird, begrenzt ist, und während der Projektentwicklungsphase kein Einkommen produziert wird, aus dem laufende Zinsansprüche bedient werden könnten. Für eine direkte Finanzierung über den Kapitalmarkt mittels Emission von Aktien oder Anleihen sind klassische Projektentwickler in üblicherweise mittelständischen Strukturen aufgrund der damit verbundenen hohen Anforderungen an Emissionsvolumen, Publizitätspflichten und Rechnungslegung[6] in der Regel nicht aufgestellt.

---

[6] Vgl. Credit Suisse Economic Research: Economic Briefing 42. Mezzanine Finance – Mischform mit Zukunft. 2006.

Abb. 4: Bilanz

Aktiva	Passiva
Anlagevermögen	**Eigenkapital**
	– Einlagen der Gesellschafter
	– **Private Equity** (Direkte Miteigentümerschaft an einem Unternehmen)
	– Public Equity (Börsengehandeltes Beteiligungskapital/Aktienkapital)
	Mezzanine Kapital
	– Equity Mezzanine
Umlaufvermögen	– Debt Mezzanine
	Fremdkapital
	– Bankkredite
	– Leasing von Ausrüstungsgütern
	– Lieferantenkredite
	– Anzahlungen von Kunden
	– Anleihen

Quelle: eigene Darstellung

In Ergänzung zu dem klassischen Fremdkapital der Bank und dem echten Eigenkapital des Entwicklers haben deshalb für Immobilienprojektentwickler Finanzierungsinstrumente an Bedeutung gewonnen, die unter den Begriffen „Real Estate Private Equity" und „Mezzanine Kapital" subsummiert werden können und fortan von den Autoren unter dem Begriff **„Alternative Projektfinanzierung"** geführt werden.

Real Estate Private Equity
Real Estate Private Equity dient dem Zweck, das Eigenkapital der Gesellschafter durch externes Eigen-(Beteiligungs-)kapital zu ergänzen. Üblicherweise tritt der Kapitalgeber mit allen Rechten und Pflichten in die Stellung eines Gesellschafters ein. Demzufolge gilt die Beteiligung auch gegenüber Fremdkapitalgebern als vollumfänglich haftendes Eigenkapital. „Real Estate Private Equity im eigentlichen Hochrisikosinn ist Beteiligungskapital, das von externen Investoren mit einem meist hohen Fremdkapitalhebel für kurz- bis mittelfristige Investitionen [...] zur Verfügung gestellt wird"[7]. Vielfach wird das Beteiligungskapital über Fonds eingesammelt.

Mezzanine Kapital
Mezzanine Kapital hat sich als ein hybrides Finanzierungsinstrument in der Stellung zwischen Eigen- und Fremdkapital in der Immobilienindustrie durchgesetzt. Es hängt von der konkreten Ausprägung ab, ob das Mezzanine Kapital dem wirtschaftlichen Eigenkapital oder dem Fremdkapital zugerechnet werden kann. Hervorzuheben ist die hohe Flexibilität in der Ausgestaltung im Hinblick auf Laufzeiten, Kündigungsmöglichkeiten, Verzinsung, Gewinn- und Verlustregelungen, Rückzahlungsmodalitäten und Haftung[8]. Der Projektentwickler kann seinen Aufwand für das Debt Mezzanine Kapital steuerlich geltend machen.

---

[7] Rottke, Nico B. Prof. Dr.: Bedeutung von Real Estate Private Equity für Deutschland. In: Rottke, Nico B. und Rebitzer, Dieter W. (Hrsg.): Handbuch Real Estate Private Equity. Köln 2006. S. 35.
[8] Vgl. Reul, Georg und Roß, Tim-Sebastian: Mezzanine Kapital für Projektentwicklungen. In: Rottke, Nico B. und Rebitzer, Dieter W. (Hrsg.): Handbuch Real Estate Private Equity. Köln 2006. S. 710.

Abb. 5: Abgrenzung Private Equity vs. Mezzanine

Real Estate Private Equity	Mezzanine Kapital
– Real Estate Private Equity füllt ausschließlich Eigenkapitallücken.	– Mit Mezzanine Kapital können Finanzierungslücken entweder im Bereich des Eigenkapitals oder des Fremdkapitals geschlossen werden.
– Der Kapitalgeber hat i.d.R. eine Gesellschafterstellung und greift mit eigenem Know-How aktiv in das Management der Gesellschaft ein.	– Der Mezzanine Kapitalgeber hat im Regelfall eine passive Stellung gegenüber den Gesellschaftern und greift nicht in das Management der Gesellschaft ein.
– Der Kapitalgeber wird ausschließlich am Gewinn (bzw. Verlust) der Gesellschaft beteiligt – entweder anteilig oder überproportional zu den anderen Gesellschaftern.	– Mezzanine Kapital beinhaltet in der Regel eine feste Verzinsung, kombiniert mit einer erfolgsabhängigen Komponente, beispielsweise einem Equity Kicker.
– Real Estate Private Equity wird wie internes Eigenkapital nachrangig zu allen sonstigen Ansprüchen bedient und unterliegt damit einem höheren Risiko als Mezzanine Kapital. Dementsprechend ist die Verzinsungserwartung deutlich höher.	– Im Verwertungsfall wird der Mezzanine Kapitalgeber vor Real Estate Private Equity bedient.

Quelle: eigene Darstellung, in Anlehnung an: Rebitzer, Dieter W.[9]

Die Bank, die üblicherweise das Fremdkapital stellt, wird das Mezzanine Kapital in aller Regel wirtschaftlich und rechtlich dem haftenden Eigenkapital zuordnen. Nur so ist es für den Projektentwickler möglich, die aus dem Kreditrating der Bank abgeleiteten Anforderungen an Beleihungsauslauf und Eigenkapitalquote zu erfüllen.

Im Rahmen einer strukturierten Finanzierung verfolgen beide Instrumente – Real Estate Private Equity und Mezzanine Kapital – unterschiedliche Zielsetzungen und können auch kombiniert eingesetzt werden.

Im Abgleich der einschlägigen Literatur mit den praktischen Erfahrungen der Autoren können insbesondere nachfolgende Arten und Ausprägungen alternativer Finanzierungsinstrumente herausgehoben werden:

Abb. 6: Übersicht Alternative Finanzierungsinstrumente

Eigenkapital	Mezzanine Kapital	Fremdkapital
Real Estate Private Equity/ Joint Venture		
Atypisch stille Beteiligung		
Genussrechte		
	Typisch stille Beteiligung	
	Options-/Wandelanleihe	
	Partiarisches Darlehen	
	Nachrangdarlehen	
		Anleihe
		Bankdarlehen

Quelle: eigene Darstellung in Anlehnung an Fischer, Josef K.: Mezzanine Kapital – eine Alternative für Unternehmer und Investoren. Vortrag Donauwörth 2006.

---

[9] Rebitzer, Dieter W. Prof. Dr.: Rahmenbedingungen für Real Estate Private Equity in Deutschland. In: Rottke, Nico B. und Rebitzer, Dieter W. (Hrsg.): Handbuch Real Estate Private Equity. Köln 2006. S. 57.

Diese werden nachfolgend näher beschrieben:

Real Estate Private Equity/Joint Venture

– Der Eigenkapitalpartner beteiligt sich direkt an der Gesellschaft, indem er Gesellschafts-anteile übernimmt. Individuell wird üblicherweise entweder eine beherrschende oder eine gleichberechtigte Stellung angestrebt. In der Regel wird auch ein Geschäftsführer durch den Eigenkapitalpartner gestellt, der mit dem Projektentwickler gemeinsam vertretungsberech-tigt ist. Der Gewinnanspruch ergibt sich der Höhe nach aus dem prozentualen Anteil des Eigenkapitalpartners an der Gesellschaft. Für den Eigenkapitalpartner ist es wichtig, seine Haftung zu begrenzen, im besten Fall auf das eingesetzte Kapital.

– Projektentwicklungen werden vielfach auch im Joint Venture von Unternehmen getätigt, die sich in ihrem Qualifikationsprofil ergänzen und die im Rahmen der Projektentwicklung unterschiedliche Aufgaben übernehmen. Hier ist üblicherweise von einer Gleichverteilung aller Rechte und Pflichten im Gesellschaftsvertrag auszugehen und die Geschäftsführung wird ebenfalls gemeinsam ausgeübt.

Genussrechte

– Begriff und Inhalte von Genussrechten sind gesetzlich nicht definiert und bedürfen deshalb einer vertraglichen Regelung. Bei der Ausgestaltung von Genussrechten sind jedoch ausge-wählte Regelungen des Aktiengesetzes zu berücksichtigen.

– Genussrechte beteiligen den Darlehensgeber nicht an der Gesellschaft. Sie können dem Anleger „eine Beteiligung am Gewinn und daneben (oder auch alternativ) eine Beteiligung am Liquidationserlös einräumen"[10].

– Die Gewinnbeteiligung des Gläubigers kann auf unterschiedlichste Art erfolgen. Es sind feste Verzinsungen und gewinnabhängige Verzinsungen oder Kombinationen daraus möglich. In der Regel ist auch eine Beteiligung des Genusskapitals am Verlust vorgesehen.

– In der Handelsbilanz wird das Genussrecht in den allermeisten Fällen als Fremdkapital ausgewiesen. Es ist nur im Ausnahmefall die Zurechnung zum Eigenkapital möglich, wenn z.B. die Nachrangigkeit gegenüber allen anderen Gläubigern besteht, eine vollständige Er-folgsabhängigkeit inklusive Verlustteilnahme vereinbart wurde und das Kapital langfristig zur Verfügung gestellt wird.

– Üblicherweise liegt die Laufzeit von Genussrechten im mittelfristigen Bereich zwischen acht und zwölf Jahren. Daher finden Genussrechte eher für Bestandsfinanzierungen Anwendung.

Stille Beteiligung/Stille Gesellschaft

– Der stille Gesellschafter beteiligt sich derart an dem Handelsgewerbe eines anderen, dass seine Einlage gegen einen Anteil am Gewinn in das Vermögen des Inhabers des Handelsgewerbes übergeht. Ein Gesellschaftsvermögen entsteht nicht. Der stille Gesellschafter wird durch die Beteiligung nicht zum Kaufmann; der Inhaber muss aber Kaufmann sein und wird aus den mit Dritten abgeschlossenen Geschäften allein berechtigt und verpflichtet. Die Geschäftsfüh-rung/ Vertretung steht ausschließlich dem Inhaber zu. Nach § 233 Abs. 1 HGB stehen dem stillen Gesellschafter jedoch Kontrollrechte zu, die im Rahmen der Gesellschaftsverträge auch noch erweitert werden können.

– Die stille Gesellschaft ist als solche keine Handelsgesellschaft. Sie ist eine Innengesellschaft, die nicht nach außen in Erscheinung tritt.

– Der stille Gesellschafter muss zwingend am Gewinn des Unternehmens beteiligt sein; die Beteiligung am Verlust kann ausgeschlossen werden (§ 231 HGB). Wenn eine Beteiligung am Verlust ausgeschlossen ist, ist die Einlage des stillen Gesellschafters als Fremdkapital auf der Passivseite der Bilanz unter „sonstigen Verbindlichkeiten" aufzuführen. Besteht

---

[10] Johannemann, Ulf: Hybride Finanzierungsformen. In: Lüdicke, Jochen und Sistermann, Christian (Hrsg.): Unternehmensteuerrecht. München, 2008. S. 391.

jedoch eine Beteiligung am Verlust der Gesellschaft, „ist die Stellung des Stillen der eines Eigenkapitalgebers angenähert, sofern neben der Verlustbeteiligung auch eine Nachrang-vereinbarung besteht"[11]. Es ist entweder ein Ausweis als Eigenkapital oder als Sonderposten zwischen Eigenkapital und Verbindlichkeiten möglich.

Atypisch stille Beteiligung
– Wenn der Gesellschafter neben Gewinn und Verlust auch an den stillen Reserven des Un-ternehmens beteiligt ist und (einem Kommanditisten einer KG gleichgestellt) Einfluss auf die Geschäftsführung nehmen kann, spricht man von einer atypischen stillen Beteiligung.

Options- und Wandelanleihen
– Optionsanleihen (= Teilschuldverschreibung mit Bezugsrecht auf Aktien) setzen sich aus zwei Bausteinen zusammen: zum einen einer Schuldverschreibung mit einer festen Verzinsung, zum anderen einem Bezugsrecht für Aktien des Unternehmens, das die Anleihe begibt. Das Bezugsrecht ist unabhängig von der eigentlichen Anleihe. Für das Bezugsrecht zahlt der Investor entweder ein Aufgeld oder er akzeptiert eine geminderte Verzinsung der Anleihe (offenes vs. verdecktes Aufgeld). Die Laufzeit beträgt durchschnittlich zehn bis zwölf Jahre.
– Bei der Wandelanleihe hat der Investor das Recht, seine Anleihe mit verzinslichem Zah-lungsanspruch gegen Aktien der ausgebenden Gesellschaft zu tauschen. Die Laufzeit kann grundsätzlich variabel gewählt werden; üblich sind 5 bis 20 Jahre, so dass auch dieses In-strument eher für Bestandsfinanzierungen Anwendung findet. Während die Anleihe als Fremdkapital gilt, zählt die Aktie zum Eigenkapital der Gesellschaft.

Partiarisches Darlehen und Nachrangdarlehen
– Rechtsgrundlage für Partiarische Darlehen ebenso wie für Nachrangdarlehen bilden die Reglungen des BGB, § 488 ff.
– Prägendes Merkmal ist der Rangrücktritt gegenüber dem Fremdkapitalgeber.
– Unter einem Partiarischen Darlehen erhält der Darlehensgeber für die Überlassung des Darlehens einen Anteil am Gewinn oder Umsatz. Zusätzlich zur Gewinnbeteiligung kann auch ein fester Zins vereinbart werden, der jedoch im Wert i.d.R. nachrangig zur Gewinn-beteiligung steht.
– Bei einem Nachrangdarlehen steht im Gegensatz dazu üblicherweise die feste Verzinsung im Vordergrund. Nachrangdarlehen zeichnen sich zudem in der Regel durch feste Lauf-zeiten aus.
– Im Insolvenzfall erfolgt eine nachrangige Bedienung der Forderungen gegenüber dem Fremdkapitalgeber. Partiarische Darlehen und Nachrangdarlehen sind aber in jedem Fall vorrangig gegenüber dem Eigenkapital der Gesellschaft.
– Nicht nur in Bezug auf die Forderungen, sondern auch in Bezug auf die Sicherheiten steht das Nachrangdarlehen gegenüber dem Fremdkapital zurück. Eine dingliche und schuldrechtliche Besicherung von Nachrangdarlehen ist aber durchaus üblich.
– Primäres Unterscheidungsmerkmal zur stillen Beteiligung ist, dass keine Verbindung zwi-schen Darlehensgeber und Darlehensnehmer über die rein wirtschaftlichen Interessen der Vertragsparteien hinaus besteht. Eine Einflussnahme auf die Geschäftsführung des Un-ternehmens findet nicht statt und Kontrollrechte sind üblicherweise stark eingeschränkt. Sollten sehr weitgehende Kontrollrechte und ggf. Einflussnahmen eingeräumt werden, besteht die Gefahr einer Mitunternehmerschaft und damit einer Gewerbesteuerpflicht für den Darlehensgeber.
– Bilanziell sind sowohl das Partiarische Darlehen als auch das Nachrangdarlehen als Fremd-kapital auszuweisen.

---

[11] Johannemann, Ulf: a.a.O., S. 386 ff.

Abb. 7: Merkmale der Instrumente im Vergleich

	Laufzeit	Charakter	Mitbe-stimmung Kapitalgeber	Bedienung der Ansprüche	Verzin-sungs-erwar-tung	Rele-vanz für Projekt-finan-zierung
Real Estate Private Equity	Unbe-fristet	Eigenkapital	Operativer Eingriff ins Manage-ment	Nachrangig zu allen anderen Kapitalquellen	Sehr hoch	Hoch
Atypisch stille Betei-ligung	Unbe-fristet	Eigenkapital	Operativer Einfluss	Nachrangig zu allen anderen Kapitalquellen	Sehr hoch	Hoch
Stille Beteiligung	Unbe-fristet	Eigenkapital	Informa-tions- u. Kontroll-rechte	Nachrangig zu allen anderen Kapitalquellen	Hoch	Hoch
Partia-risches Darlehen	Je nach Ausge-staltung	i.d.R. Fremd-kapital	Stark limi-tierte Infor-mations- u. Kontroll-rechte	Nachrangig ggü. FK-Bank, vorrangig ggü. EK	Mittel – hoch	Hoch
Nachrang-darlehen	i.d.R. feste Laufzeit	i.d.R. Fremd-kapital	Stark limi-tierte Infor-mations- u. Kontroll-rechte	Nachrangig ggü. FK-Bank, vorrangig ggü. EK	Mittel – hoch	Hoch
Genuss-rechte	Feste Laufzeit, i.d.R. zwi-schen 8 u. 12 Jahren	i.d.R. Fremd-kapital	Keine	Nachrangig ggü. FK-Bank, vorrangig ggü. EK	Erhöht	Gering
Options- und Wandel-anleihen	Feste Laufzeit, i.d.R. zwi-schen 5 u. 20 Jahren	Fremdka-pital (nach Wandlung: Eigenkapital)	Keine	Nachrangig ggü. FK-Bank, vorrangig ggü. EK	Gering	Gering

Quelle: eigene Darstellung

Zusammenfassende Bewertung

Nach aktuellen Erhebungen zum deutschen Markt für Immobilienfinanzierungen stehen alternative Immobilienfinanzierungen vor weiteren Bedeutungsgewinnen. Das von BulwienGesa gemeinsam mit Flatow Advisory Partners herausgegebene FAP-Barometer Q3/2012[12], das auf eine Panelbefragung von 225 Finanzierungsexperten zurückgeht, bestätigt eine steigende Bedeutung insbesondere für Real Estate Private Equity (rd. 42 Prozent aller Befragten gehen von einer steigenden Relevanz des Instrumentes aus) und für fremdkapitalähnliche Finanzierungsformen (rd. 32 Prozent der Experten erwarten eine steigende Bedeutung).

Nach den Ergebnissen einer branchenübergreifenden Panelstudie der Fleischhauer, Hoyer & Partner (FHP) Equity Consultants[13], basierend auf einer Befragung von 48 führenden deutschen Mezzanine-Anbietern, haben innerhalb der mezzaninen Finanzierungsinstrumente zuletzt vor allem stille Beteiligungen und Nachrangdarlehen die Finanzierungslandschaft geprägt.

---

[12] BulwienGesa, Flatow Advisory Partners: FAP Barometer für Immobilienfinanzierung, Q3/2012.

[13] Fleischhauer, Hoyer & Partner Equity Consultants des 5. Mezzanine-Panels (2011) – mit Zahlen und Fakten für das Jahr 2010.

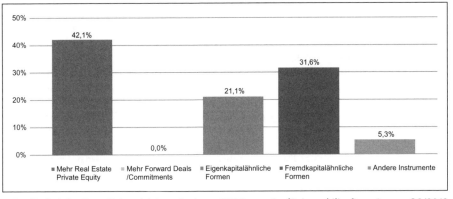

Abb. 8: Favoriten der alternativen Finanzierungen

Quelle: BulwienGesa, Flatow Advisory Partners: FAP Barometer für Immobilienfinanzierung, Q3/2012

Vor- und Nachteile alternativer Finanzierungsinstrumente sind aus der Perspektive des Projektentwicklers, also des Nachfragers, nicht allgemeingültig zu beantworten. Die Inanspruchnahme ist immer auch mit Pflichten und ggf. unternehmerischen Einschränkungen verbunden. Während die eigenkapitalnahen Instrumente üblicherweise mit operativer Einflussnahme des Kapitalpartners verbunden sind und das Kapital teuer erkauft wird, bestehen kaum Anforderungen an die Besicherung, eine Bedienung von Ansprüchen erfolgt nur bei Erfolg, das Kapital steht üblicherweise unbefristet zur Verfügung und vom Know-How-Beitrag des Finanzierungspartners kann ggf. profitiert werden. Demgegenüber haben die eher fremdkapitalnahen Instrumente den Vorteil, dass der Kapitalpartner eine eher passive Rolle einnimmt und der Entwickler „Herr im eigenen Hause" bleibt. Die Kapitalkosten sind geringer, woraus Leverage-Chancen resultieren. Die Zinszahlungen auf das Kapital können vom Entwickler, soweit die Ausprägung eher Fremdkapital nah ist, in der Regel steuerlich geltend gemacht werden. Im Gegenzug steigen die Anforderungen an die Besicherung und die Flexibilität in der Mittelverwendung sinkt. Falls eine laufende Verzinsung vereinbart wurde, muss diese mitfinanziert werden. Üblicherweise ist die Laufzeit begrenzt, so dass ein Auseinanderfallen von Fälligkeit und Projektabschluss möglich ist.

8.3.3 Der „Bridge Loan"

Im Zusammenhang mit alternativen Finanzierungsformen soll auch kurz auf den sog. „Bridge Loan" eingegangen werden, denn er findet im Kontext von Immobilieninvestitionen regelmäßig Anwendung. Wie der Name andeutet, geht es darum, eine Finanzierungslücke zu schließen, die im Feld der Projektentwicklung beispielsweise entsteht, wenn die eigentliche „Projektfinanzierung" vertraglich zurückgeführt werden muss, das Closing einer Veräußerung aber noch einige Monate in der Zukunft liegt oder aber die Umstellung auf eine Bestandsfinanzierung noch nicht erfolgt ist. Anbieter geschlossener Immobilienfonds nutzen Bridge Loans z.B., um die Zeitspanne zwischen Sicherung bzw. Erwerb einer Fondsimmobilie und Platzierung des Eigenkapitals zu überbrücken. Im Kontext von Unternehmensfinanzierungen kann ein Bridge Loan dazu dienen, kurzfristigen Kapitalbedarf eines Unternehmens zu überbrücken, bevor aus der Emission einer Anleihe oder neuer Aktien Kapital zufließt.

Als Bridge Loan bezeichnet man üblicherweise „Übergangsfinanzierungen" für einen Zeitraum bis zu einem Jahr mit einer gegenüber einer Bestandsfinanzierung deutlich höheren Verzinsung und i.d.R. auch Besicherung an der unterliegenden Immobilie. In der Abgrenzung zum Mezzanine Kapital wird der Bridge Loan auch als „Hard money loan" bezeichnet, da die Besicherung i.d.R. über das „harte Asset" – die fertig entwickelte und am Markt kurzfristig platzierbare Immobilie – erfolgt. Als Kapitalgeber kommen sowohl Banken als auch alternative Kapitalgeber in Frage.

8.3.4 Stellung der Finanzierungsinstrumente im „Waterfall"

Der „Waterfall" beschreibt die Reihenfolge, nach der Gewinn- und Zinsansprüche der unterschiedlichen Kapitalgeber bedient werden, sowie die Haftungsfolge des bereitgestellten Kapitals im Verwertungsfall. Nach Abschluss einer erfolgreichen Projektentwicklung werden die Zins- und Gewinnansprüche in einer festen Rangfolge an die Kapitalgeber verteilt. Die Ansprüche des Fremdkapitals sind vorrangig zu den Ansprüchen des Eigenkapitals. Im Regelfall hat die Fremdkapitalbank als erste Anspruch auf Zahlungen von Zins und Kapital. Dann wird das nachrangige Mezzanine Kapital aus den eingehenden Zahlungsströmen bedient und erst zuletzt können die Eigenkapitalpartner und Gesellschafter ihren Gewinnanspruch geltend machen. Eventuelle Verluste hingegen steigen von „unten nach oben". Zunächst wird bis zum vollständigen Verzehr das Eigenkapital belastet („Erstverlusttranche" bzw. „first loss piece"). Daraufhin steht das Mezzanine Kapital im Feuer und ganz zum Schluss wird das Fremdkapital in die Haftung genommen. Aus der Stellung im „Waterfall" lässt sich üblicherweise auch die Höhe der erwarteten Kapitalverzinsung ableiten. Gemeinhin fordert der Gläubiger, der als erstes an einem möglichen Verlust beteiligt wird, die höchste Verzinsung auf sein Kapital. Je geringer das Verlustrisiko des Anlegers ist, desto niedriger ist die Verzinsung des eingesetzten Kapitals.

Abb. 9: Rangfolge der Gläubiger und Begünstigten („Waterfall")

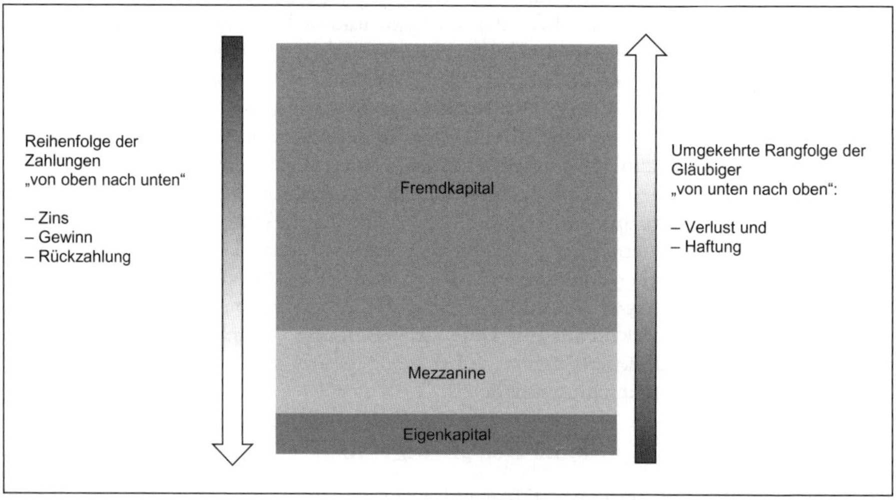

Reihenfolge der
Zahlungen
„von oben nach unten"

– Zins
– Gewinn
– Rückzahlung

Fremdkapital

Mezzanine

Eigenkapital

Umgekehrte Rangfolge der
Gläubiger
„von unten nach oben":

– Verlust und
– Haftung

Quelle: eigene Darstellung

8.4 Perspektive des Kapitalgebers

8.4.1 Marktteilnehmer

Unterschiedlichste Parteien treten am Markt als Kapitalgeber für Immobilienprojektentwicklung auf. Die wichtigsten Gruppen werden nachfolgend vorgestellt:

Ultra high net worth individuals (UHNW)[14], **Family Offices**[15] sind seit Jahrzehnten in diesem Segment aktiv. Investierte diese Gruppe früher eher opportunistisch, führen heute vielmehr strategische Überlegungen zu einem Engagement in diesem Segment. Es wird sowohl direkt als auch indirekt über Club Deals oder Private Placements investiert. Vorteil dieser Inves-

---

[14] Gemäß Cap Gemini sehr vermögende Privatperson mit einem Vermögen von über 30 Mio. $
[15] Family Office bezeichnet Organisationsformen und Dienstleistungen, die sich mit der Verwaltung privater Großvermögen befassen.

torengruppe ist, dass sie weitgehend unreguliert ist und schnell und unternehmerisch handeln kann. Ein Nachteil kann sein, dass emotionale Kriterien Eingang in die Anlageentscheidung finden.

Auch **Bauunternehmer** können als Finanzierungspartner für Projektentwickler auftreten. Hierbei stellt das Bauunternehmen z.B. eine Brückenfinanzierung für den Grundstücksankauf zur Verfügung und sichert sich im gleichen Zuge den Hochbauauftrag.

Ein **Joint Venture** von Gesellschaften im Kontext einer Immobilienprojektentwicklung kann in unterschiedlichsten Konstellationen stattfinden. Oft ist es so, dass die Gesellschafter jeweils zu gleichen Teilen am Kapital der Joint Venture Gesellschaft beteiligt sind, operativ aber unterschiedliche Kompetenzfelder besetzen:

– Ein Partner übernimmt bspw. das kaufmännische Management, die Finanzierung, Buchhaltung, Bilanzierung etc., während der andere Partner baut, vermietet und verkauft.

– Ein Entwickler hat exklusiven Zugang zum Ankermieter oder zum Grundstück, hat aber fachliche Defizite oder mangelnde Ressourcen, die ein Partner ausgleicht.

– Zwei Entwickler verbünden sich im Zuge eines Bieterverfahrens, um eine stärkere Position gegenüber der Konkurrenz aufzubauen.

– Der Projektentwickler schließt mit einen bereits identifizierten Endinvestor für das Projekt ein Joint Venture.

Potente Marktteilnehmer sind **Versicherungen, Pensions-/Versorgungskassen**. Solvency II zwingt diese Gruppe zukünftig zu einer erhöhten Eigenkapitalunterlegung für Investitionen in klassische Immobilienfonds, die auch Fremdkapital nutzen. Dies hat zur Folge, dass Versicherungen zunehmend auf die Finanzierung von Immobilien statt auf den Erwerb von Fondsanteilen setzen. Der Zugang wird über diverse Wege geschaffen: Externe Finanzierungsfonds bieten kleinen und mittelgroßen Versicherungen die Möglichkeit, sich an Immobilienfinanzierungen zu beteiligen. Ein kleiner Teil investiert direkt in Joint Venture Strukturen und erbringt einen aktiven Part in der Projektpartnerschaft. Ein weiterer Teil legt interne, für die Versicherungsgruppe exklusive Projektfinanzierungsfonds auf.

Vor der Finanzkrise waren auch einige **Banken** mit Eigengeld im Segment der alternativen Finanzierungen aktiv. Heute treten sie ausnahmslos als Intermediäre ohne eigene Beteiligung, also als reine Kapitalsammelstellen auf.

Die größten Marktteilnehmer im Segment „alternativer Projektfinanzierungen" sind **Finanzierungsfonds**, die von Intermediären der folgenden Industriezweige aufgelegt werden:

– Investmentbanken
– Private Equity Firmen
– Immobiliengesellschaften
– Emissionshäuser für offene und geschlossene Immobilienfonds
– Beratungs- und Maklergesellschaften
– Banken
– Sonstige Intermediäre wie Vermögensverwalter

Diese Fonds werden überwiegend aus Anlagegeldern von Großinvestoren gespeist. In der Regel entscheiden sich Anleger für die Fondslösung, weil sie keine eigene Expertise vorhalten und von der Expertise und dem Marktzugang des Fondsmanagers partizipieren möchten. Weiterhin ermöglicht eine Umsetzung der Anlagestrategie über Fonds, mit kleineren Anlagevolumina über mehrere Projekte zu diversifizieren.

Zwei grundsätzliche Varianten sind hinsichtlich der Ausgestaltung eines Fonds denkbar. **Variante 1**: Das Kapital steht als fest zugesagte oder bereits eingesammelte Größe zur Verfügung und kann unter der Maßgabe von zuvor projektunabhängig definierten Investitionskriterien in einzelne Projekte investiert werden (Blindpool[16]). Nach diesem Prinzip agieren z.B. Projektentwicklungsfonds. Der Vorteil liegt auf der Hand: der Fondsmanager kann unter Berücksich-

---

[16] Der Investor stellt sein Kapital zur Verfügung, ohne dass er weiß, welche konkreten Projekte finanziert werden.

tigung des Anlageprofils freihändig agieren und Projektentwickler über Rahmenverträge an sich binden. Als Nachteil muss z.B. angeführt werden, dass die vorab mit den Kapitalgebern vereinbarten Investitionskriterien zu einer formalistischen Auswahl von Zielprojekten führen, ohne die Möglichkeit, individuelle Projektkonstellationen abzubilden. Auch die Frage der laufzeitabhängigen Verzinsung von Kapital ist hier aufzuwerfen, denn das ab einem bestimmten Zeitpunkt gegenüber der Kapitalsammelstelle fest zugesagte oder aber bereits eingezahlte Kapital müsste sich eigentlich bereits ab diesem Zeitpunkt verzinsen, auch, wenn noch gar kein Projekt angebunden ist. Der Initiator steht unter Abschlussdruck, um seinen Investoren eine Mindestverzinsung über Laufzeit bieten zu können, was seine Verhandlungsposition ggf. schwächt. In der **Variante 2** wird das Kapital projektbezogen eingesammelt. Hier kehren sich Vor- und Nachteile um. Der größte Vorteil ist die Flexibilität für individuelle Projektlösungen und eine hohe Identifikation der Kapitalgeber mit dem individuellen Projekt. Es stellt sich jedoch für den Initiator in jedem einzelnen Fall die Frage, ob ein Investor bzw. mehrere Investoren für das konkrete Projekt gewonnen werden können. Da sich im Verlaufe der Prüfung und Vertragsgestaltung viele Merkmale des Projekts erst sukzessive ausprägen, besteht die Schwierigkeit, das Kapital verlässlich so anzubinden, dass die potenzielle Veränderlichkeit des Produkts durch die Kapitalzusage gedeckt ist.

8.4.2 Zinserwartung

Verträge mit Private Equity und Mezzanine Kapitalgebern werden individuell und nicht öffentlich verhandelt. Anforderungen an den Zins folgen, im Gegensatz zum rating- und kapitalmarktbasierten Zins der Fremdkapitalbanken, individuellen Einschätzungen zu den projektspezifischen Risiken sowie Erfahrungen aus vergleichbaren Geschäften. In der Regel verfügt der Kapitalgeber über eine starke Verhandlungsposition und bringt seine Verzinsungsvorstellungen als Forderung in die Gespräche ein. Die im Folgenden genannten Verzinsungshöhen gehen auf eigene Verhandlungserfahrungen sowie auf Gespräche der Autoren mit Managern von Finanzierungsfonds und weiteren Marktteilnehmern zurück.

Grundsätzlich reflektiert der Verzinsungsanspruch das Risikoprofil einer Entwicklung und bildet sich aus den folgenden Faktoren:
- Track record des Entwicklers
- Eigenkapitalanteil des Entwicklers am Projekt
- Standort
- Nutzungsart
- Reife/Stadium des Projektes
- Belastbarkeit der Datenbasis
- Vermietungsstand und Stand der Verkaufsaktivitäten
- Qualität der Besicherung des Beteiligungskapitals
- Kapitalbindungsdauer
- Komplexität der Beteiligungsstruktur

Nachfolgende Abbildung veranschaulicht exemplarisch die Entwicklung des Risikos im Phasenverlauf einer Projektentwicklung. Grundsätzlich gilt, dass das Risiko einer erfolgreichen Projektrealisierung zwischen der Projektidee und dem Verkauf immer weiter abnimmt. Die Reife der Projektentwicklung ist ein wichtiger Parameter zur Ableitung des Verzinsungsanspruches. Allgemein gilt: je höher der Vorverkaufs- oder Vormietungsstand, desto geringer das Exitrisiko und somit der Verzinsungsanspruch. Der Beitritt in eine strukturierte Projektfinanzierung in einem sehr frühen Stadium oder in eine mehrstöckige Beteiligungsstruktur lässt den Verzinsungsanspruch aufgrund der höheren Komplexität und Abhängigkeiten steigen.

Die Ansprüche an die Verzinsung von Projektfinanzierungen sind mit denen für Risikokapital anderer Industriezweige vergleichbar. Die Gesamtverzinsung setzt sich üblicherweise aus zwei Bausteinen zusammen:
- **Basisverzinsung**: Die jährliche Basisverzinsung kann sowohl als laufender Zins als auch als endfälliger Zins oder als eine Mischung aus beidem gezahlt werden. Bei den mezzaninen

Abb. 10: Phasenverlauf von Projektentwicklungen"

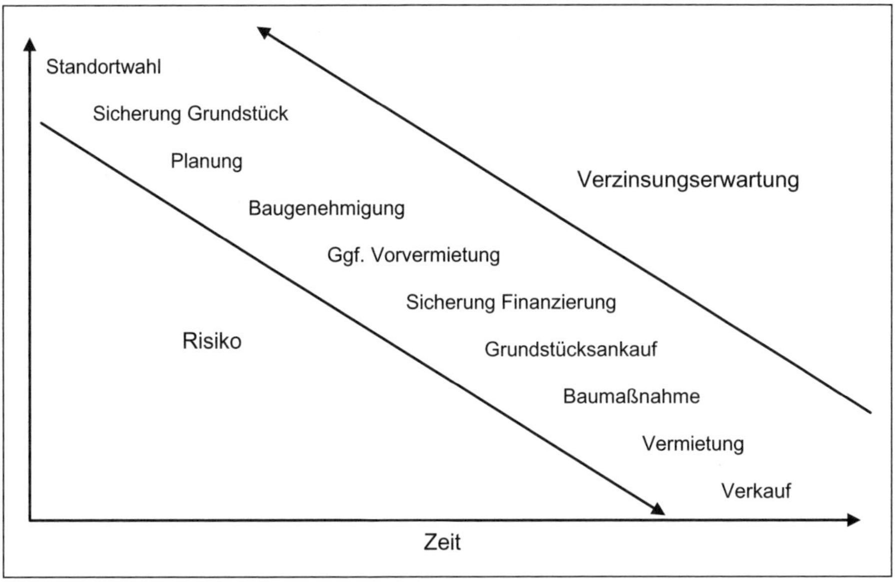

Standortwahl

Sicherung Grundstück

Planung

Verzinsungserwartung

Baugenehmigung

Ggf. Vorvermietung

Sicherung Finanzierung

Risiko

Grundstücksankauf

Baumaßnahme

Vermietung

Verkauf

Zeit

Quelle: eigene Darstellung in Anlehnung an: Kunath, Angelika: Vortrag Projektentwicklungsfonds.
Berlin, 2012.

Finanzierungsinstrumenten ist dieser Zins gegenüber allen Gewinnausschüttungen an den Projektentwickler vorrangig (Vorzugsrendite/Preferred Return). Unter Annahme eines üblichen Projektes mit hinreichender Reife kann als grober Richtwert eine Basisverzinsung von rd. 10 Prozent p.a. als marktüblich angenommen werden.

– **Gewinnbeteiligung**/Equity Kicker: Hierunter versteht man die Teilhabe am Projektgewinn, wenn das Projekt erfolgreich war. Die Gewinnbeteiligung kann entweder als ein prozentualer Anteil am Projektgewinn oder als ein fest definierter Pauschalbetrag vereinbart werden. Die Schwierigkeit liegt in der transparenten Definition der Bemessungsgrundlage, da die Bilanzierung innerhalb der Projektgesellschaft sowohl hinsichtlich der Höhe des Gewinns als auch hinsichtlich des Zeitpunkts der Ausweisung durchaus Spielräume bietet. Wir empfehlen einfache, nachvollziehbare Berechnungsformeln.

Eine beispielhafte Attribution der Verzinsungsbausteine könnte wie folgt ausgestaltet sein:
– Basiszinssatz von 10 Prozent p.a.,
  • davon 3 Prozent p.a. laufend, vierteljährliche Auszahlung
  • die restlichen 7 Prozent endfällig

– Erfolgsbeteiligung in Höhe von 20 Prozent des Gewinns (oder vorab definierter Pauschalbetrag)

– In der Regel liegt der Verzinsungsanspruch für gewerbliche Projektfinanzierungen 2 bis 4 Prozentpunkte höher als für wohnungswirtschaftliche Projekte.

Abb. 11: Exemplarische Verzinsung Mezzanine

Sektor	Basisverzinsung p.a.		Gewinnbeteiligung	
	von	bis	von	bis
Wohnen	8,00%	12,00%	20,00%	30,00%
Büro, Handel	10,00%	15,00%	20,00%	50,00%

Quelle: eigene Darstellung

Private Equity Investoren erwarten aufgrund ihrer höheren Haftung eine höhere Verzinsung als Kapitalgeber von Mezzanine Finanzierungen. Eine Basisverzinsung für Real Estate Private Equity sollte mindestens 15 Prozent p.a. erreichen. Zusätzlich wird eine Gewinnbeteiligung in signifikanter Höhe erwartet. Der Zinsanspruch ist jedoch für beide Komponenten vollständig erfolgsabhängig.

Abb. 12: Exemplarische Verzinsung Private Equity

Sektor	Basisverzinsung p.a.		Gewinnbeteiligung	
	von	bis	von	bis
Wohnen	15,00%	20,00%	30,00%	50,00%
Büro, Handel	18,00%	25,00%	30,00%	50,00%

Quelle: eigene Darstellung

Zusätzlich zur Basisverzinsung und zu dem Gewinnanteil trägt der Projektentwickler in der Regel die Kosten der Sicherheitenstellungen (einmalig rd. 0,2 bis 0,5 Prozent vom Kapital) und zahlt eine allgemeine Bearbeitungsgebühr (einmalig rd. 1 bis 2 Prozent vom Kapital) an den Kapitalgeber, aus der dieser seinen Prüfungsaufwand deckt.

Es kann zwischen dem Projektentwickler und dem Kapitalgeber zu Diskussionen kommen, wann der Verzinsungsanspruch beginnt. Der Kapitalgeber hat das grundsätzliche Interesse, den Abschluss des Darlehensvertrags und die Auszahlung des Darlehens zeitlich nicht weit auseinanderfallen zu lassen, denn spätestens mit Abschluss des Vertrags hat er seine Prüfung abgeschlossen und die Mittel gesichert. Er ist in der Zahlungspflicht, d.h., er kann die auszureichenden Darlehensmittel nur noch kurzfristig und risikofrei anlegen. Unter IRR-Gesichtspunkten, also Verzinsung über Laufzeit, beginnt jetzt für den Kapitalgeber, die Zinsuhr zu ticken. Bei einem deutlich späteren Kapitalabruf durch den Entwickler würde also selbst bei einem sehr hohen vertraglichen Zins das Gesamtergebnis aus Investorenperspektive durch die Zeit zwischen Bindung und Abruf erheblich geschmälert.

8.4.3 Vor- und Nachteile alternativer Projektfinanzierungen für Kapitalgeber

Vorteile
- Hohe Renditechance
- Starke Verhandlungsposition im aktuellen Marktumfeld
- Geringe Korrelation der Investition mit den Kapitalmärkten
- Im Erfolgsfall kurze Kapitalbindung
- Ein gewisser Kapitalschutz durch ggf. bestehende Sicherheiten

Nachteile
- Instrument ist nicht fungibel
- Spezialwissen notwendig
- Zeitintensive Prüfung und Verhandlung
- Hohes Anlagerisiko
- Je nach Zuordnung ggf. Überschneidungen mit der allgemeinen Private Equity Quote
- Hohe Eintrittsbarrieren

8.4.4 Systematische Einordnung in die Immobilienallokation

Die Entwicklung von Immobilienprojekten zählt zu den hochrisikoreichen unternehmerischen Tätigkeitsfeldern. Demzufolge unterliegt auch die Kapitalbeteiligung an Projektfinanzierungen hohen Risiken und sollte deshalb ausschließlich von wirtschaftlich aufgeklärten Großanlegern getätigt werden, die die entsprechende Risikotragfähigkeit aufweisen.

Es existiert keine einheitliche Definition zur Einordnung von Kapitalbeteiligungen an Projektentwicklungen. Aufgrund des hohen Rendite-/Risikoverhältnisses, der Illiquidität und Komplexität zählen die Autoren die Anlage je nach Ausgestaltung zum Anlagebaustein „Real Estate Private Equity" oder „Real Estate Private Debt".

Die viel beachtete Umfrage „Emerging Trends in Real Estate"[17], die Pricewaterhouse-Coopers in Kooperation mit dem Urban Land Institute alljährlich unter 600 internationalen Großanlegern durchführt, offenbart, dass die Segmente Projektentwicklung und Finanzierung mit einem Anteil von zusammen rund 24 Prozent fest in der Immobilienallokation institutioneller Investoren verankert sind. Geht man davon aus, dass sich auch hinter der Quote für opportunistische Investments zum Großteil Entwicklungsaufgaben verbergen dürften, erhöht sich der Baustein „Projektentwicklung und Finanzierung" auf einen Anteil von kumuliert rd. 37 Prozent an der Gesamtallokation der Investoren.

Abb. 13: Allokationspräferenzen von Immobilieninvestoren 2012

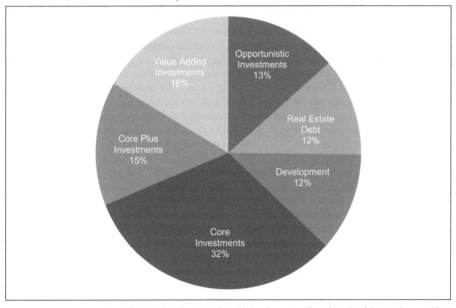

Quelle: PWC, Urban Land Institute: Emerging Trends in Real Estate Europe 2012

Im deutschsprachigen Raum ist „Real Estate Private Debt" noch nicht bei allen Investoren als eigenständiger Anlagebaustein etabliert. Die Autoren glauben, dass sich dies zukünftig ändern wird. Nachfolgende Abbildung stellt das Immobilienanlageuniversum unter Berücksichtigung des Bausteins „Private Debt" dar.

---

[17] PWC, Urban Land Institute: Emerging Trends in Real Estate Europe 2012.

Abb. 14: Vier Felder Matrix – Universum der Immobilienanlage

	Public (börsennotiert/fungibel)	Private (nicht fungibel)
Equity	– Immobilienaktien (-fonds) – Real Estate Investment Trusts – Derivate	– Wohn-/Gewerbeimmobilien – Immobilienfonds – **Real Estate Private Equity (-fonds)** – **Joint Ventures** – Club Deals, Private Placements
Debt	– Mortgage Backed Securities – Anleihen von Immobilienunternehmen – Pfandbriefe	– **Finanzierungsfonds** **(Real Estate Debt)** – **Senior Darlehen** – **Mezzaninedarlehen**

Quelle: eigene Darstellung

8.4.5 Gewerbliche Kreditvergabe

Die Initiatoren von Projektfinanzierungen sollten in ihrem Prozess die Prüfung verankern, ob sie mit der geplanten Finanzierung unter das Kreditwesengesetz (KWG) fallen. Die Ausreichung von Darlehen, Krediten oder Finanzierungen gilt üblicherweise als Bankgeschäft. Das Betreiben von Bankgeschäften ohne Erlaubnis ist nach § 54 Kreditwesengesetz strafbar. „Nach § 32 Abs. 1 Satz 1 KWG bedarf der schriftlichen Erlaubnis der Bundesanstalt für Finanzdienstleistungsaufsicht (BaFin), wer im Inland gewerbsmäßig oder in einem Umfang, der einen in kaufmännischer Weise eingerichteten Geschäftsbetrieb erfordert, Bankgeschäfte betreiben oder Finanzdienstleistungen erbringen will."[18] Für Parteien, die Finanzierungen begeben und die kein Kreditinstitut sind, stellt sich schon bei erstmaliger Vergabe von Finanzierungen die Frage, ob Kriterien für eine gewerbliche Kreditvergabe nach den Maßgaben des KWG erfüllt sind. Dies ist z.B regelmäßig bereits dann anzunehmen, wenn „der Geschäftsbetrieb auf eine gewisse Dauer angelegt ist und der Betreiber ihn mit Gewinnerzielungsabsicht verfolgt"[19]. Für die Qualifikation im Zusammenhang der gewerblichen Kreditvergabe ist insbesondere die Form wichtig, in der die Finanzierung begeben wird. Beispielsweise wird „durch die Hingabe von Geld im Rahmen einer stillen Gesellschaft [...] kein Kreditgeschäft betrieben. Dies ist anders bei der Hingabe von Geld als Partiarisches Darlehen"[20]. Da die typologische Abgrenzung zwischen stiller Gesellschaft und Partiarischem Darlehen fließend ist, wird ergänzend ausgeführt: „Bei einem als stille Gesellschaft bezeichneten Vertrag, der die Vereinbarung einer Verlustteilnahme enthält, wird kein Darlehen begeben und damit auch kein Kreditgeschäft betrieben. Werden in einem als stille Gesellschaft bezeichneten Vertrag Verlustteilnahme und Gewinnbeteiligung ausgeschlossen, wird ein Darlehen begeben und das Kreditgeschäft betrieben. Wird in einem als stille Gesellschaft bezeichneten Vertrag zwar die Verlustbeteiligung ausgeschlossen, aber eine Gewinnbeteiligung vereinbart, lässt sich die Einstufung als Kreditgeschäft nur im Wege der Einzelfallprüfung durch die Behörde entscheiden."[21]

Die Autoren möchten und können an dieser Stelle keinen abschließenden Prüfkatalog beibringen. Ihr Anliegen ist lediglich, auf die Problematik der potenziellen Genehmigungspflicht

---

[18] Bundesanstalt für Finanzdienstleistungsaufsicht: Merkblatt Hinweise zum Tatbestand des Kreditgeschäfts. 2009.

[19] Bundesanstalt für Finanzdienstleistungsaufsicht: a.a.O.

[20] Bundesanstalt für Finanzdienstleistungsaufsicht: a.a.O.

[21] Bundesanstalt für Finanzdienstleistungsaufsicht: a.a.O.

hinzuweisen und Anbietern anzuraten, eine qualifizierte fachliche Prüfung dieser Thematik vorzunehmen.

8.5 Perspektive des Projektentwicklers

8.5.1 Marktteilnehmer

Nach einer Erhebung aus dem Jahr 2004 können bundesweit rund 600 Unternehmen zur Projektentwicklerbranche gezählt werden[22]. Entsprechend groß ist die Bandbreite von Unternehmen, die in Deutschland Immobilienprojektentwicklung betreiben. Während die Projektentwickler-Rankings von börsennotierten Unternehmen wie Hochtief oder der CA Immo angeführt werden, sind dennoch absolut betrachtet insbesondere kleine und mittlere Unternehmen für Projektentwicklungen verantwortlich. BulwienGesa ermittelte für die deutschen Top 7 Standorte, dass regional ausgerichtete Akteure mit 48,3 Prozent hinsichtlich Flächenvolumina den größten Marktanteil auf sich vereinen[23]. Neben der Größe des Unternehmens und dem räumlichen Aktionsradius – lokal, regional, national, international – ist die Breite des Tätigkeitsspektrums – Generalist versus Spezialist – ein drittes Unterscheidungskriterium für Projektentwicklungsunternehmen. Interesse an alternativen Finanzierungsinstrumenten ist durchaus bei allen genannten Gruppen zu verzeichnen. Aus der Erfahrung der Autoren heraus, die auch von Transaktionen physischer Immobilien geprägt ist, lässt sich jedoch ein Entwicklertypus identifizieren, der sich aus der Sicht von Kapitalgebern möglicherweise bevorzugt für Beteiligungs- oder Mezzanine Kapital qualifiziert. Dies sind Unternehmen mit hoher Spezialisierung in einem Marktsegment, nachgewiesenem regionalen Track record und einem unternehmerisch geprägten Organisationsaufbau mit schnellen Entscheidungswegen.

8.5.2 Ziele des Projektentwicklers

Die Position des Projektentwicklers in der Partnerschaft mit dem externen Geldgeber ist zunächst recht klar. Er sieht sein Kerngeschäft in den Herausforderungen des Planens, Bauens und Vermarktens der Projektentwicklung. Kapitalbeschaffung ist für ihn traditionell eine eher lästige Pflicht und die Bereitschaft, ggf. sogar Eingriffe in das operative Geschäft zuzulassen, um überhaupt Zugang zu Kapital zu erhalten, ist zunächst extrem gering ausgeprägt. Auf der anderen Seite ermöglichen ihm externe Kapitalquellen, sein Eigenkapital zu schonen, das Risiko auf Einzelprojektebene zu minimieren und Ressourcen für die Realisierung von Neugeschäft vorzuhalten. Der erweiterte Kapitalzugang ist oftmals die Voraussetzung für die Expansion bzw. überhaupt den Zugang zu Projekten einer gewissen Größenordnung. Möglicherweise gelingt es dem Entwickler auch, selbst bei Aufnahme von hoch verzinstem Risikokapital, seine Eigenkapitalrendite weiter zu verbessern.

Dies vorausgeschickt verfolgt er in der Verhandlung mit externen Kapitalgebern üblicherweise folgende Ziele:

– Minimierung des Einsatzes von echtem Eigenkapital aus dem Gesellschafterkreis

– Flexibler Zugang zu externem Kapital z.B. im Form eines Rahmenkredits, der bedarfsabhängig in Anspruch genommen werden kann

– Minimierung des administrativen Aufwands durch strukturierte Finanzierungen aus einer Hand ("one-stop-agency")

– Minimierung der Kapitalkosten durch Verhandlung einer möglichst geringen Verzinsung/ Gewinnbeteiligung

---

[22] Pitschke, Christoph: Die Finanzierung gewerblicher Immobilienprojektentwicklungen unter Basel II. In: Schulte, Karl-Werner, Bone-Winkel, Stephan (Hrsg.): Schriften zur Immobilienökonomie Band 30. Köln 2004, S. 92.

[23] Vgl. BulwienGesa: Projektentwicklerstudie 2012.

- Endfälligkeit der Zins-/Gewinnansprüche
- Verzinsung der externen Mittel so weit als möglich erfolgsabhängig, das heißt nur bei wirtschaftlich erfolgreicher Veräußerung der Projektentwicklung
- Flexible Ausrichtung der Zinskosten an der Entwicklung der Projektrisiken
- Möglichkeiten zur variablen Ausgestaltung der Konditionen an den Projekterfordernissen
- Keine Gewährung von Sicherheiten über das Projektgrundstück bzw. die Projektgesellschaft hinausgehend („non recourse")
- Vollständiger Erhalt der operativen Handlungsfähigkeit durch Vermeidung einer Gesellschafterstellung für externe Geldgeber oder Gewährung von Zustimmungs- oder Informationsrechten

Darüber hinaus verfolgt der Entwickler aber auch noch eine Reihe von weiteren, eher weichen Zielen:

- Er ist i.d.R. an langfristigen Partnerschaften interessiert, so dass in der Zusammenarbeit anfänglich Standards definiert werden, auf die bei Folgeprojekten zurückgegriffen werden kann, so dass sich der Aufwand in der Zukunft minimiert.
- Er fordert Verlässlichkeit, denn er muss die Geschlossenheit der Finanzierung möglichst frühzeitig und über die gesamte Projektlaufzeit hin gewährleisten können.
- Er benötigt Flexibilität in den Darlehensbedingungen, damit der Veränderlichkeit des Finanzierungsgegenstandes in den Vereinbarungen Rechnung getragen werden kann.

8.5.3 Neue Anforderungen an den Projektentwickler

Die Fokussierung der Banken auf die Qualität ihrer Kreditportfolios privilegiert die Finanzierung von Immobilienprojekten in guten Lagen, mit sehr guter Objektqualität sowie nachgewiesenermaßen marktgängigen Nutzungskonzepten und im besten Fall bereits bekannten Nutzern. Projektentwickler werden in Zukunft mehr Aufwand für die Erstellung von Standort- und Marktanalysen sowie Nutzungskonzepten betreiben müssen. Von ihnen wird volle Transparenz und Überprüfbarkeit ihrer Leistungen in allen Phasen des Entwicklungsprozesses gefordert. Neben den Transparenzerfordernissen auf der Projektebene werden auch die Aufbauorganisation, die Prozessorganisation, Kompetenzen und Referenzen sowie Reporting-Standards des Projektentwicklers Prüfungsschwerpunkte, die in die Entscheidung über Kapitalvergaben mit einfließen.[24]. Auffällig ist, dass Banken für die Entwicklung von Wohnimmobilien aufgrund des vermeintlich geringeren Vermarktungsrisikos in der Regel bessere Finanzierungskonditionen stellen als für Gewerbeimmobilien.

Weitere Konsequenzen für den Projektentwickler:

- Durch Basel II+III entstehen den Banken im Zuge komplexerer Verfahren der Kreditbearbeitung dauerhaft höhere Kosten. Diese Kosten werden an die Kreditnehmer weitergereicht.
- Die Einbindung externer Controller zur Überwachung der kaufmännischen und technischen Projektabwicklung durch die Banken wirkt ebenfalls Kosten erhöhend, da die Kreditnehmer an diesen Kosten i.d.R. beteiligt werden.
- Das prozyklische Kreditvergabeverhalten des Bankensektors wird verstärkt.
- Die Anforderungen an die Qualität von Bürgschaften und Garantien steigt, um gegebenenfalls günstigere Finanzierungskonditionen durchsetzen zu können.
- Die durch das restriktivere Kreditvergabeverhalten induzierte Finanzierungslücke wird einen erhöhten Einsatz von Eigenkapital erfordern, das allerdings im Vergleich zu Fremdkapital teurer und nicht steuerlich abzugsfähig ist.

---

[24] Pitschke, Christoph: Konsequenzen der Neuen Basler Eigenkapitalvereinbarung für mittelständische Immobilien-Projektentwickler. Diplomarbeit an der European Business School Schloß Reichartshausen. Oestrich-Winkel 2001.

Alternative Finanzierungsinstrumente können zumindest teilweise einen Ausgleich schaffen und Finanzierungslücken schließen. Jedoch steigen Aufwand und Anforderungen an Know-How und Organisationsaufbau des Entwicklers, z.B. durch:
- Professionelle Ansprache alternativer Finanzierungspartner
- Zusätzliche Gespräche und Verhandlungen mit Kapitalgebern
- Neue Komplexität durch eine Mehrzahl von Beteiligten mit unterschiedlichen Interessen
- Verzahnung der Interessen und Verträge zwischen Eigenkapitalgeber, Mezzanine Kapitalgeber und Fremdkapitalgeber
- Höherer laufender Aufwand des Finanzierungsmanagements
- Neue Reportingpflichten

Entwickler sind gezwungen, auf die gestiegenen Anforderungen durch Aufbau von spezialisiertem Personal zu reagieren. Die Hauptaufgaben sind insbesondere Projektaufbereitung, Erarbeitung von Finanzierungskonzepten, Kapitalakquisition, Verhandlung der Verträge, Betreuung der Kapitalgeber, Prüfung der Einhaltung der Zahlungsflüsse und Verträge, Controlling und Reporting sowie Risikoanalysen. Die geforderte Kombination aus kreditspezifischem Know-How und immobilienwirtschaftlichem Know-How ist heute noch nicht selbstverständlich.

8.5.4 Vor- und Nachteile alternativer Projektfinanzierungen für Entwickler

Vorteile
- Möglichkeit der Realisierung von Großprojekten, die einen Eigenkapitaleinsatz verlangen, der vom Projektentwickler selbst nicht dargestellt werden kann
- Bonitätsfördernd – Stärkung des wirtschaftlichen Eigenkapitals der Entwicklung
- Möglichkeit der schnelleren Expansion durch zeitgleiche Realisierung mehrerer Projekte
- Möglichkeit zur Finanzierung von antizyklischen Projekten oder Nischenthemen
- Diversifikation durch Verteilung des verfügbaren Eigenkapitals auf mehrere Projekte
- Steigerung der Eigenkapitalrendite
- Steuerliche Abzugsfähigkeit der Verzinsung, falls Beteiligungskapital dem Fremdkapital zugeordnet
- Erhalt der unternehmerischen Freiheit, da Kapitalgeber häufig passiv bleiben
- Reduktion des eigenen Verlustrisikos aufgrund des geringeren selbst aufzubringenden Eigenkapitalanteils

Nachteile
- Der absolute Gewinnanteil sinkt
- Höhere Kapitalkosten gegenüber klassischem Kredit
- Zusätzlicher administrativer Aufwand z.B. durch Anforderungen an das Berichtswesen, Auseinandersetzung mit aktivem Finanzierungspartner etc.
- Erhöhte Transparenzerfordernisse
- Risiko der Sanktionierung durch den alternativen Kapitalgeber (Kündigung, Teilnahme an der bzw. Einflussnahme auf die Geschäftsführung, Vertragsstrafen etc.)
- Im schlimmsten Fall Abberufung als Geschäftsführer und Verlust der Kontrolle über das Projekt

8.6 Die Zusammenarbeit zwischen Kapitalgeber und Projektentwickler

8.6.1 Gesprächsführung zwischen den Parteien

Eine Finanzierungspartnerschaft gründet auf Vertrauen. Vertrauen gründet auf Transparenz sowie offener, frühzeitiger Kommunikation von Zwischenständen, Entscheidungsknoten, Änderungen und sich anbahnenden Problemen. Partnerschaft setzt voraus, eigene Prozesse kritisch hinterfragen zu lassen und auf Anregungen und Erfordernisse des Projektpartners einzugehen. Da sich nicht alle Eventualitäten, die im Projektverlauf auftreten können, im Vorwege antizipieren und vertraglich regeln lassen, muss der Kapitalgeber das Gefühl haben, dass er auch im Falle von unerwarteten Schwierigkeiten mit dem Projektentwickler einen Steuermann an Bord hat, der im Sinne der gemeinsamen Interessen Kurs hält.

Nun bestehen jedoch zwischen den Parteien in der Regel Informationsasymmetrien. Der Projektentwickler besitzt gegenüber dem Kapitalpartner einen Wissensvorsprung in Bezug auf die geplante Projektentwicklung und wird möglicherweise versuchen, diesen zu Ungunsten der anderen Partei auszunutzen, wenn dies seinen eigenen Zwecken dient. Die Wissenschaft beschreibt dieses Verhalten in Wirtschaftsbeziehungen in der Prinzipal-Agent-Theorie[25]. Der Prinzipal bezeichnet den Auftraggeber und der Agent den Beauftragten. Der Prinzipal (Kapitalgeber) beauftragt den Agenten (Entwickler) in der Hoffnung, dass dieser seine Aufgabe im Sinne des Prinzipals erledigt. Übertragen auf die Finanzierung einer Immobilienprojektentwicklung wäre es beispielsweise möglich, dass der Projektentwickler seine tatsächlichen Kompetenzen und Ressourcen nicht transparent darstellt mit der Folge, dass der Kapitalgeber sich für den falschen (= schlechter qualifizierten) Partner entscheidet (sog. „Adverse Selection"). Desweiteren besteht die Gefahr, dass der Kapitalgeber die Aufgabenausführung des Projektentwicklers nicht zu beurteilen vermag und dieser das Informationsdefizit des Kapitalgebers zu dessen Nachteil ausnutzt (sog. „Moral Hazard"). Es wäre ebenfalls möglich, dass der Entwickler aufgrund der Nichtbeobachtbarkeit seiner Leistung und einem Fehlen von Anreizen Minderleistungen erbringt (sog. „Shirking").

Es kommt zunächst darauf an, die Interessen und Risiken der jeweils anderen Partei einschätzen zu können, um Konflikten vorzubeugen und die Zusammenarbeit effektiv zu gestalten. Um einer Übervorteilung des Kapitalgebers durch den Projektentwickler entgegenzuwirken, ist es wirkungsvoll, diesem Anreize zum korrekten Verhalten geben, beispielsweise durch:

- Festlegung einer asymmetrischen Gewinnverteilung – der Entwickler erhält seinen Gewinnanteil erst, nachdem der Kapitalgeber vollständig bedient wurde
- Eigenkapitalbeteiligung des Entwicklers mit Vinkulierungsverbot[26]
- Deckelung der aufwandsbezogenen Projektmanagementgebühr bzw. Kopplung an den Projekterfolg
- Weitere Sicherheiten wie Patronate oder Bürgschaften
- Zustimmungspflicht des Kapitalgebers zu definierten Geschäften
- Umfangreiches Reporting, das eine Einschätzung über die tatsächlichen Verhältnisse im Projekt (insbes. Entwicklung von Baukosten, Bauzeiten, Vermietungsaktivitäten, ggf. Änderungen/Nachträge Bestandsmietverträge, Vermarktungsprozess, Mittelverwendung, etc.) zulässt
- Regelmäßige Jour Fixe zwischen Kapitalgeber und Projektentwickler auf der Baustelle

---

[25] Rottke, Nico B.: Bedeutung von Real Estate Private Equity für Deutschland. In: Rottke, Nico B. und Rebitzer, Dieter W. (Hrsg.): Handbuch Real Estate Private Equity. Köln 2006, S. 215.
[26] Verbot des Übertrags eines Anteils bzw. der Refinanzierung über Dritte ohne Zustimmung.

8.6.2 Anbahnungsphase

Es ist hilfreich, wenn sich die Parteien aus anderen Zusammenhängen bereits kennen. Eine lockere Kontaktpflege über den Rahmen eines konkreten Projektes hinaus macht den Einstieg in ein konkretes Projekt einfacher. Für konkrete Finanzierungsgespräche erachten es die Autoren als hilfreich, wenn zumindest die folgende Projektreife nachgewiesen werden kann:
– Projektgrundstück angebunden bzw. Zuschlag realistisch zu erwarten
– Ausgearbeitete Planung mit Kostenschätzung und Plausibilisierung der Kosten
– Baugenehmigung erteilt bzw. Genehmigungsfähigkeit vorabgestimmt
– Detaillierte Projektentwicklerkalkulation
– Marktanalyse
– Fähigkeit des Entwicklers zur Beteiligung am Projekt mit „echtem" Eigenkapital in relevanter Größenordnung

Soweit diese grundlegenden Bedingungen erfüllt sind, gehen die Autoren davon aus, dass alle weiteren Eventualitäten, die im weiteren Prozess der Projektkonkretisierung auftreten können, im Darlehensvertrag berücksichtigt werden können, z.B., indem Meilensteine als Auszahlungsvoraussetzung definiert werden, die erst nach Abschluss des Darlehensvertrags erfüllt sein müssen.

8.6.3 Beteiligungsprüfung

Die Due Diligence eines Kapitalgebers hat, ebenso wie die Due Diligence eines Immobilienkäufers, die sorgfältige und umfassende Risikoprüfung einer geplanten Investition zum Ziel. Im Rahmen der Due Diligence werden die Stärken und Schwächen der Investition analysiert. Die Ergebnisse bilden einerseits die Grundlage für die Festlegung der Verzinsungserwartung, die mit der Investition einhergehen sollte. Andererseits fließen die Erkenntnisse in die Vertragsverhandlung ein, mit dem Ziel, identifizierte Risiken so weit als möglich zu transferieren. Insbesondere geht es aber darum, die vorhandene Informationsasymmetrie zwischen dem Projektentwickler und dem Kapitalgeber abzubauen, Lücken in der bestehenden Informationslage zu schließen und vorliegenden Informationen auf Plausibilität zu prüfen. Gegebenenfalls wird der Prüfende durch Anwälte, Wirtschaftsprüfer, Steuerexperten, Marktexperten und Baufachleute unterstützt. Die Steuerung der Due Diligence erfolgt üblicherweise durch die kaufmännische Seite. Entwickler und Kapitalgeber vereinbaren Zeitraum und Umfang für die Due Diligence. Gegebenenfalls kann die Zahlung einer Gebühr vereinbart werden, falls es nicht zum Abschluss einer Kapitalbeteiligung kommt.

Die Due Diligence für eine Beteiligung setzt sich – auch abhängig von der Art der Beteiligung und der Form der Besicherung – aus unterschiedlichen Prüfungsschwerpunkten zusammen. Wesentliche Bausteine könnten insbesondere sein
– Projekt
  • Technische Aspekte des Bauvorhabens
  • Genehmigungen
  • Bauzeiten-/Baukostenplan, Baukostenschätzung, Vergabemechanismus
  • Projektentwicklungsrechnung
  • Gebührenansprüche (zugunsten des Entwicklers bzw. Dritter)
  • Vermietungs- u. Vermarktungsstrategie
– Marktumfeld
  • Standort- und Marktanalyse
– Projektentwickler
  • Track record
  • Operative Aufbau- und Ablauforganisation
  • Risikomanagementsysteme (Projekt-/Unternehmensebene)
  • Kennzahlen (Gesellschafterstruktur, Bilanzen, wirtschaftliche Substanz/Kapitalausstattung)

- Wirtschaftliche, rechtliche und finanzielle Verflechtungen zwischen den Gesellschaftern und den Gesellschaften
- Sicherungsübereignungen, Rechte Dritter, etc.
- Rechtsstreitigkeiten
– Recht
  - Gesellschaftsrecht
  - Genehmigungen
  - Verträge (Kaufverträge, Mietverträge, Gesellschaftsverträge, etc.)
  - Sicherheiten
– Steuern
  - Steuerrechtliche Implikationen der Beteiligung
– Finanzierung
  - Strukturierung der Finanzierung
  - Inhalte des Finanzierungsvertrags des Entwicklers mit der Fremdkapitalseite
  - Regelungen zwischen unterschiedlichen Kapitalgebern (Inter Creditor Agreement)
– Reporting- und Controllingstandards

Eine sorgfältige und umfassende Due Diligence ist die Voraussetzung für eine zielgerichtete Verhandlungsführung, denn die gewonnenen Erkenntnisse und Regelungsbedarfe können dann im Beteiligungsvertrag entsprechend gewürdigt werden. Typische Regelungsbereiche des Darlehensvertrags stellt Kapitel 8.7 dar.

8.6.4 Controllingphase

Wenn es nach erfolgreichem Abschluss einer Beteiligung zum Abruf des Beteiligungskapitals kommt, bleibt der Kapitalgeber in der Pflicht, nachzuhalten, dass die vertraglichen Pflichten durch den Entwickler eingehalten werden und die Projektentwicklung plangemäß verläuft. Nur durch eine aktive Projektbegleitung ist der Finanzierungspartner in der Lage, drohende Schieflagen des Projekts frühzeitig zu erkennen und etwaige vertraglich bestehende Maßnahmen (bis hin zur potenziellen Kündigung der Beteiligung) zu ergreifen, um sein eingesetztes Kapital zu retten. Dafür ist Voraussetzung, dass die Instrumente und Inhalte sowie der Turnus der Berichterstattung des Projektentwicklers gegenüber dem Finanzierungspartner im Beteiligungsvertrag definiert wurden. Inhalte eines Beteiligungscontrollings können insbesondere sein
– Projektfortschritt

– Vergabe vs. Budget vs. Abrechnung

– Baukosten

– Terminplan

– Mittelverwendung

– Fortschreibung Projektentwicklerkalkulation

– Änderungen an Verträgen (Mietvertrag, Fremdkapital-Vertrag, Bauvertrag, etc.)

– Vermietungsaktivitäten

– Verkaufsaktivitäten

– Insolvenzen, Streitigkeiten

Die Erfahrung der Autoren hat gezeigt, dass regelmäßige Projektgespräche in Verbindung mit Baustellenbesuchen darüber hinaus dazu beitragen, den Projekterfolg zu sichern.

8.6.5 Prozessketten für die Umsetzung von Finanzierungspartnerschaften

Nachfolgend sollen beispielhafte Prozessketten der Vertragsparteien vom Erstgespräch bis zur Rückführung des Beteiligungskapitals skizziert werden, um einen gesamthaften Überblick über wesentliche Prozesse bei der Umsetzung einer Finanzierungspartnerschaft zu geben:

Abb. 15: Prozessketten der Vertragsparteien

Nr.	– Entwickler/Kapitalgeber	– Kapitalgeber intern
1	– Anbahnung	
2	– Austausch grundlegender Informationen	– Market Sounding: Grundlegendes Investitionsinteresse der hinter dem Kapitalgeber stehenden Investoren?
3	– Einigung über wesentliche wirtschaftliche und vertragliche Parameter – Abschluss Absichtserklärung (Letter of Intent)	
4	– Beteiligungsprüfung (Due Diligence)	– Definition Umfang u. Inhalte – Auswahl u. Beauftragung externer Due Diligence Partner (insbes. Recht, Steuern, Technik)
5		– Durchführung – Bewertung der Ergebnisse – Ableitung von Ansätzen für die Vertragsverhandlungen – Bindende Kapitalzusage der hinter dem Beteiligungskapital stehenden Investoren
6	– Verhandlung Beteiligungsvertrag	– Abstimmung mit weiteren Parteien, die ggf. die Verhandlung unterstützen (insbes. Rechtsanwalt)
7	– Abschluss Beteiligungsvertrag	– Interne Genehmigungsprozesse, z.B. rechtliche und regulative Vorschriften, Compliance, Risikoüberwachung – Abschluss der Verträge mit den hinter dem Beteiligungskapital stehenden Investoren auf Basis des endverhandelten Vertrags – Gründung der Gesellschaft, die das Beteiligungskapital ausgibt
8	– Kapitalabruf	– Liquiditätsplanung – Prüfung Auszahlungsbedingungen – Überweisung des Kapitals
9	– Controllingphase	– Reporting (intern für Investoren, extern für ggf. weitere Parteien wie AR, BaFin, ...) – Buchhaltung der Gesellschaft, die das Beteiligungskapital ausgibt (Steuererklärung, Bilanz, GuV, Jahresabschluss)
10	– Kapitalrückführung	– Auszahlung Kapital/Zins an Investoren – Schlussbilanz der Beteiligungsgesellschaft – Auflösung/Rückkauf der Gesellschaft

Quelle: eigene Darstellung

8.6.6 Die Dreiecksbeziehung mit dem Fremdkapitalgeber

Auf die Beziehung zwischen Projektentwickler und Beteiligungskapital hat eine dritte Partei wesentlichen Einfluss, nämlich der Fremdkapitalgeber. Da dieser in der Regel den größten Anteil an der Finanzierung trägt, beansprucht er für sich eine bevorzugte Stellung im Hinblick auf die Sicherheiten für sein Darlehen. Damit geht einher, dass er sich von den Ansprüchen Dritter auf die Sicherheiten umfänglich freihalten lässt. Aus Perspektive der fremdfinanzierenden Bank ist die Konstellation dann als ideal zu erachten, wenn weitere Kapitalgeber ihr gegenüber nicht eigenständig in Erscheinung treten. Dies ist regelmäßig dann der Fall, wenn das Beteiligungskapital auf Ebene der Projektentwicklungsgesellschaft eingeht und damit vollumfänglich als Eigenkapital haftet. Wird das Beteiligungskapital aber als Nachrangdarlehen auf Ebene der Zweckgesellschaft eingebracht, ergibt sich mindestens aus zwei Zusammenhängen heraus Regelungsbedarf. Zum einen muss die fremdfinanzierende Bank damit umgehen, dass ein Nachrangdarlehen den Beleihungsauslauf der Finanzierung verschiebt. Da der Beleihungsauslauf ein wesentliches Kriterium für die Risiko-Klassifizierung seitens der Bank darstellt, wird ein erhöhter Auslauf also i.d.R. zu einer Erhöhung des angebotenen Darlehenszinses führen. Zweitens wird die fremdfinanzierende Bank sicherstellen wollen, dass ihr Zugang zu den Sicherheiten und die Möglichkeiten zur Verwertung nicht durch Dritte behindert wird, denn im Regelfall wird auch der Begeber des Beteiligungskapitals versuchen, eine grundbuchliche Besicherung im Nachrang zur Bank und einen Zugriff auf potenzielle Mieterträge durchzusetzen. Es gibt also Regelungsbedarf zwischen Fremdkapital und Beteiligungskapital. Üblicherweise erfolgt dies im Rahmen eines Inter Creditor Agreement (ICA).

Das ICA regelt im Wesentlichen die absolute Vorrangstellung des Fremdkapitalgebers bei der gegebenenfalls erforderlichen Verwertung von Sicherheiten. Auch behält sich der Fremdkapitalgeber vor, eine Sicherheitenverwertung ohne Zustimmung des Nachranggläubigers einzuleiten. Im umgekehrten Fall ist eine eigenmächtige Sicherheitenverwertung des Nachranggläubigers üblicherweise ausgeschlossen. Gleichsam erkennt der Fremdkapitalgeber aber an, dass, soweit Ansprüche des Fremdkapitalgebers aus der Verwertung der Sicherheiten voll erfüllt sind, die Rechte und Ansprüche zur Verwertung durch den Nachranggläubiger freigegeben werden.

Da für den Begeber des Beteiligungskapitals der Fremdkapital-Darlehensvertrag Bestandteil seiner Beteiligungsprüfung und Vertragsgestaltung ist, wird er versuchen, sich vom Fremdkapitalgeber zumindest ein Zustimmungsrecht einräumen zu lassen, falls der Fremdkapital-Darlehensvertrag nachträglich Änderungen erfahren sollte. Außerdem sollte er bestrebt sein, sich die Verpflichtung zur Auszahlung des Fremdkapitals durch die fremdfinanzierende Bank selbst bestätigen zu lassen, um die Geschlossenheit der Finanzierung abzusichern. Ob dies durchsetzbar ist, ist abhängig vom Einzelfall.

Regelmäßig ist eine zunehmende Komplexität in der Dreiecksbeziehung dann zu erwarten, wenn das Fremdkapital nicht nur durch eine Partei, sondern ein Konsortium gestellt wird, in welchem seitens der verschiedenen beteiligten Banken wiederum unterschiedlichste Anforderungen an die Vertragsbedingungen gestellt werden.

8.6.7 Vor- und Nachteile alternativer Finanzierungsinstrumente für den Fremdkapitalgeber

Vorteile
- Das Kreditgeschäft kommt überhaupt zustande
- Verbesserung der Bonität des Projektentwicklers
- Erhöhung des haftenden Eigenkapital
- Reduktion des Prüfungs- und Kontrollaufwands durch Kooperation mit dem alternativen Kapitalgeber – „erweitertes Vier-Augen-Prinzip"

Nachteile
- Zusätzlicher administrativer Aufwand z.B. durch Bonitätsprüfung des alternativen Kapitalgebers
- Zusätzliche Prüfung des Vertragsverhältnisses zwischen dem Projektentwickler und dem alternativen Kapitalgeber
- Regelungsbedarf zwischen den Kapitalgebern in Bezug auf Bedienungsfolge der Ansprüche, Haftungsfolge und Sicherheitenverwertung

8.7 Vertragsgestaltung

Auch für dieses Thema kann kein einheitliches Vorgehen angeboten werden, da sich bisher keine Industriestandards herausgebildet haben. Während die klassischen Fremdfinanzierungen stark formalisiert sind, verhandeln Kapitalgeber im Bereich Mezzanine Kapital und Private Equity üblicherweise individuelle Verträge. Vertragsverhandlungen werden zeitlich oft unterschätzt. Es ist zu empfehlen, dass die Parteien zu einem möglichst frühen Zeitpunkt der Gespräche, spätestens mit Austausch eines Term Sheets, den ersten Mustervertrag zirkulieren lassen. Ärgerlich ist es, wenn ein Geschäft an juristischen Vertragshürden scheitert, wenn bereits erhebliche zeitliche und finanzielle Ressourcen für die Due Diligence und Verhandlung aufgewendet wurden.

Aus der Vielzahl möglicher Vertragsarten möchten die Autoren im Folgenden das Beispiel eines Nachrangdarlehensvertrags (Debt Mezzanine) herausgreifen und die wesentlichen Regelungen stichwortartig erläutern. Grundsätzlich sind die zu regelnden Themen in den Vertragswerken für mezzanine Finanzierungsinstrumente jeweils ähnlich. Der Umfang der Verträge kann erheblich variieren. Den Autoren sind Beispiele von fünf Seiten oder auch von über 50 Seiten bekannt. Die Berücksichtigung der individuellen Projektkonstellation ist jedoch unumgänglich.

§ Vertragsparteien

Hier werden Darlehensnehmer, Darlehensgeber, Gesellschafter, Garant oder Patron und die autorisierten Zeichnungsberechtigten genannt. Die Festlegung, wer Vertragspartei wird, ist oft Gegenstand intensiver Diskussionen. Während der Projektentwickler in der Regel versucht, seine projektspezifische Zweckgesellschaft einzusetzen und sein Haftungsrisiko auf diese zu begrenzen (non-recource-Finanzierung), wird der Darlehensgeber versuchen, einen Haftungszugriff auf die bonitätsstärkere Muttergesellschaft bzw. Schlüsselpersonen zu erhalten.

§ Vorbemerkung und Projektbeschreibung

In der Vorbemerkung wird der wirtschaftliche Zweck des Darlehens beschrieben und die entscheidungsrelevanten Informationsgrundlagen, auf denen die Darlehensvergabe erfolgt, werden zusammengefasst. Es empfiehlt sich, eine Projektbeschreibung inklusive Wirtschaftlichkeitsberechnung als Anlage zum Vertrag zu nehmen.

§ Einräumung des Darlehens und § Verwendungszweck

Hier wird der Darlehensbetrag aufgeführt und eine mögliche Nachschusspflicht der Kapitalgeber ausgeschlossen. Der Verwendungszweck sollte deutlich herausgestellt und klar abgegrenzt werden. Es soll verhindert werden, dass das Kapital für andere Zwecke als die vereinbarten verwendet wird, z.B. an andere Projektgesellschaften weitergereicht oder ausschließlich zur Bedienung von Managementgebühren des Entwicklers eingesetzt wird. Es kann als Zahlungsvoraussetzung ein schriftlicher Verwendungsnachweis des Entwicklers vereinbart werden.

§ Auszahlungsbedingungen

Typischerweise werden die folgenden Voraussetzungen vereinbart:
- Rechtswirksamer und unwiderrufbarer Abschluss der Sicherheitenverträge einschließlich einer Notarbestätigung
- Abgeschlossener Ankauf des Projektgrundstücks durch den Entwickler
- Das Eigenkapital des Entwicklers wurde nachweislich und unwiderruflich in die Zweckgesellschaft eingezahlt
- Dem Kapitalgeber wurde eine selbstschuldnerische Bürgschaft der Gesellschafterin als Garantin zur Absicherung der Zahlungsverpflichtungen aus dem Vertrag auf erstes Anfordern übergeben
- Vorlage einer verbindlichen Zusage bzw. Übergabe des abgeschlossenen Vertrags über die Fremdfinanzierung, wobei die Konditionen keine negativen Abweichungen gegenüber den Annahmen der Projektentwicklerrechnung bei Vertragsschluss aufweisen

– Bei geplanter Beauftragung eines Generalunternehmers (GU): Ein GU-Vertrag wurde abgeschlossen und zur Verfügung gestellt. Die wirtschaftlichen Annahmen der Projektentwicklerrechnung werden durch die Beauftragung bestätigt

– Bestätigung und Nachweis, dass
  • die Baugenehmigung ohne Auflagen erteilt wurde
  • die Entwicklung angemessen versichert ist
  • sich zwischen der Unterzeichnung des Mezzanine Darlehensvertrages und dem Auszahlungstag keine wesentlichen negativen Änderungen in Bezug auf die Projektentwicklerrechnung ergeben haben

– Sollte die Auszahlung mehrerer Darlehenstranchen vereinbart sein, könnte das Erreichen bestimmter Meilensteine (Verkaufs- oder Vermietungsstände) als Auszahlungsbedingung vereinbart werden

§ Inanspruchnahme/Auszahlung

– Zwischen dem Vertragsabschluss und dem Kapitalabruf können mehrere Monate liegen, in denen sich die Grundlagen der Investition verändern können. Es werden deshalb Bedingungen definiert, unter denen das Darlehen nicht mehr ausgezahlt werden muss:
  • Abruf erfolgt außerhalb der vereinbarten Fristen
  • Zusicherungen waren falsch
  • Garantien haben sich verschlechtert
  • Verstoß gegen Auflagen des Vertrages

– Vereinbarung eine Strafzahlung für den Fall, dass das bereitgestellte Kapital vom Entwickler nicht abgerufen wird

– Ggf. Vereinbarung über einen Bereitstellungszins

§ Laufzeit

Der Entwickler sollte die Fälligkeiten der Eigen-, Mezzanine- und Fremddarlehen harmonisieren und sich gleichzeitig Verlängerungsoptionen bzw. Möglichkeiten für die Umwandlung in eine temporäre Bestandsfinanzierung einräumen lassen. Dies sichert ihn für den Fall ab, dass die Fertigstellung der Projektentwicklung in ein schlechtes Marktumfeld gerät und eine Veräußerung zu den erwarteten Konditionen vorübergehend nicht möglich ist.

Die Kapitalgeber wird daran interessiert sein, sein Darlehen mit einer festen Laufzeit zu versehen, ggf. erweitert um eine einseitige Verlängerungsoption. Die Autoren erachten eine Laufzeit von weniger als 12 Monaten vor dem Hintergrund des Aufwands als nicht sinnvoll. Eine auch für den Entwickler akzeptable Maximallaufzeit könnte die gemäß Rahmenterminplan erwartete Zeitdauer der Entwicklung multipliziert mit Faktor 2 sein. Wenn also die prognostizierte Entwicklungszeit inklusive Verkauf 18 Monate ist, könnte die Laufzeit des Mezzaninedarlehens auf maximal 36 Monate begrenzt werden.

§ Verzinsung (Laufend, endfällig, Gewinnbeteiligung, Bearbeitungsgebühr)

Hier verweisen die Autoren auf die Ausführungen im Kapitel 8.4.

§ (Teil-)Kündigung, Tilgung

Es ist zu regeln, ob Teilkündigungen des Darlehens unter der Laufzeit zugelassen werden sollen. Für den Entwickler ist es i.d.R. von Interesse, das relativ teure Mezzanine Darlehen in Teilen frühzeitig zurückzuführen, wenn ihm beispielsweise aus einem frühzeitigen Verkauf erste Kaufpreisraten zufließen oder aus „Step up-Vereinbarungen" (Auszahlung von Fremdkapitaltranchen gekoppelt an das Erreichen bestimmter Meilensteine) mehr günstiges Fremdkapital zur Verfügung steht.

Die ordentliche Rückzahlung wird üblicherweise an folgende Ereignisse gekoppelt:
– Verkauf der Projektentwicklung (Share-/Asset Deal) und Kaufpreiszahlung
– Erreichen der Maximallaufzeit

Weitere Regelungsbereiche in diesem Zusammenhang sind Verzugszinsen und Schadenersatz für die Nichtzahlung bei Fälligkeit sowie Kündigungsfristen.

Außerordentliche Kündigungsgründe für den Mezzaninegeber können u.a. sein:

- Nichtzahlung nach Eintritt von Fälligkeiten
- Zusicherungen und/oder Gewährleistungen haben sich zum damaligen Zeitpunkt als unrichtig herausgestellt
- Gegen Auflagen wurde verstoßen
- Informationspflichten wurden trotz Mahnung nicht erfüllt
- Sicherheiten werden widerrufen oder angefochten
- Pfändung ins Vermögen des Darlehensnehmers
- Verschlechterung der wirtschaftlichen Verhältnisse
- Liquidation oder Insolvenz des Darlehensnehmers
- Nicht erfolgter Abruf des Mezzanine Kapitals

§ Sicherheiten

Der Entwickler ist bestrebt, seine Finanzierung „non recourse" abzuschließen, also Haftungen, die über die Zweckgesellschaft der Projektentwicklung hinausgehen, zu vermeiden. Diese Perspektive teilt der Kapitalgeber naturgemäß nicht, zumal er in dem hier zugrunde gelegten Vertragsbeispiel keine Gesellschafterstellung innehat. Er wird darauf drängen, sich z.B. die folgenden Sicherheiten einräumen zu lassen:

- Eintragung einer nachrangigen Grundschuld
- Verpfändung von Gesellschaftsanteilen
- Abtretung von Verkaufserlösen
- Abtretung der Mieten
- Harte Garantie/Patronatserklärungen der Muttergesellschaft für die Zahlungsverpflichtungen aus dem Mezzanine-Darlehensvertrag
- Besicherung durch eine oder weitere Immobilien des Entwicklers
- Persönliche Vollstreckungsunterwerfung der handelnden Personen

Die Kosten zur Bestellung der Sicherheiten übernimmt häufig der Entwickler.

§ Informationspflichten des Entwicklers

Aufgrund der fehlenden operativen Eingriffsrechte des Mezzaninegebers wird er sich vom Projektentwickler umfangreiche Informationsrechte einräumen lassen:

- Testierte Jahresabschlüsse, spätestens sechs Monate nach Abschluss des Geschäftsjahres
- Recht zur Prüfung auf Kosten des Entwicklers, falls Zweifel an der Ordnungsmäßigkeit begründet ist
- Informationspflicht über deutliche Verschlechterung der Ertrags-, Finanz-, Liquiditäts-, Geschäftslage oder der Geschäftsaussichten des Entwicklers
- Monatliches Reporting über den Projektfortschritt: Vermietungs-, Verkaufsaktivitäten, Änderungen an Mietverträgen, Fortschreibung der Developmentrechnung und Kommentierung der relevanten Abweichungen, Baukostenentwicklung, Vergabestatus, Risikoeinschätzung etc.
- Durchführung vierteljährlicher Projektgespräche auf der Baustelle, auf Wunsch unter Hinzuziehung von Dritten
- Änderungen des Vertrags mit der fremdfinanzierenden Bank
- Veränderungen des Gesellschafterkreises
- Informationen über Neugründung von Gesellschaften und über An-/Verkäufe des Darlehensnehmers

- Vorlage neu abgeschlossener Mietverträge
- Vorlage des endverhandelten Vertrags über den Verkauf der Projektentwicklung und Kopie des abgeschlossenen Vertrages
- Information über Insolvenzanträge oder Verpfändungen

§ Zusicherungen/Gewährleistungen/Auflagen

Der Kapitalgeber sollte sich Informations- oder Vetorechte für die wesentlichen Geschäftsvorgänge einräumen lassen. Grundsätzlich sind die Formulierungen für diese Rechte so zu wählen, dass der Darlehensgeber in einer passiven Rolle bleibt, ohne echte operative Eingriffsmöglichkeiten. Ansonsten besteht die Gefahr unerwünschter steuerlicher Implikationen.

Folgenden Regelungen sind üblich:

- Vermögenswerte der Darlehensnehmerin sind nicht mit Drittsicherheiten belastet
- Nur die bekannten Fremdkapitalmittel dürfen aufgenommen werden
- Es sind keine (außer-)gerichtlichen Rechtsstreitigkeiten angekündigt oder anhängig
- Die übergebenen Projektdokumente sind vollständig und enthalten alle aktuellen und entscheidungsrelevanten Informationen
- Die Darlehensnehmerin wird
  - keine Willenserklärungen abgeben und keine Rechtshandlungen vornehmen, durch die Sicherungsrechte der Darlehensgeberin gefährdet oder beeinträchtigt werden könnten
  - keinerlei eigenkapitalähnliche Finanzierungen aufnehmen oder ausgeben
  - sicherstellen, dass ihr jeweils aktuelles Geschäftsfeld bzw. ihr jeweils gegenwärtiger Geschäftsbetrieb nicht übertragen, aufgegeben, ausgegliedert oder geändert wird
- Abschluss und Vorlage eines Baucontrollingvertrages mit einem unabhängigen Dritten
- Abschluss eines umfangreichen Versicherungsschutzes für die Entwicklung
- Geschäfte mit verbundenen Unternehmen nur „at arms length", also unter marktüblichen Konditionen
- Zustimmungspflichtige Geschäfte
  - Änderungen des Vertrages über die Fremdfinanzierung
  - Veräußerung der Projektentwicklung zu einem Preis, der nicht ausreicht, um Kapital und Zins aus dem Mezzanine Darlehensvertrag zu bedienen
  - Change of Control Klausel
  - Verträge mit verbundenen Unternehmen
  - Abschluss von Mietverträgen, die weniger als 90 Prozent der geplanten Effektivmiete gemäß Entwicklungsrechnung betragen
  - Änderung der Gesellschaftsverträge
- Stundung und Deckelung von Projektmanagementgebühren: Da der Kapitalgeber kein Interesse daran hat, dass der Entwickler sein Eigenkapital vorzeitig aus der Entwicklung rauszieht, sollten die Gebühren und Beträge, die er aus dem Zahlungskreislauf erhält, aufgedeckt und betragsmäßig gedeckt werden. Es ist zu empfehlen, den Empfängerkreis von Zahlungen auf alle verbundenen Unternehmen und Personen des Entwicklers zu erweitern. Eine marktübliche Projektmanagementgebühr sollte auf Basis der Baukosten kalkuliert werden und sich an der Komplexität des Bauvorhabens orientieren. Die Autoren halten eine Gebühr zwischen 3 und 6 Prozent für angemessen. Darüber hinausgehende Gebühren sollten gestundet werden und erst nach vollständiger Bedienung der Ansprüche des Fremdkapital- und des Mezzanine Kapitalgebers zur Auszahlung gelangen. Weitere Gebühren für Ankaufs-, Finanzierungs-, Vermietungs- und Verkaufsmanagement halten die Investoren für unangemessen, da diese Tätigkeiten zu den grundlegenden Aufgaben der Projektentwicklung zählen.

§ Rangrücktritt

Häufig benötigt der Entwickler die Zusage über das Mezzanine Kapital oder sogar den abgeschlossenen Mezzanine-Darlehensvertrag, um die Fremdfinanzierung einer Bank abschließen zu können. Der Mezzanine-Darlehensgeber muss gegenüber der fremdfinanzierenden Bank anerkennen, dass seine vertraglichen Ansprüche gegenüber den Ansprüchen des Fremdkapitalgebers in der Weise im Rang zurücktreten, dass sie nur mit dessen Zustimmung oder nach Erfüllung sämtlicher Ansprüche des Fremdkapitalgebers zu befriedigen sind.

§ Sonstige Regelungen
- Garantien der Gesellschafterin des Darlehensnehmers
- Geldwäschegesetz
- Vertraulichkeit
- Mitteilungen: Hier wird die Art und Weise und der Ansprechpartner für verbindliche Vertragsangelegenheiten definiert. Weiterhin sollten Reaktionsfristen vereinbart werden.
- Ankaufsmöglichkeiten: Es kommt vor, dass sich der Mezzanine-Darlehensgeber eine Ankaufsoption mit einem kleinen Abschlag zum angestrebten Verkaufspreis einräumen lässt.

Als Anlagen zum Vertrag werden typischerweise beigefügt:
- Projektbeschreibung sowie ausführliche Projektentwicklerkalkulation
- Musterreporting (Baufortschritt, Kostenkontrolle, Mieten, Verkauf etc.)
- Muster Ziehungsnotiz
- Muster Sicherungszweckerklärung
- Muster Notarbestätigung
- Muster Verpfändungserklärung
- Muster Grundschuldbestellung

8.8 Ausblick

Die Autoren haben sich bereits vor einigen Jahren mit alternativen Finanzierungsinstrumenten im Immobilienkontext beschäftigt und waren überzeugt, dass diese schnell an Bedeutung gewinnen würden. Wie in Kapitel 8.2 beschrieben, vergaben die klassischen Immobilienbanken dann doch mehr Fremdkapitaldarlehen zu günstigen Konditionen als erwartet, so dass die Notwendigkeit für Projektentwickler, sich mit alternativen Projektfinanzierungen auseinanderzusetzen, vorläufig ausblieb. Die geballten regulatorischen und wirtschaftlichen Umwälzungen der letzten vier Jahre einerseits sowie der Anlagenotstand auf Investorenseite andererseits verhelfen alternativen Finanzierungsinstrumenten zunehmend zum Durchbruch. Von einer Modeerscheinung kann heute keine Rede mehr sein. Die Autoren erwarten für die kommenden Jahre einen zunehmend entwickelten Markt für Projektfinanzierungen mit entsprechender Angebotsvielfalt und die Ausbildung von Industriestandards.

9. Wesentliche Instrumente der Akquisitionsphase

9.1 Developmentrechnungen

Im Rahmen der Projektentwicklung werden mit Developmentrechnungen grundsätzlich zwei Ziele verfolgt. Zum einen will der Projektentwickler wissen, welchen Maximalkaufpreis er für ein Grundstück sinnvollerweise bezahlen sollte. Dieses Ziel erreicht er mit einer Rechnung nach dem Residualverfahren, auch **Bauträgermethode** genannt. Zum anderen ist der Projektentwickler sowohl vor als auch nach dem Start der Projektentwicklung daran interessiert, den zu erwartenden Gewinn der Projektentwicklung zu kalkulieren. Dies erreicht er durch eine **Investitionsrechnung**. Beide Verfahren werden im Folgenden vorgestellt.

9.1.1 Residualverfahren/Bauträgermethode

Mit dem Residualverfahren wird der Wert eines zur Entwicklung stehenden Grundstückes ermittelt. Der so ermittelte Wert stellt hierbei für den Entwickler im Hinblick auf eine angemessene Rendite und unter Berücksichtigung des erzielbaren Kauferlöses den vertretbaren Grundstückskaufpreis dar, der – vernünftigerweise – nicht überschritten werden sollte.

Bei der Berechnung des Grundstückswertes, des sogenannten Residuums, wird folgendermaßen vorgegangen: Berechnet wird zunächst der Verkaufspreis des Grundstückes nach vollendeter Bebauung, also inklusive des vermieteten Gebäudes. Hiervon werden die Bau-, Entwicklungs-, Finanzierungs- und Vermarktungskosten einschließlich des erwarteten Projektentwicklergewinnes abgezogen. Es verbleibt das **Residuum I**, das den Grundstückswert zum Zeitpunkt der Projektfertigstellung darstellt. Das Residuum I wird nun unter Berücksichtigung der Finanzierungs- und Erwerbsnebenkosten auf den Betrachtungszeitpunkt (Zahlung des Kaufpreises) abgezinst, um die Zinsbelastung aus der Finanzierung des Kaufpreises oder die angestrebte Eigenkapitalverzinsung in der Zeitspanne zwischen Erwerb des Grundstückes und Vermarktung des fertig gestellten Objektes zu berücksichtigen. Hieraus folgt der vertretbare Grundstückskaufpreis, das sogenannte Residuum II (vgl. folgende Abbildung).

Im Ausland wird das Residualverfahren nicht nur von Projektentwicklern, sondern vielfach auch von Grundstückssachverständigen zur Ermittlung des Grundstückswertes angewendet. Demgegenüber findet diese Methode in Deutschland bei Grundstückssachverständigen deut-

---

Residualverfahren

Verkehrswert nach vollendeter Bebauung des Grundstücks

–

Bau-, Entwicklungs-, Finanzierungs- und Vermarktungskosten einschließlich Unternehmergewinn

=

Residuum I

–

Abzinsung für Zeitraum der Projektentwicklung und -fertigstellung

=

vertretbarer Grundstückskaufpreis (Residuum II)

lich weniger Anwendung. Der Grund hierfür liegt vornehmlich in der Einschätzung, dass das Ergebnis dieses Verfahrens aus einer Vielzahl von Annahmen resultiert und deshalb eine „große Streuung" aufweise. Tatsächlich besteht eine sehr hohe Sensitivität des Grundstückswertes gegenüber den Eingabevariablen. Dies zeigt das folgende Beispiel, wonach eine Veränderung der Wert- und Kostenvariablen um 5 % zu einer Verringerung des Grundstückswertes um 70 % führt.

Verkaufserlös	€ 150 Mio.	€ 142,5 Mio.	(– 5 %)
./. Kosten und Gewinne	€ 130 Mio.	€ 136,5 Mio.	(+ 5 %)
= **Grundstückswert**	€ 20 Mio.	**€ 6 Mio.**	(– 70 %)

Aufgrund der vorgenannten Sensitivität ist bei dem Ansatz der Wert- und Kostenvariablen große Vorsicht, das heißt eine sorgfältige Einschätzung der einzelnen Komponenten geboten. Bei fundierter Kalkulation mit angemessenen wirtschaftlichen Kennzahlen kann dennoch ein marktgerechter Grundstückswert ermittelt werden.

Beispiel einer Residualberechnung:

1. Verkehrswert des Projektes nach vollendeter Bebauung des Grundstückes und nach Vollvermietung

Nutzung	Vermietbare Fläche €	Miete monatlich in €/m²/Stck.	Miete p.a. in €
Büro	20.000 m²	13,25	3.180.000
Lager	2.400 m²	7,50	216.000
Parkplätze	340 Stck.	77,50	316.200

Jahresrohertrag		€ 3.712.200
./. nicht umlagefähige Bewirtschaftungskosten 22.400 m² x € 4,50/m² p.a.		€ 100.800
= Jahresreinertrag		€ 3.611.400
x Vervielfältiger (6,25 % Rendite)		16
= Zwischensumme		€ 57.782.400
./. 6,5 % Erwerbsnebenkosten (GrESt. 5,0 %; Notar 0,5 %; Makler 1,0 %)		€ 3.755.856
= **Verkaufserlös**		**€ 54.026.544**

2. Projektkosten

Abbruchkosten inkl. Dekontamination				€ 600.000
+ Reine Baukosten				
Büro	20.000 m²	1.125 €/m²	€ 22.500.000	
Lager	2.400 m²	850 €/m²	€ 2.040.000	
Parkplätze	340 Stck.	12.500 €/Stck.	€ 4.250.000	
			€ 28.790.000	€ 28.790.000
+ Baunebenkosten (12 % der Baukosten)				€ 3.454.800
+ Vermarktungskosten (0,5 % des Verkaufserlöses)				€ 274.466
+ Vermietungsprovision (3 Monatsmieten)				€ 928.050
= Projektkosten ohne ZiFi				€ 33.447.316
+ Zwischenfinanzierung auf 50 % der Projektkosten (20 Monate Laufzeit/7 % p. a.)				€ 1.951.093
+ Gewinn (15 % des Verkaufserlöses)				€ 8.233.992
= **Projektkosten gesamt**				**€ 43.632.401**

Residuum I (für das Grundstück verfügbarer Betrag; Verkaufserlös ./. Projektkosten gesamt)	**€ 10.394.143**

3. Vertretbarer Grundstückskaufpreis

Residuum I	€ 10.394.143
./. Zwischenfinanzierung Grundstück (24 Monate Laufzeit/7 % p. a. = Abzinsungsfaktor)	€ 1.304.408
./. 6,5 % Erwerbsnebenkosten (GrESt. 5,0 %; Notar 0,5 %; Makler 1,0 %)	€ 590.833
= **Residuum II (vertretbarer Grundstückskaufpreis)**	**€ 8.498.902**

9.1.2 Investitionsrechnung

Zur Kalkulation der Rentabilität einer Projektentwicklung bedarf es einer Wirtschaftlichkeitsanalyse in der Form einer Investitionsrechnung. Der Detaillierungsgrad einer Investitionsrechnung kann von einer Art „Bierdeckelrechnung" mit nur wenigen überschlägig ermittelten Zahlen bis hin zu einem vollständigen Finanzplan, der nicht nur die direkten Zahlungen (z.B. Investitionsausgaben, laufende Einnahmen und Ausgaben, Verkaufserlös) erfasst, sondern auch indirekte Zahlungen berücksichtigt, die sich als Konsequenz aus direkten Einnahmen und Ausgaben ergeben (z.B. Zwischenfinanzierung, Ertragssteuern).

An eine praxisgerechte Investitionsrechnung sind insbesondere folgende Anforderungen zu stellen:

- Übersichtliche und möglichst exakte Darstellung des Zahlenmaterials
- Transparente und flexible Darstellung der Annahmen
- Einfache Anwendbarkeit
- Möglichkeit den Detaillierungsgrad mit fortschreitendem Projektverlauf zu erhöhen.
- Eine einfache Investitionsrechnung, welche von einer Reihe von Projektentwicklungsunternehmen mit kleineren Differenzierungen verwendet wird, soll im Folgenden dargestellt werden. Sie erfüllt die vorgenannten Anforderungen und lässt sich je nach Bedarf weiter verfeinern. Diese einfache Investitionsrechnung wird für den sogenannten Traderdeveloper, also den Developer, der das Objekt nach Fertigstellung veräußern will, in den meisten Fällen ausreichen.

Beispiel einer einfachen Developmentrechnung:
Zu Beginn der Developmentrechnung sollten zunächst allgemeine Projektdaten, wie sie im Folgenden dargestellt werden, stehen.

Projektdaten	
Objekt/Projekt	Frankenkarree
Standort/Lage	Frankfurt/Main
Eigentümer	GbR Schleicher
Nutzungsart	Büro- und Geschäftsgebäude
Renditeanforderung	15 %
Grundstückskaufpreis fällig am	mit Baugenehmigung (voraussichtlich 1.12.2012)
Baubeginn	1.1.2013
Baufertigstellung	30.6.2014
Übergabe	1.7.2014

Anschließend sollten allgemeine Informationen über das Grundstück, das heißt insbesondere Ausnutzungskennziffern mitgeteilt werden. Für den in diesem Bereich einzutragenden Mietflächenfaktor ist festzulegen, auf welcher Basis der Developer eine Vermietung anstrebt, das heißt, ob er zum Beispiel auf Basis der BGF, der NGF, nach GIF-Norm oder gemäß einer anderen Mietflächenberechnung vermieten will.

1.	Grundstückseckdaten	
1.1	Grundstücksgröße	10.902 m²
1.2	GRZ	0,5
1.3	GFZ	2,3
1.4	Mögliche BGF (entsprechend GRZ/GFZ)	25.075 m²
1.5	Anzahl der Geschosse	5 OG & 2 UG

1.6	MFL-Faktor, oberirdisch	0,85
1.7	Objektspezifische BGF oberirdisch	24.097 m²
1.8	Objektspezifische MFL oberirdisch	20.482 m²
1.9	Objektspezifische BGF unterirdisch (Lagerflächen + Archiv)	3.300 m²
1.10	Objektspezifische MFL unterirdisch (Lagerflächen + Archiv)	2.805 m²
1.11	Tiefgarage – Stellplätze	500 Stück
1.12	Außenstellplätze	20 Stück

Die folgende Gesamtkostengliederung entspricht in ihrem Aufbau der DIN 276 und ist daher leicht nachzuvollziehen. Im ersten Schritt werden die Grunderwerbskosten dargestellt. Hierzu zählen auch die Erwerbsnebenkosten wie Notar- und Gerichtsgebühren, Maklerprovision und Grunderwerbssteuer.

2.	**Grunderwerbskosten Kostengruppe 100**		**€**
2.1	10.902 m² x € 850,00		9.266.700
2.2			
2.3			
2.4			
2.5			
2.6			
2.7			
	Zwischensumme 10.902 m²		9.266.700
2.8	Notariats-/Gerichtsgebühren	1,50 %	139.001
2.9	Grunderwerbsteuer	5,00 %	463.335
2.10	Maklerprovision (Grundstück)	3,00 %	278.001
2.11	Vermessungsgebühren		
2.12	Abfindungen		
2.13	Sonstiges		
2.14	**Summe**		**10.147.037**
2.15	Grundstückspreis	931 €/m² Grdst.	370 €/m² BGF

Die Grundstückskosten können auch über die zu realisierende BGF ermittelt werden.

Im Rahmen der sogenannten Grundstücksaufbereitung werden die Kosten aller vorbereitenden Maßnahmen aufgelistet, um das Grundstück bebauen zu können. Hierzu zählen z.B. Sicherungsmaßnahmen, Abbruchmaßnahmen, Altlastenbeseitigungen, Kosten für die öffentliche Erschließung (z.B. Abwasserentsorgung, Wasserversorgung, Gasversorgung) und Kosten für die nicht öffentliche Erschließung. Kosten für die nicht öffentliche Erschließung sind insbesondere Kosten für Verkehrsflächen und technische Anlagen, die ohne öffentlich rechtliche Verpflichtung oder Beauftragung mit dem Ziel der späteren Übertragung in den Gebrauch der Allgemeinheit hergestellt und ergänzt werden. Die Kosten von Anlagen auf dem eigenen Grundstück sind demgegenüber in dem Bereich Außenanlagen bzw. innere Erschließung in der Investitionsrechnung einzusetzen.

In dem Kostenblock Grundstücksaufbereitung spiegelt sich insbesondere die Genauigkeit einer eingehenden Grundstücksanalyse sowie die Art der Gestaltung des Grundstückskaufvertrages wider.

3.	Grundstücksaufbereitung (Herrichtung und Erschließung) Kostengruppe 200		
3.1	Abbruchkosten	7.900 m³ x 28,00 €	221.200
3.2	Dekontamination/Altlastenbeseitigung		
3.3	Öffentliche Erschließung		
3.4	Nichtöffentliche Erschließung		
3.5	Ausgleichsabgabe Stellplätze		
3.6	Wasserhaltung		
3.7	Sonstige Kosten		60.000
3.8	**Summe**		**281.200**

In dem Bereich **Baukosten** werden die Kosten der Bauleistung und Lieferung zur Herstellung des Bauwerkes inkl. der daran angeschlossenen oder damit fest verbundenen technischen Anlagen dargestellt. Für eine erste überschlägige Developmentrechnung reicht üblicherweise der nachfolgend dargestellte Rahmen. Sofern das Projekt in die Realisierungsphase gelangt, muss dieser Rahmen jedoch erheblich erweitert werden, damit die Investitionsrechnung auch im Rahmen der Baurealisierung weiterhin einen guten Überblick gewährleisten kann. Unter dem Begriff Außenanlagen werden die Kosten der Bauleistung und Lieferung für die Herstellung aller Gelände – und Verkehrsflächen, Baukonstruktionen und technischen Anlagen außerhalb des Bauwerkes – soweit sie nicht bereits in den vorgenannten Kostenblöcken erfasst wurden – dargestellt. Hierzu zählen z.B. die Bearbeitung der Geländeflächen, der befestigten Flächen (Wege, Straßen) und Baukonstruktionen in Außenanlagen (Einfriedungen, Rampen, etc.).

4.	Baukosten (bezogen auf BGF)	Kostengruppen 300 + 400		
4.1	Büroflächen	21.897 m² x €	1.050	22.991.850
4.2	Einzelhandelsflächen	1.500 m² x €	1.000	1.500.000
4.3	Gastronomieflächen	700 m² x €	980	686.000
4.4	Lagerflächen + Archiv (UG)	3.300 m² x €	550	1.815.000
4.5	Sonstige Flächen			
4.6	Außenstellplätze (in Kosten Außenanlage enthalten)			
4.8	Tiefgaragenstellplätze	500 Stck. x €	15.000	7.500.000
4.9	Reserve			
4.10	Mieterspezifischer Ausbau			
4.11	Unvorhergesehenes			
4.12	**Summe**			**34.492.850**

5.	Außenanlagen Kostengruppe 500		
5.1	Befestigte Flächen	5.450 m² x € 80	436.000
2.2	Sonstige Kosten (Ausstattung und Kunstwerke) (Kostengruppe 600)		
5.3	Sonstiges		
5.4	**Summe**		**436.000**

Im nächsten Kostenblock werden die **Baunebenkosten**, das heißt die Kosten, welche bei der Planung und Durchführung auf der Grundlage von Honorarordnungen, Gebührenordnungen oder nach weiteren vertraglichen Vereinbarungen entstehen, aufgelistet. Hierzu zählen zum Beispiel Kosten der Projektleitung, der Projektsteuerung, Architekten- und Ingenieurleistungen, Gutachten und Beratungen, Kosten für Kunstwettbewerbe. Üblicherweise fallen in den Bereich der Baunebenkosten auch die Finanzierungskosten, die jedoch aus Gründen der Übersichtlichkeit hiervon getrennt dargestellt werden sollten.

6.	Baunebenkosten Kostengruppe 700		
6.1	15 % der Baukosten für Architekten, Ingenieure, Fachplaner, Gutachter, Gebühren, Abnahmen, etc. (3.–5.)	5.281.508	
6.2	1,5 % der Baukosten für Projektsteuerung (3.–5.) und vorg. Baunebenkosten	607.373	
6.3	**Summe**		**5.888.881**

In einem weiteren Bereich werden weitere **Honorare** erfasst, wie z.B. das Management-Honorar erfasst, das der Projektentwickler für die laufende Betreuung des Projektes erhalten will.

7.	Management-Fee und Sonstiges		
7.1	interne Projektentwicklungskosten 1,5 % von Kostengruppe 3.–6.	616.484	
7.2	externe Beratungskosten	100.000	
7.3	Rechtsberatung	50.000	
7.4	Sonstiges		
7.5	**Summe**		**766.484**

In dem Kostenblock der **Vermarktung** werden Kosten, die im Rahmen des Verkaufs, der Vermietung, des allgemeinen Marketings sowie weitere Kosten, die im Bereich der Vermarktung anfallen, dargestellt. Darüber hinaus können sonstige Kosten, die mit der Art der Vermarktung zusammenhängen, dargestellt werden. So zum Beispiel der sogenannte Mehrwertsteuer-Schaden, der anfällt, falls an Nutzer vermietet wird, die keine umsatzsteuerpflichtigen Geschäfte innerhalb der Mieträume tätigen.

8.	Marketing		
8.1	Werbemaßnahmen	1 % des Verkaufspreises	674.074
8.2	Erfolgshonorar Vermietung	3 Monatsmieten	1.053.240
8.3	Erfolgshonorar Verkauf	2 % des Verkaufspreises	1.348.147
8.4	Leerstandsrisiko von	20 % für 12 Monate	842.592
8.5	Mietgarantie		
8.6	Incentives für Mieter		200.000
8.7	Sonstiges		
8.8	Mehrwertsteuer-Schaden		
8.9	**Summe**		**4.118.053**

Zur Ermittlung der **Finanzierungskosten** werden die einzelnen Kostenpositionen – soweit sinnvoll – getrennt ausgewiesen und die Zinsbelastung für jede der Positionen getrennt errechnet. Dies erfolgt unter Berücksichtigung des Finanzierungszinssatzes, der Laufzeit und der Fälligkeit bzw. des Zahlungsplanes -vereinfacht dargestellt über einen Prozentsatz. So werden z.B. die Finanzierungskosten für den Generalunternehmer mit 50 % angenommen, wenn man davon ausgehen kann, dass die Belastung durch die Baukosten über die Laufzeit der Zahlungsperiode im Durchschnitt bei 50 % des hierfür kalkulierten Betrages liegt.

Der nachfolgenden Darstellung wird gelegentlich vorgeworfen, dass sie durch die Linearisierung der Baukosten Durchschnittswerte ansetzt, welche dem tatsächlichen Verlauf der Baukosten in der Praxis nicht entspricht. Dem ist entgegenzuhalten, dass mit dieser Investitionsrechnung ausschließlich die Kostenbelastung errechnet werden soll, diese jedoch keinen Liquiditätsplan ersetzen soll.

9.	Finanzierungskosten	Verzinsung mit 5 % p.a.	
9.1	Grunderwerbskosten	5 % auf 19 Monate zu 100 % der entspr. Kosten (bis Baufertigstellung)	814.942
9.2	Grundstücksaufbereitung	5 % auf 19 Monate zu 100 % der entspr. Kosten (bis Baufertigstellung)	22.584
9.3	Baukosten	5 % auf 18 Monate zu 50 % der entspr. Kosten (bis Baufertigstellung)	1.309.518
9.4	Außenanlagen	5 % auf 18 Monate zu 25 % der entspr. Kosten (bis Baufertigstellung)	8.276
9.5	Baunebenkosten	5 % auf 18 Monate zu 50 % der entspr. Kosten (bis Baufertigstellung)	223.571
9.6	Management-Fee und Sonstiges	5 % auf 18 Monate zu 50 % der entspr. Kosten (bis Baufertigstellung)	29.099
9.7	Vermarktung	5 % auf 18 Monate zu 50 % der entspr. Kosten (bis Baufertigstellung)	156.341
9.8	Verzinsung während Leerstand		
9.9	**Summe**		**2.564.332**

Im Anschluss an die Kostenpositionen wird das **Gesamtinvestitionsvolumen** dargestellt.

10.	Gesamtinvestitionsvolumen (Gesamtgebäude)			
		€/m² BGF	€	%
10.1	Grunderwerbskosten	370	10.147.037	17,27
10.2	Grundstücksaufbereitung	10	281.200	0,47
10.3	Baukosten	1.259	34.492.850	58,79
10.4	Außenanlagen	16	436.000	0,75
10.5	Baunebenkosten	215	5.888.881	10,05
10.6	Management-Fee und Sonstiges	28	766.484	1,32
10.7	Vermarktung	150	4.118.053	7,01
10.8	Finanzierungskosten	94	2.564.332	4,34
10.9	**Summe**	**2.142**	**58.694.837**	100,00

Zur Ermittlung des erzielbaren Verkaufspreises wird im Folgenden der **Nettomietertrag** errechnet. Er entspricht dem Mietertrag ohne Abzug des Eigentümeranteils an den Bewirtschaftungskosten und exklusive der Mehrwertsteuer.

11.	Netto-Mieterträge (ohne MwSt. und Bewirtschaftungskosten)		
11.1	Büroflächen	21.897 m³ BGF x 85 % 18.612 m³ MFL x € 13,90	258.707
11.2	Einzelhandelsflächen	1.500 m³ BGF x 85 % 1.275 m³ MFL x € 18,40	23.460
11.3	Gastronomieflächen	700 m³ BGF x 85 % 595 m³ MFL x € 16,10	9.580
11.4	Lagerflächen +Archiv (UG)	3.300 m³ BGF x 85 % 2.805 m³ MFL x € 6,50	18.233
11.5	Sonstige Flächen		
11.6	Außenstellplätze	20 Stck. x € 55,00	1.100
11.7	Tiefgaragenstellplätze	500 Stck. x € 80,00	40.000
11.8	Netto-Mieterträge p.M.		351.080
11.9	abzüglich Erbpacht p.M.		
11.10	Netto-Mieterträge p.a.		**4.212.960**

Anschließend wird die **Objektrendite** vor Steuern und Abschreibungen errechnet, indem der Nettomietertrag in Bezug zur Gesamtinvestitionssumme gesetzt wird. Es handelt sich hierbei um eine statische Anfangsrendite. Der reziproke Wert der Objektrendite entspricht dem zusätzlich ausgewiesenen Faktor der in diesem Fall dem 13,9-fachen der Jahresnettomiete entspricht.

12.	Rendite (vor Zinsen, Steuern, Abschreibungen)	
12.1	Gesamtinvestition	58.544.674
12.2	Netto-Mieterträge p.a.	4.212.960
12.3	Anfangsrendite	7,2 %
12.4	Faktor	13,9-fache Jahresmiete

Im Folgenden wird der **Trading Profit** errechnet. Wesentlich für die Errechnung des Trading Profits ist die richtige Wahl des Multiplikators, von dem der Projektentwickler glaubt, ihn am Markt erzielen zu können. Der Trading Profit oder der Projektentwicklergewinn ergibt sich aus der Differenz zwischen dem Verkaufserlös und den Gesamtinvestitionskosten. Sinnvoll ist eine Darstellung in Form einer Alternativmatrix, um das Risiko abschätzen zu können, welches mit einer Abweichung von den prognostizierten Ansätzen einhergeht.

13.a	Trading Profit		
13.1	Netto-Mieterträge p.a. x Faktor	16	67.407.360
13.2	Gesamtinvestition		./. 58.544.674
13.3	Trading-Profit	15,1 %	8.862.686

13.b	Trading Profit/Alternativ-Matrix			
		Mieterlös-Varianten		
	Faktor-Varianten	−5 %	+/− 0	+5 %
Nettoverkaufspreis	15,50	62.035.836 €	65.300.880 €	68.565.924 €
Trading Profit		+3.340.999 €	+6.606.043 €	+9.871.087 €
in % von GIK		+5,7 %	+11,3 %	+16,8 %
Nettoverkaufspreis	16,0	64.036.992 €	**67.407.360 €**	70.777.728 €
Trading Profit		+5.342.155 €	**+8.712.523 €**	+12.082.891 €
in % von GIK		+9,1 %	**+14,8 %**	+20,6 %
Nettoverkaufspreis	16,5	66.038.148 €	69.513.840 €	72.989.532 €
Trading Profit		+7.343.311 €	+10.819.003 €	+14.294.695 €
In % von GIK		+12,5 %	+18,4 %	+24,4 %

9.2 Vergleich zu Wertermittlungsverfahren der Wertermittlungsverordnung

Das Ziel der Wertermittlungsverfahren der Wertermittlungsverordnung (Vergleichswert, Sachwert- und Ertragswertverfahren) ist es, den Verkehrswert von Grundstücken zu ermitteln. Dies geschieht im Rahmen der drei normierten Verfahren auf unterschiedliche Weise.

9.2.1 Vergleichswertverfahren

Das Vergleichswertverfahren ist darauf ausgerichtet, den Verkehrswert eines Grundstückes, basierend auf Kaufpreisen, die für Grundstücke bezahlt wurden, welche mit dem Wertermittlungsobjekt vergleichbar sind, zu ermitteln. Das Verfahren findet insbesondere bei unbebauten Grundstücken Anwendung. Bei bebauten Grundstücken kommt das Vergleichswertverfahren aufgrund der Notwendigkeit einer Vergleichbarkeit üblicherweise nur bei der Bewertung von Reihenhäusern bzw. Eigentumswohnungen in Betracht.

Das Vergleichswertverfahren kann für den Developer nur einen Anhaltspunkt dafür bieten, ob seine Kalkulation unter Umständen erhebliche Fehler aufweist. Letztlich kalkuliert der Projektentwickler aber nicht auf der Basis von Vergleichspreisen, das heißt, für ihn ist nicht entscheidend wie viel vor kurzem für das Nachbargrundstück bezahlt wurde, sondern ob er den angestrebten Gewinn auf dem Projektareal realisieren kann.

9.2.2 Ertragswertverfahren

Im Rahmen des Ertragswertverfahrens wird der Objektwert aus dem Wert des Bodens und dem kapitalisierten Reinertrag des Gebäudes, der um die Verzinsung des Bodenwertes zu vermindern ist, ermittelt. Aufgrund der Orientierung des Ertragswertverfahrens an der Rendite eines Grundstücks kommt es zur Ermittlung des Wertes von Grundstücken zur Anwendung, bei welchen im gewöhnlichen Geschäftsverkehr die Verzinsung des eingesetzten Kapitals preisbestimmend ist. Die sind z.B. Geschäftsgrundstücke, Mietwohngrundstücke, gemischt genutzte Grundstücke sowie gewerblich-industriell genutzte Grundstücke.

Das Ertragswertverfahren ist ebenso wie das Vergleichswertverfahren nicht darauf ausgerichtet, die Rendite einer umfassenden Projektentwicklung zu berechnen. Vielmehr erfolgt das

Ertragswertverfahren in seinem Aufbau grundsätzlich den Überlegungen eines Investors, der sich fragt, welcher Barwert sich aus den laufenden Erträgen der baulichen Anlagen errechnet.

9.2.3 Sachwertverfahren

Das Sachwertverfahren kommt zur Anwendung, wenn die Reproduktionskosten des Wertermittlungsobjektes nach den Gepflogenheiten des gewöhnlichen Geschäftsverkehrs preisbestimmend sind. Dies ist insbesondere der Fall bei Ein- und Zweifamilienhäusern, Schulen, Gebäuden Öffentlicher Verwaltungen und Grundstücke mit Sportstätten etc. Bei diesen Objekten ergibt sich der Sachwert aus dem Wert des Bodens zzgl. des Wertes der baulichen Anlagen und sonstigen Anlagen, die bis zur Gegenwart auf dem Grundstück errichtet wurden und fest mit dem Grund und Boden verbunden sind.

Das Sachwertverfahren ist aufgrund seiner Ausrichtung an dem Wert des Bodens und dem Wert der baulichen Anlagen, die sich bereits auf einem Grundstück befinden, eine vergangenheitsbezogene Wertmittlung, die den Projektentwickler, der ein Grundstück entwickeln will, üblicherweise nicht interessiert.

9.3 Checkliste für den Grundstückserwerb

Im Rahmen der Akquisition eines Grundstückes ist es von essentieller Bedeutung, alle wesentlichen Informationen hinsichtlich des Projektareals so schnell und so lückenlos wie möglich zu erhalten. Hierdurch kann gegenüber der Konkurrenz nicht nur ein zeitlicher Vorsprung erarbeitet werden, es wirkt zudem auf den Verkäufer deutlich professioneller und zielgerichteter, wenn in kurzer Zeit die wesentlichen Eckdaten ermittelt werden. Eine fundierte Datenerhebung verringert nicht zuletzt das Risiko einer Fehlinvestition.

Vor diesem Hintergrund ist es häufig sinnvoll mit Checklisten zu arbeiten, da hierdurch das Vergessen von wichtigen Informationen vermieden und ein schnelleres Abfragen von wesentlichen Aspekten ermöglicht werden kann.

Im Folgenden werden eine Reihe wesentlicher Aspekte, die eine Prüfliste enthalten sollte sowie eine mögliche thematische Sortierung dargestellt.

9.3.1 Basisdaten und erforderliche Unterlagen

Im ersten Schritt sollten die allgemeinen das Grundstück betreffenden Daten ermittelt werden. Darüber hinaus sollte sichergestellt werden, dass die wesentlichen Unterlagen vorliegen beziehungsweise eingesehen wurden. Zu diesen Basisdaten und Unterlagen zählen:
– Projektbezeichnung
– Stadt
– Straße
– Flur-Nr./Flurstück-Nr.
– Grundstücksgröße
  • Bruttobauland (m²)
  • Nettobauland (m²)
– Eigentümer
– Unterlagen:
  • Stadtplanausschnitt
  • Flurkarte
  • Fotos
  • Grundbuchauszug (Abt. 1–3)
  • Auszug aus dem Baulastenverzeichnis
  • B-Plan
  • Topographische Karte

9.3.2 Baurecht

Das Ziel, eine rentable Projektentwicklung durchzuführen, ist nur erreichbar, wenn die entsprechenden (baurechtlichen) Rahmenbedingungen für die geplante Baumaßnahme vorliegen. Diese Rahmenbedingungen gilt es tiefgreifend zu erkunden. Sofern die Rahmenbedingungen noch nicht vollumfänglich vorliegen sollten, ist dies zwar kein Grund, den Projektentwicklungsversuch sogleich abzubrechen, jedoch sollte dann zumindest geklärt werden, ob die passenden Rahmenbedingungen innerhalb eines zeitlich und kostenmäßig vertretbaren Umfangs erreichbar sind. Folgende Prüfungen sind insbesondere vorzunehmen:
- Mögliche Nutzungsarten
- Rechtsgrundlage
  - Bebauungs-Plan
  - Vorhaben- und Erschließungsplan
  - § 34er Bebauung (Baugesetzbuch)
  - Analyse der Umgebungsbebauung
    - GRZ/GFZ
    - Geschosse (Vollgeschosse + Dachgeschosse)
    - Bauweise
    - Nutzung
  - § 35er Bebauung (Baugesetzbuch)
- Ausnutzungskennziffern
  - Grundflächenzahl (GRZ)
  - Geschossflächenzahl (GFZ)
  - Baumassenzahl (BMF)
  - Bruttogrundfläche (BGF)
  - Anzahl Geschosse
  - Traufhöhe
- Weitere Rahmenbedingungen
  - Bauweise
  - Baulinien
  - Baugrenzen
  - Abstandsflächen
  - Artenschutz
  - Wasserschutzzonen
  - Pflanzgebote
  - Vorhandene Bebauung
  - Denkmalschutz (auch Bodendenkmäler)
  - Abrissmöglichkeit (Ersatzmaßnahmen)
  - Nutzungsänderung
  - Tanks, Bunker
  - Leitungen
    - Hochspannungsleitungen
    - Erdleitungen
  - Stellplatzsatzung
  - Veränderungssperre
  - Altlasten

9.3.3 Erschließung

Ein gerne nicht hinreichend berücksichtigter Prüfungspunkt sind die notwendigen Arbeiten, um das Grundstück für die geplante Bebauung zu erschließen. Vielfach sind auch bei bereits bebauten Grundstücken noch erhebliche Arbeiten zu erledigen. Dies gilt zum Beispiel dann, wenn die

vorhandenen Ver- oder Entsorgungsleitungen nicht hinreichend dimensioniert sind. Zu den mit der Erschließung zu überprüfenden Aspekten zählen insbesondere die nachfolgenden Punkte:
– Anschluss an öffentliches Straßennetz
– Wasserversorgung
– Abwasserentsorgung
– Energieversorgung des Grundstücks
  • Strom
  • Gas
  • Fernwärme
– Anschlüsse auf dem Grundstück
  • Zufahrtswege
  • Hausanschlüsse für Ver- und Entsorgungseinrichtungen
– Zuwegung
  • Zugang oder Zufahrt zu öffentlicher Straße
  • Feuerwehrzufahrt

9.3.4 Bodenbeschaffenheit und Altlasten

Für große Überraschungen sorgen auch immer wieder Altlastenfunde oder unerwartete Beschaffenheiten des Bodens. Beide Aspekte zählen nicht zuletzt wegen ihrer möglichen Kostenintensität zu den unbedingt frühzeitig zu klärenden Themengebieten. Vielfach hilft insofern nur das frühzeitige Beauftragen entsprechender Gutachten bezüglich
– Bodenbeschaffenheit
  • Tragfähigkeit
  • Material
  • Grundwasserhöhe
  • Grundwasserbeschaffenheit
  • Bodendenkmäler
– Altlasten
  • Abrisssubstanz (z.B. PCB)
  • Bodenbeschaffenheit
– Altlastenverdachtskataster

9.3.5 Rechte Dritter

Hinsichtlich der zu entwickelnden Grundstücke bestehen nicht selten Rechte Dritter. Diese können sich aus vertraglichen Abreden oder aus dem Gesetz ergeben. Auch diese Aspekte sind aufgrund ihres Gefährdungspotentials in die Prüfung einzubeziehen. Hierzu zählen:
– Vorkaufsrechte
  • Öffentlich-rechtliche Vorkaufsrechte
  • Privatrechtliche Vorkaufsrechte
– Miet- und Pachtverträge
  • Laufzeit
  • Kündigungsmöglichkeiten
  • Mietzins
– Überfahrts- und sonstige Nutzungsrechte
– Abstandsvereinbarungen
– Baulasten
– Grunddienstbarkeiten

9.3.6 Umfeldbetrachtungen und Besonderheiten

In die Checkliste sollten auch die Aspekte aufgenommen werden, die sich aus der Umgebung des Projektareals ergeben und von Relevanz für das Projekt sein können. Darüber hinaus sollte die Prüfliste immer einen Punkt „Spezielles" oder „Besonderheit" enthalten, da nahezu jedes Grundstück seine Besonderheit haben wird, die es in der weiteren Vorgehensweise zu berücksichtigen gilt. In die Umfeldbetrachtung sollten insbesondere folgende Aspekte einbezogen werden:

- Verkehrsanbindung
  - ÖPNV
  - Individualverkehr
  - Sonstiges
- Infrastruktur
  - Einkaufsmöglichkeiten
  - Schulen, Kindergärten
  - kulturelle Einrichtungen
  - Sonstiges
- Konkurrenzprojekte/-objekte
  - Lage
  - Ausbaustandart
  - Preise
  - Vor- und Nachteile
- Besonderheiten

10. Systemgesteuertes Projektcontrolling

Projektentwicklungen sind durch zunehmende Komplexität gekennzeichnet. In der Praxis wird zudem der Überblick über die Wirtschaftlichkeit des Vorhabens häufig erschwert: Informationen liegen nicht in genügender Anzahl vor oder sind veraltet. In vielen Fällen wird versucht, mit Standard-Finanzbuchhaltungs- und Kostenrechnungssystemen das Controlling abzubilden. Die klassischen Instrumente der Kostenträger- und Kostenstellenrechnung reichen aber für die speziellen Belange von Projektentwicklungen bei weitem nicht aus.

Um Chancen und Risiken des Projekts rechtzeitig erkennen zu können, bedarf es einer integrierten Projektcontrolling-Konzeption, die auf der Basis von immobilienspezifischen Instrumenten im Unternehmen organisatorisch fest verankert ist.

10.1 Aufgaben und Umfang des Projektcontrolling in der Projektentwicklung

Die Aufgaben und der Umfang des Projektcontrollings orientieren sich im Wesentlichen an den Kernprozessen und den für die wirtschaftliche Steuerung von Projektentwicklungen nötigen Zielgrößen.

Darüber hinaus wird die Leistungsfähigkeit des Projektcontrollings auch durch die Fähigkeit, operative Prozesse zu unterstützen, bestimmt. Damit wird gewährleistet, dass die für das Controlling nötigen Informationen als Ergebnis der operativen Tätigkeiten unmittelbar in der benötigen Form zur Verfügung stehen und nicht aus verschiedenen Systemen zu bestimmten Zeitpunkten erst gesammelt und ausgewertet werden müssen.

Ein Controlling-System für die Projektentwicklung muss daher die Geschäftsprozesse optimal unterstützen, dabei die immobilienspezifischen Instrumente zur Verfügung stellen und sämtliche Informationen der Projektakquisition, Projektabwicklung und Projektvermarktung in Verbindung mit einem leistungsfähigen Berichtswesen darstellen können.

Insbesondere die systemtechnische Integration der Daten und Prozesse ist eine wesentliche Voraussetzung, um diese Aufgabe erfüllen zu können.

Im Einzelnen muss ein systemgesteuertes Controlling folgende Aufgaben erfüllen bzw. unterstützen:

10.1.1 Zeitnahe Bereitstellung der Steuerungsinformation

Im Zeitalter der EDV ist das eine selbstverständlich klingende Forderung. Sie kann von einem Controlling-System jedoch nur erfüllt werden, wenn dieses ein integraler Bestandteil der operativen Prozesse ist.

10.1.2 Steuerung von Chancen <u>und</u> Risiken

Mit dem Controlling wird oft „nur" die Planung und Kontrolle der Kosten verbunden. Tatsächlich aber gilt es ja, den Unternehmens- bzw. Projekterfolg zu steuern. Dieser ist u.a. das Ergebnis aus der optimalen Planung und Kontrolle der Kosten und Erlöse. Darüber hinaus beeinflussen natürlich Entscheidungen über Kosten die Erlöse wie auch umgekehrt. Gerade diesen Zusammenhang transparent zu machen und die Auswirkungen von Entscheidungen auf die Erfolgskomponenten Kosten und Erlöse im Zusammenhang darzustellen, ist eine wichtige, wenn auch oft schwierige Aufgabe des Controllings.

10.1.3 Optimierung von Geschäftsprozessen

Wenn man von einem systemgesteuerten Controlling spricht, gehört hierzu auch die Optimierung der Geschäftsprozesse. Diese gewährleisten nicht nur die zeitnahe und wirtschaftliche Durchführung von operativen Prozessen, sondern tragen auch erheblich zur Transparenz des Projektfortschrittes bei.

10.1.4 Schaffung von Standards

Wesentliche Grundlage jeder Entscheidung sind zweifelsfrei interpretierbare Daten. Die Schaffung von unternehmensweiten Standards ist hierzu ein wichtiger Baustein. Dies umfasst die Definition von Begriffen, Kennzahlen und Abläufen sowie die Implementierung eines standardisierten Berichtswesens, das sich projektübergreifend anwenden lässt und somit die Vergleichbarkeit und die schnelle und richtige Interpretation der Informationen gewährleistet.

10.1.5 Aufbau von internen Kontrollsystemen

Um sicherzustellen, dass die ordnungsgemäße Abwicklung der Geschäftsprozesse gewährleistet ist, werden interne Kontrollsysteme benötigt. Hierzu gehört z.B. die Sicherstellung des Vier-Augen-Prinzips, die Überwachung der Vergabe von Aufträgen oder die ordnungsgemäße Prüfung und Freigabe von Rechnungen gemäß interner Organisationsanweisungen.

Insbesondere vor dem Hintergrund der Regelungen des Gesetzes über die Sicherung von Bauforderungen (GSB), die auch in bestimmten Fällen im Rahmen von Projektentwicklungen ihre Anwendung finden, werden zusätzliche Anforderungen im Zusammenhang mit dem Aufbau von internen Kontrollsystemen an das Projektcontrolling gestellt.

10.1.6 Bereitstellung von Informationen für strategische Entscheidungen

Von einem systemgesteuerten Controlling wird insbesondere erwartet, die Vielzahl der Informationen, sowohl projektbezogen als auch projektübergreifend, miteinander verknüpfen zu können. Darüber hinaus ist es auch wichtig, externe Daten, wie z.B. Mietpreisentwicklungen, Vermietungsvolumen, Flächenumsätze und Leerstandsraten in die Betrachtung mit einzubeziehen. Die Analyse von historischen Erlös- und Kosteninformationen in Verbindung mit der Einschätzung von zukünftigen Marktentwicklungen kann einen wesentlichen Beitrag zur Absicherung von strategischen Entscheidungen leisten.

10.2 Zielgrößen des Projektcontrolling

Wesentliche Grundlage des Controllings ist die Planung und Steuerung von messbaren Größen. Bei der Definition der Zielgrößen muss insbesondere den verschiedenen Phasen in der Projektentwicklung Rechnung getragen werden. Aufgrund des Projektcharakters liegt es in der Natur der Sache, dass die Entscheidungsspielräume mit zunehmendem Projektverlauf immer geringer werden.

Die wichtigsten Zielgrößen sind:

10.2.1 Flächen

Die schon in der Akquisitionsphase geplanten Flächen müssen über den gesamten Projektverlauf geplant und kontrolliert werden. Wie bei den Kosten und Erlösen, müssen die Flächen wie ein monetäres Budget behandelt werden. Hierzu gehört die differenzierte Planung nach Nutzungsarten, sowie die Überwachung und Verfolgung der Flächeneffizienz, basierend auf der jeweils angewendeten Mietflächendefinition.

10.2.2 Erlöse

Basierend auf der Flächenplanung leitet sich die Erlösplanung ab. In Abhängigkeit von der Art der Projektentwicklung wird der für das Budget relevante geplante Erlös entweder über die geplanten Mieteinnahmen multipliziert mit dem Rohertragsvervielfältiger ermittelt oder, wie im Wohnungsbau üblich, über den Verkaufspreis pro m², multipliziert mit der zu verkaufenden Fläche. Damit ergeben sich die für das Controlling relevanten Zielgrößen:

- m² Mietfläche und/oder m² zu verkaufende Fläche
- Mietpreis pro m² und/oder Verkaufspreis pro m²
- geplanter Verkehrswert/Verkaufspreis

Aufgabe des Controlling ist es, die jeweilige Planungsänderung einer der Komponenten oder die Abweichung einer der Komponenten im Ist-Zustand gegenüber dem Soll-Zustand der Planung im Zusammenhang zu analysieren und das Erlösbudget entsprechend darzustellen (z.B. Minderflächen aufgrund des durchgeführten Aufmaßes oder Abschluß eines Mietvertrages zu einem niedrigeren Mietpreis).

10.2.3 Kosten

Die Budgetpositionen der Kostenplanung werden gemäß der DIN 276 nach Gewerken differenziert geplant. Dabei richtet sich die Differenzierung nach dem zu steuernden Risiko. Das heißt, wird z.B. der Rohbau an einen Generalunternehmer vergeben, wird im Sinne des Controlling nur eine Budgetposition für den Rohbau benötigt. Wird der Rohbau durch Einzelvergabe an eine Vielzahl von Auftragnehmern vergeben, wird für jedes zu beauftragende Gewerk eine Budgetposition benötigt.

Ein weiteres Kriterium für die Differenzierung des Kostenbudgets sind organisatorische Überlegungen hinsichtlich der Zuordnung von Kostengruppen zu Budgetverantwortlichen oder vertragliche Vereinbarungen im Rahmen von Projektpartnerschaften, die es erforderlich machen, die Kosten für bestimmte Gebäude, Gewerke oder Maßnahmen gesondert darzustellen, um vertraglich vereinbarte Kostenverrechnungen durchführen zu können.

10.2.4 Trading-Profit/Projektrendite

Das Ergebnis der Kosten- und Erlösplanung ist der geplante Trading-Profit und die Projektrendite bezogen auf die Investitionssumme und auf das Eigenkapital.

Aufgrund der o.g. detaillierten Planung und Kontrolle der Flächen, Erlöse und Kosten müssen diese Zielgrößen im Projektverlauf entsprechend dargestellt werden. Hierzu muss die Abweichung des Trading-Profits der Ankaufskalkulation gegenüber dem aktuell geplanten Trading-Profit kontinuierlich überwacht werden. Der aktuelle geplante Trading-Profit beschreibt hierbei das Ergebnis der bereits realisierten Kosten und Erlöse, sowie der angepaßten Planung der noch zu realisierenden Kosten und Erlöse.

10.2.5 Liquidität

Um eine umfassende Liquiditätsplanung durchführen zu können, muss das Controlling auf noch nicht abgeschlossene Geschäftsvorfälle und auf Plandaten zurückgreifen. Ziel der Liquiditätsplanung ist die Abstimmung der Finanzierung mit dem durch den Projektverlauf bestimmten Kapitalbedarf. Die Liquidität muss kontinuierlich überwacht werden, um frühzeitig Liquiditätsengpässe zu erkennen und damit die Finanzierungskosten nicht unnötig zu erhöhen.

10.2.6 Termine

Zu der Planung und Steuerung der o.g. wirtschaftlichen Zielgrößen gehört ebenso die Planung und Überwachung von Terminen wie die Koordinierung aller internen und externen Projektbeteiligten.

Hier ist es Aufgabe des Projektcontrollings, mit Hilfe entsprechender Meilensteinpläne die Aufgaben mit den dafür Verantwortlichen und den geplanten Terminen zur Verfügung zu stellen. Ziel muss es hierbei sein, für immer wiederkehrende Prozesse standardisierte Meilensteinpläne zu erarbeiten und anzuwenden.

10.3 Bedeutung der EDV

Projektcontrolling bedeutet Informationsverarbeitung. Um die Vielfalt der Informationen zu verarbeiten und für die zu treffenden Entscheidungen in der dafür notwendigen Form zeitnah zur Verfügung stellen zu können, werden entsprechende EDV-Systeme benötigt. Um die Vollständigkeit und Konsistenz der Daten gewährleisten zu können, reicht es nicht aus, das Controlling basierend auf Tabellenkalkulationsprogrammen abzubilden.

Vor dem Hintergrund der Kernprozesse der Projektentwicklung werden durchgängige Systeme benötigt, die alle Funktionen von der Projektakquisition bis zur Vermarktung unterstützen. Im Einzelnen werden hierbei folgende Anforderungen an die EDV gestellt:

10.3.1 Durchgängige Prozessunterstützung

Darunter wird verstanden, dass einmal erfasste Daten unternehmensweit für die Durchführung der Geschäftsprozesse in jeder Phase der Projektentwicklung zur Verfügung stehen. So müssen beispielsweise Daten, wie vereinbarte Abzüge, Bürgschaften und Einbehalte, die im Rahmen der Auftragsvergabe erfasst wurden, im Zusammenhang mit der Rechnungsprüfung zur Verfügung stehen, um die für die Ermittlung des Zahlungsbetrags notwendigen Auftragskonditionen (automatisch) berücksichtigen zu können. Die Auftragsvergabe wiederum muss auf das aktuell geplante Budget zurückgreifen können, um Budgetüberschreitungen schon zum Zeitpunkt der geplanten Auftragsvergabe erkennen zu können.

10.3.2 Einheitliche Datenbasis

Unter technischen Gesichtspunkten ist eine einheitliche Datenbasis anzustreben. Darunter ist eine unternehmensweite Datenbank zu verstehen, in der alle relevanten Daten funktionsübergreifend gehalten werden. Hierzu gehören nicht nur Budgets, Aufträge, Rechnungen, Miet- und Kaufverträge, sondern auch Daten wie Adressen und Dokumente im Zusammenhang mit der Korrespondenz zu Auftragnehmern und Kunden oder interne Protokolle zur Dokumentation von Entscheidungsprozessen.

Die einheitliche Datenbasis ist u.a. eine wichtige Voraussetzung, damit auch unter fachlichen Gesichtspunkten sichergestellt wird, dass die verschiedenen Informationen unternehmensweit einheitlich und hinsichtlich ihrer Gültigkeit und Aktualität zweifelsfrei interpretiert werden können.

10.3.3 Standardisiertes Berichtswesen

Im Rahmen von unternehmensweit eingesetzten EDV-Systemen werden standardisierte Berichte zur Verfügung gestellt, die das Management mit den wesentlichen Informationen versorgen. Im Gegensatz zu dem Ad-hoc-Berichtswesen steht hierbei die Kontinuität und Gleichartigkeit der Berichte über alle Projekte hinweg im Vordergrund. Dies ist notwendig, um Informationen, sowohl über den Zeitverlauf, als auch projektübergreifend vergleichen und eindeutig interpretieren zu können.

10.3.4 Ad-hoc-Berichtswesen

Ergänzend zu dem standardisierten Berichtswesen, müssen die EDV-Systeme in der Lage sein, die Daten für Ad-hoc-Berichte zur Verfügung zu stellen. In diesem Zusammenhang kommen dann typischerweise Tabellenkalkulationsprogramme und andere auf dem Markt verfügbare Analysewerkzeuge zum Einsatz. Technisch gesehen, müssen von der oben bereits erwähnten unternehmensweiten Datenbank entsprechende Schnittstellen unterstützt werden. Beispielsweise sei hier die Open Database Connectivity (ODBC)-Schnittstelle erwähnt, die heute von sehr vielen Datenbanken auf der einen Seite und Analysewerkzeugen auf der anderen Seite unterstützt wird.

10.4 Systemgestützte Instrumente zur Unterstützung der Kernprozesse

10.4.1 Akquisition/Konzeption

Der Prozess der Akquisition umfasst im Wesentlichen alle Schritte vom Angebot des Grundstücksanbieters bzw. der Projektidee bis einschließlich der auf der Ankaufskalkulation basierenden Ankaufsentscheidung. Zur Unterstützung dieser Schritte sind folgende systemgestützte Instrumente notwendig:

10.4.1.1 Angebotsprüfung

Um die Vielzahl der Angebote prüfen und bearbeiten zu können, ist es nötig, die eingehenden Grundstücks- und Objektangebote mit den für die Prüfung nötigen Daten standardisiert zu erfassen. Dies ist einerseits die Voraussetzung, um Angebote hinsichtlich Doppelangeboten systemgestützt prüfen zu können, und andererseits wichtig, um die den Angeboten zugrundeliegenden Daten für die weitere systemgestützte wirtschaftliche Prüfung nutzen zu können. Weiterhin können die erfassten Daten historisch ausgewertet und Erkenntnisse bezüglich Marktentwicklungen und Trends gewonnen werden.

10.4.1.2 Terminplanung/Checklisten

Um eine Ankaufsentscheidung treffen zu können, sind im Vorfeld umfangreiche Analysen hinsichtlich kaufmännischer, juristischer und architektonischer Aspekte durchzuführen. Dazu gehören Marktanalysen, Nutzungskonzepte, Standortanalysen, Wettbewerbsanalysen, Architektenwettbewerbe, Finanzierungsplanungen, steuerliche Prüfungen und die Klärung des Baurechts, um nur eine Auswahl zu nennen.

Um diese Aktivitäten aufeinander abstimmen zu können, werden Instrumente benötigt, die diese Aktivitäten fachlich und zeitlich koordinieren und sicherstellen, dass tatsächlich alle für die Ankaufsentscheidung relevanten Informationen berücksichtigt werden.

Mit Checklisten, die systemgestützt zur Verfügung stehen und sukzessive weiterentwickelt werden, können die immer wiederkehrenden Prozesse standardisiert werden. Für die konkreten Projekte sind diese Checklisten in der Form von Meilensteinplanungen anzuwenden. Hierzu werden den einzelnen Aktivitäten, die zur Erreichung der Meilensteine notwendig sind, die Verantwortlichen zugeordnet und die Termine geplant. So ist es möglich, die einzelnen Aktivitäten inhaltlich zu koordinieren und unter Umständen auftretende Terminverschiebungen frühzeitig zu erkennen.

Diese Meilensteinplanungen sind darüber hinaus ein wichtiges Instrument zur Dokumentation von Entscheidungsprozessen, sowohl für interne Zwecke als auch gegenüber externen Beteiligten, wie Investoren oder Banken.

10.4.1.3 Ankaufskalkulation

Der Ankaufskalkulation ist im Rahmen der Projektentwicklung eine besondere Bedeutung beizumessen. Sie ist das maßgebliche Instrument für die Beurteilung der Wirtschaftlichkeit einer geplanten Projektentwicklung. Hierbei ist es besonders wichtig, dass das Projektcontrolling entsprechende systemgestützte Instrumente zentral zur Verfügung stellt. Damit wird gewährleistet, dass die Ankaufskalkulationen unternehmensweit nach einheitlichen Methoden und Regeln erstellt werden. Es ist zu bedenken, dass an der Erstellung einer Ankaufskalkulation in der Regel die Mitarbeiter aus den verschiedensten Unternehmensbereichen (Technik, Marketing, Vertrieb, Controlling) beteiligt sind und die Ankaufskalkulation in einem oft iterativen Prozess bis zur Entscheidungsreife weiterentwickelt wird. Vor diesem Hintergrund muss sichergestellt werden, dass die verschiedenen Planungsstände verwaltet werden und alle Beteiligte auf den jeweils aktuellen und konsistenten Datenbestand zugreifen können.

Kommt es zu einer positiven Entscheidung, und die Projektentwicklung wird durchgeführt, bilden die Daten der Ankaufskalkulation die Grundlage für das zu erstellende detaillierte Projektbudget.

10.4.2 Planung/Realisierung

Die Prozesse der Planung/Realisierung umfassen alle Schritte von der Budgetplanung über die Auftragsvergabe bis zur Zahlungsfreigabe. Vom systemgesteuerten Projektcontrolling müssen hierzu die Planungsinstrumente zur Verfügung gestellt werden, die es ermöglichen, die Budgetplanungen kontinuierlich anzupassen und in Verbindung mit den operativen Systemen für die Auftragsvergabe und Rechnungsprüfung, die Kontrolle und Steuerung der Planung kontinuierlich durchführen zu können.

Im Zusammenhang mit den operativen Tätigkeiten werden Instrumente für die Überwachung von Gewährleistungsfristen, das Erkennen von Risiken aufgrund von Nachforderungen, die zeitnahe und vollständige Prüfung von Rechnungen und die Überwachung der Liquidität benötigt.

10.4.2.1 Budgetplanung

Um die Projektentwicklung in jeder Phase der Realisierung wirtschaftlich steuern zu können, sind vom systemgesteuerten Projektcontrolling Instrumente zur Verfügung zu stellen, die parallel zum Projektfortschritt die Kosten- und Erlösbudgets den tatsächlich angefallenen Kosten und erzielten Erlösen gegenüberstellen.

Die Budgets selbst wiederum unterliegen ebenfalls einer Dynamik, die transparent gemacht werden muss. Im wesentlichen sind folgende Budgetwerte im Rahmen des periodische Berichtswesen zu vergleichen:

– **Budget der Ankaufskalkulation**

Dieses Budget beinhaltet die Basis der Ankaufsentscheidung und formuliert damit verbindlich die wirtschaftlichen Kennzahlen, die es zu erreichen gilt.

– **Ausgangsbudget**

Das Ausgangsbudget ist ein aus der Ankaufskalkulation abgeleitetes operatives Budget. Hier werden die Budgetpositionen differenziert nach Gewerken geplant. Das Ausgangsbudget bildet die Grundlage für die Auftragsvergabe. Die Planzahlen des zu Beginn der Realisierung erstellten Ausgangsbudgets werden „eingefroren" und damit nicht mehr verändert. Liegen Ankaufsentscheidung und Projektbeginn zeitlich eng zusammen, sind die wirtschaftlichen Kennzahlen des Ausgangsbudgets in der Regel identisch mit denen der Ankaufskalkulation. Gibt es einen größeren Zeitabstand zwischen Ankaufsentscheidung und Projektbeginn, reflektiert das Ausgangsbudget sinnvollerweise die dann aktuelleren Erkenntnisse und damit u.U. von der Ankaufsentscheidung abweichende Kennzahlen.

– **Aktuell genehmigtes Budget**

Das aktuell genehmigte Budget ist die Fortschreibung des Ausgangsbudgets. Mit Hilfe des aktuell genehmigten Budgets werden Planungsänderungen aufgrund von beispielsweise architektonischen Änderungen, unvorhergesehenen Kosten- oder Erlösänderungen oder Planungsfehlern abgebildet. Hierbei ist es wichtig, dass diese Änderungen im Rahmen eines Budgetgenehmigungsprozesses in das aktuell genehmigte Budget einfließen. Damit wird einerseits gewährleistet, dass das aktuell genehmigte Budget das Ergebnis eines aktiven Entscheidungsprozesses ist und andererseits, dass die Entwicklung vom Ausgangsbudget zum aktuell genehmigten Budget jederzeit nachvollziehbar ist. Diese Vorgehensweise ermöglicht es, negative Budgetänderungen bezogen auf das unveränderte Ausgangsbudget frühzeitig zu erkennen und damit im Sinne der Zielerreichung kompensierende Maßnahmen frühzeitig einzuleiten.

– **Prognose**
  Die Prognose beinhaltet den aktuellen Planungsstand plus/minus der zu erwartenden Kosten- und Erlösänderungen. Dabei kann es sich zum Beispiel auf der Erlösseite um Einschätzungen bezogen auf die Mietpreisentwicklung aufgrund von Marktanalysen handeln. Auf der Kostenseite werden schwebende Risiken (Rechtsstreitigkeiten, Nachforderungen von Auftragnehmer) dargestellt.

In einem Projektbericht könnte die zusammenfassende Darstellung der Budgetwerte und wirtschaftlichen Kennzahlen z.B. wie folgt aussehen:

Projekt: xyz Stand: Quartal: II/20. Werte in EUR	Ausgangsbudget	Aktuell genehmigtes Budget	Prognose
Verkaufserlöse	155.304.000	164.250.000	164.250.000
Gesamtinvestition	132.840.526	133.489.000	132.589.526
Trading-Profit	22.464.000	30.760.474	31.660.474
Trading-Profit in %	16,91	23,04	23,88
Mieteinnahmen	10.353.600	10.950.000	10.950.000
Break-Even Verkaufsfaktor	12,83	12,19	12,11
Anfangsrendite in %	7,79	8,20	8,26

Erklärung der berechneten Kennzahlen:
Trading-Profit	= Verkaufserlöse minus Gesamtinvestition
Trading-Profit in %	= Trading-Profit bezogen auf die Gesamtinvestition
Break-Even Verkaufsfaktor	= Gesamtinvestition bezogen auf die Mieteinnahmen p.a.
Anfangsrendite in %	= 1/Break-Even Verkaufsfaktor (statische Anfangsrendite)

10.4.2.2 Auftragsvergabe

Die Auftragsvergabe muss im Sinne des Controllings dahingehend systemtechnisch unterstützt werden, dass folgende Anforderungen erfüllt werden:

– Mit jeder Auftragsvergabe müssen die betroffenen Budgetpositionen belastet werden, um schon zum Zeitpunkt der Auftragsvergabe Budgetüberschreitungen erkennen zu können.

– Mit einem Auftrag müssen alle für die spätere Rechnungsprüfung relevanten Auftragskonditionen erfasst werden. Dabei handelt es sich im Wesentlichen um Bürgschaften, vereinbarte Zuschläge, Abzüge und Einbehalte.

– Die im Zusammenhang mit Aufträgen vereinbarten Termine und Abschlagszahlungen müssen so erfasst und dokumentiert werden, dass diese Informationen für die Liquiditätsplanung verwendet werden können.

– Zu abgeschlossenen Aufträgen sind die technische Abnahmen zu dokumentieren und die Gewährleistungsfristen zu überwachen.

Darüber hinaus werden Instrumente benötigt, die es ermöglichen, Zusatzforderungen der Auftragnehmer und andere absehbare Risiken, wie z.B. Rechtsstreitigkeiten, die zu ungeplanten Aufträgen führen können, hinsichtlich der möglichen Auswirkungen auf das Projektbudget zu bewerten. Diese Informationen müssen in Form von bewerteten Risiken in das aktuelle Budget einfließen.

10.4.2.3 Rechnungsprüfung und Zahlungsfreigabe

Im Rahmen der Rechnungsprüfung und Zahlungsfreigabe sind eine Vielzahl von Informationen zu berücksichtigen, um auf der einen Seite die korrekte Kontierung der Belege bezogen auf die geplanten Budgetpositionen zu gewährleisten, und auf der anderen Seite die sachliche und rechnerische Prüfung systemgestützt durchführen zu können. Hierzu muss das systemgestützte Controlling den Prüfungslauf steuern, sowie in Verbindung mit der Budgetplanung und Auftragsvergabe für die Kostenfeststellung die betroffenen Budgetpositionen belasten. In Abhängigkeit von den vereinbarten Auftragskonditionen, wie z.B. Abzüge und/oder Zuschläge, ist die Verbindlichkeit gegenüber dem Auftragnehmer zu ermitteln. Zur Ermittlung der Höhe und Fälligkeit des Zahlungsbetrages sind die bereits geleisteten Abschlagszahlungen sowie die vereinbarten Einbehalte zu berücksichtigen.

Es muss angestrebt werden, diesen Prozess durch entsprechende systemtechnische Unterstützung weitgehend zu automatisieren. Ziel ist es hierbei, die korrekte Verbuchung (Kostenfeststellung) zu gewährleisten, Überzahlungen (aufgrund von nicht durchgeführten Einbehalten) zu vermeiden und die Durchlaufzeiten der Belege zu optimieren.

10.4.2.4 Liquiditätsplanung

Die systemtechnische Integration des Budgetplanungsprozesses (Kosten- und Erlösplanung) auf der einen Seite, sowie der operativen Systeme für Auftragsvergabe, Rechnungsprüfung/Zahlungsfreigabe, Miet- und Kaufvertragsverwaltung auf der anderen Seite, ist die Voraussetzung einer umfassenden und systemgestützten Liquiditätsplanung und -steuerung.

Im Einzelnen fließen folgende Größen in die Liquiditätsplanung ein:

	geplanter Zeitpunkt des Mittelab- bzw. –zuflusses
Auszahlungen	
Offene Rechnungen	Fälligkeitsdatum der Rechnung/Zahlungsziel
Aufträge, die noch nicht berechnet wurden	geplantes Auftragsende bzw. Fälligkeit von vereinbarten Abschlagszahlungen
Verfügbares Budget (Kosten)	Projektplan
Sonstige Auszahlungen (z.B. Zinsen, Tilgungen)	gemäß vertraglichen Regelungen
Einzahlungen	
Abgeschlossene Kaufverträge	Fälligkeit der Kaufpreises
noch nicht abgeschlossene Kaufverträge	Vermarktungsplan
Mieteinnahmen*	Mietvertrag
noch nicht vermietete Flächen*	Vermarktungsplan
sonstige Einzahlungen (z.B. Kredite, Beteiligungen)	Finanzierungskredite, vertragliche Vereinbarungen

* Mieteinnahmen sind nur dann zu berücksichtigen, sofern diese dem Projektentwickler während der Projektentwicklungsphase bzw. vor dem Verkauf auch zufließen.

Die o.g. Tabelle macht deutlich, wie wichtig es ist, dass das systemgesteuerte Controlling integraler Bestandteil der operativen Prozesse sein muss.

10.4.3 Vermarktung

Für die Planung und Steuerung der Erlöse werden, wie auf der Kostenseite, den geplanten Erlösen die tatsächlich erzielten Mieten bzw. Verkaufserlöse gegenübergestellt. Hierzu muss das systemgesteuerte Controlling Instrumente für die Planung von Flächen und Erlösen, die Planung des optimalen Vermarktungszeitpunktes, sowie für die Verfolgung des Vermarktungserfolges zur Verfügung stellen.

10.4.3.1 Flächenplanung

Für eine fundierte Erlösplanung wird eine detaillierte Flächenplanung benötigt, welche die jeweils gültigen Architektenpläne auf der Basis von Mietfläche (MF) und Brutto-Grundfläche (BGF) reflektiert. Erfahrungsgemäß kommt es im Verlauf der Projektentwicklung immer wieder zu Flächenänderungen. Hierbei ist es wichtig, diese Änderungen mit geeigneten Instrumenten zu verfolgen und die Auswirkungen auf die Kosten- und Erlösbudgets zu bewerten. Wie bei den monetären Budgets muss das Controlling ablauforganisatorisch sicherstellen, dass Flächenänderungen im Rahmen eines wohl definierten Entscheidungsprozesses aktiv vom Management geprüft und genehmigt bzw. abgelehnt werden.

10.4.3.2 Erlösplanung

Die Erlösplanung und Kontrolle beginnt schon mit der Projektidee und ist von der Ankaufskalkulation bis zum Abschluss des letzten Miet- bzw. Kaufvertrages kontinuierlich mit den aktuellen Erkenntnissen zu aktualisieren. Hier muss das systemgesteuerte Controlling die Planungsinstrumente zur Verfügung stellen, welche die Erlösplanung mit der Flächenplanung koppeln, die Anpassungen der Erlösplanung im Zeitverlauf dokumentieren und somit nachvollziehbar machen und die Berechnung des Verkaufspreises nach der für die jeweils zu realisierende Projektentwicklung benötigten Methode ermöglichen. Die verschiedenen Methoden sind z.B.:
– für den Wohnungsbau die Berechnung des Verkaufspreises nach m^2 x Verkaufspreis pro m^2,

– für eine Büroimmobilie die geplanten Mieteinnahmen p.a. multipliziert mit dem Rohertragsvervielfältiger

– oder für eine Hotelimmobilie (Anzahl Zimmer x Auslastung (%) x Übernachtungspreis p.a.) multipliziert mit dem Rohertragsvervielfältiger.

Hierbei müssen die Planungsansätze, wie z.B. der geplante Mietpreis pro m^2 oder Verkaufspreis pro m^2, periodisch überprüft und z.B. aufgrund geänderter Markbedingungen angepasst werden. Diese Anpassungen wiederum müssen hinsichtlich der Auswirkung auf die geplante Projektrendite analysiert werden, um durch eine mögliche Anpassung der Kostenplanung die geplante Projektrendite unter veränderten Bedingungen noch erzielen zu können.

Die im Zuge der Vermarktung abgeschlossenen Miet- oder Kaufverträge müssen, wie die Aufträge und Rechnungen bei einem Kostenbudget, gegen die entsprechende Erlösbudgetplanungsposition erfasst werden, um so den Soll/Ist-Vergleich zu ermöglichen und den aktuellen Vermietungs- bzw. Vermarktungsstand darstellen zu können.

10.4.3.3 Vermarktungsplanung

Unter der Vermarktungsplanung wird die Planung des optimalen Vermarktungszeitpunktes sowohl hinsichtlich der Vermietung als auch des Verkaufs verstanden. Dies bedeutet, es wird geplant, wieviel Prozent der Fläche eines Projektes bis zu welchem Zeitpunkt vermarktet werden sollen. Die Vermarktungsplanung für eine Projektentwicklung könnte z.B. wie folgt aussehen:

Nutzungsart	geplanter Vermarktungszeitpunkt	Prozent
Büro	Quartal I/20.	40 %
	Quartal II/20.	80 %

	Quartal III/20.	**100 %**
Laden	Quartal IV/20.	**100 %**
Wohnen	Quartal II/20.	50 %
	Quartal IV/20.	**100 %**

Diese Planung fließt maßgeblich in die Finanzierungs- und damit auch in die Liquiditätsplanung ein.

10.4.4 Die immobilienspezifischen Instrumente im Überblick

Folgende Tabelle zeigt die immobilienspezifischen Controlling-Instrumente im Zusammenhang
mit der wirtschaftlichen Steuerung von Projektentwicklungen:

Instrument	Ziel/Kennzahl	Kontext
Angebotsprüfung	Einheitliche Bewertungsgrundlage	Standardisierte Erfassung von An-geboten, Doppelangebotsprüfung
Checklisten	Sicherstellen standardisierter Vor-gehensweisen	Festlegen unternehmensweiter Standards und Zuständigkeiten
Developmentrechnung	Trading-Profit, Rentabilität	Basis für die Ankaufsentscheidung und die kontinuierliche Verfolgung des Projekterfolges
Projektbudget	Operativer Trading-Profit, Plan/Ist-Vergleich	Planung und Steuerung von Kosten und Erlösen
Kostenbudget	Kostenplanung auf der Basis von Gewerken (i.d.R. DIN 276)	Steuerung der Projektleiter durch Delegation von Budgetverant-wortung
Flächenbudget	Flächeneffizienz, Flächenplanung nach Nutzungsarten	Dokumentation und Verfolgung von Flächenänderungen
Erlösbudget	Vermietungserlöse, Verkaufserlöse	Detaillierte Planung der Erlöse auf der Basis von Flächennut-zungsarten. Verfolgung von Markt- und Planungsänderungen
Budgetfortschreibung	Projekttransparenz, frühzeitig begründete und genehmigte Budgetanpassungen	Standardisiertes Instrument zur Dokumentation und Analyse von Kosten- und Erlösabweichungen
Liquiditätsplanung	Projekt- und unternehmensweiter Liquiditätsbedarf	Integrierte Abbildung der Zahlungsströme.
Vermarktungsplanung	Optimaler Vermarktungszeitpunkt	Planung und Verfolgung der vertrieblichen Maßnahmen
Kundenanfragen/Investorenprofile	Unternehmensweite Erfassung der Flächen- und Objektnachfrage potenzieller Kunden	Sammeln von Marktinfomationen zur Unterstützung der Vermark-tung
Miet- und Kaufver-tragsverwaltung	Vermietungsstand, Verkaufsstand	Erfolgskontrolle der vertrieblichen Maßnahmen, aktuelle Erlösbudget-fortschreibung

10.5 Integration der systemgesteuerten Instrumente

10.5.1 Integration der Instrumente

Die kontinuierliche Steuerung der wirtschaftlichen Kennzahlen in allen Phasen der Projektentwicklung setzt die Integration der Instrumente für die Planungsprozesse auf der einen Seite und für die operativen Prozesse auf der anderen Seite voraus. Hierbei müssen die Instrumente zur Planung und Steuerung der Kosten und Erlöse fachlich und systemtechnisch integriert abgebildet werden. Diese Integration ermöglicht es, die Auswirkungen von Plan/Ist- Abweichungen bezogen auf die geplanten wirtschaftlichen Größen zu analysieren und die notwendigen Budgetanpassungen durchzuführen. Dabei wird das Ziel verfolgt, die mit der Ankaufskalkulation geplanten wirtschaftlichen Zielgrößen (Investitionsvolumen, Mieteinnahmen und Verkaufserlöse, Trading-Profit, Projektrendite) auch unter veränderten Bedingungen zu erreichen.

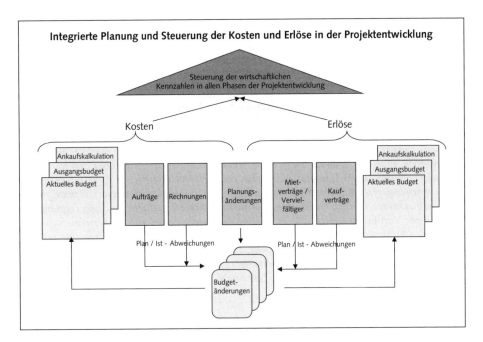

10.5.2 Integration der Systeme

Auf der einen Seite benötigt das Controlling Informationen von vorgelagerten Systemen, wie Systeme zur Durchführung und Auswertung von Ausschreibungen oder CAD – Systemen für die Flächenplanungen. Auf der anderen Seite werden die Ist-Daten des Projektcontrolling von nachgelagerten Systemen gebraucht. Hierzu zählt das externe Rechnungswesen zur Erstellung der Gewinn- und Verlustrechnung (GuV) und der Bilanz, sowie Facility Management Systeme, die u.a. Informationen zu Gewährleistungsfristen, Auftragnehmern, Flächen, Mietern und Mietverträgen benötigen. Die möglichen Schnittstellen der Systeme untereinander veranschaulicht folgendes Schaubild:

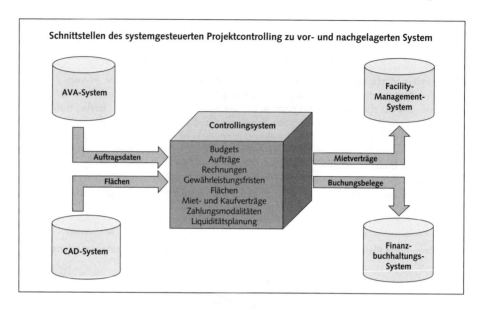

Schnittstellen des systemgesteuerten Projektcontrolling zu vor- und nachgelagerten System

10.6 Standard-Software für die Immobilienbranche

Für die speziellen Anforderungen der Projektentwicklung – und insbesondere für das system-gesteuerte Controlling – gibt es nur sehr wenige Anbieter, die sich hierauf spezialisiert haben. Die folgende Tabelle gibt daher einen etwas weiter gefaßten Überblick über den Markt für Standard-Software in der Immobilienbranche, um auch Marktsegmente zu berücksichtigen, die nicht im engeren Sinne der Projektentwicklung zuzuordnen sind, deren Software jedoch teilweise Funktionen für die Projektentwicklung bzw. an die Projektentwicklung angrenzende Bereiche zur Verfügung stellen. Die gewählte Gliederung richtet sich im wesentlichen nach den von den Anbietern angesprochenen Zielgruppen (z.B. Projektentwickler, Bauunternehmer, Makler), berücksichtigt aber auch den Aspekt, dass eine Vielzahl von Software-Produkten an-geboten wird, die nur ganz spezielle Funktionen (z.B. Immobilienbewertung, Finanzierung) abdecken. Somit können sich die hier gewählten „Marktsegmente" durchaus überschneiden.

Marktsegement	Funktionsumfang
Projektcontrolling	Planung und Steuerung von Kosten- und Erlösbudgets. Kontinuierliche Überwachung der Projektrendite, Auf-tragsverwaltung, Rechnungsprüfung, Flächenplanung, Miet- und Kaufvertragsverwaltung, Risikosteuerung
Projektmanagement	Terminplanung und -steuerung, Netzpläne, Gantt-Diagramme, Verwalten von Ressourcen
AVA Software	Ausschreibungen, Vergabe, Abrechnung, Angebotsbe-arbeitung, Produktkalkulation, Angebotserstellung
Bausoftware	Bauauftragsabrechnung, Einkauf, Abrechnung der Baulöhne, Betriebsbuchhaltung, Gerätebuchhaltung, Baustellencontrolling
CAD-Systeme	Konstruktionspläne, Schal- und Bewehrungspläne, Finite-Elementberechnungen, Ingenieurplanungen, Lagepläne und Geländeplanung, Arbeitsvorbereitung, Flächenplanung

Marktsegement	Funktionsumfang
Honorarabrechnung	Honorarabrechnung und Angebotsbearbeitung für Architekten und Ingenieure
Immobilienbewertung	Bewertung von Grundstücken und Objekten nach den verschiedenen Wertermittlungsverfahren, Erstellung von Gutachten, Berechnung von Verkehrswerten
Immobilienfinanzierung	Planung und Berechnung von Immobilienfinanzierungen, Berücksichtigung von steuerlichen Aspekten, Beleihungswertermittlung, Liquiditäts- und Rentabilitätsanalysen
Immobilienverwaltung	Verwaltung von Miet-, Gewerbe- und WEG-Objekten, Betriebskosten-, Nebenkosten- und Hausgeldabrechnungen, Mieterverwaltung, Einnahmen-/Ausgabenbuchhaltung, Wirtschaftsplanerstellung
Makler	Verwaltung von Miet- und Kaufobjekten, Immobilienpräsentation (Bilder, Animationen, Filme), Adressenmanagement, Vermittlung und Nachweisführung, Vertrags- und Dokumentverwaltung, Provisionsberechnung
Portfoliomanagement	Analyse von Immobilieninvestitionen, Cash-Flow-Analysen, Portfolio- und Sensitivitätsanalysen

10.7 Die Nutzung von Internet-basierenden Lösungen für das Projektcontrolling

Das Internet hat sich in den vergangenen 20 Jahren seit dem Erscheinen des ersten HTML-Browsers „Mosaic" mit grafischer Oberfläche im Jahr 1993 rasant entwickelt. Die heutigen Standardanwendungen des Internets sind der Web-Browser zur Recherche von Informationen, zum Kaufen von Waren und Dienstleistungen und der Kommunikation in sozialen Netzen sowie das E-Mail-Programm zum Versenden und Empfangen von Nachrichten und Dokumenten.

Die Möglichkeiten des Internets gehen aber wesentlich weiter, da das Internet als Technologie erstmalig eine weltweite standardisierte Kommunikationsplattform zur Verfügung stellt. Nachfolgend werden Ansätze von heutigen Nutzungsmöglichkeiten des Internets für das Projektcontrolling beschrieben sowie zukünftige Entwicklungen und Perspektiven aufgezeigt.

10.7.1 Cloud-Computing

Durch den Markterfolg der Smartphones bei mobilen Telefonen und die Einführung der Tablet-PCs werden zunehmend Programme auch auf diesen Devices genutzt. Hatte ein Business-Anwender vor nicht allzu langer Zeit als Computer typischerweise einen Desktop-PC im Büro und/oder einen Laptop zur Verfügung, so ist inzwischen die Anzahl der gleichzeitig genutzten Computer auf bis zu 4 Geräte angestiegen. Der klassische PC wird oft durch einen Laptop/Ultrabook ergänzt, hinzu kommt ein Smartphone und oft ein Tablet-PC. Alle Geräte sind typischer Weise mit dem Internet verbunden.

Der Trend zur parallelen Nutzung von mehreren Computern und der Trend zur Nutzung mobiler Geräte fördern die Notwendigkeit, die Daten an einer zentralen Stelle vorzuhalten, so dass von überall auf diese Daten zugegriffen werden kann. Ohne zentrale Datenhaltung wären die Daten nicht auf allen Geräten direkt verfügbar, so dass eine parallele Verwendung der Geräte je nach Bedarf und Verfügbarkeit nicht möglich wäre. Cloud-Computing stellt diese zentrale Datenhaltung über das Internet zur Verfügung und macht Daten und Anwendungen plattformübergreifend verfügbar.

Da bei Cloud-Computing Programme und Daten zentral auf einer Serverinfrastruktur vorgehalten werden, werden auch alle Tätigkeiten des Programmbetriebs wie Programminstallation, Programmupdates und Datensicherung von dem Provider des Cloud-Services übernommen. Als Nutzer benötigt man nur ein Gerät mit Internetverbindung und einen Internetbrowser, wenn die Applikation browserbasiert ist, bzw. die passende Applikation (App), die über das Internet auf dem Gerät installiert werden kann.

Wird ein Programm dem Nutzer über das Internet zur Verfügung gestellt, so bezeichnet man dies als Software as a Service (SaaS). SaaS-Programme werden typischerweise nicht gekauft, sondern über den Nutzungszeitraum gemietet. Der Nutzer zahlt hierbei eine monatliche Nutzungsgebühr, die im Vergleich zu klassischen Softwarelizenzen den Kaufpreis der Softwarelizenz und die Softwarepflegegebühr ersetzt.

Ein Projektcontrolling-System als SaaS-Programm bietet dem Nutzer den Vorteil, dass die komplette EDV-Infrastruktur von dem SaaS-Anbieter zur Verfügung gestellt wird. Die technische Einstiegshürde wird dadurch deutlich nach unten gesetzt, sodass besonders kleine Projektentwickler von einer SaaS-Lösung profitieren. Zur Nutzung der SaaS-Lösung ist nur eine Internetverbindung und ein Internetbrowser notwendig.

10.7.2 Zusammenarbeit von Projektbeteiligten in einem Extranet

Das Internet als Kommunikationsplattform eignet sich besonders dafür, die Zusammenarbeit von Personen aus verschiedenen Firmen in einem Projektteam zu vereinfachen. Firmen wie beispielsweise Conject AG (www.conject.de), conetics AG (www.conetics.com) und Projectplace GmbH (www.projectplace) bieten SaaS-Programme zur Projektplanung und -durchführung im Bauwesen an.

10.7.2.1 Projektraum

Zentraler Bestandteil dieser Programme ist der Projektraum, über welchen Dokumente und Mitteilungen ausgetauscht werden können. Gemeinsame Nutzer des Projektraumes sind hierbei Architekten, Fachingenieure, Bauunternehmer, Mieter und Investoren, die eine geschlossene Benutzergruppe bilden. Über das Internet ist für jeden Projektbeteiligten jederzeit ein Zugriff auf alle Informationen des Projektraumes möglich, für die er autorisiert ist. Werden Informationen in dem Projektraum geändert, so werden die Projektbeteiligten über Benachrichtigungen per E-Mail, Fax oder SMS informiert. Die Dokumente werden versioniert, sodass die komplette Dokumenthistorie jederzeit zur Verfügung steht. Über Viewer können die Office-Dokumente und CAD-Dateien über einen Internet-Browser angesehen und mit Anmerkungen versehen werden.

Ein integriertes Mail-System, über welches alle Mitteilungen zwischen den Projektbeteiligten versendet werden, macht die Projekt-Kommunikation jederzeit nachvollziehbar. Durch den Einsatz von Webkonferenz-Tools können Dokumente über das Internet von Projektbeteiligten, die sich an verschiedenen Orten befinden, gemeinsam betrachtet und bearbeitet werden.

Teilweise können auch Projektstatusberichte erstellt werden, die einen Überblick über Termine, Kosten und Entscheidungsbedarf geben.

Projekträume führen zu einer hohen Datenaktualität, einer transparente Dokumentation und eine höheren Geschwindigkeit des Informationsflusses. Die Vernetzung der Projektbeteiligten zu virtuellen Teams führt so zu einer Erhöhung der Qualität bei einer gleichzeitigen Senkung der Kosten im Bauprozess.

10.7.2.2 Ausschreibung und Vergabe

Über Ausschreibungs- und Vergabeprogramme wird der Ausschreibungs- und Vergabeprozess für Bauleistungen zwischen Auftraggeber und Bietern über das Internet abgebildet. Durch die Ablösung manueller Verfahren wird der Prozess effizienter und somit kostengünstiger gestaltet. Gleichzeit steigt die Prozessqualität bei einer durchgängigen integrierten Abbildung.

Die SaaS-Programme bilden dabei die Erstellung und Bereitstellung der Ausschreibungsunterlagen ab und können die Bekanntmachung über Veröffentlichungsorgane und Ausschreibungsblätter unterstützen. Im Weiteren wird die Angebotsabgabe durch den Bieter unterstützt und die fristgerechte Öffnung und Wertung der Angebote. Die Ermittlung des wirtschaftlichsten Angebots und die Zuschlagserteilung bzw. Versendung der Absageschreiben schließen den Ausschreibungs- und Vergabeprozess ab.

Die Abbildung über SaaS-Programme führen zu einer engen Vernetzung der am Ausschreibungs- und Vergabeprozess beteiligten Personen. Die sich daraus ergebenden Vorteile sind dieselben wie bei der beschriebenen virtuellen Zusammenarbeit in einem Projektraum: Erhöhung der Qualität bei gleichzeitiger Senkung der Kosten im Ausschreibungs- und Vergabeprozess.

10.7.3 Datenaustausch von Applikationen über das Internet

Eine mächtige Möglichkeit des Internets basiert darauf, dass über das Internet Computer permanent online miteinander verbunden sind. Somit können Programme über das Internet Daten miteinander austauschen. Projektcontrolling-Systeme könnten beispielsweise aktuelle Marktdaten (Preise für Gewerke, Standortinformationen, Mietpreise und Verkaufspreise) von einem Datenprovider nach Bedarf abrufen, um diese dann für eine Developmentrechnung als Planzahlen oder Vergleichswerte zu verwenden. Diese Datenversorgung per Knopfdruck in einem Projektcontrolling-System verfügbar zu haben, ist heute noch nicht Realität, Cloud-Computing schafft aber hierfür die technologische Basis. Basierend auf diesen technischen Möglichkeiten werden sich in der Zukunft Geschäftsmodelle entwickeln können, die das Bereitstellen solcher Datenquellen ermöglichen werden.

11. Immobilienerwerb, wesentliche vertragliche und steuerrechtliche Aspekte

11.1 Flächenerwerb

Um eine Projektentwicklung zu realisieren benötigt der Entwickler eine Fläche, auf welcher er die Projektentwicklung durchführen kann.

Hierzu sind verschiedene rechtliche Möglichkeiten der Akquisition einer Fläche denkbar.

11.1.1 Kauf eines Grundstücks

Der Regelfall der Akquisition einer Fläche ist der Erwerb des Eigentums an einem Grundstück. Unter einem Grundstück versteht man rechtlich den Teil der Erdoberfläche, welcher unter einer laufenden Nummer im Bestandsverzeichnis des Grundbuchs geführt wird. Ein Grundstück kann hierbei aus einem oder mehreren Flurstücken bestehen.

Entspricht der Zuschnitt und die Größe des im Grundbuch eingetragenen Grundstücks, respektive der dort eingetragenen Grundstücke, nicht der Fläche, welche der Projektentwickler für die Durchführung seines Projektes benötigt, so ist der Erwerb von Teilflächen eines oder mehrerer Grundstücke möglich, welche im Vollzug des Kaufvertrages zunächst aus den bestehenden Grundstücken herausgeteilt und später zu einem neuen Grundstück zusammengeführt (vereinigt) werden.

Die betroffene Fläche wird in der Regel in einer Plananlage zum Kaufvertrag möglichst exakt eingezeichnet. Der Verkäufer schuldet genau die eingezeichnete Fläche und wird entweder das zuständige Katasteramt oder einen amtlich bestellten Vermesser mit der Neuvermessung des verkauften Grundbesitzes beauftragen.

Der Kaufgegenstand wird sodann durch einen so genannten Veränderungsnachweis als neues katasterliches Flurstück im Liegenschaftskataster gebildet, welches letztlich im Grundbuch als Grundstück eingetragen wird.

11.1.2 Erwerb eines Erbbaurechts

Neben dem Erwerb des Eigentums an einem Grundstück besteht die Möglichkeit, die Durchführung des Projekts auf der Grundlage eines an einem Grundstück durch dessen Eigentümer zu bestellenden Erbbaurechts zu verwirklichen.

Unter einem Erbbaurecht versteht man gemäß § 1 ErbauRG das veräußerliche und vererbliche Recht auf oder unter der Oberfläche des Grundstücks ein Bauwerk haben zu dürfen. Das Erbbaurecht kann auf einen für das Bauwerk nicht erforderlichen Teil des Grundstücks erstreckt werden, sofern das Bauwerk wirtschaftlich die Hauptsache bleibt. Die Bestellung eines Erbbaurechts ist für einen Zeitraum von maximal 99 Jahren möglich.

Möglich ist sowohl, dass der Grundstückseigentümer das Erbbaurecht zugunsten des Erwerbers (neu) bestellt, als auch, dass der Projektentwickler ein bereits bestelltes Erbbaurecht von einem Dritten erwirbt. Für das Erbbaurecht ist vom Berechtigten an den Grundstückseigentümer ein Erbbauzins zu zahlen. Vereinbart wird in der Regel ein laufend zu zahlender Erbbauzins. In Ausnahmefällen findet sich jedoch auch die Vereinbarung über die Zahlung eines Einmalbetrages. Die Höhe des Erbbauzinses ist frei bestimmbar/verhandelbar, beträgt jedoch in der Regel ca. 6 % des Bodenwertes per anno.

Erwirbt der Projektentwickler ein bestehendes Erbbaurecht von einem Dritten, so hat er an diesen den Kaufpreis und an den Grundstückseigentümer den Erbbauzins zu entrichten.

Im Vergleich zum Erwerb eines Grundstücks ist der Erwerb eines Erbbaurechtes mit verschiedenen Einschränkungen verbunden. Regelmäßig wird von der gesetzlichen Möglichkeit Gebrauch gemacht, die Weiterveräußerung, sowie die Belastung des Erbbaurechts mit Grundpfandrechten von der Zustimmung des Grundstückseigentümers abhängig zu machen, welcher diese jedoch nur aus bestimmten, gesetzlich vorgeschriebenen Gründen verweigern darf.

Weiterhin ist es üblich, so genannte Heimfallgründe zu vereinbaren. Kommt der Erwerber seinen Verpflichtungen aus dem Erbbaurechtsvertrag, insbesondere der Zahlung des Erbbauzinses, oder auch bestimmten Bebauungs- und Nutzungsverpflichtungen nicht nach, ist der Grundstückseigentümer zum Heimfall berechtigt. Dies bedeutet, dass der Berechtigte das Erbbaurecht an den Grundstückseigentümer oder einen von diesem benannten Dritten gegen Entschädigung zu übertragen hat. Da die Entschädigung auf die vom Grundstückseigentümer zu übernehmenden dinglichen Belastungen in Abt. III (Grundschulden und Hypotheken) des Erbbaugrundbuchs angerechnet wird, besteht eine Verpflichtung zur Zustimmung des Grundstückseigentümers zur Belastung des Erbbaurechts mit Grundpfandrechten in der Regel nur bis zur Höhe von ca. 70 % des Wertes des Erbbaurechtes. Bei Erwerb eines Erbbaurechts besteht demnach eine geringere Beleihbarkeit als beim Erwerb eines Grundstücks.

11.1.3 Erwerb anderer Rechte am Grundstück

Mögliche weitere Erwerbsgegenstände sind das Wohnungs- oder Teileigentum nach dem Wohnungseigentumsgesetz oder, in seltenen Ausnahmefällen, der Erwerb eines Dauernutzungsrechts nach § 33 ff. WEG.

11.1.4 Gegenstand des Erwerbs

Ist der Erwerbsgegenstand bebaut, ist Gegenstand des Erwerbs auch das auf dem Grundstück errichtete Gebäude nebst aller wesentlichen Bestandteile. Da Gebäude selbst wesentliche Bestandteile des Grundstücks sind, sind auch sämtliche Bestandteile des Gebäudes gleichzeitig Bestandteile des Grundstücks.

Zum Kaufgegenstand gehört nach § 97 BGB auch das gesetzliche Zubehör. Hierunter versteht das Gesetz bewegliche Sachen die, ohne Bestandteil des Grundstücks zu sein, dessen wirtschaftlichen Zweck zu dienen bestimmt sind und welche in einem bestimmten räumlichen Verhältnis zu dem Grundstück stehen. Beispiele für Zubehör sind eine Alarmanlage, eine Apothekeneinrichtung, Leitungen, Maschinen auf einem Fabrikgrundstück jedoch auch Fahrzeuge wie ein Hotelomnibus. Aus gewerbesteuerlichen Gründen kann es erforderlich sein, Zubehör, welches gleichzeitig unter den Begriff der Betriebsvorrichtung gemäß § 68 BewG fällt nicht mit zu verkaufen (vgl. Ziffern 11.4.5 ff.). Dies muss im Kaufvertrag ausdrücklich geregelt werden.

Möglich, wenn auch selten ist es, dass Gebäude nicht zum Grundstück selbst gehören. Hiervon ist nach § 95 BGB in den Fällen auszugehen, in welchen diese nur zu einem vorübergehenden Zweck mit dem Grund und Boden verbunden werden. Dies kann beispielsweise auf Lagerhallen oder sonstige Bauwerke zutreffen, bei denen von vornherein feststeht, dass diese nach Ablauf einer bestimmten Zeit wieder vom Grundstück entfernt werden. In diesen Fällen ist es möglich, dass das Eigentum an Grund und Boden einerseits und an den Gebäuden andererseits auseinander fällt.

Da der Erwerb des Eigentums an einem Grundstück noch immer den Regelfall der Flächenakquisition darstellt, orientieren sich die nachfolgenden Ausführungen alleine am Grundstückskauf, wobei wesentliche Aspekte in gleicher Weise für die Bestellung oder den Erwerb eines Erbbaurechtes oder den Erwerb eines Wohn- oder Teileigentums gelten.

11.2.1 Hauptpflichten und Form des Kaufvertrags

Die gegenseitigen Hauptpflichten eines Grundstückskaufvertrages bestehen, wie bei jedem Kaufvertrag, gemäß § 433 BGB für den Verkäufer darin, dem Käufer das Eigentum an dem Kaufgegenstand zu verschaffen. Die Hauptpflicht des Käufers besteht darin, den Kaufpreis zu zahlen und die gekaufte Sache abzunehmen.

Abschluss und Vollzug des Kaufvertrages vollziehen sich in zwei rechtlich Schritten. Im ersten Schritt verpflichten sich die Parteien gegenseitig zur Erfüllung der kaufvertraglichen (Haupt-) Pflichten. Der zweite Schritt besteht in der Erfüllung dieser schuldrechtlichen Pflichten durch dinglichen Vollzug.

Während die Übertragung an beweglichen Sachen durch die Einigung der Parteien über den Eigentumsübergang sowie die Übergabe der verkauften Sache erfolgt, wird beim Grundstückskauf gemäß § 873 BGB der Eigentumsübergang durch die dingliche Einigung der Parteien über den Eigentumsübergang (die hier Auflassung genannt wird), sowie die Eintragung des Eigentumswechsels im Grundbuch vollzogen.

Gemäß § 311 b BGB bedarf der Kaufvertrag über ein Grundstück der Form der notariellen Beurkundung. Zu beachten ist hierbei, dass der notariellen Form sämtliche Abreden und Nebenabreden im Zusammenhang mit dem Verkauf unterfallen. Hängen der beurkundungsbedürftige Grundstückskaufvertrag sowie weitere Verträge, wie etwa Bau-, Entwicklungs- oder Erschließungsverträge in der Weise miteinander zusammen, dass der Grundstückskaufvertrag nicht ohne den anderen, an sich nicht beurkundungsbedürftigen Vertrag geschlossen würde, so umfasst die Beurkundungspflicht auch den weiteren Vertrag. Auch Änderungen und Nachträge zu dem Kaufvertrag bedürfen in der Regel notarieller Beurkundung. Ausnahmen von der Beurkundungspflicht sind in der Rechtsprechung und Lehre umstritten. Anerkannt ist beispielsweise die Formfreiheit einer Vereinbarung zur Behebung von Abwicklungsschwierigkeiten nach bereits erklärter Auflassung.

Wird die Form der Beurkundung ganz oder teilweise nicht beachtet, so ist in der Regel der gesamte Vertrag unwirksam. Wird hingegen ein hiernach formunwirksamer Kaufvertrag im Grundbuch vollzogen, erfolgt also die Umschreibung des Eigentums im Grundbuch auf den Käufer, so wird der Formmangel gemäß § 311 b Abs. 2 BGB geheilt.

11.2.2 Kaufpreis, Kaufpreiszahlung und Sicherung der Parteien

Die Vereinbarung eines Kaufpreises als Gegenleistung für die Verschaffung des Eigentums am Grundstück ist wesensbestimmend für den Kaufvertrag.

Es sind verschiedene Vereinbarungen für die Bestimmung des Kaufpreises möglich.

Die Parteien können sich auf einen Kaufpreis als Festpreis einigen. Gerade in den Fällen, in denen Teilflächen an bestehenden Grundstücken verkauft werden, deren genaue Größe sich erst im Rahmen der Vermessung des Kaufgegenstandes ergibt, kann auch ein Kaufpreis pro Quadratmeter festgelegt werden, wobei sich die Höhe des Kaufpreises erst nach Vorliegen des Veränderungsnachweises errechnen lässt. Auch Mischformen sind möglich. So kann grundsätzlich ein Festpreis vereinbart wird, wobei erst eine Abweichung der sich nach Vermessung ergebenden Grundstücksgröße über einen bestimmten Prozentsatz hinaus zu einer Anpassung des Kaufpreises führt.

Auch andere, im Zeitpunkt des Abschlusses des Kaufvertrages noch nicht konkret bekannte Parameter können zur Festlegung der Höhe des geschuldeten Kaufpreises herangezogen werden. Steht beispielsweise die baurechtliche Ausnutzbarkeit des Projektgrundstücks im Zeitpunkt des Kaufvertrages noch nicht fest, so kann die Höhe des Kaufpreises ganz oder teilweise an die sich aus einem zukünftigen Bebauungsplan mögliche, oder die sich aus der erforderlichen Baugenehmigung ergebenden Geschossflächenzahl geknüpft werden.

Die Sicherung des Käufers gebietet es, die Fälligkeit des Kaufpreises an bestimmte, in der Regel durch den Notar zu überwachende Fälligkeitsvoraussetzungen, zu knüpfen.

Eine dieser Fälligkeitsvoraussetzungen ist regelmäßig die Eintragung einer Eigentumsverschaffungsvormerkung gemäß § 883 BGB im Grundbuch. Bei einer solchen Vormerkung, die im Kaufvertrag durch den Verkäufer zugunsten des Käufers bewilligt wird, handelt es sich um ein Sicherungsrecht, welches unmittelbar nach Abschluss des Kaufvertrages im Grundbuch des Kaufgegenstandes eingetragen wird.

Zum Schutze des Käufers bewirkt die eingetragene Auflassungsvormerkung, dass in dem Zeitraum bis zur Umschreibung des Eigentums keine vom Käufer nicht zu übernehmenden Belastungen eingetragen werden, die ihm gegenüber wirksam sind. Dies bedeutet, dass der Käufer Eigentum erwirbt von Dritten, zugunsten derer im Rang nach der Auflassungsvormerkung Rechte im Grundbuch eingetragen sind, deren Löschung verlangen kann.

In den Fällen, in denen bei Veräußerung des Grundstücks zugunsten der finanzierenden Kreditinstitute des Verkäufers Grundpfandrechte in Abt. III des Grundbuchs eingetragen sind, gehört zu den Voraussetzungen der Fälligkeit des Kaufpreises die Sicherstellung der Löschung dieser, nur die wirtschaftlichen Verhältnisse des Verkäufers betreffenden Rechte.

Voraussetzung der Fälligkeit ist demnach, dass dem Notar Löschungsbewilligungen der eingetragenen Grundpfandrechtsgläubiger vorliegen. Da solchen Grundpfandrechten in der Regel Kredite zugrunde liegen, welche aus dem Kaufpreis abgelöst werden müssen, sind hierbei nicht nur Löschungsbewilligungen anerkannt, welche auflagenfrei sind, sondern auch solche, welche Auflagen enthalten, die aus der Zahlung des Kaufpreises erfüllbar sind.

Dies bedeutet, dass die Löschungsbewilligungen dem Notar mit einem Treuhandauftrag überlassen werden, hierüber erst zu verfügen, wenn ein bestimmter Geldbetrag an den Grundpfandrechtsgläubiger geflossen ist. Der Käufer zahlt den zur Ablösung der Grundpfandrechte erforderlichen Teil des Kaufpreises an die eingetragenen Grundpfandrechtsgläubiger und nur den Rest des Kaufpreises an den Verkäufer selbst. Reicht der Kaufpreis zur Ablösung bestehender Grundpfandrechte nicht aus, ist der Kaufvertrag nicht vollziehbar. Der Käufer kann dann vom Vertrag zurücktreten und ggf. Schadensersatz verlangen.

Weitere, vom Notar zu überwachende Fälligkeitsvoraussetzung ist, dass die zuständige Gebietskörperschaft (Gemeinde) auf ihr gesetzliches Vorkaufsrecht nach §§ 24 ff. BauGB verzichtet hat. Dies vermeidet die Rückabwicklung des Kaufvertrages in den Fällen, in denen dieses Vorkaufsrecht ausgeübt wird. Bestehen weitere gesetzliche oder vertragliche Vorkaufsrechte ist es in gleicher Weise sinnvoll, die Nichtausübung innerhalb der gesetzlichen Zweimonatsfrist oder den Verzicht des Vorkaufsberechtigten als Fälligkeitsvoraussetzung zu vereinbaren.

Gesetzliche Vorkaufsrechte können zugunsten des Mieters bei nach WEG geteilten Wohnungseigentum, bei landwirtschaftlichen Grundstücken nach dem Grundstücksverkehrsgesetz oder aus sonstigen Spezialnormen in Sanierungs- oder Entwicklungsgebieten bestehen.

Neben diesen standardisierten, in der Regel grundsätzlich erforderlichen Fälligkeitsvoraussetzungen, ist die Vereinbarung weiterer Fälligkeitsvoraussetzungen möglich, die mit den spezifischen Gegebenheiten des verkauften Grundstücks zusammenhängen. Diese Voraussetzungen sind in der Regel durch den Notar nicht zu überwachenden. Solche weiteren Fälligkeitsvoraussetzungen können beispielsweise die Räumung des Grundstücks, der Abriss bestehender Bausubstanz, die altlastentechnische Sanierung oder die baurechtliche Sicherung der Erschließung sein.

Den Antrag auf Umschreibung des Eigentums auf den Käufer darf der Notar regelmäßig erst stellen, nachdem der Kaufpreis gezahlt wurde. Der Verkäufer wird hierdurch in der Weise geschützt, dass er vor Erhalt des Kaufpreises sein Eigentum nicht verliert.

11.2.3 Übergang von Nutzen und Lasten, Besitzübergang

Nach Fälligkeit des Kaufpreises, welche in der Regel der Notar dem Käufer mitteilt, hat dieser den Kaufpreis zu zahlen.

Da der Antrag auf Umschreibung des Eigentums auf den Käufer erst nach erfolgter Kaufpreiszahlung erfolgt und die Bearbeitung des Antrages beim Grundbuchamt einen für die Parteien des Kaufvertrages nicht steuerbaren Zeitaufwand in Anspruch nimmt, vereinbaren die Parteien in der Regel, dass im Verhältnis der Parteien zueinander Besitz, Nutzen und Lasten an dem Kaufgegenstand bereits vor Eigentumsumschreibung, nämlich mit Zahlung des vollständigen Kaufpreises vom Verkäufer auf den Käufer übergehen.

Dies bedeutet, dass ab dem Tage des Besitzübergangs dem Käufer die Nutzung, wie beispielsweise Mieten hinsichtlich des Kaufgegenstandes, zustehen, er den Kaufgegenstand in Besitz nehmen und etwa zur Durchführung seiner Projektentwicklung verändern darf.

Weiterhin hat der Käufer ab diesem Tag die Lasten des Grundbesitzes, wie beispielsweise die Grundsteuer zu tragen. Für den Fall, dass Dritte, auf Grundlage der bis dahin unveränderten Eigentumssituation im Grundbuch den Übergang von Besitz, Nutzen und Lasten nicht beachten, etwa die Gemeinde die Grundsteuer weiterhin vom Verkäufer vereinnahmt, haben die Parteien des Kaufvertrages dies im Verhältnis zueinander auszugleichen.

Zu den auf den Käufer übergehende Lasten gehört daneben die Verkehrssicherungspflicht. Da das öffentliche Recht ebenfalls an die aus dem Grundbuch ersichtliche Eigentumsverhältnisse anknüpft, ist es sinnvoll, deren Übergang auf den Käufer ausdrücklich zu regeln.

Im Zeitpunkt des Besitzübergangs geht auch die Gefahr der zufälligen Beschädigung oder des zufälligen Untergangs des Kaufgegenstandes vom Verkäufer auf den Käufer über. Der Käufer sollte also dafür Sorge tragen, dass in den (Ausnahme-)Fällen, in denen die Gebäudeversicherung nicht von Gesetzes wegen vom Verkäufer auf den Käufer übergeht, der Kaufgegenstand ab Besitzübergang ausreichend versichert ist.

11.2.4 Bestehende Miet- und Pachtverhältnisse

Auch wenn Miet- und Pachtverträge als schuldrechtliche Verträge zunächst nur zwischen den Parteien des Mietvertrages, also Vermieter und Mieter gelten, bestimmt das Gesetz in § 566 BGB, dass diese Vertragsverhältnisse zum Zeitpunkt der Umschreibung des Eigentums auf Seiten des Vermieters vom Verkäufer auf den Käufer übergehen. Der Käufer wird also von Gesetzes wegen anstelle des Verkäufers im Zeitpunkt der Umschreibung des Eigentums am Kaufgegenstand Vermieter, respektive Verpächter, ohne dass Käufer und Verkäufer im Kaufvertrag wirksam hiervon abweichende Vereinbarungen treffen können.

Ist es gewollt, dass der Käufer bestehende Mietverhältnisse übernimmt, so ist es sinnvoll, den Übergang der Mietverhältnisse mit dem hiermit verbundenen Nutzen (Miete/Pacht) und Lasten auf den Zeitpunkt des Besitzübergangs zu vereinbaren. Im Innenverhältnis stellen sich Verkäufer und Käufer demnach so, als wäre der vom Gesetz für den Zeitpunkt des Eigentumsübergangs vorgesehene Parteiwechsel des Mietvertrages bereits im Zeitpunkt des Besitzübergangs vollzogen worden.

Ist der Übergang der Miet- und Pachtverhältnisse – wie bei Projektentwicklungsgrundstücken häufig – nicht gewollt, so werden die Parteien in der Regel die Beendigung bestehender Mietverhältnisse und die Räumung des Kaufgegenstandes durch den Mieter, respektive Pächter, als weitere Fälligkeitsvoraussetzung zur Zahlung des Kaufpreises vereinbaren.

11.2.5 Rechts- und Sachmängel

Soweit im Kaufvertrag nicht anderweitig vereinbart, schuldet der Verkäufer die Übertragung des Kaufgegenstandes frei von Rechts- und Sachmängeln.

Nach § 435 BGB ist der Kaufgegenstand frei von Rechtsmängeln, wenn Dritte in Bezug auf den Kaufgegenstand keine oder nur die im Kaufvertrag vom Käufer übernommenen Rechte gegen den Käufer geltend machen können. Die Rechte Dritter, deren Freiheit der Verkäufer schuldet, können privatrechtlicher oder öffentlich-rechtlichen Natur sein. An einer Rechtsmangelfreiheit fehlt es, wenn Rechte Dritter am Kaufgegenstand den Käufer in seinem Eigentum, seinem Besitz, oder den uneingeschränkten Gebrauch des Kaufgegenstandes beeinträchtigen. Beispiel für Rechtsmängel sind das Bestehen beschränkter persönlicher Dienstbarkeiten, Grunddienstbarkeiten, Nutzungsrechte Dritter, sowie öffentlich-rechtliche Baulasten.

Der Kaufgegenstand ist gemäß § 434 BGB frei von Sachmängeln, wenn er im Zeitpunkt des Besitzübergangs die vereinbarte Beschaffenheit aufweist. Wenn eine bestimmte Beschaffenheit nicht vereinbart ist, ist der Kaufgegenstand frei von Sachmängeln, wenn er sich für die nach dem Vertrag vorausgesetzte Verwendung eignet und ansonsten, wenn er sich für eine gewöhnliche Verwendung eignet und eine Beschaffenheit aufweist, welche für einen Kaufgegenstand gleicher Art üblich ist und welche der Käufer nach der Art der Sache objektiv erwarten kann.

Ist der Kaufgegenstand mangelhaft, so richten sich die Ansprüche des Käufers gegen den Verkäufer nach dem Eigentumsübergang nach den §§ 437 ff. BGB. Er hat zunächst einmal die Wahl, entweder die Beseitigung des Mangels oder die Lieferung einer mangelfreien Sache verlangen zu können. Weitere Rechte des Käufers bestehen in dem Recht der Minderung des Kaufpreises, des Rücktritts oder des Schadensersatzes.

Schadensersatz statt der Leistung oder Rücktritt vom Vertrag wegen eines Mangels des Kaufgegenstandes kann der Käufer jedoch nur dann verlangen, wenn er dem Verkäufer zunächst eine angemessene Frist zur Nachbesserung gesetzt hat und diese erfolglos abgelaufen ist. Etwas anderes gilt nur, wenn der Verkäufer die Erfüllung des Nachbesserungsanspruchs des Käufers ernsthaft und endgültig verweigert.

In der Praxis wird der Verkäufer im Rahmen des Abschlusses des Kaufvertrages darauf drängen, seine Haftung für Sachmängel so weit wie möglich vertraglich auszuschließen. Dies ist sowohl beim Verkauf gebrauchter Immobilien als auch beim Verkauf unbebauter Grundstücke üblich.

In der Regel werden neben einem generellen Haftungsausschluss lediglich bestimmte und enumerativ aufgezählte Beschaffenheiten des Kaufgrundstücks vereinbart, für deren Bestehen der Verkäufer einzustehen bereit ist. In Frage kommen hier beispielsweise das Fehlen von Nachbarstreitigkeiten, die bisherige Erfüllung aller öffentlich-rechtlichen Auflagen oder das Fehlen beeinträchtigender, dem Grundstück anhaftender Nachbarrechte.

Hinsichtlich weiterer Beschaffenheitsmerkmale werden vom Verkäufer oft auch lediglich Kenntniserklärungen abgegeben. Beispielsweise kann der Verkäufer erklären, dass ihm von Altlasten oder sonstigen schädlichen Bodenveränderungen nichts bekannt ist.

Der Verkäufer haftet, außer in Fällen der Arglist, für die eine Beschränkung der Haftung gesetzlich ausgeschlossen ist, dann nur dafür, dass die vereinbarten Beschaffenheiten vorliegen und seine Erklärungen über die Kenntnis anderer Umstände richtig sind.

Üblich sind darüber hinaus Vereinbarungen, wonach bei Vorliegen eines Mangels oder Fehlens einer vereinbarten Beschaffenheit, die sich aus dem Gesetz ergebenden Rechtsfolgen eingeschränkt werden. So wird oftmals der Rücktritt oder der Schadensersatz statt der Leistung ausgeschlossen. Der Käufer ist sodann auf seine Rechte auf Nacherfüllung, Minderung und Schadensersatz beschränkt.

Ausgeschlossen ist in allgemeinen Geschäftsbedingungen eine Beschränkung der Haftung für Schadensersatz wegen Verletzung des Lebens, des Körpers oder der Gesundheit, sowie für vorsätzliches und grob fahrlässiges Verhalten des Verkäufers oder seiner Erfüllungsgehilfen.

11.2.6 Absicherung der Kaufpreisfinanzierung

Auch wenn der Grundstückskaufpreis im Kontext einer Projektentwicklung nur einen Teil der insgesamt zu finanzierenden Projektkosten ausmacht, wird das Eigenkapital des Projektentwicklers nicht immer ausreichen, um den Kaufpreis für das Grundstück aus eigenen Mitteln zu bezahlen. Wird ein Teil des Grundstückskaufpreises durch ein Kreditinstitut fremdfinanziert, so wird als Auszahlungsvoraussetzung im Kreditvertrag in der Regel verlangt, dass zugunsten des Kreditinstituts am Kaufgegenstand ein Grundpfandrecht, in der Regel eine Grundschuld, eingetragen ist.

Nach dem so genannten Voreintragungsprinzip kann wirksam nur der jeweils im Grundbuch eingetragene Eigentümer Grundpfandrechte zur Eintragung bewilligen. Da die Umschreibung des Eigentums auf den Käufer erst nach Zahlung des Kaufpreises erfolgt, ist es erforderlich, dass der Verkäufer bei der Absicherung der Finanzierung des Kaufpreises durch Grundpfandrechte in der Weise mitwirkt, dass er, oder der Käufer in Vollmacht des Verkäufers, Grundpfandrechte für das Kreditinstitut des Käufers zur Eintragung bewilligt.

Um sicherzustellen, dass die durch solche Grundpfandrechte abgesicherten Kredite vorrangig der Bezahlung des Grundstückskaufpreises dienen, wird die Mitwirkungspflicht des Verkäufers und eine entsprechende Vollmacht des Verkäufers an den Käufer in der Weise eingeschränkt, dass als zwingender Inhalt der Grundpfandrechte und der ihnen zugrundeliegenden Sicherungszweckvereinbarungen bis zur vollständigen Bezahlung des Kaufpreises dessen Begleichung vereinbart wird. Weiterhin weisen Käufer und Verkäufer gemeinschaftlich und allein nicht widerruflich den Grundpfandrechtsgläubiger an, bis zum Zeitpunkt der vollständigen Zahlung des Kaufpreises die durch die Grundschuld abgesicherten Kreditmittel ausschließlich zur Begleichung des Kaufpreises zu verwenden.

Nicht anzuraten ist die früher übliche Vertragspraxis, nach der im Kaufvertrag der Anspruch auf Auszahlung der Kreditmittel in Höhe des Kaufpreises vom Käufer an den Verkäufer abgetreten wird. Diese, vereinzelt noch immer festzustellende Vertragspraxis kann dazu führen, dass das Kreditinstitut bei Zahlung an den Verkäufer seine Verpflichtungen aus dem Kreditvertrages erfüllt. Tritt zu einem späteren Zeitpunkt eine Störung im Rechtsverhältnis zwischen dem Kreditinstitut und dem Käufer ein, wie z.B. eine Anfechtung des Kreditvertrages aufgrund vorangegangener Täuschung, so kann dem Kreditinstitut ein Rückforderungsanspruch gegenüber dem Verkäufer zustehen. Dieser hätte dann sein Eigentum an dem Grundstück verloren und müsste die von dem Kreditinstitut gezahlten Beträge zurück zahlen. Zwar stünden in diesen Fällen dem Verkäufer gegenüber dem Käufer entsprechende Ausgleichsansprüche zu. Ist der Käufer jedoch insolvent, können solche Ansprüche nicht durchgesetzt werden.

Bei richtiger vertraglicher Gestaltung ist es möglich, die Mitwirkungspflicht des Verkäufers bei der Bestellung von Grundpfandrechten so auszugestalten, dass Grundschulden der Höhe nach auch über den Kaufpreis hinaus, etwa in Höhe der gesamten Projektkosten, bestellt werden können, ohne dass hiermit einen Nachteil für den Verkäufer verbunden ist. Die einmalige Bestellung einer Grundschuld über die Gesamtprojektkosten ist für den Käufer kostengünstiger als zunächst die Bestellung einer Grundschuld in Höhe des Kaufpreises und zu einem späteren Zeitpunkt, nach Umschreibung des Eigentums, die erneute Bestellung einer Grundschuld über den weiteren zur Finanzierung des Gesamtprojekts erforderlichen Betrag.

11.3 Vorläufige Sicherung der Rechte am Grundstück

Oftmals besteht das Bedürfnis des Projektentwicklers, sich den möglichen Erwerb des Grundstücks zu einem Zeitpunkt zu sichern, in dem die Durchführung des Projekts noch nicht sicher feststeht. So hat ein Projektentwickler beispielsweise Interesse daran, das Grundstück nur dann verbindlich zu erwerben, wenn er zuvor Gelegenheit hatte, ein noch fehlendes Baurecht zu erwirken oder einen bestimmten Stand der Vorvermietung zu erreichen. Die mit der Erwirkung des Baurechts verbundenen Aufwendungen möchte er erst dann tätigen, wenn er sicher ist, das Grundstück auch erwerben zu können. Auch verbindliche Mietverträge kann er im Rahmen einer Vorvermietung erst abschließen, nachdem der Erwerb des Grundstücks gesichert ist.

In diesen Fällen bietet es sich an, den Grundstückskaufvertrag aufschiebend bedingt abzuschließen. Als aufschiebende Bedingungen kommen hierbei das Erreichen eines bestimmten Grades der Ausnutzung oder auch hier ein bestimmter Stand der Vorvermietung in Betracht. In der Regel werden bestimmte Vertragsbedingungen von der aufschiebenden Wirkung ausgenommen. So ist es sinnvoll, dass der Verkäufer dem Käufer eine sofort wirksame Behördenvollmacht erteilt, wonach dieser für den Verkäufer als eingetragenem Eigentümer berechtigt ist, Verhandlungen mit den Behörden zu führen und sich Unterlagen aushändigen zu lassen. Auch die Kostenregelung, nach welcher der Käufer die Kosten des Vertrages auch dann trägt, wenn die aufschiebende Bedingung nicht eintritt, wird in der Regel unbedingt geschlossen. Letzteres gilt auch für die Auflassung, die gemäß § 925 Abs. 2 BGB bedingungsfeindlich ist. Dies ist jedoch unschädlich, da bei Nichtdurchführung des Vertrages auch die unbedingt erklärte Auflassung keine Wirkung hat.

Alternativ zu dem aufschiebend bedingten Kaufvertrag kann der Verkäufer dem Käufer auch ein zeitlich befristetes Angebot machen. Während der Annahmefrist hat der Käufer sodann die Möglichkeit, sich um die Voraussetzungen zu bemühen, die als Parameter für die Durchführbarkeit des Projekts für ihn maßgeblich sind.

Obwohl die Abgabe eines Angebotes eine einseitige Willenserklärung des Verkäufers ist, an welcher der Käufer von Rechts wegen nicht mitwirken müsste, wird er in der Regel tatsächlich im Kontext mit dem Angebot Erklärungen abgeben, die für den Verkäufer sicherstellen, dass auch für den Fall, dass das Angebot nicht angenommen wird, der Käufer die Kosten des Angebotes übernimmt.

11.4 Steuerrechtliche Aspekte

Während der Akquisition kommt den steuerlichen Aspekten im Rahmen des Grundstückserwerbs eine besondere Bedeutung zu. Dabei steht aber nicht nur der Kauf eines Grundstücks im Vordergrund, sondern auch die Frage der späteren Nutzung bzw. Verwertung. Im Folgenden werden daher nicht nur steuerrechtlich relevante Themen in Zusammenhang mit dem Grundstückserwerb angesprochen, sondern es wird auch ein Überblick über andere, steuerrechtlich relevante Faktoren gegeben, die bereits beim Erwerb berücksichtigt werden sollten.

Dabei ist insgesamt festzustellen, dass der steuerliche Bereich der Projektentwicklung in seinen verschiedenen Auswirkungen komplex ist. Es sind aber nicht nur die Auswirkungen eines einzelnen Steuergesetzes zu berücksichtigen, sondern vielmehr das Ineinandergreifen verschiedener gesetzlicher Regelungen, wie z.B. im Rahmen von Strukturierungen der Grunderwerbsteuer einerseits und der Einkommensteuer andererseits.

Hinzu kommt, dass der Bereich des Steuerrechts zunehmend von Einzelfallrechtsprechung der Finanzgerichte dominiert wird, die bislang bestehende Grundsätze zusehends aufweicht. Diese Tendenz trägt nicht zur Rechtssicherheit bei.

11.4.1 Grunderwerbsteuer

Die in Zusammenhang mit Immobilienerwerben offensichtlichste Steuer ist die Grunderwerbsteuer.

Die Grunderwerbsteuer fällt bei einer veränderten Eigentumszuordnung hinsichtlich des Grundstücks an. Voraussetzung für die Anwendbarkeit des Grunderwerbsteuergesetzes (GrEStG) ist das Vorhandensein eines inländischen Grundstücks. Die Grundstücksbestimmung erfolgt dabei nach den zivilrechtlichen Regelungen (vgl. Ziffer 11.1.4).

Mit einem Grundstück gleichstehend behandelt werden Erbbaurechte, Gebäude auf fremdem Grund und Boden und dinglich gesicherte Nutzungsrechte (§ 15 WEG, § 1010 BGB), mit der Folge, dass diese bei Zuordnungsveränderungen ebenfalls der Grunderwerbsteuer unterliegen (§ 2 Abs. 2 GrEStG).

11.4.1.1 Erwerbsvorgänge

Die der Grunderwerbsteuer unterliegenden Erwerbsvorgänge werden abschließend in § 1 GrEStG aufgeführt.

Danach unterfallen der Grunderwerbsteuer zunächst sogenannte schuldrechtliche Verpflichtungsgeschäfte, die die Übertragung eines Grundstücks begründen. Hierzu gehören insbesondere notarielle Grundstückskaufverträge, sowie Tauschverträge und Einbringungsverträge.

Neben dieser lediglich schuldrechtlichen Zuordnung wird selbstverständlich aber auch die dingliche Zuordnung berücksichtigt, nämlich die Auflassung. Und dies selbst dann, wenn der Auflassung kein schuldrechtliches Verpflichtungsgeschäft zugrunde liegt. Steuerbarer Erwerbsvorgang ist daher auch das Meistgebot im Zwangsversteigerungsverfahren.

Ein Erwerbsvorgang ist der Eigentumsübergang aber selbst dann, wenn weder ein den Anspruch auf Übereignung begründetes schuldrechtliches Rechtsgeschäft vorausgegangen ist, noch es einer Auflassung bedarf.

Hierunter fallen insbesondere Erwerbe aufgrund von gesetzlicher Erbfolge und gesellschaftsrechtliche Veränderungen nach dem Umwandlungsgesetz wie die Verschmelzung oder Spaltung. In diesem Zusammenhang ist anzumerken, dass sowohl der homogene Formwechsel (Rechtsgrundform erhaltende Formwechsel, wie z.B. Personengesellschaft in Personengesellschaft) als auch der heterogene Formwechsel (Rechtsgrundform ändernd, wie z.B. Kapitalgesellschaft in Personengesellschaft) grundsätzlich nicht der Grunderwerbsteuer unterfallen, da der formwechselnde Rechtsträger in der im Umwandlungsbeschluss bestimmten Rechtsform weiter bestehen bleibt und es somit nicht zu einem Rechtsträgerwechsel kommt.

Weiter lösen bestimmte Veränderungen im Gesellschafterbestand von grundbesitzenden Gesellschaften Grunderwerbsteuer aus. Zum einen unterliegt nach § 1 Abs. 3 GrEStG die Übertragung sowie die Vereinigung von 95 % der Anteile an einer grundbesitzenden Gesellschaft der Grunderwerbsteuer. Erfasst werden hierbei sämtliche Arten von Gesellschaften, mithin Personen- und Kapitalgesellschaften. Sofern es danach zu einer Vereinigung von mindestens 95 % der Anteile einer grundbesitzhaltenden Gesellschaft in der Hand einer natürlichen oder juristischen Person kommt, wird eine geänderte Grundstückszuordnung und damit ein die Grunderwerbsteuer auslösender Erwerbsvorgang angenommen. Erforderlich ist die Vereinigung von mindestens 95 % der Anteile in einer Hand. Werden mindestens 95 % der Anteile auf verschiedene Personen übertragen, ist regelmäßig der Vereinigungstatbestand des § 1 Abs. 3 GrEStG nicht erfüllt.

Darüber hinaus wird bei grundbesitzenden Personengesellschaften ein grunderwerbsteuerlicher Erwerbsvorgang bejaht, wenn innerhalb von fünf Jahren mindestens 95 % der Anteile auf neue Gesellschafter übergehen (§ 1 Abs. 2a GrEStG). Hierbei ist es unerheblich, auf wie viele Personen ein Übergang erfolgt. Der Tatbestand ist bereits erfüllt, soweit mindestens 95 % der Anteile an der Personengesellschaft auf andere Personen (Neugesellschafter) übergehen.

Zu berücksichtigen ist, dass sowohl § 1 Abs. 2a GrEStG als auch § 1 Abs. 3 GrEStG nicht nur die unmittelbare Anteilsvereinigung bzw. Gesellschafterveränderung von mindestens 95 % erfassen, sondern auch mittelbare Vereinigungen bzw. Veränderungen. Daher ist bei Umstrukturierungen und Anteilsübertragungen stets darauf zu achten, dass Grunderwerbsteuer auch nicht durch mittelbare Anteilsinhaberschaften ausgelöst wird.

11.4.1.2 Ausnahmen von der Besteuerung

Das Grunderwerbsteuergesetz sieht verschiedene Ausnahmen von der Besteuerung bzw. Steuervergünstigungen vor. So werden zum einen Grundstücksschenkungen und Erwerbe von Todes wegen von der Grunderwerbsteuer ausgenommen, da diese Vorgänge bereits durch das Erb- und Schenkungsteuergesetz erfasst werden. Ohne Bedeutung ist dabei, ob der Erwerb von Todes wegen oder die Grundstücksschenkung tatsächlich Erb- bzw. Schenkungsteuer ausgelöst hat (z.B. aufgrund einer Befreiung von der Erb- und Schenkungsteuer). Weiter werden Grundstücksübertragungen unter Ehegatten und Verwandten in gerader Linie befreit.

§ 4 GrEStG begünstigt bestimmte Erwerbe von Grundstücken durch Körperschaften des öffentlichen Rechts oder ausländischer Staaten zum Zwecke von beispielsweise der Errichtung von Konsulaten bzw. Botschaften oder zu kulturellen Zwecken.

Weitere Begünstigungen sind bei dem Übergang eines Grundstücks auf eine Gesamthand oder von einer Gesamthand vorgesehen. Unter einer Gesamthand werden die Personengesellschaften der GbR, KG, GmbH & Co. KG, OHG und Partnerschaftsgesellschaften verstanden. Bei solchen Personenvereinigungen wird das Grundstück steuerlich nicht der Gesellschaft selbst, sondern den Gesellschaftern in gesamter Hand zugeordnet. Keine Gesamthandsgesellschaften sind dagegen die Kapitalgesellschaften.

Nach der Vorschrift des § 5 GrEStG wird der Erwerb eines Grundstücks durch eine Gesamthand begünstigt. Die Befreiung von Grunderwerbsteuer greift ein, soweit der bisherige Grundstückseigentümer an der erwerbenden Gesamthand beteiligt ist. Allerdings darf sich der Anteil des bisherigen Grundstückseigentümers an der Gesamthand für einen Zeitraum von fünf Jahren nach Übertragung des Grundstücks auf die Gesamthand nicht verringern.

Korrespondierend zu der Vorschrift des § 5 GrEStG regelt § 6 GrEStG den grunderwerbsteuerbegünstigten Erwerb eines Grundstücks von einer Gesamthand. Danach fällt insoweit keine Grunderwerbsteuer an, soweit der Grundstückserwerber (natürliche oder juristische Person) an der bisherigen grundstücksbesitzenden Gesamthand beteiligt war. Voraussetzung für die Steuerbefreiung ist, dass der Erwerber seinen Anteil an der Gesamthand nicht innerhalb eines Zeitraumes von fünf Jahren vor dem Erwerbsvorgang durch Rechtsgeschäft erworben hat. Diese Begünstigung greift entsprechend auch bei einem Übergang des Grundstücks von einer Gesamthand auf eine andere Gesamthand. Allerdings darf sich insoweit der Anteil des Gesamthänders an der erwerbenden Gesamthand innerhalb von fünf Jahren nicht vermindern. Werden in den Fällen des § 5 und § 6 GrEStG die fünf-Jahresfristen nicht gewahrt, kommt es zu einer rückwirkenden Besteuerung.

Im Jahr 2009 wurde im Rahmen des Wachstumsbeschleunigungsgesetzes eine weitere Steuervergünstigungsnorm im Zusammenhang mit dem Grundstückserwerb durch Gesellschaften eingeführt. § 6a GrEStG führt zu einer weitgehenden steuerlichen Freistellung von Erwerbsvorgängen innerhalb eines Konzerns. Begünstigt werden die Anteilsübertragungen von grundbesitzenden Gesellschaften sowie Umwandlungen nach § 1 Abs. 1 Nr. 3 GrEStG die innerhalb eines Konzerns erfolgen. Voraussetzung für eine Steuerbegünstigung ist, dass die Konzerngesellschaft (herrschendes Unternehmen) fünf Jahre zu 95 % am Kapital der übertragenden Gesellschaft beteiligt war (Vorbehaltensfrist) und für fünf Jahre zu 95 % am Kapital der übernehmenden Gesellschaft beteiligt sein wird (Nachbehaltensfrist). Die Beteiligung der herrschenden Gesellschaft kann sich durch eine unmittelbare oder mittelbare Beteiligung ergeben.

11.4.1.3 Bemessungsgrundlage

Bemessungsgrundlage für die Grunderwerbsteuer ist gemäß § 8 Abs. 1 GrEStG grundsätzlich der Wert der Gegenleistung. Bei einem Kaufvertrag setzt sich die Gegenleistung aus dem Kaufpreis und weiterer, vom Erwerber erbrachter, sonstiger Leistungen zusammen. Hierzu gehört beispielsweise die Übernahme von Grundschulden, Hypotheken, Nießbrauchrechten oder sonstigen Belastungen, die auf dem Grundstück ruhen. Ferner werden Leistungen erfasst, die Dritten Personen für den Verzicht auf Rechte gewährt werden (z.B. Zahlungen an Dritten der auf Erwerb verzichtet oder Ablösezahlungen an Mieter).

In Konstellationen von Grundstückserwerb und zeitgleicher Errichtung von Gebäuden auf diesem Grundstück kann es zu der Annahme kommen, nicht nur das Grundstück selbst, sondern das bebaute Grundstück sei Gegenstand des Grundstückgeschäfts gewesen und damit Bemessungsgrundlage auch die Gegenleistung für die Immobilie und das Gebäude zusammen.

Sofern es an einer Gegenleistung fehlt oder eine solche nicht zu ermitteln ist, bemisst sich die Steuer nach den Werten des Bewertungsgesetzes (§ 138 Abs. 2 bis Abs. 4 BewG). Dies gilt unter anderem sofern ein Erbbaurecht der Grunderwerbsteuer zugrunde liegt. In diesem Fall wird der vereinbarte jährliche Erbbauzins mit einem von der Laufzeit des Erbbaurechts abhängigen Vervielfältiger multipliziert und zum Kaufpreis hinzugerechnet.

Ferner erfolgt eine Bemessung nach den Werten des Bewertungsgesetzes in den Fällen von Umwandlungen, Einbringungen, bei Erwerbsvorgängen aufgrund gesellschaftsvertraglicher Grundlage, sowie in den Fällen des §§ 1 Abs. 2a und Abs. 3 GrEStG (Gesellschafterveränderungen bei Personengesellschaften und Anteilsvereinigungen bei Gesellschaften).

11.4.1.4 Steuersatz

Das Gesetz sieht einen Grunderwerbsteuersatz von 3,5 % vor. Für die Bundesländer besteht jedoch die Möglichkeit einen davon abweichenden Grunderwerbsteuersatz zu bestimmen. Von dieser Möglichkeit haben in letzter Zeit nahezu sämtliche Länder Gebrauch gemacht. Danach beträgt der Grunderwerbsteuersatz lediglich noch in Bayern und Sachsen 3,5 %. In den übrigen Bundesländern beträgt der Grunderwerbsteuersatz derzeit entweder 4,5 % oder sogar 5 %.

11.4.1.5 Steuerschuldner

Die Steuerschuldnerschaft der Grunderwerbsteuer orientiert sich an den verschiedenen Erwerbsvorgängen (§ 13 GrEStG). Bei einem Kaufvertrag sind nach der gesetzlichen Regelung sowohl der Erwerber als auch der Veräußerer Steuerschuldner. In der Regel wird in Grundstückskaufverträgen jedoch eine abweichende Vereinbarung getroffen, wonach ausschließlich der Erwerber die Grunderwerbsteuer schuldet. Eine entsprechende Vereinbarung hat im Falle der Uneinbringlichkeit der Grunderwerbsteuer vom Erwerber jedoch keine abgabenrechtliche

Wirkung, so dass die Finanzbehörde trotz einer solchen zivilrechtlichen Regelung ebenfalls den Veräußerer auf Zahlung der Grunderwerbsteuer in Anspruch nehmen kann.

Bei der Anteilsverringerung und Anteilsübertragung von mindestens 95 %, im Sinne des § 1 Abs. 3 GrEStG, ist grundsätzlich der Erwerber Steuerschuldner. Bei Erwerbsvorgängen im Sinne des § 1 Abs. 2a GrEStG (Änderung des Gesellschafterbestandes an einer Personengesellschaft) ist ausschließlich die Personengesellschaft Steuerschuldner.

Bei einem Erwerb kraft Gesetzes sind der bisherige Eigentümer und der Erwerber Steuerschuldner der Grunderwerbsteuer. Im Zwangsversteigerungsverfahren ist der Meistbietende der Steuerschuldner.

11.4.1.6 Steuerentstehung

Die Grunderwerbsteuer entsteht grundsätzlich gemäß § 38 AO in dem Zeitpunkt in dem der Tatbestand des § 1 GrEStG verwirklicht ist. Dies ist bei einem Kaufvertrag bereits der Zeitpunkt des Abschlusses des schuldrechtlichen notariellen Kaufvertrages. Es kommt damit nicht auf den Zeitpunkt der Auflassung oder den Besitzübergang an.

Abweichend davon entsteht die Steuer, wenn die Wirksamkeit des Erwerbsvorgangs von dem Eintritt einer Bedingung abhängig ist, mit dem Eintritt der Bedingung und wenn der Erwerbsvorgang einer Genehmigung bedarf, mit Erteilung der Genehmigung. Da in diesen Fällen das Grundstücksgeschäft bis zum Eintritt der Bedingung bzw. der Genehmigungserteilung schwebend unwirksam ist, soll auch die Steuer nicht vor diesem Zeitpunkt entstehen.

Für einen bedingten Erwerbsvorgang im Sinne des § 14 Nr. 1 GrEStG kommt grundsätzliche jede aufschiebende Bedingung im Sinne des § 158 Abs. 1 BGB in Betracht. Damit kann grundsätzlich jedes zukünftige ungewisse Ereignis als aufschiebende Bedingung vereinbart werden. Voraussetzung ist allerdings, dass die Bedingung von den Vertragsparteien ausdrücklich vereinbart wird. Als aufschiebende Bedingungen kommen beispielsweise ein bestimmter Stand der Vermietung zu einem Stichtag oder ein bestimmter Baufortschritt in Betracht. Bei einem nur aufschiebend befristeten Erwerbsvorgang ist aber keine Aufschiebung der Steuerentstehung im Sinne des § 14 Nr. 1 GrEStG gegeben, da der Eintritt des Erwerbs bei Abschluss des Rechtsgeschäfts bereits gewiss ist. Hier bedarf es also einer klaren Abgrenzung im Vertrag.

Ein genehmigungsbedürftiger Erwerbsvorgang im Sinne des § 14 Nr. 2 GrEStG ist bei Erfordernis einer behördlichen oder privatrechtlichen Genehmigung anzunehmen. Als solche kommen beispielsweise die Genehmigung bei Handlung eines Vertreters ohne Vertretungsmacht (§ 177 BGB), die Verfügung eines Nichtberechtigten (§ 185 Abs. 2 BGB), der Handlung eines Wohnungseigentümers ohne die Zustimmung der anderen Wohnungseigentümer (§ 12 WEG) oder bei Verfügungen über ein Grundstück im Sanierungsgebiet (§ 144 Abs. 2 BauGB) in Betracht.

11.4.1.7 Nichtfestsetzung der Steuer, Aufhebung oder Änderung der Steuerfestsetzung

Sofern ein Erwerbsvorgang im Sinne des § 1 GrEStG rückgängig gemacht wird, kann auf Antrag, bei Vorliegen weiterer Voraussetzungen, die Grunderwerbsteuer nicht festgesetzt bzw. eine bereits erfolgte Steuerfestsetzung aufgehoben werden.

Nach dem Gesetz kommt eine Aufhebung der Steuerfestsetzung in Betracht, wenn die Rückgängigmachung des Erwerbsvorgangs durch Vereinbarung, durch Ausübung eines vorbehaltenen Rücktrittrechts oder eines Wiederkaufsrechts innerhalb von zwei Jahren seit der Entstehung der Steuer stattfindet oder das dem Erwerbsvorgang zugrunde liegende Rechtsgeschäft nichtig ist oder die Vertragsbedingungen des Rechtsgeschäfts nicht erfüllt wurden.

Eine Änderung der Steuerfestsetzung kann in Betracht kommen, wenn innerhalb von zwei Jahren seit Entstehung der Steuer die Gegenleistung für das Grundstück herabgesetzt wird oder wenn die Herabsetzung auf Grund von Mängeln (§ 437 BGB) erfolgt.

11.4.1.8 Anzeigepflichten

Zur Sicherung des Grunderwerbsteueraufkommens bestehen verschiedene Anzeigepflichten. Zum einen ergeben sich aus § 18 GrEStG Anzeigepflichten für Gerichte, Behörden und Notare. Ferner bestehen nach § 19 GrEStG Anzeigepflichten für die Beteiligten. Die Anzeigepflichten sind umfassend ausgestaltet und betreffen sämtliche von der Grunderwerbsteuer betroffenen Rechtsvorgänge, worunter neben Kaufverträgen auch Optionsverträge oder Kaufs- und Verkaufsangebote fallen. Die Anzeigeverpflichtung gilt ferner für Anteilsübertragungen bei grundbesitzenden Gesellschaften, unabhängig davon, ob der Tatbestand des § 1 Abs. 2a oder Abs. 3 GrEStG tatsächlich verwirklicht wird.

Die Anzeige hat innerhalb von zwei Wochen nach der Beurkundung oder der Unterschriftsbeglaubigung oder der Bekanntgabe der Entscheidung zu erfolgen, unabhängig davon, ob der Erwerb von einer Genehmigung oder Bedingung abhängig ist.

11.4.1.9 Unbedenklichkeitsbescheinigung

Zur Sicherung des Steueraufkommens wird neben den Anzeigepflichten das Erfordernis einer Unbedenklichkeitsbescheinigung verlangt. Danach darf der Erwerber eines Grundstücks erst in das Grundbuch eingetragen werden, wenn eine Bescheinigung des für die Besteuerung zuständigen Finanzamts vorliegt, in der das Finanzamt die steuerliche Unbedenklichkeit der Eintragung ins Grundbuch bestätigt. Bei Vorliegen der in § 22 Abs. 2 GrEStG aufgezählten Bedingungen muss das Finanzamt die Unbedenklichkeitsbescheinigung erteilen. Die Bescheinigung ist danach zu erteilen, wenn die Grunderwerbsteuer entrichtet, sichergestellt oder gestundet worden ist oder wenn Steuerfreiheit gegeben ist.

11.4.2 Grundsteuer

Eine weitere, regelmäßig mit dem Grundbesitz unmittelbar in Zusammenhang stehende Steuer ist die Grundsteuer. Tatbestand der Besteuerung ist das Innehaben von Grundbesitz. Bei der Grundsteuer handelt es sich nicht um eine einmalige Steuer, vielmehr fällt die Grundsteuer jährlich erneut an. Die Grundsteuer ist grundsätzlich je zu einem Viertel des Jahresbetrages zum 15. Februar, 15. Mai, 15. August und 15. November fällig. Allerdings kann der Steuerschuldner beantragen, die Grundsteuer mit einem Jahresbetrag, fällig zum 1. Juli, zu entrichten.

Die Grundsteuer fällt sowohl für Grundstücke als auch für Erbbaurechte und ähnliche Rechte an. Schuldner der Grundsteuer ist derjenige, dem das Grundstück bzw. das entsprechende Recht zuzurechnen ist. Dies ist grundsätzlich der Grundstückseigentümer. Bei einem Erbbaurecht, Wohnungs- und Teilerbbaurecht ist der Erbbauberechtigte für das Erbbaurecht und das Grundstück Steuerschuldner der Grundsteuer.

Hinsichtlich der nachfolgenden Ausführungen ist zu berücksichtigen, dass zwar der Bundesfinanzhof in seinen Urteilen vom 30. Juni 2010 (II R 60/08; II R 12/09) entschieden hat, dass die Vorschriften über die Einheitsbewertung von Grundvermögen trotz verfassungsrechtlicher Zweifel, jedenfalls bis zum 1. Januar 2007 noch verfassungsgemäß sind. In den Urteilen wird aber auf die drohende Verfassungswidrigkeit der bestehenden Rechtslage hingewiesen. Nachdem gegen eines der beiden Urteile Verfassungsbeschwerde eingelegt wurde, hat sich die Diskussion um eine Reform der Grundsteuer verstärkt. Zurzeit werden durch die Bundesländer neue Modelle diskutiert, so dass die weitere Entwicklung verfolgt werden muss.

Die Grundsteuer wird in einem zweistufigen Verfahren ermittelt. Zunächst wird der Steuermessbetrag durch Multiplikation des Einheitswertes eines Grundstücks mit der Steuermesszahl errechnet. Dieser erste Schritt erfolgt durch das zuständige Finanzamt. In einem zweiten Schritt wird durch die zuständige Gemeinde die Grundsteuer durch Multiplikation des ermittelten Steuermessbetrags mit dem jeweiligen Hebesatz der Gemeinde errechnet. Die Gemeinde erlässt sodann an den Steuerpflichtigen den Grundsteuerbescheid.

Dem Einheitswert eines Grundstücks liegen dabei die aufgrund der Hauptfeststellung zum 1. Januar 1964 festgestellten Einheitswerte dieser Veranlagung zugrunde, wenn nicht der Steuermessbetrag z.B. durch eine Einheitswertfestschreibung neu veranlagt wurde. Anhand der

Grundstücksart ermittelt sich die Steuermesszahl. Die Steuermesszahl beträgt grundsätzlich 3,5 v.T. (von Tausend). Abweichend davon beträgt die Steuermesszahl bei Einfamilienhäuser für die ersten EUR 38.346,89 des Einheitswertes oder seines steuerpflichtigen Teils 2,6 v.T; für Zweifamilienhäuser 3,1 v.T und für land- und forstwirtschaftlichen Grundbesitz 6,0 v.T.

Der Hebesatz wird von den Gemeinden individuell festgesetzt. In der Regel ist der Hebesatz in Großstädten höher als in ländlichen Regionen. Hildesheim (540 %) und München (535 %) führen zur Zeit die Statistik an.

Bei der Grundsteuer gibt es verschiedene Steuerbefreiungstatbestände. So ist Grundbesitz von der Grundsteuer befreit, sofern der Grundbesitz für hoheitliche Zwecke oder Zwecke des Allgemeingebrauchs oder für gemeinnützige, kirchliche oder mildtätige Zwecke verwendet wird. Für die Grundsteuerbefreiung sind gewisse – gesetzlich geregelte – Voraussetzungen zu erfüllen.

Bei Vorliegen bestimmter Voraussetzungen hat der Steuerschuldner – auf Antrag – einen Anspruch auf Erlass der Grundsteuer. Ein Erlass der Grundsteuer kommt unter anderem bei Kulturgütern oder Grünanlagen in Betracht. Ferner kann ein Erlass wegen wesentlicher Ertragsminderung des Grundbesitzes, so zum Beispiel bei Leerstand, in Betracht kommen. Wichtig ist, dass ein Antrag bis zum 31. März des Folgejahres zu stellen ist.

11.4.3 Einkommensteuer

Nachfolgend wird ein kurzer Überblick zu einkommensteuerrechtlichen Aspekten gegeben.

Zunächst erwirtschaftet die Immobilie Erträge. Diese können sich zum einen aus der Substanzumschichtungen, so beispielsweise bei der Veräußerung, ergeben. Zum anderen kann aber auch ein laufender Ertrag, z.B. durch eine Vermietung entstehen. Darüber hinaus knüpft die Besteuerung aber an der Frage an, wer solche Erträge erzielt. Dies kann eine natürliche Person, einen Personenmehrheit (Gemeinschaft, Gesellschaft bürgerlichen Rechts, KG) oder aber auch eine Kapitalgesellschaft sein. Für den Projektentwickler ist wegen der zum Teil unterschiedlichen Auswirkungen daher auch die Frage der Rechtsform von wesentlicher Bedeutung.

11.4.3.1 Besteuerung nach dem Einkommensteuergesetz

Das Einkommensteuergesetz (EStG) regelt die Besteuerung von natürlichen Personen und mittelbar über die Gesellschafter auch von Personengesellschaften. Der Besteuerung unterliegen die mit Einkünfte- bzw. Gewinnerzielungsabsicht erwirtschafteten Überschüsse bzw. Gewinne aus abschließend aufgezählten Tätigkeiten (§ 2 Abs. 1 EStG), jedoch bereinigt um bestimmte Aufwendungen, insbesondere um Werbungskosten (§§ 9, 9a EStG) bzw. Betriebsausgaben (§ 4 Abs. 5 EStG). Werbungskosten werden dabei den Einnahmen- und Überschüssen (z.B. bei der Vermietung) und Betriebsausgaben der Gewinnermittlung (z.B. bei Gewerbebetrieb) begrifflich zugeordnet.

Der Einkommensteuer unterliegen sieben Einkunftsarten aus: Land- und Forstwirtschaft, Gewerbebetrieb, selbstständiger Arbeit, nichtselbstständiger Arbeit, Kapitalvermögen, Vermietung und Verpachtung und sonstigen Einkünften.

Im Bereich der Projektentwicklung kommen insbesondere Einkünfte aus Gewerbebetrieb, Einkünfte aus Vermietung und Verpachtung und sonstige Einkünfte in Betracht.

11.4.3.2 Laufende Erträge

Wie bereits ausgeführt muss bei der Einkommensteuer zwischen der Besteuerung von laufenden Erträgen und Substanzgewinnbesteuerung unterscheiden werden.

Laufende Erträge aus Vermietung und Verpachtung unterfallen mit der Differenz der Mieteinnahmen zu den Werbungskosten der Einkommensteuer. Dies gilt allerdings nur dann, wenn diese Einkünfte nicht gewerblich sind. Da solche Einkünfte dann regelmäßig auch der Gewerbesteuer unterliegen und steuerfreie Substanzgewinnrealisierungen auch nicht mehr möglich sind, ist eine erste Strukturüberlegung diejenige, ob gewerbliche Einkünfte vermieden werden können und stattdessen durch eine Vermietung und lediglich Vermögensverwaltung betrieben wird.

Die Frage, ob Einkünfte aus Vermietung und Verpachtung oder aus Gewerbebetrieb vorliegen, wird nachfolgend anhand von für Immobilienunternehmen spezifischen Problemkreisen näher untersucht (siehe unter Gewerbesteuer, 11.4.5 ff.). Jedenfalls erzielen beispielsweise Personengesellschaften in Rechtsform der OHG oder grundsätzlich auch der GmbH & Co. KG kraft Rechtsform immer nur Einkünfte aus Gewerbebetrieb, auch wenn lediglich eine Vermietung stattfindet.

11.4.3.3 Abschreibung für Abnutzung (AfA)

Im Rahmen der Ermittlung der Einkünfte werden dem Gesetz nach abzugsfähige Aufwendungen berücksichtigt. Der Einkommensteuer unterliegt lediglich der um die Werbungskosten bzw. Betriebsausgaben geminderte Überschuss bzw. Gewinn. Im Zusammenhang mit Immobilien kommen als Werbungskosten oder Betriebsausgaben insbesondere Abschreibungen für Abnutzungen (AfA) im Sinne der §§ 7 ff. EStG in Betracht. Die AfA dient dazu, den Wertverzehr eines Objekts periodengerecht über seine Nutzungsdauer zu verteilen.

Zunächst ist festzuhalten, dass es sich bei einem Gebäude und dem dazugehörenden Grund und Boden um zwei eigenständig zu behandelnde Wirtschaftgüter handelt. In der Bilanz erfolgt eine getrennte Ausweisung von Grund und Boden und Gebäuden.

Eine Abschreibung kommt nur für Gebäude in Betracht. Grund und Boden kann nicht abgeschrieben werden, da er steuerlich grundsätzlich keinem Wertverzehr unterliegt. Hinsichtlich der Abschreibung des Gebäudes muss unterschieden werden, ob es sich um das Gebäude selbst und unselbstständige Gebäudeteile handelt, die einheitlich mit dem Gebäude abzuschreiben sind oder um selbstständige Gebäudeteile, die eigenständig zu aktivieren und abzuschreiben sind. Zu den selbstständigen Gebäudeteilen gehören unter anderem die Betriebsvorrichtungen im Sinne des § 68 Abs. 2 S. 1 Nr. 2 BewG. Bei Betriebsvorrichtungen handelt es sich um Wirtschaftsgüter, die nicht dem Grundstück, sondern der auf dem Grundstück betriebenen Nutzung zu dienen bestimmt sind. Betriebsvorrichtungen sind unter anderem bei Lastenaufzügen, Laderampen, Förderbänder, Traghallen oder Verkaufsautomaten anzunehmen.

Bei Gebäuden kommt nur eine lineare AfA (Abschreibung mit gleichen Jahresbeträgen) in Betracht. Eine degressive AfA (Abschreibung mit fallenden Jahresbeträgen) ist für Gebäude seit dem 1.1.2006 nicht mehr möglich. Zur Förderung bestimmter wirtschaftlicher oder sozialpolitischer Ziele kann bei bestimmten Gebäuden und beim Vorliegen weiterer Voraussetzungen auch eine erhöhte AfA beansprucht werden (u.a. erhöhte AfA für denkmalgeschützte Gebäude). Von der erhöhten AfA zu unterscheiden ist die Abschreibung für außergewöhnliche Abnutzung (AfaA). Bei der AfaA handelt es sich um eine Abschreibung in Fällen von außergewöhnlicher wirtschaftlicher oder technischer Abnutzung.

11.4.3.4 Anschaffungs-/Herstellungskosten und Erhaltungsaufwand

Bei den im Zusammenhang mit einer Immobilie anfallenden Aufwendungen kann es sich um Anschaffungskosten bzw. Herstellungskosten oder aber um Erhaltungsaufwand handeln. Eine Differenzierung ist erforderlich, da diese Aufwendungen steuerlich, im Rahmen der Einkunftsermittlung, unterschiedlich zu behandeln sind. Anschaffungs- und Herstellungskosten unterliegen der Abschreibung, Erhaltungsaufwand wirkt sich sofort ergebnismindernd aus.

Unter Anschaffungskosten werden die Kosten verstanden, die anfallen, um einen Gegenstand zu erwerben und ihn in einen betriebsbereiten Zustand zu versetzen. Herstellungskosten sind die Kosten, die für die Herstellung eines neuen bisher nicht vorhandenen Wirtschaftsgutes anfallen. Anschaffungskosten und Herstellungskosten sind im Rahmen der Abschreibung über die Nutzungsdauer steuerlich geltend zu machen. Bei Aufwendungen für Instandhaltungs- und Modernisierungsmaßnahmen, die in zeitlich engem Zusammenhang mit der Anschaffung oder Herstellung entstehen, spricht man von anschaffungsnahem Aufwand. Dieser ist den Herstellungskosten des Gebäudes zuzurechnen. Anschaffungsnaher Aufwand ist anzunehmen, wenn ein solcher Aufwand innerhalb von drei Jahren nach Anschaffung des Gebäudes entsteht und 15 % der Anschaffungskosten (ohne Umsatzsteuer), die für das Gebäude angefallen sind, übersteigt.

Davon zu unterscheiden ist der Erhaltungsaufwand. Bei Erhaltungsaufwand handelt es sich um Kosten, die für die Instandsetzung oder Instandhaltung von etwas Bestehendem aufgewendet werden. Hierunter fallen sämtliche Kosten, die üblicherweise für die Mängelbeseitigung an bestehenden Gebäuden anfallen, ohne dass es zu einer Funktionsänderung des Wirtschaftsgutes kommt. Erhaltungsaufwand muss nicht im Rahmen der Abschreibung abgesetzt werden, sondern kann als sofort abziehbare Betriebsausgaben oder Werbungskosten berücksichtigt werden und mindert in angefallener Höhe im Jahr der Ausgabe unmittelbar die Einkünfte.

11.4.3.5 Zuschüsse

Im Zusammenhang mit Immobilien werden häufig zur Erreichung eines Vertragsabschlusses mit einem bestimmten Mieter oder umgekehrt aus Mietersicht zur Erreichung der Anmietung eines bestimmten Gebäudes Zuschüsse geleistet. Auch diese sind im Rahmen der Ermittlung der Einkünfte zu berücksichtigen.

Gewährt der Vermieter an den Mieter Zuschüsse, die der Mieter für Baumaßnahmen verwendet, stellen diese Aufwendungen beim Vermieter Betriebsausgaben bzw. Werbungskosten dar.

Umgekehrt besteht auch die Möglichkeit, dass der Mieter an den Vermieter für durch den Vermieter vorzunehmende Baumaßnahmen einen Zuschuss gewährt. Solche Zuschüsse sind als Mieteinnahmen zu beurteilen und können auf die Vertragslaufzeit verteilt werden. Die Anschaffungs- und Herstellungskosten bleiben hiervon unberührt.

Im Gegensatz zu diesen privaten Zuschüssen besteht bei öffentlichen Investitionszuschüssen grundsätzlich ein Wahlrecht. Diese Zuschüsse können entweder als Einnahme angesetzt und die volle AfA in Anspruch genommen werden oder der Zuschuss wird erfolgsneutral von den Anschaffungs- und Herstellungskosten abgezogen und die Grundlage der AfA dadurch gemindert.

11.4.3.6 Substanzgewinne durch private Veräußerungsgeschäfte

Sofern Grundbesitz vermögensverwaltend gehalten wird und kein gewerblicher Grundstückshandel (siehe unter 11.4.5.3) anzunehmen ist, unterliegt eine Veräußerung von diesem Grundbesitz grundsätzlich nicht der Einkommensteuer. Lediglich in gesetzlich abschließend bestimmten Fallgruppen sind auch private Veräußerungsgeschäfte steuerlich zu berücksichtigen. Ein solcher Fall ist bei Veräußerungen von Grundstücken und grundstücksgleichen Rechten innerhalb eines Zeitraumes von zehn Jahren seit der Anschaffung gegeben (§ 22 i.V.m. § 23 Abs. 1 S. 1 Nr. 1 EStG).

Als Veräußerung in diesem Sinne gilt auch die Einlage des Grundstückes in das Betriebsvermögen, bei einer anschließenden Veräußerung des Grundstücks innerhalb eines Zeitraumes von zehn Jahren.

11.4.4 Körperschaftsteuer

Der Körperschaftsteuer unterliegen Kapitalgesellschaften. Die Körperschaftsteuer ist die „Einkommensteuer der Körperschaften". Im Unterschied zu den Personengesellschaften sind die Kapitalgesellschaften jedoch selbst Steuersubjekt und damit Steuerschuldner.

Die Bemessungsgrundlage für die Körperschaftsteuer ist das zu versteuernde Einkommen der Körperschaft. Dieses ermittelt sich nach den Vorschriften des Einkommensteuergesetzes unter Berücksichtigung der im Körperschaftsteuergesetz geregelten Besonderheiten. Eine unbeschränkt steuerpflichtige Körperschaft erzielt stets gewerbliche Einkünfte (§ 8 Abs. 2 KStG). Sofern eine Kapitalgesellschaft ausschließlich Vermietungsleistungen erbringt, mithin begrifflich nur vermögensverwaltend tätig ist, erzielt sie dennoch zwingend gewerbliche Einkünfte. Grundsätzlich fällt bei einer Kapitalgesellschaft daher auch Gewerbesteuer an. Allerdings kann eine rein vermögensverwaltende Kapitalgesellschaft – bei vorliegen weiterer Voraussetzungen – von der Gewerbesteuer befreit sein (siehe Ziffer 11.4.5.6). Der Körperschaftsteuersatz beträgt seit dem Veranlagungszeitraum 2008 pauschal 15 % (davor 25 %) zuzüglich Solidaritätszuschlag.

Nach Abzug der Körperschaftsteuer hat die Kapitalgesellschaft die Möglichkeit ihre verbleibenden Gewinne zu thesaurieren oder an ihre Gesellschafter auszuschütten. Bei einer Ausschüttung hat der Gesellschafter die erhaltenen Gewinne zu versteuern. Um eine Doppelbesteuerung zu vermeiden, werden die ausgeschütteten Gewinne nur anteilig besteuert.

Sofern die Anteile an der Kapitalgesellschaft im Privatvermögen des Gesellschafters gehalten werden, kommt die Kapitalertragsteuer in Form der Abgeltungsteuer zur Anwendung.

Der Anteilseigner erzielt insoweit Kapitaleinkünfte im Sinne des § 20 EStG. Danach werden die ausgeschütteten Gewinne pauschal mit 25 % (zzgl. Solidaritätszuschlag) besteuert (§§ 32 d, 43 ff. EStG). Im Rahmen des Abgeltungsteuerverfahrens ist jedoch kein Werbungskostenabzug (beispielsweise für entstandene Finanzierungskosten oder Depotgebühren) möglich. Es kann lediglich ein Werbungskostenpauschbetrag in Höhe von EUR 801,00 beansprucht werden. Mit Einbehalt der Abgeltungsteuer ist die Einkommensteuerschuld insoweit abgegolten. Die Kapitaleinkünfte sind nicht mehr in der Einkommensteuererklärung des Steuerpflichtigen anzugeben. Hiervon ausgenommen ist aber gegebenenfalls zu berücksichtigende Kirchensteuer.

Bei Vorliegen bestimmter Voraussetzungen kann der Gesellschafter anstelle des Abgeltungsverfahrens die Anwendung des Teileinkünfteverfahrens (früher Halbeinkünfteverfahren) beanspruchen (§ 3 Nr. 40 lit. d) EStG). Bei Anwendung des Teileinkünfteverfahrens werden die ausgeschütteten Gewinne zu 60 % mit dem persönlichen Einkommensteuersatz des Steuerpflichtigen besteuert. Ein Werbungskostenabzug ist in Höhe von 40 % der entstandenen Werbungskosten möglich (§ 3c Abs. 2 EStG). Voraussetzung für die Anwendung des Teileinkünfteverfahren ist, dass der Gesellschafter zu mindestens 25 % an der Kapitalgesellschaft beteiligt ist oder zu mindestens 1 % an der Kapitalgesellschaft beteiligt ist und beruflich für diese tätig ist (§ 32d Abs. 2 Nr. 3 EStG). Für die Anwendung des Teileinkünfteverfahrens hat der Steuerpflichtige einen Antrag beim zuständigen Finanzamt zu stellen.

Hält der Gesellschafter die Anteile an der Kapitalgesellschaft im Betriebsvermögen kommt nur die Anwendung des Teileinkünfteverfahrens in Betracht.

Ist Gesellschafter einer Kapitalgesellschaft eine andere Kapitalgesellschaft sind die ausgeschütteten Gewinne zu 95 % steuerfrei (§ 8b Abs. 5 KStG). Lediglich 5 % nicht abziehbare Betriebsausgaben unterliegen der Körperschaftsteuer (Körperschaftsteuersatz in Höhe von 15 % zzgl. Solidaritätszuschlag).

Veräußert ein Gesellschafter seine Beteiligung an einer Kapitalgesellschaft ist wiederum zu differenzieren, ob die Anteile im Privat- oder Betriebsvermögen gehalten werden. Werden die Anteile im Betriebsvermögen gehalten, handelt es sich beim Veräußerungsgewinn um gewerbliche Einkünfte. Gewerbliche Einkünfte werden ferner bei der Veräußerung von Anteilen an Kapitalgesellschaften bei im Privatvermögen gehaltener Anteile angenommen, wenn der Veräußerer am Kapital der Kapitalgesellschaft innerhalb der letzten fünf Jahre unmittelbar oder mittelbar zu mindestens 1 % beteiligt war (§ 17 Abs. 1 EStG).

Sowohl im Bereich der Kapitalgesellschaften als auch der Personengesellschaften ist die Zinsschranke zu beachten (§ 4h EStG und § 8a KStG). Die durch das Unternehmensreformgesetz 2008 eingeführte Zinsschranke begrenzt die steuerliche Abzugsfähigkeit von Aufwendungen für Fremdkapital. Danach sind Zinsaufwendungen ab einer Höhe von EUR 3,0 Mio. lediglich in Höhe von 30 % des Gewinns vor EBITDA (Gewinn vor Zinsaufwand und Abschreibungen) als Betriebsausgaben abzugsfähig.

11.4.5 Gewerbesteuer

Auch wenn das Halten und Verwalten von Immobilien der Grundform nach den Einkünften aus Vermietung und Verpachtung (laufender Ertrag) oder den Einkünften aus privaten Veräußerungsgeschäften (Substanzgewinn) zuzuordnen ist, so können hier gewerbliche Einkünfte vorliegen, die neben der Einkommensteuer auch der Gewerbesteuer unterfallen.

Nachfolgend werden die Systematik der Gewerbesteuer und die für die Projektentwicklung wichtigsten Parameter der Abgrenzung vorgestellt.

11.4.5.1 Gewerbesteuerermittlung

Bei Vorliegen von gewerblichen Einkünften ist grundsätzlich zu der Einkommen- bzw. Körperschaftsteuer auch Gewerbesteuer geschuldet. Die Gewerbesteuer fällt für jeden stehenden inländischen Gewerbebetrieb an. Nach der Definition des Gewerbebetriebes gemäß § 15 Abs. 2 EStG ist ein Gewerbebetrieb bei einer selbstständigen, nachhaltigen Betätigung, die mit Gewinnerzielungsabsicht und unter Beteiligung am allgemeinen wirtschaftlichen Verkehr unternommen wird und weder Vermögensverwaltung oder selbstständige Arbeit noch Land- und Forstwirtschaft ist, anzunehmen.

Bemessungsgrundlage für die Gewerbesteuer ist der nach dem Körperschaftsteuergesetz bzw. Einkommensteuergesetz ermittelte Gewinn des Gewerbetreibenden, vermehrt um Hinzurechnungen nach § 8 GewStG und vermindert um Kürzungen nach § 9 GewStG.

Der ermittelte Gewerbeertrag ist bei natürlichen Personen und Personengesellschaften um einen Freibetrag von EUR 24.500,00 zu kürzen.

Die Berechnung der Gewerbesteuer erfolgt zweistufig. In einem ersten vom Finanzamt durchzuführenden Verfahren wird der Gewerbesteuermessbetrag ermittelt. Hierfür wird der Gewerbeertrag mit der Steuermesszahl von 3,5 % multipliziert. Im Anschluss daran wird die Gewerbesteuer durch die zuständige Gemeinde ermittelt. Der Gewerbesteuermessbetrag ist mit dem Hebesatz der jeweiligen Gemeinde zu errechnen. Die gewerbesteuerlichen Hebesätze der Gemeinden sind unterschiedlich hoch, müssen jedoch mindestens 200 % betragen. Unter anderen Städten führen beispielsweise Duisburg und München mit 490 % die Statistik an.

Soweit ein Gewerbebetrieb in mehreren Gemeinden betrieben wird, kommt es zu einer Zerlegung des Steuermessbetrages auf die einzelnen Gemeinden. Grundsätzlich ist das Verhältnis der Arbeitslöhne des Betriebes in den verschiedenen Gemeinden Maßstab für die Zerlegung.

Bei einem Einzelunternehmer oder Mitunternehmern kommt es im Rahmen der Einkommensteuer zu einer Anrechnung der geleisteten Gewerbesteuer und damit zu einer Ermäßigung der tariflichen Einkommensteuer (§ 35 EStG). Die Steuerermäßigung beträgt das 3,8-fache des festgesetzten Gewerbesteuermessbetrags und führt – je nach Hebesatz – zu einer weitreichenden Anrechnung der Gewerbesteuer auf die Einkommensteuer.

11.4.5.2 Gewerbesteuer und Vermögensverwaltung

Aufgrund des Merkmals der nicht bloßen Vermögensverwaltung (§ 14 S. 1 und S. 3 AO) für die Annahme eines Gewerbebetriebs, stellt sich die Frage, ob die Tätigkeit von Grundstückshändlern oder Vermietungsunternehmen überhaupt der Gewerbesteuer unterfällt. Hierzu ist jeweils eine Abgrenzung der gewerblichen Tätigkeit zur Vermögensverwaltung erforderlich. Nachfolgend werden die Grenzbereich skizziert.

11.4.5.3 Gewerblicher Grundstückshandel

§ 15 Abs. 2 EStG definiert die Voraussetzungen für das Vorliegen eines Gewerbebetriebes und damit von gewerblichen Einkünften. Danach ist ein Gewerbebetrieb gegeben bei einer selbstständigen, nachhaltigen Betätigung, die mit Gewinnerzielungsabsicht und unter Beteiligung am allgemeinen wirtschaftlichen Verkehr unternommen wird und weder selbstständige Arbeit noch Land- und Forstwirtschaft ist. Als weitere Voraussetzung ist erforderlich, dass es sich nicht lediglich um eine reine Vermögensverwaltung handelt.

Aufgrund des Merkmals der nicht bloßen Vermögensverwaltung stellt sich häufig die Frage, ob die Tätigkeit von Grundstückshändlern überhaupt einen Gewerbebetrieb begründet. Dies ist zu bejahen, sofern die Grenze einer rein privaten Vermögensverwaltung überschritten wird. Hierzu wurde von der Rechtsprechung die Drei-Objekte-Grenze entwickelt, nach der von einem gewerblichen Grundstückshandel auszugehen ist, wenn innerhalb eines engen zeitlichen Zusammenhangs mehr als drei Objekte veräußert werden. Ein enger zeitlicher Zusammenhang wird für Zeiträume bis fünf Jahre angenommen. Sind die Voraussetzungen der Drei-Objekt-Regel erfüllt, besteht damit eine Vermutung, dass ein gewerblicher Grundstückshandel gegeben ist. Durch Nachweis eines anderweitigen Sachverhaltes kann die Vermutungsregelung entkräftet werden. Für die Berechnung der Objekte ist auf die sogenannte Verkehrsauffassung abzustellen, die aber regelmäßig durch die Finanzgerichte in schwer nachprüfbaren Ermessensentscheidungen ausgelegt wird.

Unter einem Objekt wird regelmäßig jedes selbstständig veräußerbare und nutzbare Immobilienobjekt verstanden. Danach werden einzelne Wohnungen als eigenständige Objekte behandelt. Demgegenüber stellt eine Garage grundsätzlich kein eigenständiges Objekt dar, soweit sich die Garage im räumlichen Zusammenhang mit einem Wohnhaus befindet. Von einem gewerblichen Grundstücksandel ist – losgelöst von der Drei-Objekt-Regel – auszugehen, wenn offenkundig ein Grundstückhandel betrieben wird, was häufig bei Unternehmen der Baubranche der Fall ist. Überhaupt gilt bei der Immobilienbranche nahen Steuerpflichtigen, d.h. bei Personen, die in der Bau- und/oder Immobilienbranche tätig sind, eine Vermutung, dass der Immobilienhandel gewerblich erfolgt. Schließlich ist von keiner privaten Vermögensverwaltung auszugehen, wenn das Grundstück bereits mit unbedingter Veräußerungsabsicht erworben wird.

Sofern eine Veräußerung von Anteilen an grundstücksbesitzenden Gesellschaften erfolgt, sind auf Ebene der Gesellschafter so viele Objektveräußerungen anzunehmen, wie sich Objekte im Gesamteigentum der Gesellschaft befinden.

Bei Bejahung eines gewerblichen Grundstückshandels werden Einkünfte aus Gewerbebetrieb erzielt, die grundsätzlich auch zum Anfall von Gewerbesteuer führen. In diesem Fall schuldet der Einzelunternehmer oder die Mitunternehmerschaft die Gewerbesteuer. Bei dem Einzelunternehmer bzw. den Mitunternehmern kommt es zu einer Gewerbesteueranrechnung nach § 35 EStG und damit zu einer Ermäßigung der tariflichen Einkommensteuer. Die Steuerermäßigung beträgt das 3,8-fache des festgesetzten Gewerbesteuermessbetrages.

11.4.5.4 Vermietungsunternehmen

Ferner stellt sich die Frage, ob bei Vermietungsunternehmen eine gewerbliche Tätigkeit gegeben ist und es damit zum Anfall von Gewerbesteuer kommt. Ein Vermietungsunternehmen erzielt grundsätzlich keine gewerblichen Einkünfte, sondern Vermietungseinkünfte im Sinne des § 21 EStG. Allerdings kann dennoch eine gewerbliche Tätigkeit anzunehmen sein, wenn aufgrund besonderer Umstände die Vermietungstätigkeit als gewerbliche Tätigkeit einzuordnen ist. Die Rechtsprechung nimmt solche besonderen Umstände bei bestimmten ins Gewicht fallenden Vermietungen an, bei der Erbringung von nicht üblichen Sonderleistungen des Vermieters im Rahmen der Vermietungstätigkeit oder bei besonders häufigen Wechseln der Mieter, so dass beim Vermietungsunternehmen eine unternehmerische Organisation erforderlich wird. Ferner erzielt ein in der Rechtsform einer Kapitalgesellschaft betriebenes Vermietungsunternehmen stets gewerbliche Einkünfte.

11.4.5.5 Gewerbesteuer und gewerblich geprägte Personengesellschaft

Bei Bestehen einer gewerblich geprägten Personengesellschaft ist stets und in vollem Umfang ein Gewerbebetrieb anzunehmen. Eine gewerblich geprägte Personengesellschaft ist bei einer GmbH & Co. KG aufgrund der Beteiligung einer Kapitalgesellschaft als Komplementärin gegeben. Mit dem Bestehen einer gewerblich geprägten Personengesellschaft geht zwingend der Anfall von – anrechenbarer – Gewerbesteuer einher. Es besteht jedoch die Möglichkeit einer gewerblichen Entprägung. Hierfür ist es erforderlich, dass nach dem Gesellschaftsvertrag nicht ausschließlich die Komplementär-GmbH zur Geschäftsführung befugt ist, sondern daneben auch mindestens ein Kommanditist. Diese gesellschaftsvertragliche Gestaltung muss auch praktisch umgesetzt werden.

11.4.5.6 Kürzung bei Grundstücks-/Vermietungsunternehmen

Wie dargestellt, unterliegt der nach dem Körperschaftsteuergesetz oder Einkommensteuergesetz ermittelte Gewinn des Gewerbetreibenden gewissen Hinzurechnungen nach § 8 GewStG und Kürzungen nach § 9 GewStG.

Im Zusammenhang mit Grundstücken ist insbesondere die Kürzungsregelung des § 9 Nr. 1 GewStG von Bedeutung. Diese Regelung will eine Doppelbesteuerung von Grundbesitz mit Grundsteuer und Gewerbesteuer verhindern. Gemäß § 9 Nr. 1 S. 1 GewStG ist daher der ermittelte Gewerbeertrag bezüglich des zum Betriebsvermögen gehörenden und nicht von der Grundsteuer befreiten Grundbesitzes um 1,2 % des Einheitswertes zu kürzen (Regelkürzung).

Daneben besteht – bei Vorliegen bestimmter Voraussetzungen – für Vermietungsunternehmen die Möglichkeit, eine erweiterte gewerbesteuerliche Kürzung in Anspruch zu nehmen. In diesem Fall kann es zu einer vollständigen Vermeidung von Gewerbesteuer kommen. Voraussetzung ist, dass durch die Vermietungsunternehmen keine gewerbliche, sondern ausschließlich eine rein vermögensverwaltende Tätigkeit ausgeübt wird. Nur die Verwaltung und Nutzung des eigenen Grundbesitzes ist begünstigt. Werden daneben noch andere Tätigkeiten ausgeübt, führt dies zu einer vollumfänglichen Versagung der erweiterten gewerbesteuerlichen Kürzung. In diesem Fall kommt lediglich die Regelkürzung zur Anwendung.

Eine Versagung der erweiterten gewerbesteuerlichen Kürzung tritt grundsätzlich bereits dann ein, wenn die nicht vermögensverwaltende Tätigkeit nur in geringem Umfang ausgeübt wird. Lediglich bei den gesetzlich abschließend aufgezählten weiteren Tätigkeiten handelt sich um begünstigungsunschädliche Tätigkeiten, die allerdings dann selbst nicht begünstigt sind. Hierbei handelt es sich um die Verwaltung und Nutzung eigenen Kapitalvermögens, die Betreuung von Wohnungsbauten und die Errichtung und Veräußerung eines Einfamilienhauses oder von Zweifamilienhäusern, Eigentumswohnungen oder von Teileigentum.

Eine begünstigungsschädliche Tätigkeit ist insbesondere bei der Mitvermietung von Betriebsvorrichtungen im Sinne des § 68 Abs. 2 S. 1 Nr. 2 BewG gegeben und führt zum vollumfänglichen Entfall der erweiterten gewerbesteuerlichen Kürzung. Danach steht bereits eine geringfügige Mitvermietung von Betriebsvorrichtungen, die keinen funktionalen Zusammenhang zum Grundstück aufweisen, einer ausschließlichen Grundstücksverwaltung entgegen. In der Regel fehlt es bei Betriebsvorrichtungen stets an einem funktionalen Zusammenhang zum Grundstück, da Betriebsvorrichtungen grundsätzlich dem Betrieb des Mieters (und nicht dem Grundstück) zu dienen bestimmt sind. Als Betriebsvorrichtungen kommen beispielsweise Lastenaufzüge, Laderampen, Förderbänder, Traghallen oder Verkaufsautomaten in Betracht.

Die erweiterte gewerbesteuerliche Kürzung kommt ferner bei einem gewerblichen Grundstückshändler oder einer gewerblichen Grundstücksverwaltung nicht zur Anwendung.

Da es sich bei der erweiterten gewerbesteuerlichen Kürzung um ein Wahlrecht handelt, setzt die Inanspruchnahme einen Antrag des Steuerpflichtigen voraus.

Für den Bereich der Vermietung sollte daher schon bei der Projektierung darauf geachtet werden, dass das Eigentum an Betriebsvorrichtungen vom dem Eigentum an dem Grundstück getrennt wird.

11.4.6 Umsatzsteuer

Eine weitere Steuer, die in Zusammenhang mit Grundstücks- und Vermietungsgeschäften häufig problematisch ist, ist die Umsatzsteuer. Hier stellt sich nicht nur beim Erwerb die Frage, ob Umsatzsteuer anfällt und wenn ja, wer Schuldner der Umsatzsteuer ist.

11.4.6.1 Geschäftsveräußerung im Ganzen

Bereits der Erwerb eine Immobilie kann erfolgen, ohne dass Umsatzsteuer anfällt. Sofern ein Grundstück im Rahmen einer Geschäftsveräußerung im Ganzen auf einen Erwerber übergeht, ist nämlich zwingend ein nicht umsatzsteuerbarer Vorgang im Sinne des § 1 Abs. 1a UStG gegeben.

Eine Geschäftsveräußerung im Ganzen ist anzunehmen, wenn ein Unternehmen im Ganzen oder ein Teilbetrieb (gesondert geführter Betrieb) an einen Erwerber verkauft oder in eine Gesellschaft eingebracht wird. Hierdurch können auch Grundstücke erfasst sein, insbesondere wenn es sich um Betriebsgrundstücke handelt.

Bei einem Vermietungsunternehmen ist ein gesondert geführter Betrieb (Teilbetrieb) grundsätzlich bezogen auf jedes Mietgrundstück anzunehmen. Voraussetzung ist jedoch, dass Miet- oder Pachtverhältnisse bestehen, die vom Erwerber ohne nennenswerte finanzielle oder sonstige Aufwendungen fortgeführt werden können.

Keine Geschäftsveräußerung im Ganzen ist hingegen anzunehmen, wenn von einem Bauträger ein zu bebauendes, aber bereits vermietetes Grundstück übertragen wird, da der Erwerber den erworbenen Geschäftsbetrieb des Bauträgers nicht fortsetzt und der Bauträger selbst gerade keine nachhaltige Vermietungstätigkeit ausgeführt hat. Ebenfalls keine Geschäftsveräußerung im Ganzen kann angenommen werden, wenn der Erwerber die Geschäftstätigkeit, hier die Vermietungstätigkeit des erworbenen Unternehmens sofort beendet und das Unternehmen abwickelt.

11.4.6.2 Steuerbefreite Umsätze

Sofern ein Grundstück nicht Gegenstand einer nicht steuerbaren Geschäftsveräußerung im Ganzen ist, kann es weiterhin aus verschiedenen Gründen zu einer Umsatzsteuerbefreiung kommen.

Werden Anteile an einer grundbesitzenden Gesellschaft übertragen, so kann eine Umsatzsteuerbefreiung nach § 4 Nr. 8 lit. f) UStG in Betracht kommen. Danach sind Anteilsübertragungen umsatzsteuerfrei.

Hauptanwendungsnorm der Umsatzsteuerbefreiung bei Grundstücksgeschäften aber ist § 4 Nr. 9 lit. a) GrEStG. Danach sind Umsätze die unter das Grunderwerbsteuergesetz fallen von der Umsatzsteuer befreit. Im Falle einer Umsatzsteuerbefreiung schuldet der Erwerber lediglich den Kaufpreis als Nettobetrag, mithin ohne Umsatzsteuer. Nachteilig an einer Umsatzsteuerbefreiung für den Veräußerer ist aber, dass gemäß § 15 Abs. 2 Nr. 1 UStG, der Vorsteuerabzug für die Vergangenheit rückwirkend ausgeschlossen sein kann. Damit kann für die im Zusammenhang mit dem Grundstück entstanden Aufwendungen die hierauf angefallene Umsatzsteuer nicht als Vorsteuer geltend gemacht werden. Hierbei ist insbesondere zu beachten, dass Vorsteuerbeträge für einen Korrekturzeitraum von zehn Jahren vor der steuerfreien Veräußerung, rückgängig gemacht werden (vgl. § 15 a UStG). Aus diesem Grund kann sich eine Option zur Umsatzsteuer nach § 9 UStG anbieten. Unter bestimmten Voraussetzungen kann zur Umsatzsteuer optiert, das heißt auf die Steuerbefreiung verzichtet werden (siehe hierzu 11.4.6.3).

Ebenfalls von der Umsatzsteuer befreit sind Umsätze aus der Vermietung und Verpachtung von Grundstücken (§ 4 Nr. 12 lit. a) UStG). Nicht Gegenstand der Umsatzsteuerbefreiung sind mitvermietete Betriebsvorrichtungen im Sinne des § 68 Abs. 2 S. 1 Nr. 2 BewG. Unter Betriebsvorrichtungen werden Maschinen und sonstige Betriebsanlagen verstanden, die nicht der Nutzung des Grundstücks, sondern der Nutzung des auf dem Grundstück ausgeübten Betriebs dienen. Es ist unerheblich, ob es sich bei den Betriebsvorrichtungen um wesentliche Bestandteile des Grundstücks handelt. Als Betriebsvorrichtungen sind beispielhaft Lastenaufzüge, Laderampen, Förderbänder, Traghallen oder Verkaufsautomaten zu nennen. Sofern eine Mitvermietung von Betriebsvorrichtungen erfolgt, muss insoweit die Vermietung zwingend zuzüglich Umsatzsteuer erfolgen. Ein Verzicht auf die Umsatzsteuerbefreiung für Vermietungs- und Verpachtungsumsätze kommt nach der Vorschrift des § 9 UStG in Betracht (siehe hierzu 11.4.6.3).

Neben der Vermietung und Verpachtung von Grundstücken sind auch die Überlassung von Grundstücken und Grundstücksteilen zur Nutzung auf Grund eines auf Übertragung des Eigentums gerichteten Vertrags oder Vorvertrags (§ 4 Nr. 12 lit. b) UStG) steuerfrei und die Bestellung, die Übertragung und die Überlassung der Ausübung von dinglichen Nutzungsrechten an Grundstücken (§ 4 Nr. 12 lit. c) UStG). Bei Erfüllen der Voraussetzungen des § 9 UStG kommt ein Verzicht auf die Steuerbefreiung in Betracht.

Nach § 4 Nr. 13 UStG sind die Umsätze, die die Gemeinschaften der Wohnungseigentümer im Sinne des WEG erbringen umsatzsteuerfrei, soweit die Leistungen in der Überlassung des gemeinschaftlichen Eigentums zum Gebrauch, seiner Instandhaltung, Instandsetzung und sonstigen Verwaltung sowie der Lieferung von Wärme und ähnlichen Gegenständen bestehen. Hierunter fallen beispielsweise die Waschküchen- und Waschmaschinmitbenutzung, die Flurbeleuchtung, die Straßenreinigung und die Instandhaltung und Instandsetzung des gemeinschaftlichen Eigentums. Soweit die Voraussetzungen des § 9 UStG erfüllt sind, kann ein Verzicht auf die Steuerbefreiung erfolgen.

Zu beachten ist, dass Umsatzsteuerbefreiungen regelmäßig mit der unerwünschten Versagung des Vorsteuerabzugs einhergehen.

11.4.6.3 Option zur Umsatzsteuer

Durch den Verzicht auf eine Steuerbefreiung (Option zur Umsatzsteuer) werden die eigentlich befreiten Umsätze steuerpflichtig und können die mit diesen Umsätzen im Zusammenhang stehenden Vorsteuerbeträge geltend gemacht werden.

Eine Option kommt nur bei Vorliegen bestimmter Voraussetzungen in Betracht. Den Verzicht auf die Steuerbefreiung kann ausschließlich der leistende Unternehmer erklären. Beim leistenden Unternehmer muss es sich um einen umsatzsteuerlichen Unternehmer im Sinne des § 2 UStG handelt. Ein Kleinunternehmer kann nicht auf die Steuerbefreiung verzichten.

Als weitere Voraussetzung ist erforderlich, dass ein zum Verzicht berechtigender Umsatz vorliegt. Als solche kommen unter anderem Umsätze, die unter das Grunderwerbsteuergesetz fallen (§ 4 Nr. 9 lit. a) UStG) und Umsätze aus der Vermietung und Verpachtung von Grundstücken (§ 4 Nr. 12 UStG) in Betracht.

Ferner muss es sich um Umsätze eines Unternehmers an einen anderen Unternehmer handeln. Daher muss auch der Leistungsempfänger ein umsatzsteuerlichen Unternehmer im Sinne des § 2 UStG sein. Die Umsätze müssen für das Unternehmen des Leistungsempfängers erfolgen. Sofern die Umsätze sowohl an den unternehmerischen als auch an den nichtunternehmerischen Bereich erbracht werden, muss eine Aufteilung erfolgen. Eine Option kommt lediglich hinsichtlich des unternehmerisch genutzten Teils in Betracht. Sofern eine Aufteilung nicht möglich ist, scheidet eine Option insgesamt aus.

Soweit eine Option hinsichtlich Umsätzen aus der Vermietung und Verpachtung von Grundstücken (§ 4 Nr. 12 lit. a) UStG) oder für Umsätze aus der Bestellung und Übertragung von Erbbaurechten (§ 4 Nr. 9 lit. a) UStG) erfolgt, ist für eine Option eine weitere Voraussetzung erforderlich. Es ist erforderlich, dass der Leistungsempfänger, also der Mieter, das Grundstück ausschließlich für Umsätze verwendet, die den Vorsteuerabzug nicht ausschließen. Es darf damit insoweit keine vorsteuerschädliche Nutzung des Grundstücks erfolgen. Wird ein Gebäude beispielsweise von Ärzten oder zum Betrieb eines Kindergartens genutzt, ist eine vorsteuerschädliche Nutzung gegeben und damit ist eine Option zur Umsatzsteuer durch den Vermieter ausgeschlossen. In diesem Zusammenhang ist darauf hinzuweisen, dass die Finanzverwaltung bezüglich der Ausschließlichkeit einer vorsteuerschädlichen Nutzung eine Bagatellgrenze von derzeit 5 % annimmt. Werden in einem Objekt daher weniger als 5 % vorsteuerschädlich genutzt, kann dennoch insgesamt eine Option zur Umsatzsteuer erfolgen. Erfolgt die Grundstücksnutzung teilweise für vorsteuerschädliche Tätigkeiten und teilweise für nicht vorsteuerschädliche Tätigkeiten, kommt eine Teiloption in Betracht. Dies allerdings nur, wenn eine klare, insbesondere räumliche Trennung möglich ist.

Die Ausübung der Option ist grundsätzlich an keine bestimmte Form gebunden, muss sich aber eindeutig nachvollziehbar ergeben. Sie erfolgt regelmäßig mit Abgabe der Umsatzsteuervoranmeldung.

Eine Besonderheit hierzu besteht bei Grundstücksgeschäften. Bei Grundstücksgeschäften ist der Verzicht auf die Steuerbefreiung zwingend in dem gemäß § 311b BGB notariell zu beurkundenden Kaufvertrag zu erklären (§ 9 Abs. 3 UStG).

11.4.6.4 Sonstiges zur Umsatzsteuer

Bemessungsgrundlage für die Berechnung der Umsatzsteuer ist das Entgelt. Unter Entgelt wird alles verstanden, was der Leistungsempfänger für den Erhalt der Leistung aufwendet, allerdings abzüglich der Umsatzsteuer. Damit ist das Nettoentgelt die Bemessungsgrundlage für die Umsatzsteuer. Die Umsatzsteuer beträgt derzeit 19 % im Regelsteuersatz und 7 % im ermäßigten Steuersatz. Der ermäßigte Steuersatz von 7 % ist im Zusammenhang mit Grundstücksgeschäften grundsätzlich ohne Bedeutung.

Steuerschuldner der Umsatzsteuer ist grundsätzlich der Unternehmer (Leistender). Dieser ist verpflichtet die Umsatzsteuer an das Finanzamt abzuführen. Allerdings kann es in gewissen Fällen zu einer Umkehr der Steuerschuldnerschaft kommen (reverse charge gemäß § 13b UStG). In diesen Fällen ist der Leistungsempfänger, soweit er Unternehmer oder eine juristische Person ist, selbst Steuerschuldner. Nach § 13b Abs. 5 UStG schuldet der Leistungsempfänger in den Fällen der § 13b Abs. 1, Abs. 2 Nr. 1 bis 3 UStG die Umsatzsteuer. Es handelt sich hierbei unter anderem um Umsätze, die unter das Grunderwerbsteuergesetz fallen (§ 13b Abs. 2 Nr. 3 UStG). Bei Grundstückserwerben ist damit trotz Ausübung der Option im Vertrag lediglich der Nettobetrag auszuweisen, jedoch verbunden mit dem Hinweis auf die Steuerschuldnerschaft des Leistungsempfängers. Es ist jedoch zu beachten, dass das reverse charge Verfahren nicht für Mobilien gilt. Soweit neben dem Grundstück oder Erbbaurecht Mobilien übertragen werden, bleibt insoweit der leistende Unternehmer Schuldner der Umsatzsteuer. Eine gegebenenfalls gesonderte Rechnung muss daher insoweit Umsatzsteuer ausweisen.

Für einen Vorsteuerabzug ist sicherzustellen, dass die Rechnungen den umsatzsteuerlichen Anforderungen des § 14 Abs. 5 UStG entsprechen und die dort aufgezählten Angaben enthalten.

11.4.6.5 Regelungen in Grundstückskauf- und Mietverträgen

Aufgrund der vorgenannten verschiedenen Möglichkeiten der umsatzsteuerlichen Behandlung von Grundstücken, sind in Grundstückskaufverträgen und Mietverträgen mit Unternehmern entsprechende Regelungen zu treffen.

Sind sich die Parteien eines Grundstückskaufvertrages einig, dass es sich um keine Geschäftsveräußerung im Ganzen (§ 1 Abs. 1a UStG) handelt, sollten dennoch Regelungen getroffen für den Fall werden, dass die zuständige Finanzbehörde zu einer davon abweichenden Auffassung gelangt. Sofern keine Geschäftsveräußerung im Ganzen angenommen wird, sondern eine Option zur Umsatzsteuer erklärt wird (§ 9 UStG), ist insbesondere zu regeln, ob es sich bei einer späteren Annahme einer Geschäftsveräußerung im Ganzen, beim Kaufpreis um einen Netto- oder Bruttokaufpreis handelt.

Bei Immobilienmietverträgen in denen eine Option zur Umsatzsteuer erklärt wird, sollte zum einen die Verpflichtung des Mieters geregelt werden, das Objekt nicht zu vorsteuerschädlichen Nutzungen zu verwenden. Ferner sind Schadensersatzregelungen zu vereinbaren, falls der Mieter oder ein Untermieter vertragswidrig eine vorsteuerschädliche Nutzung vornimmt und es hierdurch zu Vorsteuerschäden oder sonstigen Schäden beim Vermieter kommt.

Teil 3
Konzeption und Planung

Übersicht

1. Nutzungskonzepte und architektonische Ausgestaltung

1.1 Globale Trends und ihre Auswirkungen auf die Büroarbeit

Globalisierung, Flexibilisierung und technologischer Wandel sind auffällige Treiber und Indikatoren einer sich verändernden Arbeitswelt. Innovationsfähigkeit gilt als entscheidender
Schlüssel für Wachstum und Unternehmenserfolg. Aber Innovationen entstehen nicht automatisch – sie werden von Menschen gemacht. Der Rohstoff dazu ist Wissen. Aber Nutzen
entsteht erst, wenn aus Wissen etwas Neues entsteht. Folgerichtig gelten insbesondere Büro- und
Wissensarbeiter, ihre Erfahrungen und ihr Know-how als die wichtigste Ressource, über die
viele Unternehmen verfügen. Und diesen gilt es eine geeignete und zukunftsfähige Plattform
zur Verfügung zu stellen.

Mittlerweile gehen über vierzig Prozent der erwerbstätigen Personen in Deutschland Büroarbeit in ihren unterschiedlichsten Facetten nach. Sie arbeiten zwar noch immer häufig in
Bürogebäuden, aber schon lange nicht mehr nur ausschließlich hier oder nur an einem Schreibtisch. Informations- und Kommunikationstechnologien haben dazu geführt, dass Büroarbeit
in Bezug auf die Aspekte Arbeitsort und Arbeitszeit mittlerweile weit mobiler und flexibler an
unterschiedlichen und wechselnden Orten stattfindet, sowohl innerhalb des Unternehmens als
auch außerhalb. Fünf mal acht Stunden, zum Abendbrot zuhause und am Wochenende frei – die
sogenannte Normalarbeitszeit wird immer mehr zur Ausnahme. Flexible Arbeitszeitmuster
sind heutzutage gefragt und zunehmend üblich.

Flexible Center- und Teamstrukturen ersetzen funktionale und arbeitsteilige Organisationsformen. Als Leitmaxime für team- und mitarbeitergetriebene Veränderungsmechanismen
wird ein hohes Maß an Eigeninitiative und Selbstorganisation gefordert. Neue Arbeits- und
Bürokonzepte – wie z.B. „Kombi-Büro", „Non-territoriales Büro", „Business-Club" – haben
sich zunehmend etabliert.

Und nicht zu vergessen: rund um das Thema Büro werden sowohl heute als auch zukünftig
permanent weitere Produktivitäts- und Kosteneffekte eingefordert. Umso spannender ist daher nicht nur die Frage nach dem Status Quo, sondern auch der Blick in die weitere Zukunft.
Wo stehen wir also derzeit? Wie performant wird in unseren Büros gearbeitet bzw. welche
Produktivitätspotenziale lassen sich noch erschließen? Wie relevant sind dabei beispielsweise
räumliche, technologische oder organisatorische Aspekte und welche Stellschrauben sind wie

wirkungsvoll? Wo ansetzen ohne am falschen Ende zu sparen? Oder müsste im Gegenteil vielleicht sogar eher noch mehr in die Schaffung einer „exzellenten" Büroqualität investiert werden, um den Büro- und Wissensarbeitern eine zeitgemäße, innovations-, produktivitäts- und motivationsförderliche Arbeitsgrundlage zu schaffen?

Welche Entwicklungen und Trends bestimmen die nähere Zukunft? Wie werden wir morgen leben und arbeiten? Mit welchen Themen gilt es sich frühzeitig vertraut zu machen?

1.1.1 Blick in die Zukunft

Das Bestreben Veränderungen und Trends nicht nur frühzeitig zu erkennen, sondern dabei auch einen möglichst sicheren und weitreichenden Blick in die Zukunft zu werfen, war schon immer ein reizvolles Faszinosum. Umso mehr, da sich eine moderne Arbeitsgesellschaft heutzutage im Zustand permanenten Wandels befindet – und dies bei zunehmend erhöhter Veränderungsgeschwindigkeit.

Zahlreiche Trend- und Zukunftsstudien haben sich in den letzten Jahren mit unterschiedlichen Aspekten zukünftiger Arbeits- und Lebenswelten auseinandergesetzt. Auf Basis einer ersten quantitativen Auswertung von über 60 diesbezüglichen Quellen lassen sich schnell eindeutige Schwerpunkte in Bezug auf die Häufigkeit der Nennung einzelner Themenkomplexe und Trendcluster sowie deren gegenseitige Vernetzung und vornehmliche Wirkungsebene erkennen (Abb. 1).

Abb. 1: Quantitative Auswertung unterschiedlicher Trendstudien in Bezug auf die Häufigkeit der Nennungen einzelner Trendcluster, deren Wirkungsebene und Vernetzung[1]

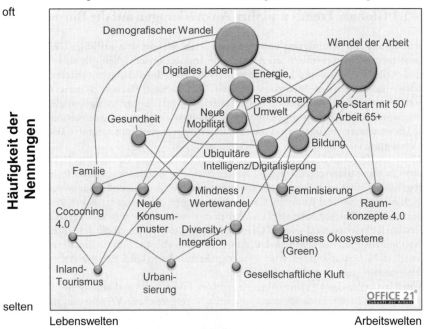

Nachfolgend werden ausgewählte Trendcluster näher betrachtet und diskutiert.

[1] Kelter, J. (2011): Auf dem Weg in die Zukunft – Trends und Produktivitätspotenziale für exzellente Bürowelten. in: Die Zukunft der Arbeit. Winterfeld, U.; Godehardt, B.; Reschner, C. (Hrsg.), Frank & Timme Verlag, 2011.

1.1.1.1 Demografischer Wandel

Der „demografische Wandel" ist der am häufigsten thematisierte und zukünftig auf breiter Front wirksam werdende Megatrend. In Mitteleuropa wird in den nächsten Jahren nicht nur die zunehmende Alterung der Gesellschaft, sondern auch der damit einhergehende Bevölkerungsrückgang insgesamt deutliche Spuren hinterlassen. Der Anteil junger Menschen nimmt immer stärker ab, die Zahl der Älteren deutlich zu. Hochrechnungen gehen davon aus, dass sich in Deutschland bis 2050 der Anteil der Erwerbstätigen um etwa 30 Prozent verringern wird (Abb. 2).

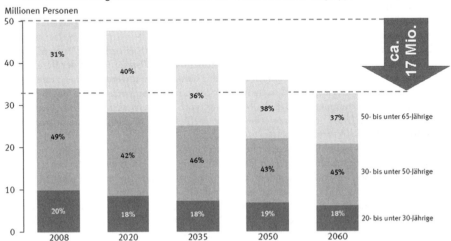

Abb. 2: Bevölkerung im Erwerbsalter von 20 bis 65 Jahren nach Altersgruppen in Deutschland[2]

Das Phänomen der alternden Belegschaft bzw. ein sich abzeichnender Nachwuchskräftemangel sind schon jetzt in Ansätzen spürbar. Unternehmen müssen daher schnell lernen, mit einer im Durchschnitt älteren Belegschaft zu arbeiten und innovativ zu bleiben. Nicht nur ältere Menschen streben kürzere Arbeitszeiten an, auch viele junge Menschen werden im Jahr 2050 voraussichtlich nur noch 20 bis 30 Std. pro Woche arbeiten, so jedenfalls die Prognosen.

Unternehmen müssen sich zwangsläufig verstärkt mit künftigen Arbeitsmarkt-Trends befassen. Fach- und Führungskräftemangel, Globalisierung und Arbeiten über Zeitzonen hinweg, permanente Erreichbarkeit für Kunden, veränderte Wertehaltungen und Lebensweisen der arbeitenden Menschen – all das stellt Firmen vor neue Herausforderungen, um Mitarbeiter langfristig halten zu können.

Der Kampf um Talente und die Suche nach Nachwuchskräften wird zukünftig deutlich früher einsetzen. Um erfolgreich auf einem ausgedünnten Arbeitsmarkt zu sein, werden talentierte Kinder und Jugendliche bereits frühzeitig über Vorverträge an Unternehmen gebunden und konsequent unterstützt und gefördert.

Die Herausforderungen des demografischen Wandels lassen sich vor diesem Hintergrund nur dann bewältigen, wenn die Beschäftigungsfähigkeit möglichst lang und bis ins hohe Alter erhalten werden kann und dabei möglichst alle gesellschaftlichen Gruppen über alle Lebensphasen hinweg am Arbeitsprozess beteiligt sind. Damit mehr Angestellte auch noch mit 67 Jahren gesund, innovativ und leistungsfähig arbeiten können, wird ein betriebliches Gesundheitsmanagement mit unterschiedlichen Programmen zur Gesunderhaltung der Mitarbeiter immer bedeutsamer (z.B. Fitnessangebote, gesunde Ernährung, bewegungsförderliche Büros und Arbeitsplätze). Dabei spielen auch die Verwirklichung von Chancengleichheit zwischen den Geschlechtern und die Verbesserung der Vereinbarkeit von Familie und Beruf eine wichtige Rolle.

---

[2] Statistisches Bundesamt: Ergebnisse der 12. koordinierten Bevölkerungsvorausberechnung, 2009.

Gleichzeitig wird eine neue Generation von Beschäftigten massiv in das Erwerbsleben eintreten – die sogenannten „Millenials" oder auch „Generation Y" genannt. Diese mit iPod, Web 2.0 Technologien und viel IT-Kompetenz ausgestatteten jungen „Digital Natives" haben offensichtlich signifikant andere Bedürfnisse und Vorstellungen von Leben und Arbeiten. Sie haben tendenziell eine schwächere Bindung ans Unternehmen, haben eine ausgeprägte soziale Verantwortung, sind offen im Dialog, wollen flexibler arbeiten und stärker ergebnisorientiert geführt werden.

1.1.1.2 Digitales Leben und Wandel der Arbeitswelt

Aufgrund einer weiter ansteigenden Innovationsdynamik bei der Entwicklung neuer Technologien und einer damit verbundenen zunehmenden Digitalisierung werden weitreichende Auswirkungen sowohl auf den geschäftlichen Arbeitsalltag, aber auch auf das private Umfeld prognostiziert.

Es zeichnen sich nahezu unerschöpfliche Informationsangebote, ein erhöhter Wissensumsatz aber auch ein schnellerer Wissensverfall und eine zunehmende Überforderung der Beschäftigten in der Bewältigung dieser Informationsflut ab. Unternehmen werden daher zunehmend von den tatsächlich aktivierbaren Wissensressourcen und den Kompetenzen der Beschäftigten abhängig. Für Unternehmen ist es deshalb wichtig, vorhandene Wissensbestände transparent und für spezifische Unternehmenszwecke gezielt verfügbar zu machen, um sie überhaupt in Innovation und Produktivität umsetzen zu können.

Mit der rasanten technologischen Weiterentwicklung und Verbreitung von Informations- und Kommunikationstechnologien (z.B. Unified Communication and Collaboration, Cloud Computing, Social Networks) entstehen für Unternehmen und Beschäftigte neue Möglichkeiten zur Gestaltung und Organisation von Arbeit (Co-Creation, verstärkte Integration von Kunden- und Lieferanten in den Wertschöpfungsprozess, Co-Working-Center usw.). Damit sind aber auch erhebliche Herausforderungen z.B. für den eigenverantwortlichen Umgang mit der Arbeit und der Arbeitszeit verbunden („Work-Life-Balance").

Die Vernetzung nach innen und außen wird zum essenziellen Bestandteil unserer Arbeit. Kommunikation, Interaktion und Kreativität stehen damit zunehmend im Fokus der Arbeitsgestaltung. Mitarbeiter benötigen daher verstärkt neue Kompetenzen und Fähigkeiten.

Die Entwicklung hin zu flexibel vernetzten Arbeitsprozessen geht einher mit einer weiter zunehmenden Mobilität der Arbeit, die – unterstützt durch hoch entwickelte Netzwerkinfrastrukturen – ein Arbeiten an fast jedem Ort möglich macht. Für das Arbeiten im Büro hat das Folgen: Wir verbringen weniger Zeit direkt im Büro, sind dort seltener alleine am Schreibtisch, sondern arbeiten häufiger in wechselnden Teams, in unterschiedlichen Arbeitsformen und an wechselnden Orten innerhalb und außerhalb. Für viele Menschen wird das Arbeiten von zu Hause immer selbstverständlicher. Aber auch unterwegs in unterschiedlichsten Verkehrsmitteln, mit Laptop und Mobiltelefon, in Flughafen- oder Bahnhofs-Lounges oder in den derzeit zunehmend aufkommenden Co-Working Zentren in den Metropolen dieser Erde wird (Büro-) Arbeit verstärkt stattfinden. Demzufolge liegt die tatsächliche Nutzung des „eigenen" Büroplatzes immer öfter sogar unter 50 Prozent seiner eigentlichen Verfügbarkeit. Deswegen wird die Entwicklung in Richtung „Non-territoriales Büro" – also weg vom eigenen Büro, hin zu individuell buchbaren Räumen bzw. Arbeitsplätzen – weiter zunehmen. Neben einer begrenzten Anzahl an Arbeitstischen, Rollcontainern und technischen Ressourcen, die sich Mitarbeiter dann teilen, wird das Büro dafür immer stärker in unterschiedliche Zonen unterteilt. Raumzonen, die sich deutlich voneinander unterscheiden und Zonen „dazwischen", die diese verbinden und zur gemeinsamen Nutzung zur Verfügung stehen. Bereiche also, die unterschiedlichen Aktivitäten Raum bieten: etwas erarbeiten, einander treffen und sich austauschen, zufällig oder geplant, besprechen in anderer Atmosphäre, Innehalten inmitten des Geschehens, einfach Luft holen, Entspannung, Abwechslung oder Inspiration suchen. Denkraum, Leseraum, Austausch, Präsentation, Relaxen, Business-Lounge, Bar u. v. m. Unternehmen werden für sich einen geeigneten Mix dieser Raumzonen erstellen, weil die Anforderungen so individuell sind wie die Unternehmen selbst. Ein Konzept, das für alle gilt, gibt es nicht.

Das Büro der Zukunft verändert sich damit immer stärker von einem standardisierten, monotonen, gleichförmigen Ort zu einer gestalterisch und funktionell bunten Landschaft. Wie eine Stadt braucht auch das Büro der Zukunft mehr Charakter und weniger Konformität.

1.1.1.3 Green Office

Die Millionen von Menschen, welche tagtäglich Büro- und Wissensarbeit nachgehen, nehmen sowohl für ihre Mobilität aber auch für die Konditionierung, Ausstattung und den Betrieb von Bürogebäuden sowie die Nutzung von Informations- und Kommunikationstechnologien in erheblichen Ausmaß Energie und Ressourcen in Anspruch. Weiter steigende Energie- und Rohstoffpreise und der sich abzeichnende Klimawandel lassen es dringend geboten erscheinen, sich mit diesen Trends auseinanderzusetzen. CO_2-Verbrauch, Nachhaltigkeit, Klimaschutz, Energieeffizienz – das alles berührt nicht nur die Architektur, sondern auch das Büro und die Arbeitsweisen selbst.

Unter dem Begriff „Green Office" wird daher eine gleichermaßen an ökonomischen, ökologischen und sozialen Zielsetzungen ausgerichtete Gestaltung von Arbeits- und Bürokonzepten verstanden. Ein in diesem Sinne nachhaltiger Ansatz umfasst dabei die Gestaltungsfelder Gebäude- und Raum („Green Building"), Informations- und Kommunikationstechnologie („Green IT") und das Nutzerverhalten („Green Behaviour") (Abb. 3).

Die Entwicklung von „Green Office Konzepten" ist aber nicht nur eine gesellschaftliche Notwendigkeit, sondern wird auch für einzelne Unternehmen bereits in der kurz- und mittelfristigen Perspektive massiv an Bedeutung gewinnen. Lebenszyklusbetrachtungen und Betriebskosten werden entscheidend. Dies gilt für Bürogebäude in gleicher Weise wie für die Informations- und Kommunikationstechnik, die gesamte Inneneinrichtung oder die zukünftig nutzbaren Mobilitätssysteme.

Abb. 3: Green Office – Gestaltungsfelder nachhaltiger Arbeits- und Bürokonzepte[3]

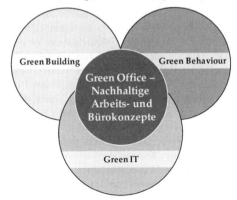

Stellvertretend für eine lange Liste unterschiedlicher Teilaspekte sei hier nur das Energieeinsparpotenzial bei IT-Arbeitsplätzen genannt. Je nach Ausstattung sind schon heute Energiekosteneinsparungen von bis zu 75 Prozent möglich, wenn man z.B. konventionelle PC-Arbeitsplätze mit Thin-Client-Arbeitsplätzen oder Notebook-Arbeitsplätzen vergleicht.

---

[3] Bauer, W.; Rief, S.; Jurecic, M.: Ökonomische Potenziale nachhaltiger Arbeits- und Bürogestaltung. In: Spath, D.; Bauer, W.; Rief, S. (Hrsg.): Green Office, Gabler Verlag, 2010.

1.2 Zum Status Quo der Bürosituation in Deutschland

Sobald man sich intensiver mit der Zukunft und mit kommenden Trends beschäftigt, lohnt im Gegenzug ebenso der kritische Blick auf das Heute und den Status Quo. Wie umfassend haben sich die Prognosen und Trends der letzten Jahre in Bezug auf die „Arbeitswelt Büro" durchgesetzt und wo stehen wir aktuell?

Die These, dass Büros heutzutage die Schaltzentralen für Wissen, Kreativität, Innovation und Produktivität darstellen, ist grundsätzlich unstrittig. Auch die Erkenntnis, dass exzellente Büros einer kontinuierlichen Überprüfung und Nachsteuerung unterzogen werden müssen findet breite Zustimmung. Infolge des durch Krisenzeiten verstärkten Kostendrucks erschöpfen sich derartige Optimierungsbemühungen häufig in der Verbesserung der Flächeneffizienz, also einer Reduzierung der vorhandenen Büroflächen bzw. einer spürbaren Verdichtung der Arbeitsplätze. Mehr Mitarbeiter auf der gleichen Fläche unterzubringen kann jedoch ein zweischneidiges Schwert sein, wenn dabei die Arbeitsproduktivität sinkt.

Die Palette relevanter Themen zur Schaffung zeitgemäßer Büros bzw. zur Optimierung der Büroarbeit tangiert zwar immer auch das Kostenthema, ist aber weitaus komplexer und lässt sich nicht auf die reinen Quadratmeterzahlen beschränken. Eine vom Deutschen Büromöbel Forum initiierte Studie geht davon aus, dass jeder dritte von ungefähr 17 Millionen Arbeitsplätzen in deutschen Büros nicht optimiert und nicht gesund erhaltend gestaltet ist. Bedenkt man die Tragweite und Dimension dieser Zahlen, dann stellt sich schnell die Frage: Wie lange können wir es uns noch leisten, derartige Versäumnisse nicht konsequenter anzugehen? Wo liegen die Gründe dafür und welche Herausforderungen gilt es zu meistern?

Bei genauerem Hinsehen stellt man schnell fest, dass sowohl in Bezug auf die zielgerichtete Gestaltung von Wissensarbeit, die Schaffung geeigneter Strukturen und Prozesse, die Entwicklung einer adäquaten Unternehmens- und Führungskultur, die Gestaltung qualitätsvoller Arbeitsplätze, Räume und Arbeitsumgebungen, bei der Implementierung einer wirkungsvollen technologischen Infrastruktur und nicht zuletzt auch hinsichtlich der Bestimmung von Produktivität und Leistung bei Büro- und Wissensarbeitern noch viel Nachholbedarf besteht.

Einen realistischen Einblick in die aktuelle Bürosituation hat die Langzeiterhebung des „Office-Excellence-Check" geliefert, den das Fraunhofer-Institut für Arbeitswirtschaft und Organisation (IAO), Stuttgart, im Rahmen des von der Bundesanstalt für Arbeitsschutz und Arbeitsmedizin (BAuA) und der Initiative „Neue Qualität der Büroarbeit" (INQA Büro) geförderten Projektes „Büroarbeit/Kennziffer: INQA 05/1" entwickelt und durchgeführt hat[4].

Der in Form eines webbasierten Selbstbewertungs-Systems aufgebaute „Office-Excellence-Check" war darauf angelegt, die eigene Arbeits- und Bürosituation zunächst umfänglich zu erfassen und dabei unterschiedliche Qualitätsmerkmale zu bewerten. Daraus wurde ein Ergebnis generiert, das in Form eines Kennzahlensystems aufgebaut ist und das es erlaubt, die persönliche Arbeits- und Bürosituation einzuordnen und sich mit anderen zu vergleichen („Benchmark"). In diese Referenzdatenbank sind die Angaben von insgesamt knapp 5.300 Teilnehmern eingeflossen.

Insbesondere folgende Leitfragen wurden dabei untersucht:
- Wie ist es insgesamt um die Produktivität in den analysierten Büros bestellt („Office-Performance")?
- Welches Qualitätsniveau haben Büro-Arbeitsplätze in Bezug auf unterschiedliche Gestaltungs- und Ausstattungsaspekte erreicht („Office-Design")?
- Lassen sich signifikante Zusammenhänge zwischen einzelnen Parametern nachweisen? Wesentliche Ergebnisse hierzu werden nachfolgend diskutiert.

---

[4] Kelter, J.: Der Office-Excellence-Check – Erstellung von Basismaterialien. Projektbericht für die Bundesanstalt für Arbeitsschutz und Arbeitsmedizin (BAuA), 2006.

1.2.1 Produktivitätsindikator „Office Performance"

Der Durchschnittswert zur Ermittlung einer spezifischen Produktivitäts- bzw. Performance-Kennzahl („Office-Performance-Index") liegt – bezogen auf den theoretisch möglichen Maximalwert – bei 60,7 % (Abb. 4). Dieser Wert gibt deutliche Hinweise auf bislang noch ungenutzte Performance-Potenziale.

Abb. 4: Auswertung der Langzeiterhebung des Office-Excellence-Check zu den Kennzahlen „Office-Performance-Index" und „Office-Design-Index"[5]

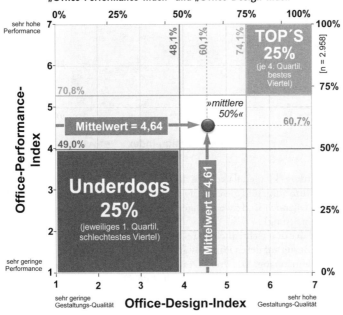

Der Office-Performance-Index setzt sich dabei aus den Einzelbewertungen zu jeweils vier Teilaspekten zusammen (Ergebnisqualität der eigenen Arbeit, Arbeitsaufwand/Effizienz, Mittel und Wege/Effektivität, Qualität der Teamprozesse).

Ein ähnlicher Nachholbedarf kann auch in Bezug auf die insgesamt realisierte Gestaltungsqualität der Büros festgestellt werden. Der Kennwert für das „Office-Design" weist insgesamt betrachtet nur einen Durchschnittswert von 60,2 % auf. Darin fließen Einzelbewertungen zu insgesamt neun Teilaspekten mit ein (z.B. Eignung der Büroform, Bürolayout, Kommunikationsangebote, Rückzugsmöglichkeiten, Ambientegestaltung, Sehverhältnisse).

Das oberste Quartil, also die Spitzengruppe der „Besten 25 %" in Bezug auf Performance und Design („Top 25 %"), beginnt ab einem Grenzwert von 71 % bzw. 74 %. In die Gruppe der „Schlechtesten 25 %" („Underdogs") fällt man bereits mit Werten jeweils knapp unterhalb des 50 %-Niveaus (Abb. 4).

Die weitere Analyse ergibt zudem einen hochsignifikanten und starken, positiven Zusammenhang (Korrelation $r = 0.358$★★★) zwischen den beiden Indizes „Office-Design" und „Office-Performance" (Abb. 5). Dies bedeutet: Je mehr Gestaltungs-Qualität im Büro realisiert ist, desto mehr trägt dies auch zu einer Verbesserung der Office-Performance bei.

Bemerkenswert ist zudem, dass – gemessen auf einer 100 %-Skala – theoretische Unterschiede von bis zu 36 % für den Performance-Index zu erwarten sind (in Abhängigkeit der jeweils im Büro realisierten Konzept-, Ausstattungs- und Gestaltungs-Qualität). Diese Unterschiede sind

---

[5] Kelter, J.: Der Office-Excellence-Check – Erstellung von Basismaterialien. Projektbericht für die Bundesanstalt für Arbeitsschutz und Arbeitsmedizin (BAuA), 2006.

Abb. 5: Hochsignifikanter Zusammenhang zwischen Office-Design und Office-Performance[6]

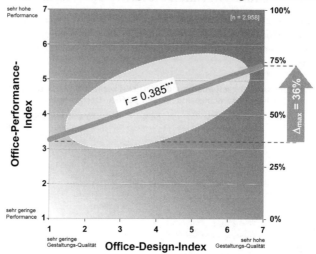

in der Realität allerdings kleiner, da keine Arbeitsumgebung in allen relevanten Aspekten ganz schlecht und kein Büro aufgrund gleichzeitig wirkender Anforderungen in allen Dimensionen perfekt sein kann. Dennoch sind zweistellige Verbesserungsraten realistisch (vgl. Kap. Evaluierung und Erfolgsmessung).

Bei der Analyse der unterschiedlichen Teilaspekte aus denen sich der Office-Design-Index zusammensetzt in Bezug auf deren Einflußstärke und Wirksamkeit, zeigt sich ein weiterer sehr interessanter Zusammenhang. Die drei „Design-Faktoren" mit dem höchsten Wirkungsgrad zur Verbesserung der Performance sind demnach (Abb. 6):
– ein Büro, das jede Art von Kommunikations-Arbeit bestmöglich unterstützt (ß=0.19)
– eine auf die Tätigkeitsanforderungen abgestimmte und bewusst geplante Büroform (ß=0.16)

Abb. 6: Hochsignifikanter Zusammenhang zwischen Office-Design und Office-Performance[6]

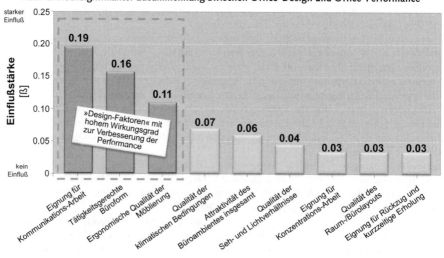

---

[6] Kelter, J.: Der Office-Excellence-Check – Erstellung von Basismaterialien. Projektbericht für die Bundesanstalt für Arbeitsschutz und Arbeitsmedizin (BAuA), 2006.

– ein hohes Maß an ergonomischer Qualität des gesamten Arbeitsplatz-Mobiliars, z.B. in Form von einfachen und ausreichend großen Anpassungs- und Verstellmöglichkeiten sowie Komfortfunktionen bei Schreibtisch und Bürostuhl (ß=0.11).

Neben der „Ich-Performance" erhalten damit in besonderem Maße Aspekte in Bezug auf die „Team- und Wir-Performance" hohe Relevanz.

1.2.2 Wohlfühlqualität wirkt

Im Rahmen dieser Zwischenauswertung wurde auch der Zusammenhang zwischen dem allgemeinen Wohlbefinden der Beschäftigten und dem Office-Performance-Index untersucht. Dabei konnte ein ebenfalls sehr starker und hochsignifikanter, positiver Zusammenhang zwischen dem dazu aus den beiden Teilaspekten Arbeitszufriedenheit und Wohlbefinden im Büro gebildeten „Contentment-Index" nachgewiesen werden (Korrelation r = 0.536***). Dies bedeutet: Je mehr Arbeitszufriedenheit und Wohlfühlqualität im Büro erreicht wird, desto höher liegt auch die Office-Performance (Abb. 7).

Wie aus Abb. 7 ebenfalls hervorgeht, führt eine Vernachlässigung des „Contentment" zu deutlichen und signifikanten Performance-Verlusten von theoretisch bis zu 54%.

Abb. 7: Zusammenhang zwischen Contentment-Index und Office-Performance-Index[7]

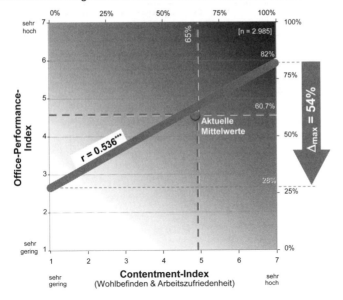

1.3 Einsatz von Informations- und Kommunikationstechnik bei Büro- und Wissensarbeit

Wissensarbeiter, also Menschen, deren Aufgabe im Wesentlichen darin besteht, Wissen zu erwerben, zu erzeugen, zu bündeln oder anzuwenden, benötigen wie andere auch einen Werkzeugkasten für ihre Arbeit – der Werkzeugkasten der Wissensarbeiter ist allerdings vornehmlich mit Tools der Informations- und Kommunikationstechnik (IuK) bestückt. Die Relevanz einzelner IuK-Technologien kann allerdings je nach Aufgabenstellung variieren. Ziel der im Rahmen des

---

[7] Kelter, J.: Der Office-Excellence-Check – Erstellung von Basismaterialien. Projektbericht für die Bundesanstalt für Arbeitsschutz und Arbeitsmedizin (BAuA), 2006.

Verbundforschungsprojekts OFFICE 21® durchgeführten Studie „Information Work 2009"[8]
war es daher, diese Fragestellungen aufzugreifen, um insbesondere in Hinblick auf die Nutzung
informations- und kommunikationstechnischer Lösungen, ein differenziertes Bild über Arbeitsweisen und Anwendungsverhalten unterschiedlicher Typen von Wissensarbeitern zu erhalten.
    Nachfolgend werden wesentliche Ergebnisse hierzu vorgestellt und diskutiert. Grundlage
dafür bildet die Auswertung diesbezüglicher Angaben von insgesamt 1.020 Teilnehmern.

1.3.1 IuK-Ausstattung und deren Nutzen

Wie die Gesamtauswertung der Studie zeigt, ergibt sich in Bezug auf die tatsächlich zur Verfügung stehende IuK-Ausstattung ein heterogenes Bild. Insgesamt betrachtet, gehören er-
wartungsgemäß insbesondere Telefon und Computer zu den typischen Arbeitsmitteln von
Informations- und Wissensarbeitern. Für die allermeisten der Befragten wird das Arbeitsmittel
„Telefon" noch immer in Form eines tischgebundenen Apparates (89,4%) zur Verfügung gestellt.
Daneben werden jedoch von vielen auch Mobiltelefon/Handy (72,2%), Smartphones (53,6%)
sowie schnurlose Telefone, die als Komponente einer hausinternen Telefonanlage zur Verfügung
stehen (40,7%), genutzt (Abb. 8).

**Abb. 8: Für die eigene Arbeit zur Verfügung stehende IuK-Ausstattung und Anteil tatsächlicher Nutzer
(Gesamtauswertung)[8]**

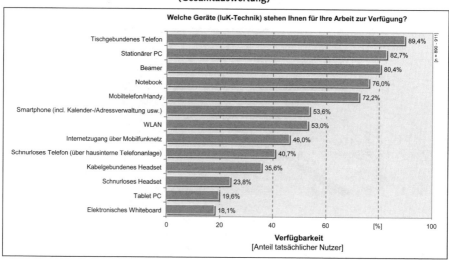

Stationäre PC's (82,7%) und Notebooks (76,0%) stehen bei vielen Anwendern offensichtlich
parallel zur Verfügung. Tablet PC's kamen bei insgesamt knapp 20% der dort Befragten zum
Einsatz. Darüber hinaus gehören Beamer (80,4%), WLAN (53,0%) oder der Internetzugang
über ein Mobilfunknetz (46%) für einen Großteil der Befragten zum Alltag.
    Bei den zur Verfügung stehenden IT-Funktionen/Technologien sind insbesondere Team-
server (85,3%), Teamkalender (71,1%), der Zugang via Webportal auf eigene bzw. benötigte
Daten im Unternehmensnetzwerk (59,9%), Groupware-Lösungen (55,3%) und Dokumenten-
Management-Systeme (48,9%) weitverbreitete Anwendungen, die genutzt werden (Abb. 9).
    Da diese ersten orientierenden Analysen auf einer Gesamtauswertung aller Teilnehmer ba-
sieren und noch ohne Berücksichtigung individueller Tätigkeitsschwerpunkte oder typischer
Arbeitsmerkmale vorgenommen worden sind, soll nachfolgend eine weitere Differenzierung
anhand geeigneter Typologien für Informations- und Wissensarbeiter vorgenommen werden.

---

[8] Kelter, J.; Bauer, W.; Rief, S.: Haner, U.: Information Work 2009 – Über die Potenziale von Informa-
tions- und Kommunikationstechnologien bei Büro- und Wissensarbeit, Fraunhofer-Verlag, Stuttgart, 2009.

Abb. 9: Für die eigene Arbeit zur Verfügung stehende IT-Funktionen/Technologien und Anteil tatsächlicher Nutzer (Gesamtauswertung)[9]

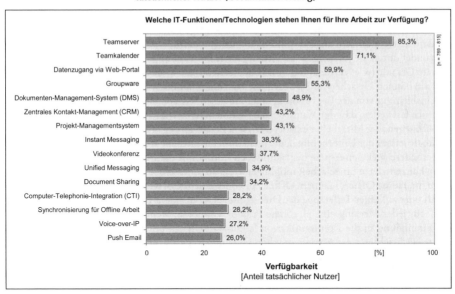

1.3.2 Mobile Arbeitsprozesse durch die Nutzung moderner Kommunikationstechnologien

Wie bereits oben erwähnt, besteht die Aufgabe eines Wissensarbeiters im Wesentlichen darin, Wissen zu erwerben, zu erzeugen, zu bündeln oder anzuwenden. Allerdings zeigen unterschiedliche Aufgabenstellungen und Tätigkeiten sehr unterschiedliche Ausprägungen dieser Anforderungen an einen Wissensarbeiter. Wie die Studie „Information Work 2009"[9] zeigt, lassen sich vier unterschiedliche Typen der Wissensarbeiter voneinander unterscheiden. Grundlage der Differenzierung sind die Faktoren „Neuartigkeit der Aufgabenstellung", „die Komplexität der Aufgabenstellung" sowie die zur Aufgabenausführung verfügbare „Autonomie des Wissensarbeiters". Während ein Entwicklungsingenieur also beispielsweise sehr neuartige Aufgaben bearbeitet, kann auch die Aufgabenstellung eines Sachbearbeiters sehr komplex sein, ohne gleich besonders neuartig zu sein.

Bei Vergleich der identifizierten Wissensarbeitstypen zeigt sich, dass die „Performance" der Wissensarbeiter signifikant mit ihrer Autonomie zusammenhängt. Je selbständiger die Wissensarbeiter also über ihre Arbeitsprozesse (und damit beispielsweise über die Reihenfolge der Bearbeitung einzelner Aufgaben) entscheiden können, umso leistungsfähiger werden sie. Diese Autonomie wiederum wird im besonderen Maß von der Verfügbarkeit und dem Einsatz von geeigneter Arbeitsinfrastruktur, also beispielsweise der angemessenen Informations- und Kommunikationstechnologie, geprägt. Es zeigte sich beispielsweise, dass der Wissensarbeitstyp mit den höchsten Werten in Bezug auf die Neuartigkeit, der Komplexität und der Autonomie derjenige Arbeitstyp war, der auch den größten Werkzeugkasten und mithin die mobilsten Geräte zur Verfügung hatte.

Mobile Geräte tragen also damit zunächst zur Erhöhung der Autonomie der Wissensarbeiter bei und damit indirekt zu deren Leistungsfähigkeit, da damit Ort und Zeit der Leistungserbringung im Prinzip durch den Wissensarbeiter selbst bestimmbar werden.

---

[9] Kelter, J.; Bauer, W.; Rief, S.: Haner, U.: Information Work 2009 – Über die Potenziale von Informations- und Kommunikationstechnologien bei Büro- und Wissensarbeit, Fraunhofer-Verlag, Stuttgart, 2009.

Die Tätigkeit eines Wissensarbeiters beschränkt sich tatsächlich auch immer weniger auf die Erledigung der Arbeitsaufgaben an einem bestimmten Arbeitsplatz. Zunehmende Projektarbeit im und außerhalb des eigenen Unternehmens erfordern mehr Kommunikation und insbesondere Kollaboration, gerade auch dann, wenn nicht alle Kollegen und Projektmitarbeiter sich an einem festen, vielleicht an dem angestammten Arbeitsplatz befinden. Diese Abwesenheit ist vielfach begründet durch die jeweiligen Arbeitsaufgaben: Besprechungen, Dienstreisen etc. Aber auch private Gründe (wie Vermeidung von Pendelzeiten oder Betreuung von Angehörigen – jung und alt) können Ursache von Abwesenheit vom angestammten Büroarbeitsplatz sein.

Unabhängig von der Begründung einer Abwesenheit von einem bestimmten Arbeitsplatz, lässt sich feststellen, dass der Wunsch nach flexiblem Arbeiten sowohl seitens der Unternehmen als auch seitens der Mitarbeiter existiert. Diesem Bedarf zu begegnen erfordert eine ganzheitliche Strategie seitens der Unternehmen, die nicht nur eine zeitliche Autonomiekomponente sondern insbesondere auch den Aspekt der räumlichen Autonomie der Mitarbeiter beinhalten muss. So kann konzentrierte Einzelarbeit möglicherweise an unterschiedlichsten Orten stattfinden: im Büro, im Home Office, in einem Office Hub oder einem Co-Working-Center in der Nachbarschaft oder auf einer Teiletappe der Dienstreise, etwa in einem Business Hotel. Gleichzeitig ist nicht für jedes Meeting eine physische Präsenz vonnöten, wenn denn die Erreichbarkeit und die Einbindung in die Kommunikation (audio-visuell) gut unterstützt werden. E-Mails und kurze Nachrichten werden sowieso schon von unterwegs bearbeitet. Man achte einfach auf die Verhaltensweisen der Menschen in Bussen und Bahnen.

Daher sollten Unternehmen sich grundsätzlich darüber Gedanken machen, wie sie diesen Flexibilitätsbedarf unterstützen können. Hierzu gehört zunächst sicherlich eine Strategie des multilokalen Arbeitens. Wie ein Ergebnis des OFFICE21®-Projekts am Fraunhofer IAO zeigt (Abb. 10), werden unterschiedlichste Orte in wechselnder Intensität für das Arbeiten genutzt. Manchmal liegen die Schwerpunkte der Nutzung im beruflichen Umfeld, manchmal eher im privaten. Viele dieser Orte werden nur temporär genutzt, andere sind mit der jeweiligen Person eindeutig zuordenbar.

Abb. 10: Optionen und Herausforderungen multilokalen Arbeitens[10]

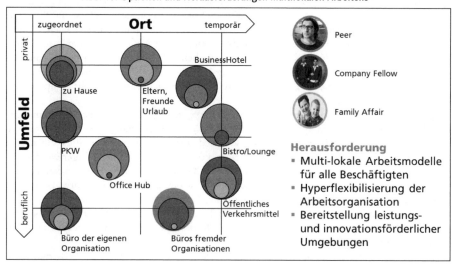

[10] Haner, U., Kelter, J.; Rief, S.: Unternehmen und multilokales Arbeiten – Autonomie gefragt. In: Mensch & Büro, Heft 4/2012.

Jeder Mitarbeiter kann am besten selbst beurteilen, wo und wann er welche Aufgaben am besten erledigen kann. Die technologischen Möglichkeiten, diese räumliche Flexibilität zu nutzen, bestehen heute. Die Arbeitsinfrastruktur ist zunehmend drahtlos und mobil. Unternehmen müssen aber eine solch räumlich flexible Nutzung organisatorisch unterstützen.

1.4 Bürokonzepte

1.4.1 Typologische Entwicklung

Die Entwicklungsgeschichte des Büros war immer wieder geprägt durch unterschiedliche Arten der räumlichen Aufteilung und Besiedelung von Arbeitsräumen. Als primäres Unterscheidungsmerkmal zur Typisierung unterschiedlicher Bürokonzepte – als synonyme Begriffe in diesem Zusammenhang werden auch Büroraumart, Büroform, Bürotyp oder Raumkonzept verwendet – kann die Größe eines Raumes und dessen Art der Nutzung herangezogen werden[11].

Die unterschiedlichen Bürokonzepte unterscheiden sich insbesondere durch die Art der Aufteilung und Besiedelung von Arbeitsräumen. Bürokonzepte sind daher Strukturmodelle zur Gestaltung von Büroflächen. Sie bieten prinzipielle Lösungen für die funktionalen Erfordernisse, gliedern die Arbeitsabläufe und bilden den Rahmen für deren Anpassungsfähigkeit. Bürokonzepte beeinflussen die Qualität und Produktivität von Arbeit und sind ein wesentlicher Teil der Lebensqualität der Büroarbeiter.

Typische Bürokonzepte entwickelten sich seit den 1950er Jahren aufgrund unterschiedlicher Bürophilosophien. Diese begründeten stets neue Entwicklungsphasen, ohne jedoch den Anspruch zu erheben, die vorherigen völlig abzulösen (Abb. 11).

Abb. 11: Typologische Entwicklung unterschiedlicher Bürokonzepte

Bürophilosophie	Zeitbezug	Bürokonzept
Repräsentative Ordnung	Anfang der 50er Jahre	Zellenbüro
Organisatorische Flexibilität	Mitte der 60er Jahre	Großraumbüro
Ergonomische Arbeitsumwelt	Mitte der 70er Jahre	Gruppenbüro
Kommunikative Flächenstruktur	Mitte der 80er Jahre	Kombi-Büro
New Work	Mitte der 90er Jahre	Non-Territoriales Büro

Für europäische Verhältnisse lassen sich neben den klassischen Büroraumarten „Zellenbüro" (d.h. Ein-Personen- bzw. Mehr-Personen-Zellenbüro), „Gruppenbüro" und „Großraumbüro" weitere Formen, wie das „Reversible Büro" sowie – als Sonderform des Zellenbüros – das „Kombi-Büro" unterscheiden (Abb. 12). Das Reversible Büro steht dabei allerdings nicht für eine eigene Büroraumart. Es versucht vielmehr, unterschiedliche Büroraumarten in einer gemeinsamen Gebäudestruktur zu vereinigen, um ein hohes Maß an Flexibilität zu verwirklichen.

Aufgrund der zunehmenden gesamtwirtschaftlichen Bedeutung des Büros, getrieben von Entwicklungen der Informationstechnologie und gestützt auf neue Managementtheorien, haben Architekten, Unternehmensberater und Wissenschaftler immer wieder auch visionäre Ideen entwickelt, wie das „Büro der Zukunft" aussehen kann. Begriffe wie Action office, Shared

---

[11] Bullinger, H.-J.; Kelter, J.: Quo vadis Büro? Die Entwicklung des Büro-Arbeitsplatzes. In: Votteler, Arno (Hrsg.): Lebensraum Büro: Ideen für eine neue Bürowelt; Oktagon-Verlag, München, Stuttgart, 1992.

Abb. 12: Prinzipdarstellung unterschiedlicher Bürokonzepte[12]

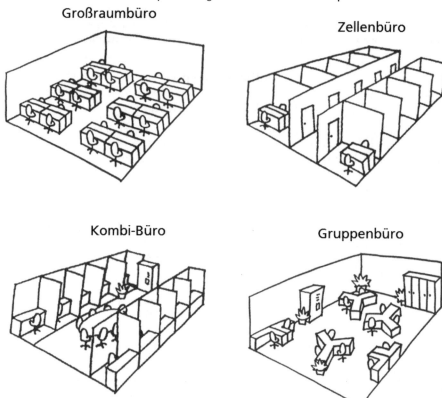

office, Business Club, Lean office, Non-Territoriales Büro, Hotel office, Nomadic office, Free-Adress-Office, Fraktales Büro, Re-invented Workplace usw. stehen nicht für eigentlich neue Büroformen, sondern spiegeln vielmehr auf der Basis bestehender Bürokonzepte die fortschreitende Tendenz zur Flexibilisierung der Raumaufteilung oder zur alternativen Nutzung von Arbeitsplätzen und Arbeitsorten wider.[12]

Geprägt wurden die einzelnen Bürokonzepte zwar einerseits von der jeweiligen Bürophilosophie, andererseits haben sie sich vor allem aber entwickelt aufgrund einer zunehmenden Differenzierung der Tätigkeitsinhalte und daraus resultierenden, unterschiedlichen Anforderungen von Seiten der Nutzer.

Bis Anfang der 90er Jahre basierten alle Arten der Unterscheidung von Büroraumarten primär auf der Annahme, dass jeder Mitarbeiter über einen eigenen, fest zugeordneten, meist monofunktionalen, individuellen Büroarbeitsplatz verfügt. Die derzeitigen Entwicklungen in Bezug auf die Nutzung von Arbeitsplätzen und Räumen sind jedoch gekennzeichnet von einer weit mobileren Arbeitsweise. Desk-sharing oder non-territoriales Arbeiten sind vor allem von organisatorischen Ansätzen geprägte Arbeitsformen. Da sich räumliche Attribute und organisatorische Nutzungskonzepte heutzutage zunehmend überlagern, ist es nicht mehr allein ausreichend nur Büroraumarten im klassischen Sinne zu unterschieden.

---

[12] van Meel, J.: The European Office – Office design and national context. 010 Publishers, Rotterdam, 2000.

1.4.2 Zellenbüro

Zellenbüros sind dadurch gekennzeichnet, dass die jeweiligen Büronutzer in einem vom übrigen Bürobetrieb abgeschlossenen Arbeitsraum ihrer Tätigkeit nachgehen. Je nach Anzahl der Arbeitsplätze im Raum lassen sich
– Ein-Personen-Zellenbüros und
– Mehr-Personen-Zellenbüros
unterscheiden (Abb. 13).

Das Ein-Personen-Zellenbüro besitzt ein Arbeitsumfeld mit hohen Qualitäten hinsichtlich akustischer und visueller Störungsfreiheit, Individualität und Abschirmung. Es ermöglicht dem Nutzer sich eine eigene Privatsphäre in diesem Raum zu schaffen. Das Ein-Personen-Zellenbüro ist auf selbständiges und konzentriertes oder kreatives Arbeiten ausgerichtet und primär für Nutzer geeignet, die nicht in einer Gruppe arbeiten und einen hohen Anteil konzentrierter Alleinarbeit bewältigen müssen. Ein-Personen-Zellenbüros werden auch dann eingesetzt, wenn vorrangig vertrauliche Gespräche zu führen sind. Das Ein-Personen-Zellenbüro ist i.d.R. flächenaufwendig, wobei die Raumgrößen oftmals noch statusabhängig gestaffelt sind. Der Raumzuschnitt selbst wird in Quer- und Längsrichtung durch die Gebäudeachsraster bestimmt.

Abb. 13: Beispielhafter Grundriss mit Ein- und Mehr-Personen-Zellenbüros[13]

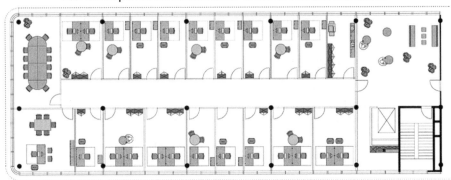

Mehr-Personen-Zellenbüros werden häufig in Form von 2- bzw. 3-Personen-Büros ausgeführt. Bezogen auf die Anzahl der Arbeitsplätze je Raum sind die Grenzen zu Gruppenbüros fließend. Eine Obergrenze für Mehr-Personen-Zellenbüros wird meist bei 4–6 Arbeitsplätzen gezogen. Mehr-Personen-Zellenbüros sind dann geeignet, wenn die Arbeitsprozesse es erfordern und erlauben, Personen bzw. ganze Arbeitsgruppen räumlich zusammenzufassen, bei denen der Kontakt untereinander überwiegt und gegenseitige Vertretungen erforderlich sind.

1.4.3 Kombi-Büro

Grundgedanke des Kombi-Büro-Konzeptes ist es, nicht einen Kompromiss zwischen Einzelbüro und Gemeinschaftsbüro zu suchen, sondern beide Formen bewusst nebeneinander zu stellen. Kennzeichnend für Kombi-Büros sind „Arbeitskojen", die entlang der äußeren Gebäudefassade angeordnet sind und eine innenliegende, 6–8 m tiefe Multifunktionszone umschließen (Abb. 14).

Die Einzelräume mit relativ kleinen Grundflächen (8–12 m²) ermöglichen eine hohe Nutzungsflexibilität. Durch einen Verzicht auf Zwischenwände entstehen sog. Doppel-Kombi-Büros mit zwei Arbeitsplätzen. Die Arbeitskojen sind seitlich mit raumhohen Trennwänden voneinander abgeschirmt und – als ein typisches Merkmal für ein Kombi-Büro – zu einer innen

---

[13] Büroforum: http://www.buero-forum.de/en/navigation-left/press-releases/bildarchiv/arbeitsplatz-und-raumgestaltung/ (letzter Zugriff am 17.08.2012).

Abb. 14: Beispielhafter Grundriss eines Kombi-Büros[14]

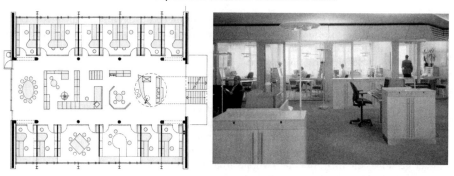

liegenden Multifunktionszone hin mit einer Glaswand versehen. Da jedes Einzelzimmer eine verschließbare Tür besitzt, ist ein lärmarmes, konzentriertes Arbeiten möglich, während die Glaswände eine nachbarschaftliche Transparenz fördern[14].

1.4.4 Gruppenbüro

Die Besinnung auf die Arbeitsgruppe mit ihren funktionalen, sozialen und territorialen Ansprüchen führte in den 1970er Jahren zur Entstehung von Gruppenbüros. Gruppenbüros entstanden mit der Absicht, die Vorteile von Zellenbüro und Großraumbüro zu vereinen und hierbei die Nachteile der beiden Konzepte möglichst zu begrenzen.

In Gruppenbüros sind normalerweise zwischen 6–20 Arbeitsplätze eingerichtet. Im Gegensatz zu Großraumbüros wird zumeist auf eine Klimatisierung aufgrund der geringen Raumgröße verzichtet. Die Fenster sind normalerweise öffenbar.

Mit der Entscheidung für ein Gruppenbüro werden Zeichen für eine flache Hierarchie und eine erwünschte Kommunikation gesetzt. Das Konzept des Gruppenbüros ist stark kommunikationsorientiert. Im Büroalltag ist mit akustischen und visuellen Störungen durch Gespräche, Büromaschinen oder sich im Raum bewegender Personen zu rechnen.

Abb. 15: Grundrissdarstellung und Innenansicht eines Gruppenbüros[15]

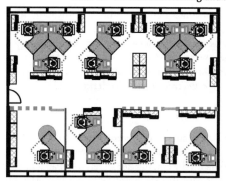

---

[14] Loitzl, M.; Puffert, M.: Der Büroplaner. Lebensmittel Büro. Eschborn: Management Circle Edition, 2008.
[15] Kelter, J.: Entwicklung einer Planungssystematik zur Gestaltung der räumlich-organisatorischen Büroumwelt. IPA-IAO Forschung und Praxis 380. Zugl.: Stuttgart, Univ., Diss., 2002. Jost-Jetter Verlag, Heimsheim, 2003.

Da eng zusammenarbeitende Teams selten mehr als 20 Mitarbeiter umfassen, können in Gruppenbüros die notwendigen Kommunikations- und Abstimmungsprozesse positiv unterstützt und gefördert werden. Es ist aber auch mit Störungen durch Gespräche oder Büromaschinen zu rechnen, da positiv wirkende „Masking-Effekte" durch Überlagerung und damit als angenehm empfundenen Verschleierung der diversen Geräuschquellen wie in Großraumbüros aufgrund der geringeren Mitarbeiterzahl noch nicht auftreten.

1.4.5 Großraumbüro/Open Space

Großraumbüros besitzen eine Raumtiefe von mindestens 20–30 m. Damit ergeben sich Grundflächen von 600–1.000 m² mit oftmals mehreren hundert Mitarbeitern je Geschoss. Großraumbüros zeichnen sich durch einen geringen Fassadenanteil pro Arbeitsplatz aus. Auf der Großraumfläche lassen sich Arbeitsplätze entweder regelmäßig oder variabel in Form einer Bürolandschaft anordnen. Eine funktionale Strukturierung der Flächen, interessante Raumperspektiven und eine passende Ausstattung sind wichtige Beiträge für funktionale Großraumbüros. Je nach Bedarf kann die Raumstruktur mit Pflanzen, Stellwänden, Schränken oder Raumgliedersystemen unterteilt und damit veränderten Anforderungen angepasst werden.

Großraumbüros sind vor allem in den USA und in Großbritannien verbreitet und dort unter der Bezeichnung „Open Space" etabliert. Den Vorteilen von Großraumbüros bei der Zusammenarbeit, Flexibilität und Flächenwirtschaftlichkeit stehen als Nachteile eine geringe Individualisierbarkeit und häufig hohe akustische und klimatische Belastungen gegenüber. Großraumbüros eignen sich vor allem für Aufgaben, die eine intensive Zusammenarbeit mit geringen Anforderungen an Ruhe und Konzentrationsfähigkeit verbinden. Viele Büroarbeiter stören sich an der visuellen und akustischen Unruhe im Großraumbüro, sofern dieses keinen hinreichenden Rückzug ermöglicht. Dennoch werden akustische Störeffekte in Großraumbüros aufgrund des „Masking-Effekts" weniger störend wahrgenommen als etwa in Zwei- oder Mehrpersonenbüros. Hierbei treten die Gesprächsinhalte hinter einer allgemeinen Geräuschkulisse zurück. Die Akzeptanz von offenen Bürolandschaften steigt, wenn sie auf sozial sinnvolle Dimensionen begrenzt werden[16]. Heutzutage werden offene Büroräume nur noch in kleinen Einheiten von wenigen hundert Quadratmetern geplant (z.B. „Multispace Office"; Abb. 16). Hierbei verschwimmt die Grenze zum Gruppenbüro.

Abb. 16: Grundrissdarstellung für ein „Multispace Office"[17]

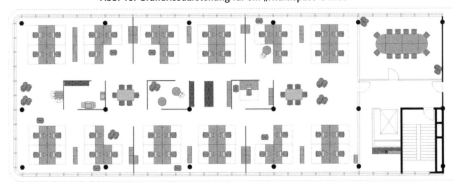

---

[16] Loitzl, M.; Puffert, M.: Der Büroplaner. Lebensmittel Büro. Eschborn: Management Circle Edition, 2008.

[17] Büroforum: http://www.buero-forum.de/en/navigation-left/press-releases/bildarchiv/arbeitsplatz-und-raumgestaltung/ (letzter Zugriff am 17.08.2012).

1.5 New Work Konzepte

1.5.1 Non-territoriale Bürokonzepte

Im Gegensatz zu den bislang beschriebenen Bürokonzepten, die sich vor allem aufgrund von raumbezogenen Eigenschaften unterscheiden lassen, basieren non-territoriale Bürokonzepte primär auf organisatorischen Ansätzen.

Entstanden ist die Idee des non-territorialen Bürokonzeptes aus der Beobachtung heraus, dass Büroarbeitsplätze häufig nur zu geringen Zeitanteilen wirklich belegt sind und dass je nach momentaner Aufgabe ein spezifisches Arbeitsambiente wünschenswert wäre. Wesentliches Merkmal für non-territoriale Bürokonzepte ist die Aufhebung der direkten und festen Zuordnung von Arbeitsplatz zu Mitarbeiter. Büros, Arbeitsplätze, Schreibtische oder Büroausstattung werden gemeinsam genutzt und stehen allen Büronutzern gleichermaßen tageweise bzw. stundenweise zur Verfügung („Sharing-Konzept"). Persönliche Unterlagen sind i.d.R. in einem mobilen Container – häufig auch als „Caddy" bezeichnet – untergebracht, der jeweils dem momentan genutzten Platz beigestellt wird. Nach Beendigung des Arbeitstages wird der Arbeitsplatz komplett geräumt und der Caddy in einem „Caddy-Bahnhof" abgestellt. Um die Mobilität der Mitarbeiter zu unterstützen, werden häufig schnurlose Telefone eingesetzt.

Non-territoriale Bürokonzepte setzen eine gut ausgebaute und funktionierende informations- und kommunikationstechnische Infrastruktur (Fileserver, elektronisches Dokumentenmanagement usw.) voraus, die es erlaubt, von jedem beliebigen Arbeitsplatz aus rechnergestützt auf die für den jeweiligen Nutzer notwendigen Informationen und Daten zugreifen zu können.

Da bei der Planung von non-territorialen Bürokonzepten die Abwesenheitszeiten der Mitarbeiter (Außer-Haus-Termine, Besprechungen, Urlaub, Krankheit usw.) berücksichtigt werden, ist die Anzahl der eingerichteten Arbeitsplätze geringer als die Zahl der Nutzer. Die sogenannte „Sharing-Ratio" gibt dabei an, wie viele Mitarbeiter sich rechnerisch einen Arbeitsplatz teilen. Die realisierten Arbeitsplatzquoten bezogen auf die Anzahl der Nutzer sind immer fallspezifisch festzulegen und liegen i.d.R. zwischen 50–80%.

Wenngleich ein non-territoriales Büro auf der Basis jeder Büroform betrieben werden kann, wird in vielen Fällen eine räumliche Differenzierung des Flächenangebotes vorgenommen. Typisch ist eine Mischung aus offenen Teamflächen, geschlossenen Klausur- und Rückzugsräumen sowie allgemeinen Servicezonen (Abb. 17).

Abb. 17: Beispiel zur Umsetzung eines non-territorialen Bürokonzeptes[18]

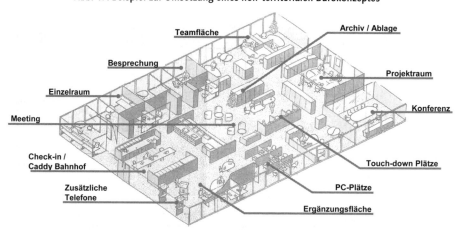

---

[18] Kelter, J.: Entwicklung einer Planungssystematik zur Gestaltung der räumlich-organisatorischen Büroumwelt. IPA-IAO Forschung und Praxis 380. Zugl.: Stuttgart, Univ., Diss., 2002. Jost-Jetter Verlag, Heimsheim, 2003.

1.6 Büro- und Arbeitswelten gestalten

1.6.1 Nachfragezyklen unterschiedlicher Bürokonzepte

Eine Untersuchung der DEGI Gesellschaft für Immobilienfonds mbH[19], geht davon aus, dass bei Neubauten die Nachfrage nach Zellenbüros zwar momentan immer noch überwiegt, aber weiter zurückgehen wird. Insbesondere das Einpersonen-Zellenbüro wird zunehmend seltener realisiert (Abb. 18).

Während Gruppenbüros an eine gewisse Sättigungsgrenze stoßen, spielen – zumindest in Deutschland – klassische Großraumbüros laut dieser Studie bei Neubauten auch zukünftig nur noch eine untergeordnete Rolle.

Abb. 18: Nachfragezyklen und Bedeutungsgrad unterschiedlicher Bürokonzepte bei Neubauten[19]

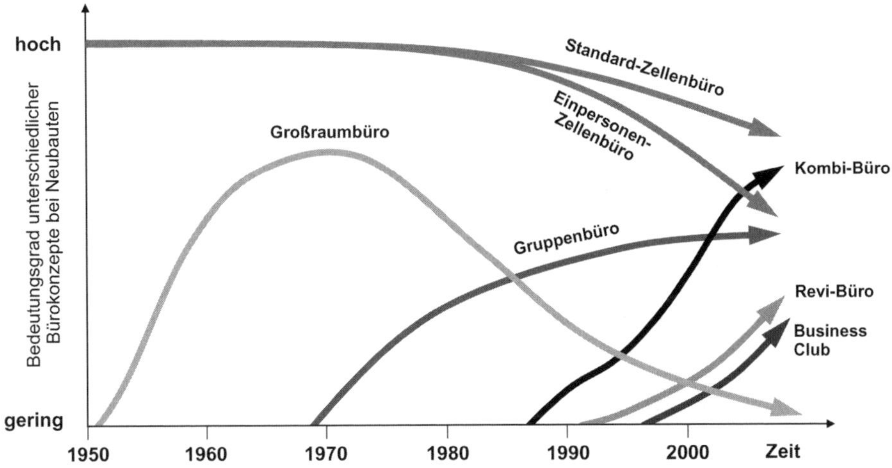

1.6.2 Kennwerte für den Flächenbedarf von Büroarbeitsplätzen

Die ArbStättV fordert für Arbeitsräume – und damit auch für Büroräume – eine Mindestgrundfläche von $8,00 \, m^2$. Kleinere Räume sind als Arbeitsräume nicht erlaubt. Diese Mindestgrundfläche ist jedoch in vielen Fällen aufgrund des Raumzuschnittes nicht ausreichend, weil zusätzlich weitere flächenrelevante Vorgaben, wie z.B. Abstandsmaße oder frei zu haltende Funktionsflächen zu berücksichtigen sind.

Bei der Abschätzung von Flächenkennwerten für Büroarbeitsplätze kann man sich an den Schriftenreihen und berufsgenossenschaftlichen Informationen der Verwaltungs-Berufsgenossenschaft orientieren [BGI 5001; Büroarbeit – Gesund und erfolgreich. Praxishilfen für die Gestaltung]. Demzufolge beträgt in Büros in der Regel die Fläche je Arbeitsplatz einschließlich allgemein üblicher Möblierung und anteiliger Verkehrsflächen im Mittel nicht weniger als 8–$10 \, m^2$. In Großraumbüros – damit sind hier Raumgrößen von mindestens $400 \, m^2$ gemeint – liegt die Fläche pro Arbeitsplatz aufgrund größerer Anteile für Erschließungs- und Besprechungszonen typischerweise bei 12–$15 \, m^2$.

Der tatsächliche Flächenbedarf je Mitarbeiter bzw. Arbeitsplatz muss jedoch immer fall- und raumspezifisch durch die Anwendung aller relevanten Vorgaben ermittelt werden (Form

---

[19] Giesemann, S.: Immobilienwirtschaftliche Trends. Zukunftsorientierte Bürokonzepte – eine Betrachtung aus Sicht der Immobilienentwicklung. Hrsg.: DEGI Gesellschaft für Immobilienfonds mbH, Frankfurt, 2003.

und Größe von Arbeitsflächen, Benutzerflächen, freie Bewegungsflächen, Funktionsflächen, Verkehrsflächen, Abstandsmaße, Durchgangsmaße, Verschnitt-/ Verlustflächen usw.). Dadurch können sich bei der Ermittlung von Durchschnittswerten deutliche Abweichungen von den o.g. Anhaltswerten ergeben.

1.6.3 Die Nutzersicht – Ergebnisse aus empirischen OFFICE 21®-Studien

Zur Schaffung exzellenter Büro- und Arbeitswelten ist es sicher lohnend, sich intensiv auch mit den Anforderungen und Vorstellungen der Nutzer zu beschäftigen. Was macht Büroarbeit aus Sicht der Nutzer produktiv bzw. was ist hinderlich? Wie sieht eine inspirierende Arbeitsumgebung aus? Was unterscheidet ein normales Büro von einem Wohlfühl-Büro? Um sichere Antworten auf diese Fragen zu finden, hat das Fraunhofer IAO im Rahmen des Verbundforschungsprojektes OFFICE 21® (www.office21.de) unterschiedliche empirische Studien, sowohl zur Untersuchung von Produktivitätsfaktoren im Büro („Office Performance") als auch zur Identifikation von so genannten weichen und gestaltungsrelevanten Aspekten im Büro („Soft Success Factors") durchgeführt. Ziel der Studien war es, aus der Sicht von Büro-Nutzern relevante Kernfaktoren für Produktivität und Wohlbefindlichkeit im Büro zu identifizieren[20]. Die für den deutschsprachigen Raum konzipierten Studien basieren auf postalischen bzw. internetgestützten Befragungen, an denen sich jeweils mehr als 700 Büro-Nutzer beteiligt haben. Anhand des ausgewerteten Datenmaterials konnten interessante Zusammenhänge und notwendige Handlungsfelder für ein ganzheitliches Produktivitätsmanagement zur Unterstützung von Performance und Human-Qualität im Büro identifiziert werden.

1.6.3.1 Kernfaktoren einer hohen Office-Performance

Der Fragenkatalog zur Studie „Office-Performance" umfasste im Rahmen eines bürobezogenen Ansatzes die Themenfelder „Ihre Arbeit", „Ihr Wissen", „Ihr Team", „Ihr Büro" und „Ihre Technologie". Um aus den zahlreichen Fragen und Variablen die entscheidenden Produktivitätsfaktoren herauszufiltern, wurde eine ausführliche statistische Datenanalyse durchgeführt. Zur Ermittlung einer geeigneten Kennzahl für die „Büro-Produktivität" wurden mehrere Aspekte berücksichtigt (Arbeitsqualität, Aufwand, Zielorientierung, Prozessgüte) und in Form des „Office-Performance-Index" zusammengefasst.

Die acht wichtigsten Kernfaktoren für eine hohe „Office-Performance" und deren jeweilige Relevanz sind in Abb. 19 dargestellt. Die Höhe der Balken gibt dabei die jeweilige Stärke des Einflusses wieder.

Bei einer Analyse dieses Ergebnisses fällt auf, dass insgesamt betrachtet „weiche Faktoren" dominierend sind in ihrer Wirkung auf die Produktivität im Büro. Der stärkste positive bzw. auch negative Einfluss geht von so genannten „unnötigen Erschwernissen" aus. Darunter fallen z.B. jede Art von Bürokratismus, aufwändige Reiseanträge und Reiseabrechnungen, umständliche Prozesse zur Zeiterfassung, nicht nachvollziehbare Verwaltungsvorgänge, umständliche Bestell- und Genehmigungsverfahren, ungenügende Planung und Koordination. Dies ist der größte Produktivitätskiller in unseren Büros – hier gilt es vorrangig die Hebel anzusetzen! Wer also eine hohe Office-Performance erzielen will, muss zunächst darauf achten, dass die Mitarbeiter von diesen nicht direkt produktiven Dingen weitestgehend verschont bleiben bzw. diesbezügliche Prozesse schlank organisiert sind und sich nicht in einer ungewollte Eigendynamik zu lästigen Zeitfressern entwickeln.

Als zweitwichtigster Faktor, der die Produktivität in ähnlich hohem Maße sehr positiv – bzw. im umgekehrten Fall auch sehr negativ – beeinflussen kann, erweist sich die „Arbeits-Motivation" der Beschäftigten. Obwohl dies im Einzelfall natürlich sehr individuelle Hintergründe aufweisen kann, lohnt es sich dennoch in diesem Zusammenhang über Unternehmenskultur, Führungsstil oder interne Anreizsysteme nachzudenken. Dies schließt auch die Kernfaktoren „Anerkennung der Arbeitsleistung" und Pflege der „Team-Stimmung" mit ein! Nichts davon

---

[20] Kelter, J.; Kern, P.: Arbeitswelten im Büro – Anforderungen an Beschäftigte und Arbeitsplätze. In: Schneider, w., Windel, A., Zwingmann, B. (Hrsg.): Zukunft der Büroarbeit, BAuA, 2004.

Abb. 19: Die acht wichtigsten Kernfaktoren für eine hohe Office-Performance[21]

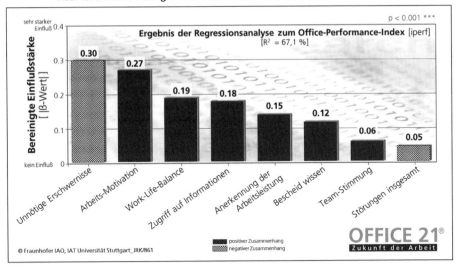

lässt sich von heute auf morgen verändern. Vielmehr setzt es harte Arbeit und ein gehöriges Maß an Sensibilität im Umgang mit Menschen voraus.

Einen wichtigen Hinweis darauf, dass Produktivität nicht ausschließlich im Büro entsteht sondern auch andere Gegenpole verlangt, zeigt der drittwichtigste Kernfaktor „Work-Life-Balance". Eine vertiefende Auswertung hierzu hat ergeben, dass die Werte der Variable Work-Life-Balance vor allem für das mittlere Management mit einer Führungsspanne von 6–20 Personen, sehr deutlich unter dem Gesamtwert aller Befragten liegt.

Dass Wissen der Rohstoff unserer heutigen Gesellschaft und der Umgang damit entscheidend für die Performance im Büro ist, belegen die Kernfaktoren 4 und 6. Der „Zugriff auf Informationen" und auch das generelle „Bescheid wissen" sind Beleg dafür, dass ein schneller, effizienter, orts- und zeitunabhängiger Informationszugang und Wissenstransfer, eine kommunikationsförderliche Bürostruktur sowie eine effiziente Technik-, Technologie- und Softwareausstattung, die das Arbeiten im Büro, zu Hause oder von unterwegs ermöglichen, entscheidende Vorteile im Produktivitätswettbewerb liefern. Direkte bürospezifische Ansatzpunkte, z.B. in Form von negativ wirkenden „generellen Störungen" (Geräuschkulisse, Kollegen, Telefonate usw.) tauchen erst an achter Stelle auf und sind in ihrer Bedeutung für die Produktivität im Büro deutlich weniger wichtig als oftmals angenommen.

Das Ergebnis einer weiteren Analyse zur Untersuchung der Fragestellung, inwieweit sich Nutzergruppen mit jeweils unterschiedlichen Arbeits- und Büroqualitäten in Bezug auf deren Office-Performance unterscheiden, ist in Abb. 20 dargestellt.

Hieraus wird deutlich, dass die Frage nach der Qualität des Arbeits-Ambientes eine erheblich differenzierende Wirkung auf die Office-Performance hat. An dieser Stelle sei auf die negative Wirkung einer schlechten Raumqualität (z.B. ungeeignete Büroform, funktionale/ergonomische Mängel, fehlende individuelle Einflussnahme auf die Raumkonditionen) hingewiesen. Dies wird zudem durch die Erkenntnis gestärkt, dass besonders negative Emotionen – erzeugt z.B. durch ein langweiliges, liebloses Ambiente oder auch schlechte Stimmung im Team – die Performance und Leistung im Büro überaus deutlich und nachhaltig drücken.

Während viele sicherlich mit Recht auf die rasante Entwicklung der I+K-Technologien setzen, zeigt die Office Performance Studie deutlich, dass auch den „Soft Factors" eine zunehmende Bedeutung beizumessen ist. Offensichtlich ist, dass durch die Kombination beider Tendenzen

---

[21] Kelter, J.; Kern, P.: Arbeitswelten im Büro – Anforderungen an Beschäftigte und Arbeitsplätze. In: Schneider, w., Windel, A., Zwingmann, B. (Hrsg.): Zukunft der Büroarbeit, BAuA, 2004.

Abb. 20: Vergleich von Nutzergruppen mit unterschiedlichen Arbeits- und Büroqualitäten in Bezug auf deren Office-Performance[22]

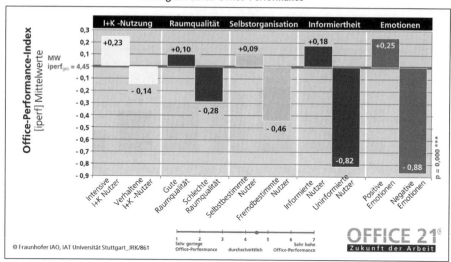

die Freisetzung eines enormen Produktivitätspotenzials möglich wird. Diese weichen Faktoren in Bezug auf gestaltungsrelevante Parameter der Büroumgebung weiter zu hinterfragen, war Ziel einer weiteren OFFICE 21®-Studie („Soft Success Factors"), deren Ergebnisse nachfolgend diskutiert werden.

1.6.3.2 Soft Success Factors und Wohlfühlqualität

Um aus den zahlreichen Themenfeldern und Fragekomplexen die entscheidenden Faktoren herauszufiltern, die ein „performantes Wohlfühl-Büro" ausmachen, wurden im Rahmen der OFFICE 21®-Studie „Soft Success Factors" primär gestaltungsorientierte Faktoren des Büro-Ambientes untersucht.

Im Zusammenhang mit der Erfassung weicher Faktoren, die im Büro für die subjektive Beurteilung der eigenen Befindlichkeit und des Wohlbefindens relevant sind, gilt es im Wesentlichen zwei sich teilweise überlagernde Aspekte zu berücksichtigen. Zum einen resultiert ein Wohlgefühl aus der Zufriedenheit mit der Arbeit, der Zusammenarbeit mit anderen und der Einbindung in ein Team. Zum anderen aber auch aus Wahrnehmungen und Schlüsselreizen, die aus der Gestaltung und den Konditionen der räumlichen Arbeitsumgebung resultieren. Um auch hier eine übergeordnete Mess- und Vergleichsgröße zu schaffen, die diese Aspekte zusammenfasst und als Maßstab zur Ermittlung einer Gesamt-Wohlbefindlichkeit herangezogen werden kann, wurde hieraus ein sogenannter „Wohlbefindlichkeits-Index" [i_{wohl}] gebildet.

Auf der siebenstufigen Skala von 1 (sehr geringe Wohlbefindlichkeit) bis 7 (sehr hohe Wohlbefindlichkeit) liegt der Gesamtdurchschnitt des Wohlbefindlichkeits-Index für die untersuchte Stichprobe der Studie bei einem Mittelwert von $i_{wohl} = 5{,}32$. Dies kann einerseits als eine durchaus positive Zustandsbeschreibung für die Wohlbefindlichkeit in den derzeit realisierten Bürowelten gewertet werden. Andererseits sind in zahlreichen Fällen aber deutliche Abweichungen und Unterschiede sowohl nach oben als auch nach unten feststellbar. Deren Ursachen sollen im Folgenden näher untersucht werden.

Analysiert man zum Beispiel den Wohlbefindlichkeits-Index in Bezug auf unterschiedliche Bürokonzepte, so ergibt sich das in Abb. 21 dargestellte Ergebnis. Die jeweiligen Mittelwerte des Wohlbefindlichkeits-Index weisen eine deutliche Spreizung auf. Die höchste Wohlbe-

---

[22] Kelter, J.; Kern, P.: Arbeitswelten im Büro – Anforderungen an Beschäftigte und Arbeitsplätze. In: Schneider, w., Windel, A., Zwingmann, B. (Hrsg.): Zukunft der Büroarbeit, BAuA, 2004.

findlichkeit lässt sich in Kombi-Büros feststellen. Auch der Büroformen-Mix (z.B. als Basis non-territorialer Bürokonzepte) und Einzelbüros werden überdurchschnittlich gut beurteilt. Bei den weiteren Bürokonzepten ist hingegen ein merklicher Abfall feststellbar, bis hin zu Gruppenbüros und Mehrpersonen-Büros mit den schlechtesten und deutlich unterdurchschnittlichen Wohlbefindlichkeits-Werten. Dieses Zwischenergebnis kann an dieser Stelle allerdings nur eine erste Orientierung liefern und bedarf noch weiterer Analysen.

Die sechs wichtigsten Kernfaktoren, die einen signifikanten und relevanten Beitrag für die Wohlbefindlichkeit in einer realen Büroumwelt liefern, sind in Abb. 22 dargestellt. Die Höhe der Balken gibt auch hier die jeweilige Einflussstärke wieder.

Abb. 21: Ranking unterschiedlicher Bürokonzepte hinsichtlich Wohlbefindlichkeit und Büro-Attraktivität aus Sicht der dort tätigen Nutzer[23]

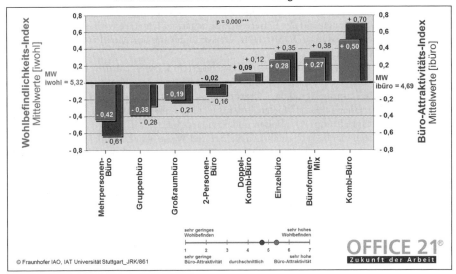

Abb. 22: Die sechs wichtigsten Kernfaktoren für hohe Wohlbefindlichkeit im Büro[23]

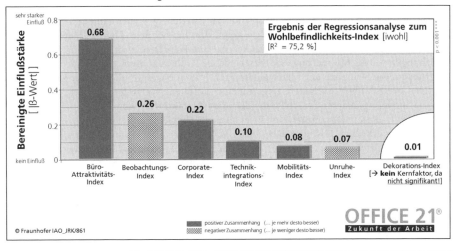

[23] Kelter, J.; Kern, P.: Arbeitswelten im Büro – Anforderungen an Beschäftigte und Arbeitsplätze. In: Schneider, w., Windel, A., Zwingmann, B. (Hrsg.): Zukunft der Büroarbeit, BAuA, 2004.

Der eindeutig wichtigste und dominante Kernfaktor zur Erzielung einer hohen Wohlbefindlichkeit ist der so genannte Büro-Attraktivitäts-Index. Der Büro-Attraktivitäts-Index ist dabei als ganzheitlicher Gradmesser für das Gefallensurteil der Büroumgebung zu verstehen. Aufgrund seiner überaus großen Einflussstärke ist er für sich alleine betrachtet nahezu genauso wichtig, wie alle restlichen Faktoren zusammen! Auf die Frage, wie eine hohe Büro-Attraktivität realisiert werden kann, wird im Folgenden noch näher eingegangen.

Als zweitwichtigster Kernfaktor – jedoch bereits mit deutlich geringerem Gewicht – prägt der Präsenz-Index die Wohlfühl-Qualität der Büromenschen. In diesem Zusammenhang kommt einerseits der sorgfältigen Zonierung und territorialen Strukturierung des Arbeitsplatzes eine wichtige Bedeutung bei. Andererseits gilt es, dem Nutzer Optionen zur Variation der eigenen Präsenz anzubieten und ihm den Wechsel zwischen Sichtbarkeit und Rückzug zu ermöglichen. Dies lässt sich in verantwortungsvoll gestalteten Büros in vielfältiger Weise realisieren und ist nicht primär an das Vorhandensein von Türen gebunden. Tendenziell gilt zwar, dass mit zunehmender Personenzahl der Präsenz-Index negativer beurteilt wird. Jedoch lassen sich durch ein angemessenes Maß an Wahlfreiheit, Ortsveränderung und Mobilität negative Effekte wirkungsvoll auffangen.

Ein ähnlicher Stellenwert kommt als drittwichtigstem Kernfaktor dem Corporate-Index zu. Dieser Index umfasst dabei die Aspekte Identifikation mit dem Unternehmen, Unternehmensimage und Bekanntheitsgrad des Unternehmens. Zur Stärkung dieses Faktors tragen aus Nutzersicht neben einer gelebten Unternehmenskultur in hohem Maße auch die im Unternehmen realisierten Einrichtungs-Qualitäten und Standards bei.

Die Kernfaktoren vier bis sechs, nämlich die Art und Weise, wie Technik im Büro integriert wird, wie abwechslungsreich und mobil die Büro-Nutzer agieren können beziehungsweise in welchem Maße Unruhe am Arbeitsplatz herrscht haben insgesamt betrachtet nur noch nachrangige Bedeutung auf die Wohlbefindlichkeit.

Überraschend auch die Erkenntnis, dass die Dekoration und Ausschmückung des Arbeitsplatzes mit persönlichen Dingen (Postkarten, Fotos, Bilder, Pflanzen usw.), keinen signifikanten Einfluss auf das Wohlbefinden haben. Der Wohlbefindlichkeits-Index von Nutzern, die in einem sehr stark personalisierten und dekorierten Büroumfeld arbeiten, unterscheidet sich nur unwesentlich von dem Level, das Nutzer in einem überhaupt nicht personalisierten und dekorierten Büroumfeld empfinden. Dieses vor allem im Zusammenhang mit non-territorialen Bürokonzepten oftmals als problematisch eingestufte Thema verliert vor diesem Hintergrund seine Bedeutung.

Wie aus Abb. 22 deutlich hervorgeht, ist zur Erzielung einer hohen Wohlbefindlichkeit entscheidend, ein „attraktives Büro-Ambiente" zu schaffen. Wie aber kann dies im Einzelfall erreicht werden? Eine vertiefende Analyse zeigt, dass hierbei dem Thema „Materialität" im Sinne von Wertigkeit, Gepflegtheit, Attraktivität und Repräsentativität des Büro-Ambientes beziehungsweise der Möblierung eine entscheidende Rolle zukommt. Der Vergleich von Nutzergruppen, die bezüglich der Materialitätsanmutung in einem minderwertigen bzw. hochwertigen Büro-Ambiente arbeiten, zeigt mit einer Differenz von insgesamt 1,73 Punkten eine enorme Spreizung in deren Einschätzung der Büro-Attraktivität (Abb. 23).

Wichtig in diesem Zusammenhang ist es also, ein Ambiente zu schaffen, das eine bewusste Gestaltung erkennen lässt und dabei einen hochwertigen, repräsentativen und gepflegten Eindruck vermittelt. Hierzu trägt vor allem der gezielte Einsatz von Materialien und Oberflächen bei. Als positiv haben sich zudem folgende Aspekte erwiesen: Mut zu Farbeinsatz und Vielfarbigkeit, Verwendung eher warmer Farbtöne und Materialien, Einsatz von Glas, Holz und Textilien, nicht nur als Bodenbelag, sondern zum Beispiel auch an vertikalen Flächen, attraktive, funktionale und ergonomisch hochwertige Möblierungen sowie der weitgehende Verzicht auf (billig wirkende) Kunststoffe.

Wie aus Abb. 23 ebenfalls sehr deutlich hervorgeht, kann das Attraktivitäts-Niveau eines Büro-Ambientes darüber hinaus auch über die Gestaltungsqualität in den Themenfeldern „Ergonomie & Funktion", „Klima & Geruch", „Lichtverhältnisse", „Raumproportionen" sowie „Individualität" sowohl sehr positiv als auch deutlich negativ beeinflusst werden.

Abb. 23: Vergleich von Nutzergruppen mit unterschiedlichen Arbeits- und Büroqualitäten in Bezug auf den Büro-Attraktivitäts-Index[24]

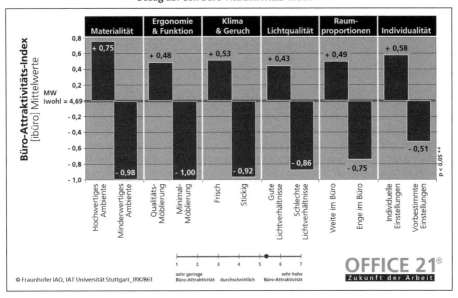

1.7 Vorgehensweisen und methodische Ansätze bei der Planung und Realisierung von Büros

Innovationsfähigkeit gilt gemeinhin als einer der essenziellen Schlüsselfaktoren, um als Unternehmen dauerhaft überlebensfähig und wirtschaftlich erfolgreich zu sein. Wenn es jedoch darum geht, eindeutige Rahmenbedingungen und Konzepte zu identifizieren, die Mitarbeiter dazu bringen, ihr Können, ihre Motivation und ihre Kreativität einsetzen, um neue Produkte und Verfahren zu entwickeln, gibt es in der Praxis noch immer mehr offene Fragen als Antworten bzw. lassen sich hierzu höchst unterschiedliche Erklärungen, Ansätze und (Büro-) Konzepte finden.

Unkonventionelle Ansätze und Beispiele, wie die zu Besprechungsinseln umgebauten Ski-Gondeln im Google-Entwicklungszentrum Zürich, werden zwar häufig als innovative Beispiele herangezogen, ihr praktischer Nutzen ist jedoch nicht sofort ersichtlich.

Dennoch gilt: Jede gebaute Bürowelt, jede räumliche Arbeitsumgebung wirkt im Zusammenspiel mit der technologischen Ausstattung auf die hier arbeitenden Menschen und beeinflusst unmittelbar die Art und Weise wie hier gearbeitet wird. Im Idealfall sind diese Bürowelten Ergebnis einer bewusst geplanten Arbeitsplatz- und Büroqualität sowie sichtbarer und spürbarer Ausdruck der eigenen Unternehmenskultur. Und sie sollten funktionieren – nachhaltig und produktiv!

Unterschiedliche Forschungsarbeiten und empirische Studien auf diesem Gebiet belegen diese Wirkungszusammenhänge eindrucksvoll und zeigen auf, wie brisant und wirkungsvoll die Büroqualität für die Leistung und Produktivität der Mitarbeiter ist – und damit letztendlich für den Unternehmenserfolg. Sie machen aber auch Unterschiede zwischen Anspruch und Wirklichkeit sichtbar. Nur wenn Arbeitskonzept, Arbeitsumgebung sowie IT und Technik sowohl bestehende Vorschriften, arbeitswissenschaftliche Erkenntnisse und Standards erfüllen als auch

---

[24] Kelter, J.; Kern, P.: Arbeitswelten im Büro – Anforderungen an Beschäftigte und Arbeitsplätze. In: Schneider, w., Windel, A., Zwingmann, B. (Hrsg.): Zukunft der Büroarbeit, BAuA, 2004.

nutzerorientierte Anforderungen berücksichtigen und damit Mitarbeiter in ihren Arbeitsprozessen wirklich unterstützen, diese zufrieden sind, sich wohl fühlen und auch Wertschätzung erfahren, wollen und können sie ihr Bestes geben.

Um den Ansprüchen einer ganzheitlichen Büroplanung gerecht zu werden, fordern sowohl Arbeitswissenschaftler als auch praxisorientierte Planer eine von „Innen nach Außen" gerichtete Vorgehensweise bei der Planung und Realisierung von Büros. Im Rahmen eines mehrstufigen Planungsprozesses, der beispielsweise im Rahmen eines Investorenprojektes, Nutzer, Architekten, Organisatoren und unterschiedlichste Fachexperten einbindet, plädieren sie für eine Vorgehensweise, die unter Abwägung aller Interessen und Zielsetzungen gezielt unternehmensspezifische Lösungen generiert.

Die bereits von Kern und Lorenz[25] vorgeschlagene Vorgehensweise in 12 Phasen ist in Abb. 24 dargestellt und ähnlich auch bei Gottschalk[26] beschrieben. Diese Vorgehensweise kann für nutzerbezogene Neubaumaßnahmen als allgemeingültig angesehen werden. Bei Umplanungen können einzelne Phasen weggelassen werden, wenn die notwendigen Informationen schon vorhanden sind oder die entsprechenden Freiheitsgrade fehlen.

Abb. 24: Vorgehensweise bei der Planung und Realisierung von Bürogebäuden[25]

Phase 1:	Formulierung der Unternehmensstrategie
Phase 2:	Entwicklung von organisatorischen und technischen Bewältigungskonzepten
Phase 3:	Entwicklung von baulichen Bewältigungskonzepten
Phase 4:	Erstellen und Gewichten des Zielsystems
Phase 5:	Aufstellen des Funktionsprogrammes
Phase 6:	Aufstellen des Raumprogrammes
Phase 7:	Erstellen des Pflichtenheftes für Architekten
Phase 8:	Prüfen und Bewerten der Architekturkonzepte
Phase 9:	Durchführung der Detailplanung für Gebäude, Einrichtung und Organisation
Phase 10:	Begleitung bei der Realisierung
Phase 11:	Planung und Begleitung des Umzugs
Phase 12:	Kontinuierliche Weiterentwicklung und Betreuung

In der Praxis bedarf der durch diese Vorgehensweise beschriebene Ansatz zur ganzheitlichen Büroplanung einer differenzierten Umsetzung. Abhängig von der grundsätzlichen Zielsetzung der jeweiligen Planung und nach Abklärung der zu beachtenden Rahmenbedingungen (z.B. Kostenrahmen, unternehmensspezifische Vorgaben) sind die notwendigen Planungsstufen sowie die geeigneten Planungsmodule festzulegen. Jede Planungsstufe umfasst wiederum unterschiedliche Planungsmodule, die sich z.B. auf prozessbezogene, organisatorische, technische, bauliche, räumliche oder einrichtungsbezogene Fragestellungen beziehen. Zur Klärung und Lösung dieser Fragestellungen kann je nach Planungsmodul auf verschiedenste Methoden zurückgegriffen werden (z.B. Dokumentenstudium, Begehung, Checklisteneinsatz, Multi-Moment-Studie, Interview, Schriftliche Befragung, Nutzerurteil, Intuition, Erfahrung, Expertenurteil, Nutzwertanalyse, Berechnung, Visualisierung).

Die Schaffung qualitätsvoller Arbeits- und Bürowelten – insbesondere auch die Akzeptanz durch die Nutzer – kann dann erreicht werden, wenn Konzeptentwicklung und Planung so-

---

[25] Kern, P.; Lorenz, D.: Planung und Realisierung von Bürogebäuden. In: IO Management Zeitschrift (1991), Nr. 9.

[26] Sturm, F., Kelter, J., Schimpf, S., Castor, J.; Wagner, F.; Rief, S.: FuE Arbeitsumgebung 2015+. Fraunhofer IAO, Stuttgart, 2012.

wohl auf einem strategisch-zukunftsorientierten Ansatz als auch auf einem nutzerorientierten Entwicklungsprozess basieren. Hierbei haben sich die in Abb. 25 dargestellten Bausteine erfolgreich bewährt.

Abb. 25: Bausteine zur Entwicklung neuer, innovativer Arbeits- und Bürowelten Evaluierungsergebnissen [Fraunhofer IAO]

Zunächst sind sowohl Management/Entscheider als auch Nutzervertreter gefordert und jeweils im Rahmen moderierter Workshops in die Bedarfs-, Anforderungs- und Bedürfnisanalyse einzubinden. Tätigkeiten, Prozesse, technische und räumliche Randbedingungen sollten dabei aus einer strategischen Ist-/Sollperspektive sowohl verstanden aber auch kritisch hinterfragt werden, da sie nicht nur den aktuellen, sondern auch zukünftigen Anforderungen gerecht werden müssen. Auf diese Weise gilt es Bewährtes und/oder Problematisches zu erkennen, Veränderungsbedarfe und Ideen zu sammeln, in Potenziale zu übersetzen und mit einer strategischen Perspektive zu verbinden.

Aus diesem ersten, häufig sehr breit gefächerten Katalog an Vorstellungen, Nutzerbedarfen, Anforderungen, Bedürfnissen, Wünschen oder Befürchtungen kann und muss i.d.R. eine Differenzierung nach unterschiedlichen arbeitstypspezifischen Tätigkeits- und Bedarfsprofilen vorgenommen werden, damit FuE-Prozesse optimal unterstützt werden.

In Kombination mit entsprechendem Experten Know-how lässt sich anschließend eine Clusterung und Übersetzung der Anforderungen in ein spezifisches Raumkonzept mit einem darauf abgestimmten Katalog geeigneter Arbeitsplatz- und Raummodule vornehmen. In diesem Modulkatalog sind neben räumlichen und flächenbezogenen Vorgaben auch technische bzw. organisatorische Aspekte hinterlegt.

Die anschließende Umsetzung bzw. Machbarkeitsplanung lässt sich durch einen iterativen Stufenprozess in Details oftmals noch weiter anpassen und optimieren.

Häufig unterschätzt – jedoch nicht unerheblich für die Konzeptsicherung und den Erfolg derartiger Projekte – ist ein von Anfang an gut aufgesetztes und projektbegleitendes Change Management. Hierfür sind sehr sorgfältig sowohl geeignete Köpfe als auch unterschiedliche Kanäle der internen Kommunikation zu wählen.

Die Evaluierung und Erfolgsmessung derart geplanter und qualitätsvoll umgesetzter Büro-/Arbeitswelten lässt sich z.B. mit Hilfe eines am Fraunhofer IAO entwickelten, standardisierten Bewertungstools („Office Design & Performance Check") einfach überprüfen. Dabei wird auf

Basis einer webbasierten und anonymisierten Mitarbeiterbefragung und entlang eines ausge-
suchten Kriteriensets ein Vorher-Nachher-Vergleich durchgeführt.

1.7.1 Beispielhafter Modulkatalog für unterschiedliche Arbeitstypologien

Um mit sich verändernden Abläufen und Strukturen Schritt halten zu können, haben sich in
der jüngeren Vergangenheit, besonders im Bürobereich, alternative Formen der Gestaltung
von Arbeitsumgebungen entwickelt. Ein Leitgedanke lautet in diesem Zusammenhang, dass
Aufgaben jeweils an dem Ort erbracht werden sollten, der ihre Verrichtung optimal unterstützt.
Arbeitsumgebungen wandeln sich somit von einer Sammlung fester Arbeitsplätze zu einem
losen Netzwerk zweckbestimmter Arbeitsstätten bzw. anforderungsspezifischer Raummodule.

Aufbauend auf diesen Grundgedanken ist in Abb. 26 eine vereinfachte Typologie von Aktivitäten dargestellt, die am Beispiel eines Mitarbeiters im Forschungs- und Entwicklungsbereich (FuE) dessen spezifische Anforderungen berücksichtigt[27]. Zu diesem Zweck wurden hier
die Aufgabenkomplexität und die Kommunikationsintensität als Differenzierungskriterien
herangezogen. Je nach Ausprägung der beiden Kriterien sind unterschiedliche räumliche und
ausstattungsspezifische Ausprägungen eines Arbeitsplatzes sinnvoll.

Wenn beispielsweise mehrere Mitarbeiter zusammenkommen, um temporär oder über einen
längeren Zeitraum zusammenzuarbeiten, werden dazu fallweise entsprechende Räumlichkeiten
benötigt (z.B. Besprechungsräume, Projekträume), die über eine geeignete Ausstattung verfügen.
Genauso ist es einleuchtend, dass konzentrierte Einzelarbeit nicht dauerhaft in einer Umgebung
stattfinden kann, in der die Wahrscheinlichkeit hoch ist, durch Dritte abgelenkt und unterbro-
chen zu werden. Schlussendlich sollte die Raumgestaltung auch Flächen berücksichtigen, die
die Regeneration und den sozialen Austausch fördern.

Abb. 26: Portfolio typischer FuE-Aktivitäten[27]

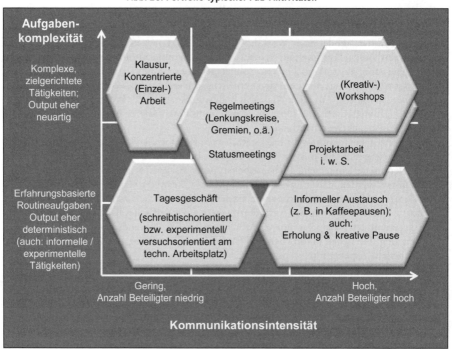

---

[27] Sturm, F., Kelter, J., Schimpf, S., Castor, J.; Wagner, F.; Rief, S.: FuE Arbeitsumgebung 2015+.
Fraunhofer IAO, Stuttgart, 2012.

Eine hierauf abgestimmte und angemessene Arbeitsumgebung zeichnet sich also generell dadurch aus, dass ein breites Spektrum von Aktivitäten gezielt unterstützt wird. Die hierfür im Folgenden skizzierten Raumkonzepte erfüllen zwar einen primären Einsatzzweck. Genauso wichtig sind aber gerade in wissensintensiven Umgebungen auch die Aktivitäten, die sich zwischen diesen Arbeitsplätzen abspielen.

Nach dem sogenannten „Awareness"-Prinzip kann es unter Umständen durchaus wünschenswert sein, gelegentlich gestört bzw. abgelenkt zu werden. Oft ist es durchaus sinnvoll zu wissen, was um einen herum und innerhalb des Arbeitsteams vor sich geht, („Welche meiner Kollegen sind heute da?", „Wo befinden sie sich?" oder „Worüber reden sie?").

Awareness führt unter Umständen dazu, dass sogenannte kurze Interaktionen stattfinden. Diese Art von Kontakt kann geplant oder ungeplant sein. Typischerweise ist er meist nur von kurzer Dauer (üblicherweise < 1 Minute). Von kurzen Interaktionen wird auch gesprochen, wenn sich Mitarbeiter auf dem Gang treffen, beim Kopierer oder in der Kaffeeküche. Sie ermöglichen die Weitergabe bzw. das Einholen von Informationen („Fact-Checking"), ohne dass dafür formale Absprachen notwendig sind. Auch in diesem Fall können raumgestalterische bzw. (innen-)architektonische Maßnahmen die Häufigkeit von kurzen Interaktionen maßgeblich beeinflussen, beispielsweise indem Gänge, zentrale Ressourcen (Kaffeeküche) und Treffpunkte (z.B. Raucherecken) geschickt angelegt bzw. platziert werden.

1.7.2 Raumszenarien für eine smarte Arbeitsumgebung – Eine Auswahl typischer Raummodule

Aus der Sammlung an Anforderungen, die eine innovative bzw. innovationsförderliche FuE-Arbeitsumgebung auszeichnen, lassen sich acht typische Raummodule ableiten[28]. Die einzelnen Raummodule können dabei als Kernelemente eines Baukastens für ein integriertes Raumkonzept einer „(FuE-/Büro-)Arbeitsumgebung" verstanden werden, in dem sich Prozesse, Einrichtungen und technische Ausstattung gegenseitig ergänzen bzw. aufeinander aufbauen.

Zunächst sind wir dabei von ein paar vereinfachenden Annahmen ausgegangen: Wir postulieren, dass ein beispielhafter FuE-Entwicklungsbereich eine gewisse Größe (> ca. 20 Mitarbeiter) aufweist und mehrere Hierarchiestufen und Rollen vorzufinden sind (z.B. FuE-Leiter, Entwickler/Fachingenieure, Projektleiter, technisches Personal). Jedes dieser Rollenprofile ist mit einem Set unterschiedlicher Aufgaben verknüpft, bei deren Ausführung sich immer wieder Situationen ergeben, in denen eine gemeinsame Zusammenarbeit bzw. Abstimmung erfolgt. So können beispielsweise ein Entwickler und ein Projektleiter Mitglieder eines bestimmten Projektteams sein, während der FuE-Leiter und seine Projektmanager zusammen den Steuerkreis für die laufenden Projekte bilden.

Modul 1: Büro-/Schreibtisch-Arbeitsplatz

Der Büro-/Schreibtisch-Arbeitsplatz ist der dominierende Arbeitsplatz des Entwicklers. Hier werden sowohl typische Entwicklungstätigkeiten wie Recherche, Berechnung, Simulation, Konstruktion/Gestaltung und Dokumentation, als auch administrative Bürotätigkeiten ausgeführt.

Ob dieser Arbeitsplatz dabei als stationärer, persönlich zugeordneter Arbeitsplatz ausgelegt oder – innerhalb des Teams – Bestandteil eines wechselseitig und flexibel nutzbaren Pools an unterschiedlichen Schreibtisch-Arbeitsplätzen ist, hängt im Einzelfall von den spezifischen Tätigkeits- und Arbeitsort-Profilen der FuE-Mitarbeiter ab.

Die technische Ausstattung – typischerweise mit zwei Flachbildschirmen – berücksichtigt den Umgang mit meist komplexen und rechenintensiven Applikationen (z.B. CAD-Programmen). Sie wird dementsprechend ergänzt durch die Ausstattung mit mobilen Geräten (Smartphone, Tablet PC), deren Speicher und Rechenleistung in naher Zukunft ausreichen, um neben typischen Office-Programmen auch grafikintensive Anwendungen auszuführen.

---

[28] Sturm, F., Kelter, J., Schimpf, S., Castor, J.; Wagner, F.; Rief, S.: FuE Arbeitsumgebung 2015+. Fraunhofer IAO, Stuttgart, 2012.

Abb. 27: Büro-/Schreibtisch-Arbeitsplatz (Modul 1)

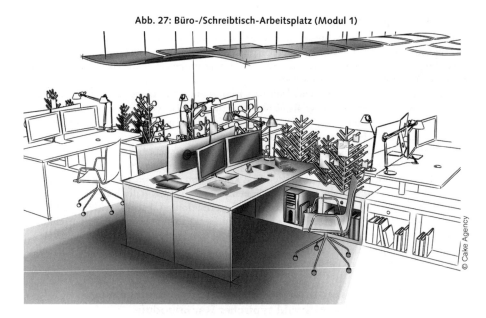

Ablageflächen ermöglichen die temporäre Ablage von Arbeitsunterlagen, die bei der Entwicklung anfallen. Sie befinden sich in Arbeitsplatznähe und dienen gleichzeitig als Raumgliederungselement zu benachbarten Arbeitsplätzen. Die darauf platzierten Notizwände erfüllen ebenfalls mehrere Funktionen. Zum einen eignen sie sich zum Anheften von Notizen, Fotos o. ä., zum anderen bieten sie eine gewisse Abschirmung zur Umgebung, ohne jedoch die Sicht und den Kontakt zu Kollegen vollends einzuschränken.

Modul 2: Klausurraum
Im Nahfeld der zentralen Büroumgebung des FuE-Teams stellen zusätzliche Klausurräume eine wichtige Ergänzung dar. Sie sind sowohl als temporär nutzbare Rückzugsorte für störungsarme Einzelarbeit, längere, geplante Telefonate, oder für „Kleinbesprechungen" vorgesehen, die entweder vertraulich sind oder die im üblichen Büroumfeld andere Kollegen unnötigerweise stören würden.

Abb. 28: Klausurraum (Modul 2)

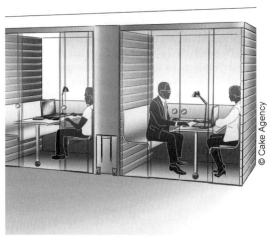

Modul 3: Projektraum/-fläche

Ein über die Dauer eines bestimmten Projektes nutzbarer Projektraum bzw. eine zumindest temporär nutzbare Projektfläche stellt ein weiteres zentrales Element des FuE-Modulbaukastens dar. Dieses Modul ist gekennzeichnet durch ein gewisses Maß an Separierbarkeit (z.B. als geschlossener Raum; häufig aber auch über raumtrennende Stellwände), geeignete Präsentations-, Visualisierungs- und Pinnwände, einem angemessenem Arbeitsplatzangebot sowie einem eher loungeartigen Besprechungsambiente.

Abb. 29: Projektraum/-fläche (Modul 3)

Modul 4: (Projekt-)Leitstand

Das Modul (Projekt-)Leitstand ist als eine bewusst ambivalent geprägte Plattform für strategische Meetings im Entscheiderkreis zu verstehen. Inspiriert ist dieses Modul vom Konzept einer Kommandozentrale (im englischsprachigen Raum häufig als „War Room" bezeichnet), die ihren Ursprung im militärischen Bereich hat. Es dient im Wesentlichen dazu, große Mengen an Informationen aufzubereiten, so dass die richtigen Entscheidungen getroffen werden können. Dazu ist es einerseits notwendig eine Vielfalt intuitiv bedienbarer Medientechnik für Präsentations- und Visualisierungszwecke verfügbar zu haben, die flexibel die notwendigen Datenquellen anzapfen kann.

Abb. 30: (Projekt-)Leitstand (Modul 4)

Andererseits ist bekannt, dass ein Konsens für schwierige bzw. strittige Entscheidungen leichter in einem eher informellen Ambiente hergestellt wird (z.B. während Kaffeepausen). Aus diesem Grund weist der Projektleitstand zusätzlich auch ein Ambiente auf, das eine clubartige Gesprächs- und Kommunikationsatmosphäre entstehen lässt.

Modul 5: Kreativ-Ecke

Ein häufig genanntes Manko im Verlauf der Erhebung bezog sich auf die fehlende Unterstützung kreativer Prozesse. Die Befragten waren sich einig, dass Kreativität zur Lösungsfindung essenziell ist. Ein erster Schritt dahin wäre allein schon ein überzeugendes Angebot mehr „weiße Wände" zur Verfügung zu stellen. Das Modul „Kreativ-Ecke" steht daher stellvertretend für einen eher unkonventionellen „Multi-Sinn-Erlebnis-Bereich", in dem technische Mittel und Medien (z.B. ein Multi-touch Planungstisch) in einem haptisch, optisch und emotionalem Ambiente spielerisch aufeinander treffen und genutzt werden können, um Diskussionen und Ideenfindung anzuregen.

Die Kreativ-Ecke ist im Raum leicht erhöht worden, um sinnbildlich hervorzuheben, dass dieser Bereich gezielt für seinen ihm zugedachten Zweck gestaltet wurde.

Abb. 31: Kreativ-Ecke (Modul 5)

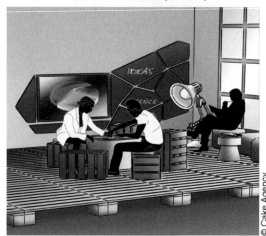

Modul 6: Prototypen-Werkstatt

Das Bauen, Testen, Erproben, Messen oder Ausprobieren von ganz unterschiedlichen Modellen, Mustern, Prototypen usw. stellt einen wichtigen Part in FuE-Prozessen dar. Eine möglichst enge, auch räumliche Anbindung und Verzahnung dieses Moduls „Prototypen-Werkstatt" mit der (Büro-)Umgebung hat aus Sicht aller Beteiligten einen hohen Stellenwert. Daher bedarf es einer sorgfältigen Planung und Gestaltung, um keine unnötigen Grenzen und Barrieren zwischen „Weiß- und Blaukitteln" entstehen zu lassen bzw. diese konstruktiv zu überbrücken und alle Beteiligten gleichermaßen einzubinden.

Modul 7: Kaffee-Insel

Als zentralem Ankerpunkt nicht nur für typische (Kaffee-)Pausen, sondern auch für jede Art von informellen, zufälligen oder auch regelmäßigen Treffen mit Kollegen kommt dem Modul Kaffee-Insel eine entscheidende Rolle zu.

Dazu bedarf es zunächst der geeigneten Platzierung des Moduls an prominenten, kommunikativen und belebten Ecken und Wegen. Die Kaffee-Insel sollte zwar einerseits nahe genug bei den Arbeitsplätzen sein, so dass man möglichst auch gut sehen kann, ob sich dort bereits jemand aufhält. Andererseits darf von hier jedoch kein übermäßiger Geräusch- und Störpegel ausgehen. Typischerweise haben sich hierbei Einhausungen mit (Teil-)Verglasungen bewährt.

Abb. 32: Prototypen-Werkstatt (Modul 6)

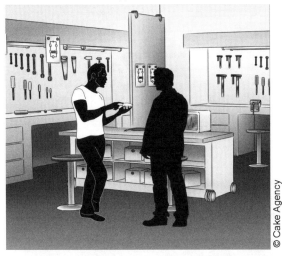

Eine attraktive und ansprechende Gestaltung mit unterschiedlichen Steh-/Sitz-Angeboten bzw. Thekenlösungen ist ebenfalls essenziell. Damit das Modul Kaffee-Insel auch als alternativer Arbeits- bzw. Besprechungsbereich nutzbar wird, sollte eine geeignete technische Infrastruktur bzgl. Strom und Datenzugang (z.B. WLAN) vorgesehen sein.

Abb. 33: Kaffee-Insel (Modul 7)

Modul 8: Home Office
Die zunehmende Flexibilisierung und Variabilität in der Nutzbarkeit alternativer Arbeitsorte umfasst in zunehmendem Maße auch einen Arbeitsplatz zu Hause im „Home Office". Auch wenn die Aufhebung der Grenzen zwischen Arbeit und Privatleben häufig eher kritisch hinterfragt wird, lässt sich eine Nachfrage nach zumindest fallweiser oder temporärer häuslicher Arbeit nicht von der Hand weisen. Die Gestaltung des Home Office orientiert sich dabei eher an den individuellen Vorlieben des Mitarbeiters.

Abb. 34: Arbeitsplatz im Home Office (Modul 8)

© Cake Agency

1.8 Evaluierung und Erfolgsmessung

Unsere Arbeitsumgebung hat enormen Einfluss auf unsere Leistungsfähigkeit. Wer sich an seinem Arbeitsplatz wohl fühlt, durch eine aufgabenangepasste Technik unterstützt wird und seine Arbeit in Einklang mit seinem persönlichen Lebensstil organisieren kann, kann mehr leisten. Zudem belegen Studien den zunehmenden Einfluss zwischen der Gestaltung und Organisation der Arbeits- und Büroumgebung und der Bindung und Gewinnung von Mitarbeitern.

Die Entwicklung und Einführung von neuen Arbeits- und Bürowelten hat also weitreichende Bedeutung für eine Organisation und stellt dabei insbesondere Initiatoren und Projektleitung vor eine große Verantwortung.

Welche Auswirkungen haben flexiblere Arbeitsformen oder veränderte räumliche Strukturen auf Leistungsfähigkeit, Motivation, und Zufriedenheit von Mitarbeitern. Wie lassen sich Führungskräfte und Mitarbeiter nachhaltig für eine veränderte Arbeitsweise gewinnen? Sind die erwarteten Wirkungen eingetreten, lassen sich diese belegen und an welchen Stellen muss noch nachgebessert werden? Mit diesen Fragen sehen sich Projektbeteiligte, Führungskräfte und auch Mitarbeiter bei fast jeder Neukonzeption der räumlichen, technologischen oder organisatorischen Arbeits- und Büroumgebung konfrontiert.

Mittels standardisierter, webbasierter Evaluierungsmethoden (z.B. „Office Design & Performance Check" des Fraunhofer IAO) lassen sich auf Basis eines Vorher-Nachher-Vergleiches Wirkungen und Effekte bei der Veränderung von Arbeitsformen und der räumlich-technologischen Büroumgebung von Organisationen belegen. Die Ergebnisse einer derartigen arbeitswissenschaftlichen Begleitstudie zu den Wirkungen, die aus einer veränderten räumlichen und technologischen Arbeitsumgebung resultieren, ermöglichen den Verantwortlichen eine transparente Erfolgskontrolle ebenso wie die zielgerichtete Identifikation wirklich notwendiger Optimierungspotenziale. Darüber hinaus stellen die Ergebnisse ein wesentliches Element einer fundierten und glaubwürdigen Kommunikation mit Mitarbeitern, Führungskräften, Arbeitnehmervertreten, Investoren und der Öffentlichkeit dar.

Im Rahmen einer derartigen, erfolgssichernden Begleitforschung ergibt sich dabei insbesondere folgender Nutzen:
– Wissenschaftliche Darstellung von Wirkung und Erfolg
– Zielgerichtete Identifikation notwendiger Optimierungsmaßnahmen

– Fundierte und glaubwürdige Kommunikation
– Benchmark mit vergleichbaren Projekten

Die Ergebnisdarstellung kann dann – z.B. auf der Ebene von Organisationseinheiten, Funktionsbereichen, Hierarchieebenen oder demografischen Merkmalen – sowohl für übergeordnete Kennwerte als auch für einzelne Items Mittelwerte, Zeitreihenanalysen (Pre-Post-Analysen, Längsschnittanalysen usw.) oder die Analyse signifikanter Variablenzusammenhänge umfassen (Abb. 35).

Basierend auf dem Feedback anonymisierter Mitarbeiterbewertungen sind – gemessen auf einer Absolutskala von 0% (sehr schlecht) bis 100% (Idealzustand) bei erfolgreichen Projekten Verbesserungen im Bereich der „Gestaltungsqualität" bzw. der „Office Performance" von 5–10% durchaus üblich und realistisch.

Abb. 35: Beispielhafte Darstellung von Evaluierungsergebnissen [Fraunhofer IAO]

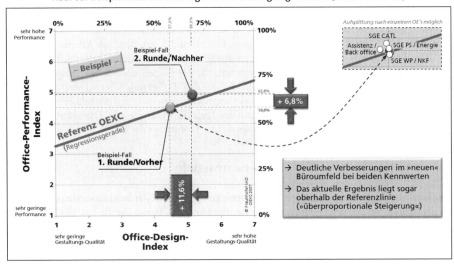

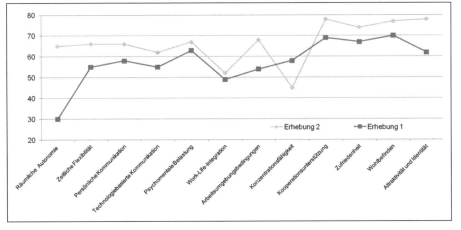

2. Wesentliche Aspekte der Gebäudeplanung

Die konzeptionelle Auslegung eines Bürogebäudes und die Festlegung der einzelnen Geschossmodule hinsichtlich der Dimensionen Geschosstiefe, Geschosshöhe, Achsraster und Bauteilbreite stehen in engem Zusammenhang mit den darin zu realisierenden Büroraumkonzepten und Raumgrößen sowie deren flächenökonomischer Realisierung.

Bei der Planung müssen die Anforderungen aus der Arbeitsstättenverordnung (ArbStättV) berücksichtigt werden. Die Technische Regeln für Arbeitsstätten (ASR) sind Konkretisierungen zur Arbeitsstättenverordnung. Gemäß § 8 Übergangsvorschriften der novellierten Arbeitsstättenverordnung vom 12. August 2004 haben die früheren Arbeitsstättenrichtlinien ihre Gültigkeit mit dem 01. Januar 2013 verloren und wurden sukzessive durch die Technischen Regeln für Arbeitsstätten (ASR) der Bundesanstalt für Arbeitsschutz und Arbeitsmedizin (BAuA) ersetzt (z.B. ASR A2.3 Fluchtwege und Notausgänge, Flucht- und Rettungsplan). Allerdings können die Angaben aus den früheren, ungültig gewordenen Arbeitsstättenrichtlinien bei solchen Sachverhalten als Orientierung genutzt werden, für die derzeit noch keine entsprechenden neuen Arbeitsstättenregeln (ASR) veröffentlicht wurden. Dabei muss aber wiederum beachtet werden, dass die Inhalte der früheren Arbeitsstättenrichtlinien in Teilen überaltert sein können und folglich nicht mehr verlässlich den Stand der Technik widerspiegeln. Die aktuell gültigen Technischen Regeln für Arbeitsstätten können auf der Homepage der BAuA eingesehen werden.

2.1 Geschosstiefe

Zur Realisierung nutzerangepasster Büroraumkonzepte ist eine der bestimmenden Größen die Geschosstiefe. Sie ergibt sich einerseits aus der notwendigen Breite für die Erschließungsflure und andererseits aus der Raumtiefe aufgrund der Dimensionierung und Anordnung von Arbeitsplätzen und Nebenflächen. Aus ökonomischen Gründen wird der Nutzer bestrebt sein, den Anteil der Erschließung möglichst gering zu halten.

Je nach Lage des Erschließungsflures lassen sich folgende Gebäudetypen unterscheiden.

- Einbund
  Beim Einbund wird die Bürofläche nur von einer Seite her erschlossen, d.h. der Erschließungsflur liegt an der Fassadenseite des Gebäudes. Um diesen Gebäudetypus zu begründen, müssen gewichtige Gründe vorliegen, da er vergleichsweise unwirtschaftlich ist [Gottschalk/94].

- Zweibund
  Ein Zweibund ist dadurch gekennzeichnet, dass von einem mittig liegenden Flur aus beidseitig die Büroflächen erschlossen werden. Der Zweibund ist typisch für einen Großteil aller Verwaltungsgebäude.

- Dreibund
  Beim Dreibund werden drei parallele Büroflächenzonen durch zwei parallele Flure erschlossen. Da der mittlere Bund nur an den Kopfenden mit Tageslicht versorgt wird, ist diese Form vor allem dann empfehlenswert, wenn die innenliegenden Flächen in geeigneter Form genutzt werden können. Häufig werden Hochhausbauten als Dreibünder ausgeführt, wobei dann im Mittelbund bevorzugt Versorgungsschächte, Aufzüge, Treppenhäuser, Sanitärkerne, Lager-/Archivbereiche o. Ä. angeordnet sind.

Für die einzelnen Büroraumkonzepte wiederum bieten sich unterschiedliche flächenökonomisch sinnvolle Raum- bzw. Bauteiltiefen an.

2.2 Geschosshöhe

Die Geschosshöhe setzt sich zusammen aus der für die Büronutzung notwendigen lichten Raumhöhe, der Stärke der Geschossdecke sowie dem jeweiligen Decken- und Bodenaufbau. Die beiden letztgenannten Komponenten sind von der technischen Ausgestaltung abhängig (Doppel- oder Hohlraumboden, abgehängte Decke usw.). Die Arbeitsstättenverordnung enthält keine konkreten Zahlenangaben für Mindestgrundfläche, lichte Höhe oder Mindestluftraum. Aus der gängigen Praxis haben sich allerdings folgende Maße als Mindestanforderungen etabliert. In Abhängigkeit von der Grundfläche des Büroraumes empfiehlt sich eine lichte Höhe des Büroraumes von:

mindestens 2,50 m bei einer Grundfläche bis 50 m^2,
mindestens 2,75 m bei einer Grundfläche zwischen 50–100 m^2,
mindestens 3,00 m bei einer Grundfläche zwischen 100–2.000 m^2,
mindestens 3,25 m bei einer Grundfläche von mehr als 2.000 m^2.

In Ausnahmefällen oder aus zwingenden baulichen Gründen kann von den genannten Maßen um 0,25 m nach unten abgewichen werden, sofern die Grundfläche des Raumes größer als 50 m^2 ist und überwiegend leichte oder sitzende Bürotätigkeiten ausgeübt werden. Bei Räumen mit Schrägdecken darf die lichte Höhe im Bereich von Arbeitsplätzen und Verkehrswegen an keiner Stelle weniger als 2,50 m betragen. In der Praxis zeigt sich, dass diese Maße auch aus Gründen des subjektiven Raumeindruckes sinnvoll sind.

Mit der Einführung von neuartigen Arbeits- und Bürokonzepten (Desk-Sharing, Non-territoriale Bürokonzepte, Home-office usw.) werden auch in Bestandsimmobilien, die häufig als Zweibünder mit Zellenbüros und Bauteiltiefen von bis zu 13 m errichtet wurden, tendenziell offenere Raumstrukturen nachgefragt. Dies erfordert in der Regel lichte Höhen von mindestens 2,75 m auf einem Großteil der Fläche. Revitalisierungen in alten Industriebrachen mit loft-ähnlichen Gebäudestrukturen bieten hier ein weites Spektrum an Gestaltungsmöglichkeiten.

Die Forderung nach größeren Raumhöhen zur Gestaltung „angenehmer Raumeindrücke" steht im Konflikt mit den Forderungen nach niedrigen Herstellungs- und Bewirtschaftungskosten. Aus diesen Gesichtspunkten wird eine möglichst geringe Raumhöhe angestrebt, um den Bruttorauminhalt und den Energieverbrauch für Heizung und Kühlung möglichst niedrig zu halten.

2.3 Rastermaß

Die Hauptraster eines Gebäudes sind das Primärraster (z.B. Stützenraster) und das Sekundärraster (= Ausbauraster). Eine weitere Feinteiligkeit im Sinne eines Tertiärrasters ist irrelevant. Idealerweise ergibt sich das Primärraster als ein Vielfaches der Sekundärraster. Eine Abstimmung der Elemente des Innenausbaus wie z.B. Trennwände auf die Fassaden kann dadurch erleichtert werden.

Bei den Rastertypologien wird zwischen Achs- und Bandrastern unterschieden. Beim Bandraster wird beispielsweise nach einer definierten Rasterzahl ein „Band" eingeschoben. Innerhalb dieses Bandes kann eine Stütze oder auch eine Trennwand stehen. Dies ermöglicht es, dass die lichte Raumbreite ein Vielfaches des Sekundärrasters sein kann. Bei einem Kreuzraster hingegen ist die lichte Raumbreite in der Regel ein Vielfaches der Raumbreite abzüglich der Stärke der Trennwände.

Aus Gründen der Flächenwirtschaftlichkeit sollte sich das Primärraster aus dem Sekundärraster und den Flächenzuschnitten für die Arbeitszonen entwickeln und nicht nur eine Optimierung hinsichtlich des Tragwerks darstellen. Das Sekundärraster basiert dann auf den notwendigen Flächenmodulen der Arbeitsplatztypen. Ein Arbeitsplatztyp, der beispielsweise eine Breite von 2,30 m erfordert kann mit einem Achsraster von 2 x 1,20 m sinnvoll dargestellt werden (Berechnung: 2 x Achsrater 1,20 m = 2,40 m, abzüglich 2 x den Anteil einer halben Trennwand = 0,10 m ergibt eine lichte Breite von 2,30 m).

Derzeit ist für das Sekundärraster ein Maß von 1,35 m sehr verbreitet. Mit diesem Maß lassen sich die oben beschriebenen Büroformen und -konzepte komfortabel umsetzen. Durch den zunehmenden Zwang zu maximaler Flächenwirtschaftlichkeit werden in letzter Zeit auch wieder kleinere Rastermaße eingesetzt. Dies wird auch dadurch unterstützt, dass durch die Einführung von Flachbildschirmen und die Reduktion des papiergebunden Stauraumes am Arbeitsplatz die Flächenbedarfe für die Arbeitsplätze sinken, was zu einer Reduktion der Gesamtfläche beiträgt. Generell ist festzuhalten, dass es das optimale Raster nicht gibt. Es stellt sich vielmehr als eine Kombination aus Variablen wie Arbeitsplatztypen, Wandstellungen, Raumtiefen, Bauteiltiefen, Stützenabstände dar.

Abbildung 1 zeigt beispielhafte Grundmodule mit variablen Nutzungsmöglichkeiten auf der Basis eines Sekundärrasters von 1,30 m.

2.4 Flächenwirtschaftlichkeit

Die Flächenwirtschaftlichkeit eines Gebäudes wird häufig auf der Basis des Quotienten aus Bruttogrundfläche (BGF) und vermietbarer Fläche beurteilt. Die BGF steht für die Herstellungskosten und ist ein Indikator für die laufenden Bewirtschaftungskosten. Die vermietbare Fläche ist die Bemessungsgrundlage für die Einnahmen. Es wird empfohlen, die vermietbare Fläche entsprechend der Richtlinie zur Berechnung der Mietfläche für gewerblichen Raum (MF-G) zu ermitteln. Die Ermittlung der BGF erfolgt nach DIN 277.

Die Abbildung 2 zeigt am Beispiel eines Standardgebäudes (Zweibünder; 13,40 m tief; Sekundärraster 1,35 m) wie die Flurzone im Falle des Zellenbüros ausschließlich der Erschließung dient (Variante 1), während sie bei anderen Konzepten (Variante 2 und Variante 3) neben der Erschließung auch für Kommunikation verwendet werden kann. An diesem Beispiel wird auch deutlich, wie sich die Kapazität an Arbeitsplätzen durch die Wahl des Bürokonzeptes verändern kann. Dabei wirken die Variante 2 und Variante 3 hinsichtlich ihres Raumeindrucks großzügiger.

2.5 Technische Infrastruktur und Ausstattung

Die technische Infrastruktur und die Ausstattung des Gebäudes sollen die Gebrauchsfähigkeit des Gebäudes sicherstellen. Wichtige Planungshinweise im Hinblick auf Luftqualitäten, Raumklima, Beleuchtung und Akustik im Arbeitsraum bzw. am Arbeitsplatz ergeben sich aus den Anforderungen der Arbeitsstättenrichtlinien. Hierbei sind auch Anforderungen zu berücksichtigen, die sich aus der Nutzung der eingesetzten Arbeitsmittel (v.a. der Informations- und Kommunikationstechnik) ergeben, wie etwa die Bewältigung von Wärmelasten und Lärmemissionen oder Verkabelungen und medientechnische Versorgung. Je nach Grad des Komfort- oder Sicherheitsanspruches eines potenziellen Nutzers ergeben sich noch weitere Anforderungen (Konditionierung der Raumluft, Gebäudeleittechnik, Sicherheitstechnik, Brandschutz etc.). Die einzelnen Systeme sollten fallweise mit vertretbarem Aufwand nachgerüstet werden können, wenn der Nutzer dies wünscht. Damit können die Erstinvestitionskosten niedriger gehalten werden. Die Grundstruktur des Gebäudes, die zentralen Einrichtungen für die technischen Anlagen und die Möglichkeiten der vertikalen Leitungsführung sind primär davon betroffen.

2.5.1 Raumluftkonditionierung

Die Mindestanforderungen an die Raumluftkonditionierung (Raumtemperatur, Luftgeschwindigkeit, Luftwechselrate, Luftfeuchtigkeit) können der Arbeitsstättenverordnung im Anhang 3.5 und 3.6 entnommen werden.

Abb. 1: Grundmodule mit variablen Nutzungsmöglichkeiten

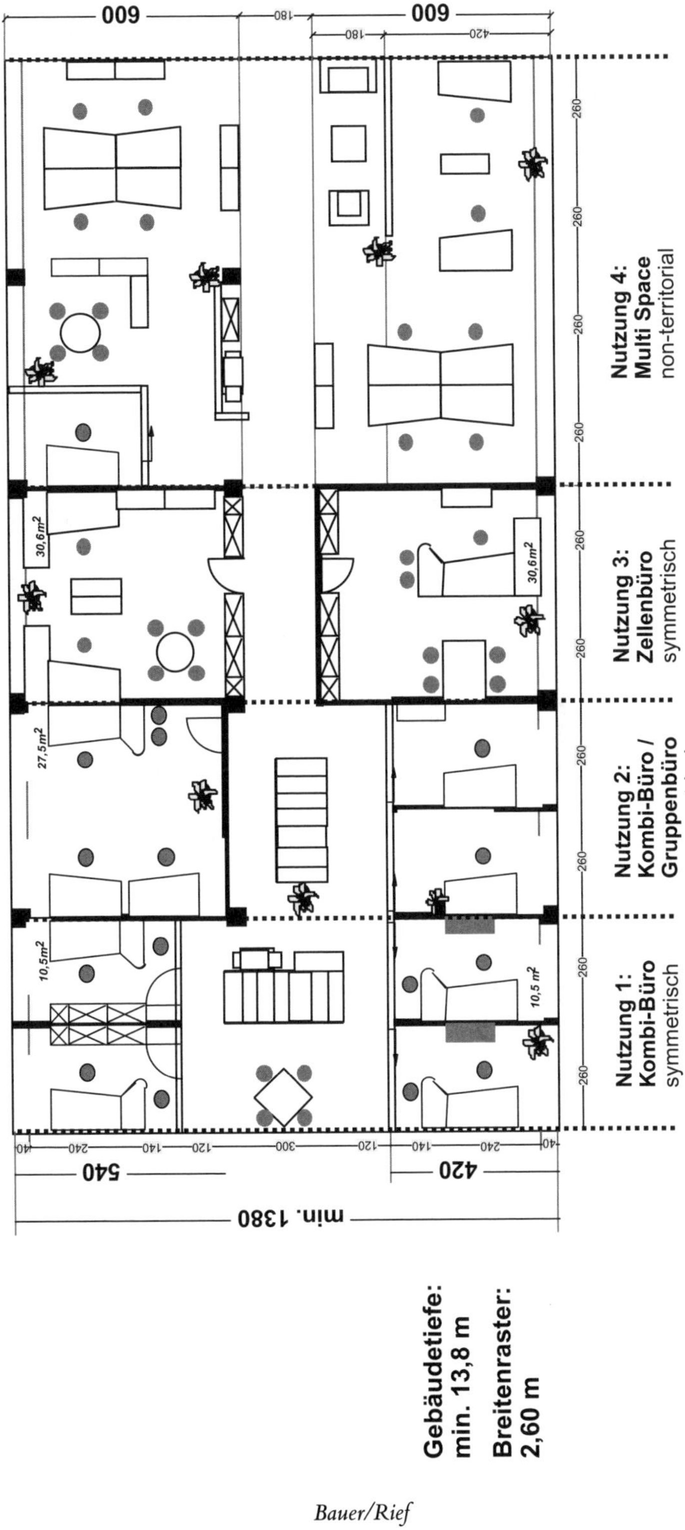

Gebäudetiefe:
min. 13,8 m

Breitenraster:
2,60 m

Abb. 2: Realisierung unterschiedlicher Arbeitsplatzanzahlen durch verschiedene Bürolayouts

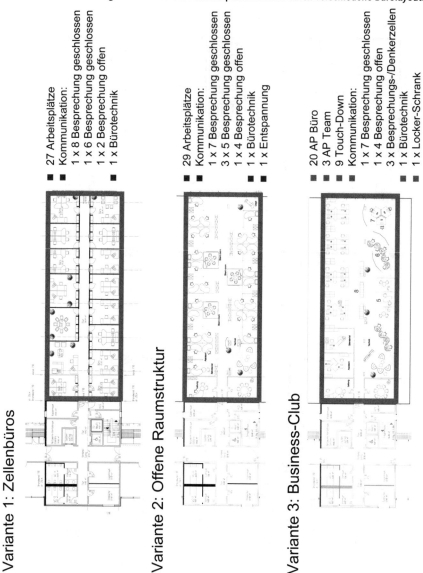

Variante 1: Zellenbüros

27 Arbeitsplätze
Kommunikation:
1 x 8 Besprechung geschlossen
1 x 6 Besprechung geschlossen
1 x 2 Besprechung offen
1 x Bürotechnik

Variante 2: Offene Raumstruktur

29 Arbeitsplätze
Kommunikation:
1 x 7 Besprechung geschlossen
3 x 5 Besprechung geschlossen
1 x 4 Besprechung offen
1 x Bürotechnik
1 x Entspannung

Variante 3: Business-Club

20 AP Büro
3 AP Team
9 Touch-Down
Kommunikation:
1 x 7 Besprechung geschlossen
1 x 4 Besprechung offen
3 x Besprechungs-/Denkerzellen
1 x Bürotechnik
1 x Locker-Schrank

Als Ausbaustandards für die Raumluftkonditionierung haben sich folgende Stufen entwickelt:

Grundausstattung: Fensterlüftung und Heizung
1. Ausbaustufe: wie Grundausstattung und unterstützende Lüftung
2. Ausbaustufe: wie Ausbaustufe 1 und Spitzenlastkühlung
3. Ausbaustufe: Vollklimatisierung (Temperierung, Kühlung, Luftbefeuchtung, Sicherung der Luftwechselrate über die künstliche Lüftung)

Die Wahl der Ausbaustufen erfolgt in Abhängigkeit vom Gebäude (Bauteiltiefen, Gebäudehöhe) und Nutzung (Wärmelasten Komfortanspruch).

Eine wichtige Rolle in Bezug auf die Akzeptanz unterschiedlicher Konzepte spielt die subjektive Wahrnehmung der Nutzer. Dabei hat sich die Fensterlüftung immer wieder als sehr positiv im Sinne der Nutzerakzeptanz gezeigt. Nutzer wünschen diese, obwohl sie bei einer Vollklimatisierung technisch nicht notwendig ist; sie kann sogar die angestrebte Luftführung beeinträchtigen. Eine in diesem Zusammenhang wichtige Lösung ist die Doppelfassade. Sie erlaubt es, vor allem in großen Höhen eine Fensterlüftung zu ermöglichen, da der Winddruck nicht auf der inneren Fassade mit den öffenbaren Fenstern lastet. Ferner fungiert der Luftzwischenraum zwischen innerer und äußerer Fassade als Temperaturpuffer; die Wärmelasten durch die Sonneneinstrahlung auf der Fläche sind geringer.

In zahlreichen Projekten der letzten Jahre werden die Geschossdecken als Elemente der Raumlufttemperierung herangezogen (Bauteilkühlung, Bauteilaktivierung, Bauteiltemperierung). Die notwendige Kühlwirkung kann nur entfaltet werden, wenn die warme Raumluft an die Rohdecke gelangt, um ihre Wärme an dieses kühl gehaltene Bauteil abgeben zu können. Hierzu darf die Geschossdecke nicht durch eine geschlossene abgehängte Decke – wie sie aus Gründen der Raumakustik notwendig sein kann – „vollständig verkleidet" sein.

2.5.2 Beleuchtung

Entsprechend den gesetzlichen Mindestanforderungen an die Beleuchtung nach der Arbeitsstättenverordnung (Anhang 3.4) müssen Arbeitsstätten möglichst ausreichend Tageslicht erhalten. Darüber hinaus wird empfohlen die Informationen der Berufsgenossenschaften wie z.B. die BGI 856 „Beleuchtung im Büro" zu berücksichtigen.

Folgende Nennbeleuchtungsstärken haben sich bewährt:
- Allgemeinbeleuchtung: mind. 15 Lux
- Verkehrswege, die von Personen benutzt werden: mind. 50 Lux
- für Büroräume (unabhängig von der Arbeitsaufgabe): mind. 500 Lux
- für Großraumbüros (je nach Reflexionsbedingungen): 750 Lux bzw. 1.000 Lux

Neben der rein technischen Komponente der Beleuchtung rückt die Wirkung des Lichts auf den Menschen zusehends in den Mittelpunkt. Es wird angestrebt, mittels des künstliche Lichts durch das bewusste und unterbewusste Erleben ähnliche Wirkungen im Menschen zu erzeugen wie durch das Tageslicht. Unterbewusste, zeitlich gesteuerte Vorgänge hängen sehr direkt mit dem Lichtverlauf zusammen. Licht ist ein wichtiger Zeitgeber für die vegetativen Funktionen und spielt eine bedeutende Rolle für die Gesundheit und das Wohlbefinden der Menschen. Ausgehend von der Veränderung des Tageslichtes über den Tagesablauf wird mit neuen technologischen Konzepten versucht mittels künstlicher Beleuchtung über die Veränderung der Parameter
- Helligkeitsniveau (= Beleuchtungsstärke),
- Lichtfarbe und
- Lichtverteilung (= Helligkeitsverteilung, Schattigkeit, Lichtrichtung)

eine mit dem Tageslicht vergleichbare Wirkung auf den Menschen zu erreichen. Damit soll die Beleuchtung Teil eines dynamischen Designs des Raumes werden. Diese Erkenntnisse werden u.a. von Philips Lighting mit den Beleuchtungskonzepten „Personal Light" und „Dynamic Ambience" umgesetzt. Zeitgesteuert und automatisiert kann mit diesen Beleuchtungskonzepten das Beleuchtungsniveau und die Lichtfarbe verändert oder der Verlauf des Tageslichts simuliert werden. Diese Systeme sind besonders für größere Räume mit geringem Tageslichtanteil geeignet. Abbildung 3 zeigt wie auch die Raumwirkung durch die Veränderung der Beleuchtung beeinflusst wird.

2.5.3 Raumakustik

Die akustische Qualität von Räumen ist nicht nur durch die entstehenden Lärmpegel determiniert, sondern entscheidend von der Nachhallzeit der Räume. Die Nachhallzeit sollte so gestaltet sein, dass die Sprachverständlichkeit im Nahbereich bis ca. 3 m gewährleistet ist, während sie im Umfeldbereich darüber hinaus nicht mehr vorhanden sein muss. Dies soll es ermöglichen,

Abb. 3: Individuell oder automatisch werden im Innenraum das Beleuchtungsniveau und die Lichtfarbe verändert (© Philips Lighting)

dass die akustischen Störungen auf größeren zusammenhängenden Flächen auf ein Minimum reduziert sind.

Die Schallabsorptionsgrade der Oberflächen der raumbegrenzenden Bauteile sind zur Reduzierung der Nachhallzeiten von großer Bedeutung. Insbesondere die Decke kann einen entscheidenden Beitrag zur Reduktion der Nachhallzeiten leisten.

2.5.4 Netzwerkinfrastruktur

Die Vernetzung der Arbeitsplätze unternehmensintern und -übergreifend erfordert eine leistungsfähige Netzwerkinfrastruktur. Die EDV-Verkabelung wird in 3 Ebenen eingeteilt:
- Primärbereich: Anschluss des Gebäudes an das außerhalb liegende Netz bis zum Hausanschlussraum.
- Sekundärbereich: Verkabelung vom Hausanschlussraum bis auf die Ebenen der Arbeitsplätze (Stockwerksverteiler).
- Tertiärbereich: Verkabelung vom Stockwerksverteiler bis zum Endgerät.

Es werden prinzipiell die folgenden Ausbaustandards angeboten:
- Es wird nichts zur Verfügung gestellt: der Nutzer bringt alle Komponenten selbst ein.
- Bauseitig werden vertikale Leitungen zur Verfügung gestellt; der Nutzer schließt daran seine Arbeitsplätze und zentrale Einrichtungen an.
- Bauseitig wird die gesamte passive Verkabelung zur Verfügung gestellt.
- Bauseitig wird die gesamte EDV-Infrastruktur inklusive Endgeräte und Serviceleistungen zur Verfügung gestellt.

Je nach Standort, Nutzerzielgruppen, Größe der Nutzungseinheiten und Laufdauer der Nutzungsverträge muss die Projektentwicklung definieren, welcher Standard für ein Projekt angemessen ist. Die Leistungen im Bereich der Verkabelungen können durch die Bereitstellung einer unterbrechungsfreien Stromversorgung (USV) und eines Notstromkonzept unterstützt werden.

Die Gestaltung des Leistungsumfanges für den einzelnen Nutzer muss flexibel bleiben, da diese häufig von der Unternehmenszentrale vorgegebene, nicht für ein einzelnes Objekt veränderbare Standards haben, und diese mit den Standards, die das Gebäude zur Verfügung stellt, kompatibel sein müssen.

Für die Projektentwicklung sollten bei der Detailgestaltung der Baubeschreibung die Anforderung an die Zahl der Anschlüsse pro Arbeitsplatz und die Art der Verkabelung im Tertiärbereich die Nutzererwartungen und die Gesamtkosten für Erstellung und Bewirtschaftung berücksichtigen.

- Anschlüsse
  Büroarbeitsplätze müssen mit einer ausreichenden Anzahl an Dosen für Strom-, Daten- und Telekommunikationsleitungen versorgt sein. Die Anzahl pro Arbeitsplatz kann bei 8 Stromdosen, 4 Daten- und Telekommunikationsdosen liegen. Standardtanks sind in der Regel mit Platz für bis zu 6 Stromdosen und 2 Doppel- oder Dreifachdosen für EDV-/TK-

Anschlüsse ausgestattet. Die erhöhte Anforderung an die Anzahl der Dosen kann eventuell im Tischmöbel oder über einen zweiten Bodentank abgedeckt werden.

Für eine flexible Layoutkonfiguration ist es notwendig, dass die Lage des Bodentanks frei definiert werden kann. Dies können Doppelböden mit ihren einzelnen Platten besser leisten als Hohlraumböden mit ihren monolithischen Strukturen. Alternativ kann die Kabelführung auch über deckenbasierte Systeme erfolgen.

– Verkabelung im Tertiärbereich

Für Netzwerkverkabelungen haben sich für den Sekundärbereich Glaserfaserleitungen etabliert. Die Verkabelung im Tertiärbereich erfolgt meist mit kupferbasierten Leitungen. Kupferleitungen sind mit einer Längenbegrenzung von 100 m, Schaltschränken auf den Geschossen und den einzelnen Brandabschnitten und mit relativ viel Kabelmaterial verbunden.

Eine Verlegung von Glasfaserleitungen im Tertiärbereich bietet sich nur dort an, wo häufig große Datenmengen anfallen und über Strecken transferiert werden müssen, was mit kupferbasierten CAT5e oder CAT7 Leitungen nicht zu realisieren wäre. Sollen Endgeräte direkt an das Glasfasernetz angeschlossen werden, so muss derzeit entweder ein Umsetzer von optischen auf elektrische Signale auf der Bürofläche vorgehalten werden (fibre-to-the-office) oder eine entsprechende Einsteckkarte regelt direkt am Gerät den Austausch der Informationen (fibre-to-the-desk). Die Leitungen können im Regelfall über mehrere 100 m Entfernung von einem zentralen Schaltraum zu den Arbeitsplätzen geführt werden.

Glasfaserleitungen kommt zu Gute, dass sie für dieselbe Datenübertragungsmenge weniger Kabelquerschnitt benötigen, ausreichend Bandbreitenreserven für die Zukunft vorhanden sind, die Brandlasten geringer sind und Abhörsicherheit gewährleistet ist.

Für den Projektentwickler ist die Investitionssicherheit einer Verkabelungstechnologie ein wichtiger Kostenaspekt. Hier bieten die verschiedenen Standards der Glasfaserleitungen ein höchstmögliches Maß an Variationsmöglichkeit. Es ist davon auszugehen, dass mit neuen Anwendungen z.B. aus dem Bereich Multimedia die Anforderungen an die notwendige Bandbreite der Übertragungsleistungen weiter steigen werden. Kupferbasierte Systeme können hier an ihre Grenzen stoßen, während diese für Glasfaserleistungen noch nicht absehbar sind.

Eine stetige Zunahme ist bei der Versorgung mit Wireless-LAN (kabellosen Datenverbindungssysteme) festzustellen. War es bislang meist üblich, gemeinschaftlich genutzte Bereiche eines Bürogebäudes mit W-LAN zu versorgen, so werden inzwischen meist alle Nutzflächen versorgt, sodass alle Nutzer ohne sich am Kabelnetzwerk anschließen zu müssen, auch Datenverbindung über das Funknetz erhalten können.

2.5.5 Trennwände

Bei der Realisierung nutzerangepasster Büroflächen sind die Trennwände eines der wichtigen Elemente des Mieterausbaus. Meist wird im Rahmen des Mietvertrages eine bestimmte Anzahl an Trennwänden von Seiten des Vermieters geschuldet, die in der Regel als Gipskartonwände angeboten werden. Auf Grund der zunehmenden organisatorischen Veränderungsdynamik in den Unternehmen sind fest eingebaute Trennwände jedoch nicht immer die beste Lösung, da eine schnelle und die Weiterarbeit nicht beeinträchtigende Veränderung nicht möglich ist.

Als geeignete Alternative bietet sich die Bereitstellung von Systemwänden an, die schnell und mit geringerem Aufwand verändert werden können. Insbesondere bei einer hohen Veränderungsdynamik des Flächennutzers (Reorganisation, Mieterwechsel) ist ein Ausbau mit flexiblen Trennwandsystemen sinnvoll und empfehlenswert. Bei größeren Mengen können die Preisunterschiede zu konventionellen Gipskartonwänden erheblich reduziert werden.

2.5.6 Sonstige technische Infrastruktur

2.5.6.1 Brandschutz

Die Anforderungen aus dem Brandschutz orientieren sich nach deutschem Verständnis an den Möglichkeiten des passiven Brandschutzes (Brandabschnitte; notwendige Flure ab 400 m² Fläche pro Brandabschnitt). Bereits in der Baugenehmigung sollte sichergestellt sein, dass notwendige Flure nicht erforderlich werden, um genügend Flexibilität in der Raumgestaltung zu haben.

In der amerikanischen Sichtweise ist der aktive Brandschutz wichtiger als der passive. Die amerikanischen Versicherer setzen bei der Beurteilung des Brandrisikos oft das Vorhandensein einer Sprinklerung voraus. Amerikanisch geprägte Mietinteressenten werden mögliche Objekte dahingehend auswählen, ob das Mietobjekt den Anforderungen des amerikanischen Versicherers entspricht und werden tendenziell eine Ausstattung mit einer Sprinklerung erwarten.

2.5.6.2 Sonnen- und Blendschutz

Sonnen- und Blendschutz ist in Bürogebäuden aus zwei Gründen erforderlich:
- Vermeidung von Direkt- und Reflexblendungen (z.B. durch Spiegelungen auf Bildschirmen und anderen Gegenständen)
- Reduktion des Wärmeeintrages in das Gebäude durch Sonneneinstrahlung und Wärmeeinstrahlung durch Glasflächen.

Der durch moderne Architektur erhöhte Glasanteil in den Fassaden verstärkt die Forderung nach wirkungsvollem Sonnen- und Blendschutz. Dabei ist es gerade in innerstädtischen Lagen sinnvoll den Sonnen- und Blendschutz rundum am Gebäude anzubringen, da auch auf der Nordseite störende Reflexionen über die Fassaden benachbarter Gebäude entstehen können.

Bildschirmarbeitsplätze müssen frei von Blendungen und Spiegelungen sein. Für die Gebäudeausstattung bedeutet dies, dass ein außenliegender Sonnenschutz in der Regel durch einen innen angebrachten Blendschutz ergänzt werden muss.

Beim Sonnenschutz ist darauf zu achten, dass er auch bei höheren Windgeschwindigkeiten noch in seiner aktiven Position bleibt und nicht zu seinem Schutz vor Beschädigung durch Windeinfluss zurückgefahren wird. In Doppelfassaden ist dies auch in großen Gebäudehöhen nicht notwendig.

Der Blendschutz wird häufig als Mieterleistung definiert. Es ist jedoch sinnvoll, den Blendschutz als Vermieterleistung anzubieten, um dem Gebäude von außen ein gleichmäßiges Erscheinungsbild zu geben.

2.6 Zentrale Services

Die zunehmende Fokussierung der Unternehmen auf ihre Kernkompetenzen und die in der Gesellschaft wachsende Dienstleistungsorientierung erfordert auch in Bürogebäuden zunehmend ein Angebot an erweiterten Dienstleistungen, die sich an die Nutzer (business-to-business) und deren Mitarbeiter (business-to-customer) richten. Dazu gehören beispielsweise Services wie Catering, EDV und Kommunikation, Reisebüro (vgl. Abbildung 4).

Die Serviceangebote können über ein Service-Center im Gebäude, über Telekommunikation oder über Webplattformen abgerufen und genutzt werden. Die weitestgehende Ausprägung ist in Business Centern vorzufinden, wo komplett ausgestattete Flächen (inkl. Möblierung, Telekommunikation etc.) und Services mit unterschiedlichen Nutzungsdauern angemietet werden können.

Projektentwickler können durch ein erweitertes Serviceangebot die Bindung von Mietern, die diese Services nicht selbst organisieren wollen, erhöhen. Dabei kann eine Verknüpfung der Services in mehreren Objekten das Einkaufsvolumen und damit die Angebotsattraktivität steigern.

Abb. 4: Mögliche Serviceleistungen für Unternehmen und Mitarbeiter

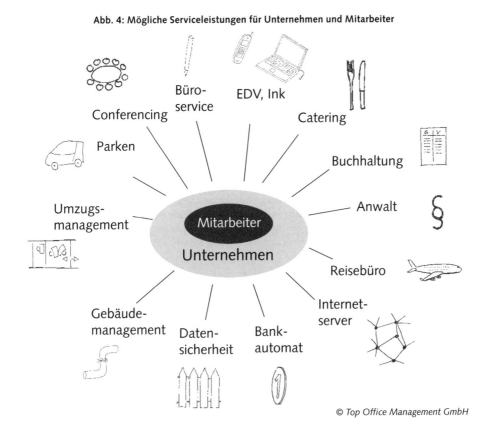

© Top Office Management GmbH

Die Akzeptanz von Services hängt maßgeblich von der Preiswürdigkeit und der Service-qualität ab. Der Projektentwickler sollte die Servicepartner sorgfältig auswählen und wenn er Eigentümer des Objektes bleibt – die Qualität der Servicepartner permanent kontrollieren.

Gerade in Bürogebäuden, in denen moderne hochflexible Konzepte realisiert werden hat das Anbieten von Serviceleistungen eine gesteigerte Bedeutung.

2.7 Nutzungsflexibilität

Die dynamischen Veränderungen in der Wirtschaft machen die Flexibilität des Gesamtleistungsangebotes in einem Objekt zu dem entscheidenden Erfolgsfaktor.

2.7.1 Mietflächengrößen und Mietdauern

Die Mietflächengrößen in einem Gebäude reichen von ca. 25 m² für Existenzgründer oder beispielsweise Vertriebsbüro bis über mehrere 10.000 m². Kleine Mietflächen benötigen Nebenflächen, die gemeinsam genutzt werden können (z.B. Empfang, Besprechungsräume, Sanitärräume). Deren Nutzung erfolgt durch die Mieter oft nur temporär, d.h. die Abrechnung erfolgt nach tatsächlicher Inanspruchnahme oder als pauschale Umlage.

Die Laufzeit von Mietverträgen wird tendenziell immer kürzer, weil die Mieter zunehmend unsicher über ihre geschäftliche Entwicklung sind und der Trend zur Flexibilisierung sich in allen Bereichen weiter entwickelt. Es ist im Büroimmobilienmarkt eine zunehmende Bereitschaft zu erkennen, für kürzere Laufdauern erhöhte Mieten zu zahlen.

Damit wird deutlich, dass eine höhere Flexibilität des Projektentwicklers hinsichtlich Miet-
flächengröße und Mietdauer die Vermarktungschance eines Objektes teilweise erheblich steigert. Es ist sicherzustellen, dass Nutzungsänderungen schnell, ohne großen Aufwand und ohne
Störung der benachbarten Flächen umsetzbar sind.

2.7.2 Raumzuschnitte auf den Mietflächen

Die möglichen Raumzuschnitte auf den Flächen müssen das gesamte Spektrum vom Ein-
Personen-Zellenbüros bis hin zu Großraumstrukturen, wie beispielsweise für Call Center
abdecken können. Dies gilt es unter Beachtung der brandschutzrelevanten Anforderungen
möglichst nutzungsflexibel umzusetzen.

Die Veränderungsnotwendigkeiten bei den Mietern sind oft bereits so groß, dass die Mitarbeiter bis zu zweimal pro Jahr am Standort umgezogen werden. In traditionellen Bürolösungen
wie Zellen-, Gruppen- oder Kombi-Büros ist mit diesen Umzügen häufig auch ein Umbau der
Flächen und Wände verbunden. Dafür sollten die Trennwände einfach und schnell umgesetzt
werden können, um die notwendigen organisatorischen Anpassungen nicht durch die Stellung
der Trennwände zu behindern. Dies ist am ehesten mit Systemwandlösungen realisierbar.

2.8 Parken und öffentlicher Personennahverkehr

Ein wesentlicher Erfolgsfaktor für Büroimmobilien ist die Nähe des Standortes zum öffentlichen
Personennahverkehr, idealer weise zu einer leistungsfähigen Verkehrsinfrastruktur wie einer
S- oder U-Bahn. Damit kann das Einzugsgebiet für Mitarbeiter speziell in Ballungsräumen
teilweise erheblich erweitert werden.

Bei der Einplanung von Parkplätzen sollte die gesteigerte Nutzungsintensität von Büros, die
nach New Work-Konzepten organisiert sind, beachtet werden. Arbeitsplätze, die im Sharing-
Betrieb genutzt werden, haben erheblich höhere Auslastungsquoten als solche in Standard-
Bürokonzepten.

Ebenso wie die Besprechungsplätze als Arbeitsplatzreserve für Kapazitätsspitzen herangezogen werden können, sollten für die Spitzenwerte der Parkplatznachfrage Lösungen gefunden
werden, die die Anzahl der notwendigen Stellplätze auf einem Minimum hält (z.B. Kooperationen mit Grundstücksnachbarn).

2.9 Nutzerorientierte Bewertung von Büroimmobilien

Eine große Unsicherheit für den Projekterfolg bei Neubau, Revitalisierung oder Sanierung von
Büroimmobilien resultiert aus dem langfristigen Flexibilitätsanspruch aus Sicht des Entwicklers
bzw. Investors und den Anforderungen an Individualität potenzieller Flächennutzer oder Mieter.
Das Fraunhofer IAO hat gemeinsam mit seinen Partnern aus dem Verbundforschungspro-
jekt OFFICE 21® eine softwarebasierte Methode zur Ermittlung des Passungsgrades, also der
Überstimmung von individuellen Nutzeranforderungen mit den Funktionalitäten, Qualitäten
und wirtschaftlichen Rahmenbedingungen einer Büroimmobilie entwickelt, den Immobilien-
Nutzer-Check INC. Der INC wird bei der Immobilienprojektentwicklung zur Definition der
Anforderungen eines konkreten Nutzers oder einer potenziellen Nutzergruppe eingesetzt. Mit
dem INC können sowohl reale Objekte, als auch Planungen hinsichtlich ihres Passungsgrades
mit einer Nutzergruppe beurteilt werden. Darüber hinaus wird der INC im Liegenschafts-
management und für die Restrukturierung großer Immobilienportfolien eingesetzt. Immo-
bilienentwicklern bietet der INC die Möglichkeit die Qualitäten und Funktionalitäten ihrer
Büroimmobilie oder ihres Projektes neutral, standardisiert und wissenschaftlich hinterlegt
zu beurteilen und gegenüber einem Nutzer darzulegen. Bei der Revitalisierung bestehender
Objekte können zielgruppenspezifische Optimierungspotenziale identifiziert werden und in
die Planungs- und Investitionsentscheidungen einfließen.

Abb. 5: Struktur des Immobilien-Nutzer-Check INC

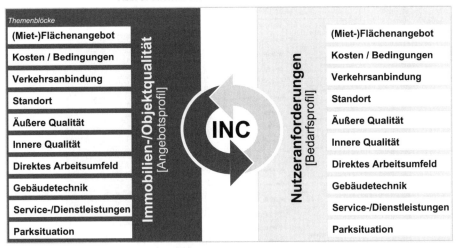

Der INC orientiert sich an der oben dargestellten Struktur und umfasst zur Beschreibung der Immobilien-/Objektqualitäten, dem Angebotsprofil und zur Definition der Nutzeranforderungen, dem Bedarfsprofil folgende Kriteriengruppen:
– (Miet-)Flächenangebot
– Kosten/Bedingungen
– Verkehrsanbindung
– Standort
– Äußere Qualität
– Innere Qualität
– Direktes Arbeitsumfeld
– Gebäudetechnik
– Service-/Dienstleistungen
– Parksituation

Die Ergebnisdarstellungen für Angebotsprofil, Bedarfsprofil und Passungsgrade erfolgen als detaillierte Reportlisten und in Form von Balkendiagrammen und Portfoliodarstellungen, die eine schnelle und einfache Einschätzung der Funktionalitäten und Qualitäten erlauben. Das softwarebasierte Werkzeug erlaubt es dem Projektentwickler seinen Erfahrungsschatz und sein Wissen über die Zielgruppe seines Entwicklungsvorhabens systematisch aufzubereiten und transparent in Objekt- und Flächenqualitäten zu übersetzen.

Abb. 6: Beispielhafte Ergebnisdarstellungen des INC

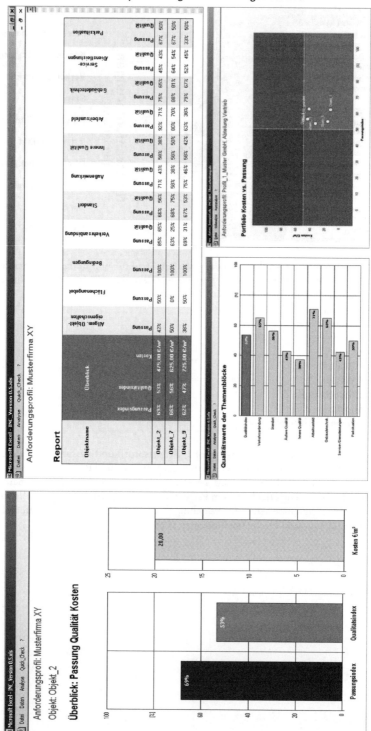

3. Nachhaltigkeit, Green Building und Zertifizierung

Zur Bedeutung von Nachhaltigkeit für die Immobilienwirtschaft

3.1 Einführung

Nachhaltigkeit, Green Building und Zertifizierung haben die Immobilienwirtschaft in den letzten Jahren in Bewegung versetzt und der Branche neben ihren baukulturellen Aspekten und der städtebaulichen Dimension eine weitere gesellschaftlich relevante Entwicklungsrichtung gegeben.

Doch noch immer sind die Begriffe unscharf, und unter den Akteuren der Branche herrscht oftmals sprachliche Verwirrung:

Der umfassende Begriff der **Nachhaltigkeit** steht für eine seit der UN-Umweltkonferenz in Rio de Janeiro 1992 gültige entwicklungspolitische Bedingung, die darauf ausgerichtet ist, Wachstum in einem ökologischen, ökonomischen und sozialen Gleichgewicht zu ermöglichen. Nachhaltigkeit (Sustainability) bildet den Rahmen einer notwendigen Entwicklung zu mehr Verantwortung für die Schonung unserer natürlichen Ressourcen und in diesem Sinne geplante und betriebene Gebäude.

Als **Green Building** wird ein Gebäude bezeichnet, das unter dem Leitgedanken der Nachhaltigkeit entwickelt wurde. Grüne Gebäude zielen prinzipiell auf eine hohe Ressourceneffizienz in den Bereichen Energie, Wasser und Baustoffe ab, während gleichzeitig schädliche Auswirkungen auf die Gesundheit und die Umwelt reduziert werden. Der Begriff setzt eher einen Schwerpunkt auf ökologische Themen, wie sie beispielsweise im 2005 initiierten Green Building Programm der EU zur Verbesserung der Energieeffizienz von Nichtwohngebäuden formuliert sind. Nach positiver Prüfung im Rahmen des Audits zu einer Zertifizierung wird dem Gebäudeeigentümer dabei der Status „Green Building-Partner" verliehen.

Die **Zertifizierung** erfasst systematisch Qualitäten und Eigenschaften eines Gebäudes, um sie gegen anerkannte Kriterien der Nachhaltigkeit von Immobilien zu messen. Dieser Prozess

Abb. 1: Abgrenzung der Begriffe im betrachteten Zusammenhang

(Quelle: eigene Darstellung)

der Bewertung findet in der Regel mit nutzungsspezifischen Indikatoren gegen gültige Benchmarks entsprechender Gebäudetypen (Büro, Hotel, Einzelhandel etc.) statt. Am Ende steht die transparent nachgewiesene und unabhängig geprüfte Nachhaltigkeit der Immobilie in Form eines Gütesiegels.

Neben Gebäuden werden inzwischen auch Stadtquartiere (Neighbourhoods) bewertet. In einer guten städtebaulichen Planung liegt schließlich die Voraussetzung für nachhaltige Immobilienprojektentwicklung. Die Infrastruktur und die Erschließungsmaßnahme sind dabei ebenso Gegenstand der Betrachtung wie eine ausgewogene Nutzungsmischung und die Qualität der öffentlichen Flächen.

Die gegenwärtig in Deutschland verwendeten Zertifizierungssysteme, DGNB, LEED und BREEAM sind in Inhalten und Methodik stark ihren jeweiligen Entstehungszusammenhängen verhaftet und deshalb kaum vergleichbar. (Dazu mehr unter 3.3)

Die Deutsche Gesellschaft für Nachhaltiges Bauen (DGNB) hat in Ihrem neuen Leitbild (3/2013) die gesellschaftliche Relevanz des Themas präzise formuliert:

„Grundlage ist das sorgfältig ausbalancierte Zusammenspiel von Effizienz, Suffizienz und Konsistenz als Philosophie der starken Nachhaltigkeit (Konrad Ott). – Effizienz bedeutet eine bessere Nutzung der verfügbaren Mittel; sie ist mit technischen Erwägungen und darüber hinaus mit systemischen Lösungsansätzen verbunden. – Suffizienz stellt demgegenüber die Frage nach dem rechten Maß; sie will dem Überverbrauch von Ressourcen Grenzen setzen sowie Genügsamkeit und Angemessenheit im gesellschaftlichen Konsens umsetzen. – Konsistenz bezeichnet den Übergang zu naturverträglichen Technologien; Ökosysteme sollen genutzt werden, ohne hierbei zerstört zu werden; es geht also um das Denken und Handeln in Kreisläufen"[1].

3.2 Marktrelevanz

Diese Zusammenhänge haben mit Strategien zu Corporate Social Responsibility (CSR) längst Eingang gefunden in das Denken und Handeln auf der Führungsebene von global agierenden Konzernen wie auch mittelständischen Unternehmen. Eine Reihe unterschiedlicher Initiativen und Reportingformate (Carbon Disclosure Project – CDP, Global Reporting Initiative – GRI etc.) dienen dazu, den Fortschritt der Unternehmen auf dem Weg der Nachhaltigkeit zu dokumentieren. Längst sind die Ergebnisse dieser Projekte nicht mehr nur für die Marketingabteilungen interessant sondern sind integraler Bestandteil einer umfassenden Unternehmenskommunikation. Sie richtet sich an alle Stakeholder wie Anteilseigner, Finanzierer, Investoren, Kunden und die allgemeine Öffentlichkeit gleichermaßen.

3.2.1 Unternehmensebene

„Für die Unternehmen der Immobilienwirtschaft bedeutet Nachhaltigkeit die universelle Zielvorgabe, mit der natürlichen Umwelt und den ökonomischen, sozialen und kulturellen Werten, und im Hinblick auf künftige Generationen, verantwortlich und langfristig orientiert umzugehen und das Unternehmen gemäß einer entsprechenden Corporate Governance zu führen"[2].

Das Leitbild ist damit auch für die Immobilienwirtschaft formuliert, und nun steht die organisatorische und strukturelle Umsetzung in Unternehmensprozesse an.[3]

Nachhaltigkeit betrifft alle Ebenen und Bereiche, also Mitarbeiter, Management und Aufsichtsräte; Geschäftsinhalte sind ebenso Gegenstand einer wirksamen Nachhaltigkeitsstrategie wie maßgeschneidert darauf ausgerichtete Prozesse. CSR heißt das Leitbild moderner Unternehmenskultur und sie liefert die Antwort auf vielfältige Fragen zu Themen wie wachsende Armut, soziale Ungleichgewichte, Globalisierung, Bürgerbeteiligung, Klimawandel und Demographie.

---

[1] DGNB 2013: Leitbild

[2] ZIA 2011

[3] Siehe dazu auch: „Oekom CR-Review 2012", Seite 26: der Sektor Real Estate bildet mit 19,2 von 100 Bewertungspunkten das gegenwärtig noch das Schlusslicht im Vergleich aller Branchen.

Die Unternehmen müssen sich den geänderten Rahmenbedingungen stellen, und so wird der Dreiklang aus Ökologie, Ökonomie und Sozialem zum Maß der Dinge.

Verbraucher kaufen vermehrt nach sozialen, ethischen oder ökologischen Kriterien, Shareholder lassen diese Kriterien verstärkt in ihre Investmententscheidungen einfließen. Sie sind wichtig für das Rating ebenso wie für die Eignung zu bestimmten Fonds. Qualifizierte Fachkräfte erwarten von ihren Arbeitgebern Nachhaltigkeit nicht nur als gesellschaftliches Engagement, sondern auch im Unternehmen selbst, etwa in Sachen Familienfreundlichkeit, Flexibilität oder beim Bildungsangebot.

Diese Anforderungen machen vor der Immobilienwirtschaft nicht halt und mit dem Branchenkodex „Nachhaltigkeit" des Zentralen Immobilien Ausschusses (ZIA) liegen nun die Selbstverpflichtungen der Immobilienwirtschaft als Empfehlung vor. Im Kern geht es um das Bekenntnis zu den Prinzipien der Nachhaltigkeit, ihre Umsetzung im geschäftlichen Alltag sowie um ein angemessenes Nachhaltigkeitsreporting. Die Chancen sind klar: nachhaltige Unternehmen gewinnen Glaubwürdigkeit, positionieren sich erfolgreich im Wettbewerb, haben gute Argumente zum Absatz ihrer Produkte und erhöhen ihre Attraktivität beim Werben um qualifiziertes Personal. Dies ist ein wichtiger Punkt im Hinblick auf die schon spürbaren Folgen des demographischen Wandels. Befragte Hochschulabsolventen geben zunehmend an, dass ihnen neben der ordentlichen Bezahlung Nachhaltigkeitsaspekte ihres zukünftigen Arbeitgebers wichtig sind: Work-Life-Balance, Vereinbarkeit von Familie und Beruf, Klima- und Ressourcenschutz.

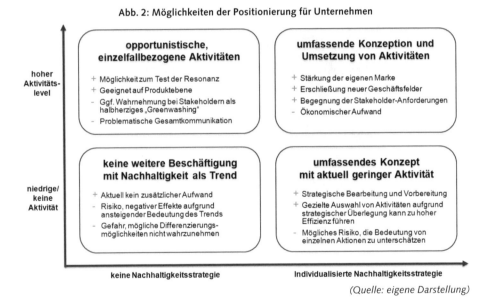

Abb. 2: Möglichkeiten der Positionierung für Unternehmen

(Quelle: eigene Darstellung)

Glaubwürdigkeit wird für die Unternehmen der Immobilienwirtschaft zum kostbaren Gut. Die Gefahren lauern schon: „green-washing" als grüner Etikettenschwindel, wenn es eben nicht um den verantwortungsbewussten Umgang mit den Themen der Nachhaltigkeit geht, sondern man aus PR-Gründen versucht, sich ein „grünes Mäntelchen" umzulegen. Dies hieße: zu kurz gesprungen, gerade in Zeiten von Internet, Web 2.0 und Social Media. Das Internet bringt die Wahrheit schnell an den Tag. Dies müssen sich die Verantwortlichen in der Immobilienbranche klar vor Augen führen: CSR, respektive Nachhaltigkeit ist ein langfristiger und auch individueller Lernprozess und erfordert die Einsicht, dass aus den ökologischen und sozialen Aspekten eine ökonomische Dimension erwächst.

3.2.2 Objektebene

Nach anfänglicher Unsicherheit über die Dauerhaftigkeit dieser Entwicklung und die Messbarkeit ihrer Auswirkungen auf den Immobilienmarkt ist inzwischen klar: Nachhaltigkeitsstrategien auf Unternehmensebene und Zertifizierungsprozesse auf Objektebene haben einen festen Platz eingenommen und werden zukünftig noch an Bedeutung gewinnen.

Die Zahlen für den Business Case „Green Building" variieren stark. Die Rede ist von 2–6 % Mehrkosten für nach Green Building-Regeln geplante und zertifizierte Gebäude. Dem stehen höhere Mietansätze von 3–6 % und bis zu 16%ige Aufschläge im Verkauf gegenüber[4]. All diese Zahlen sind nur im Detail aufschlussreich und sehr einzelfallabhängig. Eine aktuelle Studie des World Green Building Council, WGBC (Business Case for Green Building Report, 2013) weist allerdings optimierende Effekte bei Wertentwicklung, Betriebskosten sowie in Gesundheit und Produktivität der Nutzer und Risikominimierung der Investoren aus[5]. Dagegen stehen überschaubare Kosten, die umso geringer ausfallen, je früher die Nachhaltigkeitsanforderungen in das Projekt eingeführt werden. Zudem wird dort eine Wahrnehmungsverschiebung bei den Kosten beschrieben: Während zusätzliche Kosten zwischen 0,9 und 29 % in den Planungsteams geschätzt werden, liegen die tatsächlich festgestellten Mehrkosten zwischen −0,4 und 12,5 % (siehe Abb. 3, und auch 3.3.2: Kosten/Nutzen).

Abb. 3: Mehrkosten sind geringer als erwartet

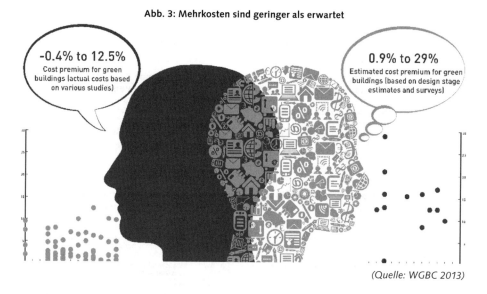

(Quelle: WGBC 2013)

Zum jetzigen Zeitpunkt liegen für Deutschland noch keine verlässlichen Vergleichsdaten zu nachhaltig errichteten Gebäuden vor. Das mag an der noch immer relativ kleinen Zahl liegen. So listet die DGNB in einem Statusbericht 2/2013 insgesamt 448 ausgezeichnete Projekte, von denen nur 170 bereits fertiggestellt <u>und</u> vollständig dokumentiert sind. Die Zahl der Immobilien, für die systematische Daten zur Gebäudeperformance und zum Mietvertrag erhoben werden, ist sicher noch deutlich niedriger.

Hier wird auch ein Problem deutlich: der Nutzen von Green Building und entsprechender Zertifizierung wird allzu häufig auf den Vermarktungsvorteil reduziert. Alle Zertifizierungssysteme sind jedoch darauf ausgerichtet schon in der Projektphase genutzt zu werden, um so nicht nur das Ergebnis zu verbessern, sondern auch die Verlässlichkeit während der Planung zu

---

[4] Eichholz et al. 2008
[5] WGBC 2013

erhöhen und damit auch in der Entwicklungsphase Risiken zu reduzieren. Der Kriterienkatalog der DGNB beispielsweise funktioniert so nicht nur als Checkliste für Bauherr und Planungsteam sondern bietet auch eine Fülle von Ziel- und Vergleichswerten aus Best Practice-Projekten, an denen sich eine zeitgemäße Immobilie messen lassen muss. Der Bauherr bekommt damit Leitlinien der Nachhaltigkeit und gleichzeitig ein Diagnosetool für die Arbeit der Fachleute, mit dem er sein Immobilienprojekt in den Zielkorridor steuern kann.

Nach Fertigstellung, also während der Nutzungsphase geht es hier besonders um den Nachweis von Qualitäten und die Transparenz von Gebäudeeigenschaften. Mit der Dokumentation zur Zertifizierung eines Gebäudes entlang einer Vielzahl von Kriterien und Indikatoren werden objektbezogene Qualitäten umfassend dargestellt. Durch den Vergleich mit anerkannten Benchmarks werden die Chancen und Risiken der Immobilie sichtbar. Flächeneffizienz und Lebenszykluskosten beispielsweise beschreiben die ökonomische Seite, während Kriterien wie thermischer Komfort und Innenraumluftqualität unmittelbar den Nutzerkomfort bestimmen. Diese Qualitäten beeinflussen die Vermietbarkeit, damit die Werthaltigkeit und letztlich die Zukunftsfähigkeit der Gebäude.

Wichtiger noch als der schwer nachzuweisende Vorteil bei Vermietung und Verkauf, ist die Tatsache, dass ein Wandel im Markt stattfindet. Die Wissenschaft nennt das Innovationsdiffusion: Ein neues oder verändertes Produkt wird im Markt eingeführt und hat einen Vorteil solange die konventionellen Produkte noch den Markt dominieren. Abhängig von der Geschwindigkeit der Marktdurchdringung wird dann aus dem Bonus für das Neue sehr schnell ein Malus für das Alte. Darin besteht auch die eigentliche Gefahr für die Werthaltigkeit von Immobilien, die sich nicht am Maßstab der Nachhaltigkeit messen lassen.

Abb. 4: Zertifizierung als Anreizsystem schafft zukunftsfähige Gebäude

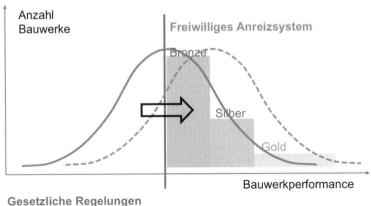

(Quelle: DGNB 2010)

Die Bedeutung von Nachhaltigkeit besteht für Investoren und Bestandshalter deshalb wohl im Risikomanagement. Für Mieter ist es neben den erwarteten geringeren Betriebskosten die bessere Gebäudeperformance. Für alle, die Gebäude bewirtschaften müssen, sind die detaillierte Dokumentation der Gebäudesubstanz und die vorgedachten Betriebskonzepte ein wichtiger Punkt. Aber für alle an der Immobilie Interessierten, von der finanzierenden Bank über den Mieter bis zum Immobilieneinkäufer ist sicher die durch eine Zertifizierung entstehende Transparenz entscheidend. Die Qualitäten des Gebäudes sind in einer Art Zeugnis nachzulesen und die Immobilie wird so vergleichbar.

3.2.3 Effekte auf Unternehmens- und Objektebene

Die Effekte in der Immobilienentwicklung, dem Investment, der Vermietung und im Verkauf sind vielfältig. So lassen sich eine Reihe von Effekten erwarten für,

den Investor:
- Investment wird transparent, Prinzipien und CSR werden öffentlich
- Innovative Differenzierung des Produkts durch Transparenz
- Geringere Leerstandsraten und bonitätsstarke Mieter
- Zukunftsfähige Gebäude erfüllen heute schon den Standard von morgen
- „Green Value" wird zunehmend bewertungsrelevant
- Bessere Finanzierungskonditionen
- Nachhaltigkeit als Beleg für Solidität
- Verbessertes Risikomanagement
- Erleichterte Marktkommunikation

den Nutzer:
- Nutzer können ihr Unternehmen mit Green Building positiv positionieren.
- Einbeziehung der Immobilie in Marketingstrategie des Unternehmens
- Demonstration unternehmerischer Verantwortung („License to operate")
- Geringere Betriebskosten (Occupancy Costs)
- Höhere Mitarbeiterproduktivität
- Erfüllung evtl. Selbstverpflichtung aus Corporate Governance oder CSR (einige Nutzer können nur noch zertifiziert anmieten!)

Es wird deutlich, dass die Hebel hinter der Entwicklung zu mehr Nachhaltigkeit die ökonomischen Aspekte sind. Durch die großen Schnittmengen zwischen den Interessengruppen ist

Abb. 5: Gute Gründe für Green Building aus Sicht der Zielgruppen

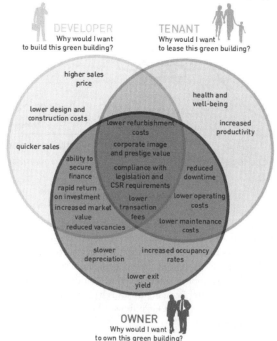

(Quelle: WGBC)

der Teufelskreis durchbrochen. Der vormals vielzitierte „Vicious Circle of Blame" gilt nicht länger. Alle Seiten partizipieren und haben so aus ihrer jeweiligen Perspektive großes Interesse an Green Building und Nachhaltigkeit für ihre Immobilien.

3.2.4 Nachhaltigkeitszertifizierung als Regelkreis der Optimierung

Das Thema Nachhaltigkeit eignet sich nur für ernsthafte Bearbeitung im Rahmen langfristiger Prozesse. Schnelle Effekte sind damit nicht zu erzielen. In einer Marktstudie der Deutsche Hypo von 2012 wird dieser Vorgang beschrieben:

„Das Management der Nachhaltigkeit sollte **systematisch**, **repetitiv** und **kooperativ** erfolgen.

Systematisch bedeutet, messbare und praxisbezogene Ziele zu formulieren, die operativen Maßnahmen auf die Erreichung dieser abzustellen und ein Erfolgscontrolling einzurichten, das zeitnah und effizient Fehlplanungen verhindern hilft.

Repetitiv: Diese Arbeitsschritte sollten regelmäßig in sinnvollen Abständen wiederholt werden, z.B. in einem dreijahres-Zyklus, um Daten über die Effektivität der Maßnahmen zu gewinnen und so stetig zu verbessern.

Kooperativ: Die Entscheidungen müssen möglichst breit im Unternehmen getragen und gemeinsam umgesetzt werden. Eine Einbindung externer Organisationen wie Verbände, Vereine und tangierte private Haushalte bietet sich bereits im Vorfeld an, um Probleme frühzeitig zu erkennen und zu behandeln. Dies hilft außerdem, Synergieeffekte zu erkennen und zu nutzen.

Für die Umsetzung von Nachhaltigkeit in Unternehmen gibt es mittlerweile viele kreative Wortschöpfungen wie „sustainable Entrepreneur", „Ecopreneur" oder aber auch „Bionier". Und weil sich einige Unternehmen bereits nach Erstellung eines Abfallkonzepts als nachhaltig bezeichnen, hat sich der Nachhaltigkeitskodex als Vergleichsmaßstab heraus gebildet"[6].

3.3 Zertifizierungssysteme

Durch Zertifikate (Green Building-Label) werden die oben beschriebenen Nachhaltigkeitsanforderungen auf Objektebene messbar. Sie werden genutzt, um den Erfüllungsgrad gegenüber den Benchmarks innerhalb der jeweiligen Referenzsysteme nachzuweisen. Alle Zertifikate formulieren Anforderungen zu den verschiedenen Aspekten der Nachhaltigkeit und belohnen deren Erfüllung mit Punkten oder „Credits" in einem gewichteten Bewertungssystem. Diese Punkte werden in unterschiedlicher Weise aggregiert und ergeben am Ende einen Erfüllungsgrad, der das Ergebnis bestimmt. Die angelsächsischen Systeme gehen dabei eher direkt vor sind maßnahmenorientiert und nutzen vielfach Checklisten um die Umsetzung bestimmter Schritte zu fördern. Das deutsche System dagegen ist zielorientiert, eher modellhaft angelegt und betont die Erreichung abgestufter Zielwerte. (siehe auch 3.3.1) – Auf diese Weise werden weltweit gegenwärtig eine große Anzahl verschiedener Zertifikate und Gütesiegel verwendet. (siehe evtl. Abb. 6) Eine Einigung auf einen international anerkannten einheitlichen Standard wird immer wieder gefordert, vor allem von global agierenden institutionellen Anlegern. Die Wahrscheinlichkeit, dass diese Harmonisierung stattfindet ist allerdings gering. Auch wenn die verschiedenen nationalen Organisationen im World Green Building Council zusammengeschlossen sind und kooperieren, weichen die gesetzlichen Voraussetzungen in den jeweiligen Ländern doch stark von einander ab und Prozessabläufe in Planung und Bau sind sehr unterschiedlich. Das führt dazu, dass die Kriterien und Anforderungen der einzelnen Bewertungssysteme letztlich in den Entstehungsländern am besten anwendbar sind.

Den Bewertungssystemen liegen deshalb völlig unterschiedliche Kriterien und Indikatoren zugrunde, wodurch sich Inhalte und Ergebnisse der Bewertung sehr stark unterscheiden können. Der am zertifizierten Objekt Interessierte muss also jeweils genau hinsehen, um zu verstehen,

---

[6] Vornholz et al. 2012

Abb. 6: Zertifizierungssysteme weltweit

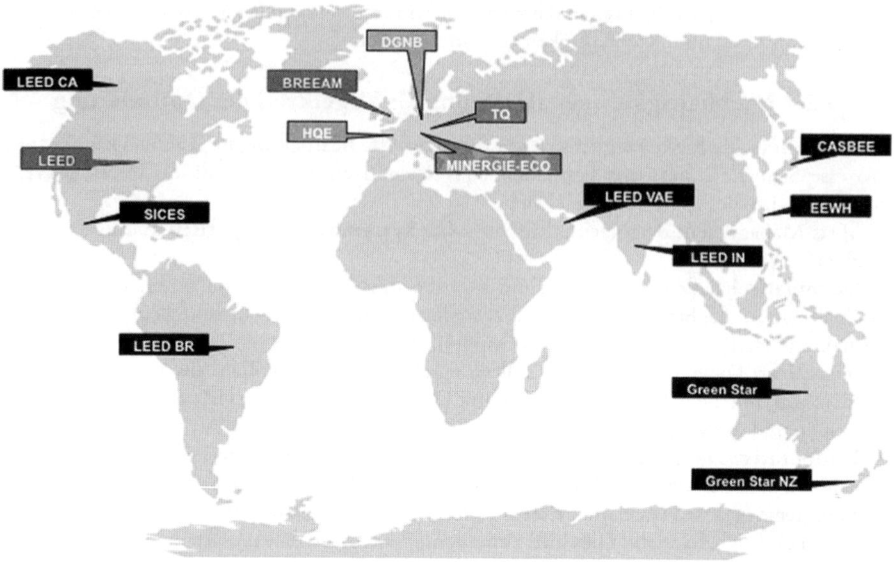

DGNB

LEED CA

BREEAM

TQ

HQE

LEED

MINERGIE-ECO

CASBEE

SICES

LEED VAE

EEWH

LEED IN

LEED BR

Green Star

Green Star NZ

(Quelle: Mösle et al. 2009; DGNB)

welche Qualitäten ihm da mit „Gold", „Platin" oder „Outstanding" bescheinigt werden. Die erwartete Transparenz tritt also immer nur innerhalb desselben Referenzsystems ein. Darin allerdings werden Gebäude sehr gut vergleichbar.

Auf eine Aufzählung aller Systeme wird hier verzichtet. An dieser Stelle sollen auch nicht die Zertifizierungssysteme im Detail verglichen oder deren Funktionsweise erläutert werden. *(Vertiefend siehe dazu Dr.-Ing. Susan Draeger (2010) „Vergleich des Systems des Deutschen Gütesiegels Nachhaltiges Bauen mit internationalen Systemen, Endbericht" aus dem Forschungsprogramm Zukunft Bau im Auftrag des BMVBS.)* Der vorliegende Beitrag vermittelt die prinzipiellen Gemeinsamkeiten und Unterschiede der drei für Deutschland und Europa wesentlichen Bewertungsmöglichkeiten für Green Building.

Alle Zertifikate bieten ein Instrumentarium zur Überprüfung der Zielerreichung bei Immobilienprojekten, in Gebäuden wie auch in Stadtquartieren, sie sollten aber kein Ziel an sich sein. Vielmehr sollten die Kriterien genutzt werden, um die sorgfältige sachgerechte Anwendung der angebotenen Benchmarks sicherzustellen. Einen ambitionierten Bauherrn und ein qualifiziertes Planungsteam vorausgesetzt, lassen sich so die Qualitäten und Eigenschaften des Gebäudes schon in der Planung so detailliert steuern, dass die Ziele in der Realisierung problemlos erreicht werden. Als besonderer Anreiz wirkt hier regelmäßig der konkrete Sollwert, mit dem Silber, Gold oder sogar Platin erreichbar wäre, und entfaltet so eine motivierende Wirkung im Planungsteam. Zudem entsteht ein disziplinierender Effekt im Prozess, der in einer umfassenden und vollständigen Dokumentation mündet.

Die Zertifikate werden so auch zu einem Instrument des Risikomanagements und passen sehr gut in den typischen selbstregulierenden Regelkreis zur Kontrolle und Steuerung von Risiken. Die Urkunden zu Zertifikaten werden von unabhängigen Organisationen vergeben, die das Bewertungssystem administrieren, den Zertifizierungsprozess strukturieren und die sonstigen Voraussetzungen schaffen. Damit ist gewährleistet, dass die vergebenen Zertifikate auch tatsächlich extern geprüft sind und einen Wert haben. Darüber hinaus müssen diese Organisationen die Experten, die die Qualität der Projekte attestieren sollen, ausbilden und akkreditieren. Diese Auditoren oder Assessoren müssen vor Allem die korrekte Durchführung des Zertifizierungsprozesses begleiten, eine fruchtbare Kommunikation im Planungsteam verankern und die inhaltlich richtige Dokumentation der Projekte und ihrer Bewertung sicherstellen.

Grundsätzlich ist zwischen der Bewertung im Rahmen eines Neubauprojekts und der Betrachtung einer Bestandsimmobilie methodisch und inhaltlich zu unterscheiden. Im ersten Fall sind noch alle Möglichkeiten offen und das bestmögliche Ergebnis kann Maßstab sein (Best Practice-Ansatz), im zweiten Fall müssen die tatsächlichen Verbrauchswerte des Gebäudes Gegenstand der Bewertung sein und vor allem muss der Betrieb des Gebäudes mit einbezogen werden. Interessant ist eine Bestandszertifizierung besonders, weil sie der Einstieg in einen Prozess der kontinuierlichen Verbesserung für alle Beteiligten sein kann. Erst wenn Eigentümer, Asset Manager, Property Manager, Facility Manager und Nutzer ein gemeinsames Bezugssystem nutzen und gemeinsame Ziele verfolgen, werden Immobilie wirklich nachhaltig betrieben.

Die Anzahl zertifizierter Gebäude in Deutschland wächst beständig. Im letzten Jahr wurde ein Zuwachs von rd. 58 % auf jetzt insgesamt 451 zertifizierte bzw. vorzertifizierte Objekte allein nach DGNB verzeichnet. Unter den Nachhaltigkeitslabeln kristallisiert sich das DGNB-Zertifikat damit mit einem Marktanteil von gut 70 Prozent immer mehr als Marktführer in Deutschland heraus[7]. Die anderen Label spielen eine vergleichsweise untergeordnete Rolle. Allerdings hat BREEAM mit einer deutschen Version des Systems zur Zertifizierung von Bestandsimmobilien seit 2012 eine schnelle Entwicklung genommen und liegt dort vorne.

3.3.1 Zertifikate in Deutschland

International angewendet sowie in Deutschland relevant sind das amerikanische LEED-, das britische BREEAM- und das deutsche DGNB-Zertifikat, das seit 2009 verliehen wird. Die Gemeinsamkeiten und Unterschiede können wie folgt umrissen werden.

Abb. 7: Übersicht der Zertifikate und Auszeichnungslevel

DGNB			LEED			BREEAM		
DGNB	Gold	> 80 %		Platin	> 80 %	⭐⭐⭐⭐⭐	Hervorragend	> 85 %
DGNB	Silber	> 65 - 80 %		Gold	> 60 - 79 %	⭐⭐⭐⭐	Ausgezeichnet	> 75 %
DGNB	Bronze	> 50 - 64 %		Silber	> 50 - 59 %	⭐⭐⭐	Sehr Gut	> 55 %
				Zertifiziert	> 40 - 49 %	⭐⭐	Gut	> 45 %
						⭐	Bestanden	> 30 %

(Quelle: eigene Darstellung)

– **BREEAM (Building Research Establishment Environmental Assessment Method):**
Das britische BREEAM wird seit 1990 in Großbritannien und darüber hinaus angewendet. Es ist somit der älteste Zertifizierungsstandard für Immobilien, war Vorbild für andere System (z.B. HQE in Frankreich) und wurde inzwischen auch für andere Länder angepasst. So gibt es BREEAM-NL in den Niederlanden oder auch BREEAM.DE in Deutschland. Die einzelnen Kriterien sind, wie auch im DGNB-System anteilsmäßig gewichtet. Bewertet wird in fünf Stufen: Pass, Good, Very Good, Excellent und Outstanding. Dazu werden neun Bewertungskategorien (plus Innovation) mit insgesamt 74 Kriterien angewendet (Version BREEAM Europe Commercial)[8]. Anders als bei LEED und DGNB wird hier für den höchsten Auszeichnungsstandard die Erfüllung der Anforderungen zu 85 Prozent erforderlich.

---

[7] DGNB; GBCI (2011); Greenbook live (o.J.)
[8] BREEAM 2013

- **LEED (Leadership in Energy and Environmental Design):**
  Der amerikanische Standard des USGBC (U.S. Green Building Council) wurde 1998 entwickelt und ist weltweit gegenwärtig am weitesten verbreitet. Bewertet wird in vier Stufen: Certified, Silber, Gold und Platin. Bewertet wird nach einem Punktesystem. Es werden Credits gesammelt, die Gewichtung findet über die Anzahl der Punkte pro Credit statt und sorgt so auf der Oberfläche für gute Kommunizierbarkeit. Wobei für eine Platinzertifizierung 80 Prozent der Punkte erreicht werden müssen, für eine Goldzertifizierung reichen 60 Prozent der erreichbaren Punkte. Insgesamt werden 55 Kriterien in fünf Bewertungsbereichen (plus Innovation) angeboten (Version LEED NC, v 2.2)[9].

- **DGNB (Deutsches Gütesiegel Nachhaltiges Bauen):**
  Die Deutsche Gesellschaft für Nachhaltiges Bauen (DGNB) vergibt seit 2009 das nationale Zertifikat. Entwickelt wurde das System gemeinsam von der DGNB und dem Bundesministerium für Verkehr, Bau und Stadtentwicklung. Das Gütesiegel bewertet einen umfassenden Katalog aus ökologischen, ökonomischen sowie soziokulturellen Aspekten und bezieht außerdem technische Qualität und Prozessqualität in die Note mit ein. Die Standortqualität wird separat bewertet. Das System nutzt dazu insgesamt 40 Kriterien in den in Abb. 9 gezeigten sechs Bewertungsbereichen (Hauptkriteriengruppen) und vergibt Auszeichnungen in Bronze, Silber und Gold (Version NBV 12). Ab einem Gesamterfüllungsgrad von 80 % wird ein Zertifikat in Gold verliehen.

Für alle drei Zertifikate gibt es ein „Überangebot" von möglichen Punkten, so dass nicht alle Anforderungen erfüllt werden müssen, um die höchste Auszeichnung zu erhalten. Einen schematischen Vergleich der Zertifizierungsstufen stellt folgende Abbildung dar:

Abb. 8: Zonierung der Auszeichnungen verändert sich, DGNB setzt zukünftig den Einstieg für Bestand bei 35 %

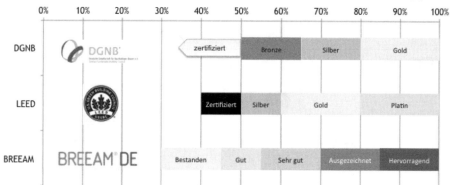

(Quelle: eigene Darstellung)

Neben der Staffelung der Schwellenwerte für die Auszeichnungen dokumentiert die Grafik am unteren Rand der Skala die wichtige Frage nach den Mindestvoraussetzungen für ein Zertifikat. Die Anforderungen schwanken zwischen 30 % für BREEAM und 50 % für DGNB. Durch die Festlegung der DGNB, bei Bestandsobjekten zukünftig schon ab 35 % ein Zertifikat zu erteilen, ist der Systemvergleich gegenwärtig in Bewegung geraten.

Sind die Abweichungen in der Zonierung noch relativ einfach und zutreffend abzubilden, so sind die Unterschiede in den inhaltlichen Anforderungen in einer Übersicht nur schematisch darstellbar (siehe Abb. 9).

---

[9] LEED 2013

Allen Systemen gemein sind allerdings jeweils bestimmte Eingangsvoraussetzungen (Prerequisites), die zwingend erfüllt werden müssen: Nichtraucherschutz (Environmental Tobacco Smoke Control) und die Verhinderung von Bodenerosion (Erosion Control Plan) zum Beispiel im amerikanischen System oder Barrierefreiheit und die Einhaltung bestimmter Grenzwerte bei der Innenraumluftqualität im deutschen System. Auch hier zeigen sich die oben erwähnten methodischen Unterschiede in der Anwendung: während die angelsächsischen Zertifikate eher auf die Umsetzung bestimmter Maßnahmen setzen, wie beispielsweise die Einrichtung eines Raucherraums, müssen im deutschen Verfahren eher qualitative Zielwerte durch Simulation oder nachträgliche Messung nachgewiesen werden, wie im Fall der Innenraumluftqualität.

Auch wenn die Themen und Inhalte sich langsam angleichen, die Unterschiede in Methodik, Benchmarks und Bezugssystemen (DIN-Normen, ASHRAE-Normen etc.) sind groß. Nicht umsonst sind Vergleiche der Zertifizierungssysteme in den letzten Jahren Gegenstand unzähliger Master-Thesen und Dissertationen gewesen. Die zertifizierenden Organisationen aus den jeweiligen nationalen Green Building Councils (GBC) kooperieren zwar im World Green Building Council (WGBC), gestalten ihre Systeme aber ansonsten proprietär. In dem Zusammenhang sollte auch nicht vergessen werden, dass diese Organisationen als Urheber und Rechteinhaber der Systeme natürlich im Wettbewerb stehen. Die jeweiligen Anforderungen erfordern schließlich eine ganze Reihe von spezifischen Dienstleistungen, die einen wachsenden Markt bilden.

3.3.2 Vergleich von DGNB, LEED und BREEAM

Ein schematischer Vergleich der Inhalte von DGNB, LEED und BREEAM ergibt folgendes Bild:

Abb. 9: Vergleichende Grafik der sechs üblichen Bewertungsbereiche

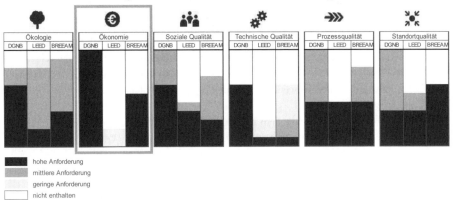

(Quelle: Mösle 2009)

Bei aller Vorsicht gegenüber derartigen Vergleichen ist es sicher richtig, dass mit dem DGNB-System erstmalig die ökonomische Dimension der Nachhaltigkeit systematisch abgebildet wurde. Die dort notwendige Lebenszykluskostenanalyse sensibilisiert Bauherrn und Planungsteam für die Gebäudeperformance in der langen Nutzungsphase mit ihren ungleich höheren Kosten. Der in diesem Zusammenhang entstandene Begriff des „Life-Cycle-Engineering" (Peter Mösle) steht für diese wichtige Entwicklung.

Für den Bereich des öffentlichen Bauens in Deutschland muss hier ein weiteres Bewertungssystem erwähnt werden: das Bewertungssystem für Nachhaltiges Bauen des Bundes (BNB). Das DGNB- und das BNB-System sind 2007 vom Bundesministerium für Verkehr, Bau und Stadtentwicklung gemeinsam mit der damals gerade gegründeten Deutschen Gesellschaft für Nachhaltiges Bauen e.V. entwickelt worden. Beide beruhen auf den gleichen Prinzipien und stellen in etwa die gleichen Anforderungen (siehe Abb.10). Nach einem Begleiterlass des

Abb. 10: Die Hauptkriteriengruppen von BNB und DGNB gleichen sich

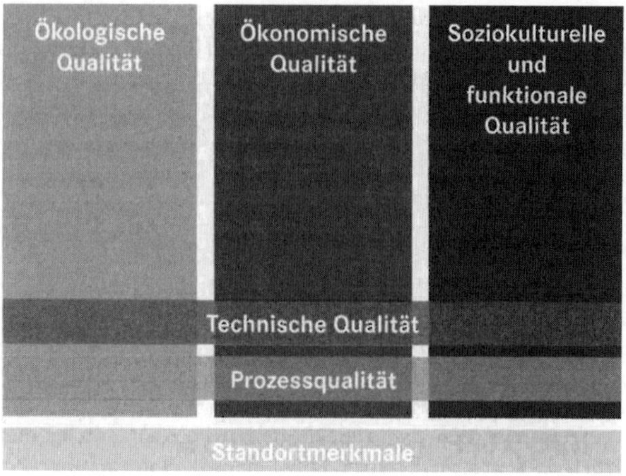

| Ökologische Qualität | Ökonomische Qualität | Soziokulturelle und funktionale Qualität |

Technische Qualität

Prozessqualität

Standortmerkmale

(Quelle: BMVBS (o.J.))

Ministeriums ist das BNB inzwischen für alle Neubaumaßnahmen des Bundes verbindlich anzuwenden. Dies ist ein weiterer Beleg für die Relevanz des Themas Nachhaltigkeit für das Planen und Bauen in der Zukunft.[10]

Kriterien zur Auswahl des geeigneten Systems
Letztlich wird man keine generell gültige Empfehlung für nur eines der Zertifizierungssysteme abgeben können. Dazu sind die Umstände jedes einzelnen Immobilienprojekts oder -objekts zu verschieden. Man kann allerdings sagen, dass es eine Reihe von prinzipiellen Vorteilen bietet, mit dem jeweils regional verankerten System zu arbeiten. Erfahrungen mit den Anforderungen, die Sprache der ohnehin entstehenden Planungsunterlagen, und Kenntnisse der relevanten Normen im Planungsteam beispielsweise, sind dabei nicht zu unterschätzen.

Darüber hinaus sind für den Anwender folgende Fragen von Bedeutung:

– *Wer ist die Zielgruppe?*
 Die Frage, welche Klientel mit dem Nachhaltigkeitszertifikat angesprochen werden soll, ist zentral. Ist es ein multinationaler oder amerikanischer Konzern bzw. andere potenzielle Mieter oder Investoren mit entsprechenden Corporate Governance-Anforderungen, oder ist es eher der qualitätsorientierte deutsche Mittelstand?

– *In welchem Umfeld Umfeld entsteht das Projekt, oder wird das Objekt bewirtschaftet?*
 Gibt es ein (internationales) Planungs- oder Objektteam, das gewohnt ist mit den erforderlichen internationalen Normen zu arbeiten? Sind die Ersteller der Dokumente zweisprachig? Ist ohnehin ein Übersetzer im Team? Welche Zulieferer werden eingesetzt?

– *Wie soll die Dokumentation verwendet werden?*
 Welche Verwendung findet die entstehende Dokumentation nach Erhalt des Siegels? Ist die Übergabe an Facility- oder Property Management geplant? Soll daraus ein Nutzerhandbuch entstehen? Sollen die Dokumente in einem Datenraum für eine Verkäufer-DD verwendet werden? Wird nach einigen Jahren eine Re-Zertifizierung des Bestands angestrebt?

Vor allem steht zunächst eine Frage im Raum: Will sich das Planungsteam ernsthaft mit den Benchmarks der Zertifizierung befassen und sich am Ergebnis messen lassen? Oder will der Bauherr oder Eigentümer aus Marketing- und Kommunikationserwägungen einfach nur ein möglichst gutes Zertifikat mit dem geringstmöglichen Aufwand? Ist Letzteres der Fall, wird eine gute Chance zur Verbesserung des Prozesses und zur Optimierung des Ergebnisses vertan!

---

[10] Das BNB ist über die Seite www.nachhaltigesbauen.de vollständig frei zugänglich.

Vor der Implementierung eines Zertifizierungsprozesses sollte eine prinzipielle Bedarfsanalyse stehen, um die Frage zu beantworten, welche Ziele mit welchem Aufwand erreicht werden sollen. Oftmals wird diese unterstützt durch eine Potenzialanalyse (auch Pre-Check oder Quick Check genannt).

Der prinzipielle Ablauf einer Zertifizierung

Im Allgemeinen gleichen sich die Abläufe im Rahmen einer Zertifizierung unabhängig von der Nutzung eines bestimmten Systems. Die einzelnen Schritte zu einem Zertifikat lassen sich in vier Schritte gliedern:

A – Potenzialanalyse

In dieser ersten Phase findet ein Einführungsworkshop zu den Anforderungen des Zertifizierungssystems und zur Auswertung der Eigenschaften und Qualitäten des Projektes statt. Anschließend werden die Zertifizierungsmöglichkeiten ermittelt: Der Auftraggeber erfährt welches Gütesiegel für seine Immobilie erreichbar ist und erhält somit die Grundlage für eine qualifizierte Entscheidung.

Ergebnis: Potenziale werden transparent und die Kriterien und Indikatoren des Zertifizierungssystems werden als Checkliste und Diagnosetool genutzt.

B – Audit Vorzertifikat (Neubau)

Mit dem Vorzertifikat (engl. Pre-Certificate oder Design Stage) kann die Kommunikation zum Projekt schon während der Bauzeit effektiv unterstützt werden. Dazu werden die Zielwerte für die Gebäudequalität dokumentiert. Auf der Basis der im Planungsteam erarbeiteten Ergebnisse werden diese Werte anschließend zur Prüfung eingereicht. Gleichzeitig dient die Dokumentation im weiteren Planungsverlauf als Pflichtenheft.

Ergebnis: Mit der detaillierten Dokumentation zum Projekt können Bauherrn den weiteren Prozess steuern, wie auch potenzielle Partner (Mieter und Investoren) überzeugen.

C – Green Building Monitoring

Im Verlauf der weiteren Planung und Bauausführung sollte eine fortlaufende Dokumentation im Hinblick auf die Zertifizierung stattfinden. Daneben müssen die Nachhaltigkeitsmerkmale aus dem Zielwertkatalog in der baulichen Umsetzung überprüft werden, um das Ergebnis der angestrebten Zertifizierung zu sichern. Weitere Themen wie Ökobilanzierung und Lebenszykluskostenanalyse können bei Bedarf begleitend bearbeitet werden.

Ergebnis: Mit dem prozessbegleitenden Monitoring werden Optimierungsmöglichkeiten genutzt und Qualitäten gesichert.

D – Audit Zertifikat

Im letzten Schritt werden die Unterlagen für die Zertifizierung vorbereitet und die erreichten Werte für die Gebäudequalität auf der Basis der im Projektteam erarbeiteten Beschreibungen, Berechnungen und Nachweise dokumentiert. Der Auditor (engl. Assessor oder Accredited Professional) übernimmt dann die Vorprüfung der Unterlagen und die Einreichung der Gesamtdokumentation zur Erteilung eines Zertifikats durch die jeweilige Organisation.

Ergebnis: Auf die abschließende Dokumentation folgt nach einer Konformitätsprüfung durch die jeweilige Organisation das Zertifikat.

3.3.3 Kosten/Nutzen-Betrachtung

Auf eine kurze Formel gebracht kommt die Kosten/Nutzen-Analyse zu dem Ergebnis, dass der Nutzen schwer quantifizierbar ist und die Kosten projektabhängig sehr stark variieren. Genauso schlicht kann man feststellen, dass die Zertifizierung für Projekte ab einer gewissen Größenordnung und Qualität (Investment Grade Property) fast schon zu einem „Hygienefaktor" geworden ist. Konzerngebundene Nutzer und institutionelle Investoren werden zukünftig kaum noch darauf verzichten.

Doch welcher Aufwand fällt tatsächlich an? Die Kosten sind zunächst abhängig von der Qualität des Gebäudes, das der Bauherr ohne das Ziel einer Zertifizierung gebaut hätte. Naturgemäß sind die Mehrkosten für ein hochwertiges Gebäude mit einem Zertifikat in Gold hoch, wenn der ursprüngliche Plan ein Gebäude mit einfacher Ausstattung war. Demgegenüber halten sich Mehrkosten für eine ebensolche Immobilie in engen Grenzen, wenn der ursprüngliche Plan ohnehin schon ein hochwertiges Gebäude zum Ziel hatte. (sozusagen Sowiesokosten!) Zuverlässig vorhersagen kann man also nur die Kostenarten, die mit einem Zertifizierungsprozess verbunden sind, und die Nebenkosten für das Verfahren.

Neben den oben genannten eventuell zusätzlichen Baukosten für die geforderte Qualität, sind das – abhängig vom Beauftragungsumfang – Mehraufwendungen im Planungsteam für evtl. zusätzliche Nachweise und Berechnungen. Dazu kommen in jedem Fall das Honorar des Nachhaltigkeitsexperten für die Begleitung entlang der oben beschriebenen Schritte und die Gebühren für die zertifizierende Organisation.

Den Nutzen eines Zertifikats zu quantifizieren ist ähnlich schwierig, weil der Vorteil stark abhängig ist von der Nutzungsart und dem Markt, auf dem das Gebäude vermietet oder gehandelt wird. Dazu kommt die oben geschilderte Entwicklungsrichtung des Marktes, die den Nutzen kontinuierlich verändert. Nach wie vor gehen alle Marktteilnehmer davon aus, das Green Buildings geringere Betriebskosten verursachen, tendenziell höhere Mieten erzielen und vor allem leichter vermietbar bleiben sowie als Investment ein geringeres Risiko darstellen. In der Tat ist davon auszugehen, dass nachhaltige Gebäude mit Zertifikat gegenwärtig noch einen Bonus besitzen. Mittelfristig kann man im Rahmen der fortschreitenden Entwicklung annehmen, dass Gebäude ohne Zertifikat – zumindest auf dem Investmentmarkt – mit einem Malus versehen werden.

3.4 Paradigmenwechsel am Immobilienmarkt

Die Bedeutung von Nachhaltigkeit für die Immobilienbranche wird sich als groß erweisen. Kurzfristig ist die Beschäftigung mit dem Thema Nachhaltigkeit zunächst ein Signal, dass die Branche im Vergleich aufholt (siehe oekom-Bericht). Langfristig aber werden die Marktteilnehmer sich auf dauerhafte Veränderungen einstellen müssen, die das Verhalten von Nutzern wie Investoren beeinflussen und so auch die Anforderungen an kapitalmarktgerechte Immobilien verändern.

3.4.1 Neue Wege gehen: Zukunftsfähigkeit von Immobilien sichern

Zertifizierungen und Green Building Labels sind für hochwertige Neubauprojekte in den Immobilienzentren während der letzten Jahre seit dem Markteintritt der DGNB zum Standard geworden. Der Abgleich von Qualitäten und Gebäudeeigenschaften an anerkannten Benchmarks und die zusätzliche Sicherheit durch eine externe Prüfung ist ebenso ein Grund dafür, wie die ganz praktische Verwendbarkeit der Anforderungen über alle Projektphasen. Die Zertifizierung führt immer zu Transparenz und im Idealfall, bei rechtzeitiger Anwendung, zu besseren Prozessen und Gebäuden.

Teure Missverständnisse können mit konkreten Zielen vermieden und Fehlplanungen schon in der Initialphase der Projekte verhindert werden. Das Zertifizierungssystem funktioniert damit als effizientes Optimierungstool für Bauherren und produziert nebenbei eine umfassende Dokumentation, die zukünftig in keinem Datenraum mehr fehlen darf.

Ein Gütesiegel für Nachhaltigkeit führt zu Gebäuden, die ebenso einen Wettbewerbsvorteil für die Nutzer generieren: durch ihre nachgewiesenen Qualitäten, aber nicht zuletzt auch durch ihre überlegenen Kommunikationsmöglichkeiten. Das betrifft sowohl die Kommunikation nach innen wie nach außen. So wird die Immobilie auch zum Hebel für eine innovative Unternehmenskultur und liefert durch ihre Transparenz und Nachhaltigkeit ein wichtiges Argument im Wettbewerb um Kunden wie auch um hochqualifizierte Mitarbeiter.

Nachhaltige Immobilien finden schneller gute, bonitätsstarke Mieter aus der Riege internationaler Unternehmen, die nach entsprechenden Corporate Governance-Richtlinien handeln. Verstärkt setzen sich gerade die Nutzer an die Spitze der Green Building – Bewegung und treiben die Entwicklung weiter voran. Die Rechnung ist einfach: bleibt ein Mitarbeiter nur jeden Tag ein halbe Stunde länger im Büro oder erledigt seine Aufgaben eine halbe Stunde schneller, weil er in behaglich gesunden, natürlich belichteten und gut belüfteten Räumen arbeiten kann, ergibt sich bereits eine Produktivitätssteigerung von 6,25 Prozent. In personalintensiven Dienstleistungsunternehmen bedeutet das eine große Spanne. Kapitalisiert über 20 bis 30 Jahre lässt sich der enorme Kostenvorteil leicht ausrechnen. Der hohe Anteil an der Gesamtnachfrage nach grüner Bürofläche aus den Bereichen Unternehmensberatung (ca. 29 %) und Finanzwirtschaft (ca. 20 %) spiegelt sich hier schon jetzt wider (Savills Research, 2011). In Abb. 11 ist der Einfluss von Ausblick, natürlicher Belichtung und Gebäudeautomation auf Gesundheit, Wohlbefinden und Produktivität der Nutzer quantifiziert dargestellt.

Abb. 11: Zusammenhang zwischen Gebäudequalität und Leistungsfähigkeit der Nutzer

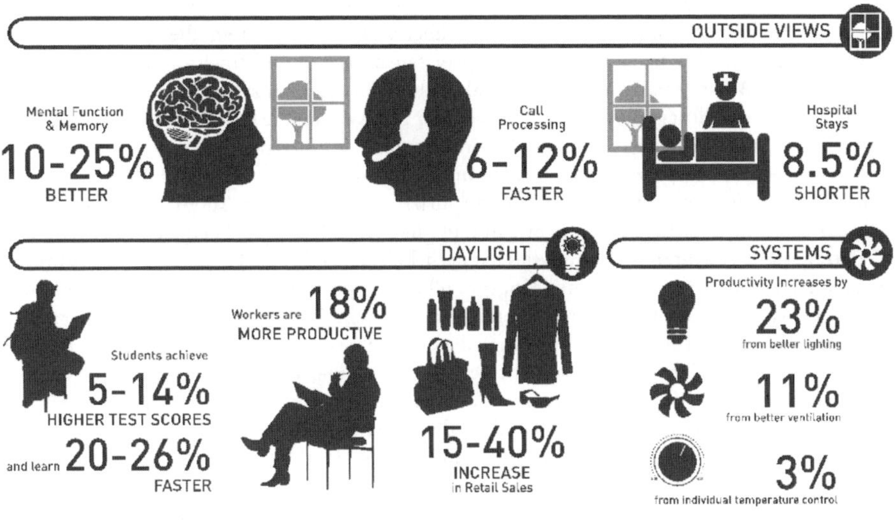

(WGBC 2013)

3.4.2 Die große Aufgabe: Bestandsimmobilien aktiv erfassen und entwickeln

Während die besonderen Anforderungen an die Qualität und Prozesse bei Neubauprojekten Standard werden, sind diese im Bestand schwieriger umzusetzen. Hier stellt sich die Frage, wie mit angemessenem Aufwand Ergebnisse erzielt werden können. Die Datengrundlage zu den Eigenschaften des Gebäudes und zu den Verbrauchswerten ist oftmals ungenügend und nur mit hohem Aufwand zu beschaffen.

Um auch im Gebäudebestand die notwendige Transparenz zu schaffen, bieten sich maßgeschneiderte Screeningtools und Ratingmodelle (Green Rating, Greenprint, GRESB etc.) als Lösung an. Diese Systeme arbeiten in der Regel mit Informationen, die ohnehin verfügbar oder leicht zu beschaffen sind. So lassen sich auch größere Bestände durchforsten und der Grad der Nachhaltigkeit darstellen. Damit werden systematisch Daten erhoben und es entsteht eine Grundlage für Portfolio- und Asset-Manager, ihre Nachhaltigkeitsziele effektiv zu verfolgen.

Der Markt für Energie- und Ressourceneffizienz umfasst in Deutschland bereits heute über 40 Mrd. EUR p.a. und wird laut Roland Berger bis 2020 jährlich um fast 7 Prozent auf dann über 76 Mrd. EUR wachsen[11]. Aufgrund des überdurchschnittlichen Wachstums wird er sich im Bereich der Bau- und Immobiliendienstleistungen zum Leitmarkt entwickeln und einen wesentlichen Beitrag zur Erreichung der Klimaschutzziele bis 2020 leisten. Vor dem Hintergrund der prognostizierten Preissteigerungen von Rohstoffen und Energie ist der Bedarf nach effizienten Immobilien riesig. Die Bestandshalter haben einen umfassenden Beratungsbedarf und fordern Leistungsangebote zur ganzheitlichen Betreuung in Form von Beratung, Planung und Durchführung von Maßnahmen. Noch überwiegen im Markt die Angebote von Insellösungen, doch positionieren sich bereits die ersten integrierten Dienstleistungsanbieter im Bereich Energie- und Ressourceneffizienz. Die Zukunftsaussichten sind rosig.

3.4.3 Green sells: Vom Objekt zum Investment

Grundsätzlich scheint der Green Building-Bestand in Deutschland noch auf die sieben großen Bürostandorte Frankfurt, München, Hamburg, Köln, Düsseldorf, Berlin und Stuttgart verteilt und der größte Anteil wird von privaten Eigentümern gehalten. Die öffentliche Hand hat mit 15 Prozent Besitzanteil eine eher geringe Bedeutung. Dies ist aber auch nicht wirklich überraschend: sind Green Buildings doch zur Zeit überwiegend Neubauten, die meisten Büroimmobilien. Hier übe^rwiegen ganz klar die privaten Bauherrn und Investoren. Interessant ist aber, dass laut Aussage von Cushman & Wakefield mehr als jedes zweite Green Building von den Eigentümern selbst genutzt wird. Ein weiterer Hinweis auf die enge Verbindung zwischen nachhaltiger Immobilie und den CSR-Anforderungen der Unternehmen.

Neben der Zahl zertifizierter Gebäude nimmt auch die Bedeutung von Nachhaltigkeit für den Büroinvestmentmarkt in Deutschland spürbar zu. Betrug der Anteil 2007 noch kaum messbare 1 Prozent, so liegt er heute mit absolut gut 2 Mrd. EUR p.a. bei über 15 Prozent. Die Nachfrage der Investoren steigt und dies hat natürlich auch ethische Gründe. Die Konsumforschung hat den Trend zum ethischen Konsum schon seit geraumer Zeit ausgemacht, und diese Entwicklung macht auch vor Immobilieninvestoren nicht Halt. Mit Ökologie und Sozialem stimmt die Investmentstory – aber nur, wenn die Ökonomie dabei nicht zu kurz kommt. Richtig angewandt, sind Investments in nachhaltige Gebäude immer risikominimierte Anlagen. Die Zertifizierung ist im Vergleich zu konventionellen Gebäuden ein Gütesiegel für Qualität. Sie steht für reduzierte Kosten im Betrieb und für deutlich bessere Vermietbarkeit im verschärften Wettbewerb. So werden die Risiken eines zukünftigen Wertverlustes kleiner, und die Chancen für gute Kaufpreise am Investmentmarkt größer.

Gespräche mit Immobilienfinanzierern bestätigen diese Einschätzung. Einige Kreditinstitute gewähren bereits geringere Zinssätze für diese risikoreduzierten Immobilienprojekte. Die weitere Differenzierung scheint unausweichlich: Sei es bei der „CapRate" im Zuge der Bewertung oder beim „LoanToValue-Ratio" im Rahmen der Kreditvergabe. Für ökonomisch nachhaltige Immobilienprojekte wird es in Zukunft mehr Spielraum geben. Schließlich sieht die Beleihungswertverordnung schon jetzt die Berücksichtigung nur jener Erträge vor, die nachhaltig erzielt werden können.

Am Investmentmarkt wird Nachhaltigkeit bereits honoriert. So war 2010 eines der ersten Green Building-Fondsprodukte, der „Hesse Newman Green Building" des Hamburger Emissionshauses Hesse Newman mit einem zertifizierten Gebäude, innerhalb von nur zehn Wochen vollständig platziert. Die Entwicklung schreitet voran und neben den üblichen Ratings werden sich 2013 speziell auf Nachhaltigkeit ausgerichtete Bewertungssysteme am Markt etablieren. Nachhaltigkeit wird fester Bestandteil von Ankaufsprüfung (Green Due Diligence) und Anlegerinformation.

Allerdings sind viele Themen, die sich aus Nachhaltigkeitserwägungen ableiten, für Projektentwickler, für Investoren und Mieter noch neu und müssen zukünftig bearbeitet werden: Gebäudehandbücher, Mieterkommunikation sowie kooperative Modelle zwischen Vermieter und Mieter (Green Leases) um nur einige zu nennen. Schließlich lassen sich erst langfristig über

---

[11] Roland Berger 2011

den Lebenszyklus, in den Jahren der Nutzung und des Betriebs, alle Vorteile einer nachhaltigen Immobilie wirklich realisieren.

Der Markt für nachhaltige Immobilien in Deutschland ist noch jung. Valide Zahlen zu Wettbewerb und Rendite liegen erst spärlich vor. Andere Märkte wie z.B. die USA können auf einen längeren Erfahrungshorizont verweisen. Die Zahlen sind beeindruckend. Laut U.S. Green Building Council liegen z.B. die operativen Kosteneinsparungen bei fast 9 Prozent, die Wertsteigerung bei rund 7,5 Prozent im Vergleich zu konventionellen Gebäuden. Die Vergleichbarkeit mit dem deutschen Markt bleibt vorerst eingeschränkt, aber der Trend wird bestätigt. Ob für Investoren oder Nutzer, die wirtschaftlichen Vorteile nachhaltiger Gebäude werden deutlich. Nachhaltigkeit ist ein ökologisches und soziales, aber gerade auch ein ökonomisches Thema.

3.5 Fazit und Ausblick

Die Dynamik am Markt wird sich weiter beschleunigen, und aus der jetzigen Nische wird für Neubau und Bestand in absehbarer Zeit ein gesetzter Standard. Innovative Ansätze in der Immobilienentwicklung und -bewirtschaftung, sowie in der Unternehmensführung werden vom Markt belohnt und Nachhaltigkeit wird sich als wichtiger Wettbewerbsfaktor zeigen.

Zertifizierungssysteme werden zunehmend zu einem festen Bestandteil von professionellen Planungsprozessen. Es ist jedoch für alle Beteiligten von entscheidender Bedeutung, die Anforderungen nicht ungeprüft in die Planung zu implementieren, sondern jeden Einzelfall zu betrachten und vor allem die Frage zu beantworten, was mit dem Zertifikat erreicht werden soll.

Alle Ratingsysteme, nichts anderes sind am Ende auch Zertifizierungssysteme, haben den Nachteil als Ganzes angewendet werden zu müssen, um zu einem vorzeigbaren Ergebnis zu gelangen. Das Prinzip heißt schneller, höher, weiter, und unter Gold machen wir es nicht! Das führt dazu, dass im Einzelfall unsinnige Anforderungen erfüllt werden und Abläufe aus dem Planungsprozess in mühevoller Fleißarbeit dokumentiert werden, die zwar ähnlich stattgefunden haben, deren nachträgliche Dokumentation allerdings völlig zweckfrei bleibt.

Solche Systeme neigen dazu, ein Ziel an sich zu werden, und genau das sollten sie nicht sein. Sie sind Hilfsmittel und bieten einen Referenzrahmen. Sie geben dem interessierten Mieter und Investor ein Zeugnis für die Immobilie. Aber wie in der Schule auch, muss ein Benotungssystem zwangsläufig schematisch bleiben, und wird den Besonderheiten des Einzelfalls oftmals nicht gerecht. Solange man das weiß und die Ergebnisse mit Augenmaß liest, können Entwickler und Bestandshalter Zertifizierungssysteme zu Ihrem Vorteil einsetzen und selektiv nutzen auch ohne in jedem Fall ein Zertifikat zu erwerben.

Schließlich wird in Deutschland nicht erst nachhaltig und ressourcenschonend gebaut, seit es Zertifizierung gibt. Neu sind allerdings die Prämierung und die Kommunikationsmöglichkeiten, die darin enthalten sind.

Über die Auseinandersetzung in den Projektteams zu den Themen der Nachhaltigkeit wird Veränderung befördert und die gebaute Umwelt schrittweise verbessert.

4. Management für Projektentwicklung und Planung

Bereits während der Projektentwicklung sind i.d.R. zahlreiche unterschiedliche Fachsparten für die verschiedenen Aufgabenstellungen im Projekt involviert. Hier sind beispielsweise Fragestellungen zu Markt und Standort, Nutzung und Bauwerk, Planungs- und Baurecht oder auch zur Vermarktung zu beantworten. Eine kompetente und ganzheitliche Bearbeitung dieser Fragestellungen kann nur in einem funktionierenden Entwicklungsteam erfolgen. Ist dann die Projektentscheidung nach einer umfassenden und gründlichen Entwicklungsphase getroffen, schließt sich die weitere Projektkonkretisierung in Form der Planungs- und Realisierungsphasen an. Auch hier lässt sich ein Projekterfolg nur wieder durch ein leistungsfähiges Projektteam erreichen.

Die zahlreichen unterschiedlichen Aufgabenstellungen in allen Phasen eines Bauprojektes und die verschiedenen beteiligten Fachdisziplinen sind zielorientiert zu definieren, zu bündeln, zu koordinieren und zu steuern. Es ist deswegen notwendig, dass ein übergeordnetes Management installiert ist, das idealerweise auch über die wichtigsten Projektleitungskompetenzen verfügt.

In den folgenden Kapiteln sollen die hierfür in den Entwicklungs-, Planungs- und Realisierungsphasen notwendigen Aufgaben beleuchtet und die Anforderungen an das Management definiert werden. Es wird dabei grundsätzlich unterschieden nach Aufgaben und Anforderungen während der Projektentwicklung und während der anschließenden Umsetzung des Projektes in Planung und Bau.

4.1 Bisherige und zukünftige Modelle

4.1.1 Aufgaben des Projektträgers

Das Projektmanagement ist eine originäre Aufgabe des Bauherrn bzw. Entwicklers/Investors. Er hat grundsätzlich die Einzelabläufe des Projektes in technischer und qualitativer sowie rechtlicher und wirtschaftlicher Hinsicht übergeordnet zu koordinieren, zu überwachen und aktiv zu steuern. Teile dieser übergeordneten Managementaufgaben sind an unabhängige Dritte delegierbar, andere Teile stellen eher nicht delegierbare Leistungspflichten des Bauherrn dar.

Delegierbare Bauherrenaufgaben:	Nicht delegierbare Bauherrenaufgaben:
Projektorganisation	Zieldefinition
Vertragsmanagement	Rechtsgeschäfte
Kostencontrolling	Betriebswirtschaftliches Controlling
Entscheidungsvorbereitung	Entscheidungsfindung
Qualitätsmanagement	Projektfinanzierung
Genehmigungsmanagement	Sicherstellung Genehmigung
Terminmanagement	
Marketing und Vermarktung	

Insbesondere bei großen oder komplexen Bauprojekten und wenn eigene Ressourcen nicht vorhanden sind, wird für die delegierbaren Bauherrenaufgaben oder Teile davon ein unabhängiges Projektmanagement beauftragt. Neben der Entlastung des Bauherrn besteht die Hauptaufgabe des Projektmanagements darin, das Projekt im Hinblick auf die definierten Ziele zu steuern. Dabei ist es von besonderer Bedeutung, vor allem in den frühen Phasen die wesentlichen Weichenstellungen aktiv beeinflussen zu können.

In der Abbildung 4.1 ist die Projektbeeinflussbarkeit in Abhängigkeit der Projektdauer qualitativ dargestellt. Es ist zu erkennen, dass ganz zu Anfang eines Projektes – in der Definitions- und Ideenphase – die höchste Effizienz von Steuerungsmaßnahmen gegeben ist und deswegen besonders hier bereits die entsprechenden Kompetenzen für das Management zwingend vorhanden sein müssen.

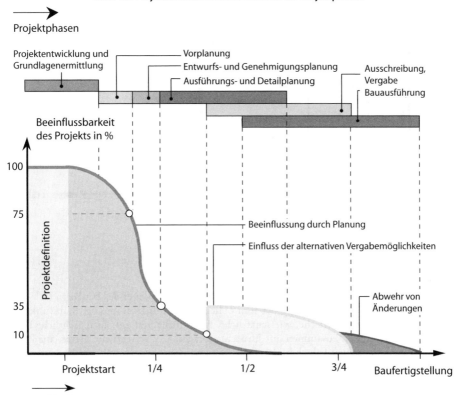

Abb. 4.1: Projektbeeinflussbarkeit während der Projektphasen

Bisher war/ist es leider noch allzu oft üblich, ein gezieltes Projektmanagement erst zusammen mit den Planungsbeteiligten zu installieren. Hat der Bauherr/Projektträger selbst nicht bereits in den allerersten Projektphasen kompetent sein Projekt vorbereitet, kann dies erfahrungsgemäß dann dazu führen, dass die Projektgrundlagen nicht ausreichend konkret definiert und abgesichert sind. Unklare Zielvorgaben für die verschiedenen Projektbeteiligten sind die Folge. Zeitverlust und Zusatzkosten entstehen daraus, um nachträglich Projektsicherheit zu erreichen.

Es ist aus diesem Grunde ratsam, das große Potenzial zu nutzen, das sich aus einer fundierten und intensiven Projektvorbereitung ergibt (Abb. 4.2). Das Management während der Projektentwicklung und während der Projektkonkretisierung im Rahmen der Grundlagenermittlung stellt sicher, dass die Grundlagen umfassend definiert und als klare Arbeitsvorgaben für die weiteren Projektbeteiligten zur reibungslosen Zusammenarbeit zur Verfügung stehen.

Gleichzeitig wird durch das Management erreicht, dass zu jedem Zeitpunkt des Projektverlaufes *sämtliche* Projektinformationen zur Verfügung stehen, um eine erfolgreiche und zielgerechte Projektabwicklung zu gewährleisten.

4.1.2 Projektsteuerung und Projektmanagement

Die Begriffe Projektsteuerung und Projektmanagement werden oft synonym zueinander verwendet und verstanden. In der Praxis sind jedoch deutlich Unterschiede vorhanden, die sich durch die Stellung des Projektsteuerers oder Projektmanagers in der Bauherrenorganisation ausdrücken.

Abb. 4.2: Projektsicherheit durch Management

Frühere Verfügbarkeit, höheres Niveau und Sicherung für die Zukunft

Die Projektsteuerung unterstützt den verantwortlichen Projektleiter des Bauherrn fach- und sachkundig bei der Wahrnehmung der ihm obliegenden Aufgaben in einer Stabsfunktion. Es werden hier organisatorische, wirtschaftliche, terminliche und ggf. auch rechtliche Beratungsleistungen (i.d.R. zusammen mit Juristen) erbracht. Der wesentliche Unterschied zum Projektmanagement liegt jedoch in der Trennung zwischen verantwortlicher Projektleitung und Projektsteuerung als Unterstützung der Projektleitung.

Die AHO-Fachkommission Projektsteuerung hat eine „Leistungs- und Honorarordnung Projektsteuerung" erarbeitet und herausgegeben, die eine Konkretisierung des in der HOAI enthaltenen § 31 darstellen soll. Hier wird ebenfalls von einer Stabsfunktion der Projektsteuerung in der Bauherrenorganisation ausgegangen. Die hierin beschriebenen Leistungen können ergänzt werden durch delegierbare Projektleitungsaufgaben, was dann zu einer veränderten Bauherrenorganisation und zum Projektmanagement gem. Abb. 4.4 führt.

Abb. 4.3: Projektsteuerung als Stabsfunktion

Abb. 4.4: Projektmanagement in Linienfunktion

Beim Projektmanagement reduzieren sich die Aufgaben des Projektleiters des Bauherrn auf die Findung wesentlicher Entscheidungen. Dem Projektmanagement, das in Linienfunktion in die Bauherrenorganisation eingebunden ist, werden projektspezifisch Entscheidungs- und Leitungskompetenzen übertragen.

Der Projektmanager vertritt dabei den Bauherrn gegenüber allen Projektbeteiligten im Rahmen seines beauftragten Leistungsumfanges, trifft im vereinbarten Verfügungsrahmen Entscheidungen und bereitet wichtige Entscheidungen des Bauherrn transparent vor.

Zusammenfassend kann gesagt werden, dass Leistungen des Projektmanagements gegenüber der Projektsteuerung vor allem dort zu empfehlen sind, wo bauherrenseitig keine oder keine ausreichenden eigenen Kapazitäten für die Projektleitung vorhanden sind. Bei der Projektsteuerung als Stabsfunktion verbleibt die gesamte Projektleitung beim Bauherrn, auch mit den Nachteilen, die Umsetzung der von der Projektsteuerung erarbeiteten Maßnahmenvorschläge selbst durchführen zu müssen. Beim Projektmanagement wird dagegen eine kompetente und entscheidungsbefugte „Bauabteilung auf Zeit" beim Bauherrn installiert, die eine weitestgehende Entlastung des Bauherrn von den Aufgaben bei der Projektabwicklung ermöglicht. Darüber hinaus bietet das Projektmanagement in Linienfunktion gegenüber der Projektsteuerung in Stabsfunktion durch die Übertragung von Kompetenzen und damit auch von direkter Erfolgsverantwortung dem Bauherren auch eine Erhöhung der Projektsicherheit.

4.1.3 Entwicklungsmanagement

Die wichtigsten Weichen für ein Projekt werden während der Projektentwicklung gestellt, wo das eigentliche Projekt definiert wird. Eine fundierte Projektentwicklung setzt die Zusammenarbeit eines erfahrenen und interdisziplinären Entwicklungsteams (vgl. Teil 3 5.) voraus.

Hierbei sind vielfältige Einzelaufgaben aus unterschiedlichen Fachbereichen zu erledigen (vgl. Abb. 4.5). Wichtig ist es hierbei, dass eine ganzheitliche Entwicklung erfolgt, d.h., dass die verschiedenen Fachdisziplinen zielorientiert zusammenzuarbeiten haben.

Wichtige Aufgabe des Entwicklungsmanagements ist es deswegen, neben der unabhängigen fachlichen Mitwirkung und Beratung bei der Entwicklung vor allem auch die Beteiligten zu integrieren und zielgerichtet zu koordinieren. Darüber hinaus ist es eine weitere Aufgabe des Entwicklungsmanagements, die einzelnen Teilergebnisse der Fachbereiche zusammenzuführen und zu einem Gesamtergebnis als Entscheidungsgrundlage zu verdichten.

Abb. 4.5: Entwicklungsmanagement zur Integration des Entwicklungsteams

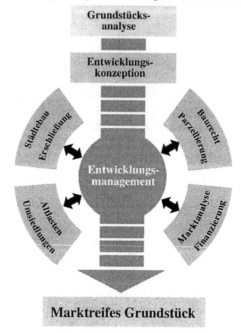

4.1.4 General Management©

Wie auch bereits das Entwicklungsmanagement trägt das General Management© (© Drees & Sommer) dem Wunsch bzw. der Forderung privater Bauherrn heute Rechnung, eine sehr weitgehende Entlastung von den operativen Projektaufgaben zu bekommen und möglichst wenige externe Ansprechpartner oder Auftragnehmer zu haben.

Im Rahmen des General Managements© werden sämtliche Management-Aufgaben eines Bauprojektes zusammengefasst, also auch diejenigen, die im Rahmen der Bauabwicklung vor Ort durch die Objektüberwachung/Bauleitung und die Bauvorbereitung (Ausschreibung und Vergabe) entstehen. Die in der Baurealisierung nicht selten problematischen Schnittstellen zwischen Objektüberwachung und Projektmanagement oder zwischen Ausschreibung/Vergabe und Objektüberwachung sind so beseitigt.

Das General Management© ist auch dafür verantwortlich, das komplette Planer- und Beraterteam frühzeitig und optimal zusammenzustellen und eine möglichst integrierte, d.h. fachübergreifende, Planung von Anfang an zu erreichen. Auf Basis dieser integrierten Planung aus allen wesentlichen Fachdisziplinen, die insbesondere in den frühen Planungsphasen bereits sämtliche wichtigen Fragestellungen weitgehend detailliert beantwortet, erhält der Bauherr zu einem sehr frühen Zeitpunkt im Projekt ein Höchstmaß an Sicherheit für Qualitäten, Kosten und Termine.

4.2 Aufgaben des Entwicklungs- und Projektmanagements

4.2.1 Entwicklungsmanagement

Im Wesentlichen lassen sich die Aufgaben in zwei Teilbereiche untergliedern. Dabei unterscheidet man zwischen den Aufgaben, die sich im Rahmen der einzelnen Phasen des Projektablaufes ergeben und Aufgaben, die im Rahmen einer begleitenden Beratung erbracht werden.

Abb. 4.6: General Management©

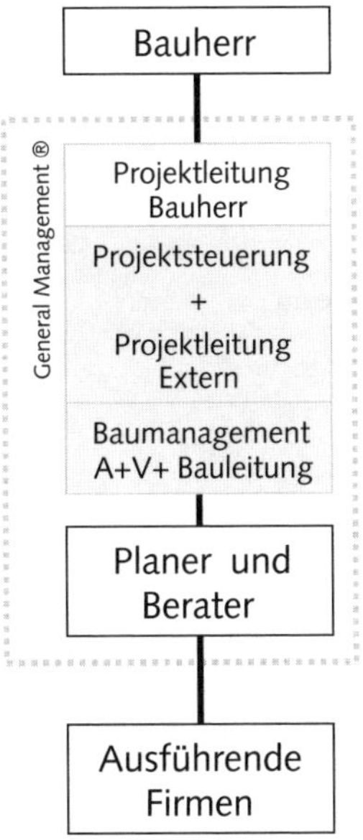

Aufgaben Projektablauf

Die Aufgabenstellung kann je nach Anforderung sehr vielschichtig sein. Sie ist von den Schwerpunkten und der Verzahnung der Leistung an die individuellen Bedürfnisse mit seiner Abfolge anzupassen.

Bei der Abarbeitung sollte jedoch eine umfassende Entscheidungsvorbereitung für eine zielorientierte Weiterverfolgung des Projektes gewährleistet sein, um einen optimalen Einstieg in die Planung zu gewährleisten.

– Nutzungskonzeption
  • Entwicklungsstrategie
  • alternative Nutzungskonzepte
– Programming
  • Flächenmodell
  • Raumprogramm
  • Funktionsprogramm
– Bebauungsstudien
  • Baumassenmodelle
  • Grundriss-/Schnittmodelle
  • CAD-Visualisierung
– Kostenermittlung
  • Planungs- und Baukosten
  • Grundstückskosten
  • Folgekosten
– Ertragsermittlung
  • Mieten, Nebenkosten
  • Vermietbare Flächen
– Investitionsrechnung
  • Renditeberechnungen
  • Finanzierung, Steuereffekte
  • Risikoanalysen

- Baurecht
  - städtebauliche Verträge
  - Bauleitplanverfahren
  - Umweltrecht
  - Mediation
- Ablaufkonzepte
  - Meilensteine
  - Terminrahmen
  - Zusammensetzung Planungsteam
  - Vergabestrategie
- Entscheidungsvorbereitung
  - Alternativenvergleich
  - Entscheidungsempfehlung

Aufgaben Projektbegleitung

Darüber hinaus sollte das Team in der Lage sein, Aufgaben und Leistungen anzubieten, die nicht nur synergetisch den Projektablauf unterstützen, sondern in ihrer Ausprägung als eigene Bausteine gesehen werden können. Teilweise sind diese unabdingbar zu integrieren und abzuarbeiten:

- Allgemeine Investorenberatung und -betreuung
- Unterstützung bei Finanzierungsalternativen,
- Wettbewerbsdurchführungen,
- Due Diligence,
- Initiierungen von Expertenrunden und Workshops,
- Vertragsmanagement,
- Flächenmanagement,
- Mieterbetreuungen.

Obwohl die einzelnen Teilbereiche sehr stark miteinander verwoben sind, wie auch die Phasen in Kapitel 4.5 nochmals verdeutlichen, ist in der Praxis oft zu beobachten, dass Eigentümer und Bauherrn sich im Rahmen einer Entwicklung oftmals auf die Abarbeitung oder Berücksichtigung nur von Teilelementen des Ablaufprozesses beschränken. Dies hat natürlich zur Folge, dass die eigentlichen Ziele, die man mit einer Entwicklung verbindet, oftmals verfehlt werden oder nur zu einem unbefriedigenden Maß erreicht werden.

Häufig kann man bei Grundstücksentwicklungen, die einem gewissen Zeitdruck oder der Ungeduld des jeweiligen Bauträgers unterliegen, feststellen, dass ohne Klärung von Rahmenbedingungen, Planungen erstellt werden, um diese in Ad-hoc-Aktionen mit den Behörden zu besprechen. Die dann vorliegenden Ergebnisse lassen sich meistens nicht mehr vollumfänglich revidieren, wenn festgestellt wird, dass im Rahmen von nachgeschalteten Markt- und Standortanalysen andere Nutzungskonzepte notwendig werden, die bisher keine Berücksichtigung fanden. Gleiches gilt natürlich auch für die anderen Segmente im Rahmen der Ablaufplanung. Insofern ist gerade die Startphase einer Entwicklung oder der Projektanstoß eine der Schlüsselszenen, der man mit der notwendigen Sorgfalt begegnen sollte, um eine optimale Weichenstellung zu erreichen.

4.2.2 Projektmanagement

Im folgenden soll schwerpunktmäßig auf die Kernaufgaben des Projektmanagements eingegangen werden, wie es in Kapitel 3.1 als Teil der Bauherrenorganisation dargestellt wurde. Sonderformen, wie das General Management© werden nicht näher betrachtet, da sie eine Kombination verschiedener Zusatzleistungen zum Projektmanagement darstellen und sich vor allem in der Effizienz und Ihrem Nutzen für den Bauherrn und weniger in den Einzelaufgaben vom „klassischen" Projektmanagement unterscheiden.

Nach der Vereinbarung der Projektziele unterliegt ein Bauprojekt während der verschiedenen Projektphasen bis zur Fertigstellung zahlreichen externen und internen Einflüssen, die

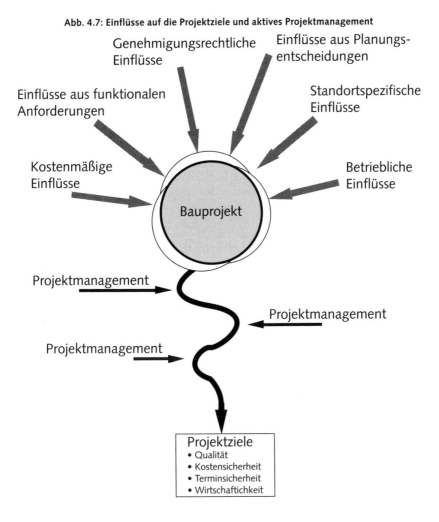

Abb. 4.7: Einflüsse auf die Projektziele und aktives Projektmanagement

jeweils für sich Projektrisiken im Hinblick auf den zielorientierten Projekterfolg bergen (vgl. Abb. 4.7). Beispielsweise können sich aus dem Genehmigungsverfahren für das Bauprojekt direkte Auswirkungen auf die Kosten und Termine ergeben, wenn nicht bereits im Rahmen der vorausgehenden Planungen die jeweiligen Planungsinhalte mit den zuständigen Fachbehörden abgestimmt werden. Hier ist es Aufgabe des Projektmanagements, die möglichen Kosten- und Terminrisiken, die sich ggf. aus genehmigungskritischen Planungen ergeben, frühzeitig zu erkennen und durch eine intensive Koordination zwischen den Genehmigungsbehörden und den Planern bereits während der entsprechenden Planungsphasen (Vorplanung bis Genehmigungsplanung) die Genehmigungsfähigkeit sicherzustellen. Insgesamt ist es also Aufgabe des Projektmanagements, den Projektablauf so zu beeinflussen, dass die negativen Auswirkungen externer und interner Projekteinflüsse frühzeitig erkannt und minimiert werden, um so die gesteckten Projektziele sicher zu erreichen und den Projekterfolgt zu gewährleisten.

Sinn und Zweck des Projektmanagements ist es, vor allem diejenigen Bauherrenaufgaben zu übernehmen, die zur Vorausplanung, Kontrolle und Steuerung des Gesamtprojektes erforderlich sind. Der Bauherr hat umso mehr und umso verschiedenartigere Leistungspflichten zu erfüllen, je größer und technisch komplexer sein geplantes Projekt ist. Aus der Ergebnisverantwortung der auf der Bauherrenseite für die Projektabwicklung Verantwortlichen lassen sich die in Kapitel 3.1

definierten Bauherrenaufgaben ableiten. Aus den vorgenannten Primärzielen für ein Bauprojekt und den Bauherrenaufgaben definieren sich die Hauptaufgaben des Projektmanagements (vgl. Abb. 4.8).

Die Projektorganisation als eine der ersten Leistungen des Projektmanagements schafft die Grundlage für die gesamte Projektabwicklung. Sie enthält im wesentlichen die Erstellung einer für das Projekt verbindlichen Organisationsstruktur, die ständige Koordination sämtlicher Projektbeteiligten und eine laufende und lückenlose Information des Auftraggebers über sämtliche Projektaktivitäten. In einem Projekt- und Organisationshandbuch, das für jedes Projekt spezifisch erstellt wird, werden alle relevanten Regelungen zur reibungsarmen Zusammenarbeit sämtlicher Projektbeteiligter festgehalten.

Im Bereich des Vertragswesens werden durch das Projektmanagement die notwendigen Leistungsinhalte von zu beauftragenden Planern, Beratern, Gutachtern und ausführenden Firmen definiert und deren Leistungsschnittstellen bestimmt. In Zusammenarbeit mit juristischen Beratern werden die Vertragsbedingungen für die externen Projektbeteiligten erstellt, die dann Grundlage für die Auftragsvergabe sind. Eine laufende Kontrolle der vertraglichen Leistungserfüllung und die Prüfung und Freigabe von Abschlags- und Schlussrechnungen stellen die projektbegleitenden Managementleistungen im Bereich des Vertragswesens dar.

Der Normalfall der Terminplanung und -steuerung ohne Projektmanagement stellt sich so dar, dass von den zahlreichen Projektbeteiligten die unterschiedlichsten Terminpläne erstellt werden. Es gibt hierbei Listen, Balkenpläne oder Netzpläne. Diese Pläne sind untereinander oft nur mangelhaft oder gar nicht abgestimmt. Wenn sie doch abgestimmt sind, dann entfällt die Abstimmung spätestens dann, wenn einer der Terminpläne aus dem Tritt kommt, den anderen

Abb. 4.8: Aufgabengebiete des Projektmanagements

 Projektorganisation

 Vertragswesen

 Terminmanagement

Kostencontrolling

DIN - ISO Qualitätsmanagement

aber gar nicht beeinflussen kann, weil die Pläne nicht verknüpft sind. Durch das Projektmanagement wird deswegen ein Gesamtterminplan erstellt, in den alle für die Terminsteuerung relevanten Vorgänge eingebaut und nach Erfordernis miteinander verknüpft sind. Ändert sich bei einem der Projektbeteiligten etwas im terminlichen Ablauf, dann meldet er dies dem Projektmanagement und bespricht die möglichen Maßnahmen. Das Projektmanagement kann nun bei unterschiedlichen Lösungsansätzen die terminlichen Auswirkungen auf die anderen Beteiligten aufzeigen, so dass rasch die Lösung mit den geringsten Auswirkungen ermittelt werden kann.

Das umfassende Kostencontrolling – Kostenplanung, Kostenüberwachung, Kostensteuerung – und hier insbesondere die Kostenplanung und aktive Kostensteuerung erfordern über die reinen Managementerfahrungen hinaus oft den profunden Fachverstand und die einschlägigen Erfahrungen aus dem planerischen Bereich. Ohne umfassende Kostenerfahrung in Zusammenhang mit Kenntnissen in den unterschiedlichen gestalterischen, bautechnischen oder verfahrenstechnischen Fachdisziplinen kann eine unabhängige Kostenplanung und aktive Kostensteuerung nicht effizient durchgeführt werden. Die erste Tätigkeit ist die Definition einer Kostenrahmen-Struktur zu Beginn des Projektes. Diese Grundstruktur darf während des ganzen Projektes nicht mehr verlassen werden. Das Projektmanagement hat die Aufgabe, Kostenberechnungen und Kostenkontrollberechnungen aller Detaillierungsgrade stets auf die oberste Ebene zu aggregieren. Mittels entsprechender Kostenberichte wird die Projektleitung stets über den aktuellen Stand informiert und auf drohende Abweichungen hingewiesen. Während der gesamten Projektabwicklung muss damit gerechnet werden, dass sich die Kosten aufgrund von Einflüssen aller Art verändern. Zu diesem Zweck müssen alle Kostenveränderungen mittels einem geeigneten Meldeverfahren durch das Projektmanagement erfasst und überprüft werden. Die möglichen Folgeauswirkungen auf andere Bereiche sowie eintretende Terminauswirkungen sind ebenfalls darzustellen.

Im Bereich des Qualitätsmanagements ist es Aufgabe des Projektmanagements, dafür zu sorgen, dass frühzeitig die Qualitätsziele klar festgelegt werden. Im Anschluss daran müssen die Planungen dahingehend überprüft und beeinflusst werden, dass die Zielerreichung gewährleistet ist, wobei neben der Einhaltung der qualitativen Ziele auch die wirtschaftlichen Ziele berücksichtigt werden müssen. Das Qualitätsmanagement der Bauausführung wird durch das Projektmanagement schwerpunktmäßig selbst und im Detail über die verantwortliche Objektüberwachung (Bauleitung) durchgeführt.

4.3 Anforderungen

4.3.1 Entwicklungsmanagement

Die vielfältigen Aufgabenfelder, die im Team abzuarbeiten sind, erfordern von den einzelnen Beteiligten einen breiten Ansatz in der Sichtweise und ein vielschichtiges Verständnis für die Zusammenhänge im Markt.

Neben allgemeinen Tugenden, wie sie auch in Abbildung 4.9 dargestellt sind, werden natürlich auch fachspezifische Komponenten abverlangt. Sicherlich lassen diese Segmente einen Generalisten vermuten, der jedoch nur in den seltensten Fällen in der Lage ist, alle Bereiche gleichermaßen fachlich zu bedienen. Daher werden entweder fachspezifische Kompetenzen im Team ausgebildet oder der Bedarf wird durch externe Spezialisten gedeckt.

Zur Integrierung aller Leistungen im Gesamtbild und zu deren Beurteilung bedarf es jedoch Persönlichkeiten mit hoher sozialer Kompetenz und Fach-Know-how, um Ergebnisse abzuleiten und daraus Empfehlungen und Maßnahmenvorschläge unterbreiten zu können.

4.3.2 Projektmanagement

Große und komplexe Bauvorhaben erfordern ein professionelles und schlagkräftiges Team von Planern, Beratern und ausführenden Unternehmen, die von einem auftraggebereigenen oder externen Projektmanagement geführt werden müssen. Auf jeden Fall übernimmt das Projekt-

Abb. 4.9: Anforderungen an das Projektmanagement

- Unabhängigkeit von Interessen Dritter
- Projektspezifische und technische Fachkompetenz
- Ausbildung in Managementmethoden
- Umfangreiche Projekterfahrung
- Integrationsfähigkeit
- Projektleitungsautorität

management – ob intern oder extern – originäre Bauherrenaufgaben. Diese Bauherrenaufgaben setzen bestimmte Anforderungen an das Projektmanagement voraus (vgl. Abb. 4.9).

Die vollkommene Unabhängigkeit sowohl von Planerinteressen als auch von Interessen der ausführenden Unternehmen ist eine grundlegende Voraussetzung, um überhaupt zielgerichtet und im objektiven Projektinteresse das Bauprojekt zu leiten und zu steuern. Darüber hinaus muss der Projektmanager über eine umfassende Fachkompetenz und ausreichende Projekterfahrung verfügen, um die Einzelaufgaben der Projektbeteiligten vorgeben und deren Erfüllung qualifiziert überwachen und steuern zu können. Zur effizienten Führung eines Projektteams gehört aber auch noch die Kenntnis geeigneter Managementmethoden sowie die Fähigkeit zur Integration aller Projektbeteiligten und eine ausreichende Projektleitungsautorität.

Fasst man all die genannten Anforderungsmerkmale an ein effizientes Projektmanagement zusammen, so ist zu erkennen, dass es sich bei einem Projektmanager weder um einen reinen Generalisten noch um einen reinen Spezialisten handeln kann. Einerseits muss er das Verständnis und den Überblick über das gesamte Projektgeschehen haben und andererseits sind vertiefte Spezialkenntnisse und -erfahrungen in allen relevanten Teilbereichen des Baugeschehens erforderlich, um Problemsituationen erkennen und kurzfristige Steuerungsmaßnahmen einleiten zu können. Es ist deswegen auch nicht einfach und eindeutig zu beantworten, welche beruflichen Qualifikationen ein geeigneter Projektmanager mitbringen soll.

Einem Projektmanager mit rein kaufmännisch orientierter Ausbildung fehlt es meist an der profunden Fachkenntnis im technischen Baugeschehen, ein Projektmanager mit rein technisch orientierter Ausbildung hat nicht selten Defizite in Managementmethoden und im ganzheitlichen Kosten- und Wirtschaftlichkeitsbewusstsein. In der Praxis hat es sich jedoch herausgestellt, dass den technischen Anforderungen an die Berufsqualifikation eine höhere Priorität zuzumessen ist als den kaufmännisch orientierten, da doch die wesentlichen Problemstellungen bei der Planung und Abwicklung von Bauprojekten aus dem fachlich-inhaltlichen Bereich stammen und die zusätzlich erforderlichen kaufmännischen und Managementaufgaben oft schneller in der Berufspraxis erlernbar sind.

Eine kommunikative, reibungsarme und effektive Projektabwicklung kann erfahrungsgemäß nur durch eine kooperative Führungsweise des Projektmanagement erreicht werden (Abb. 4.10). Diese Führungsmethode ist sehr leistungsorientiert und zeichnet sich durch klare Zielvorgaben und möglichst wenig Hierarchiestufen aus. Darüber hinaus aber lässt sie der Kreativität der einzelnen Beteiligten einen möglichst großen Spielraum, der zur Verbesserung von Planungsinhalten und -abläufen genutzt werden kann. Der Projektleiter versucht, den Teamgeist anzusprechen und die vorhandene Bereitschaft der Beteiligten zur Eigensteuerung zu aktivieren.

Der Projektleiter tritt als Koordinator mit Integrationsvermögen auf, der die Beteiligten dazu motiviert, ihre Mitarbeit aus eigenem Interesse einzubringen. Ein besonderer Vorteil bei komplexen Projektabwicklungen ist die bei Anwendung dieser Führungsweise stets zu beobachtende Bereitschaft der Beteiligten, die Projektsteuerungsverfahren als nützlich, und nicht als lästig, zu empfinden. Sie werden optimal eingesetzt, da sie einvernehmlich erarbeitet und abgestimmt von allen akzeptiert werden.

Abb. 4.10: Kooperative Projektleitung

Kooperative Führungsmethode (Teamgeist)

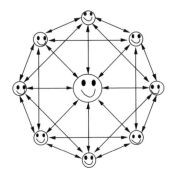

4.4 Honorar- und Vergütungsmodelle

4.4.1 Entwicklungsmanagement

Die Untergliederung erfolgt im Allgemeinen in einem Tätigkeitshonorar, welches eine fixe Vergütung der Grundleistungen darstellt. Die Höhe richtet sich nach den individuellen Anforderungen an das Leistungsbild und wird beeinflusst von der Größe des Teams, dem Umfang der Einzelleistungen und den Wertschöpfungszielen des Auftraggebers.

Dabei ist es wichtig, durch eine Grundlagendefinition gemeinsame Ziele mit dem Auftraggeber oder dem jeweiligen Partner festzulegen. Entsprechend der Abbildung 4.11 steigt mit zunehmender Bearbeitungsdauer das Risikopotential und der Mitteleinsatz, aber die Ertragschancen erhöhen sich gleichermaßen mit zunehmender Entwicklungsdauer.

Zur fixen Honorierung wird in der Regel eine erfolgsabhängige Vergütung vereinbart, die sich immer häufiger in diesem Segment etabliert und teilweise sogar, je nach Aufgabenstellung und Projekt, den wesentlich höheren Anteil der Honorierung ausmacht. Die ausschlaggebenden Parameter hierfür können neben einer klassischen Kopplung an Erfolg im Rahmen der Vermarktung auch an Zielerfüllungen in der Abarbeitung einzelner Leistungsphasen festgemacht werden. Für den Fall dass eine eigene Initiierung von Projekten erfolgt, können die dafür aufgelaufenen Kosten entweder im Rahmen von späteren Beteiligungen durch Partner kompensiert werden oder im Zuge von Managementleistungen einer anschließenden Projektrealisierung.

Im Vordergrund steht jedoch immer eine klare Zielvereinbarung und Definition der honorarbeeinflussenden Bausteine. Nur dann lässt sich auch eine partnerschaftliche und faire Verbindung zwischen allen Beteiligten aufbauen.

4.4.2 Projektmanagement

Leistungen für die Projektsteuerung sind in § 31 HOAI grob beschrieben, für die Vergütung ist hierin eine freie Vereinbarung vorgesehen. Da die in § 31 HOAI beschriebenen Regelungen nicht geeignet sind, eine qualifizierte Vereinbarung für entsprechende Dienstleistungen zu treffen, wurde Anfang der 90er Jahre eine AHO-Fachkommission „Projektsteuerung" gegründet, mit dem Ziel ein konkretes phasenbezogenes Leistungsbild für die Projektsteuerung zu entwickeln und entsprechende Vergütungsvorschläge zu erarbeiten.

Wie auch bei den Planungs- und Beratungsdienstleistungen nach HOAI ist bei der Projektsteuerung bzw. dem Projektmanagement ein degressiv zunehmender Aufwand im Verhältnis zum Projektvolumen vorhanden. Setzt man den Aufwand – ausgedrückt im Honorar – ins Verhältnis zum Projektvolumen – ausgedrückt in den Investitionskosten – so ergeben sich je

Abb. 4.11: Risiken und Chancen bei der Projektentwicklung

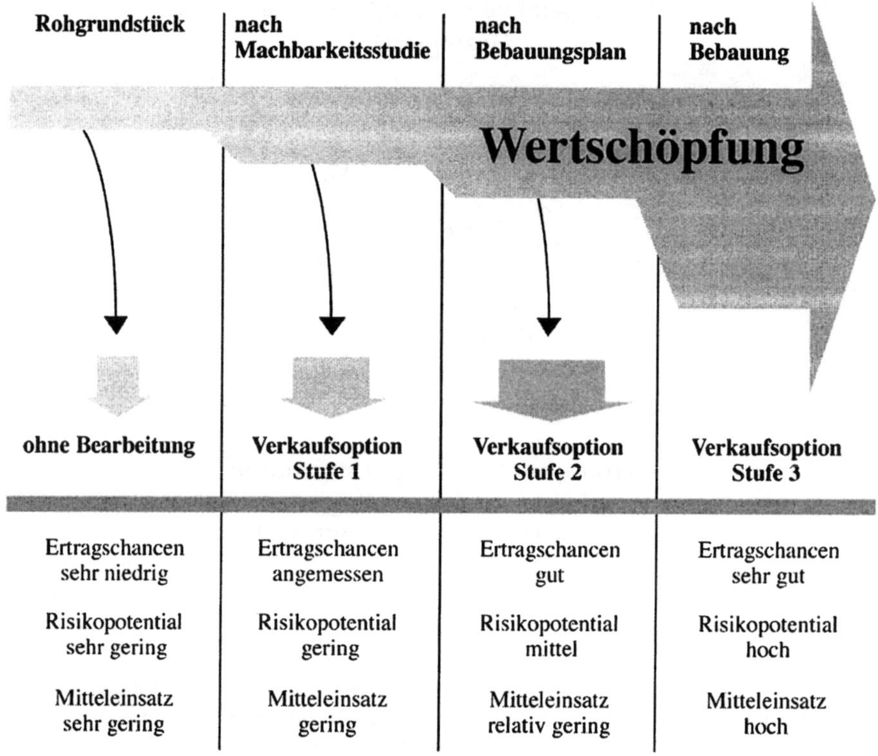

Rohgrundstück	nach Machbarkeitsstudie	nach Bebauungsplan	nach Bebauung

Wertschöpfung

ohne Bearbeitung	Verkaufsoption Stufe 1	Verkaufsoption Stufe 2	Verkaufsoption Stufe 3
Ertragschancen sehr niedrig	Ertragschancen angemessen	Ertragschancen gut	Ertragschancen sehr gut
Risikopotential sehr gering	Risikopotential gering	Risikopotential mittel	Risikopotential hoch
Mitteleinsatz sehr gering	Mitteleinsatz gering	Mitteleinsatz relativ gering	Mitteleinsatz hoch

nach Projektgröße Vergütungen in der Größenordnung von ca. 1% der Investitionskosten bei Großprojekten und bis zu ca. 4, der Investitionskosten bei kleineren Projekten.

Selbstverständlich wird der für die Projektsteuerung oder das Projektmanagement erforderliche Aufwand nicht nur durch das Projektvolumen, sondern ebenso durch die Komplexität und die Zielstellungen des Projektes sowie durch die vorhandenen Randbedingungen beim Auftraggeber bestimmt.

Der Vergütungsvorschlag der AHO-Fachkommission „Projektsteuerung" versucht nun, derartige Projektspezifika zu berücksichtigen. Ähnlich wie bei den Honorarermittlungen für Planer/Berater nach HOAI, erfolgt für das Projekt zuerst eine Zuordnung zu den Honorarzonen I bis V. Die Zuordnung bestimmt sich hierbei nach:

– Der Komplexität der Projektorganisation
– Der spezifischen Projektroutine des Auftraggebers
– Den Besonderheiten der Projektinhalte
– Dem Risiko der Projektrealisierung
– Den Kosten- und Terminvorgaben

Im weiteren werden Honorartafeln bzw. -funktionen vorgeschlagen, die in Abhängigkeit der anrechenbaren Kosten (entspricht ungefähr den Gesamtinvestitionskosten abzgl. Grundstückswert, Finanzierungskosten und dem eigenen Honoraranteil) Honorarprozentsätze ergeben. Umgerechnet in absolute Honorarsummen sind in der Abbildung 4.12 die Honorarkurven nach dem Vorschlag der AHO-Fachkommission „Projektsteuerung" für die Honorarzonen III Mindest- bis Obersatz dargestellt.

Sollen zusätzlich zu der Projektsteuerung auch die delegierbaren Projektleitungsaufgaben verbunden mit weiterreichenden Befugnissen und Verantwortlichkeiten beauftragt werden,

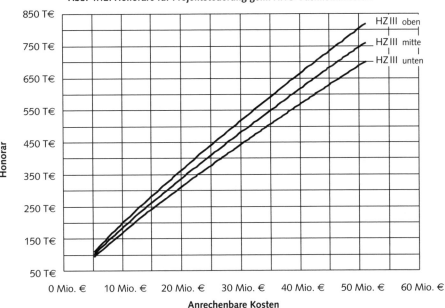

Abb. 4.12: Honorare für Projektsteuerung gem. AHO-Fachkommission

schlägt die AHO-Fachkommission „Projektsteuerung" vor, hierfür eine zusätzliche Vergütung von ca. 50% der Vergütung für die Projektsteuerung zu vereinbaren. Das bedeutet, dass für das Projektmanagement (= Projektsteuerung + Projektleitung) Honorare von ca. 1,5% der Investitionskosten bei Großprojekten und bis zu ca. 6% der Investitionskosten bei kleineren Projekten entstehen.

Die Erfahrung zeigt, dass eine variable Vergütungsregelung in Abhängigkeit Investitionskosten, wie sie von der AHO-Fachkommission „Projektsteuerung" vorgeschlagen wird, nur selten durchsetzbar ist. Eine investitionsabhängige Vergütung widerspricht nicht nur bei Planern und Beratern, die nach HOAI vergütet werden, der meist vorhandenen Forderung nach kostengünstigen und wirtschaftlichen Gebäuden, sondern kann insbesondere auch bei der Projektsteuerung und beim Projektmanagement zu Interessenskonflikten bei der Leistungserfüllung führen.

In der heutigen Praxis hat es sich deswegen ergeben, dass vor allem bei privaten Bauherren und Investoren pauschale oder sogar erfolgsbezogene Vergütungsregelungen vereinbart werden. Bei der Ermittlung einer Vergütungspauschale oder eines Basishonorares bei Erfolgsregelungen kann jedoch der Vorschlag der AHO-Fachkommission „Projektsteuerung" durchaus als Kalkulationsbasis dienen. Meist wird es jedoch so sein, dass derartige Honoraransätze durch Erfahrungswerte in der Aufwandskalkulation und unter Berücksichtigung der sehr vielfältigen Projektspezifika nochmals hinterfragt und abgesichert oder entsprechend korrigiert werden.

Bei Honorarpauschalen und erst recht bei erfolgsabhängigen Vergütungsregelungen ist natürlich zu beachten, dass die Projektgrundlagen, die der Vergütungsregelung zugrunde liegen, eindeutig definiert, abgegrenzt und vertraglich vereinbart sind, um möglich Projektveränderungen bewerten zu können.

In den letzten Jahren war verstärkt zu beobachten, dass für Projektsteuerungs- und Projektmanagementleistungen erfolgsabhängige Vergütungsregelungen gefordert und vereinbart werden. Hier sind naturgemäß zahlreiche Gestaltungsmöglichkeiten vorhanden. Es werden Bonus-/Malus-Systeme genauso vereinbart, wie reine Bonussysteme zur zusätzlichen Anreizschaffung. Der Erfolg der Leistungen kann dabei an unterschiedlichen Kriterien gemessen werden. Diese können die Einhaltung oder Unterschreitung der Kosten- oder Terminziele genauso wie die Sicherung der Qualitätsziele sein. Auch gibt es Systeme, bei denen keine absoluten Messgrößen zugrunde liegen, sondern die Kundenzufriedenheit oder die Abwicklung des Projektes bewertet werden. Generell sollte jedoch bei erfolgsabhängigen Vergütungsregelungen eine sinnvolle Aufteilung zwischen Grundvergütung und erfolgsabhängigem Anteil gewählt werden. Als Anhaltsgröße könnte die Grundvergütung zur Kostendeckung dienen, der mögliche Bonus stellt dann den Gewinnanteil dar.

4.5 Auswahl und Beauftragung

4.5.1 Entwicklungsmanagement

Die Einschaltung von Teams, die sich um die Aufgaben des Entwicklungsmanagements kümmern und die Akzeptanz in der Notwendigkeit nimmt immer stärker zu. Diese Tendenz ist jedoch nicht nur in schwierigen Märkten zu beobachten, sondern lässt sich auch dadurch begründen, dass die Prüfung für eine Investition von der Anspruchshaltung komplexer geworden ist und auch das Bedürfnis nach einer hohen Erfolgswahrscheinlichkeit eine sorgfältige Vorplanung bedingt. Auch wenn das Bauchgefühl oft noch den Ausschlag für einen Projektanstoß oder die Initiative für Projektideen gibt, werden basierend darauf, zunehmend nachgeschaltet Leistungsphasen des Entwicklungsmanagements erbracht.

Dabei gilt es, Unternehmen für die Leistungserbringung zu finden, die in der Lage sind, alle Projektbeteiligten und die damit einhergehenden Interessensfelder und Leistungsschwerpunkte zu bündeln und zielgerichtet im Sinne des Projekte einzusetzen oder zu koordinieren.

Dabei lassen sich durchaus auch Partnerschaften initiieren, mit dem Ziel, Dienstleister stärker an das Projekt und die Philosophie des Auftraggebers zu binden, um dadurch eine schnelle und effektive Umsetzung der vereinbarten Parameter zu erreichen.

4.5.2 Projektmanagement

Die schwierigste Aufgabe des Bauherrn besteht erfahrungsgemäß oft darin, die für ihn erforderlichen Leistungen eines externen Projektmanagements klar und unmissverständlich zu definieren. Er muss sich im klaren sein, welche der in den vorangegangenen Kapiteln beschriebenen Bauherrenaufgaben er in der Lage ist, selbst zu erbringen und welche nicht. Darüber hinaus muss er festlegen, welche und wie viele Entscheidungsbefugnisse er delegieren kann bzw. will.

Ein erfahrener und qualifizierter Projektmanager, dem es in erster Linie um den Projekterfolg und weniger im Auftragsvorfeld um die Maximierung seines Leistungsumfanges geht, kann den Bauherrn hierzu einschlägig beraten, insbesondere dann, wenn er bereits im Rahmen des Entwicklungsmanagements die Randbedingungen des Projektes und der vorhandenen Bauherrenressourcen kennt. Über eine grobe Projektanalyse lassen sich mit entsprechender Erfahrung die erforderlichen konkreten Bauherren- und Managementaufgaben definieren und abgrenzen. Die Beratung durch den Projektmanager zu den erforderlichen Managementleistungen vor eigentlicher Auftragserteilung setzt entweder ein bereits aufgebautes Vertrauensverhältnis voraus oder kann Gegenstand eines qualifizierten Angebotsverfahrens sein.

Bei großen, langlaufenden und ggf. noch risikobehafteten Projekten kann es durchaus sinnvoll sein, die Leistungen in einzelne, aufeinander aufbauende Auftragsstufen aufzuteilen. Die Auftragsstufen sollten sich dabei nach den wesentlichen Projektphasen richten. Die AHO-Fachkommission „Projektsteuerung" gibt hierzu einen möglichen Vorschlag:

Stufe 1:	Projektvorbereitung
Stufe 2:	Planung
Stufe 3:	Ausführungsvorbereitung
Stufe 4:	Ausführung
Stufe 5:	Projektabschluss

Die Auswahl und Beauftragung eines geeigneten externen Projektmanagements sollte systematisch und gezielt nach konkreten Kriterien erfolgen. Zu diesen Kriterien zur Beurteilung eines Projektmanagement-Angebotes sollten zählen:

- Referenzen des Unternehmens bei vergleichbaren Projekten
- Persönliche Referenzen des vorgesehenen Projektleiters beim Projektmanagement
- Vorgesehene interne Projektorganisation beim Projektmanagement
- Zeitliche Verfügbarkeit – räumliche Nähe
- Qualität des spezifisch auf die Anforderungen des Projektes erstellten Leistungsangebotes (zielorientierte Leistungsbeschreibung)
- Qualität bzw. Vorhandensein erster grober Abwicklungskonzepte (zeitlich, organisatorisch – „hat sich der Anbieter im Vorfeld mit dem Projekt beschäftigt?")
- Einsatz innovativer Managementverfahren-/werkzeuge
- Vergütungsvorschlag (Investitionsabhängig – Pauschal – Erfolgsabhängig?)

Zur Auswahl und Beauftragung des Projektmanagers ist es auf jeden Fall für den Bauherrn dringend empfehlenswert, dass er sich in einem – besser noch in mehreren – persönlichen Gesprächen einen fundierten Eindruck über die Qualifikation und Leistungsfähigkeit seines zukünftigen Partners (bzw. „Stellvertreters") verschaffen kann. Hierbei sollte er nicht nur aus einer Angebotspräsentation heraus entscheiden, sondern in konkreten Fachgesprächen zum Projekt – am besten mit den vorgesehenen Projektleitern auf beiden Seiten – überprüfen, mit welchem der Bewerber seine Zielvorstellungen wahrscheinlich am besten erreicht werden können. Dabei ist neben der Fachkompetenz und Erfahrung insbesondere auch der Sozialkompetenz des Projektmanagers besondere Aufmerksamkeit zu widmen. Hierbei geht es nicht nur um eine positive „Chemie" zwischen dem Bauherrn und seinem Projektmanager, sondern vor allem auch um die Führungsart und -qualitäten gegenüber dem späteren Projektteam.

5. Einbindung der Planungsbeteiligten

Die gesamten Projektbeteiligten können grundsätzlich in drei Bauherrn-interne Gruppen zusammengefasst werden:
- Bauherr bzw. Projektträger bzw. Investor
- Planer und Berater
- Ausführende Unternehmen

Zusätzlich bestehen für die internen Projektbeteiligten noch zahlreiche Schnittstellen zu:
- Genehmigungs- und Aufsichtsbehörden
- Trägern öffentlicher Belange

Abb. 5.1: Interne Projektbeteiligte und Schnittstellen

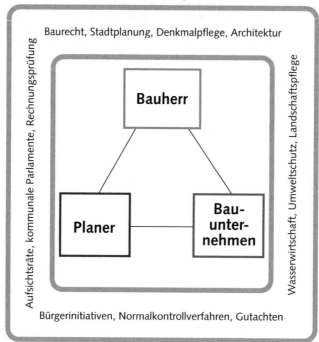

Die delegierbaren und nicht delegierbaren Aufgaben des Bauherrn wurden bereits in Kapitel 4.1 ausführlich beschrieben. Die Zusammenarbeit mit den ausführenden Unternehmen ist in Kapitel 4 enthalten, die mit den Genehmigungsbehörden und Trägern öffentlicher Belange in Kapitel 6.

Im folgenden wird deswegen schwerpunktmäßig auf die unterschiedlichen Planungsbeteiligten näher eingegangen. Dabei wird wieder unterschieden zwischen der Projektentwicklungs- und der Planungsphase.

5.1 Definition der Beteiligten

5.1.1 Projektentwicklung

Die Herangehensweise differiert hier zwischen den Marktteilnehmern dergestalt stark, da aufgrund intern unterschiedlicher Personalstruktur einerseits wesentliche Aufgabenbereiche durch Spezialistenteams im Haus abgedeckt werden, andere wiederum sich für diese Segmente externer Dienstleister zur Unterstützung bedienen. Insofern lassen sich anhand einzelner Leistungsbausteine durchaus jeweils auch unterschiedliche Berater einschalten.

Die Praxis zeigt jedoch auch, dass teilweise trotz nicht vorhandener personeller Ressourcen oder Know-how-Träger im Unternehmen, das Bewusstsein zur Einschaltung externer Unterstützung nur bedingt vorhanden ist, auch wenn sich hier zwischenzeitlich eine gewisse Trendwende abzeichnet. Unabhängig davon kann eine sinnvolle Definition und Integration von Fachbeteiligten auch wesentlich zum Erfolg eines Projektes beitragen. Die Partner in den einzelnen Phasen sind u.a.:

– Unternehmen für Markt- und Standortanalysen,
– Architekten,
– Juristische Begleitung,
– Geologen,
– Soneringenieure,
– Maklerunternehmen.

Ausschlaggebend ist eine fachlich und wirtschaftlich sinnvolle Ergänzung der eigenen Unternehmensressourcen, um in den abzuarbeitenden Leistungsspektren ein Optimum an Kompetenz zu bündeln.

5.1.2 Projektplanung

Je nach Art des Projektes kommen unterschiedliche Planer und Berater zum Einsatz. In Deutschland sind deren übliche Aufgaben und Leistungen in der „Honorarordnung für Architekten und Ingenieure (HOAI)" definiert. Sie setzen die Programm- und Standardvorgaben des Bauherrn/Projektmanagers stufenweise in Genehmigungs- und Ausführungspläne sowie in Leistungsbeschreibungen für ausführende Unternehmen um. Zusätzlich führen sie in der Realisierungsphase die Objektüberwachung (Bauleitung) durch. Bei einem üblichen Hochbau-/Investorenprojekt sind zumindest folgende wichtige Planungsbeteiligte bzw. entsprechende Planungsdisziplinen einzubinden:

– Objektplaner/Architekt (Teil II HOAI)
– Tragwerksplaner (Teil VIII HOAI)
– Planer Technische Gebäudeausrüstung (TGA – Teil IX HOAI))
– Bauphysiker, -akustiker (Teil X und XI HOAI)
– Bodengutachter (Teil XII HOAI)
– Vermessungsingenieur (Teil XIII HOAI)
– Planer/-Koordinator Sicherheits-/Gesundheitsschutz (SiGe)

Je nach spezifischem Projektbedarf können noch weitere Beteiligte für Planung und/oder Beratung einzubinden sein:

– Freianlagenplaner (Teil II HOAI)
– Fachplaner Förderanlagen (Teil IX HOAI)
– Verkehrsplaner (Teil VII a HOAI)
– Fassadenfachplaner/-berater (Teil II HOAI)
– Küchenplaner (Teil IX HOAI)

Die einzelnen Aufgaben der beschriebenen Planer sind nach HOAI meist gleichartig nach Leistungsphasen beschrieben und können in folgende 3 Teilbereiche zusammengefasst werden:

– Grundlagenermittlung und Erarbeitung von Genehmigungs- und Ausführungsplänen
– Erstellung von Leistungsbeschreibungen und Vergabe der Aufträge
– örtliche Objektüberwachung

Die zunehmende Zahl von Planern und Beratern durch die fortschreitende Spezialisierung der einzelnen Fachgebiete hat vor allem im Industrie- und Anlagenbau zunehmend zum Einsatz von Generalplanern geführt. Auch im Hoch- und Ingenieurbau lässt sich seit einiger Zeit vermehrt ein Trend hin zu Generalplanern feststellen. Unter einem Generalplaner ist ein einziger vom Bauherrn beauftragter Planer zu verstehen, der sämtliche erforderlichen Planungsleistungen für das Projekt erbringt, entweder vollständig mit eigenen Mitarbeitern oder mit zusätzlich beauftragten Sub-Planern. Ein Vorteil für den Bauherrn liegt darin, dass dieser für alle Planungsbelange nur noch einen Ansprechpartner hat.

5.2 Zusammenarbeit des Entwicklungs- und Planerteams

5.2.1 Projektentwicklung

Der Entwicklungsmanager muss sich als Bindeglied zwischen dem Auftraggeber, allen Projektbeteiligten und den Interessensgemeinschaften sehen (vgl. Abb. 5.2). Dabei gilt es jedoch, eine klare Abgrenzung zwischen den einzelnen Kompetenzen und Entscheidungswegen herbeizuführen. Oberstes Gebot dabei ist es, bei den komplexen Maßnahmenkatalogen möglichst wenig Schnittstellenpotentiale aufzubauen. Dies bedeutet, dass die Entscheidungsebene zwischen Auftraggeber und Entwicklungsmanager nicht durch weitere Kompetenzebenen erweitert werden sollte, sondern alle Fäden koordinierend auf dieser einen Managementebene zusammenlaufen und auch dort die notwendigen Entscheidungen getroffen werden.

5.2.2 Projektplanung

Die unterschiedlichen Aufgaben der Planer und Berater sind ergebnisorientiert aufeinander abzustimmen. Bei einem Generalplaner ist hierzu der intern zuständige Projektleiter verantwortlich, unabhängig davon, ob der Generalplaner die Leistungen im eigenen Hause oder durch Hinzuziehung von Sub-Planern/-Beratern erbringt.

Im Falle eines unabhängig voneinander beauftragten Planer-/Beraterteams obliegt die fachliche Koordinationspflicht dem Objektplaner als federführendem Planer, bei Hochbauten dem

Abb. 5.2: Entwicklungsmanagement zur Bündelung des Entwicklungsteams

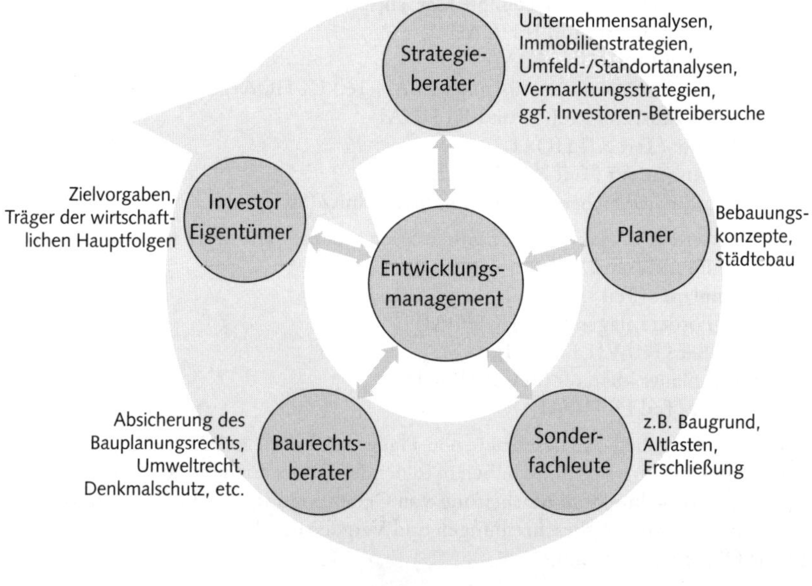

Architekten. Die Koordinierungstätigkeit des Architekten setzt bereits während der Leistungsphase 2 „Vorplanung" ein.

Der Architekt hat dabei nicht nur während der Bauausführung das Zusammenwirken der am Bau Beteiligten und der Sonderfachleute zu überwachen, sondern das gesamte Bauvorhaben einschließlich des Planungsablaufes zu koordinieren. Darüber hinaus muss er bereits während der Vorplanung die wesentlichen städtebaulichen, gestalterischen, funktionalen, technischen und auch wirtschaftlichen Zusammenhänge und Randbedingungen klären und erläutern. Er ist insofern als „Sachwalter" des Bauherrn zu sehen und in dieser Funktion der direkte Ansprechpartner aus dem Planer-/Beraterteam für das Projektmanagement bzw. den Bauherrn. Eine vereinfachtes Aufbauorganigramm ist in Abbildung 5.3 und 4.2 dargestellt.

Abb. 5.3: Beispiel Aufbauorganigramm Bauherr – Planer

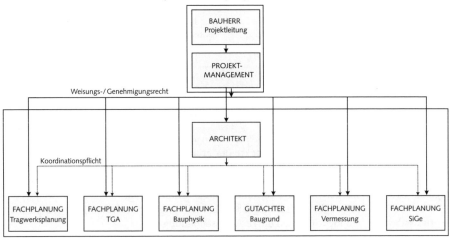

5.3 Auswahl des Architekten

Für die Architektenauswahl gibt es folgende Möglichkeiten und Vorschriften (vgl. auch Abb. 5.4):
- Wettbewerbe nach GRW 95
- Gutachterverfahren (Mehrfachbeauftragung nach HOAI)
- Direktbeauftragung
- Verhandlungsverfahren nach § 5 VOF (Verdingungsordnung für freiberufliche Leistungen – keine Anwendungsverpflichtung für private Bauherren)
- Wettbewerb nach § 20 und § 25 VOF (Verdingungsordnung für freiberufliche Leistungen – keine Anwendungsverpflichtung für private Bauherren)

Der private Bauherr kann eine freie Planerauswahl treffen, er ist an die Verdingungsordnung von freiberuflichen Leistungen (VOF) nicht gebunden. Entscheidet er sich für ein Gutachterverfahren ist er an die Honorarordnung für Architekten und Ingenieure (HOAI) insoweit gebunden, als er deren preisbildende Bestandteile nicht unterlaufen darf. Entscheidet er sich für einen Wettbewerb nach den Grundsätzen und Richtlinien für Wettbewerbe (GRW 95), hat er die GRW zu beachten. Im Gegensatz zu öffentlichen Vorhabenträgern, die abhängig von Schwellwerten zur Durchführung von Verfahren gemäß der VOF verpflichtet sind (s.o.). Die VOF findet ihre Anwendung bei voraussichtlichem Honorarvolumen von oder mehr als 200.000 € netto für freiberufliche Leistungen oder Leistungen, die im Wettbewerb angeboten werden. Detaillierter soll an dieser Stelle nicht auf die Planerauswahlverfahren nach VOF eingegangen werden. Der interessierte Leser sei auf die gültige Fassung der VOF von 2006 verwiesen.

Abb. 5.4: Auswahlverfahren für Architekten

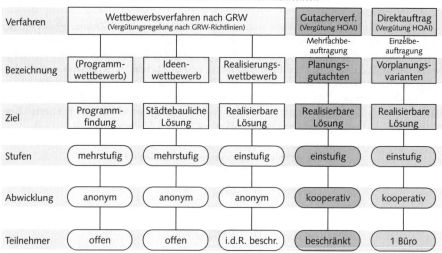

Verfahren	Wettbewerbsverfahren nach GRW (Vergütungsregelung nach GRW-Richtlinien)			Gutacherverf. (Vergütung HOAI)	Direktauftrag (Vergütung HOAI)
				Mehrfachbe-auftragung	Einzelbe-auftragung
Bezeichnung	(Programm-wettbewerb)	Ideen-wettbewerb	Realisierungs-wettbewerb	Planungs-gutachten	Vorplanungs-varianten
Ziel	Programm-findung	Städtebauliche Lösung	Realisierbare Lösung	Realisierbare Lösung	Realisierbare Lösung
Stufen	mehrstufig	mehrstufig	einstufig	einstufig	einstufig
Abwicklung	anonym	anonym	anonym	kooperativ	kooperativ
Teilnehmer	offen	offen	i.d.R. beschr.	beschränkt	1 Büro

5.3.1 Direktbeauftragung

Wie schon erwähnt, ist der private Bauherr dem Grunde nach frei in seiner Entscheidung der Planerauswahl. Dabei sind sowohl Aspekte der architektonischen Qualität (1) als auch der Leistungsfähigkeit zu beachten. Die Wahl des Architekten ist mitunter eine der wichtigsten Determinanten, von der der Projekterfolg in der Abwicklung und der Nachhaltigkeit abhängt.
(1) Vom Architekt hängen folgende Produktinhalte bestimmend ab:
– Akzeptanz in der Bevölkerung durch äußere Erscheinung und städtebauliche Komposition
– Individualität und Identifikation durch Adressenbildung
– Behaglichkeit der Nutzer durch Raumgeometrien und Funktionsgefüge
– Nachhaltigkeit durch flexible markt- und nutzungsgerechte Konzeptionen
– Realisierbarkeit durch Kenntnis der lokalen und regionalen Spezifika in der Genehmigungs-fähigkeit und Akzeptanz bei den zuständigen Genehmigungsbehörden
– Referenzen
– Projektideen

(2) Daraus ergeben sich folgende Kriterien zur Beachtung bei der Architektenauswahl:
– Finanzielle und wirtschaftliche Leistungsfähigkeit
– Bürostruktur
– Kapazitäten
– Honorar

Je nach Aufgabenschwerpunkt definieren sich die Prioritäten der Auswahlkriterien. Daher sollte sich der Bauherr die oben genannte Freiheit in Abhängigkeit der Planungsaufgabe und der Projektstruktur durch Auswahlkriterien nicht einschränken, sofern nicht andere zwingende Gründe, auf die im weiteren Verlauf noch näher eingegangen wird, dagegen sprechen.

An dieser Stelle setzt die Aufgabe des Projektmanagements ein, den Bauherrn in der richtigen Auswahl durch Festlegung und Bewertung der projektrelevanten Auswahlkriterien zu unterstützen.

Die Architektenleistung ist in der HOAI § 15 definiert. Es bietet sich eine stufenweise Beauftragung der Architektenleistung an und hat sich mittlerweile als Standard etabliert. Die abzurufenden Stufen könne dabei sowohl aus einzelnen Leistungsphasen als auch aus Phasengruppen, z.B. Grundlagenermittlung bis Genehmigungsplanung, bestehen.

Ob die Architektenleistung im klassischen Sinne als Einzelbeauftragung oder im Rahmen eines Generalplaner- oder Generalübernehmerauftrages erfolgt, ist von der Projektstruktur und der Ziele des Bauherrn abhängig. Eine personen- bzw. bürobezogene Trennung der Stufen ist abhängig von der Größe und Komplexität der Projektaufgabe sinnvoll. Eine Trennung ab oder bis Leistungsphase 5 oder 7 sind praxisgerechte Schnittstellen, die einer kompetenten Projektabwicklung zutragen.

5.3.2 Durchführung von Wettbewerben

Abhängig vom vorhandenen Baurecht (Bebauungsplan, Flächennutzungsplan, § 34 BauGB) ist zur Baurechtschaffung und -erhöhung ein Wettbewerb sinnvoll bzw. notwendig. Bei städtebaulich prägnanten Bauplätzen wird in der Regel zur Baurechtsdefinition im Rahmen eines Bebauungsplanverfahrens oder VEP-Verfahrens (Vorhabenbezogener Erschließungsplan) von Seiten der Stadtplanung zur öffentlichen Rechtfertigung der Genehmigungsfähigkeit die Auflage zur Durchführung eines Wettbewerbes ausgesprochen.

Nicht zuletzt werden im Rahmen eines Wettbewerbs vergleichbare Ideenfindungen und Konzeptansätze auf Basis der gleichen Aufgabenstellung vorgestellt, so dass dem Grunde nach das optimale Wettbewerbsergebnis für das Projekt bzw. den Bauplatz gefunden werden kann. Die Erarbeitung der Aufgabenstellung und Definition der Projektbedürfnisse beispielsweise anhand eines Raum- und Funktionsprogramms obliegt dem Bauherrn, wobei an dieser Stelle das Projektmanagement unterstützend ansetzt.

Zur Durchführung von Wettbewerben sind Grundsätze und Richtlinien zur Durchführung von Wettbewerben (GRW 95) erarbeitet worden. Diese besitzen für den privaten Vorhabenträger in der Regel keine bindende Wirkung, die darin beschriebenen Varianten sollen jedoch zum besseren Verständnis im folgenden kurz vorgestellt werden, wobei nach dem Ziel des Wettbewerbes unterschieden wird (vgl. GRW 95, 2.1):
– Ideenwettbewerbe
– Realisierungswettbewerbe

„In Ideenwettbewerben wird eine Vielfalt von Ideen für die Lösung einer Aufgabe angestrebt, ohne dass eine Absicht zur Realisierung der Aufgabe besteht."(vgl. GRW 95, 2.1.1). Besteht jedoch ansonsten die Eigenschaft eines Realisierungswettbewerbes, genügt der nicht in Aussicht gestellte Wille zur Realisierung nicht, das Verfahren als Ideenwettbewerb durchzuführen. Ein Ideenwettbewerb kann vielmehr der Vorbereitung eines Realisierungswettbewerbes dienen oder der Ermittlung von Teilnehmern für einen beschränkten Wettbewerb zutragen.

„Realisierungswettbewerbe sollen auf Grundlage eines fest umrissenen Programms und bestimmter Leistungsanforderungen die planerischen Möglichkeiten für die Realisierung eines Projektes aufzeigen"(vgl. GRW 95, 2.1.2). Dabei ist Grundvoraussetzung ein genau definiertes Planungsprogramm sowie die Zusicherung nach GRW 95, 7.1 einer weiteren Beauftragung eines oder mehrerer Preisträger.

Die Lösung einer Wettbewerbsaufgabe kann dabei in mehreren Stufen erfolgen. Diese können zum einen eine Konkretisierung der Aufgabenstellung bzw. Wettbewerbzieles haben (vgl. Kooperatives Verfahren GRW 95) oder auch die vertiefende Bearbeitung eines sich verkleinernden konzentrierten Teilnehmerkreises zum Ziel haben.

Die GRW 95 unterscheidet weiterhin folgende Wettbewerbsarten:
– Offene Wettbewerbe
– Beschränkte Wettbewerbe
  - Begrenzt offene Wettbewerbe
  - Einladungswettbewerbe
  - Kooperative Verfahren
– Vereinfachte Verfahren

Offene Wettbewerbe unterliegen keiner Teilnehmerbeschränkung, sofern die Teilnehmer die fachlichen und persönlichen Anforderungen erfüllen.

Beschränkte Wettbewerbe können als „begrenzt offene Wettbewerbe", „Einladungswettbewerbe" oder auch „kooperative Verfahren" ausgelobt werden. Begrenzt offene Wettbewerbe sollen zur Projekt angepassten Verringerung des Wettbewerbaufwandes dienen. Die Teilnehmerzahl kann aus dem Kreis der Bewerber unter notarieller Aufsicht durch Los auf mindestens 25 reduziert werden. Einladungswettbewerbe bedingen aufgrund der erforderlichen großen Bearbeitungstiefe oder besonderer Fachkenntnisse einer kleineren Teilnehmerzahl. Diese darf bei Einladungswettbewerben nicht unter drei liegen und soll sieben nicht überschreiten. Kooperative Verfahren haben den offenen Meinungsaustausch zwischen den Teilnehmern und den Beteiligten im Rahmen von Kolloquien zur möglichen Weiterentwicklung des Wettbewerbsprogramms zum Ziel.

Vereinfachte Verfahren dienen zur grundsätzlichen Abklärung einer Aufgabe, Ermittlung von Planungsgrundlagen oder von Lösungsansätzen für die weitere Bearbeitung und erfordern daher keine große Bearbeitungstiefe. Somit kann der Verwaltungsaufwand reduziert und das Verfahren verkürzt werden, sofern sich die Aufgabenstellung auf wenige, wesentliche Merkmale beschränkt, die Wettbewerbsleistung sich auf einfache skizzenhafte Darstellungen beschränkt und das Preisgericht mit nicht mehr als fünf Preisrichtern besetzt ist.

Grundsätzlich gilt für ein Wettbewerbsverfahren nach GRW 95 die öffentliche Ankündigung des jeweiligen Verfahrens sowie der Grundsatz der Chancengleichheit und soweit nicht einstimmig außer Kraft gesetzt die Aufrechterhaltung der Anonymität für die gesamte Verfahrensdauer. Die Preisgelder richten sich dem Grunde nach der vergleichbar zu erbringenden Planungsleistung nach HOAI mit einem degressiven Faktor abhängig von der Höhe des Honorarvolumens versehen (vgl. GRW 95, 4.1 Abs. 2).

Die Wettbewerbsbeteiligten setzen sich aus Auslober, Preisrichtern, Sachverständigen und Vorprüfern zusammen. Diese sowie der Aufwand für die Räumlichkeiten sind in der Aufwandskalkulation zur Durchführung eines Wettbewerbes nach GRW 95 zu berücksichtigen. Dabei ist erkennbar, dass der Einfluss des Bauherrn auf die Entscheidung der Jury aufgrund der Stimmenverhältnisse keinen mehrheitlichen Einfluss besitzt. Der Bauherr ist demnach bei der Auflage zur Durchführung eines Wettbewerbes auf die Entscheidung der Jury bindend angewiesen. Dabei besteht die Gefahr, dass einzelne Interessen des Bauherrn, sofern sie nicht als Bestandteil der Auslobung definiert waren, durch die Juryentscheidung nicht berücksichtigt werden. Dennoch ist der Bauherr dann in Verbindung mit dem Urheberrecht an den Architekten zur Durchführung zumindest in den Planungsphasen des Projektes gebunden.

Als Variante zwischen Direktbeauftragung und Wettbewerb besteht die Möglichkeit ein Gutachterverfahren durchzuführen. Dabei wird vergleichbar mit dem Einladungswettbewerb eine beschränkte Anzahl von Teilnehmer zur Begutachtung der Machbarkeit zur städtebaulichen Eingliederung eines Projektes untersucht. Die Anforderungen bzw. Zusammensetzung der Jury ist dabei frei definierbar, obgleich die Bereitschaft zur Teilnahme von renommierten Büros auch abhängig ist von der Qualität der Jury-Zusammensetzung.

Die Honorierung hat hierbei für alle Teilnehmer nach der vergleichbaren Planungsleistung gemäß HOAI zu erfolgen. Die Möglichkeit diese Leistung als Akquisitionsaufwand nur anteilig zu entlohnen wird von der Rechtsprechung kontrovers diskutiert. Architekten können von der Architektenkammer für die Unterlaufung der HOAI oder der Regularien des Wettbewerbswesens gemaßregelt werden. Daher ist die Akzeptanz von renommierten Architekten in Bezug auf „wilde Verfahren" (Verfahren, die Regularien nur in Anlehnung befolgen) eher gering.

Grundsätzlich gilt jedoch für alle Formen der Wettbewerbe oder Gutachterverfahren eine gründliche vorherige Abstimmung über die Inhalte und die Rahmenbedingungen des Verfahrens mit den entsprechenden Gremien wie die Architektenkammer oder auch dem Stadtplanungsamt zu führen. Eine Absicherung zu dieser Seite ist für den Bauherrn in Hinblick auf eventuelle Honorar- bzw. Preisgeldstreitigkeiten und der öffentlichen Akzeptanz zwingend notwendig.

5.4 Vorgaben und Aufgabenstellung an die Planer

Die Vorgaben und Aufgabenstellungen an die Planer ergeben sich aus den spezifischen Randbedingungen des Projektes. Diese sind im Zuge der Projektentwicklung und Projektdefinition zu ermitteln und zu quantifizieren.

Aus einem spezifischen Nutzungskonzept oder aus alternativen Nutzungskonzepten wird im Rahmen der Projektentwicklung ein Raum- und Funktionsprogramm entwickelt. Parallel hierzu erfolgt unter Berücksichtigung von Vermarktungsgesichtspunkten die Abstimmung und Festlegung der Qualitätsstandards für den baulichen und gebäudetechnischen Teil.

Die Umsetzung des Raum- und Funktionsprogramms in ein Flächenmodell – Aufschlüsselung nach Hauptnutz-, Nebennutzflächen, Funktions- und Verkehrsflächen – ist die Grundlage für ein erstes dreidimensionales Gebäudemodell. Sämtliche dieser Modellbildungen werden unter wirtschaftlichen Aspekten durchgeführt, d.h., unter Berücksichtigung einer maximalen Flächenwirtschaftlichkeit und der festgelegten Qualitätsstandards.

Idealerweise wird auf Grundlage des wirtschaftlich entwickelten Gebäudemodells eine interdisziplinäre Systemplanung für die gebäudetechnischen und bauphysikalischen Systeme unabhängig durchgeführt (vgl. Kap. III/6.3). Die Ergebnisse hieraus stellen zusammen mit den Qualitätsfestlegungen und dem Gebäudemodell – inkl. Raum- und Funktionsprogramm – die verbindlichen Vorgaben als „Wirtschaftliche Planungsvorgaben" für die Planungsbeteiligten dar. Wie aus dieser Vorgehensweise zu ersehen ist, setzt dies auf der Bauherrenseite ein kompetentes, erfahrenes und unabhängiges Fachteam unter Federführung des Entwicklungs- bzw. Projektmanagements voraus.

Die Planer werden üblicherweise mit den Grundleistungen der Leistungsbilder nach HOAI beauftragt. Sie setzen die Programm- und Standardvorgaben des Bauherrn bzw. Projektmanagements, wie sie in den umfassenden „Wirtschaftlichen Planungsvorgaben" definiert sind, entsprechend ihren beauftragten Leistungsbildern stufenweise in Planungen und Leistungsbeschreibungen für die Ausführung um.

Folgende wesentlichen Planungsergebnisse müssen in den ersten Planungsphasen für die maßgebenden Planer qualifiziert und abgestimmt erwartet werden und sind vom Projektmanagement bzw. vom Technisch-Wirtschaftlichen Controlling (vgl. Kap. 7.3) zu prüfen:

Abb. 5.5: Vom Raumprogramm zum Kostenrahmen

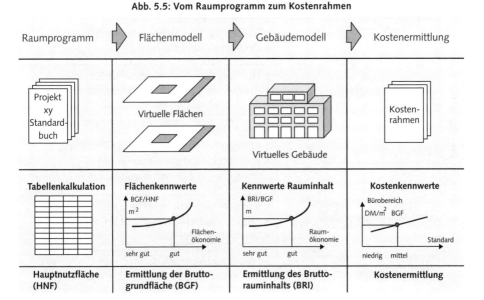

Architekt
- Grundrisse, Schnitte, Ansichten mit Vermaßung
- Erläuterungsberichte zur Planung
- Flächen- und Kubaturberechnung nach DIN 277
- Kostenermittlungen nach DIN 276

Tragwerksplaner
- (Vor-)Statik mit Berücksichtigung der Bodenverhältnisse, Grundwasserstände, Erschütterungen, Erdbebenzone, Brandschutz, etc.
- Dimensionen der tragenden Teile (Verbau und Gründung, Wand und Stütze, Decke)
- Erläuterungsberichte mit Angaben zur Bewehrung
- Angaben zu Kostenermittlungen

TGA-Fachplaner
- (Überschlägige) Lastermittlungen, Bemessung und Dimensionierungen
- Strangschematas, Möblierung der Technikzentralen
- Schachtbelegungspläne, Horizontaltrassen
- Erläuterungsberichte zur Planung
- Angaben zu Kostenermittlungen

5.5 Stufen und Ablauf des Entwicklungs- und Planungsprozesses

5.5.1 Projektentwicklung

Entsprechend der Abbildung 5.6 sind die Phasen nacheinander geschaltet dargestellt, werden jedoch im praktischen Umgang teilweise in ihrem Ablauf überlappen.

Entwicklungen werden teilweise in einem unterschiedlichen Grad des Projektfortschrittes und der Planung vom jeweiligen Entwickler angestoßen oder das Engagement erfolgt durch Partnerschaft bzw. Beteiligung in einem bereits laufenden Projekt. In diesen Fällen wird man

Abb. 5.6: Ablauf Projektentwicklung

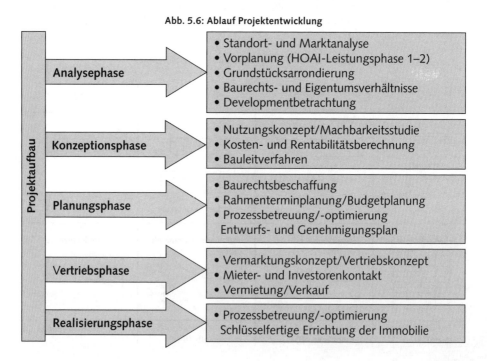

nicht zwangsläufig immer die Möglichkeit haben, alle Phasen mit gleicher Intensität zu durchlaufen. Es sollte jedoch, und zwar unabhängig zu welchem Zeitpunkt die Beauftragung erfolgt, eine saubere Grundlagen- und Zieldefinition erfolgen.

Darüber hinaus ist es ratsam, nach Ablauf bestimmter Leistungsbausteine Entscheidungsmeilensteine einzuziehen und diese mit entsprechenden Soll-Bruchstellen zu versehen. Diese sind notwendig, um auf veränderte Markttendenzen oder Rahmenbedingungen des Projektes, notfalls mit einem Abbruch des Engagements, reagieren zu können.

5.5.2 Projektplanung

Der Prozess der konkreten Projektplanung richtet sich heute überwiegend noch nach den definierten Planungsstufen bzw. „Leistungsphasen" (Lph.), wie sie in der HOAI für die wesentlichen Planungsdisziplinen beschrieben sind:
– Lph. 1 Grundlagenermittlung (Teilleistungen ggf. aus Projektentwicklung)
– Lph. 2 Vorplanung
– Lph. 3 Entwurfsplanung
– Lph. 4 Genehmigungsplanung
– Lph. 5 Ausführungsplanung
– Lph. 6 Vorbereitung der Vergabe
– Lph. 7 Mitwirkung bei der Vergabe
– Lph. 8 Objektüberwachung
– Lph. 9 Objektbetreuung und Dokumentation

Neuere Ansätze einer integrierten Planung, bei der insbesondere die verschiedenen Planungsdisziplinen enger und vor allem auch Leistungsphasen-übergereifend (Vorziehung einzelner Teilleistungen späterer Leistungsphasen) zusammenarbeiten, werden heute teilweise bei nichtöffentlichen und Investorenprojekten erfolgreich praktiziert. Voraussetzung hierzu ist neben einem wirklich funktionierenden und harmonierenden Planerteam allerdings auch die Bereitschaft zu innovativen und von den Vorgaben der HOAI abweichenden Planungsabläufen.

Im weiteren soll jedoch auf die üblichen Planungsabläufe eingegangen werden, wie sie durch die Leistungsphasen der HOAI definiert sind. Die nachfolgenden Ausführungen umfassen die eigentlichen Planungen, also die Leistungsphasen 2 bis 5 HOAI. Die Aufgaben der Planer in der Leistungsphasen 6 bis 9 werden in Kapitel 7 beschrieben.

5.5.2.1 Vorplanung

Die Vorplanung hat die Überlegungen aus der Projektentwicklung und der Grundlagenermittlung in konkrete Planungskonzepte um zusetzen. Hierbei sind funktionale Zusammenhänge zu vertiefen, die eigentliche Gebäudeform, -geometrie und -gestaltung festzulegen sowie gebäudetechnischen und konstruktiven Systeme zu ermitteln.

Zusammen mit den projektspezifisch zu beauftragenden Fachplanern wird durch den federführenden Architekten die Planung üblicherweise im Maßstab 1 : 200 koordiniert und erstellt. In der Abbildung 5.7 ist ein Beispiel für einen möglichen Regelablauf der Vorplanung dargestellt.

Ganz wesentlich ist es, dass insbesondere während dieser ersten Planungsphase alternative Konzepte untersucht und bewertet werden. Bei Entscheidungen über Alternativ- oder Variantenkonzepte sind Kosten- und Wirtschaftlichkeitsuntersuchungen ganz wesentliche Kriterien. Von den Planern sind hierzu Kostenschätzungen durchzuführen, die vom Projektmanagement geprüft werden und die auch Grundlage für die Freigabe der Vorplanung durch den Bauherrn sind.

Das Projektmanagement sorgt vor Abschluss der Vorplanung dafür, dass die Planungsunterlagen und Ergebnisse der Planungsbeteiligten transparent zusammengefasst werden und auf dieser Basis die Freigabe – ggf. mit Optimierungsvermerken für die nächste Phase – erfolgen kann. Zur Absicherung des Projektes und der Genehmigungsfähigkeit kann es zu diesem Zeitpunkt sinnvoll sein, mit den Vorplanungsergebnissen eine Bauvoranfrage den Genehmigungsbehörden vorzulegen.

Abb. 5.7: Beispiel Regelablauf Vorplanung

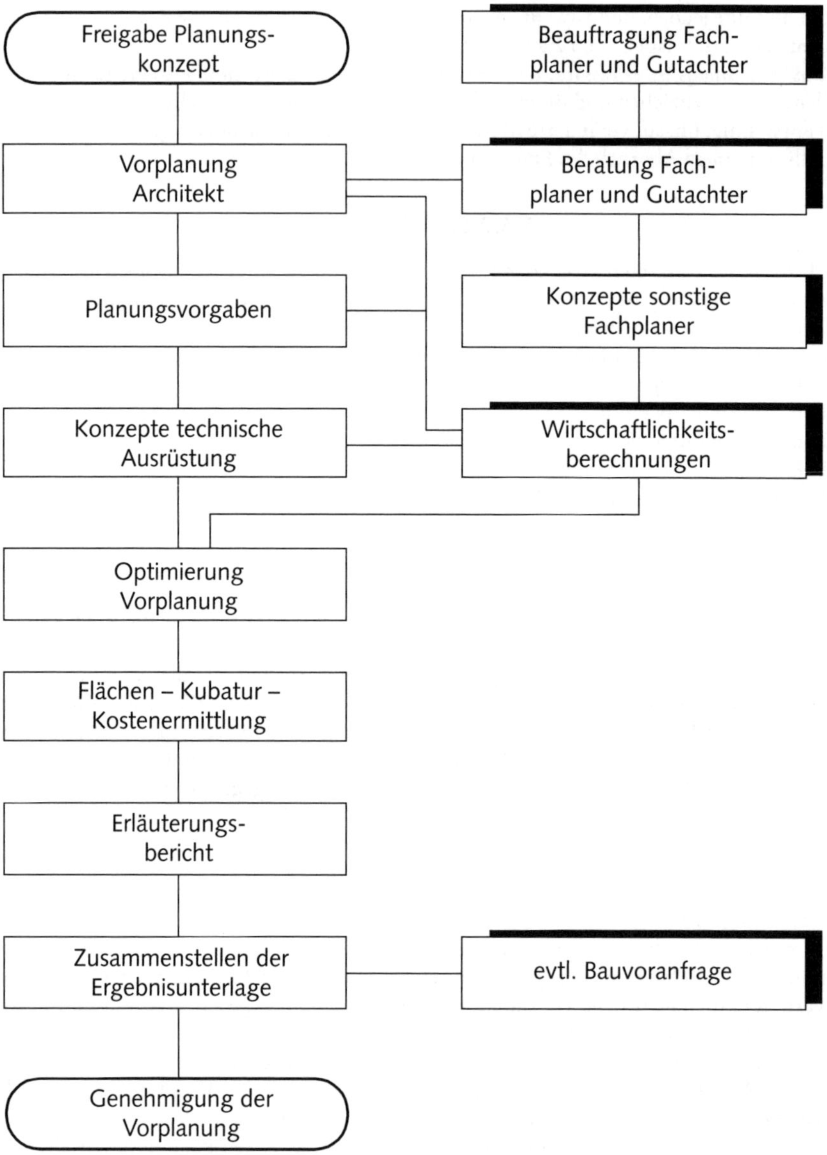

```
┌─────────────────────┐         ┌─────────────────────┐
│  Freigabe Planungs- │         │  Beauftragung Fach- │
│      konzept        │         │ planer und Gutachter│
└─────────────────────┘         └─────────────────────┘

┌─────────────────────┐         ┌─────────────────────┐
│     Vorplanung      │         │   Beratung Fach-    │
│     Architekt       │─────────│ planer und Gutachter│
└─────────────────────┘         └─────────────────────┘

┌─────────────────────┐         ┌─────────────────────┐
│  Planungsvorgaben   │─────────│   Konzepte sonstige │
│                     │         │      Fachplaner     │
└─────────────────────┘         └─────────────────────┘

┌─────────────────────┐         ┌─────────────────────┐
│ Konzepte technische │─────────│ Wirtschaftlichkeits-│
│     Ausrüstung      │         │     berechnungen    │
└─────────────────────┘         └─────────────────────┘

┌─────────────────────┐
│    Optimierung      │
│     Vorplanung      │
└─────────────────────┘

┌─────────────────────┐
│  Flächen – Kubatur –│
│   Kostenermittlung  │
└─────────────────────┘

┌─────────────────────┐
│   Erläuterungs-     │
│      bericht        │
└─────────────────────┘

┌─────────────────────┐         ┌─────────────────────┐
│ Zusammenstellen der │─────────│  evtl. Bauvoranfrage│
│  Ergebnisunterlage  │         │                     │
└─────────────────────┘         └─────────────────────┘

┌─────────────────────┐
│   Genehmigung der   │
│     Vorplanung      │
└─────────────────────┘
```

5.5.2.2 Entwurfs- und Genehmigungsplanung

In der Entwurfsplanung ist die Vorplanung weiter zu konkretisieren und zu detaillieren. Der Regelmaßstab für die Entwurfsplanung beträgt 1:100. Zusätzlich werden die Konstruktionsdetails als Prinzipdetails entwickelt und von den Fachplanern die technischen Konzepte konkretisiert und in den Entwurf integriert.

Auf dieser Grundlage wird über eine Planungskontrolle die Umsetzung der in früheren Phasen vereinbarten Projektinhalte und durch Kosten- und Wirtschaftlichkeitsberechnungen die Einhaltung des Budgetrahmens überprüft.

Im Anschluss daran werden im Rahmen der Genehmigungsplanung aus den Ergebnissen der Entwurfsplanung die erforderlichen Vorlagen für öffentlich-rechtlichen Genehmigungs-

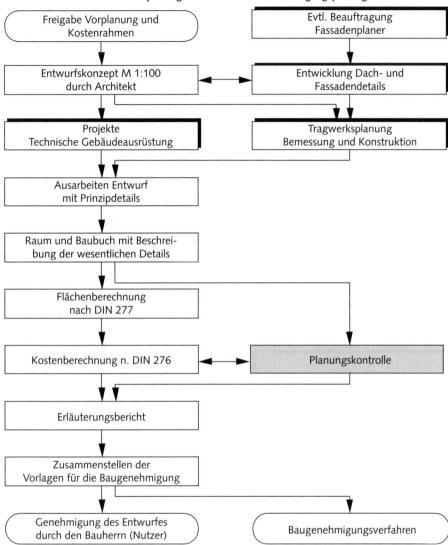

Abb. 5.8: Beispiel Regelablauf Entwurfs-/Genehmigungsplanung

verfahren zusammengestellt bzw. erarbeitet. Mögliche Vervollständigungen oder Anpassungen der Genehmigungsvorlagen können reduziert oder vermieden werden, wenn frühzeitig Abstimmungen mit den zuständigen Behörden über mögliche kritische Punkte durchgeführt werden. Es empfiehlt sich hier, bereits während des laufenden Planungsprozesses (Vor- und Entwurfsplanung) die betreffenden Genehmigungsstellen zu informieren und mit ihnen zu diskutieren. Darüber hinaus lässt sich über ein gezieltes Genehmigungsmanagement, das durch das Projektmanagement zusammen mit den Planungsbeteiligten vor und während des Genehmigungsprozesses erfolgt, die Genehmigungsdauer positiv beeinflussen. Wichtig hierbei ist eine kontinuierliche Kommunikation mit den entsprechenden Beteiligten auf Planer- und Behördenseite.

Der Phasenablauf der HOAI sieht vor, dass erst nach Abschluss bzw. auf Basis der Ausführungsplanung die Ausschreibungsunterlagen erstellt werden. In der Praxis ist es jedoch heute

Abb. 5.9: Beispiel Regelablauf Ausführungsplanung Rohbau

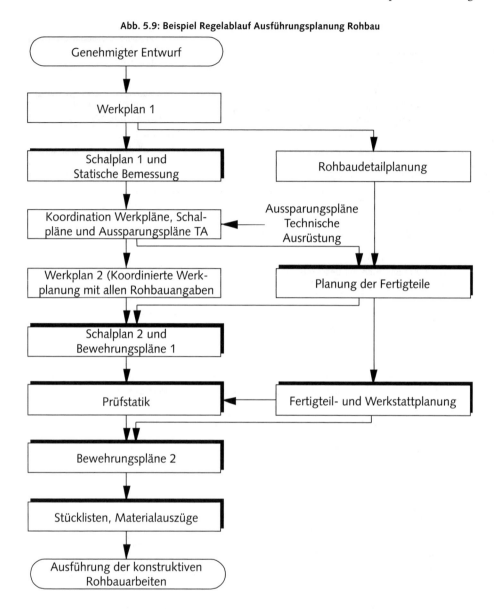

oft üblich, aufgrund einer engen Terminsituation die Leistungsbeschreibungen bereits mit den Ergebnissen der Entwurfsplanung zu erstellen. Da in der Entwurfsplanung i.d.R. aber noch Unsicherheiten bezüglich einzelner Detaildefinitionen vorhanden sind und somit diese Unsicherheiten sich auch in den Ausschreibungen und Vergaben wiederspiegeln würden, werden in diesen Fällen meist Teilleistungen aus der Ausführungsplanung – z.B. Erstellung von Regel- oder Leitdetails – zeitlich vorgezogen.

5.5.2.3 Ausführungsplanung

In der Ausführungsplanung erfolgt eine weitere und abschließende Detaillierung der vorangegangenen Planungsschritte. Sie dient als detaillierte Arbeitsgrundlage der Bauausführung und wird deswegen je nach Erfordernis im Maßstab 1:50 bis 1:1 erstellt. Aus terminlichen

Abb. 5.10: Beispiel Regelablauf Ausführungsplanung TGA

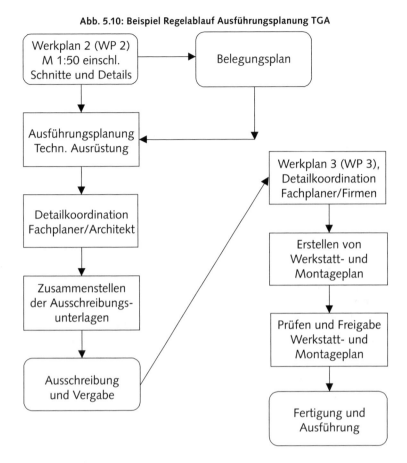

Gründen wird i.d.R. sofort nach Abschluss und Freigabe der Entwurfsplanung mit der Ausführungsplanung begonnen und nicht erst die Baugenehmigung abgewartet. Umso wichtiger ist auch deswegen eine frühzeitige Absicherung der Genehmigungsfähigkeit.

Die Ausführungsplanung ist für alle bauausführenden Gewerke durch die entsprechenden Fachplaner zu erbringen. Im wesentlichen können Ausführungsplanungen für

– Rohbau
– Technische Gebäudeausrüstung
– Ausbau

unterschieden werden.

Bei der Ausführungsplanung Rohbau sind sowohl der Architekt als auch die meisten Fachplaner – und z.T. auch die ausführenden Unternehmen – beteiligt. Der Architekt erstellt einen ersten Werkplan als „Rohling", der Grundlage für die Ausführungsplanung der Fachplaner, insbesondere Tragwerksplaner und TGA-Planer, ist. Die weitere Ausführungsplanung Rohbau wird dann stufenweise durch die koordinierte Einarbeitung der Fachplanerergebnisse vervollständigt.

Sie besteht letztlich aus den Werkplänen des Architekten und den Schal- und Bewehrungsplänen des Tragwerksplaners. Besondere Bedeutung besteht hierbei in der detaillierten inhaltlichen Koordination der Planungsbeteiligten, um zu vermeiden, dass widersprüchliche Ausführungspläne an die ausführenden Unternehmen übergeben werden. Diese Planungskoordination obliegt dem federführenden Objektplaner, dem Architekten. Das Projektmanagement sollte hierbei

Abb. 4.11: Beispiel Regelablauf Ausführungsplanung Ausbau

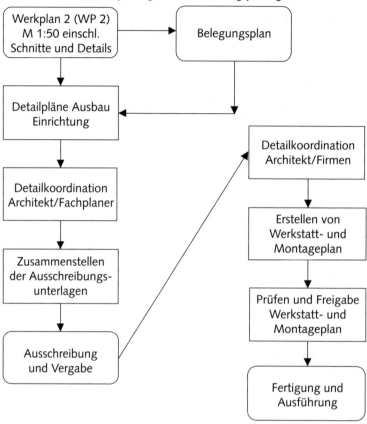

die Aufgabe übernahmen, stichprobenartig und schwerpunktmäßig die Übereinstimmung der verschiedenen Fachplanerleistungen zu prüfen.

Die Ausführungsplanung der Technischen Gebäudeausrüstung (TGA) wird entweder vom Fachplaner oder vom ausführenden Unternehmen erstellt. Zusätzlich zur Ausführungsplanung werden für die gebäudetechnischen Gewerke Werkstatt- und Montagepläne durch die ausführenden Unternehmen erstellt. Darin sind alle Angaben zur werkseitigen Herstellung und bauseitigen Montage enthalten. Obwohl die Umsetzung der Ausführungspläne in Werkstatt- und Montagepläne im Verantwortungsbereich der ausführenden Firmen liegt, ist es zur Qualitätssicherung und um Probleme zu vermeiden erforderlich, die Übereinstimmung dieser Pläne mit den Vorgaben aus der bauherrenseitigen Planung zu kontrollieren. Diese Leistungen stellen allerdings keine Grundleistungen des TGA-Fachplaners dar, sondern sind separat als Besondere Leistungen zu beauftragen.

Auf Grundlage des freigegebenen Werkplanes für die Rohbauarbeiten werden für die Ausführungsplanung Ausbau alle Aussagen für die Ausbaugewerke ergänzt. Hierbei handelt es sich um Fußboden- und Wandaufbauten, Deckenbekleidungen, Tür- und Fensterbeschreibungen sowie Dach- und Fassadenaufbauten. Wie auch bei der Technischen Gebäudeausrüstung werden für einzelne Gewerke durch die ausführenden Unternehmen Werkstatt- und Montagezeichnungen angefertigt, die durch den Architekten geprüft und freigegeben werden.

Sofern die komplette Ausführungsplanung durch die beteiligten Architekten und Fachplaner erstellt wird, überschneidet sich der Zeitraum bis zur Fertigstellung der kompletten Ausführungsplanung teilweise sehr stark mit der Baudurchführungsphase. Die ausführungsreife Ausführungsplanung erfordert allerdings einen ausreichenden zeitlichen Vorlauf vor der eigentlichen Realisierung innerhalb der einzelnen Gewerke für deren Arbeitsvorbereitung sowie Werkstatt- und Montageplanungen. Die hierfür erforderliche Planungskoordination obliegt zwar wiederum dem federführenden Architekten, jedoch ist dazu eine entsprechend detaillierte Ablauf- und Terminplanung als Koordinationsbasis erforderlich. Die sogenannten Steuerungsterminpläne für die Planung und Planungskoordination werden durch das Projektmanagement erstellt, das auch im Rahmen des Terminmanagements (vgl. Kap. 7.4) übergeordnet die Planungsabläufe überwacht und steuert.

6. Wege der Baurechtschaffung –
Öffentliches Planungs- und Baurecht

6.1 Baugesetzbuch

6.1.1 Überblick über den Regelungsinhalt des BauGB

Das öffentlich-rechtliche Baurecht umfasst die Summe der Rechtsregeln, die sich auf die Zulässigkeit, Grenzen, Ordnung und Förderung der Errichtung baulicher Anlagen sowie auf deren bestimmungsgemäße Nutzung beziehen. Herkömmlicherweise werden im Baurecht drei Teilbereiche unterschieden: das Städtebaurecht, das Bauordnungsrecht und das Baunebenrecht (alle sonstigen baurechtsrechtsrelevanten Vorschriften).

Das Städtebaurecht ist eine bundesrechtliche Rechtsmaterie und im Baugesetzbuch (BauGB) geregelt; für sie wird vielfach auch der Begriff „Bauplanungsrecht" verwendet. Es teilt sich in das allgemeine und in das besondere Städtebaurecht.

Zum allgemeinen Städtebaurecht (§§ 1–135 c BauGB) gehören dabei Regelungen über die Bauleitplanung mit Flächennutzungsplan und Bebauungsplan sowie deren Sicherung durch Veränderungssperre, Zurückstellung von Baugesuchen, vorläufige Bauverbote, Teilungsgenehmigung und gemeindliche Vorkaufsrechte. Es umfasst zudem Vorschriften über die planungsrechtliche Zulässigkeit baulicher Vorhaben, die Entschädigung für Eingriffe durch Bebauungsplan, die städtebauliche Umlegung und Grenzregelung, die Enteignung zu städtebaulichen Zwecken, die Entschließung sowie Maßnahmen für den Naturschutz.

In seinem zweiten Kapitel, dem besonderen Städtebaurecht (§§ 136–191 BauGB), regelt das BauGB zunächst die städtebauliche Sanierung in §§ 136 ff.; insbesondere wird das Recht der vorbereitenden Untersuchung und förmlichen Festlegung des Sanierungsgebietes und sodann das Recht der Durchführung der Sanierung bestimmt. Das Gesetz enthält ferner das Recht der städtebaulichen Entwicklungsmaßnahmen in §§ 165 ff. BauGB.

6.1.2 Planungsrechtliche Zulässigkeit von Vorhaben

Von besonderer praktischer Bedeutung sind die Regelungen im allgemeinen Städtebaurecht über die Zulässigkeit von Vorhaben nach §§ 29–38 BauGB. Hierbei geht es um die Frage, ob die von einem Grundstückseigentümer angestrebte Nutzung im Rahmen eines Baugenehmigungsverfahrens zulässig und damit genehmigungsfähig ist.

6.1.2.1 Vorhaben gem. § 29 BauGB

Nach § 29 Abs. 1 BauGB gelten die §§ 30 bis 37 BauGB jedoch nur für Vorhaben, welche die Errichtung, Änderung oder Nutzungsänderung von baulichen Anlagen zum Inhalt haben.

Unter dem *Errichten* einer baulichen Anlage versteht man die Herstellung einer baulichen Anlage. Die *Änderung* einer baulichen Anlage ist die äußere oder innere Umgestaltung, ebenso ein Erneuern von Teilen der baulichen Anlage. Von einer *Nutzungsänderung* einer baulichen Anlage wird dann ausgegangen, wenn die Benutzung der baulichen Anlage geändert wird ohne Änderung der Bausubstanz. Eine reine Nutzungsänderung ohne einen Eingriff in die Bausubstanz liegt z.B. vor bei der Änderung einer Wohnung in ein Gewerbe, der Änderung eines Großhandels in einen Einzelhandel oder der Änderung einer Gaststätte in eine Diskothek.

Zudem muss es sich gem. § 29 BauGB um eine *bauliche Anlage* handeln. Das BauGB definiert diesen Begriff durch zwei Elemente; zum einen durch einen verhältnismäßig weiten Begriff des Bauens und zum anderen durch ein einschränkendes Merkmal der möglichen bodenrechtlichen Relevanz. Dies setzt voraus, dass das Vorhaben auch tatsächlich Gegenstand bauplanerischer

Festsetzung nach § 9 Abs. 1 BauGB sein kann. Im folgenden einige untypische Fälle von baulichen Anlagen:
- Wohn- und Campingwagen;
- Toiletten, Brunnenanlagen;
- Hausboote;
- freistehende Warenautomaten und Werbeanlagen;
- Funkantennen.

6.1.2.2 Planungsrechtliche Zulässigkeit

Für den bauwilligen Investor stellt sich die Frage, ob für das von ihm geplante Vorhaben i.S.d. § 29 BauGB bereits „Baurecht" besteht. Hierzu wird er sich zunächst bei der Kommune danach erkundigen, ob und wenn ja mit welchem Inhalt ein Bebauungsplan besteht oder ob sich ein solcher Bebauungsplan im Aufstellungsverfahren befindet.

Besteht ein qualifizierter, Vorhaben-bezogener oder einfacher Bebauungsplan oder hat ein im Aufstellungsverfahren befindlicher Bebauungsplan Planreife (§ 33 BauGB) erreicht, so bestimmt sich die Zulässigkeit des Vorhabens i.S.d. § 29 BauGB nach diesen Festsetzungen. Liegt kein Bebauungsplan vor, bestimmt sich die baurechtliche Zulässigkeit nach § 34 oder § 35 BauGB, je nachdem, ob das Grundstück innerhalb des im Zusammenhang bebauten Ortsteils (§ 34 BauGB) oder im Außenbereich (§ 35 BauGB) liegt. In diesem Zusammenhang sollten auch die Festsetzungen eines Flächennutzungsplans geprüft werden. Es ergibt sich somit folgende Prüfungsreihenfolge:

Vorhaben im Geltungsbereich eines *qualifizierten* Bebauungsplans (§ 30 Abs. 1 BauGB)

⇓

Vorhaben im Geltungsbereich eines *vorhabenbezogenen* Bebauungsplans (§ 30 Abs. 2 BauGB)

⇓

Vorhaben während der Planaufstellung § 33 BauGB)

⇓

Vorhaben im Geltungsbereich eines *einfachen* Bebauungsplans (§ 30 Abs. 3 BauGB)

⇓

Vorhaben im nichtbeplanten Innenbereich (§ 34 BauGB)

⇓

Vorhaben im Außenbereich (§ 35 BauGB)

Für die verschiedenen Bereiche gilt Folgendes:

6.1.2.3 § 30 Abs. 1 BauGB – Qualifizierter Bebauungsplan

Gem. § 30 Abs. 1 ist im Geltungsbereich eines *qualifizierten* Bebauungsplanes ein Vorhaben zulässig, wenn es den Festsetzungen des Bebauungsplanes nicht widerspricht und die Erschließung gesichert ist. Ein Bebauungsplan wird dann als qualifiziert bezeichnet, wenn er mindestens die Festsetzungen über die *Art* und das *Maß* der baulichen Nutzung, die überbaubaren Grundstücksflächen und die örtlichen Verkehrsflächen enthält.

Die Festsetzung der *Art* der baulichen Nutzung erfolgt dabei durch die Ausweisung eines der Baugebiete die in § 1 II BauNVO abschließend aufgezählt sind. Das *Maß* wird durch die zulässige Grundfläche und Geschossfläche, die Zahl der Vollgeschosse oder die Höhe der baulichen Anlage festgesetzt (§ 16 BauNVO). Die überbaubaren Grundstücksflächen werden mit Hilfe von Baulinien, Baugrenzen oder Bebauungstiefen (§ 23 BauNVO), die örtlichen Verkehrsflächen durch Festsetzung von Straßenverkehrsflächen oder Straßenbegrenzungslinien (§ 9 I BauNVO) festgelegt. Widerspricht ein Vorhaben diesen Festsetzungen nicht, ist es planungsrechtlich zulässig.

Beispiel: Der Eigentümer eines Hauses will im Erdgeschoss eine Spielhalle größeren Umfangs errichten. Im Haus war bereits zuvor ein Kino und danach eine Diskothek untergebracht. Das Grundstück liegt in einem allgemeinen Wohngebiet. Die Gemeinde hat den Antrag auf Nutzungsänderung negativ beschieden; dagegen wehrt sich der Eigentümer des Grundstücks (BVerwG, BauR 1990, 582).

Lösung: Die Klage des Eigentümers ist unbegründet. Die planungsrechtliche Zulässigkeit richtet sich nach §§ 29 ff. BauGB. Die hier vorliegende Änderung der gewerblichen Nutzung stellt eine Nutzungsänderung i.S.d. § 29 BauGB dar. Da vorliegend ein Bebauungsplan existiert, ist im weiteren die Zulässigkeit an § 30 Abs. 1 BauGB zu messen. In Verbindung mit § 4 der BauNVO ist die Errichtung der Spielhalle im allgemeinen Wohngebiet weder als Regel- noch als Ausnahmebebauung möglich. Als Regelbebauung wäre sie nur dann möglich, wenn die Spielfunktion der Spielhalle dem vorrangigen Charakter eines Schank- und Speisebetriebs untergeordnet wäre. Die Zulassung als Ausnahmebebauung (als nicht störender Gewerbebetrieb) wäre dann zulässig, wenn die Spielhalle „kerngebietstypisch" wäre und das Wohnen nicht bemerkbar störte. Im vorliegenden Fall war die Größe der Spielhalle dafür ausschlaggebend, dass die Zulassung als Ausnahmebebauung nicht mehr in Frage kam. Die Spielhalle war von vornherein in der Größe angelegt, dass sie nicht nur den Ortsteil, sondern ein großes Einzugsgebiet bedienen konnte und somit eine Störung der Wohnruhe nicht ausgeschlossen war.

6.1.2.4 § 30 Abs. 2 BauGB – Vorhabenbezogener Bebauungsplan

Die Kommune wird keinen Vorhaben-bezogenen Bebauungsplan von sich aus aufstellen, vielmehr wird der Vorhaben-bezogene Bebauungsplan auf der Grundlage eines Vorhaben- und Erschließungsplanes eines Investors aufgestellt, wenn sich der Investor im Rahmen eines Durchführungsvertrages verpflichtet, fehlende Erschließungsmaßnahmen durchzuführen und das geplante Vorhaben innerhalb einer bestimmten Frist auch zu realisieren.

Im Geltungsbereich eines solchen Vorhaben-bezogenen Bebauungsplans ist ein Vorhaben nach § 30 Abs. 2 BauGB zulässig, wenn es dem Bebauungsplan nicht widerspricht und die Erschließung gesichert ist.

6.1.2.5 § 33 BauGB

§ 33 BauGB regelt die planungsrechtliche Zulässigkeit eines Vorhabens im Vorgriff auf einen künftigen Bebauungsplan. Grundsätzlich richtet sich bis zum Abschluss des Bebauungsplanverfahrens die Zulässigkeit eines Vorhabens unverändert nach §§ 30, 34 oder 35 BauGB. Erst mit Inkrafttreten des neuen Bebauungsplanes wird dieser maßgeblich. Sollen dessen Festsetzungen jedoch bereits vor Abschluss des Bebauungsplanverfahrens angewendet werden, kommt § 33 BauGB zur Anwendung. Danach ist bereits vor Inkrafttreten eines Bebauungsplanes unabhängig von den Voraussetzungen der §§ 34, 35 BauGB oder eines bestehenden Bebauungsplanes ein Vorhaben zulässig, wenn

– die öffentliche Auslegung durchgeführt und die Träger öffentlicher Belange beteiligt worden sind;

– anzunehmen ist, dass das Vorhaben den künftigen Festsetzungen des Bebauungsplanes nicht entgegensteht;

– der Antragsteller diese Festsetzungen für sich und seine Rechtsnachfolger schriftlich anerkennt und

– die Erschließung gesichert ist.

Nach § 33 Abs. 2 BauGB kann bereits unabhängig von einer öffentlichen Auslegung und Beteiligung der Träger öffentlicher Belange im Vorgriff auf den künftigen Bebauungsplan die Baugenehmigung erteilt werden, wenn im Rahmen des Baugenehmigungsverfahrens den betroffenen Bürgern und berührten Trägern öffentlicher Belange Gelegenheit zur Stellungnahme zum beabsichtigten Bauvorhaben gegeben wird bzw. gegeben wurde.

In der Praxis kommt es immer wieder vor, dass Kommunen eine Bebauungsplanverfahren nur bis zum Stadium des § 33 BauGB (Planreife) betreiben und dann auf dieser Grundlage Baugenehmigungen erteilen. Sie umgehen damit die Gefahr eines Normenkontrollverfahrens gegen einen Bebauungsplan. Für einen Investor ergeben sich dadurch aber Rechtsunsicherheiten, insbesondere bei zukünftigen Änderungen des Vorhabens.

6.1.2.6 § 30 Abs. 3 BauGB – Einfacher Bebauungsplan

Enthält ein Bebauungsplan nicht die unter lit. c) beschriebene Mindestfestsetzung des § 30 BauGB, und ist er auch nicht Vorhaben-bezogen (lit. d)), handelt es sich um einen *einfachen Bebauungsplan* i.S.d. § 30 Abs. 3 BauGB. Die Zulässigkeit eines Vorhabens innerhalb dieses Bereiches richtet sich zunächst nach den Festsetzungen des einfachen Bebauungsplanes, soweit diese reichen; im übrigen wird sie nach § 34 oder § 35 BauGB bestimmt, je nachdem, ob das Plangebiet in einem im Zusammenhang bebauten Ortsteil oder im Außenbereich liegt.

6.1.2.7 § 31 BauGB – Ausnahmen und Befreiungen

Nach § 31 Abs. 1 BauGB können Ausnahmen von den Festsetzungen des Bebauungsplanes nach Art und Umfang bereits im Bebauungsplan zugelassen werden, wodurch der Bebauungsplan eine gewisse Flexibilität erreicht. Die Entscheidung über eine Ausnahme liegt im Ermessen der Baugenehmigungsbehörde, wobei sie ausschließlich städtebauliche Überlegungen zugrunde legen muss.

Daneben ermöglicht die in § 31 Abs. 2 BauGB geregelte Befreiung Abweichungen von den Festsetzungen des Bebauungsplanes, wobei die Voraussetzungen einer Befreiung im Gesetz genau umschrieben sind. Die Entscheidung liegt wiederum im Ermessen der Baugenehmigungsbehörde.

6.1.2.8 § 34 BauGB – unbeplanter Innenbereich

Besteht kein oder kein qualifizierter Bebauungsplan, liegt das Baugrundstück aber innerhalb eines im Zusammenhang bebauten Ortsteils, so richtet sich die Zulässigkeit des Vorhabens nach § 34 BauGB. Solch ein Fall ist dann gegeben, wenn das Grundstück, auf dem gebaut werden soll, einen Bebauungszusammenhang mit einem Ortsteil bildet. Die Abgrenzung zum Außenbereich kann dabei oft Schwierigkeiten bereiten.

Unter einem Ortsteil versteht das BVerwG in ständiger Rechtsprechung jeden „Bebauungskomplex im Gebiet einer Gemeinde, der nach der Zahl der vorhandenen Bauten ein gewisses Gewicht besitzt und Ausdruck einer organischen Siedlungsstruktur ist".

Beispiele:
- Nur vier Wohnhäuser besitzen regelmäßig nicht das Gewicht für einen Ortsteil (BVerwG, UPR 1994, 305);
- Bestand von nur sechs Häusern bilden Ortsteil, wenn dies für die jeweilige Gegend typisch ist.
- Ein Kleingartengebiet bildet keinen Ortsteil, jedenfalls wenn die Gebäude nicht für den dauernden Aufenthalt von Menschen bestimmt sind (BVerwG, NJW 1984, 1576).

Gem. § 34 Abs. 1 BauGB ist ein Vorhaben im Innenbereich dann zulässig, wenn es sich nach *Art* und *Maß* in die Eigenart der näheren Umgebung *einfügt*. Entspricht die Eigenart der näheren Umgebung eindeutig einem Gebietstyp der BauNVO, bestimmt sich die Zulässigkeit des Vorhabens in Bezug auf die *Art* der Nutzung gem. § 34 Abs. 2 BauGB nach den in der BauNVO für den das jeweilige Baugebiet geregelten Anforderungen. Nur soweit die nähere Umgebung nicht eindeutig einem Gebietstyp zuordenbar ist, ist sowohl hinsichtlich der Art als auch des Maßes der baulichen Nutzung auf das Kriterium des Einfügens gem. § 34 Abs. 1 BauGB abzustellen.

Beispiel: Der Eigentümer eines Grundstücks auf Sylt beantragt eine Baugenehmigung für ein Wohngebäude mit einer Grundfläche von 70 qm und einer Firsthöhe von 7,5 m. Das Grundstück liegt in einem Bereich, der einheitliche Wohngebäude mit einer Grundfläche von höchstens 50 qm und einer Firsthöhe von 6 m aufweist. In dem durch eine Straße und einen Bahndamm davon getrennten Bereich befindet sich auch größere, andersartig Bebauung. Die Erteilung einer Baugenehmigung wird abgelehnt, der Eigentümer erhebt Klage (BVerwG, BauR 1997, 804).

Lösung: Die Klage des Eigentümers ist unbegründet. Die planungsrechtliche Zulässigkeit des Vorhabens ist gem. § 34 Abs. 1 zu beurteilen. Problematisch ist hier, ob sich das Vorhaben hinsichtlich des Maßes in die nähere Umgebung einfügt. Das BVerwG hat dies hier abgelehnt. Die nähere Umgebung sei hier durch eine einheitliche Bebauung gekennzeichnet. Die hier beabsichtigte Überschreitung des Maßes kann nicht hingenommen werden, da dies zu bodenrechtlich beachtlichen Spannungen führen würde. Es sei zu unterscheiden zwischen der Bebauung diesseits und jenseits der Straße. Die hier vorliegende Andersartigkeit der Bebauung jenseits der Straße kann nicht zu einem Einfügen in die nähere Umgebung diesseits der Straße führen.

6.1.2.9 § 35 BauGB – Außenbereich

Greift weder §§ 30, 33 oder 34 BauGB ein, ist die planungsrechtliche Zulässigkeit nach § 35 BauGB zu beurteilen. Hier besteht in der Regel nur eine Chance auf Realisierung des Vorhabens, wenn dieses nach § 35 Abs. 1 BauGB privilegiert ist. § 35 Abs. 1 BauGB zählt abschließend die Vorhaben auf, die nach Auffassung des Gesetzgebers im Außenbereich zulässig sind.

Außerdem dürfen ihnen öffentliche Belange nicht entgegenstehen und die Erschließung muss gesichert ist. Die Zulässigkeit sonstiger, nicht privilegierter Vorhaben richtet sich nach § 35 Abs. 2 BauGB. Sie können im Einzelfall nur dann genehmigt werden, wenn ihre Ausführung und Benutzung öffentliche Belange nicht beeinträchtigt und die Erschließung gesichert ist. Nichtprivilegierte Vorhaben sollen damit im Außenbereich nur ausnahmsweise genehmigt werden; eine Bebauung möglichst unterbleiben.

Die Praxisrelevanz von Baugenehmigungen im Außenbereich für Projektentwicklungen ist äußerst gering.

6.2 Baurechtschaffung durch Bauleitplanung

Muss nach Prüfung der bauplanungsrechtlichen Zulässigkeitsvoraussetzungen festgestellt werden, dass das Vorhaben nicht zulässig ist, sei es, dass es nicht den Festsetzungen eines Bebauungsplanes entspricht, die Voraussetzungen des § 34 BauGB nicht vorliegen oder das Grundstück im Außenbereich liegt, stellt sich die Frage der Baurechtschaffung. Da die Planungshoheit bei der Kommune liegt, ist dies nur gemeinsam, d.h. im Einvernehmen mit dieser möglich. Baurechtschaffung erfolgt im Rahmen der Bauleitplanung.

6.2.1 Aufgabe der Bauleitplanung

Aufgabe der Bauleitplanung ist es, die bauliche und sonstige Nutzung der Grundstücke in der Gemeinde mit dem Ziel einer geordneten städtebaulichen Entwicklung vorzubereiten und zu leiten (§ 1 BauGB). Sie hat für alle im Planungsgebiet hervortretenden Bodennutzungsbedürfnisse und -interessen aus umfassender Sicht ein funktionsfähiges Gesamtkonzept zu entwickeln und Konkurrenzen und Konflikte unterschiedlicher Nutzung abwägend zum Ausgleich zu bringen. Dabei soll die städtebauliche Entwicklung nicht von Fall zu Fall, sondern planmäßig durch die festgelegten Bauleitpläne vor sich gehen (Grundsatz der Planmäßigkeit).

6.2.2 Planungshoheit und Grenzen

Das Baugesetzbuch weist die Aufgabe der städtebaulichen Planung den Gemeinden als Selbstverwaltungsaufgabe zu (§ 2 Abs. 1 BauGB), denn die Gemeinde besitzt von Verfassung wegen die Planungshoheit für ihr Gemeindegebiet (Art. 28 GG). Nach § 1 Abs. 3 BauGB hat die Gemeinde die Bauleitpläne aufzustellen, sobald und soweit es für städtebauliche Entwicklung und Ordnung erforderlich ist. Dies begründet eine Planungspflicht und zieht der städtebaulichen Planung zugleich Schranken.

6.2.3 Inhaltliche Gestaltung der Bauleitpläne (Ziele)

§ 1 Abs. 5 BauGB formuliert die übergeordneten, allgemeinen Ziele der Bauleitplanung. Danach sollen Bauleitpläne eine nachhaltige städtebauliche Entwicklung und eine dem Wohl der Allgemeinheit entsprechende sozialgerechte Bodennutzung gewährleisten und dazu beitragen, eine menschenwürdige Umwelt zu sichern und die natürlichen Lebensgrundlagen zu schützen und zu entwickeln. Diese allgemeinen Planungsziele werden sodann durch den in § 1 Abs. 5 Satz 2 BauGB enthaltenen Katalog von 10 Leitlinien der Bauleitplanung spezifiziert. Sowohl die Oberziele des § 1 Abs. 5 Satz 1 BauGB als auch die Konkretisierung in § 1 Abs. 5 Satz 2 BauGB stellen inhaltliche Direktiven für die Planung dar, die in der Abwägung und damit auch von einem Investor, der gemeinsam mit der Kommune „Baurecht" erreichen will, zu berücksichtigen sind.

6.2.4 Arten von Bauleitplänen

Die Bauleitplanung steuert die bauliche und sonstige Nutzung der Grundstücke in zwei Stufen: einmal durch die Aufstellung eines Flächennutzungsplans und weiter durch daraus zu entwickelnde Bebauungspläne (§ 1 Abs. 2 BauGB). Der Flächennutzungsplan ist ein „vorbereitender Bauleitplan". In ihm wird in Grundzügen die städtebauliche Konzeption für das gesamte Gemeindegebiet entworfen (§ 5 Abs. 1 S. 1 BauGB). Auf diesen konzeptionellen Grundlagen werden sodann nach und nach Bebauungspläne für Teile des Gemeindegebietes erlassen, die im einzelnen die Bodennutzung in ihrem Geltungsbereich verbindlich festsetzen.

6.2.4.1 Flächennutzungsplan

Der Flächennutzungsplan ist die erste Stufe im prinzipiell zweistufigen System der Bauleitplanung. Er hat eine koordinierende und eine integrierende Funktion. Die aus dem Flächennutzungsplan entwickelten Bebauungspläne und Fachplanungen werden durch ihn in einen konzeptionellen Gesamtzusammenhang gebracht. Zudem transportiert er durch das Gebot, die Bauleitpläne den Zielen der Raumordnung anzupassen, deren Ziele in die Ebene der Bebauungsplanung. Ein Vorhaben sollte den Festlegungen eines Flächennutzungsplans entsprechen. Ansonsten ist auch der Flächennutzungsplan zu ändern.

Der Flächennutzungsplan ist grundsätzlich für das gesamte Gemeindegebiet aufzustellen (§ 5 Abs. 1 S. 1 BauGB). Als Planungshorizont wird allgemein ein Zeitraum von 10 bis 15 Jahren genannt.

Der Flächennutzungsplan besteht aus einer zeichnerischen Darstellung/Plan und einem Erläuterungsbericht.

Die zeichnerischen Darstellungen geben die sich aus der beabsichtigen städtebaulichen Entwicklung ergebende Art der Bodennutzung nach den voraussichtlichen Bedürfnissen der Gemeinde wieder. Die hauptsächlichen Arten der Bodennutzung, die als Inhalt des Flächennutzungsplans dargestellt werden, sind in § 5 Abs. 2 Nrn. 1–10 BauGB aufgelistet. Für den Projektentwickler ist insbesondere die Darstellung der Bauflächen und Baugebiete interessant. Sollte der Flächennutzungsplan das zu entwickelnde Grundstück nicht als Bauland ausweisen, ist die Erlangung von Baurecht in der Regel sehr schwierig. In jedem Fall wäre parallel dann zur Baurechtschaffung der Flächennutzungsplan zu ändern.

Zudem kann der Flächennutzungsplan das allgemeine Maß der baulichen Nutzung durch die Darstellung der Geschossflächenzahl, der Baumassenzahl oder der Höhe der baulichen Anlagen sowie die gemeindliche Infrastruktur bestimmen.

Neben den Darstellungen enthält der Flächennutzungsplan Kennzeichnungen, nachrichtliche Übernahmen und Vermerke. Sie sind lediglich Beschreibungen des städteplanerischen Befundes, der bei der Bauleitplanung berücksichtigt werden soll; eine unmittelbare rechtliche Wirkung kommt ihnen nicht zu.

Der Flächennutzungsplan wird durch einfachen Gemeinderatsbeschluss erlassen. Er ist daher keine Rechtsnorm, sondern nur das, was er seinem Namen nach sein will: ein schlichter Plan. Als solcher entfaltet er dem Bürger gegenüber keine unmittelbare Verbindlichkeit; er verleiht weder einen Anspruch auf Umsetzung seiner Darstellungen in einem Bebauungsplan, noch auf Erteilung einer seinem Inhalt entsprechenden Baugenehmigung.

Rechtliche Wirkungen entfaltet der Flächennutzungsplan nur gegenüber dem Bebauungsplan, denn für diesen ist er verbindlich (§ 8 Abs. 2 S. 1 BauGB) und öffentliche Planungsträger haben ihn nach Maßgabe des § 7 BauGB bei ihren Planungen zu beachten. Mangels Normcharakter kann der Flächennutzungsplan nicht unmittelbar gerichtlich überprüft werden. Er unterliegt nicht der Normenkontrolle des § 47 VwGO. Der Flächennutzungsplan ist auch kein Verwaltungsakt und kann daher nicht mit einer Anfechtungsklage gem. § 42 VwGO angegriffen werden.

Die Gültigkeit des Flächennutzungsplans kann deshalb nur inzident in einer Normkontrolle gegen einen Bebauungsplan geprüft werden. Wird bereits der Bebauungsplan inzident geprüft (z.B. bei einem Streit um eine Baugenehmigung), so kann der Flächennutzungsplan auch in einer zweiten inzidenten Stufe mitgeprüft werden. Beides kommt in der Praxis extrem selten vor, da die Gültigkeit des Flächennutzungsplans zumeist gar nicht gerügt wird.

6.2.4.2 Bebauungsplan

Der Bebauungsplan ist der verbindliche Bauleitplan; er enthält die für die städtebauliche Ordnung erforderlichen parzellenscharfen und rechtsverbindlichen Festsetzungen der baulichen und sonstigen Nutzung für das Plangebiet (§ 8 Abs. 1 S. 1 BauGB). Er ist das planerische Instrument, mit dem die Gemeinde das Baugeschehen leitet.

Der äußeren Form nach besteht er in der Regel aus einer Karte mit Legende, die den Inhalt des Bebauungsplans eindeutig festlegt und einer beigefügten Begründung, in der die Ziele, Zwecke und wesentlichen Auswirkungen des Bebauungsplans darzulegen sind. Letztere wird nicht materiell-rechtlicher Inhalt des Bebauungsplans.

Der Bebauungsplan enthält Festsetzungen, Kennzeichnungen sowie nachrichtliche Übernahmen und bestimmt seinen räumlichen Geltungsbereich. Es gilt der Grundsatz der Problembewältigung, der Plankonzentration und das sich daraus ergebende Verbot kumulativer Bebauungspläne. Es gibt daher für ein Gebiet immer nur einen Bebauungsplan, jeder weitere ist nichtig.

Die Planungsunterlagen müssen zunächst aus Karten bestehen, die genau und vollständig sind. Der Maßstab ist so zu wählen, dass der Inhalt eindeutig dargestellt oder festgesetzt werden kann. Flurstücksgrenzen sollen katastermäßig im Plan vorhanden sein. Sind diese jedoch für die Festsetzung irrelevant, kann darauf verzichtet werden.

Es sollen die Zeichen verwendet werden, die in der Anlage zu Planzeichenverordnung enthalten sind. Die Gemeinde *soll* die verwendeten Zeichen im Bebauungsplan erklären. Zeichen, die nicht in der Planzeichenverordnung vorgegeben sind, *müssen* nach dem Bestimmtheitsgrundsatz stets erläutert werden.

Schließlich gibt es auch noch textliche Festsetzungen. Diese wiederholen, erläutern oder ergänzen die zeichnerischen Darstellungen im Plan. Insbesondere hat der Textteil die Festsetzung der Art der baulichen Nutzung, also des Typs des Baugebiets, aufzuzeigen und unter Verweis auf die einschlägigen Rechtsnormen zu erläutern.

Beispiele: WA: Zulässig sind die baulichen Anlagen nach § 4 Abs. 2 BauNVO
            MI: Zulässig sind Wohngebäude und Gewerbebetriebe, soweit sie das Wohnen
                 nicht wesentlich stören (§ 6 BauNVO)

Zudem werden im Bebauungsplan oftmals unterschiedliche Nutzungen nach Art und Maß festgesetzt.

Beispiel: Art: Mischgebiet und Gewerbegebiet.
           Maß: Drei- und viergeschossig.

Von entscheidender Bedeutung für die Projektentwicklung sind die Festsetzungen der *Art* und des *Maßes* der baulichen Nutzung nach § 9 Abs. 1 Nr. 1 BauGB. Die diesbezüglichen Festsetzungen des Bebauungsplans werden durch die BauNVO weiter differenziert und dabei auch typisiert. Die Regelungen der BauNVO werden mit der entsprechenden Ausweisung im Bebauungsplan zu dessen Bestandteil (§ 1 Abs. 3 BauNVO), wobei die Fassung der jeweils zum Zeitpunkt des Erlasses des Bebauungsplanes geltenden BauNVO maßgeblich ist. Hinsichtlich der Konkretisierung finden deshalb wie beim Flächennutzungsplan § 1 Abs. 1 und 2 BauNVO Anwendung.

Neben den rechtsverbindlichen Festsetzungen enthält der Bebauungsplan die rechtlich unverbindlichen Kennzeichnungen und nachrichtliche Übernahmen. Erstere sind nicht Teil des planerischen Willens der Gemeinde, sondern Wiedergaben des vorgefundenen Zustandes, um auf besondere Anforderungen bei der Bebauung aufmerksam zu machen. Nachrichtliche Übernahmen nennt man Festsetzungen anderer gesetzlicher Vorschriften, die in den Bebauungsplan übernommen werden, soweit sie für die städtebauliche Beurteilung zweckmäßig und notwendig sind (z.B. Festsetzungen von Denkmälern u.a.).

Nach § 8 Abs. 2 BauGB ist der Bebauungsplan grundsätzlich aus dem Flächennutzungsplan zu entwickeln. Dies entspricht dem System zweistufiger Bauleitplanung. „Entwickeln" bedeutet dabei sowohl Bindung an die Darstellungen des Flächennutzungsplans, als auch die planerische Freiheit der Gemeinde, die Grundkonzeption des Flächennutzungsplans planerisch fortzuentwickeln. Abweichungen sind immer dann zulässig, wenn sie sich als Ergebnis des Übergangs von der vorbereitenden in die stärker verdeutlichende Planungsstufe des Bebauungsplans rechtfertigen lassen und der Grundkonzeption des Flächennutzungsplans nicht widersprechen.

Zur Beschleunigung der Bebauungsplanung kann nach § 8 Abs. 3 BauGB mit der Aufstellung, Änderung, Ergänzung oder Aufhebung eines Bebauungsplanes begonnen werden, während gleichzeitig der Flächennutzungsplan aufgestellt, geändert oder ergänzt wird. Das Gesetz bezeichnet dies als Parallelverfahren.

In Abkehr vom Prinzip der Zweistufigkeit kann nach § 8 Abs. 4 BauGB ein Bebauungsplan vorzeitig, d.h. *vor* dem Flächennutzungsplan aufgestellt werden, wenn dringende Gründe es erfordern und der Bebauungsplan der beabsichtigten städtebaulichen Entwicklung des Gemeindegebietes nicht entgegenstehen wird.

Schließlich kann der Flächennutzungsplan ganz entbehrlich sein, wenn der Bebauungsplan für die Ordnung der städtebaulichen Entwicklung ausreicht (§ 8 Abs. 2 S. 2 BauGB). Dieser „selbständige" Bebauungsplan soll der Situation kleinerer dörflicher Gemeinden mit geringer Siedlungsentwicklung Rechnung tragen. Diese Vorschrift ist demzufolge nur anwendbar, wenn die Gemeinde keinen Flächennutzungsplan hat.

Der Bebauungsplan wird nach § 10 Abs. 1 BauGB von der Gemeinde als Satzung beschlossen und ist mithin Rechtsnorm. Demzufolge ist er aus sich heraus unmittelbar und für jedermann verbindlich. Er kann mit dem Normenkontrollverfahren gem. § 47 VwGO angegriffen werden und unterliegt der Inzidentkontrolle in allen gerichtlichen Verfahren, deren Entscheidung von seiner Gültigkeit abhängt.

6.2.4.3 Vorhaben-bezogener Bebauungsplan

Da der Vorhaben-bezogene Bebauungsplan auf der Grundlage eines Vorhaben- und Erschließungsplans und eines Durchführungsvertrages erlassen wird, liegt hier kooperatives Handeln mit der Kommune vor. Der Vorhaben-bezogene Bebauungsplan wird daher unter public private partnership erörtert (nachfolgend 5.4.)

6.2.5 Bedeutung der Baunutzungsverordnung (BauNVO)

Die Baunutzungsverordnung ist die wichtigste Ergänzungsnorm zu § 9 BauGB. In ihr finden sich die Vorschriften über Art und Maß der baulichen Nutzung, über Bauweise und die überbaubaren Grundstücksflächen.

Der Bebauungsplan kann sich jeweils nur auf die zur Zeit seines Inkrafttretens geltende BauNVO stützen, so dass bei der Überprüfung alter Bebauungspläne stets zu klären ist, welche BauNVO zum Zeitpunkt des Satzungsbeschlusses und des Inkrafttretens galt.

6.2.5.1 Art der baulichen Nutzung

Die BauNVO kennt Bauflächen und Baugebiete. Die Bauflächen sind i.d.R. in dem Flächennutzungsplan darzustellen und die Gebiete im Bebauungsplan auszuweisen. Die BauNVO setzt insgesamt zehn Baugebiete fest. Hierzu gehören:

Kleinsiedlungsgebiete (WS),
reine Wohngebiete (WR),

allgemeine Wohngebiete (WA),
besondere Wohngebiete (WB),
Dorfgebiete (MD),
Mischgebiete (MI),
Kerngebiete (MK),
Gewerbegebiete (GE),
Industriegebiete (GI),
Sondergebiete (SO).

Der Katalog ist abschließend, so dass eine planende Gemeinde keine zusätzlichen Gebietstypen erfinden kann.

Die Vorschriften zur Ausweisung der Baugebietstypen folgen dabei einem einheitlichen Aufbau: Im Absatz 1 wird jeweils beschrieben, welchen Charakter das jeweilige Baugebiet hat sowie die allgemeine Zweckbestimmung des Gebietes. In Absatz 2 wird sodann aufgezählt, welche Nutzungen im Gebiet allgemein zulässig sind. Dies ist abschließend. Absatz 3 schließlich beinhaltet jene Nutzungen, die ausnahmsweise im jeweiligen Gebiet zulässig sind.

Beispiel: § 8 BauNVO-Gewerbegebiet:

In Abs. 1 wird bestimmt, dass Gewerbegebiete vorwiegend der Unterbringung von nicht erheblich belästigenden Gewerbebetrieben dienen. In Abs. 2 werden dann die zulässigen Nutzungen aufgezählt. Hierzu gehören Geschäfts-, Büro- und Verwaltungsgebäude, Tankstellen, etc. Abs. 3 bestimmt dann die ausnahmsweise zulässigen Nutzungen, wie z.B. die in Nr. 3 genannten Vergnügungsstätten.

6.2.5.2 Maß der baulichen Nutzung
Das Maß der baulichen Nutzung ist in den §§ 16–21a BauNVO geregelt. Es wird bestimmt durch
- Vollgeschosse
- Grundflächenzahl, zulässige Grundfläche
- Geschossflächenzahl, zulässige Geschossfläche
- Baumassenzahl, Baumasse.

Diese Begriffe werden in den §§ 18–21 BauNVO definiert. Aber auch andere Faktoren können das Maß der baulichen Nutzung beeinflussen, z.B. Festsetzungen hinsichtlich zulässiger Gebäudehöhe oder Festsetzungen von Baulinien und Baugrenzen. Im Rahmen einer Investitionsentscheidung sind daher neben den reinen Festsetzungen zum Maß der baulichen Nutzung auch die weiteren Festsetzungen des Bebauungsplanes daraufhin zu prüfen, ob sie indirekten Einfluss auf das Maß der baulichen Nutzung haben.

6.2.5.3 Bauweise
Hinsichtlich der Bauweise unterscheidet die BauNVO zwischen einer offenen und einer geschlossenen Bauweise (§§ 22, 23 BauNVO).

Schließlich können überbaubare Grundstücksflächen durch drei alternative Festsetzungen bestimmt werden:
- Baulinien
- Baugrenzen
- Bebauungstiefen.

Zur detaillierten Erläuterung der BauNVO sei auf *Birk*, „Bauplanungsrecht in der Praxis", verwiesen.

6.2.5.4 Beispiele
Abschließend zur Verdeutlichung einige Beispiele aus der jüngeren Rechtsprechung:
Reines Wohngebiet
Zulässig:
- Öffentlicher Kinderspielplatz für Kinder bis 14 Jahren mit herkömmlicher Ausstattung (BVerwG, NJW 92, 1179).

Unzulässig:
- Strauß- und Besenwirtschaften (VGH BW, VBlBW 1985, 390)
- Zigarettenautomaten (OVG Münster, BauR 1986, 544)
- Werbeanlagen (BVerwG, DVWL 93, 439).

Allgemeines Wohngebiet
Zulässig:
- Kleines Hotelrestaurant (VGH BW, BauR 1987, 50)
- Tierarztpraxis (VGH BW vom 14.05.1991)
- SB-Markt mit 700 qm Verkaufsfläche (OVG Lüneburg, BauR 1986, 187).

Unzulässig:
- Kfz-Handel (VGH BW, VBlBW 1987, 342)
- Schank- und Speisewirtschaft ohne nennenswerten Bezug zu der Wohnnutzung der Umgebung (BVerwG, BauR 1993, 435).

Mischgebiet
Zulässig:
- Lebensmittel-/Discountladen von ca. 437 qm Verkaufsfläche (VGH BW, VBlBW 1987, 106)
- Spielhalle mit 110 qm (VGH BW vom 21.1.1986).
- Tankstelle mit Kfz-Verkauf und Reparatur (BVerwG, BauR 1986, 414).

Unzulässig:
- Tanzbar mit Striptease (BVerwG, NJW 1984, 1522)
- Bordell (VGH BW, VWlBW 1991, 220).

6.2.6 Instrumente zur Sicherung der Bauleitplanung

Zur Sicherung der Bauleitplanung stellt das BauGB der planenden Kommune verschiedene Planungsinstrumente zur Verfügung. Hierzu gehören die Veränderungssperre (§§ 14, 17 BauGB), die Zurückstellung von Baugesuchen (§ 15 BauGB), die Teilungsgenehmigungssatzung (§§ 19 ff. BauGB) und die gesetzlichen Vorkaufsrechte (§§ 24 ff. BauGB).

6.2.6.1 Veränderungssperre (§§ 14, 17 BauGB)

Da die Aufstellung eines Bebauungsplanes nicht unerhebliche Zeit in Anspruch nimmt, könnte die Bauleitplanung der Kommune dadurch erschwert oder verhindert werden, dass durch Einreichung eines Bauantrags und Verwirklichung von Bauvorhaben vor Ort vollendete Tatsachen geschaffen werden. Durch das Sicherungsinstrumentarium der Veränderungssperre kann die Kommune während der Planaufstellung Baumaßnahmen, Nutzungsänderungen oder wertsteigernde Veränderungen des Grundstücks im Interesse der Planungssicherung unterbinden. Die Veränderungssperre begründet für den gesamten Bereich des Plangebietes eine Sperrwirkung in dem Sinne, dass konkrete Veränderungs- oder Bauabsichten im Hinblick auf die künftigen Ergebnisse der eingeleiteten Bauleitplanung verhindert werden können. Eine Veränderungssperre setzt jedoch einen wirksam gefassten und ordnungsgemäßen bekannt gemachten Beschluss zur Aufstellung, Änderung, Ergänzung oder Aufhebung eines Bebauungsplanes voraus. Die Veränderungssperre wird als Satzung beschlossen. Sie tritt gem. § 17 Abs. 1 S. 1 BauGB nach Ablauf von zwei Jahren außer Kraft. Die Kommune kann die Geltungsdauer der Veränderungssperre um zwei weitere Sperrjahre ohne besondere Voraussetzungen und bis zu vier weiteren Jahren bei Vorliegen besonderer Umstände mit Zustimmung der höheren Verwaltungsbehörde verlängern. Dauert eine Veränderungssperre länger als vier Jahre über den Zeitpunkt ihres Beginns oder einer ersten Zurückstellung eines Baugesuchs nach § 15 Abs. 1 BauGB hinaus, ist dem Betroffenen nach § 18 Abs. 1 BauGB für die dadurch eingetretenen Vermögensnachteile eine angemessene Entschädigung in Geld zu zahlen.

6.2.6.2 Zurückstellung von Baugesuchen (§ 15 BauGB)

Als vorläufiges Sicherungsmittel kann die Gemeinde bei der Baugenehmigungsbehörde auch einen Antrag nach § 15 BauGB auf Zurückstellung des Baugesuchs bis zu einem Jahr stellen. Dies kommt insbesondere dann in Frage, wenn eine Veränderungssperre nach § 14 BauGB nicht beschlossen worden oder noch nicht in Kraft getreten ist. Die Zurückstellung des Baugesuchs nach § 15 Abs. 1 BauGB setzt die öffentliche Bekanntmachung eines wirksamen Beschlusses zur Aufstellung, Änderung, Ergänzung oder Aufhebung eines Bebauungsplans voraus. Sie ist zulässig, wenn zu befürchten ist, dass die Durchführung der Planung durch das Vorhaben unmöglich gemacht oder wesentlich erschwert werden würde. Insoweit gelten die gleichen Prüfungsgrundsätze wie bei der Veränderungssperre. Im Rahmen eines Zurückstellungsbescheides ist der Zeitraum der Zurückstellung genau anzugeben. Eine Zurückstellung des Baugesuchs nach § 15 BauGB kann mit Widerspruch und Klage angefochten werden.

6.2.6.3 Teilungsgenehmigung

Auch die Vorschriften über den Bodenverkehr nach §§ 19, 20 BauGB dienen der Sicherung der Bauleitplanung. Durch die Teilungsgenehmigung sollen die planerischen Vorstellungen der Gemeinde zur städtebaulichen Grundstücksnutzung bei Parzellierung der Grundstücke bereits zu einem möglichst frühen Zeitpunkt eingebracht und bei der Entscheidung wirksam werden. Durch die Neuregelung des § 19 BauGB wird der Anwendungsbereich der Teilungsgenehmigung auf den Geltungsbereich eines Bebauungsplanes begrenzt und setzt im Gegensatz zur bisherigen Fassung eine Teilungsgenehmigungssatzung voraus. Die Teilungsgenehmigung hat damit viel an praktischer Relevanz eingebüßt.

6.2.6.4 Gemeindliche Vorkaufsrechte

Die gemeindlichen Vorkaufsrechte gehören zu den Plansicherungsinstrumenten, mit denen die gemeindliche Bauleitplanung flankierend gesichert werden soll. Sie dienen darüber hinaus auch der Umsetzung der gemeindlichen Zielvorstellungen. Das Gesetz unterscheidet zwischen dem allgemeinen Vorkaufsrecht nach § 24 BauGB und dem besonderen Vorkaufsrecht nach § 25 BauGB. Das allgemeine Vorkaufsrecht nach § 24 BauGB besteht beim Kauf von Grundstücken im Geltungsbereich eines Bebauungsplanes bei entsprechender öffentlicher Zwecksetzung, in einem Umlegungsgebiet, in einem förmlich festgelegten Sanierungsgebiet und in einem städtebaulichen Entwicklungsbereich sowie im Geltungsbereich einer Erhaltungssatzung nach § 172 BauGB. Es ist durch das BauROG auch auf unbebaute Flächen im Außenbereich, für die im Flächennutzungsplan eines Nutzung als Wohnbaufläche oder Wohngebiet dargestellt ist sowie Gebiete, die nach §§ 30, 33 oder 34 Abs. 2 BauGB vorwiegend mit Wohngebäude bebaut werden können, ausgedehnt worden.

Das besondere Vorkaufsrecht nach § 25 BauGB kann die Gemeinde durch Satzung im Geltungsbereich eines Bebauungsplans für unbebaute Grundstücke oder in Gebieten begründen, in denen sie städtebauliche Maßnahmen in Betracht zieht.

6.3 Weitere/ergänzende Planungsinstrumente

6.3.1 Überblick

Der Nachteil der Bauleitpläne liegt darin, dass sie mit ihren Festlegungen einen momentanen Zustand festhalten, während Planung sich in Wirklichkeit als ein fortlaufender Prozess erweist. Daher hat sich in der Entwicklung des Planungsrechts die Notwendigkeit ergeben, zahlreiche zusätzliche Planungsformen einzuführen. Sie sind z.T. in Gesetzesbestimmungen geregelt, z.T. wird auf sie lediglich in einer Vorschrift Bezug genommen und andere wiederum ergeben sich allein aus der Planungspraxis. Insofern bereitet eine systematische Erfassung Schwierigkeiten. An dieser Stelle soll deshalb nur exemplarisch auf einige Instrumente eingegangen werden.

Nach der oben erläuterten Planmäßigkeit der Bauleitplanung können all diese Maßnahmen jedoch nur ergänzend eingesetzt werden: Sie dürfen weder an die Stelle der Entwicklungs-

und Ordnungsfunktion der Bauleitplanung treten, noch dürfen sie diese zur formalen Hülse verkommen lassen.

6.3.2 Innenbereichssatzungen

Wo der im Zusammenhang bebaute Ortsteil i.S.d. § 34 BauGB endet, beginnt der Außenbereich des § 35. Ob ein Grundstück sich noch im Innenbereich oder schon im Außenbereich befindet, ist jedoch von weitreichender Bedeutung: Innenbereichsgrundstücke sind prinzipiell bebaubar, Außenbereichsgrundstücke hingegen nur ausnahmsweise. Wünschenswert ist deshalb eine möglichst eindeutige Grenzziehung. Zudem kann es auch im Einzelfall sachgerecht sein, Grenzen zwischen den Bereichen zu verschieben und bestimmte Flächen dem jeweils anderen Bereich zuzuordnen.

Der Gemeinde stehen zur Regelung dieser Frage die Instrumente der Klarstellungs- oder Abgrenzungssatzung, der Entwicklungssatzung und der Abrundungssatzung nach § 34 Abs. 4 Nr. 1–3 BauGB zur Verfügung.

Die Klarstellungssatzung (§ 34 Abs. 4 Nr. 1 BauGB) legt *deklaratorisch* die Grenzen für die im Zusammenhang bebauten Ortsteile oder Teile davon fest. Die Gemeinde zeichnet hier nur nach, was sich aus der gesetzlichen Bestimmung des § 34 Abs. 1 BauGB zum Begriff des Ortsteils und des Bebauungszusammenhangs für die einzelnen Grundstücke ergibt.

Mit Hilfe der Entwicklungssatzung (§ 34 Abs. 4 Nr. 2 BauGB), die nicht verwechselt werden darf mit der städtebaulichen Entwicklungsmaßnahme nach § 165 BauGB, werden bebaute Gebiete im Außenbereich, die, etwa als Splittersiedlung-, die Kriterien des „Ortsteils" nicht erfüllen, oder als Streubebauung die Voraussetzungen des Bebauungszusammenhangs nicht besitzen, *konstitutiv* als im Zusammenhang bebaute Ortsteile festgelegt. Sie werden damit Bauland.

Die Ergänzungssatzung (§ 34 Abs. 4 Nr. 4 BauGB) schließlich erlaubt, einzelne Außenbereichsgrundstücke in den Innenbereich einzubeziehen, wenn die einbezogenen Grundstücke durch die bauliche Nutzung des angrenzenden Bereichs entsprechend geprägt sind.

6.3.3 Außenbereichssatzungen

Gem. § 35 Abs. 6 BauGB kann eine Gemeinde für im Außenbereich bereits vorhandene Splittersiedlungen mit einer Wohnbebauung von einigem Gewicht vorsehen, dass dort generell Teilprivilegierungen für Wohnzwecke dienende Vorhaben sowie für kleine Handwerks- und Gewerbebetriebe gelten sollen. Die Außenbereichssatzung stellt damit das Gegenstück zur Innenbereichssatzungen dar, hat aber eine andere rechtliche Bedeutung. Während letztere Außenbereichsgrundstücke den im Zusammenhang bebauten Ortsteilen zuordnet sind und damit Bauland schaffen, bleiben die von der Außenbereichssatzung erfassten Grundstücke auch weiterhin landwirtschaftliche oder forstwirtschaftliche Flächen, also kein Bauland. Auf ihnen sind jedoch Wohnbauvorhaben unter erleichterten Bedingungen als sonstige Vorhaben nach § 35 Abs. 2 BauGB zulässig. Vorhandene, aber noch nicht zu einem im Zusammenhang bebauten Ortsteil erstarkte Siedlungskerne (Wohnbebauung von einigem Gewicht) können so bis zur Entstehung eines im Zusammenhang bebauten Ortsteils fortentwickelt werden, wodurch schließlich das Gebiet vom Außenbereich zum Innenbereich werden kann, was aber selten praktische Relevanz hat.

6.3.4 Erhaltungssatzungen und städtebauliche Gebote

Zur Erhaltung der städtebaulichen Struktur eines Gebietes oder der Zusammensetzung seiner Wohnbevölkerung oder zur Sicherung der Bevölkerung vor den nachteiligen Folgen städtebaulicher Umstrukturierungen kann es notwendig sein, bauliche Maßnahmen, die diesen Zielen zuwiderlaufen, zu unterbinden. Die §§ 30 bis 35 BauGB bieten für diesen Erhaltungsschutz keine Rechtsgrundlage; hierfür bedarf es besonderer Instrumente, die das BauGB der Gemeinde durch die in §§ 172 bis 174 BauGB geregelte Erhaltungssatzung zur Verfügung stellt.

Die Gemeinde legt durch einen Satzungsbeschluss das Erhaltungsgebiet fest, mit der Folge, dass in diesem Gebiet praktisch alle baulichen Veränderungen, Umbau- und Nutzungsänderungen, wie auch die Errichtung von Gebäuden der besonderen Genehmigung bedürfen. Diese Genehmigung wird dann versagt, wenn die beantragte Maßnahme das der Satzung zugrunde liegende Erhaltungsziel beeinträchtigt. Das BauGB sieht dabei drei Erhaltungsziele vor: Die Erhaltung der städtebaulichen Eigenart des Gebietes aufgrund seiner städtebaulichen Gestalt, ferner die Erhaltung der Zusammensetzung der Wohnbevölkerung und schließlich die städtebauliche Umstrukturierung.

Neben der Erhaltungssatzung stellt das BauGB mit dem Baugebot gem. § 176 BauGB, dem Modernisierungs- und Instandhaltungsgebot gem. § 177 BauGB, dem Pflanzgebot gem. § 178 BauGB und dem Rückbau- und Entsiegelungsgebot gem. § 179 BauGB vier städtebauliche Gebote bereit, die der Planverwirklichung dienen. In der Praxis haben diese „Planverwirklichungsgebote" allerdings kaum Bedeutung erlangt, so dass sie hier in diesem Rahmen nicht vertieft werden (vgl. hierzu Stüer in: Hoppenberg, Handbuch des öffentlichen Baurechts, Teil B Rn. 999 ff.).

6.3.5 Städtebauliche Sanierungsmaßnahmen

Einen wesentlichen Teil des „Besonderen Städtebaurechts" im Zweiten Kapitel des BauGB bilden die städtebaulichen Sanierungsmaßnahmen (§§ 136 ff.). Hierunter werden solche Maßnahmen verstanden, durch die ein Gebiet zur Behebung städtebaulicher Missstände wesentlich verbessert oder umgestaltet wird. Sie erfolgen nach dem speziellen Sanierungsrecht der §§ 136 ff. BauGB, wenn eine einheitliche Vorbereitung und zügige Durchführung im öffentlichen Interesse liegt.

6.3.6 Städtebauliche Entwicklungsmaßnahmen

Städtebauliche Entwicklungsmaßnahmen dienen nach § 165 Abs. 2 BauGB dazu, Ortsteile und andere Teile des Gemeindegebiets erstmalig zu entwickeln oder sie im Rahmen einer städtebaulichen Neuordnung einer neuen Entwicklung zuzuführen. D.h. durch sie sollen entsprechend den Zielen der Raumordnung und Landesplanung neue Orte geschaffen oder vorhandene Orte zu Siedlungseinheiten entwickelt oder um neue Ortsteile erweitert werden.

In der Planungspraxis wird die Vorbereitung und Durchführung städtebaulicher Entwicklungsmaßnahmen skeptisch betrachtet. Ihre Funktion wird lediglich als „Drohgebärde" gegenüber großen öffentlichen Grundstückseigentümern (Deutsche Bahn AG, Post AG, sonstiges Bundesvermögen) hervorgehoben. Gleichermaßen wird mehrheitlich ein Verzicht auf einen Verfahrenseinsatz angestrebt, in dem entweder ein „freihändiger" Erwerb der entwicklungsrelevanten Grundstücke versucht wird oder städtebauliche Verträge angeboten werden.

6.4 public-private-partnership

6.4.1 Allgemeines

Der Begriff „public-private-partnership" (ppp) wird etwa seit Mitte der 80er Jahre in der öffentlichen Diskussion verwandt, wenn es um neue „zukunftsorientierte" Handlungs- und Gestaltungsmöglichkeiten der öffentlichen Hand geht. Eine einheitliche Definition des Begriffes ist bisher nicht festzustellen. Überwiegend wird jedoch hierunter folgendes verstanden:

Ein – zumeist befristetes in der Anfangsphase informelles, dann aber zunehmend formelles – Zusammenwirken von Privaten (Investoren, Projektträgern, Bauherren, Projektentwicklern sowie deren beauftragten Architekten und Planern) mit der Bauplanungsverwaltung sowie mit entscheidungslegitimierten Gremien der Städte und Gemeinden. Dieses Zusammenwirken erfolgt mit dem Ziel, „Projekte", die für die Stadtentwicklung eine erkennbare Bedeutung haben, vorzubereiten und zumeist auch durchzusetzen, zu sichern und umzusetzen.

Die Einsatzbereiche von public-private-partnership in Stadtentwicklung und Städtebau finden derzeit (allerdings mit unterschiedlichen Ausprägungen in den einzelnen Städten und Gemeinden) ihre Schwerpunkte in:
- der Entwicklung von gewerblich-industriellen Brachflächen, von militärischen Konversionsflächen, von entbehrlichen Flächen der Deutschen Bahn AG, der Deutschen Post AG oder der Telekom,
- der Vorbereitung von großflächigen Entwicklungen und Sanierungsvorhaben außerhalb der genannten Brach- und Konversionsflächen,
- der Vorbereitung größerer, für die Stadtentwicklung bedeutsamer und möglicherweise im engeren Umfeld nur bedingt verträglicher Projekte,
- im Rahmen der Baurechtschaffung zur Realisierung von Projektideen von Projektentwicklern, Investoren oder für die Ansiedlung von Unternehmen.

Aus der Sicht der Vertreter von Städten und Gemeinden ergeben sich die Vorteile von ppp vor allen Dingen aus:
- frühzeitiger und ergebnisorientierter partnerschaftlicher Erarbeitung von Zielen,
- Beschleunigung und Effizienzsteigerung von Vorbereitungs-, Durchsetzungs- und Umsetzungsprozessen,
- der Kostenreduzierung,
- der Ergänzung und Substitution öffentlicher Mittel durch den Einsatz privater Mittel,
- der Risikoübertragung bzw. Risikoteilung zugunsten der Gemeinden,
- der Vermarktung städtischer Flächen und Einrichtung.

Für die Investoren, Bauherren, Entwickler ergeben sich aus der ppp folgende Vorteile:
- frühzeitige Planungs- und Investitionssicherheit,
- Beschleunigung der kommunalen Planungs- und Entscheidungsprozesse,
- Möglichkeiten zur Erschließung vorhandener, eventuell mit Hilfe öffentlicher Partner zugänglicher Informations- und Kooperationsnetzwerke,
- Nutzung von Chancen zur Durchsetzung eigener Ziele im Rahmen von Angeboten und dem Aushandeln möglicher „Kompensationsmaßnahmen".
  Die Erfahrungen mit public-private-partnership-Projekten variieren in bezug auf die Stadtgröße und die Standortgunst für Investoren.

Zu den Voraussetzungen, den Strategien und Vorgehensweisen siehe ausführlich: Rolf Kyrein „Baulandentwicklung in public-private-partnership".
   Zu den gesetzlichen Möglichkeiten der Gestaltung von public-private-partnership im Rahmen von Städtebau, Stadtplanung und Stadtentwicklung gehören im Bereich des Städtebaues der Vorhaben- und Erschließungsplan bzw. der Vorhaben-bezogene Bebauungsplan sowie andere „konventionelle" Bebauungspläne. Zudem werden die städtebaulichen Entwicklungs- und Sanierungsmaßnahmen sowie die städtebaulichen Verträge umfasst. Im folgenden soll kurz auf diese Möglichkeiten eingegangen werden.

6.4.2 Vorhaben-bezogener Bebauungsplan

Durch dieses ergänzende Planungsinstrument können für bestimmte Vorhaben und für konkrete Bauwillige oder Investoren (Vorhabenträger) die planungsrechtlichen Zulässigkeitsvoraussetzungen zur Bebauung eines Grundstücks geschaffen werden.
   Grundlage ist ein Vorhaben- und Erschließungsplan des Investors sowie ein Vertrag, der sog. Durchführungsvertrag, mit dem sich der Vorhabenträger gegenüber der Gemeinde zur Planung, Erschließung und Durchführung des Vorhabens verpflichtet.
   Der Vorhaben-bezogene Bebauungsplan dient sowohl der Gemeinde als auch dem Vorhabenträger. Wesentliche Vorteile sind, dass die Gemeinde von den Aufwendungen für die Planung befreit wird, ohne ihre Planungshoheit aufgeben zu müssen. Der Vorhabenträger dagegen kann weitestgehend eigene Vorstellungen in die seinem eigenen Vorhaben dienende Planung einbringen.

§ 12 BauGB enthält keine Vorschrift über die Form und den Inhalt des Vorhabens- und Erschließungsplans. Damit ist der Vorhabenträger bei der Wahl der Festsetzungsmittel und des Inhalts grundsätzlich frei. Zu berücksichtigen ist allerdings, dass aus kompetenzrechtlichen Gründen nur bauplanungsrechtliche und durch § 9 Abs. 4 BauGB zugelassene Festsetzungen in den Vorhaben- und Erschließungsplan enthalten sein dürfen. Da auf der Grundlage des Vorhaben- und Erschließungsplans später der Vorhaben-bezogene Bebauungsplan erlassen werden soll, muss schon der Vorhaben- und Erschließungsplan hinsichtlich seiner formellen und inhaltlichen Anforderungen satzungsfähig sein.

Gem. § 12 Abs. 1 S. 1 BauGB verpflichtet sich der Vorhabenträger im Durchführungsvertrag gegenüber der Gemeinde, das Vorhaben auf Grundlage des Vorhaben- und Erschließungsplans innerhalb einer bestimmten Frist durchzuführen und die Planungs- und Erschließungskosten jedenfalls teilweise zu tragen. Der Durchführungsplan hat im wesentlichen zwei Ziele: Er soll in Verbindung mit dem Vorhaben- und Erschließungsplan Planungsrecht schaffen und zudem nach Erlass des Vorhaben-bezogenen Bebauungsplans die Durchführung des Vorhabens sichern.

Die praktischen Erfahrungen hinsichtlich des Einsatzes und der Umsetzung von Vorhaben- und Erschließungsplänen sind durchaus unterschiedlich. So konnten in vielen Fällen grundlegende zeitliche Verkürzungen der Planaufstellungsverfahren nicht festgestellt werden. Dies lag vor allem am gleichgebliebenen Aufwand innerhalb der Verwaltung sowie der mangelnden Bereitschaft, sich mit den neuen Planungsinstrumentarien intensiv zu befassen. Bevorzugte Einsatzmöglichkeit wird für den Fall gesehen, der keine „eindeutige „§-34-BauGB-Situation" darstellt. Für kleinere Projekte im Wohnungsbau hat sich der Vorhaben- und Erschließungsplan positiv bewährt. Hier wird durch die unmittelbare Umsetzungsorientierung eine schnelle Erschließung und Realisierung des Gesamtvorhabens ermöglicht. In der Gesamtzahl und vor allem in der Breite der Anwendung geht nach Einschätzung von Experten der Einsatz der Vorhaben-bezogenen Bebauungspläne zurück. Sie werden häufig ersetzt durch Bebauungspläne in Verbindung mit städtebaulichen Verträgen.

Ein Muster für einen Durchführungsvertrag sowie ausführliche Erläuterungen hierzu enthält *Meißner/Horstkotte*, „Vertragsgestaltung beim Vorhaben-bezogenen Bebauungsplan".

6.4.3 Städtebauliche Verträge

In Deutschland besteht in ausgewählten Gebieten ein erheblicher Mangel an ausgewähltem oder verfügbarem Wohnbauland, der zu einem drastischen Anstieg der Preise geführt hat.

Fehlende personelle Kapazitäten sowie aktueller Geldmangel hindert die Kommune häufig an der Ausweisung von Bauland. In der Regel hat die Gemeinde als Erschließungsträger die Erschließung durchzuführen. Unabhängig vom Verwaltungsaufwand und einer etwaigen Vorfinanzierung der Erschließungskonten hat die Gemeinde bei der öffentlichen Erschließung nach § 129 Abs. 1 S. 3 BauGB wenigstens 10 v.H. des beitragsfähigen Erschließungsaufwands selbst zu tragen. Als „Schlüsselfrage" zur Behebung dieses Engpasses wird die Stärkung vertraglicher Elemente im Städtebaurecht angesehen.

Durch § 11 BauGB wird die bestehende Praxis der vertraglichen Zusammenarbeit von Bauherren und Investoren mit der Gemeinde aufgegriffen und dem Gedanken der „public-privat-partnership" im Städtebaurecht durch eine gesetzliche Regelung der städtebaulichen Verträge Rechnung getragen.

Städtebauliche Verträge sind regelmäßig öffentlich-rechtliche Verträge. In der Praxis werden städtebauliche Verträge in vielen Variationen zwischen den Gemeinden und privaten Investoren oder Bauherren geschlossen (vgl. hierzu zahlreiche Beispiele in Schmidt-Eichstaedt, BauR 1996, 1 ff.). Die häufigste Form des städtebaulichen Vertrages dürfte der sog. Erschließungsvertrag sein, der bisher schon in § 124 BauGB geregelt war. Die Investoren versprechen sich von einem städtebaulichen Vertrag insbesondere eine schnelle Realisierung ihrer Bauvorhaben und die Gemeinden wollen infolge der von den Investoren übernommenen Leistungen ihre Haushalte entlasten.

6.4.3.1 Typen von städtebaulichen Verträgen

Durch die ausdrückliche Erwähnung des städtebaulichen Vertrages in § 11 BauGB soll die Gemeinde zu einem stärkeren Gebrauch städtebaulicher Verträge ermutigt werden und einzelne Streitfragen sollen entschieden werden, damit Rechtssicherheit bei der Anwendung besteht. Zu diesem Zweck greift die Regelung verschiedene, aus der Praxis bereits bekannte Vertragstypen auf und erwähnt sie im Gesetz.

Folgende Vertragstypen sind in § 11 geregelt:
- „Maßnahmen"-Vertrag gemäß § 11 Abs. 1 S. 2 Nr. 1 BauGB
- „planbegleitende" Verträge gemäß § 11 Abs. 1 S. 2 Nr. 2 BauGB
- „Folgekostenvertrag" gemäß § 11 Abs. 1 S. 2 Nr. 3 BauGB.

Beim „Maßnahmen"-Vertrag kann der Vertragspartner mit Vorbereitung und Durchführung städtebaulicher Maßnahmen nach dem BauGB von der Gemeinde beauftragt werden. Mögliche Vertragsgegenstände können insbesondere sein:
- die Neuordnung der Grundstücksverhältnisse (anstelle einer öffentlichen Umlegung)
- die Bodensanierung
- sonstige Maßnahmen, die notwendig sind, damit Baumaßnahmen durchgeführt werden können (Freilegung von Grundstücken, Erschließung)
- sowie die Ausarbeitung der städtebaulichen Planung.

Bei den „planbegleitenden" Verträgen gemäß § 11 Abs. 1 S. 2 Nr. 2 BauGB können besondere Ziele und Zwecke, der Bauleitplanung gefördert oder gesichert werden, insbesondere hinsichtlich folgender Ziele:
- die Grundstücke einer Nutzung zuzuführen,
- Maßnahmen zum Ausgleich für Eingriffe in Natur und Landschaft durchzuführen,
- den Wohnbedarf von Bevölkerungsgruppen mit besonderem Wohnraumversorgungsproblem zu decken oder
- dem Wohnbedarf der ortsansässigen Bevölkerung zu dienen.

Beim „Folgekostenvertrag" wird die Tragung solcher Kosten und Aufwendungen der Gemeinde durch den Vertragspartner geregelt, die Voraussetzung oder Folge des von ihm geplanten Vorhabens sind. Ein Folgekostenvertrag kann sich demzufolge auf die Übernahme von Kosten, die der Gemeinde für:
- städtebauliche Planung,
- andere städtebauliche Maßnahmen
- sowie Anlagen und Einrichtungen, die der Allgemeinheit dienen, z.B. zusätzliche Kindergärten für das Wohngebiet

beziehen.

In der Praxis beinhaltet ein städtebaulicher Vertrag mehrere der vorbeschriebenen Elemente.

Beispiele und Muster für städtebauliche Verträge finden sich in: Hoppenberg „Handbuch des öffentlichen Baurechts", Anhang I 2 A.

6.4.3.2 Allgemeine Grundsätze

Alle Typen städtebaulicher Verträge weisen folgende Gemeinsamkeiten auf:

§ 11 Abs. 3 BauGB schreibt für den städtebaulichen Vertrag die Schriftform vor; bei Verknüpfung mit einer Grundstücksübertragung z.B. aufgrund Kauf oder Tausch oder eines Erschließungsvertrages mit der Verpflichtung zur Übereignung öffentlicher Verkehrsflächen ist zudem die notarielle Beurkundung nach § 313 BGB erforderlich. Die wichtigsten Schranken für die Zulässigkeit von städtebaulichen Verträgen bilden gemäß § 11 Abs. 2 BauGB das Gebot der Angemessenheit sowie das von der Rechtsprechung entwickelte Kopplungsverbot. Der Grundsatz der Angemessenheit verbietet es den Vertragspartnern, Leistung und Gegenleistung zu vereinbaren, die zueinander nicht in einem ausgewogenen Verhältnis stehen, so dass z.B. die Gemeinden – wegen ihrer hoheitlichen Aufgabenwahrnehmung im Bereich des Städtebaus – aus ihrer Monopolstellung als Trägerin der Planungshoheit nicht derart Kapital schlagen, dass die Schaffung von Planungsrechten unangemessen teuer vom Investor erkauft werden muss. Dieser

Grundsatz der Angemessenheit wird durch das sogenannte Kopplungsverbot ergänzt. Danach ist die Vereinbarung einer vom Investor zu erbringenden Leistung unzulässig, wenn er auch ohne sie einen Anspruch auf diese Gegenleistung hätte. Leistung und Gegenleistung müssten in einem sachlichen Zusammenhang stehen. Ein Verstoß hiergegen führt zur Nichtigkeit des Vertrages.

6.4.4 Einheimischenmodelle

Unter Einheimischenmodellen werden Vereinbarungen zwischen Gemeinden und privaten Grundstückseigentümern verstanden, die sicherstellen sollen, dass bei der Bebauung neuer Wohnbauflächen Ortsansässige bevorzugt zum Zuge kommen. Sie dienen der Erhaltung der gewachsenen Struktur in der Gemeinde und insbesondere der Existenzgründung junger Familien. Die Gemeinden gehen deshalb verstärkt dazu über, vor einer Baugebietsausweisung von Außenbereichsgrundstücken den Baulandbedarf für Einheimische zu sichern.

Hier gibt es zahlreiche unterschiedliche Vertragsgestaltungen, die die Zweckbindung durch zivilrechtliche Sicherungsmechanismen, wie z.B. durch Vormerkung gesicherte Rückkaufrechte, gewährleisten sollen.

Das Bundesverwaltungsgericht hat diese Verträge als zivilrechtlich qualifiziert.

6.4.5 Freiwillige Umlegung

Umlegungsverträge dienen der Vorbereitung der Bebaubarkeit überplanter oder zu überplanender Flächen. Hierzu gehören auch Verträge über freiwillige Bodenordnungen. Motive für die „freiwillige Umlegung" sind auf Seiten der Grundstückseigentümer eine Einflussnahme auf die gemeindliche Planung, die Beschleunigung des Verfahrens und nicht zuletzt der Versuch, den gesetzlichen Vorteilsausgleich auszuschließen. Auf Seiten der Gemeinde wird häufig versucht, eine freiwillige Umlegung dazu zu nutzen, mehr Flächen zu erhalten als in der amtlichen Umlegung.

Die freiwillige Umlegung wird im Regelfall vorrangig in vorhandenen oder beabsichtigten Bebauungsplangebieten durchgeführt.

Umlegungsverträge können in Vorbereitung und Erleichterung der amtlichen Umlegung vereinbart werden. Gemäß § 45 ff. BauGB gehen im amtlichen Umlegungsverfahren einvernehmliche Regelungen den hoheitlichen Maßnahmen vor. Es lässt sich so mit dem Einverständnis aller betroffenen Eigentümer die Aufteilung der Verteilungsmasse nach anderen als den gesetzlichen Maßstäben vereinbaren. So können z.B. auch einvernehmlich Abfindungen vorgesehen werden, z.B. wenn ein Landwirt nicht daran interessiert ist, Bauland sondern bewirtschaftbare Grundstücke zu erhalten. Zudem können die Umlegungsverträge auch an die Stelle der amtlichen Umlegung treten oder ihrer Vermeidung dienen.

7. Projektmanagement bis zum Realisierungsbeginn

In der Abbildung 7.1 ist die Phasendefinition für ein Bauvorhaben dargestellt, die sich aus Sicht des Bauherrn und Nutzers ergibt und die sich von der Sicht der Planungsbeteiligten bzw. von der Phasendefinition der HOAI unterscheidet. Das Projektmanagement versteht sich ausschließlich als Bauherrenaufgabe und seine Aufgabenfelder sind deswegen auch nicht mit einer festen Phasendefinition verbunden, wie sie beispielsweise die HOAI vorgibt. Insofern sind bereits zu einem frühestmöglichen Zeitpunkt, zu dem i.d.R. noch keine Planungsbeteiligten beauftragt sind, durch den Bauherrn bzw. seinen beauftragten Vertreter – dem Projektmanager – während der Definitions- und Ideenphasen die Grundlagen für eine erfolgreiche und effiziente Abwicklung des Projektes bis zum Betrieb zu erarbeiten und festzulegen.

Abb. 7.1: Projektphasen

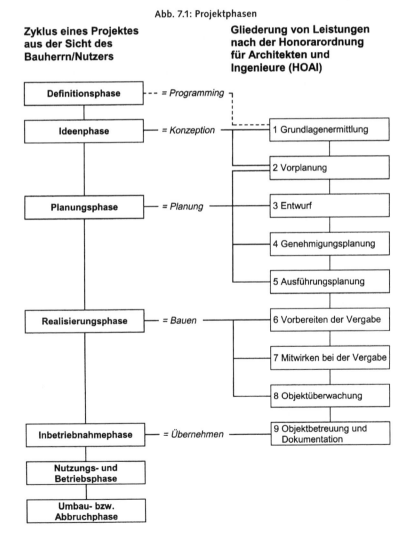

Zyklus eines Projektes aus der Sicht des Bauherrn/Nutzers

Gliederung von Leistungen nach der Honorarordnung für Architekten und Ingenieure (HOAI)

Definitionsphase	- - - = Programming
Ideenphase	= Konzeption — 1 Grundlagenermittlung
	2 Vorplanung
Planungsphase	= Planung — 3 Entwurf
	4 Genehmigungsplanung
	5 Ausführungsplanung
Realisierungsphase	= Bauen — 6 Vorbereiten der Vergabe
	7 Mitwirken bei der Vergabe
	8 Objektüberwachung
Inbetriebnahmephase	= Übernehmen — 9 Objektbetreuung und Dokumentation
Nutzungs- und Betriebsphase	
Umbau- bzw. Abbruchphase	

Die Grundlagen werden bestimmt durch die Ergebnisse aus der Definitions- oder Entwicklungsphase. Hierbei geht es im wesentlichen um die Konkretisierung der Projektziele und die Strukturierung des Projektes. Aus der Definitionsphase können sich beispielsweise folgende übergeordnete Zielsetzungen ergeben haben, die natürlich auch stark davon bestimmt werden, ob es sich um ein Investorenprojekt oder um ein eigengenutztes Projekt handelt:

- Gute Wirtschaftlichkeit und hohe Rentabilität
- Kurze Realisierung und schneller Markteintritt
- Hohe Flexibilität
- Optimale Funktionalität
- Gute, ggf. vermarktbare, Qualität
- Ansprechende und vermarktungsfördernde Gestaltung
- Schaffung von Corporate Identity

Die übergeordneten Ziele müssen auf eine „Arbeitsebene" heruntergebrochen werden, die dann als klar ausgearbeitete Aufgabenstellungen für die verschiedenen Projektbeteiligten dienen. Bei Bauprojekten ist es leider nicht selbstverständlich, dass auf Bauherrenseite einheitliche Zielvorstellungen existieren. Insbesondere bei größeren Bauprojekten besteht die Bauherrenseite oft aus mehreren unterschiedlichen Institutionen, z.B. Unternehmensabteilungen, bei denen zu Projektbeginn durchaus unterschiedliche Zielvorstellungen vorhanden sein können. Es ist deswegen unabdingbar und eine der ersten Aufgaben des Projektleiters des Bauherrn bzw. des Projektmanagements, die konkreten Projektziele und ihre Prioritäten eindeutig zu definieren und festzuschreiben. Eine möglichst frühzeitige, genaue und für alle Projektbeteiligten verständliche Beschreibung der Projektziele ist erforderliche Grundlage, um das Projekt erfolgreich durchführen zu können. Dabei dürfen keine pauschalen Zielformulierungen verwandt werden, sondern es muss bereits ganz zu Projektbeginn eine weitestgehende Quantifizierung der Zielvorstellungen erfolgen. Hier kann es beispielsweise um die Definition und Vorgabe folgender Zielgebiete gehen.

Abb. 7.2: Ziele eines Hochbauprojektes

Qualität → Klares Raum- und Funktionsprogramm / Konkretisierung wesentlicher Projektstandards

Kosten-sicherheit → preiswert, aber nicht billig / abgesichertes Projektbudget

Termin-sicherheit → fester Terminrahmen / kurze Planungs- und Bauzeit

Wirtschaft-lichkeit → geringe Betriebskosten

Neben der unmissverständlichen Zieldefinition ist es weiterhin Aufgabe des Bauherrn oder seines Vertreters, vor Einschaltung dritter Projektbeteiligter, das Projekt klar zu strukturieren. Hierzu zählen die

- Räumliche und funktionale Projektstruktur – Objektgliederung
- Organisationsstruktur
- Vergabestruktur
- Ablaufstruktur
- Kostenstruktur.

Im vorliegenden Buch erfolgt zur besseren praktischen Anwendbarkeit bewusst eine projektphasenweise Betrachtung der Aufgaben und Leistungen zur erfolgreichen Projektentwicklung und -realisierung. Das Projektmanagement wird deswegen phasenorientiert sowohl im vorliegenden Kapitel 4 Konzeption/Planung als auch im Teil 4 Realisierung mit seinen jeweils spezifischen Aufgaben beschrieben. Selbstverständlich handelt es sich aber um einen kontinuierlichen und phasenübergreifenden Prozess. Die entsprechenden Ausführungen in den beiden Teilen 4 und 5 sind deswegen im Zusammenhang zu betrachten. Insbesondere werden auch bereits in den frühen Projektphasen Strukturen definiert, die die späteren Realisierungsphasen bestimmen. Dies betrifft beispielsweise terminliche Ablaufstrukturen, Abwicklungs- und Vergabestrukturen oder Controllingabläufe.

Die wesentlichen Aufgabenschwerpunkte des Projektmanagements lassen sich folgendermaßen unterteilen:

- Projektorganisation und -koordination
- Vertragsmanagement
- Qualitätsmanagement
- Terminmanagement
- Kostenmanagement.

Einzelne Passagen der folgenden Abschnitte wurden in Anlehnung an Sommer „Projektmanagement im Hochbau" (2. Auflage 1998, Springer-Verlag) beschrieben.

7.1 Projektorganisation und -koordination

Die Projektorganisation bildet die Grundlage für die gesamte Projektabwicklung. Sie enthält die verbindliche Strukturierung des Projektes und der Aufbau- und Ablauforganisation, die laufende übergeordnete Koordination für sämtliche Projektbeteiligten und eine kontinuierliche und lückenlose Information des Bauherrn über alle Projektaktivitäten. Bei der Erstellung der Aufbauorganisation werden sämtliche erforderliche Projektbeteiligte nach ihrer Funktion bestimmt.

Anschließend wird eine Aufgaben- und Kompetenzbeschreibung dieser Projektbeteiligten erstellt, um eine klare Aufgabenabgrenzung und Schnittstellendefinition untereinander zu erreichen. Ziel ist es hierbei insbesondere auch, Überschneidungen im Leistungsumfang möglichst zu vermeiden und gleichzeitig sämtliche erforderlichen Leistungen eindeutig zuzuordnen. Doppelbeauftragungen und Leistungslücken werden so vermieden.

In einem Organisationsschema werden dann die wechselseitigen Beziehungen der Projektbeteiligten untereinander festgelegt. Neben der Aufbauorganisation ist es auch noch dringend erforderlich, die Planungs- und Entscheidungsabläufe zu systematisieren. Hierzu werden zu den verschiedenen Phasen der Projektabwicklung einzelne Ablauforganigramme erstellt, die eine Handlungsanweisung beispielsweise für die Planung, Abstimmung der Planung und Freigabe der Planung oder auch für die Bearbeitung von Zusatzleistungen und Nachträgen während der Bauphase darstellen. Insbesondere werden im Rahmen der Ablauforganisation auch die gesamten Entscheidungswege mit Angabe der zuständigen Entscheidungsinstanzen festgelegt. In einem Projekt- und Organisationshandbuch werden alle für die Projektabwicklung relevanten Festlegungen dokumentiert und den Projektbeteiligten als Handlungsanweisung für ihre Tätigkeiten und das Zusammenwirken untereinander vorgegeben.

Abb. 7.3: Teilbereiche der Projektorganisation

Objektgliederung und Codierung
Aufbauorganisation
Ablauforganisation
Information und Kommunikation
Vertragswesen

7.1.1 Objektgliederung

Die Festlegung verbindlicher Projektstrukturen ist die Voraussetzung zu einer gezielten und steuerbaren Projektabwicklung. Neben den organisatorischen Aufbau- und Ablaufstrukturen gehört hierzu ganz zu Anfang des Projektes auch die räumliche und funktionale Strukturierung des Projektes (vgl. Abb. 7.4), welche die vereinheitlichte Grundlage für die Verständigung unter den Projektbeteiligten schafft.

Abb. 7.4: Objektgliederung und -codierung

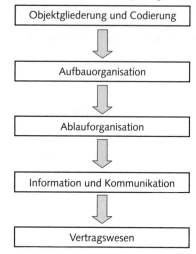

Bauteil- und Geschosseinteilung
Planungsidee
B3
A3
B2
A2
B1
A1
Funktionsbereiche
Bauteil/Geschoß
A1
A2
A3
B1
B2
B3
Zuordnungsmatrix Gebäudegeometrie und Funktion
5 Funktionen in einem Bauteil/Geschoss
1 Funktion auf 4 Bauteile/Geschosse verteilt

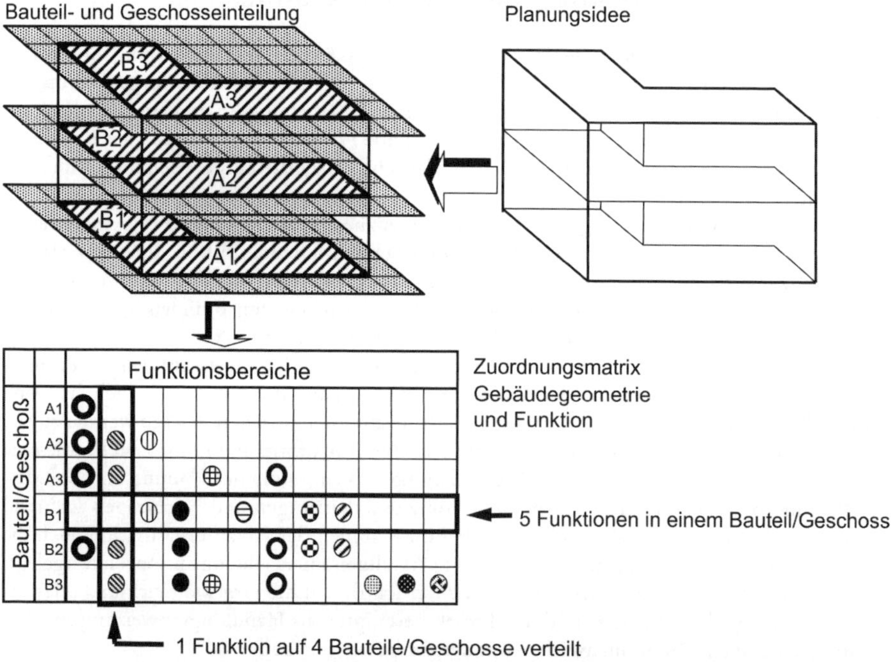

Hierzu wird das Projekt zunächst nach funktionalen und örtlichen Gesichtspunkten und ggf. auch noch nach nutzungsspezifischen Gesichtspunkten in Bauabschnitte, Bauteile, Geschosse sowie Nutzungs- und Funktionsbereiche aufgegliedert. Die Objektgliederung und -codierung als Teil der Projektstrukturierung dient dann als Basisgliederung zur Projektplanung, Terminplanung und Kostenplanung.

Sämtliche Bauabschnitte, Bauteile, Geschosse oder Nutzungsbereiche werden zur eindeutigen Kenntlichmachung und Verständigung mit einer Codierung versehen. Diese Codierung ist dann bei allen Projektbeteiligten durchgängig auf ihren Ergebnisunterlagen – also Zeichnungen, Berechungen, Terminplänen, Kostenermittlungen, Berichten, Schriftverkehr etc. – dargestellt, so dass der betreffende Projektbereich klar identifiziert werden kann.

7.1.2 Aufbauorganisation

Die Aufgabe der Aufbauorganisation ist es, nach der Festlegung der Projektbeteiligten deren Beziehungen untereinander zu regeln. Hierbei müssen Aufgaben, Verantwortungen, Kompetenzen und Pflichten sämtlicher Projektbeteiligter sowie deren Leistungsschnittstellen eindeutig und allgemeinverständlich geregelt werden. In der Aufbaustruktur sind neben den Bauherrenfunktionen alle Planer, Berater, Genehmigungsstellen und ausführende Unternehmen aufzunehmen. Welche Organisationsform für die effiziente Projektdurchführung geeignet ist, hängt vor allem von der konkreten Aufgabenstellung des Projektes ab.

Abb. 7.5: Formen der Aufbauorganisation

hierarchisch

gruppendynamisch

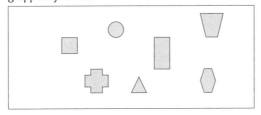

konzerngigantisch

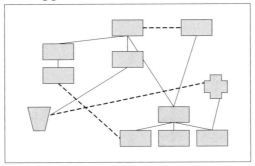

Die gebräuchlichen Organisationsformen liegen in dem weiten Spektrum zwischen einem streng hierarchischen Aufbau und einer undurchschaubaren gegenseitigen Verflechtung. Die Erfahrung zeigt, dass eine geordnete Abwicklung des Projektes einer klaren und einfachen Struktur bedarf. Jeder Beteiligte sollte wissen, an wen er sich wenden muss, wenn er selbst nicht mehr weiterkommt. Er sollte zudem wissen, für welche Bereiche und Mitarbeiter er Verantwortung trägt und Aufgaben zuordnen muss.

Diese Anforderungen werden am besten von der hierarchischen Struktur erfüllt. Dies gilt allerdings nur dann, wenn die Hierarchie auf einer aufgabenbezogenen Kompetenz aufgebaut ist und mit den Zielvorgaben auch die entsprechende Eigenverantwortung delegiert wird. Außerdem muss die Anzahl der Hierarchieebenen so gering wie möglich gehalten werden. Bei allen hierarchisch aufgebauten Strukturen sollte darauf geachtet werden, dass sie nicht durch immer neue Anforderungen ihren klaren und einfachen Aufbau einbüßen und in konzerngigantische Gebilde abdriften, bei denen kaum mehr klare Verantwortlichkeiten und Entscheidungswege erkennbar sind. Die als „gruppendynamisch" bezeichnete Struktur sagt aus, dass eine Gruppe qualifizierter Individualisten ohne geordnete Struktur zusammenarbeitet. Gemeinsame Operationen werden meist von Begeisterung getragen und führen häufig auch zu kreativen Ansätzen. Diese Organisation ist deswegen auch durchaus geeignet, Projektgrundlagen zu erarbeiten oder Projektkonzepte zu definieren, jedoch ist sie zur geordneten Projektabwicklung unbrauchbar.

In der Abbildung 7.6 ist ein typisches Organigramm als Beispiel für eine Aufbauorganisation zur koordinierten Projektdurchführung im Bauwesen dargestellt. In einem derartigen Orga-

Abb. 7.6: Beispiel einer Aufbauorganisation

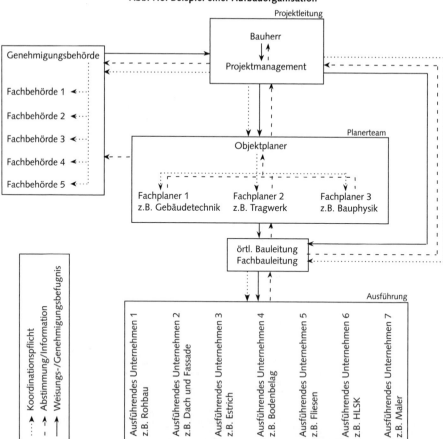

nigramm werden die Projektbeteiligten nach ihrer Funktion dargestellt und die gegenseitigen Beziehungen festgeschrieben. Wichtig ist es insbesondere, dass klar geregelt ist, welche Kompetenzen und Pflichten bestehen, wer gegenüber wem weisungsbefugt ist, wer wen zu koordinieren hat und wo grundsätzliche eine Informationspflicht besteht. Das exemplarisch dargestellte Organigramm kann bei Großprojekten oder inhaltlich komplexen Projekten wesentlich umfangreicher und das Beziehungsnetz deutlich dichter sein. Um hier dann noch die Klarheit und Übersichtlichkeit zu bewahren, wird in solchen Fällen die Aufbauorganisation stufenweise dargestellt. In einem übergeordneten Organigramm werden dann nur noch die Beteiligtengruppen – also Bauherrenfunktion, Planer/Berater, ausführende Firmen und Genehmigungsbehörden – und die Beziehungen dieser untereinander dargestellt. Weitere Organigramme befassen sich dann mit den Beteiligten und deren gegenseitigen Beziehungen innerhalb der Beteiligtengruppen.

Neben der eigentlichen Darstellung der Projektbeteiligten – hierzu gehört auch eine vereinheitlichte Verschlüsselung der Beteiligten sowie ein immer aktuelles Adressverzeichnis – zählt zur Aufbauorganisation auch noch die umfassende und gegenseitig verständliche Beschreibung von Aufgaben und einzelnen Verantwortlichkeiten und Kompetenzen. Die jeweiligen Entscheidungsebenen müssen eindeutig geklärt sein.

7.1.3 Ablauforganisation

In der Ablauforganisation müssen allgemeinverbindliche Regelungen zur Zusammenarbeit der Projektbeteiligten getroffen werden. Es müssen insbesondere folgende Fragen beantwortet werden:
– Wie arbeiten die Projektbeteiligten zusammen?
– Wie und in welchen Stufen laufen die Entscheidungsprozesse ab?
– Wie sieht der Planungsablauf aus und wer ist dort wann einzubeziehen?
– Wie laufen die Ausschreibungs- und Vergabeverfahren und wer ist beteiligt?
– Wie und durch wen werden Planer- und Firmenrechnungen geprüft und freigegeben?
– Wie erfolgt die Prüfung und Beurteilung von Planungsänderungen und Nachträgen?
– Auf welche Weise erfolgt die Zusammenarbeit zwischen örtlicher Bauleitung und Projektmanagement?

Zur Beantwortung dieser und ggf. weiterer Fragen, die sich für die geregelte Zusammenarbeit der Projektbeteiligten ergeben, werden durch das Projektmanagement Regelabläufe definiert und mit den weiteren projektorganisatorischen Regelungen in einem Organisationshandbuch zusammengefasst. Im folgenden sind exemplarisch Regelabläufe für Planungsentscheidungen, Rechnungsprüfung und -freigabe sowie für Planungsabläufe und Nachtragsbearbeitung dargestellt. Es ist wichtig, dass derartige Regelabläufe für jedes neue Projekt neu erstellt und die jeweiligen Spezifika eingearbeitet werden und dass diese Regelabläufe mit den betreffenden Projektbeteiligten als verbindlich vereinbart werden.

7.1.4 Information und Kommunikation

Ein ganz wesentlicher Teil der Projektorganisation ist die funktionierende Kommunikation und der lückenlose Informationsfluss. Hierzu müssen vor allem folgende Regelungen getroffen werden:
– Austausch von Ergebnisunterlagen
– Besprechungsregelungen
– Informationssystematik
– Formale Regelungen.

Der Austausch von Ergebnisunterlagen der Projektbeteiligten, das schriftliche Berichtswesen als auch die allgemeine Kommunikation – z.B. Schriftverkehr, Protokollverteilung, Einladungen, etc. – kann heute geeigneterweise über internet-basierte Kommunikationssysteme erfolgen. Diese stehen als Extranets genau definierten geschlossenen Benutzergruppen zur Verfügung und

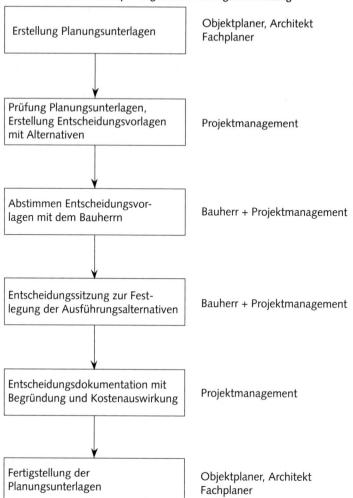

Abb. 7.7: Beispiel Regelablauf Planungsentscheidung

Erstellung Planungsunterlagen	Objektplaner, Architekt Fachplaner
Prüfung Planungsunterlagen, Erstellung Entscheidungsvorlagen mit Alternativen	Projektmanagement
Abstimmen Entscheidungsvorlagen mit dem Bauherrn	Bauherr + Projektmanagement
Entscheidungssitzung zur Festlegung der Ausführungsalternativen	Bauherr + Projektmanagement
Entscheidungsdokumentation mit Begründung und Kostenauswirkung	Projektmanagement
Fertigstellung der Planungsunterlagen	Objektplaner, Architekt Fachplaner

können die Zusammenarbeit der Projektbeteiligten ganz erheblich vereinfachen und effizienter gestalten. Dabei fungiert ein zentraler Datenserver als Projektplattform und kann bei umfassender Anwendung gleichzeitig als einfaches Projektdokumentationssystem angewendet werden.

Die Projektleitung zusammen mit dem Projektmanagement hat dafür zu sorgen, dass die definierten Projektziele in die verschiedenen Arbeitsbereiche als Aufgabenstellungen transformiert werden. Dazu ist es erforderlich, die Zieldefinitionen und Vorgaben zu hierarchisieren und stufenweise zu konkretisieren bzw. zu verfeinern.

Diese hierarchische und mehrstufige Kommunikation birgt jedoch die große Gefahr, dass durch die Informationstransformation Informationsdefizite entstehen. Um dies zu vermeiden, ist es erforderlich, neben der hierarchischen auch noch eine direkte Kommunikation der Projektbeteiligten in Form von regelmäßigen und unregelmäßigen Besprechungen durchzuführen. Hierzu ist es notwendig, Vereinbarungen über Besprechungsregelungen zu treffen.

In den **Besprechungsregelungen** werden die verschiedenen Besprechungsarten sowie die Teilnehmer, die Zuständigkeiten und die Besprechungsorte vereinbart. Es kann bei Bauprojekten im Allgemeinen von folgenden Besprechungsarten ausgegangen werden:

Abb. 7.8: Beispiel Regelablauf Rechnungsprüfung/-freigabe Firmenrechnung

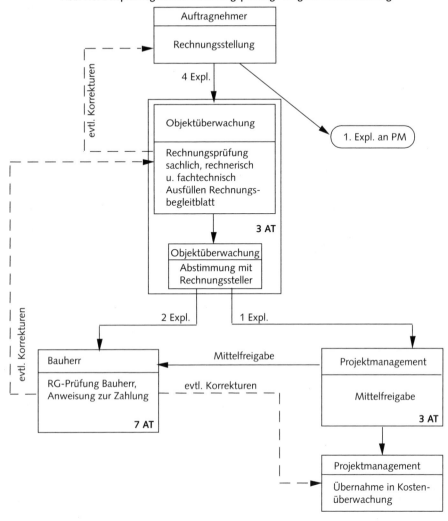

- Entscheidungssitzung Auftraggeber
  Zweck: Entscheidungen grundsätzlicher Art (v.a. kosten- und terminrelevante Entscheidungen)
- Projektleiterbesprechung/Koordinierungsbesprechung
  Zweck: Vorbereiten von Globalentscheidungen, Treffen von Einzelentscheidungen, Informationsaustausch, Steuerung des Ablaufs, Gesamtkoordination
- Projektbesprechung
  Zweck: Abstimmung der Planung mit nicht direkt an der Planung Beteiligten (z.B. Auftraggeber, Projektmanagement, ausführende Firmen, Behörden)
- Planungsbesprechung Objektplaner/Fachplaner
  Zweck: Planungsabstimmung zwischen Objektplaner, Architekt und sonst. Fachplanern (Details, Ausführungsvarianten, etc.)
- Abstimmung mit Behörden
  Zweck: Abstimmung des Genehmigungsumfanges, Abstimmung der erforderlichen Genehmigungsunterlagen, Besprechung der Genehmigungsauflagen

Abb. 7.9: Beispiel Regelablauf Vorplanung

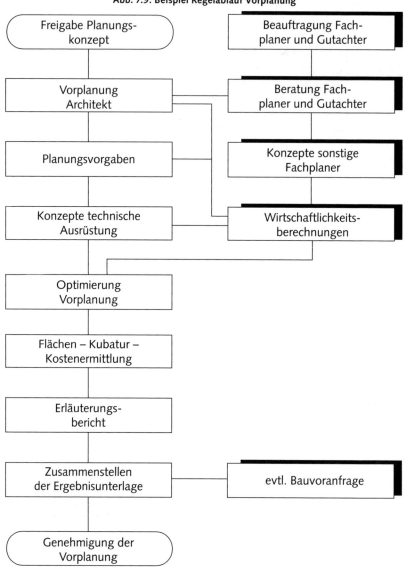

- Baubesprechung
  Zweck: Abstimmung der örtlichen Bauausführung und Detailterminkoordination

Schwerpunkte, Frequenz und Art der Besprechungen ändern sich üblicherweise mit dem Projektfortschritt. Während der Vor- und Entwurfsplanungsphasen sind von den Planern sehr enge und direkte Abstimmungen über die funktionalen Belange mit den einzelnen Organisationseinheiten des Bauherrn oder auch mit einem technisch-wirtschaftlichen Controlling im Rahmen des Projektmanagements notwendig. Im weiteren Fortschritt der Ausführungsplanung verlagern sich die laufenden Abstimmungen auf die baukonstruktiven und technischen Aspekte, so dass das gesamte Projektteam – also einschließlich Bauherr und Projektmanagement – nur noch in größeren Abständen zur Entscheidungsvorbereitung mit den Planern und der Bauleitung zusammentrifft.

Abb. 7.10: Beispiel Regelablauf Nachtragsbearbeitung

Lfd.	Vorgang	Auftragnehmer	Bauherr	Bauleitung	Projektmgm.
1	Einholen Nachtrags-angeb. Beschreibung Zusatzleistung			X	
2	Kalkulation u. Zusam-menstellen des Nach-trages	X			
3	Sachliche, rechnerische und preisliche Prüfung			X	
4	Ermittlung der effektiven Mehrkosten unter Be-rücksichtigung von Minderungen			X	
5	Begründung und Erläuterung (Prüfbericht)			X	
6	Nachweis der Kosten-deckung, Vorlage der Unterlagen beim AG				X
7	Entscheidung AG über Nachtrag		X		
8	Auftrags-/Ablehnungs-schreiben verfassen		X		
9	Ggf. Übernahme in Kostenüberwachung		X		

Innerhalb der **Informationssystematik** werden die Vereinbarungen zwischen den Projekt-beteiligten zur Dokumentation von Besprechungen, zum Schriftverkehr und zur Verteilung von Ergebnisunterlagen getroffen.

Für alle Besprechungen sind Niederschriften (Protokolle) zu erstellen. Die Protokolle werden vom Protokollführer durchlaufend nummeriert. Zur Kennzeichnung des jeweiligen Protokollführers wird vor die fortlaufende Zählnummer die entsprechende Codierung der Projektbeteiligten gestellt. Protokolle sollten sehr zeitnah, jedoch bis spätestens 1 Woche nach dem Besprechungstermin an die Teilnehmer, grundsätzlich immer an den Bauherrn und an das Projektmanagement, übermittelt werden.

Das Einverständnis der Besprechungsteilnehmer sollte vereinbart werden, wenn nicht kurz-fristig, z.B. innerhalb von 1 Woche nach Zugang des Protokolls schriftlich widersprochen wird. Die Verteilung der Protokolle obliegt dem Protokollführer. Auf diese Weise kann sichergestellt werden, dass sämtliche Besprechungsergebnisse unstrittig dokumentiert sind.

Die Verteilung des Schriftverkehrs soll so erfolgen, dass die Projektbeteiligten lückenlos informiert werden. Der Auftraggeber und das Projektmanagement erhalten grundsätzlich je 1 Kopie des gesamten externen Schriftverkehrs (z.B. Angebote, Bewerbungen, Behörden-schriftverkehr, Schriftverkehr zwischen den Fachplanern, etc.). Auch die Verteilung wichtiger Ergebnisunterlagen muss so lückenlos funktionieren, dass jeder der Projektbeteiligten über die ihn betreffenden Informationen verfügt, um seine Leistungen inhaltlich abgestimmt und termingerecht erbringen kann. Dies betrifft vor allem die verschiedenen Fachplanerleistungen, die in die Gesamtplanung des Objektplaners oder Architekten zu integrieren sind. Der Bauherr und das Projektmanagement erhalten jeweils die wesentlichen Ergebnisunterlagen in Kopie zur Information und ggf. zur Prüfung und Freigabe.

Abb. 7.11: Beispiel eines Internet-basierten Kommunikationssystem
(© Drees & Sommer)

Abb. 7.12: Hierarchie von Steuerungsvorgaben

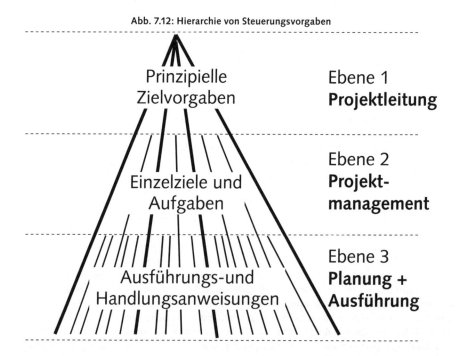

Prinzipielle
Zielvorgaben

Ebene 1
Projektleitung

Einzelziele und
Aufgaben

Ebene 2
**Projekt-
management**

Ausführungs-und
Handlungsanweisungen

Ebene 3
**Planung +
Ausführung**

Abb. 7.13: Beispiel für Besprechungsorganisation

Besprechungsart	Vorbereitung (V)/ Protokoll (P)	Ort (O)/Zyklus (Z)	Teilnehmer
Entscheidungssitzung Auftraggeber	V: Auftraggeber P: Auftraggeber	O: Auftraggeber Z: nach Bedarf	Auftraggeber Projektmanagement (n.B.) Objektplaner/Archit. (n.B.)
Projektleiterbesprechung (Gesamtkoordination)	V: Projektmanagement P: Projektmanagement	O: Auftraggeber Z: alle 4 Wochen	Auftraggeber Projektmanagement Objektplaner/Architekt Fachplaner (n.B.)
Projektbesprechung (Planungskoordination)	V: Objektplaner/Architekt P: Objektplaner/Architekt	O: Auftraggeber Z: alle 1–2 Wochen	Objektplaner/Architekt Projektmanagement (n.B.) Fachplaner (n.B.)
Planungsbesprechung (Planungsabstimmung)	V: Objektplaner/Architekt P: Objektplaner/Architekt	O: Planer Z: nach Bedarf	Objektplaner/Architekt Fachplaner
Abstimmung mit Behörden	V: AG/PM/Planer P: AG/PM/Planer	O: Behörde Z: nach Bedarf	Objektplaner/Fachplaner Projektmanagement Auftraggeber
Baubesprechung	V: Bauleitung P: Bauleitung	O: Baustelle Z: wöchentlich	Objektplaner/Architekt Fachplaner (n.B.) ausführ. Unternehmen

In den **Formalen Regelungen** wird das Berichtswesen, die Darstellungsweise von Ergebnisunterlagen oder auch die Form der Überwachung von Tätigkeiten der Projektbeteiligten definiert.

Das Projektmanagement leitet im Rhythmus der Projektleiterbesprechungen an alle zuständigen Projektbeteiligten eine aktuelle Aktivitätenliste zur Bearbeitung der sich aus den Besprechungsergebnissen oder sonstigen Ereignissen resultierenden Tätigkeiten zu. Diese Aktivitätenliste enthält alle relevanten Aufgaben der Projektbeteiligten und ordnet sie den Erledigungsterminen zu, die sich aus der Terminplanung ergeben. Die Aktivitätenliste wird nach den betreffenden Erledigern sortiert, so dass jeder Projektbeteiligte eine umfassende und aktuelle Checkliste der von ihm zu erledigenden Aufgaben hat.

Das Projektmanagement erstellt in vereinbarten Zyklen – i.d.R. quartalsmäßig – Projektberichte zur Information des Bauherrn über den Projektstand. Diese Projektberichte enthalten im komprimierter Form alle wesentlichen Projektinformationen zum Kostenstand, zur Terminsituation, zu aktuellen Problemstellungen und zum notwendigen Entscheidungsbedarf.

7.2 Vertragsmanagement

Wesentliche Voraussetzung für einen funktionierenden Projektablauf ist ein klares und eindeutiges Vertragswesen für die Planung und Bauausführung. Die meisten Auseinandersetzungen können vermieden werden, wenn die jeweiligen Verträge eindeutige und klare Inhalte haben. Hierzu gehören sowohl überschneidungsfreie und lückenlose Leistungsinhalte der verschiedenen Projektbeteiligten als auch durchsetzbare und rechtswirksame Vertragsbedingungen.

Das Vertragsmanagement, das durch den Projektmanager erbracht wird, ist nicht zu verwechseln mit einer rechtlichen Beratung, wie sie durch (Bau-)Juristen erfolgt. Eine konkrete vertragliche Rechtsberatung durch Nicht-Juristen ist nicht nur aus standesrechtlichen Gründen unzulässig, sondern sollte vor allem auch durch erfahrene und entsprechend qualifizierte und spezialisierte Juristen erfolgen.

Dennoch kann es sicher dem Aufgabenspektrum des Projektmanagements zugeordnet werden, Planer-, Berater- und Bauverträge für den Bauherrn umfassend vorzubereiten, zumal neben den rein vertragsrechtlichen Themen im wesentlichen die konkreten Vertragsinhalte zu definieren sind, die sich aus baupraktischen Erfahrungen ergeben.

Ein Vertrag – ob für Planer/Berater oder für ausführende Unternehmen – ist grundsätzlich in die beiden folgenden Teile untergliedert:

– Vertragsbedingungen
– Leistungsbeschreibung.

Die Vertragsbedingungen enthalten dabei die vertraglichen Regelungen zur Zusammenarbeit zwischen Auftraggeber und Auftragnehmer. Sie können aus Allgemeinen, Zusätzlichen und Besonderen Vertragsbedingungen bestehen. Die Allgemeinen Vertragsbedingungen enthalten die üblichen Regelbedingungen einer Vertragsseite – i.d.R. des Auftraggebers. Die Zusätzlichen Vertragsbedingungen ergänzen die Allgemeinen Vertragsbedingungen und gelten projektübergreifend. Die Besonderen Vertragsbedingungen werden für das jeweils konkrete Projekt aufgestellt und enthalten sehr projektspezifische Regelungen.

In die Ausarbeitung der Vertragsbedingungen werden die speziellen Erfahrungen des Projektmanagements aus der Abwicklung vergleichbarer Projekte eingebracht. Die endgültige Definition der Vertragsbedingungen sollte jedoch von einem erfahrenen Juristen des Bauherrn erfolgen, da die sehr spezifischen Rechtsverhältnisse und -auslegungen üblicherweise von einem technisch-kaufmännisch orientierten Projektmanager im Bauwesen nicht hinreichend genau bewertet und für den Bauherrn dann nicht ausreichend abgesichert werden können.

Für Planer- und Beraterverträge ist i.d.R. die HOAI, für Verträge der ausführenden Firmen die VOB zugrunde zu legen, wobei sich HOAI und VOB ganz grundlegend dadurch unterscheiden, dass die HOAI keine Vertragsbedingungen, sondern Leistungsbeschreibungen und die VOB keine Leistungsbeschreibungen, sondern nur Vertragsbedingungen enthält.

Eine der ersten Aufgaben des Vertragswesens ist es, neben der aus der praktischen Erfahrung resultierenden Beratung zu den Vertragsbedingungen vor allem die Leistungsinhalte der jeweiligen Planer-/Beraterverträge zu bestimmen. Hier geht es allgemein darum, sämtliche notwendigen Aufgaben der Planungsbeteiligten – also nicht Bauherrenaufgaben oder Leistungen ausführender Firmen – zur Projektdurchführung zu definieren und nach verschiedenen Leistungsmerkmalen zu unterteilen. Hieraus ergeben sich die einzelnen Leistungsbilder für die Planungsbeteiligten, die üblicherweise unter Zugrundelegung der HOAI Grundlage für Honoraranfragen sind.

Wichtig ist es insbesondere, dass die Leistungsinhalte und die Schnittstellen zwischen den einzelnen Beteiligten klar und eindeutig definiert sind. Ebenso sollte idealerweise die praktische Zusammenarbeit der Planungsbeteiligten mit ihren wesentlichen organisatorischen Regelungen vertraglich gesichert werden. Optimal ist es, wenn die im Projekt- und Organisationshandbuch zusammengefassten Regelungen zur Projektorganisation (vgl. Kap. 7.1) als Vertragsgrundlage vereinbart werden können, da somit auch eine wirklich verbindliche Vereinbarung über die Zusammenarbeit existiert und dem Bauherrn bzw. dem Projektmanagement eine rechtliche Handhabe zur Durchsetzung der Projektorganisation als Basis einer effizienten Projektabwicklung gibt.

Aus der Terminplanung ergeben sich auch die notwendigen Soll-Termine für die Planungsleistungen. Es ist grundsätzlich anzustreben, dass die wichtigsten Ecktermine für Planungsleistungen vertraglich vereinbart werden und somit für die Planer/Berater als verbindlich gelten. Insbesondere in den Planungsphasen sind leider allzu oft Projektverzögerungen zu verzeichnen, weil sich manche Planer nicht oder nur ungern an Terminvorgaben halten.

In der Abbildung 7.14 sind die wichtigsten Leistungen des Projektmanagements im Vertragswesen zusammengefasst dargestellt. Neben der schon erwähnten Vorbereitung von Verträgen ist insbesondere die Überwachung der Vertragserfüllung eine sehr wichtige Aufgabe des Projektmanagements. Hierzu gehört die terminliche Kontrolle der Leistungserfüllung genauso wie die Kontrolle der inhaltlichen Leistungserfüllung und ein Nachtrags- und Änderungsmanagement. Im letztgenannten Punkt geht es vor allem darum, zu überprüfen, inwieweit mögliche Nachforderungen der Auftragnehmer inhaltlich der Sache und der Höhe nach gerechtfertigt sind.

Abb. 7.14: Vertragsmanagement

Vertragsanalyse/Vertragsdesign

Analyse der projektspezifischen Erfordernisse incl. Ermittlung
von Vergütungen. Ausarbeiten von Vertragsentwürfen und
Mitwirken bei Verhandlungen

Datenbank der Vertragsinhalte

Organisation der vertraglichen Vereinbarungen (Vertragsbedingungen, Leistungsbeschreibung, Vergütungsvereinbarungen)

Vertragsterminpläne

Zeitliche Definition der Reihenfolge der Vertragsleistungen
und der erforderlichen End- und Zwischentermine

Dokumentation der Vertragsleistungen

Laufende Dokumentation der erbrachten Vertragsleistungen
und Änderungsvereinbarungen in Bezug auf Leistungserbringung, Vergütung und Termine

Abwicklung von Nachforderungen

Bearbeitung und Abwehr von Nachforderungen der Auftragnehmer, insbesondere bei gezielten „claim-management"-Einsätzer

7.3 Qualitätsmanagement

7.3.1 Planungsgrundlagen und -vorgaben

Das Qualitätsmanagement spielt nicht alleine bei der Baudurchführung eine wesentliche Rolle,
sondern ist insbesondere auch bereits in den frühen Projektphasen von erheblicher Bedeutung.
Den wichtigsten Phasen eines Projektes, der Definitions- und Ideenphase, wird leider allzu oft
zu wenig Beachtung geschenkt. Sie werden entweder von Bauherrenseite stark vernachlässigt
oder im Schnelldurchgang abgehakt. Die Nutzeranforderungen werden oft unzureichend
geklärt, obwohl sie die Basis für die Planung und somit auch für den Erfolg des Projektes darstellen. Die entscheidenden Weichenstellungen für Erfolg oder Misserfolg geschehen in diesen
ersten Projektphasen.

Die Planungsprozesse werden oft auf unsicheren Annahmen begonnen und führen dann
zwangsläufig zu falsch dimensionierten, unwirtschaftlichen und nicht ausreichend abgesicherten

baulichen und technischen Konzepten. Die Planung muss in diesen Fällen revidiert und mit den richtigen Annahmen für die Nutzeranforderungen von neuem begonnen werden. Dies kostet allen Beteiligten Zeit und Geld und führt zu unnötigen Missstimmungen im Projekt.

Um dies zu vermeiden, ist es zu Beginn des Projektes eine der wichtigsten Aufgaben des Projektmanagements, zusammen mit dem Bauherrn und/oder dem Nutzer, die Nutzeranforderungen sorgfältig, eingehend und umfassend zu klären. Wichtig ist es dabei, dass alle wesentlichen betroffenen Fachbereiche des Nutzers in diese Überlegungen mit einbezogen werden. Nur so lässt sich dann ein von allen Beteiligten getragenes Nutzerbedarfsprogramm als verbindliche Randbedingung des Projektes definieren.

Hier werden insbesondere folgende wichtigen Anforderungen festgeschrieben:
- Festlegungen der Einzelnutzer
- Raum-/Flächen- und Funktionsprogramm
- Gestalterische Qualität
- Technische und Materialqualität
- Projektbudget – in Verbindung mit Qualitätsanforderungen
- Terminrahmen
- Projektorganisation – Abwicklungskonzept

Aus diesen Nutzeranforderungen sollten dann durch fachkompetente Auswertungen konkrete Planungsvorgaben für die anschließend zu beauftragenden Planer erarbeitet werden. Die dann auch als technisch-wirtschaftliche Planungsvorgaben bezeichneten erstellten Planungsrandbedingungen können bzw. sollten bereits – ggf. alternative – konzeptionelle Überlegungen enthalten. Die betrifft einerseits die bauplanerischen Bereiche, für die über das Raum-/Flächen- und Funktionsprogramm sowie über die gestalterischen Anforderungen und die Materialqualitäten Rahmenbedingungen definiert sind, als anderseits vor allem auch die technischen Bereiche mit der Technischen Gebäudeausrüstung, der Bauphysik und der Fassade. Insbesondere lassen sich durch gegenseitige Optimierung und Abstimmung der technischen Bereiche und durch ganzheitliche Betrachtung des Gebäudes als energetisches System bereits in frühen Projektphasen sehr wirtschaftliche Lösungen bei optimalen Qualitäten erzielen. Sorgfältige Grundlagenermittlung und die integrativen Konzepte ergeben die technisch-wirtschaftlichen Planungsvorgaben, die nun die Basis für die eigentliche Planung darstellt. Der große Vorteil hiervon besteht in der sorgfältigen Vorbereitung der weiterführenden Planung auf der Basis von ganzheitlichen Konzepten. Außerdem erhält der Bauherr von Anfang an die größtmögliche Transparenz bezüglich Anlagentechnik, Investitionskosten und Wirtschaftlichkeit. Idealerweise sollten die bauplanerischen und gebäudetechnischen Grobkonzepte als technisch-wirtschaftliche Planungsvorgaben bauherrenseitig, d.h. unabhängig von den späteren Planern erarbeitet werden. Dies kann entweder durch separate und abgeschlossene Beauftragung entsprechender Fachplaner oder durch ein technisch orientiertes und kompetentes Projektmanagement erfolgen.

7.3.2 Technisch-Wirtschaftliches Controlling und Energiemanagement

Es reicht allerdings erfahrungsgemäß nicht immer aus, die Weichen für technisch-wirtschaftlich optimale Projekte frühzeitig durch wirtschaftliche Planungsvorgaben zu stellen. Auch die Umsetzung dieser Vorgaben in der Planung und Baurealisierung muss sichergestellt werden. Es empfiehlt sich deshalb auf Bauherrenseite ein unabhängiges Technisch-Wirtschaftliches Controlling zusätzlich bzw. im Rahmen des Projektmanagements zu installieren. Dieses Technisch-Wirtschaftliche Controlling umfasst im Wesentlichen die verschiedenen technischen und bauphysikalischen Leistungsbereiche des Bauprojektes.

Es begleitet den Planungsprozess in seinen einzelnen Phasen. Durch kontinuierliche Kontrollen im Hinblick auf die Projektziele und die konkreten Planungsvorgaben werden zeitnah – und nicht erst nach Abschluss von Projektphasen – Schwachstellen erkannt. Das Technisch-Wirtschaftliche Controlling beschränkt sich aber nicht nur auf eine reine Kontrollfunktion, sondern erarbeitet getrennt oder zusammen mit den Planungsbeteiligten Problemlösungen und Planungs- bzw. Projektoptimierungen.

Abb. 7.15: Technisch-Wirtschaftliches Controlling

Qualitätssicherung in der Planung

Know-how und Erfahrung einbringen. Die Selbstkontrolle der Planer genügt in der Regel nicht! „Vier-Augen-Prinzip"

Kontrolle auf Übereinstimmung mit den vereinbarten Zielen
- Kontinuierliche Kontrolle der Bemessung (Parameter, Methoden), am besten durch eigene Simulationsrechnungen
- Kontrolle der Planunterlagen (Schemata, Zeichnungen)
- Kontrolle der Ausschreibungsunterlagen auf Übereinstimmung mit der Planung (Qualität, Leistungsdaten)
- Kontinuierliche Kontrolle der Investitions- und Folgekosten

Die unabhängige fachliche Mitwirkung und Unterstützung im Planungsprozess beschleunigt nicht nur den Projektablauf – mögliche Optimierungsschleifen werden reduziert –, sondern sichert vor allem die Projektqualität frühzeitig. Darüber hinaus werden alle wesentlichen Planungsthemen auch noch unter kostenmäßigen und gesamtwirtschaftlichen Aspekten beleuchtet, um den Bauherrn eine umfassende Entscheidungsgrundlage für mögliche Alternativen zu gewährleisten und um Kostentransparenz und Kostensicherheit zu erreichen.

Das Technisch-Wirtschaftliche Controlling muss in den verschiedenen technischen und bauphysikalischen Leistungsbereichen über interdisziplinäres Know-how und Erfahrung verfügen, um eine gesamtheitliche Gebäudeoptimierung erreichen zu können. Besonders wichtig ist es hierbei, mit einem ganzheitliches Energiemanagement eine technisch-wirtschaftliche Projektoptimierung zu erzielen, und zwar nicht alleine durch Betrachtung der Investitionskosten, sondern vor allem auch unter Berücksichtigung der laufenden Folgekosten. Vor allem auch bei Investorenprojekten spielen aus Vermarktungsgründen neben den Investitionskosten auch die Folgekosten, die sich als „zweite Miete" ergeben, eine wesentliche Rolle.

Beim Energiemanagement geht es darum, das Gebäude als ein zusammenhängendes energetisches System zu betrachten. Die direkten Abhängigkeiten zwischen thermischer Bauphysik –

Abb. 7.16: Energiemanagement zu energetischen Gebäudeoptimierung

Grundregeln für erfolgreiches Energiemanagement

1. bautechnische Möglichkeiten ausschöpfen

   - Verglasung und Sonnenschutz
   - Fensterflächenanteil
   - Wärmedämmung
   - Speicherwirkung der Baukonstruktion

2. Möglichkeiten der freien Lüftung nutzen

   - richtiges Fensterkonzept z.B. für Gruppenbüros
   - doppelschalige Fassaden bei hohem Außenlärmpegel
   - freie Lüftung in Hochhäusern
   - freie Lüftung von Glashallen

3. umweltverträgliche und technisch-wirtschaftliche Konzepte entwickeln

   - „So viel Technik wie nötig, so wenig und einfach wie möglich"
   - Kälteerzeugung ohne FCKW
   - Kraft-Wärme-Kopplung
   - Nutzung regenerativer Energien
   - Heiz-/Kühldecken

Abb. 7.17: Anforderungen an das Energiemanagement

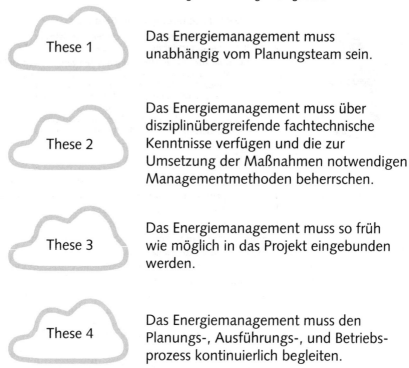

These 1   Das Energiemanagement muss unabhängig vom Planungsteam sein.

These 2   Das Energiemanagement muss über disziplinübergreifende fachtechnische Kenntnisse verfügen und die zur Umsetzung der Maßnahmen notwendigen Managementmethoden beherrschen.

These 3   Das Energiemanagement muss so früh wie möglich in das Projekt eingebunden werden.

These 4   Das Energiemanagement muss den Planungs-, Ausführungs-, und Betriebs- prozess kontinuierlich begleiten.

also z.B. Fassade oder Dach – und Raumlufttechnik – also z.B. mechanische bzw. freie Lüftung oder Kühlung – stellen nur Beispiele für die Komplexität bei der technisch-wirtschaftlichen Gebäudeoptimierung dar. Nur bei einem derartigen ganzheitlichen und interdisziplinären Ansatz lässt sich aber eine nachhaltig wirtschaftliche Gebäudekonzeption erreichen.

Das Energiemanagement ist, wie das Technisch-Wirtschaftliche Controlling insgesamt, als vollkommen unabhängige, das heißt auf Bauherrenseite zu erbringende Aufgabe zu verstehen. Es sollte das Projekt fachlich kompetent und als fairer „Sparringspartner" zu den Planern begleiten.

Es stellt einen kontinuierlichen ganzheitlichen Prozess von der Grobkonzeption als wirtschaftliche Planungsvorgaben über das begleitende Technisch-Wirtschaftliche Controlling bis hin zur Betriebsoptimierung dar und umfasst alle wesentlichen technischen und bauphysikalischen Gebäudesysteme bzw. Gebäudeteile. Insbesondere die gegenseitigen Wechselwirkungen und Einflüsse der bauphysikalischen und technischen Systeme sind hierbei zu beleuchten und unter technischen wie wirtschaftlichen Aspekten zu optimieren.

Fragestellungen wie die Notwendigkeit mechanischer Lüftungsanlagen oder die bauphysikalischen Anforderungen an Fassadenkonstruktionen lassen sich im Rahmen des Energiemanagements und des Technisch-Wirtschaftlichen Controllings beispielsweise mittels einer ganzheitlichen thermischen Gebäudesimulation beantworten.

Hierzu werden sämtliche wesentlichen inneren und äußeren thermischen Belastungen (vgl. Abb. 7.18) dynamisch über einen Referenzzeitraum mittels eines Computermodells simuliert. Als Ergebnisse lassen sich die bauphysikalischen Anforderungen an die Gebäudehülle, die Anforderungen an die Raumlufttechnik sowie wirtschaftliche und auf das spezifische Gebäude exakt abgestimmte Bemessungsgrundlagen definieren. Diese Ergebnisse dienen wiederum als wirtschaftliche Grundlage für die weitere Projektplanung sowie als Basis für das sich anschließende Technisch-Wirtschaftliche Controlling der Planung und das Energiemanagement.

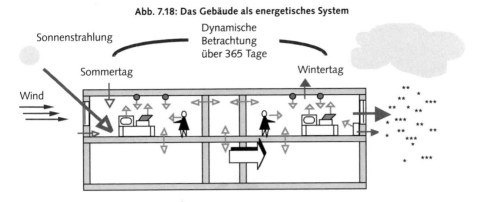

Abb. 7.18: Das Gebäude als energetisches System

Selbstverständlich beschränkt sich das Technisch-Wirtschaftliche Controlling nicht nur auf die Planung, sondern sollte sich auch in einem kontinuierlichen Qualitätsmanagement während der Ausführung fortsetzen. Die hierbei entstehenden Aufgaben werden in Teil 4 „Realisierung" beschrieben.

7.4 Terminmanagement

Unter Terminmanagement sind alle Aufgaben und Tätigkeiten des Projektmanagements zu verstehen, die zur Planung, Überwachung und Steuerung von Abläufen und Prozessen bei der Projektdurchführung erforderlich sind. Hierzu gehört nicht nur das eigentliche Baugeschehen, sondern auch die verschiedenen Vorphasen von der Projektentwicklung über die Planung und Genehmigung bis hin zur Ausschreibung und Vergabe.

Aus der für die jeweiligen Projekte durchzuführenden konkreten Planung von Abläufen ergeben sich konkrete Termine. Man spricht deswegen beim Projektmanagement seltener von Ablaufplanung als vielmehr von Terminplanung, da die sich aus der Ablaufplanung ergebenden Termine die Grundlage für die Überwachung und Steuerung des Bauprojektes darstellen. Projektabläufe können aber üblicherweise nicht vollkommen frei geplant werden, sondern meist sind verschiedenste Randbedingungen zu berücksichtigen. Beispielsweise stellen die Baufinanzierungskosten ein limitierenden Faktor dahingehend dar, den Projektablauf so kurz wie möglich zu gestalten. Auch können gesetzliche oder steuerliche Gegebenheiten dazu verpflichten, das Projekt zu einem spätest möglichen Zeitpunkt fertig zustellen. Nicht zuletzt existieren oft auch bei Investorenprojekten durch feste vertragliche Verpflichtungen mit den späteren Nutzern unverrückbare Zwischentermine zur Fertigstellung von Bauabschnitten oder zur gesamten Bezugsfertigstellung. Unter Berücksichtigung der für den Projektablauf vorgegebenen Randbedingungen müssen dann die Abläufe und letztlich die sich ergebenden Termine mit dem für den Terminplaner erforderlichen Bausachverstand und der notwendigen Erfahrung konzipiert, geplant und mit den Projektbeteiligten abgestimmt werden.

7.4.1 Durchführung der Terminplanung

Bei komplexen Projekten, wie sie im Bauwesen meist anzutreffen sind, ist es unabdingbar notwendig, alle den Ablauf beeinflussenden Randbedingungen und gegenseitigen Abhängigkeiten von Vorgängen zu berücksichtigen. Als Instrument der Terminplanung sind Balkenpläne, Liniendiagramme, Terminlisten und die Netzplantechnik gebräuchlich. Die Netzplantechnik stellt hierbei jedoch alleine dasjenige Planungsinstrument dar, mit dem es möglich ist, die Ablauf- und Terminplanung unter Berücksichtigung der inneren und äußeren Abhängigkeiten durchzuführen und diese Abhängigkeiten nachvollziehbar darzustellen. Im Hinblick auf die Vielzahl von Vorgängen innerhalb einer Gesamtprojektabwicklung und – damit zusammenhängend – die

Abb. 7.19: Projektabsicherung und -optimierung durch Gebäudesimulation

Vielzahl von gegenseitigen Abhängigkeiten ist die Netzplantechnik unverzichtbares Instrument des Terminmanagements. Sie stellt durch ihre Möglichkeit der Berücksichtigung von Abhängigkeiten eine nützliches Instrument zur Projektablaufsimulation für das Terminmanagement dar. Insbesondere um den optimalen Terminablauf herauszufinden, aber auch um die möglichen Auswirkungen von Terminverschiebungen und möglichen Terminsteuerungsmaßnahmen zu erkunden, können mit Hilfe der Netzplantechnik verschiedenste Ablaufszenarien mit wenig Aufwand simuliert werden. Eine derartige Ablaufsimulation setzt jedoch die Anwendung der EDV voraus. Es existieren heute zahlreiche Software-Pakete, die im Hinblick auf die Terminplanung komfortable Leistungen enthalten.

In der Abbildung 7.20 ist die systematische Vorgehensweise beim Terminmanagement dargestellt. Der erste Schritt zur Durchführung der Terminplanung ist eine gründliche Analyse der Aufgaben und Vorstellungen der Projektbeteiligten sowie der projektspezifisch gegebenen Randbedingungen. Besonders eingehend müssen die Vorstellungen und Forderungen des Bauherrn analysiert werden (z.B. Bauzeitminimierung wegen Finanzierungskosten, vertragliche Bindung an spätere Nutzer, etc.). Neben der Art des Projektes sind auch die Anforderungen der Baustelle, die Konstruktionsart sowie Art und Umfang des Ausbaus und der technischen Ausrüstung besonders wichtig. Erst wenn die Projektanalyse in ausreichendem Umfang durchgeführt ist und die wichtigsten Randbedingungen dokumentiert sind, kann mit der Ablaufstrukturierung begonnen werden.

Voraussetzung für die richtige Strukturierung der Abläufe ist es, dass der Projektmanager die Interessen aller Beteiligten, die von der Terminplanung erfasst werden, angemessen berücksichtigt. Bei einer Missachtung dieser Grundregel ist meist die Bereitschaft zur konstruktiven Mitarbeit bei den Beteiligten gering. Beim Aufbau der Ablaufstruktur müssen deswegen realistische Vorstellungen im Vordergrund stehen. Die Strukturierung der Abläufe erfordert

Abb. 7.20: Durchführung des Terminmanagements

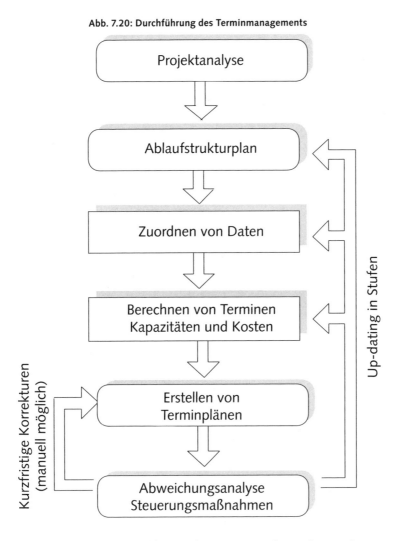

vom Projektmanager die größte Erfahrung, da er Zusammenhänge der einzelnen Vorgänge und Leistungen genau kennen muss, um ein entsprechendes Ablaufgerüst aufzubauen und die Abfolge der Vorgänge richtig einzuplanen.

Während für die Strukturüberlegungen zur Ablaufplanung für die Zeit- und Kapazitätsüberlegungen noch grobe Richtwerte ausreichen, muss für die eigentliche Terminplanung auf kurz- und mittelfristiger Ebene eine genaue Berechnung der Vorgangsdauern erfolgen, um verwertbar detaillierte Terminpläne zu erhalten, die dann auch zur Terminsteuerung herangezogen werden können. Hier sind insbesondere in der Projektvorbereitungsphase – also von der Projektentwicklung bis zum Baubeginn – umfangreiche Erfahrungen notwendig, um beispielsweise die einzelnen Planungszeiträume realistisch einzuplanen. Insbesondere wichtig ist es hierbei, dass die angenommenen Planungs- und auch Genehmigungszeiten mit den jeweils Betreffenden intensiv besprochen und abgestimmt werden, um eine hohe Akzeptanz für spätere Steuerungsmaßnahmen zu erhalten. Die Kalkulation der Vorgangsdauern für einzelne Gewerke der Baudurchführung erfolgt auf der Grundlage differenzierter Zeitwerte, Aufwands- und Leistungswerte. Bei diesen Zeitwerten handelt es sich um Erfahrungswerte, die noch den jeweiligen Bedingungen des konkreten Projektes anzupassen sind.

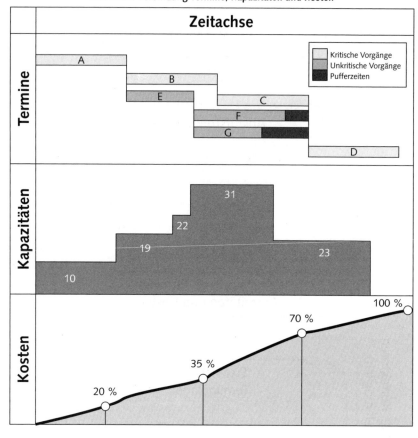

Abb. 7.21: Verbindung Termine, Kapazitäten und Kosten

Die Berechnung von Terminen und Kapazitäten erfolgt mit den bereits erwähnten Termin-planungs-Programmen. Diese Programme lassen auch oft eine Zuordnung von Kostenwerten zu den einzelnen Vorgängen zu, so dass auch ein angenäherter Mittelabflussplan generiert werden kann (vgl. Abb. 7.21). Die einzelnen Kostenwerte der Vorgänge müssen jedoch innerhalb des Kostenmanagements ermittelt werden, Kostenermittlungen lassen die genannten Programme bisher nicht zu.

Der Ablauf von Bauprojekten zeigt immer wieder, dass die Bereitstellung ausreichender Kapazitäten für die Planung und Bauausführung entscheidend für die Einhaltung der Terminpläne ist. In vielen Fällen und besonders bei Bauten mit sehr kurzen Terminen wird der Baufortschritt von der Bereitstellung der Kapazitäten – also Personal und Maschinen – bestimmt (vgl. Abb. 7.22).

In dem in Abbildung 7.22 dargestellten Beispiel wird deutlich, dass sich mit der maximal vorhandenen Personalkapazität der angestrebte Termin 1 nicht erreichen lässt. Es gibt hier nur zwei Lösungsmöglichkeiten: Entweder es kann die Personalkapazität erhöht werden – beispielsweise durch Beauftragung eines zusätzlichen (Sub-)Unternehmens – oder der Terminverlängerung muss zugestimmt und anschließend bei anderen Vorgängen Kompensationsmöglichkeiten untersucht werden.

Erst wenn die Kapazitätsuntersuchungen abgeschlossen sind – und möglicherweise auch die Mittelabflusskurve optimiert wurde – kann die endgültige Terminplanung fertiggestellt werden. Die so erstellten Terminpläne stellen jedoch kein statisches Instrument dar, denn aus der Praxis des Projektablaufes ergeben sich immer wieder unvorhersehbare Ereignisse und

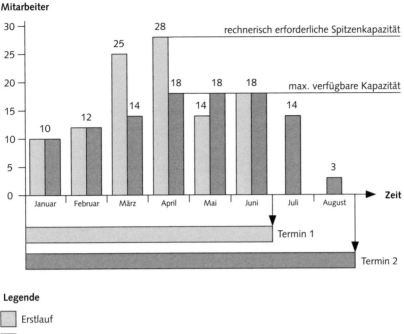

Abb. 7.22: Abhängigkeiten der Termine von der eingesetzten Kapazität

Legende

☐ Erstlauf

■ nach Kapazitätsausgleich

Zustände, die dann oft eine entsprechende Anpassung der Terminpläne erfordern. Wenn in solchen Fällen transparent gemacht werden kann, ob und wie sich diese Ereignisse auswirken und wenn auch neue bzw., überarbeitete Terminkonzepte kurzfristig simuliert werden können, ist die Grundlage für eine schnelle und effiziente Terminsteuerung geschaffen.

7.4.2 Stufen der Terminplanung

Die Terminplanung erfolgt in einzelnen Stufen, die sich durch den Detaillierungsgrad der Terminaussagen unterscheiden. Wie auch aus der Abb. 7.23 zu erkennen ist, nimmt die Genauigkeit und damit die Zuverlässigkeit von Terminaussagen mit zunehmendem zeitlichen Abstand des betrachteten Vorgangs oder Ereignisses vom Ist-Zeitpunkt deutlich ab.

Darüber hinaus muss natürlich beachtet werden, dass zu Beginn eines Projektes bei weitem noch nicht alle Projektinhalte detailliert bekannt sind. Wie auch die Kostenplanung muss die Terminplanung sich dem wachsenden Projektinformationsgehalt anpassen. Beispielsweise kann zu Anfang eines Projektes sicher noch nicht der detaillierte Rohbau- oder Ausbauablauf geplant werden, weswegen für diese Zeitpunkte nur Grobterminpläne erstellt werden können, jedoch können die kurzfristigen und zeitnahen Aktivitäten zur Projektvorbereitung – Grundlagenermittlung, Planung, etc. – differenziert erfasst und hinreichend genau terminlich eingeplant werden. Die gesamte Terminplanung für ein Projekt besteht somit immer aus einem langfristigen Rahmenterminplan, aus einem mittelfristigen Generalterminplan und aus kurzfristigen Steuerungsterminplänen (vgl. Abb. 7.24).

Die für den Projektmanager wichtigsten, aber auch schwierigsten Pläne sind der Rahmenterminplan und der Generalterminplan, die er aus eigener Kenntnis und Erfahrung zu einem Zeitpunkt erstellen muss, zu dem die eingeplanten Projektbeteiligten meist noch gar nicht oder nur zum Teil vorhanden sind. Die Steuerungsterminpläne können dagegen i.d.R. gemeinsam mit den Betroffenen aufgestellt oder zumindest abgestimmt werden.

Abb. 7.23: Genauigkeit von Terminaussagen

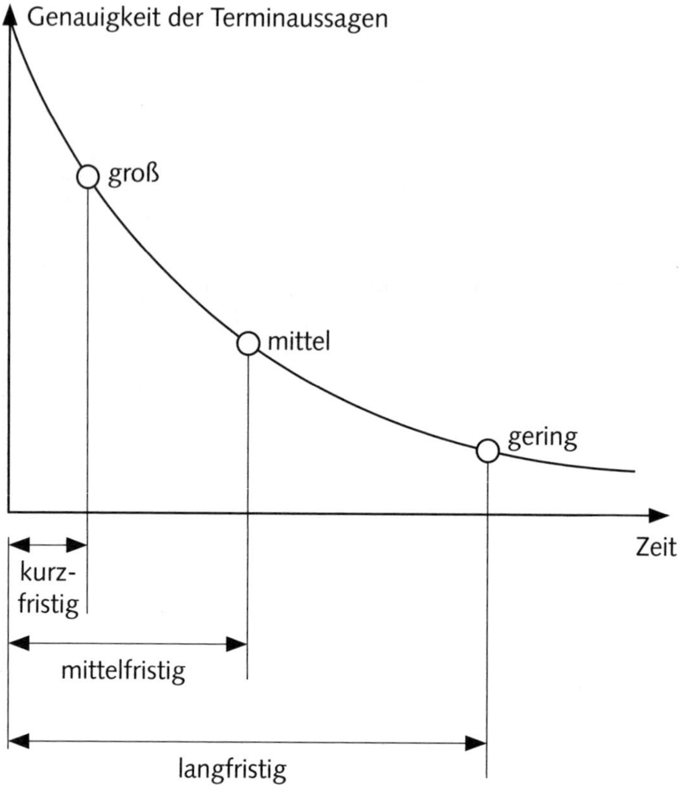

Für die langfristige Projektbetrachtung wird ein Rahmenterminplan erarbeitet, auf dem nur die wichtigsten Eckdaten des Gesamtprojektes dargestellt und verknüpft sind. Zu diesem Rahmenterminplan gehört ein ausführlicher Bericht, in dem die Grundlagen und Zielvorstellungen des Plans, die erforderlichen Randbedingungen sowie die abzuschätzenden Risiken und kritischen Bereiche dargestellt sind. Mit Hilfe des Rahmenterminplanes wird der gesamte terminliche Ablauf eines Projektes in seinen Umrissen festgelegt. Besonders schwierig ist bei der Entwicklung der Netzpläne die Phase zu erfassen, in der behördliche Stellen zur Erteilung der Genehmigung in den zeitlichen Ablauf eingeplant werden müssen. Diese Behörden lassen sich sehr ungern auf bestimmte Termine festlegen, jedoch zeigt die Erfahrung, dass bei einer vorherigen Abklärung mit den betroffenen Stellen sich auch diese Phase in den Griff bekommen lässt. Wichtig ist auch weiterhin, die Aufnahme von ablaufbestimmenden Lieferzeiten in diesen Rahmenterminplan. Besonders bei sehr technischen Projekten, muss die Vergabe der technischen Ausrüstungsgegenstände im Hinblick auf die Einreichung verbindlicher Genehmigungsunterlagen bereits zu diesem Zeitpunkt endgültig disponiert werden, da hier oft lieferantenspezifische Planungsinhalte zu berücksichtigen sind.

Die Stufe der mittelfristigen Ablaufplanung wird in der Regel mit Generalterminplan oder Generalnetz bezeichnet. Eine wesentliche Aufgabe des Generalterminplanes ist die Definition von Vertragsterminen. Um diese Vertragstermine sicher definieren zu können, müssen im Generalterminplan die wesentlichen Einzelvorgänge des betroffenen Unternehmens, ihrer Vorgänger und ihrer Nachfolger berechnet werden (vgl. Abb. 7.25). Hierzu gehören auch Planungsvorläufe und Lieferzeiten für wichtige Leistungsbestandteile. Um die wichtigen Abhängigkeiten von den Vorgängern und die Auswirkungen einer Verschiebung der Vertragstermine auf die nachfolgenden Unternehmen sofort erkennen zu können, ist die Darstellung als Netzplan, besser

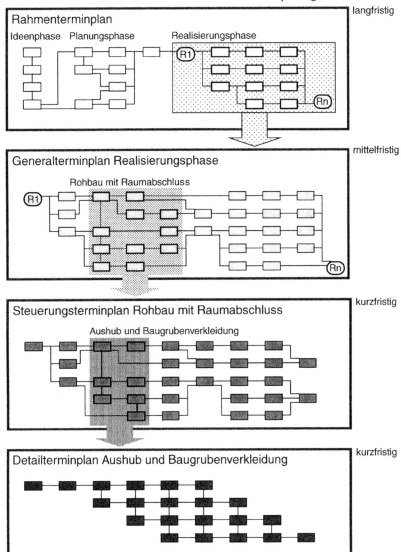

Abb. 7.24: Stufenweiser Aufbau der Terminplanung

jedoch noch als vernetzter Balkenplan erforderlich. Auf diese Art werden die Zusammenhänge deutlich und können auf sachlicher Basis diskutiert werden. Vor allem wenn Vertragsstrafen vereinbart sind oder der Auftragnehmer für Folgekosten aufzukommen hat, die aus seinen Terminverzögerungen resultieren, ist ein solcher Generalterminplan unverzichtbar.

Auf der Grundlage des Generalterminplanes und der fortgeschriebenen Ablaufstrukturpläne werden für die Terminpläne auf der Ebene der kurzfristigen Terminsteuerung und -kontrolle die Steuerungsterminpläne erstellt. Bei diesen Terminplänen soll die Detaillierung soweit gehen, dass alle Vorgänge, die verschiedenen Verantwortungsbereichen angehören oder unterschiedliche Produktionsfaktoren beanspruchen, einzeln dargestellt sind. Eine Feinplanung für einen weit vom Planungspunkt entfernten Bereich ist jedoch nicht sinnvoll. Das bedeutet, dass auch die Terminplanung erst mit dem Projektfortschritt verfeinert wird. Hierbei werden bestimm-

Abb. 7.25: Bestimmung von Vertragsterminen

Termin-Verknüpfungen

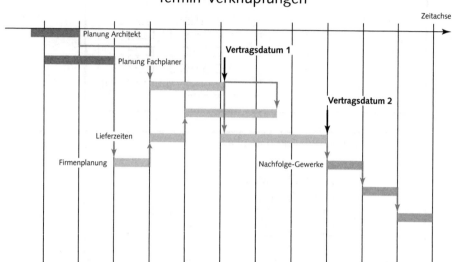

te Teilnetze, wie beispielsweise der Rohbauablauf, im Rahmen der Vergabe der Arbeiten in Zusammenarbeit mit den Rohbauunternehmen verfeinert und einvernehmlich verabschiedet. Auf diese Weise bauen die Steuerungsterminpläne späterer Phasen jeweils auf den Festlegungen den Generalterminplanes und den abgestimmten Vorleistungen auf.

Für sehr kritische Einzelbereiche wird es sich häufig als notwendig erweisen, eine weitere Detaillierungsstufe einzuführen. Eine solche Detaillierungsstufe wird mit dem Begriff Detailterminplan bezeichnet. Mit zunehmenden Feinheitsgrad der Planung steigt aber nicht nur der Planungsaufwand überproportional, sondern das Interesse der Verantwortlichen in der Bauausführung nimmt spürbar ab, wenn das Projektmanagement ihnen durch eine zu detaillierte Planung den eigenen Verantwortungsspielraum zu stark einengt. Deshalb sind diese Detailterminpläne nicht Aufgabe des Projektmanagements, sondern der Planer und der ausführenden Unternehmen. Sie werden vom Projektmanagement auch nicht kontrolliert, sondern von den Planungs- und Bauleitern in eigener Verantwortung überwacht. Die Ecktermine aus den übergeordneten Terminplänen des Projektmanagements und die Schnittstellen zu abhängigen Leistungen anderer Leistungsbereiche dürfen jedoch nicht berührt werden.

7.4.3 Darstellung von Terminplänen

Die verschiedenen vom Projektmanagement aufgestellten Terminpläne müssen folgende Aufgaben erfüllen:
- sie müssen für die betreffenden Projektbeteiligten (Planung, Bauleitung, ausführende Unternehmen) eine einfache und verständliche Arbeitsgrundlage zur eigenen Arbeitsdisposition darstellen,
- sie müssen für das Projektmanagement alle notwendigen Informationen (Dauern, Abhängigkeiten, Verantwortlichkeiten, Pufferzeiten, kritischer Weg) enthalten und transparent machen, um eine Terminüberwachung und -steuerung zu ermöglichen.

Es sind deswegen in der Praxis bei der Abwicklung von Bauprojekten folgende frei Darstellungsarten von Terminplänen üblich:
- Balkenplan
- Netzplan
- Terminliste

Abb. 7.26: Darstellung eines Rahmenterminplanes als Balkenplan

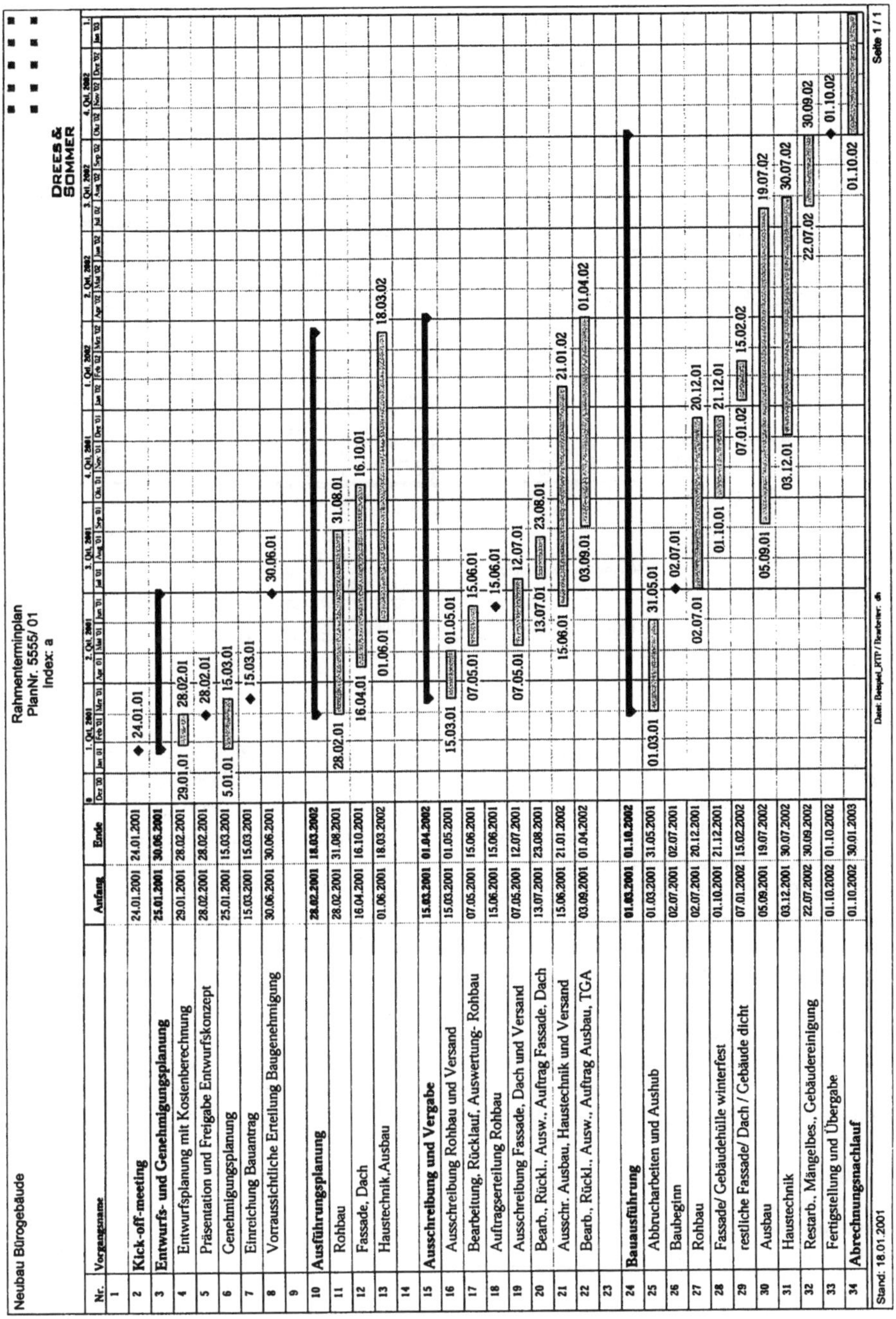

Unabhängig von der Darstellungsart ist zu berücksichtigen, dass die Grundlage zur Erstellung der Terminpläne immer die Netzplantechnik ist. In den Abbildungen 7.26 bis 7.28 sind die drei vorgenannten Darstellungsarten von Terminplänen exemplarisch für einen – relativ einfachen – Rahmenterminplan bei einem Bürogebäude als Investorenprojekt dargestellt.

Abb. 7.27: Darstellung eines Terminplanes als Netzplan

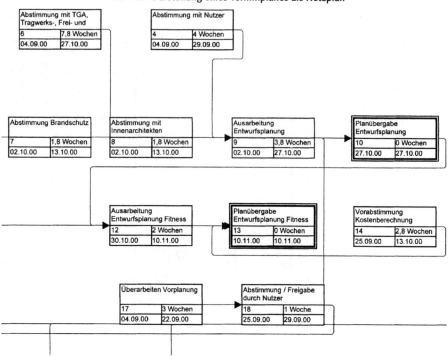

Der Netzplan ist das interne Informationsmedium für das Projektmanagement. Er wird meist als Vorgangsknotennetz erstellt und enthält die wichtigsten Vorgangsinformationen (Vorgangsname, Vorgangsdauer, Anfangs- und Endzeitpunkte) im jeweiligen Knoten sowie die gegenseitigen Abhängigkeiten (Anordnungsbeziehungen) zwischen den Vorgängen. Die Darstellung als Netzplan hat jedoch den Nachteil, dass diese bereits bei einfacheren Projekten und einer Generalterminplan- oder Steuerungsterminplanebene sehr komplex sein kann und deswegen meist von den Projektbeteiligten nicht gut verstanden wird. Die Netzplandarstellung wird aus diesem Grunde von den Projektbeteiligten oft abgelehnt und erfüllt deswegen nicht die notwendigen Voraussetzungen als Arbeitsinstrument für die Planer und ausführenden Unternehmen.

Über einen längeren Betrachtungszeitraum ist nach wie vor der Balkenplan die verständlichste und übersichtlichste Form der Darstellung. Gegenüber dem Netzplan als Vorgangsknotennetz ist der Vorteil des Balkenplans die zeitproportionale Darstellung der Vorgänge und damit die unmittelbare Anschaulichkeit. Deshalb sollten alle Netzpläne nach deren Berechnung als Balkenpläne dargestellt werden, was bei Einsatz der EDV ohne zusätzlichen Aufwand automatisch machbar ist.

Terminlisten haben sich wegen ihrer guten Lesbarkeit vor allem bei Begrenzung des zeitlichen Betrachtungshorizonts bewährt. Diese werden meist bei der Festlegung von Zwischen- und Endterminen in den Verdingungsunterlagen und bei zeitlich begrenzten Regelabläufen (z.B. Ausschreibungs- und Vergabeverfahren – Abb. 7.28 – oder Planlieferungen) angewandt.

Generell ist es für die Darstellung von Terminplänen wichtig, dass diese nach unterschiedlichen Kriterien, mindestens Gewerken und Bauteilen – sortierbar sind, da die einzelnen Beteiligten sonst mit einer zu großen Fülle an Informationen konfrontiert wären, die größtenteils nicht in direktem Zusammenhang mit ihren eigenen Aufgaben stehen. Es können deswegen auch getrennte Terminpläne für die jeweiligen Projektbeteiligten oder für die Bauteile erstellt werden, die jedoch aus einem gemeinsamen Gesamtterminplan stammen.

Abb. 7.28: Darstellung eines Terminplanes als Terminliste (A+V)

Gewerk	Prüf-LV bei PM	LV-Freigabe AG	LV-Versand	Submission	Vergabevorschlag	Bieterverhandlung	Auftrag	Planübergabe Firma	Baubeginn
	bis	bis	ab	am	PM bis	bis	bis	bis	
Erdarbeiten + Verbau	12.03.01	15.03.01	16.03.01	12.04.01	20.04.01	27.04.01	30.04.01	30.04.01	02.05.01
Baumeisterarbeiten	12.04.01	23.04.01	27.04.01	01.06.01	05.06.01	13.06.01	15.06.01	15.06.01	02.07.01
Aufzüge	12.04.01	23.04.01	27.04.01	01.06.01	05.06.01	13.06.01	15.06.01	15.06.01	02.07.01
Dachdichtungsarbeiten + Spenglerarbeiten	02.05.01	16.05.01	20.05.01	29.06.01	11.07.01	23.07.01	02.08.01	13.08.01	13.09.01
Fenster/Fassade	25.05.01	06.06.01	11.06.01	20.07.01	31.07.01	13.08.01	20.08.01	20.08.01	14.11.01
Metalltüren	08.08.01	20.08.01	24.08.01	28.09.01	12.10.01	26.10.01	29.10.01	29.10.01	07.01.02
Sanitär	24.09.01	10.10.01	15.10.01	19.11.01	28.11.01	12.12.01	17.12.01	17.12.01	28.01.02
Heizung	24.09.01	10.10.01	15.10.01	19.11.01	28.11.01	12.12.01	17.12.01	17.12.01	28.01.02
Raumlufttechnik	24.09.01	10.10.01	15.10.01	19.11.01	28.11.01	12.12.01	17.12.01	17.12.01	28.01.02
Elektrotechnik	24.09.01	10.10.01	15.10.01	19.11.01	28.11.01	12.12.01	17.12.01	17.12.01	28.01.02
Sprinkleranlagen	24.09.01	10.10.01	15.10.01	19.11.01	28.11.01	12.12.01	17.12.01	17.12.01	28.01.02
Malerarbeiten	24.10.01	05.11.01	12.11.01	14.12.01	21.12.01	09.01.02	11.02.02	11.01.02	11.02.02
Außenputzarbeiten und Anstrich	26.10.01	09.11.01	16.11.01	20.12.01	07.01.02	23.01.02	28.01.02	04.02.02	05.03.02
Außenanlagen	26.10.01	09.11.01	16.11.01	14.12.01	07.01.02	21.01.02	25.01.02	25.01.02	18.03.02
Schlosserarbeiten + Metallbau	26.10.01	09.11.01	16.11.01	14.12.01	07.01.02	21.01.02	25.01.02	25.01.02	25.03.02
MSR-Technik	30.11.01	14.12.01	20.12.01	25.01.02	04.02.02	15.02.02	22.02.02	22.02.02	16.04.02
Hohlraumböden mit Anhydritestrich	20.12.01	11.01.02	18.01.02	19.02.02	01.03.02	15.03.02	22.03.02	22.03.02	15.05.02
Beton- und Naturwerksteinarbeiten	20.12.01	11.01.02	18.01.02	19.02.02	01.03.02	15.03.02	22.03.02	22.03.02	15.05.02
Fliesenarbeiten (incl. Estrich WC-Kerne)	20.12.01	11.01.02	18.01.02	19.02.02	01.03.02	15.03.02	22.03.02	22.03.02	15.05.02
Trockenbauarbeiten	30.11.01	14.12.01	20.12.01	25.01.02	04.02.02	15.02.02	22.02.02	22.02.02	23.05.02
Bodenbeläge	01.02.02	15.02.02	21.02.02	26.02.02	03.04.02	17.04.02	22.04.02	22.04.02	03.06.02
Baubewachung	13.03.02	21.03.02	26.03.02	23.04.02	26.04.02	03.05.02	10.05.02	–	03.06.02
Schreiner	20.02.02	01.03.02	08.03.02	10.04.02	19.04.02	30.04.02	06.05.02	06.05.02	17.06.02
Ausstattung	12.04.02	26.04.02	03.05.02	03.06.02	12.06.02	25.06.02	01.07.02	01.07.02	16.08.02
Baufeinreinigung	25.06.02	05.07.02	12.07.02	12.08.02	23.08.02	04.09.02	09.09.02	–	10.09.02

Bei großen und komplexen Bauvorhaben hat es sich als sinnvoll und nützlich erwiesen, wenn den Bauablauf nicht nur über ein vernetztes Terminmodell, sondern auch noch visuell simuliert wird. Zum einen gibt dies allen Beteiligten – und hier insbesondere auch dem Bauherrn oder Investor – eine konkrete Vorstellung über den zukünftigen Bauprozess, zum anderen können so auch baulogistische Fragestellungen einfacher gelöst werden.

7.4.4 Terminüberwachung und –steuerung

Das Terminmanagement enthält nicht nur eine realitätsnahe Terminplanung, sondern auch die Kontrolle der Aufgabenerledigungen und das Einleiten von geeigneten Maßnahmen zur Terminsteuerung bei erkannten Termin-Soll-Ist-Abweichungen. Zur Terminüberwachung sollten vom Projektmanagement sogenannte Terminrückmeldelisten erstellt werden, die von den betreffenden Projektbeteiligten in bestimmten Zeitabständen auszufüllen und dem Projektmanagement zu übergeben sind.

Diese Terminrückmeldelisten können geeigneterweise ein zeitnahes Terminfenster der Steuerungsterminpläne für die in diesem Terminfenster zu erledigenden Aufgaben sein (vgl. Abb. 7.29). Als Rückmeldezeitraum hat sich durchschnittlich eine ein- bis zweiwöchentliche Abgabe der ausgefüllten Listen als zweckmäßig ergeben. Sowohl zur terminlichen Überwachung der Planung als auch der Bauausführung werden derartige Rückmeldelisten den betreffenden Planern und Firmen mit der Bitte zugeleitet, für den jeweiligen Rückmeldezeitraum und die jeweiligen Vorgänge einen ungefähren Erledigungsgrad in Prozent anzugeben.

Abb. 7.29: Beispiel einer Bauablaufsimulation (© Drees & Sommer)

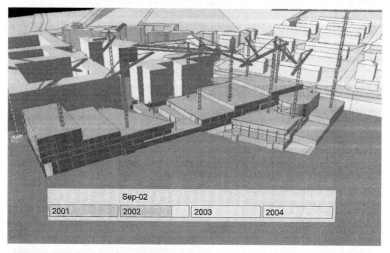

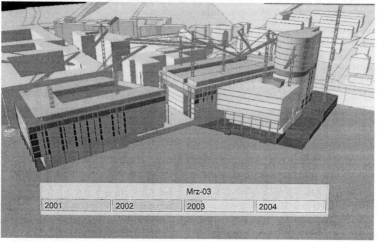

Bohn

Abb. 7.30: Beispiel Terminrückmeldeliste

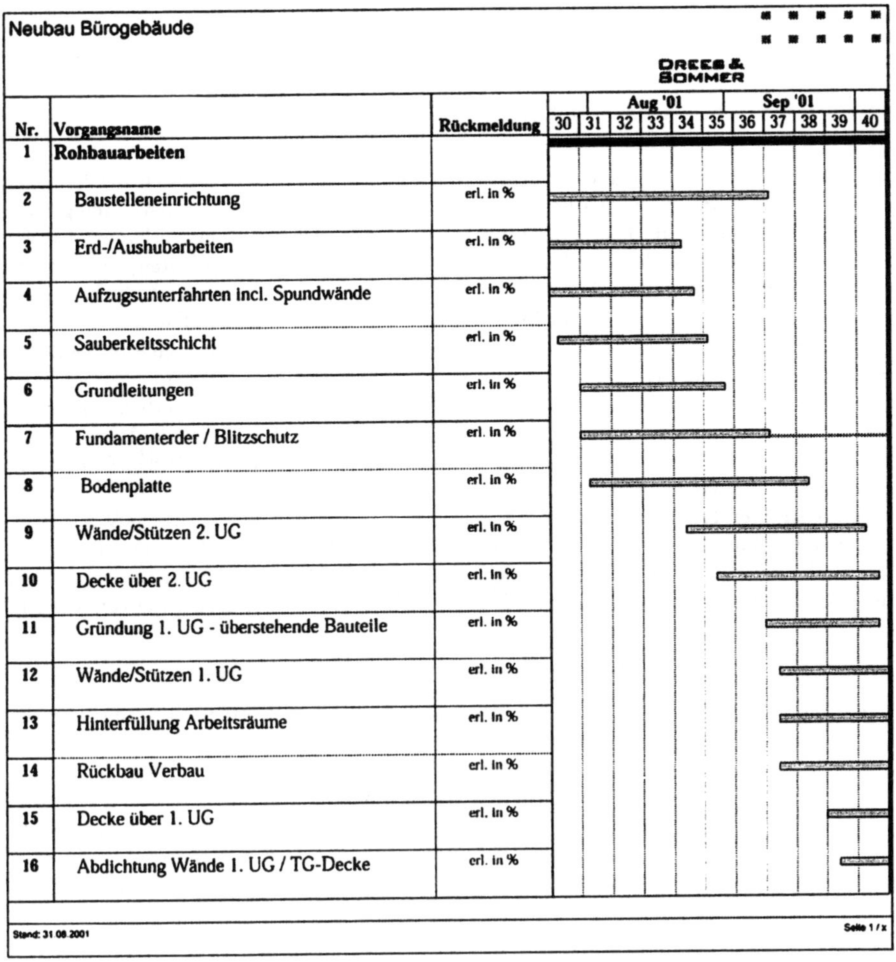

Nr.	Vorgangsname	Rückmeldung	30	31	32	33	34	35	36	37	38	39	40
1	**Rohbauarbeiten**												
2	Baustelleneinrichtung	erl. in %											
3	Erd-/Aushubarbeiten	erl. in %											
4	Aufzugsunterfahrten incl. Spundwände	erl. in %											
5	Sauberkeitsschicht	erl. in %											
6	Grundleitungen	erl. in %											
7	Fundamenterder / Blitzschutz	erl. in %											
8	Bodenplatte	erl. in %											
9	Wände/Stützen 2. UG	erl. in %											
10	Decke über 2. UG	erl. in %											
11	Gründung 1. UG - überstehende Bauteile	erl. in %											
12	Wände/Stützen 1. UG	erl. in %											
13	Hinterfüllung Arbeitsräume	erl. in %											
14	Rückbau Verbau	erl. in %											
15	Decke über 1. UG	erl. in %											
16	Abdichtung Wände 1. UG / TG-Decke	erl. in %											

Neubau Bürogebäude — DREES & SOMMER — Aug '01 / Sep '01 — Stand: 31.08.2001 — Seite 1 / x

Die Abschätzung der Erledigungsgrade ist nicht immer einfach, jedoch kommt es hierbei nicht darauf an, eine übertriebene Genauigkeit bei der Angabe der Prozentsätze zu erreichen, sondern eine ungefähre Kenntnis darüber zu erhalten, inwieweit sich die zu erledigenden Aufgaben noch im vorgegebenen Terminrahmen bewegen oder ob Gefahr besteht, den Terminrahmen zu überschreiten. Eine Abschätzung der Erledigungsgrade von ca. ± 5–10 % ist erfahrungsgemäß ausreichend. Ein dem jeweiligen Vorgang angepasster, aber möglichst kurzer Rückmeldezeitraum ermöglicht es dem Projektmanagement, bereits sehr frühzeitig zu erkennen, wenn sich Terminüberschreitungen andeuten.

Selbstverständlich stellt ein derartiges Terminberichtswesen nur ein zusätzliches Instrument zur Terminüberwachung und Erledigungsdokumentation dar. Es ist für ein effizientes Terminmanagement nach wie vor wichtig, die Terminüberwachung und -steuerung „vor Ort" in Besprechungen bei Planungs- und Baustellenterminen und durch eigene Steuerungsbesprechungen durchzuführen. Wesentlich ist es, Terminrisiken sehr zeitnah zu erkennen, um schnell und wirkungsvoll gegensteuernde Maßnahmen einzuleiten. Entsprechende Steuerungsmaßnahmen können sein:

– Kapazitätserhöhungen
– Änderungen in der Ablaufstruktur

- Verkürzung von Folgevorgängen
- Ausnutzung von Terminpuffern
- besondere Maßnahmen, wie z.B. Winterbaumaßnahmen, Provisorien.

7.5 Kostencontrolling

Die Kosten und damit die Wirtschaftlichkeit von Bauprojekten werden bereits in den frühesten Projektphasen vordefiniert. Das bedeutet, dass in diesen ersten Projektstufen durch gezielte Controllingmaßnahmen die höchste Effizienz der Kostenbeeinflussung vorhanden ist (vgl. Abb. 6.1). Mit zunehmender Projektdauer und zunehmender Planungstiefe steigt zwar auf der einen Seite die Aussagesicherheit der Kostenermittlungen, jedoch nimmt die Beeinflussbarkeit der Kosten rapide ab, da wesentliche Projektentscheidungen bereits getroffen sind.

Um eine wirtschaftlich optimale Lösung für die Investitionsmaßnahme zu erreichen, ist es dringend erforderlich, dass bereits während der frühen Projektphasen von der Definitions- und Ideenphase bis spätestens zur Entwurfs- und Genehmigungsplanung die wesentlichsten projektbeeinflussenden Entscheidungen stufenweise getroffen werden. Hierzu dient im Rahmen eines umfassenden Projektmanagements vor allem auch das Technisch-Wirtschaftliche Controlling (vgl. Kapitel 7.3), das den Bauherrn oder Investor fachkompetent unterstützt.

Ein wichtiger Teil sowohl des Projektmanagements als auch des Technisch-Wirtschaftlichen Controllings ist das Kostencontrolling. Dabei ist das Kostencontrolling genauso wie das technisch-wirtschaftliche Controlling nicht als reine Kontrollfunktion zu verstehen, sondern im Sinn des Begriffes „Controlling" als Planung, Überwachung und Steuerung von Kosten.

7.5.1 Anforderungen an Kostenermittlungen

Ein geeignetes Kostencontrolling muss außer den eigentlichen Kostenermittlung auch eine kontinuierliche Kostenüberwachung und damit auch die Voraussetzung für eine aktive Kostensteuerung während der Planungs- und Ausführungsphasen ermöglichen. Bedingung dafür ist eine vom Projektbeginn bis zur Projektabrechnung durchgängige Kostenstrukturierung. Auch hier ist es wieder wichtig, einheitliche Kostengliederungen zu verwenden bzw. zu definieren, die über sämtliche Projektphasen und für sämtliche Projektbeteiligte als verbindlich gelten. Kostenermittlungen haben den Zweck, die zu erwartenden Kosten als Grundlage für Planungs- und Ausführungsentscheidungen möglichst zutreffend und abgesichert vorauszuberechnen und entstandene Kosten der tatsächlichen Höhe nach festzustellen. Art, Umfang und Genauigkeit der Kostenermittlungen sind abhängig vom jeweiligen Stand der Planung, von verfügbaren Angaben und Erfahrungswerten sowie – im Falle der Kostenfeststellung – von den Abrechnungsunterlagen. Im Bereich des Hochbaus wird durch die HOAI in Verbindung mit der DIN 276 eine explizite Kostengliederungsstruktur vorgegeben. Die DIN 276 legt Begriffe und Unterscheidungsmerkmale allgemeingültig fest und schafft damit die Voraussetzungen für die Vergleichbarkeit der Ergebnisse von Kostenermittlungen. Die so ermittelten Kosten können bei Verwendung für andere Zwecke, z.B. zur Honorierung von Planungsleistungen oder für steuerliche Förderungen, den dabei erforderlichen Kostenermittlungen zugrundegelegt werden. Kostenermittlungen sind dabei die Vorausberechnung der entstehenden Kosten bzw. die Feststellung der tatsächlich entstandenen Kosten. Entsprechend dem Planungsfortschritt werden folgende Arten von Kostenermittlungen unterschieden:

- Kostenschätzung zur Vorplanung
- Kostenberechnung zur Entwurfsplanung
- Kostenanschlag zur Vergabevorbereitung bzw. zur Ausführungsplanung
- Kostenfeststellung nach Schlussabrechnung des Gesamtprojektes

Wichtigste Anforderung und damit wichtigstes Ziel eines systematischen Kostencontrollings ist die Möglichkeit, den Projektplanungsprozess dahingehend aktiv zu beeinflussen und zu steuern, dass unter Einhaltung der notwendigen technischen, funktionalen und gestalterischen

Randbedingung die wirtschaftlichsten Lösungen für das Projekt zur Ausführung gelangen. Eine wichtige Aufgabe des durchgängigen Kostencontrollings liegt darin, eine interaktive, die Projektplanung begleitende und beeinflussende kontinuierliche Kostenermittlung durchzuführen. Hierbei ist es insbesondere wichtig, dass sämtliche im jeweiligen Planungs- und Projektstadium enthaltenen Projektinformationen in Kostenaussagen umgesetzt werden. Dies bedeutet, dass das Kostencontrolling kein statischer Prozess ist, sondern die einzelnen Projektphasen laufend begleitet und die einzelnen Kostenermittlungen ständig aktualisiert und den neuen Projektinformationen angepasst werden. Um auch mögliche Soll-Kosten-Abweichungen rechtzeitig erkennen zu können, ist es erforderlich, dass die jeweils aktualisierten Kostenermittlungen mit den Kostenermittlungen der vorausgehenden Projektphasen verglichen und die Gründe für mögliche Abweichungen erkannt werden, um gezielte Kostensteuerungsmaßnahmen einleiten zu können. Das Kostencontrolling befasst sich deswegen inhaltlich sehr systematisch mit den Ursachen und Auswirkungen der Kosten.

Um ein über die einzelnen Projektstufen hinweg durchgängiges Kostencontrolling durchführen zu können, ist die Einordnung der einzelnen entstehenden Kosten in eine dem zunehmenden Detaillierungs- und Informationsgrad der Projektinhalte entsprechende hierarchische Kostengliederung erforderlich. Für qualifizierte Kostenermittlungen in frühen Projektplanungsphasen (z.B. Vorplanung, Entwurfs- und Genehmigungsplanung), muss die Kostengliederung nach funktionalen und konstruktiven Bauelementen aufgebaut sein, während ab der Phase der Ausführungsplanung die Kostenermittlung nach bis dahin bekannten einzelnen Teilleistungen zu erfolgen hat.

An ein Kostengliederungssystem müssen deswegen zur transparenten Kostenplanung und durchgängigen Kostensteuerung folgende Anforderungen gestellt werden:

– alle maßgebenden, dem Stand der Projektplanung entsprechenden Informationen müssen integrierbar sein

– die Gliederungssystematik muss entsprechend einer möglichen technischen Fortentwicklung erweiterbar sein

– es müssen die Kosten aller im Bauwesen vorkommenden Objekte, wie Einzelbauwerke sowie sämtliche nicht durch einzelne Objekte verursachte Projektgemeinkosten, wie z.B. Erschließungskosten oder Nebenkosten, erfassbar sein

– die Kostengliederung muss einen durchgängigen hierarchischen Aufbau nach Kostenelementen aufweisen

– es muss ein Übergang von der Kostenplanung und -steuerung mit Elementen zur Kostenplanung und -steuerung nach Vergabeeinheiten vorhanden sein

– die Einheitspreise abgewickelter Projekte müssen nach Objektarten getrennt katalogisiert und zu Elementkosten verdichtet werden können

Zusätzlich zu den dargestellten Anforderungen an eine durchgängige Kostengliederung, ist es eine der wesentlichsten Anforderungen des Kostencontrollings, dass in allen Projektphasen eine höchstmögliche Kostensicherheit gegeben ist. Insbesondere in den frühesten Projektphasen, also während der Grundlagenermittlung und Vorplanung, ist es von besonderer Bedeutung, die voraussichtlichen Projektkosten mit einer hinreichenden Genauigkeit zu ermitteln. Die in dieser frühen Projektphase ermittelten Investitionskosten stellen nämlich dann für den Bauherrn die Entscheidungsgrundlage für mögliche Varianten dar und bilden anschließend die Kostenobergrenze für die weitere Projektabwicklung.

Ein oft anzutreffendes Problem besteht nun darin, dass gerade in der Projektentwicklungsphase die notwendigen Kosteninformationen noch nicht mit der erforderlichen Zuverlässigkeit vorhanden sind. Es ist allgemein bekannt, dass in den ersten Projektphasen die mit Abstand höchste Effizienz bei der Kostenbeeinflussbarkeit gegeben ist (vgl. Abbildung 6.1), da hier noch sämtliche wesentliche, auch kostenrelevante, Projektentscheidungen offen sind. Gleichzeitig werden die vorhandenen Kostenpotentiale durch fehlende Variantenvergleiche und eine unzureichende Differenzierung der Kostenermittlungen in diesen Phasen meist nicht erschlossen.

Abb. 7.31: Kostengliederung nach DIN 276 „Kosten im Hochbau"

Kostengruppe	Grobelement
1 Grundstück	11 Grundstückswert 12 Grundstücksnebenkosten 13 Freimachen
2 Herrichten und Erschließen	21 Herrichten 22 Öffentliche Erschließung 23 Nichtöffentliche Erschließung 24 Ausgleichsabgaben
3 Bauwerk – Baukonstruktion	31 Baugrube 32 Gründung 33 Außenwände 34 Innenwände 35 Decken 36 Dächer 37 Baukonstruktive Einbauten 39 Sonstige Maßnahmen
4 Bauwerk – Technische Anlagen	41 Abwasser-, Wasser-, Gasanlagen 42 Wärmeversorgungsanlagen 43 Lufttechnische Anlagen 44 Starkstromanlagen 45 Fernmeldeanlagen 46 Förderanlagen 47 Nutzungsspezifische Anlagen 48 Gebäudeautomation 49 Sonstige Maßnahmen
5 Außenanlagen	51 Geländeflächen 52 Befestigte Flächen 53 Baukonstr. in Außenanlagen 54 Techn. Anl. in Außenanlagen 55 Einbauten in Außenanlagen 59 Sonstige Maßnahmen
6 Ausstattung und Kunstwerke	61 Ausstattung 62 Kunstwerke
7 Baunebenkosten	71 Bauherrenaufgaben 72 Vorbereitung d. Objektplanung 73 Architekten-/Ingenieurleistungen 74 Gutachten und Beratung 75 Kunst 76 Finanzierung 77 Allg. Baunebenkosten 79 Sonstige Baunebenkosten

7.5.2 Kostenplanungsverfahren

Das objekt- und ausführungsorientierte Kostencontrolling (Kostenplanung, Kostenüberwachung und Kostensteuerung) kann geeigneterweise nach der Elementmethode erfolgen, bei der sämtliche Planungs- bzw. Projektinformationen durch die in der Kostengliederung vorhandenen Kostenelemente erfasst werden. Kostenelemente sind hierbei dadurch charakterisiert, dass ihnen signifikante, aus der jeweiligen Projektplanungsphase stammende Bezugsgrößen, wie geometrische Größen oder Dimensionierungsergebnisse, zugrunde liegen. Ein maßgebendes Kriterium an die beschriebene durchgängige Kostengliederung stellt die Möglichkeit dar, die jeweiligen Elementkosten zum Zeitpunkt der Vergabevorbereitung den einzelnen Vergabeeinheiten oder Gewerken eindeutig zuordnen zu können.

Zuvor ist bereits dargestellt worden, dass es eine der wesentlichen Voraussetzungen für ein geeignetes Kostencontrolling ist, eine über die gesamten Projektphasen hinweg durchgängige Kostengliederungssystematik anzuwenden. Die Kostenermittlung in frühen Projektphasen erfolgt mittels sogenannter Grob- und Funktionselemente (für die Grundlagenermittlung bzw. Voruntersuchungen und für die Vorplanung). Ein maßgebendes Kriterium an das durchgängige Kostengliederungssystem stellt dabei die Möglichkeit dar, die Elementkosten kalkulatorisch ermitteln zu können. Wie auch aus der Abbildung 7.32 zu erkennen ist, muss es bei Unsicherheit über einzelne Elementkosten möglich sein, sich unter Annahme der Zusammensetzung des Kostenelementes aus Unterelementen durch Verdichtung der Kostendaten einen Elementpreis zu bestimmen. Dieses differenzierte Vorgehen bei der Investitionskostenplanung lässt sich mit wirtschaftlich vertretbarem Aufwand allerdings nur mittels Einsatzes der EDV durchführen. Da ein entsprechendes EDV-Programm weniger komplexe Rechenaufgaben erfüllen, sondern vielmehr organisatorischen Charakter zur durchgängigen Datenverwaltung besitzen muss, stellt eine relationale Datenbank eine geeignete Basis für eine Kostenplanungsprogramm dar.

Neben der Kostenelementgliederung muss zusätzlich die Möglichkeit der Zuordnung der Elementkosten zu Bauabschnitten, Bauteilen und zu einzelnen Nutzungs- und Funktionsbereichen gewährleistet sein. Dies ist insbesondere bei großen Investorenprojekten von Bedeutung, wenn eine nutzerspezifische Kostenaufteilung erforderlich ist.

Abb. 7.32: Stufen und Durchgängigkeit der Kostenplanung

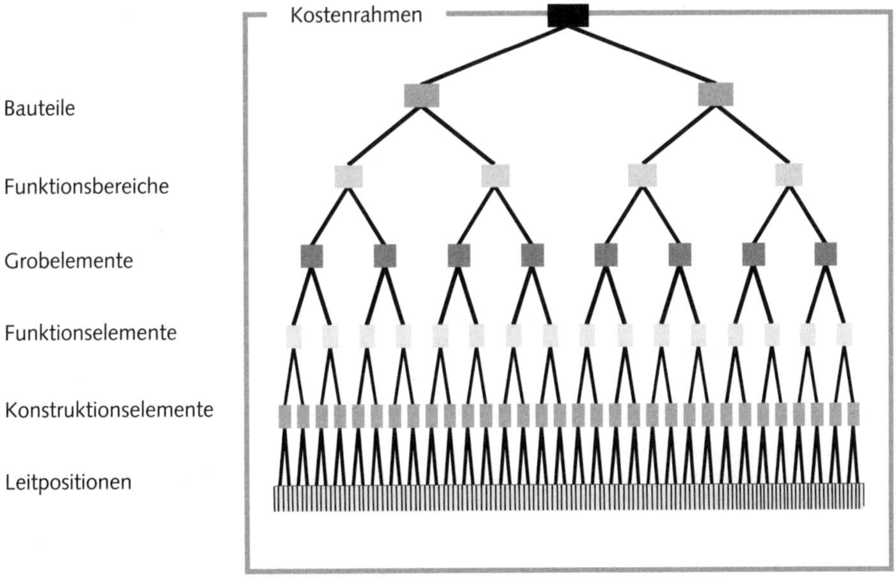

Abb. 7.33: Kostenermittlung nach Nutzungs- und Funktionsbereichen

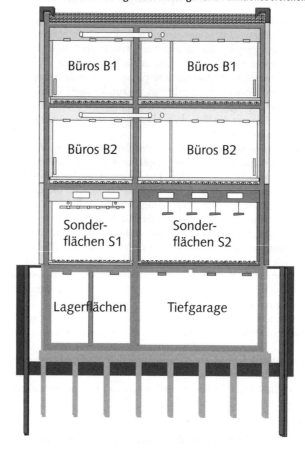

Darüber hinaus ist die Durchgängigkeit zu einer ausführungsorientierten Kostenstruktur nach Vergabeeinheiten bzw. Einzelgewerken oder Losen zu gewährleisten, um einerseits Sollkosten bzw. Vergabebudgets nachvollziehbar zu definieren und um andererseits auch Kostenkontrollen auf höheren Aggregationsstufen zu ermöglichen und Kostenauswertungen für Folgeprojekte für die unterschiedlichen Kostenplanungsstufen zu gewinnen.

Eine methodische mehrstufige Kostenplanung erfordert eine EDV-gerechte Codierung der einzelnen Kostenarten und -stellen. Das gesamte Verschlüsselungssystem hat dabei vor allem eine Sortierung der Investitionskosten nach den beiden folgenden Kriterien zu ermöglichen:

– Sortierung nach Kostengruppen für das Gesamtprojekt sowie für einzelnen Bauabschnitte, Bauteile oder Nutzungs- und Funktionsbereiche

– Sortierung nach Vergabeeinheiten, Gewerken und Losen innerhalb einzelner Bauabschnitte, Bauteile oder Nutzungs- und Funktionsbereiche und für das Gesamtprojekt

7.5.3 Stufen und Ablauf der Kostenplanung

Die Kostenplanung als Teil des Kostencontrollings erfolgt projektbegleitend über die einzelnen Projektphasen und üblicherweise in mehreren hierarchischen Stufen, die meist den Leistungsphasen der Planung nach HOAI entsprechen und sich entsprechend verfeinern (Abb. 7.34). Wie bereits dargestellt, ist es von besonderer Wichtigkeit, vor allem in den ersten Projektphasen möglichst genaue Kostenaussagen zu erhalten, um einerseits das zukünftige Projektbudget

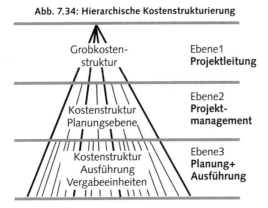

Abb. 7.34: Hierarchische Kostenstrukturierung

festlegen zu können und um andererseits mögliche Alternativen oder Varianten auch unter Kosten- und Wirtschaftlichkeitsgesichtspunkten gegenüberstellen zu können.

Um in den genannten ersten und frühesten Projektphasen bereits zuverlässige Kostenermittlungen durchführen zu können, müssen bereits zu diesen Zeitpunkten sämtliche bekannten Projektinformationen berücksichtigt werden. Es genügt nicht, hier mit groben Kostenkennwerten zu operieren, da diese üblicherweise nicht sämtliche im Projekt vorhandenen Kosteneinflüsse berücksichtigen. Beispielsweise können pauschale Kostenkennwerte €/m² BGF einen derart hohen Streubereich aufweisen, da unterschiedlichste Projektarten und unterschiedlichste Projektstandards nur schwer zu berücksichtigen sind, so dass hiermit sinnvolle Variantenvergleiche unter Kostengesichtspunkten ebenso wenig möglich sind wie eine frühzeitig abgesicherte Projektbudgetierung. Wie auch bereits dargestellt, ist es deswegen notwendig, bereits frühestmöglich eine weitgehende Kostenaufschlüsselung nach Kostenelementen vorzunehmen. Die Aussagesicherheit der Kostenermittlungen wird dadurch erreicht, dass zum einen den Kostenelementen mess- oder berechenbare Elementmengen zugeordnet sind und zum anderen der Detaillierungsgrad der Kostenermittlungen eine aus statistischer Sicht höhere Genauigkeit erwarten lässt. Die Gesamtinvestitionskosten setzen sich aus den Kosten einzelner Elemente und letztendlich einzelner Teilleistungen zusammen. Untersucht man für die Kostenelemente die kostenrelevanten Einflüsse, so ist nach Mengen- und Kostenansätzen zu unterscheiden.

Die Gesamtkosten der Investition oder von Teilen der Investition unterliegen bis zur Abrechnung des Projektes gewissen Unsicherheiten, die zu Abweichungen zwischen den Gesamtkosten aus den jeweiligen Kostenermittlungen und den tatsächlich anfallenden Kosten führen. Diese Unsicherheiten resultieren vor allem aus den einzelnen Kostenansätzen für die Elementkosten. Die möglichen Fehler bei den Mengenansätzen spielen im Bauwesen durch die erforderlichen, den Mengenermittlungen vorausgehenden technischen Berechnungen, Bemessungen und Mengenermittlungen im Verhältnis zu den Unsicherheiten bei den Kostenansätzen eine wesentlich geringe Rolle. Die Streubreite der voraussichtlichen Gesamtkosten werden demnach vor allem durch die den Kostenermittlungen zugrundeliegenden Kostenansätze bestimmt.

Differenzierte Investitionskostenermittlungen mit der Elementmethode setzen einerseits eine kontinuierlich zu aktualisierende Elementkostendokumentation und andererseits die Möglichkeit, Kostenansätze für die Elemente aus Unterelementen kalkulatorisch zu bestimmen, voraus. Die aus den einzelnen Kostengliederungsstufen kalkulatorisch ermittelbaren spezifischen Ansätze für die Elementkosten in Verbindung mit einer ständigen Kostendatenpflege lassen eine wesentlich höhere Aussagesicherheit für die Gesamtkosten erwarten, als rein statistisch gewonnene Kostenkennwerte, wie beispielsweise €/m² BGF.

Es ist deswegen festzuhalten, dass sich die Forderung nach höherer Aussagesicherheit der Investitionskostenermittlungen in frühen Projektphasen zusätzlich zu einer erforderlichen rechnerischen Berücksichtigung der technischen und baulichen Randbedingungen, vor allem durch zwei Faktoren erreichen lässt:

- Erhöhung des Detaillierungsgrades der Kostenermittlung durch Einführung von Kostenelementen
- Mehrstufigkeit und Durchgängigkeit der Kostenplanung und Möglichkeit der kalkulatorischen Ermittlung der Elementkosten über Elemente der nachgeordneten Gliederungsstufen

7.5.4 Kostenüberwachung und -steuerung

Die Kostensteuerung mit der Ermittlung der Soll-Kosten und der Vorgehensweise zur Gewährleistung ihrer Einhaltung verläuft im wesentlichen nach einem Regelkreis. Aus rechtlichen, technischen, betrieblichen und örtlichen Anforderungen bestimmen sich die grundsätzlichen

Abb. 7.35: Regelkreis der Kostensteuerung

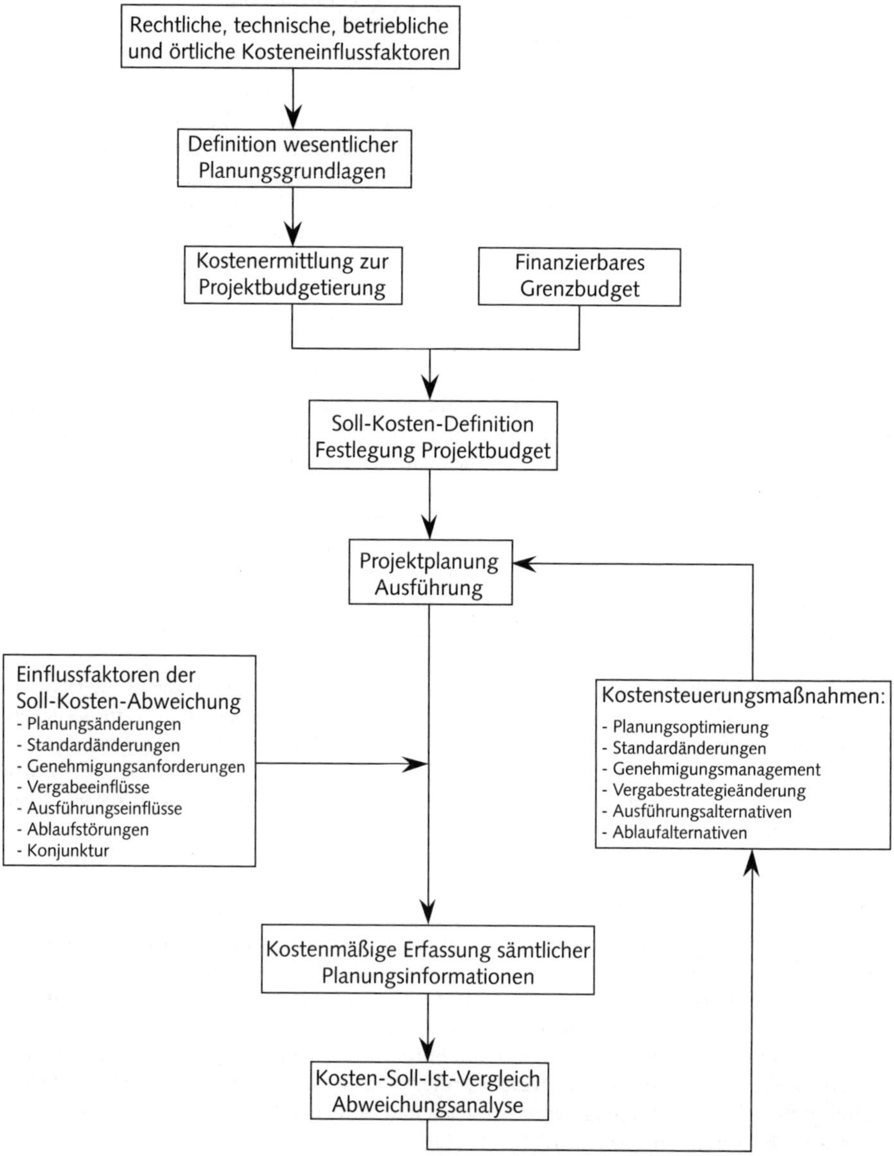

Planungsinhalte, die dann Grundlage für die Projektbudgetierung (Soll-Kosten) sind. Bereits zur Projektbudgetierung werden die Kostenermittlungen nach der ersten Hierarchiestufe der einheitlichen und durchgängigen Kostengliederungssystematik durchgeführt. Während der Projektplanung und der Projektausführung sind die Soll-Kosten üblicherweise zahlreichen Störfaktoren unterworfen. Diese können sowohl durch den Planungs- und Genehmigungsprozess als auch durch Auftragsvergaben und die Projektausführung entstehen.

Erste Teilaufgabe der Kostensteuerung ist es deswegen, sämtliche neuen Projektinformationen – ob aus fortschreitender Planungstiefe, geänderten Planungsinhalten oder aus der Ausführung – zu erfassen und kostenmäßig zu bewerten. Ein anschließender Kosten-Soll-Ist-Vergleich mit eingehender Abweichungsanalyse bildet die Grundlage für die Entscheidung zur Einleitung von Kostensteuerungsmaßnahmen. Diese können beispielsweise sowohl Vorschläge zur Planungs- bzw. Projektoptimierung als auch zur Änderung der Ausführung oder des Ausführungsablaufes unter Kostengesichtspunkten sein. Eine effektive Kostensteuerung setzt deswegen sowohl Kenntnisse und Erfahrungen in den baufachlichen Disziplinen als auch in der Organisation und Planung der Ausführung voraus.

Projektänderungen mit Auswirkungen auf die Soll-Kosten müssen ausführlich dokumentiert auf der zuständigen Bauherrenebene zur Entscheidung gebracht werden. Im Falle von Kostenunterschreitungen können die eingesparten Kosten projektspezifischen Rückstellungen zugewiesen werden oder – bei ausreichender Kostensicherheit – zur anderweitigen Verwendung freigegeben werden. Bei Erhöhungen gegenüber den Soll-Kosten und keinen ausreichend wirksamen Kostensteuerungsmaßnahmen ist im ungünstigsten Fall das Projektbudget nach Entscheidung durch den Bauherr anzupassen. Diese notwendige Anpassung des Projektbudgets kann jedoch bei aktiver Kostensteuerung nur aufgrund unvorhergesehener Projekteinflüsse erforderlich werden.

Neben den vorbeschriebenen Kostensteuerungsmaßnahmen stellt auch das zur Kostentransparenz notwendige Projektkosteninformationssystem einen wichtigen Bestandteil der Kostensteuerung dar. In diesem System werden die kosten- und zahlungsrelevanten Daten sämtlicher Aufträge – Planer, Berater, ausführende Unternehmen, etc. – erfasst, um einen ständigen Vergleich zwischen den Einzelbudgets der Vergabeeinheiten und der tatsächlichen Kostenentwicklung innerhalb der Vergabeeinheiten zu ermöglichen. Insbesondere dient dieses System auch zur Nachtragsüberwachung und -steuerung sowie zur Kontrolle des Zahlungs- und Leistungsstandes.

8. Projektmanagement beim Redevelopment

Das aktuelle Baugeschehen wird beherrscht vom Präfix Re-: Reurbanisierung, Rekonstruktion, Renovierung, Revitalisierung sowie Redevelopment. Dieser Trend ist durch die seit 1998 anhaltende Verlagerung des inländischen Baugeschehens in den Gebäudebestand feststellbar.

Beim Redevelopment geht es um ein erneutes Aufgreifen bereits vorhandener Entwicklungen im immobilientechnischen und stadtwirtschaftlichen Verständnis. Sowohl die Revitalisierung als auch die Nutzungsänderung sind Elemente des Oberbegriffs Redevelopment und stellen eine Neupositionierung der Immobilie dar – vgl. folgende Abbildung.

Abb. 8.1: Ausgangssituation und Bestandteile des Begriffs Redevelopment[1]

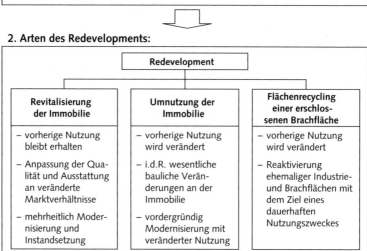

1. Anstoßsituation des Redevelopments:

Die Effizienz der Bürobestandsimmobilie bzw. des Grundstückes ist gefährdet bzw. nicht mehr gewährleistet. Treibender Faktor ist die Aussicht, dass der Eigentümer durch das Redevelopment sein Ergebnis verbessern kann.

2. Arten des Redevelopments:

Redevelopment		
Revitalisierung der Immobilie	**Umnutzung der Immobilie**	**Flächenrecycling einer erschlossenen Brachfläche**
– vorherige Nutzung bleibt erhalten	– vorherige Nutzung wird verändert	– vorherige Nutzung wird verändert
– Anpassung der Qualität und Ausstattung an veränderte Marktverhältnisse	– i.d.R. wesentliche bauliche Veränderungen an der Immobilie	– Reaktivierung ehemaliger Industrie- und Brachflächen mit dem Ziel eines dauerhaften Nutzungszweckes
– mehrheitlich Modernisierung und Instandsetzung	– vordergründig Modernisierung mit veränderter Nutzung	

Im Rahmen der Planung und Umsetzung des Redevelopments treten spezifische Besonderheiten für die Projektentwicklung und das Projektmanagement auf, die im Folgenden näher erläutert werden.

8.1 Redevelopment – Projektentwicklung von Bestandsimmobilien

Das Redevelopment fokussiert auf immobilienwirtschaftliche Entwicklungsmaßnahmen an bestehenden, von Leerstand bedrohten oder bereits durch Leerstand gekennzeichneten Bestandsimmobilien, die der Erzielung von Wertschöpfung dienen.

---

[1] Vgl. Harlfinger: Referenzvorgehensmodell zu Redevelopment von Bürobestandsimmobilien, 2006, S. 19.

In diesem Kontext ist festzustellen, dass städtische Zentren oft signifikant durch „Problem-immobilien" negativ geprägt werden. Widersprüchlich zur oft exzellenten Lage können diese Immobilien dem Markt in ihrem Erbauungszustand insbesondere aus nutzungsspezifischer Sicht nur mittels Redevelopments wieder zugänglich gemacht werden. Im besonderen Maße sind Bürogebäude durch den rasanten Wandel der Arbeitswelt von der angesprochenen Problematik betroffen.

8.1.1 Chancen des Redevelopments von Bestandsgebäuden

Das Bauen im Bestand bietet entgegen allgemeinen Behauptungen eine ganze Reihe potenzieller Chancen, die durch ein geschicktes Redevelopment erschlossen werden können – siehe die folgende Abbildung.

Abb. 8.2: Chancenpotenziale des Redevelopments

Primärchancen-Investor

- exzellente inner-städtische Lage
- vorhandene Erschließung
- Bestandsschutz
- Prognosesicherheit bezüglich des Markt-potenzials
- Ausnutzung von Stell-platzkontingenten des Bestandsobjekts
- großzügiges Baukonzept
- relativ kurze Bau-zeiten möglich
- geringe Kapitalbindung, hohe Flexibilität bzgl. d. Investitionsstrategie
- Erleichterung für Genehmigungen

Sekundärchancen

- Für den Projektentwickler durch Kompetenzbildung im komplexen Bereich des Redevelopments
- Für die Stadtentwicklung durch Verbesserung der innerstädtischen Bestandsqualität

Im Folgenden wird beispielhaft auf einige Chancen des Redevelopments eingegangen.

8.1.1.1 Standort und Markt

Bei Bestandsobjekten können mehrere Standortvorteile genutzt werden. Zum einen ist das Grundstück i.d.R. erschlossen, wodurch die bei Neubauten sehr kostintensiven infrastrukturellen Erschließungsmaßnahmen wesentlich gemindert werden bzw. u.U. entfallen.

Zum anderen besitzen der vorhandene Standort und das Bestandsobjekt ein Image, das vom Redevelopment aufgegriffen und weiterentwickelt werden sollte. In diesem Zusammenhang ist darauf hinzuweisen, dass das Objektimage nach dem Redevelopment positiv mit dem Standortimage korrelieren muss, um nachhaltigen wirtschaftlichen Erfolg zu gewährleisten.

Innerstädtische Bestandsimmobilien zeichnen sich durch eine exponierte städtebauliche Lage aus und bieten damit ein enormes Wertschöpfungspotenzial.

Ein Marktvorteil des Bestandsobjektes gegenüber dem Neubau auf unbebauten Freiflächen in der Peripherie liegt in der erhöhten Prognosegenauigkeit über Passanten- und Kundenströme. Dies ist ein wesentlicher Vorteil, da somit die Akzeptanz des Standortes – die bei Unternehmen mit wirtschaftsbezogenem Publikumsverkehr wie z.B. Banken, Handelsketten sehr bedeutend für die Ertragskraft ist – wesentlich sicherer vorausgesagt werden kann.

8.1.1.2 Bestandsschutz

Der Erhalt des Bestandsschutzes einer Immobilie ist für das Redevelopment ein wesentlicher Vorteil. Der Bestandsschutz manifestiert die Randbedingungen des Objektes und bietet dadurch Sicherheit in der Planung.

Ein weiterer Vorteil aus dem Erhalt des Bestandsschutzes ergibt sich vor allem für die Stellplatzthematik in Städten wie Frankfurt, Düsseldorf und Hamburg. Dort werden hohe Ablösesummen für Stellplätze bei Neubauten bzw. Bauvorhaben mit verfallendem Bestandsschutz verlangt. Unter wirtschaftlichen Gesichtspunkten stellt somit der Bestandsschutz eine wesentliche finanzielle Minderung des Aufwandes dar. Um den Bestandschutz während des Redevelopments nicht zu gefährden, sollten nachstehende Erläuterungen zwingend beachtet werden.

Die Bedeutung des Bestandsschutzes im Baurecht zielt auf die Frage ab, ob ein einmal rechtmäßig errichtetes Gebäude entgegen der aktuellen Rechtslage erhalten, verändert oder angepasst werden kann und unter welchen Bedingungen dies geschieht.

Generell hat das Errichten, Instandsetzen, Instandhalten und Umnutzen von baulichen Anlagen so zu erfolgen, dass die aktuellen rechtlichen Vorschriften eingehalten werden (§ 3 MusterBO). Dabei spielt es keine Rolle, ob es sich um eine genehmigungsbedürftige oder genehmigungsfreie Maßnahme handelt.

In wieweit die von der Änderung nicht betroffenen Bauwerksteile ebenfalls an das geltende Recht anzugleichen sind, hängt vom Umfang der Änderungsmaßnahme ab. Werden wesentliche Änderungen vorgenommen, verliert das Gebäude seinen Bestandsschutz und es muss eine Anpassung an die geltenden Vorschriften erfolgen. Als wesentliche Änderungen werden folgende Maßnahmen verstanden:
– Veränderung der äußeren Form (Anbau, Erweiterung),
– Veränderung der inneren Raumaufteilung (Fluchtwege, Nutzungseinheiten),
– Umnutzung,
– Änderungen, die statische Nachrechnungen erforderlich machen.

Unabhängig von der Wirksamkeit des Bestandsschutzes können die zuständigen Behörden verlangen, dass eine Anpassung der baulichen Situation an die gültige Rechtslage zu erfolgen hat, wenn eine Gefahr für Sicherheit und Gesundheit besteht. Da die bauordnungsrechtlich geregelten Belange des Brandschutzes eben genau darauf abzielen, das Leben und die Gesundheit aller mit einem Gebäude im Zusammenhang stehenden Menschen zu schützen, ist damit zu rechnen, dass für die Redevelopmentmaßnahmen in jedem Fall die aktuell gültigen brandschutztechnischen Anforderungen zu beachten sind. Dies kann wiederum dazu führen, dass auch in Bereichen, die nicht vom Redevelopment betroffen sind, Änderungsmaßnahmen erforderlich werden, um die Wirkungsweise des Gesamtbrandschutzkonzeptes sicher zu stellen.

8.1.1.3 Kapitalbindung

Das Redevelopment von Bestandsobjekten bietet im aktuellen Mietermarkt, der durch einen sehr aggressiven Verdrängungswettbewerb gekennzeichnet ist, eine hervorragende Ausgangsposition. Insbesondere die momentan sehr günstigen Einkaufswerte von 300 bis 400 Euro/m² für Bestandsobjekte erlauben sehr niedrige, dem Marktumfeld angepasste bzw. unterbietende aber dennoch kostendeckende Mietpreise. Die aktuellen Einkaufswerte entsprechen ca. 20 bis 25 % der üblichen Herstellkosten für Neubauten. Daraus resultiert eine wesentlich geringere

Abb. 8.3: Finanzielle Handlungsflexibilität des Projektentwicklers

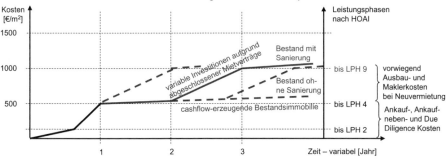

Eigenkapitalbindung des Projektentwicklers, die dem Entwickler von Bestandsobjekten eine flexible, dem Markt angepasste Investitionsstrategie ermöglicht.

In Abhängigkeit von der Marktlage ist der Projektentwickler aufgrund der sehr geringen Einkaufwerte für Bestandsobjekte in der Lage, die Modernisierungsinvestitionen so zu steuern, dass er unter oder im Bereich des durchschnittlichen Mietpreisniveaus bleibt. Diese finanzielle Flexibilität infolge der geringen Kapitalbindung bei Einkauf der Bestandsimmobilie ist in der aktuellen Marktlage ein entscheidender Vorteil.

8.1.2 Risiken der Objektentwicklung von Bestandsgebäuden

Das Redevelopment von Bestandsimmobilien ist durch eine hohe Komplexität und wirtschaftliche Intransparenz in der Planungs- und Ausführungsphase gekennzeichnet und stellt somit ungleich höhere Anforderungen an den Entwickler als ein Neubau.

Das Bauen im Bestand beinhaltet neben dem großen Chancenpotenzial eine Vielzahl gewichtiger Risiken, die im Vorfeld des Redevelopments zwingend überprüft werden müssen – siehe die folgende Abbildung.

Abb. 8.4: Risiken beim Redevelopment von Bestandsimmobilien

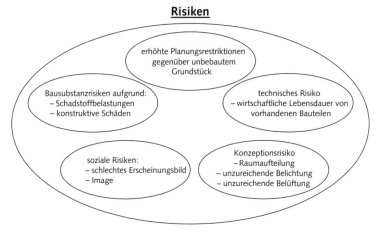

Im Folgenden wird beispielhaft auf einige Risiken des Bauens im Bestand eingegangen.

8.1.2.1 Konzeptionsrisiko

Die Thematik der Gebäudekonzeption wird bedingt durch den Wandel der Arbeits- und Wirtschaftswelt im Projektentwicklungsmarkt immer einflussreicher. Aufgrund der im Vordergrund stehenden Cashflow – Orientierung einer Projektentwicklung muss im Zuge der finanzstrategischen Akquisition von Fremdkapital den Fremdkapitalgebern die Nachhaltigkeit der intendierten Rendite bzw. die Drittverwendungsfähigkeit der Immobilie nachgewiesen werden. Die Drittverwendungsfähigkeit der Immobilie wird aus der integrierten Nutzungsflexibilität bestimmt. Gebäudeparameter im Zusammenhang mit dem Rohbau wie z.B. die Gebäudetiefe, die Geschosshöhe und die Fassadenkonstruktion bilden die Bewertungsbasis der Nutzungsflexibilität. Die Komplexität der Thematik lässt es an dieser Stelle nicht zu, umfassender auf die Problematik der Nutzungsflexibilität einzugehen.

Es gilt im Sinne eines frühzeitig implementierten Risikomanagements das Bestandsobjekt im Vorfeld des Redevelopments bzw. der Akquisition auf die Gewährleistung eines Maximums an Nutzungsflexibilität eingehend zu prüfen.

8.1.2.2 Bausubstanzrisiko

Charakteristisch für das Redevelopment ist das Bausubstanzrisiko. Zwei entscheidende Faktoren führen bei Investoren des Öfteren zu erheblichen Vorbehalten.

Zum einen ist die mögliche Schadstoffbelastung der verbauten Materialien ein Grund zur Zurückhaltung. Rechtliche Vorgaben wie z.B. das Bundesimmissionsschutzgesetz (BImSchG), die Gefahrstoffverordnung (GefStoffV) und die Technischen Regeln Gefahrstoffe (TRGS) beinhalten Auflagen bzgl. der Sanierung, die eine Kostenkalkulation ohne Schadstoffsanierung um ein Vielfaches erhöhen können.

Zum anderen führen verdeckte konstruktive Bauschäden zur Änderung des Bauablaufs und des Sanierungsumfanges. Dies impliziert einen wesentlichen monetären Mehraufwand im Zuge von Sanierungs- oder Modernisierungsmaßnahmen.

Um in diesem Zusammenhang eine Risikominimierung bzw. -begrenzung zu gewährleisten, ist eine umfangreiche Bestandsaufnahme im Vorfeld der Akquisition des Bestandsobjektes zwingend erforderlich.

8.1.3 Instrumente des Redevelopments

Grundlegende Zielstellung einer Bestandsentwicklung der Gewerbeimmobilie – des Redevelopments – ist die Wertsteigerung und damit Ertragssteigerung für den Investor. Dies wird auch in der folgenden Abbildung deutlich.

Abb. 8.5: Einfluss von Modernisierungsmaßnahmen auf den Sachwert der Bestandsimmobilie

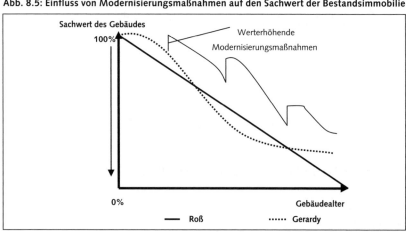

Durch die Modernisierungsmaßnahmen erhöht sich der Sachwert der Immobilie, was zur Folge hat, dass deren Wettbewerbsposition steigt, der Werteverzehr gemindert und die Lebensdauer des Objekts erhöht wird.

Neben dem Sachwert steht vor allem der Ertragswert im Fokus des Projektentwicklers. Die Ertragswertsteigerung und damit Wertschöpfung im Redevelopment basiert in der postakquisitorischen Bestandsentwicklung auf fünf Schwerpunktbereiche. Diese bestehen zum einen aus den Instrumenten des Mietvertragsmanagements, der Vermarktung sowie der Umlagereduktion bzw. des Facility Managements. Zum anderen zählen hierzu die Maßnahmen, die zur Gebäude- oder Grundstücksaufwertung führen.

– Mietvertragsmanagement

Im Zuge des Mietvertragsmanagements bedarf es zum einen Verhandlungen über die Miethöhe sowie der Mietvertraglaufzeit auf Basis von Anreizsystemen. Als Betrachtungsschwerpunkte gelten dabei die Laufzeit, die Umlageregelungen und die Mietflächenquantität und -qualität für das Unternehmen.

Zum anderen stehen beim Mietvertragsmanagement Überlegungen bezüglich der Flächenoptimierung und einer Mieterstruktur mit weit reichenden Synergieeffekten im Vordergrund.

– Senkung der Bewirtschaftungskosten

Das Ziel der Steigerung der Wettbewerbsattraktivität des Redevelopmentobjektes lässt sich im entscheidenden Maße durch den zweiten Schwerpunktbereich der Wertschöpfung im Redevelopment – die Senkung der Bewirtschaftungskosten – realisieren. Hierzu zählen Maßnahmen zur Reduktion der Betriebs-, der Verwaltungs- und der Instandhaltungskosten.

Zusammenfassend lässt sich festhalten, dass zur signifikanten Umlagereduktion insbesondere die Neuausschreibung der Dienstleistungsverträge, das Flächenmanagement sowie das Energiemanagement eingesetzt werden sollten. Zur Reduzierung der nichtumlagefähigen Kosten bietet sich die Optimierung der Wartungs- und Serviceintervalle an.

– Vermarktung

Der dritte Schwerpunktbereich der Wertschöpfung im Redevelopment ist die Vermarktung. Zentrale Ansatzpunkte stellen die bereits bestehenden Mietvertragsverhältnisse im Bestandsgebäude dar. Zielintention des Vermietungsmarketings ist die weitergehende Objektbindung der Bestandsmieter über den laufenden Mietvertrag hinaus. Um dies zu erreichen, nutzen einige Gesellschaften immer mehr das Instrument der Mieterbetreuung.

Ziel der Maßnahmen zur Mieterbetreuung ist die persönliche Bindung des Mieters an das Objekt, so dass dessen Bereitschaft zum Abschluss von langfristigen Mietverträgen und höheren Mietzinsen steigt sowie ein gewisses Maß an Mietpreisresistenz ausgebildet wird. Durch diese präventiven Maßnahmen soll ein Vertrauensverhältnis aufgebaut werden, damit der Mieter seine Probleme rechtzeitig offenbart, Lösungen gefunden und möglicher Leerstand vermieden werden kann. Beispielhaft sind in diesem Kontext Mieterevents zum Kennenlernen sowie Mietersprechstunden als zentrale Vermarktungsinstrumente bei bestehenden Mietern eines Redevelopmentobjekts zu nennen. Zur Akquisition neuer Mietparteien eignen sich beim Redevelopment insbesondere Vor-Ort-Besichtigungen.

– Gebäudeaufwertung

Als vierter Schwerpunktbereich der Wertschöpfung im Redevelopment umfasst das Thema der Gebäudeaufwertung Maßnahmen wie die Aufstockung, die Optimierung der Gebäudeerschließung, Wärmeschutzmaßnahmen und die Anpassung der Ausstattung an moderne Anforderungen zu den Instrumenten, die den Wert eines Gebäudes steigern.

Auch Untersuchungen der Gebäudesubstanz auf Nachrüstungsmöglichkeiten für moderne Gebäudetechnik oder die Erstellung einer Gebäudepotenzialanalyse in Zusammenarbeit mit Fachleuten verschiedener Disziplinen und deren Umsetzung zählen zu Gebäudeaufwertungsmaßnahmen. Die Gebäudeaufwertung als solche ist demnach immer abhängig vom individuellen Objektzustand und damit schwer zu verallgemeinern. Ein weiteres Merkmal der Gebäudeaufwertungsmaßnahmen ist deren Kostenintensität.

– **Grundstücksaufwertung**

Der fünfte Schwerpunktbereich der Wertschöpfung im Redevelopment ist die Grundstücksaufwertung. Betrachtungsfelder sind in diesem Zusammenhang die Aufwertung der Verkehrsanbindung des Grundstückes sowie die Verbesserung der Umfeldqualität durch die Aufwertung der Außenanlagen. Exemplarisch seien hier die Schaffung von Parkflächen und die Anlage von Grünflächen genannt.

Allerdings muss festgehalten werden, dass eine Standortaufwertung nur dann stattfindet, wenn der Mieter vorhanden ist und das Budget zur Verfügung steht. Außerdem besitzt die Haltedauer der Immobilie eine evidente Bedeutung. Soll das Objekt nur kurzfristig gehalten werden, wird tendenziell wenig in Außenanlagen investiert, bei einer langfristigen Haltedauer dagegen kommt es eher zur Aufwertung des Standorts.

8.1.4 Ausblick

Die Entwicklung der vergangenen Jahre verdeutlicht den Trend zum Bauen im Bestand. Auch die Projektentwicklungsunternehmen erkennen die Marktverlagerung und widmen sich zunehmend intensiver dem Thema „Redevelopment".

Infolge der Analyse der Gesamtperformancefaktoren von Immobilien wird im Zuge des Redevelopments dem Projektentwickler ein Bündel komplexer Anforderungen aus finanzwirtschaftlicher, rechtlicher und soziokultureller Perspektive abverlangt.

Bereits erfolgreich durchgeführte Revitalisierungsmaßnahmen als auch in der Planungsphase befindliche Großprojekte zeigen, dass mit der Bestandsimmobilie ein stabiler und zukünftig zunehmender Markt für die Bau- und Immobilienbranche kontinuierlich erschlossen wird.

8.2 Besonderheiten des Projektmanagements beim Bauen im Bestand

Die wesentlichen Unterschiede zwischen dem Projektmanagement bei Baumaßnahmen im Gebäudebestand und Neubauten ergibt sich aus dem erhöhten Planungs- und Koordinierungsaufwand bei Bestandsmaßnahmen. Folgende Charakteristika prägen im Sinne eines erforderlichen Projektmanagements die Vorbereitung, die Planung und die Durchführung von Baumaßnahmen im Bestand:

– Man greift in ein „bestehendes System" ein, dessen Parameter aufgrund fehlender Planungsdaten, einer oft nicht ausreichenden Bestandsaufnahme und nicht planungskonformer baulicher Ausführung mehrheitlich „Unbekannte" darstellen.

– Es müssen notwendige Schutzmaßnahmen (Boden-, Baum-, Gebäude- und Lärmschutzmaßnahmen) bei Baumaßnahmen im Bestand berücksichtigt werden.

– Die erforderliche Entsorgung und das Recycling der ausgebauten Materialien müssen entsprechend dem Kreislaufwirtschafts- und Abfallrecht (KrW-/AbfG) durchgeführt werden.

– Bei der Planung des Bauablaufes ist die Logistik in einem bestehenden Gebäude zu beachten. Sie ist umfangreicheren Restriktionen unterworfen als bei einem Neubau.

– Beim Bauen unter laufendem Betrieb sind zusätzlich die Auflagen der Nutzer zu beachten.

– Vorschriften, die speziell beim Bauen im Bestand bedeutende rechtliche Rahmenbedingungen bilden, sind bei der Vorbereitung, Planung und Durchführungen von Baumaßnahmen im Bestand zu berücksichtigen.

8.2.1 Projektorganisation

Die Individualität von Redevelopmentprojekten impliziert im Vergleich zu Neubauvorhaben oftmals eine höhere Komplexität in der Projektorganisation, was vor allem mit der großen Anzahl von Projektbeteiligten einhergeht. Diese lassen häufig unterschiedliche Aufbau- sowie phasenbedingte Ablaufstrukturen entstehen.

8.2.1.1 Aufbaustruktur

Aufbaustrukturen von Redevelopments erweisen sich aufgrund einer Vielzahl zusätzlich einzubindender Projektbeteiligter, vor allem Behörden und Sachverständige, oftmals wesentlich umfangreicher. So ergibt sich im Zusammenhang mit der Baugenehmigung u.U. die Notwendigkeit, zusätzliche Behörden (z.B. Denkmalschutz etc.) einzubeziehen sowie die vorhandene Bausubstanz durch die Beauftragung von zahlreichen Sachverständigen begutachten zu lassen. Auf der Ausführungsebene gewinnt die Beauftragung von Abbruchfirmen bei Redevelopments an Bedeutung.

8.2.1.2 Projektbeteiligte

Im Gegensatz zu Neubauvorhaben müssen die Beteiligten Erfahrungen und Kenntnisse im Umgang mit der vorhandenen Bausubstanz aufweisen, so dass Bauherren maximale Planungs- und Ausführungsqualitäten erwarten können. Im Vergleich zum Neubau gewinnt bei Redevelopmentvorhaben der Beauftragungszeitpunkt von Projektbeteiligten erheblich an Bedeutung. Dies resultiert vorrangig aus frühzeitig notwendigen Substanzuntersuchungen und -bewertungen. So werden Redevelopments oftmals erst durch eine zu späte Einbindung der Projektbeteiligten zu Problemprojekten.

8.2.2 Vertragsmanagement

8.2.2.1 Entwickeln einer projektbezogenen Vergabestrategie

Im Kontext der Fragestellung nach der geeigneten Vergabestrategie sind folgende entscheidungsrelevante Aspekte bei Baumaßnahmen im Bestand zu prüfen:
- Die Erfassung der Risiken aus der Bausubstanz sowie aus neuen Raum- und Funktionskonzepten, die es in bestehende Primärstrukturen planerisch zu integrieren gilt.
- Das Erfassen von gutachterlichen Sonderleistungen im Hinblick auf den Umfang mit der Gebäudesubstanz (Brandschutz, Schadstoffe, Bestandsaufnahme).
- Die Erfassung der notwendigen redevelopmentspezifischen, planerischen Sonderleistungen (Demontage- bzw. Abbruch-, Montage- und/oder Gerüststellungskonzepte, Wiederverwertungskonzept) für die Leistungsbilder der Planerverträge.
- Die frühzeitige Berücksichtigung von speziellen Bauverfahren und Baugeräten zum emissions- und vibrationsarmen Redevelopment unter laufender Nutzung im Ausschreibungs- und Vergabeverfahren.

8.2.2.2 Vorbereitung und Überwachung der Planer- und Beraterverträge

Redevelopmentspezifische Tätigkeitsfelder dieses Aufgabengebietes sind:
- Mitwirkung bei der Auswahl der Planungsbeteiligten für revitalisierungsspezifische Leistungen anhand von Referenzen im Umgang mit bestehender Bausubstanz,
- Vorbereiten und Abstimmen von Leistungsbildern und sonstigen technischen Vertragsinhalten unter Berücksichtigung der Besonderheiten einer Revitalisierung, so z.B. regelungstechnische Festlegung zur anrechenbaren Bausubstanz[2]; Festlegung des Anteils der Umbaumaßnahmen[3]; Erstellung notwendiger Demontage- respektive Abbruch-, Montage-, Gerüststellungs- und Wiederverwertungskonzepte; Erstellung notwendiger Unterlagen im Rahmen der Zumutbarkeitsprüfung der Behörden zur Festlegung denkmalschutzrechtlicher Anforderungen; Ermittlung der Mehrkosten für Denkmalschutz durch Erfassung der denkmalpflegerischen Mehrkosten und „Sowieso"-Kosten,
- Ermitteln der anrechenbaren Kosten unter Berücksichtigung von Zusatzaufwendungen für Umbau und Umgang mit der vorhandenen Bausubstanz,
- Prüfen der Honorarrechnungen der Planer unter Berücksichtigung der Besonderheiten eines Redevelopments, wie z.B. besondere Leistungen.

---

[2] Gemäß § 10 Abs. 3a HOAI.
[3] Gemäß § 24 Abs. 1 HOAI.

8.2.2.3 Besonderheiten der Planerverträge und -vergütungen

Hinsichtlich eines geplanten Redevelopments sind im Rahmen des Vertragsmanagements seitens des Projektmanagements folgende aufgeführte Besonderheiten der Planerverträge und -vergütungen zu berücksichtigen.

– Grundleistungen und besondere Leistungen

Grundsätzlich lassen sich die zu erbringenden Leistungen aller Projektbeteiligten bei Redevelopments analog derer bei Neubauvorhaben in Grundleistungen und besondere Leistungen einteilen, die gesondert zu vereinbaren und zu vergüten sind. Während Grundleistungen für eine ordnungsgemäße Auftragserfüllung vertraglich vorausgesetzt werden, umfassen besondere Leistungen projektspezifische Aufgaben und Tätigkeiten. Der Anteil besonderer Leistungen für z.B. Architekten und Projektmanager nach § 15 Abs. 4 HOAI bzw. § 205 AHO/DVP erweist sich aber bei Redevelopment-Vorhaben aufgrund zahlreicher Einflüsse, wie der Untersuchung der Bausubstanz und der Koordination der Projektbeteiligten als wesentlich.

Besondere Auftragsleistungen bei Redevelopment-Projekten sind nicht nur einer Leistungsphase der HOAI zuzuordnen, sondern müssen vielmehr als phasenübergreifende Leistungen verstanden werden. So vollziehen sich Bestandsaufnahmen – als besondere Leistung – aufgrund baulicher Restriktionen und unvorhersehbarer Projektereignisse oftmals bis in die Ausführungsphase. Damit wird deutlich, dass Ablaufprozesse von Redevelopment-Projekten einer weitaus höheren Eigendynamik unterliegen als Standardablaufprozesse bei Neubauprojekten.

– Umbauzuschlag

Beim Umbauzuschlag für Planungsleistungen „ist insbesondere der Schwierigkeitsgrad der Leistungen zu berücksichtigen. Bei durchschnittlichem Schwierigkeitsgrad der Leistungen kann ein Zuschlag von 20–33 vom Hundert vereinbart werden. Sofern nicht etwas anderes schriftlich vereinbart ist, gilt ab durchschnittlichem Schwierigkeitsgrad ein Zuschlag von 20 vom Hundert als vereinbart."[4]

Umbauzuschläge gemäß § 24 Abs. 1 HOAI sind getrennt von § 10 Nr. 3a HOAI zu vergüten. Umbauzuschläge beinhalten die erschwerten Aufwandsleistungen von Planern bei Redevelopments. Dieser Planungsaufwand ist durch das Entfernen alter und dem Einbau neuer Bauteile und Baustoffe deutlich höher als bei Neubauvorhaben. Er verursacht deshalb höhere Vergütungen. Dadurch entstehen im Rahmen von Redevelopments oftmals Baunebenkosten von 20–30 % der Bauwerkskosten. Bei Neubauvorhaben ist erfahrungsgemäß mit ca. 15 % Baunebenkosten zu rechnen.

– Anrechenbare Bausubstanz

„Vorhandene Bausubstanz, die technisch oder gestalterisch mitverarbeitet wird, ist bei den anrechenbaren Kosten angemessen zu berücksichtigen; der Umfang der Anrechnung bedarf der schriftlichen Vereinbarung."[5]

Die Mitverwendung der Bausubstanz verringert Bauwerkskosten für Primär-, Sekundär- und Tertiärkonstruktionen sowie damit auch Planungshonorare. Deshalb wird ein Erhaltungszuschlag für Planer angerechnet, um deren Bestrebungen, nutzbare Bausubstanz zu erneuern, bewusst einzuschränken. Die Verwendung und Integration bestehender Bausubstanz wird bei Redevelopments daher mit einem Honorarzuschlag gemäß § 10 Nr. 3 a HOAI abgegolten, der bspw. über die Berechnung der zu erhaltenden Kubatur ermittelt wird. Er dient vorrangig zur Deckung erhöhter Haftungs- und Gewährleistungsansprüche von Planern.

Versäumen Bauherren die rechtzeitige Vereinbarung der Erhaltungsklausel, muss einerseits mit der Gefahr der Erhöhung der Bauwerkskosten gerechnet werden, da Planer in diesen Fällen u.U. versuchen, möglichst viel Substanz abzubrechen und anschließend durch neue zu ersetzen. Andererseits entsteht bei nicht erfolgter Vereinbarung der Erhaltungsklausel das Risiko der nachträglichen Geltendmachung der AGB der HOAI.

---

[4] § 24 Abs. 1 HOAI, 2002.
[5] § 10 Abs. 3 a HOAI, 2002

8.2.3 Qualitätsmanagement

Spezielle Tätigkeitsfelder des Qualitätsmanagements im Rahmen von Redevelopments umfassen:

– das Genehmigungsmanagement,
– Mieterinformations- und Integrationskonzepte als Sonderleistung für Redevelopmentvorhaben,
– die Erarbeitung eines Baulogistikkonzeptes als Sonderleistung für Redevelopmentvorhaben sowie
– die Kontrollen von Planung, Ausschreibung, Vergabe sowie Bauausführung.

Von zentraler Bedeutung beim Redevelopment von Bestandsgebäuden sind das Genehmigungsmanagement, die Berücksichtigung der Bedürfnisse der parallel zur Baumaßnahme im Gebäude lebenden oder arbeitenden Nutzer, die Erarbeitung eines Baulogistikkonzepts sowie die Prüfung der bautechnischen und -physikalischen Verträglichkeit mit der bestehenden Bausubstanz.

8.2.3.1 Genehmigungsmanagement

Beim Genehmigungsmanagement als Teilbereich des Qualitätsmanagements stehen zwei redevelopmentspezifische Aspekte im Vordergrund.

– Analyse möglicher Eingriffsgrundlagen des Öffentlichen Baurechts
Ein maßgeblicher Prüfungsaspekt des Projektmanagements ist die Analyse der möglichen Eingriffsgrundlagen des Öffentlichen Baurechts in den Bestandsschutz des Redevelopmentobjektes. Dies wird relevant für Gebäudeteil respektive -abschnitte, in denen die Eingriffstiefe die Bestandskraft der existenten Baugenehmigung nicht aufhebt.

Trotz des Bestandsschutzes in Form der Baugenehmigung ist die bauliche Anlage grundsätzlich nicht gegen nachträgliche Anordnungen in jeder Hinsicht geschützt. Durch landesrechtliche Vorschriften kann der Bestandsschutz eingeschränkt bzw. sogar aufgehoben werden.

Gesetzliche Eingriffsgrundlage bildet in bauplanerischer Hinsicht das Baugesetzbuch beispielsweise mit den städtebaulichen Geboten. Die Landesbauordnungen regeln die bauordnungsrechtlichen Eingriffsbefugnisse zur Gewährleistung der öffentlichen Sicherheit und Ordnung. Und nicht zuletzt sind die weiterführenden Verordnungen und Gesetze (Baunebenrecht) einzuhalten, die ihrerseits unter bestimmten Voraussetzungen zu Anpassungen verpflichten. Alle Eingriffsgrundlagen in den Bestandsschutz haben gemeinsam, dass sie begründete Interessen der Öffentlichkeit gesetzlich verankern.

Es ist die Aufgabe des Projektmanagements, den Bauherrn auf Genehmigungserfordernisse, Maßnahme- und Kostenänderungen durch die Eingriffsgrundlagen des Öffentlichen Baurechts frühzeitig hinzuweisen.

– Analyse baurechtlicher Genehmigungsbedürfnisse
Dieser Teilbereich des Genehmigungsmanagements bezieht sich auf Gebäude bzw. -teile, für deren geplante bauliche Änderungen Genehmigungsbedürfnisse entstehen. Relevante Prüfungspunkte des Projektmanagements sind in diesem Kontext eine erforderliche Baugenehmigung mit den Teilbereichen Brandschutz, Schallschutz und Wärmeschutz sowie die notwendige Genehmigung bei vorliegendem Denkmalschutz.

8.2.3.2 Mieterinformations- und Integrationskonzepte

Die Berücksichtigung der Bedürfnisse der parallel zur Baumaßnahme im Gebäude lebenden oder arbeitenden Nutzer ist von zentraler Bedeutung für die erfolgreiche Umsetzung des Redevelopments.

Das Projektmanagement übernimmt in diesem Kontext die Beratung des Bauherrn zur Akzeptanzschaffung für Baumaßnahmen am bestehenden Mietobjekt. Zielstellungen sind:
– Erstellung eines Informationskonzepts zur frühzeitigen Information der betroffenen Mieter über Baumaßnahmen,

– Erarbeitung eines Zeitplans der Informationsbereitstellung,

– Entwicklung eines Integrationskonzepts zwischen den an der baulichen Ausführung beteiligten Firmen und von den Baumaßnahmen betroffenen (Haupt-)Mietern durch Initiierung und Führung von gemeinsamen Treffen, in denen die notwendigen Maßnahmen zur Schaffung von Akzeptanz und Toleranz erläutert werden,

– regelmäßige Abstimmung in dieser Sache mit dem Vermarktungsbereich.

8.2.3.3 Erarbeitung eines Baulogistikkonzeptes

Das Bauen im Bestand ist i.d.R. durch geringe Lagerflächen im Gebäude – vor allem beim Bauen unter laufender Nutzung – und eingeschränkten Transportmöglichkeiten aufgrund der bestehenden Bausubstanz gekennzeichnet. In diesem Zusammenhang hat das Projektmanagement die Aufgabe, eine möglichst reibungslose und effektive Materialdisposition zu gewährleisten. Hierfür ist die Entwicklung eines Baulogistikkonzeptes zu empfehlen.

In Zusammenarbeit mit den Fachplanern werden durch das Projektmanagement im Rahmen der Erstellung des Baulogistikkonzeptes die Lagerflächen, deren temporäre Nutzungsintervalle und -rechte definiert. Darüber hinaus erfolgt die Festlegung von Regelungen zur Entsorgungslogistik hinsichtlich des Horizontal- und Vertikaltransports.

Ein weiterer Teil des Baulogistikkonzeptes sollte die Disposition der Materialien regeln, die „just in time" angeliefert und eingebaut werden können.

Abschließend sind redevelopmentspezifisch die im Vergleich zu Neubauten wesentlich erhöhten Sicherheitsanforderungen gegenüber der vorhandenen Bausubstanz und gegenüber dem Nutzer beim Bauen unter laufendem Betrieb im Baulogistikkonzept verbindlich zu formulieren.

8.2.3.4 Kontrolle von Planung, Ausschreibung, Vergabe sowie Bauausführung

Wesentliche Teilbereiche des Qualitätsmanagements umfassen die Kontrolle der Planungen, Ausschreibungen und Vergaben sowie die Kontrolle der Bauausführung.

Bei Baumaßnahmen im Bestand hat das Projektmanagement deshalb schwerpunktmäßig die Überprüfungen der Planungen, der Ausschreibungen, der Vergaben und der Bauausführung auf Einhaltung der Qualitätsvorgaben zur Baukonstruktion, zur technischen Gebäudeausrüstung und zu Freianlagen im Hinblick auf die bautechnische und -physikalische Verträglichkeit mit der bestehenden Bausubstanz durchzuführen.

Darüber hinaus sind durch das Projektmanagement Plausibilitätsprüfungen der Planungen, Ausschreibungen, Vergaben und Bauausführungen auf Beachtung des Baulogistikkonzepts – z.B. hinsichtlich der Schutzmaßnahmen gegenüber der Bausubstanz in den Verkehrsbereichen – vorzunehmen.

Des Weiteren erfolgen die Überprüfungen der Planungen, Ausschreibungen, Vergaben und Bauausführungen auf die Berücksichtigung der Bedürfnisse der parallel zur Baumaßnahme im Gebäude vorhandenen Nutzer. Prüfungsparameter sind in diesem Kontext:

– die zeitliche Minimierung der Beeinträchtigung des Mieters,

– das Vorsehen von Staub- und Lärmschutzwänden,

– die Planung notwendiger Teilräumungen,

– die Beachtung des Umzugsmanagements der Nutzer,

– die Prüfung der Bauverfahren hinsichtlich ihrer Lärm-, Staub- und Vibrationsemissionen – in diesem Kontext evtl. schalltechnische Trennungen von Nutzungs- und Baumaßnahmebereichen sowie

– die Prüfung der Aufrechterhaltung der Medienversorgung für die Nutzer während der Baumaßnahme zur Gewährleistung der Grundbedürfnisse, wie z.B. Kochen, Waschen, Toilettenbenutzung oder anderer Nutzungserfordernisse, wie Operationsbetrieb und -sicherheit.

8.2.4 Kostencontrolling

Im Folgenden wird vordergründig auf die Schwierigkeiten der Kostenplanung bei Redevelopmentvorhaben eingegangen und daraus Konsequenzen abgeleitet.

8.2.4.1 Problempunkte der Kostenermittlung bei Baumaßnahmen im Bestand

Die Beeinflussbarkeit der Kosten bei Neubauvorhaben liegt nach abgeschlossener Entwurfsplanung noch bei ca. 35 %. Bei Redevelopment-Vorhaben ist der Grad der Kostenbeeinflussung aufgrund unvorhergesehener Unabwägbarkeiten im Bauverlauf jedoch wesentlich höher. Diese Tatsache wirkt sich vornehmlich auf die Kostenermittlung von Redevelopments aus.

Bei Projektbeteiligten von Bestandsvorhaben existieren zudem oftmals nur unzureichende Kenntnisse über projektbeeinflussende Kostenfaktoren sowie deren Auswirkungen auf die Kostenermittlung. Folgende Fragestellungen können sich bei der Planung von Redevelopment-Vorhaben zur Eruierung von Kostenfaktoren sowie deren Auswirkungen als äußerst hilfreich erweisen:

- Welchen Kosteneinfluss und Umfang besitzt die Bestandsaufnahme?
- Welchen Kosteneinfluss besitzen Gebäudesubstanz und Gebäuderestriktionen?
- Welchen Kosteneinfluss und Umfang nehmen Sicherungs- und Abbruchmaßnahmen ein?
- Welchen Kosteneinfluss haben Anforderungen der Baustellenlogistik auf die Kostenplanung?
- Welche Maßnahmen zur Aufrechterhaltung des Nutzungsbetriebs sind erforderlich?

Die Kostenermittlungen bei Redevelopmentvorhaben erweisen sich somit sehr viel komplizierter als jene bei Neubaumaßnahmen. Hierbei sind je nach Gebäudezustand Kostenunsicherheiten in der Kostenschätzung von ca. 50–90 % zu erwarten. Während bei Neubauvorhaben die Grundlagenermittlung auf die Klärung der Aufgabenstellung zielt sowie die Erörterung der Randbedingungen umfasst, erweitert sich diese bei Redevelopments um die Schadenserfassung der Bausubstanz. Neben der Beeinflussung der Kosten durch den Zustand der Bausubstanz, existieren noch weitere Faktoren, die selbst bei sorgfältigen und gewissenhaften Aufnahmen nicht gänzlich auszuschließen sind.

Die folgenden Faktoren haben signifikante Auswirkungen auf die Ergebnisse der Kostenermittlung bei Redevelopmentvorhaben:

- Projektbeteiligte und Honorar (Aspekte: anrechenbare Bausubstanz nach § 10 Abs. 3 HOAI, Umbauzuschlag nach § 24 Abs. 1 HOAI),

- Bestandsaufnahme (Aspekte: Aufwand- und Nutzenabwägung),

- Gebäudesubstanz (Aspekte: Instandsetzungskosten, Erneuerungs- bzw. Anpassungskosten),

- Gebäudeschadstoffe (Aspekte: Grad der Kontamination, Auswahl des Dekontaminationsverfahrens),

- behördliche Auflagen (Aspekte: Eingriffgrundlagen und Anpassungsverlangen, Denkmalschutz, Brandschutz),

- Kosten der Gebäudeentkernung (Aspekte: Entsorgungslogistik, Rückbautechnik, Materialwieder- und -weiterverwendung),

- Baustellenlogistik (Aspekte: Materialdisposition, Lagerungsmöglichkeiten),

- Aufrechterhaltung der Nutzung unter laufendem Baubetrieb (Aspekte: Sicherungsmaßnahmen, Gewährleistung der Medienversorgung, Minderung der Emissionen),

Darüber hinaus existieren passende Kostenvergleichswerte oft nicht in ausreichender Anzahl, da die Rahmenbedingungen bei Baumaßnahmen im Bestand zu heterogen sind. Sowohl zur Phase der Kostenschätzung als auch im Rahmen der Kostenberechnung ist aufgrund der beschriebenen Unsicherheiten die Elementmethode als geeignetes Kostenermittlungsverfahren zu empfehlen.

8.2.5 Terminmanagement

Das Projektmanagement von Bestandsvorhaben insbesondere von Redevelopments erfordert in der Terminplanung eine Reihe von besonderen Leistungen, die nicht oder nur unzureichend in den Projektmanagementrichtlinien vorhanden sind. Der Terminplanung muss daher besonderes Interesse geschenkt werden, weil sie die zwingende Voraussetzung für die erfolgreiche Realisierung von Bauvorhaben darstellt.

Gegenüber Neubauvorhaben werden beim Redevelopment deutliche Unterschiede in Form der zur berücksichtigenden Due Diligence sowie der i.d.R. notwendigen Abbruchmaßnahmen im Vorfeld verursacht. Beide Faktoren bedingen einen zeitlichen Mehraufwand, der sich in den Ablaufphasen widerspiegelt.

Es sollten bei Redevelopments gegenüber Neubauvorhaben bspw. folgende zusätzliche terminliche Betrachtungen angestellt werden:
- Welchen zeitlichen Umfang nimmt die Due Diligence im Vorfeld ein?
- Welche Dauer ist für die Erstellung von Bestandsplänen durch die Planer im Terminplan zu veranschlagen?
- Wie ist der zeitliche Umfang von Sicherungs- und Abbruchmaßnahmen terminlich einzuplanen?
- Welchen Einfluss haben vorhandene Mieter auf die Terminplanung?
- Welchen Einfluss haben die besonderen Anforderungen der Baustellenlogistik auf Terminplanungen?

Nach Beantwortung dieser Fragen sind nähere Aufschlüsse über den zeitlichen Verlauf des Bestandsvorhabens und somit erste Terminaussagen möglich.

8.2.5.1 Problempunkte des Terminmanagements bei Baumaßnahmen im Bestand

Nachfolgend sind die maßgebenden Einflussfaktoren auf das Terminmanagement bei Redevelopments aufgeführt:
- Projektbeteiligte (Aspekte: Qualitäten, Arbeitsweisen und Kapazitäten),
- Bestandsaufnahme (Aspekte: Zeit-/Nutzenverhältnis bei maßlicher und technischer Gebäudeaufnahme, bei behördlichen Recherchen nach Bestandsunterlagen sowie zeitintensiven architektonischen Aufarbeitungen und Rekonstruktionen von Bestandsplänen),
- Gebäudesubstanz (Aspekte: Substanzerhaltung vs. Abbruchmaßnahmen, Sicherungsmaßnahmen bei Substanzerhalt, inhomogene Gebäudestrukturen führen zu veränderten Terminansätzen),
- Gebäudeschadstoffe (Aspekte: quantitativer Anteil der notwendigen Dekontaminationsmaßnahmen, u.U. Notwendigkeit einer zeitintensiven Entfrachtung),
- behördliche Auflagen (Aspekte: zeitintensive Abstimmungsprozesse mit Behörden vordergründig hinsichtlich des Bestands-, Denkmal- sowie Brandschutzes),
- Umfeldrestriktionen des Redevelopments (Aspekte: beengte Umfeldsituationen, die bspw. die Anfertigung eines Verkehrskonzeptes, Abbruchkonzeptes, Wiederverwertungskonzeptes sowie Logistikkonzeptes erfordert, terminliche Emissionsbeschränkungen),
- Vergabezeitpunkt und Vergabeart (Aspekte: Abwägung zwischen Vergabe nach der Entwurfsplanung, Vergabe nach Genehmigungsplanung sowie Vergabe nach Ausführungsplanung entsprechend des Gesamtzeitbudgets und der bevorzugten Risikostruktur in Form der avisierten Projektorganisation),
- Gebäudeentkernung (Aspekte: konventionelles oder zeitaufwendiges selektives Verfahren mit Demontageplänen etc. zur Selektion der abzubrechenden Materialien),
- Baustellenlogistik (Aspekte: Transport und Lagerung von Materialien sowie Kapazitäten von Gewerken),

– Unabwägbarkeiten im Bauverlauf (Aspekte: Unvorhergesehenes im Verlauf der Ausführung von Redevelopment, z.B. plötzlich entdeckte Bauschäden oder Kontaminationen),

– Umzugsmanagement bei Baumaßnahmen unter laufendem Betrieb (Aspekte: Entmietung, terminliche Restriktionen aufgrund vorhandener Mieter hinsichtlich der Abtragung von Primärstrukturen, der Umlegung von Grundrissen mit Eingriffen in Primärstrukturen, dem Abriss von Treppenhäusern (Fluchtweg), der Erneuerung von Fußbodenaufbauten in Mietbereichen, der Verlegung von Unterputzinstallationen mit aufwendigen Eingriffen in Primärstrukturen sowie der Verlegung von Versorgungssträngen unter Berücksichtigung der Erfordernis der Aufrechterhaltung des Ver- und Entsorgungsbetriebes).

8.2.5.2 Konsequenzen für das Terminmanagement bei Baumaßnahmen im Bestand

Um bspw. im Rahmen des Genehmigungsmanagements umfangreiche und zeitintensive behördliche Nachforderungen zu vermeiden, empfiehlt es sich, eine rechtzeitige Bauvoranfrage bei der örtlichen Behörde zur Klärung der benötigten Unterlagen zu stellen. Weitere Handlungsoptionen zur Sicherung der Zeitschiene des Genehmigungsmanagements stellen Bauvorbescheide oder Genehmigungen einzelner Bauabschnitte dar. So werden Risiken der Genehmigungsfähigkeit durch ein frühzeitiges und proaktives Vorgehen bereits in einer sehr frühen Projektphase beseitigt und der Planungsphase mehr terminliche Sicherheit garantiert.

Es ist für Citybaustellen aufgrund beengter Platzverhältnisse zu empfehlen, in Ausschreibungen konkret auf vorhandene, erschwerende Baustellenbedingungen hinzuweisen, um Bietern klare Vorstellungen der vorherrschenden Baustellensituation zu ermöglichen und somit das Terminrisiko in der Ausführungsphase aufgrund von Unzulänglichkeiten bereits in der Planungsphase zu reduzieren.

Zur weiteren Absicherung des terminlichen Gesamtkonzeptes empfiehlt es sich, bei der Vergabe von Planungs- und Bauleistungen einen Schwerpunkt der Präqualifikationskriterien auf Referenzen hinsichtlich geplanter respektive ausgeführter Baumaßnahmen im Bestand zu legen.

Die Bauausführung unter laufendem Immobilienbetrieb wird durch die umfangreiche Beachtung von Mieterinteressen sehr viel schwieriger und somit zeitintensiver als Baumaßnahmen in leerstehenden Immobilien. Bei Verbleib der Mieter müssen diese in einer frühen Projektphase in den Umbauprozess einbezogen werden, um terminliche Risiken durch Mieterklagen rechtzeitig zu unterbinden.

Zudem erweisen sich bei Baumaßnahmen unter laufendem Betrieb Rotationsverfahren als sehr wirkungsvolles Instrument der Terminplanung. Die Anwendung von Rotationsverfahren beinhaltet die Versetzung vorhandener Mieter in leere, bereits sanierte Mieteinheiten.

Aus den oben beschriebenen Konsequenzen hinsichtlich der Terminplanung von Baumaßnahmen in bestehenden Immobilien ergeben sich folgende Handlungsprämissen für das Projektmanagement hinsichtlich der Einhaltung des Gesamtterminkonzeptes:

– Fixierung von Terminzielen (Aspekte: Durchführung von Risiko- und Szenarioanalysen in frühen Projektphasen; Ablaufplanung entsprechend den Methoden der Systemtechnik von Teilvorgängen, deren logistische Abfolge unter Berücksichtigung technischer, produktions- und kapazitätsbedingter Abhängigkeiten festzulegen bzw. deren Dauer zu bestimmen ist),

– Bestimmung von Terminkennwerten (Aspekte: Verifizierung von Terminkennwerten für Bestandsvorhaben durch externe Quellen, z.B. sirAdos, BKI, Schmitz etc.),

– Bestimmung spezifischer Pufferzeiten (Aspekte: Vorhaltung von Handlungsspielräumen zum Steuern unvorhergesehener Störgrößen),

– rotationsspezifische Terminplanung beim Bauen unter laufendem Betrieb (Aspekte: Einteilung der Gesamtmaßnahme in sequentielle, mit dem Nutzer abgestimmte Bauabschnitte, Bestimmung der Schnittstellenbereiche),

– Umzugsmanagement (Aspekte: Regelung der Verantwortlichkeiten für alle Leistungen, die im Zusammenhang mit dem Umzug stehen, so z.B. die Durchführung von Abstimmungsgesprächen mit Mietern, die Erstellung von Logistikkonzepten für Umzugsphasen, die Erstellung von Umzugshandbüchern zur Dokumentation, die Durchführung der Speditionsausschreibung sowie die Ermittlung der Umzugskosten für Bauherren).

8.3 Zertifizierung

Durch die immer größere Bedeutung des Klimaschutzes im Alltag entwickelte sich auch die Nachfrage nach grünen Gebäuden, den sogenannten „Green Buildings". Dabei stehen sie für die effiziente Nutzung von Energie, Wasser und anderen Ressourcen, dem Schutz der Gesundheit der Gebäudenutzer, der Verbesserung der Produktivität der Angestellten sowie der Reduzierung von Abfall, Umweltverschmutzung und Umweltzerstörung.

Die Zertifizierung dieser Aspekte gewinnt an Bedeutung im Rahmen des Redevelopments, so dass folgend auf diese Besonderheit näher eingegangen wird.

8.3.1 Green Building Label vs. Energieausweis*

Durch den Energieausweis wurde erstmals die energetische Qualität von Gebäuden vergleichbar. Dieser umfasst sowohl die verbrauchte Energie eines Gebäudes als auch den daraus abzuleitenden Komfort (thermischer und visueller Komfort, Luftqualität) den dieses Gebäude anbietet. Weitere daraus abzuleitende Ziele sind die Reduzierung des Energiebedarfes durch einen guten Wärmeschutz, angepasste Betriebstemperaturen, intelligente Kontrollsysteme, effiziente Beleuchtungssysteme, usw. Des Weiteren trägt der Energieausweis zum Klimaschutz durch die Reduzierung des Verbrauchs fossiler Brennstoffe und weniger lokalen Emissionen bei.

Green Building umfasst sowohl all die zuvor genannten Ziele des Energieausweises, als auch die hier folgenden:

– menschengerechtes Umfeld durch die Außenraumgestaltung, Mikroklima und eine behindertengerechte Bauweise

– optimierter Materialien- und Ressourcenverbrauch durch einen niedrigeren Primärenergiebedarf, reduzierten Materialverbrauch, Nachhaltigkeit, Langlebigkeit und Recyclingfähigkeit der eingesetzten Materialien als auch einer geringeren Inanspruchnahme des Naturraums

– Reduzierung des Wasserverbrauchs durch ein effizientes Regen- und Schmutzwassermanagement als auch wassersparende Techniken

– optimierte Standortauswahl und effiziente Beförderung durch kurze Distanzen, gemeinsamer Autonutzung, emissionsfreien Transport sowie der Bereitstellung einer Fahrradinfrastruktur

– effizientes Facility Management durch Vorbeugung vom Abfall, Abfalltrennung, optimierte Erhaltungszeiten als auch Wert- und Schadstoffentsorgung

– Optimierung der ökonomischen Faktoren durch die Betrachtung von Life-Cycle-Costs und der Marktfähigkeit der Immobilie.

In der folgenden Tabelle werden die Bewertungskriterien der drei wesentlichen Zertifizierungslabel aufgezählt.

---

* Siehe dazu auch oben Kapitel 3.

Tabelle: Bewertungskriterien (LEED, DGNB, BREEM)

LEED Leadership in Energy and Environmental Design	DGNB Deutsche Gesellschaft für nachhaltiges Bauen	BREEAM BRE Environmental Assessment Method

– Standortqualität – Wasser – Energie – Ressourcen – Gesundheit und Komfort – Innovationen	– Ökologische Qualität – Ökonomische Qualität – Soziokulturelle und 　funktionale Qualität – Technische Qualität – Prozessqualität	– Standortqualität – Wasser – Energie – Ressourcen – Verkehr – Gesundheit und Komfort – Innovationen – Umweltaspekte – Schadstoffbelastung – Management

8.3.2 Mehrwert zertifizierter Gebäude

Der Mehrwert einer zertifizierten Immobilie ist allgemein gültig, d.h. er besteht nicht nur für Neubauten, sondern auch für die Zertifizierung von Bestandsgebäuden im Rahmen eines Redevelopments durch folgende Aspekte:
– Identifikation der Marke des Mieters mit Nachhaltigkeit und Zukunftsfähigkeit
– Vermarktungsvorteile am Immobilienmarkt
– Höhere Kundenzufriedenheit, höhere Attraktivität für neue Kunden
– Höhere Mitarbeiterzufriedenheit, steigende Produktivität, niedriegerer Krankenstand, höhere Attraktivität im Recruitment
– Niedrigere Betriebskosten
– Reduzierung des „CO_2-Footprint"
– Vorbereitung auf zukünftig schärfere Gesetzgebung im Umweltbereich

Daraus lassen sich für jeden Shareholder konkrete Motivationen ableiten. Der Investor oder Entwickler gewinnt durch einen Green-Building-Label Vermarktungsvorteile, ein steigendes Kundeninteresse als auch einer positiven Entwicklung des Immobilienwertes. Der Eigennutzer kann durch die verbesserte Corporate Image, durch die Reduzierung der Betriebskosten, als auch die für den eigenen Personal abzuleitenden Vorteile profitieren. Weiterhin gelten für alle Shareholder die allgemeinen Vorteile der Reduzierung des CO_2-Ausstosses, der effizienten Flächennutzung, der verbesserten Lufthygiene, der Ressourcenschonung und der erhöhten Lebensqualität.

8.3.3 Konkrete Maßnahmen

Um den vorher dargestellten Mehrwert einer zertifizierten (Bestands-)Immobilie zu ermöglichen, können folgende Maßnahmen im Rahmen eines Redevelopments zum Einsatz kommen:
Umfeld und Grundstück:
– Schaffung von Verdunstungsflächen
– Parkflächen bevorzugt für Carports und Fuhrparks mit verbrauchsarmen oder elektrischen Autos
– Bereitstellung von Fahrradstellplätzen inkl. Mitarbeiter-Duschen
– Anbindung an öffentlichen Verkehr
– Sammeln und verwenden von Regenwasser
– Reduzierte Außenbeleuchtung und Lichtemission nach außen

– Vermeidung von großen dunkeln Flächen im Außenbereich („Heat Island Effect")
– Begrünung der Außenflächen

Architektur und TGA

– Energieoptimierte Fasade
– Energieoptimierte Raumkonditionierung
– Energiespartechnik in Wärme-/Kälteerzeugung und -verteilung
– Reduzierung Primärenergiebedarf, Fernwärme
– Photovoltaik und solare Warmwassergewinnung
– Brauchwasser für Toiletten, hocheffiziente WC-Spülungen

Innenraumkonzepte

– Emissionsarme Farben und Lacke
– Begrenzung interner Emissionsquellen
– Kontrollierte Qualität der Zuluft
– Verwendung regionaler, schnell nachwachsender Materialien

Die aufgeführte Aufzählung erhebt keinen Anspruch auf Vollständigkeit, soll aber dem Leser Gestaltungsmöglichkeiten bezüglich des nachhaltigen Redevelopments einer Bestandsimmobilie vermitteln. Die einzelnen tatsächlich sinnvollen Maßnahmen sind stets für jeden Einzelfall zu betrachten, abhängig von den örtlichen Gegebenheiten, dem geplanten Maßnahmen und dem angestrebten Label.

8.3.4 Mehraufwendungen für Green-Building-Auszeichnungen

Für die Zertifizierung einer Immobilie fallen in der Regel folgende Kosten an:
– Zertifizierungsgebühren
– Green-Building-Beratung
– Green-Building-Nachweisführung durch Auditor, Planer und Baufirma (Berechnungen und Dokumentation)
– Mehrkosten der Investition (Planungs- und Ausführungsleistungen)

Diese Kosten sind je nach Projekt abhängig von der Projektgröße (m² BGF), Art der Nutzung (Büro, Retail, Wohnen, Labor, etc.), Projektstand (Vorplanung, Ausführungsplanung, Bauausführung), Projektstandort (national, international), Art des Labels (DGNB, LEED, BREEAM), Auszeichnungslevel sowie dem beauftragten Planer (Know-How-Träger).

Abb. 8.6: Anteil der gesamten Mehrkosten für Green-Building-Auszeichnungen an den Baukosten (Jeder Punkt entspricht einem realisierten und bewerteten Projekt)

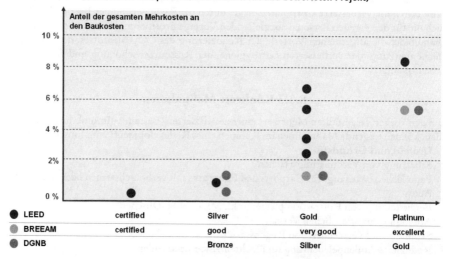

8.3.5 Fazit

Um eine grüne Architektur und nachhaltige Planung zu verwirklichen muss das Design eines Gebäudes in Einklang zu den natürlichen Gegebenheiten und Ressourcen der Umgebung gebracht werden. Dabei sollte man die Belastungen der Umwelt reduzieren, Materialien aus lokalen Quellen verwenden, technische Systeme optimieren als auch die Bereitstellung von vor Ort erzeugten, erneuerbaren Energien fördern.

Für die Zertifizierung eines Redevelopments sind die allgemeinen Grundsätze von Green Buildings zu beachten. Bei einem Neubau stehen zu einem frühen Zeitpunkt noch alle Möglichkeiten und Maßnahmen für eine Zertifizierung offen. Der große Unterschied bei der Zertifizierung eines Redevelopments ergibt sich aus der Einschränkung durch den bereits vorhandenen Bestand. Dabei können für das Erreichen eines höheren Auszeichnungslevels unverhältnismäßig hohe Kosten im Rahmen des Redevelopments entstehen, die stets im Einzelfall abzuwägen sind. Dadurch sind speziell bei der Zertifizierung von Redevelopments erfahrene Berater einzubeziehen, die durch ihr Know-How wesentliche Kosteneinsparungen hervorbringen und Vermarktungsvorteile sichern können.

9. Wesentliche vertragliche Aspekte

9.1 Rechtliche Beratung in der Planungs- und Realisierungsphase

Der kluge Bauherr sucht internen oder externen Rechtsrat möglichst frühzeitig nach, um seine Gestaltungs- und damit auch Erwerbschancen nicht nur im Hinblick auf die baulich und kaufmännisch erfolgreiche Realisierung eines Projektes, sondern auch in Bezug auf seine vertraglichen Beziehungen zu den mit der Projektentwicklung beauftragten Dritten wahrzunehmen. Er muss wissen, ab welchen Stadien die Schwelle rechtlicher Unverbindlichkeit von Gesprächen mit den potentiell am Bau Beteiligten überschritten ist, welche Möglichkeiten intelligenter Vertragsgestaltung ihm offen stehen, wie den gesetzlichen Bestimmungen über die „Gestaltung rechtsgeschäftlicher Schuldverhältnisse durch Allgemeine Geschäftsbedingungen" unterfallende Formularverträge möglichst vermieden und da, wo dies nur eingeschränkt möglich ist, ihre Risiken erkannt werden und Waffengleichheit mit dem möglicherweise rechtlich beratenen Vertragspartner hergestellt wird. Auch seine rechtliche Begleitung bei der Dokumentation und Beweissicherung rechtlich relevanter Vorgänge bei der Bauausführung gehört dazu.

9.2 Verträge mit Architekten und Sonderfachleuten – ein Überblick

In der Planungsphase der Errichtung eines Bauwerkes steht die Beauftragung von **Architekten** mit der Konzeption, Planung, Wirtschaftlichkeitsberechnung und -prüfung sowie ggf. auch Leitung des Bauvorhabens im Vordergrund. Daneben tritt für spezielle Themen wie die der Statik eines Gebäudes oder der Klimatechnik, des Brand- oder Schallschutzes, der Mess-, Steuer- und Regeltechnik die Leistung weiterer, am Bau beteiligter **Sonderfachleute**. Bei größeren oder komplexeren Bauvorhaben wird das Zusammenspiel von Architekten, Sonderfachleuten, Bauunternehmen usw. vielfach durch einen **Projektsteuerer** dirigiert. Teilweise sind diese, die am Bau Beteiligten in ihren Aktionen koordinierenden und steuernden Aufgaben auch dem **Generalunternehmer/Generalübernehmer** mitübertragen. Ebenso wie Bauunternehmer häufig mit der Erbringung sämtlicher Bauleistungen, die für die Herstellung eines Bauwerkes erforderlich sind, beauftragt werden (Generalunternehmer/Generalübernehmer), kann dem Architekten als **Generalplaner** die umfassende Erbringung aller Planungsleistungen für ein Bauvorhaben, ggf. auch unter Einschluss der Planungsleistungen von Sonderfachleuten (z.B. Tragwerksplanung) obliegen. Auf der Planungs- wie auf der Ausführungsseite hilft eine solche **Generalbeauftragung** Schnittstellen und damit auch Zuständigkeits- und Verantwortlichkeitsabgrenzungen auszuschließen, die bei einer Einzelvergabe von Planungsleistungen an Architekten und Sonderfachleute bzw. von Bauleistungen an verschiedene Bauunternehmer sonst unvermeidlich sind. Umgekehrt wird aber auch gerade im Zusammenhang mit der umfassenden Beauftragung von Bauunternehmern mit der Herstellung eines Bauwerkes der Umfang der Beauftragung des Architekten häufig nicht erweitert, sondern begrenzt. So endet die Beauftragung von Architekten nicht selten bei der Leistungsphase 4 (Genehmigungsplanung), und die Erstellung der darauf aufbauenden Ausführungsplanung (Leistungsphase 5) obliegt dem Generalunternehmer/Generalübernehmer. Die Gründe hierfür können die gleichen wie die einer Generalbeauftragung sein!

9.3 Architektenvertrag

9.3.1 Werksvertragscharakter, Haftungsgemeinschaft mit Bauunternehmer

Zunächst ist festzuhalten, dass es den Architektenvertrag als gesetzlichen Vertragstypus nicht gibt. Der Architektenvertrag ist lediglich ein Unterfall des Werkvertrages gemäß §§ 631 ff. BGB. Der Architekt schuldet seinem Auftraggeber nicht die Erbringung einer bestimmten Tätigkeit, sondern einen durch Einzelleistungen zu erreichenden bestimmten **Erfolg**. Dieser Erfolg besteht vor allem in einem mangelfreien Bauwerk; daneben schuldet der Architekt oft noch andere Arbeitsergebnisse wie die Bauleitung (Objektüberwachung/-betreuung). Bleiben diese Erfolge aus, erhält der Architekt keine Vergütung, ungeachtet seines etwaigen Arbeitseinsatzes.

Im Gegensatz zum Bauunternehmer ist Gegenstand der vertraglichen Verpflichtung des Architekten stets die Erbringung eines **geistigen Werkes**. „Die erforderlichen Verhandlungen mit Behörden, die Massen- und Kostenberechnung, das Einholen von Angeboten, das Vergeben der Aufträge im Namen des Bauherrn, insbesondere der planmäßige und reibungslose Einsatz der an dem Bauwerk beteiligten Unternehmer und Handwerker, die Überwachung ihrer Tätigkeit auf Einhaltung der technischen Regeln, behördliche Vorschriften und vertragliche Vereinbarungen, die Abnahme der Arbeiten, die Feststellung der Aufmaße, die Prüfung der Rechnungen"[1], alle diese Tätigkeiten dienen der Verwirklichung des vom Architekten geschuldeten geistigen Werkes und haben den Zweck, den von ihm dem Bauherrn geschuldeten Erfolg, nämlich die mängelfreie Errichtung des geplanten Bauwerkes zu bewirken.

Der Architekt schuldet das Bauwerk aber nicht als körperliche Sache. Deshalb haftet der Architekt auch nicht für jeden Mangel des Bauwerkes, sondern nur für Mängel seines Architektenwerkes. Baumängel sind damit aber zugleich Mängel des Architektenwerkes, wenn sie durch eine – objektiv – mangelhafte Erfüllung der Architektenaufgaben beispielsweise Planungsfehler des Architekten verursacht sind[2].

Auch wenn der Erfolg des Architekten ebenso wie der des Bauunternehmers auf das gleiche Ziel – die plangerechte und fehlerfreie Errichtung des Bauwerkes – gerichtet ist, sind beide grundsätzlich keine **Gesamtschuldner** des Bauherrn. Regelmäßig schließt der Bauherr zwar mit beiden Verträge ab, so dass sie auch beide Schuldner des Bauherrn sind. Sie haben dem Bauherrn gegenüber aber **verschiedene** Leistungen zu erbringen, die lediglich im Ergebnis die gleiche Zielvorgabe haben. Die mangelfreie Herstellung des vom Bauunternehmer versprochenen Einzelwerkes, z.B. der Bodenplatte oder des Rohbaus kann der Bauherr nur vom Bauunternehmer, nicht vom Architekten verlangen. Umgekehrt schuldet der Bauunternehmer nicht die dem Architekten übertragene Planung des Bauwerkes.

Diese „keineswegs nur zufällige und absichtslose, sondern planmäßige rechtliche Zweckgemeinschaft"[3] kann aber in eine **Haftungsgemeinschaft** umschlagen, wenn sie beide wegen eines Mangels am Bauwerk haften[4]. Dies kann beispielsweise dann der Fall sein, wenn die vom Architekten gelieferten Pläne für den Bauunternehmer erkennbar fehlerhaft waren, in den vom Bauunternehmer geschuldeten Ausführungsplänen ihre Fortsetzung und im erstellten Bauwerk ihre Verkörperung fanden[5]. Hinsichtlich des dem Bauherrn hierdurch entstandenen Schadens kann sich dieser nach seinem Belieben an den Architekten oder den Bauunternehmer halten. Er kann aber die Leistung nur einmal fordern. Die Leistung des einen befreit auch den anderen. Derjenige, der Schadenersatz an den Bauherrn geleistet hat, kann dann von dem anderen Ausgleichung verlangen. In welchem Umfang beispielsweise der allein vom Bauherrn in Anspruch genommene Architekt dem Bauunternehmer an dem Schadensbetrag, den er an den Bauherrn geleistet hat, partizipieren lassen kann, hängt von den jeweiligen Verschuldens-

---

[1] BGHZ 31, 224, 227 f.; BGHZ 45, 372.
[2] BGHZ 42, 16.
[3] BGHZ 43, 227, 229.
[4] BGHZ 43, 227, 230.
[5] BGH NZBau 2001, 450.

anteilen ab. In Einzelfällen kann sogar der eine verpflichtet sein, intern den anderen in vollem Umfang freizustellen.

9.3.2 Formfreier Abschluss

Ein Architektenvertrag kann mündlich oder schriftlich, ausdrücklich oder stillschweigend abgeschlossen werden. Fehlen schriftliche Absprachen zwischen Architekten und Bauherrn, stellt sich häufig die Frage, ob ein – honorierungspflichtiger – Architektenvertrag überhaupt zustande gekommen ist. Der bloße Umstand, dass ein Architekt gegenüber dem Bauherrn Leistungen erbracht hat, die üblicherweise auf der Grundlage eines wirksam abgeschlossenen Architektenvertrages vergütet werden, lässt nicht den zwingenden Schluss zu, dass die Tätigkeit des Architekten den **honorarfreien Akquisitionsbereich** bereits überschritten und den Bereich des vergütungspflichtigen Auftrages für den Bauherrn oder sonstigen Auftraggeber erreicht hätte[6]. Da das Gesetz unentgeltliche Verträge nicht verbietet, kann schlechthin jede, nach der Honorarordnung für Architekten und Ingenieure (HOAI) zu vergütende Architektenleistung auch als Akquisitionsbeitrag erbracht werden[7]. Der Architekt, der die Vergütung seiner Leistung vom Auftraggeber begehrt, hat den Abschluss eines Architektenvertrages und damit – juristisch gesprochen – einen eindeutigen vertraglichen Bindungswillen seines Auftraggebers darzulegen und zu beweisen. Dieser Nachweis kann dem Architekten gerade in den Fällen, in denen die Realisierungsphase eines Projektes nicht erreicht und deshalb mit dem Widerstand des Auftraggebers zu rechnen sein wird, schwer fallen. Sobald der Architekt demnach eine Vergütung seiner Leistungen erwartet, sollte dies mit dem Auftraggeber schriftlich fixiert werden. Häufig werden im Vorfeld des Abschlusses eines (möglichen) Architektenvertrages ein oder mehrere Architekten mit der Erstellung eines groben Vorentwurfs gegen ein Pauschalhonorar beauftragt, auf dessen Grundlage der Bauherr dann entscheidet, wie konkret das Bauwerk überhaupt entstehen soll und welchen Architekten er letztlich mit dessen Planung beauftragt.

9.3.3 Kopplungsverbot

Der Architekt soll kein Grundstücksmakler sein. Der Architekt soll den Abschluss eines Grundstückskaufvertrages auch nicht von seiner Beauftragung als Architekt abhängig machen dürfen – was auch ungekehrt gilt. Der Gesetzgeber verbietet daher grundsätzlich die Kopplung eines Architektenvertrages an einen Grundstückserwerb (Art. 10 § 3 Mietrechtsverbesserungsgesetz[8]). Zweck des Gesetzes ist es den Wettbewerb zwischen Architekten nicht durch Grundstücksgeschäfte zu verfälschen. Andernfalls könnte sich ein Architekt durch Aufkauf begehrter Grundstücke in eine Monopolstellung bringen. Wird beispielsweise an den Verkauf eines Grundstücks der Abschluss eines Architektenvertrages für die Bebauung des Grundstücks geknüpft, liegt ein Verstoß gegen dieses Kopplungsverbot vor. Der Grundstückskaufvertrag bleibt wirksam, der Architektenvertrag ist aber nichtig. Ob der Architekt, der auf der Grundlage eines solchermaßen unwirksamen Architektenvertrages Leistungen gegenüber dem Käufer des Grundstücks erbracht hat, überhaupt eine Vergütung beanspruchen kann, hängt davon ab, ob der Käufer die Leistung des Architekten verwertet. Ist dies der Fall, steht dem Architekten immerhin ein Honorar auf bereicherungsrechtlicher Grundlage – in Höhe der Mindestsätze der HOAI – zu. Nach höchstrichterlicher Rechtsprechung liegt aber kein Verstoß gegen das Kopplungsverbot vor, wenn ein Bauinteressent einen Architekten bittet für ein konkretes Vorhaben ein geeignetes Grundstück zu vermitteln, auch wenn der Interessent dabei die Beauftragung des Architekten mit Planungsleistungen in Aussicht stellt.[9]

---

[6] OLG Hamm NZBau 2001, 508; OLG Koblenz NZBau 2001, 510; OLG Dresden NZBau 2001, 505.
[7] Siehe dazu auch Abschnitt 9.3.5.
[8] Das Bundesverfassungsgericht hat mit Beschluss vom 16.06.2011 die Verfassungsmäßigkeit dieser Bestimmung bestätigt.
[9] BGHZ 64, 173.

9.3.4 Gegenstand der Beauftragung des Architekten

Es ist klar: der Architekt schuldet nicht die Ausführung eines Bauvorhabens, die körperliche Erstellung des Bauwerkes. Es ist aber auch klar, dass der Architekt „in gewissem Umfang" für die fehlerfreie termin- und kostengerechte Erstellung des Bauwerkes mitverantwortlich ist. Das konkrete Maß seiner Verantwortlichkeit richtet sich dabei nach den ihm konkret vom Bauherrn übertragenen Aufgaben. Auf deren präzise Beschreibung sollte höchste Sorgfalt gelegt werden.

9.3.4.1 Keine höchstpersönliche Leistungspflicht

Die Architektenleistung ist keine höchstpersönliche Leistung. Der Architekt darf sich zur Erbringung seiner Leistungen der Hilfe Dritter bedienen. Der Bauherr, der bei der Beauftragung eines sich aus mehreren Personen zusammensetzenden Architekturbüros auf die persönliche Betreuung durch einen oder mehrere bestimmte Architekten Wert legt, muss dies klar machen und entsprechend vertraglich vereinbaren.

9.3.4.2 Leistungsumfang des Architekten

Wie gesagt ist dem Architekten und seinem Bauherrn oder sonstigem Auftraggeber die klare schriftliche Niederlegung des präzisen Umfangs der vom Architekten zu erbringenden Leistungen anzuraten. Die Vergütung der Architektenleistungen mag sich in Ermangelung abweichender vertraglicher Vereinbarungen zwar nach den Regelungen der **HOAI** ermitteln lassen, nicht aber der Inhalt dessen, was vom Architekten konkret zur Verwirklichung des Bauvorhabens geschuldet wird. Bei der HOAI handelt es sich letztlich nur um öffentliches Preisrecht, das zur Beantwortung der Frage, was der Architekt gegenüber seinem Auftraggeber konkret schuldet, keine Auskunft geben kann[10]. Die HOAI enthält entgegen einem verbreiteten Irrglauben keine normativen Leitbilder für den Inhalt von Architekten- und Ingenieurverträgen. Die in ihr genannten Leistungsbilder (beispielsweise in § 33 HOAI) sind lediglich Gebührentatbestände für die Berechnung der Höhe des Honorars. Dem Architekt, der eine Tätigkeit, die diesen Leistungsbildern entspricht, gegenüber seinem Auftraggeber schuldet und vertragsgemäß erbringt, steht eine Vergütung nach den für die einzelnen Leistungsbilder der HOAI beschriebenen Mindest- und Höchstsätzen zu. Die Grundfrage aber, ob der Architekt im Einzelfall die von ihm erbrachten Leistungen gegenüber seinem Auftraggeber schuldete, sie ihm also zu vergüten sind, kann und darf die HOAI nicht beantworten. Der Umfang der Architektenleistungen, ob – honorarrechtlich – Grundleistungen und/oder Besondere Leistungen von der Grundlagenermittlung, der Vorplanung, der Entwurfsplanung, der Genehmigungsplanung, der Ausführungsplanung, der Vorbereitung der Vergabe, der Mitwirkung bei der Vergabe über die Objektüberwachung (Bauüberwachung oder Bauoberleitung) bis hin zur Objektbetreuung und Dokumentation obliegt allein der vertraglichen Absprache zwischen Architekten und Bauherrn. Häufig ist in Architektenverträgen dem Bauherrn dabei das Recht eingeräumt Architektenleistungen stufenweise abzurufen.

9.3.5 Vergütung des Architekten

Die Vergütung der vom Architekten geschuldeten und vertragsgemäß erbrachten Leistungen richtet sich – wie dargelegt – grundsätzlich nach den Bestimmungen der HOAI. Honorarvereinbarungen unter Verstoß gegen die hierin aufgestellten Regelungen sind unwirksam. Ist eine **schriftliche Honorarvereinbarung** unterblieben, kann schon aus diesem Grunde der Architekt eine Honorierung seiner Leistung nur in Höhe der Mindestsätze beanspruchen. Höhere Honoraransprüche kann der Architekt in solchen Fällen nur geltend machen, wenn er mit seinem Auftraggeber eine sog. Abrechnungsvereinbarung trifft, auf deren Grundlage das Honorar vom Auftraggeber geleistet wird[11].

---

[10] BGH NJW 1997, 586.
[11] OLG Düsseldorf BauR 1997, 880.

Die Bestimmungen der HOAI lassen auch die schriftliche Vereinbarung eines **Pauschalhonorares** für Architekten- und Ingenieurleistungen zu. Die Vertragsparteien sind dabei aber an den Mindest- und Höchstpreischarakter der HOAI gebunden. Ein zwischen ihnen vereinbartes Pauschalhonorar, das die nach den Vorschriften der HOAI gültigen Mindestsätze unterschreitet, bindet den Architekten nicht; dem Architekten steht gleichwohl ein Honorar in Höhe der Mindestsätze zu[12]. Nur in Ausnahmefällen kann dem Architekten diese „Mehrforderung" abgeschnitten sein, wenn sein Auftraggeber sich auf die getroffene Vereinbarung eines, die Mindestsätze unterschreitenden Pauschalhonorars, schützenswert in einer Weise eingerichtet hat, dass ihm die Zahlung des Differenzbetrages zwischen dem vereinbarten Honorar und dem Mindestsatz nach Treu und Glauben nicht zugemutet werden kann[13].

Keinen Unzumutbarkeitseinwand begegnet aber die Vereinbarung zwischen einem Architekten und seinem Auftraggeber, dass Honoraransprüche erst mit der Realisierung des Projektes durch den Auftraggeber zur Entstehung kommen. Eine solche Teilhabe des Architekten am **Projektentwicklungsrisiko** des Auftraggebers lässt sich nach der Rechtsprechung zulässigerweise vereinbaren[14]. Tritt die Bedingung „Realisierung des Projektes" nicht ein, entsteht der Honoraranspruch des Architekten auch nicht. Diese Risikoteilhabe des Architekten stellt bei entsprechender vertraglicher Gestaltung auch keine gegen die Preisvorschriften der HOAI verstoßende Mindestsatzunterschreitung dar. Dem Architekt steht deshalb für seine Leistungen auch kein Honorar in Höhe der Mindestsätze zu, sollte das Projekt scheitern. Die Abhängigmachung der Vergütung des Architekten von dem Eintritt einer wie auch immer gearteten Bedingung[15] kann – wie der Architektenvertrag überhaupt – formfrei, also auch mündlich, wirksam vereinbart werden. Der Architekt arbeitet umsonst, wenn die Bedingung nicht eintritt.

Die Teilhabe des Architekten am Projektentwicklungsrisiko seines Auftraggebers sollte jedoch in der äquivalenten Teilhabe des Architekten an der Projektentwicklungschance ihre Entsprechung finden. Auch hier müssen sich die Vertragsparteien bei der Bestimmung der Honorarhöhe des Architekten aber innerhalb der Vorgaben der HOAI bewegen. Denn die HOAI setzt nicht nur Mindest-, sondern auch **Höchstgrenzen für Architektenhonorare**. Wird ein Honorar – notwendigerweise schriftlich – vereinbart, das über den HOAI-Höchstsätzen liegt, ohne aber durch „außergewöhnliche oder ungewöhnlich lange dauernde Leistungen" des Architekten seine Rechtfertigung zu erfahren (§ 7 Abs. 4 HOAI), muss das Honorar „lediglich" in Höhe der Höchstsätze geleistet werden. Das Honorar für Grundleistungen bei Gebäuden und raumbildenden Ausbauten, deren anrechenbare Kosten über € 25.564.594 liegen, kann hingegen frei – auch mündlich – vereinbart werden (§ 7 Abs. 2, 3 HOAI)[16]. Es besteht dann weder eine Bindung an die Höchst- und Mindestsätze noch an die Einordnung in die einzelnen Honorarzonen. Insbesondere in einem solchen Falle kann auch ein so genanntes Zeithonorar[17] vereinbart werden.

Fällig wird das Honorar des Architekten, wenn er seine Leistung vertragsgemäß erbracht und hierüber eine prüffähige Honorarschlussrechnung erstellt und dem Bauherrn überreicht hat (§ 15 HOAI). Eine Abnahme seiner Leistung ist nicht erforderlich; es genügt, dass sie fertig gestellt und abnahmefähig ist. An die Prüffähigkeit der Honorarrechnung selbst sind keine übertriebenen Anforderungen zu stellen. Da die Prüffähigkeit der Schlussrechnung kein Selbstzweck ist, muss diese auch nicht auf dem Formularmuster der DIN 276 erstellt werden. Der

---

[12] OLG Hamm NJW-RR 1990, 522; BGHZ 136, 1.

[13] BGHZ 136, 1.

[14] BGH NJW-RR 1998, 952.

[15] Denkbar wäre auch die Erteilung einer bestandskräftigen Baugenehmigung oder der tatsächliche Baubeginn oder ein näher zu definierender Vermietungs-/Vermarktungserfolg des zu entwickelnden Projektes.

[16] Entsprechendes gilt für Grundleistungen bei der Tragwerksplanung (> € 15.338.756), Freianlagen (> € 1.533.876), Ingenieurbauwerke und Verkehrsanlagen (> € 25.564.594), technische Ausrüstung (> € 3.834.689), Bauakustik (> € 25.564.594), raumakustische Planung und Überwachung (> € 7.669.378).

[17] § 6 HOAI a.F.

Architekt hat seine Rechnung lediglich so zu gliedern und aufzustellen, dass der Auftraggeber sie sachlich prüfen und die Richtigkeit der einzelnen Ansätze beurteilen kann[18].

Abschlagszahlungen kann der Architekt in angemessenen zeitlichen Abständen für nachgewiesene Leistungen von seinem Auftraggeber fordern (§ 15 Abs. 2 HOAI).

9.3.6 Pflichten des Architekten

Berufsaufgabe des Architekten ist die Planung, Gestaltung und Objektüberwachung von Gebäuden und anderen Bauwerken[19]. Das vom Architekten geschuldete Werk besteht im Allgemeinen denn auch in der Bauplanung, der Oberleitung und örtlichen Aufsicht. Herr des Baugeschehens ist und bleibt hierbei aber stets der Bauherr, der Architekt ist lediglich sein „**Sachwalter**" oder – juristisch gesprochen – im Verhältnis zu Dritten sein „**Erfüllungsgehilfe**". Inwieweit sich der Bauherr bei den von ihm originär zu treffenden Entscheidungen gegenüber den anderen am Bau Beteiligten, Behörden und öffentlichen Stellen von seinem Architekten vertreten lässt, liegt in seinem freien Ermessen. Eine solche Entscheidungsfreiheit steht dem Architekten dagegen nicht zu. Er hat bei der Wahrnehmung seiner Aufgaben stets und ausschließlich die Interessen des Bauherrn zu wahren. Im Einzelnen seien hier folgende Pflichten und Haftungsverantwortlichkeiten des Architekten genannt:

- Der mit der Genehmigungsplanung beauftragte Architekt haftet für die **dauerhafte Genehmigungsfähigkeit** seiner Planung – nicht aber für die Genehmigung derselben – als werkvertraglichen Erfolg[20], sofern im Einzelfall nichts anderes vereinbart wurde. Ob und in welcher Weise sich der Architekt um den Eintritt dieses Erfolges bemüht hat, ist, sofern er ausbleibt, irrelevant.

- Der Architekt schuldet überhaupt eine **mangelfreie, funktionstaugliche Planung**. Besondere Umstände wie spezielle Bodenverhältnisse sind von ihm zu berücksichtigen[21]. Fehlen ihm hierzu, wie bei Spezialgewerken nicht selten, die erforderlichen Fachkenntnisse, muss er den Auftraggeber informieren und auf die Hinzuziehung der notwendigen Sonderfachleute hinwirken. Von seiner eigenen Verantwortlichkeit entbindet ihn das hingegen nicht. Er haftet auch bei Hinzuziehung eines Sonderfachmanns für dessen Auswahl und Überprüfung nach dem Maß der von ihm als Architekten zu erwartenden Kenntnisse. Lässt sich der Sonderfachmann von Fehlvorgaben des Architekten leiten, hat der Architekt einen Sonderfachmann mit mangelnder Spezialfachkunde ausgewählt oder erkennt der Architekt einzelne Mängel, die er hätte erkennen müssen, nicht, liegt seine Haftung ohnehin auf der Hand.

- Auch wenn der Architekt nach der Rechtsprechung „allgemein" nicht verpflichtet ist, in jeder Hinsicht die Vermögensinteressen seines Auftraggebers wahrzunehmen und unter Berücksichtigung aller Möglichkeiten „so kostengünstig wie möglich" zu bauen[22], muss er von Beginn an seine Planung und die Ausführung des Bauvorhabens doch auf die **wirtschaftlichen Interessen des Bauherrn** ausrichten[23]; er bewegt sich wirtschaftlich nicht im freien Raum[24]. Zu dieser Wirtschaftlichkeitspflicht gehört es selbstverständlich auch, Planungsänderungen, die **Mehrkosten** für seinen Auftraggeber bewirken, nicht vorzunehmen, ohne die Auswirkungen mit dem Auftraggeber zu erörtern. Überhaupt ist der Architekt verpflichtet, seinen Auftraggeber rechtzeitig darauf hinzuweisen, dass Änderungen und/oder Erweiterungen des Bauvorhabens zu einer wesentlichen Kostensteigerung führen können. Gerade wenn für den Architekten erkennbar ist, dass Mehrkosten anfallen und damit die

---

[18] BGH NJW-RR 1999, 1541.
[19] Präambel des Einheitsarchitektenvertrages für Gebäude in der empfohlenen und zwischenzeitlich zurückgezogenen Fassung der Bundesarchitektenkammer, veröffentlicht in BAnz Nr. 152 vom 13.8.1994.
[20] BGH BauR 1998, 579.
[21] BGH NZBau 2001, 270.
[22] BGH BauR 1988, 734.
[23] BGH BauR 1988, 734, 735.
[24] BGH WM 1996, 1819, 1821, WM 1996, 1098.

bisher geschätzten Kosten überschritten werden, muss dem Bauherrn durch seine richtige Beratung im Rahmen der Kostenermittlung die Möglichkeit gegeben werden, eine einfachere Bauausführung durchzuführen oder das Bauvorhaben sogar fallenzulassen.

Der Architekt ist letztendlich aber auch verpflichtet, das Bauwerk **kostengünstig** zu erstellen: Er hat eine Methode der Werkerstellung zu wählen, die neben der Vermeidung von Mängeln und neben einer zügigen Förderung des Werkes maßgeblich auch eine kostengünstige Abwicklung berücksichtigt[25]. Selbst wenn sich der Architekt im Rahmen der von ihm genannten Kosten oder des vom Auftraggeber vorgegebenen Kostenrahmens hält und die Planung auch technisch funktionstauglich ist, kann eine **unwirtschaftliche Planung** deshalb zur wirtschaftlichen Mangelhaftigkeit des Werkes des Architekten führen[26]. Dies ist beispielsweise dann gegeben, wenn gemessen an der vertraglichen Leistungsverpflichtung z.B. durch überdimensionierte Fundamente übermäßiger Aufwand getrieben oder wenn die geschuldete Optimierung der Nutzbarkeit eines Gebäudes (beispielsweise: Verhältnis Nutzflächen/Verkehrsflächen) nicht erreicht wird[27].

Schuldhafte Verstöße gegen diese Verpflichtungen gewähren dem Auftraggeber einen Schadenersatzanspruch.

– Eine völlig andere Frage ist, ob die „bloße" **Überschreitung der tatsächlichen Bausumme** und damit die fehlerhafte Schätzung der Baukosten durch den Architekten, die weder auf unmittelbaren Planungs- und/oder Vergabefehlern noch auf mangelhafter Bauleitung oder sonstigen Pflichtverletzungen des Architekten beruht[28] bereits Haftungsansprüche gegen den Architekten begründet. Es handelt sich hierbei um ein altes Thema, wie man schon bei *Vitruvius Pollio*[29] nachlesen kann:

„In der berühmten ... Stadt Ephesus war ... von den Vorfahren in alter Zeit ein Gesetz mit einer zwar harten, aber nicht ungerechten Bestimmung beschlossen worden. Wenn nämlich ein Baumeister den Auftrag für einen öffentlichen Bau übernimmt, gibt er eine Erklärung darüber ab, wieviel der Bau kosten wird. Nachdem der Baukostenanschlag der Behörde übergeben ist, wird sein Vermögen verpfändet, bis das Bauwerk fertig ist. Haben die Baukosten dem Voranschlag entsprochen, dann wird der Baumeister durch einen ehrenvollen Erlass geehrt. Wenn nicht mehr als ein Viertel zum Baukostenanschlag hinzugelegt werden muss, wird dieses Viertel aus Staatsmitteln gedeckt und der Architekt erhält keine Geldstrafe. Wird aber bei der Ausführung über ein Viertel mehr verbraucht (als veranschlagt war), dann wird zur Vollendung des Baues der erforderliche Betrag aus dem Vermögen des Baumeisters beigetrieben. Hätten doch die unsterblichen Götter es so gefügt, dass auch vom römischen Volk solch ein Gesetz nicht nur für öffentliche, sondern auch für private Bauten beschlossen wäre! Dann würden Leute, die vom Baufach nichts verstehen, nicht straflos herumlaufen. Vielmehr würden nur Fachleute ein Angebot vorlegen, die eine sehr gründliche Ausbildung genossen haben."

Auch unsere Rechtsordnung billigt dem Architekten bei der Ermittlung der voraussichtlichen Baukosten einen gewissen Spielraum zu, bevor er wegen einer Bausummenüberschreitung in die Haftung kommt. Denn – wie sich der Bundesgerichtshof vornehm ausdrückt – für die ein Bauvorhaben begleitenden Kostenermittlungen des Architekten kann dieser gewisse Toleranzen insoweit in Anspruch nehmen, „als die in den Ermittlungen enthaltenen Prognosen von unvermeidbaren Unsicherheiten und Unwägbarkeiten abhängen"[30]. Wenngleich hier vieles im Fluss ist und sich genaue Größen nicht verbindlich ausmachen lassen, steht

---

[25] Zum Ganzen *Werner* in *Werner/Pastor*, Der Bauprozess, 2011, Rdnr. 1983 ff.

[26] BGH DB 1998, 151.

[27] BGH BauR 1998, 354.

[28] Z.B. zu aufwendige Bauweise; Gründungsfehler; fehlerhafte Ausschreibung/Vergessen von Einzelpositionen im Leistungsverzeichnis; mangelhafte Bodenuntersuchung und dadurch verursachte spätere Mehrkosten für Tiefergründungen usw.

[29] De architectura libri decem, 25 v. Chr.

[30] BGH NJW-RR 1997, 850.

doch fest, dass der Genauigkeitsgrad der Kostenschätzung entsprechend dem Baufortschritt zuzunehmen hat. In Anlehnung an die von der HOAI genannten Kostenermittlungsarten der DIN 276 wird man von folgenden Toleranzgrenzen[31] ausgehen können:

- Kostenschätzung im Rahmen der Vorplanung
  (Leistungsphase 2):   30%
- Kostenberechnung im Rahmen der Entwurfsplanung
  (Leistungsphase 3):   20–25%
- Kostenanschlag im Rahmen der Mitwirkung
  bei der Vergabe (Leistungsphase 7):   10–15%.

Die Kostenermittlung des Architekten muss demnach umso genauer und sorgfältiger sein, je weiter das Bauvorhaben fortgeschritten ist. Während nach der DIN 276 die **Kostenschätzung** nur zur überschlägigen Ermittlung der Gesamtkosten dient, sind im Rahmen der **Kostenberechnung** bereits die angenäherten Gesamtkosten zu ermitteln; der **Kostenanschlag** dient dann zur genauen Ermittlung der tatsächlich zu erwartenden Kosten. Die **Kostenfeststellung** selbst ist das Ergebnis der tatsächlich entstandenen Kosten.

Die eigentliche Problematik liegt nun nicht in der Feststellung der relevanten Bausummenüberschreitung, sondern in der Ermittlung des dem Bauherrn konkret entstandenen **Schadens**. Zunächst besteht dieser Schaden in Höhe der über der Toleranzgrenze liegenden Baukosten. Es gilt aber – wie bei der Schadensermittlung überhaupt – ein strenges Kausalitätsprinzip. Zu vergleichen ist immer der tatsächliche, durch die Pflichtverletzung eingetretene Sachverhalt mit einem hypothetischen Geschehensablauf, der sich ereignet hätte, wenn die Pflichtverletzung nicht geschehen wäre (Differenzmethode). Ein Schaden kann deshalb nicht angenommen werden, wenn der Bauherr bei rechtzeitiger Kenntnis der späteren Bausummenüberschreitung keine gegensteuernden Maßnahmen getroffen und das Bauvorhaben unverändert fortgeführt hätte. Einen erstattungsfähigen Schaden verneint die Rechtsprechung darüber hinaus auch dann, wenn der zu Lasten des Bauherrn gehende Mehraufwand zu einer Wertsteigerung des Objektes (Steigerung des Verkehrswertes; bei Gebäuden, die im engeren Sinne zur Ertragserzielung bestimmt sind mithin des Ertragswertes) geführt hat[32], der seinen Herstellungskosten entspricht. Eine solche Anrechnung wird der Bauherr nur dann mit Erfolg abwehren können, wenn es ihm gelingt darzulegen und zu beweisen, dass er bei Kenntnis der verteuernden Maßnahmen oder Umstände – und dies heißt zunächst auch bei entsprechender Information durch den Architekten – eine einfachere Bauausführung gewählt, einsparende Maßnahmen eingeleitet oder sogar das Bauvorhaben insgesamt fallengelassen hätte. Es geht dann letztendlich maßgeblich um die Vermeidbarkeit bzw. die Nichterforderlichkeit der tatsächlich durchgeführten Maßnahmen[33]. Um wieviel kostengünstiger hätte das Bauvorhaben verwirklicht werden können, wenn der Architekt den Bauherrn von Anfang an richtig über die zu erwartenden Kosten informiert hätte?

Will der Bauherr diesen Komplikationen der Schadensberechnung einer Bausummenüberschreitung aus dem Weg gehen, muss er von seinem Architekten die Abgabe eine **Baukostengarantie**[34] verlangen. Der Architekt haftet dann bei jeder Überschreitung der Kosten ohne Rücksicht auf ein Verschulden auf den Differenzbetrag. Gerade die Rigorosität dieser Haftung des Architekten hat aber zur Folge, dass Baukostengarantien in der Praxis nicht häufig anzutreffen sind.

---

[31] OLG-Köln, BauR 2002, 978; OLG-Stuttgart, OLGR 2000, 422; BGH BauR 1987, 225. In Rechtsprechung und Literatur werden unterschiedliche Toleranzgrenzen angewendet.

[32] BGH NJW 1994, 856, 857, WM 1977, 1055, 1058.

[33] OLG Düsseldorf BauR 1980, 376; es gilt der Grundsatz, dass entbehrliche Leistungen nicht zu bezahlen sind.

[34] BGH NJW 1960, 1567, BauR 1974, 347; nach der Rechtsprechung führt auch die Vereinbarung einer Kostenobergrenze zu einem Entfallen jeglicher Toleranzen, wenn im Vertrag nichts anderes geregelt ist, vgl. BGH BauR 1997, 494; BGH BauR 2003, 1061; OLG Frankfurt NJW 2012, 1739.

9.3.7 Abnahme und Gewährleistung der Architektenleistung

Der Architekt schuldet die vertragsgemäße Leistungserbringung, seinen Beitrag zur termingerechten und mangelfreien Entstehung des Bauwerks. Die **Abnahme** des Architektenwerkes durch den Bauherrn ist entsprechend der Unterschiedlichkeit des Architektenwerkes zum Bauwerk von der Abnahme des auf der Grundlage der Architektenplanung und ggf. auch Oberleitung und örtlicher Aufsicht errichteten Bauwerkes selbst zu unterscheiden. Abnahme bedeutet die Billigung des Architektenwerkes durch den Bauherrn als im wesentlichen vertragsgemäße Leistung. Wie bei diesen ist aber auch für die Abnahme des Architektenwerkes die vollständige Erbringung sämtlicher – vertraglich geschuldeter – Leistungen des Architekten Voraussetzung. Je nach Leistungsumfang kann diese vor, zugleich oder erst nach der Abnahme des Bauwerkes stattfinden – mit der Folge des unterschiedlichen Laufes der regelmäßigen fünfjährigen Gewährleistungsfrist für Mängel des Architektenwerkes einerseits und des Bauwerkes andererseits. Wichtig ist, dass im Falle einer frühzeitigen Kündigung des Architektenvertrages die Gewährleistungsfrist bereits mit der Wirksamkeit der Kündigung des Architektenvertrages durch den Bauherrn zu laufen beginnt, auch wenn – und gerade weil, wie regelmäßig in solchen Fällen – eine spätere Abnahme nicht stattfindet.

Die **Gewährleistung** des Architekten für Fehler seines Werkes ist zunächst auf Nacherfüllung (Mängelbeseitigung oder Neuherstellung) gerichtet, solange und soweit eine solche Nacherfüllung noch in Betracht kommt. Hat sich aber ein Planungsfehler des Architekten bereits in einem Mangel des Bauwerkes niedergeschlagen, führt die Nacherfüllung der fehlerhaften Architektenleistung nicht notwendigerweise zur Mangelfreiheit des Bauwerks. Auch das Recht des Bauherrn zur Minderung des Architektenhonorars hilft in einem solchen Fall nicht erheblich weiter. Regelmäßig wird der Architekt aber die Mangelhaftigkeit der von ihm geschuldeten Leistungen zu vertreten haben. Der Bauherr kann dann von dem Architekten die Erstattung des gesamten, ihm durch die fehlerhafte Architektenleistung entstandenen Schadens am Bauwerk einschließlich etwaig entgangenen Gewinns (z.B. Mietausfall) erstattet verlangen. Der Bauherr kann vom Architekten beanspruchen, so gestellt zu werden, wie wenn der Architekt korrekt geleistet hätte. Ein solcher Schadenersatzanspruch unterliegt ebenso wie die anderen auf Minderung, Selbstvornahme oder Nacherfüllung gerichteten Gewährleistungsrechte des Bauherrn grundsätzlich einer **Gewährleistungsfrist**, die fünf Jahre beträgt, beginnend prinzipiell ab dem Zeitpunkt der Abnahme des Architektenwerkes – nicht des Bauwerkes als solches –.

Der Architekt schuldet nicht nur die vertragsgemäße, er schuldet auch die rechtzeitige Leistungserbringung. Führt die Nichteinhaltung vertraglich vereinbarter Leistungstermine beispielsweise für eine baurechtlich genehmigungsfähige Baueingabeplanung zu einer **Bauzeitverzögerung**, haftet der Architekt für sämtliche Verzögerungsschäden des Bauherrn. Ob diese Schadenersatzpflicht des Architekten das Verstreichen einer zuvor gesetzten Nachfrist des Bauherren voraussetzt, bestimmt sich nach den Umständen des Einzelfalles (§ 636 BGB).

9.3.8 Vorzeitige Auflösung des Architektenvertrages

Von Gesetzes wegen sind Architektenverträge durch den Bauherrn jederzeit **frei kündbar** (§ 649 BGB). Auf das Vorliegen eines Grundes kommt es nicht an. Macht der Auftraggeber von diesem Kündigungsrecht Gebrauch, kann der Architekt sein Honorar grundsätzlich in voller Höhe verlangen. Er muss sich auf dieses Honorar aber anrechnen lassen, was er „infolge der Aufhebung des Vertrages an Aufwendungen erspart oder durch anderweitige Verwendung seiner Arbeitskraft erwirbt oder zu erwerben böswillig unterlässt". Nach der gesetzlichen Regelung wird dabei – widerlegbar – „vermutet", dass danach dem Architekten 5 vom Hundert der auf den noch nicht erbrachten Teil der Werkleistung entfallenden vereinbarten Vergütung zustehen. Der Nachweis eines höheren bzw. eines niedrigeren Vergütungsanspruches für die noch nicht erbrachten Leistungen, bleibt dem Architekten bzw. Bauherrn unbenommen. Als erspart sind dabei die Aufwendungen anzurechnen, die der Architekt bei Ausführung des Vertrages hätte machen müssen und die er wegen der Kündigung nun nicht mehr machen muss[35]. Zur Bestimmung dieser Größe können die Parteien auch individualvertraglich eine Pauschalierung vereinbaren. Als Allgemeine Geschäftsbedingung kann eine Pauschalierung jedoch unwirksam sein.[36]

Nicht selten wird das freie Kündigungsrecht des Bauherrn auch vertraglich ausgeschlossen. Dem Auftraggeber bleibt dann – wie dem Architekten – nur noch die nicht ausschließbare Möglichkeit, den Architektenvertrag bei Vorliegen eines wichtigen Grundes zu kündigen.

Arbeitet der Architekt so nachlässig, dass sein Auftraggeber kein Vertrauen mehr zu ihm haben kann, so kann dieser den Architektenvertrag kündigen, ohne den Anspruch des Architekten auf das volle Honorar erfüllen zu müssen. Im Gegenteil, der Architekt hat seinem Auftraggeber den durch die Kündigung entstandenen Schaden, z.B. nicht zu vermeidende Mehraufwendungen für die Hinzuziehung eines anderen Architekten, zu ersetzen[37]. Ein Honorar kann der Architekt nur für die von ihm erbrachten Leistungen und nur soweit diese mangelfrei und für seinen Auftraggeber brauchbar sind, beanspruchen[38]. Des weiteren gilt, dass der Architekt auch nach einer Kündigung grundsätzlich berechtigt und verpflichtet bleibt, Mängel seiner bis zur Kündigung erbrachten Leistung (beispielsweise Planung) zu beseitigen[39]. Die Gewährleistungsverpflichtung des Architekten wird also durch die – lediglich in die Zukunft wirkende – vorzeitige Auflösung des Architektenvertrages grundsätzlich nicht berührt.

9.3.9 Urheberrecht des Architekten

Nicht selten wird der Architekt ein Urheberrecht an dem von ihm geplanten Bauwerk haben. Bereits Änderungen während der Bauphase sowie spätere Umbauvorhaben des Bauherrn können an diesem Urheberrecht bzw. den auf seiner Grundlage gestellten Forderungen des Architekten scheitern. So wurde auch in dem prominenten Fall des Berliner Hauptbahnhofs über die Rechtmäßigkeit einer Änderung der (vom Bauherrn zuvor genehmigten) Bauplanung ohne Zustimmung des Urhebers gestritten.[40] Indessen genießt nicht jedes Werk eines Architekten Urheberrechtsschutz. Nur solche Werke und Entwürfe der Baukunst sowie Darstellungen wissenschaftlicher und technischer Art wie Zeichnung und Pläne etc. fallen unter das Urheberrecht des Architekten bei denen sich eine eigenständige schöpferische Leistung des Architekten offenbart, die dann im Bauwerk ihre Verkörperung findet. Im Streitfall wird die Bejahung dieser Voraussetzung indessen von der subjektiven Einschätzung des Entscheidenden abhängen.

Fällt ein Bauwerk in das Urheberrecht des Architekten sind Veränderungen am Bauwerk durch den Bauherrn grundsätzlich nur zulässig, soweit die Bausubstanz nicht angegriffen wird. Die Vernichtung eines Bauwerks ist dagegen ohne Zustimmung des Architekten zulässig.[41]

Meistens wird das Urheberrecht des Architekten, das gemäß § 64 UrhG erst 70 Jahre nach seinem Tod erlischt, die Lebensdauer eines Bauwerkes überdauern. Es liegt deshalb auf der Hand, dass Regelungen über das Urheberrecht zum zwingenden Bestandteil eines jeden Architektenvertrages gehören. Als höchstpersönliches Recht kann das Urheberrecht zwar nicht übertragen werden, wohl aber kann der Architekt auf einzelne Nutzungsbefugnisse wirksam verzichten. Auch späteren Umbauvorhaben kann der Architekt wirksam bereits mit Abschluss des Architektenvertrages seine Zustimmung erteilen.

---

[35] OLG Düsseldorf BauR 2001, 117.
[36] BGH NJW 1999, 418; BGH BauR 2004, 316; BGH BauR 2011, 1328.
[37] BGHZ 45, 372, 375.
[38] BGHZ 136, 33.
[39] BGH NZBau 2001, 211.
[40] LG Berlin, NZBau 2007, 324.
[41] Erfordert möglicherweise aber eine denkmalschutzrechtliche Genehmigung.

9.4 Ingenieurvertrag

Die Komplexität eines Bauvorhabens bedingt neben der Beauftragung eines Architekten mit der Bauplanung, ggf. auch der Bauleitung, oft die Einschaltung von **Sonderfachleuten** wie Statikern/Tragwerksplanern, Vermessungs-, Heizungs-, Elektroingenieuren etc. Regelmäßig wird deren Beauftragung unmittelbar, wenn auch vielleicht auf Vorschlag des Architekten durch den Bauherrn erfolgen. Nur soweit die vom Architekten selbst geschuldeten Leistungen auch Einzelaspekte umfassen, die der Architekt mangels eigener Spezialsachkunde nicht zu erbringen vermag, wird eine Beauftragung von Sonderfachleuten durch den Architekten selbst in Frage kommen. Nur im letzteren Fall ist der Sonderfachmann Erfüllungsgehilfe des Architekten, dessen schuldhaftes Handeln sich der Architekt als eigene Pflichtverletzung zurechnen lassen muss.

Bei der Beauftragung von Sonderfachleuten durch den Bauherrn, auch soweit dieser hierbei vom Architekten in Vollmacht vertreten wird, muss sich der Architekt Fehler des Sonderfachmanns nicht als eigenes Verschulden zurechnen lassen. Indessen können auch hier Überschneidungen der Verantwortungsbereiche oder gar eine **gesamtschuldnerische Haftung** des Sonderfachmanns und des Architekten gegenüber dem Bauherrn in Betracht kommen. Überwacht oder koordiniert der Architekt den Sonderfachmann beispielsweise nicht sorgfältig oder empfiehlt der Architekt dem Bauherrn einen erkennbar nicht mit der erforderlichen Spezialsachkunde ausgestatteten Ingenieur, verletzt er eigene Vertragspflichten gegenüber seinem Auftraggeber[42] und haftet diesem ebenfalls.

Wie der Architektenvertrag ist auch der Vertrag mit einem Sonderfachmann regelmäßig als **Werkvertrag** anzusehen. Der Sonderfachmann schuldet den Erfolg der bei ihm in Auftrag gegebenen Leistung, nicht aber eine bloße, auf diesen Erfolg hinwirkende Tätigkeit. Bleibt der Erfolg aus, steht dem Sonderfachmann keine Vergütung zu und er haftet seinem Auftraggeber für den dadurch bewirkten Schaden. Tritt der Werkerfolg ein, kann sich der Sonderfachmann frühestens nach Ablauf von fünf Jahren ab Abnahme seiner Leistungen durch den Auftraggeber auf die Verjährung etwaiger Gewährleistungsansprüche berufen.

Die Höhe der Vergütung von Sonderfachleuten richtet sich grundsätzlich nach den Bestimmungen der HOAI.

9.5 Joint-Venture-Verträge in der Immobilien-Projektentwicklung

Großvolumige Immobilien-Projektentwicklungen lassen sich oftmals nur durch Joint-Ventures realisieren.[43] Durch den Zusammenschluss mehrerer Partner kann Kapital und Know-how gebündelt und Risiko geteilt werden. Verfügen die Partner zudem über unterschiedliche Stärken und Schwächen kann ein gemeinsames Agieren in einem Markt besonders interessant sein. Da bei gemeinsamen Immobilien-Projektentwicklungen oftmals große Investitionen getätigt werden und sich daraus langfristige Vertragsbeziehungen ergeben, ist dem Joint-Venture-Vertrag große Beachtung beizumessen. Dabei sind die wirtschaftlichen und rechtlichen Rahmenbedingungen zu beachten und die Rechte und Pflichten der einzelnen Partner sollten sich in einem ausgewogenen Gesellschaftsvertrag widerspiegeln.[44] Deutsche Joint-Ventures bedienen sich oftmals der Rechtsform der GbR, KG, GmbH & Co. KG oder der GmbH. Bei der Auswahl zwischen Personen- und Kapitalgesellschaften sind rechtliche und wirtschaftliche Gesichtspunkte, wie Haftung, Finanzierungsmöglichkeiten, Steuerlast[45], Publizitätspflichten sowie administrativer Aufwand ausschlaggebend. Ungeachtet der Rechtsform ist der Joint-Venture-Vertrag beurkundungsbedürftig, wenn sich alle oder einzelne Partner darin zum Erwerb sich zur Einbringung

---

[42] BGH NZBau 2001, 270.

[43] Im Einzelnen siehe dazu: *Wittneben*, ZfIR 2009, 846.

[44] *Baumanns* in: Münchener Handbuch des Gesellschaftsrechts, Bd. 1 2009, § 28 Rn. 1 ff.

[45] Wichtig ist hierbei u.a. die steuerrechtliche Transparenz von Personengesellschaften. Gewinne oder Verluste einer Personengesellschaft werden dann steuerrechtlich an die Gesellschafter durchgereicht.

einer Immobilie verpflichten (§ 311b Abs. 1 BGB). Falls ein Gesellschaftsvertrag der notariellen Form bedarf ist zu beachten, dass auch sämtliche Nebenabreden ebenfalls beurkundet werden müssen. Andernfalls ist das Rechtsgeschäft im Ganzen nichtig. Der Joint- Venture-Vertrag sollte auch Regelungen zu den Voraussetzungen, welche die einzelnen Projekte erfüllen müssen, enthalten. Es mag auch sinnvoll sein zu vereinbaren, dass für die Realisierung eines neuen Objektes immer ein vorheriger, mit einer bestimmten Mehrheit oder gar einstimmig zu fassender Gesellschafterbeschluss notwendig ist.

Bereits vor Projektbeginn sollte auch an Streitbeilegungs- und Beendigungsmöglichkeiten des Joint-Ventures gedacht werden. Andernfalls kann es bei paritätisch besetzten Joint-Ventures oder bei Einräumung von Vetorechten an Minderheitsgesellschafter zu Pattsituationen (Deadlocks) und somit zu unerwünschten Schwebezuständen kommen. Die Parteien sollten auf jeden Fall ein Schlichtungsverfahren vorsehen. Zudem bietet sich die gegenseitige Einräumung von Kauf- und Verkaufsoptionen an. Die Partner haben in der Regel die Möglichkeit das Angebot des anderen zu überbieten.[46] Derartige Mechanismen ähneln einer internen Versteigerung der Gesellschaftsanteile und erzielen dadurch regelmäßig einen fairen Preis. Dies stellt eine gute Alternative zur Vereinbarung einer Schiedsgutachterklausel dar, welche oftmals zu teuren und langwierigen Verfahren mit ungewissem Ausgang führt.[47] Dabei darf aber nicht übersehen werden, dass in der praktischen Anwendung auch diese Klauseln mit Risiko behaftet sind. Fehlen beispielsweise dem einen Partner die finanziellen Mittel um die Anteile des anderen zu erwerben, kann dieser womöglich zu einem Preis – weit unter dem Marktwert – aus dem Joint-Venture herausgedrängt werden. Schließen sich wiederum zwei Partner zusammen um ein Projekt zu realisieren, zu dem sie finanziell nur gemeinsam in der Lage sind, wird es einem der beiden regelmäßig schwer fallen die kompletten Anteile alleine zu übernehmen.

---

[46] Vgl. Russisches Roulette und Texas Shoot Out, Buy-Sell-Mechanismen.
[47] *Wittneben*, ZfIR 2009, 846.

Teil 4
Realisierung

Übersicht

1. Einführung

Die Planungsphase und die Realisierungsphase ist bei der Vielzahl der Projekte nicht klar abgegrenzt. Anders als etwa in den USA, wo die Planung weitgehend abgeschlossen ist, bevor mit der Realisierung begonnen wird, überlappt sich in Deutschland die Planungsphase und die Realisierungsphase teilweise so weit, dass die letzten Pläne erst kurz vor Ende der Realisierung gefertigt und dann in der Schlussphase des Projektes umgesetzt werden. Durch diese unklare Trennung von Planung und Realisierung ergeben sich für den Projektablauf eine Vielzahl von Problemen:

– Wenn die Planung bei **Beginn der Realisierung** noch nicht abgeschlossen ist, ist es schwierig, die Kosten für die Realisierung abschließend festzustellen. Im weiteren, die Realisierung begleitenden, Planungsverlauf werden sich Sachverhalte einstellen, die Auswirkungen auf die Kosten haben, und damit das Budget für die Realisierung verändern. Wenn es nicht gelingt, die Planung während der Realisierungsphase so zu steuern, dass lediglich die Entwurfsplanung in eine Ausführungsplanung überführt wird, ohne dass dabei wesentliche Qualitäten oder Quantitäten verändert werden, wird es zu ungewollten Kostensteigerungen des Projektes kommen.

– Wenn die Planung zu Beginn der Realisierungsphase **nicht abgeschlossen** ist, scheiden bestimmte Vergabeverfahren für die Vergabe von Bauleistungen aus. Streng genommen bedeutet eine nicht abgeschlossene Planung zu Beginn der Realisierung, dass eine Generalunternehmer-Vergabe nicht möglich ist, da die Basis für die Vergabe wegen nicht abgeschlossener Planung überhaupt nicht vorhanden ist. Unabgeschlossene Planungen zu Realisierungsbeginn können also eigentlich nur für die Einzelvergabe oder Paketvergabe in Frage kommen, es sei denn, man vergibt an einen Generalunternehmer und überlässt den weiteren Planungsprozess dem Generalunternehmer selbst.

– Beginnt man die Realisierung **ohne abgeschlossene** Planung, so läuft man Gefahr, dass die bereits realisierten Leistungen (etwa der Rohbau) nicht mit den später geplanten Ausbauleistungen übereinstimmen. Einfache Beispiele wie nicht harmonisierte Höhen von Bodenbelägen, nicht vorhandene Aussparungen für Haustechnikgewerke, etc. kommen auf den Baustellen immer wieder vor. Dadurch, dass Ausbauleistungen oder Haustechnikleistungen getrennt und erst zu einem späteren Zeitpunkt als die Rohbauleistungen geplant werden, entstehen Unstimmigkeiten, die entweder zu einem Rückbau bereits errichteter Bausubstanz oder zu einem Umplanen von Ausbauleistungen und Haustechnikleistungen führen.

Die Art, wie Bauleistungen vergeben werden, steht also in **engem Zusammenhang** mit der Art, wie Planungsleistungen vergeben werden. Es muss also bereits zu Beginn der gesamten Maßnahme noch vor der Vergabe von Planungsleistungen festgelegt werden, wie die Planungsleistungen vergeben werden und wie in Abhängigkeit davon die Ausführungsleistungen vergeben werden. Um die Frage nach der geeigneten Vergabeart für Planungsleistungen und Realisierungsleistungen entscheiden zu können, müssen im Vorfeld eine Vielzahl von unterschiedlichen Aspekten untersucht werden:

– **Terminliche Aspekte:**

   In Abhängigkeit der Frage „Wie schnell soll das Projekt erstellt werden?" werden sich bestimmte Vergabestrukturen als geeignet und andere als ungeeignet herausstellen. So wird man etwa bei Projekten, die unter höchstem Zeitdruck zu erstellen sind, Architekten und Fachplaner nur bis zu Leistungsphase 4 (Genehmigungsplanung) mit den Leistungsbildern der HOAI beauftragen und sie im weiteren Projektverlauf entweder mit der Planprüfung der von einem Generalunternehmer gefertigten Ausführungsplanung beschäftigen, oder sie dem Generalunternehmer als dessen Ausführungsplaner beistellen. Auf der Basis der **Entwurfsplanung** wird der Generalunternehmer die Ausführungsplanung parallel und in enger Abhängigkeit des Bauablaufes erstellen. Für die Realisierung wird man einen Generalunternehmer einschalten und nicht etwa die Leistungen an Unternehmer gewerkeweise vergeben. Dadurch, dass die Leistung zum Zeitpunkt der Vergabe an den Generalunternehmer, nur bis zur Leistungsphase 4 definiert und durch eine Baubeschreibung – meist funktionale Baubeschreibung – beschrieben ist, die nur die Informationen ausweist, die zum Vergabezeitpunkt vorliegen, wird sich die Qualität des Objektes, die Ausdruck findet in der Qualität der weiteren Planung und in der Qualität der eigentlichen Bauausführung nach Vergabe an den Generalunternehmer nicht mehr verbessern lassen, vielmehr wird man ab dem Zeitpunkt der Vergabe an den Generalunternehmer damit zu kämpfen haben, die Qualität überhaupt auf dem der Vergabe zugrunde liegenden Standard zu halten. Diese Vergabeform bedarf also der intensiven Kontrolle der Planungs- und Ausführungsleistungen des Generalunternehmers durch einen vom Bauherrn beauftragten Projektsteuerer, Architekten, Qualitätsmanager oder anderen.

– Stellt der Bauherr hingegen höchste **Ansprüche an die Qualität**, wobei terminliche Aspekte eher in den Hintergrund treten, empfehlen sich Abläufe wie sie in der Honorarordnung für Architekten und Ingenieure (HOAI) abgebildet sind: Architekten und Fachplaner planen in enger Abstimmung mit dem Bauherrn das Bauvorhaben einschließlich der abgeschlossenen Ausführungsplanung durch. Die einzelnen Leistungen werden nach Gewerken getrennt detailliert beschrieben und am Markt bei denjenigen ausführenden Unternehmen platziert, denen man die höchste Sachkenntnis für die jeweils auszuführende Leistung zutraut. Auf der Basis einer völlig eindeutig beschriebenen Leistung und in voller Kenntnis der jeweiligen Ausführungsdetails bieten die Unternehmen an und werden nach Auswahl des wirtschaftlich Günstigsten gewerkeweise beauftragt. Der Architekt wird als Sachwalter für die ordnungsgemäße Durchführung der Bauleistung mit der Objektüberwachung beauftragt.

– Will der Bauherr neben anderen Aspekten vor allen Dingen sein **Risiko** hinsichtlich einer kosten- und termingerechten Bauausführung unter Einhaltung üblicher Qualitätsstandards **minimieren**, so wird er darauf achten, dass zum Vergabezeitpunkt eine vollständige Planung und eine detaillierte Qualitätsbeschreibung der zu erbringenden Leistung vorliegen und dann die Leistungen zu einem Pauschalfestpreis an einen Generalunternehmer übergeben, der ihm sämtliche weiteren Risiken hinsichtlich der Kosten und des terminlichen Ablaufes des Projektes abnimmt.

– Ein Bauherr, der besonders **kostengünstig bauen** möchte, trotzdem aber auch unter Termindruck steht, könnte das GMP (Garantierter Maximum Preis) – Verfahren anwenden, bei dem Unternehmer schon in sehr früher Planungsphase in die Projektplanung mit einbezogen werden und im Dialog mit Architekten und Fachplanern kostengünstige Umsetzungsmöglichkeiten der geplanten Bauleistungen diskutieren.

– Auch die Ausrichtung und Qualifikation des Planungsteams kann die Art der Vergabe der Bauleistungen bestimmen. Arbeitet der Bauherr mit einem jungen, eher **entwurfsorientierten** Team zusammen, das wenig Erfahrung in Ausführungsplanung hat, so wird er das Planungsteam bis zur Leistungsphase IV (Genehmigungsplanung) beauftragen und die Ausführungsplanung auf den Generalübernehmer/Generalunternehmer verlagern, um Streitigkeiten über Inhalte und Lieferzeiten der Ausführungsplanung zu vermeiden. Das Architektenteam kann in diesem Falle mit der Planprüfung der durch den Generalübernehmer/ Generalunternehmer gefertigten Ausführungsplanung beauftragt werden.

– Arbeitet der Bauherr mit einem in der Ausführungsplanung erfahrenen Architekturbüro zusammen, kann eine Einzelvergabe oder Paketvergabe durchgeführt werden.

Die Wahl der Vergabeart von Planungsleistungen und Bauleistungen ist also eng verbunden mit den **jeweiligen Zielen**, die bei der Projektrealisierung erreicht werden sollen.

Hinsichtlich der Vergabe von Planungsleistungen sind nachfolgende Auswertungen beachtenswert. Grundsätzlich werden **drei mögliche Vergabemodelle** untersucht:

– Alternative 1 (A 1)
Vergabe der Planungsleistungen an Architekten und Fachplaner nach den Vorgaben der HOAI, jeweils volle Leistungsbilder

– Alternative 2 (A 2)
Vergabe von Planungsleistungen lediglich bis zur Leistungsphase 4 (Genehmigungsplanung) zuzüglich der Erstellung von Leitdetails und der Erstellung einer Baubeschreibung an die Architekten und Fachplaner, Vergabe der Erstellung der Ausführungsplanung an einen Generalunternehmer und Planprüfung der vom Generalunternehmer gefertigten Planung durch die mit der Entwurfsplanung beauftragten Architekten und Fachplaner.

– Alternative 3 (A 3)
Beauftragung der Architekten und Fachplaner bis zur Leistungsphase 4 (Genehmigungsplanung) zuzüglich der Erstellung von Leitdetails und einer detaillierten Baubeschreibung,

Ohne Wertung der Kriterien	A1 HOAI	A2 Planprüfung	A3 Beistellung
– Einfluss Bauherr auf Planung	++	+	--
– Risiko Bauherr Planungshaftung	--	0	++
– Planlieferrisiko	--	++	++
– Planprüf- und Freigabeaufwand Bauherr	+	0	-
– Einfluss auf Qualität der Planung	++	0	+
– Kontinuität der Planung	++	-	+
– Planungskosten	-	--	0
– Nachtragsrisiko Bauausführung	--	-	+
– Einfluss auf Qualität der Bauausführung	++	+	+
– Qualitätsabweichung Bauausführung	++	-	0
– Koordinationsaufwand Projektleitung Bauherr	--	-	0
– Kosten der Bauausführung	--	0	-
Gesamt	0	-2	+4

Gültig für alle Tabellen:
++	sehr gut
+	gut
0	neutral
-	risikoreich
--	sehr risikoreich

	A1 HOAI	A2 Planprüfung	A3 Beistellung
– Einfluss Bauherr auf Planung (3)	++++++	+++	---
– Risiko Bauherr Planungshaftung (1)	--	0	++
– Planlieferrisiko (1)	--	++	++
– Planprüf- und Freigabeaufwand Bauherr (1)	+	0	-
– Einfluss auf Qualität der Planung (3)	++++++	0	+++
– Kontinuität der Planung (2)	++++	---	+++
– Planungskosten (1)	-	–	0
– Nachtragsrisiko Bauausführung (1)	--	-	+
– Einfluss auf Qualität der Bauausführung	++++++	+++	+++
– Qualitätsabweichung Bauausführung (3)	++++++	---	0
– Koordinationsaufwand Projektleitung Bauherr (1)	--	-	0
– Kosten der Bauausführung (1)	--	0	-
Gesamt	**+17**	**-2**	**+6**

	A1 HOAI	A2 Planprüfung	A3 Beistellung
– Einfluss Bauherr auf Planung (1)	++	+	--
– Risiko Bauherr Planungshaftung (2)	--	0	++++
– Planlieferrisiko (2)	--	++++	++++
– Planprüf- und Freigabeaufwand Bauherr (2)	++	0	--
– Einfluss auf Qualität der Planung (1)	++	0	+
– Kontinuität der Planung (1)	++	-	+
– Planungskosten (3)	---	---	0
– Nachtragsrisiko Bauausführung (3)	---	---	+++
– Einfluss auf Qualität der Bauausführung (1)	++	+	+
– Qualitätsabweichung Bauausführung (1)	++	-	0
– Koordinationsaufwand Projektleitung Bauherr (2)	--	--	0
– Kosten der Bauausführung (3)	---	0	---
Gesamt	**-15**	**-7**	**+7**

wobei der beauftragte Generalunternehmer verpflichtet wird, das vormals für den Bauherrn arbeitende Planungsteam aus Architekten und Fachplanern zu übernehmen und mit diesem Team die Ausführungsplanung unter seiner Leitung und unter seinem Risiko zu erstellen.

Bewertet man die einzelnen Vergabestrategien für Planungsleistungen ohne Wertung der Einzelkriterien, ergibt sich für die Alternative A 1 ein eher neutrales Ergebnis, die Beauftragung des früheren Planungsteams mit der Planprüfung der vom Generalunternehmer erstellten Planunterlagen schneidet negativ ab, während die Strategie der Beistellung des ursprünglichen Planungsteams des Bauherrn beim Generalunternehmer durchaus positiv zu bewerten ist.

Führt man nunmehr bestimmte Prioritäten ein, auf die es dem Bauherrn ankommt und wertet die einzelnen Parameter, so ergeben sich völlig unterschiedliche Ergebnisse:

– Der **qualitätsorientierte** Bauherr wird das traditionelle Planungsverfahren nach HOAI anwenden, da dieses seinen Einfluss auf Ablauf und Inhalt der Planung, die Festlegung der Qualitätsstandards, die freie Entscheidung über alle Details, seinen Einfluss auf die Qualität der Bauausführung, etc. gewährleistet.

– Der **kostenorientierte Bauherr** wird dagegen die Alternative A 3 wählen, sein Planungsteam nur bis zur Genehmigungsphase einschl. Leitdetails und Baubeschreibung beauftragen und das Planungsteam dann dem Generalunternehmer unterstellen und unter dessen Verantwortung und Risiko die weitere Planung betreiben lassen. Er kann hier davon ausgehen, dass der Generalunternehmer im Zuge der Ausführungsplanung darauf achten wird, dass keine kostensteigernden Detailausbildungen oder Planungsveränderungen durch die Planer eingeführt werden, wohingegen im Gegenzug die Planer alles daran setzen werden, die ursprünglichen Ziele und Ansprüche an das Bauwerk im dauernden Widerstreit mit dem Generalunternehmer umzusetzen.

2. Vergabe von Bauleistungen

Für die Öffentliche Hand gelten für die Vergabe von Bauleistungen die „Allgemeinen Bestimmungen für die Vergabe von Bauleistungen DIN 1960", bekannt unter „Verdingungsordnung für Bauleistungen (VOB Teil A)". Obwohl die VOB Teil A nur für die **Öffentliche Hand** verpflichtend ist, gelten doch eine Reihe von Grundsätzen, die dort niedergelegt sind, auch für die Vergabe privater oder institutioneller Auftraggeber.

So schreibt die VOB zum Beispiel im Paragraphen 2, dass Bauleistungen an fachkundige, leistungsfähige und zuverlässige Unternehmen zu angemessenen Preisen zu vergeben sind. Dieser Grundsatz sollte auch von jedem privaten Bauherrn berücksichtigt werden. Die Neigung, die Bauleistungen an den „billigsten" Bieter zu vergeben, ohne dabei zu überprüfen, ob dieser Bieter wirklich fachkundig und leistungsfähig ist, hat schon häufig dazu geführt, dass entweder die Leistungen wegen fehlender Leistungsfähigkeit nicht termingerecht fertig gestellt werden konnten, und oder die Leistungen wegen fehlender Fachkunde der beauftragten Betriebe nicht die gewünschte Qualität erreichten. Gerade in depressiven Märkten neigen Bieter, deren Firmen in finanziellen Schwierigkeiten sind, dazu, besonders preisgünstige Angebote abzugeben, um drohende Konkursverfahren abzuwenden. Beauftragt man solche Bieter mit der Ausführung der Leistungen, und tritt der Konkurs tatsächlich im Zuge der Leistungsausführung auf, so hat dies im Regelfall erhebliche terminliche Auswirkungen auf den weiteren Bauablauf und führt dazu, dass man sich die Leistung – nunmehr zu sehr viel höheren Preisen – neu am Markt einkaufen muss.

Auch der **private Auftraggeber** sieht sich gerade in Zeiten depressiver Märkte wettbewerbsbeschränkender Verhaltensweisen der Anbieter ausgesetzt. Absprachen oder Kartelle kann man dadurch umgehen, dass man bei der Aufforderung von Firmen eine breitgestreute und vor allen Dingen nicht orts- oder gebietsbezogene Palette von Bietern zur Angebotsabgabe auffordert.

Auch der Hinweis in § 2 VOB Teil A, dass bei der Vergabe von Bauleistungen kein Unternehmer diskriminiert werden darf, gilt für den privaten Auftragnehmer vor allen Dingen für professionell tätige Projektentwickler und institutionelle Auftraggeber. Bauen ist trotz der zu beobachtenden Verschärfung der Positionen zwischen Auftragnehmer und Auftraggeber Vertrauenssache zwischen den Parteien. Dieses Vertrauen muss aktiv aufgebaut und von beiden Parteien gepflegt werden.

Private Auftraggeber, die trotz Durchführung eines Ausschreibungsverfahrens schlussendlich ihre Aufträge nur immer an einen und denselben Auftraggeber vergeben, werden von den konkurrierenden Auftragnehmern schon bald keine Angebote mehr erhalten und somit keinen Wettbewerb mehr erzeugen können. Trotz intensiver Preisverhandlungen mit den einzelnen Parteien ist es also wichtig, die Bauleistung letztendlich an den Bauunternehmer zu vergeben, der das wirtschaftlichste Angebot unterbreitet hat.

Die überwiegende Anzahl von privaten und institutionellen Bauherrn vergeben ihre Leistungen im Zuge der **beschränkten Ausschreibung**. Dabei werden, unabhängig davon, ob es sich um Einzelvergabe oder Generalunternehmer-Vergabe handelt, sechs bis zehn Firmen zur Abgabe von Angeboten aufgefordert. Mit den drei günstigsten Bietern tritt man in intensive Verhandlungen über Leistungsinhalte und Preise und erteilt dem wirtschaftlich günstigsten Bieter den Auftrag. Preisverhandlungen sind also anders, als dies in der VOB für die öffentliche Hand geregelt ist, eine wichtige Komponente bei der Verhandlung von Angeboten. Durch diese Preisverhandlungen können die ursprünglichen Angebotssummen im Regelfall zwischen 10 % und 30 % gesenkt werden.

§ 5 VOB Teil A beschreibt, dass die Bauleistungen so vergeben werden sollen, dass die Vergütung nach Leistung bemessen wird. Dabei wird unterschieden zwischen:

– der **Einheitspreisvergabe**, das heißt einer Vergabe zu Einheitspreisen für technisch und wirtschaftlich einheitliche Teilleistungen, deren Mengen nach Maß, Gewicht oder Stückzahl vom Auftraggeber in den Verdingungsunterlagen anzugeben sind (Einheitspreisvertrag)

– einer Pauschalsumme, wenn die Leistungen nach Ausführung, Art und Umfang genau bestimmt sind und mit einer Änderung bei der Ausführung nicht zu rechnen ist (**Pauschalvertrag**).

Die Fachliteratur unterscheidet beim Pauschalvertrag noch einmal zwischen

– dem **Detail-Pauschalvertrag**, bei dem die Leistung im Wesentlichen über Einheitspreise für technisch und wirtschaftlich einheitliche Teilleistungen, deren Mengen nach Maß, Gewicht oder Stückzahl vom Auftraggeber vorgegeben sind, ermittelt werden und die bei Abschluss der Vergabeverhandlungen in einer Summe pauschaliert werden, wobei lediglich die Leistungsbeschreibungen erhalten bleiben, wohingegen die Mengen in das Risiko des Auftragnehmers übergehen. Häufig werden beim Detail-Pauschalvertrag die Einheitspreise vertraglich festgeschrieben und finden immer dort Anwendung, wo während der Bauausführung vom Auftraggeber veranlasste Veränderungen gewünscht werden, die dann auf der Basis dieser Einheitspreise bewertet werden. Ein solches Verfahren muss ausdrücklich vertraglich vereinbart sein.

– dem **Pauschal-Pauschalvertrag**, der von vornherein keine bis ins Letzte detaillierte Beschreibung der Leistungen kennt, sondern lediglich ein Gesamtwerk beschreibt, meist über seine funktionalen Anforderungen und Planunterlagen und dem Auftragnehmer innerhalb der funktionalen Grenzen Freiheit hinsichtlich der Ausführung der einzelnen Leistungen gibt.

Private und institutionelle Auftraggeber neigen in der Mehrzahl dazu, Bauaufträge in Form von Pauschalverträgen zu erteilen. Sie ersparen sich so zum einen den erheblichen Aufwand für die spätere Feststellung der tatsächlich ausgeführten Leistungsmengen und können mit sicheren Kosten kalkulieren, da der Auftragnehmer das Mengenrisiko übernimmt. Für den Auftraggeber ist damit zu einem sehr frühen Zeitpunkt Kostensicherheit für das Projekt gegeben.

– Der in der VOB aufgeführte **Selbstkostenerstattungsvertrag** findet in Deutschland im Gegensatz zu den angelsächsischen Ländern, wo solche Vertragsformen weit verbreitet sind (Cost Plus), fast keine Anwendung.

Der in VOB Teil A § 11 gemachte Hinweis, dass **Ausführungsfristen** ausreichend zu bemessen sind, gewinnt gerade in unserer immer schnelllebigeren Zeit zunehmend Bedeutung. Es ist am Markt allgemein feststellbar, dass sich die Auftraggeber zwar immer mehr Zeit für die grundsätzliche Entscheidung zur Umsetzung einer Baumaßnahme nehmen, nach getroffener Grundsatzentscheidung jedoch erwarten, dass Planer und bauausführende Firmen diese Entscheidung dann in immer kürzeren Zeiträumen umsetzen. Umgekehrt ist festzustellen, dass Auftragnehmer trotz der bereits frühzeitig erkannten Aussichtslosigkeit der Einhaltung von Terminen Aufträge annehmen und dann versuchen, im Zuge der Projektrealisierung bei den kleinsten Änderungswünschen des Auftraggebers die Ausführungsfristen auszudehnen. In einem solchen Falle helfen dem Auftraggeber dann auch vereinbarte Vertragsstrafen nicht, den ursprünglichen Termin einzuhalten, denn an diese fühlt sich der Auftragnehmer nicht mehr gebunden, sobald der Auftraggeber Änderungswünsche vorträgt.

Entgegen den in VOB Teil A § 12 gemachten Ausführungen, dass **Vertragsstrafen** für die Überschreitung von Vertragsfristen nur auszubedingen sind, wenn die Überschreitung erhebliche Nachteile verursachen kann, gibt es wohl kaum einen Vertrag privater und institutioneller Auftraggeber, in denen Vertragsstrafen nicht vereinbart sind. In vielen Fällen sind diese Vertragsstrafen nicht nur auf den Endtermin, sondern auch auf zwischen den Parteien vereinbarten Zwischenterminen vereinbart. Nur so ist nach Auffassung des Autors sicherzustellen, dass ein insgesamt harmonischer Bauablauf mit einer hohen Wahrscheinlichkeit der Einhaltung des Endzieltermines gewährleistet ist.

Die in VOB Teil A § 12 angesprochenen **Beschleunigungsvergütungen** (Prämien) sind wohl deshalb bei privaten oder institutionellen Auftraggebern eher nicht üblich, weil die vertraglichen Ausführungsfristen ohnehin so eng bemessen sind, dass eine Verkürzung kaum noch in Frage kommt.

Der in VOB Teil A § 15 gemachte Hinweis: „Sind wesentliche Änderungen der Preisermittlungsgrundlage zu erwarten, deren Eintritt oder Ausmaß ungewiss ist, so kann eine angemessene Änderung der Vergütung in den Verdingungsunterlagen vorgesehen werden. Die Einzelheiten der Preisänderungen sind festzulegen" ist gerade für den privaten und institutionellen Auftraggeber von wesentlicher Bedeutung und einer der Schlüsselinhalte der entsprechenden Bauverträge.

Der in VOB Teil A § 16 genannte Grundsatz, nach dem der Auftraggeber erst dann ausschreiben soll, wenn alle Verdingungsunterlagen fertig gestellt sind und wenn innerhalb angemessener Frist mit der Ausführung begonnen werden kann, gilt in gleicher Form auch für den privaten und institutionellen Auftraggeber. Unfertige und unvollständige Verdingungsunterlagen geben dem späteren Auftragnehmer Gelegenheit zu Nachträgen, die den Auftraggeber meist mehr kosten, als wenn er die gleichen Leistungen im Ursprungsvertrag verhandelt. Außerdem geben unfertige und unvollständige Verdingungsunterlagen dem Auftragnehmer den Grund, vereinbarte Termine nicht einhalten zu müssen, da Leistungsveränderungen meist auch mit Fristverlängerungen einhergehen.

Die in VOB Teil A § 18 angesprochene Angebotsfrist wird am Markt häufig kontrovers diskutiert. Ist die **Angebotsfrist** zu kurz bemessen, kann der Auftragnehmer nicht die notwendigen Informationen einholen, die notwendig sind, um ein seriöses Angebot abgeben zu können. Der Auftragnehmer wird in einem solchen Fall sein Angebot auf der Basis von Annahmen erstellen müssen. Diese können sich einerseits vorteilhaft für den Auftraggeber auswirken (wenn der Auftragnehmer mit seiner Annahme unter dem tatsächlichen Preis liegt), sie können sich aber auch negativ für den Auftraggeber auswirken (wenn der Auftragnehmer mit seiner Annahme über dem tatsächlichen Preis liegt). Unterschätzt der Auftragnehmer den tatsächlichen Preis, so wird er nach Beauftragung versuchen, die Fehlkalkulation durch Nachträge wieder wettzumachen, überschätzt der Auftragnehmer den tatsächlichen Preis, wird er die für ihn entstandenen Vorteile nicht dem Auftraggeber erstatten.

Ist die Angebotsfrist zu lange bemessen, birgt dies die **Gefahr von Absprachen** zwischen potentiellen Auftragnehmern oder potentiellen Subunternehmern, die von den Auftragnehmern hinsichtlich einer Preisanfrage kontaktiert werden.

Die Frage nach der Angemessenheit der Angebotsfrist hängt maßgeblich von dem Leistungsumfang ab, den die potenziellen Auftragnehmer in der Angebotsphase bewältigen müssen:

- Beim **Einheitspreisvertrag** beschränkt sich die Leistung potenzieller Auftragnehmer auf die Ermittlung von Einheitspreisen für die jeweils ausgewiesenen Leistungen. Der Auftragswert ergibt sich aus der Multiplikation von vorgegebenen Mengen und ermitteltem Einheitspreis.

- Beim **Detail-Pauschalvertrag** umfasst die Leistung des potentiellen Auftragnehmers während der Angebotsphase die Ermittlung der Einheitspreise. Gleichzeitig müssen jedoch die vorgegebenen Mengen der einzelnen Leistungen überprüft werden, da bei Vertragsabschluss das Mengenrisiko auf den Auftragnehmer übergehen soll. Er muss also im Vorfeld der Auftragsvergabe die ihm vorgegebenen Mengen auf Richtigkeit überprüfen.

- Beim **Pauschal-Pauschalvertrag** sind meist keine Mengen, sondern nur funktionale Baubeschreibungen vorgegeben. Der potentielle Auftragnehmer muss also im Zuge der Angebotskalkulation auf der Basis der funktionalen Leistungsbeschreibung die Mengen der einzelnen Leistungen selbst ermitteln und sie mit entsprechenden Einheitspreisen belegen.

Aus dem Erfahrungsbereich des Autors können angemessene Angebotsfristen für die unterschiedlichen Vertragsformen wie folgt definiert werden:

Auftragsvolumen	Einheitspreisvertrag	Pauschalvertrag	Pauschal-Pauschal-vertrag
20 Mio. DM	4–6 Wochen	5–7 Wochen	7–9 Wochen
50 Mio. DM	5–7 Wochen	6–8 Wochen	8–10 Wochen
100 Mio. DM	6–8 Wochen	7–9 Wochen	9–11 Wochen
200 Mio. DM	7–9 Wochen	8–10 Wochen	10–12 Wochen

Die in VOB Teil A § 19 angesprochenen **Zuschlags- und Bindungsfristen** werden bei privaten und institutionellen Auftraggebern nicht in den von der VOB geforderten engen Grenzen gesetzt. Bedingt durch die Tatsache, dass private und institutionelle Auftraggeber nicht nur die Inhalte sondern auch die Preise der Angebote intensiv verhandeln, entstehen zwischen der Abgabe des Angebotes und der tatsächlichen Beauftragung oft Zeiträume von mehreren Monaten. Als Faustregel kann man sagen, dass die Verhandlungen umso länger dauern, je weiter die eingereichten Angebote von den ursprünglich vom Auftraggeber kalkulierten Budgetsummen entfernt sind.

Es empfiehlt sich, bei privaten und institutionellen Auftraggebern **Bindefristen** zu vereinbaren, die jedoch sehr weit und auskömmlich bemessen sein sollten (3–6 Monate).

Wie beim Öffentlichen Auftraggeber (VOB Teil A § 20) erfolgt auch beim privaten und institutionellen Auftraggeber die Erstellung der Angebote kostenlos, d.h. die potenziellen Auftragnehmer haben keinen Anspruch auf Entschädigung.

Wie in VOB Teil A § 21 für die Öffentliche Hand definiert, sollten auch bei privaten und institutionellen Auftraggebern gewisse Grundsätze an den Inhalt der Angebote mit den Bietern vereinbart werden.

– Die Angebote sollen nur die Preise und die geforderten Erklärungen enthalten. Sie müssen mit **rechtsverbindlicher Unterschrift** versehen sein. Änderungen des Bieters an den Vorgaben müssen zweifelsfrei sein.

– Änderungen an den Verdingungsunterlagen sind unzulässig.

– Angebote können mit EDV erstellt werden, wobei sichergestellt werden muss, dass dabei entstehende **Kurzleistungsverzeichnisse** den vom Auftraggeber verfassten Wortlaut der Urschrift des Leistungsverzeichnisses als Basis anerkennen.

– Der Nachweis der Gleichwertigkeit von vom Bieter angebotenen Alternativen ist mit Abgabe des Angebotes vorzulegen.

– Etwaige **Änderungsvorschläge** oder **Nebenangebote** müssen auf besonderen Anlagen gemacht und als solche deutlich gekennzeichnet werden.

Anders als in VOB Teil A § 24 für die Öffentliche Hand vorgegeben, verhandelt der private oder institutionelle Auftraggeber nicht nur über die technische und wirtschaftliche Leistungsfähigkeit potenzieller Auftragnehmer, Änderungsvorschläge oder Nebenangebote, Ursprungsorte oder Bezugsquellen von Stoffen und Bauteilen, sondern eben auch über die vom Bieter genannten Preise.

Der in VOB Teil A § 27 gegebene Hinweis, dass Bieter, deren Angebote nicht in die engere Wahl kommen, sobald wie möglich verständigt werden sollten, gehört zum fairen Umgang zwischen den Parteien. Der Auftraggeber muss berücksichtigen, dass der Auftragnehmer für die Ausarbeitung von Angeboten teilweise erhebliche Aufwendungen erbracht und nicht selten große Geldbeträge investiert hat.

Der in VOB Teil A § 28 gemachte Hinweis, dass der Zuschlag noch vor Ablauf der **Zuschlagsfrist** dem Bieter zugegangen sein muss, hat auch für private und institutionelle Auftraggeber Bedeutung. Bei Nichtbeachtung dieses Grundsatzes kann es vorkommen, dass ein Bieter im letzten Moment von seinem Angebot Abstand nimmt – etwa weil er zeitgleich einen anderen Auftrag erhalten hat oder feststellt, dass die während der Preisverhandlung gemachten Reduzierungen in der Praxis nicht umsetzbar sein werden.

In jedem Fall sind wie in VOB Teil A § 29 gefordert, **schriftliche Vertragsunterlagen** notwendig. Die bei den Verhandlungen mit dem Bieter gemachten Festlegungen müssen schriftlich zusammengefasst werden und werden neben den übrigen Vertragsunterlagen Gegenstand des Vertrages. Der Vertrag wird durch Unterschrift beider Vertragsparteien besiegelt. Das Datum des Vertragsabschlusses ist bei Verträgen mit Vertragsstrafen, deren Fristen ab Vertragsbeginn zu laufen beginnen, von großer Wichtigkeit.

2.1 Vergabeart

2.1.1 Einzelvergabe

Unter **Einzelvergabe** versteht man die nach Sachgebieten oder Gewerbezweigen getrennte Vergabe von Bauleistungen. Eine veraltete, heute aber noch häufig verwendete Bezeichnung für diese Vergabeform ist **„gewerkeweise Vergabe"**. Gewerk ist dabei die Bezeichnung für die Leistungen einzelner Gewerbezweige.

Die Einzelvergabe ist vorwiegend bei der Öffentlichen Hand üblich. Diese ist nach VOB Teil A § 4 Absatz 3 gehalten, Bauleistungen für verschiedene Handwerks- oder Gewerbezweige nach Fachgebieten oder Gewerbezweigen getrennt zu vergeben **(Fachlose)**. Dabei dürfen aus wirtschaftlichen oder technischen Gründen mehrere Fachlose zusammen vergeben werden. Die Einzelvergabe hat ihren Ursprung im Auftrag der Öffentlichen Hand zur Förderung der Handwerksbetriebe sowie kleinerer und mittlerer Wirtschaftsunternehmen. Die Einzelvergabe ist mit einer Reihe von Vorteilen, aber auch mit erheblichen Risiken verbunden.

Die **Vorteile der Einzelvergabe** sind:

– Die Leistungen müssen nicht alle zu einem einheitlichen Zeitpunkt vergeben werden, sondern können entsprechend der Abwicklung der Bauausführung jeweils rechtzeitig vor Ausführung der jeweiligen Leistung beauftragt werden. Der Bauherr hat somit eine sehr flexible Möglichkeit, auf das Baugeschehen zu reagieren und muss Einzelentscheidungen nicht vor Beginn der Realisierungsphase alle auf einmal treffen, sondern kann sie sukzessive im Zuge der Bauausführung treffen.

– Bei der Einzelvergabe kann der Bauherr jeweils den Handwerks- oder Gewerbezweig beauftragen, der für die Ausführung der jeweiligen Leistung die entsprechenden Spezialkenntnisse hat und aus diesem Grunde erwarten lässt, dass die qualitativ höchstwertigen Ergebnisse erreicht werden.

– Die Leistung kann jeweils an den im bestimmten Handwerks- oder Gewerbezweig wirtschaftlich günstigsten Bieter vergeben werden. Es ist getragene Auffassung, dass die Vergabeart zu den insgesamt wirtschaftlichsten Ergebnissen für die Baurealisierung führt. Der Preisunterschied von Einzelvergabe zu Generalunternehmervergabe wird im allgemeinen mit ca. 10 % beziffert. Der Autor ist der Auffassung, dass es sich hierbei um eine Spekulation handelt und kommt aus seiner Erfahrung vielmehr zu der Auffassung, dass in Zeiten haussierender Märkte ein Kostenunterschied zwischen Einzelvergabe und Generalunternehmervergabe in der Größenordnung von 10 % auftreten kann, wohingegen in depressiven Märkten häufig die Generalunternehmerangebote in den Kosten sogar unter den Ergebnissen einer Einzelvergabe liegen. Dies ist wohl darauf zurückzuführen, dass die einzelnen Handwerks- oder Gewerbezweige in schwierigen Märkten eher einem Generalunternehmer, mit dem sie eine langfristige Geschäftsverbindung unterhalten oder aufbauen wollen, günstigere Angebote geben, als einzelnen Bauherrn, die nicht als Dauerkunden in Frage kommen.

Die **Nachteile der Einzelvergabe** sind:

– In der Vielzahl der Fälle liegt zu Beginn der Realisierung eine abgeschlossene Planung nicht vor. Es werden also erste Bauleistungen vergeben und ausgeführt, ohne dass die Planung bis zum Ende durchgedacht ist. Bei der Fortentwicklung der Planung parallel zur Realisierung der Baumaßnahme ergeben sich häufig Rückkoppelungen von später geplanten Ausbaugewerken zu bereits in der Ausführung befindlichen Rohbaugewerken. Typische Beispiele hierfür sind die Aufbauhöhen von Bodenbelägen, die direkte Rückwirkung auf die Oberkanten der Rohdecken haben. Andere Beispiele sind Anschläge von Türen (Umfassungszarge, Blockzarge) und vieles andere mehr. Es kommt bei der Einzelvergabe durch die sequenzielle Erstellung der Planunterlagen häufig zu Änderungs- und Rückbaumaßnahmen in bereits erstellten Leistungsbereichen, um die Leistungen nachfolgender Leistungsbereiche überhaupt umsetzen zu können. Es ist aus diesem Grund dringend zu empfehlen, dass auch bei der Einzelvergabe die Planung bereits vor Vergabe der ersten Gewerke für die Gesamtmaßnahme fertig gestellt ist.

– Durch die Aufteilung der Leistungen in einzelne Leistungspakete ergeben sich in der Praxis häufig Schnittstellenprobleme zwischen diesen Paketen. Die Leistung des einen Paketes ist nicht auf die Leistung der weiteren Pakete abgestimmt, es fehlen entweder Leistungen, die notwendig sind für das reibungslose Ineinander greifen der einzelnen Leistungen, oder es werden Leistungen in den einzelnen Leistungspaketen doppelt beschrieben. Ersteres führt zu Nachträgen, zweites führt zu Diskussionen, wer nun tatsächlich die Leistungen am Bau ausführt.

– Da die einzelnen Leistungsbereiche nicht alle vor Beginn der Realisierung vergeben sind, sondern während der Realisierung vergeben werden, sind die Gesamtkosten der Baumaßnahme in Form des Kostenanschlages (also sehr detailliert) nicht bereits vor Beginn der Realisierung, sondern erst zu einem viel späteren Zeitpunkt, häufig erst kurz vor Abschluss der Baumaßnahme bekannt. Zwar schränkt sich die mögliche Kostenvarianz mit zunehmender Beauftragung immer mehr ein, so dass die Kostensituation für den Auftraggeber immer übersichtlicher wird, andererseits sind die Gesamtkosten nicht absolut sicher, bevor nicht der letzte Leistungsbereich vergeben ist.

– Der Auftraggeber hält mit jedem einzelnen Leistungspaket einen gesonderten Vertrag. Das Risiko, dass die einzelnen Leistungspakete tatsächlich ihre Leistung gemäß den in den Verträgen beschriebenen Terminen termingerecht erbringen und die Leistung auch die Qualität hat, die Voraussetzung ist für die Leistungserbringung der folgenden Leistungsbereiche, liegt in der Außenbeziehung zu den übrigen Leistungsbereichen in vollem Umfang beim Auftraggeber. Wenn also eines der Gewerke schlecht leistet oder gar durch Konkurs leistungsunfähig wird, ist es Sache des Auftraggebers, den Auftragnehmer zu ersetzen. Die daraus folgenden terminlichen und kostenmäßigen Konsequenzen trägt in vollem Umfang der Auftraggeber.

Die Einzelvergabe wird vorwiegend von der **Öffentlichen Hand** und **privaten Bauherrn** bei kleineren Baumaßnahmen (etwa bei Einfamilienhäusern) angewandt. **Institutionelle Auftraggeber** wenden diese Form der Vergabe wegen der darin enthaltenen Risiken nur selten an.

2.1.2 Paketvergabe

Unter **Paketvergabe** versteht man die Weiterentwicklung der Einzelvergabe. Bei der Paketvergabe werden nicht mehr eine Vielzahl einzelner Leistungsbereiche gesondert vergeben, sondern die Leistungsbereiche werden nach Leistungsarten zusammengefasst zu drei bis vier großen Vergabepaketen. Übliche Zusammenfassungen sind:
– Rohbauleistungen
– Fassade
– Ausbauleistungen
– Haustechnikleistungen

Durch diese Art der Vergabe werden eine Reihe von Nachteilen der Einzelvergabe überkommen. So wird zum Beispiel die Vielzahl der Schnittstellen zwischen den einzelnen Leistungsbereichen bei der Einzelvergabe auf drei bis vier Schnittstellen verringert und so das Risiko des Auftraggebers hinsichtlich unsauber definierter Schnittstellen minimiert. Die verbleibende

Schnittstellenproblematik wird weitgehend auf den Auftragnehmer des jeweiligen Vergabe-
paketes übertragen.

Vorteile der Paketvergabe sind:
- Reduzierung des Schnittstellenrisikos im Vergleich mit der Einzelvergabe
- Vermeidung von GU-Zuschlägen auf bestimmte Vergabeleistungen. So kann man etwa die
  Rohbauarbeiten an einen Rohbauunternehmer vergeben, die Ausbauleistungen an einen
  Ausbauunternehmer und die haustechnischen Leistungen an einen auf Haustechnik spezia-
  lisierten Auftragnehmer. Natürlich werden auch diese Auftragnehmer Zuschläge für Koor-
  dinationsleistungen und die Übernahme des Risikos ihrer Subunternehmer machen. Diese
  Zuschläge fallen aber in der Praxis erfahrungsgemäß niedriger aus, als übliche GU-Zuschläge.
- Mit der Paketvergabe kann flexibler auf enge Bauzeiten reagiert werden. Man vergibt den
  Rohbau, ohne die Leistungsinhalte von Fassade oder Ausbau schon vollständig geplant und
  ausgeschrieben zu haben.
- Mit der Paketvergabe übt der Auftraggeber einen größeren Einfluss auf die Auswahl der
  Leistungsträger bei der Bauausführung aus.

Nachteile der Paketvergabe sind:
- Das Risiko der Schnittstellendefinition zwischen den einzelnen Paketen verbleibt beim
  Auftraggeber.
- Abschließende Kostensicherheit ist erst nach Vergabe des letzten Paketes gegeben.
- Wenn bei Vergabe des ersten Leistungspaketes die Planung der übrigen Leistungen noch nicht
  vollständig abgeschlossen ist, kann dies zu Unstimmigkeiten in der späteren Ausführung
  führen (siehe Nachteile der Einzelvergabe).

Die Paketvergabe ist dann angebracht, wenn der Auftraggeber einerseits das Risiko von Schnittstellen zwischen einzelnen Leistungsteilen minimieren will, andererseits aber eine gewisse
Flexibilität und Kontrolle bei der Vergabe von Leistungen beibehalten will. Es ist relativ einfach, Auftragnehmer für die Bereiche Rohbau und Haustechnik auf dem Markt zu finden. Die
traditionellen großen Baufirmen führen in Deutschland im wesentlichen Rohbauarbeiten aus,
die großen Haustechnikfirmen sind bereit, sämtliche Leistungsbereiche Haustechnik in einem
Paket zu übernehmen. Schwieriger ist die Vergabe von **Ausbauleistungen** in einem Paket. Es
gibt nur wenige Firmen, die darauf spezialisiert sind, Ausbaugewerke unter einer Gesamtverantwortung zu übernehmen. Häufig wird bei Paketvergabe auch der Leistungsbereich Fassade
getrennt vergeben, da weder Rohbau- noch Ausbaufirmen vertiefte Kenntnisse hinsichtlich der
Ausführung von Fassaden aufweisen. Da der Kostenanteil der Fassade an den Gesamtkosten
bei großem Bauvorhaben in der Regel bei 10%–15% der Gesamtkosten liegt, lässt sich eine
gesonderte Vergabe der Fassade in einem eigenen Paket durchaus rechtfertigen.

2.1.3 Generalunternehmer-Vergabe (GU-Vergabe)

Als **Generalunternehmer** wird derjenige Hauptunternehmer bezeichnet, der sämtliche für
die Herstellung eines Bauwerkes erforderliche Bauleistungen in einem Paket anbietet und
wesentliche Teile hiervon selbst erbringt. Leistungen, die der Generalunternehmer nicht selbst
ausführt, vergibt er im eigenen Risiko an Subunternehmer, die unter seiner Koordination diese
Leistungen erbringen. Nach Abschluss der Leistungen übernimmt der Generalunternehmer die
Gewährleistung für die Baumaßnahme über die Dauer der Gewährleistungsfrist. Der Auftraggeber schließt also nur einen einzigen Vertrag für die Ausführung der Bauleistungen mit dem
Generalunternehmer und entledigt sich so der gesamten Schnittstellenproblematik zwischen
den einzelnen Leistungsbereichen und der Risikoübernahme aus Subunternehmervergabe. Bei
der **Generalunternehmervergabe** verbleibt die Erstellung der Planung im Risikobereich des
Auftraggebers.

Die **Vorteile der Generalunternehmer-Vergabe** sind:

– Die Planung der Baumaßnahme muss vor Vergabe der Leistungen an einen Generalunternehmer, also vor Beginn der Ausführung der Bauleistungen weitgehend abgeschlossen sein.

– Der Auftraggeber kennt zum Zeitpunkt der Vergabe vor Beginn der Realisierung der Bauleistungen die exakten Kosten der Bauleistung. Dies trifft natürlich nur insofern zu, als dass das zum Zeitpunkt der Vergabe beschriebene Werk ohne Änderungen auch tatsächlich ausgeführt wird. Später durch den Auftraggeber eingeführte Änderungen führen – entgegen der irrigen Ansicht verschiedener Auftraggeber – natürlich zu Kostenänderungen.

– Das Schnittstellenrisiko zwischen einzelnen Auftragnehmers aus Einzelvergabe entfällt für den Auftraggeber und wird auf den Auftragnehmer verlagert.

– Der Auftraggeber hat nur einen Ansprechpartner auf der ausführenden Seite. Der Verwaltungsaufwand beim Auftraggeber verringert sich dadurch erheblich.

– Auch während der Gewährleistungszeit hat der Auftraggeber nur einen Ansprechpartner bei auftretenden Mängeln. Unabhängig davon, ob einzelne Subunternehmer des Generalunternehmers bereit sind, Mängel anzuerkennen oder zu beseitigen, und unabhängig davon, ob bestimmte Subunternehmer überhaupt noch am Markt vorhanden sind, trägt der Generalunternehmer die Gewährleistungsverpflichtung.

– Der Generalunternehmer trägt das Risiko der termingerechten Fertigstellung der Gesamtleistung. Die Schlechtleistung einzelner Subunternehmer, die nicht termingerechte Leistungserbringung einzelner Subunternehmer oder gar der Ausfall einzelner Subunternehmer verbleiben in der Risikosphäre des Generalunternehmers und dürfen sich auf den Gesamttermin nicht auswirken.

Nachteile der Generalunternehmer-Vergabe sind:

– Der Auftraggeber muss sich vor Beginn der Realisierung weitgehend im Klaren sein, welche Bauleistungen er ausführen lassen will. Spätere Änderungen der Bauleistungen führen zu einem weitgehenden Verlust der Vorteile der Generalunternehmer-Vergabe. Bei wesentlichen Leistungsänderungen wird der Generalunternehmer nicht mehr gewillt sein, den ursprünglich vereinbarten Fertigstellungstermin einzuhalten, sondern entsprechende Terminverlängerungen fordern. Bei Nachträgen aufgrund von Leistungsänderungen wird der Generalunternehmer versuchen, die neu geforderten Leistungen mit hohen Preisen zu belegen. Die Vergabe von Generalunternehmer-Verträgen ist also nur dann sinnvoll, wenn tatsächlich zum Vergabezeitpunkt der Leistungsumfang weitgehend feststeht und später auch nicht mehr geändert werden soll.

– Bei der Generalunternehmervergabe hat der Auftraggeber keinen Einfluss auf die Auswahl der Subunternehmer. Der Generalunternehmer wird diejenigen Subunternehmer auswählen, die ihm das günstigste Angebot unterbreiten. Damit ist nicht in jedem Fall gewährleistet, dass diese Subunternehmer immer die Qualitätsansprüche einlösen. Es ist also in jedem Fall falsch, wenn Bauherren glauben, dass die Generalunternehmer-Vergabe eine Art Sorglos-Paket darstellt und man sich durch die Vergabe an den Generalunternehmer auf Bauherrnseite Projektsteuerung oder Bauleitung sparen könnte. Genau das Gegenteil ist der Fall: Da der Generalunternehmer versuchen wird, wenn er erst einmal im Besitz des Auftrages ist, alles daran zu setzen, ein Maximum an Gewinn zu erzielen und die Qualität dabei gerade so weit aufrecht zu erhalten, dass sie vom Auftraggeber toleriert wird, benötigt der Auftraggeber eine Qualitätsüberwachung, die sicherstellt, dass die bestellte Qualität vom Generalunternehmer und seinen Subunternehmern auch tatsächlich eingehalten wird.

– Der Generalunternehmer beaufschlagt die Angebote der Subunternehmer im Regelfall mit einem Zuschlag für Koordination und Risikoabdeckung. Dieser so genannte GU-Zuschlag liegt im Regelfall zwischen 13 % und 17 % der Angebotssumme. Andererseits ist der Autor der Auffassung, dass Generalunternehmer im Grundsatz günstigere Angebote durch Subunternehmer erhalten als Bauherrn und somit der Generalunternehmerzuschlag

zwar beaufschlagt, aber nicht in allen Bereichen an den Auftraggeber weitergegeben wird.
Dies trifft vor allen Dingen zu Zeiten depressiver Baumärkte zu, wo zu beobachten ist, dass
Generalunternehmer-Angebote teilweise unter der Summe der Teilleistungen aus Einzel-
vergaben oder Paketvergaben abgeschlossen werden können.

– Der Auftraggeber hat beim GU-Vertrag die Pflicht, die Ausführungspläne fristgerecht vor
Ausführung beizustellen. Kommt er dieser Pflicht nicht nach, wird der GU Behinderung anmelden. Die ursprüngliche im GU-Vertrag vereinbarte Terminsicherheit ist damit aufgelöst.

– Wird die Ausführungsplanung durch den Auftraggeber und seinen Architekten sowie den
Fachingenieuren parallel zur Bauausführung gefertigt, liegt der Versuch nahe, Fehler in
der Entwurfsplanung auszumerzen oder gar den Qualitätsstandard gegenüber dem Be-
stellwerk anzuheben. Der Auftragnehmer wird dagegen Einspruch erheben und wiederum
Behinderung anmelden. Die ursprünglich im Generalunternehmer-Vertrag vereinbarte
Kostensicherheit ist damit aufgelöst.

Die Generalunternehmer-Vergabe ist die mit Abstand am weitesten verbreitete Vergabeart privater und vor allem institutioneller Bauherrn, die damit ihr eigenes Kosten- und Terminrisiko
weitgehend ausschalten.

2.1.4 Construction Management

Construction Management ist eine vor allen Dingen in angelsächsischen Ländern weit verbreitete Vergabeart für die Abwicklung von Bauvorhaben und stellt eine Abwandlung der
Generalunternehmer-Vergabe dergestalt dar, dass der Construction Manager selbst keine eigenen
Bauleistungen erbringt, sondern lediglich das Management und die Gesamtverantwortung für
die Durchführung der Bauwerksrealisierung übernimmt, im Gegensatz zum Generalunternehmer, der in Deutschland meist die Rohbauleistungen selbst erbringt, und die übrigen Gewerke
vergibt. Managing Contractor sind in Großbritannien relativ kleine Firmen, die Bauleistungen
als Generalunternehmer durchführen, wobei 100 % der Bauleistungen an Dritte (Subunternehmer) vergeben werden. Vor- und Nachteile des Managing-Contractors sind identisch mit denen
der Generalunternehmer-Vergabe.

Zu prüfen ist, ob ein Managing Contractor tatsächlich in der Lage ist, die teilweise erheblichen Risiken der Bauausführung auch tatsächlich übernehmen zu können. Der Managing
Contractor muss also mit einer erheblichen Kapitaldecke ausgestattet sein, die es ermöglicht,
Fehlschläge in den einzelnen Leistungsbereichen auch tatsächlich finanziell ausgleichen zu
können. Dies gerade ist der Vorteil der am Deutschen Markt operierenden Generalunternehmer,
bei denen es sich in der Regel um große deutsche Bauunternehmungen handelt, die auch durch
ihre Verbindungen zu Banken über eine ausreichende Größe und Finanzdecke verfügen, um
Fehlschläge verkraften zu können.

2.1.5 Generalübernehmer-Vergabe (GÜ-Vergabe)

Bei der **Generalübernehmer-Vergabe** wird neben der Ausführung der Bauleistungen auch
die Planung durch den Generalübernehmer ausgeführt. Die reine Form der Generalübernahme-
Vergabe kommt relativ selten vor, da es schwierig ist, ohne Planung das Leistungssoll einer
Baumaßnahme so zu definieren, dass es für den Auftragnehmer eindeutig ist und der Auftraggeber auch tatsächlich das Endprodukt erhält, das er sich vorstellt. Der Generalübernehmer-
Vertrag tritt häufig bei geschlossenen Immobilien-Fonds auf, für die der Generalübernehmer
die Gesamtabwicklung der Bauwerksplanung und -erstellung auf der Basis finanzieller Eckdaten
(Investitionskosten, Mieteinnahmen und daraus resultierender Verzinsung) übernimmt. Häufig
werden bei der Generalübernahme auch Vergleichsbauten als Beschreibung für das Leistungssoll
herangezogen.

Vorteile der Generalübernehmer-Vergabe sind:
- Der Auftraggeber erhält auf der Basis vorgegebener Eckwerte eine fix und fertig realisierte Baumaßnahme einschl. der zugehörigen Planungsleistungen und muss sich um die Abwicklung von Planung und Baurealisierung nicht aktiv kümmern, sondern diese nur noch kontrollieren.

Nachteile der Generalübernehmer-Vergabe sind:
- Das Leistungssoll für den Generalübernehmer ist – so weit keine Vergleichsbauten vorliegen – relativ schwierig zu definieren.
- Der Auftraggeber hat wenig Einfluss auf gestalterische oder Qualitätsaspekte.

Das Generalübernehmerverfahren bietet sich immer dort an, wo der Bauherr eine Baumaßnahme weniger als Umsetzung spezifischer Gestaltungs- und Qualitätsaspekte sieht, sondern vielmehr als Investition, die über eine gewisse Laufzeit eine geforderte Rendite erbringen muss.

2.1.6 Garantierter Maximum Preis (GMP)-Vertrag

Auf der Suche nach neuen Wegen der Zusammenarbeit zwischen Auftraggeber und Auftragnehmer wird in Deutschland in letzter Zeit häufig die **Gross-Maximum-Preis-Vergabe** oder auch **Garantierter Maximal-Preis (GMP)** genannt.

Im Grundsatz handelt es sich beim GMP-Vertrag um einen Generalunternehmervertrag mit zusätzlichen Vereinbarungen hinsichtlich der Optimierung der Planung und Ausführung und spezifischen Vergütungsbestimmungen. Auf der Basis einer Beschreibung der Funktionalität und der Qualität des zu errichtenden Bauwerks wird durch frühes Einschalten eines Generalunternehmers versucht, durch eine kooperative Optimierung von Planung und Ausführung den vom Generalunternehmer genannten garantierten Maximalpreis zu unterschreiten. Die eingesparten Kosten werden nach vorher verhandelten Prozentsätzen auf den Auftraggeber und seinen GMP-Partner (Auftragnehmer) verteilt.

Außerdem werden diejenigen Gewerke, die nicht vom Auftragnehmer selbst, sondern von Nachunternehmern ausgeführt werden, auf **Marktpreisbasis** vom Auftragnehmer an den Auftraggeber berechnet. Diejenigen Gewerke und Leistungen, die der Auftragnehmer selbst erbringt, werden in der Regel pauschal vergütet.

Wer als Auftraggeber einen GMP-Vertrag abschließen will, muss sich im Vorfeld fragen, ob er bereit ist, entgegen dem normalerweise zwischen Auftragnehmer und Auftraggeber bestehenden „Feindbild" eine **Partnerschaft** mit seinem Auftragnehmer einzugehen, eine aktive Rolle in einem vereinbarten Problemlösungsprozess zu übernehmen und einen angemessenen Gewinn für seinen Partner zu akzeptieren und die gemeinsamen Risiken zu teilen.

Der GMP-Vertrag wird also in jedem Fall nur für denjenigen Auftraggeber anwendbar sein, der selbst das Know-How und die Ressourcen hat, sich aktiv am Planungs- und Ausführungsprozess zu beteiligen und intensiv in die Vergabe der Nachunternehmerleistungen einzuschalten. Insofern werden GMP-Verträge heutzutage häufig von der Großindustrie wie etwa der Automobilindustrie oder professionellen Entwicklern abgeschlossen.

Beim GMP-Vertrag wird zwischen einem **einstufigen** und einem **zweistufigen** Modell unterschieden. Im einstufigen Modell wird der Auftragnehmer erst nach einer grundsätzlichen Definition des Leistungsumfangs durch den Auftraggeber – etwa Entwurfsplanung und Baubeschreibung – eingeschaltet – etwa zum gleichen Zeitpunkt wie der Generalunternehmer beim Generalunternehmer-Vertrag. Beim zweistufigen Modell berät der potentielle Auftragnehmer den Auftraggeber bereits bei der Grundlagenermittlung bis hin zur Genehmigungsphase. Auf der Basis der gemeinsam gefundenen Planungsergebnisse erfolgt – nach Ausschreibung – die Vergabe an den endgültigen GMP-Vertragspartner, der nicht identisch sein muss mit dem in der Vorphase tätigen GMP-Berater.

Der GMP-Vertrag verbindet die Vorteile der Einzelgewerkevergabe mit den Vorteilen des Generalunternehmervertrages, birgt jedoch für den Auftraggeber auch eine Vielzahl von Risiken.

Die **Vorteile des GMP-Vertrages** sind:
- Der Auftraggeber hat nur einen Vertragspartner, mit dem er die Baumaßnahme abwickelt. Insofern entspricht der Koordinationsaufwand für den Auftraggeber in etwa dem beim Generalunternehmer-Vertrag.

- Durch die Abgabe des garantierten Maximal-Preises durch den Auftragnehmer hat der Auftraggeber frühe Kostensicherheit für sein Projekt. Diese Kostensicherheit stellt jedoch nicht wie beim Generalunternehmervertrag einen Festpreis dar, sondern die Parteien verpflichten sich, durch Optimierung und gezielte Subunternehmervergabe diesen garantierten Maximalpreis zu unterschreiten. Natürlich gilt der abgegebene garantierte Maximalpreis nur dann bis zur Fertigstellung des Bauwerkes, wenn der Leistungsumfang des Auftrages sich nicht verändert. Leistungsveränderungen werden wie beim GU-Vertrag kostenerhöhend oder kostenmindernd in Ansatz gebracht.

- Gegenüber der Einzelgewerkevergabe hat der Auftraggeber beim GMP-Vertrag die durch den Auftragnehmer garantierte Terminsicherheit.

- Der Auftragnehmer übernimmt die Gewährleistung für die Gesamtleistung aus einer Hand.

- Durch die gemeinsame Vergabe der Subunternehmerleistungen herrscht absolute Kostentransparenz. Die Subunternehmeraufträge werden zu den aktuellen Marktpreisen vergeben, der Auftraggeber kann sich aktiv am Vergabeverfahren beteiligen und gemeinsam mit dem Auftragnehmer versuchen, die wirtschaftlichsten Bieter als Subunternehmer für die Baumaßnahme auszuwählen.

- Der Auftraggeber kann seine Mitwirkung bei der Subunternehmervergabe dergestalt nutzen, dass er jeweils die für die Ausführung der einzelnen Leistungen am besten geeigneten Subunternehmer mit in das Verfahren einbringt.

- Das gesamte Handling der Subunternehmer und das aus Subunternehmervergabe entstehende Risiko (z.B. Insolvenzen eines Subunternehmers) liegt im Risikobereich des Auftragnehmers.

Die **Nachteile des GMP-Vertrages** sind:
- Die Kooperationspflicht des Auftragnehmers auf der einen Seite und seine Stellung im Auftraggeber-/Auftragnehmerverhältnis auf der anderen Seite führt zu einer Vielzahl von Interessenskonflikten beim Auftragnehmer. Auf der einen Seite soll er seine Kooperationsverpflichtung gegenüber dem Auftraggeber einlösen, auf der anderen Seite hat er klare vertragliche Verpflichtungen gegenüber den Nachunternehmern und gegenüber seinem Auftraggeber zu erfüllen.

- Die Fragestellung, ob es sich bei der Weiterentwicklung im Planungs- und Bauausführungsprozess um eine „Optimierung" oder um eine „Leistungsänderung" handelt (etwa Qualitätsminderung durch den Auftragnehmer oder Auftragserweiterung durch den Auftraggeber) wird immer dann zu erheblichen Streitigkeiten führen, wenn es den Partnern nicht gelingt, auf einer fairen und professionellen Basis zusammenzuarbeiten.

- Die rechtlichen Probleme der gemeinsamen Nachunternehmerauswahl bedürfen einer detaillierten vertraglichen Regelung. Obwohl der Auftraggeber ein erhebliches Mitspracherecht bei der Auswahl der Nachunternehmer hat, ist nach rechtlicher Betrachtung der Nachunternehmer Erfüllungsgehilfe des Auftragnehmers. Wenn also zum Beispiel durch einen vom Auftraggeber ausgewählten Nachunternehmer Terminprobleme wegen Schlechtleistung des Subunternehmers entstehen, so trägt das Risiko hieraus der Auftragnehmer. Das Gleiche gilt für Insolvenzen von Subunternehmern. Es ist also dringlich erforderlich, dass ein detailliert beschriebenes Regelschema vereinbart wird, nach dem Subunternehmer ausgesucht werden und in dem festgelegt ist, wer zum Beispiel das Letztbestimmungsrecht für die Auswahl des Subunternehmers hat.

- Der Auftraggeber muss sich aktiv am vereinbarten Kooperationsmodell beteiligen. Er muss in der Lage sein, Planungsfortentwicklungen als Optimierung oder Leistungsänderung zu unterscheiden, er muss die Kapazitäten haben, sich an den Subunternehmervergaben zu beteiligen. Der damit verbundene Aufwand liegt etwa zwischen der Vergabe nach Einzelgewerken und der Beauftragung eines Generalunternehmers für die Abwicklung von Bauleistungen.

Es empfiehlt sich dringend, bei Abschluss eines GMP-Vertrages bereits im Vertrag eine **baubegleitende Schlichtung** zu vereinbaren. Eine das Vertrauen beider Parteien genießende Schlichterpersönlichkeit ist dabei ständig abrufbar, um immer dann, wenn sich die Parteien innerhalb kurzer Zeit nicht verständigen können, gegebenenfalls unter Hinzuziehung von Bausachverständigen Entscheidungsvorschläge zu unterbreiten.

2.1.7 Mischformen

Am Markt haben sich eine Reihe von **Mischformen der Vergabe** eingebürgert, die aus den oben genannten Vergabeverfahren entwickelt worden sind:

– Gerade bei institutionellen Auftraggebern wird heute sehr häufig eine Mischform aus Generalunternehmer- und Generalübernehmer-Vertrag angewandt. Architekten und Fachingenieure werden dabei mit den Leistungsbildern 1–4 der HOAI beauftragt und zusätzlich mit der Erstellung einer Baubeschreibung sowie von Leitdetails. Damit behält der Auftraggeber im Gegensatz zum Generalübernehmer-Verfahren die volle Planungshoheit bis zur Erreichung der Baugenehmigung. Das auszuführende Werk wird neben der Baugenehmigungsplanung über die Baubeschreibung und die Leitdetails weiter spezifiziert, so dass für den späteren Auftragnehmer das Leistungssoll eindeutig spezifiziert ist und für den Auftragnehmer nur noch wenig Spielraum für die Interpretation des Leistungssolls verbleibt. Die eigentliche Ausführungsplanung wird jedoch auch auf den Auftragnehmer übertragen. Durch dieses Verfahren umgeht der Auftraggeber das Risiko nicht rechtzeitig gelieferter Ausführungsplanung durch den Architekten oder die Fachingenieure bei einer baubegleitenden Planung sowie das Risiko, dass Architekten und Fachingenieure in ihrer Ausführungsplanung neue Erkenntnisse haben und die Ausführungsplanung in Gestaltungsaspekten, Detailausführung oder Materialqualitäten von der Bestellwerksplanung abweicht und damit zu Nachtragsdiskussionen Anlass gibt.

– Ein in Deutschland zwar nicht weit verbreitetes aber durchaus sinnvolles Verfahren ist die Zustellung von „**Nominated Subcontractors**" (vom Auftraggeber ausgewählten Subunternehmern) im Generalunternehmer- oder Generalübernehmer-Vertrag. Meist sind diese vom Auftraggeber ausgewählten Subunternehmer Leistungserbringer in stark Auftraggeber beeinflussten Leistungsbereichen wie etwa IT-Verkabelung, sicherheitstechnische Ausrüstung, Medientechnik, Einbauteile, etc. Mit dem Generalunternehmer/Generalübernehmer wird vereinbart, dass der Auftraggeber diese Leistungsbereiche selbst plant, am Markt ausschreibt und einen entsprechenden Subunternehmer sucht, der zu einem gewissen Termin im Bauablauf dem Generalunternehmer/Generalübernehmer unterstellt wird. Unter der Koordination des Generalunternehmers/Generalübernehmers werden dann die entsprechenden Leistungen ausgeführt. Der Auftraggeber behält durch dieses Verfahren den vollen Einfluss auf die Auswahl von Leistungserbringern von für ihn relevanten Leistungsbereichen, überträgt aber die Verantwortung für die Koordination dieser Leistungsbereiche und deren Integration in den Bauablauf für eine termingerechte Leistungserbringung dem Auftragnehmer.

2.1.8 Auswahl der geeigneten Vergabeart

Die Auswahl der geeigneten **Vergabeart** hängt von einer Vielzahl unterschiedlicher Faktoren ab. Die Auswirkung unterschiedlicher Aspekte auf die Art der Vergabe ist in nachfolgender Tabelle dargestellt.

Aspekt	Art der Vergabe der Bauleistungen
Hohe Qualität der Bauleistungen	Einzelvergabe/Paketvergabe
Frühe Kostensicherheit	Generalunternehmer-Vergabe
Sicherheit der Termineinhaltung bei insgesamt kurzer Bauzeit	Generalunternehmer-Vergabe/Generalüber-nehmer-Vergabe
Einbeziehen der Kenntnisse des bauausführenden Unternehmens in der Planung der Maßnahme – dadurch Kostenreduzierung und Bauzeit-verkürzung	Generalübernehmer-Vergabe/GMP-Vergabe
Risikominimierung für den Bauherr	Generalübernehmer-Vergabe/Generalunter-nehmer-Vergabe
Unerfahrenes, junges Planungsteam	Generalunternehmer-Vergabe mit Ausführungs-planung GU
Bausoll nicht eindeutig festgelegt/Vielzahl von Änderungen während der Ausführung erwartet	Einzelvergabe
Baubegleitende Planung	Einzelvergabe Paketvergabe
Baubegleitende Planung bei gleichzeitiger Deckelung der Kosten & Termine	GMP-Vergabe
Einfluss des Bauherrn auf Auftragnehmer der einzelnen Bauleistungen	Einzelvergabe Generalunternehmer-Vergabe mit „Nominated Subcontractor" GMP-Vergabe
Unerfahrener Bauherr	Generalunternehmer-Vergabe Generalübernehmer-Vergabe
Gewährleistungsrisiko in einer Hand	Generalunternehmer-Vergabe Generalüber-nehmer-Vergabe GMP-Vergabe
Kostentransparenz für den Bauherrn	Einzelvergabe GMP-Vergabe
Leistungsbeschreibung mit Leistungsprogramm	Generalübernehmer-Vergabe Generalunternehmer-Vergabe GMP-Vergabe

2.2 Ausschreibung von Bauleistungen

Nach VOB/A § 9 Nr. 1 ist die Leistung eindeutig und so erschöpfend zu beschreiben, dass alle Bewerber die Beschreibung im gleichen Sinne verstehen müssen und ihre Preise sicher und ohne umfangreiche Vorarbeiten berechnen können. Hierbei handelt es sich um eine Ausprägung des Grundsatzes von Treu und Glauben. Eine weitere Konkretisierung erfährt der Grundsatz von Treu und Glauben in VOB/A § 9 Nr. 2 dadurch, dass dem Bieter kein ungewöhnliches Wagnis aufgebürdet werden soll für Umstände und Ereignisse, auf die er keinen Einfluss hat und deren Einwirkung auf die Preise und Fristen er nicht im voraus abschätzen kann. Welche Hinweise für das Aufstellen der Leistungsbeschreibung jeweils von Bedeutung sind, ist im jeweiligen Abschnitt 0 der Allgemeinen Technischen Vertragsbedingungen für Bauleistungen DIN 18299 ff. im Einzelnen aufgeführt.

Für Ausschreibungen **Öffentlicher Auftraggeber** dürfen bestimmte Erzeugnisse oder Verfahren sowie bestimmte Ursprungsorte und Bezugsquellen nur dann ausdrücklich im Leistungsverzeichnis vorgeschrieben werden, wenn dies durch die Art der geforderten Leistungen gerechtfertigt ist, wenn also zum Beispiel die Ausführung eines bestimmten Fabrikates deswegen notwendig ist, weil der Auftraggeber in seinem Einflussbereich aus Gründen des Betriebes, der Wartung und Instandhaltung nur ein einziges Produkt eingesetzt sehen will.

Wiederum bei Öffentlichen Auftraggebern dürfen Bezeichnungen für bestimmte Erzeugnisse oder Verfahren (z.B. Markennamen, Warenzeichen, Patente) ausnahmsweise jedoch nur mit dem Zusatz „oder gleichwertige Art" verwendet werden, wenn eine Beschreibung durch hinreichend genaue, allgemein verständliche Bezeichnungen nicht möglich ist.

Im Bereich **privater Auftraggeber** wird diese Regel weniger berücksichtigt. Es empfiehlt sich jedoch auch hier, um möglichst wirtschaftliche Angebote zu erhalten, sich nicht auf einzelne Markennamen festzulegen, sondern Alternativen zuzulassen. Immer dann, wenn im Zuge eines Angebotsverfahrens der Markt feststellt, dass nur ein bestimmtes Produkt zugelassen ist, treten Preismonopole auf, die zu keinen wirtschaftlichen Ergebnissen im Angebotsverfahren führen.

Grundsätzlich unterscheidet man zwei Arten von Leistungsbeschreibungen:
1. Leistungsbeschreibung mit Leistungsverzeichnissen
2. Leistungsbeschreibung mit Leistungsprogramm

2.2.1 Leistungsbeschreibung mit Leistungsverzeichnissen

Die VOB Teil A schreibt hierzu: Die Leistung soll in der Regel durch eine allgemeine Darstellung der Bauaufgabe (Baubeschreibung) und ein in **Teilleistungen gegliedertes Leistungsverzeichnis** beschrieben werden.

Erforderlichenfalls ist die Leistung auch zeichnerisch oder durch Probestücke darzustellen oder anders zu erklären, zum Beispiel durch Hinweis auf ähnliche Leistungen, durch Mengen- oder statische Berechnungen. Zeichnungen oder Proben, die für die Ausführung maßgebend sein sollen, sind eindeutig zu bezeichnen.

Leistungen, die nach den Vertragsbedingungen, den technischen Vertragsbedingungen oder der gewerblichen Verkehrssitte zu der geforderten Leistung gehören (VOB Teil B § 2 Nr. 1) brauchen nicht besonders aufgeführt werden.

Insofern erübrigen sich Hinweise in Leistungsverzeichnissen wie
– „sach- und fachgerecht herstellen"
– „in fix und fertiger Arbeit"
– „einschl. Vorhalten der erforderlichen Geräte und Nebenstoffe"
– „einschl. Lieferung sämtlicher Materialien"

Alle diese Zusätze sind **überflüssig**, weil
– die Ausführung ohnehin nach den anerkannten Regeln der Technik zu erfolgen hat
– die Leistung nach dem Vertrag und damit nach dem zum Vertrag gehörenden Leistungsverzeichnis zu erfolgen hat
– die Gerätevorhaltung, wenn nicht gesondert vereinbart, zu den Nebenleistungen zählt

Leistungsverzeichnisse sind nach einer **einheitlichen Struktur aufzubauen**. Diese Struktur muss vor Erstellung des ersten Leistungsverzeichnisses für alle Leistungsverzeichnisse festgelegt werden. Übliche Gliederungsstrukturen sind hierarchisch aufgebaut und in den meisten AVA-Programmen neunstellig vorgegeben. Mit der **Ordnungszahl** werden gekennzeichnet
– Z1-Abschnitt – mit ein- bis zweistelliger Nummer
– Z2-Abschnitt – mit ein- bis zweistelliger Nummer
– Position – mit ein- bis vierstelliger Positionsnummer
– Positionsindex – mit einstelliger Indexkennzeichnung

Mit dieser Ordnungszahl wird die Position innerhalb der Leistungsverzeichnisse für die Baumaßnahme eindeutig eingeordnet. Z1 und Z2-Abschnitt ermöglichen die hierarchische Gliederung der Leistungsverzeichnisse, wobei die Inhalte dieser Gliederung dem Ersteller des Leistungsverzeichnisses freigestellt sind. So könnten etwa im Z1-Abschnitt Vergabeeinheiten definiert sein (z.B. Rohbauarbeiten, Ausbauarbeiten, haustechnische Arbeiten) unter diesen Vergabeeinheiten könnten im Z2-Abschnitt jeweils Gewerke zugeordnet werden (z.B. zu Rohbauarbeiten: Erdarbeiten, Beton- und Stahlbetonarbeiten, Mauerarbeiten etc.). Diesen Gewerken sind auf der Positionsebene einzelne Positionen zugeordnet. Durch den hierarchischen Aufbau des Systemes ist es möglich Positionen zu Gewerken zusammenzufassen, Gewerke zu Vergabeeinheiten zusammenzufassen und Vergabeeinheiten zum Gesamtbauwerk zusammenzufassen.

Grundbaustein des objektspezifischen Leistungsverzeichnis ist die **Position**. Die Position setzt sich zusammen aus:
- Ordnungszahl
- Beschreibung der Teilleistung
- Mengenangabe
- Einheit
- Einheitspreis
- Gesamtpreis (Menge x Einheitspreis)

Im Leistungsverzeichnis unterscheidet man nach folgenden **Positionsarten**:
- **Ausführungsposition**
  Die Ausführungsposition ist eine Leistung, die in jedem Falle zur Ausführung kommt

- **Grundposition**
  Die Grundposition ist eine Position zu der ein Preis abgefragt wird, zu der es jedoch eine oder mehrere Alternativen in der Ausführung gibt.

- **Alternativposition** (Wahlposition)
  Die Alternativposition bzw. die Alternativpositionen stellen die Alternativen der Ausführung zur Grundposition dar. Der Bieter muss davon ausgehen, dass entweder die Grundposition oder eine der aufgeführten Alternativpositionen zur Ausführung kommen. Die Festlegung, ob die Grundposition oder eine der Alternativpositionen muss vor Vergabe der Bauleistungen erfolgen.

- **Eventualposition** (Bedarfsposition)
  Die Eventualposition ist eine Position von der man zum Zeitpunkt der Vergabe noch nicht weiss, ob sie zur Ausführung kommen wird. Häufige Eventualpositionen sind Positionen aus dem Bereich der Erdarbeiten (z.B.: Felsaushub). Erst bei Ausschachten der Baugrube wird sich später herausstellen, ob Felsaushub erforderlich ist und wenn dies der Fall ist, kommt die Eventualposition zum Tragen, wenn dies nicht der Fall ist, hat der Auftragnehmer keinen Anspruch auf Ausführung der Leistungen der Eventualposition.

- **Nachtragsposition**
  Die Nachtragsposition ist eine Position, die im ursprünglichen Leistungsverzeichnis nicht enthalten ist und deren Notwendigkeit sich erst während der Baudurchführung herausstellt. Der Auftragnehmer wird dann in Form die Nachtragsposition mit der Ausführung dieser Leistung beauftragt.

Positionstexte werden auf unterschiedliche Art und Weise erzeugt:
- **Freitext**
  Die Leistungen werden mittels Texte genau beschrieben. Dieses Verfahren erwartet vom Aufsteller hohe Professionalität und systematisches Vorgehen.

- **Textbausteine** aus **Mutterleistungsverzeichnissen**
  Hierbei werden fertige Textbausteine aus Mutterleistungsverzeichnissen für die Beschreibung der Leistung übernommen. Viele Produkthersteller liefern fertige Leistungstexte für Ihre Produkte, die ins Leistungsverzeichnis aufgenommen werden können. Auch die meisten Anbieter von AVA-Programmen liefern Positionstexte.

– **Standardleistungsverzeichnis**

Standardleistungsverzeichnisse liefern Textsequenzen, aus denen Positionstexte zusammengesetzt werden könne. Die Anwendung von Standardleistungsverzeichnissen ist in der Branche umstritten. Selbst wenn man Standardleistungsverzeichnisse nicht zur Erstellung von Leistungsverzeichnissen heranzieht, empfiehlt der Autor die Standardleistungsverzeichnisse als Checklisten für die Vollständigkeit der jeweiligen Leistungsverzeichnisse.

Nach der Erstellung der Leistungsverzeichnisse, empfiehlt es sich, diese durch Dritte nochmals auf Vollständigkeit und Schnittstellenproblematik überprüfen zu lassen.

2.2.2 Leistungsbeschreibung mit Leistungsprogramm

Die **Leistungsbeschreibung mit Leistungsprogramm** wird immer dann Grundlage einer Ausschreibung sein, wenn auch der Entwurf für die Leistung dem Wettbewerb unterstellt wird, um die technische, wirtschaftlich und gestalterisch beste sowie funktionsgerechte Lösung der Bauaufgabe zu ermitteln. Das Leistungsprogramm umfasst eine Beschreibung der Bauaufgabe, aus der die Bewerber alle für die Entwurfsbearbeitung und die Angebote maßgebenden Bedingungen und Umstände erkennen können und in der sowohl der Zweck der fertigen Leistung als auch die an sie gestellten technischen, wirtschaftlichen, gestalterischen und funktionsbedingten Anforderungen angegeben sind. Vom Bieter wird bei diesem Verfahren verlangt, dass er außer der Ausführung der Leistung den Entwurf mit eingehender Erläuterung und Darstellung der Bauausführung sowie einer eingehend zweckmäßig gegliederten Beschreibung der Leistungen – ggf. mit Mengen- und Preisangaben für Teile der Leistungen – liefert.

Vorgaben für den Bieter können dabei **Raumbücher** und **Funktionsdiagramme** sein, die Grundlage der Ausschreibung sind und auf Basis derer der Bieter sein Angebot erstellen muss.

In der Praxis, besonders bei institutionellen Auftraggebern, wird eine leicht abgeänderte Form der Leistungsbeschreibung mit Leistungsprogramm praktiziert. Durch Architekten und Fachingenieure werden **Entwurfszeichnungen** gefertigt, die ergänzt werden durch **Leitdetails** für die wesentlichen Elemente des Gebäudes. Diese Unterlagen werden ergänzt durch eine detaillierte Baubeschreibung, die weniger auf den Herstellungsprozess einzelner Leistungen eingeht, sondern das gewünschte Endergebnis in Form von Qualitäten, Oberflächen, Farben, Raumkonditionen etc. beschreibt. Diese **Baubeschreibungen** sind wie folgt aufgebaut:

– Grundlagen
– Angaben zum Grundstück
– Angaben zum Bauvorhaben, ggf. nach Gebäudeteilen unterteilt
– Angaben zum Herrichten des Grundstückes (Abbruch, Entsorgung. Leitungsverlegung etc.)
– Angaben zur Baustelleneinrichtung
– Angaben zur Erdarbeiten
– Angaben zur Ver- und Entsorgung
– Angaben zur Konstruktion (Rohbau)
– Angaben zur Bauphysik
– Angaben zur Fassade (einschließlich Fenster, Sonnenschutz etc.)
– Angaben zu Dächern
– Angaben zum allgemeinen Ausbau
  • Beim **allgemeinen Ausbau** wird zuerst eine Produktdefinition vorangestellt, die wiederkehrende Produkte für einzelne Raumarten, definiert. In der Produktdefinition können z.B. Angaben enthalten sein zu:
    • Nutzung
    • Sichtbeton
    • Sichtmauerwerk
    • Doppelboden
    • Natursteinqualitäten
    • Bodenbelagsqualitäten
    • Wandbelagsqualitäten

- Türen und Türzargen
- Trockenbauwände
- Systemtrennwände
- Abgehängte Decken
- Beleuchtung
- Im Anschluss daran werden die einzelnen **Raumarten** nach einem einheitlichen Schema beschrieben:
  - Bodenbelag
  - Wandbelag
  - Deckenoberflächen
  - Türen
  - Einrichtungen
  - Beleuchtung
  - Anschlüsse
  - Raumkonditionen
  - Sonstiges

Für ein **Bürogebäude** wird nach Raumarten unterschieden in:
- Tiefgarage
- Hausflur- und Treppenvorräume der Tiefgarage
- Treppenhäuser der Tiefgarage
- Anlieferungsbereich und angeschlossene Lagerräume
- Archive, inklusive angrenzenden Flurbereichen
- Lager ohne besondere Anforderung, inklusive angrenzende Flurbereiche
- Umkleide- und Sanitäreinrichtungen für Servicepersonal
- Haupteingangsbereich, Nebeneingänge
- Bürobereich (ggf. getrennt nach Einzelbüro, Gruppenbüro, Großraumbüro)
- Flure- und sonstige Verkehrsflächen in den Bürobereichen
- Treppenanlagen
- Aufzugsvorräume und Mietbereichszugänge
- WC-Bereiche
- Küchen
- Putzräume
- Kopierräume/Postverteilungsstelle
- EDV-Etagenräume
- Pausenbereiche/Raucherräume
- Konferenz- und Schulungsbereiche
- Bibliotheksbereich
- Erste-Hilfe-Raum
- Ruheraum
- Sicherheitszentrale
- Druckerei
- Postraum
- Mitarbeiterrestaurants
- Hauptküche/Zu- und Aufbereitungsküche
- Cafeteria
- Maschinenräume/Versorgungsschächte
- Rechenzentrum

Bei der Beschreibung der **Haustechnik** wird unterteilt in:
- Sanitärtechnik
- Brandschutztechnik
- Heiztechnik
- Raumlufttechnik
- Kältetechnik

- Elektrotechnik
- Aufzüge
- Müllentsorgung
- Gebäudeleittechnik
- Fachility Management

In weiteren Kapiteln werden sonstige Leistungen beschreiben, wie etwa
- Personenleitsystem

Abschließend werden die **Außenanlagen** beschrieben. Ziel dieser Art der Ausschreibung ist es, das fertige Werk in seinen Funktionsanforderungen sowie in seiner Qualität von Oberflächen und sichtbaren Teilen zu beschreiben, den Herstellvorgang zur Erreichung der Funktion und der geforderten Qualität jedoch dem Auftragnehmer zu überlassen. Der entsprechende Bauvertrag wird also ein Pauschal- Pauschalvertrag sein, in dem weder einzelne Leistungen in Form von Leistungspositionen noch in Form von Mengen ausgewiesen sind. Der Vertrag muss an einen Generalübernehmer oder Generalunternehmer oder in Form eines GMP-Vertrages vergeben werden.

2.2.3 Pläne

Die der Ausschreibung beigefügten Pläne haben nach Art der Leistungsbeschreibung für die Anbieter unterschiedliche Bedeutung. In der Leistungsbeschreibung mit Leistungsverzeichnis sind die Leistung in den Positionen eindeutig definiert und mit Mengenansätzen versehen. Der Bieter muss hier lediglich die Einheitspreise einsetze. Die **Planunterlagen** sind **Orientierungshilfe**, mit der er erkennt, wo die einzelnen Leistungen durchgeführt werden sollen.

Bei Leistungsbeschreibungen mit Leistungsprogramm sind die Planunterlagen wesentliche Arbeitsgrundlage für die Erstellung der Angebote. Der Bieter muss in den Planunterlagen die einzelnen Räume oder Bauteile zuordnen und aufgrund der Planunterlagen die entsprechenden Mengen ermitteln.

Die den Angebotsunterlagen beigefügten Pläne müssen in beiden Fällen fehlerfrei, unmissverständlich und eindeutig in der Aussage sein. Aus den Plänen müssen die für die Angebotskalkulation notwendigen Informationen ablesbar sein. Leistungsbeschreibungen und Planinhalte müssen auf einander abgestimmt sein.

Es empfiehlt sich dringend, Pläne vor dem Angebotsverfahren nochmals durch einen **unabhängig Dritten** auf Vollständigkeit und Übereinstimmung mit der Leistungsbeschreibung überprüfen zu lassen.

In vielen Fällen arbeiten Architekten und Fachingenieure während der Angebotsphase weiter an den Planunterlagen. Hier empfiehlt es sich kurz vor der Vergabe der Bauleistungen, demjenigen Bieter, der den Auftrag erhalten soll, die Planunterlagen des letzten Planstandes nochmals zur Prüfung zu übergeben, um sicherzustellen, dass das Angebot des Bieters mit den Inhalten des neuesten Planstandes harmonisiert ist.

2.2.4 Leitdetails

Besonders bei Bauverträgen, bei denen durch den Architekten des Auftraggebers lediglich die Entwurfsplanung erstellt wird und die spätere Ausführungsplanung den ausführenden Firmen überlassen wird, empfiehlt es sich, zur Definition des Baustandards durch den Architekten des Auftraggebers Leitdetails entwickeln zu lassen. **Leitdetails sind Detailzeichnungen** im Maßstab 1:1, 1:10, 1:20, auf denen wesentliche, die Gestaltung des späteren Gebäudes bestimmende, Angaben zur Detailgestaltung hervorgehen. Die Leitdetails geben dem späteren Auftragnehmer eine klare Vorstellung darüber, welche Gestaltungsvorstellungen bei der Ausführungsplanung umzusetzen sind. **Wesentliche Leitdetails** für Bürogebäude sind:
- Wesentliche Details der Eingangssituationen (Haupteingang/Nebeneingänge) mit Treppen und Vordächern
- Wesentliche Details der Tiefgarageneinfahrt mit Tor- und Schrankenanlagen

- Briefkastenanlage und Klingelanlage/Gegensprechanlage
- Details zum Leitsystem (Beschilderung) außen und innerhalb des Gebäudes
- Systemdetails der Fassade mit Schnitt und Ansicht mit Darstellung von Fenstern, Sonnenschutzanlage, Blendschutz, Fensterbank, Heizungsanordnung, ggf. Brüstungskanal sowie konstruktivem Aufbau der Fassade für die wesentlichen unterschiedlichen Fassadentypen
- Detailzeichnungen zur Fassadenausbildung
- Anschlüsse der Fassade an untere Anschlusspunkte/am Dach/an Anschlusspunkte der Vordächer, Detail Schaufenster von Läden außen und innen einschließlich eventuellem Sonnenschutz
- Fassadenansicht von innen auf ein Stützfeld bezogen für den Bürobereich, jeweils für die wesentlichen unterschiedlichen Fassadentypen
- Systemzeichnung Toiletten (Wandabwicklung) mit Anordnung der wesentlichen Sanitärobjekte und Einrichtungsgegenstände sowie Trennwanddetails
- Ausbildung Lastenaufzug/Personenaufzug
- Eingangsportal, Türansicht
- Innenausstattung der Kabine Lastenaufzug/Personenaufzüge (Wandabwicklung/Decke/Fußboden)
- Schnitte und Ansichten von wesentlichen Brüstungen und Geländern
- Detailausbildungen zu Treppen
  - Beläge
  - Stufenausbildung
  - Geländerausbildung
  - Handlaufausbildung
  - Ausbildung der konstruktiven Anschlusspunkte
- Detaildarstellungen zu Rolltreppen (Rolltreppe/Brüstung/Handlauf)
- Anschluss der Dachhaut an die Attika und aufgehende Bauteile
- Regeldetails Außen- und Innenbeleuchtung besonders in „öffentlichen Bereichen" wie Treppenhäuser, Flure, Ladenerschließung, etc. und im Bürobereich
- Details wesentlicher Türen einschließlich Zargen (Flurtüren, Bürotüren, Eingangstüren, Drehtüren, etc.)
- Detail rauchdichte Glastüren in Fluren
- Detail Ausführung Treppenhausabschlußtüren der Fluchttreppenhäuser
- Details wesentlicher Bodenbeläge mit Fußbodenleisten und Angaben zum Übergang zu anderen Belägen sowie Trennfugen
- Deckenausbildung in Eingangsbereichen, Fluren, Treppenhäusern, Bürobereichen und öffentlichen Bereichen einschließlich wichtiger Anschlusspunkte an begrenzende Bauteile wie Wände, Stützen, Fassade
- Möblierungsvorschläge für den typischen Bürobereich

Für die **Außenanlagen sind folgende Leitdetails** vorzulegen:
- Ausbildung wesentlicher Bodenbeläge
- Regenrinnen o.ä.
- Ausbildung Absperrungen/Poller
- Randdetails bei Belagsänderungen
- Prinzipdetails Außenbeleuchtung
- Details zu Bänken, Abfallkörben, Spielgerät

Abhängig von der Baumaßnahme oder den besonderen Anforderungen von Bauherr oder Architekt muss diese Liste entsprechen erweitert werden.

2.2.5 Auswahl der geeigneten Ausschreibungsart

Je nach Art der beabsichtigten Vergabe und dem Anspruch an die Qualität der Baumaßnahme wird die geeignete Ausschreibungsart gewählt.

Qualitätsanspruch/Art der Vergabe	Art der Ausschreibung
Hoher Qualitätsanspruch	Leistungsverzeichnis
Kostentransparenz	Leistungsverzeichnis
Einzelvergabe/Paketvergabe	Leistungsverzeichnis
Generalunternehmervergabe	Leistungsverzeichnis/Leistungsprogramm
Generalübernehmervergabe	Leistungsprogramm
GMP Vergabe	Leistungsprogramm/Leistungsverzeichnis

2.3 Grundlagen der Vergabe

Eine möglichst eindeutige Beschreibung der beauftragten Leistung und des rechtlichen und technischen Umfeldes, in dem diese Leistungen zu erbringen sind, ist Grundvoraussetzung für eine erfolgreiche Abwicklung jeder Baumaßnahme. Streitigkeiten zwischen den Parteien bei der Bauabwicklung kommen häufig deswegen zustande, weil wegen **mangelnder Beschreibung** der Leistungen unterschiedliche Auffassungen über Umfang und Qualität der zu erbringenden Leistungen zwischen den Parteien bestehen, oder weil das rechtliche, organisatorische oder technische Umfeld, in dem diese Leistungen zu erbringen sind, nicht eindeutig oder gar widersprüchlich formuliert sind.

Wichtig für die Zusammenstellung der Vertragsunterlagen ist, dass die einzelnen Parteien nicht isoliert nebeneinander arbeiten, sondern Bauherr, Rechtsanwälte, Architekten und Fachingenieure eng und **koordiniert zusammenarbeiten**, ihren jeweiligen Input zu den Vertragsunterlagen liefern und sicherstellen, dass weder Überschneidungen noch Fehlstellen in den Vertragsunterlagen auftauchen und die Vertragsunterlagen eindeutig und ohne Widersprüche ein klares Bild über die zu erbringende Leistung und das rechtliche, organisatorische und technische Umfeld dieser Leistungen geben. Die Beschreibungen müssen **so eindeutig** sein, dass spätere Interpretationen nicht mehr möglich sind.

Der Bauherr und Auftraggeber muss verstehen, dass für die Erstellung einwandfreier Vertragsunterlagen alle Fachdisziplinen erforderlich sind. In der Praxis werden häufig **folgende Fehler** beobachtet:

– Der Bauherr erspart sich eine ordnungsgemäße Rechtsberatung und lässt die vertraglichen Teile der Vertragsunterlagen durch den Architekten oder den Projektsteuerer zusammenstellen. Dies ist erstens aus Gründen des Rechtsberatungsverbotes für Nicht-Rechtsanwälte nicht zulässig und führt zweitens häufig dazu, dass möglichst viele vorhandene Vertragstexte zusammenkopiert werden, um Eindruck zu erzeugen, man später jedoch feststellen muss, dass diese Vertragstexte nicht auf den eigentlichen Tatbestand hin formuliert sind, Widersprüche aufweisen oder gar vor dem Hintergrund von Werkvertrag und AGB unhaltbar sind.

Die einzelnen Parteien stellen die Vertragsteile, für die sie zuständig sind ohne Rücksprache mit den anderen Vertragsparteien zusammen. Die Vertragstexte gehen nicht auf die organisatorischen Belange von Projektsteuerung und Architekten ein, die Vorbemerkungen der Leistungsverzeichnisse widersprechen den vertraglichen Festlegungen, die Leistungsverzeichnisse untereinander weisen Fehlstellen oder Überschneidungen auf.

– Der Bauherr „erspart" sich die Beauftragung der Fachingenieure, die eigentlich notwendig sind, die Inhalte der Planung und Leistungsbeschreibung der jeweiligen Leistungsbereiche zu erarbeiten, Schnittstellen zwischen den Gewerken sauber zu definieren und damit sicher zu stellen, dass der Bieter eine umfänglich Unterlage für die Erstellung seines Angebotes erhält.

Grundlage einer **geordneten** Vergabe sind:
- Der Vertrag
- Die Leistungsbeschreibung bzw. das Leistungsverzeichnis
- Planunterlagen und Leitdetails

Fallweise und in Abhängigkeit davon, wie die Unterlagen aufgebaut sind, können noch folgende **weitere Unterlagen** hinzukommen:
- die Baugenehmigung
- Besondere Vertragsbedingungen
- Zusätzliche Vertragsbedingungen
- Zusätzliche technische Vertragsbedingungen
- Die allgemeinen technischen Vertragsbedingungen für Bauleistungen nach VOB
- Die allgemeinen Vertragsbedingungen für die Ausführung von Bauleistungen nach VOB
- Anlagen in Form von Ablaufbeschreibungen oder Formblättern, die für die Durchführung des Vertrages erforderlich sind.

In der Vielzahl der Fälle sind besondere Vertragsbedingungen und zusätzliche Vertragsbedingungen bei Aufträgen privater oder institutioneller Bauherrn in den Vertrag integriert und bilden mit diesem eine rechtliche Einheit.

2.3.1 Vertrag

Die Gestaltung von **Bauverträgen** wird an anderer Stelle dieses Handbuches detailliert beschrieben. Hier soll lediglich auf diejenigen Punkte eingegangen werden, die aus organisatorischer und technischer Sicht in den Vertrag aufgenommen werden müssen.

Bauzeitenplan
Im Bauvertrag muss ein detaillierter Bauzeitenplan vereinbart sein. Bei der gewerkeweisen oder Paketvergabe wird ein solcher Bauzeitenplan vom Auftraggeber vorgegeben. Die jeweiligen Auftragnehmer erhalten mit dem Bauzeitenplan einen Überblick über die terminliche Gestaltung der Gesamtmaßnahme und haben im Bauzeitenplan ein Zeitfenster für ihre Leistungen ausgewiesen.

Bei Generalunternehmer- oder Generalübernehmer-Vergaben liegt zum Zeitpunkt der Vergabe häufig ein detaillierter Bauzeitenplan nicht vor, sondern wird erst nach Vergabe durch den Auftragnehmer erstellt. In allen diesen Fällen müssen vom Auftraggeber wesentliche **Eckdaten im Bauvertrag** vorgegeben werden, innerhalb derer sich dann der detaillierte Ausführungsplan von Generalunternehmer oder Generalübernehmer bewegen muss. Im Vertrag ist der Termin zu benennen, bis zu dem spätestens der Auftragnehmer seinen detaillierten Zeitplan vorzulegen hat und Maßnahmen bzw. Restriktionen, die eintreten, wenn der Auftragnehmer seinen vertraglichen Verpflichtungen nicht nachkommt. Solche Maßnahmen können sein:
- Zurückhaltung der Zahlungen
- Ersatzmaßnahmen durch den Auftraggeber zu Lasten des Auftragnehmers

Für die Erstellung des **detaillierten Bauzeitenplanes** sind genaue Anforderungen im Vertrag vorzugeben:
- Anzahl der im Bauzeitenplan aufzuführenden Einzeltätigkeiten (bei Maßnahmen zwischen 50 und 100 Mio. DM Investitionssumme mindestens 200 bis 300 Tätigkeiten und deren Abhängigkeiten)

Weiterhin muss der **Bauzeitenplan** so aufgestellt sein, dass
- ein Soll-/Ist-Vergleich möglich ist
- eine Fertigstellungskurve geführt werden kann
- einzelne Zeitbalken eine Zeitspanne von drei Monaten nicht überschreiten, so dass also Leistungen mit längeren Zeitdauern in Teilleistungen zu untergliedern sind

– in den einzelnen Zeitbalken jeweils in Monatstranchen die DM-Gegenwerte, die bei vollständiger Erfüllung des jeweiligen Balkenabschnittes zur Zahlung anfallen, enthalten sind
– alle wesentlichen Entscheidungspunkte aufgeführt sind, an denen der Auftraggeber und seine Erfüllungsgehilfen oder Dritte grundsätzliche Entscheidungen und Aussagen zu treffen haben
– die Termine für Planlieferungen durch den Auftraggeber ausgewiesen sind
– die Termine für notwendige Planfreigaben ausgewiesen sind
– die Termine für die späteste Beistellung der „Nominated Subcontractors" ausgewiesen sind
– Die Termine für die technischen Vorbegehungen als Voraussetzung für die Abnahme ausgewiesen sind
– die Termine für behördliche und werksvertragliche Abnahmen ausgewiesen sind.

Außerdem sind im Bauzeitenplan durch den Auftragnehmer die im Vertrag enthaltenen **Zwischentermine** und der geschuldete **Fertigstellungstermin** aufzuführen.

Bei Paketvergaben, Generalunternehmer- und Generalübernehmer-Vergaben empfiehlt es sich, die im Bauzeitenplan enthaltenen Zwischentermine mit **Vertragsstrafen** zu belegen. Nur so kann erreicht werden, dass diese Zwischentermine vom Auftragnehmer auch tatsächlich ernst genommen und eingehalten werden. Dabei hat es sich bewährt, dass für nicht eingehaltene Zwischentermine einbehaltene Vertragsstrafen bei einer insgesamt termingerechten Fertigstellung des Gesamtwerkes wieder an den Auftragnehmer zurückgezahlt werden, bei Nichteinhaltung des Endtermines jedoch die Vertragsstrafen auf Zwischentermine für den Auftragnehmer verloren sind.

Zwischentermine in dem Bauzeitenplan sind so zu benennen, dass ohne lange Diskussion festgestellt werden kann, ob der entsprechende Leistungsstand erreicht oder nicht erreicht ist. **Sinnvolle Zwischentermine** in diesem Sinne sind zum Beispiel:
– Fertigstellung der Abbrucharbeiten
– Fertigstellung von Bohrpfahlwänden, Schlitzwänden oder sonstigen Baugrubenumschließungen
– Fertigstellung des Erdaushubes
– Fertigstellung Bauwerk Sohle (Betonbauarbeiten der Bodenplatte)
– Fertigstellung der Rohbauarbeiten der Decke über den jeweiligen Geschossen
– Wetterdichter Abschluss der Gebäudehülle (Fassade und Dachdichtung)
– Fertigstellung der Estricharbeiten
– Fertigstellung Putzarbeiten

Schwieriger zu beurteilen sind Zwischentermine wie:
– Fertigstellung der Rohmontage der haustechnischen Anlagen (gegebenenfalls nach einzelnen Haustechnikgewerken getrennt)

Abhängig von der Art der Baumaßnahme lassen sich gegebenenfalls für den **Innenausbau** weitere Zwischentermine definieren. Wichtig ist, dass jeweils nicht der Beginn einer Leistung, sondern die Fertigstellung einer Leistung als vertraglicher Zwischentermin definiert wird.

Zahlungsplan

Im Bauvertrag ist ein detaillierter Zahlungsplan zu vereinbaren. Bei der überwiegenden Mehrzahl von Bauverträgen erfolgt die Zahlung nach Leistungsstand. Um sich aufwendige Mengenermittlungen auf der Baustelle zu ersparen, empfiehlt es sich, den Zahlungsplan mit dem Terminplan zu verbinden und in den Terminbalken jeweils in Monatstranchen die DM-Gegenwerte auszuweisen, die bei vollständiger Erfüllung der Leistungen des jeweiligen Balkenabschnittes zur **Zahlung** anfallen. Dies wiederum bedeutet, dass die Terminbalken so zu wählen sind, dass durch einfache Inaugenscheinnahme am Monatsende festgestellt werden kann, ob die in der **Monatstranche** enthaltenen Leistungen vollständig erfüllt sind oder nicht (z.B. Betonarbeiten nach Geschossen, Estricharbeiten nach Räumen etc.). Aus dem Vertragstext muss dem Auftragnehmer klar sein, dass er nur bei 100%iger Erfüllung der jeweiligen Leistung einen Zahlungsanspruch hat. Teilleistungen werden nicht bewertet und nicht vergütet. Diese

Vertragsgestaltung zwingt den Auftragnehmer dazu, einzelne Leistungen tatsächlich fertig zu stellen und nicht – was auf vielen Baustellen passiert, Leistungen nur zu beginnen und dann in Leistungsverzug zu geraten.

Abschlagszahlungen

Grundsätzlich haben Auftragnehmer Anspruch auf Abschlagszahlungen. Im Vertrag sind Form und Inhalt der Abschlagsrechnung dem Auftragnehmer vorzugeben. In jedem Fall sind folgende Angaben in der Abschlagsrechnung anzugeben:

– Rechnungsstellung/Lieferant
– Rechnungsnummer
– Datum der Rechnungslegung
– Auftragsdatum des Hauptauftrages
– Auftragssumme des Hauptauftrages
– Rechnungsart
– Rechnungsinhalt
– Rechnungsbetrag

Der Rechnungsbetrag ist in **detaillierter Form** entsprechend den Vereinbarungen des Vertrages nachzuweisen.

Auftraggeber haben in vielen Fällen eigene Kosten- und Kontenstrukturen. In diesem Falle ist vertraglich zu vereinbaren, dass die Abschlagsrechnungen gemäß dieser Kosten- bzw. Kontenstrukturen auszustellen sind. Ggf. sind mehrere Abschlagsrechnungen zum gleichen Datum in Bezug auf unterschiedliche Bauteile, Bauleistungen oder Konten einzureichen.

Einheitspreisliste

So weit Verträge nicht auf der Basis einzelner Positionen und deren Einheitspreise abgeschlossen werden, sondern als Pauschalpreis vereinbart werden, muss für die Bewertung späterer **Leistungsänderungen** in einem Bauvertrag eine Einheitspreisliste vereinbart werden, die die Kalkulationsgrundlage des Hauptvertrages nachvollziehen lässt und Basis für die Bewertung späterer Leistungsänderungen oder Leistungsergänzungen ist. Es empfiehlt sich, diese Einheitspreisliste nicht nur für Leistungsänderungen, sondern auch für Leistungsergänzungen und neue Leistungen zur vertraglichen Grundlage zu machen. Die Struktur der Einheitspreisliste kann nicht dem Auftragnehmer vorbehalten werden, sondern muss durch den Auftraggeber vorgegeben werden. In der Einheitspreisliste sind möglichst sorgfältig all diejenigen Leistungen aufzulisten, die Gegenstand späterer **Veränderungen** oder **Ergänzungen** werden könnten. Aus den Texten der Einheitspreisliste muss eindeutig hervorgehen, was der jeweilige Leistungsumfang der einzelnen ausgewiesenen Leistungen ist. Es empfiehlt sich, die Einheitspreislisten vor Abschluss eines Vertrages durch denjenigen Auftragnehmer ausfüllen zu lassen, mit dem beabsichtigt ist, den Vertrag abzuschließen. Die Erstellung von Einheitspreislisten nach Abschluss des Vertrages führt im Regelfall zu Streitigkeiten zwischen Auftraggeber und Auftragnehmer über die Angemessenheit einzelner Einheitspreise.

Der Nachweis, dass mit den angegebenen Einheitspreisen tatsächlich das **Kalkulationsniveau des Hauptvertrages** dargestellt ist, muss nach den vertraglichen Vereinbarungen dem Auftragnehmer obliegen. Wenn also ein insgesamt günstiger Pauschalpreis auf niedrigem Kalkulationsniveau angeboten und vertraglich vereinbart wird, dann müssen auch die in der Einheitspreisliste ausgewiesenen Einheitspreise im unteren Bereich ortsüblicher und marktgerechter Preise für diese Leistungen liegen.

Änderungsmanagement

Jeder Bauvertrag muss eine genaue Anweisung enthalten, nach welchem Verfahren Vertragsänderungen – gleich welcher Art – zu handhaben sind. In der Praxis des Verfassers hat sich das **Verfahren der Entscheidungsvorlage** bewährt. Dieses Verfahren der Entscheidungsvorlage ist, damit es vertraglich bindend wird, sowohl in die Verträge der Consultants als auch in die Verträge der bauausführenden Firmen aufzunehmen und dort detailliert zu beschreiben.

Die Entscheidungsvorlage ist ein Instrument zur Freigabe aller Veränderungen im Projekt. Das Projekt ist definiert durch die Beschreibungen, Planunterlagen und Anlagen der von allen Parteien ratifizierten Vertragsunterlagen.

Weiss

Veränderungen zu diesen Vertragsunterlagen, gleich welcher Art, – ob entwurflich, technisch, kostenmäßig oder terminlich – dürfen nur durchgeführt werden, wenn dazu eine vom Auftraggeber **freigegebene Entscheidungsvorlage** vorliegt.

Veränderungen, die ohne freigegebene Entscheidungsvorlage durchgeführt werden, gehen zu Lasten der verursachenden Partei. Sie hat alle eventuellen Kosten und Terminkonsequenzen aus nicht autorisierten Veränderungen selbst zu tragen. Der Veranlasser einer Veränderung muss die Entscheidungsvorlage erstellen, mit allen übrigen Parteien abstimmen und dann über die Projektsteuerung dem Auftraggeber zur Freigabe einzureichen.

Hinsichtlich der **Entscheidungsvorlage** besteht Bring- und Holschuld. Wenn eine Partei feststellt, dass von einer anderen Partei Änderungen vorgenommen werden, ohne dass eine freigegebene Entscheidungsvorlage existiert, dann ist dies sofort der Projektsteuerung mitzuteilen und Sorge dafür zu tragen, dass die ändernde Partei eine Entscheidungsvorlage erstellt.

Änderungen, die von anderen Parteien vorgegeben werden, ohne dass dafür eine freigegebene Entscheidungsvorlage vorliegt, dürfen nicht umgesetzt werden. Wird trotzdem umgesetzt, so liegt das volle Kosten- und Terminrisiko aus der Umsetzung bei der umsetzenden Partei. Der **Laufweg** einer Entscheidungsvorlage ist wie folgt vorgegeben:

– Aufstellen: Veranlasser

– Abstimmen: Veranlasser mit allen betroffenen Parteien unter verantwortlicher Leitung des Veranlassers

– Unterschrift: Veranlasser und Betroffene

– Die Unterschrift bedeutet, dass keine Bedenken bestehen und die ausgewiesenen Kosten- und Terminimplikationen korrekt angegeben sind.

– Das Ausweisen der Kosten- und Termineinflüsse obliegt der Projektsteuerung unter Mitwirkung der einzelnen Parteien

– Unterschrift Mieter (so weit vorhanden)

– Unterschrift Projektsteuerung

– Unterschrift Auftraggeber

Erst **nach erfolgter Unterschrift** durch den Auftraggeber darf die entsprechende Maßnahme umgesetzt werden.

Alle Parteien müssen in den Verträgen aufgefordert werden, auch ihre Consultants bzw. ihre Subunternehmer auf das Verfahren der Entscheidungsvorlage ausdrücklich hinzuweisen und dafür Sorge zu tragen, dass von keinem Consultant/Subunternehmer eigenmächtige Änderungen vorgenommen werden, die zu einer Qualitäts-, Kosten- oder Terminveränderung des Projektes führen können.

Das Verfahren der Entscheidungsvorlage gilt selbstverständlich auch für den **Auftraggeber**. Auch wenn er Änderungen durchsetzen will, muss das Verfahren eingehalten werden, und erst wenn eine von ihm unterschriebene Entscheidungsvorlage vorliegt, wird die Änderung tatsächlich umgesetzt. Das Verfahren der Entscheidungsvorlage hat mehrere Vorteile:

– Der Auftragnehmer und alle übrigen Parteien haben zu jedem Zeitpunkt eine klare Übersicht über den Stand des Projektes und über die hinsichtlich der ursprünglichen Vertragsgrundlage durchgeführten Veränderungen von Qualitäten, Kosten und Terminen.

– Der Auftraggeber sieht für jede Änderung vor Ausführung der Änderung die daraus resultierenden Kosten- und Terminauswirkungen.

– Der häufig ungebrochene Änderungswille einzelner Parteien wird durch das stark formalisierte Verfahren eingedämmt. Man überlegt sich im Vorfeld, ob eine Änderung tatsächlich sinnvoll und notwendig ist, oder ob man nicht besser beim ursprünglich beauftragten Leistungsumfang verbleibt.

– Die im Verfahren vereinbarte Bring- und Holschuld macht jede einzelne Partei sensibel gegenüber Änderungen, die von anderen Parteien vorgenommen werden.

– Das in der Entscheidungsvorlage enthaltene Abstimmungsverfahren stellt sicher, dass Entscheidungen zu Änderungen nicht einsam getroffen werden, sondern in Abstimmung mit allen übrigen Parteien.

Das **Verfahren** der Entscheidungsvorlage muss eingebettet sein in eine vertragliche Regelung zu Leistungsänderungen/zusätzliche Leistungen. Der Auftragnehmer muss verpflichtet werden, auf schriftliches Verlangen des Auftraggebers (Stellung einer Entscheidungsvorlage) Änderungen seiner vertraglichen Leistungen vorzunehmen und/oder zusätzliche Leistungen zu erbringen.

In **angemessener Frist** nach Eingang des Verlangens des Auftraggebers nach Leistungsänderungen und zusätzlichen Leistungen hat der Auftragnehmer dem Auftraggeber unter Berücksichtigung des Mehr- und/oder Minderaufwandes unter Verwendung des Formblattes Entscheidungsvorlage des Auftraggebers ein schriftliches Angebot zum Abschluss einer entsprechenden Nachtragsvereinbarung zu unterbreiten. Dies muss eine spezifizierte Aufschlüsselung des Preises dieser Leistungen entweder nach Maßgabe der Einheitspreisliste oder – falls der Auftraggeber Stundenlohnleistungen verlangt – unter spezifischer Schätzung des damit verbundenen Zeitaufwandes und der damit verbundenen Kosten enthalten.

Falls eine **Einheitspreisliste** bei Änderungen, Einschränkungen und/oder Erweiterungen vertraglich vereinbarter Leistungen und/oder hinsichtlich zusätzlicher und/oder entfallender Leistungen keine entsprechenden Einheitspreise enthält, hat der Auftragnehmer dem Auftraggeber Einheitspreise anzubieten und dabei nachzuweisen, dass der neue Preis auf der Grundlage der Preisermittlung des Hauptauftrages gebildet worden ist.

Über die vom Auftragnehmer vorgelegte Entscheidungsvorlage hat der Auftraggeber binnen angemessener Frist schriftlich zu entscheiden.

Weiterhin muss der Vertrag regeln, dass **Vergütungsansprüche** für zusätzliche Leistungen nur bestehen, wenn hierfür vor Beginn der Ausführung der zusätzlichen Leistungen zwischen den Vertragsparteien eine schriftliche Nachtragsvereinbarung in Form einer Entscheidungsvorlage geschlossen worden ist, oder wenn der Auftraggeber nach Vorlage des Nachtragsangebotes die Ausführung der Leistungen schon vor Abschluss der Nachtragsvereinbarung oder unter Ablehnung einer solchen schriftlich verlangt. Dieses Anweisungsrecht ist von wesentlicher Bedeutung, da der Auftragnehmer sonst gegebenenfalls durch überhöhte Preisforderungen oder unangemessene Terminforderungen und langwierige Diskussionen hierüber die Ausführung von für den Auftraggeber notwendige Leistungen verhindern könnte.

Auf die vereinbarten Vertragsfristen sowie die Zwischentermine des Bauzeitenplanes haben Änderungen des Bauentwurfes, nachträgliche Anordnung des Auftraggebers und das Verlangen zusätzlicher Leistungen nur Einfluss, wenn und so weit die Parteien dies schriftlich vereinbart haben oder der Auftragnehmer schriftlich Fristverlängerung geltend gemacht hat und der Auftraggeber gleichwohl ohne deren Vereinbarung die Ausführung verlangt.

Die Entscheidungsvorlage kann auch im Fall von **Streitigkeiten** angewandt werden: Ergibt sich nach Abschluss des Vertrages, dass die Parteien zu einzelnen Punkten der Bauausführung unterschiedliche Auffassung darüber haben, was nach dem Vertrag geschuldet wird, dass also der Auftraggeber eine bestimmte Leistung als Vertragsleistung bezeichnet, während der Auftragnehmer sie für eine zusätzliche oder vergütungspflichtig geänderte Leistung hält, so gilt: Auch in diesem Fall hat der Auftragnehmer auf dem Formblatt Entscheidungsvorlage eine Entscheidung des Auftraggebers einzuholen. Es ist Sache des Auftraggebers zu entscheiden, ob er die nach seiner Auslegung geschuldete Leistung auf jeden Fall haben will und dazu anweist. Dann wird gegebenenfalls nachträglich durch gerichtliche Entscheidung festgestellt, ob die Leistung zum Bestellwerk gehörte. Wenn nicht, hat der Auftragnehmer den **Mehrvergütungsanspruch** gemäß den vorstehenden Bestimmungen. Der Auftraggeber kann sich aber auch dahingehend entscheiden, dass er seine Meinung aufrecht erhält und es dem Auftragnehmer überlässt, ob er dieser Meinung folgt oder auf seine alleinige Gefahr das Risiko übernimmt, dass nachträglich festgestellt wird, dass er eine darüberhinaus gehende oder andere Leistung gemäß Bestellwerk geschuldet hat und deswegen nachträglich bei entsprechender Rüge des Auftraggebers bei der Abnahme den vertraglich geschuldeten Zustand herstellen muss.

Aufschlüsselungen von Pauschalpreisen nach steuerlichen Anforderungen
Bei Generalunternehmer- und Generalübernehmerverträgen tritt in der Praxis häufig das
Problem auf, dass die in den Verträgen ausgewiesene Kostenstruktur nicht mit den Anforde-
rungen steuerrechtlicher Kostenstrukturen übereinstimmt. Aus diesem Fall empfiehlt es sich,
bereits im Generalunternehmer-/GÜ-Vertrag eine Klausel aufzunehmen, die regelt, dass der
Auftragnehmer den Pauschalfestpreis entsprechend den tatsächlichen Gegebenheiten in seiner
Kalkulation nach folgenden Wirtschaftsgütern aufzuteilen hat:

1. Herstellkosten des Gebäudes, gegebenenfalls aufgeteilt in Herstellkosten für gewerblich
   genutzte Flächen und Wohnflächen

2. Außenanlagen

3. Betriebsvorrichtungen

4. Einbauten für vorübergehende Zwecke (Scheinbestandteile)

5. Ladeneinbauten, Schaufensteranlagen, Gaststätteneinbauten, Schalterhallen von Kreditinstituten sowie ähnliche Einbauten und die wirtschaftlich mit den Einbauten zusammenhängenden Heizungs- und Klimaanlagen, Sprinkler-, Beleuchtungs-, Be- und Entlüftungsanlagen
   und ähnliche Anlagen

6. Sonstige selbständige Wirtschaftsgüter, zum Beispiel Inventar, Einbaumöbel und sonstige
   Einrichtungsgegenstände sowie EDV-Leitungsnetze, Beleuchtungsanlagen und Beleuch-
   tungskörper, etc.

Dabei ist der Auftragnehmer verpflichtet, die unter Nr. 3–6 fallenden Wirtschaftsgüter **einzeln aufzuführen** und die Herstellungs- bzw. Anschaffungskosten entsprechend zuzuordnen.

Ebenfalls aus **steuertechnischen** Gründen kann es erforderlich sein, dass zu jedem in die
Bauzeit fallenden Jahresende der dann erreichte Leistungsstand unter Angabe des DM-Teilwertes
des Pauschalfestpreises unter Berücksichtigung der Aufteilung der Maßnahme in Bauteile, etc.
schriftlich mitgeteilt werden muss.

Planfreigabeverfahren
So weit durch den Auftragnehmer Pläne erstellt werden (Ausführungsplanung, Werkstattzeich-
nung etc.) muss das Planprüfverfahren durch den Auftraggeber im Vertrag geregelt sein. Alle
vom Auftragnehmer nach Maßgabe des Vertrages zu erstellenden Planungen, Berechnungen,
Zeichnungen und sonstige Unterlagen sind dem Auftraggeber zur Freigabe vorzulegen.

Über die eingereichten Unterlagen sind **Listen zu führen**. Dies gilt auch für sonstige Nachträge zum Vertrag zu nehmende oder genommene Planungen, Berechnungen, Zeichnungen
und sonstige Unterlagen. Diese Liste wird vom Auftraggeber (meist der Projektsteuerung)
fortgeschrieben, der dem Auftragnehmer jeweils eine Kopie der Ergänzungs- und Fortschrei-
bungseintragungen zur Verfügung stellt.

Zu regeln ist, dass die **Überprüfungen** von Planungen, Berechnungen, Zeichnungen und sonstigen Unterlagen des Auftraggebers sowie die Freigabe dieser Planungen, Berechnungen, Zeichnungen
und sonstiger Unterlagen durch den Auftraggeber oder seinen Beauftragten die alleinige Haftung
des Auftragnehmers für die Richtigkeit, Vollständigkeit und Durchführbarkeit dieser Planungen,
Berechnungen, Zeichnungen und sonstiger Unterlagen unberührt lässt. Im Vertrag ist sicherzustellen,
dass durch die Planprüfung keine Zeitverzögerung und damit Behinderung des Auftragnehmers
eintritt. Die Planprüfzeiten müssen angemessen und auskömmlich im Vertrag vereinbart werden.
Auskömmliche Prüfzeiten sind etwa 21 Kalendertage zwischen Eingang der Planung bei der Prüfstelle und Rücklauf der geprüften Pläne bei dem Auftragnehmer. Werden durch den Auftragnehmer
fehlerhafte oder unvollständige Pläne eingereicht, so muss die Prüfstelle das Recht haben, die Pläne
an den Auftragnehmer zurückzuweisen, ohne das daraus ein Anspruch des Auftragnehmers für
Behinderung oder gar Bauzeitenverlängerung entsteht. Vielmehr muss das Risiko aus fehlerhaften
oder unvollständigen Plänen beim Auftragnehmer verbleiben. Nach der Rückweisung der Pläne, hat
der Auftragnehmer die Pläne zu verbessern oder zu vervollständigen und dann in dem im Vertrag
beschriebenen Verfahren wieder an den Auftraggeber einzureichen. Die dadurch verlorene Zeit
liegt im Risikobereich des Auftragnehmers und bietet keinen Anspruch auf Terminverlängerung.

Bei sehr **eng bemessenen Gesamtbauzeiten** kann es erforderlich sein, dass die Planprüfungsfristen des Auftraggebers für die erste durch den Auftragnehmer gelieferte Plantranche verkürzt werden müssen, um die Gesamtbauzeit einhalten zu können. In einem solchen Falle sollte ein differenziertes Planprüfen im Vertrag vereinbart werden, etwa für die Planprüfung der rohbaurelevanten Ausführungspläne der Untergeschosse nur 10 Kalendertage, für die restlichen Pläne die o.g. 21 Kalendertage.

Bemusterungsliste

Häufig entstehen zwischen Auftraggeber und Auftragnehmer Streitigkeiten darüber, für welche Leistungen des Bauvertrages Muster vorzulegen sind und in welcher Form diese vorzulegen sind. Aus diesem Grunde muss Anlage eines ordnungsgemäß abgeschlossenen Bauvertrages eine Bemusterungsliste sein, aus der eindeutig hervorgeht, welche Leistungen in welcher Form vorgelegt werden müssen.

Unterschieden wird dabei in:
- Bemusterung 1:1 im eingebauten Zustand (zum Beispiel Musterbüro)
- Bemusterung in großflächiger Ausführung (zum Beispiel Farbanstriche 2 x 2 m, Fassadenelement, für 1 Gebäudeachse)
- Handmuster
- Bemusterung anhand von Katalogen
- Werkstattbemusterung
- Bemusterung an Referenzobjekten

Vertraglich vereinbart werden muss die **rechtzeitige Bemusterung** aller Ausführungsarten, Ausstattung und Materialien, für die in der Baubeschreibung bzw. im Leistungsverzeichnis oder nach Maßgabe des Vertrages Wahlmöglichkeiten für den Auftraggeber bestehen und für die eine Bemusterung vorgesehen ist. Muster müssen in zwei bis drei kostenneutralen Alternativen vorgelegt werden. Bei den jeweiligen Bemusterungsterminen sollten jeweils die Muster eines Bemusterungskomplexes gesammelt vorgelegt werden, um nicht nur einzelne Muster, sondern auch das Zusammenwirken der Muster hinsichtlich Material, Oberflächen, Farben, etc. beurteilen zu können.

Für die Bemusterung selbst sind dann die ebenfalls im Vertrag vorgegebenen **Formblätter** zu verwenden, mit denen die schriftliche Freigabe des jeweiligen Musters durch den Auftraggeber erfolgt. Die Muster werden im Regelfall dem Auftraggeber kostenlos zur Verfügung gestellt und bleiben in seinem Eigentum, so weit der Auftraggeber nicht die Rückgabe oder die Beseitigung der Muster schriftlich verlangt. Die freigegebenen Muster werden zu Beweiszwecken während der Bauzeit in einem Musterraum gelagert, zu dem nur der Auftraggeber Zugang hat.

Aufgliederung des Angebotspreises

So weit nicht eine Leistungsbeschreibung mit Leistungsverzeichnis, in dem einzelnen Positionen mit Preisen zu ersehen sind, Grundlage der Vergabe ist, sondern eine Leistungsbeschreibung nach Leistungsprogramm oder Bau- und Ausstattungsbeschreibung, muss in dem Bauvertrag die genaue Aufgliederung des Angebotspreises vorgegeben werden, um die Angebote unterschiedlicher Bieter überhaupt vergleichen zu können und um sinnvolle Vergabeverhandlungen mit den Bietern führen zu können. Es wird empfohlen hier eine Gliederung nach Gewerken oder Bauteilen vorzugeben. Je detaillierter die Gliederungsstruktur ist, desto einfacher ist es später, unterschiedliche Angebote zu vergleichen und festzustellen, wo Preisdifferenzen zwischen den Bietern sind. Solche Preisdifferenzen können einerseits ein Indiz auf die unterschiedliche Preisgestaltung von Subunternehmern für die Gewerke/Bauteile sein, sie können aber andererseits auch ein Indiz dafür sein, dass ein Bieter eine Leistung nicht richtig verstanden und zu teuer oder zu billig kalkuliert hat.

2.3.2 Anlagen

Gemäß den obigen Ausführungen wird der Vertrag mit einer Vielzahl von Anlagen versehen sein, diese sind im **Regelfall**:

– Lageplan
– Lageplan mit Darstellung von unterschiedlichen Bauabschnitten bzw. Gebäudeteilen
– Lageplan mit Darstellung von Außenanlagen und Stellplätzen
– Lageplan mit Darstellung der durch das Grundstück verlaufenden Leitungen und Kanäle und/oder Schächte
– Lageplan mit Darstellung der Verkehrserschließung
– Abbruchgenehmigungen
– Baugenehmigungen (solange diese nicht vorhanden sind, Bauanträge)
– Teilbaugenehmigungen (solange diese nicht vorhanden sind, Anträge zu Teilbaugenehmigungen)
– Bauvorbescheide
– Bauzeitenplan
– Zahlungsplan
– Einheitspreisliste
– Formblatt Entscheidungsvorlage
– Vorgaben für die Aufstellung von Abschlagsrechnungen
– Beispiele für Vertragserfüllungsbürgschaft
– Vorlage für Gewährleistungsbürgschaft
– Bemusterungsliste
– Leistungsbeschreibung
– Pläne
– Leitdetails

2.3.3 Leistungsbeschreibung

Die Leistungsbeschreibung ist neben dem Vertrag die wichtigste Grundlage zur Ausführung der Bauleistung. In der Leistungsbeschreibung wird das Bestellwerk detailliert beschrieben.

Zum Zeitpunkt der Vergabe muss entschieden werden, welche in der Leistungsbeschreibung eventuell enthaltenen **Alternativen** zur Ausführung kommen sollen und welche entfallen. Außerdem muss die Leistungsbeschreibung auf Basis der Verhandlungen während der Vergabe ggf. überarbeitet und auf den neuesten Sachstand gebracht werden. Mit dem Bieter abgesprochene Veränderungen der Leistungsbeschreibung müssen sauber dokumentiert werden. So weit der Bieter Nebenangebote mit seinem Hauptangebot eingereicht hat, muss entschieden werden, ob die entsprechenden Leistungen des Hauptangebotes oder die Leistungen des Nebenangebotes des Bieters zur Ausführung kommen sollen.

2.3.4 Pläne

Die zum Zeitpunkt der Vergabe gültigen Pläne werden Anlage des Bauvertrages. Dabei ist sicherzustellen, dass sich während der Vergabezeit diese Unterlagen im Vergleich zu den mit den Ausschreibungen verschickten Planunterlagen nicht verändert haben. Es ist von demjenigen Bieter, der den Auftrag erhalten soll, nochmals ausdrücklich zu bestätigen, dass die nunmehr dem Vertrag anhängenden Pläne Grundlage des Bauvertrages sind. Gegebenenfalls muss der Bieter sein Angebot nochmals leicht modifizieren, um alle Planinhalte in seinem Angebot berücksichtigt zu haben.

2.4 Vergabe

Im Zuge der Vergabe werden auf der Basis der Vergabeunterlagen von Bietern Angebote eingeholt und mit den Bietern verhandelt, bis der wirtschaftlichste Bieter feststeht, mit dem der Bauvertrag abgeschlossen werden soll.

Grundsätzlich sollten Baumaßnahmen nur an **leistungsstarke Bieter** vergeben werden. Dies trifft sowohl für die gewerkeweise Vergabe als auch für die Generalübernehmer/Generalunternehmer-Vergabe zu. Folgende Kriterien sollten bei den Firmen überprüft werden:
- Fachkunde
  - Qualifikation und Erfahrung des Personales
  - Technisches und organisatorisches Know-How
- Leistungsfähigkeit
  - Vorhandene Personal- und Geräteausstattung
  - Betriebliche Auslastung mit Aufträgen, Ausführungszeit
  - Verfügbare Finanzkraft und Liquidität
  - Übernahme von Garantien und Haftungen für die Leistungen
  - Qualitätsniveau bereits erbrachter Leistungen
  - Vorhandenes Leistungsspektrum
- Zuverlässigkeit
  - Terminzuverlässigkeit
  - Qualitätszuverlässigkeit
  - Mengen- und Lieferzuverlässigkeit

Die o.g. Kriterien können entweder durch Abfrage bei genannten **Referenzadressen** überprüft werden, bei Planern, Auskunfteien oder Banken abgefragt werden oder durch Besuch der Unternehmen und Interviews in den Unternehmen ermittelt werden.

2.4.1 Vergabeverfahren

Grundsätzlich werden folgende **Vergabeverfahren** unterschieden:
- Die **Öffentliche Ausschreibung,** bei der Angebote für Bauleistungen nach öffentlicher Aufforderung (zum Beispiel in Form eines Zeitungsinserates) von einer unbeschränkten Anzahl von Unternehmern angefordert werden. Diese Art der Ausschreibung ist vor allen Dingen bei der Öffentlichen Hand weit verbreitet, findet aber bei privaten Bauherrn oder institutionellen Auftraggebern kaum Anwendung.
- Die **beschränkte Ausschreibung,** bei der Angebote von einer beschränkten Anzahl von Unternehmern eingeholt werden, die durch gezielte Anfrage zur Abgabe eines Angebotes aufgefordert werden. Es empfiehlt sich, vor Versand der Ausschreibungsunterlagen bei den Unternehmen anzufragen, ob sie überhaupt bereit sind, für die entsprechende Bauleistung ein Angebot abzugeben oder aus Kapazitäts- oder anderen Gründen derzeit nicht in der Lage sind anzubieten. Bei der beschränkten Ausschreibung werden im Regelfall fünf bis zehn Bieter zur Abgabe eines Angebotes aufgefordert.
  Die beschränkte Ausschreibung ist die bei Weitem häufigste Art der Einholung von Angeboten bei privaten und institutionellen Auftraggebern.
- Beim **gestuften Verfahren** werden zuerst in Form einer öffentlichen Ausschreibungen Bewerbungen von potentiellen Bietern eingeholt. Diese Bewerbungen werden gesichtet und ausgewertet, und aus der Gesamtzahl werden fünf bis zehn Bieter ermittelt, die zur Abgabe eines Angebotes aufgefordert werden. Das Verfahren bietet sich immer dann an, wenn man den Markt in voller Breite ausschöpfen will, jedoch trotzdem die Zahl der Bieter für das eigentliche Angebotsverfahren in überschaubaren Grenzen halten will.
- Bei der **freihändigen Vergabe** werden Bauleistungen ohne Konkurrenzverfahren direkt beauftragt. Da bei diesem Verfahren der Markt ausgeschaltet ist und der Auftraggeber aus-

schließlich auf seine Kompetenz bei der Beurteilung des Angebotes angewiesen ist, da keine Vergleichsangebote vorliegen, findet dieses Verfahren sowohl bei der Öffentlichen Hand als auch bei privaten und institutionellen Auftraggebern nur in ganz besonderen Fällen – etwa dann, wenn bestimmte Leistungen nur durch einen Marktteilnehmer ausgeführt werden können – Anwendung.

2.4.2 Auswertung der Angebote

Die eingehenden Angebote werden vor der Vergabeverhandlung ausgewertet, die Ergebnisse werden in Preisspiegeln zusammengefasst. Die Angebote werden nach folgenden Grundsätzen vorgeprüft:
– Prüfung des termingerechten Eingangs des Angebotes
– Prüfung der Vollständigkeit der Angebotsunterlagen
– Rechnerische Prüfung
– Technische Prüfung
– Wirtschaftliche Prüfung
– Wertung etwaiger Änderungsvorschläge und Nebenangebote

Die monetären Ergebnisse der Angebote werden in der vorgegebenen Kostenstruktur in **Preisspiegeln** dargestellt. Da die Preisspiegel sehr sensible Informationen enthalten, ist es angeraten, sie nur einem eng begrenzten Personenkreis zugänglich zu machen.

Für Verhandlungszwecke sollten die Preisspiegel möglichst in kleiner Schrift ausgedruckt werden, um eine Einsichtnahme durch Unbefugte zu vermeiden.

Die Preisspiegel geben eine Übersicht über die unterschiedliche Kostengestaltung bei den einzelnen Bietern.

2.4.3 Vergabeverhandlung

Bei der öffentlichen Ausschreibung werden im Regelfall nur die fünf bis zehn günstigsten Bieter in das weitere Verhandlungsverfahren einbezogen, bei der beschränkten Ausschreibung werden die Vergabeverhandlungen im Regelfall in der ersten Runde mit allen Bietern geführt.

Während die öffentliche Hand nicht über die **Kostenhöhe** des Angebotes oder einzelner Komponenten mit den Bietern verhandeln darf, wird bei privaten Bauherrn und institutionellen Investoren in den Vergabeverhandlungen gerade dieser Punkt **intensiv behandelt**. Aus dem Vergleich der Kostengestaltung einzelner Positionen des Angebotes gibt man dem jeweiligen Bieter eine Indikation, wo sein Angebot zu hoch liegt und er gegebenenfalls durch Nachverhandlungen mit Subunternehmern oder Wechsel des Subunternehmers einen günstigeren Preis erzielen muss, um in die engere Wahl der Bieter zu kommen. Es empfiehlt sich, die Bieter nicht in der Reihenfolge ihrer Angebotshöhe oder in umgekehrter Reihenfolge zu bestellen, sondern in ungeordneter Reihenfolge.

Neben der **Preisverhandlung** werden mit jedem Bieter die dem Angebot beigefügten Stellungnahmen zu technischen Aspekten, Materialien, Bauausführung, etc. besprochen und einer einvernehmlichen Klärung zugeführt. Außerdem werden **Nebenangebote** besprochen und auf Durchführbarkeit geprüft.

Nach der ersten Verhandlungsrunde gibt man den Bietern die Gelegenheit zur Überarbeitung ihres Angebotes auf Basis der mit den Bietern besprochenen Abweichungen ihres Angebotes von der Norm.

Die **überarbeiteten Angebote** der Bieter laufen vor Beginn der zweiten Verhandlungsrunde beim Bauherrn ein und werden in die Preisspiegel eingearbeitet. Dabei ist es wichtig, die jeweiligen Bieterrunden im Preisspiegel abzubilden, um die Kostenentwicklung einzelner Bieter aufgrund der Vergabeverhandlungen nachvollziehen zu können.

Über die Vergabeverhandlungen werden jeweils **Protokolle** nach Bietern getrennt verfasst. Zur zweiten Bieterrunde werden meist nicht mehr alle Bieter, sondern nur noch die Bieter der engeren Wahl, das heißt die Bieter mit den bisher wirtschaftlichsten Ergebnissen geladen (im

Regelfall 3–4 Bieter). Es wird nicht empfohlen, sich lediglich auf den preisgünstigsten Bieter in der Verhandlung zu beziehen, da bis zur Auftragserteilung nicht sichergestellt ist, dass der Bieter tatsächlich den Auftrag unterschreibt und man in jedem Fall ein bis zwei Alternative offen halten sollte. Es ist auch davon auszugehen, dass bei großen Bauvorhaben am Markt bekannt ist, wer die Bieter sind, und es kann nicht ausgeschlossen werden, dass Informationen zwischen einzelnen Bietern ausgetauscht werden.

Das Verfahren wird in der oben beschriebenen Form über drei bis fünf **Bieterrunden** durchgeführt, bis festgestellt werden kann, dass sich in der Angebotshöhe durch die Gespräche mit den Bietern keine Veränderungen mehr ergeben.

Da es sich bei den meisten Verträgen großer Bauvorhaben um Individualverträge handelt, müssen die einzelnen Vertragsklauseln mit dem potenziellen Auftragnehmer durchgesprochen werden. Erfahrungsgemäß geben die Bieter mit Abgabe ihres Angebotes auch Kommentare zu den Vertragstexten ab. Es empfiehlt sich, diese Anmerkungen in einer der ersten Bieterrunden mit den Bietern kurz anzusprechen, um Aufschluss darüber zu erhalten, wie ernsthaft diese Einwendungen sind und aufgrund der unterschiedlichen Auffassungen zur Vertragsgestaltung die Gefahr bestehen könnte, dass ein Vertrag durch einen Bieter nicht abgeschlossen wird.

Die weiteren Vertragsverhandlungen sollten sich dann auf die technischen und wirtschaftlichen Aspekte und die Preisgestaltung der Angebote konzentrieren. Erst in der Schlussphase der Verhandlungen kurz vor Auftragserteilung sollten **abschließende Gespräche** über die Vertragsgestaltung mit dem potenziellen Auftragnehmer geführt werden und Einigkeit über den Bauvertrag erzielt werden.

2.4.4 Vertragsabschluss

Vor Vertragsabschluss werden mit dem potentiellen Bieter sämtliche Vertragsunterlagen nochmals durchgesprochen und durch die Parteien paraphiert. Auch bei großen Verträgen sollte man sich die Mühe machen, jedes einzelne Blatt der Vertragsunterlagen und jeden einzelnen Plan der Vertragsunterlagen durch alle Parteien **paraphieren** zu lassen. Damit wird eindeutig gekennzeichnet, was Vertragsgegenstand ist und was nicht Vertragsgegenstand ist.

Anschreiben zu Angeboten zu den unterschiedlichen Verhandlungsrunden mit den Bietern, schriftliche Erläuterungen zum technischen und wirtschaftlichen Gegenstand des Angebotes, allgemeine Geschäftsbedingungen von Bietern Verhandlungsprotkolle, etc. sollten nicht zum Vertragsgegenstand werden. Punkte, die aus diesen Unterlagen vertragsrelevant sind, sollten in einem gesondert für den Vertrag erstellten Schriftstück **zusammengefasst**, durch die Parteien paraphiert und so zur Vertragsanlage und damit zum Gegenstand des Vertrages werden. Nach Vorbereitung aller Vertragsanlagen – auf die im Regelfall im Vertragstext mit Anlagenreferenz einzeln hingewiesen wird – kann der Vertrag durch die Parteien unterschrieben werden. Dabei ist sicherzustellen, dass die Unterzeichner auch tatsächlich Unterschriftsvollmacht haben. Diese ist gegebenenfalls über Auszug aus dem Handelsregister oder ausdrückliche schriftliche Bestätigung der rechtsverbindlichen Vertreter der Parteien nachzuweisen.

2.5 Zusammenfassung

Mit der Vergabe von Bauleistungen wird die Grundlage für die folgende Realisierung der Baumaßnahme gelegt. Oberflächlich verfasste Bauverträge, die nicht auf die Belange der späteren Baudurchführung eingehen, fehlerhafte oder lückenhafte Leistungsverzeichnisse, fehlerhafte oder unfertige Planunterlagen, ungenügende Leitdetails etc. sind der Grund für spätere Streitigkeiten mit den ausführenden Unternehmen und der Grund für Nachträge und Behinderungen.

Es empfiehlt sich also, die Vergabe mit außerordentlicher Sorgfalt durchzuführen, alle offenen Punkte mit der ausführenden Firma vor Unterzeichnung der Verträge zu besprechen, den Bauvertrag und seine Anlagen mit der ausführenden Firma vor Abschluss des Vertrages nochmals in allen Punkten durchzugehen, um sicherzustellen, dass beide Parteien ein einvernehmliches Verständnis von der geschuldeten Leistung haben.

3. Vorbereitende Baumaßnahmen

3.1 Abbruch

Bei vielen Baumaßnahmen müssen vor Beginn der Neubauarbeiten Abbrucharbeiten auf dem Grundstück durchgeführt werden. Die Durchführung von Abbrucharbeiten können entweder in eigenen Verträgen den Neubauleistungen vorangestellt werden. Dies ist immer dann empfehlenswert, wenn Zeit gespart werden soll und die Vergabe der Neubauleistungen wegen unvollständiger Leistungsverzeichnisse, nicht fertiger Planung oder ausstehender Baugenehmigung noch nicht erfolgen kann.

Bei der separaten Vergabe von Abbruchleistungen sind die unter dem Abschnitt „Vergabe von Bauleistungen" aufgeführten Hinweise gleichermaßen gültig:

- Für die Abbruchleistungen muss ein Bauvertrag erstellt werden.
- Für die Abbruchleistungen müssen Leistungsverzeichnisse erstellt werden.
- Für die Abbruchleistungen sind Planunterlagen zu liefern, aus denen die Bausubstanz und das Volumen der Abbruchleistungen eindeutig hervorgehen.
- Für Abbruchleistungen sind Angebote – von dafür spezialisierten Abbruchunternehmen – einzuholen.
- Die eingegangenen Angebote sind auszuwerten.
- Mit den Bietern sind Vergabeverhandlungen zu führen.
- Die Vertragsunterlagen des Auftrages sind zusammenzustellen und von den Parteien zu paraphieren.
- Der Abbruchauftrag ist formell zu erteilen.

Eine Abgrenzung von **Abbruchleistungen zu Neubauleistungen** ist nicht in allen Fällen eindeutig durchführbar. Besonders bei Innenstadt-Grundstücken und Grenzbebauung können sich bei Durchführung der Abbrucharbeiten erhebliche Problematiken hinsichtlich der Abstützung der Nachbargebäude bzw. der Aussteifung auf dem eigenen Grundstück ergeben.

Hier sind statische Berechnungen entweder an einen Tragwerksplaner im Auftrag des Auftraggebers oder an den Abbruchunternehmer zu beauftragen, die sicherstellen, dass die Abbrucharbeiten ohne Schäden an verbleibenden Gebäuden durchgeführt werden.

Vor Beginn der Abbrucharbeiten ist in jedem Fall eine **Beweissicherung** durchzuführen. Diese kann entweder an einen unabhängigen Gutachter beauftragt werden. In diesem Falle empfiehlt es sich, die Beweissicherung dem Abbruchunternehmer vor Vertragsabschluss zur Verfügung zu stellen und sich vom Abbruchunternehmer die Richtigkeit der Beweissicherung nochmals ausdrücklich bestätigen zu lassen. Die Beweissicherung kann aber auch an das Abbruchunternehmen beauftragt werden. Leistungen der Beweissicherung je Gebäude oder Bauwerk sind:

- Feststellung der jeweiligen Eigentümer/Bevollmächtigten der einzelnen Gebäude
- Terminvereinbarung für die Beweissicherung mit den einzelnen Parteien
- Gemeinsame Ortsbesichtigung mit den Parteien (bei Gebäuden: vom Keller bis zum Dachboden)
- Befahrung der Fassaden mit einem Hubwagen zur Feststellung von äußeren Fassadenschäden. Genaue Kartierung eventuell vorhandener Schäden.
- Fotodokumentation eventuell vorhandener Schäden
- Erstellung eines Gutachtens über den festgestellten Bauzustand, nach Gebäuden getrennt. Die Feststellungen müssen so getroffen sein, dass eventuelle Neuschäden an den Baulichkeiten durch die Abbruchtätigkeiten von vorhandenen Altschäden abgegrenzt werden können.

- Setzen von Gipsmarken an vorhandenen Rissen zur Absicherung der Trennung zwischen Altschäden und nach Abriss entstandenen Neuschäden
- Erstellung eines Pflasterprotokolles von den angrenzenden Gehwegen, Straßen und sonstigen befestigten Flächen. Auch hier werden die festgestellten Schäden fotografisch dokumentiert. Bereits bestehenden Absenkungen sind in Lage und Ausmaß zu vermessen und genau zu kartieren.

Für die Durchführung von Abbrucharbeiten ist eine **Abbruchgenehmigung** erforderlich, die dafür notwendige technische Bearbeitungen von Nachweisen und Berechnungen und die Erstellung einer detaillierten Beschreibung der Abbruchmaßnahmen, die Art des Vorgehens, einschließlich eines Terminplanes sowie die unterschriftsreife Vorbereitung der Antragsformulare in der erforderlichen Anzahl und in der von den Behörden gewünschten erforderlichen Auflagen müssen entweder an Consultants oder das Abbruchunternehmen selbst beauftragt werden.

Nach Vorliegen der Abbruchgenehmigung kann mit den Abbrucharbeiten begonnen werden. Im Vorfeld müssen in der Regel umfangreiche **Sicherungsmaßnahmen** vorgenommen werden. Hierzu zählen:

- Schutz der vorhanden Bauwerke der Nachbarbebauung vor Beschädigung und Verschmutzung
- Schutz der vorhandenen Bauteile auf dem Baugrundstück vor Beschädigung und Verschmutzung
- Schutz von vorhandenen Ver- und Entsorgungsleitungen, ggf. Umverlegung von Ver- und Entsorgungsleistungen
- Sicherung von Bäumen und Sträuchern entsprechend der jeweiligen Baumschutzverordnung.
- Sichern von Verkehrsanlagen (angrenzende Wege, Straßen etc.), ggf. Umverlegung von Wegen und Straßen in der Zeit des Abbruches
- Sicherung von vorhandenen Brunnenanlagen
- Sicherung von Grundwassermessstellen.

Vor Beginn der Abbrucharbeiten sind bestehende **Versorgungsanschlüsse** z.B. für Elektro, Gas, Wasser, Abwasser, Telefon, Kabelanschlüsse fachgerecht und vorschriftsmäßig zu trennen. Die erforderlichen Anträge sind vor Beginn der Arbeiten ordnungsgemäß zu stellen. Erforderliche Abstimmungen mit den Versorgungsunternehmen sind durchzuführen.

Bei der Durchführung der Abbrucharbeiten sind die **gesetzlichen Bestimmungen** (Abfallgesetz, Abfallbestimmungsverordnung, PA-Sonderabfall) genau zu beachten und einzuhalten. Die Behandlung und Verwertung des anfallenden Abbruch- und Aushubmaterials hat gemäß den einschlägigen gesetzlichen Vorschriften zu erfolgen. Die beauftragten Unternehmer müssen die notwendigen rechtlichen Befugnisse und Qualifikationen nachweisen können.

Bei der Beseitigung von Materialien, für die eine **Sondererlaubnis** notwendig ist, sind die entsprechenden Gesetze, Verordnungen und Auflagen genauestens zu beachten und einzuhalten. Der notwendige Beseitigungsnachweis ist lückenlos zu führen und bei Aufforderung vorzulegen.

Bei Bauvorhaben, bei denen komplizierte Ausführungen der Baugrube etwa durch Verbau, Pfahlwände, Schlitzwände etc. erforderlich werden, empfiehlt es sich, die Abbrucharbeiten im Baugrubenbereich dem Unternehmer zu überlassen, der die **Baugrubensicherung** im Auftrag hat. Ein etwa vorgeschalteter Abbruchunternehmer würde dann lediglich die Gebäudesubstanz über Erdreich abbrechen, die restlichen Abbrucharbeiten in Verbindung mit der Baugrubenherstellung und eventuell damit verbundene Abstütz- und Unterfangungsarbeiten von Nachbargebäuden würden in das Leistungsbild des Unternehmers fallen, der die Baugrube ausführt. Um spätere Streitigkeiten zwischen dem Abbruchunternehmer und dem Unternehmer für die Baugrube zu vermeiden, muss nach Abschluss der oberirdischen Abbrucharbeiten die **Beweissicherung** überprüft und festgestellt werden, ob durch die Abbrucharbeiten des Erstunternehmers Schäden aufgetreten sind. Erst danach darf mit den Ausführungen der Baugrube und weiteren Abbrucharbeiten im Baugrubenbereich begonnen werden. Die Beweissicherungsgrundlage für den Baugrubenaushub ist das überarbeitete Beweissicherungsgutachten. Es wird empfohlen, dass sowohl Vertreter des Abbruchunternehmers, als auch Vertreter des Unternehmers für den Baugrubenaushub die Begehungen der Beweissicherung gemeinsam – ggf. unter Beisein eines unabhängigen Sachverständigen – und zusammen mit Vertretern des Auftraggebers durchführen.

3.2 Altlastensanierung/Kampfmittelbeseitigung

Altlastensanierung und **Kampfmittelbeseitigung** sind Maßnahmen die heute in vielen Fällen der eigentlichen Baumaßnahem vorausgehen müssen. Die Altlastensanierung ist immer dann erforderlich, wenn Kontamination auf dem Baugrundstück vorhanden ist und durch die vorgesehene Baumaßnahme berührt wird. Die Kampfmittelbeseitigung ist erforderlich in Gebieten, in den Munitionsreste aus Kriegszeiten vermutet werden.

Werden Altlasten auf dem Grundstück vermutet, so sollte die Altlastensanierung von der Neubaumaßnahme getrennt, im Vorfeld der Neubaumaßnahme durchgeführt werden. Erfahrungsgemäß sind **Altlastensanierungen** meist komplizierte und teilweise langwierige Vorgänge, die durch Spezialunternehmen ausgeführt werden müssen. Wenn die Altlastensanierung im Zusammenhang der Erstellung der Baugrube durchgeführt werden soll, ist es empfehlenswert, die Leistungen des Verbaugrubenaushubs und eventuelle damit in Verbindung stehende Bau- oder Aussteifungsarbeiten an einen dafür spezialisierten Unternehmer zu vergeben, bevor dann die Baugrube von demjenigen Unternehmer übernommen wird, der für die Neubaumaßnahme zuständig ist. Um Schnittstellen bei dieser Abwicklung zu vermeiden, kann man Unternehmen, die für die spätere Ausführung der Neubaumaßnahme in Frage kommen, in einem Vorabverfahren mit der Erstellung der Baugrube und der zugehörigen Altlastensanierungen beauftragen, mit der Maßgabe, dass nach erfolgreichem Abschluss der Arbeiten die nachfolgenden Neubauarbeiten an die gleiche Firma vergeben werden. Der Altlastensanierung gehen meist aufwendige Untersuchungen voraus, bei denen über Bohrungen das Ausmaß der Kontaminierung festgestellt wird. Diese Voruntersuchung müssen an dafür spezialisierte Consultants vergeben werden, die mit dem umfangreichen Regelwerk, Verordnungen, Vorschriften und Gesetzen für die Altlastensanierung vertraut sind und über das entsprechenden Know-How und Equipment zur Durchführung der Voruntersuchungen verfügen.

Die Altlastensanierung selbst ist engen **Qualitätsanforderungen** unterworfen. Sowohl bei der Erkundung als auch der Beseitigung von Materialien, für die eine Sondererlaubnis notwendig ist, sind die entsprechenden Gesetze, Verordnungen und Auflagen genaustens zu beachten und einzuhalten. Die beauftragten Unternehmer müssen die notwendige Rechtsbefugnis und Qualifikation zur Beseitigung besitzen und nachweisen. Der notwendige Beseitigungsnachweis ist lückenlos zu führen und vorzulegen.

Einen Sonderfall bei der Durchführung von Baumaßnahmen stellen unerwartete **Kontaminationen** im Bereich der Baugrube dar, die erst **im Verlauf** der Aushubarbeiten entdeckt werden Dieser Sonderfall muss in jedem Bauvertrag geregelt sein. Zu den **vertraglichen Regelungen** zählen:

– Verpflichtungen des Auftragnehmers, vorgefundene Kontamination sofort dem Auftraggeber zu melden.

– Regelung über die Einschaltung von Consultants zur Erkundung der vorgefundenen Kontamination

– Regelung zur Vergütung der Entsorgung der vorgefundenen Kontamination

– Regelungen zur terminlichen Auswirkung aus der Bauunterbrechung durch vorgefundene Kontamination und deren Entsorgung

– Regelung zur Risikoübernahme aus unerwarteter Kontamination

Die Basis zur Durchführung von Altlastenbeseitigung sind entsprechende **vertragliche Vereinbarungen** zwischen Auftraggeber und Auftragnehmer. Diese bestehen aus:

- den vertraglichen Regelungen, die entsprechend den Auführungen zu den vertraglichen Regelungen für Baumaßnahmen alle dort aufgeführten Vertragsinhalten aufweisen müssen

- einem durch einen dafür spezialisierten Consultant entworfenen Entsorgungskonzept oder ein durch einen Consultant aufgestelltes Leistungsverzeichnis für die Entsorgungsmaßnahme

- Planunterlagen aus denen Lage, Art und Umfang der kontaminierten Stoffe hervorgehen.

- Ergebnisse der Bodenuntersuchungen, mit genauer Aufschlüsselung der Bohrkerne

Bei der Durchführung der Altlastensanierung muss eine **Bauleitung** eingesetzt werden, die auf Auftraggeberseite die ordnungsgemäß und fachgerechte Altlastenbeseitigung kontrolliert.

Maßnahmen zur **Kampfmittelentsorgung** werden im Regelfall über die Bezirksregierung beantragt. Der Auftraggeber stellt einen entsprechenden Antrag auf Kampfmitteluntersuchung bei der Bezirksregierung. Diese wiederum beauftragt dafür lizensierte Unternehmer mit der Durchführung der Arbeiten. Diese Unternehmer gehen nach einem fest vorgegebenen Schema vor, tragen schichtweise das Erdreich ab und führen jeweils nach Abtrag der einzelnen Schichten die entsprechenden Untersuchungen zur Auffindung von Kampfmitteln durch.

Die **Vergütung** der durch die Bezirksregierung beauftragten Firma erfolgt im direkten Verhältnis von Auftraggeber zur Firma. Darüber hinaus hat der Auftraggeber eine Gebühr an die Bezirksregierung für die administrative Abwicklung des Vorganges zu entrichten.

3.3 Medienverlegung

Die zu bebauenden Grundstücke werden häufig durch vorhandene Ver- und Entsorgungsleitungen der unterschiedlichen Medien Wasser/Abwasser, Gas, Strom, Telekommunikation etc. gekreuzt. So weit diese Medieleitungen für die Versorgung benachbarter Grundstücke erforderlich sind, ist es notwendig, diese Leitungstrassen zu schützen und so weit die Leitungstrassen von der Baumaßnahme betroffen sind und umverlegt werden müssen, ist die ununterbrochene Versorgung der Abnehmer sicherzustellen.

Die Planer der Baumaßnahme (hier vor allem Fachingenieure für Technische Gebäudeausrüstung) müssen die vorhandenen Leitungen in den Planunterlagen eindeutig und vollständig ausweisen und in den entsprechenden Leistungsverzeichnissen die notwendigen Arbeiten zum Schutz, der Stilllegung oder zur Umverlegung der Leitungen ausweisen.

Da die **Abtrennung** bzw. **Umverlegung** von Medienleitungen häufig nur durch den Medienversorger selbst bzw. von ihm lizensierter Unternehmen durchgeführt werden dürfen, ist sorgfältig zu prüfen, ob die Umverlegung bzw. Abtrennung der Medienleitung im Vorfeld der eigentlichen Baumaßnahme durchgeführt werden kann. Sollte dies nicht der Fall sein, sind im Bauvertrag entsprechende Regelungen aufzunehmen zu:

- Verantwortung des Auftragnehmers hinsichtlich Schutz, Abtrennung oder Umverlegung der Medieleitungen

- Auswirkung der Trennung bzw. Umverlegung von Leitungen auf den terminlichen Ablauf der Baumaßnahme

- Risikotragung aus dem Schutz, der Trennung oder Umverlegung von Leitungen

- Handlungsanweisungen an den Auftragnehmer beim Auffinden unvermuteter Leitungstrassen

- Terminliche Auswirkungen aus dem Auffinden unvermuteter Leitungstrassen

- Verantwortlichkeit des Auftragnehmers bei der Beschädigung von Leitungstrassen während der Bauausführung

3.4 Erschließung

Große Baumaßnahme haben in der Regel erhebliche Auswirkungen auf die das Grundstück umgebende Erschließung. Bereits in der Planungsphase muss geprüft werden, welche Auswirkungen die zusätzlichen Volumina an Verkehr, die durch die Baumaßnahme erzeugt werden, auf das umliegende Straßenland haben. In vielen Fällen sind Erweiterungen der umliegenden Straßen oder Kreuzungspunkte, nicht nur im unmittelbaren Bereich der Grundstücke, sondern auch im weiteren Umfeld erforderlich.

Da Erschließungsmaßnahmen im Regelfalle in die Belange der öffentlichen Hand fallen, ist mit erheblichen **Planungs- und Durchführungszeiten** solcher Maßnahmen zu rechnen. Diese Bearbeitungs- und Durchführungszeiten können in vielen Fällen dadurch verkürzt werden, dass, in Absprache mit den jeweiligen Behörden, die entsprechenden Planungsleistungen vom Auftraggeber direkt an externe Consultants beauftragt werden und durch den Auftraggeber auch direkt bezahlt werden. Auch die ausführende Maßnahme kann dadurch beschleunigt werden, dass die entsprechenden Aufträge direkt vom Auftraggeber an die ausführenden Firmen vergeben werden.

4. Termin-, Kosten- und Qualitätsmanagement im Rahmen der Baurealisierung

Mit Abschluss des oder der Bauverträge sind die Eckpfeiler für die terminliche Ausführung der Leistungen und die Höhe der damit verbundenen Kosten sowie die Qualität des Bestellwerkes festgelegt. Es gibt in Deutschland kaum ein Bauvorhaben, bei dem das ursprünglich verabschiedete Bestellwerk ohne Veränderungen während der Bauausführung durchgeführt und nach Ende der Bauzeit im vorgegebenen Termin- und Kostenrahmen sowie mit der bestellten Qualität ohne Mängel dem Auftraggeber übergeben wurde. Auch die Beauftragung eines Generalüber- oder Generalunternehmers bedeutet nicht, dass sich der Auftraggeber vom Zeitpunkt der Beauftragung bis zur Übernahme des Bauwerkes nicht mehr um das Vorhaben kümmern müsste. Vielmehr ist ein **enges Controlling** einer Baumaßnahme durch den Auftraggeber aus zwei wesentlichen Gründen erforderlich:

– Auch bei noch so penibler Beschreibung des Bestellwerks verbleibt in der Regel ein weiter Interpretationsspielraum für die ausführenden Firmen im Hinblick auf die bestellten Leistungen.

– Erfahrungsgemäß erkennt auch der Auftraggeber erst während der Baudurchführung im Detail, was er bestellt hat und nimmt im Regelfall aus den unterschiedlichsten Gründen Veränderungen am Bestellwerk vor.

Hinzu kommt, dass der Auftraggeber während der Bauausführung in einer Reihe von Punkten **aktiv werden** muss.

– Er muss sich aktiv an Bemusterungen beteiligen und entscheiden, welches der vorgelegten Muster zur Ausführung kommen soll.

– Er muss Abschlagsrechnungen prüfen und zur Zahlung freigeben.

– Er muss den ausführenden Firmen Planunterlagen zur Verfügung stellen, so weit diese nicht durch die Firmen selbst gefertigt werden.

– Er muss durch die Firmen gefertigte Planunterlagen (Ausführungspläne) prüfen und freigeben.

– Bei gewerkeweiser Vergabe muss er für die Aufrechterhaltung der allgemeinen Ordnung auf der Baustelle sorgen und das Zusammenwirken der verschiedenen Unternehmer regeln.

– Er hat die erforderlichen öffentlich-rechtlichen Genehmigungen und Erlaubnisse – zum Beispiel nach dem Baurecht, dem Straßenverkehrsrecht, dem Wasserrecht, dem Gewerberecht, etc. – herbeizuführen.

– Er muss die erbrachte Leistung abnehmen.

Der Auftraggeber hat also in der Phase der Baurealisierung sowohl aktive Mitwirkungspflicht als auch Controlling-Funktionen zu übernehmen. Während die Pflichten der aktiven Mitwirkung durch den Bauherrn selbst oder einen von ihm benannten Vertreter wahrgenommen werden müssen, werden die operationalen Vorbereitungen hierzu und die Controlling-Funktionen im Regelfall durch eine Projektsteuerung erbracht. Der **Projektsteuerer** hat:

– die Interessen des Auftraggebers zu wahren und ihn über etwaige Fehlentwicklungen unter Hinweis auf geeignete Gegenmaßnahmen zu unterrichten

– die vom Auftraggeber zu treffenden Entscheidungen in dem Maße vorzubereiten, dass mit der Entscheidung das angestrebte Ziel am sichersten erreicht werden kann

– die Ausführung der Bauleistung aus der Sicht des Auftraggebers zu steuern.

Als Steuerung im engeren Sinne bezeichnet man einen zukunftsgerichteten, vor Eintritt einer als wahrscheinlich gedachten Störung des Projektablaufes erfolgenden Eingriff einer Kontroll-

instanz mit dem Ziel der Störabwehrung. Diese Steuerung konzentriert sich auch in der Phase der Baurealisierung auf **vier wesentliche Aspekte**:
– Termine
– Kosten
– Qualität
– Organisation

4.1 Terminmanagement

Beim Terminmanagement für die Baurealisierung muss zwischen zwei grundsätzlich **unterschiedlichen Ausgangspositionen** unterschieden werden:
– Bei der Vergabe von Bauleistungen in Einzelvergabe (Gewerke) oder Paketvergabe obliegt das Terminmanagement der Baurealisierung in weiten Teilen **dem Auftraggeber**. Der Auftraggeber muss einen Rahmenterminplan erstellen, in dem die Zeitfenster für die einzelnen Auftragspakete abgebildet sind. Der Auftraggeber muss sich außerdem Gedanken darüber machen, wie die Schnittstellen zwischen den einzelnen Aufträgen geregelt sind und in welcher Zeitabhängigkeit die Aufträge zueinander arbeiten. Entsprechende Vorgaben sind aufgrund dieser Rahmenterminplanung in den einzelnen Bauaufträgen mit den unterschiedlichen Auftragnehmern zu vereinbaren.

– Bei der Einschaltung von Generalüber- und Generalunternehmern obliegt die Erstellung der Rahmenterminpläne und die spätere Erstellung der Feinterminpläne **dem Auftragnehmer**. Der Auftraggeber gibt in der Regel lediglich einen Fertigstellungstermin der Gesamtmaßnahme im Vertrag vor. Auch bei der Vergabe an Generalübernehmer/Generalunternehmer wird jedoch dringend empfohlen, auftraggeberseits ein Termincontrolling einzusetzen, das die Einhaltung des Terminplanes des Generalübernehmers/Generalunternehmers überprüft und bei Abweichungen Vorschläge des Generalübernehmer/Generalunternehmer abfordert, wie dieser plant, wieder in den ursprünglichen Zeitrahmen zurückzukehren.

4.1.1 Vertragliche Voraussetzungen

Die Grundlagen für ein geordnetes Terminmanagement während der Realisierungsphase müssen im Bauvertrag bzw. den Bauverträgen vereinbart werden. Folgende Punkte sind zu regeln:
– Beginndatum der Leistung

– Fertigstellungsdatum der Leistung

– Schnittstellen und Interdependenzen mit anderen an der Baustelle tätigen Firmen

– Regelungen darüber, was passiert, wenn durch andere ausführende Firmen deren Termine nicht eingehalten werden und sich dadurch Auswirkungen auf die Termingestaltung der Leistungserbringung des Auftragnehmers ergeben.

– Verpflichtung des Auftragnehmers, einen detaillierten Terminplan über die von ihm zu erbringenden Leistungen zu erstellen

– Verpflichtung des Auftragnehmers, den von ihm erstellten Terminplan zu überarbeiten, wenn es zu internen Störungen und damit Abweichungen vom Terminplan kommt

– Verpflichtung des Auftraggebers, den Terminplan zu überarbeiten, wenn es durch Verschulden Dritter zu Terminabweichungen und damit einer Umstellung des Terminplanes kommt.

– Vereinbarung von mit Vertragsstrafe belegten Zwischenterminen für die Leistung des Auftragnehmers. Diese Zwischentermine werden auf der Basis des vom Auftragnehmer selbst erstellten Detailterminplanes ausgewählt und vertraglich vereinbart

– Verpflichtung des Auftragnehmers, sich mit den anderen auf der Baustelle tätigen Auftragnehmern zu koordinieren, seine Leistung so zu gestalten, dass ein Minimum gegenseitiger Behinderungen entsteht

– Regelungen zu Baustelleneinrichtung, Lagerplätzen, Zulieferung und Zuwegung, Baustrom-
und Wasserversorgung, etc.

4.1.2 Tools

Sofort nach Abschluss der jeweiligen Verträge (Grundstückskaufvertrag, Verträge mit Architekt und Fachplanern, Bauverträge, Mietverträge etc.) sollte auf Auftraggeberseite jeweils eine
Auswertung der Verträge hinsichtlich der in den Verträgen enthaltenen Termine durchgeführt
werden. Alle für den Auftraggeber relevanten Termine werden dabei in eine fortlaufende
Terminliste übertragen und nach Zeitfolge sortiert. Präferabel werden hierfür im Handel befindliche Systeme etwa für Rechtsanwälte verwendet, die automatisch eine Vorankündigung
der jeweiligen Termine nach frei vergebbaren Vorwarnzeiten durchführen (Fristenkalender).
Die **Terminverfolgungsliste** kann hierbei beliebig ergänzt und fortgeschrieben werden und
stellt sicher, dass keine wichtigen Vertragstermine durch den Auftraggeber übersehen werden.

Alle in Besprechungen, bei Telefonaten oder im Schriftverkehr vereinbarten Aktivitäten
sollten in einer einheitlichen Aktivitätenliste geführt werden. Die **Aktivitätenliste** enthält
folgende Inhalten:
– laufende Nummern der Aktivitäten
– Aktivität in Stichworten
– Erledigung der Aktivität durch
– Quelle aus der die Aktivität entnommen wurde (z.B.: Baugenehmigung, Protokoll, Tele-
fonat etc.)
– Vorgesehener Start der Aktivität
– Vorgesehenes Ende der Aktivität
– Tatsächlicher Start der Aktivität
– Tatsächliches Ende der Aktivität
– Verzug Start in Tagen
– Verzug Ende in Tagen
– Bemerkungen

Bei Verwendung intelligenter Protokolle bei der Protokollerstellung können die Aktivitäten
direkt aus dem **Protokoll in Aktivitätenlisten** übernommen werden.

Die **Erstellung** und Überwachung der Aktivitätenliste obliegt im Regelfall der **Projektsteuerung**. Zur Unterstützung der einzelnen Parteien können die Aktivitäten nach Parteien
sortiert und die Listen in regelmäßigen Zeitabständen an die Parteien verteilt werden.

Die Tools für das Terminmanagement während der Baurealisierung sind identisch mit den
Tools der Terminplanung während der Planungsphase. **Einfache Terminabläufe** können mit
den herkömmlichen im Handel erhältlichen Terminplanungsinstrumenten bewältigt werden.
Bei schwierigeren Zusammenhängen, vor allen Dingen bei Multiprojekt-Controlling oder
großen Baumaßnahmen, die sich in unterschiedliche Bauabschnitte unterteilen, reicht häufig
die Leistungsfähigkeit und die Differenzierung der herkömmlichem Terminsteuerungs-Tools
nicht mehr aus. Hier müssen dann Spezial-Tools eingesetzt werden, die in der Lage sind, die
komplexen Vorgänge abzubilden.

4.1.3 Aufstellen von Terminplänen

Bei der Aufstellung von Terminplänen für die Bauausführung geht es nicht nur um die Planung
und Kontrolle von Terminen, sondern es geht um die Planung und Steuerung der Abfolge von
Tätigkeiten und Vorgängen im Projekt und deren Beziehungen untereinander. Der Bauprozess
wird logisch durchdacht, und der Projektablauf wird systematisch geplant. Der **Regelkreis der
Ablaufplanung und –steuerung** folgt folgenden Schritten:
– Zielsetzung:
Festlegung, was erreicht werden soll

– Planung:
Festlegung der Vorgehensweise und der verfügbaren Mittel, um die gegebenen Ziele zu erreichen

– Ausführung:
Durchführung der in der Planung geplanten Maßnahmen unter Berücksichtigung der in der Planung vorgesehenen Verfahren und Mittel

– Kontrolle:
Feststellung, ob die in der Planung vorgelegten Vorgehensweisen und der Einsatz der verfügbaren Mittel wie geplant in der Ausführung eingehalten werden

– Steuerung:
Aktiver Eingriff in das Verfahren, wenn bei der Kontrolle festgestellt wird, dass die tatsächlichen Abläufe von den geplanten Abläufen abweichen und Ergreifen von Maßnahmen, die die Leistungserbringung wieder in den ursprünglichen Terminplan zurückbringen.

Grundlage eines Terminmangements ist die **Projektaufbaustruktur**. In ihr wird das Projekt in unterschiedliche Ebenen untergliedert. Eine mögliche Untergliederung ist:
– Projekt
– Projektabschnitt
– Leistungsphase
– Abschnitt
– Gewerk

Abhängig von der Art der Baumaßnahme können andere Untergliederungen gewählt werden. Über die Projektaufbaustruktur ist es möglich, eine **Datenverdichtung** über die einzelnen Ebenen bis hin zur obersten Projektebene vorzunehmen. Dies gilt gleichermaßen für Termine, Kosten und Ressourcen (Einsatzmittel). Der Projektablauf wird mittels Projektablaufplänen geplant und dargestellt. Dabei werden im Regelfall **drei Detaillierungsebenen** unterschieden:
– Rahmenablaufplan mit Darstellung der Leistungsphasen
– Generalablaufplan mit Darstellung von Hauptvorgängen je Phase
– Detailablaufplan mit Darstellung von Bauabschnitten und Vorgängen für jede beteiligte Stelle

Wichtig ist, dass auch hier die einzelnen Ebenen **miteinander verknüpft sind** und über die Codierung der Vorgänge eine Verdichtung des Ablaufes vom Detailterminplan bis zum Rahmenablaufplan möglich ist. Der **Vorgangscodierung** kommt also eine wesentliche Bedeutung zu. Über sie wird eine hierarchische Projektstruktur abgebildet. Um sechs Strukturebenen abbilden zu können, ist ein 15stelliges Codierungssysteme erforderlich. Für die Darstellung der Terminpläne sind **unterschiedliche Darstellungsformen** möglich:
– **Balkenplan**, in dem einzelne Vorgänge als Zeitbalken abgebildet werden. Die Reihenfolge der Abläufe ist bei der Aufstellung des Balkenplanes berücksichtigt, nicht jedoch im Balkenplan dargestellt.

– Balkenplan mit Darstellung der Reihenfolge (Abhängigkeit). Hier sind die einzelnen Leistungen als Balken dargestellt. Gleichzeitig ist die Verknüpfung der Balken dargestellt.

– **Liniendiagramm** (Geschwindigkeitsdiagramm oder Zeit-/Wegediagramm)

– Die Darstellung von Arbeitsvorgängen in einem Diagramm mit Zeitachse und Wegeachse. Aus der Neigung der Tätigkeitslinien kann man die Arbeitsgeschwindigkeit der Vorgänge ablesen. Je kleiner der Winkel zwischen der Tätigkeitslinie und der Zeitachse ist, desto geringer ist die zugehörige Arbeitsgeschwindigkeit. Das Geschwindigkeitsdiagramm eignet sich besser als ein Balkendiagramm zur anschaulichen Darstellung kritischer Tätigkeitsabstände und Abhängigkeiten, aber auch zur überschaubaren Kontrolle zu Soll-/Ist-Terminen, weil die Abweichung vom geplanten Vorgehen durch entsprechende Neigungsunterschieden der Tätigkeitslinien sofort erkennbar werden.

- **Netzplan**
  Mit genauer Festlegung der gegenseitigen Abhängigkeiten aller relevanten Vorgänge und den daraus resultierenden Zeitpuffern bzw. kritischen Wegen der Bauabwicklung.
  Fortschritts- und Anpassungsberechnungen sind nur dann möglich, wenn die Vorgänge des Terminplans miteinander verknüpft sind.
  Im Hintergrund eines jeden komplexen Terminplanes muss die Netzplantechnik stehen. Bei der Netzplantechnik werden Vorgänge und deren Verknüpfungen in das System eingegeben, wobei unterschiedliche Möglichkeiten von Verknüpfungen auftreten können:
  - Normalfolge (Vorgangsende/Vorgangsanfang)
  - Anfangsfolge (Vorgangsanfang zu Vorgangsanfang)
  - Endfolge (Vorgangsende zu Vorgangsende)
  - Sprungfolge (Vorgangsanfang zu Vorgangsende)

  Aus der Eingabe von Vorgängen und Verknüpfungen berechnet das System den so genannten „kritischen Weg" und die Pufferzeiten von Vorgängen.

4.1.4 Überwachung von Terminplänen

Ein einmal aufgestellter Ablaufplan ist schon nach kurzer Zeit wertlos, wenn er nicht permanent überwacht und als Grundlage für die Gestaltung des weiteren Ablaufes des Projektes herangezogen wird. Das angewandte Terminmanagement-Tool muss also insbesondere für die Steuerung des Projektes **geeignet sein**. Auch hier ist die Netzplantechnik unabdingbar. Die Terminsteuerung stellt in regelmäßigen Abschnitten folgende Fragen:
- Wo steht das Projekt im Terminablauf?
  - Klärung der Situation bis Stichtag
  - Vergleich mit der Planung bis Stichtag
  - Prognose für die laufenden Vorgänge
- Welche Auswirkungen hat die Situation auf das Projekt?
  - Fortschrittsberechnung der Termine der restlichen Vorgänge
  - Vergleich mit der Planung
- Wie kann negativen Auswirkungen durch Gegensteuerung begegnet werden?
  - Anpassung der restlichen Planung an die neuen Randbedingungen
  - Gegebenenfalls Änderung der Zielsetzung

Die **Terminvorschauliste** über einen Zeitraum von 2–3 Monaten ist das zentrale Informationsmedium für die Ablaufkontrolle/-steuerung. Sie wird alle zwei Wochen erstellt und enthält die Soll- und aktuellen Termine der zur Zeit relevanten Vorgänge. Zugleich dient sie ebenfalls nach zwei Wochen der Rückmeldung der Ist-Termine aller laufenden und abgeschlossenen Vorgänge. Sie enthält folgende Informationen:
- Codierung des Vorganges
- Beschreibung des Vorganges
- Zuständigkeit für den Vorgang (Auftragnehmer)
- Solldauer des Vorganges in Arbeitstagen
- Aktuelle Dauer des Vorganges in Arbeitstagen
- Anfangssoll
- Aktueller Anfang
- % Zeit (Zeitanteil vom gemeldeten Anfang bis zum Stichtag der letzten Rückmeldung)
- % Leistungsmeldung zum Stichtag
- Soll-Ende
- Aktuelles Ende
- Bemerkungen

Aus den jeweiligen Soll- und Ist-Daten errechnet das Terminplanungssystem den aktuellen Stand des Projektes zum Stichtag und ermöglicht eine Prognose über den weiteren Projektablauf bis hin zur Fertigstellung.

Das Terminmanagement ist gekoppelt an ein **umfangreiches Berichtswesen**, das wie folgt gegliedert wird:
- Ausführliche Terminberichte im Abstand von drei Monaten
- Monatsmeldungen
- Fortschrittsberechnungen alle vierzehn Tage
- Daraus resultierend eine Terminvorschau
- Eintragung der Rückmeldungen in die Terminvorschau und daraus erneute Fortschrittsberechnung
- Die Auswirkungen der Fortschrittsberechnung werden in den jeweiligen Jour-Fixen im vierzehntägigen Rhythmus diskutiert.

4.1.5 Anpassen von Terminplänen

Werden bei der regelmäßigen Kontrolle der Terminpläne Abweichungen zum Soll-Stand erkannt, so müssen für die verbleibende Restlaufzeit Korrekturmaßnahmen eingeführt werden, um die gesetzten Ziele zu erreichen.

Dabei wird natürlich zuerst versucht werden, den Terminplan unter Einhaltung der Ecktermine, der Einhaltung der Einsatzmittelobergrenzen und bei gleichmäßiger Auslastung umzustellen. Erst wenn dies erfolglos ist, muss untersucht werden, ob gegebenenfalls Terminverlängerungen für wichtige Ecktermine notwendig werden, oder durch erhöhte Einsatzmittel (mehr Arbeitskraft) oder Ausdehnung der Arbeitszeit (Nachtarbeit, Wochenendarbeit) das gewünschte Terminziel erreicht werden kann.

4.2 Kostenmanagement

Beim Kostenmanagement für die Baurealisierung muss zwischen **zwei grundsätzlich unterschiedlichen** Ausgangspositionen unterschieden werden:
- bei der Vergabe von Bauleistungen in Einzelvergabe (Gewerk- oder Paketvergabe) obliegt das Kostenmanagement der Baurealisierung in weiten Teilen dem Auftraggeber. Nach HOAI ist durch den Architekten bzw. durch die Fachingenieure ein Kostenanschlag nach DIN 276 aus Einheits- oder Pauschalpreisen der Angebote aufzustellen. Da diese Angebote für einzelnen Gewerke erst sehr spät im Bauablauf eingeholt werden, muss sich das Kostenmanagement auf die Informationen der Kostenberechnung nach DIN 276 aus der Entwurfsphase (Leistungsphase III) stützen. Leider ist die Struktur der Kostenberechnung nach DIN 276 jedoch nicht geeignet ein ordnungsgemäßes Kostenmanagement der Baurealisierung vor Vergabe einzelner Bauleistungen durchzuführen. In der Praxis ist es also erforderlich, bei Einzelvergaben vor Durchführung der ersten Vergabe eine Kostenstruktur aufzubauen, die sich an den einzelnen Vergabepaketen orientiert und diesen Vergabepaketen Budgets zuweist. Auf Basis dieser Budgetvorgaben wird die Vergabe jedes einzelnen Gewerkes beurteilt und festgestellt, ob durch die Gewerkevergabe Unter- oder Überschreitungen auftreten. Bei Budgetüberschreitungen muss geprüft werden, ob ggf. bei anderen Gewerken Einsparungen erzielt werden können, die die Budgetüberschreitungen ausgleichen. Sollte dies nicht der Fall sein, muss der Auftraggeber über anstehende Budgeterhöhungen informiert werden.

- Bei der Einschaltung von Generalübernehmern/Generalunternehmern, ist die gesamte Auftragssumme bereits bei Vergabe bekannt. Mit dem Auftraggeber muss geklärt werden, ob und in welchem Umfang Kosten für unvorhergesehene Leistungen oder Vertragsänderungen in das Budget eingestellt werden sollen.

4.2.1 Vertragliche Voraussetzungen

Die Grundlagen für ein ordnungsgemäßes Kostenmanagement während der Realisierungsphase müssen im Bauvertrag bzw. den Bauverträgen vereinbart werden. **Folgende Punkte** sind zu regeln:
- Art des Vertrages (Einheitspreisvertrag/Pauschalvertrag)
- Regelung über die Vergütung von Leistungsmehrungen, Leistungsminderungen, Leistungsänderungen und Zusatzleistungen
- Bei Pauschalverträgen Vereinbarung einer Einheitspreisliste zur Vergütung von Leistungsmehrungen, Leistungsminderungen, Leistungsänderungen und Zusatzleistungen.
- Regelungen über die Preisanpassung während der Laufzeit (Indexklausel)
- Regelungen über die Erstellung und Inhalt von Zahlungsplänen
- Regelungen über Struktur und Inhalt von Abschlagsrechnungen
- Regelungen über die Fälligkeit von Vergütungen (100 % Regel bei Bezahlung nach Zahlungsplan bei Pauschalverträgen)
- Zahlungsfristen
- Verpflichtung des Auftragnehmers detaillierte Kalkulationen für Nachtragsleistungen innerhalb vorgegebener Fristen vorzulegen
- Regelungen zu Struktur und Inhalt der Schlussrechnung
- Vereinbarung der Entscheidungsvorlage als Instrument zur Bearbeitung sämtlicher Änderungen und Nachträge

4.2.2 Tools

Zentrales Instrument eines geordneten Kostenmanagement ist ein EDV-Tool, mit dem die Kostenverfolgung durchgeführt wird. An dieses EDV-Programm sind folgende Anforderungen zu stellen:
- Es muss mehrere Projekte gleichzeitig kontrollieren können
- Es muss separate Ausgabemöglichkeiten je Projekt haben
- Es muss Multi-User-fähig sein

Das EDV-Programm bearbeitet dabei mehrere Betrachtungsaspekte:
- **Budgetübersicht**
  - Darstellung des Urbudgets
  - Darstellung des aktuellen Budgets
  - Darstellung der getätigten Umbuchungen
  - Darstellung der noch freien Budgets

- **Kostendeckungsnachweis**
  - Zuordnung eines Auftrages zum Budgetwert
  - Nachweis der Kostendeckung innerhalb des Budgets
  - Möglichkeiten für die Bildung von Rückstellungen

- **Aufträge**
  - Darstellung der Stammdaten pro Firma
  - Darstellung des Auftrages
  - Darstellung von Nachträgen
  - Definition von allgemeinen Rechnugnsabzügen wie Skonti, Nachlässe etc.
  - Rechnungsfreigabe
  - Eingabe des Leistungsstandes
  - Darstellung von Rechnungskürzungen
  - Darstellung von sonstigen Abzügen
  - Darstellung der freigegebenen Rechnungssumme
  - Rückführung der Informationen der Rechnungsfreigabe in das Kostenverfolgungssystem

Zu allen o.g. Aspekten muss das System **Ausdrucke** nach unterschiedlichen Betrachtungskriterien liefern. Es muss in der Lage sein, bestimmte Informationen im Berichtswesen herauszufiltern und andere zu unterdrücken (Filterfunktion). Weiterhin muss das System an die **Erfordernisse** einzelner Auftraggeber **angepasst** werden können, da die meisten Bauherrn ganz spezielle Vorstellungen zum Kostenberichtswesen, zur Gestaltung von Abschlags- und Schlussrechnungen sowie zur Kostenstruktur eines Kostenüberwachungssystems haben. Letztendlich sollte das System in der Lage sein, die erzeugten Informationen per E-Mail direkt an den Bauherrn bzw. die beteiligten Parteien zu versenden. In vielen Projekten wird neben Kostenverfolgungssystemen eine eigene Überwachung für die erstellten Entscheidungsvorlagen geführt. (Siehe hierzu: Nachtragsmangement)

4.2.3 Budgetplanung

Die Budgetplanung erfolgt im Regelfall bereits während der Planungsphase und versteht sich als Eingangsgröße für das **Kostenmanagement** in der Realisierungsphase. In der Praxis besteht zwischen der Planungsphase und der Realisierungsphase häufig das Problem, dass die Kostenbezugsgrößen der Planungsphase (z.B.: Kostenangaben auf Elementebene) nicht mit den Kostenstrukturen der Ausführungsphase (z.B.: Kostengliederung nach Gewerken) übereinstimmen. Eine **Umschichtung** der Kosten von der einen Gliederungsform in die andere Gliederungsform ist mit einem erheblichen Aufwand verbunden, wenn die Systeme nicht von grundauf so angelegt sind, dass die Umschichtung von der einen Budgetstruktur in die andere Budgetstruktur maschinell per Knopfdruck erfolgt. Gängige AVA-Systeme sehen z.B. eine Umschlüsselung von Elementgliederung in Gewerkegliederung vor. Allerdings müssen die Daten auf Elementebene so eingegeben und kodiert werden, dass die Umschlüsselung auch tatsächlich automatisch vorgenommen werden kann (Doppelkodierung).

Im **Kostenmanagementsystem** wird also vor Beginn der Realisierung der Baumaßnahme ein Budget eingegeben und fixiert. Die Gliederungsstruktur des Budgets richtet sich nach der Vergabestruktur des Projektes. Hier ist darauf zu achten, dass die einzelnen Vergabeinheiten im Budget abgebildet sind, damit später bei Auftragserteilung Aufträge zugeordnet werden können. Ein einmal eingegebenes Budget darf nicht starr bis zur Fertigstellung der Bauleistung vorgegeben sein. Vielmehr müssen Umbuchungen, Budgeterhöhungen oder Budgetreduzierungen möglich sein. Umbuchungen werden immer dann erforderlich' wenn sich im Zuge von Vergaben herausstellt, dass eingestellte Budgets im Hinblick auf die tatsächlich erzielten Vergabesummen zu hoch oder zu niedrig sind und aus diesem Grunde Überschüsse auf andere Budgets umgebucht werden könne oder Fehlbeträge aus anderen Budgets auf das zu nieder angesetzte Budget übertragen werden müssen. Budgetumbuchungen im Kostenverfolgungssystem sollten nur besonders hierzu autorisierten Personen vorbehalten sein und niemals ohne vorherige Absprache mit dem Bauherrn durchgeführt werden. In vielen Fällen behält sich der Bauherr vor, Budgetveränderungen ausschließlich selbst vorzunehmen.

Getrennte Budgets innerhalb einer Baumaßnahme müssen auch im Kostenverfolgungssystem als getrennte Budgets behandelt werden. So sind etwa die Leistungen des Auftraggebers streng von den Leistungen des Mieters zu trennen. Aus abrechnungstechnischen Gründen muss jedoch das System in der Lage sein, im Verhältnis zum Auftragnehmer die beiden Budgets zusammenzuführen und als einen Betrag zu behandeln.

4.2.4 Überwachen der Kosten/Kostenkontrolle

Die Kostenkontrolle konzentriert sich auf drei wesentliche Aspekte:
- **Kostendeckungsnachweis**
  Zuordnung von Aufträgen zu Budgets und Sicherstellung, dass die Auftragssummen die Budgetsummen nicht überschreiten. In der Praxis tritt es häufiger auf, dass Aufträge lediglich einen Teil der Budgetsumme abdecken (z.B.: Beauftragung der Leistung eines Gewerkes an mehrere unterschiedliche Auftragnehmer). Hier ist darauf zu achten, dass die verbleibende

Restsumme des Budgets ausreichend ist, um die ausstehenden Arbeiten der noch zu verge-
benden Aufträge abzudecken.

Der Vorgang der **Auftragszuordnung** des Budgets wird Kostendeckungsnachweis genannt.
Es empfiehlt sich dringend, beim Kostendeckungsnachweis Reserven zu bilden, da erfahrungsgemäß – vor allen Dingen bei der gewerkeweisen und Paketvergabe – Nachträge entstehen, die aus den gebildeten Reserven zu bedienen sind. Abhängig von der Professionalität
mit der Bauvertrag und Anlagen (Leistungsbeschreibung, Pläne etc.) zusammengestellt sind
und abhängig von der Professionalität mit der die Baumaßnahme gemanagt wird, ergeben
sich stark unterschiedliche Prozentsätze eines Auftragsvolumens, dass für Nachträge anzusetzen ist. Dabei zeichnen Werte unter 5 % sehr professionelles Vorgehen aus, Werte bis zu
10 % sind durchaus üblich und bei Aufträgen der öffentlichen Hand sind Nachträge in der
Größenordnung von 20–30 % nicht ungewöhnlich.

- **Änderungsmanagement:**

Die vom Bauherrn autorisierten Änderungen der Baumaßnahme während der Baurealisierung stellen eine zentralen Aspekt der Kostenkontrolle dar. Die Änderungen müssen vom
Auftragnehmer kalkuliert und die zugehörigen Kosten detailliert nachgewiesen werden. Auf
Auftraggeberseite sind die Kalkulationen zu prüfen, mit dem Auftragnehmer zu verhandeln
und in Nachtragsaufträge zu überführen. Hier muss festgelegt werden, aus welchen Mitteln
Aufträge bezahlt werden sollen. So weit innerhalb des Budgets keine frei verfügbaren Mitteln
vorhanden sind, muss eine Budgeterhöhung ins Auge gefasst werden.

Der für das Kostenmanagement zuständige Manager darf Leistungen erst dann an die ausführenden Firmen freigeben, wenn **eindeutig geklärt** ist, aus welchen Budgetmitteln diese Leistungen bezahlt werden. Dabei ist darauf zu achten, dass Budgetrückstellungen, die für ganz
bestimmte Leistungen getätigt wurden, nicht für Zusatzleistungen aufgebracht werden. Das
Gleiche gilt für Budgeteinstellungen für unvorhergesehene Leistungen. Unvorhergesehene
Leistungen sind üblicherweise keine Leistungen, die nachträglich vom Bauherrn zugestellt
werden, sondern Leistungen, die aus der Durchführung des Ursprungsbestellwerkes erforderlich sind, aus unterschiedlichen Gründen jedoch nicht in den Aufträgen enthalten waren
(z.B.: Sowieso-Leistungen).

- **Nachträge von Auftragnehmerseite**

So weit auf Auftraggeberseite keine Änderungswünsche geäußert worden sind, stellen
Nachträge des Auftragnehmers Forderungen dar, die innerhalb des Budgets verarbeitet
werden müssten, da sie ja mit zum ursprünglichen Bestellwerk gehören. Eine Verarbeitung
von Nachträgen im Ursprungsbudget ist jedoch nur möglich, wenn das Ursprungsbudgets
entsprechend professionell aufgestellt ist und Kostenpositionen für solche Nachträge, etwa
in Form von unvorhergesehenen Leistungen beinhaltete. Im Hinblick auf solche freien
Budgetmittel, gibt es grundsätzlich unterschiedliche Verhalten auf Auftraggeberseite. Es
gibt Auftraggeber, die keine Ansätze für Unvorhergesehenes in die Budgets einstellen, da sie
erstens davon ausgehen, dass solche Unvorhergesehenen Leistungen nicht auftreten dürfen
und sollten sie wider Erwarten doch auftreten, diese zusätzlichen Kosten durch Kostenreduzierung in anderen Bereichen auffangen. Eine Kostenüberschreitung der vorgegebenen
Budgets ist für diese Auftraggeber nicht vorstellbar.

Andere Auftraggeber planen unvorhergesehene Leistungen in bestimmtem Umfang (5–10 %
der Auftragssumme) in ihre internen Budgets ein, weisen diese jedoch in der offiziellen
Budgetverfolgung nicht aus.

Wieder andere Auftraggeber weisen Einstellungen für Unvorhergesehenes offen in Budgetansätzen aus und bedienen daraus eventuell auftretende Nachträge von Auftragnehmern.
Der Autor ist der Auffassung, dass die offene Anweisung von Budgetansätzen für Unvorhergesehenes bei den Consultants und den Auftragnehmern häufig die Tendenz bewirkt,
diese aufzubrauchen.

Das Kostenmanagement ist gekoppelt an ein **umfangreiches Berichtswesen**, dass wie folgt gegliedert wird:
– Ausführliche Kostenberichte im Abstand von 3 Monaten
– Monatsmeldung
  Monatsmeldung dienen sowohl einem Bericht zum aktuellen Kostenstand, als auch einer Kostenvorschau, die die Kostenentwicklung bis zum Ende der Realisierungsphase einschließt.
– Die Ergebnisse der Kostenkontrolle werden in den jeweiligen Jour-Fixen diskutiert.

4.2.5 Anpassen des Budgets

Werden bei der regelmäßigen Kontrolle des Budgets Abweichungen zum Sollstand erkannt, so müssen für die noch offenen Positionen Korrekturmaßnahmen eingeführt werden, um die gesetzten Ziele zu erreichen.

Dabei wird natürlich zuerst versucht werden, das Budget insgesamt einzuhalten und Umschichtungen zwischen den einzelnen Budgetansätzen vorzunehmen. Im Bereich der noch nicht vergebenen Leistungen können ggf. durch Rationalisierung Kosteneinsparungen erzielt werden, die auf diejenigen Budgetansätze **umgebucht** werden, für die die Budgetansätze nicht ausreichen. Andernfalls muss eine Budgeterhöhung ins Auge gefasst werden. Hierbei ist zu prüfen, ob ggf. Schadenersatzansprüche gegen eine beteiligte Partei erhoben werden können.

4.3 Nachtragsmanagement

Nachträge können entstehen durch:
– nicht angeordnete Leistungsmehrungen
– angeordnete Leistungsmehrungen
– nicht angeordnete Leistungsminderungen
– angeordnete Leistungsminderungen
– nicht angeordnete Leistungsänderungen
– angeordnete Leistungsänderungen
– nicht geforderte Zusatzleistungen
– geforderte Zusatzleistungen

Lediglich für die nicht angeordneten **Leistungsänderungen** und die nicht geforderten Zusatzleistungen erhält der Auftragnehmer **keine Vergütung**. Vielmehr muss er solche Leistungen auf Verlangen des AG innerhalb einer angemessenen Frist beseitigen und haftet außerdem für andere Schäden, die dem Auftraggeber hieraus entstehen. Alle anderen Tatbestände sind Gegenstand einer **Veränderung der Vergütung** des Auftragnehmers. Dies gilt auch für Pauschalverträge.

Von **Leistungsmehrung** spricht man, wenn sich eine nach Art und Umfang mit dem Hauptauftrag gleich bleibende Leistung der Mengenansatz gegenüber dem Bestellwerk (Vertrag) erhöht.

Von einer **Leistungsminderung** spricht man, wenn sich für eine nach Art und Umfang gleich bleibende Leistung der Mengenansatz gegenüber dem Bestellwerk (Vertrag) verringert.

Von einer **Leistungsänderung** spricht man, wenn sich die Ausführung einer Leistung gegenüber der im Vertrag beschriebenen Leistung verändert, unabhängig davon, ob die Abweichung auf Änderungen in der Art der Ausführung oder der Umstände der Ausführung zurückzuführen ist.

Von **Zusatzleistungen** spricht man bei Leistungen, die im Vertrag nicht vorgesehen waren, jedoch zur Ausführung der vertraglichen Leistung erforderlich sind.

4.3.1 Vertragliche Voraussetzungen

Da nicht zu erwarten ist, dass ein Bauauftrag ohne ändernden Einfluss des Auftraggebers von Anfang bis Ende durchgeführt wird, muss bereits in den Bauverträgen detailliert festgelegt werden, wie mit ändernden Eingriffen des Bauherrn umgegangen wird. Hierzu sollte man folgende **Vereinbarungen** treffen:

- Änderungen durch den Bauherrn müssen grundsätzlich möglich sein.
- Zusätzliche Leistungen, die der Bauherr bestellt, müssen vom Auftragnehmer umgesetzt werden.
- Leistungsänderungen und Ergänzungen sollten auf der Basis der Einheitspreise bzw. der Kalkulationsbasis des Hauptvertrages ermittelt werden.
- Der Auftragnehmer muss vertraglich verpflichtet sein, kurzfristig Kostenangebote zu Leistungsänderungen und Ergänzungen dem Bauherrn einzureichen.
- Einigt man sich nicht über die vom Auftragnehmer angebotenen Kosten oder Terminauswirkungen, muss der Auftraggeber das Recht der Anweisung haben.
- Zuschläge für Planungsleistungen, Generalunternehmer-/Generalübernehmer-Zuschläge oder sonstige Koordinationszuschläge sollten bereits im Ursprungsvertrag fest vereinbart sein.
- Die Anwendung von Skonto oder Nachlässen auf Nachträge sollte bereit im Ursprungsvertrag geregelt sein.
- Das Prozedere für das Änderungs-/Nachtragsmanagement ist im Vertrag festzulegen.

Vor dem Hintergrund eindeutig vorgegebener **Verfahrensweisen** für das **Änderung-/Nachtragsverfahren** lassen sich Änderungen und Nachträge zeitnah ohne Streitigkeiten abarbeiten.

Der Autor verweist hier auf das an anderer Stelle beschriebene Verfahren der **Entscheidungsvorlagen**, das sowohl für Änderungen und Ergänzungen durch den Auftraggeber als auch für Änderungen und Ergänzungen durch den Auftragnehmer, aber auch für Änderungen und Ergänzungen aus dem Kreis der Architekten und Ingenieure und sonstiger Consultants gleichermaßen angewandt werden kann.

Die in der VOB Teil B § 2 Absatz 5 vorgesehene Regelung, dass im Falle von Änderungen des Bauentwurfes oder anderer Anordnungen des Auftraggebers eine Preisvereinbarung unter Berücksichtigung der Mehr- und Minderkosten vor Ausführung der Leistungen getroffen werden soll, führt häufig zu der Situation, dass Nachträge von ausführenden Unternehmen zwar dem Grunde nach, nicht aber der Höhe nach gestellt werden und man sich am Ende der Baumaßnahme über erhebliche **Nachforderungen** des Auftragnehmers **streitet**. Der Autor empfiehlt dringend, diese Vereinbarungen über die Mehr- und Minderkosten zwingend vor der Ausführung der Leistungen zu vereinbaren, damit der Auftraggeber zu jedem Zeitpunkt der Bauausführung eine vollständige Übersicht über die Kostensituation des Projektes hat. Diese Verfahrensweise zwingt die Parteien zudem dazu, sich kurzfristig über die Preisgestaltung zu einigen, da ja die Baustelle weiterlaufen muss und deswegen schnelle Entscheidungen getroffen werden müssen. Für den Fall, dass der Auftragnehmer durch Verschleppung der Informationszulieferung zu Kosten- und Terminauswirkungen von Änderungen das vereinbarte Verfahren unterläuft, muss der Auftraggeber das Recht zur Anweisung haben, wobei er sich darüber im Klaren sein muss, dass dann das volle Kosten- und Terminrisiko aber auch des inhaltliche Risiko auf seiner Seite liegt.

Gleiches gilt auch für die Regelungen in VOB Teil B § 2 Absatz 6 für die Vergütung von zusätzlichen Leistungen. Auch hier sollte die Vereinbarung zur Kosten- und Terminauswirkung von Änderungen im Vertrag vor Ausführung der Leistungen verpflichtend sein.

4.3.2 Tools

Der Autor empfiehlt die vertragliche Vereinbarung eines Formblattes „Entscheidungsvorlage" zur Abwicklung von Änderungswünschen aller am Bauprozess Beteiligten. Das **Formblatt** enthält folgende Angaben:
- Bezeichnung des Bauvorhabens
- Vorlage Nr.
- Name des Erstellers
- Datum der Erstellung
- Inhalt der Änderung (gegebenenfalls ergänzt durch detaillierte Beschreibung in der Anlage)
- Gründe der Änderung (gegebenenfalls ergänzt durch detaillierte Beschreibung in der Anlage)
- Kostenrelevanz der Entscheidung (gegebenenfalls mit detaillierter Kostenberechnung in der Anlage)
- Budgetzuweisung der Kosten
- Terminrelevanz der Änderung (gegebenenfalls mit detaillierter Terminplanung in der Anlage)
- Planungsrelevanz (Auswirkung der Veränderung auf den Planungsprozess und die Planungsinhalte)
- Auswirkung der Änderung auf die Nutzung
- Anmerkungen, Kommentare der freizeichnenden Parteien
- Datum bis wann die Änderung freigegeben werden muss
- Verteiler
- Unterschriftenblock der freigebenden Parteien jeweils mit Datum der Freigabe und Unterschrift
- Freigabezeile für den Bauherrn mit Datum und Unterschrift

Die Entscheidungsvorlage wird üblicherweise ergänzt durch **detaillierte Anlagen** (Plananlagen, aus denen die Veränderungen ersichtlich sind, Kostenkalkulationen für die Kostenveränderungen, Ausführungen über die Terminänderung).

Bei der Erstellung der **Entscheidungsvorlage** ist darauf zu achten, dass Grundlage und Ausgangsbasis jeder Änderung immer das Bestellwerk ist. Für die Nachvollziehbarkeit der Entscheidungsvorlage ist also eine genaue **Sachverhaltsdarstellung** beizufügen:
1. Darstellung der Vertragsleistung
   - nach dem Bauvertrag
   - nach Leistungsverzeichnissen bzw. Leistungsbeschreibung
   - nach den Vertragsplänen
   - nach der Baugenehmigung/Abrissgenehmigung
   - nach sonstigen dem Vertrag zugrunde liegenden Unterlagen wie etwa statischen Berechnungen, Brandschutzkonzept, Schallschutzberechnungen, bauphysikalischen Vorgaben, etc.

2. Darstellung der neu auszuführenden Leistungen mit
   - Leistungsbeschreibung
   - Planunterlagen
   - Aufmaßen
   - Berechnungen

3. Darstellung der Abweichungen zwischen beauftragter Leistung und neu auszuführender Leistung und den daraus resultierenden Kosten- bzw. Terminveränderungen

Über die Entscheidungsvorlagen werden **Sammellisten** geführt, in denen die Entscheidungsvorlagen mit
- laufender Nummer
- Inhaltsbezeichnung
- Kostenauswirkung

nach **unterschiedlichen Kategorien** zusammengefasst sind:

- verabschiedete Entscheidungsvorlagen, die vom Bauherrn unterzeichnet und zur Ausführung freigegeben sind

- zurückgewiesene Entscheidungsvorlagen, die vom Auftraggeber nicht freigegeben sind und entweder nicht zur Ausführung kommen sollen, oder aus Sicht des Auftraggebers unberechtigte Forderungen darstellen, die zumindest nach Ansicht des Auftraggebers bereits durch das Bestellwerk abgedeckt sind

- Entscheidungsvorlagen in Prüfung, das sind Entscheidungsvorlagen, die von einer der beteiligten Parteien eingereicht worden sind und derzeit dem Grunde und der Höhe nach geprüft werden, die jedoch vom Bauherrn noch nicht freigegeben sind. Die darin enthaltenen Leistungen dürfen bis zur Freigabe der Entscheidungsvorlage nicht ausgeführt werden.

- Angewiesene Entscheidungsvorlagen für die keine Einigung hinsichtlich der Kosten- und Terminauswirkungen erzielt werden konnten, die jedoch vom Bauherrn dem Grunde nach beauftragt sind. Für solche Entscheidungsvorlagen ist von der Projektsteuerung eine Kostenschätzung zu erstellen, die alle ersichtlichen Kostenrisiken mit einschließen sollte und als „Worst Case"-Situation in die Auflistung der Entscheidungsvorlagen eingestellt wird bis zur Abklärung der endgültigen Kostenauswirkung.

Sollten in einem Projekt **unterschiedliche Budgetträgerschaften** vorliegen, so müssen die Entscheidungsvorlagen dem jeweiligen Budget zugewiesen werden. Dies ist zum Beispiel der Fall, wenn bestimmte Leistungteile durch den Auftraggeber selbst, andere Leistungteile durch den Mieter des Auftraggebers getragen werden.

4.3.3 Nachtragsverfahren

Bereits im Vertrag sollte der Laufweg von Änderungs- bzw. Nachtragsforderungen klar beschrieben werden:

- Aufstellen der Unterlagen in der oben beschriebenen Form durch diejenige Partei, die eine Änderung herbeiführen will bzw. einen Nachtrag stellen will

- Absprache des Änderungsbegehrens mit den an der Baumaßnahme beteiligten Parteien, um zu verhindern, dass unterschiedliche Auffassungen zur Änderung bzw. zum Nachtragsbegehren bei den Parteien bestehen

- Unterschrift der einzelnen Parteien zum Zeichen des Einverständnisses mit der Änderung/ dem Nachtrag und den daraus resultierenden Kosten- und Terminimplikationen

- Unterschrift durch den Auftraggeber

- Umsetzung

4.3.4 Prüfung von Nachträgen

Entscheidungsvorlagen/Nachträge, die von der Auftragnehmerseite gestellt werden, müssen nach folgenden Kriterien geprüft werden:

1. Ist der Nachtrag formal korrekt gestellt?
   - Auf welchen Auftrag bezieht sich der Nachtrag?
   - Wer ist der Nachtragssteller und ist dieser Vertragspartner?
   - Ist der Nachtragsgrund angegeben?
   - Ist der Nachtrag prüffähig gestellt?

2. Ist der Nachtrag auf der Basis der vereinbarten vertraglichen Bedingungen berechtigt?

3. Ist der Nachtrag auf der Basis der Leistungsverzeichnisse/Leistungsbeschreibung berechtigt?

4. Ist der Nachtrag auf der Basis der dem Vertrag beigefügten Planunterlagen berechtigt?

5. Sind Aufbau und Inhalt des Nachtrages nachvollziehbar?

6. Sind die angegebenen Mengen korrekt?

7. Sind die eingesetzten Einheitspreise in Übereinstimmung mit dem Vertrag (zum Beispiel Einheitspreislisten)?

8. Ist der Nachtrag rechnerisch richtig?

Wenn alle **obigen Kriterien positiv** beantwortet werden können, kann der Nachtrag freigegeben werden. **Nach** Freigabe des Nachtrages ist zu prüfen:
- Wer hat den Nachtrag verursacht und zu verantworten?
- Besteht ein Schadensersatzanspruch des Auftraggebers gegen den Verursacher, oder müssen die Kosten des Nachtrages vom Auftraggeber selbst getragen werden?

4.3.5 Beauftragung von Nachträgen

Eine durch den Auftraggeber verabschiedete und unterschriebene Entscheidungsvorlage stellt bei entsprechenden vertraglichen Vereinbarungen einen rechtsgültigen Nachtrag dar. Häufig unterliegen Nachträge einer mehrfachen Bearbeitung durch die einzelnen Parteien, bis sie endgültig abschlussreif sind. Dabei werden sowohl Leistungsinhalte als auch Kostenpositionen verändert. Vor endgültiger Unterschrift des Nachtrages durch den Auftraggeber ist sicherzustellen, dass der Nachtrag ein eindeutiges Leistungsbild mit Leistungsbeschreibung, Mengenansätzen und gegebenenfalls Planunterlagen ausweist.

Nach **Unterschrift** einer Entscheidungsvorlage/eines Nachtrages durch den Auftraggeber ist dieser ordnungsgemäß dem Auftragnehmer zu überstellen. Erst nach Überstellung darf mit der Ausführung begonnen werden.

4.3.6 Anweisungsrecht des AG

Die Regel für die Durchführung von Entscheidungsvorlagen und Nachträgen muss lauten, dass Entscheidungsvorlagen und Nachträge erst dann durchgeführt werden dürfen, wenn die entsprechenden Kosten- und Terminimplikationen verhandelt und die **Entscheidungsvorlagen** oder der **Nachtrag** vom Bauherrn **unterschrieben** sind.

Viele Auftragnehmer unterlaufen diese Regel dadurch, dass sie unvernünftig hohe Kostenforderungen für Nachträge stellen oder unvernünftig hohe Terminverlängerungen für die Durchführung von Änderungen oder Nachträgen beanspruchen. In meist schwierigen Verhandlungen zwischen dem Auftraggeber und dem Auftragnehmer wird dann versucht, die Forderungen des Auftragnehmers auf ein angemessenes Maß zu begrenzen. Da diese Verhandlungen oft sehr viel Zeit in Anspruch nehmen, gleichzeitig aber die Baustelle weiterläuft, kann ein uneinsichtiges Verhalten des Auftragnehmers den Bauherrn in eine **Kosten- und/ oder Zeitfalle** bringen. Aus dieser Falle muss er sich durch ein Anweisungsrecht für Leistungen befreien können. Die Anweisung bedeutet, dass der Bauherr die Leistung dem Grunde nach beauftragt, die Einigung über die Höhe der Kostenvergütung und die zeitlichen Auswirkungen der Leistungen jedoch offen lässt und einer späteren Verhandlung vorbehält, gegebenenfalls einer gerichtlichen Klärung zuführt.

Grundsätzlich sollte die Anzahl der Anweisungen in einem Bauvorhaben auf ein **Minimum reduziert** werden. Anweisungen sollten nur dann ausgesprochen werden, wenn der Auftragnehmer sich zur Höhe der Kosten und zur Terminauswirkung der zusätzlich beauftragten Leistung in einem ersten Angebot geäußert hat. Dieses Angebot kann dann als Maximalposition in die Kostenverfolgung und die Terminverfolgung eingestellt werden (Worst-Case). Nur wenn der Bauherr bereit ist, das Risiko aus „Worst-Case" zu tragen, sollte er eine Anweisung aussprechen.

Das Recht zur Anweisung muss im Bauvertrag ausdrücklich festgelegt werden.

4.3.7 Budgetanpassung

Nach Unterschrift einer Entscheidungsvorlage durch den Auftraggeber und damit der Erteilung des Auftrages für Änderungen oder Nachträge müssen die entsprechenden Kosten in das Budget eingepflegt werden. Im Falle von Anweisungen werden die Worst-Case-Angebote des Auftragnehmers in die Budgetplanung eingestellt. Sollten solche Worst-Case-Angebote nicht vorliegen, wird eine Kostenschätzung der Projektsteuerung in das Budget eingestellt, bis die endgültigen Auftragssummen für den Nachtrag abschließend mit dem Auftragnehmer verhandelt sind.

4.3.8 Vermeidung von Nachträgen

Gründe für Nachträge von bauausführenden Firmen sind:

- **die Wahl der falschen Vergabestrategie**

  Auf die unterschiedlichen Auswirkungen der Vergabestrategie auf die spätere Bauausführung wurde bereits an anderer Stelle hingewiesen. Bei einer noch nicht abgeschlossenen Planung kann nicht an einen Generalunternehmer vergeben werden, wenn nicht gleichzeitig die weitere Planungsleistungen Sache des Generalunternehmers werden, weil die weitere Planung der im Auftragsverhältnis des Auftraggebers stehenden Architekten und Fachingenieure regelmäßig an den mit dem Generalunternehmer vereinbarten Bestellwerksinhalten vorbeigehen oder nicht fristgerecht geliefert werden und daraus eine Vielzahl von Nachträgen und Behinderungen auf Seiten des Generalunternehmers entstehen können.

  Bei Pauschal-Pauschalverträgen hat der Generalunternehmer ein weites Interpretationsspektrum der Bestellwerksinhalte. Interveniert der Auftraggeber während der Baudurchführung durch einseitige Konkretisierung des Bestellwerkes, so ist dies Grund für Nachträge und Behinderungen.

  Der Auftraggeber muss verstehen, dass eine Vergabe an einen Generalunternehmer oder Generalübernehmer kein Sorglospaket darstellt, vielmehr muss man davon ausgehen, dass gerade in Zeiten depressiver Baumärkte die Auftragnehmer versuchen, über günstige Angebotspreise ins Geschäft zu kommen und anschließend durch Nachträge ihr Budget aufzubessern. Alle großen Generalunternehmer haben mittlerweile Abteilung, die ausschließlich darauf spezialisiert sind, Nachträge zu generieren.

- **Widersprüchlichkeiten im Vertragstext**

  Unklare Vertragsformulierungen oder Mehrfachnennungen gleicher Sachverhalte in den Verdingungsunterlagen mit unterschiedlichem Wortlaut an unterschiedlicher Stelle lösen Nachträge aus.

- **AGB-Widrigkeit des Vertrages**

  Die Vereinbarung unhaltbarer Klauseln in AGB-Verträgen sind Grundlage für Nachträge. Der Auftragnehmer wird diese Klauseln bei der Vertragsunterzeichnung unterzeichnen und im weiteren Ablauf der Baumaßnahme anzweifeln, für unrechtmäßig erklären lassen und daraus Nachträge generieren.

- **VOB-Widrigkeit des Vertrages**

  Bei Verträgen, bei denen die VOB vereinbart ist, sind strenge Ansprüche an die einzelnen Vertragsklauseln gestellt. Weichen Änderungen dieser Vertragsklauseln zu weit von der Grundlage der VOB ab, so fällt nicht nur die Einzelklausel, sondern der gesamte Vertrag in den Bereich allgemeiner Geschäftsbedingungen zurück. Die VOB findet dann insgesamt keine Anwendung mehr, und dem Auftragnehmer eröffnet sich eine weite Spielwiese für Nachträge.

- **Fehlerhafte und unvollständige Leistungsverzeichnisse/Leistungsbeschreibungen**

  Fehlerhafte und unvollständige Leistungsverzeichnisse und Leistungsbeschreibungen sind der am meisten verbreitete Grund für Nachträge. Leistungen, die zur Bauausführung dringend erforderlich sind, in dem Bestellwerk aber nicht enthalten sind, führen zwangsläufig zu Nachträgen. Hier hat der Auftragnehmer im Hinblick auf die fehlenden Leistungsteile auch keinen Vergütungsanspruch gegen Architekten oder Fachingenieure, die diese Leistungsteile bei Erstellung der Leistungsverzeichnisse/Leistungsbeschreibungen vergessen haben. Es handelt sich um so genannte Sowieso-Leistungen, für die der Auftraggeber ohnehin hätte bezahlen müssen, wenn die Leistung von vornherein im Leistungsverzeichnis/Leistungsbeschreibung enthalten gewesen wäre. Lediglich wenn durch die fehlerhafte oder unvollständige Beschreibung der Leistung Schaden entsteht, besteht ein Schadensersatzanspruch des Auftraggebers gegen Architekten oder Fachingenieure.

– **Fehlerhafte und unvollständige Planunterlagen**
Fehlerhafte oder unvollständige Planunterlagen, aber auch zu späte Lieferung von Planunterlagen durch den Auftraggeber führen in der Regel zu Nachträgen und Behinderungen. Behinderungen können Bauzeitverlängerungen auslösen, die zu Mehraufwendungen auf Auftragnehmerseite wegen verlängerter Vorhaltung der Baustelleneinrichtung, etc. führen. Diese Aufwendungen werden in Form von Nachträgen gegen den Auftraggeber geltend gemacht.

– **Baubegleitende Planung**
Die baubegleitende Planung ist im Regelfall Grund für Nachträge. Mit fortschreibender Planung wird man erkennen, was alles bei der bisherigen Beauftragung von Leistungen vergessen worden ist und nachbeauftragt werden muss.

Ein vom **Auftraggeber zu verantwortender** Grund für Nachträge sind Änderungswünsche des Bauherrn während der Bauausführung. Hierzu gibt es eine Vielzahl unterschiedlicher Gründe:
– Der Bauherr stellt erst mit Baufortschritt fest, was er bestellt hat und will nun ändern.
– Die Bauherrnanforderungen (Flächenbedarf, Qualitätsansprüche, etc.) haben sich geändert.
– Äußere Bedingungen haben sich geändert und führen zu Änderungen des Bauwerkes.
– Der Bauherr findet während der Bauzeit einen Mieter für das Gebäude, und der Mieter will seine eigenen Wünsche bis zur Fertigstellung des Bauwerkes noch umsetzen.

Nachträge von bauausführenden Firmen können am besten im Vorfeld der Vergabe des Auftrages **vermieden** werden durch:
– Richtige Wahl der Vergabestrategie
– Kurze und prägnante Vertragstexte, die die Vertragsgrundlagen eindeutig beschreiben. Hier gilt der Leitspruch: Nicht Volumen, sondern Güte bestimmen die Qualität.
– Fehlerfreie und vollständige Leistungsverzeichnisse/Leistungsbeschreibungen, die vor der Vergabe nochmals durch einen unabhängigen Dritten auf Vollständigkeit und Schnittstellenproblematik untersucht werden.
– Vollständige und fehlerfreie Planung vor Vergabe der Bauleistungen. Es empfiehlt sich auch hier, die Planung vor Vergabe nochmals durch einen unabhängigen Dritten auf Fehler, offene Punkte und Schnittstellen überprüfen zu lassen.

Während der Bauausführung sollte ein **Claim-Management** eingesetzt werden, das die Interessen des Auftraggebers vertritt, Nachträge der bauausführenden Firmen darauf prüft, ob sie dem Grunde und der Höhe nach berechtigt sind, unangemessene Forderungen der Auftragnehmerseite professionell zurückweist und Änderungswünsche auf Auftraggeberseite so ins Verfahren einstellt, dass sie zu einer möglichst geringen Störung der laufenden Bauarbeiten führen und zu angemessenen Kosten umgesetzt werden.

Änderungswünsche des Bauherrn sollten während der Ausführung auf ein **Minimum** beschränkt werden, sämtliche Implikationen der gewünschten Veränderung müssen dem Auftraggeber vor Auftragserteilung bekannt sein, die Leistungen von Änderungswünschen müssen eindeutig in Form von Änderungsleistungsverzeichnissen beschrieben werden, und die Auswirkungen der Änderungen auf Kosten und Termine des Bauvorhabens müssen dem Auftraggeber vor Beauftragung bekannt sein.

4.4 Qualitätsmanagement

Die Realisierung eines Bauwerkes ist ein zeitlich aufwendiger Prozess mit starken Tendenzen zu Fehlentwicklungen. Auf der einen Seite stellt man fest, dass Bauaufgaben an die intellektuelle Leistungsfähigkeit der einzelnen Beteiligten immer höhere Anforderungen stellt. Auf der anderen Seite stellt man fest, dass Fachkräfte auf den Baustellen rapide abnehmen und eine Vielzahl von Leistungen durch mehr oder minder gut geschulte Hilfskräfte ausgeführt werden, die großen Teils nicht einmal die deutsche Sprach in all ihren Facetten verstehen. Obwohl rein rechtlich der Auftragnehmer die Verantwortung für die Erreichung der bestellten Qualität trägt, empfiehlt es sich dringend seitens des Auftraggebers ein Qualitätsmanagement zu installieren, dass sicherstellt, dass die vom Auftraggeber gewünschte Qualität auch tatsächlich bei der Baudurchführung erreicht wird.

4.4.1 Vertragliche Voraussetzungen

Der Auftraggeber muss das vertraglich gesicherte Recht haben, eine **Qualitätsüberwachung der Bauarbeiten** durchzuführen.

Die VOB schreibt hierzu: „Der Auftraggeber hat das Recht, die vertragsgemäße Ausführung der Leistungen zu überwachen. Hierzu hat er Zutritt zu den Arbeitsplätzen, Werkstätten und Lagerräumen, wo die vertraglichen Leistungen und Teile hergestellt oder die hierfür bestimmten Stoffe und Bauteile gelagert werden. Auf Verlangen sind ihm die Werkzeichnungen oder andere Ausführungsunterlagen sowie die Ergebnisse von Güteprüfungen zur Einsicht vorzulegen und die erforderlichen Auskünfte zu erteilen."

Insoweit VOB im Bauvertrag nicht vereinbart ist, sind entsprechende **Formulierungen in die Vertragstexte** aufzunehmen, um dem Auftraggeber die grundsätzliche Handlungsfähigkeit für die Qualitätssicherung zu verschaffen.

Um ein ordentliches Qualitätsmanagement durchführen zu können, ist zumindest bei großen Bauvorhaben eine permanente Präsenz der vom Auftraggeber mit der Qualitätskontrolle beauftragten Personen auf der Baustelle erforderlich. Bei der Vergabe der Bauleistungen empfiehlt es sich also sicherzustellen, dass für die Vertreter des Auftraggebers Büros mit entsprechender Ausstattung, arbeitsschutzgemäße Arbeitskleidung, Telefon- und Telefax-Anschluss, Teeküche, etc. auf der Baustelle vorhanden sind. Diese Einrichtungen müssen über die gesamte Bauzeit unterhalten und regelmäßig gereinigt werden. Erfahrungsgemäß sind die Büros bis mindestens drei Monate nach Fertigstellung der Baumaßnahme erforderlich, da auch die Mängelbeseitigung nach Abnahme zu den Aufgaben des Qualitätsmanagement gehören. Es sind vertragliche Regelungen zu treffen, dass im Falle einer Bauzeitverlängerung auch die Baustellenbüros des Auftraggebers über den verlängerten Zeitraum hin zur Verfügung zu stellen sind.

Über den **Baufortschritt** und die einzelnen Bauaktivitäten sind vom Auftragnehmer monatliche **Fotodokumentationen** zu fordern, aus denen hervorgeht, wie sich der Baufortschritt entwickelt hat und einzelne Leistungen, die spätere gegebenenfalls nicht mehr ersichtlich sind, dokumentiert werden. Der Auftragnehmer sollte vertraglich dazu verpflichtet sein, jeden Monat von immer den gleichen Stellen aus (zum Beispiel vier Eckpunkte des Bauvorhabens und/oder Kranführerhaus mit festgelegten Blickrichtungen) den Baufortschritt zu dokumentieren. Außerdem sollte er verpflichtet werden, begleitend zum Bauablauf die jeweiligen im Berichtszeitraum erbrachten Leistungen einzeln zu fotografieren und zu dokumentieren.

Weiterhin muss der Auftragnehmer vertraglich dazu verpflichtet sein, ein **Bautagebuch** zu führen und dieses in regelmäßigen Abständen den Vertretern des Auftraggebers vorzulegen. Das Bautagebuch ist für jeden Arbeitstag zu erstellen. Aus dem Bautagebuch müssen mindestens **folgende Sachverhalte** hervorgehen:

- Bezeichnung des Bauvorhabens
- Datum des Arbeitstages
- Fortlaufende Seitennummerierung
- Beschreibung des Wetters, getrennt nach vormittag und nachmittag, mit Angabe der Temeperatur

– Schichtbezeichnung
– Anzahl der auf der Baustelle vorhandenen Arbeitskräfte, getrennt nach:
  • Facharbeiter
  • Hilfsarbeiter
  • Praktikanten
  • Kranführer
  • Maschinisten
  • Nachunternehmerpersonal
  • Gerätebenutzung (Wesentliche auf der Baustelle vorhandene Großgeräte)
  • Baustoffe (Wesentliche auf der Baustelle verarbeitete Baustoffe)
  • Ausgeführte Arbeiten (Detaillierte Beschreibung der am Berichtstage ausgeführten Arbeiten auf der Baustelle (Ausweis der für die Bauüberwachung zuständigen Personen)
  • Besondere Vorkommnisse
  • Bemerkungen

Das Bautagebuch muss durch **den Bauleiter** der ausführenden Firma **unterzeichnet** werden und vom Vertreter des Auftraggebers **gegengezeichnet** werden.

So weit **unterschiedliche Firmen** auf der Baustelle vorhanden sind, muss jede einzelne Firma ein Bautagebuch nach den oben gemachten Vorgaben führen.

Bei größeren Bauvorhaben ist die Beschreibung der am Berichtstage ausgeführten Leistungen nach Bauteilen, Geschossen etc. zu unterscheiden.

Der Auftragnehmer muss vertraglich dazu verpflichtet sein, die einzelnen Bauleistungen **zu bemustern**. Hierzu sollte bereits im Bauvertrag festgelegt sein, in welcher Form einzelne Leistungen zu bemustern sind (1:1 Muster auf der Baustelle, Handmuster, Vorlage von Katalogen, etc.).

4.4.2 Tools

Grundlage für das Qualitätsmanagement auf der Baustelle sind die vertraglichen Vereinbarungen mit dem oder den Auftragnehmern und die in Leistungsverzeichnissen/Leistungsbeschreibungen und Plänen festgehaltenen Bestellwerksinhalte.

Es hat sich bewährt, sämtliche vertraglichen Vereinbarungen in verkleinerter Form im Format A 5 in Ordnern zusammenzufassen und bei allen Verhandlungen und Besprechungen **griffbereit** zu haben. Ein gemeinsamer Blick in dem Vertrag und die Vertragsanlagen erspart bereits im Vorfeld viele Streitigkeiten.

Auf der Baustelle werden durch die vom Auftraggeber für die Qualitätssicherung benannten Personen regelmäßige **Rundgänge** gemacht, und es empfiehlt sich, bei diesen Rundgängen ausführliche Fotodokumentationen zu machen, vor allen Dingen von Bereichen, die nicht entsprechend dem Bestellwerk ausgeführt werden oder Mängel aufweisen. Nach dem Baustellenrundgang werden die erkannten Mängel und Abweichungen vom Bestellwerk sofort nach jedem einzelnen Mangel getrennt in **Mängelrügen** überführt.

Die Behebung von gerügten Mängeln muss regelmäßig **überprüft** werden und – wird ein Mangel nicht fristgerecht durch den Auftragnehmer behoben – muss eine Nachfrist gesetzt werden. Nach fruchtlosem Ablauf der Nachfrist kann dem Auftragnehmer der Auftrag ganz oder teilweise entzogen werden. Bei **schwierig beseitigbaren** Mängeln (etwa bei Betonsanierung) kann vom Auftragnehmer verlangt werden, dass er Muster für die beabsichtigte Sanierung anlegt, die vor Sanierung der Gesamtflächen vom Auftraggeber freizugeben sind.

Entsprechend den vertraglichen Vereinbarungen werden Bemusterungen durchgeführt. Anhand der Muster wird die letztendliche Ausführungsqualität festgelegt. Die Ergebnisse der Bemusterung und die entsprechenden Freigaben durch den Auftraggeber müssen in einem Formblatt festgehalten werden, das von den Vertragsparteien und den für die Qualitätssicherung verantwortlichen Parteien unterzeichnet wird. **Inhalt** des Formblattes ist:
– Bezeichnung des Bauvorhabens
– Datum der Anmeldung der Bemusterung

- Datum der Bemusterung
- Teilnehmer bei der Bemusterung
- Gegenstand der Bemusterung
- Erläuterung
- Fabrikat
- Modell
- Farbe
- Einbauort/Bauteil
- Planunterlagen
- Vertragsunterlagen
- Ergebnis der Bemusterung
  - Freigabe
  - Wiedervorlage
  - Alternativen
  - Abgelehnt
- Anmerkungen
- Datum für erneute Bemusterung
- Unterschriften von:
  - Projektsteuerung
  - Auftragnehmer
  - Auftraggeber

Erst wenn das Bemusterungsformblatt rechtskräftig vom Auftraggeber unterzeichnet ist, darf der Auftraggnehmer das Produkt einbauen.

4.4.3 Arten des Qualitätsmanagements

Je nach Gestaltung des Bauvertrages muss die Qualitätssicherung durch den Auftraggeber in unterschiedlicher Intensität durchgeführt werden.

4.4.3.1 Bauleitung

Bei der Beauftragung der Bauleistungen in einzelnen Gewerken wird dringlich angeraten, das gesamte Leistungsbild der HOAI für die Objektüberwachung § 15 Leistungsphase 8 (Objektplanung für Gebäude, Freianlagen und raumbildende Ausbauten) und § 73 Leistungsphase 8 (technische Ausrüstung) auszuführen; ggf. ergänzt durch qualitätssichernde Leistungen von Sonderfachleuten, wie Fassadenplaner, Bauphysiker etc.

Kernstück der **Objektüberwachung (Bauüberwachung)** nach HOAI ist die Überwachung der Ausführung des Objektes auf Übereinstimmung mit der Baugenehmigung, den Ausführungsplänen und den Leistungsbeschreibungen sowie mit den anerkannten Regeln der Technik und den einschlägigen Vorschriften sowie die Abnahme der Bauleistungen unter Mitwirkung anderer an der Planung und Objektüberwachung fachlich Beteiligter unter Feststellung von Mängeln und die Überwachung der Beseitigung der bei der Abnahme der Bauleistungen festgestellten Mängel.

Neben der **Qualitätsüberwachung** gibt es eine Reihe von organisatorischen Aufgaben, wie etwa das Koordinieren der an der Objektüberwachung fachlich Beteiligten, das Aufstellen und Überwachen von Zeitplänen, das Führen eines Bautagebuches.

Als weiterer Aufgabenkomplex obliegt der Objektüberwachung die **Abrechnung** der ausgeführten Leistungen, angefangen vom gemeinsamen Aufmaß mit den bauausführenden Unternehmen über die Rechnungsprüfung der Abschlagsrechnungen und der Schlussrechnung bis hin zur Kostenfeststellung nach DIN 276. Der letzte Aufgabenkomplex der Objektüberwachung umfasst die Vorbereitung und Durchführung der **Abnahmen der Baumaßnahme** mit Behörden und dem Auftraggeber und die Übergabe des Objektes an den Auftraggeber.

An die Qualifikation des Bauleiters werden hohe Anforderungen gestellt. Der Bauleiter muss ein **praxiserfahrener** Mann sein, der die Vorgänge auf den Baustelle nicht nur beobachtet, sondern erkennt, ob durch die Art der Bauausführung die gewünschte Bestellwerksqualität tatsächlich erreicht und die Regeln der Technik eingehalten werden, oder ob Fehlleistungen und Mängel durch die Vorgehensweise der Handwerker nicht vorprogrammiert sind. Der Bauleiter muss entsprechendes Durchsetzungsvermögen haben und den ausführenden Firmen die Weiterführung fehlerhafter Leistungserstellung untersagen. Dabei soll im direkten Gespräch mit den verantwortlichen Personen der ausführenden Firmen konstruktive Möglichkeiten zur Vermeidung von Mängeln erarbeitet werden. Gleichzeitig muss sich der Bauleiter jedoch formell absichern und frühzeitig schriftliche Mängelrügen mit Fristsetzung zur Mängelbeseitigung an die bauausführenden Firmen überstellen. Es ist wichtig, dass Bauleiter verstehen, dass nur eine solche Verhaltensweise professionell ist und dass eine Verbrüderung mit den bauausführenden Firmen in den wenigsten Fällen den gewünschten Erfolg für die Erreichung der bestellten Qualität gebracht hat.

Über die grundsätzliche Anforderung an die **Intensität der Objektüberwachung** besteht Einigkeit in der Rechtsprechung und der Literatur. Die erforderliche Intensität der Objektüberwachung hängt ab von der Bedeutung, Größe und Schwierigkeit des Bauvorhabens sowie vom Baufortschritt und der Art der konkret anfallenden Arbeiten. So ist etwa immer dann, wenn Auftragnehmer schlecht leisten und in vielen Bereichen die Qualität der Bestellwerksleistung nicht erreichen, eine erhöhte Aufmerksamkeit und Anwesenheit der Bauleitung erforderlich, um sicherzustellen, dass auch diese Firmen bestellwerksgemäß liefern, während in Fällen, in denen Firmen weitgehend mängelfrei ihre Arbeit erbringen, ein geringerer Arbeitsaufwand erforderlich ist. Es ist getragene Rechtsmeinung, dass auch bei besonders intensiver Überwachungstätigkeit keine über das mit dem für die Grundleistung vereinbarte Honorar hinausgehenden Ansprüche der Bauleitung auf Vergütung bestehen.

Überwacht werden muss nicht nur die Erstellung der Leistungen, sondern auch die **Behebung der Mängel**, die gerügt worden sind. Auch erfahrene und an sich zuverlässige Unternehmen müssen immer dann intensiv überwacht werden, wenn sie schwierige oder mängelgeneigte Aufgaben ausführen. Neben der Ausführung der Leistungen muss die Bauleitung auch **die Baustoffe und Bauteile** stichprobenartig überprüfen und auf Bestellwerkskonformität und Brauchbarkeit hin beurteilen.

4.4.3.2 Oberbauleitung

Unter dem Begriff Oberbauleitung wird eine reduzierte Form der Bauleitung verstanden, die vor allen Dingen bei Generalübernehmer-/Generalunternehmerverträgen beauftragt wird. Koordinationsaufgaben, die bei der gewerkeweisen Vergabe der Bauleitung obliegen, fallen hier in das Leistungsbild des Generalübernehmers/Generalunternehmers. Ein entsprechendes **Leistungsbild** könnte hier wie folgt lauten:

– Leitung der wöchentlichen Baubesprechung auf der Baustelle mit den Planungs- und Ausführungsbeteiligten

– Überprüfung der Qualität des Objektes auf Übereinstimmung mit dem Bestellwerk und – so weit hierfür begründeter Anlass besteht – mit den Regeln der Technik

– Überprüfung der Qualität des Objektes auf Übereinstimmung mit den Ausführungsplänen und der Leistungsbeschreibung

– Berichterstattung an den Auftraggeber bei Abweichung der Bauausführung von vereinbarten Zielen

– Prüfen der täglichen Berichte (Bautagebuch) des Generalunternehmers

– Sachliche und rechnerische Überprüfung der Abschlagsrechnungen sowie Überprüfung auf Übereinstimmung mit den vereinbarten Leistungszielen, Weiterleitung an die Projektsteuerung zur Anweisung

– Inhaltliche und rechnerische Prüfung und Bewertung von Nachträgen, Weiterleitung der geprüften Nachträge an die Projektsteuerung zur Freigabe

– Teilnahme an behördlichen Abnahmen

– Durchführung der technischen Vorabnahmen der Generalunternehmerleistungen, gegebenenfalls unter Mitwirkung anderer an der Planung fachlich Beteiligter unter Feststellung von Mängeln und Restarbeiten, Erstellung des Abnahmeprotokolles hierzu und dessen Erfassung auf Datenträger und Beratung und Unterstützung des Auftraggebers bei der rechtsgeschäftlichen Abnahme der Generalunternehmerleistungen

– Überwachung der Beseitigung der bei der Abnahme festgestellten Mängel mit einem Nachlauf von maximal drei Monaten nach Abnahme

Der Oberbauleiter übernimmt also keine koordinierenden Aufgaben mehr, sondern beschränkt sich auf die Überprüfung der Qualität der durch den Generalunternehmer/Generalübernehmer erstellten Leistung, die Freigabe von Rechnungen und die Teilnahme an der Abnahme.

4.4.3.3 Künstlerische Oberbauleitung

Die künstlerische Oberbauleitung ist ein Begriff aus der früheren GOA und beschränkt sich darauf, die Bauarbeiten in gestalterisch-künstlerischer Hinsicht zu beobachten. Die Qualitätskontrolle richtet sich dabei insbesondere darauf, dass die Verwirklichung der Entwurfsabsicht entsprechend den in der Ausführungsplanung oder den Leitdetails vorgegebenen Art und Weise **umgesetzt** wird. Hier ist vor allen Dingen darauf zu achten, dass die gestalterischen Vorgaben in einer Art und Weise mit der entsprechenden handwerklichen Präzision umgesetzt werden, die den Gestaltungsprinzipien im Hinblick auf die spätere optische Erscheinung des Gesamtgebäudes und seiner Details entspricht.

Die künstlerische Oberbauleitung geht also nicht mehr auf die Regeln der Technik ein, sondern konzentriert sich auf die optisch wahrnehmbaren Teile des Gebäudes.

Eine künstlerische Oberbauleitung alleine ist bei Generalunternehmer-/Generalübernehmer-Beauftragung nicht ausreichend für ein ordnungsgemäßes Qualitätscontrolling. Vielmehr wird häufig bei großen Bauvorhaben die technische Oberbauleitung an hierfür spezialisierte **Consultants** beauftragt und in Ergänzung hierzu ein Auftrag an den Architekten erteilt über die künstlerische Oberbauleitung.

4.4.4 Prüfung auf Übereinstimmung mit dem Bestellwerk

Wichtigste Aufgabe der Qualitätssicherung während der Bauausführung ist die Prüfung der Ausführung auf Übereinstimmung mit dem Bestellwerk. Es muss sich hier um eine **vorausschauende** Prüfung und nicht um ein Nachprüfen nach Fertigstellung der Leistungen handeln. So ist zum Beispiel bereits durch die Anbringung der Schalung und die Qualität der Schalttafeln zu erkennen, ob die spätere Oberflächenqualität des Betons erreicht werden kann, wie sie im Bestellwerk gefordert ist. Ein **späteres** Nachprüfen der fertigen Betonoberflächen kann meist nur noch den Mangel feststellen, eine Mangelbehebung ist dann außerordentlich schwierig und fällt außerdem häufig dem Tatbestand der Verhältnismäßigkeit zum Opfer. Wenn also zu erwarten ist, dass durch die für die Schalung verwandten Materialien und durch den beim Betoniervorgang gewählten Ablauf die spätere Oberflächenqualität nicht erreicht werden kann, muss die ausführende Firma sofort durch Mängelrüge darauf hingewiesen werden, dass die Arbeiten in der ausgeführten Form nicht akzeptiert werden, dass wegen des frühzeitigen Hinweises der Tatbestand der Verhältnismäßigkeit nicht zutrifft und der Auftragnehmer aufgefordert ist, andere Schalmaterialien oder einen anderen Herstellungsprozess zu wählen, um die Bestellwerksqualität der Betonoberfläche zu erreichen.

An die Sachkompetenz des Bauleiters ist hier eine hohe Anforderung gestellt, da gegebenenfalls bei Nichtbeachtung der Hinweise durch den Auftragnehmer ein **Baustopp** für die entsprechenden Leistungen verhängt werden muss, bis geklärt ist, mit welchem Schalmaterial und mit welchem Herstellungsprozess die gewünschte Oberflächenqualität erreicht werden kann. Es empfiehlt sich dringend, in solch gravierenden Fällen externe Gutachter herbeizuziehen, die kurzfristig die jeweiligen Sachverhalte bewerten. Nur so können in vielen Fällen Auftragnehmer dazu gezwungen werden, die Bestellwerksqualität auch tatsächlich einzulösen.

Voraussetzung der Prüfung der Leistungen auf Übereinstimmung mit dem Bestellwerk ist, dass der zuständige Qualitätscontroller das Bestellwerk in all seinen Facetten genauestens kennt. **Arbeitsgrundlage** des Qualitätscontrollers sind die Vertragsunterlagen nebst ihren Anlagen, die der Qualitätscontroller bei jedem Rundgang auf der Baustelle bei sich haben muss, um vor Ort prüfen zu können, was bestellt ist und ob die bestellte Leistung auch tatsächlich ausgeführt wird. Die Prüfung auf **Übereinstimmung** mit dem Bestellwerk schließt folgende Aufgaben mit ein:

– Werden die im Bestellwerk geforderten Materialien eingebaut (Qualität, Fabrikat, etc.)?
– Werden die im Bestellwerk geforderten Herstellungsprozesse eingehalten (Art der Herstellung, Ablauf der Herstellung, etc.)?
– Werden die bei Bemusterungen getroffenen Absprachen eingehalten?
– Werden die Materialien in der richtigen Farbgebung eingebracht?
– Werden die geforderten Oberflächenqualitäten erreicht?
– Werden die Vorgaben der Leitdetails berücksichtigt?
– Werden die Leistungen entsprechend der Ausführungsplanung umgesetzt (Übereinstimmung mit den Ausführungsplänen)?
– Werden die Leistungen gemäß der Baugenehmigung und den in der Baugenehmigung enthaltenen Auflagen ausgeführt?
– Werden die geforderten Maßtoleranzen eingehalten?
– Werden die dem Bestellwerk beigefügten Gutachten bei der Ausführung der Leistung beachtet?

4.4.5 Prüfung auf Übereinstimmung mit den Regeln der Technik

Bei der Bauausführung muss vom Grundsatz davon ausgegangen werden können, dass die Vertragsunterlagen nebst Anlagen in ihrer Gesamtheit die Regeln der Technik berücksichtigen und keine Inhalte enthalten, die gegen die Regeln der Technik **verstoßen**. Die Verantwortung hierfür liegt bei dem Architekten und den Fachingenieuren.

Der Auftragnehmer muss bei der Herstellung der Leistungen die Be- und Verarbeitungsregeln einhalten, die durch DIN-Normen und sonstige Regelwerke **definiert** sind. Trotzdem ist es hilfreich und wichtig, dass in einer Kontrollfunktion durch die Bauleitung die Abläufe auf der Baustelle nochmals begutachtet werden und in einer weiteren Überprüfung der Übereinstimmung mit den Regeln der Technik unterzogen werden. Die Intensität der Überprüfung auf Übereinstimmung mit den Regeln der Technik hängt von der Art der Vergabe ab. Im Falle einer Einzelvergabe wird die Bauleitung vor allen Dingen ihr Augenmerk auf die Schnittstellen zwischen den einzelnen Gewerken richten müssen, um Fehler aus Missachtung der Regeln der Technik zu vermeiden. Bei einer Generalübernehmer-/Generalunternehmer-Vergabe obliegt die Koordination der einzelnen Gewerke dem Generalübernehmer/Generalübernehmer selbst. Erst in zweiter Linie wird die Bauleitung auch hier stichprobenartig die Einhaltung der Regeln der Technik prüfen.

4.4.6 Planprüfung/Planfreigabe

Grundsätzlich liegt die Verantwortung für die Planerstellung und für die Planinhalte bei den Planerstellern, also Architekten und Fachingenieure, bzw. dem Generalübernehmer/Generalunternehmer, so weit er mit der Planfertigung beauftragt ist.

In allen Fällen, in denen Architekten und Fachingenieure mit dem vollen Leistungsbild der HOAI beauftragt sind, muss man davon ausgehen können, dass die Planung durchgängig und den Regeln der Technik entsprechend bis in die Ausführungsplanung und die Details durchgeführt ist.

Hier beschränkt sich eine Prüfung der Planung auf die **Übereinstimmung mit dem Bestellwerk**. Die Planprüfung stellt also fest, ob Architekten und Fachingenieure bei der Weiterentwicklung der Planung von den Intentionen des Auftraggebers abgerückt sind, oder ob sie die Wünsche des Auftraggebers konsequent umgesetzt haben. Leider muss in vielen Fällen festgestellt werden, dass diese Überprüfung auf Einhaltung des Bestellwerkes bzw. der Auftraggeberwünsche erforderlich ist, da sowohl bei Architekten als auch Fachplanern eine Tendenz besteht, im Fortgang der Planung eigene Vorstellungen und Wünsche vor die Auftraggeberwünsche zu stellen und Planungen vorzulegen, die in vielen Teilen von dem Auftrag des Auftraggebers abweichen. Dies betrifft sowohl funktinalen Inhalte der Planung als auch gestalterische Aspekte. Es ist für viele Architekten und Fachingenieure schwierig zu verstehen, dass ein Auftraggeber in vielen Punkten ganz konkrete Vorstellungen hat, die er umgesetzt haben will.

In allen Fällen, bei denen eine Entwurfsplanung – vielleicht spezifiziert durch zusätzliche Leitdetails – an einen **Generalübernehmer/Generalunternehmer** zur Überführung in eine Ausführungsplanung übergeben werden, muss in jedem Fall eine Planprüfung installiert werden, da Auftragnehmer immer versuchen werden, unzulässige Vereinfachungen einzuführen, die zu einer Kostenentlastung der Auftragnehmerkalkulation führen.

Ablauf, Inhalt und rechtliche Konsequenz der **Planprüfung** sind im **Bauvertrag** genau zu definieren. Es muss geregelt sein, dass alle vom Auftragnehmer nach Maßgabe des Vertrages zu erstellenden Planungen, Berechnungen, Zeichnungen und sonstige Unterlagen dem Auftraggeber zur Freigabe nach einem im Vertrag beschriebenen detaillierten Freigabeverfahren vorzulegen sind. Erst nach **Freigabe** sind die Unterlagen verbindlich für die hiervon betroffenen Leistungen des Auftragnehmers.

Die **Planungsprüfung** kann entweder vom Architekten und den Fachingenieuren, die die Planung bis Beauftragung an einen Generalübernehmer/Generalunternehmer erstellt haben, beauftragt werden oder an einen unabhängigen Dritten. Zu vermeiden ist, dass Planprüfung mit Planfortschreibung verwechselt wird, was häufig eintritt, wenn der mit der ursprünglichen Planung beauftragte Architekt im weiteren Projektverlauf mit der Planprüfung der vom Generalübernehmer/Generalunternehmer gefertigten Pläne beauftragt wird. Hier besteht eine ausgeprägte Neigung, die Planung im eigenen Interesse weiter zu entwickeln und durch Plankorrekturen Tatbestände zu schaffen, die zu Mehrkostenforderungen und Behinderungen durch den Auftragnehmer führen können. Beauftragt man die Planprüfung an einen unabhängigen Dritten, der lediglich die Richtigkeit der vom Auftragnehmer gefertigten Pläne prüft und keine eigenen Intensionen hat, die Planung weiter zu entwickeln, grenzt man die Gefahr von Nachträgen und Behinderungen erheblich ein. Allerdings wird man in diesem Fall nicht immer das gewünschte Optimum an Planungsinhalt erreichen, das scharf an der Grenze zwischen zulässiger Interpretation des Bestellwerkes und nachtragsrelevanter Zusatzleistung liegt. **Inhalt der Planprüfung** sind folgende Leistungen:
– Prüfung der Übereinstimmung der Ausführungsplanung mit dem Bestellwerk und der Baugenehmigung
– Überprüfung der Ausführungsplanung auf Einhaltung der vereinbarten Projektziele und auf Übereinstimmung mit der dem Bestellwerk beigefügten Planung und etwa nachträglich mit dem Auftraggeber vereinbarten Änderungen und Ergänzungen
– Überprüfung der Ausführungsplanung mit dem sonstigen Bestellwerk (Leistungsverzeichnisse/Leistungsbeschreibung, Berechnungen, Gutachten, etc.)
– Einleiten der notwendigen Plankorrekturen und Überprüfung dieser Korrekturen
– Regelmäßiger Bericht an den Bauherrn über den Fortgang der Planung

Die geprüften Pläne gehen an den Auftragnehmer mit einem der folgenden **Prüfvermerke** zurück:
– Freigegeben zur Ausführung
  Damit können die geprüften und freigegebenen Pläne baulich umgesetzt werden.
– Freigegeben mit Korrektureintragung
  Der Auftragnehmer muss vor Umsetzung der Planinhalte in bauliche Substanz die Korrekturen der Planprüfung übernehmen und die Pläne entsprechend korrigieren und kann

dann ohne weitere Vorlage der Pläne beim Auftraggeber auf der Baustelle umsetzen. Der Auftraggeber erhält eine Kopie des korrigierten Planes.

– Nicht zur Ausführung freigegeben
   Der Auftragnehmer muss in diesem Fall die von der Planprüfung bemängelten Fehler oder Unvollständigkeiten in den Plänen beseitigen und die Pläne nochmals zur Freigabe bei der Planprüfung des Auftraggebers einreichen.

4.4.7 Mängelrüge

Die VOB Teil B § 4 Absatz 6 sieht vor, dass Stoffe oder Bauteile, die dem Vertrag oder den Proben nicht entsprechen, auf Anordnung des Auftraggebers innerhalb einer von ihm bestimmten Frist von der Baustelle zu entfernen sind. Geschieht dies nicht, so können sie auf Kosten des Auftragnehmers entfernt oder für seine Rechnung veräußert werden.

Der Auftraggeber äußert sein Missfallen zu Stoffen oder Bauteilen in Form von Mängelrügen. Diese sind schriftlich zu erteilen und müssen gewissen Formvorschriften genügen. Die **Mängelrüge** muss folgende **Inhalte** aufweisen:
– Bezeichnung des Bauvorhabens
– Datum
– Laufende Nummer der Mängelrüge
– Name der Person, die den Mangel rügt
– Genaue Lokation des Mangels (Bauteil/Geschoss/Raum/Koordinaten)
– Genaue Inhaltsbeschreibung des Mangels
– Aufforderung zur Mängelbeseitigung
– Fristsetzung für die Mängelbeseitigung

Die immer wieder **getroffene Verbrüderung** der Bauleitung des Auftragggebers mit der Bauleitung des Auftragnehmers, bei der durch den Bauleiter des Auftraggebers zwar durchaus auf Mängel hingewiesen, diese jedoch nicht schriftlich in Form von Mängelrügen vorgetragen werden, stellt kein professionelles Verhalten der Parteien dar. Natürlich müssen die Vertreter der beiden Parteien darüber beratschlagen, wie Mängel vermieden und – wenn Mängel bereits vorhanden sind – behoben werden sollen. Dies schließt jedoch nicht aus, dass die Mängel in der geforderten Form schriftlich angemahnt werden, die fristgerechte Mängelbehebung überwacht wird und behobene Mängel durch die Parteien freigezeichnet werden.

4.4.8 Dokumentation

Die Vorgänge des Qualitätsmanagement sind detailliert zu dokumentieren. Hierzu zählen folgende Vorgänge:
– Dokumentation der Entscheidungsvorlagen zu Änderungen und Nachträgen nach den Kategorien
  • durch den Auftraggeber freigegeben
  • vom Auftraggeber zurückgewiesen
  • in Bearbeitung
  • vom Auftraggeber angewiesen
– Dokumentation der vom Auftraggeber freigezeichneten Bemusterungsvorlagen zu den Bemusterungsentscheidungen
– Dokumentation der zur Freigabe eingereichten Planunterlagen nach den Kategorien
  • zur Ausführung freigegeben
  • mit Korrektur zur Ausführung freigegeben
  • nicht zur Ausführung freigegeben .
– Dokumentation der Mängelrügen nach den Kategorien
  • noch nicht behobene Mängel
  • behobene Mängel

- Dokumentation der Bautagebücher des Auftragnehmers
- Dokumentation der Bautagebücher der Bauleitung des Auftraggebers, so weit diese angefertigt werden
- Fotodokumentation der Bauabläufe durch den Auftragnehmer
- Fotodokumentation der Bauabläufe durch die Bauleitung des Auftraggebers

4.5 Vertragsanpassung

Trotz der oben angesprochenen Instrumentarien der Entscheidungsvorlage, die alle Änderungen und Nachträge im Baugeschehen dokumentiert und nach Unterschrift durch den Auftraggeber zum Vertragsbestandteil wird, empfiehlt es sich gerade bei Bauvorhaben, die während der Bauausführung größeren Veränderungen unterworfen sind, von Zeit zu Zeit formale Nachträge zum Bauvertrag zwischen den Parteien zu verhandeln und abzuschließen. In den **Nachträgen** müssen alle bis zum Nachtragszeitpunkt aufgetretenen offenen und streitigen Sachverhalte aufgeführt und einer vertraglichen Regelung zugeführt werden. Die daraus resultierenden Auswirkungen auf die Höhe des vereinbarten Vertragspreises und die Auswirkungen auf die vereinbarte Bauzeit sind im Nachtrag eindeutig zu regeln. Erfahrungsgemäß haben solche Nachträge beruhigende Wirkung auf den weiteren Bauablauf. Streitigkeiten zwischen den Parteien werden damit beendet und einer Regelung zugeführt, so dass nach Abschluss des Nachtrages wieder eine neutrale Situation zwischen den Parteien hergestellt ist.

4.6 Krisenmanagement

Krisen gehören fast bei jedem größeren Bauvorhaben zur Normalität. Sei es, dass für das eingestellte Budget keine Angebote am Markt erhältlich sind und aus diesem Grund die Baumaßnahme nochmals überplant werden muss, sei es durch Ausfall von Auftragnehmern während der Bauausführung, sei es durch Schlechtleistung von ausführenden Firmen, durch Ausfall oder Wechsel von Mietern oder durch Veränderung der Projektziele durch den Auftraggeber und dadurch notwendige Umplanungen. Bei der Bewältigung der Krisen bedarf es nicht nur hoher professioneller Qualität der einzelnen Beteiligten, sondern auch hoher **Sozialkompetenz des Krisenmanagers**.

Ein Bauvorhaben durchläuft im Regelfall während der Baurealisierungsphase folgende Stadien:

- **Vor Auftragserteilung** ist der Auftragnehmer konziliant und entgegenkommend, da er ja den Auftrag abschließen will. Dies ist der Zeitpunkt, um alle wesentlichen späteren Streitmöglichkeiten für die konkrete Baumaßnahme zu antizipieren und Regelungsmechanismen für die antizipierten Probleme in den Vertragstext aufzunehmen. Dabei ist zu bedenken, dass ein Vertrag nicht für den Fall gemacht ist, dass sich die Parteien gut verstehen und keine Probleme auf der Baustelle bestehen. Der Vertrag ist vielmehr für den Fall konzipiert, dass die Parteien unterschiedlicher Auffassung zur Behebung der aufgetretenen Probleme sind. Für diesen Fall muss der Vertrag die Spielregeln festlegen.

- **Nach Abschluss** des Vertrages wird sich der Auftragnehmer berechtigterweise auf die Inhalte seines Vertrages beziehen. In der Anfangsphase des Projektes wird er dabei auf Vorschläge und Anregungen des Auftraggebers eingehen und versuchen, diese so weit wie möglich bei der weiteren Projektrealisierung zu integrieren. Von Auftraggeberseite muss darauf geachtet werden, dass bereits in der Anfangsphase des Projektes der vereinbarte Terminrahmen eingehalten wird, die Planung zügig und fehlerfrei übergeben wird und die Qualität der ersten Bauleistungen der Bestellwerksqualität entspricht. Der Auftragnehmer muss merken, dass der Auftraggeber die notwendigen Entscheidungen professionell abarbeitet und Schlechtleistungen auf Auftragnehmerseite erkennt und rügt.

— Mit **fortschreitender Bauzeit** stellen viele Auftragnehmer fest, dass sie zu optimistisch an die Bauaufgabe herangegangen sind, eine Vielzahl von Problemen während der Auftrags- verhandlung nicht erkannt haben, Probleme mit Subunternehmern haben etc. und damit in eine Kosten- und Terminschere geraten. Ihr Verhalten bezüglich der Einflussnahme des Auftraggebers auf die Baumaßnahme besonders hinsichtlich zusätzlicher Wünsche etc. wird angespannter.

— Spätestens nach **zwei Drittel der Vertragslaufzeit** sind die eingegangenen Kosten- und Terminrisiken dem Auftragnehmer in vollem Umfang bewusst. Er wird jetzt versuchen, seine Position hinsichtlich der Terminenge durch Behinderungsanzeigen aufzuweichen und sein Budget durch Nachträge aufzubessern. Auf Auftraggeberseite ist hier als Gegenposition ein professionelles Claimmanagement aufzubauen, das die eingegangenen Behinderungen und Nachträge als unbegründet zurückweist oder, so weit Grund für Behinderung oder Nachträge besteht, diese Behinderungen und Nachträge auf angemessene Größenordnungen reduziert.

— Spätestens jetzt stellt sich auf Auftraggeberseite heraus, ob die vertraglichen Vereinbarungen und die Anlagen des Vertrages die Angriffe des Auftragnehmers aushalten.

Auf Auftragnehmerseite besteht in Krisensituationen erfahrungsgemäß die **Tendenz der Ver- schleppung**. Über lange Zeit wird behauptet, dass einmal aufgetretene Terminverzüge aufge- holt werden könnten und der Endtermin eingehalten werden kann. Viel zu spät stellt man fest, dass dies nicht der Fall ist und die Arbeit nicht termingerecht geliefert werden kann. Zu diesem Zeitpunkt kommt auch meist eine Gegensteuerung zu spät. Auf Auftraggeberseite ist darauf zu achten, dass Abweichungen von den Terminen oder Kosten möglichst frühzeitig bekannt und auf einem möglichst hohen Verantwortungslevel eskaliert werden. In Krisenfällen hat es sich immer als erfolgreich bewiesen, nicht etwa das örtliche Baustellenmanagement des Auftragnehmers mit dem Oberbauleiter als höchster Verantwortungsposition zur Rede zu stellen, sondern die Geschäftsleitung oder den Vorstand des Auftragnehmers mit einzuschalten. Von der obersten Führungsebene auf Auftraggeberseite müssen Direktiven an die für die Baustelle Verantwort- lichen ergehen, die Krise zu bewältigen und in geordnete Abläufe zurückzukehren. Da man nicht erwarten kann, dass Geschäftsleitung und Vorstand eines Auftragnehmers sich permanent um die Baustelle kümmern werden, kann das o.g. Verfahren nur bei wirklich wichtigen Sach- verhalten Anwendung finden. Den hochrangigen Verantwortlichen auf Auftragnehmerseite müssen **hochrangige Verantwortliche auf Auftraggeberseite** gegengestellt werden. Wenn also Geschäftsführung oder Vorstand des Auftragnehmers zu Gesprächen geladen werden, so muss auch auf Auftraggeberseite ein Mitglied der Geschäftsführung oder ein Vorstand an den Besprechungen teilnehmen, um diesen das notwendige Gewicht zu geben. Bei den Krisenge- sprächen müssen die Probleme offen angesprochen werden und klare Vereinbarungen zu der Behebung der Probleme getroffen werden. Dabei wird es in vielen Fällen notwendigen sein, von beiden Seiten auf einander zuzugehen, um eine geeignete Lösung zu finden.

4.7 Berichtswesen

Die Erkenntnisse aus Terminmanagement, Kostenmanagement und Qualitätsmanagement sowie alle sonstigen wesentlichen Aspekte bezüglich der Realisierung der Baumaßnahme werden in regelmäßigen Abständen zusammengefasst und dem Auftraggeber als Bericht vorgelegt. Es gehört im Regelfall zu den Aufgaben der Projektsteuerung, die entsprechenden Informationen bei den Planungs- und Ausführungsbeteiligten abzufragen und den Bericht zu erstellen.

Die Stellungnahmen der Planungs- und Ausführungsbeteiligten sollten kurz gehalten und nach **folgender Struktur** gegliedert sein:

— Stand der Arbeiten zum Berichtszeitpunkt

— Prozentangabe zur Fertigstellung der Arbeiten

— Beschreibung der Arbeitsschwerpunkte des vergangenen Berichtsraumes

- Probleme, die im vergangenen Berichtszeitraum aufgetreten sind
- Berichte zum Kostenstand
- Berichte zum Terminstand
- Änderungen mit Kostenrelevanz
- Änderungen mit Terminrelevanz
  (die Berichterstattung über Planänderungen mit Kostenrelevanz und Planänderungen mit Terminrelevanz berühren das Verfahren der Erstellung von Entscheidungsvorlagen für Änderungen nicht. Das Berichtswesen hat keinen Genehmigungscharakter)
- Kurze Beschreibung der Arbeitsschwerpunkte des kommenden Berichtszeitraumes
- Probleme die für den kommenden Berichtszeitraum vorausgesehen werden
- Notwendige Entscheidungen durch
  - Auftraggeber
  - Benutzer
  - Planer

Der **Bericht des Projektsteuerers** aggregiert die eingegangenen Bericht der einzelnen Beteiligten und stellt sie in übersichtlicher Form für den Auftraggeber dar.

Projektberichte werden üblicherweise in monatlicher Zeitabfolge erstellt, bei größeren Bauvorhaben in zweimonatigen Abständen.

4.8 Projektbesprechungen

Projektbesprechungen finden turnusmäßig statt und dienen dem projektübergreifenden und projektinternen Informationsaustausch. Auf den Projektbesprechungen werden Arbeitsschritte eingeleitet und Arbeitsanweisungen in das Protokoll aufgenommen und solange verfolgt, bis die Aufgaben erledigt sind. Durch die Verteilung von Protokollen werden alle zu informierenden Projektbeteiligten über den Stand des Projektes bzw. seiner Teilprojekte unterrichtet und in Kenntnis gesetzt, welche Arbeitsleistungen durch welche Projektbeteiligten zu erbringen sind.

Zu den Projektbesprechungen wird durch Einladung mit Tagesordnung termingerecht **eingeladen**. Es werden unterschiedliche Hierarchien von Projektbesprechungen **unterschieden**:
- **Entscheidungsausschusssitzung** (auch: Policy-Meeting)
  An der Entscheidungsausschusssitzung nehmen die ranghöchsten Verantwortlichen des Auftraggebers und die ranghöchsten Vertreter der Projektsteuerung teil. Nach Bedarf werden weitere Auftragnehmer zugeladen.
  Auf der Entscheidungsausschusssitzung wird im engen Führungskreise die Politik des Projektes festgelegt. Die Projektsteuerung informiert den Auftraggeber über den Stand des Projektes und über die aufgetretenen Probleme. Der Auftraggeber teilt seine Anforderungen und Entscheidungen zu offenen Fragen mit. Gemeinsam wird das strategische Vorgehen zur Problemlösung der aufgetretenen Probleme diskutiert. Der Entscheidungsausschuss genehmigt Änderungen des Budgets und des vorgegebenen Terminrahmens sowie wesentliche Änderungen am Projekt.
  Der Entscheidungsausschuss tagt regelmäßig alle 4–6 Wochen.

- **Jour-Fixe-Besprechungen**
  Teilnehmer an den Jour-Fixe-Besprechungen sind die Vertreter der einzelnen an Planung- und Bauausführung beteiligten Parteien, mit den jeweils handlungsfähigen Vertretern.
  Bei den Jour-Fixe-Besprechungen wird über die Projektsituation informiert, der Ablauf des Projektes koordiniert und organisiert, die einzelnen Beteiligten berichten über den Projektstand und eventuell aufgetretene Probleme. Problemlösungen werden gemeinsam entwickelt und vorangetrieben, die im Entscheidungsausschuss gefallenen Entscheidungen

werden an die Teammitglieder weitergeleitet, bei Termin- und Kostenabweichungen werden Vorschläge zu Gegensteuerungsmaßnahmen erarbeitet.
Bau-Jour-Fixe finden in der Regel 14-tägig statt.

– **Baubesprechungen**
An den Baubesprechungen nehmen die für die Objektüberwachunge zuständigen Vertreter des Auftraggebers und die für die Projektdurchführung zuständigen Mitarbeiter des Auftragnehmers teil.
Aufgabe der Baubesprechung ist die Information über den Stand und Fortgang der Baustelle. Hier werden Qualitätsprobleme und deren Behebung besprochen, Terminabweichungen erkannt und Gegenmaßnahmen untersucht, die monatlichen Abschlagsrechnungen vorbereitet, Entscheidungsvorlagen bearbeitet etc.
Baubesprechungen finden in der Regel wöchentlich statt.

Weitere Besprechungen können bei Bedarf anberaumt werden. Wenn z.B. der Auftragnehmer mit der Ausführungsplanung beauftragt ist, kann es erforderlich sein, so genannte **Planungs- und Koordinierungsbesprechungen** durchzuführen. In der Planungs- und Koordinierungsbesprechung erhalten die Planer des Auftragnehmers eine Plattform, die bei der Erstellung der Ausführungsplanung aufgetretenen Detailfragen mit den Planern auf Auftraggeberseite, die die Entwurfsplanung bzw. die Leitdetails verfasst haben, zu besprechen. Hier werden Lösungen erarbeitet, wenn sich herausstellt, dass die von Auftraggeberseite vorgegebenen Planungsinhalte technisch nicht umsetzbar sind.

Planungs- und Koordinierungsbesprechungen finden in der Regel wöchentlich während des Zeitraumes der Ausführungsplanungserstellung durch den Auftragnehmer statt.

5. Mietermanagement während der Realisierungsphase

Bei Immobilien, die für die spätere Vermietung vorgesehen sind, kann zwischen zwei grundsätzlichen Fällen entschieden werden:
- Immobilien, bei denen der Mieter bereits in der **Planungsphase** der Immobilie feststeht und somit die Wünsche und Anforderungen des Mieters von vornherein bei der Planung berücksichtigt werden können und damit integraler Bestandteil des Auftrages an die bauausführenden Firmen sind.

- Immobilien, bei denen der Mieter erst zu einem Zeitpunkt feststeht, zu dem die Bauausführung **bereits beauftragt** ist und die Bauleistungen ganz oder teilweise ausgeführt sind.

In beiden Fällen ist dringend zu empfehlen, dass zwischen den Anlagen des Mietvertrages und den Anlagen des Bauvertrages absolute Übereinstimmung besteht.

Nur bei **absoluter Kongruenz** der Bestellwerksinhalte des Mieters und des Auftragnehmers für die Bauausführung kann der Auftraggeber vermeiden, dass Forderungen des Mieters zu Nachforderungen des Auftragnehmers für die Bauausführung führen, die der Auftraggeber selbst zu bezahlen hätte. Ist die Kongruenz der Vertragsinhalte hergestellt, wird sich der Auftraggeber im Falle von Forderungen des Mieters auf die Seite des Mieters stellen und diese Forderungen gegenüber dem Auftragnehmer der Bauausführung vortragen. Ist die Forderung berechtigt, wird der Auftragnehmer der Bauausführung diese Forderung auszuführen haben, ohne hierfür Mehrforderungen beanspruchen zu können, ist die Forderung unberechtigt, wird der Auftragnehmer für die Bauausführung dies nachweisen und die Anspruchsgrundlagen des Mieters entfallen.

In beiden oben genannten Fällen ist es unbedingt erforderlich, ein **Kostenmanagement für Mieterwünschen** völlig getrennt zum Kostenmanagement der Auftraggeberleistungen einzurichten. Es muss zu jedem Zeitpunkt der Baumaßnahme klar ersichtlich sein, ob durch Mieterwünsche generierte Mehr- oder Minderkosten vorliegen und damit dem Mieter zugerechnet werden müssen, oder ob Kostenveränderungen dem Auftraggeber auf Basis des ursprünglichen Bestellwerkes zuzurechnen sind. Die den Mieter betreffenden Entscheidungsvorlagen sind vom Mieter zu unterzeichnen.

5.1 Vertragliche Voraussetzungen

Ein geordnetes Management von Mieterwünschen ist nur möglich, wenn dafür die vertraglichen Grundlagen auch im Bauvertrag geregelt sind. Gesteht der Vermieter dem Mieter das Recht zu, ändernd in den Bauablauf einzugreifen, so muss der Vermieter sich im Bauauftrag mit der bauausführenden Firma dieses Recht sichern. **Folgende Fragen** sind vor Abschluss der Verträge zu klären und in den Verträgen zu behandeln:
- Hat der Mieter ein **grundsätzliches Eingriffsrecht** in die Bauausführung der Maßnahme, und wenn ja, mit welchen Auswirkungen. Wird ein Eingriffsrecht vereinbart, so kann dies nur unter folgenden Gesichtspunkten ausgeübt werden:
  - Die Änderungswünsche des Mieters müssen rechtlich zulässig sein und insbesondere von der beantragten bzw. erteilten Baugenehmigung gedeckt sein.

  - Die zur Vermietung zur Verfügung stehende Fläche darf durch die Eingriffe des Mieters nicht oder nur in genau definiertem Maße verändert werden.

  - Änderungen des Mieters dürfen nicht zu einer gravierenden Verschlechterung des Ausbaustandards oder zu einer Einschränkung der Vermietbarkeit führen.

  - Der Mieter muss bereit sein, die durch Änderungen entstehenden zusätzlichen Kosten zu übernehmen.

- Der Mieter muss bereit sein, etwaige terminliche Auswirkungen der Änderungswünsche zu akzeptieren und die daraus resultierenden Konsequenzen tragen.
- Die Mitwirkung des Mieters bei der Bemusterung ist festzulegen.
- Die Mitwirkung des Mieters bei der Planfreigabe ist festzulegen.
- Es ist festzulegen, ob es dem Mieter gestattet ist, parallel zur Bauausführung der Auftragnehmer des Vermieters auf der Baustelle Leistungen durch vom Mieter direkt beauftragte Unternehmen ausführen zu lassen. Regelmäßig wiederkehrende Themen mieterspezifischer Ausbauten sind:
  - IT-Verkabelung
  - Sicherheitsausstatung
  - Medientechnische Ausstattung
  - Ausstattung von Küchen und Restaurant-Bereichen
  - Ausstattung von Teeküchen
  - Ausstattung von Empfangsbereichen (Empfangstheken, etc.)
  - Einbaumöbel (Schrankssysteme etc.)
- Im Vertrag ist festzulegen, ob **Änderungs- oder Sonderwünsche**, die zu **Kostenmehrungen** oder -minderungen führen, über den Mietzins oder über direkte Zahlungen abgerechnet werden. Bei der Abrechnung über Mietzins ist die Verrechnungsformel von Investitionskosten zu Mietzins im Mietvertrag festzulegen.
- Im Vertrag festzulegen ist die **Methode** zur Ermittlung der Kostenmehrungen und -minderungen aus Mietersonderwünschen (zum Beispiel die Herstellkosten auf der Basis der Einheitspreislisten und der Kalkulation des Auftragnehmers des Vermieters).
- Im Vertrag festzulegen sind die einzelnen **Zuschläge** auf die Kostenmehrungen und -minderungen durch Sonderwünsche.
  - Generalunternehmer-Zuschlag
  - Koordinationszuschlag (Vermieter, Projektsteuerung, Generalunternehmer)
  - Zuschlag für Planungskosten
  - Zuschlag für Zwischenfinanzierungskosten
  - Zuschlag für „Nominated Subcontractors"
- Im Vertrag festzulegen ist der **Modus**, nach dem diese Zuschläge auf die Herstellkosten **ermittelt** werden. Hierbei ist darauf zu achten, dass bei Kostenmehrungen gegebenenfalls andere Zuschläge gelten müssen als bei Kostenminderungen.
- Im Vertrag festzulegen ist, in welchem **Zeitraum auf Mieteränderungs- und -sonderwünsche** durch Nennung der daraus resultierenden Mehr- und Minderkosten zu reagieren ist, und was passiert, wenn die entsprechenden Fristen durch den Vermieter bzw. dessen Auftragnehmer für die Bauausführung nicht eingehalten werden.
- Im Vertrag festzulegen ist, in welchem **Zeitrahmen** der Mieter die **Entscheidung treffen** muss, ob er auf der Basis der genannten Mehr- und Minderkosten und der zeitlichen Implikationen der Mietersonderwünsche diese Mietersonderwünsche tatsächlich beauftragt oder auf eine Beauftragung verzichtet.
- Im Vertrag festzulegen ist, ob ein Mieter ein **Anweisungsrecht** für Änderungs- und Sonderwünsche im Falle von Streitigkeiten über Kosten- und Terminauswirkungen solcher Wünsche hat.
- Aus bauablauftechnischen Gründen kann es sinnvoll sein, dass Mietersonderwünsche nicht unabhängig durch den Mieter selbst beauftragte Drittunternehmer auf der Baustelle ausgeführt werden, sondern die **Unternehmer des Mieters** dem Auftragnehmer für die Bauausführung der Vermieterleistungen beigestellt werden. In diesem Fall ist in den Verträgen eine Regelung zu „Nominated Subcontractors" aufzunehmen. Beim „Nominated Subcontractor" handelt es sich um einen Subunternehmer, der durch den Mieter auf der Basis unabhängiger Ausschreibungen und eines anschließenden Vergabeverfahrens ausgewählt wird und der dem

Auftragnehmer des Vermieters anschließend unterstellt wird. Mit Unterstellung wird der Subunternehmer zu einem normalen Subunternehmer des Auftragnehmers des Vermieters, den der Auftragnehmer zu koordinieren hat und für den der Auftragnehmer alle Risiken übernimmt. Für Koordination und Risikoübernahme zahlt der Mieter einen fest vereinbarten Prozentsatz am Volumen der Subunternehmerleistung an den Auftragnehmer des Vermieters. Dieser Zuschlag ist im Bauvertrag zu verankern.

– Im Vertrag festzulegen ist die Durchführung von **technischen Vorbegehungen** mit dem Mieter zur Vorbereitung der Abnahme und die formale Abnahme der Mietfläche durch den Mieter

5.2 Mieterhandbuch

Wird eine Immobilie nicht an einen Gesamtmieter vermietet, sondern kleinteilig an unterschiedliche Mietparteien (etwa kleinteilige Vermietung von Büroflächen, Vermietung von Einkaufszentren an eine Vielzahl von Ladenmietern, Vermietung von Wohnanlagen an einzelne Wohnungsmieter) so ist das Mietermanagement eine vom Management des Bauablaufes völlig getrennte Managementaufgabe, die am besten in einem so genannten **Mieterhandbuch** beschrieben wird. Das Mieterhandbuch legt die Zusammenarbeit zwischen den einzelnen Parteien – Vermieter, Auftragnehmer des Vermieter für die Bauausführung, Mietermanagement und Mieter – beim Ausbau der einzelnen Mietbereiche und der Abnahme dieser Mietbereiche durch den Mieter fest.

Das Mieterhandbuch muss **verbindlicher Vertragsbestandteil** eines jeden Mietvertrages werden und wird mittels Änderungs- und Ergänzungslieferungen bei Bedarf aktualisiert.

Das Mieterhandbuch macht **Aussagen zu**:
– Klare Aufgabenverteilung zwischen den Parteien
– Information über den Mietgegenstand
– Information über einzuhaltende Regularien
– Information über einzuhaltende Abläufe
– Rechte und Pflichten der Parteien
– Information über Übernahme und Abnahme der jeweiligen Mieteinheit

Inhalt des Mieterhandbuches sind **folgende Punkte**:
– Name, Anschrift, Telefon- und Telefax-Nummern der für die Mieterkoordination zuständigen Vertreter des Auftraggebers/Vermieters

– Aufforderung an den Mieter, seinerseits einen verantwortlichen Ansprechpartner mit Name, Anschrift, Telefon- und Telefax-Nummern zu benennen.

– Eine Mieterbaubeschreibung aus der der vom Vermieter geschuldete und zur Verfügung gestellte Ausbaustandard für die Mietfläche hervorgeht

– Planunterlagen mit Darstellung des vom Vermieter geschuldeten Mietgegenstandes einschließlich der Planung der haustechnischen Ausrüstung

– Vereinbarung eines Einführungstermines, bei dem dem Mieter die oben genannten Unterlagen übergeben und erläutert werden.

– Regelungen, nach denen der Mieter innerhalb seiner Mieteinheit in eigener Verantwortung den weiteren Mieterausbau planen und realisieren kann

– Einen Rahmenterminplan, aus dem wesentliche Ecktermine der Bauausführung des Vermieters ersichtlich sind, die für den Mieterausbau von Relevanz sein könnten

– Die Verpflichtung an den Mieter, seinerseits einen detaillierten Terminplan für den Mieterausbau bei der Mieterkoordination vorzulegen

– Regelungen zur Freigabe/Genehmigung der vom Mieter vorgelegten Mieterausbaupläne

– Regelungen, nach denen Bau- und Betriebsgenehmigungen für den mieterseitigen Ausbau durch den Mieter selbst bei den entsprechenden Ämtern und Behörden herbeizuführen sind

– Regelungen zum Freigabeverfahren der Planung der Mietereinbauten durch den Vermieter
– Regelungen zu den vom Vermieter abzuschließenden Versicherungen (Haftpflichtversicherung, Feuerversicherung, Bauleistungsversicherung, etc.)
– Regelungen zur Verpflichtung der Mieter zur Bauüberwachung der von ihnen beauftragten Leistungen
– Regelungen zur Baustellenorganisation (Zuwegung zur Mietsache, Arbeitszeiten, Sicherheitsmaßnahmen, etc.)
– Regelungen zu den Öffnungszeiten der Baustelle
– Regelungen zur Zufahrt zur Baustelle und möglichen Entladestellen für den Mieter und dessen ausführende Firmen
– Regelungen zu Lagermöglichkeiten für den Mieter auf der Baustelle
– Regelungen zur Baustelleneinrichtung für Mieterausbauten (Baustrom, Bauwasser, Heizung, Telefon, Toiletten/Sanitärräumen, Aufenthaltsräume)
– Regelungen zur Bewachung der Baustelle
– Regelungen zur Abfallentsorgung auf der Baustelle
– Regelungen zu Werbung und Firmenschildern
– Regelungen zu allgemeinen Auflagen gesetzlicher und behördlicher Art, insbesondere Schall- und Staubschutz sowie Verkehrslärm
– Regelungen zur Reinigung
– Regelungen zu Sicherheitsbestimmungen
– Regelungen zu Schutz von Personen und Eigentum
– Verhaltensweisen bei Unfällen
– Regelung zur Abnahme/Übernahme der Vermieterleistung durch den Mieter

5.3 Mieterbetreuung

Die Mieterbetreuung ist ein von dem Management der Bauausführung unabhängiges Leistungsbild. In Abhängigkeit von der Anzahl der Mieter und des Umfangs des notwendigen oder gewünschten Mieterausbaus werden für die Mieterkoordination erhebliche Personalkapazitäten erforderlich. Zum **Leistungsbild** der Mieterbetreuung und Mieterkoordination gehören:
– Bindeglied zwischen Auftraggeber (Vermieter), Auftragnehmer (bauausführende Firma) und Mietern
– Erstellung eines Handbuches für den Mieterausbau
– Einführung der von den Mietern mit der Ausführungsplanung für die Mietflächen beauftragten Architekten und Ingenieure in das gestalterische Gesamtkonzept, die statisch/konstruktiven Randbedingungen, die technische Gebäudeausrüstung etc. unter fachbezogener Teilnahme der übrigen Planungsbeteiligten des Auftraggebers
– Baufachliche Koordination bei der Mieterdetailplanung, so weit dies für die Anpassung an die vorhandene Gebäudesituation erforderlich ist – unter fachbezogener Teilnahme der übrigen Planungsbeteiligten
– Durchführung regelmäßiger Koordinationsgespräche mit den Consultants des Auftraggebers und den Consultants des Auftragnehmers der Mieter
– Vorlage aller Pläne über Mietereinbauten, Abstimmung und Freigabe durch die Consultants des Auftraggebers oder durch den Auftraggeber selbst.
– Veranlassung der rechtzeitigen Einreichung notwendiger Baugenehmigungen durch den Mieter; so weit notwendig: Hilfestellung bei Verhandlungen mit Genehmigungsbehörden.

- Vorgabe von Zeitfenstern für die Durchführung des mieterspezifischen Ausbaus durch die Mieter
- Einarbeitung der von den Mietern bzw. ihren Auftragnehmern vorgelegten Ausführungsterminplänen in den Ausführungsterminplan des Auftraggebers
- Teilnahme an der formellen Übergabe der Mieteinheit an den Mieter. Erstellung des Übergabeprotokolles.
- Sicherstellung, dass Mieterausbauarbeiten erst nach Übergabe der Mieteinheit an den Mieter durchgeführt werden.
- Sicherstellung, dass die Mieterausbauarbeiten gemäß den freigegebenen Plänen vorgenommen werden
- Sicherstellung, dass die notwendigen Nutzungsänderungsanträge bei der Baugenehmigungsbehörde durch die Mieter gestellt werden und dass entsprechend den erfolgten Freigaben gebaut wird.
- Überwachung der mit dem Mieter festgelegten Zwischen- und Endterminen für den Ausbau der Mietsache. In-Verzug-Setzung des Mieters bei Fristüberschreitung
- Regelmäßige Berichterstattung an den Auftraggeber über Stand und Fortschritt der Mietereinbauten
- Anforderung eines kompletten Satzes Zeichnungen über Mietereinbauten nach Fertigstellung der Mietfläche und Weiterleitung an den Auftraggeber
- Koordination von Ausbauarbeiten, die den Firmen des Auftraggebers obliegen, mit solchen, die dem einzelnen Mieter obliegen.
- Anlaufstelle für Mieterbeschwerden im Zusammenhang mit der Bautätigkeit.
- Regelmäßige Überprüfung der Benutzbarkeit von zugehörigen Zufahrten für die Mieter auf deren uneingeschränkte Nutzbarkeit.

5.4 Leistungsänderung durch den Mieter

Leistungsänderungen durch den Mieter haben im Regelfall kostenmäßige und terminliche Auswirkungen. Wie oben bereits aufgeführt, muss durch vertragliche Regelungen gesichert sein, dass
- Leistungsänderungen durch den Mieter während der Baurealisierung überhaupt möglich sind
- die Auswirkungen dieser Leistungsänderung in kostenmäßiger und terminlicher Hinsicht durch den Mieter zu tragen sind.

Entsprechende Verfahren müssen in den Verträgen vereinbart werden. Die Beauftragung der **Leistungsänderungen** durch den Mieter erfolgt über die an anderer Stelle beschriebenen Entscheidungsvorlagen.

5.5 Übergabe an den Mieter

Die Übergabe von Mietflächen an den Mieter muss vertraglich als formale Übergabe geregelt sein. Der formalen Abnahme der Fläche durch den Mieter muss die technischen Vorbegehung der Fläche und die Aufnahme von Mängeln in Mängelprotokolle vorausgehen. Es wird dringend empfohlen, sowohl die technischen Vorbegehungen als auch die formale Abnahme immer zeitgleich im Vertragsverhältnis Vermieter/Mieter und im Vertragsverhältnis Vermieter (als Auftraggeber)/bauausführende Firma (als Auftragnehmer) durchzuführen. Jede Partei darf bei den Abnahmen Mängel benennen, die in die Begehungsprotokolle bzw. das Abnahmeprotokoll aufgenommen werden. Jede Partei hat das Recht, die Mängelbenennung der anderen Partei zu bestreiten. Auch dieses Bestreiten wird in die Begehungsprotokolle bzw. das Abnahmeprotokoll aufgenommen. Der Vermieter stellt sich mit diesem Verfahren immer frei. Wird vom Mieter ein Mangel behauptet, so wird dieser vom Vermieter gegenüber seiner bauausführenden Firma weitergegeben. Wird von der bauausführenden Firma ein Mangel bestritten, so wird dieses Bestreiten vom Vermieter an den Mieter weitergegeben. Wenn sich später, gegebenenfalls durch Sachverständigenvotum oder durch gerichtliche Klärung, herausstellen sollte, dass der Mieter Recht hatte, muss der Auftragnehmer des Vermieters den Mangel beheben. Sollte sich herausstellen, dass der Auftragnehmer des Vermieters Recht hatte, so hat der Mieter gegenüber dem Vermieter keinen Anspruch auf Mängelbehebung. Verweigert ein Mieter die Übernahme der Mietfläche vom Vermieter, so wird auch der Vermieter gegenüber seinem Auftragnehmer, der bauausführenden Firma, die Abnahme verweigern. Sollte sich später herausstellen, dass die Abnahmeverweigerung zu Unrecht erfolgt ist, wird der Vermieter die daraus resultierenden Konsequenzen und Schadensersatzansprüche an den Mieter weitergeben. Sollte sich herausstellen, dass die Abnahmeverweigerung zu Recht erfolgt ist, wird der Vermieter die Schadensersatzansprüche des Mieters an seinen Auftragnehmer, die bauausführende Firma, weiterleiten.

Auch die Übergabe der Mietfläche durch die ausführende Firma an den Vermieter sollte **zeitgleich** zur Übernahme der Fläche vom Vermieter durch den Mieter erfolgen. Die Gefahrentragung für die Fläche und die Beweislast gehen somit faktisch direkt von der auszuführenden Firma auf den Mieter über.

Abnahmevorbereitung, Abnahmeverfahren sowie formelle Abnahme von Mietflächen folgen den unter dem **Kapitel „Abnahme der Bauleistungen und Gewährleistungsverfolgung"** genannten Festlegungen.

6. Abnahme der Bauleistungen und Gewährleistungsverfolgung

Nach Fertigstellung von Bauleistungen sind diese vom Auftraggeber abzunehmen. Die Pflicht zur Abnahme von Bauleistungen gehört zu den Hauptpflichten des Auftraggebers. Grundsätzlich sind drei Formen der Abnahme möglich:

- **Förmliche Abnahme**, die stattzufinden hat, wenn eine Partei es verlangt. Der Befund der förmlichen Abnahme ist in gemeinsamer Verhandlung schriftlich niederzulegen. In der Niederschrift sind etwaige Vorbehalte wegen bekannter Mängel und wegen Vertragsstrafen aufzunehmen, ebenso etwaige Einwendungen des Auftragnehmers. Jede Partei erhält eine Ausfertigung des Abnahmeprotokolles, nachdem die Parteien dieses Abnahmeprotokoll unterschrieben haben.

- Die **stillschweigende Abnahme**, die immer dann stattfindet, wenn keine Abnahme verlangt wird. Die Leistung gilt dann als abgenommen mit Ablauf von 12 Werktagen nach schriftlicher Mitteilung über die Fertigstellung der Leistung durch den Auftragnehmer.

- **Abnahme durch Inbenutzungsnahme**, die dann eintritt, wenn der Auftraggeber die Leistung oder einen Teil der Leistung in Benutzung genommen hat. Die Abnahme gilt dann nach Ablauf von 6 Werktagen nach Beginn des Benutzens als erfolgt, wenn nichts anderes vereinbart ist.

Der Autor empfiehlt **dringlich**, die förmliche Abnahme ausdrücklich im Bauvertrag und Mietvertrag **zu vereinbaren**.

6.1 Rechtliche Voraussetzungen

Die förmliche Abnahme und das Abnahmeprozedere muss im Bauvertrag festgelegt werden. Voraussetzung für die Abnahme ist die Fertigstellung des Bauvorhabens. Fertig gestellt ist das Bauvorhaben, wenn die Leistungen des Auftragnehmers bis auf geringfügige Restarbeiten erbracht und frei von wesentlichen Mängeln sind, wenn die für die endgültige Inbenutzungsnahme erforderlichen behördlichen Abnahmen sowie die Voraussetzungen für eine Inbenutzungsnahme vorliegen. Die Abnahme muss vom Auftragnehmer mit einer im Vertrag vereinbarten Frist (üblich sind vier bis sechs Wochen) schriftlich beantragt werden.

Bei Generalübernehmer-/Generalunternehmer-Vertrag ist zu regeln, ob die Baumaßnahme nur insgesamt oder auch in einzelnen Teilabschnitten abgenommen wird.

Weiterhin ist im Vertrag das Prozedere der Abnahme zu regeln. Empfohlen wird, dass der Vertrag regelt, dass vor der eigentlichen Abnahmeverhandlung so genannte technische Vorbegehungen mit Vertretern des Auftraggebers und seinen Consultants, etwa dem Projektsteuerer, dem Architekten und den Fachingenieuren stattfinden. Bei diesen technischen Vorbegehungen werden die einzelnen Bereiche des Bauwerks begangen und die festgestellten Mängel in Mängelprotokollen protokolliert. Zum Zeichen des Einverständnisses werden diese Mängelprotokolle dann von allen Parteien, die der Vorbegehung beigewohnt haben, unterzeichnet. Die Mängelprotokolle werden Gegenstand der nachfolgenden eigentlichen Abnahmeverhandlung zur formellen Abnahme.

Weiterhin sollte vereinbart werden, dass über die eigentliche Abnahmeverhandlung vom Auftraggeber ein mit Datum versehenes Abnahmeprotokoll zu fertigen ist, in das die Feststellungen und Erklärungen der Vertragspartner aufzunehmen sind. Wenn es sich um einseitige und/oder strittige Feststellungen oder Erklärungen handelt, ist dies entsprechend zu kennzeichnen. Das Protokoll muss die Erklärung enthalten, ob abgenommen wird oder nicht. Der Auftraggeber darf die Aufnahme von Erklärungen des Auftragnehmers in das Abnahmeprotokoll nicht verweigern. Der Auftragnehmer kann verlangen, dass während des Abnahmetermines zugleich die Abnahmeverhandlungen zwischen ihm und etwa beauftragten Nachunternehmern stattfindet. Der Auftraggeber kann verlangen, dass während des Abnahmetermines zugleich die Abnahmeverhandlungen zwischen ihm und seinem Mieter stattfindet.

Der Vorbehalt von Vortragsstrafen ist im Abnahmeprotokoll ausdrücklich aufzunehmen, da ansonsten der Vertragsstrafenanspruch verwirkt.

Die Abnahmewirkung tritt erst ein, wenn das Protokoll, das die Erklärung der Abnahme ausdrücklich enthalten muss, beiderseitig unterzeichnet worden ist. So weit der Auftragnehmer mit dem Inhalt des Protokolles nicht einverstanden ist, hat er dies durch entsprechende schriftliche Erklärung auf dem Protokoll unter Angabe der Gründe zum Ausdruck zu bringen. Die Abnahmewirkung wird hiervon nicht berührt. Jeder Vertragspartner erhält eine Ausfertigung des Protokolles.

6.2 Abnahmehandbuch

Bei großen Bauvorhaben empfiehlt es sich zur Vorbereitung der rechtsgeschäftlichen Abnahme ein **Abnahmehandbuch** an die Parteien, die bei der Abnahme mitwirken, auszuhändigen, in dem folgende Punkte geregelt werden.

– Festlegung der Parteien, die an den jeweiligen technischen Vorbegehungen teilnehmen.
  In jedem Fall müssen an diesen **Vorbegehungen** teilnehmen ein Vertreter des Auftraggebers oder ein vom Auftraggeber autorisierter Dritter sowie ein Vertreter des Auftragnehmers. Beide Vertreter müssen Handlungsbefugnis haben und müssen für die jeweilige Partei unterschriftsberechtigt sein. An den technischen Vorbegehungen können weiterhin teilnehmen:
  Auf der Auftraggeberseite
  • Vertreter des Architekten, der Fachingenieure oder sonstiger Consultants
  • Vertreter der Projektsteuerung
  • Vertreter der Mieter
  • Sachverständige
  • Vertreter des späteren Verwalters
  Auf der Seite des Auftragnehmers
  • Vertreter von Subunternehmern des Auftragnehmers
  • Sachverständige
– Gliederung der Baumaßnahme in einzelne Zonen für die technischen Vorbegehungen, zum Beispiel nach:
  • Bauteilen
  • Geschossen
  • Bauabschnitten
  • Leistungsbereiche (wie etwa Rohbau, Ausbau, haustechnische Ausrüstung, gegebenenfalls nach Gewerken gegliedert, Fassaden, Außenanlagen, etc.)
– **Zeitplan** für die technischen Vorbegehungen
  • Bei der Aufstellung des Zeitplanes müssen gängige Richtwerte berücksichtigt werden. Ein Team schafft bei der technischen Vorbegehung von Rohbau/Ausbau eines Bürogebäudes ca. 2.500 qm am Tag, bei der Begehung von Wohnungen ca. 8–12 Wohnungen am Tag.
– Uhrzeit des Beginns der jeweiligen technischen Vorbegehungen und Angabe des Treffpunktes für die Teams
– Festlegungen zur **Protokollführung** der technischen Vorbegehung
  So hat es sich zum Beispiel bewährt, dass den einzelnen Mängeln ein Status in Form einer Zahl zugeordnet wird. Dabei kann bedeuten:
  • Status Null = Mangel behoben
  • Status Eins = unstrittiger Mangel
  • Status Zwei = strittiger Mangel

- Status Drei = technische Klärung erforderlich
- Status Vier = Merkhilfe
- Status Fünf = Überprüfung mit Bestellwerk erforderlich

Durch die Statuszuweisung werden zeitaufwendige Diskussionen auf der Baustelle bei den technischen Vorbegehungen vermieden. Können sich zwei Parteien nicht darüber einig werden, ob ein Mangel vorliegt oder nicht, wird der Status Zwei vergeben. Es handelt sich damit um einen strittigen Mangel.

Hinsichtlich strittiger Mängel sollte im Bauvertrag festgelegt sein, dass der Auftragnehmer innerhalb von vier Wochen schriftlich begründen muss, warum ein von ihm als strittig gestellter Mangel nach seiner Auffassung keinen Mangel darstellt. Wird diese schriftliche Stellungnahme nicht termingerecht erbracht, fällt der Mangel automatisch in den Status Eins: unstrittige Mängel zurück.

- Struktur des **Mängelprotokolles**

Die Mängel sollten mit folgenden Angaben im Mängelprotokoll erfasst werden:
- laufende Nummer des Mangels
- Bauteil
- Geschoss
- Raum-Nr.
- Raum-Bezeichnung
- Gewerk
- Ortsangabe im Raum
- Koordinaten
- Beschreibung des Mangels
- Status
- Datum zu dem der Mangel festgestellt wurde
- Datum zu dem der Mangel als behoben freigegeben wurde
- Unterschrift der freigebenden Person

Es empfiehlt sich, die Mängelerhebung per **EDV-Programm** durchzuführen, um nach den einzelnen Kriterien der Liste sortieren zu können. Damit wird es zum Beispiel möglich, dass nach der Mängelbegehung der Auftragnehmer eine Sortierung nach seinen Subunternehmern vornehmen lässt (über den Begriff Gewerk) und jedem Subunternehmer die ihm betreffende Mängelliste sofort übergeben kann. In einer weiteren Sortierung kann man nach Status sortieren und feststellen, welche der Mängel zwischen den Parteien unstrittig und welche strittig sind bzw. für welche noch Klärungen vorgenommen werden müssen.

Jeweils nach einer Begehung werden die Mängellisten von allen Parteien, die an der Begehung teilgenommen haben, rechtskräftig unterzeichnet. Jede Partei erhält eine Kopie der unterzeichneten Mängellisten.

6.3 Technische Vorbegehungen

Zu den technischen Vorbegehungen wird vom Auftraggeber oder dessen Projektsteuerer jeweils formal eingeladen.

Bei der technischen Vorbegehung werden die einzelnen Räume durch das Abnahmeteam **begangen**. Die im Raum festgestellten Mängel werden nach dem oben aufgeführten Muster in die Mängellisten eingetragen. Die Parteienvertreter haben die Möglichkeit, Mängel strittig zu stellen, oder technische Klärungen oder Bestellwerksüberprüfung zu den einzelnen Mängeln zu fordern. Diese Forderung wird mit dem jeweiligen Status im Mängelprotokoll vermerkt.

Am Ende der Begehung werden die Mängellisten durch die Vertreter der einzelnen Parteien unterzeichnet.

6.4 Formelle Abnahme

Die formelle Abnahme kann stattfinden, wenn folgende Anforderungen erfüllt sind:
– Die technischen Vorbegehungen zu allen Bereichen des Gebäudes und zu allen Gewerken müssen stattgefunden haben. Über die technischen Vorbegehungen müssen Mängelprotokolle vorliegen, die von allen Parteien unterzeichnet sind.

– Die vom Auftragnehmer nach den vertraglichen Regelungen beizubringenden Unterlagen müssen vorliegen. Hierzu zählen:
  - Die örtlich geforderten Abnahmebescheinigungen wie etwa
    - Baugenehmigung
    - Rohbauabnahmeschein
    - Schlussbericht des Prüfstatikers
    - Bescheinigung des Bezirksschornsteinfegers
    - Unbedenklichkeitsbescheinigung der Kampfmittelräumung
  - TÜV-Abnahmebescheinigungen
  - Abnahmebescheinigungen des Verbands der Sachversicherer
  - Abnahmebescheinigungen der Feuerwehr
  - Genehmigung der Deutsche Bundespost zur Errichtung und Betreibung von Funkanlagen
  - Messprotokolle für die haustechnischen Anlagen
  - Einweisungsprotokolle des Bedienpersonals
  - Gebrauchsabnahme
  - Ausführungsunterlagen wie etwa
    - freigegebene Ausführungspläne
    - Raumbuch
    - Türlisten
    - Berechnung des umbauten Raumes
    - Berechnung der Nutzfläche
  - Bescheinigung der Nachbarn über die Erfüllung der nachbarrechtlichen Verpflichtungen
  - Firmenliste der Subunternehmer
  - Liste über die Verfallzeiten der Gewährleistung
  - An das Objekt gebundene Lieferverträge für Ver- und Entsorgung
  - Wartungsverträge mit Lieferfirmen oder entsprechende Wartungsangebote
  - Sondernutzungserlaubnisse

6.5 Bestandsunterlagen

Bestandsunterlagen sind vor allen Dingen die Revisionspläne, d.h. sämtliche Baupläne und Pläne der haustechnischen Gewerke im Maßstab 1:50, mit genauer Darstellung der **tatsächlich ausgeführten Leistungen**. Bei den Plänen der haustechnischen Gewerke ist sicherzustellen, dass Trassenführungen, Rohrleitungen, Kanäle und Schächte, Revisionsöffnungen etc. mit der baulichen Wirklichkeit übereinstimmen.

Zu den Bestandsunterlagen gehören jedoch auch Betriebsanweisungen, Wartungsempfehlungen, TÜV-Bescheinigungen, Baugenehmigungen, Gütenachweise, Pflegeanweisungen etc.

Hinsichtlich der Bestandsunterlagen hat sich für große Bauvorhaben herausgestellt, dass es unvernünftig ist, die Bestandsunterlagen bereits zum Abnahmezeitpunkt zu verlangen. Alternativ kann im Bauvertrag vereinbart werden, dass die Bestandsunterlagen spätestens **drei Monate nach Abnahme** vom Auftragnehmer zu liefern sind. Es empfiehlt sich, für die Lieferung der Bestandsunterlagen einen erheblichen Betrag (zum Beispiel 1 % der Netto-Schlussrechnungssumme) zurückzuhalten. Dieser Rückbehalt muss im Bauvertrag vereinbart werden.

Wenn man sich auf eine Lieferung der Bestandsunterlagen nach Abnahme einigt, muss sichergestellt werden, dass die zum Betrieb der Anlage notwendigen Unterlagen, also zum

Beispiel Betriebsanweisungen, Wartungsverträge, etc. zum Zeitpunkt der Abnahme durch den Auftragnehmer übergeben werden. Alternativ kann vereinbart werden, dass bis zur Vorlage der Bestandsunterlagen der Betrieb des Gebäudes Sache des Auftragnehmers bleibt. Die vom Auftraggeber eingereichten Unterlagen sind vom Auftraggeber auf **Vollständigkeit** zu prüfen. Nach Prüfung kann die formelle Abnahme vorgenommen werden.

Über die formelle Abnahme ist vom Auftraggeber ein Protokoll zu führen. **Inhalte dieses Protokolles** sind im Regelfall:

- Benennung des Bauvorhabens

- Auftraggeber

- Auftragnehmer

- An der Abnahme beteiligte Vertreter von Auftraggeber und Auftragnehmer (zum Beispiel Projektsteuerer)

- Bezug auf den Bauauftrag

- Tag der Abnahme/Datum

- Zum Abnahmetermin erschienene Personen, getrennt nach den Parteien

- Einvernehmenserklärung, dass zur Abnahme form- und fristgerecht geladen wurde

- Feststellungen zu Mängeln mit Verweis auf die Mängelprotokolle der technischen Vorbegehungen

- Benennung weiterer Mängel und Restarbeiten, die der Auftraggeber geltend machen will

- Hinweise auf Einbehalte durch den AG

- Mängelrügen bezüglich der übergebenen behördlich geforderten Abnahmebescheinigungen

- Mängelrügen bezüglich der übergebenen Bestandsunterlagen

- Mängelrügen bezüglich der übergebenen zusätzlichen Unterlagen

- Erklärungen des Auftragnehmers zu den festgestellten Mängeln, bzw. zu den Inhalten des Abnahmeprotokolles

- Erklärung des Auftraggebers zum Vorbehalt der Vertragsstrafe, so weit Termine überschritten sind. Es wird ausdrücklich darauf verwiesen, dass der Vertragsstrafenanspruch nach Abnahme verwirkt, wenn diese Erklärung nicht ausdrücklich im Abnahmeprotokoll enthalten ist.

- Abnahmeerklärung des Auftraggebers

- Datum

- Unterschrift der unterschriftsberechtigten Personen der einzelnen Parteien

6.6 Mängelbeseitigung

Üblicherweise wird bereits im Bauvertrag geregelt, dass die bei der Abnahme festgestellten Abnahmemängel durch den Auftragnehmer in einer angemessenen Frist nach formeller Abnahme zu beseitigen sind. Bei größeren Bauvorhaben wird eine angemessene Frist mit drei Monaten angesetzt. Es empfiehlt sich, die Mängelbehebung durch den Auftraggeber oder seine Vertreter eng zu kontrollieren. In regelmäßigen Abständen sind Nachbegehungen anzusetzen, bei denen die durch den Auftragnehmer behoben gemeldeten Mängel begangen werden und festgestellt wird, ob der Mangel tatsächlich vom Auftragnehmer behoben worden sind. Behobene Mängel werden aus der Mängelliste ausgetragen durch Unterschrift des Auftraggebervertreters in der Mängelliste und Eintragung des Datums, an dem der Mangel freigegeben wurde.

Es empfiehlt sich, dass **bereits im Bauvertrag** geregelt ist, was passiert, wenn die Mängel nicht innerhalb der vorgegebenen Frist nach formeller Abnahme behoben werden. Gegebenenfalls können dann zum Beispiel Aufwendungen des Auftragnehmers und seiner Consultants dem Auftragnehmer in Rechnung gestellt werden.

Nach Beseitigung aller Mängel sollte nochmals eine formelle Nachabnahme durchgeführt werden, über die wiederum Protokoll geführt wird und bei der formell festgestellt wird, dass nunmehr alle Mängel behoben sind.

In der Praxis kommt es immer wieder vor, dass Mängel nur mit einem **erheblichen Aufwand**, der teilweise nicht in Relation zu dem erwarteten Erfolg steht, behoben werden könnten. In diesen Fällen bietet es sich an, mit dem Auftragnehmer Vereinbarungen zu treffen, nach denen diese Mängel nicht behoben werden müssen, sondern durch Geld (Minderung) abgeglichen werden. Entsprechende Festlegungen sollten vor der formellen Nachabnahme zwischen den Parteien ausgehandelt und in das Protokoll der formellen Nachabnahme aufgenommen werden. Grundlage für die Bewertung der Minderung sollte ein Betrag sein, der den Aufwendungen entspricht, die mit der Mängelbeseitigung auf Auftragnehmerseite verbunden wäre. Außerdem wird auf Ausführungen zu Minderungen in der Literatur verwiesen.

6.7 Gewährleistungsverfolgung

Die Verfolgung von Gewährleistungsmängeln ist strikt von der Abarbeitung der Abnahmemängel zu trennen.

Gewährleistungsmängel sind Mängel, die **nach formaler** Abnahme aufgetreten sind und durch den Auftraggeber gerügt werden. Im Unterschied zu den Abnahmemängeln liegt die Beweislast für die Gewährleistungsmängel beim Auftraggeber. Er muss also nachweisen, dass es sich bei den gemahnten Sachverhalten tatsächlich um Mängel handelt, die der Auftragnehmer zu vertreten hat.

Für die **Handhabung** von Gewährleistungsmängeln empfiehlt es sich, ein gesondertes Verfahren einzurichten. Jeder Gewährleistungsmangel sollte auf einem dafür entwickelten Formblatt gesondert aufgeführt werden. Das Formblatt sollte mindestens folgende Angaben enthalten:
– laufende Nummer des Gewährleistungsmangels
– Datum der Mängelanzeige
– Bauteil
– Raum
– Ortsbezeichnung im Raum
– Gewerk
– Genaue Beschreibung des beanstandeten Mangels
– Aufforderung zur Mängelbehebung
– Fristsetzung für die Mängelbehebung
– Hinweis, dass bei Nichteinhaltung der Frist die Mängel auf Kosten des Auftragnehmers durch Dritte beseitigt werden
– Hinweis, dass die Beseitigung des Gewährleistungsmangels schriftlich anzuzeigen ist

Nach Abarbeitung des Mangels wird auf dem **Formblatt** vermerkt:
– Wann die Mängelbeseitigung durch den Auftragnehmer freigemeldet worden ist
– Ob nach Nachbegehung der Mangel als beseitigt gelten kann
– Ob eine Nachfrist zur Mängelbeseitigung gestellt werden muss, da der Mangel bei der Nachbegehung als nicht beseitigt festgestellt wurde

Über den Ablauf der einzelnen im Bauvertrag enthaltenen Gewährleistungsfristen ist eine Fristenliste zu erstellen.

Bereits im Bauvertrag sollte vereinbart werden, dass vor Ablauf der Frist der Auftragnehmer den Fristablauf schriftlich ankündigen muss und zu einer abschließenden Begehung des vom Fristablauf betroffenen Leistungsbereiches auffordern muss.

Rechtzeitig vor **Fristablauf** der Gewährleistungsfristen müssen dann nochmalige Begehungen unter Beisein des Auftraggebers und des Auftragnehmers durchgeführt werden, um sicherzustellen, dass keine Gewährleistungsmängel vorhanden sind, deren Behebung durch den Ablauf der Gewährleistungsfristen verwirkt wäre.

7. Wesentliche vertragliche und steuerrechtliche Aspekte

7.1 Verträge mit bauausführenden Unternehmen – ein Überblick

7.1.1 Generalunternehmervertrag, Generalübernehmervertrag, Nachunternehmervertrag

So vielfältig und unterschiedlich die einzelnen Bauleistungen sind, die nur in ihrer Gesamtheit[1] das Bauwerk entstehen lassen, können die Vereinbarungen zwischen dem Bauherrn (Auftragge-ber) und dem Bauausführenden (Auftragnehmer) sein. Dem Bauherrn steht es frei, jedes einzelne Gewerk eines Bauvorhabens gesondert zu vergeben. Dem Bauherrn stehen dann verschiedene Vertragspartner gegenüber, die naturgemäß nur die jeweils von ihnen zu erbringende Leistung schulden, nicht aber als Gesamtschuldner für den Leistungserfolg bzw. -misserfolg des anderen einzustehen haben.[2]

Aus gutem Grunde (Vermeidung von Schnittstellenproblematiken/Bündelung von Verant-wortlichkeiten) suchen Bauherrn regelmäßig nur wenige Ansprech- und Vertragspartner für ihr Bauvorhaben. Soweit einzelne Gewerke nicht nur qualitativ aufeinander aufbauen (sich Fehler eines Gewerkes im nächsten verkörpern können), sondern auch untrennbar zeitlich voneinan-der abhängen (der Beginn der Ausbauarbeiten von der vorherigen Erstellung des Rohbaus, der Beginn der Rohbauarbeiten von der vorherigen Herstellung der Baugrube und des Verbaus), werden Bauherrn die gebündelte Vergabe aller oder vieler Gewerke an einen Auftragnehmer einer Vielzahl von Einzelauftragsvergaben an verschiedene Unternehmer vorziehen. Selbstver-ständlich wird sich die Vergabe von Planungs-, Koordinierungs- und Ausführungsarbeiten an nur einen oder wenige Unternehmer, der bzw. die zwangsläufig viele der beauftragten Leistun-gen an Subunternehmer weitergeben, in einem (deutlich) höheren Endpreis für den Bauherren niederschlagen. Der Bauherr bezahlt im Ergebnis sämtliche Kosten der zwischengeschalteten Unternehmer plus deren Gewinnspanne sowie die des von ihm beauftragten Unternehmers. Den Vorteil der Vermeidung von Schnittstellenproblematiken hat der Bauherr daneben auch durch eine Risikoprämie zu bezahlen.

Als **Generalunternehmer** bezeichnet man dabei denjenigen Auftragnehmer, der mit der Erbringung der Bauleistungen **aller** Gewerke für ein Bauwerk beauftragt wird. Der General-unternehmer erbringt wesentliche Teile der ihm übertragenen Bauleistungen selbst und lässt nur den Rest von Nachunternehmern (Subunternehmern) ausführen. Das unterscheidet ihn von dem **Generalübernehmer**, der keinerlei Bauleistungen im eigenen Betrieb ausführt, sondern diese in vollem Umfang vergibt[3]. Sofern der Bauherr damit einen Generalübernehmer beauftragt, entsteht ein mehrstufiges Vertragsverhältnis zwischen Bauherrn – Generalübernehmer – Gene-ralunternehmer – Nachunternehmern, die ihrerseits möglicherweise weitere Nachunternehmer beauftragen werden. Bei Licht betrachtet rückt der Generalübernehmer damit mehr in die Rolle des Koordinators des Baugeschehens, der gegenüber seinem Auftraggeber das gesamte Baumanagement abdeckt[4].

---

[1] Vgl. *Conradi* in *Schulte/Bone-Winkel*, Handbuch Immobilien-Projektentwicklung, 2008, 387 zur Viel-fältigkeit der Vertragsbeziehungen mit Projektbeteiligten: die „Projektspinne".

[2] Eine gesamtschuldnerische Haftung zweier (oder mehrerer) mit unterschiedlichen Gewerken beauf-tragter Unternehmer kommt aber dann in Betracht, wenn beide für einen Mangel einzustehen haben, für den nur eine Sanierungsmöglichkeit besteht. In diesem Fall ist ein einheitlicher Erfolg geschuldet (BGH NJW 2003, 2980).

[3] BGH NJW 1978, 1054.

[4] *Zerhusen*, Mandatspraxis Privates Baurecht 2008, Rdnr. 898 f.

Heilmann

Sind dem Generalunternehmer bzw. dem Generalübernehmer über die Bauleistungen hinaus auch die Planungsleistungen übertragen, mit deren Erbringung der Bauherr sonst einen Architekten und ggf. in Ergänzung hierzu auch Fachplaner zu beauftragen hätte, wird vielfach von **Totalunternehmerschaft** bzw. **Totalübernehmerschaft** gesprochen.

Soll der Auftraggeber darüber hinaus von allen Bauherrenrisiken und jeglicher, mit der Durchführung des Bauvorhabens verbundener Verantwortung von seinem Auftragnehmer – auch in preislicher Hinsicht – entlastet werden, rechtfertigt es sich gar von einem sogenannten „**Rundum-Sorglos-Vertrag**" zu sprechen.

Gleichviel ob der Bauherr einen Generalunternehmer, einen Generalübernehmer, einen Totalunternehmer oder einen Totalübernehmer maßgeblich mit der Herstellung des Bauwerkes beauftragt, werden sämtliche Unternehmer in geringerem oder stärkerem Umfang zur Erbringung der ihnen übertragenen Bauleistungen Nachunternehmer einschalten. Die erforderlichen Verträge mit den **Nachunternehmern** werden hierbei von ihnen in eigenem Namen und für eigene Rechnung abgeschlossen und nicht etwa im Namen des Bauherrn. Der Nachunternehmer schuldet die Erbringung seiner Bauleistungen damit nicht dem Bauherrn unmittelbar, sondern seinem Vertragspartner, dem Generalübernehmer/-unternehmer („Auftragnehmer"). Umgekehrt kann der Nachunternehmer mangels unmittelbarer vertraglicher Beziehung vom Bauherrn auch nicht die Leistung der mit dem Auftragnehmer vereinbarten Vergütung verlangen. Eine gesamtschuldnerische Haftung besteht weder in der einen, noch in der anderen Richtung. Der Bauherr hat sich daher stets an seinen Auftragnehmer sowie dieser an seinen Nachunternehmer zu halten und jeweils umgekehrt. Auch Mängelrügen und Gewährleistungsansprüche sind innerhalb dieser Rechtsbeziehungen geltend zu machen. Die Nachunternehmer sind im Verhältnis zum Bauherrn zwar Erfüllungsgehilfen des Auftragnehmers i.S.v. § 278 BGB, mit der Folge, dass sich der Auftragnehmer das Verschulden des Nachunternehmers wie eigenes Verschulden zurechnen lassen muss. Die Vertragsverhältnisse sind aber gleichwohl rechtlich verschieden[5].

Diesem, insbesondere aus der Sicht des Bauherrn nicht immer glücklichen Auseinanderfallen der Vertragsbeziehungen versucht die Vertragspraxis mit vielfältigen Regelungen zu begegnen. So wird in Generalunternehmer-/-übernehmerverträgen die Berechtigung des Auftragnehmers zur Weitervergabe von Leistungen an Nachunternehmer von der „Durchstellung" der wesentlichen vertraglichen Verpflichtungen, die der Auftragnehmer gegenüber seinem Bauherrn eingegangen ist, an den Nachunternehmer abhängig gemacht. Es geht hier meist um die Regelungen über Zahlungsfristen/-plan, die Abnahmeart (Ausschluss fiktiver Abnahme) und die Gleichschaltung des Abnahmezeitpunktes, den Gleichlauf der Gewährleistungsfristen und der Haftung der Nachunternehmer, über die Vereinbarung von Vertragsstrafen oder über den Versicherungsschutz und über die Einschaltung von Schiedsgutachtern. Vielfach lässt sich der Bauherr auch ein Eintrittsrecht in den Bauleistungsvertrag mit dem Nachunternehmer für den Fall einräumen, dass der Generalübernehmervertrag/-unternehmervertrag aus Gründen, die der Auftragnehmer zu vertreten hat, vom Bauherrn gekündigt wird. Mindestens sollte für einen solchen Fall die Abtretung etwaiger Gewährleistungsansprüche des Auftragnehmers gegen seine nachbeauftragten Unternehmer an den Auftraggeber vorgesehen werden. Die Gleichschaltung von Zahlungsfristen vermeidet, dass der Auftragnehmer gegenüber seinem Nachunternehmer Zahlungen zu erbringen hat, bevor er entsprechende Leistungen von seinem Auftraggeber beanspruchen kann. Eine gemeinsame Abnahme der Leistungen des Auftragnehmers und der des Nachunternehmers bewirkt, dass die Gewährleistungsfristen gleichzeitig zu laufen beginnen und verhindert mithin, dass sich der Nachunternehmer bei vom Auftraggeber des Auftragnehmers gerügten Mängeln letzterem gegenüber wirksam auf einen bereits erfolgten Eintritt der Verjährung berufen kann.

---

[5] BGH DB 1981, 1924.

7.1.2 Werkvertrag nach BGB, Bauvertrag nach VOB

Jeder auf die Herstellung oder Veränderung von Bauwerken bzw. Bauwerksteilen gerichtete entgeltliche Vertrag ist ein Werkvertrag i.S. der §§ 631 ff. BGB. Geschuldet wird stets ein **Erfolg** – die Herstellung eines bestimmten Werkes –, nicht ein bloßes Tätigsein. Bleibt der Erfolg aus, ohne dass dies vom Bauherrn zu vertreten wäre, steht dem Auftragnehmer keine Vergütung zu. Auf ein Verschulden des Auftragnehmers selbst kommt es nicht an.

Ein Bauvertrag unterliegt ausschließlich den werkvertraglichen Bestimmungen des **Bürgerlichen Gesetzbuches (BGB)**, wenn zwischen dem Auftraggeber und dem Auftragnehmer nichts anderes vereinbart ist. Die **Verdingungsordnung für Bauleistungen (VOB)** enthält zwar in ihrem Teil B vielfältige Regelungen speziell für Bauverträge, die von den abstrakten werkvertraglichen Bestimmungen des Bürgerlichen Gesetzbuches, die nicht nur für Bauverträge, sondern auch für andere, auf die Herstellung oder Veränderung einer Sache oder auf andere Leistungsergebnisse abstellende Verträge wie solchen über Gebäudereinigung, Kfz-Reparatur, Erstellung einer Steuererklärung oder Software oder Wartung einer Datenverarbeitungsanlage gelten, in erheblichem Umfang abweichen. Ihrem Rechtscharakter als Verwaltungsvorschrift entsprechend bindet die VOB bei der Vergabe von Aufträgen aber nur die öffentliche Hand. In der öffentlichen wie in der privaten Bauwirtschaft bedarf es stets der Vereinbarung der VOB als Vertragsgrundlage, um sie zur Geltung zu bringen. Ohne konkrete Einbeziehung in den Bauvertrag gilt die VOB weder in Teilen noch als ganzes, auch nicht kraft Handelsbrauch oder Gewerbeüblichkeit.[6]

Auch da, wo die VOB, vor allem deren Teil B durch Vereinbarung zur Vertragsgrundlage gemacht wird, gelten die Regelungen der VOB/B – zumindest im Bereich der privaten Bauwirtschaft – selten uneingeschränkt.

Bestimmungen:

- wie die Verkürzung der Gewährleistungsansprüche wegen Arbeiten an einem Bauwerk von 5 Jahren (§ 634a Abs. 1 Nr. 2) auf vier Jahre (§ 13 Abs. 4 VOB/B),
- über den Vergütungsanspruch des Auftragnehmers trotz Beschädigung oder Zerstörung des von ihm geschaffenen Werkes vor der Abnahme durch höhere Gewalt oder andere, unabwendbare, vom Auftragnehmer nicht zu vertretende Umstände (§ 7 Abs. 1 VOB/B),
- über die – Einschränkung der – Verpflichtung des Auftragnehmers zur Erstattung auch des entgangenen Gewinns (z.B. Mietausfälle) als Schadensbestandteil nur bei vorsätzlichem oder grob fahrlässigem Handeln (§ 6 Abs. 6 VOB/B),
- über die Ersetzung der tatsächlichen Abnahme des Bauwerkes durch eine fiktive (§ 12 Abs. 5 VOB/B)[7] oder
- über die Möglichkeit der Teilabnahme (§ 12 Abs. 2 VOB/B)

werden häufig ausgeschlossen bzw. durch die auftraggeberfreundlicheren Bestimmungen des Werkvertragsrechtes des BGB ersetzt. Im Interesse des Auftraggebers liegen hingegen die Bestimmungen

- über die Ausschlusswirkung einer vorbehaltslosen Annahme der Schlussrechnung (§ 16 Abs. 3 Nr. 2 VOB/B),
- über die Möglichkeit der Verlängerung der Verjährung durch schriftliche Mängelanzeige bzw. Abnahme der Mängelbeseitigungsleistung (§ 13 Abs. 5 Nr. 1 VOB/B),
- über der Fälligkeit der Vergütung erst nach Vorlage einer prüfbaren Rechnung trotz Abnahme (§ 16 Abs. 3 Nr. 1 VOB/B) oder
- vor allem über das Recht des Auftraggebers, Leistungsänderungen und Zusatzleistungen der Bauausführung verlangen zu können (§ 1 Abs. 3 und 4 VOB/B), was unter der „bloßen" Geltung des Bürgerlichen Gesetzbuches ohne Einverständnis des Auftragnehmers nicht möglich wäre.

---

[6] BGH BB 1999, 2103.

[7] Vgl. aber auch die fingierte Abnahme nach § 640 Abs. 1 Satz 3 BGB.

Bei einer Einziehung nur einzelner Bestimmungen der VOB/B in den Bauvertrag gilt es aber der Anwendbarkeit der Vorschriften über die „Gestaltung rechtsgeschäftlicher Schuldverhältnisse durch Allgemeine Geschäftsbedingungen" auf die einzelnen, in den Bauvertrag einbezogenen Bestimmungen der VOB/B – die bei einer uneingeschränkten[8] Geltung der VOB/B ausscheidet[9] – und damit dem zum Schweben gebrachten Schwert der Unwirksamkeit einzelner VOB/B-Regelungen besonderer Aufmerksamkeit zu schenken.

7.1.3 Baubetreuungsvertrag

Als Baubetreuer bezeichnet das Gesetz[10] denjenigen Unternehmer, der gewerbsmäßig Bauvorhaben im fremden, d.h. im Namen und in Vollmacht des Bauherrn für dessen Rechnung wirtschaftlich vorbereitet oder durchführt. Ein wesentlicher Unterschied zu den sonstigen Bauverträgen liegt beim Baubetreuungsvertrag mithin darin, dass der Baubetreuer – anders als beispielsweise der Generalübernehmer – eigene Verbindlichkeiten gegenüber den am Bau Beteiligten nicht eingeht, sondern alle Bauverträge nur mit Wirkung für und gegen den Bauherrn abschließt. Die konkreten Rechte und Pflichten des Baubetreuers und damit der konkrete Umfang seiner Befugnisse, für den Bauherrn Verbindlichkeiten begründen zu können, richtet sich nach den im Einzelfall getroffenen vertraglichen Absprachen. Üblicherweise wird zwischen der wirtschaftlichen und der technischen Baubetreuung unterschieden. So kann die **wirtschaftliche Baubetreuung** beispielsweise umfassen:
– die Erstellung eines Geldbedarfs-, Mittelverwendungs- und Zahlungsplanes,
– die Fertigung von Bautenstandsberichten und Wirtschaftlichkeitsberechnungen,
– die Beschaffung und Überprüfung sämtlicher für die Gewährung einer Finanzierung benötigter Beleihungsunterlagen,
– die Überprüfung von Rechnungen und Zahlungsanforderungen auf ihre sachliche und rechnerische Richtigkeit,
– überhaupt die Abwicklung des Zahlungsverkehrs,
– die Aufstellung einer Schlussabrechnung mit Mittelverwendungsnachweis,
– die Vertretung des Bauherrn gegenüber Behörden, Kreditinstituten und allen sonstigen am Bau Beteiligten und
– den Abschluss von Versicherungsverträgen bis hin zur
– Vorbereitung, Durchführung und Überwachung einer Grundstücksrealteilung oder Bildung von Wohnungs- und Teileigentum.

Zur **technischen Baubetreuung** rechnen demgegenüber:
– die Grundstücksbeschaffung,
– die Mitwirkung bei der Erwirkung der Baugenehmigung,
– die Ausschreibung der Bauaufträge und ihre Vergabe an Bauunternehmen,
– die Überwachung des Bauvorhabens,
– der Abschluss von Bauverträgen,
– die Kontrolle des Baufortschritts sowie
– die Geltendmachung und Durchsetzung von Gewährleistungsansprüchen,
– die Beratung des Bauherrn beim Abschluss von Versorgungsverträgen (Strom, Gas, Wasser, Medien etc.[11]).

---

[8] So im unternehmerischen Geschäftsverkehr bei vollinhaltlicher Einbeziehung der VOB/B in ihrer jeweils bei Vertragsschluss geltenden Fassung (vgl. § 310 I Absatz 1 Satz 3 BGB).
[9] BGH NJW-RR 1991, 534.
[10] § 34 c Abs. 1 Satz 1 Nr. 4 lit. b GewO.
[11] *Schneiderhahn* in *Wurm/Wagner/Zartmann*, Das Rechtsformularbuch, 2011, Kap. 21 Rz. 1 ff.; BGH WM 2000, 2443.

Der Baubetreuer nimmt mithin Bauherrenfunktion wahr. Regelmäßig dürfte er die Erfüllung dieser Aufgaben als werkvertragliche Pflicht schulden, mit den Folgen, die diese Einordnung für die Fälligkeit seiner Vergütung, die Gewährleistung für ihre ordnungsgemäße Erbringung, die Verjährung gleichwohl begründeter Gewährleistungs- und Schadenersatzansprüche und die Beendigungsmöglichkeiten des Vertrages etc. hat, sofern und soweit zwischen den Parteien nichts anderweitiges vereinbart ist.

7.1.4 Projektsteuerungsvertrag

Wie der Baubetreuer erbringt auch der Projektsteuerer keine eigenen Bauleistungen. Nach dem Leistungsbild des § 31 HOAI a.F. werden Leistungen der Projektsteuerung „von Auftragnehmern erbracht, wenn sie Funktionen des Auftraggebers bei der Steuerung von Projekten mit mehreren Fachbereichen übernehmen. Hierzu gehören insbesondere:
1. Klärung der Aufgabenstellung, Erstellung und Koordinierung des Programms für das Gesamtprojekt,
2. Klärung der Voraussetzungen für den Einsatz von Planern und anderen an der Planung fachlich Beteiligten (Projektbeteiligte),
3. Aufstellung und Überwachung von Organisations-, Termin- und Zahlungsplänen, bezogen auf Projekt und Projektbeteiligte,
4. Koordinierung und Kontrolle der Projektbeteiligten, mit Ausnahme der ausführenden Firmen,
5. Vorbereitung und Betreuung der Beteiligung von Planungsbetroffenen,
6. Fortschreibung der Planungsziele und Erklärung von Zielkonflikten,
7. laufende Information des Auftraggebers über die Projektabwicklung und rechtzeitiges Herbeiführen von Entscheidungen des Auftraggebers,
8. Koordinierung und Kontrolle der Bearbeitung von Finanzierungs-, Förderungs- und Genehmigungsverfahren".

Wie diese Aufzählung einzelner Tätigkeiten des Projektsteuerers schon nahe legt, wird Projektsteuerung vor allem bei **komplexen Bauvorhaben**, bei denen die Überwachung und Koordination einer Vielzahl von Planern und bauausführenden Unternehmen und die Übertragung von Projektsteuerungsleistungen – auch im Zusammenhang mit Architektenleistungen sowie Leistungen von Sonderfachleuten – nicht einem Generalübernehmer übertragen ist, praktisch.

Ob die dem Projektsteuerer im Einzelfall vom Bauherrn übertragenen Projektsteuerungsleistungen als Erfolg oder lediglich als Tätigkeit geschuldet werden, hängt nicht von jeder einzelnen Aufgabe, sondern davon ab, ob die erfolgsorientierten, insbesondere die auf die plangerechte und mängelfreie Entstehung des Bauvorhabens gerichteten Tätigkeiten (z.B. Prüfung der Bauausführung und des Bautenstandes, Baustellenkontrolle vor Ort, Teilnahme an der Abnahme, Kostenkontrolle, Ablaufsteuerung, Rechnungsprüfung, Gewährleistungsverfolgung) den Vertrag ausmachen[12]. Der Projektsteuerer hat dann für diesen Erfolg einzustehen und gefährdet insbesondere seinen Vergütungsanspruch, wenn der Erfolg nicht eintritt. Die Vergütung selbst ist im Übrigen nicht – wie die sonstigen Architekten- oder Ingenieurleistungen – reglementiert, sondern kann frei vereinbart werden . Die Vereinbarung einer Pauschalvergütung und/oder eines Erfolgshonorars für die Bewirkung zeitlicher und/oder kostenmäßiger Einsparungen bei der Bauausführung[13] bietet sich an. Die Kopplung eines Erfolgshonorars ausschließlich an Kosteneinsparungen kann dabei aber auch zu Fehlanreizen führen, wodurch womöglich (oftmals unwesentlich) teurere – aber dafür nachhaltige und insgesamt betrachtet bessere – Lösungen nicht gewählt werden.[14]

---

[12] BGH NJW 1999, 3118; instruktiv hierzu der „Leitfaden zum Projektsteuerungsvertrag", Kapitel 5 der DVP-Informationen 1999 des Deutschen Verbandes der Projektsteuerer e.V., Berlin.

[13] *Zerhusen*, aaO, Rdnr. 917 f., 926 f.

[14] Gerade aufgrund des langen Lebenszykluses einer Immobilie sollte eben nicht am „falschen Fleck"

7.1.5 Projektentwicklungsvertrag

So facettenreich wie die Projektentwicklung selbst, vom Grundstückserwerb herkommend, über dessen Baureifmachung, Planung und Entwicklung eines Bauvorhabens bis hin zur Vermarktung der entwickelten Immobilie durch Vermietung und/oder Verkauf, kann die Beauftragung eines Projektentwicklers sein. Wie der Baubetreuer und der Projektsteuerer erbringt auch der Projektentwickler keine eigenen Bauleistungen. Er vergibt diese vielmehr im **eigenen Namen** – und dies unterscheidet ihn wesentlich vom Baubetreuer, der im Namen des Bauherrn handelt – an Bauunternehmen und Handwerker. Mischformen dieser Vertragstypen sind aber denkbar, beispielsweise dergestalt, dass der Projektentwickler eine mehr beratende und die Projektentwicklung begleitende Funktion wahrnimmt, Verträge über Bauplanungs- und Bauleistungen aber nicht selbst, sondern „durch" den Bauherrn vergibt und – einem Projektsteuerer gleich – hinsichtlich des Bauvorhabens lediglich steuernde und kontrollierende Bauherrenfunktionen übernimmt. Der Vertragsfreiheit sind hier keine Grenzen gesetzt. Da alle Phasen der Projektentwicklung jedoch deutlich erfolgsbezogen sind, wird der Projektentwicklungsvertrag regelmäßig Werkvertragscharakter aufweisen. Insbesondere eine umfassende mindestens fünfjährige Gewährleistung für die Mängelfreiheit der Projektentwicklungsleistungen ab dem Zeitpunkt ihrer vollständigen Erbringung (Abnahme) sind die Folge.

7.2 Einzelthemen

7.2.1 Formvorschriften

Wie die Beauftragung von Architekten und Fachplanern unterliegt auch der Abschluss von Verträgen für Bauleistungen grundsätzlich **keiner** besonderen **Form**. Schriftliche Verträge sind, zumal bei gewichtigeren Gewerken und Aufträgen größeren Umfanges aber die Regel; mündliche, auch konkludente (stillschweigende) Vertragsabschlüsse sind zwar möglich, lassen differenzierte Regelungen, insbesondere über den tatsächlichen Geltungsbereich der VOB/B naturgemäß jedoch nicht zu und sind deshalb in der Praxis selten. Soweit ein Bauvertrag hingegen mit einer Verpflichtung, Grundbesitz zu veräußern oder zu erwerben, in einem rechtlichen Zusammenhang steht, wie dies beispielsweise bei einem Grundstückskaufvertrag mit Bauverpflichtung des Veräußerers der Fall ist, nimmt der Bauvertrag auch am **Beurkundungserfordernis** des Grundstückskaufvertrages teil (§ 311 b Abs. 1 BGB). Dies gilt im übrigen für alle vertraglichen Vereinbarungen, die ohne den Grundstückskaufvertrag nicht abgeschlossen worden wären und umgekehrt. Eine Nichtbeachtung dieses Formerfordernisses hat nicht nur die Nichtigkeit des Bauvertrages, sondern auch die des Grundstückskaufvertrages zur Folge; die Parteien können dann nur auf die (baldige) Heilung dieses Verstoßes durch Eintragung des Erwerbers als neuen Eigentümer im Grundbuch hoffen (§ 311 b Abs. 1 Satz 2 BGB).

Nicht selten nehmen Vertragsverhandlungen bei größeren, komplexen Bauvorhaben eine geraume Zeit ein. Auch wenn an deren Ende ein umfassend verhandelter, aber noch nicht abgeschlossener Bauvertrag steht, kann sich jeder Vertragspartner grundsätzlich ohne rechtliche Nachteile von den Verhandlungen und dem Vertragsabschluss zurückziehen. Eine faktische Bindung an Vertragsverhandlungen gibt es also generell nicht. Ein Schadenersatzanspruch aus Verschulden bei Vertragsschluss, der im Hinblick auf den **Abbruch der Vertragsverhandlungen** geltend gemacht wird, kommt erst dann in Betracht, wenn ein Verhandlungspartner bei der Gegenseite zurechenbar das aus deren Sicht berechtigte Vertrauen erweckt hat, der Bauvertrag werde mit Sicherheit zustande kommen, dann aber die Vertragsverhandlungen ohne besonderen, triftigen Grund abbricht[15]. Jede Partei sollte demnach zur Vermeidung etwaiger Nachteile darauf achten, bei ihren Verhandlungspartnern nicht das berechtigte Vertrauen zu erwecken, ein Bauvertrag werde mit Sicherheit zustande kommen.

---

gespart werden. Einer kurzfristigen Einsparung stehen sonst schwerwiegende Nachteile über Jahrzehnte hinweg gegenüber.

[15] BGH NZBau 2001, 198, bestätigt in: BGH NJW 2004, 3781.

7.2.2 Vergütungsformen

Der Bauvertrag ist ein entgeltlicher Vertrag. Stellt der Auftragnehmer das geschuldete Bauvorhaben termingerecht und mängelfrei her, schuldet der Auftraggeber die vereinbarte Vergütung. Haben die Parteien keine Abrede über die Vergütung getroffen, gilt sie gemäß § 632 Abs. 1 BGB als stillschweigend vereinbart, wenn die Herstellung des Werkes den Umständen nach nur gegen eine Vergütung zu erwarten ist. Geschuldet wird dann die übliche Vergütung, d.h. die Vergütung, die zur Zeit des Vertragsabschlusses nach allgemeiner Auffassung am Ort der Bauausführung gewährt zu werden pflegt[16]. Eine solche gesetzliche Vergütungsbestimmung dürfte nur bei der mündlichen oder konkludenten Vergabe einzelner kleinerer Gewerke überhaupt in Betracht kommen. In schriftlichen Bauverträgen – wie sie gerade bei großvolumigen Bauvorhaben Standard sind – wird die Vergütung des Auftragnehmers konkret festgelegt. Eine pauschale Leistungsvergütung (**Pauschalvertrag**) und eine Vergütung des Auftragnehmers auf der Basis der für die einzelnen Leistungspositionen genannten Einheitspreise (**Einheitspreisvertrag**) ist dabei die Regel (§ 4 Abs. 1 VOB/A). Die Bemessung der Vergütung nicht nach dem tatsächlichen Leistungsergebnis, sondern nach dem Zeitaufwand (**Stundenlohnvertrag**, § 4 Abs. 2 VOB/A, § 2 Abs. 10, § 15 VOB/B) ist eher selten, weil sie auch für den Auftraggeber nur schwer kalkulierbar ist.

7.2.2.1 Einheitspreisvertrag

Nach der VOB sollen Bauleistungen „in der Regel" zu Einheitspreisen für technisch und wirtschaftlich einheitliche Teilleistungen, deren Menge nach Maß, Gewicht oder Stückzahl vom Auftraggeber in den Ausschreibungsunterlagen anzugeben ist (Leistungsverzeichnisse) vergeben werden (§ 4 Abs. 1 VOB/A). Technisch und wirtschaftlich einheitliche Teilleistungen in diesem Sinne sind beispielsweise m^3-Aushub oder Mauerwerk, m^2-Schalung oder Putz oder laufende Meter Leitungen[17]. Die vom Auftraggeber zu leistende Vergütung wird auf der Grundlage der tatsächlich ausgeführten Leistungen, die durch ein Aufmass ermittelt werden, nach den für die einzelnen Positionen des Leistungsverzeichnisses festgelegten Einheitspreisen errechnet. Damit steht die Höhe des Vergütungsanspruches erst nach Fertigstellung des Bauwerkes fest.

Für die in der Praxis häufigen, bei größeren und komplexen Bauvorhaben nahezu unvermeidlichen **Mengenänderungen** hält die VOB folgendes Preisanpassungsmodell bereit:

- **Mengenänderungen** von bis zu 10 % gegenüber den im Leistungsverzeichnis enthaltenen Mengenansätzen lassen den vertraglichen Einheitspreis unberührt (§ 2 Abs. 3 Nr. 1 VOB/B).

- Für die über 10 % hinausgehende **Überschreitung des Mengenansatzes** (einzelner Positionen) ist auf Verlangen des Auftraggebers oder Auftragnehmers ein neuer Preis unter Berücksichtigung der Mehr- oder Minderkosten zu vereinbaren (§ 2 Abs. 3 Nr. 2 VOB/B). Die Preisermittlungsgrundlagen des bisherigen Einheitspreises, der für die vertraglich festgelegte Menge sowie die hinzuzurechnende Vergütung bis zu 10 % weiterhin gilt, sind dabei auch für die Ermittlung des neuen Preises maßgeblich. Kalkulationsirrtümer, die dem vereinbarten Einheitspreis zugrunde liegen, setzen sich demzufolge im neuen Preis für die Mehrmenge grundsätzlich fort. Nur in Einzelfällen, wenn Fehler einer für eine Partei besonders günstigen Kalkulation von der anderen Partei „mit zu vertreten" sind, kann hiervon nach den Grundsätzen von Treu und Glauben abgewichen werden.

- Bei einer über 10 % hinausgehenden **Unterschreitung den Mengenansatzes** (einzelner Positionen) ist ebenfalls auf Verlangen des Auftraggebers oder Auftragnehmers der Einheitspreis für die tatsächlich ausgeführte Menge der Leistung oder Teilleistung zu erhöhen, soweit der Auftragnehmer nicht durch eine Erhöhung der Mengen der anderen Positionen oder in sonstiger Weise einen Ausgleich erhält (§ 2 Abs. 3 Nr. 3 VOB/B). Anders als bei Überschreitungen des Mengenansatzes ist bei einer Unterschreitung des Mengenansatzes einzelner Positionen über 10 % insgesamt ein neuer Einheitspreis für die tatsächlich ausgeführte Menge

---

[16] *Zerhusen,* aaO, Rdnr. 460 f.; BGH NZBau 2001, 17.
[17] *Zerhusen,* aaO, Rdnr. 476.

zu vereinbaren. Die daraus resultierende Erhöhung des Einheitspreises soll im Wesentlichen dem Mehrbetrag entsprechen, der sich durch Verteilung der Baustelleneinrichtungs- und Baustellengemeinkosten und der allgemeinen Geschäftskosten auf die verringerte Menge ergibt.

Festzuhalten ist, dass dieses Preisanpassungsmodell der VOB keine Anwendung findet auf Mengenänderungen, die ihre Ursache in vom Auftraggeber veranlassten **Leistungsänderungen** oder **Zusatzleistungen** haben. Die VOB gewährt in solchen Fällen dem Auftragnehmer einen zusätzlichen Vergütungsanspruch (§ 2 Abs. 5 und 6 VOB/B).

7.2.2.2 Pauschalpreisvertrag

Auch zur pauschalen Festlegung der Vergütung trifft die VOB eine Regelung. Danach sollen „in geeigneten Fällen" Bauleistungen für eine Pauschalsumme vergeben werden, wenn die Leistung nach Ausführungsart und -umfang genau bestimmt und mit einer Änderung bei der Ausführung nicht zu rechnen ist (§ 4 Abs. 1 Nr. 2 VOB/A). Der Vorteil eines solchen Pauschalvertrages besteht vornehmlich für den Auftraggeber darin, dass er bereits von Vertragsabschluss an weiß, in welcher Höhe er den Auftragnehmer vergüten muss, unabhängig davon, welche tatsächlichen Leistungen vom Auftragnehmer zur Herstellung des Werkes erbracht werden mussten. Es liegt auf der Hand, dass diesem Vorteil das beiderseitige Risiko korrespondiert, dass bei Mehr- oder Minderleistungen des Auftragnehmers keine wirklich leistungsgerechte Vergütung erfolgt[18]. Auch Kalkulationsirrtümer bei der Ermittlung des Pauschalpreises sind unbeachtlich.

Letztendlich empfiehlt sich der Abschluss eines Pauschalvertrages deshalb nur in den – auch von der Empfehlung in § 4 Abs. 1 Nr. 2 VOB/A angesprochenen – Fällen, in denen die Vertragsparteien hinreichend präzise wissen, wie das Bauvorhaben im Einzelnen auszuführen ist und dem Pauschalvertrag ein korrektes und umfassendes Leistungsverzeichnis zugrunde gelegt werden kann. Werden dann während der Bauausführung keine Planungsänderungen mehr vorgenommen, können sich Auftraggeber wie Auftragnehmer zu Recht darauf verlassen, dass eine Erhöhung wie eine Verringerung des Pauschalpreises unabhängig von dem tatsächlichen Leistungsumfang nicht eintritt. Eine Anpassung des Pauschalfestpreises bleibt auf die Fälle beschränkt, in denen **Leistungsänderungen** (Mehr- oder Minderleistungen) vom Auftraggeber während der Bauausführung veranlasst werden. Der Festlegung des Verfahrens der Leistungsänderung durch den Auftraggeber und der Bezugsgrößen für die Ermittlung der Mehr- oder Mindervergütung des Auftragnehmers (z.B. Urkalkulation des Auftragnehmers, Einheitspreise des Leistungsverzeichnisses, Marktpreis mit oder ohne GU-Zuschlag etc.) sind bei der Vertragsgestaltung besondere Aufmerksamkeit zu widmen. Hieraus folgt aber auch: je pauschaler und damit möglicherweise auch unvollständiger die Leistungsbeschreibung ist, umso sicherer ist der Auftraggeber vor Nachträgen[19]. Der Auftraggeber muss dann aber, will er die Leistungsbestimmung nicht vollständig dem Auftragnehmer überlassen, auf die Art und Weise der Ausführung stärkeren Einfluss nehmen. Wo aber das herzustellende Werk und die zu seiner Erreichung erforderlichen Bauleistungen in der Leistungsbeschreibung präzise niedergelegt sind, überschreitet der Auftraggeber schneller die Linie, die zwischen Präzisierung der vertraglich geschuldeten Leistung einerseits und deren Änderung/Ergänzung andererseits gezogen ist. Der hieraus zu ziehende Schluss – möglichst präzise Beschreibung des herzustellenden Werkes unter gleichzeitiger möglichst unpräziser Leistungsbeschreibung – führt jedoch in die Irre, da sich gerade bei größeren komplexen Bauvorhaben das Werk maßgeblich über die Leistungsbeschreibung definiert.

Ungeachtet der Möglichkeit des Auftragnehmers, bei vom Auftraggeber veranlassten **Leistungsänderungen** oder **Zusatzleistungen** eine zusätzliche Vergütung beanspruchen zu können (§ 2 Abs. 5 und 6 VOB/B) gibt die VOB Auftraggeber wie Auftragnehmer auf deren Verlangen hin das Recht zur **Pauschalpreisanpassung**, wenn die ausgeführte Leistung von der vertraglich vorgesehenen Leistung so erheblich abweicht, dass ein Festhalten am Pauschalpreis nach den Grundsätzen von Treu und Glauben nicht zumutbar ist (§ 2 Abs. 7 Nr. 1 VOB/B,

---

[18] *Zerhusen,* aaO, Rdnr. 480.
[19] *Werner/Pastor,* aaO, 739 ff.

§ 313 BGB). Eine Anwendung dieser Regelung mit leichter Hand verbietet sich, will man das Grundprinzip der Pauschalpreisabrede, die Bindung beider Parteien an einen zu Beginn an festgelegten Preis, nicht leichtfertig über Bord werfen. Nur ein unerträgliches Missverhältnis von tatsächlicher Bauleistung einerseits und dafür vereinbartem Pauschalpreis andererseits, an das die Parteien bei Vertragsabschluss auch nicht ansatzweise gedacht haben, rechtfertigt eine Anpassung des Pauschalfestpreises wie in § 2 Abs. 7 Nr. 1 VOB/B statuiert.

7.2.2.3 Festpreisvertrag

Der Vereinbarung eines Einheitspreises oder Pauschalpreises wohnt die Absprache inne, dass es sich bei dieser Vergütung um einen Festpreis handelt, der – von Leistungsänderungen einmal abgesehen – unbeeinflussbar ist. Klarstellend hervorgehoben wird dies in Bauverträgen häufig durch Formulierungen, wonach die vereinbarte Vergütung ein Festpreis sei und insbesondere auch für den Fall gelte, dass künftig im Bauhaupt- oder Baunebengewerbe Lohn- und/oder Materialpreiserhöhungen einträten, sowie sich auch bei Erhöhungen öffentlicher Abgaben oder von Versicherungsbeiträgen oder bei etwaigen witterungsbedingten Erschwernissen (z.B. Winterbaumaßnahmen) oder Baustoffmangel nichts ändere. Nachforderungen, insbesondere wegen Irrtums bei Mengen- und Einheitspreissätzen oder sonstiger Kalkulationsgrundlagen werden ebenso ausgeschlossen wie die nachträgliche Einrede, dass die dem Auftragnehmer zur Verfügung stehenden Unterlagen unvollständig oder unrichtig gewesen seien oder einzelne Arbeiten, die zum geschuldeten Leistungsumfang gehören, in den Unterlagen nicht oder nicht gesondert aufgeführt worden wären. Unerwartete/künftige Änderungen der Preisermittlungsgrundlagen, gleich ob voraussehbar oder nicht, wirken sich damit auf die Vergütung des Auftragnehmers grundsätzlich[20] nicht aus.

7.2.2.4 „GMP"-Vertrag

Der „Guaranteed-Maximum-Price"-Vertrag hat – wie sein Name unschwer erkennen lässt – seinen Ursprung in den Vereinigten Staaten. Ihm liegt – aus Bauherrensicht – die Idee zugrunde, durch eine möglichst frühzeitige Einschaltung eines Generalunternehmers im noch jungen Planungsstadium eines komplexen Bauprojektes trotz unvollständigen Planungsstandes Kostensicherheit zu gewinnen, mindestens aber die im Einzelnen vielfach noch nicht abschätzbaren Kostenrisiken durch gemeinsames „Schultern" zu minimieren. Das **Grundprinzip** des „GMP"-Vertrages ist die strikte Trennung der Leistungen, die der Generalunternehmer selbst ausführt und der Gewerke, die vom Generalunternehmer an Nachunternehmer vergeben werden sollen. Für die vom Generalunternehmer selbst auszuführenden Leistungen wird zum Zeitpunkt des Vertragsabschlusses ein fester Pauschalpreis vereinbart. Für die Leistungen der Nachunternehmer ist dies im frühen Planungsstadium noch nicht möglich; hier müssen die Planungen weiter fortgeschrieben und auf der Grundlage einer präzisen Leistungsbeschreibung später vom Generalunternehmer unter Mitwirkung des Bauherrn an den Nachunternehmer vergeben werden. Die Vergütungsansprüche der Nachunternehmer sind bei Fälligkeit – je nach vertraglicher Gestaltung – ggf. mit Zuschlägen des Generalunternehmers für Baustelleneinrichtung, Bauleitung, Planung, Geschäftskosten, Risiko und Gewinn bis zur Höhe eines, den Pauschalfestpreis des Generalunternehmers für seine eigenen Leistungen einschließenden „Guaranteed-Maximum-Price" zu begleichen. Bleibt die Summe aus Pauschalfestpreis und Nachunternehmervergütung hinter dem garantierten Maximalpreis zurück, wird der Unterschiedsbetrag nach einem zuvor vereinbarten Schlüssel zwischen dem Bauherrn und dem Generalunternehmer geteilt[21].

Auf den Punkt gebracht lebt der „GMP"-Vertrag mithin davon, dass die Kosten der Nachunternehmerbeauftragung hinter den dafür bei der Festlegung des garantierten Maximalpreises angesetzten Kostenpositionen zurückbleiben. Da dieses Kostenrisiko bei Pauschalpreisverträgen

---

[20] OLG Düsseldorf, BauR 1974, 348; BGH BauR 1974, 416 zur Frage, wann solche außergewöhnlichen Änderungen vorliegen, dass dem Auftragnehmer ein Festhalten an dem vereinbarten Festpreis nach den Grundsätzen des Wegfalls der Geschäftsgrundlage (§ 313 BGB) nicht mehr zugemutet werden kann.
[21] *Lögters* , Magazin „Bauwirtschaft", 1999, 42.

– im Grundsatz aber auch bei Einheitspreisverträgen – vom Generalunternehmer, nicht aber von dem in die Beauftragung von Nachunternehmen nicht involvierten Bauherrn zu tragen ist, findet der „GMP"-Vertrag letztendlich nur über die Teilhabe des Bauherrn an „unerwarteten" Kosteneinsparungen auf der Nachunternehmerebene seine wirtschaftliche Rechtfertigung. Er bedingt eine exakte Definition der Schnittstellen zwischen den Leistungen des Generalunternehmers und den Leistungen der Nachunternehmer. Kostenrisiken der Leistungen des Generalunternehmers dürfen nicht als Kosten der Nachunternehmer dem Bauherrn in Rechnung gestellt werden. Eine präzise Leistungsbeschreibung und damit Risikoverteilung, die realitätsnahe Festlegung des garantierten Maximalpreises und eine dem Planungs- und damit Gewinn-/ Verlustabschätzungsstand zum Zeitpunkt ihrer Festlegung angemessene Bonusregelung ist für das Gelingen des „GMP"-Vertragsmodells essentiell.

Am Ende sollte auch der verlockende Begriff des „Guaranteed-Maximum-Price" nicht darüber hinweg täuschen, dass – wie bei Einheitspreis- oder Pauschalpreisverträgen auch – Leistungsänderungen und Zusatzleistungen den Gesamtpreis für ein Bauvorhaben **verändern werden**, wie sie gerade in der Frühphase einer Projektentwicklung, in der die Ingangsetzung des „GMP"-Modells seine größte Wirkung entfalten kann, umso wahrscheinlicher als in späteren Planungsstadien sind.

7.2.3 Fälligkeit der Vergütung

In Ermangelung abweichender vertraglicher Regelungen ist der Vergütungsanspruch des Auftragnehmers vom Bauherrn bei **Abnahme** seines Werkes zu entrichten (§ 641 Abs. 1 BGB). Erfolgt eine Abnahme des Werkes in Teilen, ist die Vergütung für jeden Teil der Abnahme fällig (§ 641 Abs. 1 Satz 2 BGB). Der Abnahme steht es gleich, wenn der Auftraggeber das Werk nicht innerhalb einer ihm vom Auftragnehmer bestimmten angemessenen Frist abnimmt, obwohl er dazu verpflichtet ist (§ 640 Abs. 1 BGB) oder die Abnahme ernsthaft und endgültig grundlos verweigert. Zu beachten ist, dass nach dem Bürgerlichen Gesetzbuch (§ 641 Abs. 2 BGB) - bei Vorliegen einer Leistungskette – ungeachtet einer vorherigen Abnahme die Vergütung eines Auftragnehmers (Subunternehmer) fällig werden kann. Ein derartiges gestuftes Vertragsverhältnis innerhalb einer Leistungskette liegt beispielsweise im Verhältnis Bauträger/Generalunternehmer/Subunternehmer vor.[22] Die Vergütung des Auftragnehmers (Subunternehmer) für ein Werk, dessen Herstellung sein Auftraggeber (z.B. Generalunternehmer) wiederum einem Dritten (z.B. Bauträger) versprochen hat, wird danach spätestens fällig, wenn sein Auftraggeber von dem Dritten seine Vergütung oder Teile davon erhalten hat oder wenn das Werk innerhalb der Leistungskette auf nächsthöherer Stufe (z.B. Bauträger/Generalunternehmer) abgenommen worden ist oder als abgenommen gilt oder wenn der Auftragnehmer (Subunternehmer) seinem Auftraggeber (z.B. Generalunternehmer) erfolglos eine angemessene Frist zur Auskunft über die vorstehend bezeichneten Umstände gesetzt hat. Hat der Auftraggeber des Subunternehmers dem Dritten (z.B. Bauträger) wegen möglicher Mängel des Werks Sicherheit geleistet, gilt vorstehendes nur, wenn der Auftragnehmer (Subunternehmer) seinem Auftraggeber (z.B. Generalunternehmer) entsprechende Sicherheit leistet.

Wegen unwesentlicher Mängel darf die Abnahme – was der Gesetzgeber in § 640 Abs. 1 BGB ausdrücklich klargestellt hat – nicht verweigert werden.

Wurde in dem Bauvertrag die VOB/B zur Vertragsgrundlage gemacht, ist für die abschließende Bezahlung des Auftragnehmers neben der Abnahme die Vorlage einer **prüffähigen Schlussrechnung** des Auftragnehmers Voraussetzung (§ 16 Abs. 3 VOB/B). Die Schlusszahlung ist dann alsbald nach Prüfung und Feststellung der Schlussrechnung zu leisten, spätestens innerhalb von zwei Monaten nach deren Zugang.

Auch wenn sich ein Bauvertrag nur nach den Werkvertragsregeln des Bürgerlichen Gesetzbuches richtet[23], kann ein Auftragnehmer für eine vertragsgemäß erbrachte Leistung eine

---

[22] *Messerschmidt* in: *Messerschmidt/Voit*, Privates Baurecht, 2012, § 641 Rn. 226.
[23] Siehe auch die Regelung des § 16 Abs. 1 VOB/B zu Abschlagszahlungen.

Abschlagszahlung in der Höhe verlangen, in der der Auftraggeber durch die Leistung einen Wertzuwachs erlangt hat. Wegen unwesentlichen Mängeln kann die Abschlagszahlung nicht verweigert werden (§ 632 a BGB). Auch der Bauhandwerker, der Baustoffe oder eigens von ihm angefertigte Bauteile auf die Baustelle liefert, kann hierfür Abschlagszahlungen beanspruchen, muss aber, wenn sein Eigentum an diesen Stoffen oder Bauteilen etwa kraft eines Eigentumsvorbehaltes bis zu seiner vollständigen Bezahlung fortbesteht, dem Auftraggeber hierfür Sicherheit leisten. Üblicherweise sehen Bauverträge, zumal wenn sie wie Generalunternehmerverträge/-übernehmerverträge für größere Bauvorhaben die Erbringung von Bauleistungen über einen längeren Zeitraum zum Gegenstand haben, detaillierte Zahlungspläne vor, auf deren Grundlage der Auftragnehmer Abschlagszahlungen in festgelegter Höhe nach Baufortschritt erhält.

7.2.4 Zahlungseinbehalte, Sicherheitsleistungen

Der Auftraggeber ist trotz Abnahme des vom Auftragnehmer geschuldeten Werkes nicht verpflichtet, die volle Vergütung zu leisten, wenn das vom Auftragnehmer geschuldete Werk mit Mängeln behaftet ist. Um den Auftragnehmer in gehöriger Weise zur Mängelbeseitigung zu veranlassen, kann der Auftraggeber vielmehr die Zahlung „eines angemessenen Teils der Vergütung verweigern." Gemäß § 641 Abs. 3 BGB ist in der Regel das Doppelte der für die Beseitigung des Mangels erforderlichen Kosten angemessen.[24]

Unbeschadet dieser Regelung gilt aber: Das gesetzliche Werkvertragsrecht gewährt keinen vertraglichen Anspruch auf Leistung einer Sicherheit für noch zu erbringende Leistungen – seien es solche des Auftragnehmers (Bauleistungen) oder solche seines Auftraggebers (Vergütung). Eine Sicherheitsleistung muss vielmehr, auch bei einem VOB-Vertrag (§ 17 Abs. 1 Nr. 1 VOB/B), ausdrücklich vereinbart werden. Dass hierfür ein Sicherungsinteresse des Auftraggebers – wie auch des Auftragnehmers – besteht, hat die Rechtsprechung allgemein anerkannt.

Vertraglich vereinbarte **Sicherheitseinbehalte und -leistungen** spielen in der Baupraxis denn auch eine große Rolle. Häufig findet sich in Generalunternehmer-/Generalübernehmerverträgen das Recht des Auftraggebers, von den Abschlagszahlungen an den Auftragnehmer einen Einbehalt in Höhe von 5% oder 10% zur Absicherung aller Ansprüche des Auftraggebers auf vertragsgemäße Erfüllung sowie aller Ansprüche aus der nicht rechtzeitigen, der mangelhaften oder der Nichterfüllung des Vertrages sowie der Erstattung von Überzahlungen vorzunehmen. Regelmäßig ist diese Sicherheitsleistung bereits mit Vertragsabschluss durch Übergabe einer Bürgschaft (**Vertragserfüllungsbürgschaft**) eines in der Bundesrepublik Deutschland zugelassenen Kreditinstitutes oder Kreditversicherers (seltener durch Hinterlegung von Geld) zu erbringen. Nach Abnahme und nach Beseitigung der bei Abnahme gerügten Mängel des Bauvorhabens wird zur Absicherung der Erfüllung späterer Gewährleistungsansprüche des Auftraggebers der Einbehalt von der Schlussrechnungssumme bzw. die Vertragserfüllungsbürgschaft gewöhnlicherweise durch einen Gewährleistungseinbehalt bzw. eine an seine Stelle tretende Bankbürgschaft (**Gewährleistungsbürgschaft**) in Höhe von 5% der Bruttoschlussrechnungssumme abgelöst. Die Auszahlung des Einbehaltes bzw. Rückgabe der Bürgschaft erfolgt dann nach Ablauf der Gewährleistungsfristen, Nichtinanspruchnahme der Bürgschaft und Mängelfreiheit des Bauwerks vorausgesetzt.[25] Eine vorformulierte als zeitlich unbeschränkt vereinbarte Sicherungsabrede ist dabei unwirksam.[26] Eine formulärmäßige Sicherungsabrede des Auftraggebers kann bei Kumulation von Vertragserfüllungs- und Gewährleistungssicherheit unwirksam sein.[27]

---

[24] Vgl. aber § 641 Abs. 3 BGB a.F. „mindestens in Höhe des Dreifachen".

[25] BGH BauR 2005, 539; BGH BauR 2004, 841.

[26] BGH NJW 2003, 2605; OLG Köln, NJW-Spezial 2012, 429.

[27] OLG Celle, NJW-Spezial 2012, 430; LG Wiesbaden, NZBau 2012, 367. Ein Parallellauf der Vertragserfüllungsbürgschaft mit der Gewährleistungsbürgschaft sollte zur Vermeidung einer Übersicherung vermieden werden, die die höchstrichterliche Rechtsprechung bei der Verwendung formulärmäßiger Sicherheitsabreden dann gegeben sieht, wenn beide Bürgschaften Mängelansprüche sichern und dem

Während Zahlungseinbehalte und Bürgschaften zur Sicherung der Ansprüche des Auftraggebers auf Vertragserfüllung und Gewährleistung zum Regelungsstandard in Bauverträgen zählen, ist die vertragliche Verpflichtung des Auftraggebers zur Übergabe einer Sicherheit an den Auftragnehmer (regelmäßig Bankbürgschaft), die den Anspruch des Auftragnehmers auf vertragsgemäße Vergütung gegen den Auftraggeber, zumindest in einer zu vereinbarenden Höhe von 5 % bis 10 % der voraussichtlichen Bruttoschlussrechnungssumme sichert, maßgeblich von der Bonität des Auftraggebers abhängig.

Häufig sind entsprechende Bürgschaften, mit denen – soweit sie vom Auftragnehmer übergeben werden – ein Zahlungseinbehalt abgelöst wird, „**auf erstes schriftliches Anfordern**" des Auftraggebers ausgestellt. Diese Formulierung begründet die Verpflichtung des Bürgen, von den Fällen des Rechtsmissbrauchs einmal abgesehen, zunächst keine Einwände gegen die Anforderung der Bürgschaft zu erheben, also zu zahlen und Einwände erst später in einem Rückforderungsprozess geltend zu machen. Das rechtliche Können des Auftraggebers (das Ziehen der Bürgschaft und die Leistung der Bank an ihn auf bloßes erstes Anfordern) kann demnach über das rechtliche Dürfen (Fälligkeit des durch die Bürgschaft gesicherten Zahlungs- oder Gewährleistungsanspruches) hinausgehen. Der Bundesgerichtshof hat diese abstrakte Gefährdungslage – die aber im Übrigen bei einem Sicherheitseinbehalt in gleicher Weise besteht – zum Anlass genommen, die Wirksamkeit entsprechender Sicherungsabreden in Bauverträgen generell in Frage zu stellen. So verstößt nach Auffassung des Bundesgerichtshofes eine vorformulierte, nicht im Einzelnen ausgehandelte Vertragsbedingung über eine **auf erstes Anfordern zu zahlende Gewährleistungsbürgschaft** gegen die gesetzlichen Bestimmungen über die Gültigkeit Allgemeiner Geschäftsbedingungen und ist damit **unwirksam**[28]. Nicht nur der Auftragnehmer kann danach nicht nur eine nach einer derartigen unwirksamen Sicherungsabrede gestellte Bürgschaft vom Auftraggeber zurückverlangen, ohne zur Stellung einer weiteren Sicherheit – also auch keines Barzahlungseinbehaltes – verpflichtet zu sein. Auch der Bürge kann gegenüber der Bürgschaft auf erstes Anfordern die Einrede der Unwirksamkeit der Sicherungsabrede erheben. Die Unwirksamkeit der Sicherungsabrede hat mithin zur Folge, dass weder ein Sicherheitseinbehalt gültig vereinbart wurde, noch der Auftragnehmer eine sonstige Sicherheit schuldet. Dies ist bereits im Erstprozess des Auftraggebers gegen den Bürgen zu beachten. Gegenüber dem Anspruch des Auftragnehmers, die Bürgschaftsurkunde herauszugeben, kann darüber hinaus kein auf Gegenansprüche aus dem Bauvertrag begründetes Zurückbehaltungsrecht durch den Auftraggeber geltend gemacht werden[29].

Der Bundesgerichtshof hat sich seit langem zu der Thematik geäußert, ob vertragliche Vereinbarungen über einen Sicherheitseinbehalt und dessen Ablösung durch eine Bürgschaft auf erstes Anfordern mit dem gleichen Unwirksamkeitsurteil zu belegen sind, wenn diese nicht der Sicherung von Gewährleistungsansprüchen des Auftraggebers, sondern von Erfüllungsansprüchen des Auftraggebers oder Auftragnehmers dienen[30]. Im Hinblick auf diese Rechtsprechung kann aus heutiger Sicht im Sinne einer Risikovermeidung für den Auftraggeber nur die Konsequenz gezogen werden, in formularmäßigen Bauverträgen künftig lediglich „einfache" Bürgschaften zu fordern, die keine Zahlung auf erstes Anfordern vorsehen. Hat doch der Bundesgerichtshof auch dem Versuch, eine – unwirksame – Vertragsklausel über eine Bürgschaft auf erstes Anfordern in eine „einfache" Bürgschaft umzudeuten, eine Absage erteilt.

Keiner vertraglichen Grundlage bedarf die Berechtigung des Auftragnehmers, die Erbringung seiner Bauleistungen von der Bestellung einer **Sicherheit** bis zur Höhe seines gesamten voraussichtlichen Vergütungsanspruchs, wie er sich aus dem Bauvertrag und etwaigen nachträg-

---

Auftraggeber in Summe Sicherheit von mehr als 5 oder 6 % der Auftrags- bzw. Abrechnungssumme geben (BGH NJW 2011, 2195).

[28] BGH NJW 1997, 2598; BGH NJW 2000, 1863; BGH ZfIR 2001, 129; BGH NZBau 2001, 311; BGH NJW-RR 2005, 458.

[29] Thür. OLG Jena BauR 2001, 654 zur Zulässigkeit einer vorformulierten Allgemeinen Geschäftsbedingung über eine Vertragerfüllungsbürgschaft auf erstes Anfordern; OLG Stuttgart NZBau 2000, 134, NZBau 2001, 704; a.A. OLG Dresden BauR 2001, 1448.

[30] BGH NJW-RR 2004, 880 m.w.N.

lichen Zusatzaufträgen ergibt, zu verlangen; er kann sich hierbei auf **§ 648 a BGB** stützen. Der Auftragnehmer ist sogar berechtigt, diese Sicherheit ungeschmälert zu fordern, wenn er mit seinem Auftraggeber Raten- oder Abschlagszahlungen vereinbart hat[31]. Sein Sicherungsbedürfnis entfällt erst dann und insoweit, als der Auftragnehmer Abschlagszahlungen vom Auftraggeber tatsächlich erhalten hat. In diesem Fall kann die Sicherheit nur noch in Höhe des nach Abzugs der erhaltenen Zahlungen noch zu sichernden Vergütungsanspruches verlangt werden.

Als Sicherungsmittel kommen neben der Hinterlegung von Geld oder Wertpapieren insbesondere Auszahlungsgarantien, Bürgschafts- oder sonstige Zahlungsversprechen eines Kreditinstitutes oder Kreditversicherers in Betracht. Eine Garantie oder Bürgschaft „auf erstes Anfordern" kann hingegen nicht gefordert werden. Überhaupt gibt die gesetzliche Regelung dem Auftragnehmer keinen einklagbaren Anspruch auf Stellung der Sicherheit. Kommt der Auftraggeber dem Sicherungsverlangen des Auftragnehmers innerhalb einer angemessenen Frist nicht nach, so steht dem Auftragnehmer „lediglich" das Recht zu, die Fortsetzung seiner Bauleistung zu verweigern oder den Vertrag zu kündigen, wenn die Sicherheit nicht geleistet wird. Kündigt der Auftragnehmer den Vertrag, ist er berechtigt, die vereinbarte Vergütung zu verlangen; er muss sich jedoch dasjenige anrechnen lassen, was er infolge der Aufhebung des Vertrages an Aufwendungen erspart oder durch anderweitige Verwendung seiner Arbeitskraft erwirbt oder böswillig zu erwerben unterlässt. Kommt der Auftraggeber einem Verlangen seines Auftragnehmers nach Sicherheitsleistung nach, kann er von seinem Auftragnehmer grundsätzlich nur die üblichen Kosten der Sicherheitsleistung bis zu einem Betrag von 2 % der Garantiesumme erstattet verlangen.

Diese Grundsätze sind – anders als die in Bauverträgen abdingbare Regelung über die Bauhandwerkersicherungshypothek (§ 648 BGB) – zwingendes Recht; eine abweichende Vereinbarung wird vom Gesetz ausdrücklich nicht zugelassen. Die sich mit einer Inanspruchnahme der Sicherheit in voller Höhe des voraussichtlichen Vergütungsanspruches des Auftragnehmers ergebenden Probleme des Auftraggebers durch die weitere Belastung seiner Kreditlinie, hat der Gesetzgeber bewusst in Kauf genommen.

In diesem Zusammenhang zu erwähnen ist schließlich noch der gesetzliche – aber abdingbare – Anspruch des Bauunternehmers gegen den Bauherrn auf Einräumung einer **Sicherungshypothek** an dem Baugrundstück (§ 648 BGB). Der Wert einer solchen Sicherungshypothek ist umso geringer, als im Grundbuch bereits eingetragene bzw. zur Eintragung beantragte Grundpfandrechte, insbesondere der das Bauprojekt finanzierenden Banken – wie es gewöhnlicherweise der Fall ist – vorhanden sind. Immerhin zählen zum sicherungsberechtigten Personenkreis auch Architekten und die an der Bauwerkerrichtung beteiligten Sonderfachleute.

7.2.5 Vertragsstrafen

In Bauverträgen finden sich häufig Vertragsstrafenvereinbarungen für den Fall der nicht fristgerechten Erbringung der vertraglich geschuldeten Leistungen durch den Auftragnehmer. Solche Vertragsstrafen erfüllen einen doppelten Zweck. Zum einen sollen sie als Druckmittel den Auftragnehmer anhalten, seine Leistung ordnungsgemäß und fristgerecht zu erbringen. Zum anderen sollen sie den Auftraggeber in den Stand setzen, sich bei Verletzung der sanktionierten Vertragspflichten jedenfalls bis zur Höhe der Vertragsstrafe ohne Einzelnachweis schadlos zu halten[32]. Bei einem die gesamten Bauleistungen umfassenden Generalunternehmer-/Generalübernehmervertrag werden neben dem Gesamtfertigstellungstermin des Bauvorhabens oft auch Zwischentermine vertragsstrafenbewehrt sein. Wird der Termin vom Auftragnehmer nicht eingehalten, und kann er nicht den Nachweis führen, dass er die Terminüberschreitung nicht zu vertreten hat, schuldet er dem Auftraggeber die hierfür gesetzte Pönale. Der Auftraggeber sieht sich nicht in der Not, seinen Schaden insoweit nachzuweisen. Üblicherweise bleibt ihm die

---

[31] BGH NZBau 2001, 129.
[32] BGHZ 85, 305, 312.

Geltendmachung eines darüber hinausgehenden Schadens vorbehalten. Diesen Schaden hat der Auftraggeber dann selbstverständlich im Einzelnen darzulegen und nachzuweisen.

Vorformulierte, nicht im einzelnen verhandelte Vertragsstrafenvereinbarungen müssen unter dem Gesichtspunkt der nur eingeschränkten Geltung von Allgemeinen Geschäftsbedingungen Obergrenzen bzgl. des Tagessatzes und der Gesamthöhe einhalten. „Gerade bei Bauverträgen mit hoher Auftragssumme ist darauf zu achten, dass sich die Vertragsstrafe in wirtschaftlich vernünftigen Grenzen hält"[33] – als ob der Schaden, der dem Auftraggeber aus einer nicht vertragsgemäßen, mit einer Vertragsstrafe sanktionierten Fehlleistung seines Auftragnehmers droht, mit höherem Bauvolumen proportional geringer ausfiele! Trotzdem sollte beachtet werden, dass die zulässige Spannweite einer Vertragsstrafenvereinbarung nach derzeitiger Rechtsprechung von 0,3 % der Auftragssumme je Arbeitstag (Werktage einschließlich Samstage)[34] bis höchstens 5 % der Auftragssumme insgesamt[35] reichen dürfte. Das richtige zulässige Maß zu finden, ist für den Auftraggeber nicht unbedeutend. Hat nämlich eine formularmäßige Vertragsstrafenvereinbarung nach den Bestimmungen über die „Gestaltung rechtsgeschäftlicher Schuldverhältnisse durch Allgemeine Geschäftsbedingungen" keinen Bestand, steht dem Auftraggeber nach der Klausel auch keine Vertragsstrafe in Höhe eines Betrages zu, den er ohne Verstoß gegen diese Regelungen hätte vereinbaren können[36]. Dem Auftraggeber bleibt in diesem Falle nichts anderes übrig, als im Einzelnen nachzuweisen und darzulegen, welcher Schaden ihm durch die schuldhafte Fristüberschreitung des Auftragnehmers konkret entstanden ist.

Eine verwirkte Vertragsstrafe kann vom Auftraggeber grundsätzlich nur verlangt werden, wenn er sich deren Geltendmachung bei der Abnahme der Leistung ausdrücklich und unmissverständlich vorbehalten hat (§ 341 Abs. 3 BGB, § 11 Abs. 4 VOB/B). Da dies – auch bei größeren Bauprojekten – nicht selten übersehen wird, sollte im Bauvertrag geregelt werden, dass der Vorbehalt der Vertragsstrafe vom Auftraggeber nicht bereits bei der Abnahme geltend gemacht werden muss, sondern noch bis zur Schlusszahlung erklärt werden kann[37].

7.2.6 Abnahme und Gewährleistung der Bauleistung

Die Herstellungspflicht des Auftragnehmers endet grundsätzlich nicht mit der Erbringung seiner Leistung, sondern erst mit der **Abnahme** des von ihm geschaffenen (Bau-)Werkes durch den Auftraggeber. Durch die Abnahme erkennt der Auftraggeber das vom Auftragnehmer geschuldete Werk als (im Wesentlichen) vertragsgemäß an[38]. Bauverträge sehen regelmäßig vor, dass diese Abnahme förmlich i.S.v. § 12 Abs. 4 VOB/B zu erklären ist. Eine Abnahme durch konkludentes Verhalten, wie es z.B. in einer vorbehaltlosen Vergütungszahlung, in der Freigabe einer Sicherheitsleistung oder in der Benutzung oder Übergabe eines Bauwerkes an den Endabnehmer/Mieter gesehen werden könnte, wird ebenso wie die durch die schriftliche Mitteilung über die Fertigstellung der Bauleistung (z.B. durch Zusendung der Schlussrechnung) oder die bestimmungsgemäße Ingebrauchnahme eines Bauwerkes in Gang gesetzte fiktive Abnahme gemäß § 12 Abs. 5 VOB/B regelmäßig ausgeschlossen. Dies gilt auch für die gesetzliche Regelung, die die unterlassene Abnahme trotz Fristsetzung der rechtsgeschäftlich erklärten gleichstellt (sog. fingierte Abnahme, § 640 Abs. 1 Satz 3 BGB).

Um eine reibungslose und termingerechte förmliche Abnahme zu erreichen, findet mindestens bei komplexeren Bauvorhaben, fast immer eine Vorbegehung statt. **Teilabnahmen** in sich abgeschlossener Teile des Gesamtwerkes, sind nach dem Willen der Parteien möglich. In Fällen der vorzeitigen Ingebrauchnahme einzelner Teile des Bauwerkes (z.B. in Folge vorzeitigen Mietereinzuges) sind sie schlechterdings notwendig, um die Beweislast für das Vorhandensein

---

[33] BGH BauR 1988, 86, bestätigt in: BGH NJW 2000, 2106.
[34] § 11 Abs. 3 VOB/B.
[35] BGH BauR 1976, 279; NJW 1987, 380 damals jeweils 10 %. Jetzt BGH NJW 2003, 1805 mit einer Höchstgrenze von 5 %.
[36] LG Berlin BB 1996, 2062.
[37] OLG Dresden BauR 2001, 1461.
[38] Siehe hierzu auch Abschnitt 7.2.3.

von Mängeln hinsichtlich derer ein Vorbehalt bei der Teilabnahme nicht erklärt wurde, vom Auftragnehmer auf den nunmehr allein in unmittelbaren oder mittelbaren Besitz des teilabgenommenen Werkes befindlichen Auftraggeber zu verlagern. Eine solche Umkehr der Beweislast tritt auch dann ein, wenn die Teilabnahme nicht als rechtsgeschäftliche Abnahme i.S.v. § 640 BGB, sondern als „bloße" technische Teilabnahme i.S.v. § 4 Abs. 10 VOB/B erfolgt[39].

Die Abnahme eines Werkes hat vielfältige **Wirkungen**. Zu den wichtigsten zählen neben der soeben erwähnten Umkehr der Beweislast für das Vorhandensein von Mängeln:

- Mit der Abnahme endet die Verpflichtung des Auftragnehmers zur (Neu-) Herstellung des von ihm geschaffenen Werkes im Falle von dessen zufälligem Untergang oder dessen zufälliger Beschädigung (§§ 631 Abs. 1, 644 BGB; § 12 Abs. 6 VOB/B). Dies ist von Bedeutung, wenn das von ihm bereits geschaffene Werk, z.B. durch Sturm oder Erdbeben vor Abnahme zerstört wird. Er verliert dann auch seinen Vergütungsanspruch. Umgekehrt hat der Auftraggeber bei zufälliger Zerstörung oder Beschädigung der Bauleistung nach Abnahme diese gleichwohl zu vergüten, ohne dass der Auftragnehmer verpflichtet wäre, die Bauleistung neu herzustellen oder instand zu setzen[40].
- Neben den Herstellungsanspruch des Auftraggebers treten Mängelansprüche, die zwar grundsätzlich schon vor der Abnahme geltend gemacht werden können, deren Verjährungsfrist aber erst mit der Abnahme zu laufen beginnt (§§ 634 ff. BGB, § 13 Abs. 4 Nr. 3 VOB/B).
- Gewährleistungsansprüche wegen Mängeln, die der Auftragnehmer bei Abnahme kennt und Vertragsstrafenansprüche, werden – in Ermangelung einer anderweitigen vertraglichen Regelung[41] – verwirkt[42], wenn sich der Auftraggeber deren Geltendmachung bei der Abnahme (idealerweise durch Aufnahme in dem Abnahmeprotokoll) nicht vorbehält (§ 640 Abs. 2 BGB, § 12 Abs. 5 Nr. 3 VOB/B; § 341 Abs. 3 BGB, § 11 Abs. 4 VOB/B).
- Die Vergütung des Auftragnehmers wird, soweit nicht bereits durch Abschlagszahlung geleistet, vorbehaltlich vereinbarter Einbehalte, zur Zahlung fällig (§ 641 BGB), sofern – beim VOB-Bauvertrag – auch eine prüffähige Schlussrechnung vorgelegt wird (§ 16 Abs. 3 VOB/B).

Den Auftragnehmer trifft – wie gesagt – in jedem Falle bis zur Abnahme die Pflicht zur vertragsgemäßen, d.h. mangelfreien Herstellung des von ihm geschuldeten Werks (§ 633 Abs. 1 BGB). Genügt das vom Auftraggeber abgenommene Werk diesen Anforderungen nicht, hat der Auftraggeber die **Mängelrechte** der Nacherfüllung (u.U. sogar Neuherstellung[43], Mängelbeseitigung), nach vergeblicher Fristsetzung auch der Selbstvornahme sowie der Minderung (Herabsetzung der Vergütung) und des Rücktritts (Rückgängigmachung des Bauvertrages), soweit einzelvertraglich nichts abweichendes vereinbart ist (§§ 633, 634 ff. BGB, § 13 VOB/B). Hat der Auftragnehmer den Mangel zu vertreten, steht dem Auftraggeber auch ein Schadenersatzanspruch oder Anspruch auf Ersatz vergeblicher Aufwendungen zu (§ 634 Nr. 4, 284 BGB); in gleichem Umfang wie für eigenes Verschulden haftet der Auftragnehmer hierbei für alle von ihm eingesetzten bzw. beauftragten Hilfspersonen und Nachunternehmer.

In **Bauverträgen** werden diese Mängelrechte des Auftraggebers in ihren Voraussetzungen und Folgen mehr oder weniger detailliert geregelt. Für den Fall, dass der Auftragnehmer mit der Erfüllung seiner Gewährleistungspflichten in Verzug gerät oder sich die von ihm ausgeführte Nacherfüllung als mangelhaft erweist, kann dem Auftraggeber das Wahlrecht eingeräumt werden, entweder die Mängel auf Kosten des Auftragnehmers beseitigen zu lassen und hierfür auch einen Kostenvorschuss zu verlangen oder von der Schlussrechnung einen dem Minderwert des Werkes entsprechenden Abzug vorzunehmen oder aber auf Nachbesserung zu beharren. Regelmäßig wird sich der Auftraggeber in jedem der vorgenannten Fälle seinen Anspruch auf Ersatz aller entstehenden Schäden vorbehalten.

---

[39] *Kapellmann/Langen* Einführung in die VOB/B, 2012, Rdnr. 191.

[40] *Zerhusen,* aaO, Rdnr. 192 f., 200.

[41] Kritisch zur Vertragsstrafe OLG Düsseldorf BauR 2001, 1461.

[42] Schadenersatzansprüche bleiben erhalten.

[43] § 635 Abs. 1 BGB; bisher BGHZ 96, 111, bestätigt in: BGH NZ-Bau 2005, 390.

Mängelansprüche wegen Arbeiten an einem Bauwerk mit Ausnahme der Minderung und des Rücktritts **verjähren** grundsätzlich nach § 634 a Abs. 1 Nr. 2 BGB in fünf Jahren, nach der vielfach als Vertragsgrundlage für Bauverträge verwendeten VOB/B (§ 13 Abs. 4) bereits in vier Jahren[44]. Üblicherweise wird für Bauleistungen eine Gewährleistungsfrist von grundsätzlich fünf Jahren vereinbart, wobei für einzelne Leistungen, vor allem für Abdichtungsarbeiten gegen Wasser (Dach und weiße Wanne) nicht selten eine zehnjährige, für Verschleißteile hingegen eine zweijährige und für gärtnerische Anlagen eine einjährige Verjährungsfrist vereinbart wird.

7.2.7 Beendigung des Bauvertrages

Idealerweise findet der Bauvertrag durch die Erfüllung der beiderseits versprochenen Leistungen – die mängelfreie Herstellung des Bauwerkes durch den Auftragnehmer und die Erfüllung des daran geknüpften Vergütungsanspruches durch den Auftraggeber – seinen Abschluss. Ohne dieses natürliche Ende des Bauvertrages abwarten zu müssen, hat der Gesetzgeber dem Bauherrn die Möglichkeit zur jederzeitigen Beendigung des Bauvertrages eingeräumt: Bis zur Vollendung des Bauwerkes kann ein Auftraggeber den Bauvertrag jederzeit kündigen (§§ 649 BGB, 8 Abs. 1 VOB/B). Von diesem sogenannten freien, weil ohne Einhaltung einer Frist und ohne an einen Grund geknüpften, Kündigungsrecht kann nur der Auftraggeber, nicht dessen Auftragnehmer Gebrauch machen. Indessen steht dem Auftragnehmer nach Ausspruch einer solchen Kündigung zwar kein Anspruch auf Herstellung des Werkes, aber gleichwohl ein Vergütungsanspruch für die von ihm erbrachten und noch nicht erbrachten Leistungen zu. Er muss sich jedoch dasjenige anrechnen lassen, was er infolge der Beendigung des Vertrages an Aufwendungen erspart oder durch anderweitige Verwendung seiner Arbeitskraft erwirbt oder zu erwerben böswillig unterlässt. Gemäß § 649 S. 3 BGB wird widerlegbar vermutet, dass danach dem Auftragnehmer 5 vom Hundert der auf den noch nicht erbrachten Teil der Werkleistung entfallenden vereinbarten Vergütung zustehen.[45] Will der Auftragnehmer aber einen - nach § 649 S. 2 BGB berechneten – höheren Vergütungsanspruch geltend machen. muss er konkret vortragen und beziffern, was er sich in diesem Sinne als ersparte Aufwendungen und anderweitigen Erwerb anrechnen lässt[46]. Es ist dann Sache des Auftraggebers darzulegen und zu beweisen, dass höhere Ersparnisse oder mehr anderweitiger Erwerb erzielt wurde, als der Auftragnehmer sich anrechnen lassen will.[47]

Dieses in seinen Voraussetzungen sehr klare, in seinen Folgen aber nur schwer einschätzbare freie Kündigungsrecht des Auftraggebers stößt vielfach nicht auf die Akzeptanz des Auftragnehmers. Vertragliche Kündigungsregelungen oder die Einbeziehung der an Kündigungsgründe anknüpfenden Kündigungsbestimmungen der VOB/B (§§ 4 Abs. 7, 6 Abs. 7, 8 Abs. 2 bis 4, 9) in veränderter oder unveränderter Fassung treten an seine Stelle. So kann gemäß § 6 Abs. 7 VOB/B jede Partei den Bauvertrag kündigen, wenn eine Unterbrechung der Bauausführung länger als drei Monate dauert. Gemäß § 8 Abs. 2 Nr. 1 VOB/B kann der Auftraggeber den Vertrag kündigen, wenn der Auftragnehmer seine Zahlungen einstellt oder das Insolvenzverfahren bzw. ein vergleichbares gesetzliches Verfahren beantragt oder ein solches Verfahren eröffnet wird oder dessen Eröffnung mangels Masse abgelehnt wird. Bei Nichteinhaltung einer vom Auftraggeber gesetzten Frist zur rechtzeitigen bzw. ordnungsgemäßen Bewirkung der Bauleistung durch den Auftragnehmer, eröffnen sich weitere Kündigungsrechte des Auftraggebers (§ 8 Abs. 3 i.V.m. § 4 Abs. 7, § 5 Abs. 4 VOB/B). Wenn hingegen der Auftraggeber eine ihm obliegende Mitwirkungshandlung nicht vornimmt und der Auftragnehmer deshalb die von ihm geschul-

---

[44] Nach § 218 Abs. 1 BGB ist der Rücktritt wegen nicht oder nicht vertragsgemäß erbrachter Leistung u.a. unwirksam, wenn der Anspruch auf die Leistung oder der Nacherfüllungsanspruch verjährt ist und der Schuldner (Auftragnehmer) sich hierauf beruft. Diese Regelung gilt für das werkvertragliche Minderungsrecht entsprechend (§§ 634 a Abs. 4 und 5, 218 BGB).

[45] Siehe auch Kapitel 9.3.8 in Teil 3.

[46] OLG Düsseldorf BauR 2001, 117.; OLG Schleswig IBR 2011, 9.

[47] BGH BauR 2001, 666.

dete Leistung nicht ausführen kann oder der Auftraggeber eine fällige Zahlung nicht leistet oder sonst in Schuldnerverzug gerät, kann der Auftragnehmer kündigen (§ 9 Abs. 1 VOB/B).

Nahezu jeder dieser Kündigungstatbestände regelt die Frage, was der Auftraggeber und der Auftragnehmer im Kündigungsfalle von der anderen Partei jeweils an Vergütung bzw. Entschädigung für die bis zum Kündigungszeitpunkt erbrachten und nicht erbrachten Bauleistungen verlangen kann, in unterschiedlicher Weise. Gerade Bauverträge für komplexere Bauvorhaben, bei denen die Folgen, die eine vorzeitige Beendigung des Bauvertrages für die Fertigstellung des geplanten Bauwerkes zeitigen, von erheblichem Gewicht sein können, sollten durch klar strukturierte Kündigungsregelungen die Voraussetzungen einer vorzeitiger Vertragsbeendigung und die damit verbundenen Folgen auf schnelle Weise begreifbar machen.

Da jede Kündigung den Bauvertrag nur für die Zukunft – nicht aber für die Vergangenheit – beendet, bleibt der Auftragnehmer auch nach Beendigung des Bauvertrages zur Mängelbeseitigung der von ihm bis dahin erbrachten Bauleistungen verpflichtet. Ein Zahlungseinbehalt bzw. eine ihn ersetzende Bürgschaft braucht vom Auftraggeber vor deren Erledigung nicht ausgekehrt bzw. herausgegeben werden.

7.2.8 Streitvermeidung/Streitentscheidung

Streitigkeiten zwischen den Bauvertragsparteien sind am Ende des Tages vor den ordentlichen Gerichten auszutragen und von diesen zu entscheiden – wenn sich die Bauvertragsparteien nicht auf andere Möglichkeiten der alternativen Konfliktlösung im Baurecht (Schiedsgerichtsbarkeit, Schiedsgutachten, Schlichtung, Dispute Adjudication, Mediation)[48] verständigen bzw., vor Ausbruch des Streits, bereits verständigt haben. Angesichts der hinreichend bekannten Unzufriedenheit mit den Unzulänglichkeiten gerichtlicher Entscheidungsprozesse, die mit Schlagworten wie überlange Verfahrensdauer, mangelnde Sachkompetenz des Gerichts, Unprognostizierbarkeit der gerichtlichen Entscheidung nur unvollständig beschrieben ist, suchen am Bau beteiligte Unternehmen wie Bauherren zusehends ihr Heil in einer, dem staatlichen Zivilgerichtsverfahren abgewandten **alternativen Streitschlichtung**. Diese kann in der Statuierung eines nicht-staatlichen Schiedsgerichts geschehen, über dessen Besetzung die Bauvertragsparteien selbst entscheiden. Hier kann dem Verfahren auch eine eigene, von den Vorschriften der Zivilprozessordnung abweichende Ordnung gegeben werden, wie beispielsweise durch die Vereinbarung der von der Arbeitsgemeinschaft für privates Bau- und Architektenrecht im Deutschen Anwaltsverein verfassten Schlichtungs- und Schiedsordnung für Baustreitigkeiten (SOBau)[49]. Zur schnellen verbindlichen Entscheidung streitiger Einzelfragen, wie der Feststellung der Abnahmefähigkeit von Bauleistungen, der Ursache von Mängeln und dem besten Weg ihrer Beseitigung, bietet sich in jedem Falle die Beauftragung eines unabhängigen **Sachverständigen** an. Idealerweise sollte bereits im Bauvertrag das Verfahren der raschen Bestimmung des Sachverständigen und die Tragung seiner Kosten geregelt werden. Eine vorherige personelle Festlegung des Sachverständigen und seiner „Ersatzmänner" bietet sich an. Eine solche schiedsgutachterliche Tatsachenfeststellung erspart den Parteien die Einleitung eines selbständigen gerichtlichen Beweisverfahrens (§§ 485 ff. ZPO) und damit die Beauftragung eines Sachverständigen durch das Gericht.

7.3 Mietverträge im Rahmen einer Immobilien-Projektentwicklung

Nicht selten muss ein Projektentwickler Mietverträge bereits vor Baubeginn mit einem oder mehreren sogenannten Ankermietern abschließen um das konkrete Projekt finanzieren zu können. Gerade Großprojekte sind oftmals nur über langfristige Mietverträge realisierbar, da sie dem Investor Planungssicherheit einräumen und den finanzierenden Banken einen gewissen cash-flow in Aussicht stellen.[50]

---

[48] *Wagner* NZBau 2001, 169.
[49] SOBau unter www.arge-baurecht.com.
[50] Vgl. *Conradi*, aaO, 400.

Dabei kann sich gerade das gesetzliche Schriftformerfordernis gem. § 550 S. 1 BGB als Stolperstein herausstellen.[51] Denn bei Verfehlung der Schriftform (§ 126 BGB) gilt das Mietverhältnis gemäß § 550 BGB als auf unbestimmte Zeit geschlossen und ist damit ordentlich kündbar. Die Schriftform kann beispielsweise verfehlt sein, wenn eine Vertragspartei ihre Vertragsurkunde erst geraume Zeit (vgl. § 147 Abs. 2 BGB) nach der Unterzeichnung durch die andere unterschreibt und die Urkunde sodann der anderen Partei zurückschickt.[52] Denn die verspätete Annahme gilt gemäß § 150 Abs. 1 BGB als neuer Antrag und dieser wird regelmäßig nicht in schriftlicher Form angenommen. In der praktischen Umsetzung unterzeichnet der Mieter den schriftlichen Vertragstext als Vertragsangebot, welches er zuvor als Formular vom Projektentwickler (Vermieter) erhalten hat. Diese Formulare sehen eine mehrwöchige Bindung des Mieters an seinen Antrag vor. Da diese Annahmefristklauseln regelmäßig Allgemeine Geschäftsbedingungen darstellen und daher bei unangemessen langer Annahmefrist gemäß § 307 Abs. 1 und 2 BGB unwirksam sein können, stellt sich erneut obiges Problem der Schriftformverfehlung.[53]

Die Schriftform ist ebenfalls nicht eingehalten, wenn Nebenabreden, welche wesentliche Bestandteile des Mietvertrages darstellen, die Schriftform nicht wahren. Problematisch kann hier insbesondere sein, wenn das Mietobjekt in der Vertragsurkunde nicht hinreichend bestimmt ist.[54] Dabei ist zudem stets zu beachten, dass ein nicht formgerechter Nachtrag zu einem langfristigen Mietvertrag die Schriftform des gesamten Vertragswerkes zerstören kann, wenn der Nachtrag[55] wesentliche Vertragsbestimmungen enthält.[56] Bei Nachträgen ist eine lückenlose Inbezugnahme aller Schriftstücke, aus denen sich die wesentlichen vertraglichen Vereinbarungen der Parteien ergeben, erforderlich.[57]

7.4 Steuerfolgen bei Bauverträgen

7.4.1 Vergütungen für Bauleistungen als Gegenstand der Grunderwerbsteuer

Sämtliche Rechtsvorgänge, die es einem anderen rechtlich oder wirtschaftlich ermöglichen, ein inländisches Grundstück auf eigene Rechnung zu verwerten, insbesondere der Kauf oder sonstige Erwerb eines Grundstücks, unterliegen der Grunderwerbsteuer (§ 1 GrEStG). Diese Belastung bemisst sich grundsätzlich nach dem Wert der Gegenleistung (§§ 8, 9 Abs. 1 Nr. 1, Abs. 2 Nr. 1 GrEStG). Regelmäßig ist dies der Kaufpreis, der vom Bauherrn für das Grundstück oder Erbbaurecht, welches eine Projektentwicklung ermöglicht, an den Veräußerer gezahlt wird. Der Steuersatz beträgt derzeit – je nach Bundesland[58] – zwischen 3,5 und 5,5 v.H.

Steht jedoch der eigentliche Grundbesitzerwerb derart in einem objektiv sachlichen Zusammenhang mit weiteren, die zukünftige Bebauung oder Entwicklung des Grundstücks betreffenden Vereinbarungen, wodurch insgesamt der wirtschaftliche Erfolg erreicht werden soll, dass der Erwerber das betreffende Grundstück in bebautem (d.h. noch zu bebauenden) Zustand erwirbt, kann dies im Einzelfall dazu führen, als Gegenstand des Erwerbsvorgangs und damit der Grunderwerbsteuer das **Grundstück in bebautem Zustand** anzusehen. Sämtliche Vergütungen, die der Bauherr dem Veräußerer oder Generalunternehmer/-übernehmer für die Bebauung des Grundstücks zu zahlen hat[59], rechnen dann zur Bemessungsgrundlage der Grunderwerbsteuer[60]. Ein

---

[51] *Eckert*, ZfIR 2005, 790; *Carlos/Datis*, ZfIR 2012, 169.

[52] BGH NZM 2009, 515; *Bieber* in: Münchener Kommentar, BGB, 2012, § 550 Rn. 10ff.

[53] *Carlos/Datis*, ZfIR 2012, 169; siehe auch BGH NJW 2010, 1518.

[54] OLG Hamm, ZMR 2010, 441.

[55] BGH NJW 2008, 2181. Zur Heilung siehe: BGH MDR 1988, 270; OLG Köln GuT 2005, 153; BGH NZM 2009, 515.

[56] BGHZ 125, 175; *Jacoby*, NZM 2011, 1.

[57] BGH NZM 2008, 484.

[58] Mit der Föderalismusreform wurde den Bundesländern die Befugnis zur Bestimmung des Steuersatzes bei der Grunderwerbsteuer übertragen (Art. 105 Abs. 2a GG).

[59] Einschließlich der hierauf berechneten Umsatzsteuer.

[60] BFH BStBl. 1993 II, 163; BStBl 1995 II, 331; BStBl 2000 II, 34 – st. Rspr.

derartiger objektiv sachlicher Zusammenhang des eigentlichen Grunderwerbes mit Vereinbarungen über die zukünftige Bebauung oder Entwicklung des Grundstücks kann insbesondere dann vorliegen, wenn in der notariellen Urkunde über den Grundstückserwerb zugleich eine Bebauungsverpflichtung des Veräußerers begründet oder mit einem Dritten ein Generalunternehmer-/Generalübernehmervertrag abgeschlossen wird. Ein solcher Zusammenhang kann sich allerdings auch aus Umständen ergeben, die außerhalb der notariellen Urkunde über den Grundstückskauf liegen, insbesondere in der zeitlichen, sachlichen und/oder persönlichen Verbindung verschiedener Verträge bzw. Vertragsparteien, die sich auf den Erwerb und die zukünftige Entwicklung oder Bebauung des Grundstücks beziehen.

7.4.2 Umsatzsteuerpflicht von Bauleistungen

Planungs- und Bauleistungen der Architekten, Sonderfachleute, Bauunternehmer und der sonstigen am Bau Beteiligten sind grundsätzlich umsatzsteuerbar, d.h. der Bauherr hat neben der Vergütung Umsatzsteuer an den Architekten etc. zu leisten. Architekten- und Bauverträge sehen regelmäßig vor, dass die darin festgelegte Vergütung einen Nettopreis darstellt, auf den die Umsatzsteuer hinzukommt. Die gezahlte Umsatzsteuer kann der Bauherr allerdings in der Regel als Vorsteuer gegenüber dem Finanzamt geltend machen, wenn und soweit er durch das später fertig gestellte Bauwerk Leistungen an Dritte erbringt, die ihrerseits umsatzsteuerpflichtig sind. Hierbei ist zu beachten, dass die Vermietung und die Verpachtung von Grundstücken und damit auch von Gebäuden und Gebäudeteilen in der Regel von der Umsatzsteuer befreit ist, wenn nicht der Vermieter sich ausdrücklich für die Umsatzsteuerpflicht entscheidet. Diese sog. Option zur Umsatzsteuer ist regelmäßig jedoch nur gegenüber zukünftigen gewerblichen Mietern möglich (§ 4 Nr. 12a, § 9 UStG). Bei gewerblicher Vermietung wird in der Praxis zur Umsatzsteuer optiert werden, weshalb die vom Bauherrn zu zahlende Umsatzsteuer für ihn als Vorsteuer abzugsfähig sein wird.

Auch wenn und soweit die Umsatzsteuer für den Bauherrn danach grundsätzlich einen durchlaufenden Posten darstellt, der ihn im Ergebnis nicht dauerhaft belastet, sollte zur Vermeidung von Streitigkeiten darüber, ob die vertraglich festgelegte Vergütung nicht doch einen Bruttopreis darstelle, auf eine entsprechende Klarstellung nicht verzichtet werden. Für die Höhe der Umsatzsteuer ist im Übrigen der zum Zeitpunkt der Abnahme der Bauleistung geltende Steuersatz maßgebend[61]. Dieser beträgt zur Zeit in der Regel 19 v.H.

Bei der Ermittlung des Architektenhonorars auf der Grundlage der anrechenbaren Kosten des Bauvorhabens spielt die auf die Bauleistungen entfallende Umsatzsteuer hingegen keine Rolle; sie darf nicht mitgerechnet werden (§ 16 HOAI)[62].

7.4.3 Bauwerk als Wirtschaftsgut/Bauleistungen für Wirtschaftsgüter

Bauleistungen sind häufig auf die Herstellung eines neuen Gebäudes oder Bauwerks gerichtet. Die vom Auftraggeber für das Bauwerk insgesamt getätigten Aufwendungen bilden den Aktivierungswert des **Wirtschaftsgutes Gebäude** und damit auch die Bemessungsgrundlage für die periodisch vorzunehmenden Absetzungen für Abnutzungen. Wurden danach Herstellungskosten für ein Gebäude vom Bauherrn aufgewandt, kommt nur deren Aktivierung in der Bilanz des Bauherrn und die Vornahme von Absetzungen für Abnutzung und Substanzverringerung, die den Wertverlust (Wertverzehr) dieses Wirtschaftsgutes periodengerecht zum Ausgleich bringen, in Betracht, vorausgesetzt das Wirtschaftsgut wird zur Erzielung steuerbarer Einnahmen verwendet. Dies gilt nicht nur für die Herstellungskosten im Zusammenhang mit der Errichtung des Bauwerkes, sondern auch für Aufwendungen, die für die Erweiterung oder für die über den ursprünglichen Zustand hinaus gehende wesentliche Verbesserung eines Bauwerkes entstehen. Demgegenüber sind Aufwendungen für ein bereits vorhandenes Wirtschaftsgut

---

[61] OLG Düsseldorf NJW-RR 1996, 1485.

[62] Sofern der Auftragnehmer bei der Erbringung seiner Bauleistung keine selbstbeschafften Stoffe verwendet, ist lediglich das Entgelt für die Arbeitsleistung des Auftragnehmers umsatzsteuerbar.

(Gebäude), die lediglich seiner Erhaltung dienen (**Erhaltungsaufwand**), nicht zu aktivieren, sondern im Wirtschaftsjahr ihrer Tätigung in vollem Umfange abzugsfähig.

Für den **Grund und Boden** eines Bauwerkes können Absetzungen für Abnutzung nicht vorgenommen werden, da dieser keinem abnutzungsbedingten Wertverzehr unterliegt.

7.4.4 Steuerabzug für inländische und ausländische Bauunternehmen

„Zur Eindämmung illegaler Betätigung im Baugewerbe" hat der Gesetzgeber durch ein gleichlautendes Gesetz vom 22.6.2001 alle Auftraggeber, die Bauleistungen in Auftrag geben, verpflichtet, 15 % der von ihnen hierfür zu zahlenden Vergütung einschließlich Umsatzsteuer einzubehalten und für Rechnung des Auftragnehmers an das Finanzamt abzuführen (§§ 48, 48a–48b EStG). Kommt der Auftraggeber seiner Verpflichtung zum Steuerabzug nicht nach, haftet er nach dem Wortlaut des Gesetzes für einen nicht oder zu niedrig abgeführten Abzugsbetrag. Dieser Steuereinbehalt, der gleichermaßen zu Lasten von in- wie ausländischen Auftragnehmern und auch bei Leistung von Abschlagszahlungen vorzunehmen ist, entfällt nur dann, wenn der Auftragnehmer dem Auftraggeber eine vom Finanzamt ausgestellte Freistellungsbescheinigung vorlegt oder die Bruttovergütung für diesen und ggf. weitere Bauaufträge die Bagatellgrenze von grundsätzlich Euro 5.000,00 im Kalenderjahr nicht überschreitet[63]. Die Freistellungsbescheinigung wird von dem für den Auftragnehmer zuständigen Finanzamt erteilt, wenn der zu sichernde Steueranspruch nicht gefährdet erscheint. Klarstellend sollte in Bauverträgen auf diese abgabenrechtliche Verpflichtung des Auftraggebers hingewiesen werden[64]. Das Bundesministerium der Finanzen hat dazu ein „Merkblatt zum Steuerabzug bei Bauleistungen"[65] herausgegeben.

Der vom Steuerabzug betroffene Auftragnehmer kann die für seine Rechnung vom Auftraggeber einbehaltene und abgeführte Steuer auf seine persönliche Steuerschuld anrechnen, bzw. Erstattung vom Finanzamt verlangen. Das Verfahren ähnelt dem Lohnsteuerabzugsverfahren.

---

[63] Bei rein privater und damit ausschließlich umsatzsteuerfreier Vermietung erhöht sich diese Freigrenze auf Euro 15.000,00 im Kalenderjahr.

[64] Sofern die europarechtlichen Bedenken, die gegen § 48 b EStG vorgetragen werden, nicht zu deren ersatzlosen (und u.U. rückwirkenden) Aufhebung führen – einem Schicksal, dass der Vorgängerregelung des § 50 a Abs. 7 EStG a.F., die einen Steuerabzug für die Herstellung eines Werkes durch ausländische Unternehmen vorsah, widerfuhr.

[65] Abrufbar unter www.bundesfinanzministerium.de.

Teil 5
Vermarktung

Übersicht

1. Immobilienmarketing

1.1 Produkt und Vermarkter

1.1.1 Projekt-Marketing

Um eine Immobilie zu kaufen oder zu mieten, muss der Kunde sie kennen und gegenüber anderen bevorzugen. Mit Hilfe des Marketings erreichen Image und Informationen über die Immobilie den Kopf und das Herz des Kunden. **Marketing** ist ein Paket strategischer Maßnahmen. Es beginnt bei der ersten Projektidee und umfasst alle Aktivitäten, die zum Vertragsabschluß führen.

Auf einem Markt mit konkurrierenden Projekten und relativ wenigen Nutzern ist das Sichtbarmachen eines Vorhabens im Marktgeschehen eine Voraussetzung für eine erfolgreiche Entwicklung. Aus einem Immobilienprojekt kann dann auch ein **Produkt** mit Markencharakter werden. Der wesentliche Kern des Produkts besteht aus der Lage, der Art der Immobilie, den vielfältigen Image-Faktoren und der Architektur, die sowohl die innere Funktionalität als auch die äußere Erscheinung umfasst. Gut gestaltete Bauten sind einprägsam und geben der neuen Adresse etwas Besonderes. Das Produkt wird schließlich definiert über harte Faktoren wie Bau- und Ausstattungsqualität, intelligente Lösungen für Heizung, Kühlung und Belichtung sowie Kommunikation und Sicherheit. Die Grenze zwischen harten Technik- und weichen Imagefaktoren werden fließend. LEED-, Greebuilding-Srandards, die deutschen Enegieeinsparungsverordnungen beinhalten neben technischen und kalkulatorischen Aspekten für viele Zielgruppen starke Imagetransferfaktoren, mit denen sich Lifestyles wie früher mit Automobilen darstellen lassen. Die Preisgestaltung ist ein entscheidender Regulator. Zu erwartende Services runden das Angebot ab.

Marketing ist ein **kommunikativer Prozess**. Er umfasst Öffentlichkeitsarbeit, Werbung, bestimmte Arten des Vertriebs bis hin zum Verkaufsgespräch. Für ein erfolgreiches Marketing müssen verschiedene Disziplinen optimal zusammenarbeiten. Die zugespitzten Botschaften und Bilder sollen Neugierde erzeugen und Begehrlichkeiten wecken. Der anschließende Dialog mit interessierten Kunden soll kritisches Nachfragen befriedigen und der gelungene Abschluss sollte schließlich volle Kundenzufriedenheit schaffen.

Der **Prozess des Marketings** lässt sich grob unterteilen in eine Phase der **Strategien** und in eine der **Maßnahmen**. Der Erfolg hängt entscheidend vom Produkt, dem erkannten Bedürfnis der Kunden und der richtigen Strategie der Vermittlung ab. Die basiert auf folgenden Fragen:
– Welche **Zielgruppen** kommen als Käufer oder Mieter für das angebotene Projekt in Betracht?

- Wie nehmen diese Zielgruppen ihre Entscheidungen vor?
- Welche weiteren Angebote konkurrieren jetzt und/oder später?

Die Gestaltung und kreative Präsentation des Angebotes hat sich an den Antworten auf diese Fragen zu orientieren. Dabei gilt es, entsprechend den **Werteklimata** der Zielgruppen zu kommunizieren.

In der **Planungsphase** werden weitere Zielgruppen relevant, etwa für die notwendigen Genehmigungen: Vertreter der Regierung, der Opposition, der Wirtschaft und der Medien, leitende Beamte, Interessengruppen, evtl. Universitäten/Schulen (Führungskräfte von Morgen!) sowie sonstige Meinungsmacher. Schließlich gilt es, gegenüber finanzierenden Institutionen das Projekt eindeutig, werthaltig und sicher präsentieren zu können.

1.1.2 Standortmarketing

Der Ruf einer Gegend hat einen entscheidenden Einfluss auf den Wert einer Immobilie. Nur sehr große Projekte können für sich einen eigenen Standort schaffen. Früher glaubte man, dass die drei wichtigsten Grundsätze der Immobilienentwicklung „Lage, Lage, Lage" seien. Das betrifft u.a. die Citynähe, die Qualität des Umfelds, die Art der Verkehrsanbindung, die infrastrukturelle Ausstattung. Die Reputation einer neuen Adresse kann heute auch kommunikativ geschaffen werden. Der Standort wird mit einem Image und einer Bedeutung „aufgeladen". Die drei Grundsätze lauten dann: „Lage, Image, Emotion". Bei der Positionierung eines neuen Standortes ist die Zusammenarbeit mit Akteuren vor Ort sinnvoll, die, ähnlich wie die Händler eines Viertels oder einer Einkaufsstraße, als Standortgemeinschaft auftreten.

Standortmarketing kann sich auf eine Nachbarschaft, eine Stadt, Region oder Nation beziehen. Üblicherweise wird dies von den Institutionen der Wirtschafts- und Tourismusförderung betrieben. Es richtet sich an unterschiedliche Zielgruppen wie Touristen, Investoren, Einzelhändler, Dienstleister, Verbraucher oder Bewohner. Die Ansätze reichen vom regionalen Tourismusmarketing über das Citymarketing der Innenstädte bis zur Neupositionierung von problematischen Quartieren.

Städte und Regionen stehen regional, national und international miteinander in Konkurrenz. Um etwa Ferienorte oder Wirtschaftsstandorte attraktiv zu machen und von der Konkurrenz abzusetzen, bemüht man sich, Städte als Marken zu profilieren. Dabei können herausragende Bauten wie der Eiffelturm für Paris, der Dom für Köln oder die Reichstagskuppel von Lord Norman Foster für das Berlin von heute Wahrzeichen und Imageträger werden. Moderne Architektur in Verbindung mit exzellenter kultureller Nutzung kann auch kleinere Großstädte in die internationale Liga befördern, wie es Bilbao mit dem Guggenheim-Museum von Frank O. Gehry, Graz mit dem futuristischen Kunsthaus von Peter Cook und Sevilla mit dem Parasol von Jürgen Mayer H. gelungen ist. Einen ähnlichen Imageschub wird, nach allen Querelen, die Hamburger Hafencity durch die Elbphilharmonie von Herzog und de Meuron erfahren.

1.1.3 Marktauftritt des Projektentwicklers

Viele Berufsgruppen und Entscheidungsträger wirken an der Entwicklung eines Projekts mit, bis das Gebäude schließlich in Betrieb genommen werden kann. Diese Zusammenarbeit ist vor allem ein kommunikativer Prozess. Der Projektentwickler ist dabei der Moderator, der sich aktiv um die relevanten Personengruppen bemüht. Kommunikation ist ein wesentlicher Faktor für seinen Erfolg und sie lässt sich von Anfang an steuern.

Meinungen prägen unsere Auffassung von Wirklichkeit und unser Verhalten. Sie erzeugen Akzeptanz oder Ablehnung. Meinungen lassen sich durch Information und Image beeinflussen. Mit dem ersten Auftritt des Projektentwicklers oder des Immobilienunternehmens beginnt die öffentliche Meinungsbildung. Wer sein eigenes Image nicht bewusst gestaltet und kontrolliert, der wird auch das Image seines Projekts nicht optimal nutzen können. Marketingprinzipien können sowohl für die eigene Karriere, für die Firma oder für ein Projekt wirksam werden. Ein Projektentwickler muss zwar keine Wahlen gewinnen, aber wenn er es schafft, eine Person des öffentlichen Lebens zu werden, öffnen sich ihm viele Türen. Weil Aussenstehende eine Firma vor allem in der persönlichen Begegnung erleben, stärkt ein bekannter Projektentwickler auch das Image seiner Firma. – „Man kann nicht nicht-kommunizieren", diese Schulweisheit der Kommunikationsbranche betrifft alle Bereiche des Immobiliengeschäfts.

Mit der Einführung von Produkten wie z.B. der Immobilien-Aktie, hat sich die Kommunikation auch in der Immobilienwirtschaft geändert. Medienarbeit spielt eine zentrale Rolle. Zu den üblichen **Public Relations (PR = Öffentlichkeitsarbeit)** kommen die **Investor Relations (IR)**, welche die Anleger auf dem aktuellen Informationsstand halten sollen.

Ziele einer erfolgreichen PR-Arbeit des Projektentwicklers sind:
– ein Image für die Firmen zu schaffen oder anzureichern, das bei den Zielgruppen ankommt;
– die Firma, die Immobilie und ihren Standort im Gespräch zu halten;
– die Investor Relations als Marketing- und Vertriebsfunktion auszubauen.

Die Zielgruppe der Aktionäre ist sehr heterogen. Institutionelle Investoren, Analysten und Kleinanleger stellen höchst unterschiedliche Anforderungen. Um das Interesse an einer Aktie wach zu halten, sind ein steter Fluss positiver Nachrichten sowie regelmäßige Analysen der betreuenden Banken notwendig. Es gibt dazu eine Vielzahl von Blogs im Netz. Ein eigener Blog ist erwägenswert.

Erfolge sollten gezielt als Nachricht bekannt gemacht werden. Gut vorbereitete und regelmäßige PR/IR-Arbeit verschaffen Aufmerksamkeit in der Öffentlichkeit und Fachöffentlichkeit, bei Aktionären und Analysten. Die Berichterstattung in den **Medien** kann durch gezielte Werbung pointiert werden. Mit einem Aktionsplan lassen sich Anzeigen, Messebeteiligungen, Promotions, Direkt-Marketing oder PR-Maßnahmen wie Quartalsberichte, Events, Roadshows, Seminare etc. strukturiert konzipieren, um durch Wiederholungseffekte in der Wahrnehmung bei den Zielgruppen ein Mehr an Bedeutung zu gewinnen.

1.1.4 Alle wirken mit beim Marketing

Auch wenn Kommunikation und Marketing entscheidend Chefsachen sind und alle Aktivitäten in der Marketing-Abteilung konzentriert sind, sollten alle Abteilungen die Kunden verstehen und bedienen können. Die diversen Ebenen mit ihren unterschiedlichen Zielgruppen sind dann am besten zu erreichen, wenn alle beteiligten Mitarbeiter klare Botschaften zum Projekt aktiv kommunizieren können.

Die Mitarbeiter des Projektentwicklers sind somit Botschafter der einzelnen Vorhaben. Sie sollten die Grundregeln der Öffentlichkeitsarbeit kennen und wissen, wie man mit Kunden und **Medien** umgeht. Nach der Regel „all business is local" sollte jede Niederlassung eine eigene Kommunikationsstrategie haben, die mit der Zentrale abgestimmt ist, die aber vor Ort aktiv umgesetzt und ausgewertet wird. Zu den Aufgaben der Niederlassungen sollte es gehören, Kontakte zu Medienvertretern zu pflegen und kleine Events zu organisieren. Der Internetauftritt sollte hingegen besser zentral gesteuert werden.

Der Einsatz von **Social Media** wird gerade im Lokalen immer selbstverständlicher: Die Schule, die Kirche, der Bioladen, der Makler, alle kommunizieren schnell und unaufwändig auf facebook & Co. Auch von einem großen Projekt im Entstehen wird erwartet, dass es laufend informiert. Das können am besten die Mitarbeiter vor Ort. Allerdings gelten in hierarchisch geführten Unternehmen Restriktionen für die Kommunikation nach Außen. Doch so ist ein erfolgreicher Einsatz von Social Media nicht zu gewährleisten. BITCOM, der Bundesverband Informationswirtschaft, Telekommunikation und Neue Medien e.V. hat 2010 „Social Media Guidelines" herausgegeben, die Unternehmen Empfehlungen für die Kommunikationsaktivitäten von Mitarbeitern in Unternehmen geben. Einen guten **Social Media Leitfaden** in 10 Punkten hat im Juli 2012 die Daimler AG zum Bestandteil der Anstellungsverträge für ihre Mitarbeiter gemacht.

Ob Unternehmens-, Projekt- oder Fanseiten in Social Media, auf jeden Fall sollte die Unternehmensleitung über **Administratorenrechte** auf den lokalen Seiten verfügen. Diese sollten weniger für stilistische Korrekturen der Beiträge von Mitarbeitern genutzt werden als für eine laufende **Erfolgskontrolle** anhand der teilweise detailliert zur Verfügung gestellten Statistiken über **Seitenaufrufe**, Interaktionen und die **Viralität** der Kommunikate.

Bei vielen Unternehmen herrscht die Angst, in den Social Media nicht mehr Herr der eigenen Kommunikation zu sein, zur Unzeit in Debatten oder im schlimmsten Fall auf der eigenen Seite Opfer eines „**Shitstorm**s" zu werden. Dazu muss man wissen, dass man festlegen kann, wer auf der Seite Beiträge posten kann und dass man Kommentare löschen oder unsichtbar stellen kann. Doch das sollte nur das letzte Mittel sein. Eine offene, respektvolle Diskussion wirkt souveräner. Schließlich gibt es auch die Möglichkeit, mit einer Anhäufung oder Wiederholung von eigenen Beiträgen, unerwünschte Inhalte nach unten zu verdrängen.

1.1.5 Vertrieb mit Maklern

Dem Projektentwickler ist es meist nicht so wichtig, wer seine Immobilie verkauft, wenn der Preis und die benötigte Zeitspanne seinen Vorstellungen entsprechen. Projektentwickler können ihre Immobilie auch selber vermarkten. Sie können Anzeigen schalten, Dateien aufbauen, Interessenten besuchen, eine Website ins Internet stellen und Besichtigungen durchführen. Wenn der Vertrieb nicht zu den Kernkompetenzen eines Projektentwicklers zählt, ist die Zusammenarbeit mit Maklern empfehlenswert.

Makler sind Anlaufstellen, sowohl für Anbieter als auch für Nachfrager. In den 80er Jahren des 20. Jh. begannen Makler in den USA ihre Verkaufsbüros in Einkaufszentren einzurichten, um den direkten Kontakt zum Kunden aufzubauen. Seit den 90er Jahren werden auch in Deutschland Maklerbüros für Häuser und Wohnungen als Läden in den Lauflagen der Zielgruppen betrieben. Die Läden nehmen die Schwellenangst. Die Auslage der Exposés, atmosphärische Displays und Monitore mit Videosequenzen sprechen den Fußgänger an.

Makler werden daran gemessen, wie viel Arbeit und Kosten sie ihren Kunden ersparen. Besonders das Internet mit seinen großen Immobilienbörsen hat in den letzten Jahren das Kundenverhalten und die Erwartungen gegenüber Maklern verändert. Noch immer vermittelt ein Makler, aber seine Arbeit setzt sich aus einer Reihe von Einzelleistungen zusammen: Ermittlung eines marktgerechten Preises, Erarbeitung eines Exposés, immer häufiger die Produktion eines Immobilien- und Standortvideos und die Zusammenstellung der für den Verkauf benötigten Unterlagen. Ein Makler informiert gezielt Interessenten aus seiner Kundendatei über sein Angebot, er schaltet Zeitungsanzeigen und präsentiert das Vorhaben in Immobilienbörsen. Wenn er Kollegen im Gemeinschaftsgeschäft anspricht, kann er potenziell Kontakt zu tausenden von Interessenten im In- und Ausland herstellen. So wird der Makler zum Kommunikator für Projekt, Standort und Entwickler. Allerdings wollen viele Makler sowenig wie möglich für die Kommunikation ausgeben: Da soll dann ein Foto vom Handy völlig ausreichend sein, die Exposés sind meist schlicht gestaltet und von der Corporate Identity der Immobilie ist wenig zu erkennen. Der Projektentwickler muss also darauf achten, wie der Makler kommuniziert und ihn gegebenenfalls mit geeignetem Material ausstatten und ihn verpflichten, dieses zu nutzen.

Für potenzielle Käufer ist es von Vorteil, wenn Makler mehrere Objekte anbieten. Für den Projektentwickler kann dies nachteilig sein. Weil Makler von der Provision leben, behandeln sie nicht alle Objekte gleichrangig. Damit sein Vorhaben nicht ins Hintertreffen gerät, sollte sich der Projektentwickler über die Maßnahmen und Kontakte des Maklers regelmäßig berichten lassen.

1.2 Kommunikationskonzept

1.2.1 Immobilienkommunikation im Wandel

Die Märkte sind eng und der Wettbewerb wird schärfer, solange die Bevölkerungszahlen schrumpfen. Uniforme Produkte sind nicht mehr gefragt. Mit Bauschild, Broschüre, und Anzeigen kann heute nur derjenige Kunden begeistern, der ein Top-Produkt in der 1A-Lage einer Metropole zu flexiblen Konditionen anbieten kann.

Die Kunden sind kritischer und anspruchsvoller geworden. Sie lassen sich Zeit, um ein optimales Angebot zu finden. Ihre Bedürfnisse sind vielfältiger, das Ausleben von Kreativität und von individuellen Lebensstilen ist wichtiger geworden. Erfolgreiche Projektentwicklung muss die Kundenbedürfnisse kennen und sich danach ausrichten. Zusätzlich muss die Immobilie Prestige, Komfort und Sicherheit versprechen. Anspruchsvolle Kunden achten auf natürliche Baustoffe, fragen die Energieeffizienz, Barrierefreiheit oder eine Planung nach Feng-Shui-Regeln nach.

Parallel verändert sich der Kommunikationsmarkt. Auf Grund der verhaltenen konjunkturellen Erwartungen stagnierten zwischen 2006 und 2011 die Ausgaben für Anzeigen, Plakate, Internet, TV- und Funkspots bei etwa 30 Milliarden Euro im Jahr, wobei die reinen Schaltungskosten zuletzt bei 19 Milliarden Euro lagen. Gut zehn Milliarden Euro kosten Konzeption und Produktion. Seit Anfang des Jahrhunderts eindeutiger Gewinner mit jährlichen Zuwachsraten von über 30 Prozent: die Online-Werbung, die in ihrem Umfang nach zunimmt, aber nicht proportional mehr Kosten verursacht. Auch Fernsehen und Hörfunk gewinnen noch immer etwas hinzu. Währenddessen verlieren vor allem die Tages- und Fachzeitschriften kontinuierlich an Auflage und Werbeeinnahmen. Das Internet ist das dominante Instrument bei der Immobiliensuche. Das bestätigt die Immobilientrendstudie 2011/2012 des Immobilien- und Finanzierungsvermittlers PlanetHome. 87 Prozent suchen bei Bedarf eine Wohnung im Netz. Immerhin 69 Prozent blicken noch in eine Tageszeitung. 41 Prozent orientieren sich an Schildern, Plakaten und Aushängen. Die Mehrfachnennungen entsprechen dem Verhalten in der Wirklichkeit.

Entsprechend verändert sich die für Medien genutzte Zeit. Fernsehen nimmt noch den größten Anteil, das Zeitungslesen nimmt ab, doch das Internet hat bereits 40 Prozent am Medienkonsum erreicht. Nachdem 2012 fast 76 Prozent der Deutschen online sind und sich die Zahl der Internetnutzer in den vergangenen zwölf Jahren verdreifacht hat, gehen die höchsten Zuwachsraten von den Über-50-Jährigen aus. Eine Verdoppelung der Internetnutzung konnte die ARD/ZDF-Onlinestudie 2012 bei Smartphones und Tablets feststellen, die vorwiegend von den Unter-30 bis 49-Jährigen genutzt werden.

In der Werbewirtschaft wird ein „Monstertrend" ausgemacht: vom Sofa zum Schreibtisch, vom Push zum Pull, von der Sendung zum Abruf. Vor allem die Hersteller hochwertiger Produkte haben diesem Trend entsprochen. BMW und Ford veränderten ihre Werbebudgets drastisch zu Gunsten von Direktmaßnahmen: Für Internet, Apps, Mailings, Callcenter und Händleraktionen werden 70 Prozent der Budgets aufgewendet, für TV, Print und Plakat nur noch 30.

Im Marketing setzt sich eine neue Regel durch: Je höher der Anschaffungswert einer Ware, desto niedriger ist der „Propaganda-Anteil" im Kommunikations-Mix. Vom „betreuten Kaufen" ist die Rede. Erfolgreiches Marketing für hochwertige Produkte spielt sich heute zwischen Websites, Apps, Onlinebannern, Videos, Verkaufsbroschüren, Social Media, Events, Public Relations mit Pressearbeit und dem guten alten Beratungsgespräch ab. Im erfolgreichen Immobilienmarketing galt schon immer die Regel: Je größer die Anzeige, desto größer das Problem.

1.2.1.1 Kommunikationsstrategie

Erfolgreiches Marketing basiert auf der genauen Kenntnis der Zielgruppen. Der Projektentwickler muss sie identifizieren, sein Angebot auf sie abstimmen und eine intensive Beziehung zu ihnen aufbauen. Seine Kommunikationsstrategie verbindet die Bedürfnisse seiner Kunden mit der Entwicklung seines Produktangebots. Das Schlüsselwort heißt „Werteklima". Dabei geht es um mehr als Image und Lifestyle. Es geht darum, dass eine Partnerschaft, eine win-win-Situation möglich erscheint. Oft hilfreich bei der Positionierung von Projekt und Gestaltung der Kommunikation sind die sogenannten Sinus-Milieus des Sinus-Instituts, welche Lebenswelten abbilden und in Beziehung setzen zu aktueller Alltagsästhetik, Wertewandel und soziokulturellen Trends. Letztendlich aber sind Sinus-Milieus immer nur eine mögliche Form, die sich lokal und auch durch das Immobilienangebot selbst neu definieren können.

1.2.1.2 Konkurrenz- und Zielgruppenanalyse

Ein **Kommunikationskonzept** sollte sowohl von einer fundierten Marktbeobachtung als auch von der Intuition von Projektentwickler und Kreativen bestimmt werden. Allein langjährige Berufserfahrung und ein sicheres Gespür für Stimmungen und Trends ersetzen noch keine Studie. Die **Marktanalyse** untersucht die Nachfrage nach der konzipierten Immobilie und definiert mögliche Zielgruppen. Bei der Analyse werden auch die Zielgruppen der Konkurrenz erfasst sowie deren Konzepte, sie über Positionierung, Image und Vorhaben anzusprechen. Wie sehen deren Baustellen und Objekte aus? In welcher Phase befinden sie sich? Was kann man von ihnen lernen? Welcher innovative Ansatz bzw. zusätzliche Nutzen unterscheidet das eigene Angebot von dem der Mitbewerber?

Wenn die Zielgruppen bestimmt sind, wird das Angebot daraufhin überprüft, wie weit es deren Bedürfnissen entspricht. Möglicherweise muss das Projekt diesen Erkenntnissen angepasst werden. Die Definition der zu erwartenden, speziellen Nutzung, die Kenntnis von Gewohnheiten, Wünschen und Erwartungen an das Projekt spezifiziert auch die Auswahl der Werbe- und Marketingideen und modelliert den Einsatz von Medien.

Die Erfahrung sagt, dass 50 bis 70 Prozent von Wohnungsnutzern bevorzugt in einem Radius von fünf Kilometern umziehen. Die meisten potenziellen Kunden sind also vor Ort ansässig. Sie haben den Wunsch sich zu verbessern, ohne die Kontakte im gewohnten Umfeld aufzugeben.

Andererseits lohnt es sich, bei einem typologisch eindeutigen und qualitativ herausragendem Wohnungsprodukt die potenzielle, kleine Zielgruppe sogar international anzusprechen. Deutschlands erste „Gated Community", Arcadia in Potsdam, wurde nach Jahren ohne Verkaufserfolge mit Kleinanzeigen im „New Yorker", im „Economist" und mit erfolgreicher Pressearbeit, die zu ausführlicher Berichterstattung in der Neuen Zürcher Zeitung und Die Zeit führte, binnen zwei Jahren vollständig verkauft. Die Zielgruppen wurden per Definition kreiert: Personen, die im Ausland das geschützte und umdiente Wohnen kennen und schätzen gelernt haben: transatlantische Eliten, die in Deutschland einen Lebensmittelpunkt suchen, von dem aus sie auch wieder aufbrechen können.

All business is local – Also wird auch von dem Projektentwickler eines Gewerbeobjekts erwartet, dass er die Kunden, die von auswärts kommen, in die lokalen Gegebenheiten einführen kann. Deshalb sollte er die lokalen Netzwerke kennen und in ihnen mit seinem Projekt bekannt sein.

Lage und Architektur bilden den Kern eines Immobilienprodukts. Neben dem Projektentwickler bestimmen Stadtplaner sowie Architekt, gegebenenfalls Interior-Designer und Grünplaner das Erscheinungsbild, die räumliche Disposition und Ausstattung. Die Identität und das Image entstehen mit den Botschaften und Bildern, die konsistent und strategisch kommuniziert werden. Der Preis spielt dabei immer eine regulierende Funktion.

Die **kommunikative Bestandsaufnahme** erfasst die Stärken und Schwächen von Projekt, Standort und Umfeld. Dabei ist eine intensive und wiederholte Begehung der Nachbarschaft hilfreich. Kommunikativ lässt sich die Marktsituation durch eine Reihe von Interviews und vertraulichen Gesprächen mit Schlüsselpersonen erfassen, zum Beispiel mit Vertretern der Parteien, der IHK, dem Stadtplanungsamt, mit Kritikern, Ladeninhabern, Nachbarn und potenziellen Nutzern. Dabei entsteht ein klares Bild der lokalen Verhältnisse, der Wünsche und Sorgen aller Beteiligter. Auch die Bedeutung von weichen Faktoren wird deutlich, wie zum Beispiel ein erhöhtes Sicherheitsbedürfnis, Sorge vor hohen Nebenkosten, Wunsch nach gepflegten Außenanlagen, einer Tiefgarage oder speziellen Finanzierungsarten. Diese Erkenntnisse sollten im Marketing genutzt werden. Sie erzeugen Sympathie und beweisen Kompetenz. An diese Gesprächskontakte kann auch bei der späteren Vermarktung angeknüpft werden.

1.2.1.3 Definition der Zielgruppen und Szenen

Der Projektentwickler ermittelt die Interessen einer Zielgruppe und richtet seine Vorgehensweise daran aus. Eine Zielgruppe kann durch statistische Merkmale eingegrenzt werden:
- bei Gewerbe: Branchen, Art, Größe, Image der Betriebe, Synergiepotential
- bei Wohnungen: Milieugruppe, Familienstand, Alter, Einkommen, Typ der derzeitigen Wohnung, spezielle Interessen.

Die Demografie liefert darüber hinaus Daten zur Bevölkerungsentwicklung, zur Dynamik oder Rezession der Familienentwicklung, etc. Im Direktmarketing werden solche Daten genutzt, um Konsumenten-Zielgruppen besser selektieren zu können. Mit dem „Targeting" sollen die Werbeempfänger möglichst genau auf die gewünschte Zielgruppe reduziert werden, um Werbung optimal zu nutzen.

Benötigte Adressen können gekauft werden. Sie können die Basis für eine eigene Adressdatei bilden, die dann laufend aktualisiert wird. Für detaillierte Informationen ist die Nachrecherche unverzichtbar: Welche Kriterien sind vorrangig? Wer entscheidet über Anmietung oder Kauf einer Immobilie?

Bei der Ansprache der Zielgruppe sollte die Information sachlich und rational sein. Die Hauptbotschaft sowie die Gestaltung und Ausstattung der Informationsmittel (z.B. Recycling- oder Hochglanzpapier) muss ihren Interessen und Vorlieben – ihrem Werteklima – Rechnung tragen.

1.2.1.4 Szenen

Nicht alle Zielgruppen lassen sich durch Statistiken ermitteln. „Szenen" sind unscharfe Querschnitts-Gruppierungen mit gleichen Interessen. Das Herangehen an diese Szenen ist von Emotionen geleitet. Ausgangspunkt kann ein bereits gebundener Mieter sein, denn er ist ein potenzieller Multiplikator für seine jeweilige Szene. Gegenüber Freunden, Geschäftspartnern, Zulieferern und Kunden wird er seine Umzugsentscheidung immer positiv begründen. Die Argumente des „Leitmieters" sind aufzugreifen und zu überhöhen. Szenen reagieren auf „Szene-Stars". Events mit solchen Meinungsführern holen die Szenen ins Haus.

Eine einmalige Ansprache von Zielgruppen und Szenen ist sinnlos. Erfolg braucht eine Vielzahl von „Kontakten". Jede Wahrnehmung des Projektnamens/ Logos, der Social-Mediaauftritt, jeder Zeitungsartikel, Brief, Newsletter, Event, Hörfunkspot ist ein solcher Kontakt. Er sollte sich über einen längeren Zeitraum, mindestens aber über ein halbes Jahr erstrecken. Erst danach kann eine spürbare Nachfrage entstehen. Oft wird der Fehler gemacht, eine Anzeige zu schalten und bei ausbleibender Resonanz in der nächsten Anzeige das Thema oder die Gestaltung oder Beides zu verändern. So werden letztendlich in der Wahrnehmung der Zielgruppen unterschiedliche Produkte kommuniziert. Da es aber keine Wiederholung der vermeintlich erfolglosen Anzeigen gibt, wird ein potenzieller Interessent den Anknüpfungspunkt nicht mehr finden und sich für ein anderes Angebot entscheiden, das seinen Szene-Kriterien entspricht.

1.2.2 Vom Projekt zum Produkt

Als Gleicher unter Gleichen fällt man kaum auf. Um einer Immobilie einen Markencharakter zu geben, haben sich eine Reihe von Techniken bewährt, über die man Aussagen hinsichtlich des Projekts machen können sollte. Zusammenwirkend ergeben sie ein stimmiges Bild.

1.2.2.1 USP

Ein echtes **„unique selling proposition" (USP)**, das Alleinstellungsmerkmal, ist ein Leitbild, das positiv wahrgenommen wird. Ein USP definiert die Einzigartigkeit des Produkts und verdeutlicht die Vorteile für den Kunden. Ein USP lässt sich in drei Teile gliedern:
- Die **Leitidee** enthält den Nutzen für Kunden (**mission statement**) und die **Vision**.
- Die **Leitsätze** legen die Werte, Ziele und Erfolgskriterien fest. Sie zeigen die Kompetenz des Unternehmens, seine Leistungsfähigkeit und Wettbewerbsvorteile und sie erläutern, wie die Leitidee umgesetzt wird.
- Der **Claim** (Motto) bringt das Leitbild auf den Punkt: Er ist kurz, prägnant und leicht zu merken. Ein plakativer Claim gibt wieder, was die Bezugsgruppen vom Unternehmen wissen und was sich bei den Empfängern aus Sicht des Unternehmens einprägen soll. Allerdings sind Claims etwas aus der Mode gekommen, die prägnante Wort-Bildmarke in einem durchkomponierten Erscheinungsbild ist heute die Regel.

Ein USP kommuniziert den „Knüller" für eine bestimmte Gruppe. Damit kann immer nur ein bestimmtes Marktsegment angesprochen werden. Senioren wollen z.B. eher ruhig am

Park wohnen, Studenten ziehen Hinterhauswohnungen im lebendigen Szene-Viertel vor. Wer eine Luxuswohnung sucht, interessiert sich vielleicht für das komplette Dachgeschoss mit eigenem Fahrstuhl über der Studentenwohnung. Gezielte Botschaften zum Standort und zur Immobilie sind der Schlüssel zum Kunden. Sie werden in allen Teilen des Marketing und bei Verkaufsgesprächen eingesetzt.

Ein USP muss offenbar, also in der Realität wiederzufinden sein. Andernfalls spricht man von einem UAP, der „unique advertising proposition". Hier handelt es sich um einen psychologischen Produktvorteil, der aus einem Werbeversprechen herrührt („Hier wohnen nur glückliche Menschen!")

1.2.2.2 Corporate Identity – CI

Die „**corporate identity**" (**CI**) macht die Leitidee sichtbar. Sie macht die Immobilie, die Dienstleistung oder den Projektentwickler kenntlich. Prägnanz und Wiedererkennbarkeit werden im Erscheinungsbild durch das **CD (corporate design)** sicher gestellt. Dazu kommen die Kommunikation **(corporate communication)** und das Verhalten **(corporate behaviour)** aller Unternehmensbeteiligten untereinander, im Verhältnis zu anderen Unternehmen und gegenüber Kunden.

1.2.2.3 Name von Objekt und Standort

Namen können zum Träger von Eigenschaften und Qualitäten werden. Der **Produktname** ist für den Verkauf von zentraler Bedeutung. Wenn die Adresse bzw. der Standort für das Image der Immobilie wichtig sind, werden sie häufig zum Bestandteil des Namens. Namen können auch auf die Geschichte eines Ortes anspielen oder an vergessene Ereignisse oder geschichtliche Höhepunkte erinnern. Dadurch kann der Standort eine historische Dimension bekommen, die seiner neuen Zukunft größere Bedeutung verleiht.

Der Name kann
- die Anschrift sein (Potsdamer Platz 1),
- sich beziehen auf den Standort (Messe-Turm),
- auf eine ehemalige Nutzung (Pelikan-Viertel),
- auf die Historie (Calenberger Esplanade)
- auf einen Hauptnutzer (WDR-Arkaden),
- auf eine Nutzergruppe (Haus der Verbände, Mediport)
- auf ein Nutzungskonzept (Medienstadt Babelsberg)
- ein frei gewählter Name (CityPoint, EuropaQuartier) sein, der die Identifikation erleichtert.

Es ist empfehlenswert, vor der Entscheidung über einen Namen sich die entsprechenden Webadressen zu sichern. (maintower.de, kranzlereck.de).

1.2.2.4 Corporate Design – CD

Um Aufmerksamkeit zu erreichen, braucht eine Immobilie auch eine grafische Identität. Grafikdesigner schaffen Prägnanz und Wiedererkennbarkeit durch die Entwicklung eines Logo, durch die Wahl von Schrifttypen und eines Farbkanons, die nach einem Regelbuch (manual) bei allen Auftritten systematisch eingesetzt werden. Dieses kann mit dem CD des Projektentwicklers übereinstimmen, muss es aber nicht. Hauptsache, es entspricht dem Werteklima der Zielgruppen.

Das **Logo** soll Aufmerksamkeit wecken und einprägsam sein. Es kann als Bildmarke (Mercedesstern, Apple-Apfel), Wortmarke (Coca-Cola, Strabag) und kombinierte Wortbildmarke (Hochtief) eingesetzt werden. Die **Hausfarbe** ist ein weiteres einprägsames Erkennungs- und Unterscheidungsmerkmal: Die Post hat gelb, Telekom magenta, die Dresdner Bank grün, Milka lila, etc. **Schriften** drücken ebenfalls Selbstverständnis aus: Innovative Projekte wollen auch bei der Schrift Fortschritt zeigen und verwenden keine klassisch konservative Schriften. Auch hier gilt die Zielgruppenpräferenz: Welche Schriften werden von den führenden Publikationen der Gruppen genutzt, welche in der Werbung? Im **Regelbuch** (Manual) werden auch Gestaltungsraster als Ordnungssystem definiert, um Entwürfe zu vereinfachen und die Wiedererkennbarkeit zu unterstützen.

Milzkott

Bei Immobilien wichtig und wünschenswerter Teil des CD ist die Darstellungsart von **Karten** und **Grundriss**en und ein **Orientierungssystem** mit eigenen **Piktogrammen**.

Zum CD gehört auch ein **Bild-Konzept**, das in einer bestimmten **Bildästhetik** Impressionen von Materialien und Natur, Fotos der Standortumgebung sowie Fotos von idealtypischen Nutzern enthalten kann. Oft sind Agenturen geneigt, diese Bilder von Bildagenturen zu kaufen. (Zur Präsentation erhalten die Agenturen die Bilder kostenfrei). Bei einem mehrjährigen Einsatz der Motive ist es aber meist günstiger, sie von einem Fotografen mit professionellen Models und entsprechender Ausstattung produzieren zu lassen. Dazu gehören heute auch HDR-Sphären der Umgebung, welche für realistische Reflektionen auf Fenstern und tatsächliche Schattenwürfe existierender Gebäude und Bäume sorgen.

Für das Marketing von großer Bedeutung sind die **Renderings** des Projekts. Es kann sich dabei um fotorealistische Darstellungen des Baus handeln, aber auch um Darstellungen mit künstlerischer Anmutung von Aquarell- oder Buntstiftschraffuren. Entsprechende Filter sind Bestandteil von Photoshop und anderen Bildbearbeitungsprogrammen. Es gibt auch noch einige Rendering-Künstler, wie Peter Wels in Hamburg, der viel für Gerkan, Marg und Partner zeichnete. Grundlage der Renderings heute sind die Dateien der Architektenpläne in AutoCad und anderen Programmen. In Zusammenarbeit von Architekt, Renderingdesigner und Fotograf können hyperrealistische dreidimensionale Renderings entstehen, welche die reale Umgebung mit abbilden. Vorteil ist, dass Perspektiven, Sonnenstände, Wetter, Tages- oder Nachtsituationen einstellbar und später auch korrigierbar sind. Möglich ist die Erstellung von bewegten Sequenzen um und durch einen Standort und ein Bauwerk. Die Kosten für gute Renderings mittlerer Komplexität liegen im unteren fünfstelligen Bereich. Soviel wurde auch für Renderingkünstler ausgegeben. Es sind Zeit und Rechenkapazitäten notwendig, wenn für eine Sekunde Animation 25 hochauflösende Bilder gerechnet werden müssen.

Heute versprechen viele Architekten, dass sie Renderings ihrer Entwürfe rechnen können. Die Architekturprogramme leisten das. Allerdings entstehen oft Bilder, die wie gerechnete Renderings aussehen: Die Oberflächen ähneln sich, Reflektionen sind überbetont, Farben wirken unnatürlich. In diesem Fall sollte man bewusst auf Realismus verzichten und zum Beispiel abstrakte Darstellungen von Personen oder Einrichtungsgegenständen verwenden oder die Umgebung zurücksetzen. Für die Wahl des Abstraktionsgrades und die „Ausstattung" der Bilder sollte man dann den Gestalter des Corporate Designs hinzuziehen, damit die Renderings sich in den Kanon der Kommunikation einpassen.

Das Erscheinungsbild wird mit dem sich entwickelnden ästhetischen Zeitgefühl fortgeschrieben. Nach etwa fünf Jahren sollte eine **Modernisierung des Auftritts** in Angriff genommen werden. Das gilt in erster Linie für den Auftritt des Projektentwicklers. Aber auch Immobilien können dann eine Renovierung ihrer Kommunikation vertragen. Als erfolgreiche Überarbeitung des CDs gilt übrigens jene, welche von Aussenstehenden auf den ersten Blick nicht bemerkt wird.

Brüche in der Kommunikation sollen immer vermieden werden, damit nicht Dritte die Frage stellen, ob die vorherige Kommunikation falsch oder erfolglos war? Kontinuität in der Kommunikation erzeugt beim Gegenüber Sicherheit. Das heißt nicht, dass die Kommunikation konservativ oder langweilig auszusehen hat. Es kommt auf den Rahmen an, in dem sich die Kommunikation präsentiert. Kontinuität kann auch bedeuten, dass sich im Rahmen jeden Tag die Grundfarbe ändert.

1.2.2.5 Kommunikation

Um die **kommunikative Beziehung** zwischen Produkt und Zielgruppe aufzubauen, sollten A) Form und B) Inhalt zusammenkommen:

A) Das CD wird bei Gestaltung von Printmedien, Fotos, Messeauftritten, Bekleidung, von audiovisuellen Medien sowie im Internet und bei Apps eingesetzt. Die Geschäftsausstattung wie Visitenkarte, Rechnungsbögen und Briefpapier gehören zur „Grundausstattung" in der Kommunikation. Die Visitenkarte vermittelt den ersten, häufig bleibenden Eindruck. Um das Projekt zu personalisieren, kann deshalb alternativ zum Firmen- auch das Projektlogo und dessen CD verwendet werden.

B) Eine Grundregel der Kundenansprache gibt der frühere FAZ-Immobilien-Redakteur Jens Friedemann: Was „nur aus Worthülsen wie ‚ganzheitlich', ‚kundenorientiert' oder ‚maßgeschneidert' besteht, landet unweigerlich im Papierkorb. Nur wer das Interesse seiner Zielgruppen trifft, wird auch von den Medien wahrgenommen" Die Wirkung der einzelnen Maßnahmen wird gesteigert, wenn sie die Wünsche der Zielgruppen mit Botschaften, die aus dem Leitbild des Vorhabens abgeleitet sind, gezielt ansprechen.

1.2.2.6 Positionieren und Branding

Seit den 20er Jahren werden Konsumgüter als Marken positioniert. Mit gleichartiger Aufmachung und geschütztem Warenzeichen und Namen verspricht die Marke eine konstante Qualität. Die Markenidentität wurde durch Vorstellungsbilder ergänzt, um ein Image bzw. eine emotionale Bindung der Verbraucher zu erzeugen. Branding setzt diesen Ansatz fort. Hier geht es sowohl um eine einheitliche Identität für das Produkt, die Dienstleistung und das Unternehmen als auch um deren Wahrnehmung durch den Kunden.

Eine Marke wird von der Positionierung in Werbung, PR und im Stadtbild getragen. Auch das Erscheinungsbild einer Immobilie muss sorgfältig positioniert werden, frühe Beispiele sind das Chile-Haus in Hamburg oder das Shell-Haus in Berlin. Der Messeturm in Frankfurt ist ein jüngeres Beispiel. Ihre Identität wird auf einen Blick deutlich. Ihr sind individuelle Eigenschaften oder Nutzungsarten zugeordnet, die kontinuierlich, in einfachen Botschaften kommuniziert werden.

Der MediaHafen Düsseldorf wurde beispielsweise von einer Reihe international renommierter Architekten als entscheidender Blickfang gestaltet, um die Stadt europaweit als **Medienstandort** zu positionieren. Die Profilierung des Gebiets hat ein unverwechselbares Image für die Medienunternehmen geschaffen und wurde zu einer bevorzugten Adresse. Entscheidend waren dabei die gezielte Berichterstattung in den Medien und Testimonials, die Aussagen von Meinungsführern.

1.2.2.7 Corporate Behaviour

Die klassischen Grundsätze des **Corporate Behaviour**s sind:
- Die Immobilie richtet sich an den Kundenbedürfnissen aus.
- Die Qualitätsgrundsätze werden eingehalten.
- Die Preise werden angemessen und übersichtlich gestaltet.
- Die Verkaufspraktiken sollten ehrlich, solide und transparent sein und übliche Garantie- und Serviceleistungen umfassen.
- Reklamationen und Beschwerden sollten schnell und kulant reguliert werden.
- Die Immobilie sollte zuverlässig und termingerecht übergeben werden.

1.3 Maßnahmenplan

Eine erfolgreiche Kommunikationsstrategie basiert auf einer gründlichen, kundenneutralen Situationsanalyse und deren gemeinsamer Bewertung durch Agentur und Projektentwickler. Die Erarbeitung eines Konzepts mit Strategie und Maßnahmenplan kann in drei Phasen gegliedert werden. Die Ergebnisse werden jeweils in **internen Workshops** mit dem Auftraggeber diskutiert. Dabei werden auch die Grundlagen für die jeweils nächste Stufe bestimmt.

1.3.1 Strategie

Ziele und Strategie werden festgelegt. Zielgruppen werden definiert, USP, Name und CD und die Art der Ansprache verabschiedet. Danach wird die Umsetzung als Marketingplan mit einem Zeitablauf, Maßnahmenkatalog einschließlich der Medienarbeit, Events und andere Präsentationen sowie eines Budgets konzipiert.

Um Ruf und Image von Standort, Projekt und dem bauenden Unternehmen frühzeitig, verständlich und emotional zu etablieren, sollte von Anfang an kontinuierlich mit ausgewählten Zielgruppen und den Medien kommuniziert werden. So schafft man Akzeptanz, beugt potenziellem Widerstand vor und reduziert die Abstimmungs- bzw. Genehmigungszeiten. Diese Kommunikation ist kreativ. Sie gründet auf Wissen und Recherche. Sie berücksichtigt die Wünsche und Hoffnungen potenzieller Nutzer und respektiert unterschiedliche Interessen, ohne kritischen Fragen aus dem Weg zu gehen.

1.3.2 Maßnahmen

Eine Auswahl der folgenden Maßnahmen werden zur Kommunikation eines Vorhabens festgelegt:
- CI/CD Marken-Darstellung
  - Logo
  - Name
  - USP / Claim
- Projekt-Darstellungen
  - Textbausteine und Eckdaten
  - Renderings, Animationen
  - Fotos, Montagen
  - Modelle
- „Mr / Mrs Vorhaben": wer personifiziert das Vorhaben und wer ist sein Sprecher?
- Vermittler, z.B. Makler
- PR/Investor Relations, Medienarbeit
  - Berichterstattung in den Medien durch
    - Pressemitteilungen
    - Pressekonferenzen
    - Traditionelle Baufeste, Events
    - persönliche Gespräche mit Journalisten und Multiplikatoren (Bewirtungen)
    - Lobbyarbeit gegenüber Partnern, Entscheidungsträgern
  - Veranstaltungen (Ausstellungen, Roadshows, Tagungen)
  - Social Media
- Werbung
  - Anzeigen, wo möglich Koppelung von Anzeigen mit redaktionellen Beiträgen gerade in speziellen Medien bzw. Verlagssonderseiten
  - Anzeigen, Plakate, Postkarten (Edgar, DinA-Mix) zur Ankündigung von Events
  - Verkehrsmittelwerbung, z.B. Gestaltung eines Linienbuses, auf Taxis
  - Teilnahme an Veranstaltungen Dritter, z.B. Stadtteilfeste, Messen
- Grundausstattung
  - Büroausstattung
  - Website
  - Broschüre, Exposé, Flyer
  - Präsentations- und Pressemappen
  - Renderings, Animation, Pläne auf Speichermedien und zum Download
- Special-Communications
  - Newsletter
  - Video-Footage (Projekthintergrund in Gesprächen mit Projektentwickler, Architekt, Kommune, Nachbarn etc.) auf Speichermedium und zum Download
  - Messeausstattung (Großbilddarstellungen, Tresen, Fassadendetail.)
  - Give-aways
  - Wanderausstellung
  - Projekt-Video auf Speichermedium, auf der eigenen Webseite und auf Videoportalen

- Direktmarketing (Mailings)
  - Einladungen
  - Weihnachts-, Neujahrsgrüße
- Objekt-Markierung, Baustellenmarketing:
  - Bauzaun, Aussichtsplattform
  - Image- und Bauschilder
  - Megaposter, Verhüllungen
  - Infocenter, Marketingsuite

Abschlusspräsentation von Strategie und Maßnahmenplan
- Diskussion mit allen Kooperanden
- Verabschiedung der Maßnahmen und der Netzpläne

1.3.3 Zeitplan und Budget

Die Inhalte und Ergebnisse werden in einem Bericht mit **Budget- und Netzplan** dokumentiert. Projektentwickler und Agentur diskutieren gemeinsam den Etat, der üblicherweise zwischen eineinhalb und vier Prozent der Baukosten liegt. Ersteres bezieht sich auf einfache Vorhaben und letzteres auf ausgefeilte Kampagnen von großen, ggf. international zu vermarktenden Projekten.

Effektives Arbeiten im Workshop ist gewährleistet, wenn die Beteiligten Werbe-, PR- und Onlineagenturen es kontinuierlich mit einem tatsächlichen Entscheider des Projektentwicklers zu tun haben. Gerade in der Konzeptionsphase ist auch die Versuchung groß, bereits abgestimmte Entwicklungsschritte Aussenstehenden zu präsentieren (z.B. der Ehefrau des Vorstandsvorsitzenden, die dann in Unkenntnis der Gesamtstrategie ein unerwartet negatives Geschmacksurteil fällt.) Dann darf der Entscheider nicht umfallen.

Nach dem 2. Workshop kann mit der Realisierung der Maßnahmen begonnen werden. Zusätzliche, detaillierte Maßnahmenpläne werden als eine Serie aufeinander aufbauender, kommunikativer Ereignisse (Kampagnen) für mindestens drei Monate ausgearbeitet. Begleitend erfolgt das Controlling der Unternehmens- und Marketingziele. Es wird eruiert, was erreicht wurde, was funktioniert hat und was nicht. So kann flexibel auf Veränderungen reagiert werden. Erfasst werden auch die Kontakte zu den Zielgruppen und zu den Medien.

1.3.4 Beispiel für eine erste Phase des Standort- und Projektmarketings

Schritt 1: Entwicklung der Martektingstrategie

Das Vermarktungsteam
- legt den Marketingnamen, die Hauptbotschaften und das CD fest
- definiert die Zielgruppen,
- identifiziert Netzwerke, spricht Interessenten und Multiplikatoren an
- recherchiert das Social-Media-Umfeld
- legt eine umfangreiche Adressdatei an – das ist das Schwierigste!

Schritt 2: Vorbereitung des Projektmarketing

Der Projektentwickler
- stimmt das Bauvorhaben mit entscheidenden Politikern und zuständigen Gremien ab

Das Vermarktungsteam
- lässt eine Imagebroschüre und erste Flyer/Exposés herstellen
- lässt Website gestalten, startet Social-Media-Auftritte
- richtet ein Vermarktungsbüros (evtl. vor Ort) ein mit Info-Telefon, Präsentationsmodell, Ausstellung
- stellt Imageschilder auf dem Baugrundstück und Hinweisschilder im Gebiet auf
- lädt Journalisten zur Projektpräsentation am Vormittag ein
- lädt Interessenten zu einer Projektvorstellung am Nachmittag nach dem Pressetermin ein
- schaltet Anzeige in Tageszeitungen für den Tag nach der Projektpräsentation

Interessenten und Journalisten sollten nicht auf einer gemeinsamen Veranstaltung informiert werden. Die Fragen der Journalisten betreffen in der Regel das Allgemeine (öffentlicher Nutzen, Beeinträchtigungen während Bauzeit). Interessenten fragen eher nach Ausstattung, Nutzwert und Kosten. Dennoch sollten beide Präsentationen zeitlich dicht beieinanderliegen, so dass die Interessenten nicht aus den Medien vorinformiert, sondern ebenfalls bevorzug informiert werden.

Schritt 3: Sichtbar werden

Pressetermin
Das Konzept des Projekts wird vor dem Imageschild durch eine wichtige Persönlichkeit präsentiert, z.B. Baudezernent (Pressefoto 1)
– Dazu findet eine Aktion statt, z.B. Übergabe des Straßenschildes mit einem Wunschnamen durch den Bauträger (Pressefoto 2)
– Projektpräsentation
– Website, ggf. App sind online, alle wichtigen Materialien können von dort runtergeladen werden

1.4 Kommunikation in der Planungsphase

1.4.1 Win–Win–Situationen schaffen

Gutes Marketing weckt Interesse und Akzeptanz, wenn möglich sogar Begierde. St. Exupéry schrieb in „Der kleine Prinz", dass man Menschen nicht dazu motiviert ein Schiff zu bauen, indem man ihnen Werkzeug und Holz zur Verfügung stellt, sondern indem man sie begeistert und in ihnen den Wunsch weckt, ans andere Ufer zu gelangen, dorthin, wo Milch und Honig fließen.

Wer den Markt kennt, kann die Vermarktungsstrategie, die Qualität des Angebots und den Preis optimal gestalten. Große Vorhaben sollten schrittweise eingeführt werden. Die Dauer der Einführung hängt von der Größe des Marktgebiets und der Stärke der Konkurrenz ab. Damit kein Handlungsdruck entsteht und der günstigste Zeitpunkt abgewartet werden kann, ist eine hinreichende Finanzierung wichtig.

Große Vorhaben sollten nur begonnen werden, wenn auch die Kommune eine positive Einstellung dazu gewonnen hat. Eine desinteressierte Gemeinde kann leicht den Erfolg beeinflussen, etwa durch eine restriktive Verkehrspolitik, überzogene umwelttechnische Anforderungen usw. Ferner muss sichergestellt werden, dass eine Veränderung politischer Mehrheiten nicht auch die positive Einstellung zum Projekt verändert. Also ist auch die Opposition von Anfang an ein wichtiger Gesprächspartner.

Manchmal hilft schon ein Name
Durch die deutsche Teilung waren große Gebiete in Berlin blockiert. In Spandau war eine wunderschöne Landschaft direkt am Wasser durch Tank- und andere Lager, sowie durch Kasernen von der Stadt abgeschnitten. Um diese Flächen in die wiedervereinte Stadt zurückzuholen, wurde ein 206 Hektar großes Entwicklungsgebiet ausgewiesen. Wasser und Landschaft sollten dekontaminiert und wieder zugänglich gemacht, neue Entwicklungen ermöglicht werden. Der Entwicklungsträger verzichtete anfangs auf Öffentlichkeitsarbeit. In den Medien wurde negativ über den Maßstab und die Architektur der Neubauten berichtet. Es zeigte sich, dass Meinungen einprägsamer waren als Fakten. Die tatsächlich erbrachten Leistungen traten in den Hintergrund.

1997 beauftragte der städtische Entwicklungsträger Wasserstadt GmbH eine Marketingstudie für das Entwicklungsgebiet „Wasserstadt Berlin Oberhavel". Gespräche ergaben, dass sowohl die Wasserstadt GmbH als auch der Bezirk sich für die Gestaltung des Projekts zuständig fühlten. Keiner wollte zurückstecken. Mit dem Bezirk als aktivem Kritiker war es schwierig, eine positive Berichterstattung in den lokalen Medien sicherzustellen. Der Bezirk Spandau musste also aktiv miteinbezogen werden und sich genauso wie die Wasserstadt GmbH als Gewinner fühlen können. Eine Möglichkeit dafür bot die Namensfindung. 90 Hektar des Entwicklungsgebietes sind eine Aufweitung der Havel, die als Bundeswasserstraße das Gebiet durchfließt. Die Wasserstadt GmbH schlug dem Bezirk dafür den Namen „Spandauer See" vor und stieß auf Zustimmung. Mit der Verabschiedung dieses Namens auf kommunaler, Landes und schließlich Bundesebene wurde der neue, gemeinsame Imageanker für das Entwicklungsgebiet und den Bezirk geschaffen. Mit der Wasserstadt wuchs der Bezirk nun Quartier für Quartier an „seinen" See heran. Der Name hatte die Sichtweise verändert und gemeinsame Perspektiven eröffnet. Zwei neue Brücken über den Spandauer See sichern als„Spandauer See-Brücke" und „Wasserstadt-Brücke"die Namen auch in den Stadtplänen.

Ängste nehmen durch Kommunikation

Kritik schafft negative Anlässe für die Medienberichterstattung. Der kommunikative Aufwand zur Korrektur dieser Veröffentlichungen ist besonders groß, wenn das Projekt mit Emotionen und Gerüchten überlagert wird. Deshalb ist es wichtig, dass der Entwickler und/oder die Stadt eine flexible Kommunikationsstrategie haben, welche auch die aktuelle Meinungsbildung einbezieht.

Jede Kommunikation ist einfacher, wenn sie von Dritten unterstützt wird. Es ist daher zu prüfen, wie das Vorhaben zu einem Leitprojekt der Nachbarschaft oder gar der Stadt werden kann. Durch aktive, lokale Kommunikation kann eine hohe Akzeptanz geschaffen werden. So könnte das Vorhaben in die aktuelle Stadtdiskussion eingebunden und als „News" für die Fachöffentlichkeit kommuniziert werden.

Für die Vorklärung von Sachverhalten sind vertrauliche Vier-Augen-Gespräche mit den Schlüsselpersonen wichtig. Doch dabei sollte man es nicht bewenden lassen, auch wenn viele Bauherren Nachteile aus einer zu frühen Bekanntmachung ihres Vorhabens fürchten: Die Konkurrenz könnte die Ideen kopieren, Planungsbeteiligte könnten Kompromisse fordern. Aber: jedes Handeln, das nicht auch kommunikativ gesteuert wird, schafft einen Spielraum für Spekulationen. Hartnäckig vertretene, kritische Meinungen, zumal wenn sie in den Medien dargestellt werden, wirken häufig nachhaltiger als die besten Fakten.

1.4.2 Die Kritik an Großvorhaben ist vorprogrammiert

Neue, große Bauprojekte sind naturgemäß auch Kritik ausgesetzt. Anlass für Auseinandersetzungen kann etwa die spezifische städtische Lage sein, eine außergewöhnliche Gestaltung oder ein langer nichtöffentlicher Prozess der Planung und Projektentwicklung, der vollendete Tatsachen präsentiert (Stuttgart 21). **Kritik** setzt ein, wenn sich Menschen übergangen fühlen. Sie kann eskalieren, wenn sie kein Gehör findet. Dann kann es passieren, dass sich Kritiker zu Initiativen zusammen schließen mit dem Ziel, das Bauvorhaben zu verändern oder gar zu verhindern. Oft handeln sie sehr entschlossen und es gelingt ihnen, auch mit Hilfe medienwirksamer Aktionen, Sympathien zu wecken. Social Media bietet ihnen Kommunikationspotenziale, deren Äquivalent die für die Kommunikation vorgesehenen Etats leicht überflügeln können. Bei Planungsverfahren können derartige Initiativen als Träger öffentlicher Belange anerkannt und so zu einer eigenständigen, politischen Kraft werden.

Nur wenige Projektentwickler tun etwas, um solche Entwicklungen von Anfang an zu vermeiden. Die meisten sind auf derartige Probleme nicht vorbereitet. In der Regel ist auch kein Budget für die notwendige Kommunikation vorgesehen. Gerade in der Planungsphase aber kann der Verzicht auf Öffentlichkeitsarbeit und Dialog die Gefahren für das Vorhaben begründen.

Große Projekte haben typische Kritiker:

- Planer bemängeln die zu große Baumasse (Angst vor Zerstörung des gewohnten Maßstabs)

- Bewohner beklagen die Zunahme an Umweltbelastungen durch wachsenden Verkehr und den Verlust an Freiräumen (Angst vor einer sinkenden Lebensqualität)

- ansässige Einzelhändler befürchten die Konkurrenz von neuen Läden (Angst vor Umsatzverlusten)

- Denkmalschützer lehnen die Veränderung des Bestandes ab (Zerstörung von Geschichte)

– Die politische Opposition will den Dissens für sich nutzen und ggf. dem Bauherrn unterstellen, dass er nur auf Kosten der Allgemeinheit einen hohen Profit erwirtschaften will. (Angst, dass der politische Gegner gestärkt wird.)

Sobald Kritik laut wird, sollte der Projektentwickler genaue Informationen darüber einholen. Viele Kontroversen beruhen auf mangelnder Information. Die meisten Menschen kennen das Projekt nicht im Detail. Mehr als schön gestaltete Anzeigen brauchen sie anschauliches und wirklich informatives Material. Dieses sollte auf jeden Fall bei den öffentlichen Anhörungen und Debatten vorliegen, um Spekulationen einzugrenzen. Zur vorgeschriebenen Auslegung des Bebauungsplans kann auch eine kleine Ausstellung hilfreich sein, welche Antworten auf die schon geäußerte Kritik gibt. Damit kann auch die Verwaltung bei der Bürgerinformation unterstützt werden. Nützlich ist es auch, den aktuellen Projektstand mit Hinweis auf die nächsten Schritte in einem Newsletter oder **Flyer** festzuhalten.

Anstrebenswert ist es, den intensiven Kontrakt mit der Politik, Verwaltung und Multiplikatoren zu nutzen, um die Immobilie zum „Aushängeschild" der Nachbarschaft oder gar zum **Leitprojekt** der Stadt zu machen. Hier muss der potenzielle Beitrag des Projekts zur Entwicklung des Gemeinwesens in den Vordergrund gestellt werden, sei es in wirtschaftlicher, sozialer oder kultureller Hinsicht. So wird erreicht, dass sich auch Dritte für die „Bewerbung" des Vorhabens engagieren.

1.4.3 In Szenarien denken

Bei der Entwicklung geeigneter Vermarktungsstrategien sollte nicht nur der künftige Markt- sondern auch ein möglicher Meinungswandel berücksichtigt werden. Im Gegensatz zur strategischen Planung, die auf eine konkrete Zukunft ausgerichtet ist, können Szenarien jene Alternativen aufzeigen, welche auch eintreten könnten. Die **Szenario-Technik** ist ein kreativer Weg, um die Entscheidungsfindung zu unterstützen. Die zentrale Frage lautet: „Was wäre, wenn …?" So werden Sicherheiten infrage gestellt, erstarrte Denkmuster aufgebrochen und die wesentlichen Probleme transparent gemacht. Durch die kritische Analyse der gegenwärtigen Situation entsteht ein Gefühl für die im Feld wirkenden Kräfte und für mögliche Zukunftsvarianten. Quantitative Daten werden mit qualitativen Informationen, Einschätzungen und Meinungen verknüpft. Das Ergebnis sind detaillierte Beschreibungen von möglichen Zukunftssituationen. Szenarien berühren die großen Unsicherheiten, welche die Vermarktung beeinflussen könnten. Sie bereiten die Beteiligten auf anstehende Veränderungsprozesse vor. Die involvierten Mitarbeiter gewinnen Selbstvertrauen in ihre Problemlösungskompetenz, indem sie

– ihr Verständnis für die möglichen Konstellationen trainieren,

– über ihre Ängste und Wünsche sprechen

– mögliche Krisensituationen vorwegnehmen und sich damit auf den worst case vorbereiten

– eine für sie ideale Vermarktungsstrategie entwerfen, ohne auf Tabus und Sachzwänge Rücksicht zu nehmen.

Ausgangspunkt bildet eine konkrete Problemstellung und der Entwurf eines Markt-Szenarios. Es werden die Felder bestimmt, die nach Zukunftstrends analysiert werden sollen. Mit einem Brainstorming werden zu jedem Feld drei Szenarien entwickelt:

– ein optimistisches, das die günstigste Zukunftsentwicklung (best case scenario) darstellt,

– ein pessimistisches, das den schlechtesten Entwicklungsverlauf (**worst case scenario**) annimmt

– ein Szenario, das die gegenwärtige Entwicklung 'normal" fortschreibt (Trend-Extrapolation).

Die Szenarien werden auf ihre Eintrittswahrscheinlichkeit diskutiert.

Folgende Fragestellungen dienen dabei als roter Faden:

– Wo liegen die größten Herausforderungen bzw. Diskrepanzen zwischen dem angestrebten und dem gegenwärtigen Zustand? Benennung der drei wichtigsten und der drei unsichersten Aspekte.

- Welche Probleme könnten die größte Wirkung haben?
- Welche Auswirkungen könnten diese Szenarien haben auf die Bekanntheit der Immobilie, Image der Firma etc.?

In Form von Kurzgeschichten werden drei Zukunfts-Szenarien geschrieben, welche jeweils die Wirkung eines dieser Einflussfaktoren extrapolieren. Jedes Szenario erhält einen Namen. Erst dann wird eine kritische Bestandsanalyse der Immobilie erstellt. Die Analyse der künftigen Chancen/Risiken sowie die gegenwärtige Stärken/Schwächen der Immobilie werden zur Grundlage für die Strategie in Krisensituationen:

- Welche Entscheidungen sind zu treffen, um die möglichen Herausforderungen zu bewältigen?
- Welche Ressourcen und Maßnahmen wären frühzeitig einzusetzen, falls eine bestimmte Zukunft sichtbar wird?

1.4.4 Mediation

Die **Mediation** ist ein häufig beschrittener Weg, um bei einem Konflikt einen Kompromiss zu erreichen. Stadtplaner und Juristen bieten ihre Dienste als **Mediatoren** an. Dabei setzen die Grundschritte für die Mediation ebenso wie die Szenarien bei der genauen Kenntnis des Projektes an:

a) Welches sind die eigenen Ziele?
b) Welche Fakten könnten von wem akzeptiert bzw. kritisiert werden?
c) Welche der kritisierten Fakten sind wichtig und welche nur Hintergrund?
d) Welche Schäden könnte das Projekt bzw. der Entwickler durch die Kritik erleiden?
e) Wer sind die möglichen Gegner? Was könnten ihre Motive bzw. Forderungen sein?
f) Welche Ziele können wie erreicht werden? Mit welchen Argumenten (Fakten)?
g) Gibt es vergleichbare Fälle mit negativem Ausgang?
h) Wie könnte man zu einer Einigung zu kommen?
i) Was passiert, wenn man sich nicht einigen kann?
j) Was würde ein Gericht dazu sagen? Wie lange würde die juristische Klärung dauern?
k) Welche Alternativen gibt es? (z.B. Aufgabe des Vorhabens, alternativer Standort, neue Projektpartner)

In jedem Fall ist es nützlich, möglichst weitere Fürsprecher aus Parteien und Verbänden (**Lobbying**) für das Projekt zu gewinnen. Vielleicht ist auch die Gründung einer „positiven Initiative" zur Unterstützung des Vorhabens möglich. Dazu sollte das Projekt frühzeitig kommuniziert werden. Die Aufmerksamkeit sollte von Anfang an auf die Potentiale des Vorhabens gelenkt werden, wie etwa die Verbesserung des Standortes oder die Bereicherung der Stadt. Die zu erwartenden Vorteile sollten anschaulich und in unterschiedlichen Zusammenhängen (funktional, sozial, ökonomisch, ökologisch, etc.) dargestellt werden.

Gutes Marketing beugt Konfrontationen durch Information und Gesprächsbereitschaft vor. Das erfordert eine sorgfältige Vorbereitung sowie eine populäre und kontinuierliche Darstellung des Vorhabens. So wird mit Mitteln der Öffentlichkeitsarbeit sowohl Akzeptanz geschaffen als auch die Genehmigung des Projekts beschleunigt.

Auch für die Bauphase sollte das Publikum im Auge behalten und Argumente der kritischen Bürger aufgenommen werden, um durch Kommunikation und offensive Information den Erfolg des Vorhabens zu sichern.

1.5 Baustellenmarketing

Baustellen sind laut, dreckig und unzugänglich. Sie behindern den Verkehr und bestimmen den Eindruck des Standortes. Um die zukünftigen Qualitäten der Immobile und des Standorts zu vermitteln, bietet sich eine Inszenierung der Baustelle an. **Baustellenmarketing** informiert, weckt Neugier und schafft ein klares Bild vom Projekt. Damit wird Spekulationen vorgebeugt und Akzeptanz geschaffen für künftige Nutzungen.

Ende der 90er Jahre vermarktete das „Neue Berlin" seine Baustellen im Sommer als „Schaustelle". Großplakate an Häuserfassaden, ganzseitige Anzeigen in Magazinen, Werbespots im Fernsehen kündigten an, wo Berliner und Touristen über Fundamente, durch Betonwüsten, zu zukünftigen Bahngleisen geführt werden. Der Wandel der Stadt konnte hautnah miterlebt werden.

1.5.1 Bauzaun

Der **Bauzaun** sichert die Baustelle. Die meist rund zwei Meter hohen Draht- oder geschlossenen Bretterzäune sind Bestandteil der Baustelleneinrichtung. Sie werden zum Teil häufig umgesetzt und manchmal von Baufahrzeugen beschädigt. Das muss berücksichtigt werden, wenn sie als Imageträger eingesetzt werden sollen. Ein beschädigter Bauzaun mit Projekt-Logo kann zu einem beschädigten Image führen.

Der geschlossene Bauzaun wird häufig kreativ genutzt, etwa für Kunst oder eine Freiluft-Ausstellung. Er wird von Schulklassen bemalt, von Jugendlichen mit Graffiti besprüht, professionell von Grafikern, Fotografen und bildenden Künstlern gestaltet oder von Gärtnern begrünt. Bauzäune können Botschaften des Projekts, der Stadt oder von der Geschichte des Standorts tragen, den Namen und die Planung vorstellen, thematisch auf die künftigen Nutzer eingehen, typische Elemente des Baus aufnehmen oder, bei einer fertigen Konstruktion, sogar in eine großmaßstäbliche Inszenierung der Fassade einbezogen werden. Passanten sind neugierig und freuen sich über Löcher im Zaun, die einen Blick auf das Baugeschehen gestatten. Bei vielen Großbaustellen sind Webcams Standard, die auf die Webseite des Projekts geschaltet werden.

Mit der Abgrenzung vom öffentlichen Raum zeigt der Bauzaun die Ausdehnung des Projekts. Auch diese „neue Grenze" kann inszeniert werden. Auf Info- und Bauschildern kann das Vorhaben dargestellt und in seiner Größe vorstellbar werden, das Image kann sich etablieren.

Seit einigen Jahren werden auch in Deutschland Baustellen in 1A-Lagen gänzlich hinter Gerüsten versteckt, auf denen Planen gespannt sind, welche die künftige Fassade im 1:1 Maßstab zeigen. Die Baustelle stört weniger und das perfekte Fassadenbild hilft dem Marketing mit der Vision der baldigen Fertigstellung, auch wenn der Rohbau noch im Gange ist. In Berlin wurden am Leipziger Platz mit dieser Methode Lücken in der oktogonalen Randbebauung optisch geschlossen, so dass überhaupt erst ein Stadtraum auf dem weitläufigen, ehemaligen Mauerareal vorstellbar wurde. Teile der „Fassade" können als Megaposter vermietet werden und verdienen gutes Geld.

1.5.2 Bau- und Imageschilder

Zu jeder Baustelle gehört ein **Bauschild** das mitteilt, was von wem errichtet wird. Die Namen der am Bau beteiligten Firmen sind für das Marketing von untergeordneter Bedeutung. Sie sollten kleiner auf einem separaten Bauschild untergebracht werden. Werbung im Stadtraum ist großformatig. Neben der technischen Information ist deshalb ein auffälliges **Imageschild** vorzusehen. Das Wichtigste ist dabei ein Bild, das Rendering der Immobilie oder des Siedlungsprojekts, das auch in der Werbung verwendet wird. Dazu kommen die Hauptbotschaften in großer, klarer Typografie, damit das Schild auch von weitem lesbar ist. Wichtig sind auch der Name des Projektentwicklers, eine Infotelefonnummer, die Internetadresse und ein **QR-Code**. Ein QR-Code, der groß auf dem Bauzaun abgebildet wird, erlaubt es sogar vorbeifahrenden Smartphonebenutzern die Informationen über Webseite und Weiteres schnell zu speichern, um auf die Informationen später zutückzugreifen.

Gerade bei Wohnimmobilien sprechen Imageschilder einen hohen Prozentsatz der zukünftigen Kunden an. Es ist die Visitenkarte des Unternehmens am Standort. Deshalb sollte es ein sorgfältig gestaltetes, interessantes Anschauungsobjekt sein, das die Aufmerksamkeit auf sich lenkt. Jede Größe und Form ist möglich. Die Schilder sollten am „Kommunikationskanal", zu der am meisten befahrenen Straße orientiert werden und sowohl für den vorbeifahrenden Autofahrer, als auch für die Nutzer öffentlicher Verkehrsmittel gut sichtbar und bei Dunkelheit beleuchtet sein. Bei derzeit sinkenden Kosten sind lichtstarke LED-Displays vorstellbar, auf denen auch am Tage eine Projektanimation gezeigt wird.

Projekte, die groß angekündigt werden, dann aber wider Erwarten nicht begonnen werden, wecken Misstrauen und Distanz. Um Interessenten nicht zu enttäuschen, zu demotivieren und schließlich anderen Anbietern zuzutreiben, sollte ein gestalteter Bauzaun oder ein Imageschild erst dann gestellt werden, wenn der Baubeginn fest liegt. Bei langen Bauzeiten sollten Bauschilder regelmäßig gewartet und im Bedarfsfall aktualisiert werden.

1.5.3 Aussichtsplattform, Kräne, Webcam

Das Baustellenmarketing kann auch die Arbeiten in der Baugrube als Attraktion präsentieren. Menschen sind neugierig und schauen gern dem Geschehen von einem Podest aus zu. Diese temporäre Maßnahme kann zwischen dem Aushub und dem Betonieren der Kellerdecke angeboten werden. Die Besucher beginnen sich mit dem Projekt zu beschäftigen. Das schafft Akzeptanz, dient aber nur insofern der Kundenansprache, als es das Projekt ins Gespräch bringt.

In Abstimmung mit den Baufirmen kann geprüft werden, ob auch Baufahrzeuge das Logo des Vorhabens tragen können. Sie können als gemeinsamer Event eingesetzt werden, etwa in einem „Ballet der Bagger". Auch hier ist auf die Sauberkeit der Maschinen zu achten. Das sichtbarste Element einer Baustelle sind die Kräne. An ihnen ist meist das Logo der Baufirma angebracht. Aus statischen Gründen sind Transparente an Kränen nicht möglich. Kräne können aber mit unterschiedlichen Arten der Beleuchtung an Schaft und Ausleger in der Dunkelheit einen faszinierenden Beitrag zum Image des Standorts leisten.

Standard sind heute Webcams, die das Baugeschehen auf der Projektwebseite jederzeit sichtbar machen, auch nachts, wenn vielleicht nichts geschieht. Die Webcam nachts abzuschalten, wäre deswegen allerdings unklug. Erstens vermuten die Meisten, dass nachts nicht gearbeitet wird und zweitens geht dann der dokumentarische und objektive Charakter der Webcam verloren. Allerdings ist bei Webcams am Bau darauf zu achten, dass kein Stream übertragen wird, sondern zum Beispiel nur ein Bild pro Stunde. Neben datenschutz- und arbeitsrechtlichen Gründen, sollte diese Form der eingeschränkten Dokumentation und Kommunikation durch Aushang allen Baubeteiligten zur Kenntnis gebracht werden. Dieses Verständnis verlängert die Lebensdauer einer Webcam ungemein

1.5.4 Ausstellung, Marketingsuite, Infocenter, App

Am Standort oder im Büro des Projektentwicklers kann der Interessent eine kleine Ausstellung, ein Video oder ein interaktives Medium zum Projekt anschauen. Wenn dieser Auftritt aufwändiger gestaltet wird und den Kunden ganz in die Welt des Vorhabens einbezieht (branding), spricht man von einem **Showroom** oder einer **Marketingsuite**. Diese Präsentationsräume sind nicht öffentlich zugänglich und teilweise mit erheblichem finanziellen und technischen Aufwand ausgestattet.

Ein bekanntes Beispiel für Baustellen- und Standortmarketing war die rote Info Box am Potsdamer Platz. Von 1995 bis 2000 gehörte sie zu einer der meist besuchten Attraktionen Berlins. Mit ihrem vielfältig aufbereiteten Informationsangebot zielte die Infobox darauf ab, Akzeptanz im Grenzbereich von Ost und West zu schaffen. Millionen von Besuchern zeigten, wie groß ihr Interesse und ihr Informationsbedarf über das gigantische Vorhaben war. Als Initiator war der Berliner Senat daran interessiert, Kritik an der „größten Baustelle Europas" vorzubeugen, und das Vorhaben als Konsens-Projekt und nicht als Sammelsurium von wirtschaftlichen Einzelinteressen darzustellen. Durch die gut gestaltete Informationsausstellung und die großartige Aussicht vom Dach der Infobox entstand das Gefühl, direkt am Puls der Zeit zu sein und das Wachsen der neuen Hauptstadt hautnah mitzuerleben. Das Baustellenmarketing inszenierte eine Zukunftserwartung, welche die Legende vom Potsdamer Platz aufnahm und in eine neue Dimension führte. Darüber hinaus fanden auf den Baustellen regelmäßig Events statt, die dieses neue Zentrum von Anfang an in das kulturelle Leben der Stadt einbezogen haben.

Mittlerweile gibt es natürlich auch eine App für den Potsdamer Platz-Bereich, welche über die gastronomischen-, Einzelhandels- und Entertainmentangebote informiert, über eine Audiotour verfügt und vieles mehr anbietet. Erste Versuche mit Apps während der Bauphase verzeichnen Erfolge: Zum Beispiel die „Waterhouses" von Hochtief in Hamburg-Wilhelmsburg. Lagepläne und Fotos der Umgebung erklären den Standort.Ein bis zwei Mal im Monat gibt es neue Fotos vom Baufortschritt. Das Energiekonzept der Häuser wird erklärt. Das Wichtigste sind die Renderings von den Häusern und den Wohnungstypen.

1.5.5 Musterbüro und -wohnung

Moderne Bürobauten sind darauf ausgelegt, verschiedene Raumkonzepte flexibel zu verwirklichen. Ob Zellen-, Gruppen- oder Kombibüros mit multifunktionalem Zentrum oder Business-Clubs für hochvariable Arbeitsszenarien. Die unterschiedlichen Aufteilungen lassen sich auch interaktiv gut darstellen und sind sowohl als App als auch Online möglich.

Dennoch besteht bei vielen Menschen das Bedürfnis, sich die Möglichkeiten und Qualitäten der Immobilie vor Ort anzuschauen. **Musterbüro** oder **Musterwohnung** zeigen, wie die Räume optimal zu nutzen sind. Es gibt dem Kunden vor allem die Gelegenheit, Ambiente oder Möblierung zu testen und die Qualität des Ausbaus zu erleben. Hier sind atmosphärische Details wichtig: gute Beleuchtung, Pläne und Musterbücher, die dem Besucher seine Chancen zum Mitgestalten zeigen und – Kaffeeduft, der Gerüche von feuchtem Beton oder Lösungsmitteln überdeckt und eine angenehme Atmosphäre vermittelt. Um einen Eindruck der Fassade zu bekommen, werden frühzeitig Musterelemente an der Baustelle gezeigt. Auch diese verschaffen dem Kunden einen Eindruck von der zukünftigen Qualität und Wirkung des Hauses.

1.6 Events prägen das Projekterlebnis

In der ersten Stufe wird das Bauvorhaben entworfen, Planungs- und Baureife geschaffen und die Finanzierung gesichert. Mit dem Bauen beginnt die Transformation, aus dem Standort wächst eine dreidimensionale Baustelle. Die wichtigsten Phasen des Baufortschritts werden kommuniziert, indem sie gefeiert werden.

Traditionell markieren **Baurituale** die Stationen des Baufortschritts. Diese feierlichen Akte sind: der erste **Spatenstich**, die **Grundsteinlegung**, das **Richtfest** und die Übergabe zur Fertigstellung. Derartige **Events** und Veranstaltungen sind ein fester Bestandteil des Marketing. Die Baufeste bilden das zeitliche Rückgrat jeder Kommunikationsstrategie. Das Baustellenmarketing nutzt sie aktiv, um den Standort und das im Bau befindliche Projekt immer wieder ins Gespräch zu bringen. Damit werden Aufmerksamkeit erzeugt und Anlässe für einen Besuch geschaffen. Das Besondere ist gefragt, um Bekanntheit, Image und Akzeptanz des Projektes und des Entwicklers bei den Zielgruppen und Medien zu stärken und sich von der Konkurrenz abzusetzen.

Da Events die Bautätigkeit stören und womöglich die Baustelle lahm legen können, sind sie schon bei der Ausschreibung im Bauzeitenplan zu sichern. Für eine Grundsteinlegung sind Wege auf der Baustelle festzulegen und abzusichern, manchmal ist es notwendig, Treppen in die Baugrube hinab zu zimmern. Die Sauberkeit der Baustelle ist zu gewährleisten, zuweilen werden ganze Bereiche mit Planen abgedeckt. Ein Grundstein muss vorgemauert werden, schließlich müssen Maurer und Polier in sauberer Kleidung mit neuer Kelle und Hammer bereit stehen. Auch diese Positionen gehören in die Ausschreibung.

Es lohnt sich, diese Veranstaltungen auf den Punkt vorzubereiten, denn es dauert Monate, bis die Gäste erneut auf die Baustelle eingeladen werden können.

Die gedruckte Einladung selbst ist eine wichtige Imagemaßnahme. Sie wird von mehr Menschen wahrgenommen, als tatsächlich die Veranstaltung besuchen. Auf der Einladung kommen Name, Adresse und Hauptbotschaften im CD des Projekts zusammen.

Jeder Gast ist ein potenzieller Botschafter des Projekts. Ein wichtiges Ziel der Veranstaltung ist es, mit den Besuchern persönlich ins Gespräch zu kommen und ihnen das Gefühl des

Besonderen zu geben. Das dient auch als Anreiz für prominente Redner oder wichtige Gäste. Die Atmosphäre der Veranstaltung beeinflusst die Art, wie später über das Projekt geredet wird. Die Veranstaltung orientiert sich deshalb vor allem an den Gästen. Statt zuviel „über sich" zu reden, sollte das „Erlebnis" im Vordergrund stehen. Das wirkt sich auch positiv auf die Berichterstattung aus.

1.6.1 Spatenstich

Der Baubeginn wird mit dem **Spatenstich** markiert. Das Aufbrechen der Erdkrume ist ein symbolischer Akt mit dem der Bauherr seiner Intention Ausdruck gibt und sich bei denen bedankt, die das Projekt zur Baureife geführt haben. Häufig ist dies auch der erste, öffentliche Auftritt eines Projekts. Vor Ort weden die neue Adresse und das Logo etabliert. Der Standort wird mit Info- und Bauschildern markiert, auf denen die Hauptbotschaft sichtbar wird. Bauzäune werden gestellt und gegebenenfalls als Imageträger aktiv genutzt.

1.6.1.1 Die Inszenierung

Der Höhepunkt der ersten Veranstaltung ist die symbolische Handlung, der Spatenstich. Dazu muss der Standort hergerichtet und der Ablauf vorbereitet und inszeniert werden.
- Wer soll wann stechen?
- Sollen ein oder mehrere Spaten eingesetzt werden?
- Ist ein Bagger oder eine Ramme geeigneter?
- Wie sieht das Pressefoto bzw. der TV- Bericht aus?
- Wo ist der optimale Platz für das Pressepodium? Zu prüfen sind z.B.die Ausrichtung des Events: alle Kameras brauchen das Licht im Rücken, mögliche Bildhintergründe, Kamerawinkel, zusätzliche Beleuchtung verschatteter Ecken.
- Braucht der Standort einen Hintergrund, z.B. ein großes Transparent mit dem Namen oder einem Bild des Vorhabens, damit der Ort identifizierbar wird?
- Wo stehen/hängen die Botschaften, die jeder lesen soll?

Die Vorbereitung umfasst auch Logistik, Medien- und VIP-Zugang, Technik, Dekoration, Teilnehmer-Unterbringung, Catering und Sicherheit und eine Schlecht-Wetter-Variante.

1.6.1.2 Reden

Auf der Baustelle steht man. Alle Reden zusammen sollten deshalb nicht länger als eine halbe Stunde dauern. Danksagungen und Details sind wichtig, aber noch wichtiger sind eingängige Geschichten, die der Besucher begeistert weitererzählen kann. So kann etwa eine Anekdote aus der Geschichte des Standorts nützlich sein. Ein Gastredner kann gegebenenfalls sicherstellen, dass die Gäste unterhaltend informiert werden und, falls er prominent ist, auch für eine bessere Berichterstattung sorgen.

Besonders bei Großprojekten besteht die Gefahr, dass die Events zu langweiligen Redeveranstaltung verblassen. Typische Fehler sind:
- Projektbeteiligte werden mehrfach oder gar nicht vorgestellt
- sie reden zu ausführlich, ohne etwas Besonderes zu sagen.

Der Einsatz eines Moderators hat sich bewährt. Er kann darauf achten, dass die Reden aufeinander aufbauen und dass die Zeiten eingehalten werden. Solche Abstimmungen erfordern schon vorab Fingerspitzengefühl und Überzeugungskraft.

1.6.2 Grundsteinlegung

Weil Spatenstich und **Grundsteinlegung** zeitlich dicht beieinander liegen, wird meist nur eines der Rituale gefeiert. Nur bei sehr großen oder bedeutsamen Vorhaben feiert man beide. Die Grundsteinlegung findet statt, wenn der Aushub beendet ist und die Grundrisse des Baus sichtbar sind. Um dem Vorhaben eine Seele zu geben, kommen gute Wünsche in die **Grund-**

steinkapsel. Beigelegt werden Münzen, Tageszeitungen, Baupläne und eine Urkunde über die Grundsteinlegung. Auf ihr wird das Projekt kurz beschrieben und die Beteiligten werden genannt. Die Urkunde und eine Kopie können noch auf dem Grundstein vom prominentesten Beteiligten unterschrieben werden. Die Kopie kann dann im fertigen Bau ausgehängt werden. Anschließend wird die Kapsel symbolisch vermauert. Zuweilen wird die Kapsel in einer nicht tragenden Betonwand eingegossen. Manchmal erinnert eine Plakette daran, wann und von wem der Grundstein gelegt wurde.

Schon immer waren Grundsteinlegungen Anlass für Persönlichkeiten des öffentlichen Lebens, den Vorhaben Glück zu wünschen und öffentlich ihre Unterstützung zu bekunden.

1.6.3 Richtfest

Das Richtfest ist das klassische Fest der Baugewerke. Sie feiern mit den Bauherren die Fertigstellung von Rohbau und Dach und werden dafür bezahlt. Ein Richtfest ist nicht unbedingt ein Marketingevent. Wenn die Begegnung von „Krawattenträgern" mit Handwerkern stattfinden soll, muss sie bewusst gestaltet werden.

Auch **Richtfeste** können Botschaften verkünden. Ein Schweizer Projektentwickler nahm diese feierliche Stunde zum Anlass, um sich mit dem ersten Wohnungsbauprojekt in Deutschland auf spektakuläre Weise vorzustellen. Den Höhepunkt des Richtfestes bildeten Schweizer Bergsteiger, die sich vom Baukran abseilten. Ein eindrucksvolles Bild, das gleichzeitig die Botschaft „die Schweizer sind da" vermittelte.

1.6.4 Fertigstellung und Eröffnung

Der Zeitpunkt der Fertigstellung sollte als zentrales Vertiebsinstrument genutzt werden. Ihre erfolgreiche **Platzierung in den Medien** basiert auf einer vorangegangenen, kontinuierlichen Medienarbeit, die das Projekt während der gesamten Bauphase im Gespräch gehalten hat und den Kontakt zu den Medienvertretern stabilisiert hat.

Die Fertigstellung bzw. Eröffnung eines Projekts ist die Generalprobe für die künftige Nutzung.

1.6.5 Vertriebsevents

Der **Vertriebsevent** richtet sich in erster Linie an potenzielle Nutzer oder Käufer. Darin unterscheidet er sich von den Baufesten, die stark auf Multiplikatoren (Medien, Akteure aus Politik, Wirtschaft, Kultur und Nachbarschaft) setzen. Auch dieser Event sollte zum Image des Projekts und zu den Zielgruppen passen. Oft findet die Bereitstellung von Musterwohnungen und Verkaufsaktionen zusammen mit Bewohnerfesten statt. Oft erlebt man standardisierte Programme mit Hüpfburgen und Kinderschminkaktionen. Das Uniforme kann jedoch in Zeiten starker Konkurrenz durchaus nachteilig wirken.

Für eine Vertriebsevent sollte im vorhinein genau definiert werden:

a) Wer soll mit der Veranstaltung erreicht werden?

b) Welche Vorlieben hat diese Zielgruppe?

c) Wie kann die Zielgruppe gezielt auf den Event aufmerksam gemacht werden?

d) Wie bekommt man eine angenehme, lebendige Stimmung in eine unbewohnte Musterwohnung?

e) Wie können technischer Komfort und die Nutzungsvielfalt eines Bürogebäudes vermittelt werden?

Vertriebsevents sollen ein emotionales Verhältnis zur Wohnung und zum Gebäude aufbauen: Hier ist der Ort, an dem Träume verwirklicht werden können. Der Veranstaltungsraum sollte so inszeniert werden, dass die Besucher positiv überrascht werden. Foto- oder Kunstausstellungen geben den leeren Flächen schnell einen besonderen Charakter. Die Inszenierung bietet wiederum Anknüpfungspunkte für das Verkaufsgespräch, auch noch im Nachhinein.

1.6.6 Beteiligung Dritter

Standorte können auch als temporäre Veranstaltungsorte für Kunst- oder Benefizveranstaltungen genutzt werden. Spannende Inszenierungen und gutes Catering locken Medienvertreter auch an schon häufig besuchte Orte. Um die Immobilie etwa in einer bestimmten Szene als Gesprächsstoff zu lancieren, sollten lokale Akteure und Szene-Stars als Veranstalter ins Spiel gebracht werden. Wichtige Persönlichkeiten sind wertvolle Zugpferde, die der Immobilie einen Erlebniswert geben. – Die Choreografin Constanza Macras wünschte sich die Halbruine des Kaufhauses Jandorf im Berliner Szenebezirk Prenzlauer Berg als Location für ihre legendäre Inszenierung „Back to the Present". Die Premiere und fünf Vorstellungen waren ausverkauft. Dann stand das Kaufhaus nicht mehr zur Verfügung. Der 50erJahre-Innenraum wurde zunächst in der Berliner Schaubühne, schließlich 2004 beim Festival in Avignon im Hof der Päpste nachgebaut. (Die Projektbeteiligten wurden sich übrigens mit dem Eigentümer des Jandorf nicht über den Mietpreis einig. Sie zogen nach Kreuzberg und entwickelten in der ehemaligen Bechsteinfabrik das erfolgreiche Modulor-Haus.)

1.6.7 Kunst am Bau

Nicht nur große Unternehmen können ihre Immobilien und Standorte mit großer, teurer Kunst aufwerten, wie Jonathan Borofsky's „Hammering Man" vor TishmanSpeyer's Frankfurter Messeturm oder sein „Molecule Man" in der Berliner Spree vor dem Treptower der Allianz. In Wartenberg, im Berliner Norden, bekam der Platz einer Reihenhaussiedlung Charakter und Thema durch die Holzskulptur „Der Gucker" von Detlef Schulz. In sechsMetern Höhe sitzt er auf einem Pfahl und blickt bis zur Ostsee. Alle Häuser beim Gucker wurden verkauft. Einschließlich Aufstellung und Einweihung mit Bürgermeisterin hat die Kunst keine 10.000 Euro gekostet. Mit 4.000 Euro kam ein Hauseigentümer in Berlin-Köpenick aus, der sein Mietshaus nach Totalsanierung in Höhe des 3. Stockwerks mit einer vergoldeten Bronzeskulptur schmückte, die bei Dunkelheit angeleuchtet wird. Alle Wohnungen wurden zügig vermietet. Kunst am Bau ist Gesprächsstoff und bietet Projektentwickler oder Bauherren eine positive Möglichkeit zur Selbstdarstellung. – Wichtig ist, mit ersthaften Künstlern zusammen zu arbeiten, die auf den Standort eingehen. Nur dann ergeben sich die positiven Wirkungen. Dabei muss die Kunst nicht gefällig sein. Im Gegenteil, wenn man sich „an ihr reibt", wird sie andauernd wirken und irgendwann zum Klassiker werden.

1.6.8 Publikumswirksame Attraktionen

Marketing braucht Attraktionen. Um die „News-Schwelle" zu überwinden und für die Medien interessant zu sein, braucht man Events. Damit können Bauten oder Standorte zu Flaggschiffen oder zu Ankern der Kommunikation werden.

1994 beschloss die Stadt Berlin, das 131 Hektar große Gewerbegebiet am Rummelsburger See als neue Wasserstadt zu entwickeln. Anfangs war diese Lage unzugänglich, belastet von den Hinterlassenschaften einer zusammengebrochenen Industrie. Aufräumen bedeutet Abriss und Entgiftung, das ist optisch nicht gerade attraktiv. Die Zukunft war beim Anblick dieser Realität kaum vorstellbar.

Ein alter Frachtkahn wurde als Ausstellungsfläche umgenutzt. Die Anlegestelle war von der benachbarten Brücke und der S-Bahn aus gut sichtbar. Die EXPO 2000-Fahne zeigte, dass es sich hier um etwas Neues und Zukunftsweisendes handelte, bis weit über die Grenzen Berlins hinaus. Das half sowohl beim Marketing als auch bei der Schaffung von Akzeptanz in Politik und Verwaltung.

In dem Projekt gab es einen Newsletter, der drei- bis viermal jährlich als Hauswurfsendung im Gebiet verteilt wird und an strategisch wichtigen, öffentlichen Stellen ausliegt. Auch einfache Events wie ein gemeinsamer Osterspaziergang, werden hier angekündigt. Viele Nachbarn nehmen dies zum Anlass, diesen neuen Teil der Stadt und die neuerdings zugänglich gewordenen Ufer persönlich kennen zu lernen. Neue Bewohner erhalten kleine Begrüßungspakete mit Broschüren, wichtigen Adressen in der Nachbarschaft und einen Satz Postkarten, damit sie ihren alten Freunden und Nachbarn einen Gruß schicken können.

Vor 40 Jahren wurde an der Rummelsburger Bucht eine wichtige Szene des DEFA-Films „Die Legende von Paul und Paula" gedreht. Am 1. Mai 1998 kamen die Schauspieler, das Filmteam, die Bezirksbürgermeister und hunderte von Berlinern, um das Paul-und-Paula-Ufer zu taufen. Der Veranstalter stiftete eine Bank für die Berliner Liebespaare. Es wurde ein voller Medienerfolg. Für die Bauherren führte dieser Tag zu einigen Wohnungsverkäufen.

Die Presseauswertung belegt, dass durch Events und inszenierte Pressekonferenzen die **News-Schwelle** überwunden werden kann. Ob es sich um eine internationale Tagung mit Bundesministern oder um kleine Anlässe handelt, in jedem Fall sollten die Medien dabei sein. Wenn sie nicht kommen, müssen ihnen Pressemitteilungen oder Pressemappen umgehend zugeschickt werden. Auf der Website sollen die Materialien zum herunterladen angeboten werden.

Dieses bereits in der ersten Auflage des Handbuchs beschriebene Beispiel wird heute von derselben Agentur für eine Interessengemeinschaft der Eigentümer in der Rummelsburger Bucht weitergeführt. Noch immer gibt es den Osterspaziergang. Während auf der Stralauer Halbinsel die letzten Luxuswohnungen für 8.000 €/Quadratmeter verkauft werden, wird zwischen Bahnhof Ostkreuz und Paul-undPaula-Ufer ein gemischtes Wohn- und Geschäftszentrum entwickelt. – Unter verschiedenen Auftraggebern wurde an diesem Standort seit 1994 eine Kommunikationsstrategie erfolgreich realisiert und permanent weiter entwickelt.

1.6.9 Give-aways

Bei der Verabschiedung der Gäste kann man als Erinnerung an das Projekt ein Souvenir mitgeben:
– Informationsmaterial wie Broschüre, Flyer
– Der Schirm oder das Sitzkissen, die bei der Veranstaltung genutzt wurden, genauso wie Krug oder Becher, die Flasche, der Anstecker (pin).

Die Blume zum Abschied ist ein Klassiker, aber welche Botschaft vermittelt sie? Thematisch bespielte Memory-Sticks oder ein Cocktailbuch mit den Rezepten der Mixgetränke, die es auf der Veranstaltung gab und die den Namen der Projekte tragen, können da einprägsamer sein. Zum Beispiel Steinbaukästen für das Kind im Geschäftspartner gibt es im High-End-Bereich. Je aufwändiger das Give-away desto länger muss es vorab geplant werden. Zehn Wochen sollte man Vorlauf haben, wenn man über Produkte mit Namen und Logo des Projekts verfügen will und normale Preise bezahlen will.

1.6.10 Dokumentation

Wichtig sind gute Fotos und professionelle Videoaufnahmen der Veranstaltung, die in den Vermarktungsunterlagen oder im Rahmen von Präsentationen und Vorträgen weiterverwendet werden. Fast alle Interessenten sind an einem **Pressespiegel** interessiert. Dieser stärkt das Gefühl für das Besondere des Projekts. Von allen Gästen sollten die Adressen ermittelt und festgehalten werden. Teilnehmerkarten für ein Gewinnspiel oder eine Verlosung, z.B. eines Kunstwerks am Veranstaltungstag, sind dabei ein effektives Mittel. Auch eine gläserne Box am Empfang und die Bitte an die Gäste, ihre Visitenkarte hineinzustecken, hat sich bewährt, erhält man so die präzisesten Daten.

1.6.11 Budgets für Events

Für einen kleinen aber gut inszenierten Event sollte mit Veranstaltungskosten von 5.000 bis 15.000 Euro gerechnet werden. Bei aufwändigeren Veranstaltungen kann man allein für Getränke, Essen und gehobenen Service mit 50 bis 100 Euro pro Person rechnen. Hinzu kommt die Dekoration der Räumlichkeiten, Honorare für Künstler, Technik und Organisation sowie die Kosten für die Bewerbung der Veranstaltung, die Medienarbeit, die Einladungen sowie die **Give-aways**. Eine Top-Veranstaltung kann dann schon leicht 80.000 oder 150.000 Euro kosten. Häufig sind die beteiligten Baufirmen bereit, einen Beitrag zum Fest in Form von Eigenleistung und/oder Sponsoring beizutragen.

Doch weder ein üppiges Buffet noch eine aufregende Show können wichtige Botschaften ersetzen. Bei der Festlegung des Budgets hat die Zieldefinition oberste Priorität. Was soll vermittelt werden und wie wird das am besten erreicht? Eine Veranstaltung ist am effektivsten, wenn sie als Teil eines Kommunikationskonzepts konzipiert ist. Dann lassen sich Elemente des Events in weitere Marketing- und PR-Maßnahmen einbinden und effizient weiternutzen. Der Erfolg der Veranstaltung wird an der Dichte der Kontakte und durch die Auswertung der Berichterstattung messbar.

1.7 Umgang mit den Medien

1.7.1 Öffentlichkeitsarbeit / PR

Bereits in der Entwicklungsphase sollte das Vorhaben durch PR (public relations = Öffentlichkeitsarbeit) bekannt gemacht werden. Neben der Medienarbeit zählt dazu auch der direkte Kontakt zu Nachbarn, Aktionären, Behörden, Verbänden oder kritischen Gruppen. PR-Arbeit vermittelt die Ziele und Interessen des Vorhabens nach innen und außen. Ziel ist es, Vertrauen und Verständnis aufzubauen und damit langfristig Akzeptanz für das Vorhaben zu sichern. Investor Relations zielen speziell auf die Information der Aktionäre und Geldgeber.

Mehr als die Werbung fördert die redaktionelle Berichterstattung die Glaubwürdigkeit von Marketingaussagen. Ein redaktioneller Artikel ist um ein Vielfaches wirkungsvoller als eine Anzeige in der gleichen Größe. Und er ist glaubwürdiger und weitaus preiswerter als Werbung. Vor allem aber gilt: Wer nicht publiziert, überlässt das Feld der Konkurrenz!

Viele Projektentwickler konzentrieren sich gern auf ihr Kerngeschäft und lassen die Pressearbeit nebenbei von einem Mitarbeiter erledigen. Die Folge ist, dass die Berichterstattung oft der Bedeutung der Projekte nicht Rechnung trägt. Dann sehen sich die Projektentwickler als Opfer der Medien, die zu einseitig und wenig sachgerecht berichten. Gute Berichterstattung erfordert einen professionellen Umgang mit den Medien. Der frühere Immobilien-Redakteur der FAZ, Jens Friedemann: „Ein Unternehmen, das die Bedeutung einer professionellen und vor allem langfristigen Öffentlichkeitsarbeit nicht erkennt, hat entsprechend geringe Chancen, von den Medien wahrgenommen zu werden."

1.7.2 Umgang mit Journalisten

Berichterstattung kann das Image eines Vorhabens positiv prägen. Voraussetzung ist sowohl die gute Präsentation des Projekts als auch der persönliche Umgang mit Redakteuren, Reportern und Autoren. Am wichtigsten sind jene Medien, die von den Zielgruppen am meisten genutzt werden.

Journalisten ist nur selten wichtig, ob sich ein Projekt gut oder schlecht verkauft, ihnen geht es um die News-Aspekte, darum, was wirklich neuartig und anders am Projekt ist. Beim gegenseitigen Kennenlernen können gemeinsame Interessen ausgelotet werden. Dabei kann ein Kaffee oder ein Essen hilfreich sein. Aber Vorsicht: Journalisten reagieren empfindlich, wenn sie den Eindruck bekommen, dass jemand sie in der Freiheit ihrer Berichterstattung einschränken will.

Redakteure von Tageszeitungen und täglichen Nachrichtensendungen stehen unter Zeitdruck, denn der Redaktionsschluss liegt fest. Ihre Nachfragen nach dem Vorhaben oder etwaigen Neuigkeiten sollten umgehend beantwortet werden. Nur wer schnell ist und alle Antworten parat hat, wird nach Statements und Markteinschätzungen gefragt.

1.7.3 News: Kurz und auf den Punkt

Kurze, prägnante Texte mit deutlichen Botschaften sparen Zeit und Papier. Wenn der Journalist Zusatzinformationen braucht, wird er danach fragen. Eine gut aufbereitete Geschichte, die einem Journalisten exklusiv angeboten wird, erhöht die Chance, dass dem Projekt mehr Platz eingeräumt wird. Allerdings können die Konkurrenzmedien auch negativ darauf reagieren. Anlässe zur Berichterstattung sind „news" vom Projekt, aber auch die kontroversen Meinungen dazu. Wichtig ist eine flexible Kommunikationsstrategie, die aktuelle Entwicklungen einbezieht.

1.7.4 Medien

Bei den Medien bestimmen die Redaktionen die Inhalte der Beiträge. **Anzeigen** hingegen werden vom Entwickler bestimmt und in Absprache mit dem Verleger oder Betreiber des Mediums vereinbart. In jedem Fall sollte ein Medienverteiler angelegt werden, der folgendes beinhaltet:
Redaktionen, die für die Zielgruppen und Multiplikatoren wichtig sind:
– lokale Medien
– überregionale Medien
– Fachmedien der Zielgruppe
– Nachrichtenagenturen

Die **Medienarten** sind:

– Printmedien
  • Tageszeitungen lokal, regional, national: Berichterstattung, Anzeigen, Kleinanzeigen. In Qualitätsmedien sind Redaktion und Anzeigenabteilung strikt getrennt. So genannte Verlagssonderthemen bieten einen Übergang zwischen Anzeigen und einem redaktionellen Teil.
  • Anzeigenblätter lokal, regional: Berichterstattung, Anzeigen, Kleinanzeigen; besonders wirtschaftlich schwache Medien koppeln die Berichterstattung an Werbeschaltung oder Sponsoring.
  • Publikumszeitschriften: Berichterstattung, Anzeigen, auch „**product placement**", z.B. „locations" für Fotografie
  • Fachzeitschriften: Berichterstattung, Zulieferung von Beiträgen, Sponsoring
  • Spezialpublikationen, Bücher: Zulieferung von Beiträgen, Sponsoring
– Hörfunk lokal, regional, national: Berichterstattung, Werbung, Sponsoring einzelner Sendungen oder temporäre Überlassung von Gewerbeflächen für ein City-Studio, das z.B. 12 mal täglich mit dem Namen der Immobilie genannt wird.
– Fernsehen lokal, regional, national: Berichterstattung, Werbung, Sponsoring einzelner Sendungen oder Sendeformate (Wetter, Uhrzeit), „product placement" (z.B. als Location für Talkshows).
– Generell sollte versucht werden, bei Werbeschaltungen oder Kooperationen einen Banner oder Link zur Projektwebsite auf den Webseiten der Medien zu vereinbaren. Die digitalen Ableger im Netz berichten oft aktueller und umfangreicher als die analogen Mütter. Teilweise sind die Redaktionen identisch. Bei großen Medien gibt es eigene Onlineredaktionen.

1.7.5 Mediendatei

Namen, Adressen, Telefon, E-Mail der zuständigen Journalisten/Redakteure sind in einer **Mediendatei** zu erfassen. Neue Journalisten, die im Projektverlauf hinzukommen, sind in der Datei zu ergänzen und vollständig mit den Projektinformationen auszustatten. Der Journalismus ist eine Profession mit hoher Fluktuationsrate. Die Datei ist daher permanent zu aktualisieren.

1.7.6 Der Weg der Information

Jeweils unterschiedlich beantworten Journalisten die wichtige Frage, auf welchem Wege sie informiert werden möchten. Die meisten bevorzugen E-Mail, die sie auch unterwegs abrufen können. Andere nehmen Dienste wie Twitter wahr und greifen dann selbständig auf ein Online-Angebot zu. Im Grunde geht es darum, das Pressematerial gleich auf dem Schirm zu haben und bearbeiten zu können. Deshalb ist Fax heute out, auch PDF-Dateien, aus denen sich Texte nicht kopieren lassen, sind ungeeignet. Die Präferenz für die Informationübermittlung ist bei einem ersten Kontakt zu erfragen.

Auch der Zeitpunkt der Informationsgebung kann wichtig sein: liegt er nach dem Redaktionsschluss, bleibt die Nachricht liegen und verliert an Aktualität. Liegt er zu weit vor dem Redaktionsschluss, verliert sie auch an Aktualität, oder sie könnte von einer prioritären Meldung verdrängt werden. Liegt sie kurz vor dem Redaktionsschluss, herrscht möglicherweise Gedränge und allein druck- oder sendetechnische Aspekte entscheiden, wie das Vorliegen geeigneter Bilder mit Portraits oder O-Töne.

1.7.6.1 Informationen im Netz, Suchmaschinenoptimierung

Praktisch alle Journalisten recherchieren im Netz: Standorte, Architekten, Projektentwickler, Bauherren, Bauunternehmen werden „gegoogelt", um Zusatzinformationen zur vorliegenden Pressemitteilung zu erhalten. Eine „saubere Weste" ist da von Vorteil. Die Hauptsache ist aber, dass es überhaupt Treffer gibt und diese weit vorn und aktuell sind.

Es gibt verschiedene Methoden der Suchmaschinenoptimierung (SEO) und des Reputationsmanagements im Netz, für die es eigene Dienstleister gibt.

Zur besseren Positionierung tragen aber auch neue Methoden in den PR-Arbeit bei: Es gibt an die 50 deutschsprachige Presseportale, die auch Immobiliennews verbreiten. Man kann sich bei jedem Portal einzeln anmelden, die Informationen, Links und Bilder hochladen. Das braucht Zeit. Es führt aber zu einem hohen Ranking innerhalb kurzer Zeit, und hat die Meldung auch einen überregionalen Bezug, gibt es sogar Publikationen, von denen man noch nie gehört hat, die das verwenden. Auch für diese Arbeit gibt es spezialisierte Agenturen: newsaktuell (dpa) bietet den Versand an 100 Portale an.

1.7.6.2 Wikipedia

Auf den ersten Blick hat die Internet-Enzyklopädie wenig mit Immobilienmarketing zu tun. (Es gibt dort natürlich einen Artikel zum Immobilienmarketing, der sich wie das Abstract dieses Beitrages liest.) Doch die meisten Journalisten greifen gern auf Wikipedia zurück, wenn es darum geht, Fakten zu recherchieren oder Sachverhalte einzuschätzen. Es ist daher vorteilhaft, wenn es über einen Standort einen Wikipedia-Artikel gibt. Wenn der Artikel mit historischen Einordnungen, geografischen und demografischen Fakten gespickt ist, hat er gute Chancen, die Kontrolle der Wikipediamacher zu überstehen. Gelegentlich muss man sich der Diskussion stellen und Fakten belegen.

Über Immobilien gibt es Beiträge erst, wenn es sich um Denkmale handelt, wenn sie von international bedeutenden Architekten entworfen wurden oder wenn ihre Funktion von öffentlichem Interesse ist. Der Frankfurter Messeturm hat eine Wikipedia-Seite. Hochtief als Aktiengesellschaft hat eine, die EuroHypo hat eine, und schon einen Tag nach der Umbenennung in Hypothekenbank Frankfurt AG zum 1. September 2012, war dies bei Wikipedia vermerkt. Das heißt, man hat keine Chancen, bei Wikipedia geschönte Informationen unterzubringen. Aber man hat gute Chancen, Informationen unterzubringen, die im Sinne einer Enzyklopädie zum Wissen über die Welt beitragen. Man sollte es bei jedem aussergewöhnlichen Projekt zumindest versuchen.

1.7.7 Adressmanagement, Dienstleister

Spezialisierte Dienstleister bieten sowohl das **Adressmanagement** als auch den Versand der Pressematerialien an. Sie helfen sicherzustellen, dass eine Nachricht ihren Empfänger auch tatsächlich erreicht, was in einer sich laufend ändernden Medienlandschaft immer schwieriger wird.

PR-Agenturen nutzen neben ihren eigenen Dateien auch die Daten des Stamm-Verlages, die als CD oder als PDF verschickt werden. Angeboten werden Ansprechpartner von mehr als 40.000 Redaktionen und Ressorts. Man kann von einer CD Adressen für bestimmte Themenbereiche im Postleitzahlengebiet erfahren, etwa: „alle Wirtschaftsredakteure von Tageszeitungen in Berlin und Bayern mit einer Auflage von 100.000 Exemplaren." Weitere Pressedatenbanken gibt es bei zimpel.de und kroll-verlag.de. Einige Dienstleister bieten darüber hinaus auch den direkten Versand an vorab ausgewählte Redaktionen per E-Mail an, z.B. newsaktuell.de, xpedite.de, pressrelations.de, prnewswire.de. Diese Dienste sind für den Aussender kostenpflichtig, für die Medien natürlich kostenfrei.

Wenn sich die Pressearbeit nicht nur auf wenige, ausgewählte Zeitschriften beschränken soll, ist es sinnvoll, einen professionellen **Ausschnittdienst** zu buchen. Je nach Auftragsumfang werden dort Tageszeitungen, Zeitschriften und Fachtitel nach bestimmten Stichworten erfasst. Presseartikel, welche die Stichworte enthalten, werden digital oder analog übermittelt. Unter paperball.de kann man am Tag des Erscheinens bundesweit viele aktuelle Artikel erfassen. Aber auch ein permanenter Suchauftrag bei Google (**Google Alert**) bringt Ergebnisse aus den Online-Ausgaben der Medien.

1.7.8 Presseeinladung, -mitteilung

Wichtig ist der Zeitpunkt der Absendung der Einladung. Bei tagesaktuellen Medien sollte er dicht am Termin liegen, etwa drei Arbeitstage vorher. Bei anderen Medien ist der Reaktionsschluss in Erfahrung zu bringen und die Einladung kann bis zu zwei Wochen davor geschickt werden.

Pressemitteilungen sollten immer zum tatsächlichen Veröffentlichungsdatum verschickt werden. Vorabversand mit Sperrfristen ist bei Immobilienthemen ungewöhnlich. Der erste Absatz von Einladung oder Mitteilung sollte alle wichtigen Aussagen enthalten: Was, Wer, Wann, Wo, Wie, Warum? Eine Seite Gesamtlänge sollte nicht überschritten werden.

Bilder sind wichtige Informationen! Ihr Einsatz muss gut vorbereitet sein:
- Welche Motive sind von Bedeutung? (Fotos, Zeichnungen)
- Gibt es einen Foto/Kameratermin?
- Das Bild sollte wirkungsvoll inszeniert werden. Vorder- und Hintergrund sowie optimale Beleuchtung sind zu planen.
- Wie wird der Name des Projektes, Bauherrn sichtbar?
- Sollen Bilder mit der Pressemitteilung oder im Anschluss daran verschickt werden?

Wichtig ist die Bereitstellung der unterschiedlichen Auflösungen in 72 dpi und RGB-Farbmodus für Internetmedien und in 300 dpi und CMYK-Farbmodus für Print als Anhang zur Mail, als Download von der Webseite oder für größere Formate auf Filesharingseiten wie dropbox.com. Dropbox ist einfach einzurichten und wird von den meisten Redaktionen gern genutzt.

Video
Welche Bilder sind für das Fernsehen attraktiv? (Es muss sich etwas bewegen!) Kann man Footage anbieten, sollte man sich vorher mit der Redaktion über das Format einigen. HD in 1440 x 1080 Pixel im MPEG-2-Codec sollte mindestens angeboten werden können. Auch hier kann das Material über Dropbox bereit gestellt werden, wobei sich nicht mehr als fünf Minuten Material kostenfrei hochladen lassen und auch ausreichend Zeit für das Hochladen einkalkuliert werden sollte.

1.7.9 Pressekonferenz

Ein Bericht braucht einen Aufhänger. Das können besondere und interessante Nachrichten sein, die von öffentlichem Interesse sind. Ein Aufhänger kann auch die Größe des Vorhabens sein, die besondere Gestaltung, der Einsatz neuer Technik oder der positive Beitrag für die Nachbarschaft.

Berichterstattung verlangt auch nach einem aktuellen Anlass: Eine Grundsteinlegung, das Aufstellen einer Musterfassade, die Eröffnung der Musterwohnung. Journalisten sind stets an Neuigkeiten interessiert, aber einen Werbe-Unterton lehnen sie ab.

Als bloßes „Verkündigungsritual" kann eine **Pressekonferenz** nicht erfolgreich sein. Wichtig ist der „altruistische" Effekt.

Nach dem Versand der Einladung zur Pressekonferenz sollte telefonisch nachgefasst werden. Ist die Zahl der Teilnehmer voraussichtlich zu gering, könnte es nützlich sein, 24 Stunden vorher eine wichtige Persönlichkeit als Teilnehmer nachzumelden. Falls der Vorstandsvorsitzende als Sprecher nicht ausreicht, könnte ein interessanter Verbandsvorsitzender, ein wichtiger Leitmieter oder ein Politiker zu Wort kommen, der das Projekt in einen positiven Zusammenhang mit einer aktuellen Diskussion stellt.

1.7.10 Pressematerial, -mappe

Grundlage aller Artikel sind die Unterlagen, die gewöhnlich als Pressemappe übergeben werden. Zum Anschauen und für Notizen ist die konventionelle **Pressemappe** geeignet, für die sofortige Bearbeitung und das Weiterleiten an Bildredaktionen eher die digitale Version.

– Die Texte sollten in verschiedenen Formaten und Längen auf Papier, im Internet oder als Zusendung per E-Mail angeboten werden.

– Fotos und Zeichnungen sollten ebenfalls auf Papier und digital (CD, E-Mail, Internetdownload) zur Verfügung stehen. Die Publikationsreife der Abbildungen ist nicht für alle Medien gleich; der Zeitungsrotationsdruck hat eine niedrigere Auflösung als ein Magazin, das im Offsetdruck hergestellt wird.

Wichtig für die Pressemappe:

– Was ist die Botschaft? ... die news? ... der Knüller? Ein neues Gebäude ist in 99 Prozent der Fälle keine „news", genauso wenig wie die Information, dass „4.000 Quadratmeter hochwertige Bürofläche in 1a Lage" entstehen.

– Wer nur Daten und Zahlen liefert, darf eine Meldung, aber keinen Artikel erwarten!

– Erst wenn man das Größte, Kleinste, Höchste, Tiefste, Teuerste, Preisgünstigste etc. definieren und interessant darstellen kann, besteht die Chance, die „news-Schwelle" zu überschreiten. Ein Beispiel: „160 LKW rollen nachts durch die Stadt, um den Beton für die dickste Bodenplatte zu liefern."

Welche Materialien gehören in die Pressemappe?

– Die Presseerklärung: eine Seite.
– Weiteres Material als Anlage. Journalisten kürzen von hinten nach vorn.
– Bilder auf Papier und auf Datenträger (In Auflösungen für Print und Internet)
– Redebeiträge
– Fact Sheets
– Ablauf der Veranstaltung

Kleine Geschenke wie Regenschirme, Bücher, Broschüren, Schreibblöcke, Kugelschreiber, Reisewecker etc. gibt es auf Nachfrage am Presseempfangstisch, wo die Teilnehmerlisten neben den Pressemappen ausliegen. Fast alle Teilnehmer werden nachfragen. Das ist keine „Bestechung".

Journalisten sind wie verwöhnte Gäste zu behandeln, die gerne essen und trinken. Aber: Auch ein hervorragendes Buffet kann weder die „news" ersetzen noch zu einer knackige Headline verhelfen!

Alternativen zur großen Pressekonferenz sind informellere Treffen, wie Pressegespräche oder Pressestammtische in Form von Cocktailrunden mit einem prominenten Gast, der „off the record" über Hintergründe erzählt. Das sind wichtige Elemente der Beziehungspflege.

1.7.11 Krisen-PR: Schlechte Nachrichten gut verkaufen

Häufig entsteht der erste Kontakt vom Projektentwickler zu den Medien erst dann, wenn es Probleme gibt. Maßnahmen zur Krisenvermeidung kosten Geld, das gern gespart wird. Doch eine **Krise** kann einen erheblichen wirtschaftliche Schaden für die Vermarktung auslösen, vom Imageverlust für das Unternehmen ganz zu schweigen. Krisen erfordern vom Projektentwickler ein schnelles und sicheres Handeln. Das will geübt sein.

Krisen haben ganz unterschiedliche Auslöser – etwa der verseuchte Baugrund für ein ökologisches Wohnprojekt, ein tödlich verunglückter Bauarbeiter, ein Insolvenzantrag, ein Fenster, das auf den Bürgersteig fällt, Politiker oder Bürgerinitiativen, die medienwirksam gegen das Projekt opponieren. In der Praxis wird oft versucht, die Krise zu verschleiern, um Kunden und Investoren nicht zu verunsichern. Wird auf die ersten Anfragen oder Anschuldigungen mit einem Dementi, einer Gegendarstellung oder gar mit „kein Kommentar" reagiert, bohren die Medien erst recht nach. Abblocken weckt den Jagdinstinkt, und der „Fangschuss" von Seiten der Presse lässt dann nicht lange auf sich warten. So werden zusätzliche Falschmeldungen, Spekulationen und Gerüchte generiert. Besonders in der Krise gilt die Kommunikationsweisheit „Man kann nicht nicht kommunizieren!"

Krisen kommen fast immer unerwartet. Sie werden durch das Interesse der Öffentlichkeit definiert und sind von Außen gesteuert. Wenn Krisen sichtbar werden, suggerieren die Medien zumeist einen akuten Entscheidungs- und Handlungsdruck. Auf Fragen der Öffentlichkeit muss in jedem Fall aktiv und einheitlich reagiert werden. Insbesondere PR-Verantwortliche und Entscheider müssen in ständigem Kontakt stehen, um unterschiedliche Aussagen zu vermeiden und die Öffentlichkeit nicht zu verwirren.

Die wichtigsten Grundsätze der Krisenkommunikation sind Transparenz und Offenheit. Nur wer den Anforderungen der Medien entspricht und die geforderten Antworten schnell liefert, wird die Krise meistern. Der angemessene Umgang mit den Medien muss ebenso bewältigt werden wie der Abbau von Stresssituationen. Gezielte Übungen wie Stegreif-, Rollenspiele, **Coaching** können dabei hilfreich sein.

1.7.12 Checkliste für Krisen-PR

— Bereits am Beginn eines Vorhabens sollten Kontakte zu den Medien aufgebaut und gepflegt werden. Medienvertreter, die das Vorhaben über eine längere Zeit kennen, werden auch im Krisenfall verschiedene Aspekte in ihre Berichterstattung einbeziehen.

— Zur Krisenvorsorge sollten die Mitarbeiter durch Worst-Case-Szenarien sensibilisiert werden. Aktives Üben von Krisenmanagement hilft, um bei Überraschungen situationsgerecht zu reagieren.

— Beim Auftreten der Krise: Keine Panik. Sich erst ein Bild von der Situation machen. Bei einem Unfall sofort nötige Maßnahmen einleiten. Die notwendigen Stellen alarmieren und nur über gesicherte Fakten informieren. Keine Vermutungen anstellen.

— Sind Menschen verletzt oder Tote zu beklagen, Bedauern ausdrücken (keine Tränen): das Menschliche steht über dem Materiellen.

— Um Widersprüche zu vermeiden, informiert nur eine Person, zumeist der Chef oder sein Sprecher. Sicherstellen, dass diese Informationen kontinuierlich an die Öffentlichkeit gelangen.

— Den Medien gegenüber nie in die Defensive gehen. Es gilt Gutes zu tun und darüber zu sprechen, den Dialog zu suchen, Fragen zu beantworten, aber nicht auszuweichen.

— Wenn die Krise noch nicht bekannt ist, sollten die Medien auf Grundlage der vorhandenen Tatsachen informiert werden. Journalisten sind misstrauisch, zeigen aber Verständnis für Probleme, die offen angesprochen werden.

— Durch die Einheit von Worten und Taten überzeugen.

- Nächste Schritte sorgfältig planen. Kommunikationsprofis in Entscheidungsprozesse einbeziehen.

Alle Medienvertreter sind gleich zu behandeln. Wer heute als kleiner Reporter erscheint, kann einem übermorgen als wichtiger Chefredakteur gegenüber stehen.

1.8 Werbung

1.8.1 Werben für Produkt und Projektentwickler

Im Gegensatz zur redaktionellen Berichterstattung werden die Inhalte der Werbung selbst bestimmt. Die **Werbekampagne** spitzt die Public-Relations-Kampagne zum Bauvorhaben zu. Sie informiert, schafft Aufmerksamkeit und trägt zum Aufbau eines Images bei. Sie spricht potentielle Kunden an und weckt Bedürfnisse. Erfolgreich ist die Werbung dann, wenn sie eine Handlung auslöst.

Immobilien profitieren von der Bekanntheit und Kompetenz des entwickelnden Unternehmens. In der Werbung kann der Projektentwickler deshalb sichtbar werden. Die Profilierung über ein kompetentes Firmenimage bietet die Chance, Produktneuheiten mit einem Vorschuss an Bekanntheit und Vertrauen und mit viel weniger Aufwand einzuführen. Corporate Identity erhöht den Wert einer Marke. Das Firmenimage bietet Orientierung im Überangebot und verspricht Qualität. Der Firmenname strahlt auf die Produkte aus: Firmenimage und Produktimage haben Markencharakter. Das schafft Vertrauen und Loyalität. Der Käufer oder Mieter entscheidet sich eher für ein Unternehmen, das er kennt und sympathisch findet.

1.8.2 Schritte zur kreativen Ansprache

Die Zielgruppen und die auf sie bezogene Definition von USP wurden in der Strategie festgelegt. Die Werbung macht die USP sichtbar. Sie thematisiert das Einzigartige, vermittelt die Stärken und pointiert die Botschaften. Die Zielgruppen werden aufmerksam, ihr Interesse und ihre Wünsche werden geweckt.

Um eine **Marktnische** zu finden, wird die Werbung der Konkurrenz analysiert. Es gilt, sich deutlich von der Konkurrenz abzuheben und sich in geeigneter Weise in den Medien zu positionieren. Die Vorzüge werden in klaren, kurzen, eingängigen Werbebotschaften präsentiert. Schlagzeile, Bild und Kampagne sollen außergewöhnlich sein. Unerwartete Headlines, ungewöhnliche Bilder sowie Einsatz von Farben oder großen Formaten prägen sich ein. Potenzielle Kunden werden animiert, in einen Dialog einzutreten und in klar definierter Weise Kontakt aufzunehmen: anrufen, eine E-Mail schicken, im Internet nachschauen, das Objekt aufsuchen, zu einem Fest kommen, einen Kupon einsenden, nach einem bestimmten Angebot oder Termin Ausschau halten.

1.8.3 Wo und wie werben?

Zu den Werbemitteln gehören:
- Eigenmedien wie Website, Exposé, Broschüre, etc.
- Anzeigen in den Printmedien
- Banner auf frequentierten Websites
- Spots in Funk, TV und Kino
- Werbeträger im öffentlichen Raum wie Plakatwände, Litfaßsäulen, Verkehrsmittelwerbung

Zur Einschätzung der Wirksamkeit von Werbemitteln sollte folgendes beachtet werden:
- Alle Maßnahmen, vom Exposé über direct mailing bis zum TV-Spot, sind auf die unterschiedlichen Zielgruppen hin zu prüfen.
- Welche Medien erreichen die Zielgruppen mit den geringsten Streuverlusten?
- Die Sprache, die Eigenheiten und die Interessen der Zielgruppe sind zu nutzen.

- Das Objekt kann in unterschiedlicher Weise in Szene gesetzt werden: als illustrierende Zeichnung, als digitales Rendering, als Foto vom Modell, Foto vom Objekt
- Die Grundrisse sollten optimal aufbereitet werden.

1.8.4 Webseite

Mitte 2012 lag die Internetnutzung in Deutschland bei 76 Prozent der Bevölkerung, das sind 51 Millionen Nutzer über 14 Jahre. Nichtnutzer sind eher weiblich, haben eine formal geringere Bildung sowie ein niedrigeres Einkommen.

Das Durchschnittsalter der Nutzer steigt kontinuierlich. Das bedeutet, dass der wirtschaftlich aktive Teil der Bevölkerung das Internet als Standardmedium nutzt. Die Webseite gehört daher zur Grundausstattung im Immobilienmarketing.
- Die Website des Projektentwicklers stellt die Unternehmensphilosophie dar,
  - zeigt Referenzprojekte,
  - stellt Mitarbeiter und ihre Spezialisierungen vor,
  - Mit einem Content-Management-System (CMS) ausgestattet, kann sie täglich aktualisiert werden und zum echten Kommunikationsmittel im Beziehungsgeflecht von Standort, Nutzern und Käufern werden.
- Die Website des Projekts ist entsprechend dem Corporate Design des Vorhabens gestaltet. USP, Claim und Rendering, ggf. Fotos aus dem Bildkonzept-Teil des CD geben die Projektimpression.
  - Darstellung der regionalen Einbindung mit Hinweisen auf Verkehrsanbindungen an Autobahnen, Bahn und Flughäfen
  - Lageplan in der Stadt mit ÖPNV-Anbindung
  - Grundstücksplan mit Zufahrten, Stellplätzen
  - Grundrisse der Gewerbe- oder Wohnflächen mit angedeuteter Ausstattung
  - Digitale Renderings, Animationen
  - Projektvideo
- Bei fertiggestellten Immobilien sind Fotos selbstverständlich. Oft auch in Kombination mit weiteren Darstellungen, wie
  - Panoramafotografie
  - Webcams
  - Video

1.8.5 Immobilienportale

Portal bedeutet „Tür" oder in diesem Fall eine Website, die so hohe Besucherzahlen vorweisen kann, dass andere Anbieter dort ihre Werbung kostenpflichtig platzieren. Solche Datenbanken können für die jeweilige Zielgruppe als Einstiegsseite ins Internet genutzt werden. Die meisten Immobilienportale bieten Suchdienste sowohl für Makler als auch für Privatpersonen an. Von den etwa 100 Portalen, die um das Jahr 2000 gegründet wurden, sind ein halbes Dutzend wirklich funktional und frequentiert. Doch auch diese Zahl kann sich noch reduzieren, was durch den Erfolg des Marktführers **ImmobilienScout24.de** bedingt ist: 1,2 Millionen Objekte im Angebot und 2,5 Millionen Besucher pro Monat, mit 60.000 Online-Besichtigungen pro Stunde. Vernetzung mit lokalen Medienportalen, die Möglichkeit der Einbindung der Angebote in die eigene Webseite im eigenen Corporate Design sowie eine Kooperation mit facebook machen ImmobilienScout24 zu einem dynamischen Werkzeug. Auch von Bedeutung sind immonet.de mit 960.000 Objektangeboten, und immowelt.de mit 950.000. Aber auch Ebay und regionale Portale und Börsen haben Potenziale und sollten berücksichtigt werden.

1.8.6 Anzeigen

Nach Immobilien wird, mit abnehmender Intensität (siehe 1.2.1.) unter den Kleinanzeigen in den regionalen und überregionalen Tageszeitungen gesucht. Rund 20 Prozent der **Anzeigen** werden von privaten Inserenten aufgegeben, 60 Prozent von Maklern und 20 Prozent von Immobilienunternehmen mit eigenem Vertrieb. Der größte Teil der Makleranzeigen sind ungestaltete Kleinanzeigen (**Fließtext**).

Die Informationen sollten interessant, kurz und knapp gehalten sein. Sie sollten das Wichtigste, aber nicht alles enthalten. Im Fließtext werden Standort, Wohnungs- oder Gewerbetyp, Qualitäten (hell, sonnig, ruhig), Ausstattung (große Terrasse, Bad, Gäste-WC, Parkett) in Kurzform darstellt. Aber: zu viele Abkürzungen stören den Lesefluss. Rund jede fünfte Makleranzeige ist typographisch (fettere Schrift, Headline), doch nur der geringste Teil ist professionell gestaltet. Um ein Objekt kurzfristig zu positionieren, kann sich der finanzielle Aufwand für Gestaltung und Schaltung einer Anzeigenserie durchaus lohnen. – Oft wird nur noch ein kleines Foto mit dem Hinweis auf die Website gezeigt beziehungsweise wird neben dem Foto der QR-Code abgebildet. Der Quick-Response-Code wird mit dem Smartphone gescannt und kann sofort die Verbindung zur Webseite herstellen oder auch einen Telefonrückruf auslösen.

Werbung zielt auf **Emotionen**. Jede Entscheidung für eine Immobilie hat auch einen emotionalen Anteil. Ein Objekt wird nicht durch eine schlichte Beschreibung der Zielgruppe aufgeladen wie: „junge Familie" oder „gut situierte Senioren". Das Besondere des Angebots wie etwa die Lage, Ausstattung, Architektur oder der Preis sollte in auffälliger Form als Vorteil präsentiert werden. Dazu ist eine originelle Überschrift wichtig, z.B. „Autos bleiben draußen" für Familien mit Kindern oder „Ihr Park liegt vor der Haustür" für Ruhe suchende Senioren. Dieser besonderen Botschaft werden die übrigen Verkaufsargumente nachgeordnet, z.B. „endlich Ihr eigenes Haus", „alle Wohnungen sind barrierefrei".

Dazu gehört ein zum Thema passendes **Bildmotiv**. Bilder werden schneller wahrgenommen und bleiben länger im Gedächtnis als Texte, auch weil sie leichter emotionale Welten um die Produkte schaffen. Außerdem ein Text mit Einzelheiten der Immobilie sowie die Möglichkeit, Kontakt aufzunehmen (response) – also Telefonnummer, E-Mail und Internetadresse.

1.8.7 Eigene Drucksachen

Im Gegensatz zur Anzeige muss die Verteilung der eigenen Drucksachen wie Flyer/**Exposé**, von Broschüren oder Newsletter konzipiert werden. Das kann geschehen durch Zusendung oder Auslage an den von Zielgruppen frequentierten Orten, durch Beilegung in einer Zeitung oder Zeitschrift, durch Verteilung auf Veranstaltungen oder durch Hauswurfsendungen. Broschüren sollten wegen ihrer höherwertigen und damit teureren Ausführung gezielt verteilt werden.

1.8.8 Verkaufsförderung

Verkaufsförderung unterstützt die Vermarktung sachlich, personell und organisatorisch. Es gilt, die Werbebotschaft bis an den Standort heranzutragen. Dazu muss das Angebot auch am Standort sichtbar sein, z.B. auf großformatigen Info- und Bauschildern sowie ggf. am Bauzaun. Es gilt, mit Mitteln des Baustellenmarketing immer wieder aktuelle Anlässe zu schaffen, die durch die Inszenierung von Projekt und Standort Aufmerksamkeit erzeugen. So kann es auch gelingen, anders orientierte Kaufabsichten der Besucher im Sinne des Vorhabens zu ändern.

Die Immobilienwirtschaft greift immer mehr auf die kommunikativen Instrumente des Handels wie Preisausschreiben, Prämien, Wettbewerbe zurück. Dazu gehören auch Displays in verschiedener Form, Prospekte für Preisausschreiben, Zweit- und Sonderplazierungen, Preisnachlässe (z.B. zwei Prozent Frühkäufer-Rabatt), Zusatznutzen (mietfreier Monat, Concierge, Umzugsplanung, Gratiswohnen). In Zusammenarbeit mit DSL- und Kabelnetzbetreibern, privaten Programmanbietern und lokalen Energieversorgern kann Mietern eine moderne Medienversorgung nach Maß angeboten werden.

1.8.9 Auswahl der Kommunikations-Agentur

Die Professionalität eines Unternehmens wird auch an der Professionalität seiner Kommunikation gemessen. Deshalb ist die Zusammenarbeit mit einer **Kommunikationsagentur** sinnvoll, welche die Kommunikation professionell umsetzt. Klare Zielsetzungen schaffen gute Voraussetzungen für die Zusammenarbeit. Agenturbeziehungen sind meist langfristig, weil die Agentur entscheidend ist beim Aufbau und der Pflege eines Markenbildes oder des Unternehmensimages.

Wie eine Agentur gewählt wird, hängt von den Bedürfnissen und den Bereichen des Auftraggebers ab, in denen er Unterstützung benötigt. Bei der Auswahl sind zu beachten: Größe des Unternehmens, Art und Umfang des Auftrags sowie das voraussichtliche Budget. Besondere Bedeutung hat die Erfahrung mit dem Immobiliensektor, denn Immobilien sind schwer erklärbare Produkte an eben nur einem Ort. Ein internationales Agenturnetzwerk ist weniger gefragt als Spezialisten mit Ortskenntnis. Man braucht Zeit und ein bestimmtes Grundwissen, um ein Bauvorhaben optimal zu präsentieren. Das verlangt nach einer spezialisierten Agentur, oder nach einer, die lernfähig ist.

Die klassische Kompetenztrennung zwischen **Werbeagentur** und **PR-Agentur** gilt heute nicht mehr unbedingt. Auch im Agenturfeld hat die Spezialisierung zugenommen. Oft sind es nur noch zwei, drei Kreative, welche die großen Agenturen verlassen und sich zu einer Agentur zusammenschließen, um erfolgreiche Kommunikation intensiver am Produkt und mit dem Kunden gemeinsam zu entwickeln.

Wichtig sind die kreative Kompetenz in Wort, Bild und Gestaltung, die organisatorische und die kaufmännische Kompetenz. Dann sind praktisch alle Voraussetzungen für ein „**Full-Service**"-Angebot gegeben. Auch Grafik- und Onlinedesigner können heute „Full-Service" anbieten.

In der Kommunikationsbranche ist heute jeder mehr oder minder mit Fotografen, Textern, Grafikern, Druckern, Programmierern, Mediaspezialisten und Videoteams vernetzt, so dass auch ein einzelner **Kommunikationsberater** durchaus Full Service leisten kann. Es kommt in jedem Fall auf die Erfahrung und die Referenzen an.

Da die Werbung aber nur ein Teil der Kommunikationsaufgaben des Projektentwicklers darstellt und andererseits eben das öffentliche Beziehungsgeflecht von Anfang an zu knüpfen und zu pflegen ist, sollte Agenturen mit einem PR-Schwerpunkt der Vorzug gegeben werden. Sie kennen die langfristige Strategie, die Zielgruppen und die Besonderheiten des Marktes. Als **Leitagentur** können sie in ihrem Netzwerk die fähigsten Gestalter, Fotografen usw. identifizieren oder eine klassische Werbeagentur für den werblichen Auftritt „briefen".

Die Namen großer Agenturen, die natürlich auch über PR- und Onlineabteilungen verfügen, verheißen Sicherheit, Erfahrung und Erfolg. Die Präsentationen von Kampagnen sind überzeugende Inszenierungen, bei denen sich die Agenturchefs persönlich um Details bemühen. Auch die Umsetzung der Kampagne verläuft in der Regel reibungslos. Für das Feedback wird ein **Kontakter** eingesetzt. Änderungen, Ergänzungen, Terminverschiebungen sind schwierig, wenn eine Kampagne einmal läuft. Auch die Agenturchefs sind dann nicht jederzeit erreichbar, arbeiten sie doch längst auf einer anderen Kampagnen-„Baustelle".

Man kann eine Agentur intuitiv auswählen, z.B. aufgrund früherer Kontakte, Empfehlungen, bekannter Kampagnen oder Einzelarbeiten. Ein Agenturbesuch ist zu empfehlen. Man sieht Arbeitsbeispiele, lernt die Denkweisen, das Team sowie die Einstellung des Managements zum Immobilienmarkt kennen. Man kann drei oder vier Kandidaten nach Bekanntheit, auf Empfehlung von Kollegen, Fachleuten oder nach Presseberichten zu einem honorierten Wettbewerb („pitch") einladen, um die Herangehensweise zur Veranschaulichung des Projektes zu sehen. Allerdings werden Agenturen unter Umständen dazu verleitet, einen Aufwand zu betreiben, den sie nachher nicht mehr aufrecht erhalten können. Als Variante bietet sich die Vergabe eines Einzelauftrages an, um die Leistungsfähigkeit der Agentur zu überprüfen. Wichtige Fragen wie Vertrag, Vergütung, Copyright und Nutzungsrechte sowie alle Details der Zusammenarbeit sind vorab gemeinsam zu entscheiden.

Einige Agenturen und Berater bieten auch eine anteilig erfolgsabhängige Honorierung an, insbesondere dann, wenn in der Vertriebsphase eine enge Zusammenarbeit mit Maklern konzipiert ist. Das **Erfolgshonorar** kann dann ein bis zwei Prozent des beurkundeten Kaufpreises betragen.

1.9 Dialog mit dem Kunden

1.9.1 Von AIDA zur Interaktion

AIDA ist eine klassische Technik, um mit dem Kunden ins Gespräch zu kommen. Sie wurde 1898 vom amerikanischen Marketingspezialisten Elmo Lewis entwickelt.
- A = Attention: Der Kunde wird auf die Immobilie aufmerksam.
- I = Interest: Sein Interesse wird aufrechterhalten und ausgebaut
- D = Desire: Er verspürt den Wunsch mehr über die Immobilie zu erfahren
- A = Action: Er handelt und nimmt Kontakt auf.
- Dialog: Hier beginnt die Interaktion des Kunden mit dem Verkäufer.

Es handelt sich um eine idealtypische Kausalkette, die an den Pawlowschen Reflex erinnert. Heute wird die Wirkung der strengen Abfolge angezweifelt. Eine dialogorientierte Marketingkommunikation wird bevorzugt.

Jeder Kontakt ist wertvoll, besonders dann, wenn daraus ein Dialog entsteht. Anfangskontakte können wichtige Hinweise für die Verbesserung des Vorhabens geben. Der Verkäufer sollte einen ständigen Kontakt zu den möglichen Käufern anstreben, von der Präsentation über die Besichtigung des Objekts und den Verhandlungen bis zur Beurkundung durch den Notar. Bei den Verkaufsgesprächen sind nicht nur materielle Elemente wie Preis, Produkt, Nutzung oder Qualität relevant, sondern auch Faktoren wie Anerkennung, Statusdenken, Kompetenz, Kontaktfähigkeit, Erfahrungen. Um den optimalen Abschluss zu erzielen, sind gute Menschenkenntnis und ein enger Kundenkontakt notwendig.

Das Modell einer mehrstufigen Aktion könnte so aussehen:
- Anruf zur Adressqualifikation und Vorselektion – Suchen Sie noch eine Wohnung? Ja, möglichst mit Parkplatz vor dem Haus.
- Mailing zur Produktinformation – Prospekt über neues Wohnviertel
- Anruf zur Bedarfserfassung – Ja, es gibt auch Maisonettewohnungen
- Mailing mit Vorteilsangebot – Prospekt Maisonetten mit zusätzlichem überdachten Stellplatz
- Anruf zur Terminvereinbarung für Besichtigung

Schlechte Nachrichten verbreiten sich schneller als gute. Sie können den Ruf bzw. das Image einer Firma nachhaltig schädigen. Deshalb gehört der höfliche und unkomplizierte Kundenservice ebenso zu einem guten Marketing wie der zuvorkommende Umgang mit unzufriedenen Kunden. Negativgeschichten bleiben lange im Bewusstsein und können Neuvermietungen erschweren.

Jeder Kunde gehört zu einem Netzwerk gleichgesinnter Menschen. Mit jedem Schreiben, Telefonat oder Treffen sollte der Käufer oder Mieter sich persönlich gemeint und anerkannt fühlen. Gleichzeitig sollte seine Aufmerksamkeit auf die USP des Projekts gelenkt werden. Hilfreich ist, wenn das Projekt schon eine gewisse öffentliche Anerkennung besitzt. Dann sollte dem Kunden der Pressespiegel und die Dokumentation der Werbekampagne zugänglich gemacht werden. Das stärkt das Gefühl, an etwas Besonderem teilzuhaben.

Kleine Geschenke erhalten die Freundschaft. Die Werbewirkung kann mit Hilfe der Kundschaft ausgeweitet werden, indem sie give-aways, Karten für eine Verlosung usw. weitergibt.

1.9.2 Aufbau und Pflege einer Adressdatei

Das Herzstück für den Aufbau und die Pflege einer Kundenbeziehung ist die **Adress-** oder **Stammdatei**. Hier werden alle relevanten Daten über die bestehenden Kundenbeziehungen festgehalten. Sie schließt mögliche Interessenten und Multiplikatoren mit ein. Marketingaktivitäten und Interessentenmanagement können so individuell koordiniert und gesteuert werden.

Für jeden potenziellen Interessenten wird eine Karte angelegt, die Namen, Anschrift, Arten der Ansprache sowie den verantwortlichen Verkäufer enthält. Über den Kunden können auch weitere Informationen erfasst werden, etwa zu seinem Status, seinen Prioritäten, dem Arbeitsfeld. Bei einem Betrieb ist die Anzahl der Beschäftigten, die Kenntnis über das Wachsen und Schrumpfen der Mitarbeiterzahlen, sowie der Zeitpunkt des Auslaufens von Mietverträgen nützlich.

Eine Zielgruppe setzt sich aus Interessenten und/oder Kontaktpersonen zusammen. Für jeden potenziellen Kunden sollten die Kontaktpersonen erfasst werden, ebenfalls mit einem Persönlichkeitsprofil, Telefonnummern, Adressen. Auch Kontaktpersonen werden nach unterschiedlichen Kriterien wie Verantwortungsebene und Aufgabenbereiche erfasst. Nützlich ist auch die Aufnahme von persönlichen Daten wie Namen und Alter der Kinder, bestimmte Vorlieben.

Für Einladungen oder Informationen zu besonderen Anlässen muss die Stammdatei laufend aktualisiert werden. **Adressverlage** bieten **Adressgruppen** an, die eine Marktabdeckung von ca. 95 % versprechen. Die Praxis zeigt, dass gekaufte Adressen zunächst nachrecherchiert werden sollten. Das ist aufwendig, aber es bietet die Gelegenheit über die Adresse hinaus auch den richtigen Ansprechpartner und dessen Funktion zu bestimmen. Um festzustellen, welche Zielgruppe am besten auf welches Angebot reagiert, sollten die Ergebnisse des Direktmarketings ausgewertet werden. Durch Telefonaktionen, z.B. aus dem **Call-Center**, oder indem der Rücklauf von Antwortkarten oder Coupons codiert wird, kann jede Reaktion der entsprechenden Zielgruppe zugeordnet werden.

1.9.3 Telefonmarketing

Die meisten Kontakte kommen über das Telefon zustande. Die Telefonnummer auf dem Bauschild oder in der Anzeige ist ein wichtiger „Response"-Auslöser. Die erste verbale Begegnung mit der Immobilie geschieht über das Infotelefon. Die Stimme und die Art des Gesprächs ist also die erste persönliche Visitenkarte.

Am Telefon können echte Interessenten von „Guckern" gefiltert werden. Das Ziel des Projektentwicklers sollte es sein, einen persönlichen Termin mit den Interessenten zu vereinbaren. Dadurch werden die für den möglichen Kauf entscheidenden Motive nachvollziehbar. Durch die Auswertung der Gespräche kann die Immobilie so präsentiert werden, wie die Interessenten sie sehen wollen. Es gibt nur wenige Sekretärinnen oder Projektassistenten, die mit den Interessenten konstruktive „Interviews" führen können. Sie können aber von Anrufern die Adresse aufnehmen, ergänzende Informationen vermitteln und Exposés zusenden.

Verkaufen heißt auch die eigene Persönlichkeit einzubringen – dazu ist der direkte, persönliche Kontakt mit dem Kunden notwendig. Die Beziehung beginnt am Telefon. Im Dialog werden beim Interessenten Hoffnungen geweckt. Die Besichtigung ist der konsequente nächste Schritt und ein geeigneter Anlass, um Materialien zu übergeben. Nicht zu empfehlen ist es, vorab Materialien zuzusenden. Dadurch sinkt die Spannung und das Projekt wird mit der Konkurrenz verglichen bevor das Material optimal präsentiert wurde.

2. Vermietung und Vermarktung im Rahmen der Projektentwicklung

2.1 Einführung

Ab 2002 klagten viele Marktteilnehmer über Einbrüche in der Immobilienwirtschaft aufgrund leer gezogener Flächen und der geringen, noch realisierbaren Mieten, insbesondere im Bereich der Büro- und Gewerbeimmobilien.

In dieser Zeit fingen die Projektentwickler an, einer Verknappung der vermietbaren Flächen entgegenzuwirken, indem sie insbesondere für institutionelle Investoren Bürokomplexe und Gewerbeparks errichteten. Sofern diese mit einer – auch teilweisen – Vorvermietung realisiert wurden, war den Investoren eine rasche Belegung der Restflächen sicher. Die spekulative Projektentwicklung wurde in einer Zeit, in der der Begriff „Fluktuationsvermietung" seine Gültigkeit fand, zur sicher geglaubten Geldanlage.

Aber gemäß dem immer wiederkehrenden „Schweinezyklus" fand auch dieser Trend ein jähes Ende. Die so genannte „New Economy", die als neuer Wirtschaftsmotor gepriesen wurde, platze nach nur wenigen Jahren des Aufschwungs wie eine Seifenblase und die Anschläge vom 11. September 2001 in den USA versetzte die konjunkturelle Entwicklung der Weltwirtschaft auf einen bis dahin ungeahnten Tiefpunkt.

Die Projektierungen, die sich trotz damaligen Abwärtstrends noch im spekulativen Bau befanden, mussten alle noch überwiegend fertig gestellt werden und fanden über Jahre keine Mieter.

Nach einer kurzfristigen Erholung vornehmlich im Investmentmarkt, als überwiegend ausländische Investoren im deutschen Markt zu teilweise überhöhten Preisen einkauften, erreichte die Weltwirtschaft 2007 die US-Immobilienkrise (Subprimekrise), die immense Verluste und Unternehmensinsolvenzen in der Finanzbranche zur Folge hatte. Im Oktober 2008 kam die Branche bis nahezu Ende 2009 zum Stillstand, als die Pleite von Lehman Brothers vermeldet wurde.

Noch heute finden Realisierungen im Bereich der Projektentwicklung für beispielsweise Büroimmobilien ab einer Vorvermietung von ca. 60 bis 80 % auf mindestens zehn Jahre Mietlaufzeit statt. Spekulative Bebauungen werden zwar vereinzelt noch betrieben, finden aber ansonsten aufgrund der gesamtwirtschaftlichen Situation und den erschwerenden Basel II Richtlinien keine finanzierende Banken, die sich bereits mit Basel III und den damit verbundenen höheren Anforderungen an das Bankenwesen ab 2013 auseinandersetzen müssen.

Die Projektentwickler sind aufgrund der derzeitigen Marktsituation mehr denn je auf die Zusammenarbeit mit den Immobilienberatungsunternehmen angewiesen. Dabei unterscheiden die Projektentwickler häufig zwischen den sich in der Region auskennenden und den international tätigen Beratungsunternehmen, wenn es um die Vermarktung ihrer Immobilienprodukte an bestimmte Zielgruppen geht: Die lokalen Nutzer, die ihren Bedarf direkt in der Region haben und die internationalen Nutzer, die ihre Konzernniederlassungen in Deutschland unterhalten. Die Zusammenarbeit zwischen den Projektentwicklern und den Beratungsunternehmen wird im nachfolgenden Kapitel „Vermietung und Vermarktung im Rahmen der Projektentwicklung" folgende Punkte erörtern:

- Erfolgsfaktoren der Projektentwicklung
- Rahmenbedingungen des Marktes
- Vermietung und Vermarktung

Es werden hierin Themen angesprochen, mit denen die meisten Immobilienberatungsunternehmen häufig nicht konfrontiert sind, damit jedoch ein ganzheitliches Bild zur Projektentwicklung erhalten und so ihre beratende Tätigkeit verbessern können.

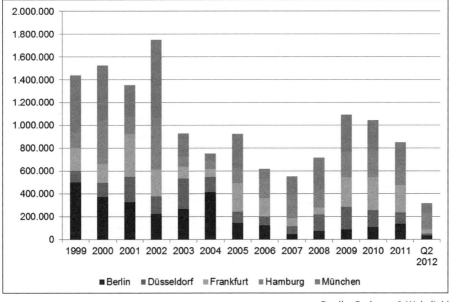

Grafik 1: Baufertigstellung von Büroimmobilien in den Top 5 Deutschlands

Quelle: Cushman & Wakefield

2.2 Erfolgsfaktoren der Projektentwicklung

2.2.1 Vertriebskompetenz

Im Bereich der Vertriebskompetenz finden sich überwiegend drei Teilnehmer: Die Projektentwickler selbst, die Immobilienberatungsunternehmen und die Marketingagenturen. Dabei kann man zwischen den jeweiligen Aufgabenbereichen häufig keine klare Trennlinie ziehen. In der Praxis überschneiden sich die Aktivitäten der Beteiligten und man unterstützt sich gegenseitig.

2.2.1.1 Projektentwickler

Die klassischen Projektentwickler bieten ein Komplettangebot aus Planung, Finanzierung, Entwicklung, Vermietung und Verkauf und arbeiten mit Immobilienberatungsunternehmen zusammen, die den regionalen Markt kennen. Das betrifft u.a. Themen wie Planung der Marketingmaßnahmen, Vermietung und Verkauf.

Bereits in der Planungsphase der Projektentwicklung bindet der Entwickler das Know-how des Immobilienberatungsunternehmens mit ein. Um für die projektierte Immobilie eine Marke zu kreieren und somit ein Produkt zu schaffen, schaltet das Immobilienberatungsunternehmen im Namen des Entwicklers eine Marketingagentur ein, sofern dies nicht bereits durch den Entwickler geschehen ist. Mit den entsprechenden Marketinginstrumenten sollen eine alleinstellende Positionierung, ein entsprechend hoher Wiedererkennungswert und ein positives Image erreicht werden. Hiermit wird die Suche nach potentiellen Nutzern durch das Immobilienberatungsunternehmen optimierend unterstützt, damit die Projektentwicklung bereits im Vorfeld der Umsetzung erste Vorvermietungen verzeichnen kann (vgl. hierzu Punkt 2.4).

2.2.1.2 Immobilienberatungsunternehmen

Moderne Beratungsunternehmen im Bereich der Gewerbeimmobilien unterscheiden sich in ihrer Tätigkeit hinsichtlich der auf Vermietung spezialisierten Unternehmen durch weitere Dienstleistungsangebote wie u.a. Immobilienbewertung, architektonische und bautechnische Beratung, technische und kaufmännische Hausverwaltung, Research und Investmentberatung.

Als vorteilhaft erweist sich für den Immobilienkunden, dass er die gesamte Dienstleitungspalette aus einer Hand erhält und dadurch
– Zeitgewinn
– einen finanziellen Mehrwert
– eine ganzheitliche Beratung
– eine eindeutige Interessensvertretung

durch den Immobilienberater verbuchen kann. Dadurch bekommt der Kunde Planungs-, Termin- und Kostensicherheit.

Die international agierenden bzw. die im internationalen Verbund tätigen Immobiliendienstleister können zudem aufgrund ihres Netzwerkes dem besonderen Beratungsbedarf weltweit arbeitender Unternehmen gerecht werden, ohne den lokalen Bezug zum jeweiligen Immobilienmarkt zu verlieren.

2.2.1.3 Marketingagentur

Eine langjährige Erfahrung in der Immobilienwirtschaft, ein konzentriertes Fachwissen und ein breites Netzwerk vorausgesetzt, ist die spezialisierte Marketingagentur der adäquate Ansprechpartner bei der Markteinführung eines (Immobilien)-Produktes. In Zusammenarbeit mit dem Immobilienberater wird für die Immobilie, gleich ob Neubau oder Bestand, eine objekt- und standortangepasste Konzeption entwickelt, die die Vermarktungsaktivitäten des Immobilienberaters unterstützen soll (vgl. hierzu Punkt 2.4.1.1).

2.2.2 Baukompetenz

Hinsichtlich des Begriffes und der Funktion der Projektentwicklung wird in Deutschland die nachfolgende Definition von Diederichs als Leitsatz herangezogen:

„Durch Projektentwicklungen sind die Faktoren Standort, Projektidee und Kapital so miteinander zu kombinieren, dass einzelwirtschaftlich wettbewerbsfähige, arbeitsplatzschaffende und -sichernde sowie gesamtwirtschaftlich sozial- und umweltverträgliche Immobilienobjekte geschaffen und dauerhaft rentabel genutzt werden können" (Diederichs, 1994).
Zunehmend sind Kooperationen zwischen zwei oder mehreren Projektentwicklern zu beobachten. Gründe hierfür können ein tieferes lokales Marktwissen, die Spezialisierung auf Gebäudetypen oder die Abdeckung von zusätzlichen Leistungsdisziplinen eines oder mehrerer Projektbeteiligter sein. Aber auch Art und Umfang eines Projektes (vgl. hierzu Punkt 2.2.2.2) können ausschlaggebend dafür sein, dass sich mehrere Entwickler zu einem Joint Venture zusammenschließen, wenn es sich beispielsweise um politisch wichtige städtebauliche Großentwicklungen handelt.

2.2.2.1 Developer

Trader Developer
Der **Trader Developer** trägt als „Bauherr auf Zeit" das Risiko eines Zwischeninvestors auf eigenen Namen und Rechnung während der gesamten Projektphase bis hin zur Vermarktung. Daher ist eine gute Eigenkapitalausstattung von Vorteil. Er kauft Grundstücke bzw. Bestandsimmobilien, entwickelt diese im Rahmen von Neubauten und Revitalisierungen und veräußert diese entweder während des Entwicklungsprozesses oder nach Fertigstellung an institutionelle Anleger, offene und geschlossene Immobilienfonds, Versicherungen oder Pensionskassen.

Häufig spezialisieren sich Projektentwickler auf jeweils folgende Bereiche:
– Fachmarkt- und Einkaufszentren
– Logistikimmobilien
– Büroimmobilien
– Hotelimmobilien
– Wohnimmobilien

Professionelle Trader Developer sind gefragte Geschäftspartner für anlagesuchende Käufer (Endinvestoren) (vgl. hierzu Punkt 2.2.3.3).

Service Developer

Der **Service Developer** arbeitet mit geringerem finanziellen Risiko auf Dienstleistungsbasis im Auftrag von Konzernen wie u.a. der Deutschen Post, der Deutschen Bahn oder institutionellen Kapitalanlegern. Daneben können aber u.a. auch die Modernisierung und Neuerrichtungen der Stadien zur Fußball-Weltmeisterschaft 2006 in Deutschland erwähnt werden. Hier wurden von den Bundesländern bzw. den Städten die Aufträge größtenteils an namhafte Projektentwickler vergeben, die den Auftraggebern die entsprechenden Konzepte lieferten.

Investor Developer

Der **Investor Developer** entwickelt wie der Trader Developer Immobilienprojekte auf eigenes Risiko, führt diese jedoch nach Fertigstellung langfristig seinem eigenen Bestand zu.

2.2.2.2 Standortprofile

Die Standortprofile geben Auskunft über die Qualitäten eines Immobilienstandortes. Diese können je nach Nutzung einer unterschiedlichen Betrachtungsweise unterzogen werden. Die „harten" Faktoren wie Infrastruktur, Branchenmix und Preisniveau im gesamtwirtschaftlichen sowie die „weichen" Faktoren wie Image und regionale Bekanntheit der Lage sind Bestandteile der Analyse, die über die derzeitige und künftige Qualität des Standortes aussagen und darüber entscheiden, ob sich das Projekt konzeptionell und wirtschaftlich darstellen lässt (vgl. hierzu Punkt 2.3.2.3 und 2.4.2.1).

2.2.2.3 Baurecht

Aufgabe des öffentlichen Baurechts ist es, die bauliche Nutzung der Grundstücke zu ordnen, indem Vorgaben über die Zulässigkeit bestimmter Nutzungen sowie Anforderungen an die Beschaffenheit des Grundstückes und des Bauwerks getroffen werden. Es wird in die Bereiche Bauplanrecht, Bauordnungsrecht und Baunebenrecht (u.a. Denkmal- und Naturschutz) unterschieden.

Aus einem qualifizierten Bebauungsplan (B-Plan), den die Gemeinde aus dem Flächennutzungsplan entwickelt und als Satzung beschließt und somit Rechtsverbindlichkeit erlangt, kann entnommen werden, wie das Grundstück bebaut werden kann. Wenn kein B-Plan vorhanden ist, ist im „unbeplanten Innenbereich" § 34 BauGB anzuwenden, der die Art und Nutzung des Projektes nach umliegender Bebauung regelt.

2.2.3 Kapitalkompetenz

Die für die Immobilienbranche wohl wichtigste Veränderung, die Einführung von Basel II, ist die Implementierung von Ratingsystemen und den darin enthaltenen Bewertungskriterien zur Vergabe von Krediten. Eine intensive Auseinandersetzung mit den Folgen von Basel II und Basel III (ab 2013) ist daher gerade für die Projektentwickler im Bereich „Trading Development" dringend notwendig. Im Nachfolgenden wird kurz auf die besondere Beziehung zwischen Entwickler und Nutzer eingegangen sowie alternative Finanzierungsmethoden dargestellt (vgl. hierzu Punkt 2.2.3.2.).

2.2.3.1 Nutzer

Die zukünftigen Nutzer sind für den Vermarktungserfolg einer Projektierung von entscheidender Bedeutung. Auf den einzelnen Nutzer anzuwendende Themen wie Bonität, Branche und Mietvertragslaufzeit gehen mit den allgemeinen Themen der Projektentwicklung wie Stand der Vorvermietung, die Zusammenstellung der Mieter und dem möglichen Verkaufserlös einher. Bei der Finanzierung dienen die vorgenannten Punkte als Kennziffern für das Ratingverfahren der kreditgebenden Institute. Im Hinblick auf die derzeitige Marktsituation ist eine Vorvermietung sowohl bei Büro- als auch bei Einzelhandelsimmobilien obligatorisch; die spekulative Projektentwicklung ist somit erschwert und erscheint nicht mehr zeitgemäß.

2.2.3.2 Finanzierung

Projektentwicklung und Basel II/III

Die Bedingungen für Projektentwickler und andere Akteure der Immobilienwirtschaft (u.a. Fonds, Wohnungsbaugesellschaften etc.) haben sich durch die erhöhten Eigenkapitalanforderungen und des durch die Banken angewandte Ratingverfahrens erschwert, da die Fremdmittel-Finanzierung bei gleichzeitig hohem Investitionsvolumen mit langfristigem Charakter im Bereich der Immobilien-Projektentwicklung durchschnittlich zwischen 65 und 80 % beträgt.

Insofern werden mehr denn je die gesamtwirtschaftlichen Entwicklungen sowie die daraus resultierenden Zyklen der Immobilienwirtschaft betrachtet. Je nach volkswirtschaftlicher Situation werden die Risiken entsprechend eingestuft: Höheres Risiko bei einem Angebotsmarkt; niedriges Risiko bei einem Nachfragemarkt.

Einen direkten Einfluss auf die zukünftige Kreditvergabe sowie Konditionen wird Basel III nach sich ziehen, das bereits 2010 mit wesentlich höheren Anforderungen an das Bankensystem veröffentlich wurde. Basel III soll 2013 in Kraft treten (vgl. hierzu Punkt 2.2.3.).

Auch aufgrund der Subprime-Krise auf dem US-Immobilienmarkt in 2007, wurde 2010 Basel III mit wesentlich höheren Anforderungen an das Bankensystem veröffentlicht, das direkten Einfluss auf die zukünftige Kreditvergabe sowie Konditionen nach sich ziehen wird. Basel III soll 2013 in Kraft treten (vgl. hierzu Punkt 2.2.3).

Eigenkapitalmethode

Damit der Trader und der Investor Developer die Eigenkapitalanforderungen der finanzierenden Banken erfüllen kann, werden bei Projektentwicklungen zur Realisierung eines Vorhabens häufiger Objektgesellschaften gegründet, die als Kommanditist Eigenkapital in Form von Bürgschaften bzw. Gesellschafterdarlehen bereitstellen. Mit dieser Methode wird ermöglicht, dass weitere Finanzierungen mit Fremdkapital erreicht werden. Der Grund dafür ist, dass Eigenkapital höher verzinst wird als gewöhnliche Bankdarlehen, da es einem höheren Ausfallrisiko unterliegt.

Joint Venture

Unter dem Begriff Joint Venture versteht man die Kooperationen von Gesellschaften mit einer neuen, rechtlich selbständigen Geschäftseinheit, an denen beide Gründungsgesellschaften mit ihrem Kapital, ihren Ressourcen und ihrem Know-how beteiligt sind.

Die Gründung von Joint Ventures erfolgt maßgeblich aus

– internen (Streuung der Kosten und Risiken)
– wettbewerbsbezogenen (Steuerung von Branchenentwicklungen)
– strategischen Zielsetzungen (Schaffung und Nutzung von Synergien).

Als Beispiel einer solche Kooperation gründen ein Grundstückseigentümer und ein Projektentwickler ein Unternehmen, an der beide Gründungspartner u.a. Kapital und Know-how einbringen, so dass nutzbare Synergien entstehen. Der Grundstückseigentümer bringt in diesem Fall sein Grundstück ein, der Projektentwickler bebaut dieses Grundstück und veräußert es an einen Endinvestor. Die wirtschaftliche Stellung der beiden Geschäftspartner wird zu Beginn vertraglich geregelt.

Als weiteres mögliches Konstrukt kann auch ein Joint Venture zwischen einer Bank und einem Entwickler genannt werden. Diese sogenannte „Joint Venture Finanzierung" bietet der Bank beispielsweise eine größere Einflussnahme und somit bessere Kontrolle des Projektes.

Mezzanine Finanzierungen

Als Ergänzung zu den angesprochenen traditionellen Formen der Projektfinanzierung rücken alternative Finanzierungsarten wie Mezzanine-Finance ins Zentrum der Aufmerksamkeit. Mezzanin-Kapital ist eine Finanzierungsvariante, bei der Elemente der Fremd- und Eigenkapital-Finanzierung kombiniert werden und die daher mehr und mehr an Bedeutung gewinnen, da den Kapitalgebern keine Stimm- oder Einflussnahmerechte wie echten Gesellschaftern gewährt werden müssen.

2.2.3.3 Investor

Sowohl Privatanleger, Family Offices als auch die institutionellen Investoren, die offenen und geschlossenen Fonds sowie Versicherungen und Pensionskassen fungieren als Zielgruppe für Projektentwickler und Immobilienberatungsunternehmen, wenn es um Verkäufe von fertig gestellten Immobilien im Rahmen von Projektentwicklungen und Revitalisierungen geht. Bei erfolgreicher Vorvermietung und werthaltiger Renditeberechnung kann der Investor bereits auch als „Exit Partner" vor bzw. während der Planungsphase einer Projektentwicklung auftreten (vergl. hierzu Punkt 2.2.2.1).

2.3 Rahmenbedingungen des Marktes

2.3.1 Angebot und Nachfrage

Die Rahmenbedingungen des Immobilienmarktes haben sich in letzten Jahren grundlegend verändert: Der Bürovermietungsmarkt entwickelte sich zu einem Mietermarkt; Schlagwörter wie „Basel II" und „innovative Finanzierungsformen" erhielten verstärkt Beachtung und Marktanalysen wurden mehr denn je betrieben, um den Ursachen auf den Grund zu gehen und sich im zukünftigen Geschäft positionieren zu können. Die nachfolgenden Erläuterungen geben zu diesen Themen einen Einblick in die Welt der Marktanalysen, Trends und der neuen Aufgaben der Immobilien-Projektentwickler, -Berater und -Nutzer.

2.3.1.1 Eine Idee sucht Kapital und Standort

Die Faktoren **Idee, Kapital und Standort** lassen sich innerhalb der Projektentwicklung in den unterschiedlichsten Varianten zusammensetzen. Die Vorgehensweisen „Idee sucht Kapital und Standort", „Kapital sucht Idee und Standort" und „Standort sucht Idee und Kapital" sind die drei wesentlichen Aufgabenstellungen, die mit der Immobilien-Projektentwicklung in Zusammenhang gebracht werden. Allerdings kommen häufiger auch „Idee und Kapital suchen Standort" oder auch „Standort und Kapital suchen Idee" in Betrachtung. Alle Möglichkeiten, die die Geburtsstunde einer jeder Projektentwicklung bedeuten, können von allen Marktteilnehmern initiiert werden (vergl. hierzu Punkt 2.2 ff.).

So kann der Immobilienberater für ein unbebautes Grundstück in einem Gewerbegebiet aufgrund seiner guten Autobahnanbindung und seiner baunutzungsrechtlichen Ausweisung nach Art und Maß der baulichen Nutzung einen bonitätsstarken Mietinteressenten haben. Allerdings ist der Eigentümer des Grundstückes aus finanziellen oder fachlichen Gründen nicht in der Lage, das nutzerspezifische Anforderungsprofiles umzusetzen. In dieser Situation ist wieder der Immobilienberater mit seinen Marktkenntnissen gefordert, indem er für dieses Projekt einen Entwickler findet, der aufgrund der Konzeptionsphasen
- Marktanalyse
- Standortanalyse
- Nutzungsanalyse
- Wettbewerbsanalyse
- Risikoanalyse
- Kostenanalyse

und schlussendlich einer anschließenden **Development-Rechnung** in Form einer Wirtschaftlichkeits- und Renditeberechnung das Projekt für umsetzbar hält. Die ersten Punkte einer Projektentwicklung (Projektinitiierung und -konzeption) sind somit abgeschlossen.

2.3.1.2 Projektentwickler und Immobilienberater

Wie stehen die wichtigsten Dienstleister der Immobilienbranche, die Projektentwickler und die Immobilienberater zueinander? In den wenigsten Fällen kann im Rahmen einer Projektentwicklung und einer Revitalisierung der eine nicht ohne den anderen agieren. Beide Marktteilnehmer können bei einer Zusammenarbeit aus ihrem jeweiligen Know-how entsprechend positive Synergien entwickeln und so voneinander profitieren. Während der Immobilienberater neben der klassischen Vermittlungstätigkeit auch Dienstleistungen wie u.a. Bewertung und Immobilien-Kapitalanlageberatung anbietet und somit eine große Bandbreite an Immobilienkunden an sich bindet, steht der Projektentwickler im guten Kontakt mit Städten, Gemeinden und anderen Eigentümern und kann sich zukunftsträchtige Standorte sichern. Insofern werden die Faktoren Idee, Kapital und Standort von beiden Marktteilnehmern aufgegriffen und zueinander geführt. Der Immobilienberater kann bereits während der Planungsphase einer Projektentwicklung für den Investor tätig werden und sich mit der Vermietung der Flächen befassen.

2.3.1.3 Trends in der Immobilienwirtschaft

Trend: Handelsimmobilien

Da in Deutschland die Zahl der klassischen **Handelsimmobilien** wie die innerstädtischen Kaufhäuser weiter abnehmen und Fachmärkte und Einkaufscenter unvermindert auf dem Vormarsch sind, hat sich auch hier eine Tendenz in der Immobilien-Projektentwicklung ergeben. Die Nachfrage der Investoren nach Fachmarkt- und Einkaufszentren nimmt auf Sicht kein Ende, da auch verstärkt aus dem Ausland Investitionsbereitschaft vorhanden ist, weil deutsche Immobilien im Vergleich zu internationalen Immobilien günstig zu erwerben sind und eine gute Rendite abwerfen. Die diesem Trend folgenden Projektentwickler suchen entsprechende Standorte zur Realisierung. Auch die Revitalisierung alter Einkaufscenter ist verstärkt ins Hauptaugenmerk der Entwickler gerückt. Durch die Flächenmodernisierung und -Optimierung sind eine höhere Mieteinnahme und somit auch eine Renditeerhöhung gegeben.

Bei der Schaffung neuer Fachmarktzentren und Discountern ist aber auch immer häufiger festzustellen, dass mehr und mehr Städte und Gemeinden mit ihren mittlerweile einschränkenden Bebauungsplänen in den Gewerbegebieten eine große Hürde bei der Realisierung solcher Immobilien darstellen. Der Grund hierfür ist der von den jeweiligen Wirtschaftsförderungen und Stadtplanungsämter initiierter Versuch, die innenstädtischen Einzelhändler vor dem Aussterben zu bewahren.

Dennoch: Aufgrund der weiter stark vorhandenen Nachfrage in diesem Segment erarbeiten zunehmend auch regionale Maklerhäuser Grundlagen für mögliche Projektierungen von Handelsimmobilien, in dem sie im Vorfeld das Baurecht prüfen und Mietinteressenten ansprechen. Nach Prüfung der Grundlagen und einer vereinfachten Development-Rechnung werden die Konzepte an spezielle Projektentwickler angeboten. Bei der Realisierung des Projektes übernimmt der Immobilienberater in der Regel auch die Vermietung und die anschließenden Verkaufsaktivitäten. Im Fachjargon redet man hierbei vom „Hattrick" des Immobilienberaters (Verkauf des Grundstückes, Vermietung der Flächen und Verkauf des Gesamtpaketes). Anhand dieses Beispiels ist festzustellen, dass die Stellung des Immobilienberaters im heutigen Markt der Projektentwicklung an Bedeutung gewonnen hat.

Trend: Büroimmobilien

Büroimmobilien werden überwiegend von Unternehmen der Dienstleistungsbranche genutzt. Aufgrund der vergleichsweise einfachen Bewirtschaftung ist die Büroimmobilie bei privaten und institutionellen Kapitalanlegern gleichermaßen beliebt. Allerdings sind gerade in den letzten Jahren die Qualitätsansprüche der Mieter an solchen Objekten sehr stark gestiegen, was in älteren Gebäuden zu extrem ansteigenden Leerstandsraten geführt hat. Hierbei spielen Merkmale wie eine repräsentative Außendarstellung des Objektes sowie Hohlraum-/Doppelboden, Klimatisierung und Versorgungstechnik der Mietfläche eine bedeutende Rolle.

Die Marktgängigkeit von Büroobjekten ist des Weiteren nicht nur von der verkehrsmäßigen Infrastruktur (Autobahnanbindung und ÖPNV) und den Abstellmöglichkeiten für Pkws abhängig, sondern auch von weichen Lagefaktoren wie u.a. der Standortimage und der großräumigen Lagestruktur. Die Streubreite der erzielbaren Mieten ist außerordentlich hoch. Hierbei ist der mit der Vermietung beauftragte Immobilienberater mit seiner Marktkenntnis gefragt (vgl. hierzu Punkt 2.3.2.3 und 2.4.2.1).

Trend: Wohnimmobilien
Auch das **Wohnungsmarktsegment** erfreut sich einer immensen Nachfrage – nicht mehr nur aus dem Ausland. Der Grund hierfür sind u.a. die erwarteten Wertsteigerungspotenziale (z.B. auch durch Bestandsoptimierungen) und auch der stabile Cashflow aus den Mietverträgen. U.a. durch die Privatisierungen von ehemals staatlichen Unternehmen gelangen auch weiterhin mehrere hunderttausender Wohnungen im Paket auf den Markt.

Trend: Seniorenimmobilien
Aufgrund der demografischen Entwicklung in Deutschland bleibt der Bedarf an altersgerechten und **betreute Wohn- bzw. Pflegeimmobilien für Senioren** konstant hoch. Ein Wachstumsmarkt mit weiterhin großem Potential. Allerdings müssen vermehrt innovative Konzepte entwickelt werden, um sich gegenüber dem starken Wettbewerb hervorheben zu können und letztlich auch die Städte und Gemeinden zu überzeugen, die mittlerweile restriktiver Baugenehmigungen erteilen, um das Stadtbild homogen zu halten.

Trend: Hausinterne Vermarktungsteams der Projektentwickler („In-Sourcing")
Aufgrund der vorhandenen Nachfrage – zum Beispiel der großflächigen Büronutzer, die zu moderneren und repräsentativeren Gebäuden tendieren – ist der Immobilienberater aufgrund seines Know-hows, seiner Marktkenntnisse und seiner weit reichenden Kontakte zu den wesentlichen Marktteilnehmer in der Lage, Mietinteressent und Investor zusammenzubringen. Er kann entweder auf ihm bereits angebotenen Projektierungen zugreifen, die vom Entwickler auf einem gesicherten Grundstück erstellt werden können, sowie das Nutzergesuch eines oder mehrerer Projektentwickler zur gemeinsamen Bearbeitung gezielt anbieten.

Dass einige Investoren und Projektentwickler mit der Zeit ihre eigenen Vermarktungssabteilungen aufgebaut haben, die größtenteils mit ehemaligen Immobilien-Maklern besetzt sind, spielt bei der direkten Kundenansprache keine wesentliche Rolle, da der Immobilienberater, dessen Tagesgeschäft es ist, Informationen wie Mietvertragslaufzeiten zu sammeln und neue Mietgesuche zu akquirieren, wiederholt als Ansprechpartner sowohl mieter- als auch vermieterseitig konsultiert wird.

2.3.2 Konkurrenz und Zielgruppe

Schienen in boomenden Immobilienzeiten differenzierte Marktanalysen aufgrund des Nachfrageüberhangs entbehrlich, so werden heute verlässliche Informationen über Quantität und Qualität der Nachfrage zum entscheidenden Erfolgsfaktor für eine erfolgreiche Projektentwicklung sowie eines effizienten Bestands und Portfoliomanagement. Die einzelnen Marktanalysen sind miteinander stark verbunden und ergeben somit ein Gesamtbild.

2.3.2.1 Wettbewerbsanalyse
Im Rahmen der Projektentwicklung sind Wettbewerbsanalysen die Grundlage einer erfolgreichen Entwicklung. So muss festgestellt werden, ob sich das Bauvorhaben respektive die Revitalisierung mit der geplanten Nutzung in die dafür vorgesehene Umgebung einfügen lässt. Gerade die Projektentwicklungen für Fachmarktzentren und Discounter sind darauf angewiesen, bereits bestehende Handelsimmobilien im Hinblick auf Ihre infrastrukturellen Merkmale wie direkte Einfahrt auf den Parkplatz und Stellplatzangebot für Kundenfahrzeuge sowie Warenanbot und Sortimentstiefe der vorhandenen Geschäfte sorgfältig zu analysieren, um den Bedarf der Nutzer festzustellen.

2.3.2.2 Zielgruppenanalyse
Zielgruppen werden in der Regel durch Studien und Umfragen statistisch definiert und haben eingrenzende Merkmale wie u.a. Branche und Anzahl der Mitarbeiter sowie wirtschaftliche Kennzahlen. Zum einen kann das Immobilienberatungsunternehmen eine eigene Research-Abteilung unterhalten, Untersuchungen von Marktforschungsunternehmen kaufen und sich beim Bundesamt für Statistik in Wiesbaden bedienen. Bei den Definitionen sind Beobachtungen und Kenntnisse des Marktes sowie ein funktionierendes System notwendig, um die Daten

und Fakten auf den aktuellen Stand zu bringen und zu halten und stellt eine Hauptaufgabe des Immobilienberaters dar. Veraltete Analysen sind nicht zeitgerecht, da sich die Informationen im Laufe der Zeit ständig entwickeln (vgl. hierzu Punkt 2.4.1.1).

2.3.2.3 Standortanalyse

Die Standortanalyse wird unterteilt in harte und weiche Faktoren und kann bei einer unterschiedlichen Betrachtungsweise personen- und unternehmensbezogene Werte aufweisen.

Die klassischen harten Faktoren einer Standortanalyse sind:
1. Anbindung an den ÖPNV sowie die überregionale Verkehrsanbindung
2. Versorgung mit Einzelhandel, Gastronomie und Hotel
3. Miet- und Kaufsituation
4. Arbeitsmarktsituation

Die klassischen weichen Faktoren einer Standortanalyse sind:
1. Schul- und Ausbildungsqualität
2. Wohnqualität
3. Umweltqualität
4. Angebot an Freizeit- und Kulturangebot

Sie stellen entscheidende Bewertungskriterien für den Projektentwickler dar, mit der er seine Zielgruppe eingrenzen kann, und gelten bezogen auf die örtlichen oder großräumigen Betrachtungen (Mikro- und Makrolage) als vergleichbare Größen zu anderen Standorten (vgl. hierzu Punkt 2.2.2.2 und 2.4.2.1).

2.3.3 Immobilie

Man kann eine lange Liste von weltweiten Immobilienprojekten aufstellen, die nach der Erstellung lange unvermietet waren oder eine nur kurze wirtschaftliche Nutzungsdauer hatten. Grund waren häufig unzureichende infrastrukturelle Merkmale der Immobilie, die Nichtberücksichtigung von Nutzerwünschen und die nicht fachgerechte Vermietung und Vermarktung bereits während der Umsetzung des Projektes. Im Nachhinein unternommene Korrekturen scheiterten oft, Insolvenzen folgten.

Marktorientiert entwickelte Immobilien werfen hinsichtlich Erstvermietung und Mietpreisgestaltung weniger nennenswerte Schwierigkeiten auf. Das betrifft auch die Revitalisierung und Umnutzung bestehender Immobilien.

2.3.3.1 Projektentwicklung

Nachdem das spekulativ erstellte Projekt, für das der Nutzer erst gefunden werden muss, kaum noch Marktfähigkeit und eher ein Relikt der damaligen Boomphasen ist, wird der Bau nach Maß für einen vorhandenen Nutzer heutzutage obligatorisch angestrebt. Grund hierfür ist die derzeitige Marktsituation in der Immobilienbranche und die Vergabepolitik der kreditgebenden Institute nach Basel II bzw. zukünftig auch unter Berücksichtigung von Basel III (vgl. hierzu Punkt 2.2.3.2.). So liegen zuhauf fertige Projektentwicklungen in den Schubladen der Entwickler, die auf einen Nutzer warten.

Somit ist der Nutzer insgesamt das Zünglein an der Waage, denn nicht nur von seiner Bereitschaft, in neu erstellte, seinem Anforderungsprofil entsprechende Flächen einzuziehen, hängt eine Realisierung ab. Kennziffern wie Mietgröße, Mietlaufzeit und zu guter Letzt seine Bonität sind maßgeblich, ob die Realisierung erfolgen kann oder nicht. Diese Kennziffern sind ebenfalls entscheidend, ob der Projektentwickler eine Finanzierung erhält oder nicht, da, sofern die Renditeberechnungen nicht zutreffen, die Bank keine Mittel zur Verfügung stellt. Dem Ganzen geht die Projektkonzeption voraus, in der die verschiedenen Analysen (vgl. hierzu Punkt 2.3.1.1) durchgeführt werden.

Was nach der vereinbarten Nutzungsdauer des Generalmieters mit der Immobilie passiert, hängt häufig davon ab, ob während der Nutzung Modernisierungen, Neu- und Anbauten durchgeführt worden sind. Je nach Neuverhandlungen und Bedarf kann eine Vertragsverlängerung angestrebt werden. Eine Identifikation mit dem Standort kann nach einer langen Mietzeit ebenfalls ein Grund sein, das Gebäude weiterhin zu nutzen. Hierbei sind sicherlich auch sozialpolitische Aspekte zu berücksichtigen.

Ein wesentlicher Punkt ist auch die mögliche Nachvermietung an mehrere kleine Nutzer, sofern das Gebäude entsprechende und am Markt nachgefragte Größenordnungen an Mietflächen darstellen kann. Grundvoraussetzung ist die Konzeption bereits in der Planungsphase und kann je nach Größenordnung der Immobilie durch die Schaffung von zusammenhängenden Gebäudeteilen mit eigenen Eingängen und eigener Versorgung sowie eine Teilbarkeit innerhalb einer Etage realisiert werden.

2.3.3.2 Revitalisierung
Eine weitere Möglichkeit der Projektentwicklung ist die Revitalisierung von Bestandsgebäuden.

Der Lebenszyklus einer Gewerbeimmobilie hat sich aufgrund von technischen und ökonomischen Veränderungen stark verkürzt – in der angelsächsischen Welt wird in diesem Zusammenhang von der „functional obsolescence" gesprochen. Viele Büroflächen, die vor 15 Jahren noch zeitgemäß waren, entsprechen mit ihren Ausstattungsmerkmalen nicht mehr den heutigen Anforderungen der Nutzer und erzielen für den Eigentümer häufig nur noch Mieteinnahmen unter Durchschnitt. Auch für den Immobilienberater erweist sich die Vermietung dieser Immobilie im gehobenen Mietersegment als anspruchsvoll. Hier muss zunächst die erste Beratung für den Eigentümer vorgelagert werden, indem der Immobilienberater aufgrund seiner unmittelbaren Marktkenntnisse eine adäquate Vermietbarkeit an eine geeignete Zielgruppe eruiert. Falls nicht eine Vermietung selbst an eine Mieterschaft gelingt, die funktionale und günstige Flächen präferieren oder ein Vermieter eine Revitalisierung der Immobilie finanzieren kann, kann die Veräußerung der Liegenschaft an einem nachgefragten Standort an einen Projektentwickler sinnvoll sein. Entsprechend der Nachfragesituation an diesem Standort kann nun eine Projektentwicklung entstehen, bei der der Immobilienberater ebenfalls tätig werden kann.

Auch die Prüfung der Umsetzbarkeit einer Zertifizierung bei einer Revitalisierung kann als Bestandteil der Beratungsleistungen erfolgen, um auch über dieses Mittel eine frühzeitige Kommunikationsstrategie für die Platzierung des Objekts im Markt zu sichern. Ein Mittel hierfür ist die Umsetzung einer sogenannten „Vorzertifizierung", welche bereits vor Projektstart abgeschlossen werden kann und dem Vermieter somit eine höhere Sichtbarkeit im Markt ermöglicht. Weiterhin können auch spezifische Zielgruppenanfragen von Großmietern beantwortet werden, welche nach wie vor die Umsetzung eines nachhaltigen Standortkonzepts fordern.

Wenn die „ausrangierte", aber von der Bausubstanz noch gut erhaltene Bestandsimmobilie nicht mehr marktfähig ist, wird eine Objektveränderung in Rahmen einer Revitalisierung notwendig. Hierzu kann der Projektentwickler wie bei einem Neubau zunächst auf eine Vermietung hinarbeiten oder spekulativ revitalisieren. Auch hier sind die Marktkenntnisse eines Immobilienberaters für den Entwickler von Vorteil; eine Zusammenarbeit kann mit einem Alleinvermietungsauftrag auch zu Beginn der Planungen vereinbart werden.

Einen anderen Sachverhalt wirft die Gewerbeimmobilie auf, die einst für einen speziellen Nutzer aufgrund seines damaligen Anforderungsprofiles individuell erstellt wurde. Diese Flächen sind in der Drittvermarktung relativ schwer vermietbar, weil diese Immobilie zunächst wieder in eine fungible Vermietbarkeit gebracht werden muss. So können beispielsweise bei Fabrikgebäuden Labor- und Kühlräume sowie Produktionsflächen durch Rückbau und Grundrissoptimierungen auf einen dem Nachfragemarkt entsprechenden Zustand revitalisiert werden.

So gesehen erfolgt der größte Teil des Flächenumsatzes durch Umzüge in neue, modernere Flächen. Wenn demzufolge aktuelle Statistiken beispielsweise in Frankfurt am Main von ca. 1,65 Mio. Quadratmeter freien Büroflächen sprechen, muß man mit mehr als 40 % zumindest schwer vermietbarer Flächen, sog. Sockelleerstand, kalkulieren.

Auch Handels-, Lager- und Logistikimmobilien unterliegen diesen Veränderungen, wobei bei der einfachen Bauweise ein Abriss mit Neubebauung häufig einfacher und kostengünstiger ist als bei Bürogebäuden. Es stellt sich nun die Frage, ob der Eigentümer finanziell und auch in Bezug auf sein Fachwissen in der Lage ist, die Drittverwendung seiner Immobilie zu realisieren. Er kann zunächst Vermietungsaktivitäten in Angriff nehmen oder direkt mit dem Verkauf beginnen. Eine weitere, je nach Standort und Nutzungsmöglichkeiten der Immobilie entsprechende Möglichkeit kann auch die Zusammenarbeit mit einem Projektentwickler sein. In diesem Falle entwickelt der Projektentwickler ein Konzept und sucht nach möglichen Mietern. Hierbei wird er sich auch an die örtlichen Immobilienberater wenden. Sobald Nutzer für dieses Konzept gefunden worden sind, erwirbt der Entwickler die Immobilie oder geht ein Joint Venture mit dem Eigentümer ein.

Revitalisierungsbedarf an Immobilien, die älter als 20 Jahre sind, besteht häufig an folgenden Gewerken:

Bürogebäude, ehemals nutzerspezifisch erbaut und generalvermietet:
Fassadenneugestaltung, Schallschutzverglasung, Grundriss- und Flächenoptimierungen, Versorgungswege (Strom- und Wasserleitungen, Hohlraum-/Doppelboden), Haustechnik (Aufzüge, Kühldecken, Technikräume, EDV unterstütze Verkabelung, Brandschutz- und Sicherheitstechnik), Garten- und Landschaftsbau, Außenanlagen. Ziel: Anschlussvermietung an Büromieter.

Einkaufs- und Fachmarktcenter, 1b-Lage:
Fassadenneugestaltung, Grundriss- und Flächenoptimierung, Schaufenster- und Mallgestaltung, Haustechnik, Brandschutz- und Sicherheitstechnik, Garten- und Landschaftsbau, Außenanlagen. Ziel: Neuvermietung an Filialisten.

Industrie- und Bürogebäude, spätes 19. Jahrhundert/frühes 20. Jahrhundert:
Fassadenerhaltung- bzw. Neugestaltung, Grundriss- und Flächenoptimierung, Haustechnik, Brandschutz- und Sicherheitstechnik, Garten- und Landschaftsbau, Außenanlagen. Bei diesen Maßnahmen sind evtl. Denkmalschutzauflagen zu beachten! Ziel: Umnutzung in Bürolofts, Showrooms und Eventflächen.

Die Standortprofile geben Auskunft über die Qualitäten eines Immobilienstandortes. Diese können je nach Nutzung einer unterschiedlichen Betrachtungsweise unterzogen werden. Die „harten" Faktoren wie Infrastruktur, Branchenmix und Preisniveau im Gesamtwirtschaftlichem sowie die „weichen" Faktoren wie Image und regionale Bekanntheit der Lage sind Bestandteile der Analyse, die über die derzeitige und künftige Qualität über den Standort aussagen und ob sich das Projekt konzeptionell und wirtschaftlich darstellen lässt (vgl. hierzu Punkt 2.3.2.3).

2.3.3.3 Redevelopment

Für den erfolgreichen Betrieb von Immobilien muss in regelmäßigen Abständen der Gebäudebestand an die Anforderungen des Marktes angepasst werden, so dass der technische und wirtschaftliche Lebenszyklus der Immobilie positiv beeinflusst wird. Dies kann während eines Leerstandes, aber auch während der Nutzung passieren. Auf die Belange der Nutzer ist Rücksicht zu nehmen und es ist genauestens zu planen, wann der geeignete Zeitpunkt ist und welchen Umfang die Bauarbeiten haben werden. Davon ist auch abhängig, in welcher Form die Nutzung während dieser Zeit aufrechterhalten werden kann. Der Projektentwickler kann im Rahmen einer Vereinbarung mit dem Investor das Projektmanagement übernehmen und somit auch nach der Modernisierung und Erhaltung der Immobilie für die Bautechnik zuständig sein. Sofern dies bereits in der Planungsphase berücksichtigt wird, geht das eigentlich über die klassische Aufgabenstellung eines Projektentwicklers hinaus.

Mit steigendem Interesse der Nutzer an der Höhe der Nebenkosten aufgrund der prognostizierten steigenden Energiepreise werden Investitions- und Modernisierungsmaßnahmen in den Vergleich einer Revitalisierung zu setzen sein.

Die Begriffsabgrenzung zwischen Redevelopment und Revitalisierung ist in der Praxis oft unscharf. Eine durchgreifende Modernisierung wird häufig als Revitalisierung bezeichnet und bei der Frage, ob ein Redevelopment erforderlich ist, hängt dann vom Zeitpunkt und dem Umfang der vorgenommenen Maßnahmen ab und davon, ob die Arbeiten während eines Betriebes erfolgen oder erst, wenn die Immobilie bereits unvermietbar geworden ist.

2.4 Vermietung und Vermarktung

2.4.1 Projektbegleitende Vermarktung

Gute, plausible und verständliche Kommunikation ist essentieller Bestandteil der projektbegleitenden Aktivitäten zur erfolgreichen Vermarktung eines Projektes. Da ein Projekt komplex und in vielerlei Hinsicht erklärungsbedürftig ist und viele Nutzer weder das technische Fach-Know-how noch die notwendige Muße mitbringen, sich intensiv mit technischen Details des Projektes auseinander zu setzen, bedarf es einer Kommunikations- und Marketingkampagne, die auch den Verantwortung tragenden Laien, der unter Umständen nur sehr selten Anmietungsentscheidungen fällen muss, zur Auseinandersetzung mit dem Projekt anregen.

Abhängig davon, ob das Projekt spekulativ oder ausschließlich mit einem noch festzulegenden Stand einer Vorvermietung erstellt werden soll, muss sich der Projektentwickler mit seiner Werbe- und PR-Agentur auf eine entsprechende Kampagne einigen. Grundsätzlich können bei der Entwicklung der Kampagne auch Immobilienberatungsunternehmen befragt werden, die ihre Erfahrung und ihr Know-how einsetzen und bündeln. (vergl. hierzu Punkt 2.2.1.3).

Im Falle einer Exklusivbeauftragung oder auch eines Lead durch den Projektentwickler stellt sich die Frage, welche Aufgaben der Immobilienberater übernimmt. Der Immobilienberater kann sowohl reinen Nachweis- und Vermittlungstätigkeiten nachkommen als auch eine ganzheitliche Beratungsfunktion je nach Bedarf des Entwicklers einnehmen. Vielerorts vergeben Auftraggeber gerne auch Alleinaufträge an zwei Immobilienberater, um so eine Spezialisierung beider Immobiliendienstleister, die sich lokal oder international in der Marktpositionierung bzw. hinsichtlich der Nutzung der angebotenen Flächen bei beispielsweise gemischt genutzten Immobilien mit Laden- und Büroflächen spezialisiert haben, zu bündeln.

2.4.1.1 Grundlagen der Vermietung und Vermarktung

Damit eine erfolgreiche Vermarktung des Neubaus gelingt, muss der Entwickler erste Schritte zur Positionierung der Immobilie festlegen. Hat er sich für eine Exklusivbeauftragung eines Immobilienberaters entschieden, kann dies je nach Umfang der Beratungsdienstleistung auch in einer Zusammenarbeit konzipiert werden:
– Welche Zielgruppe passt zum Standort?
  • Branche, Flächenbedarf, Verkehrsanbindung
– Welche Zielgruppe passt zur Immobilie?
  • Bauweise, Ausstattung, Flächenprofil, Nachbarschaft
– Welche Bedürfnisse hat die Zielgruppe?
  • Individualität, Image, Design
– Welche Vorteile hat die Immobilie im Vergleich zu Konkurrenzobjekten?
  • Flächeneffizienz, ausreichend Stellplätze, Zusatzausstattung
– Welche Kommunikation und welches Marketing soll durchgeführt werden?
  • Markenpositionierung, umfassende Kampagnenbildung, strukturierte Nutzeransprache

Nachdem die Analyse abgeschlossen ist, kann die Planung und Strategie der Durchführung festgelegt werden, um die langfristigen Zielsetzungen umzusetzen. Die wesentlichen Fragen hierbei sind:
– Wie hoch ist das Werbebudget?
– Welche Marketinginstrumente werden eingesetzt?
– Wie und wann erfolgt der Einsatz der Maßnahmen?
– Werden spezielle Werbe- und PR-Agenturen eingesetzt?
– Wer kontrolliert die Steuerung der Marketingaktivitäten?

Werbebudget:
Die Frage der Höhe des Werbebudgets richtet nach der Größe, Art und Umfang der Immobilie. Insgesamt hängt dies stark von der finanziellen Gesamtplanung des Projektes, der Strategie

und der Zielsetzung der Maßnahmen abhängt. Erfahrungswerte aus der Praxis bewegen sich in einer Größenordnung um ca. 1 % der Baukosten.

Marketinginstrumente und Einsatz der Maßnahmen:
Im Zeitalter des Internets erreicht die Einrichtung einer **Homepage** häufig einen größeren Interessentenkreis und hat somit eine höhere Werbewirksamkeit als beispielsweise Prospektmaterialen und CD-ROMs, zumal ein Internetlink innerhalb eines Unternehmens leichter und schneller einem erweiterten Personenkreis zur Verfügung gestellt werden kann. Im Rahmen der ersten Kontaktaufnahme eignet sich das alt bewährte Mietexposé, um dem Mietinteressenten erste Informationen zum Objekt zu vermitteln. Bewährt hat sich auch die Versendung von Newslettern per E-Mail, um die Interessenten im Nachgang der ersten Kontaktaufnahme über den aktuellen Stand des Projektes zu informieren.

Bei den beliebten **Give-away's** und **Präsenten** mit dem Logo oder Schriftzug der Immobilie, die gerne als Werbeträger beim Mietinteressenten eingesetzt werden, um so eine persönliche Bindung des Kunden bzw. einen Erinnerungseffekt zu erreichen, greift man heute eher zu modernen und auch personalisierten Werbemittel. Je nach Volumen und Standing des Projektes kommen iPad's/iPod's, eigens kreierte Parfums oder edle Pralinen, hochwertige Regenschirme, Bauhelme und Gummistiefel zum Einsatz. Die Anwendung der Give-away's sollte selektiv sowie zeitlich abgestimmt geschehen und kann je nach Funktion und Stellung des Ansprechpartners im Unternehmen unterschiedlich sein.

Ein weiteres Instrument eines Maßnahmenkataloges sind Durchführungen von Kunden- bzw. Zielgruppen-**Events** zu Anlässen wie Spatenstich, Grundsteinlegung, Richtfest, sonstigen Veranstaltungen und Fertigstellung bzw. Eröffnung der Immobilie. Ob hierbei die Öffentlichkeit eingeladen werden soll, ist vom Projektentwickler abhängig. In der Regel handelt es bei den Veranstaltungen um geschlossene Gesellschaften, bei denen Projektbeteiligte, Branchenzugehörige, Persönlichkeiten aus Politik, Wirtschaft und Kultur sowie die Presse eingeladen werden. Für die interessierte Öffentlichkeit eignen sich Veranstaltungen wie „Tag der offenen Tür" oder spezielle Baustellenführungen. Der Einsatz einer professionellen Eventagentur, die sich um die Moderation und Gestaltung der Rahmenprogramme sowie um das Catering kümmert, runden das Programm ab.

Werbe- und PR-Agentur:
Je nach Art und Größe der Projektentwicklung kann eine Werbe- und PR-Agentur, die sich auf projektbegleitende Medien- und Öffentlichkeitsarbeit in der Immobilienwirtschaft spezialisiert hat, die Marketing-Maßnahmen unterstützen. Das kann bei Großprojekten und innerstädtischen Lagen ein unverzichtbarer Bestandteil der Aktivitäten werden, man nehme als Beispiel die zu Baubeginn (2004, Fertigstellung 2009/2010) Deutschlands größte, innerstädtische Projektentwicklung „Frankfurt Hoch Vier" (heute: „Palais Quartier") in der Frankfurter City auf insgesamt 1,7 Hektar. Nach monatelangen Verzögerungen (ein Grundstücksnachbar legte eine einstweilige Verfügung gegen die Realisierung ein zur Folge, dass die bereits begonnenen Abrissarbeiten eingestellt werden mussten), hatten nicht wenige das 950-Millionen-Euro-Projekt bereits abgeschrieben. Die Presse- und Öffentlichkeitsarbeit wurde ein unverzichtbarer Bestandteil der Kommunikation und somit zur weiteren Positionierung des Projektes.

Weitere Einsatzbereiche einer Werbe- und PR-Agentur im Rahmen einer Immobilien-Projektentwicklung sind:
- Markenentwicklung
- Corporate Identity & Design
- B2B Kommunikation
- Public Affairs & Lobbying
- Eventmanagement
- Publikationen

Steuerung der Marketingaktivitäten

Die Steuerung der Marketingaktvitäten sollte entweder durch den Projektentwickler oder durch das Immobilienberatungsunternehmen erfolgen und ist abhängig von der Aufgabenstellung des Immobilienberaters. Selbstverständlich ist auch eine gemeinsame Führung möglich, wenn beide über entsprechende Erfahrungen in den jeweiligen Bereichen verfügen. Dies erfordert allerdings eine perfekte Abstimmung beider Unternehmen im Rahmen einer engen Zusammenarbeit.

So sollte in beiden vorgenannten Varianten die Kommunikations- und Entscheidungsrichtlinien festgelegt und ein Projektleiter eingesetzt werden, der den zuvor festgelegten Maßnahmenkatalog hinsichtlich der personellen, zeitlichen, aufgaben- und zielbezogenen Umsetzung koordiniert, steuert und kontrolliert. Der Projektleiter hat auch dafür Sorge zu tragen, dass Informationen und Projektergebnisse im Rahmen eines Berichtswesens zugetragen und dem Auftraggeber zur Verfügung gestellt werden. Das Berichtswesen ist Grundlage weiterer Vorgehensweisen.

Diese umfangreiche Tätigkeit ist, wenn sie vom Immobilienberatungsunternehmen erbracht werden soll, im Rahmen einer Exklusiv-Beauftragung definiert und erfordert neben fachlicher Kompetenz auch einen hohen personellen Einsatz. Eine Honorierung kann in diesem Fall durch eine monatliche Vergütung (Retainer) erfolgen. Eine erfolgsorientierte Variante ist die erhöhte Provisionszahlung bei der Vermietung durch den Immobilienberater.

2.4.1.2 Vermietungs- und Vermarktungsphasen

Wir hatten bereits die Themen *Spekulative Projektentwicklung* und *Errichtung der Projektentwicklung nach Vorvermietung* erörtert (vgl. hierzu Punkt 2.3.3 ff.). Hierbei haben wir festgestellt, dass die Entscheidung, die der Projektentwickler trifft, von Faktoren abhängt, wie z.B.:

– Wie stellt die derzeitige und wie die zukünftige Marktsituation, in der die Projektentwicklung platziert werden soll, dar?

– Wie definieren sich Art um Umfang der Projektentwicklung?

– Mit welchen Kosten wird die Projektentwicklung geplant?

– Wie sieht die Beschaffung von notwendigem Fremdkapital für die Projektentwicklung aus?

– Was ergibt die Projektkalkulation („Development-Rechnung") der Projektierung?

In der Vermietungsphase einer spekulativen Projektierung, die eine zeitlich festgelegte Frist beinhaltet und vom Projektentwickler und ggf. mit dem Immobilienberatungsunternehmen gemeinsam definiert wird, zeigt sich, ob die in der Development-Rechnung getroffenen Mietansätze und -Kalkulationen Bestand haben oder ob vom Projektentwickler regulierend eingegriffen bzw. das Marketing verstärkt werden müssen. Hierbei wird in Zusammenhang mit anderen risikobehafteten Merkmalen wie beispielsweise Genehmigungen, Finanzierungen und Fertigstellungen der spekulativen Projektentwicklung ein unsicherer Projektausgang erkennbar. Es sich stellt sich zudem die Frage, wann und wie das Immobilienberatungsunternehmen in die Vermietungsaktivitäten eingreifen soll. Die Gefahr bei einer unqualifizierten Vermarktung des Projektentwicklers besteht darin, dass er:

1. keine weitreichenden Kenntnisse über den Markt mit seinen unterschiedlichen Nutzern besitzen kann;

2. dass er sich nicht an einen Immobilienberater binden möchte, um so flexibel auf alle Anfragen reagieren zu können. Problem: Niemand fühlt sich verantwortlich.

Die Vermietungsphase einer Projektentwicklung, die bereits in einem frühen Planungsstadium beginnt, kann im Prozessablauf klar definiert und strukturiert umgesetzt werden.

2.4.1.3 Funktion des Immobilienberaters

Im Rahmen einer reinen Nachweis- und Vermittlungtätigkeit auf Basis eines Maklervertrages, in der sich der Immobilienberater im Wesentlichen um die Akquise potentieller Mieter kümmert, hat er folgende Aufgaben zu erledigen:

– Ansprache der möglichen Mietinteressenten
  • Telefonmarketing von geschulten Beratern

- Mailings (postalisch, unterstützt von Prospektmaterial, elektronische Präsentationen, Mietexposés, Einladung zu einer Objektbesichtigung, Gutschein für eine Raumplanung)
- Anzeigenschaltung in Presse, Presseberichte, Werbung in Immobilienpools, Positionierung eines Vermietungsschildes vor dem Objekt
- Durchführung von Objektbesichtigungen
  - Errichtung eines Musterbüros
  - Plantafel mit verschiedenen Grundrissvarianten
  - Überreichung der Grundrisse
- Führung von Mietvertragsverhandlungen
  - Einholung von Bonitätsauskünfte der Mietinteressenten
  - Aufbereitung von Informationen und Entscheidungshilfen für den Auftraggeber
  - Verhandlung der Mietverträge
  - Vorbereitung der endverhandelten Verträge zur Unterzeichnung beider Vertragsparteien

Im Rahmen einer Exklusiv-Beauftragung verpflichtet sich das Immobilienberatungsunternehmen zur Wahrnehmung zusätzlicher Aufgaben:

- Beratung bei der Festlegung einer Kommunikations- und Marketingkampagne (vergl. hierzu Punkt 2.4.1.1)
- Reportings über die Vermarktungsaktivitäten
  - Aufstellung und Hintergrundinformationen der angerufen und angeschriebenen Mietinteressenten
  - Aufstellung und Hintergrundinformationen der durchgeführten Besichtigungen mit Mietinteressenten
  - Aufstellung der Vertragsgespräche mit Mietinteressenten mit Stand der Verhandlungen
- Weiterführende Betreuung und Bindung der Mietinteressenten
  - Regelmäßige Kontaktaufnahme per E-Mail mit Newsletter
  - Übersendung objektbezogener Werbepräsente
  - Bearbeitung der nutzerspezifischen Ausstattungsmerkmale und Raumplanung Mietvertragsentwurf
  - Terminierung von Zweit- und Drittbesichtigungen
  - Aufbereitung von Informationen und Entscheidungshilfen
  - Austausch von Mietvertragsentwürfen
- Einbindung von Drittmakler
  - Zusendung von vermietungsrelevanten Informationsmaterialen
  - Besichtigung vor Ort, Informationsgespräche zu wesentliche Objektmerkmalen sowie zu Vertragskonditionen
  - Koordinierung der Besichtigungen von Mietinteressenten der Drittmakler
  - Führen der Vertragsverhandlungen in Zusammenarbeit mit den Drittmaklern
- regelmäßige Marktberichte zu
  - Leerständen
  - stattgefunden Vermietungen
  - erzielbaren Mietpreise
  - Tendenzen im Immobilienmarkt
- regelmäßige Meetings mit dem Auftraggeber
  - Erörterung der Reportings unter Bezugnahme der Marktberichte
  - Besprechungen zu laufenden Mietvertragsverhandlungen
  - Abstimmung weiterer und zusätzlicher Maßnahmen

2.4.2 Nachfrageverhalten bei Gewerbeflächen

In einer europaweiten Studie von Cushman & Wakefield[1], die im Frühjahr 2009 veröffentlich wurde, wurden 750 Eigentümer und Mieter zu den wichtigsten Trends und Faktoren befragt. Die Einschätzungen beider befragten Gruppen resultieren aus einer Zeit, als sich die Wirtschaft und entsprechend auch der Immobilienmarkt nach der Finanzkrise gegen Ende 2008 bis weit in 2009 in einer vorher nie dagewesenen Talsohle befand. Das ökonomische Klima hat sich bis auf wenige Ausnahmen nie richtig erholt, da als Folge dessen die Eurokrise seit etwa der zweiten Jahreshälfte 2011 zunehmend ihre Schatten auf die Weltwirtschaft wirft und nunmehr auch diejenigen Staaten einholt, die bislang eine robuste Wirtschaft vorweisen konnten.

Während in Westeuropa und in Großbritannien circa zwei Drittel der Eigentümer die Incentives erhöht haben, haben nur bzw. zudem etwa 37 % dieser Gruppe auch die Nominalmieten gesenkt. Die weiter erwarteten Maßnahmen der befragten Eigentümer und Mieter, den Auswirkungen der Wirtschaftsflaute entgegenzuwirken, unterscheiden sich zwar grundlegend, werden sich aber in der Sache letztlich gerecht.

Grafik 2: Erwartete Maßnahmen der Mieter, um die Auswirkungen des ökonomischen Rückganges entgegenzuwirken (in %)

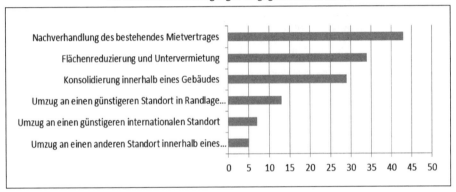

Quelle: Cushman & Wakefield

Grafik 3: Erwartete Maßnahmen der Eigentümer, um die Auswirkungen des ökonomischen Rückganges entgegenzuwirken (in %)

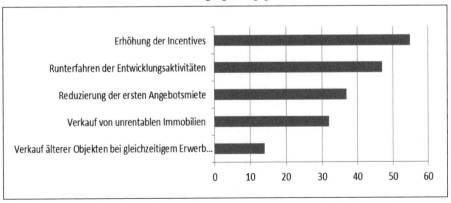

Quelle: Cushman & Wakefield

---

[1] Siehe *Cushman & Wakefield*, European Landlord & Tenant Survey, Spring 2009.

2.4.2.1 Standortentscheidung

Die Frage des Standortes ist neben der Erreichbarkeit und der Anbindung an das Verkehrsnetz auch eine Frage der Unternehmensphilosophie. In der Umfrage von Cushman & Wakefield[2] (vgl. hierzu Punkt 2.4.2 und 2.4.2.2) wurden die Vermieter und Mieter nach den wichtigsten Standortfaktoren gefragt. Die Einschätzungen der Vermieter und Mieter liegen doch sehr nahe beieinander:

Tab. 2: Einfluss der Standortfaktoren auf den Büroflächenbedarf

Standortfaktoren	Ranking der wichtigsten Faktoren für Vermieter	Ranking der wichtigsten Faktoren für Mieter
Nähe zum öffentlichen Personennahverkehr	1	1
Gute Erreichbarkeit mit dem Auto	2	2
Nähe zum Stadtzentrum	3	3
Nähe zu öffentlichen Parkplätzen	4	4
Nähe zu guten Einkaufsmöglichkeiten	5	5
Nähe zu anderen Annehmlichkeiten	7	6
Nähe zum Hauptbahnhof bzw. zum Flughafen	6	7

1 = sehr wichtig/10 = nicht wichtig

Quelle: Cushman & Wakefield

Anhand der aktuellen Umfrage geben die Faktoren für Vermieter und Nutzer gleichermaßen über die entscheidenden Maßgaben zur Standortentscheidung Auskunft und spielen daher im Rahmen der Marktanalysen eine wesentliche Rolle (vgl. hierzu Punkt 2.2.2.2 und 2.3.2.3).

2.4.2.2 Flächeneffektivität und -effizienz

Die Immobilie kann sich durch die effiziente Ausnutzung der Flächen vor dem Hintergrund eines speziellen Nutzerprofiles Wettbewerbsvorteile gegenüber Konkurrenzobjekten sichern. Hierbei spielt u.a. die Flächenberechnung nach BGF (siehe DIN 277) oder nach GIF (Gesellschaft für Immobilienwirtschaftliche Forschung e.V.) eine wesentliche Rolle. Die Flächeneffizienz ist die Grundlage einer erfolgreichen Vermietung, da jeder Nutzer sein Büroflächenprofil kostenminimiert mit geringstem Einsatz bei größtmöglicher Ausnutzung umsetzen möchte.

Achsmaß und Gebäudetiefe sowie die Tageslichtdurchflutung des Gebäuderaumes spielen eine weitere wichtige Rolle, wenn es um die Aufteilung der einzelnen Büroformen und somit die Umsetzbarkeit eines Nutzerprofiles geht. Um die Konfiguration einer Vielzahl von Büroformen zu ermöglichen, benötigt man einen Achsmaß von 1,35 bis 1,50, eine Gebäudetiefe zwischen 13,5 und 18 Meter, eine Geschosshöhe von 3,50 bis 4,00 Meter sowie ein Hohlraum-/Doppelboden, um die Elektro- und Datenleitungen flexibel und für die Büronutzung nicht störend zu legen.

Folgende Büroformen können im Rahmen dessen konfiguriert werden:
- Zellenbüro:
  - Weitverbreitete Büroform
  - Fördert sowohl konzentrierte Einzelarbeit als auch Teamarbeit; Die einzelnen Büros sind über eine Zwischentür miteinander verbunden
  - Individuelle Einstellung der Beleuchtung, Lüftung und Heizung

---

[2] Siehe Cushman & Wakefield, Presseinformation vom 12.7.2006.

- Großraumbüro:
  - Weitverbreitete Büroform
  - Fördert schnelle Kommunikation zwischen den Mitarbeitern
  - Durch moderne Raumgliederungssysteme lassen sich akustische und visuelle Belastungen minimieren
- Kombibüro:
  - Die jeweiligen Vorteile eines Großraum- und Zellenbüros werden ausgenutzt
  - Förderung konzentrierter Einzelarbeit und Arbeit in Projektgruppen
  - Einzelarbeitsplätze (sog. Cockpits) liegen an den Fensterfronten; die Abtrennung zum Großraum (Kommunikationszone) kann mittels Glastrennwänden erfolgen, um eine ausreichende Tageslichtversorgung zu ermöglichen
- Teambüro, Hot Desking Office, Nonterritoriales Büro:
  - Modernste Büroform für zeitgemäße Unternehmen
  - Einsatz von Einzelarbeitsplätze, Kommunikationszonen und Besprechungs-/Konferenzzimmer in halboffener Bauweise; variable Anschlüsse für Notebooks (Netzwerk), Schnurlos-Telefone
  - Für Mitarbeiterstrukturen ohne fest gesetzte Arbeitszeiten und -orte sowie hohem Anteil an Telearbeit; insgesamt weniger Arbeitsplätze als Mitarbeiter

Die Ermittlung des Flächenbedarfs von Bildschirmarbeitsplätzen sollte nicht pauschal, sondern unter Beachtung ergonomischer und organisatorischer Notwendigkeiten erfolgen, um kontraproduktive Büroformen zu vermeiden. Der Bedarf der Unternehmen geht daher zu kommunikativen Büros, die sich je nach Anforderung flexibel gestalten lassen.

Wie viel Quadratmeter ein Mitarbeiter im Büro einnehmen soll, liegt im Ermessen der Unternehmensführung. Der von den Berufsgenossenschaften in den Sicherheitsregeln geforderte Flächenbedarf von 8 bis 10 m^2 pro Person kann hierbei lediglich ein Richt- oder Mindestwert bei der Planung von Büroräumen darstellen.

Cushman & Wakefield fand im Rahmen einer Studie heraus[3], dass in europäischen Büros deutsche Arbeitnehmer mit 30 m^2 den meisten Platz in ihren Büros in Deutschland zur Verfügung stehen haben, wogegen in Bulgarien, Estland und Schottland der kleinste Flächenanteil mit 10 m^2 zu finden ist. Im Mittelfeld befinden sich die Niederlande, Schweiz und die skandinavischen Ländern mit 20 m^2.

Bei der Planung von Büroräumen sollten neben den verwendeten Arbeitsmitteln und die für ihre optimale Benutzung notwendigen Flächenbedarfe immer auch Stell- und Funktionsflächen von Möbeln, Flächen für Besprechungen und andere Anforderungen, die sich aus den Arbeitsinhalten ergeben, berücksichtigt werden.

Als neuer Trend spielen vermehrt die Meetingpoints in den Unternehmen eine große Rolle, die den Mitarbeiter zur kommunikativen Nutzung untereinander zur Verfügung stehen sollen. Die bislang teilweise unpersönlich eingerichteten Ruheräume werden in den Firmen sukzessiv umgebaut und finden in den Planungen von Neubau-Erstbezügen mit ihrer einladenden Ausstattung mehr und mehr Akzeptanz.

Ebenso lässt sich feststellen, dass einhergehend mit hohen Anforderungen an die technische Ausstattung des Objektes vermehrt auch die qualitativen Belange an Flächen steigen. In Ergänzung zum gängigen Standardausbau einer Bürofläche erfolgen vermehrt auch Einbauten, die sich am Wohnungsbau orientieren.

Auch die Anzahl der lang-, kurz- und mittelfristig Beschäftigten kann über die Raumplanung entscheiden. Dabei ist das Teambüro bzw. das „Hot Desking Office" ein zukunftsweisendes Raumkonzept, wenn das Unternehmen viele Außendienstmitarbeiter und Teleworker beschäftigt. Durch die gemeinsame Nutzung eines Büroarbeitsplatzes durch mehrere Mitarbeiter, die zu verschiedenen Zeiten daran anbieten, steigt die Auslastung des einzelnen Schreibtischarbeitsplatzes und somit die Flächeneffizienz. Beim ähnlich gestalteten „Nonterritorialen Büro",

---

[3] Siehe Cushman & Wakefield, Presseinformation vom 12.7.2006.

arbeiten die Mitarbeiter projektbezogen von Tag zu Tag an unterschiedlichen Arbeitsplätzen, die alle mit den gleichen technischen, kompatiblen Ausstattungen versehen sind.

Die nachfolgende Tabelle zeigt die Faktoren aus der vorgenannten Studie, welche nach Auffassung der Befragten den größten Einfluss auf den Flächenbedarf in den nächsten fünf Jahren haben werden:

Tab. 3: zukünftige Einflussfaktoren auf den Büroflächenbedarf

Faktoren, die den Flächenbedarf in den nächsten fünf Jahren beeinflussen	Ranking der wichtigsten Faktoren für Vermieter	Ranking der wichtigsten Faktoren für Mieter
Kostenreduzierung	2	1
Konsolidierung existierender Standorte	3	3
Flächeneffizienz	1	2
Auslagerung von Back-Office-Funktionen an Standorte wie Randlagen oder Umland mit niedrigeren Mietkosten	6	7
Reduzierung der Flächen pro Mitarbeiter	5	6
Wechsel zu drahtloser IT-Technologie	8	8
Anstieg von Heimarbeit	7	5

1 = sehr wichtig/10 = nicht wichtig

Quelle: Cushman & Wakefield

2.4.2.3 Heads of Terms

Die Mietvertragsverhandlungen, die der Immobilienberater als Interessensvertreter des auftraggebenden Projektentwickler mit den Mietinteressenten führt (vgl. hierzu Punkt 2.4.1.3), sind die ersten Schritte zur Einkunftssicherung einer Anlageimmobilie. Wie wir bereits festgestellt haben, sind die zukünftigen Nutzer mit Ihrer Bonität und Branchenzugehörigkeit für den Vermarktungserfolg einer Projektentwicklung von entscheidender Bedeutung (vgl. hierzu Punkt 2.2.3.1).

Hierbei spielt die Gestaltung des Mietvertrages mit dem zukünftigen Nutzer eine große Rolle (im Beispiel einer Büroimmobilie):
– Mietlaufzeit
  • Bei Erstbezug eines Neubaus beträgt die Grundmietlaufzeit in der Regel mindestens 10 Jahre.
  • Verlängerungsoptionen von 3, 5 oder 10 Jahren sind im Anschluss der Grundmietlaufzeit möglich.
  • Sonderkündigungsrecht nach einer Grundmietlaufzeit von 5 oder 8 Jahren sind mit einer vereinbarten Vertragsstrafe (Pönale) geregelt, damit die bis dahin nicht amortisierten Investitionen des Vermieters gesichert sind.

– Die Mietlaufzeit beeinflusst die Investitionsbereitschaft des Vermieters in die Immobilie und sichert zudem die Amortisation der getätigten Investitionen.

– Mietzins
  • Anreize (sog. „Incentives") für den Mieter
    • in Form von mietfreier Mietzeit
    • in Form eines Kostenzuschusses
    • in Form einer Übernahme der Maklercourtage

- Wertsicherungsklausel
  - Staffelmiete (prozentuale oder betragsmäßige Erhöhungen)
  - Indexierung (i.d.R. nach Lebenshaltungsindex des Bundesamtes für Statistik)
- Nebenkosten
  - häufig als 2. Miete deklariert
- Kaution
  - i.d.R. zwischen drei und sechs Netto- oder Bruttomonatsmieten je nach Bonität des Mieters in Form einer selbstschuldnerische Bankbürgschaft

– Incentives, die der Projektentwickler dem Nutzer gewährt, sind bereits in der Nominalmiete eingerechnet und erhöhen somit durch den Verkaufs-Multiplikator die Kaufpreissumme der Immobilie. Für den Nutzer ergeben die ihm gewährten Incentives eine Reduzierung der Nominalmiete auf die effektiv zu zahlende Miete.

– Die Wertsicherungsklausel sichert die langfristige Ertragsentwicklung der Immobilie und führt somit zur Erhöhung des Cash Flows bei.

– Die Kaution sichert dem Eigentümer seine Ansprüche bei Mietzahlungsausfällen und sonstigen Ansprüchen aus dem Mietvertrag.

2.4.3 Marketingplan

Ziel:
Einführung und Positionierung der Immobilie! Erreichen der Vollvermietung!

Methode:
Eine zielorientierte Marketingmaßnahme, um den potentiellen Nutzer die Immobilie ins Bewusstsein zu rufen und Bedürfnisse zu wecken.

2.4.3.1 Phase I – Informationsbeschaffung
Zur Schaffung eines Produktes, müssen folgende Informationen beantwortet und zusammengefasst werden (vergl. hierzu Punkt 2.4.1 ff.):
– Standort
  - Anbindung an das Verkehrsnetz durch öffentliche und private Verkehrsmittel
  - Nachbarschaft im Umkreis von 500 m, 1.000 m, 1.500 m anhand eines Planes
  - Nahversorgung, Hotels, Restaurants, Tankstellen etc. anhand eines Planes
– Architektur
  - Philosophie der Architektur
  - Fassadengestaltung
  - Eingangshalle – Lobby
– Ausstattung
  - Bodenbelag
  - Decke
  - Beleuchtung
  - Sozialflächen und Teeküchen
  - Farbprogramme und -Zusammenstellung
  - Lichte Deckenhöhe in Büros und Flure
  - Hohlraum/-Doppelboden
  - Gebäudetiefe, Rastermaß
  - Empfangsbereich
  - Kühlung, Be- und Entlüftung mit Leistungsangabe
  - Tiefgarage, Anzahl Stellplätze
  - DV-Verkabelung, CAT 5, 6 o. 7
  - Serverraum
  - Stromleitung, sep. Leitungen, eigener Stromkreis
  - Traglast der Aufzüge mit Angabe Personenzahl

- Notstromversorgung
- Gebäudemanagement
– Sicherheit
  - Eingangskontrolle
  - Gebäudehaupt- und Nebeneingänge
  - Tiefgaragengeschosse
  - Gebäudeobergeschosse
  - Feuertreppen
  - Rauchmelder/Sprinkleranlagen
  - Überwachungskameras
  - Gegensprechanlage
  - Sicherheitspersonal

2.4.3.2 Phase II – Produktpositionierung

Phase II beinhaltet die Positionierung der Immobilie!

Die Informationen, die während der ersten Phase gesammelt wurden, sollten nun verwendet werden, um folgende Punkte zu unterstützen:

– Brand
  - Schaffung eines Namens
  - Schaffung eines Logos
  - Schaffung eines Claim
– Darstellung
  - Visualisierung des Projektes
    - 360° Grad Präsentation
    - 3-D Präsentation
    - Web Cam – On Location
    - Panoramabilder
    - Fassade
    - Bauabschnitt
    - Innenansichten
    - Geschosse
    - Mietflächen
    - Eingangsbereiche
– Tools
  - Maßstabsgetreues Modell
  - Broschüren, Mietexposé
  - Corporate Identity Träger
– Internet
  - Homepage
  - Werbebanner
  - Externe Links
– Vor Ort/Am Objekt („On Location")
  - Bauschild
  - Vermietungsplane
  - Musterbüro

2.4.3.3 Phase III – Produktmarketing

– Maßnahmen-Katalog („To Do's")
  - Nutzungsanalysen
  - Positionierung im Wettbewerb
  - Nachfrageanalysen und Definition von Zielgruppen
  - Erstellung von Vermarktungsstrategien

- Gezielter Einsatz von Marketinginstrumenten
- Objektpräsentationen und Besichtigungen
- Vertragsverhandlungen
- Vermarktungsgespräche und Beratung unter kaufmännischen Aspekten
- Regelmäßige Berichterstattung über die Vermarktungssituation
- Events
  - Spatenstich
  - Grundsteinlegung
  - Richtfest
  - Fertigstellung
  - Eröffnung
  - Pressekonferenzen

2.5 Fazit und Ausblick

Wie sehen erfahrene Marktteilnehmer die Entwicklung im gewerblichen Immobilienmarkt?

Ein knapper werdendes Angebot an neuen bzw. hochwertigen Büroflächen ist derzeit in vielen zentralen Lagen der europäischen Immobilienhochburgen zu beobachten. Die Verfügbarkeit von Büroflächen in Europas Hauptstädten bzw. Topmärkten sank im Vergleich zu 2007 um etwa 30 %. Es ist zu erwarten, dass das Flächenangebot in der kommenden Zeit weiter sinken wird.

Während die Baufertigstellung in den europäischen Hauptstädten im Jahr 2007 über 4 Millionen und in den Jahren 2008 sowie 2009 über 5 Millionen betrug, wurden 2010 und 2011 im Durchschnitt nur noch 2,5 Millionen m² fertiggestellt. Zum Stichtag 31. Juli 2012 sind lediglich knapp über 900.000 m² gezählt worden. Gleichwohl wird eine ansteigende Bauaktivität in den Städten Moskau, Paris und Brüssel festgestellt.

In den deutschen Immobilienhochburgen wie Frankfurt, München, Hamburg, Berlin und Düsseldorf war das Fertigstellungsvolumen im ersten Halbjahr 2012 mit insgesamt 316.200 m² im europäischen Verhältnis auf einem überdurchschnittlich guten Niveau. Auch die laufenden Bautätigkeiten sind im ersten Halbjahr 2012 mit etwa 1.607.900 m² eher unverhalten und werden nach 2002 wieder über der 1,5 Millionen m² Marke liegen. Die Mehrzahl dieser Flächen ist bereits vorvermietet und unterstreicht den weiterhin geringen Anteil der spekulativ errichteten Flächen.

Der Bestand an Büroflächen in den deutschen Immobilienhochburgen liegt derzeit bei etwa 72.430.000 m². Die Leerstandsrate liegt mit 6.717.000 m² bei 9 %.

Die Revitalisierung von älteren Bestandgebäuden, in denen Flächen aufgrund der Bestandsumschichtungen aufgrund der schlechten Ausstattung unvermietbar zur Verfügung stehen, wird in den nächsten Jahren zunehmen (müssen) und wird zu einer der Hauptaufgaben der Projektentwickler. Von Interesse für Umnutzungen und Revitalisierungen werden aufgrund des Nachfrageverhaltens demnach die innerstädtischen Lagen sowie die Cityränder der nationalen und internationalen Metropolen. Für Projektentwicklungen und Revitalisierungen in Top-Lagen ist spätestens jetzt der Startzeitpunkt gekommen, da die Nachfrage an neuen und hochwertigen Büroflächen weiter steigen wird.

Dennoch: Die flächenspezifische Angebotsentwicklung war bereits in der Vergangenheit in Abhängigkeit zur Marktentwicklung geschehen, während die Büroflächennachfrage von der konjunkturellen Entwicklung der Gesamtwirtschaft und der strukturellen Entwicklung einzelner Branchen entscheidend mitbestimmt wird.

Vor dem Hintergrund von sich wandelnden Märkten und Nutzeranforderungen wird die kompetente Vermarktung von Mietflächen in Zukunft weiterhin ein wesentlicher Baustein im Rahmen einer erfolgreichen Immobilien-Projektentwicklung bleiben. Die wesentlichen Risikoträger sind hierbei zumeist der Entwickler und seine Kapitalgeber, entsprechend verteilen sich Wagnis und Gewinn – der Immobilienberater erbringt seine Leistungen in der bescheidenen Kenntnis des Mehrwertes, den das Out-Sourcing einer spezialisierten Dienstleistung in der Projektentwicklung regelmäßig schafft.

3. Immobilienverkauf im Rahmen der Projektentwicklung

3.1 Abgrenzung des Themas und Gang der Untersuchung

Wie bereits in diesem Kapitel behandelt, umfasst Projektentwicklung üblicherweise auch die Vermarktung der Immobilie, die sich idealtypisch unterscheiden kann zwischen der Projektentwicklung, die nach Fertigstellung in den Bestand des Entwicklers (sog. Investor-Developer) übergehen soll oder von diesem an Dritte vermietet wird sowie der Projektentwicklung, die vor, während oder nach Fertigstellung des Objektes durch den Projektentwickler (sog. Trader Developer) an einen Investor zur Eigennutzung oder im unvermieteten bzw. (vor-)vermieteten Zustand als Kapitalanlage veräußert wird.

Letzteres ist Gegenstand des folgenden Beitrags, der darauf zielt, einen ganzheitlichen Überblick über den Verkaufsprozess zu geben, beginnend mit der Aufführung der Rahmenbedingungen des Investmentmarktes, über die Skizzierung von Investoren, deren Anlageformen und Investitionskriterien, potentielle Werttreiber der Projektentwicklung, deren Implementierung zur Erzielung des bestmöglichen Verkaufspreises dient, bis hin zur eigentlichen Strukturierung des Verkaufsprozesses. Der thematische Schwerpunkt liegt hier auf dem Einzelverkauf von Gewerbeimmobilien an institutionelle Investoren im beschränkten Bieterverfahren.

3.2 Grundlagen der Immobilieninvestition

3.2.1 Generelle Aspekte der Immobilieninvestition

3.2.1.1 Anlageklasse Immobilie

Die Investition in Immobilien erfolgt aus unterschiedlichen Zielsetzungen und Motiven heraus. Eigengenutzte Immobilien dienen privaten Haushalten, Unternehmen und Staat zur Bedarfsdeckung. Bei Immobilienunternehmen steht die Immobilie als Geschäftszweck im Mittelpunkt. Auf dem Kapitalanlagemarkt schließlich werden Immobilien neben Aktien und Bonds als eigenständige Anlagekategorie (Asset-Klasse) betrachtet. Die folgende Abbildung zeigt die Profile der Anlageklassen hinsichtlich der Erfüllung der Investitionsziele.

Abb. 1: Anlageklassen im Vergleich

Ziele	Erfüllungsgrad			
	Immobilien	Aktien	Renten	Cash
Rendite	gut	gut	mittel	schlecht
Liquidität	schlecht	mittel	mittel	gut
Sicherheit	gut	mittel	mittel	mittel

Immobilien eignen sich zum langfristigen Aufbau und zur Erhaltung von Vermögen. Es werden laufende, stabile Erträge (Mieten) erzielt bei im Vergleich zu Aktien geringeren Renditen. Immobilien bieten langfristig Sicherheit, Inflationsschutz und Wertstabilität, zusätzlich können sich Steuervorteile ergeben. Jedoch sind Immobilien höchst illiquide. Ihre Fungibilität wird durch die mit Immobilieninvestments verbundene hohe Kapitalintensität, durch ihre Komplexität hinsichtlich rechtlicher und technischer Gegebenheiten, durch ihre Heterogenität, aber auch durch ihre Immobilität stark eingeschränkt. Durch letztere kommt es zu Teilmarktbedingungen, wie sie für andere Anlageklassen nicht üblich sind. Während eine branchen- bzw. sektorenspezifische Teilmarktbildung auch bei Aktien existiert, so hat vor allem die geografische Teilmarktbildung eine enorme Bedeutung für die Preisbildung am Immobilienmarkt.

Weil Immobilien anders als Aktien oder Renten nicht kontinuierlich bewertet werden, können stille Reserven gebildet werden. Eine Diversifikation in Immobilien verbessert grundsätzlich das Rendite-Risiko-Profil. Die negativen Erfahrungen der jüngsten Vergangenheit an den Aktien- und Anleihemärkten und das hieraus erwachsene Diversifikationsbedürfnis durch eine breitere Risikostreuung ließen private wie auch institutionelle Investoren vermehrt nach alternativen Anlageformen suchen und in Immobilien investieren.

Der Erfolg einer Immobilieninvestition ist stark von der jeweiligen Nutzungsart abhängig, jedoch sind folgende Faktoren generell erfolgsentscheidend: Standort (Mikro-, Makrostandort), Mieter (Qualität, Bonität, Struktur), Marktentwicklung (Mieten, Verkaufspreis), Nutzungsflexibilität, Timing und Einkaufspreis.

3.2.1.2 Rahmendaten des Immobilieninvestmentmarktes

Über die vergangenen drei Jahrzehnte waren die Zyklen der Immobilienmärkte relativ einfach vorher zu sehen. Eng gekoppelt an die Entwicklung der Weltwirtschaft und ihrer ökonomischer Rahmendaten waren die Auf- und Abschwünge der Märkte sehr transparent. Mit dem Beginn des neuen Jahrtausends hat sich das Muster der Zyklen stark verändert. Verschiedene Faktoren haben darauf nachhaltig Einfluss genommen.

Das momentane Marktgeschehen wird in hohem Maße von einer breiten Objektverknappung, der Fremdkapitalvergabe der Hypothekenbanken, der neuen staatlichen Regulierung der Märkte dominiert. Daneben spielen die Globalisierung der Märkte, die Volatilität und Dynamik der Transaktionen sowie die Liquidität eine wichtige Rolle.

Die Entwicklung auf dem Deutschen Investmentmarkt ist seit Ende 2008 mit der Insolvenz des Amerikanischen Investmentbank Lehman Brothers in eine steile abwärts Bewegung übergegangen. Mit dem Platzen der Immobilienblase und der dadurch ausgelösten Subprime-Krise gingen alle Investitionen in direkte und indirekte Immobilienanlagen zeitweise dramatisch zurück, auch mit schweren Folgen für alle Finanzmärkte und die gesamte Konjunktursituation der Industrieländer. Diese Marktbereinigung ist weitestgehend abgeschlossen, jedoch nicht ohne fundamentale Auswirkungen für die Kapitalmärkte der Zukunft.

Mit besonders großem Interesse wird jüngst auch die Entwicklung bei den Offenen Immobilienfonds beobachtet. Die allgemeine Performance der Fonds sowie die im Rahmen der Immobilienbewertungen zu erbringende Sorgfalt rückten in das Interesse der Öffentlichkeit. Die potentielle Überbewertung von Objekten in diversen offenen Fonds und die zeitgleiche Umschichtung großer Vermögenswerte haben nicht nur zu signifikanten Mittelabflüssen bei zahlreichen Fonds geführt sondern teilweise auch zu deren Schließung und Abwicklung. Die Kapitalzuflüsse haben sich seit 2010 wieder weitestgehen stabilisiert. Laut BVI Bundesverband Investment und Asset Management führten die Offenen Immobilienfonds die Rangliste der Spezialfonds im Jahr 2011 an. Für sie wurden Kapitalzuflüsse von 1,2 Mrd. € registriert, während im Vorjahreszeitraum (2010) ein Mittelaufkommen von netto 1,6 Mrd. € verzeichnet wurde. Noch ist es zu früh, Auswirkungen auf Markt- und Renditeentwicklung identifizieren zu können. Sollten jedoch offene Fonds auch weiterhin gezwungen sein, massiv Objekte veräußern zu müssen um Liquidität sicher zu stellen, ist mit steigenden Renditen insbesondere im Büroimmobilienbereich zu rechnen.

Ungemach droht jedoch auch den geschlossenen Immobilienfonds die unter den Vorzeichen staatlicher Regulierung (AIFM) künftig deutlich erschwerte Investitionsmöglichkeiten einkalkulieren müssen. Im Zuge der Finanzmarktkrise werden Fondsinitiatoren deutlich strengeren Regularien unterworfen als bislang.

Insgesamt zeichnet den deutschen Investmentmarkt ein merkliches Ungleichgewicht aus. Das aktuelle Investoreninteresse – mit dem Druck, nun eine positive Wertentwicklung vorweisen zu müssen – trifft auf ein insgesamt nur geringes Volumen an geeigneten Investmentprodukten.

Der aktuelle Mangel an Core und Core+ Immobilien ist die Ursache für stabile bis sinkende Renditen. Abzuwarten bleibt, wie sich der Markt, angesichts der rückläufigen gewerblichen Bautätigkeit, der sich abzeichnenden Verkäufe seitens der offenen Fonds, der Zurückhaltung der geschlossenen Fonds und der rückläufigen Kreditvergabe der verbliebenen Hypothekenbanken entwickeln wird.

Für die nächsten Jahre wird auch vor dem Hintergrund der Eurokrise und einer sich abkühlenden Konjunktur eher eine Seitwärtsbewegung der Zinsen vorausgesagt, was weiterhin niedrige Hypothekenzinsen und damit attraktive Finanzierungsmöglichkeiten zur Folge hätte. Eine Erhöhung der Hypothekenzinsen hingegen würde sich negativ auf Geschwindigkeit und Größe des Anlagenmarktes und damit auf die erzielbaren Verkaufswerte auswirken. Ähnlich negative Auswirkungen hätte eine weiterhin schrumpfende Kreditvergabe der bereits ohnehin stark dezimierten Hypothekenbanken. Das Stichwort Kreditklemme ist in aller Munde und ist auch faktisch im Immobilientransaktionsmarkt angekommen.

3.2.2 Grundlagen der Investorenentscheidung

3.2.2.1 Nutzungsarten im Überblick

Wohnimmobilien

Der Markt für Wohnimmobilien zeichnet sich durch komplizierte Angebotsbedingungen und mieterfreundliche Gesetze aus. Für einen Investor ergibt sich eine angemessene Rendite, wenn er steuerliche Aspekte oder Fördermöglichkeiten in seine Kalkulation einbezieht. Der Mietwohnungsbau ist stark von direkten und indirekten staatlichen Transfers abhängig.

In den letzten Jahren sind deutsche Wohnungsportfolios in den Fokus internationaler Finanzinvestoren, insbesondere angelsächsischer Opportunity und Private Equity Funds geraten. Im Zeitraum von 1997 bis 2005 haben diese über den Erwerb deutscher Wohnungsunternehmen insgesamt ca. 800.000 Wohneinheiten erworben. Bezogen auf die Transaktionssumme war der Verkauf der Viterra AG im August 2005 an die Deutsche Annington Immobilien GmbH (DAIG) (Tochter der britischen Terra Firma Gruppe) Spitzenreiter. Mit diesem Verkauf erwarb die DAIG insgesamt 152.000 Wohneinheiten zu einem Gesamtpreis von ca. 7 Mrd. €.

Die Motive für die Investition in Wohnimmobilien in Deutschland werden im Folgenden festgehalten:

– Seit Jahren herrscht ein stabiles bis nachgebendes Miet- und Preisniveau auf niedrigem Niveau im europäischen Vergleich – mit einem baldigen Anstieg der Preise wird gerechnet

– Niedrige Leerstandsraten in Westdeutschland

– Niedrige Wohneigentumsquote (43 %) im europäischen Vergleich

– Zahl der Neubauten nahe dem Nachkriegstief – niedrige Zahl der Neubauten könnte zu Verknappungen in Ballungsräumen führen

– Historisch niedriges Zinsniveau.

Gewerbeimmobilien

Als Gewerbeimmobilien werden nicht oder nicht überwiegend zu Wohnzwecken genutzte Immobilien bezeichnet. Investitionen und Finanzierung gelten als gewerblich, wenn sie nicht dem Wohnungsmarkt zugeordnet sind.

Gewerbeimmobilien unterscheiden sich vom Wirtschaftsgut Wohnimmobilie durch eine höhere Komplexität. Branchenentwicklungen beeinflussen die Mietpreise und Werthaltigkeit von einzelnen Gewerbeimmobilien erheblich, was sich im Vergleich zu Wohnimmobilien in einem höheren Rendite-Risiko-Niveau ausdrückt.

Im Gegensatz zum mieterfreundlichen, gesetzlich verankerten Wohnungsmietrecht unterliegen die gewerblichen Mietverträge weitgehender Vertragsfreiheit. Umgekehrt erhöht die stärkere Konjunkturabhängigkeit der gewerblichen Mieter das Mietausfallrisiko. Die mit der Veräußerung von Gewerbeimmobilien einhergehenden Verwertungsrisiken haben einen erheblichen Einfluss auf die Rentabilität. Flexible Gebäudekonzepte und alternative Nutzung helfen die Wertentwicklung zu stabilisieren.

Unterschieden werden Büro-, Handels-, Industrie- und Sonderimmobilien, wobei institutionelle Immobilieninvestitionen hauptsächlich in Büro- und Handelsimmobilien erfolgen.

Die **Büroimmobilie** ist das klassische Anlageobjekt institutioneller Investoren. Die Nachfrage nach Büroflächen ist abhängig von der Bürobeschäftigtenzahl, deren Entwicklung wiederum von vielen Faktoren beeinflusst wird.

So sind die Bevölkerungsentwicklung und die ungewisse Zahl der Erwerbstätigen die zentralen Unsicherheitsmomente für langfristige Büromarktprognosen. Prognostiziert wird, dass sich einige Wachstumsregionen (wie z.B. München) in Zukunft behaupten werden, wohingegen periphere Büroregionen einem unaufhaltsamen Verfallsprozess mit dauerhaft hohen Leerständen zum Opfer fallen werden.

Der deutsche Büroimmobilienmarkt ist durch Standortvielfalt geprägt. Insgesamt sind in den „Big-Five" Bürostandorten ca. 72 Mio. m² Büroflächen gelistet, wovon insgesamt ca. 7 Mio. m² bzw. 9,3 % leer stehen.

Tab. 1: Spitzenmieten und Renditen von Büroimmobilien, Stand Juni 2012

Standort	Spitzenmieten			Spitzenrenditen		
	€/m² * Monat	5-Jahres Wachstum in %	Kurzfristiger Trend	Aktuell in %	10-Jahres- Betrachtung (max – min)	Kurzfristiger Trend
Berlin	21,50	4,9	steigend	5,00	6,00–5,00– 5.00	stabil
Frankfurt	34,00	–2,9	steigend	4,85	5,50–4,75	stabil
Hamburg	23,50	6,8	stabil	4,90	5,50–4,75	stabil
München	31,00	5,1	steigend	4,75	5,25–4,50	stabil
Düsseldorf	24,00	11,6	steigend	5,00	6,00–4,75	fallend
Stuttgart	19,00	5,6	stabil	5,80	6,25–5,25	fallend
Köln	21,50	10,3	stabil	5,60	6,25–5,50	fallend
Essen	13,50	12,5	stabil	6,80	7,00–6,00	stabil
Leipzig	11,50	15,0	stabil	6,80	7,00–6,00	stabil
Dresden	10,00	11,1	stabil	7,30	7,50–6,50	stabil

Quelle: Research Cushman & Wakefield, Juni 2012

Einzelhandelsimmobilien sind Objekte, die zum Verkauf von Waren genutzt werden. Die Typenvielfalt reicht von kleinflächigen Fach- und Spezialgeschäften über Super- und Verbrauchermärkte, Kaufhäuser bis zu großflächigen Einkaufszentren und Shopping-Centern. In Abhängigkeit vom Kaufverhalten und der angesprochenen Zielgruppe kommen Handelsimmobilien in der City, in Stadtteil- und Nebenzentren, an der Stadtperipherie oder auf der grünen Wiese vor. Generelle Erfolgsfaktoren dieser Nutzungsart sind ausreichende Parkmöglichkeiten, attraktive Sortimentsgestaltung und gute Erreichbarkeit.

Die Rendite- und Wertentwicklungen bei Einzelhandelsimmobilien korrelieren mit der Entwicklung der Ladenmiete, die durch die erzielbaren Umsätze beeinflusst wird. Zentrale Einflussfaktoren auf das Umsatzpotential sind wiederum die einzelhandelsrelevante Kaufkraft der Bevölkerung und das Einzugsgebiet des jeweiligen Standortes. Trotz der in den vergangenen Jahren zu beobachtenden rückläufigen oder stagnierenden Einzelhandelsumsatzentwicklung steigt die Einzelhandelsfläche seit Jahren an.

Die Mieten werden von der Shopgröße, dem Flächenzuschnitt und der Lage maßgeblich bestimmt.

Unter **Industrieimmobilien** werden Produktions-, Lager- und vor allem Logistikimmobilien zusammengefasst. Auf letztere wird im Folgenden kurz eingegangen.

Investoren sehen gut vermietete Logistikimmobilien mit stabilen Cashflows und überdurchschnittlichen Renditen zunehmend als Investmentchance. Die Unternehmen sind durch fortschreitende Vernetzung der Produktionsprozesse gezwungen, ihre Immobilien entsprechend zu konzeptionieren und Lagerbestände zu reduzieren. Moderne Zentrallager gewährleisten hohe Umschlaggeschwindigkeiten und substituieren sukzessive Regionallager. Erfolgsentscheidende Faktoren bei der Investition in Logistikimmobilien sind eine optimale Verkehrsanbindung, kostengünstige Flächenbereitstellung und flexible Nutzungskonzepte.

Tab. 2: Spitzenmieten und Renditen von 1A-Handelsimmobilien, Stand Juni 2012

Standort	Spitzenmieten			Spitzenrenditen		
	€/m² * Monat	5-Jahres Wachstum in %	Kurzfristiger Trend	Aktuell in %	10-Jahres- Betrachtung (max – min)	Kurzfristiger Trend
Berlin	280	27,3	stabil	4,70	5,25–4,60	stabil
Frankfurt	290	28,9	stabil	4,50	5,00–4,45	stabil
Hamburg	290	48,7	stabil	4,40	5,00–4,40	stabil
München	350	34,6	stabil	4,05	5,00–3,85	fallend
Düsseldorf	260	30,0	stabil	4,45	5,00–4,45	stabil
Stuttgart	260	23,8	stabil	4,75	5,00–4,60	stabil
Köln	280	36,6	stabil	4,45	5,00–4,40	stabil
Essen	110	10,0	stabil	5,40	6,25–5,00	stabil
Leipzig	130	13,0	stabil	5,60	6,50–5.25	stabil
Dresden	115	15,0	stabil	6,00	6,50–5,50	stabil

Quelle: Research Cushman & Wakefield, Juni 2012

Tab. 3: Spitzenmieten und Renditen von Industrieimmobilien, Stand Juni 2012

Standort	Spitzenmieten			Spitzenrenditen		
	€/m² * Monat	5-Jahres Wachstum in %	Kurzfristiger Trend	Aktuell in %	10-Jahres- Betrachtung (max – min)	Kurzfristiger Trend
Berlin	4,55	1,1	stabil	10,45	10,65–10,25	stabil
Frankfurt	6,00	0,0	stabil	10,15	10,20–9,75	stabil
Hamburg	5,05	1,0	stabil	10,15	10,20–9,75	stabil
München	5,90	2,6	steigend	9,75	9,95–9,50	fallend
Düsseldorf	5,05	1,0	stabil	10,15	10,20–9,75	stabil
Stuttgart	4,55	1,1	stabil	10,65	10,70–10,25	stabil
Köln	4,55	1,1	stabil	10,65	10,70–10,25	stabil
Essen	4,05	1,3	stabil	10,65	10,70–10,25	stabil
Leipzig	3,55	1,4	stabil	11,60	11,70–11,25	fallend

Quelle: Research Cushman & Wakefield, Juni 2012

Sonderimmobilien sind für eine bestimmte Nutzung konzipiert und folglich in ihrer Drittverwendungsfähigkeit und Fungibilität sehr eingeschränkt. Eine Umnutzung ist daher nur unter dem Einsatz von hohen Kosten realisierbar. Sowohl die Rendite als auch die Risiken sind höher als bei klassischen Gewerbeimmobilien. Sonderimmobilien sind immer Betreiber- und/oder Managementimmobilien.

Betreiberimmobilien zeichnen sich durch die Übernahme des Objektmanagements vom Nutzer (Mieter, Pächter) aus. Typisch sind Hotels, Freizeit- oder Sozialimmobilien. Managementimmobilien bringen mehrere Betreiber unter, die von einem Objektmanagement koordiniert werden. Beispiel: Shopping-Center.

Hotelimmobilien zählen zu den Betreiberimmobilien. Sie sind durch schwankende Auslastung und hohe Fixkosten aufgrund der personalintensiven Bereitstellung charakterisiert. Erfolgreiche Hotels erreichen eine Zimmerbelegung von über 60 %. Die Pachtquoten sollten je nach Kategorie zwischen 22 bis 27 Prozent des nachhaltigen Umsatzes liegen. Investitionen in Hotelimmobilien sind verwaltungsarm und erfordern langfristige (meist 20-jährige), indexierte Pachtverträge mit bonitätsstarken, renommierten Betreibern.

Zu den **Freizeitimmobilien** zählen Fitness-Studios, Freizeit- und Erlebnisparks, Multiplex-Kinos, Opern, Musicaltheater, Urban Entertainment Center, Science Center, Stadien, Arenen, Spaßbäder und Sportanlagen. All diese Anlagen sind stark abhängig von konjunkturellen Entwicklungen und Modetrends. Freizeitimmobilien unterliegen einem kurzen Lebenszyklus und ständiger Veränderung sowie Modernisierung. Ihr Einzugsgebiet ist oft überregional. Investoren bevorzugen multifunktionelle, nutzungsflexible Objekte.

Sozialimmobilien umfassen z.B. Wohn- und Pflegeheime, Reha-Kliniken oder Senioren-Residenzen. Ihr Erfolg ist unmittelbar von der Leistung des Betreibers abhängig. Sie unterliegen einer eingeschränkten Drittverwendungsfähigkeit. Bei der Betreuung älterer Menschen sind umfangreiche gesetzliche Rahmenbedingungen (Heimgesetz und Pflegeversicherung) zu berücksichtigen.

3.2.2.2 Anlageformen im Überblick

Direkte und Indirekte Anlage

Das Anlagespektrum von Investoren erstreckt sich zunächst einmal auf zwei Anlageformen: die direkte und indirekte Immobilienanlage.

Mit der Direktinvestition in Immobilien wird das rechtliche und wirtschaftliche Eigentum mit allen Rechten und Pflichten erworben. Der Direkterwerb erfordert in der Regel einen hohen Kapitaleinsatz, insbesondere bei Gewerbeimmobilien, und ist mit hohen Erwerbsnebenkosten wie Grunderwerbsteuer, Notargebühren, Maklerprovision verbunden. Von Vorteil ist die uneingeschränkte Kontrolle über die Immobilie sowie die Einnahmen, die die Immobilie generiert, und über potentielle Wertsteigerungen, die dem Kapitalanleger direkt zuteil werden.

Bei der indirekten Immobilienanlage stellt der Investor sein Kapital einem professionellen Marktteilnehmer zur Verfügung, der dieses indirekt über unterschiedliche Investmentvehikel wie Fonds oder Immobilienaktiengesellschaften in Immobilien anlegt. Die indirekte Investition ist schon mit geringen Beiträgen möglich, so dass dem breiten Publikum der Zugang zur Immobilienanlage eröffnet wird. Weitere Vorteile sind neben hoher Fungibilität und Diversifikation auch die Arbeitserleichterung durch Abgabe der Managementfunktion.

Der Markt ist durch eine wachsende Nachfrage nach indirekten Immobilienanlageformen gekennzeichnet. In den vergangenen Jahren investierten die privaten Anleger bevorzugt in offene Immobilienfonds, die institutionellen in den Immobilien-Spezialfonds.[1]

---

[1] Vgl. *Rebitzer, Dieter W.*: Anlageformen, generelle Aspekte der Immobilieninvestition sowie Immobilieninvestments, in: *Schäfer, Jürgen/Conzen*, Georg (Hrsg.), Praxishandbuch der Immobilien-Investitionen, München: C.H. Beck Verlag, 2005, S. 20 ff.

Geschlossene Immobilienfonds

Der geschlossene Immobilienfonds oder auch „Closed End-Fund" ist eine durch einen Fondsinitiator errichtete Personengesellschaft, die meist in der Rechtsform der Kommanditgesellschaft firmiert. Wesensmerkmal aller Gesellschaften ist die unmittelbare Beteiligung eines jeden Gesellschafters am Immobilienvermögen. Eine Investition in einen geschlossenen Immobilienfonds kommt insoweit dem direkten Kauf einer Immobilie sehr nahe.

Investitionsgegenstand können entweder ein oder mehrere Gebäude nahezu aller Marktsegmente (z.B. Büro- und Handelsimmobilien, aber auch Hotels und Spezialimmobilien) sein. Im Regelfall stehen zum Zeitpunkt der Kapitalbeteiligung die beabsichtigten Investitionsvorhaben und damit auch das Fondsvolumen fest. Es existieren keine direkten gesetzlichen Anlegerschutzbestimmungen. Die Investorenzahl beschränkt sich im Normalfall auf nur wenige hundert Anleger.

Nach vollständiger Platzierung des benötigten Beteiligungskapitals wird der Fonds geschlossen. Das Investitionsvolumen liegt üblicherweise zwischen 50 und 250 Mio. €, die Mindestbeteiligung für Privatanleger in der Regel bei 10.000 bis 50.000 €. Das Performanceziel ist auf die Nutzung von Steuervorteilen sowie hohe, langfristig steigende Ausschüttungen ausgerichtet, weshalb die geplante Laufzeit des Fonds bei mindestens 8 bis 10 Jahren liegt, üblich sind rund 20 Jahre.

Die Fungibilität ist eingeschränkt, da kein initiatorenunabhängiger Zweitmarkt existiert. Geschlossene Fonds sind sowohl bei Privatanlegern als auch institutionellen Investoren akzeptiert. Bedingt durch Einsparungen beim Vertrieb und der laufenden Anlegerverwaltung werden zumeist höhere Renditen als bei Publikumsfonds erzielt.[2]

Offene Immobilienfonds

Offene Immobilienfonds sind Grundstückssondervermögen, die von einer Kapitalanlagegesellschaft verwaltet werden, welche durch das Gesetz über Kapitalanlagegesellschaften bzw. das seit Januar 2004 in Kraft getretene Investmentgesetz (InvG) streng reglementiert wird. Die Fonds sind offen, d.h. es liegt keine Beschränkung des Zeichnungsvolumens vor, weil jederzeit eine Beteiligung neuer Fondsteilhaber möglich ist. Gesetzlich bestimmt müssen die offenen Fonds mindestens 5 % des Fondsvermögens in liquiden Mitteln anlegen.[3]

Die Höhe der Mindestbeteiligung liegt bei ca. 50 €. In den Sondervermögen befinden sich meist mehr als 50 Immobilien. Ein Erfolgsfaktor ist die hohe Fungibilität des offenen Immobilienfonds. Durch die (in der Regel) jederzeitige Rücknahmeverpflichtung der Anteilsscheine (nach KAGG), die börsentägliche Anteilspreisermittlung und die halbjährliche Publizitätspflicht wird eine hohe Marktakzeptanz erreicht.

Bevorzugte Investitionsobjekte der offenen Immobilienfonds sind gewerbliche Immobilien, allen voran Büroobjekte, aber auch Hotels und Einzelhandelsimmobilien, die sich typischerweise in Deutschland auf ausgewählte Standorte, wie die sogenannten Big Five, konzentrieren. Aufgrund veränderter gesetzlicher Rahmenbedingungen sind die offenen Immobilienfonds zunehmend im Ausland aktiv. Offene Immobilienfonds setzten in der Regel ein bestimmtes Mindestvolumen voraus, bevor ein Objektankauf interessant ist. Orientierungswert ist etwa 15 Mio. €.[4]

Gegenwärtig liegt das kumulierte Mittelaufkommen der offenen Immobilienfonds bei 84,6 Mrd. € (Stand 30.4.2012): nachdem einige deutschlandfokussierte Fonds seit Ende 2003 mit hohen Mittelabflüssen konfrontiert sind. Die Fondsanzahl beläuft sich auf 34 offene Immobilienfonds.[5] Depotbanken halten im Juni 2012 rund 219 offene Immobilienfonds.

---

[2] Vgl. *Schulte, Karl-Werner* u.a. (Hrsg.): Handbuch Immobilien-Investition, Köln: Verlagsgesellschaft Rudolf Müller, 2005, S. 516 ff.

[3] Vgl. Bankhaus Ellwanger & Geiger (Hrsg.): Europäische Immobilienaktien, Stuttgart, 2000, S. 46.

[4] Vgl. *Schulte, Karl-Werner* u.a. (Hrsg.): Handbuch Immobilien-Investition, Köln: Verlagsgesellschaft Rudolf Müller, 2005, S. 522.

[5] Vgl. BVI Bundesverband Investment und Asset Management e.B. (Hrsg.): BVI-Absatzstatistik Investmentmarkt Deutschland (Stand 30.6.2006).

Spezialfonds

Spezialfonds sind von ihrer formalen Konstruktion und Funktionsweise her weitgehend identisch mit den offenen Fonds. Der wesentliche Unterschied ergibt sich aus dem Anlegerkreis, der bei offenen Fonds unbeschränkt, bei Spezialfonds aber den nicht natürlichen Personen vorbehalten ist. Ein Spezialfonds kann z.B. für nur einen institutionellen Großanleger maßgeschneidert werden.

Immobilien-Spezialfonds bieten vor allem Versicherungen, Pensionskassen und Versorgungswerken die Möglichkeit, eine indirekte Immobilienkapitalanlage auf Basis von Investmentanteilen einzugehen. Die Zuordnung der indirekten Immobilieninvestition zum so genannten Sicherungsvermögen – durch den Immobilien-Spezialfonds gewährleistet – ist für die Anlageentscheidung einer Versicherung von hoher Bedeutung und hat die Attraktivität dieses Anlageinstrumentes gefördert. Auf Anbieterseite kristallisiert sich eine Marktstärke der fünf größten Fondsanbieter heraus. Zusammen haben sie einen Anteil von 65,9%, wobei die Oppenheim Immobilien Kapitalanlagegesellschaft mbH als Marktführer mit 26,7% Marktanteil stärkster Anbieter ist.[6]

Der Anteil der Immobilienspezialfonds an dem Gesamtmarkt der Immobiliensondervermögen beläuft sich auf ca. 15%. Die Fondsanzahl und das Fondsvolumen stiegen seit den 1990er Jahren kontinuierlich an: Waren es 1993 gerade 9 Fonds, wurden 2004 schon 86 Fonds gezählt und aktuell sind es rund 176 offene Immobilienspezialfonds mit rund 34,1 Mrd. € Fondsvermögen. Die nach Fondsvolumen bedeutendste Investorengruppe sind die Versicherungswirtschaft (60,8%) sowie Pensionskassen und Versorgungswerke (17,7%). Ausländische Investoren haben einen Anteil von 4,7%. Die bevorzugten Investitionssektoren der Spezialfonds waren Büroimmobilien mit 62%, gefolgt von „Wohnen" (8%) sowie Handelsobjekte (30%).[7]

Immobilienaktiengesellschaften

Immobilienaktien sind Anteilsscheine an börsennotierten Unternehmen, deren Geschäftszweck darin besteht, Immobilien zu entwickeln bzw. im Eigentum der Gesellschaft oder für Dritte zu verwalten. Die Immobilienaktien kombinieren die Vorteile der Immobilie (Sicherheit) mit denen der Aktie (Liquidität) und schaffen so einen fungiblen, börsenbewerteten Immobilienbesitz. Erfolgsfaktor dieser Anlageklasse sind geringe Transaktionskosten, kleine Stückelungen, hohe Transparenz und internationale Akzeptanz. Ein weiterer Vorteil ist die verkürzte Spekulationsfrist bei Aktien im Vergleich zur Direktanlage in Immobilien. Die Mindestbeteiligung beginnt ab einem Wert von einem Euro, ist also auch für Kleinanleger interessant.

Nachteilig sind der geringe Streubesitz („Free Float") und die, anders als in den USA, Großbritannien oder Frankreich, geringe Marktkapitalisierung.

Vom Bankhaus Ellwanger & Geiger wurde 1995 der DIMAX als Index für deutsche Immobilienaktiengesellschaften aufgelegt (31.12.1988 = 100).[8] Er setzt sich derzeit aus 59 Titeln zusammen. Die Gewichtung der einzelnen Titel erfolgt nach der Marktkapitalisierung der Gesellschaften. Der Indexstand wird börsentäglich auf der Basis der Kassakurse ermittelt. Die Marktkapitalisierung (Börsenwert) der im DIMAX gelisteten Papiere beträgt 11,1 Mrd. € per 30.6.2006. Dabei zeigt sich eine starke Konzentration auf wenige große Marktteilnehmer. Das größte Unternehmen (IVG) erreicht einen Anteil von fast 25%, auf die Top Five entfällt die Hälfte des Marktwertes.[9]

---

[6] Vgl. *Thürmer, Sebastian:* Immobilien-Spezialfonds gewinnen an Bedeutung in Frankfurter Allgemeine Zeitung, Nr. 185, 11.8.2006, S. 43.

[7] Vgl. DID Deutsche Immobilien Datenbank GmbH (Hrsg.): Studie „Immobilien Spezialfonds – Darstellung und Analyse", 2005.

[8] Vgl. *Rebitzer, Dieter W.:* Anlageformen, generelle Aspekte der Immobilieninvestition sowie Immobilieninvestments, in: *Schäfer, Jürgen/Conzen, Georg* (Hrsg.), Praxishandbuch der Immobilieninvestition, München: C.H. Beck Verlag, 2005, S. 26.

[9] Vgl. Bankhaus Ellwanger & Geiger (Hrsg.): Indexaufbau, undatiert URL:http://www.privatbank. de/web/CMSEuG.nsf/0/527DEA480C58FCE5C1256FE3005279EE/$file/Dimaxde.pdf?OpenElement.

Real Estate Investment Trusts

Real Estate Investment Trusts sind börsennotierte Aktiengesellschaften, die 1960 in den USA initiiert wurden und seit einigen Jahren auch vermehrt im europäischen Ausland vorkommen. Man unterscheidet Equity-REITs (Management/Entwicklung), Mortgage-REITs (Immobilienkredite) und Hybrid-REITs (Mischform). Ferner gibt es REIT-Fonds.

REITs sind zu mindestens 75 % in Immobilien investiert und generieren mindestens 75 % der Bruttogewinne aus Immobiliengeschäften. Die Mindestanzahl der Aktionäre liegt bei 100, nicht mehr als 50 % der Aktien dürfen von fünf oder weniger Investoren gehalten werden.

Im Allgemeinen erwirtschaften REITs eine Durchschnittsrendite von über 12 % und haben geringe Kursschwankungen.[10]

Real Estate Private Equity Fonds

Initiatoren von Real Estate Private Equity Fonds sind zumeist namhafte Investmentbanken wie Goldman Sachs, Deutsche Bank oder JP Morgan, die Immobilieninvestitionen mit Eigenkapitalzusagen einer hervorragenden Investorenbasis tätigen.

Die Investoren der Real Estate Private Equity Fonds sind vorwiegend große Institutionelle, Versicherungen, Pensionskassen, aber auch vermögende Privatkunden, die über Eigenkapital in der Höhe von mehreren Milliarden Euro verfügen.

Deutschland ist seit einigen Jahren einer der europäischen Zielmärkte der Real Estate Private Equity Fonds, die global in fast allen Immobilienmärkten der Welt vertreten sind.[11]

Im Immobilienbereich existieren verschiedene Marktteilnehmer, die der Obergruppe Private Equity zugeordnet werden können. Dies sind unter anderem Opportunity-Fonds/Value-Added-Fonds, Principal Finance Groups and Real Estate Venture Capital.[12]

Die Besonderheiten des Opportunity Fonds werden im Folgenden kurz skizziert, da diese seit einigen Jahren einen zunehmend wichtigen Anteil an Immobilieninvestitionen in Deutschland halten, sowie des Venture Capital, das vor allem im Bereich der Projektentwicklung eine Rolle spielt.

Real Estate Opportunity Fonds etablieren sich zunehmend am internationalen Immobilienmarkt. Die Opportunity-Fonds sind vor allem an Produkten interessiert, die einen Gelegenheitskauf darstellen. Die Investition erfolgt sowohl in klassische Sektoren wie Büro, Einzelhandel und Lagerhäuser als auch in andere Bereiche, wie z.B. Serviced Apartments, Self Storage oder aber auch in nicht mehr bediente Immobilienkredite („distressed loans").

Zu ihrer Geschäftätigkeit zählen vorwiegend großvolumige und spekulative Projektentwicklungsvorhaben und der Erwerb von Immobilenportfolios mit anschließender Revitalisierung und Neuvermietung der Objekte. Der Verkauf (Exit) erfolgt häufig an bestandshaltende Immobilien-AGs, offene Immobilienfonds oder andere institutionelle Investoren.

Opportunity Fonds streben eine Eigenkapitalrendite von über 20 % bei einer kurzen Haltedauer von etwa fünf Jahren an. Diese Renditeanforderung setzt in der Regel eine hohe Fremdkapitalaufnahme (Leverage) voraus (bis zu 90 Prozent).[13] Der Ertrag wird aus der Optimierung des Bestandes durch aktives Miet- und Verwaltungsmanagement, Nutzung von Baureserven und Durchführung von Privatisierungsaktivitäten generiert.[14]

---

[10] Vgl. *Rebitzer, Dieter W.*: Anlageformen, generelle Aspekte der Immobilieninvestition sowie Immobilieninvestments, in: *Schäfer, Jürgen/Conzen, Georg* (Hrsg.), Praxishandbuch der Immobilieninvestition, München: C.H. Beck Verlag, 2005, S. 27

[11] Vgl. *Kiesl, Benedikt:* Real Estate Acquisition & Leverage; Finance: Finanzierung von Immobilienportfolios und Immobilienunternehmen, in: *Gondring, Hanspeter/Zoller, Edgar/Dinauer, Josef* (Hrsg.), Real Estate Investment Banking, 1. Auflage, Wiesbaden, Gabler Verlag, 2003, S. 333.

[12] Vgl. *Ramm, Michael:* Real Estate Private Equity, in: *Gondring, Hanspeter/Zoller, Edgar/Dinauer, Josef* (Hrsg.), Real Estate Investment Banking, 1. Auflage, Wiesbaden, Gabler Verlag, 2003, S. 453 ff.

[13] Vgl. *Ramm, Michael: Real Estate Private Equity*, in: *Gondring, Hanspeter/Zoller, Edgar/Dinauer, Josef* (Hrsg.), Real Estate Investment Banking, 1. Auflage, Wiesbaden, Gabler Verlag, 2003, S. 454.

[14] Vgl. *Rebitzer, Dieter W.*: Anlageformen, generelle Aspekte der Immobilieninvestition sowie Immobilieninvestments, in: *Schäfer, Jürgen/Conzen, Georg* (Hrsg.), Praxishandbuch der Immobilieninvestition, München: C.H. Beck Verlag, 2005, S. 27.

Der Begriff **Venture Capital** taucht oft im Zusammenhang mit Projektentwicklern und Immobilienunternehmern auf, die eine Projektentwicklung mit eigenem Kapital oder Kapital von Partnern selbst finanzieren, bis diese sich nach einiger Zeit zur Fremdfinanzierung eignet.

Oft werden hier ein bis zwei Jahre harte Arbeit und eigenes Kapital investiert, bis die Idee reif ist für die Einbindung eines Private-Equity-Investors. Reine Venture-Capital-Fonds, die für einen „Start-up" z.B. Kapital für die Planungskosten, Geschäftskosten sowie Kapital zur Sicherung von Grundstücken zur Verfügung stellen, kommen im Immobiliengeschäft nur selten vor, da zunehmend größere Beträge pro Einzelobjekt investiert werden müssen.[15]

3.2.2.3 Immobilieninvestoren im Überblick

Investorengruppen

Die Marktfunktion von **Investoren in der Projektentwicklung** besteht in einer Nachfragefunktion von Projekten vor, während oder nach ihrer Fertigstellung. Je nach Anforderung lassen sich die auf dem Markt agierenden Investoren in drei Gruppen einteilen: Endinvestor, aktiver Trader-Investor und Wagniskapitalgeber.

In Abhängigkeit von der Funktion des Investors wird mit verschiedenen Intentionen Kapital im Rahmen dieses Erwerbs investiert. Grundsätzliche Motive für die Investition in Immobilien differieren in Abhängigkeit von der Investorenfunktion und können die Eigennutzung, das Gewinnstreben und die Vermögensmehrung, die Ausnutzung von Steuervorteilen und Subventionen des Staates, die Bildung von Rücklagen und Reserven, der Immobilienerwerb zur privaten Altersvorsorge und Zukunftssicherung, die Diversifikation sowie die Befriedigung individueller oder kollektiver Bedürfnisse und Schutz vor Inflation umfassen.[16]

Der Endinvestor erwirbt ein Objekt oder eine Objektgesellschaft vom Projektentwickler. Im Falle einer Investition vor oder während der Entwicklung, wird die Bauqualität anhand einer Baubeschreibung definiert und vom Projektentwickler garantiert.

Abhängig von der Marktsituation, Standortqualität, Objektgröße, Nutzung und Eigenkompetenz verlangt der Endinvestor eine Mietgarantie vom Projektentwickler oder er übernimmt in Ausnahmefällen einige Tätigkeiten selbst. Das erworbene Objekt geht in den Bestand des Endinvestors mit dem Ziel ein, aus dem Objekt eine nachhaltig gesicherte Rentabilität durch dauerhafte Cashflowüberschüsse und einen langfristigen Wertzuwachs, und damit einhergehend, einen möglichst hohen Kapitalwert aus der Investition zu erzielen.[17] Je nach Kapitalstruktur des Investors wird neben Eigenkapital auch eine Fremdfinanzierung in Anspruch genommen.

Endinvestoren können sowohl institutionelle Immobilienanleger, wie Versicherungen, Spezialfonds, Pensionsfonds und -kassen, offene und geschlossene Immobilienfonds sein, aber auch Privatinvestoren direkt. Auch strategische Investoren, die sich den Zugriff auf bestimmte Immobilien sichern wollen, um den Produktabsatz zu fördern (z.B. Gastronomie, Einzelhandel), gehören zur Gruppe der Endinvestoren.

Der Trader-Investor erwirbt entweder ein Objekt oder eine Objektgesellschaft vor oder während der Projektentwicklung. Die Projektentwicklungsleistung wird entweder vom Trader-Investor selbst übernommen (Eigenentwicklung) oder durch Fremdvergabe realisiert. Die Marktfunktion des Trader-Investors besteht in einer Eigenkapitalfunktion bzw. Investitionsfunktion mit der Absicht, einen möglichst hohen Trading-Profit bzw. eine tragfähige Umsatzrendite auf das investierte Eigenkapital durch eine frühzeitige Veräußerung der Immobilie zu erzielen. Der Trader-Investor kann im Rahmen seiner Marktfunktion Entscheidungen aktiv beeinflussen bzw. (mit-)bestimmen, was aus Investorsicht zu einer Risikoreduzierung führt.[18]

---

[15] Vgl. *Ramm, Michael:* Real Estate Private Equity, in: *Gondring, Hanspeter/Zoller, Edgar/Dinauer, Josef* (Hrsg.), Real Estate Investment Banking, 1. Auflage, Wiesbaden, Gabler Verlag, 2003, S. 455.

[16] Vgl. *Fischer, Carsten:* Projektentwicklung: Leistungsbild und Honorarstruktur, Köln: Müller, 2004, S. 40 f.

[17] Vgl. *Marth, Hermann/Conzen, Georg:* Projektentwicklungsgesellschaften, in: *Schäfer, Jürgen/Conzen, Georg* (Hrsg.), Praxishandbuch der Immobilieninvestition, München: C.H. Beck Verlag, 2005, S. 284.

[18] Vgl. *Fischer, Carsten:* Projektentwicklung: Leistungsbild und Honorarstruktur, Köln: Müller, 2004, S. 43 f.

Die Marktfunktion des Wagniskapitalgebers kann von unterschiedlicher Natur sein. Entweder tritt dieser als Eigenkapitalgeber in Form einer aktiven Gesellschaftsbeteiligung oder -übernahme auf, wobei er i.d.R. das aktive Management in der Wertschöpfungsfunktion sowie durch den Eigenkapitaleinsatz das volle Projektentwicklungsrisiko übernimmt.

Oder der Wagniskapitalgeber tritt in einer Zwischenfunktion aus passivem Eigenkapitalgeber und Fremdkapitalgeber auf und übernimmt im Rahmen der Finanzierung der Projektentwicklung eine Mezzanine-Tranche („Mezzanine Debt" bzw. „Junior Loan"), die eine Mischform aus Eigenkapital und Fremdkapital darstellt. Die Mezzanine-Tranche zeichnet sich u.a. durch eine Nachrangigkeit zum erstrangig gesicherten Fremdkapital („Senior Loan") aus.

Mit der Übernahme der Differenz aus maximal verfügbarem Fremdkapital und dem Finanzierungsbedarf des Projektentwicklers übernimmt der Wagniskapitalgeber somit zeitlich begrenzt aus Sicht des Fremdkapitalgebers einen Teil der Haftungs- und Risikofinanzierungsfunktion, die normalerweise dem Eigenkapital zukommt.

Die Rendite des Wagniskapitalgebers umfasst eine feste und erfolgsunabhängige Komponente („Current Yield") zu einem geforderten Zinssatz („Preferate Return") und eine Erfolgskomponente („Capital Gain" bzw. „Equity Kicker").[19]

Private und Institutionelle Investoren

Privatinvestoren

Die Privatinvestoren sind die heterogenste Investorengruppe am Markt. Der klassische Privatanleger, für den ein Immobilienerwerb eine sichere Form der Kapitalanlage darstellt, legt in der Regel maximal 5 Mio. € an. Bevorzugt werden Wohn- und Geschäftshäuser, kleinere Nahversorgungszentren oder Eigentumswohnungen. Es gibt aber auch Privatinvestoren, die bis zu 20 Mio. € und mehr anlegen.

Die heterogene Schar der privaten Investoren unterscheidet sich speziell hinsichtlich Investitionsvolumina und Professionalität, die mit zunehmendem Investitionsvolumen ansteigt.[20] Im Allgemeinen lassen sich Privatinvestoren durch emotionale Produktwahl, geringere Investitionsvolumina, geringere Professionalität und Steuerorientierung von institutionellen Investoren unterscheiden.

Als Institutionelle Investoren können Kapitalsammelstellen mit Multi-Asset-Portfolios oder Unternehmen, die Immobilien zum Zwecke der Kapitalanlage für sich oder Dritte kaufen und vermieten, bezeichnet werden. Institutionelle Investoren sind Versicherungen, Pensionskassen und Pensionsfonds, Unterstützungskassen und Versorgungswerke, aber auch Stiftungen, Kirchen, Leasinggesellschaften, Kapital anlegende Unternehmen und ausländische Investoren. Weitere Institutionelle sind die schon behandelten Immobilienprodukte (Immobilienfonds, Immobilien-AGs etc.) und die dahinter stehenden Initiatoren und Projektentwicklungsgesellschaften.[21]

Wie in der folgenden Darstellung aufgeführt, halten die geschlossenen Fonds 41 % der indirekten Immobilienbeteiligungen in Deutschland, gefolgt von offenen Fonds mit 22 % und Leasinggesellschaften mit derzeit 20 %. Ein bedeutender Anteil kommt auch den Versicherungen und Pensionsfonds mit 9 % zu, während ausländische Investoren trotz manches spektakulären Deals in der jüngsten Vergangenheit bis zum Erhebungsmonat Mai 2006 nur einen Anteil von 5 % erreichten. Schlusslicht bilden die börsennotierten Immobilien-Aktiengesellschaften mit 3 %.[22]

---

[19] Vgl. *Fischer, Carsten:* Projektentwicklung: Leistungsbild und Honorarstruktur, Köln: Müller, 2004, S. 45 f.

[20] Vgl. *Nehls, Jörg/Schneider, Wolfgang/Tschammler, Timo:* Der Markt für Immobilieninvestitionen, in: *Gondring, Hanspeter/Zoller, Edgar/Dinauer, Josef* (Hrsg.), Real Estate Investment Banking, 1. Auflage, Wiesbaden, Gabler Verlag, 2003, S. 535.

[21] Vgl. *Rebitzer, Dieter W.:* Anlageformen, generelle Aspekte der Immobilieninvestition sowie Immobilieninvestments, in: *Schäfer, Jürgen/Conzen, Georg* (Hrsg.), Praxishandbuch der Immobilieninvestition, München: C.H. Beck Verlag, 2005, S. 32 f.

[22] Vgl. Online-Meldung Immobilienzeitung, IZ-News: Geschlossene Fonds halten 41 % der Immobilienbeteiligungen in Deutschland, 7.7.2006.

Ausgewählte Institutionelle Investoren

Für Versicherungen und Pensionskassen stellen Immobilieninvestitionen nur einen relativ kleinen Teil im Rahmen ihres gesamten Anlageportfolios dar. Vorrangiges Ziel ist die Risikodiversifizierung, wobei langfristig sichere Investments in innerstädtischen Toplagen nachgefragt werden. Aus diesem Grund akzeptieren Versicherungen und Pensionskassen häufig geringere Anfangsrenditen als andere Anlegergruppen.[23]

Ihre Anlagestrategie, direkter und indirekter Natur, gilt als konservativ und erfordert folgende wesentliche Anlagekriterien: Sicherheit, Rentabilität, Liquidität, Mischung und Streuung.

Das Immobilienleasing hat sich als Finanzierungsalternative behauptet. Der Leasingnehmer erwirbt ein zeitlich beschränktes, wirtschaftliches Nutzungsrecht gegen Zahlung einer Leasingrate. Die Vertragskonstruktion ist aufwendig und kompliziert. Die Objektgesellschaften refinanzieren sich zu 100 %.[24]

Ausländische Investoren konnten auf dem deutschen Investmentmarkt zunehmend an Bedeutung gewinnen. Insbesondere angelsächsische Real Estate Private Equity Fonds sind zunehmend aktiv. Signifikante Anlageunterschiede zwischen deutschen und ausländischen Investoren prägen das Marktgeschehen, da Immobilien von letzteren in deutlich stärkerem Maße als handelbares Gut betrachtet werden. Kürzere Haltedauern und erheblich höhere Renditen werden angestrebt.

Als Konsequenz aus der globalen Finanz- und Wirtschaftskrise zogen sich internationale Investoren ab 2009 aus dem deutschen Marktgeschehen zurück. Hatten sie 2007 noch einen dominierenden Marktanteil von 68,1 %, waren es 2009 schließlich knappe 20,5 %. Seit dem steigt der Anteil ausländischer Investoren wieder und steht zum Halbjahr 2012 bei 34,5 %. Waren anfänglich überwiegend US-amerikanische Fonds, die vor allem an NPL- und Wohnungsportfolios interessiert waren, im Markt aktiv, so agieren mittlerweile Investoren aus vielen Ländern auf dem deutschen Immobilieninvestmentmarkt. Neben den amerikanischen sind es in erster Linie britische, skandinavische, niederländische, israelische, französische, australische, schweizerische und österreichische Anleger. Aber auch Investoren aus anderen Ländern, die in der Vergangenheit kaum oder gar nicht in Deutschland agierten z.B. Spanien, Italien, Kanada oder Norwegen, sind mittlerweile präsent und haben erste Immobilieninvestitionen getätigt.

3.2.2.4 Einflussparameter der Anlageentscheidung

Die Anlageentscheidung von Investoren basiert grundsätzlich auf einer Rendite- und Risikoabwägung, die sich letztendlich aus der Analyse von vier Kriteriengruppen ergibt: der Markt, der Standort, das Objekt sowie die Qualität des Objekt-Cashflows. Bei Projekten treten noch die im Projekt selbst begründeten Chancen und Risiken als fünfte Kriteriengruppe in den Fokus der Investoren.[25]

Das genaue Anforderungsprofil eines jeden Investors, das Aufschluss darüber gibt, in welchem Markt der jeweilige Investor investiert, welchen Objekttyp (Büro, Einzelhandel, Hotel etc.) und Standort (Büro, Einzelhandel, Hotel etc.) er bevorzugt, welches sein Mindest- und Maximalanlagevolumen in € ist, welches Rendite-/Risikoprofil (ausgedrückt durch den Rohertrags-Vervielfältiger (Kaufpreise/Jahresnettokaltmiete), Nettoanfangsrendite (Jahresreinertrag/Gesamtinvestitionskosten) er anstrebt sowie welche objektspezifischen Merkmale (Laufzeit Mietverträge, Mieterbonität, Managementintensität, Leerstandsquote, baulicher Zustand etc.) er präferiert, sollte dem Verkäufer bzw. dem vom Verkäufer beauftragten Berater bekannt sein.[26]

---

[23] Vgl. *Nehls, Jörg/Schneider, Wolfgang/Tschammler, Timo:* Der Markt für Immobilieninvestitionen, in: *Gondring, Hanspeter/Zoller, Edgar/Dinauer, Josef* (Hrsg.), Real Estate Investment Banking, 1. Auflage, Wiesbaden, Gabler Verlag, 2003, S. 540.

[24] Vgl. *Rebitzer, Dieter W.:* Anlageformen, generelle Aspekte der Immobilieninvestition sowie Immobilieninvestments, in: *Schäfer, Jürgen/Conzen, Georg* (Hrsg.), Praxishandbuch der Immobilieninvestition, München: C.H. Beck Verlag, 2005, S. 36.

[25] Vgl. *Trotz, Raymond* (Hrsg.): Immobilien – Markt- und Objektrating, Köln: Müller, 2004, S. 45.

[26] Vgl. *Marth, Hermann/Conzen, Georg:* Projektentwicklungsgesellschaften, in: *Schäfer, Jürgen/Conzen, Georg* (Hrsg.), Praxishandbuch der Immobilieninvestition, München: C.H. Beck Verlag, 2005, S. 298 f.

Vor dem Hintergrund steigender Anforderungen an die Kreditgewährung (Basel II und Basel III) einerseits und an die Eigenkapitalverzinsung andererseits sowie des zunehmenden Einsatzes von modernen Instrumenten der Refinanzierung (z.B. Securitisation, Syndizierung etc.) sind die Anforderungen der Investoren zunehmend umfangreicher geworden.

Die Bemessung von eindeutigen Chancen- und Risikoprofilen der Investitionsobjekte und der für sie relevanten Märkte ist zentraler Bestandteil der Immobilienanalyse geworden. Allgemeine Kommentare über Märkte, Lagen und Konkurrenzsituation reichen nicht mehr aus, um den vielfältigen Forderungen nach Transparenz in der Finanz- und Immobilienwirtschaft gerecht zu werden.[27]

Markt

Die Marktanalyse gibt Auskunft über die Struktur des Marktes und die Beschaffenheit lokaler, regionaler und überregionaler Teilmärkte. Mit ihrer Hilfe sollen Informationen über die für das Objekt/Projekt relevante Nachfrage, das konkurrierende Flächenangebot sowie das einschlägige Miet- oder Kaufpreisniveau geliefert werden.[28]

Zur Einschätzung des Marktes werden verschiedene Merkmalskomplexe untersucht, wie z.B. höhere Gewalt, soziodemographische Entwicklungen, wirtschaftliche Entwicklungen sowie der Immobilienmarkt. Es sind aber auch politische, juristische, steuer- und währungspolitische Rahmenbedingungen von ausschlaggebender Bedeutung.

Angesichts der hohen Internationalität eines Teils des Immobiliengeschäftes, spielt bei vielen Anlageentscheidungen nicht nur der regionale Markt im nationalen Vergleich eine Rolle, sondern hat sich vielmehr auch die Betrachtung des nationalen Marktes im internationalen Kontext als sinnvoll erwiesen. Am Beispiel des Zusammenhangs von Risiko, Rendite und Marktliquidität soll dies im Folgenden kurz erläutert werden:

Immobilien in liquideren Märkten, deren Märkte im internationalen Vergleich statisch sind (dies gilt auch gerade für die Immobilie in Deutschland) sind aus Sicht der Investoren weniger risikobehaftet, da der Investor kurzfristig auf Wertschwankungen des Investments durch Verkäufe in liquide Märkte reagieren kann. Mit sinkendem Risiko des Investors, steigt seine Rendite nach Risikokosten der Immobilie (RAROC – „risk adjusted return on capital"). Vor diesem Hintergrund lässt sich vereinfacht die Aussage treffen, dass der verstärkte Kauf und Verkauf, also der Handel mit Immobilien, der „Handelsware" selbst wertmäßig zugute kommt.[29]

Standortqualität

Der Standort spielt bei sämtlichen Objektkategorien in Bezug auf ihre Verkäuflichkeit eine wichtige Rolle. Standorte werden zunächst in Makro- und Mikrostandorte untergliedert, insbesondere, um Standortkriterien abzuleiten, die individuelle Beurteilungen ermöglichen.

Als Standortfaktoren bezeichnet man alle für eine Immobilie bedeutsamen räumlichen Rahmenbedingungen, die den Standort prägen und somit die nutzungsspezifische Lagequalität mitbestimmen. Sie lassen sich einteilen in „harte" oder physische Faktoren und „weiche" oder sozioökonomische und psychologische Faktoren.

Der Standort einer Immobilie, an den diese zwangsläufig gebunden ist, ist zunächst nicht mehr als ein geographischer festgelegter Punkt, der bestimmten Rahmenbedingungen, wie etwa Topographie, Verkehrsanbindung, Baurecht und Umfeldstruktur, unterliegt. Eine Bewertung der erhobenen Standortfunktionen sollte jedoch immer vor dem Hintergrund der geplanten oder vorhandenen Nutzungsstrukturen der Immobilie erfolgen. Beispielsweise kann ein verkehrsarmer und dennoch innenstadtnaher Standort zwar eine gute Wohnlage, aber noch längst keine geeignete Einzelhandelslage sein.

Insbesondere in der Projektentwicklung spielt die Standortanalyse in der Vorbereitungsphase eine wichtige Rolle. So können ungeeignete Nutzungen identifiziert und ausgeschlossen werden.

---

[27] Vgl. *Trotz, Raymond* (Hrsg.): Immobilien – Markt- und Objektrating, Köln: Müller, 2004, S. 16.

[28] Vgl. *Muncke, Günter/Rybak, Lars:* Immobilienanalyse, in: *Wernecke, Martin/ Rottke, Nico B.* (Hrsg.): Praxishandbuch Immobilienzyklen, Köln: Müller, 2006, S. 165.

[29] Vgl. *Trotz, Raymond* (Hrsg.): Immobilien – Markt- und Objektrating, Köln: Müller, 2004, S. 30 ff.

Objektqualität
Ähnlich der Beurteilung des Marktes und des Standorts sind für Immobilientransakteure die Vor- und Nachteile von Objekteigenschaften von zentraler Entscheidungsgrundlage für die beabsichtigte Investition.

Die Rendite und Risiko beeinflussenden Größen lassen sich für die Analyse des konkreten Objektes in vier maßgebliche Betrachtungsbereiche unterteilen:
– die Grundstücks- und Gebäudeanalyse,
– die Mietvertragsanalyse und Mieterbeurteilung,
– die Analyse der rechtlichen Rahmenbedingungen,
– die finanzwirtschaftliche Analyse der Zahlungsströme.

Wie bereits zuvor im Rahmen der Markt- und Standortanalyse erwähnt, ist auch bei der Objektanalyse zu beachten, dass die Erfolgsfaktoren je nach Objektart auf den einzelnen Betrachtungsebenen variieren können.

Gleichwohl impliziert allein ihr Vorhandensein nicht bereits eine erfolgreiche Immobilieninvestition, da das Investitionsobjekt immer ganzheitlich, d.h. vor dem Hintergrund der Ergebnisse aus der Markt- und Standortanalyse, des Objekt-Cashflows und der Entwicklungsrisiken und -chancen, gesehen werden muss.[30]

Die „**Grundstücks- und Gebäudeanalyse**" befasst sich mit der Untersuchung der psychischen Kennzeichen bzw. Beschaffenheit der Immobilie. Die Grundstücksanalyse umfasst dabei die Betrachtung der
– Lage (siehe Standortanalyse),

– Qualität der Umfeldbebauung,

– Grundstücksgröße und des Zuschnitts,

– Erschließung,

– Topographie,

– Bodenbeschaffenheit (Grundwasser, Statik, Altlasten),

– Grundstücksbelastungen durch Emission (Lärm, Geruch und dergleichen),

– planungsrechtlichen Nutzungs- und Bebauungsmöglichkeiten mit Parkplatz- und Erweiterungs- bzw. Verdichtungsmöglichkeiten.

Die Gebäudeanalyse umfasst insbesondere:
– allgemeine (architektonische und qualitative) Erscheinung des Gebäudes,

– Bauweise/konstruktives System,

– Gebäudestruktur (Geschoss- und Nutzflächen, Raumhöhen und -tiefen, Flexibilität hinsichtlich Umnutzung, Teilung und Erweiterbarkeit),

– Art und Zustand der verwendeten Materialien,

– Art und Zustand der haustechnischen Anlagen,

– klimatische, akustische und Belichtungsverhältnisse,

– Zuwegungssituation,

– Ausstattungsstandard der Miet- und Allgemeinflächen (Beleuchtung, Verkabelung usw.),

– etwaige Denkmalschutzauflagen, da diese besondere Aufwendungen der Erhaltung bedingen können.

Zu berücksichtigen ist die regelmäßige Korrelation der Anforderungen (potentieller) Mieter an das Erscheinungsbild und die Funktionalität der Immobilie mit der jeweiligen Situation auf dem relevanten Immobilienmarkt. Herrscht z.B. ein Überangebot an (Miet-)Flächen, gefolgt von einem sinkenden Preisniveau, finden oft Flächensubstitutionen zulasten von Angeboten

---

[30] Vgl. *Muncke, Günter/Rybak, Lars:* Immobilienanalyse, in: *Wernecke, Martin/ Rottke, Nico B.* (Hrsg.): Praxishandbuch Immobilienzyklen, Köln: Müller, 2006, S. 169 f.

niedriger Qualität statt. Ein wichtiges Ziel der Gebäudeanalyse ist es insoweit, einzuschätzen, inwieweit der Objektstandard von entsprechenden Marktentwicklungen tangiert werden könnte.

Die Immobilie wird zum Investitionsgegenstand mit den aus ihr generierten (Miet-)Erträgen. **Die Mietvertragsanalyse und Mieterbeurteilung** soll Aufschluss über ihre Qualität geben. Betrachtungsrelevant sind hier insbesondere

– der Vermietungsgrad als solcher,

– die Art, Höhe und damit Angemessenheit der Mietpreise (bzw. aus diesen resultierende Mietsteigerungspotentiale oder -minderungsrisiken),

– die (bei Gewerbemietverträgen üblicherweise fixierten) Laufzeiten bzw. Kündigungsmodalitäten/Verlängerungsoptionen der Verträge,

– die Vereinbarungen von Mietanpassungen und

– die Verteilung (Umlage) der Bewirtschaftungskosten.

Des Weiteren ist die Zuverlässigkeit der Mieter hinsichtlich der Einhaltung der vertraglich fixierten Mietkonditionen (bzw. der Bonität) zu eruieren (Mietausfallwagnis). Hierzu werden Gegenstand, Größe und Historie der Unternehmen, deren Zahlungsverhalten (feststellbar z.B. im Rahmen von Kredit-Ratings) und Prognosen über den zukünftigen Geschäftsverlauf analysiert. Im Hinblick auf (konjunktur-)zyklische Entwicklungen sollte auch die Entwicklung der Branche untersucht werden, in denen der Mieter operiert, um Risiken der Zahlungsfähigkeit der Mieter im weiteren Sinne aufzudecken.

Bei der **Analyse der rechtlichen Rahmenbedingungen** des (potenziellen) Investitionsgegenstandes sind bau-, planungs- und grundbuchrechtliche sowie steuerliche Aspekte zu berücksichtigen.

Vorhandene horizontale oder vertikale Verdichtungspotentiale des Grundstücks werden durch die Analyse des gültigen Bau- und Planungsrechtes, umweltrechtlicher Regelungen sowie etwaiger Denkmalschutzbestimmungen aufgedeckt.

Ebenso haben die grundbuchrechtlichen Gegebenheiten wie Grunddienstbarkeiten, Erbbaurechte und Grundpfandrechte in der Analyse Berücksichtigung zu erfahren.

Neben rechtlichen Aspekten sind die finanziell wirksamen Implikationen (wie sie sich beispielsweise bei Erbbaurechten ergeben) und solche die Bebau- und Nutzbarkeit des Grundstücks betreffend zu beurteilen. Aus steuerlicher Sicht sind Steuerarten bezüglich

– des unmittelbaren Immobilienerwerbs (Grunderwerbsteuer, ggf. Umsatzsteuer)

– der laufenden Betriebsphase (Einkommen- und Substanzbesteuerung) und

– der (entgeltlichen) Übertragung von Immobilienvermögen (ggf. Besteuerung von Veräußerungsgewinnen)

zu berücksichtigen, des Weiteren die Abschreibungsmöglichkeiten.

In weiterem Sinne zählt hierzu auch die Untersuchung der mit der Bewirtschaftung des Objektes verbundenen Verträge.

Der kapitalanlageorientierten Perspektive folgend münden die Ergebnisse aus den zuvor beschriebenen Betrachtungen des Marktes, des Standortes und der Objektqualität letztlich in eine **finanzwirtschaftliche Analyse** bzw. Bewertung des jeweiligen Objektes. Die zu berücksichtigenden Positionen lassen sich in

– direkte Zahlungen (Investitions- bzw. Anschaffungsausgaben, laufende Ausgaben und Einnahmen in den Perioden und der Veräußerungserlös am Ende der vorgesehenen Haltedauer) sowie

– indirekte Zahlungen (Verwendung von Einnahmeüberschüssen, Ausgleich von Ausgabeüberschüssen, Ertrag- und Substanzsteuern)

unterteilen. Ergänzend sind die aus etwaigen Finanzierungen resultierenden Aufwendungen in die Berechnung einzubeziehen.

Auf die Zahlungsströme und deren Qualität soll im folgenden Abschnitt explizit eingegangen werden.

Qualität des Cash-Flows

Vor dem Hintergrund der Renditeorientierung von Immobilieninvestoren spielt der derzeitige respektive erwartete Cashflow aus der Anlage in Immobilien eine zentrale Rolle. Immobilieninvestments konkurrieren mit anderen Anlageformen und müssen sich hinsichtlich ihrer Rendite-Risiko-Relation an diesen messen lassen. Des Weiteren spielt der nachhaltige Cashflow aus der Immobilie in Bezug auf ihre Verkäuflichkeit eine entscheidende Rolle, da sie nicht (börsen-) täglich" veräußert werden kann.

Die Differenz aus Objekteinzahlungen und -auszahlungen wird als Objekt-Cashflow bezeichnet. Seine Ermittlung erfordert eine Prognose des zeitlichen Anfallens und der Höhe der einzelnen monetären Größen.

Auf die einzelne Immobilien übertragen bedeutet das, dass man zunächst die relevanten Ein- und Auszahlungen für das Objekt herausarbeiten muss (Ist-Situation). Bei vermieteten Immobilien stellen Mieterlöse die relevante Einzahlungsgröße dar. Sämtliche mit der Immobilie zusammenhängende Bewirtschaftungskosten sind Auszahlungsgrößen für die Cashflow-Beurteilung. Hierunter fallen im Wesentlichen alle nicht umlegbaren Betriebskosten, Bewirtschaftungskosten wie z.B. Verwaltungskosten, Instandhaltungskosten an Dach und Fach, Modernisierungs-/Revitalisierungskosten sowie leerstandsbedingte Kosten (wie z.B. durch Mieterausfall nicht umlegbare Betriebskosten etc.).

Zur Beurteilung der Nachhaltigkeit von Mieterlösen und Bewirtschaftungskosten sowie deren positive oder negative Entwicklungsmöglichkeiten werden Untersuchungen hinsichtlich der Qualität der Mieter, der Vertragsgestaltung (Mietverträge, Objekt-Management-Verträge usw.), der Mietsteigerungspotentiale/Wertsteigerungspotentiale, der Wiedervermietungschancen und -risiken nach möglichem Auszug von Mietern, ggf. des Leerstandes sowie der Drittverwendungsfähigkeit, d.h. der Anpassungsfähigkeit des Objektes an ein geändertes Nutzerverhalten (Teilungsmöglichkeiten im Objekt, Möglichkeit der Umsetzung verschiedener Nutzungskonzeptionen), vorgenommen.

An einem einfachen Beispiel aus der Praxis soll verdeutlicht werden, welche signifikanten Auswirkungen unterschiedliche Prognosen hinsichtlich der Anschlussvermietung nach Mietvertragsauslauf auf die Nachhaltigkeit des Cashflows haben können.

Entwicklungsrisiken und -chancen von Projekten

Bei der Verkäuflichkeit von Projekten sind auch die durch die Projektentwicklungstätigkeit selbst begründeten Risiken bzw. Chancen von Bedeutung.

Es sind drei Kriterien, mit denen die Entwicklungsrisiken und -chancen eines Projektes beurteilt werden, wobei jedes der Kriterien über eine zeitliche und eine sachliche Ebene verfügt:
- der Status der (Vor-)Vermietung und/oder des Verkaufs der zu realisierenden Immobilie
- der Planungsprozess und die Genehmigungssituation
- der Herstellungsprozess und die Kostensicherheit.

So kann z.B. das Vorhandensein von Altlasten im Baugrund auf der zeitlichen Ebene zu einer möglichen Verschiebung des Bauzeitenplanes und auf der sachlichen Ebene zur Kostenunsicherheit hinsichtlich ihrer Beseitigung führen.[31]

Rendite-/Risikoprofil

Wie bereits erläutert, treffen Investoren ihre Anlageentscheidungen vor dem Hintergrund einer Rendite- und Risikoabwägung. Rendite und Risiko sind zwei Komponenten, die bei der Betrachtung des Renditeziels eines Anlegers im Zusammenhang gesehen werden müssen und nicht isoliert voneinander. Die folgende Abbildung stellt die Risiko-/Rendite-Profile einzelner Investmentklassen und ihrer Immobilienanlageprodukte dar.

Core bezeichnet Immobilieninvestitionen in Objekte mit langfristiger Wertstabilität. Ein Core-Investor ist daran interessiert immobilienspezifische Risiken soweit als möglich zu reduzieren. Klassische Investoren sind offene Immobilienfonds, Lebensversicherungen, Pensions-

---

[31] Vgl. Trotz, Raymond (Hrsg.): Immobilien – Markt- und Objektrating, Köln: Müller, 2004, S. 55

kassen und Privatinvestoren. Typischerweise stehen gute Lage und langfristige Mietverträge für ein Core Produkt.

Core Plus ist im Vergleich zu Core durch ein etwas höheres Immobilienrisiko gekennzeichnet, das sich durch eine etwas höhere Rendite rechtfertigt. Ebenso wie der Core Investor bevorzugt der Core Plus Investor gute Standorte und schließt Flächenerweiterungen, Restrukturierungen oder gar vollständige Leerstände infolge auslaufender Mietverträge aus. Typisch für Core Plus-Produkte sind Mietanhebungspotentiale aus indexierten Mieten und aus einer Neuvermietung von potentiellen Leerstandsflächen.

Beide Gruppen wollen zeitlich unbefristete Investitionen tätigen, die unabhängig von Marktzyklen eine stabilen Cashflow erwirtschaften. Renditen werden in beiden Fällen nicht aus dem Wiederverkauf der Immobilie errechnet. Fremdkapital wird gar nicht oder nur in geringem Umfang eingesetzt.

Value Add steht für Wertsteigerung, die aus einer Kombination von laufendem Ertrag und Veräußerungsgewinn am Ende der Haltedauer realisiert wird. Der laufende Ertrag wird aus der bestehenden Vermietung generiert. Hinzukommen regelmäßig Mietanhebungen aus Neuvermietungen ähnlich einem Core Plus Investment. Nach erfolgter Neuvermietung bzw. Mietanhebung wird das Investment wieder veräußert und so ein Mehrwert erwirtschaftet. Folglich errechnet sich die Verzinsung des eingesetzten Eigenkapitals immer aus einer Kombination der laufenden Verzinsung für die Haltedauer, die durch den Einsatz von Fremdfinanzierung erhöht wird (positiver Leverage-Effekt), und dem Veräußerungsgewinn zum Ende der Haltedauer. Je nach Umfang der Neuvermietungsrisiken definiert sich das Risikoprofil. Je nachdem, wie liquide der Markt für das neu vermietete Objekt ist, fällt das Renditepotential des Fonds aus. Sowohl zum Bereich des Core Plus Investments als auch zu den Anlageprofilen von Opportunity Fonds gibt es Überschneidungen.

Opportunity Fonds haben gemeinsam mit **Projektentwicklungsfonds (Development)** ein hohes Risikoprofil. Sie investieren ausschließlich in Objekte, die wieder veräußert werden sollen. Opportunity Fonds setzen Risikokapital mit dem Ziel ein, die jeweilige Immobilie als weitgehend risikobereinigtes Anlageobjekt neu zu positionieren und an Core bzw. Core Plus Investoren zu veräußern. Die Risikominimierung erfolgt durch eigenkapitalintensive Restrukturierung, Modernisierung, Sanierung und, vor allem, durch eine Neuvermietung sowie durch aktives Management. Um eine ansprechende Verzinsung des eingesetzten Eigenkapitals innerhalb der Haltedauer zu erreichen, ist der Opportunist bestrebt, möglichst viel Fremdkapital aufzunehmen. Solange das Zinsniveau unterhalb der Immobilienrenditen liegt, wird er aus dem positiven Leverage eine überproportionale Verzinsung des Eigenkapitals erreichen wollen. Erfolgreich können Risikoinvestoren aber nur sein, wenn der Markt für risikobereinigte Produkte liquide ist. Ohne eine Nachfrage durch institutionelle Investoren für stabilisierte, risikobereinigte Anlageobjekte wird der Opportunity Fonds sein Anlageziel nicht realisieren können.[32]

3.3 Werttreiber der Projektentwicklung

3.3.1 Verkaufstiming

3.3.1.1 Optimaler Markteintritt

Für die erfolgreiche Umsetzung der Projektentwicklungsstrategie ist auch das richtige Timing mit Blick auf die zyklische Entwicklung der Immobilienmärkte von entscheidender Bedeutung. Wenn der Projektentwickler/Zwischeninvestor zum falschen Zeitpunkt mit seinem Produkt auf den Markt kommt, kann er beim Endinvestor nicht die erwarteten Preise erzielen.

Die Ausnutzung von unterschiedlichen Marktzyklen ist in der praktischen Umsetzung oft sehr schwierig. Dauer und Intensität der weiteren Zyklusphasen und ihre jeweiligen Wende-

---

[32] Vgl. *Meinel*, Opportunity Fonds (Immobilieninvestoren im Einzelnen) in *Schäfer/Conzen*, Praxishandbuch Immobilien-Investitionen (2005), S. 197 ff.

punkte zu prognostizieren, gelingt nicht zielsicher, da neben allgemeinen konjunkturellen Faktoren bei allen Marktteilnehmern stets eine hohe Unsicherheit über strukturelle Änderungen des Flächenbedarfs bei den Nutzern herrscht. Demographische Entwicklungen spielen hier genauso eine Rolle wie der Wandel von Arbeitswelten oder technologischer Wandel sowie Aspekte auf gesamtwirtschaftlicher Ebene (z.B. Globalisierung). Aufgrund der recht mangelhaften Markttransparenz in Deutschland und der hohen Komplexität und Dynamik von Immobilienmarktzyklen ist eine Vorhersage auch nur über kurz- bis mittelfristige Zeiträume vertretbar.[33]

Gerade das Timing des An- und Verkaufs ist für eine Immobilieninvestition erfolgsentscheidend. Es definiert nicht nur die Höhe der Gesamtrendite (laufende Rendite und Wertsteigerung), sondern auch das Investitionsrisiko. Die Investition in einen aufstrebenden und wachstumsstarken Markt bietet nicht nur die Chance, hohe Mieten und hohe Wiederverkaufspreise zu erzielen, also die Rendite zu maximieren, sondern auch die Möglichkeit, einen hohen Vermietungsgrad mit geringer Leerstandswahrscheinlichkeit zu erzielen, da selbst bei Ausfall eines Mieters die Wiedervermietung leer stehender Flächen wahrscheinlich ist.

Der Investor bzw. der vom Investor beauftragte Berater sollte wissen, wie sich der Immobilienzyklus im jeweiligen Markt verhält und wann die Wendepunkte, also Hoch- und Tiefpunkte des Zyklus, zu erwarten sind. Optimalerweise findet der Kauf einer Immobilie dann kurz vor dem zyklischen Tiefpunkt statt, da die meisten Marktakteure einen weiteren negativen Trend erwarten. Der Verkauf sollte sich kurz vor dem Hochpunkt des Zyklus ereignen, da allgemein von einem weiteren positiven Trend ausgegangen wird.[34]

3.3.1.2 Optimale Projektphase

Ankauf und Veräußerung des Projektes können grundsätzlich in jedem Entwicklungsstadium erfolgen. Der Projektentwicklungsprozess durchläuft mehrere Wertschöpfungsstufen, die von der Akquisitionsvorprüfung bis zum Objektverkauf reichen.

Vor dem Hintergrund der sich immer schwieriger darstellenden Finanzierung für Immobilienprojekte – insbesondere für mittelständisch orientierte Projektentwickler (siehe Basel II) – etablieren sich zunehmend Finanzierungsmodelle, bei welchen die Investoren frühzeitig in die Gesellschaftsstruktur einer Projektentwicklung einbezogen werden. Hier sind u.a. Opportunity Fonds und Private Equity Fonds zu nennen. Aufgrund der vorzeitigen Involvierung und der damit einhergehenden Übernahme von Risiken aus dem Projektentwicklungsgeschäft werden von diesen Investoren deutlich höhere Renditemöglichkeiten erwartet.[35]

Es existieren eine Reihe von Kooperations- und Realisierungsmodellen, die die Risiken der Projektentwicklung zwischen Projektentwickler und Investor aufteilen.[36] Anhand dieser lässt sich der potenzielle Wertverlauf einer Projektentwicklung in Abhängigkeit der Risikoübernahme verdeutlichen.

Szenario A – Der Projektentwickler übernimmt alle Risiken und veräußert das fertiggestellte und vermietete Produkt. Er kann über die Ansprache mehrerer Investoren einen interessanten Wettbewerb bezüglich des Kaufpreises gestalten, sofern die Immobilie marktgerecht vermietet ist. Er erzielt den höchsten Preis, da er ein risikobereinigtes Produkt hinsichtlich der Projektentwicklungsphase verkauft.[37]

Szenario B – Der Projektentwickler übernimmt sämtliche Risiken im Projektentwicklungsprozess mit Ausnahme des Vermietungsrisikos. Für den Investor ergibt sich aufgrund der

---

[33] *Bone-Winkel, Stephan/Köppel, Gabriele:* Projektentwicklung, in: *Wernecke, Martin/Rottke, Nico B.* (Hrsg.), Praxishandbuch Immobilienzyklen, Köln: Müller, 2006, S.254.

[34] *Cieleback, Marcus/Baab, Tina:* Immobilieninvestition, in: *Wernecke, Martin/ Rottke, Nico B.* (Hrsg.), Praxishandbuch Immobilienzyklen, Köln: Müller, 2006, S.202f.

[35] Vgl. *Marth, Hermann/Conzen, Georg:* Projektentwicklungsgesellschaften, in: *Schäfer, Jürgen/Conzen, Georg* (Hrsg.), Praxishandbuch der Immobilien-Investitionen, München: C.H. Beck Verlag, 2005, S.300f.

[36] Vgl. *Fischer, Carsten:* Projektentwicklung: Leistungsbild und Honorarstruktur, Köln: Müller, 2004, S.66.

[37] Vgl. *Fischer, Carsten:* Projektentwicklung: Leistungsbild und Honorarstruktur, Köln: Müller, 2004, S.67f.

Übernahme des Vermietungsrisikos ein deutlicher Abschlag vom ursprünglich kalkulierten Verkaufswert, er muss jedoch die Risiken in geeigneter Form einpreisen.[38]

Szenario C – Der Projektentwickler verkauft ein Grundstück mit erteilter Baugenehmigung, der Investor übernimmt das Bau- und Vermietungsrisiko. Eine Preisermittlung für dieses Projekt kann nach der sogenannten Residualwertmethode (siehe Abschnitt 3.2.2.1) erfolgen.[39] Bei Beobachtung zyklischer Marktabschwächung wird der Verkauf des Projektes vor bzw. mit Baubeginn für den Projektentwickler häufig zu einer wichtigen Überlebensstrategie. Er kann auf diese Weise gebundenes Kapital früher freisetzen und einen unsicheren Trading-Profit durch einen kalkulierbaren Ertrag als Generalübernehmer ersetzen.

Szenario D – Der Investor tritt als Initiator mit Grundstück auf und übernimmt die Vermietungsgarantie (i.d.R. als Eigennutzer). Der Projektentwickler trägt das Planungs- und Baurisiko und übergibt dem Investor das schlüsselfertige Projekt zu einem definierten Fertigstellungstermin und zu einer definierten Qualität.

Szenario E – Der Investor bringt das Grundstück ein und der Projektentwickler übernimmt alle restlichen Risiken, inkl. Vermietungsrisiko. Diese Alternative findet vor allem aufgrund strategischer und steuerlicher Aspekte (doppelte Grunderwerbsteuer) selten Anwendung.

Szenario F – Projektentwickler und Investor treten gemeinsam als Projektträger auf und teilen die Risiken. Beide Parteien gründen eine gemeinsame Objektgesellschaft für Immobilieninvestition. Der Projektentwickler erhält ein Projektentwicklungshonorar in Abhängigkeit vom Zeitpunkt seines (Eigen-)Kapitaleinsatzes, seiner Leistungen und Verantwortlichkeiten.[40]

Der Vorteil einer frühzeitigen Vermarktung besteht für den Projektentwickler neben dem Sicherheitsbestreben vor allem in der Möglichkeit, in einer frühen Projektphase vom Investor Abschlagszahlungen auf den Kaufpreis zu erhalten.[41] Sofern er diese nicht erhält, muss er in der Realisierungsphase alle Zahlungen aus Eigenmitteln oder Darlehen bestreiten, d.h. zwischenfinanzieren. Die anfallenden Kapitalkosten für die Darlehen können – bei ausbleibendem Vermietungs- oder Verkaufserfolg oder Baukosten- und Zeitplanüberschreitungen – über einen längeren Zeitraum zur Illiquidität des Bauträgers und somit zur Insolvenz führen[42]. Die Liste der Bauträger-Pleiten der vergangenen Jahre ist lang.

3.3.2 Implementierung wertsteigender Maßnahmen

Die Grundproblematik des Projektentwicklers ist es, hohe architektonische, bauliche und städtebauliche Qualität mit funktionaler, konstruktiver und ökonomischer Optimierung zu verbinden. Nicht selten sind diametral auseinanderliegende Interessensphären der an der Projektentwicklung Beteiligten in eine wirtschaftlich tragfähige Konzeption zu integrieren. Demnach sollte schon bei der Konzipierung des Projektes darauf geachtet werden, dass das Objekt im Vergleich zu national marktypischen Repräsentanten bewertet und ausgehend hiervon sowohl baulich als auch wirtschaftlich optimal entwickelt wird.

3.3.2.1 Bauliche Optimierung des Projektes
Die bauliche Optimierung einer Projektentwicklung kann in vielerlei Hinsicht erfolgen (siehe hierzu auch Abschnitt 3.2.2.4, Objektqualität). So können unterschiedliche Objektelemente

---

[38] *Bone-Winkel, Stephan/Köppel, Gabriele:* Projektentwicklung, in: *Wernecke, Martin/Rottke, Nico B.* (Hrsg.), Praxishandbuch Immobilienzyklen, Köln: Müller, 2006, S. 252 f.

[39] Vgl. *Fischer, Carsten:* Projektentwicklung: Leistungsbild und Honorarstruktur, Köln: Müller, 2004, S. 67 f.

[40] Vgl. *Fischer, Carsten:* Projektentwicklung: Leistungsbild und Honorarstruktur, Köln: Müller, 2004, S. 67 f.

[41] Vgl. *Marth, Hermann/Conzen, Georg:* Projektentwicklungsgesellschaften, in: *Schäfer, Jürgen/Conzen, Georg* (Hrsg.), Praxishandbuch der Immobilien-Investitionen, München: C.H. Beck Verlag, 2005, S. 300 f.

[42] Vgl. *Murfeld, Egon* (Hrsg.): Spezielle Betriebswirtschaftlehre der Immobilienwirtschaft, 4. Auflage, Hamburg: Hammonia-Verlag, 2002, S. 651.

wie z.B. Architektur/Bauweise, Ausstattung, Objektzustand, Umwelteinflüsse aus dem Objekt sowie die Wirtschaftlichkeit der Gebäudekonzeption Optimierungspotentiale bergen, deren Ausschöpfung sich unter Umständen werterhöhend auswirkt. An ausgewählten Beispielen soll im Folgenden auf mögliche Optimierungspotentiale hingewiesen werden.

Die Wirtschaftlichkeit der Gebäudekonzeption ist ein wesentliches Kriterium bei Überlegungen zum (Ver-)Kauf von Immobilien. Die Qualität der Grundrissgestaltung, die Flächeneffizienz sowie die Anpassungsfähigkeit der Gebäudekonzeption an ein geändertes Nutzerverhalten (Drittverwendungsfähigkeit) spielen eine bedeutende Rolle im Investitionsprozess.

So sollte versucht werden, durch eine hohe Flexibilität der Nutzung eine nachhaltigere Vermietbarkeit bzw. bessere Veräußerungschancen sicherzustellen. Veränderungen der Nachfrage und differenzierte Raumbedürfnisse potentieller Mieter und Käufer erfordern aus diesem Grunde alternative Möglichkeiten der Raumnutzung. Ein regelrechter Zwang für eine flexible (Grundriss-)Planung ergibt sich beispielsweise dann, wenn Mieter für Büros, Ladenflächen etc. während der Bauphase noch nicht gefunden und deren Raumanforderungen somit noch nicht bekannt sind. Häufig ist dies bei Bürogebäuden der Fall, die großenteils für einen anonymen Markt erstellt werden. Letztlich dient die größere Flexibilität hinsichtlich der Nutzung einer nachhaltigen Ertragskraft, von der wiederum die langfristige Werterhaltung der Immobilie abhängt.

Um eine flexible Grundrissgestaltung zu gewährleisten sollten z.B. Zwischenwände leicht zu installieren bzw. zu entfernen sein. Ein großzügiges Stützenraster erleichtert die flexible Nutzung ebenfalls. Nebenräume können ggf. so angeordnet werden, dass sie einer veränderten Grundrissgestaltung Rechnung tragen. Ein zweites Treppenhaus kann unter Umständen die Aufteilung der Stockwerke in verschiedene Einheiten erleichtern. Bei größeren Handelsflächen ist die Möglichkeit zum Einbau von Rolltreppen vorzusehen.

Während der Aufwand für konstruktive Flexibilität eine durchaus sinnvolle Investition darstellen kann, sind die Anforderungen der einzelnen Nutzer an die technische Ausstattung oftmals zu speziell und nicht für andere Branchen/Nutzer geeignet. Der erforderliche Kostenaufwand erhöht die Flexibilität nicht. In gewissem Rahmen können aber die konstruktiven Voraussetzungen für den Einbau von spezieller Technik geschaffen werden. Die Anwendung neuer Kommunikationstechniken erfordert über das bisherige Maß hinausgehende technische Installationen. Diese müssen zwar nicht unbedingt im Gebäude enthalten sein, doch ist bereits beim Bau bzw. der Planung die Nachrüstungsmöglichkeit vorzusehen (Doppelböden, Kabelschächte). Durch sogenannte intelligente Technik im Bereich der Kommunikation und der Energieeinsparung erhöht sich auch die Flexibilität und Fungibilität, zumal das Anspruchsniveau der Mieter bzgl. Ausstattung und Nebenkosten gewachsen ist und in vielen Gegenden ein weitgehender Mietermarkt herrscht.

Die architektonische Gestaltung einer Immobilie ist preisbildend und somit ein Indikator für die Qualität der Verkäuflichkeit. Nicht selten wird ein Objekt jedoch zum Zwecke der Repräsentation außerordentlich aufwändig und wenig wirtschaftlich geplant und errichtet. Repräsentative Firmensitze z.B. sind i.d.R. für den betreffenden Nutzer gebaut und verfügen beispielsweise über unwirtschaftliche Raumhöhen in der Empfangshalle sowie eine eher mäßige Flächeneffizienz (Verhältnis Bruttogrundfläche zur Nutzfläche). Fragestellungen bei der Konzeptionierung der Architektur/Bauweise sollten die nachhaltige Akzeptanz der Objektgestaltung, die Nutzungs- und Umfeldangemessenheit der Objektausrichtung und -gestaltung, die Nutzungsangemessenheit der Baustoffe und die Angemessenheit der städtebaulichen Einbindung des Objektes umfassen.

Wertfördernd ist auch die Umweltverträglichkeit der Immobilie. So ist es wichtig, die durchschnittlichen Umwelteinflüsse von Gebäuden am Makro-Standort sowie den Marktstandard der verwendeten Baumaterialien und des Schadstoffgehalts zu kennen. Wichtige Fragestellung in der Konzeptionierungsphase betreffen die ökologische Nachhaltigkeit bei der Herstellung/Verwendung des Gebäudes, die Freiheit von nutzungsrelevanten Schadstoffen im Gebäude sowie die Freiheit von Immissionen im Gebäude durch Lärm und Gerüche.

3.3.2.2 Wirtschaftliche Optimierung des Projektes

Für Immobilieninvestoren von Renditeobjekten ist immer die zukünftige Entwicklung ihrer Mieterlöse von erheblicher Bedeutung. Insofern ist die wirtschaftliche Optimierung des Projektes vorwiegend in Verbindung mit der Optimierung des Objekt-Cashflows zu sehen (siehe hierzu auch Abschnitt 3.2.2.4, Objektqualität und Dualität des Cash-Flows). Dessen Qualität als wesentliches Attribut der Verkäuflichkeit einer Immobilie wird durch die Qualität der Mieter-/Nutzerstruktur und durch die Struktur der Mietverträge bestimmt.

Der qualifizierte Investor wird deshalb den Mietverträgen eine ganz besondere Aufmerksamkeit widmen. Vor allem richtet sich sein Interesse auf den

- Mietpreis,
- Gewährte Anreize („Incentives"),
- Mietvertragslaufzeit,
- Verlängerungsoptionen,
- Sonderkündigungsrechte,
- Mietanpassungsklauseln,
- Nebenkostenumlage,
- Mietsicherheiten.

Des Weiteren wird er untersuchen, ob es sich um seriöse Abschlüsse mit marktüblichen Mietpreisen handelt, welcher Vermietungsstand etwa ein halbes Jahr vor Eröffnung erreicht wurde, welche Mietflächen bereits vermietet sind etc.

Ebenso kritisch wie der Mietvertrag wird auch die Mieterqualität im Hinblick auf berufliche Erfahrung, Bonität und Seriosität überprüft. Vor diesem Hintergrund soll im Folgenden an ausgewählten Beispielen u.a. auf mögliche Optimierungspotentiale der Ertragssituation hingewiesen werden.

Die Auswirkung der Mietvertragslaufzeiten ist insbesondere im Hinblick auf die mittelfristige Verkäuflichkeit der Immobilie relevant. Ein Mietvertrag (z.B. 15 Jahre, vermietet zu Marktkonditionen), länger als ein marktüblicher Standardmietvertrag über z.B. fünf Jahre, ist in einem sich abschwächenden Markt wesentlich positiver zu werten und damit ein Verkaufsargument für diese Immobilie.

Ferner ist die Analyse des Verhältnisses der Ist-Mieten (stichtagsaktuelle vertraglich vereinbarte Mieten) eines Objektes zu den Marktmieten entscheidend. Ein Objekt, welches als unter Marktmietniveau klassifiziert wird, weist somit ein Mietsteigerungspotential auf, da bei einer Anschlussvermietung Marktmieten erzielbar sind. Risiken (Mietsenkungen) und Potentiale (Mietsteigerungen) werden von Transakteuren verpreist und wirken sich somit auf den Verkaufspreis aus.

In diesem Zusammenhang ist auch die Gewährung von Incentives (mietfreie Zeiten, Ausbaukostenzuschüsse) zu nennen, die es dem Developer ermöglicht, im Mietvertrag höhere Mietpreise abzuschließen (Nominalmiete). Diese liegen unter Berücksichtigung der Mietvertragslaufzeit und der für die Incentivevergabe aufgewendeten Kosten oberhalb der vom Mieter effektiv gezahlten Miete (Effektivmiete). Über den Multiplikator-Effekt führt die erhöhte Vertragsmiete in der Praxis oft zu höheren Kaufpreisen.

Das Timing der Mietvertragsabschlüsse kann sich auf die Wirtschaftlichkeit der Immobilie auswirken. Wenn der Abschluss der Mietverträge in einem sehr frühen Projektstadium erfolgt, werden oftmals Zugeständnisse vor allem an Großmieter gemacht, die nicht selten während der Betriebsphase zu Problemen oder unzureichender Rentabilität führen können.

Die Vermietungssituation als solche spielt eine entscheidende Rolle beim Verkauf der Immobilie, jedoch können Vermietungsstände vor dem Hintergrund unterschiedlicher Marktsituationen anders beurteilt werden. So würde eine zu 100% vermietete Büroimmobilie in der heutigen Büroimmobilienmarktsituation, die von hohen Leerständen geprägt ist, als positiv bewertet werden. In Anbetracht einer leeren Immobilie, bei der der einzige Großmieter kürzlich ausgezogen ist, und der Markt momentan einen Nachfrageüberhang aufweißt, kann sich der Leerstand positiv auf den Cashflow auswirken, da der Mietzins durch die hohe Nachfrage nach oben verhandelt werden kann.

Auch die optimale Konzeption des Mieter-/Nutzermixes ist insbesondere bei Shoppingcentern wichtig, da sich die verschiedenen Anbieter durch ihre Produktdiversifikation ergänzen und dadurch die Attraktivität des Center für die Kunden erhöhen.

Ein aktives Flächenmanagement kann hier wesentlich zur Erhöhung der Flächenproduktivität und damit zur wirtschaftlichen Optimierung des Projektes beitragen.[43] So können z.B. nachträglich eingebaute Verkaufskioske an oder auf der Ladenstrasse in Shopping-Centern sowie die Nutzung der Flächen unter den Treppen bzw. Rolltreppen (z.B. Mr. Minit, Schuh-, Schlüsselservice, Candy & Company, Süßwaren etc.) sowie Ausstellung und Vermietung von Vitrinen und Verkaufswagen das jährliche Mieteinkommen steigern.

Neben den Mieterträgen stehen die Nebenkosten zunehmend im Fokus von Nutzern und Investoren. Je stärker die Verhandlungsposition des Mieters bei Vertragsverhandlungen ausfällt, desto geringer ist oft seine Bereitschaft, Nebenkosten zu übernehmen. Dies wirkt sich negativ auf die Ertragssituation der Immobilie aus. Es ist daher von Vorteil, so früh wie möglich Property- oder Facility-Manager in den Projektentwicklungsprozess miteinzubeziehen, die eine Kostenanalyse erstellen und mit fundiertem Know-how Service- und Wartungsverträge effizient abschließen.

Gewährleistungsvereinbarungen, die der Projektentwickler üblicherweise für die beauftragten Bauleistungen zur Absicherung gegen Mängel abschließt, werden beim Verkauf auf den Investor übertragen. Eine nicht optimale Gestaltung der Vereinbarungen/Bürgschaften kann den Investor zu Kaufpreisabschlägen veranlassen.

Um Unsicherheiten auf Seiten des potentiellen Käufers auszuschließen, ist bereits im Vorfeld des Verkaufs insbesondere im Bereich möglicher Altlasten eine Gewährleistungsstrategie zu entwickeln, die in den Kaufvertragsentwurf einfließen sollte. Ggf. ist der Verkäufer – z.B. als produzierendes Gewerbe – sehr viel besser in der Lage, ein Altlastenrisiko einzugrenzen als ein Bieter, insbesondere wenn der Verkauf unter Zeitdruck erfolgt.

3.3.3 Optimierung des Verkaufsprozesses

Eine der wesentlichen Maßnahmen der Optimierung des Verkaufsprozesses ist die angemessene Strukturierung der Transaktion.

Im Vordergrund der auszuwählenden Verfahrenstrategie steht dabei, dass die Strukturierung der Transaktion unter strenger Beachtung der Anforderungen der möglichen Investoren (siehe Abschnitt 3.2.2.4) erfolgen muss, um die Nachfrage seitens der Investoren und damit den Wettbewerb zu maximieren.[44] Nicht selten erfolgt die Strukturierung der Transaktion statt dessen vor dem Hintergrund der eigenen Anforderungen des Verkäufers. Um ein zielgerichtetes Vorgehen zu gewährleisten, sollten aber auch die Mindestanforderungen, die der Verkäufer an die potentiellen Investoren stellt, bekannt sein. Wesentliche Kriterien sind z.B.:
– Investitionsschwerpunkte
– Risikobereitschaft
– Renditeanforderung
– Ausreichende Finanzkraft und Art der Refinanzierung
– „Deal appetite"
– „Track record"
– Professionalität und Kapazität zur Bewältigung des angestrebten Prozesses
– Reputation als verlässlicher Verhandlungspartner

Erster Schritt ist daher eine detaillierte Analyse des Investorenumfeldes einschließlich einer Kategorisierung der Investoren bezüglich ihrer Anlagekriterien. Wichtig ist in diesem Zusam-

---

[43] *Wittkop, Christoph/Vogel, Ludwig:* Performance Management in: *Rottke, Nico* (Hrsg.), Real Estate Private Equity, 2006, Abs. Flächenkonzeptionelle Maßnahmen.

[44] Vgl. Ergebnisse der von Cushman & Wakefield beauftragten Marktuntersuchung zur Einschätzung von Immobilieninvestments in Deutschland durch internationale Investoren: „Outside-In – Why invest in Germany?", S. 2, durchgeführt durch das unabhängige Marktforschungsinstitut TNS Emnid, November 2003.

menhang Kenntnis darüber zu haben, welche Investoren unter einem spezifischen Anlagedruck stehen, wie er sich zum Beispiel bei Real Estate Opportunity Funds aufbauen kann, die seit längerem keine Transaktion abgeschlossen haben, oder bei Offenen Immobilienfonds, die über einen außerordentlichen Mittelzufluss verfügen.

Ferner ist eine optimale steuerliche und rechtliche Verkaufsstruktur zu entwickeln, die insbesondere festlegt, ob direktes Eigentum an Immobilien (Asset Deal) oder Anteile an einer Immobiliengesellschaft (Share Deal) veräußert werden. Auf die Unterschiede beider Verkaufskonstrukte sei an dieser Stelle kurz hingewiesen:

Beim sog. Asset-Deal wird die Immobilie direkt vom Verkäufer mittels notariellem Grundstückskaufvertrag erworben, und der Investor wird als neuer Eigentümer in das Grundbuch eingetragen. Dies löst den Anfall von Grunderwerbsteuer sowie Erwerbsnebenkosten (Notarkosten für den Grundstückskaufvertrag sowie Gebühren für die Eintragung des Eigentümerwechsels im Grundbuch) aus. Der Anfall dieser nicht unerheblichen Steuern und Gebühren kann in der Regel bei einem sogenannten Share-Deal vermieden werden. Dabei wird die Objektgesellschaft, in der sich üblicherweise nur die betreffende Immobilie befindet, vom Investor erworben. Die Akquisitionsprüfung beim Share-Deal fällt im Normalfall deutlich aufwändiger aus, da eventuelle Risiken aus der Gesellschaftsübernahme, insbesondere die nicht sofort ersichtlichen Verbindlichkeiten, identifiziert, bewertet und seitens des Verkäufers beispielsweise durch eine werthaltige Freistellungserklärung abgesichert werden müssen. Eine notarielle Beurkundung entfällt hier in der Regel.

Im Rahmen der rechtlichen Strukturierung der Transaktion ist selbstverständlich auch frühzeitig eine Strategie für den Kaufvertrag zu entwickeln, insbesondere wenn der Verkauf unter Zeitdruck erfolgt, um verkaufsrelevante Aspekte wohlüberlegt vertraglich niederzulegen.

Oftmals scheitern Immobilientransaktionen an einer unzureichenden Datenqualität der Immobilie. Sie führt nicht selten dazu, dass Investoren im Laufe der Ankaufsprüfung potentielle Risiken nicht ausreichend eingrenzen bzw. bewerten konnten und dies durch Kaufpreisabschläge berücksichtigen.

Erfolgsfaktoren zur Erzielung einer ausreichenden Datenqualität sind die frühzeitige Aufnahme und Erfassung aller Objektdaten sowie Einholung ergänzender Informationen (aktuelle Grundbuchauszüge, Auszug aus dem Baulastenverzeichnis, etc.), die Beauftragung spezialisierter Beratungsunternehmen, sofern für die eigene Datenerhebung nicht ausreichend Zeit verbleibt, sowie die Einrichtung eines gut strukturierten und aussagekräftigen Datenraumes.

3.4 Veräußerungsprozess

3.4.1 Anlässe und Ziele

Aufgrund der zentralen Bedeutung der Verkaufsstrategie bei einer Projektentwicklung sollte diese bereits vor der Ankaufsentscheidung für das Grundstück definiert sein, denn ein Großteil der Marge einer Projektentwicklungsgesellschaft wird durch den Verkauf realisiert. Auch wenn in der Realisierungsphase die Baukosten nicht überschritten werden, der Bauablauf problemlos funktioniert und die Vermietung erfolgreich verläuft, kann ein Projekt unrentabel sein, wenn der zukünftige Verkauf ursprünglich falsch kalkuliert wurde. Der Projektentwickler sollte klare Vorstellungen von der Investorengruppe haben, die am Kauf des fertigen bzw. halbfertigen Produktes interessiert ist, und deren Investitionsanforderungen (Rendite, Ausstattung, Risikobereitschaft etc.). Ist dies festgelegt, muss der optimale Verkaufszeitpunkt gewählt und der Verkauf strukturiert vorbereitet werden.[45]

---

[45] Vgl. Marth, Hermann/Conzen, Georg: Projektentwicklungsgesellschaften, in: *Schäfer, Jürgen/Conzen, Georg* (Hrsg.), Praxishandbuch der Immobilieninvestition, München: C.H. Beck Verlag, 2005, S. 298.

3.4.2 Vorbereitende Maßnahmen

3.4.2.1 Projektorganisation

Sobald der Projektentwickler die Entscheidung über den Verkauf seiner Projektentwicklung getroffen hat, sollte mit der Vorbereitung des Verkaufsprozesses begonnen werden. Einzelne Arbeitsschritte sind zu definieren und deren zeitlicher Ablauf festzulegen.

Der Projektentwickler muss zunächst entscheiden, auf welche Art er seine Liegenschaft veräußern möchte. Die nachstehend beschriebene strukturierte Auktion der Immobilie stellt wiederum nur eine von mehreren Alternativen dar, um den Verkauf zu realisieren (siehe Abschnitt 3.4.4).

Unter strukturierte Auktion versteht man ein in verschiedenen Phasen gegliedertes Auktionsverfahren, das ausgehend von einer breiteren Ansprache geeigneter Investoren über mehrere Bietungsrunden, den besten Käufer im unmittelbaren Vergleich zu seinen Mitarbeitern identifiziert. Bedingung für die strukturierte Auktion ist, dass der Veräußerer mit einem transparenten Verfahren, das ggf. am Markt wahrgenommen werden darf, übereinstimmt.

Die strukturierte Auktion hat sich als Veräußerungsverfahren beim Verkauf von Unternehmen am Markt etabliert. In den vergangenen Jahren wurden diese Standards auch hinsichtlich ihres formalen Ablaufes zunehmend auf die Verkäufe von Immobilienportfolios und Einzelobjekten übertragen.

Zu Beginn des Verkaufsprozesses sollten wesentliche Elemente wie die Definition der Projektziele, eine grobe Bestandsanalyse, Markt- und Wettbewerbsanalyse, eine Objektbewertung sowie erste Überlegungen zu steuerlichen und rechtlichen Strukturfragen ausgearbeitet werden, um alle Beteiligten auf der Verkäuferseite auf den Verwertungsprozess vorzubereiten.

Ein sorgfältiges und organisiertes Projektmanagement ist von zentraler Bedeutung für die erfolgreiche Durchführung des Verkaufes. Um einen reibungslosen Ablauf des Prozesses auf Verkäuferseite garantieren zu können, müssen die personelle Organisationsstruktur des Projektes und die damit einhergehende klare Kompetenzabgrenzung frühzeitig vorgenommen und klar kommuniziert werden. Ferner ist es wichtig, einen Projektzeitplan aufzustellen, der mit fortschreitendem Verkaufsprozess adjustiert und ggf. verfeinert wird.

Je nach Größe des Verkaufsobjektes empfiehlt es sich, verschiedene Projektgruppen zu bilden, die die Themenschwerpunkte des Verkaufsprozesses abdecken:

Projektgruppe – Projektausschuss und Projektkoordinatoren

Der **Projektausschuss** leitet den Veräußerungsprozess und verfügt über entsprechende Entscheidungskompetenz, da mit ihm alle wesentlichen prozessualen Fragen diskutiert und entschieden werden. Der Projektausschuss wird meistens durch Immobilienberater und Anwälte unterstützt, da beide Berater den Verkäufer auch in den Verhandlungen mit den Investoren unterstützen.

Die am Verkaufsprozess mitwirkenden Arbeitsgruppen werden von Projektkoordinatoren geführt, die den Informationsfluss zwischen den Gruppen sicher stellen und die Einhaltung der Arbeitsprogramme und des Zeitplanes überwachen.

Projektgruppe – Kurzexposé und Informationsmemorandum

Zur ersten Kontaktaufnahme mit potentiellen Investoren dient i.d.R. ein **Kurzexposé** („Teaser"), das wesentliche Eckdaten des Verkaufsobjektes, die rechtliche Verkaufsstruktur sowie den beabsichtigten Zeitplan der Transaktion kurz darstellt. Dieses wird zusammen mit einer Vertraulichkeitserklärung, die die potentiellen Investoren zur Geheimhaltung der ihnen im Verkaufsprozess übermittelten Objektinformationen verpflichtet, zugesandt.

Das **Informationsmemorandum** ist die Verkaufsbroschüre, die den angesprochenen Investoren als vertiefende Information in der ersten Phase ihrer Ankaufsprüfung dient. Es wird normalerweise von speziellen Immobilienberatern aufgesetzt und enthält begrenzte Informationen (wie z.B. Immobilienmarktinformationen über den objektspezifischen Teilmarkt, eine Gebäudebeschreibung, eine Mieterliste einschließlich mietvertraglicher Eckdaten, Fotos und Pläne, Eckdaten zum Transaktionsprozess einschl. Projektzeitplan und ggf. an die Gebotsabgabe geknüpfte Bedingungen (wie z.B. die Finanzierungsübernahme etc.) sowie die Kontaktdaten des Projektmanagements.

Das Informationsmemorandum wird an die ausgewählten Investoren geschickt, auf dessen Grundlage diese ein erstes Kaufgebot mit Kaufbedingungen abgeben.

Projektgruppe Datenraum

Im **Datenraum** werden alle Informationen zusammengestellt, in die der Verkäufer den potentiellen Investoren zu Ankaufsprüfungszwecken Einblick gewähren will. Wesentliche Tätigkeiten der Datenraum-Projektgruppe sind die Erstellung des Datenraumindexes, der einen geordneten Überblick über die im Datenraum vorhandenen Information und deren Ablageort geben sollte, die Zusammenstellung der notwendigen Unterlagen, die Koordination der Vendor Due Diligence und des Datenraumes sowie die Übernahme der Q&A-Funktion (Fragen und Antworten) aus der Due Diligence der Investoren.

Ein weiterer wichtiger Aufgabenbereich ist die Koordination und Vorbereitung von Managementpräsentationen und Ortsbesichtigungen, gerade im laufenden Projektentwicklungsprozess.

Projektgruppe Immobilienanalyse

Die **Immobilienanalyse** wird i.d.R. von einem Immobilienberatungsunternehmen ausgeführt. Wesentliche Tätigkeiten sind die Erfassung und Analyse der Objektdaten, die Erstellung einer Immobilenbewertung, die Analyse der immobilienwirtschaftlichen Werttreiber, ggf. eine Analyse der Entwicklungs- und Vermarktungsfähigkeit sowie Ausarbeitung potentieller Wertsteigerungsmaßnahmen.

Der Arbeitsgruppe sollten auch technische Immobilenexperten angehören, die Aussagen über den technischen Zustand vom Gebäude bzw. zur Grundstücksbeschaffenheit machen können.

Die Immobilienberater übernehmen oft die komplette Verkaufsprozesskoordinierung und sind auch bei den Kaufvertragsverhandlungen beratend tätig.

Projektgruppe – Steuern, Recht, Bilanzierung

Steuerberater, Rechtsanwälte und Wirtschaftsprüfer prüfen die **steuerlichen, rechtlichen und bilanziellen Voraussetzungen** und Aspekte der Transaktion und erarbeiten gemeinsam mit dem Verkäufer und Immobilienberater strukturelle Optionen für den Verkauf. Hier wird anschließend auch die steuerliche und rechtliche Struktur einschließlich der Kaufvertragentwurf entwickelt. Auch eine Bewertung der Angebote sowie eine Überwachung der Informationsfreigabe aus rechtlicher Sicht gehören zum Arbeitsbereich.

Hier wird auf Grundlage der Ergebnisse aus der Arbeitsgruppe Immobilienanalyse ein **Bewertungs- und Finanzierungsmodell** für das Verkaufsobjekt entwickelt und mögliche Finanzierungsstrukturen analysiert.

Inwieweit Financial Modelling auf Verkäuferseite eine Rolle spielt, ist auch abhängig von der Größe des Verkaufsobjektes sowie der gewählten Veräußerungsform (Asset-/Sharedeal).

3.4.2.2 Bestandsaufnahme und Vendor Due Diligence

Es wurde bereits mehrmals in diesem Beitrag darauf hingewiesen, welche zentrale Bedeutung der Bestandsaufnahme und Datenqualität der Immobilie im Rahmen des Verkaufsprozesses zukommt.

Die angehängte Checkliste gibt einen groben Überblick über einige wesentliche immobilienbezogene Daten, die im Rahmen von Projektentwicklungsveräußerungen zum Zwecke der Vendor Due Diligence und anschließenden käuferseitigen Ankaufsprüfung zusammengestellt werden sollten. Vom Fortschritt der Projektentwicklung wird es abhängen, ob weniger oder mehr Informationen erforderlich sind.

Der Begriff „Vendor Due Diligence" sei im Folgenden kurz erläutert: Unter Vendor Due Diligence versteht man eine verkäuferseitig durchgeführte Simulation der Ankaufsprüfung, die später auf Seiten der potentiellen Kaufinteressenten erfolgt, d.h. die umfassende Standort- und Marktanalyse, technische, rechtliche, steuerliche, wirtschaftliche und ggf. auch bilanzielle Analyse des Kaufobjektes, durch i.d.R. externe Berater. Einbezogen werden sollte unbedingt auch die gegenwärtige Finanzierung des Verkaufsobjektes.[46]

---

[46] Vgl. Ergebnisse der von Cushman & Wakefield beauftragten Marktuntersuchung zur Einschätzung von

Die Vendor Due Diligence dient zur Aufdeckung der Beschaffenheit des Verkaufsobjektes, um spätere Überraschungen, die zu einer nicht erwarteten Verschlechterung der Verhandlungsposition führen können, auszuschließen. Je komplexer und diffiziler eine Projektentwicklung ist, desto größer ist der den Kosten gegenüberstehende Nutzen einer Vendor Due Diligence.

Weiterhin dient die Vendor Due Diligence auch dazu, auszuschließen, dass vorhandene Informationen dem potentiellen Käufer nicht wissentlich vorenthalten werden. Im Zuge der Vendor Due Diligence sollten auch bestehende Defizite aufgezeigt und ungenutzte Potentiale des Verkaufsobjektes herausgearbeitet werden, um vor Aufnahme des eigentlichen Veräußerungsprozesses wertsteigernde Maßnahmen (siehe Abschnitt 3.3.2) implementieren zu können, sofern hierzu die Zeit verbleibt.

Immobilienbewertung von Projektentwicklungen
Da der erzielte Verkaufpreis letztendlich erfolgsentscheidend für die Rentabilität der Projektentwicklung ist, kommt der Analyse des potentiellen Verkaufspreises im Rahmen der Vendor Due Diligence zentrale Bedeutung zu. Der Verkaufspreis wird unter anderem unter Hinzuziehung des Wertes bemessen, der aus der im Rahmen der Vendor Due Diligence durchgeführten Immobilienbewertung resultiert.

Abhängig von der jeweiligen Projektentwicklungsphase, in der sich das Verkaufsobjekt befindet, kommen im Rahmen der Bewertung von Projektentwicklungen folgende Bewertungsmethoden zur Anwendung.

Die **„Discounted Cash-flow Method"**, im Deutschen Barwertverfahren, wird zumeist für im Projektentwicklungsprozess weit fortgeschrittene (bereits (vor-)vermietete), komplexere Anlageobjekte zumeist das Barwertverfahren, im Englischen „Discounted Cash-flow Method" angewendet. Auf diese Weise können mietvertragliche Gegebenheiten, Kosten für Neu- bzw. Anschlussvermietungen sowie zu tätigende Investitionen oder mieterspezifische Nebenkostenregelungen explizit und ihrem zeitlichen Anfall entsprechend berücksichtigt werden.

Das Barwertverfahren basiert auf dem Prinzip des Zeitwertes von Kapital, also der simplen Erkenntnis, dass ein rationaler Investor einen Euro, den er heute besitzt, einem Euro, der ihm erst in einem Jahr zufließt, vorzieht. Was der in einem Jahr zu erhaltende Euro zum heutigen Zeitpunkt wert ist, hängt davon ab, wie der Investor sein Kapital in der Zwischenzeit nutzen könnte. Könnte er sein Kapital bei einer bestimmten jährlichen Verzinsung anlegen, so ergibt sich deren Barwert („Net Present Value" oder „NPV") aus einer einfachen Abzinsung zu eben diesem „Opportunitätszinssatz". Ausgedrückt wird dieser Sachverhalt in der bekannten Barwertformel wie folgt:

Bei einer Immobilieninvestition erwirbt der Anleger das Recht, die Einkünfte aus dem Objekt für einen bestimmten oder unbestimmten Zeitraum für sich zu vereinnahmen. Dabei werden die in die Zukunft projezierten vom Bewertungsobjekt ausgehenden Zahlungsströme zu einem angemessenen Diskontsatz auf den Bewertungsstichtag abgezinst, um den Barwert der Investition zu erhalten.

Hierzu werden die das Objekt betreffenden Ausgaben und Einnahmen über einen bestimmten Zeithorizont, der normalerweise bei 10 oder 15 Jahren liegt, zu einem Netto-Zahlungsstrom pro Zeitperiode zusammengefasst. Der Verkaufserlös am Ende des Investitionszeitraumes wird als ewige Rente anhand der geschätzten Verkaufsrendite und des fortgeschriebenen Mietwertes zum Zeitpunkt der Veräußerung ermittelt und ebenfalls abgezinst.

Die Tatsache, dass der etwaige spätere Verkaufspreis und die über den Investitionszeitraum fließenden Mieteinkünfte nicht exakt vorhersehbar sind (sie unterliegen gegebenenfalls einer Steigerung bei gleichzeitigem Ausfallrisiko) und diesen Zuflüssen auch ebenfalls nicht genau zu quantifizierende Ausgaben (Bewirtschaftungskosten, Reparaturen an Dach und Fach, etc.) gegenüberstehen, bedingt eine Reihe von detaillierten Annahmen bezüglich des Bewertungsobjektes und des allgemeinen wirtschaftlichen Umfeldes.

Immobilieninvestments in Deutschland durch internationale Investoren: „Outside-In – Why invest in Germany?", S. 6, durchgeführt durch das unabhängige Marktforschungsinstitut TNS Emnid, November 2003.

Die in jeder Periode anfallenden Zahlungsströme müssen einzeln in die Zukunft projeziert werden. Dabei können sowohl das Ausmaß als auch der Zeitpunkt mietvertragsspezifischer bzw. inflationärer Einflüsse auf die von der Immobilie ausgehenden Einnahmen und Ausgaben exakt dargestellt werden. Der Modus der Mietwertsicherung über komplexe Staffelmieten oder Indexierungsklauseln kann dabei in das DCF-Modell eingebaut und die Auswirkungen verschiedener Vertragsgestaltungen bzw. Inflationsraten auf den Barwert veranschaulicht werden.[47]

Das sog. **Residualwertverfahren** findet Anwendung im Rahmen der Bewertung von unbebauten oder über den vorhandenen Bestand hinaus entwickelbaren Grundstücken sowie in einer frühen Bauphase befindlichen Projekten. Bei dieser Bewertung wird der Wert des Grundstücks in erster Linie durch den Wert der darauf erstellbaren, optimalen und städtebaulich genehmigungsfähigen Bebauung bestimmt. Um den Grundstückswert in Abhängigkeit der optimalen Nutzung zu ermitteln, greifen Bauträger regelmäßig auf die Residualmethode (auch „Bauträgermethode") zurück.

Beim Residualverfahren wird der Wert des fertiggestellten Bauvorhabens zumeist anhand des Ertragswertverfahrens oder über Vergleichspreise ermittelt, wobei die zum Bewertungszeitpunkt erzielbaren Mietwerte und Verkaufsrenditen zugrunde gelegt werden. Durch die relativ lange Bauzeit und die Gefahr, dass konjunkturelle Schwankungen die prognostizierten Werte als unrealistisch erscheinen lassen, ist bereits an dieser Stelle größte Vorsicht geboten.

Von dem Gesamtwert der zukünftigen Bebauung werden nun sämtliche Kosten, die in diesem Zusammenhang entstehen und im Zuge des Baufortschrittes noch nicht ausgegeben wurden, abgezogen. Diese umfassen Abrisskosten, sämtliche Baukosten, Baunebenkosten, Gebühren, Finanzierungskosten für das Bauwerk (die Fremdkapitalkosten für das Grundstück werden später in Abzug gebracht), Marketingkosten sowie einen Posten für unvorhergesehene Ausgaben. Schließlich wird noch der Bauträgergewinn abgezogen, der entweder als prozentualer Anteil aus dem Gesamtwert der Bebauung oder aus der Summe der Entwicklungskosten angesetzt wird.

Die Finanzierungskosten für die sukzessive im Verlaufe der Bauzeit anfallenden Baukosten werden oft überschlägig berechnet, indem entweder die Summe der Baukosten über die halbe Bauzeit oder die Hälfte der Baukosten über den vollen Zeitraum verzinst werden. Beiden Ansätzen ist eines gemein, nämlich dass sie nur grobe Annäherungswerte liefern. Da Baukosten in Wirklichkeit – graphisch veranschaulicht – eher in Form einer horizontalen S-Kurve anfallen, wird bei komplexeren Bauvorhaben häufig die Barwertmethode angewandt, um der Zeitvariablen besser Rechnung tragen zu können.

Der verbleibende Betrag nach Abzug aller Kosten wird als Brutto-Residualwert bezeichnet und beinhaltet die Finanzierungskosten für das Grundstück über den gesamten Zeitraum vom Grundstückserwerb bis zum Verkauf des fertiggestellten Bauvorhabens, die Erwerbsnebenkosten beim Kauf des Grundstücks und den eigentlichen Grundstückswert, der auch als Netto-Residualwert bezeichnet wird.

Bei Wertermittlungen auf Basis des Residualverfahrens ist beim Ansatz der Wert- und Kostenvariablen große Vorsicht geboten. Aufgrund der hohen Sensitivität des Grundstückswertes gegenüber den Eingabevariablen birgt die Methode gewisse Risiken: Die bloße Extrapolation von historischen Mietwertsteigerungen über die Bauzeit hinaus, wie sie in Boom-Phasen von Developern häufig vorgenommen wird, kann bei einer Veränderung der Marktlage – die auf zahlreichen europäischen Immobilienmärkten zu beobachten sind – fatale Folgen haben.[48]

3.4.3 Durchführung der Veräußerung

3.4.3.1 Verfahrensschritte

Erstellung des Informationsmemorandums
Wie schon zuvor erläutert ist der erste Schritt des Verkaufsprozesses die Erstellung eines Informationsmemorandums/Verkaufsexposés. Dessen Aussagegehalt sollte eine indikative Bewertung

---

[47] *Brühl, Martin J.:* Bemessung von Marktwerten, Studienbrief der HypZert GmbH, Berlin, 2004, S. 39 ff.
[48] *Brühl, Martin J.:* Bemessung von Marktwerten, Studienbrief der HypZert GmbH, Berlin, 2004, S. 36 ff.

ermöglichen, deren Bewertungsparameter im Rahmen der Käufer Due Diligence im wesentlichen nur noch zu bestätigen sind. Auf diese Weise minimiert sich das Risiko, dass Bieter in die nächste Auswahlrunde gelangen, die dem Verkaufsobjekt keinen ausreichenden Wert beimessen.

Das Informationsmemorandum kann in Form einer Broschüre erstellt werden oder in webbasierter virtueller Form. Letzteres hat den Vorteil, dass aufwendige Druckkosten gespart und Informationen im Laufe des Ankaufsprüfungsprozesses aktualisiert werden können. Ferner, können anhand der Webseite statistische Auswertungen zur jeweiligen Bieteraktivität (Zugriffsberichte) gefahren werden (z.B. Anzahl der Bieterbesuche, durchschnittliche Verweildauer des Bieters auf der Internetseite etc.), die Rückschlüsse auf die Ernsthaftigkeit des Bieters ziehen lassen und zur Bieterselektion unterstützend hinzugezogen werden können.

Investorenauswahl und -ansprache

Parallel zur Erstellung des Informationsmemorandums wird in der Regel bereits mit der Ansprache der potentiellen Bieter begonnen. Etablierte und professionelle Immobilienberatungsfirmen, die enge Kontakte zu zahlreichen Investoren pflegen und deren Anforderungskriterien genau kennen, können das zu verkaufende Produkt einem limitierten Kundenkreis zuordnen, der als Käufergruppe in Frage kommt. Eine Veröffentlichung in der Presse, bzw. eine Vermarktung über Zeitungsanzeigen kommen in der professionellen gewerblichen Immobilienvermittlung selten vor.

Die erste Kontaktaufnahme zu den Investoren erfolgt mit einer Kurzübersicht über das Objekt (ggf. anonymisiert) zusammen mit einer Vertraulichkeitserklärung. Sollten Investoren ihr Interesse bekunden, wird die Vertraulichkeitserklärung übersandt.

Das Informationsblatt sollte auch Angaben zum Verkaufsablauf (Zeitplan, Prozessstufen etc.) und zu Mindestanforderungen, die der Verkäufer an potentielle Investoren stellt (z.B. Track record, ausreichende Finanzkraft und Art der Refinanzierung, eingesetzte Käuferberater etc.), enthalten. Wichtig sind die Anforderungen der Bieter an die vorgeschlagene Transaktionsstruktur, insbesondere, wenn auf Seiten des Verkäufers Flexibilität hinsichtlich dieser gegeben ist.

Analyse der indikativen Angebote (Indicative Offer)

Die indikativen Angebote der Bieter in der ersten Bieterrunde werden analysiert und bewertet. Die Bieterselektion sollte nicht allein auf Basis des Gebotes erfolgen, da diese zu diesem Zeitpunkt taktischer Natur sein können, um in die nächste Runde zu gelangen. Bedeutsam ist auch die Qualität des Gebots und seine Aussagekraft, die auf die Ernsthaftigkeit des Bieter an dieser Transaktion schließen lassen. Die ausgewählten Bieter sollten rechtzeitig über ihre Zulassung zur Due Diligence und weitere Planungsschritte informiert werden. Regelmäßig wird der Bieterkreis nach Abgabe des indikativen Gebotes auf drei bis fünf potentielle Käufer reduziert.

Eröffnung des Datenraums, Q&A und Ortsbesichtigung

Der Datenraum kann physicher Natur sein, d.h. an einem neutralen Ort eingerichtet werden, oder die Objektinformationen können in elektronischer Form in einem sogenannten virtuellen Datenraum bereit gestellt werden. Der Vorteil des virtuellen Datenraumes liegt in der Replizierbarkeit, d.h. man kann einer größeren Zahl von Bietern in einem kurzen Zeitraum gleichzeitig die notwendigen Informationen zur Verfügung stellen.

Die Unterschiede beider Verfahren sollen im folgenden kurz aufgezeigt werden:

Traditioneller physischer Datenraum	Virtueller Datenraum
Mehrere Kaufinteressenten können den Datenraum nur nacheinander benutzen, dadurch verlängern sich die Umsetzungszeiten.	Gleichzeitige Benutzung des Datenraumes reduziert die Umsetzungszeiten erheblich.
Reiseentfernungen limitieren die Anzahl der Interessenten	Durch den webbasierten Zugang sind Interessenten weltweit unbeschränkt erreichbar
Zugang nur möglich während der Geschäftszeiten	Zugang möglich an 24 Stunden pro Tag, 7 Tage die Woche

Traditioneller physischer Datenraum	Virtueller Datenraum
Ergänzende Informationen müssen über konventionelle Informationswege versandt werden (Post, Bote, Fax, Email)	Nahtlose Verteilung durch Einstellen der Informationen in den virtuellen Datenraum (mit entsprechendem Hinweis an die Benutzer
Keine Informationen darüber, welche Informationen über den Käufer von besonderem Interesse sind.	Informationen über besonderes Käuferinteresse durch „Zugriffsberichte"
Das tägliche Datenraummanagement erfordert Personalressourcen	Für das Datenraummanagement sind keine permanenten Personalressourcen erforderlich
Mehrfache Datenräume und Datenraumkopien müssen erstellt werden	Nur ein Datenraum muss erstellt werden, der für die Archivierungszwecke auch sehr leicht kopiert werden kann
Unsichere und ineffiziente Kontrolle über den Informationsumfang	Sichere und effiziente Kontrolle über den Informationsumfang
Gegebenenfalls mehrfaches Kopieren und Abheften der Informationen	Einmaliges Einscannen und elektronisches Zuordnen der Informationen

Quelle: Boettcher, Max: Virtuelle Datenräume – Weniger Fehler, mehr Transparenz in Immobilienwirtschaft 06/2006, S. 45

Im Rahmen der Due Diligence sollten den Bietern Ortsbesichtigungen ermöglicht werden. Innenbesichtigungen sollten nur nach Absprache mit dem Eigentümer sowie in Begleitung eines Verkäuferrepräsentanten erfolgen, um ein Stören der Eigentümer-Mieter-Beziehung zu verhindern.

Den Mietern wird ferner die Möglichkeit gegeben, sich aus der Analyse der Objektinformationen ergebende Fragen an den Verkäufer zu richten. Dieser Frage-und-Antworten-Prozess (Q&A: „Questions & Answers") sollte sorgfältig dokumentiert werden. Jede neue Information, die zur Beantwortung der Fragen verteilt wird, ist an alle Bieter zu übermitteln. Der Verkäufer sollte sein Verkaufsprodukt allerdings im Rahmen der Vendor Due Diligence so gut analysiert haben, dass es nicht zu einem späteren Zeitpunkt, in dem der Wettbewerb deutlich reduziert ist und der Verkäufer aufgrund dessen nur noch beschränkt reagieren kann, zur Aufdeckung nicht erkannter Mängel kommt, die zu Kaufpreisanpassungen führen.

Vorlage konkretisierter Angebote (Final Bids)

Die Due Diligence endet in der Regel mit der Vorlage entgültiger Angebote, die auch als verbindliche Angebote (Binding Offer) bezeichnet werden, obwohl diese, jedenfalls bei einem Asset Deal, wegen des Beurkundungserfordernisses rechtlich regelmäßig nicht bindend sind. Die endgültigen Angebote basieren auf einer gründlicheren Prüfung der den Bietern in der Due Diligence überlassenen Informationen sowie der Ortsbesichtigung.

Spätestens mit den endgültigen Angeboten müssen die Bieter meist auch Finanzierungsbestätigungen vorlegen. Gleichzeitig sollten alle Vorbehalte, die bis zum Transaktionsabschluss ausgeräumt werden müssen, aufgezeigt werden. In der Regel wird an dieser Stelle auch ein „Mark-up" des Kaufvertrages mit übergeben.

Kaufverhandlungen und Unterzeichnung des Kaufvertrages

Auf Grundlage der Prüfung und Auswertung der endgültigen Angebote, selektiert der Verkäufer die Bieter, mit denen konkrete Kaufvertragsverhandlungen geführt werden sollen. Die Verhandlungen können parallel mit zwei oder auch drei Bietern aufgenommen werden, um den Wettbewerbsdruck möglichst lange aufrecht zu erhalten. Oder der Verkäufer setzt eine Rangfolge von Bietern fest, um zunächst exklusiv mit einem favorisierten Bieter zu verhandeln, während der oder die nachrangig platzierten Bieter in Wartestellung gehen. Nach erfolgreicher Verhandlung wird der Kaufvertrag abgeschlossen. Sicherheit für den erfolgreichen Abschluss der Transaktion besteht aber erst, wenn der Kaufpreis gezahlt worden ist. Bei den dafür oftmals notwendigen Gremiumsentscheidungen bzw. bei der Erfüllung der Anforderungen der finanzierenden Banken, sollte der Verkäufer, den Erwerber unterstützen, da nur dieser in der Lage ist, ggf. noch notwendige interne Informationen zu beschaffen (z.B. aktuelle Mieteinnahmen des laufenden Monats).

Verfahrensvariationen & ausgewählte Erfolgsfaktoren

Die Strukturierung des oben aufgeführten Veräußerungsprozesses kann in vielfältiger Weise erfolgen. So kann neben dem beschriebenen beschränkten Bieterverfahren auch ein Off-Market-Deal, d.h. die Einzelansprache von Investoren, oder aber eine öffentliche Ansprache anvisiert werden.

Das Bieterverfahren hat den Vorteil geordneter Abläufe und größerer Transparenz hinsichtlich der Käuferauswahlentscheidung. Aus Sicht des Verkäufers soll das Bieterverfahren die Kontrolle über den Veräußerungsprozess sichern und nicht zuletzt der Kaufpreisoptimierung dienen, indem der Wettbewerb mehrerer Bieter möglichst lange aufrecht erhalten wird. Ein weitere Vorteil ist die Zeiteffizienz, die das Verfahren mit sich bringt.

An dieser Stelle sollte aber auch darauf hingewiesen werden, dass Investoren zuweilen den Bieterprozess scheuen, da er oft mit hohen Kosten verbunden ist, und eine Einzelansprache mit Exklusivitätsvereinbarung bevorzugen. Es sollte genau abgewogen werden, ob durch diesen Prozess attraktive Investoren nicht verschreckt werden. Ferner, kann sich der Verkäufer bereit erklären, die Ankaufsprüfungskosten für die „zweiten Sieger" zumindest teilweise zu kompensieren.

Wie bereits mehrmals erwähnt, ist die sorgfältige Vorbereitung des Bieterverfahrens erfolgsentscheidend. Von Vorteil ist es, wenn der Verkäufer Immobilienberater hinzuzieht, die über umfangreiche Ankaufsberatung verfügen und so den Verkäufer in der Antizipation der Verhaltensweise der potentiellen Erwerber unterstützen können.

Die Aufrechterhaltung des Wettbewerbs ist ein zentraler Erfolgsfaktor und damit einhergehend das richtige Timing zur Vergabe der Exklusivität. Aufgrund des Investorendrucks wird nicht selten das Wettbewerbspotential durch eine zu frühe bzw. durch eine zu lange Exklusivitätsvergabe gemindert.

Es besteht aber auch die Gefahr, dass Investoren hohe Preisgebote abgeben, um in die nächste Bieterrunde zu gelangen und dann mit zahlreichen Argumenten versuchen, Kaufpreisabsenkungen zu rechtfertigen. Insofern ist es wichtig, die dem Gebot unterliegenden Annahmen im Detail zu analysieren, um nicht-seriöse Absichten frühzeitig zu identifizieren.

In einem aufgrund von persönlichen Beziehungen oftmals sehr transparenten Markt, sollte die Gleichbehandlung der Investoren im Laufe des Ankaufsprozesses selbstverständlich sein. Sollte der Eindruck entstehen, dass Investoren bevorzugt werden, besteht die Gefahr, dass sich die Benachteiligten aus dem Bieterverfahren zurückziehen.

3.5 Schlussbemerkung

Das Immobiliengeschäft ist immer internationaler, um nicht sogar provokativ zu sagen professioneller geworden. Internationalität reduziert sich nicht nur auf neue ausländische Nachfrage sondern manifestiert sich vielmehr in internationalen Standards die weltweit Ihre Gültigkeit haben. Die immer komplexer werdenden Abläufe und immer größeren Volumen bei Portfoliotransaktionen erfordern neben einer Diversifierung der Arbeitsabläufe auch das Einschalten von entsprechenden Immobiliendienstleistern die den gesamten Lebenszyklus einer Immobilie begleiten, so wie dies in den angelsächsischen Ländern seid langem üblich ist. Dies erleichtert es dem Projektentwickler sich auf seine Kernkompetenz zu konzentrieren und seine eigenen Strukturen schlank und flexibel zu halten.

Anhang
Datenanforderungsliste
Erforderliche objektbezogene Unterlagen, Mitteilungen und sonstige Informationen (sofern zutreffend)

1. **Verkäufer**
   1.1   Auskünfte/Allgemeines
   1.2   HR-Auszug
   1.3   Vollmachtsfragen
2. **Grundbuch**
   2.1   Aktueller (beglaubigter) GB-Auszug
   2.2   Eintragungsbewilligungen mit Plananlagen für Belastungen in Abt. II
   2.3   Belastungen in Abt. III
         a) Valuten/Tageszinsen ab Stichtag
         b) Kreditverträge zu den Valuten
         c) Sicherungszweckerklärungen
         d) Kreditübernahme/Ablösungsprobleme
   2.4   laufende Eintragungsanträge
   2.5   Aktueller Auszug aus dem Liegenschaftskataster
3. **Baulastenverzeichnis**
   3.1   Aktueller (beglaubigter) BL-Auszug
   3.2   Eintragungsbewilligung mit Plananlagen
   3.3   laufende Eintragungsanträge
4. **Baurecht**
   4.1   B-Plan (oder § 34 BauGB?)
         Mitteilung zu etwaigen anstehenden Änderungen
   4.2   Baugenehmigung
         a) ursprüngl. Genehmigung/Umbaugenehmigung
             – Stellplatznachweis/Ablösevereinbarung
             – Art und Maß der baulichen Nutzung
             – Baubeschreibung
             – Flächenberechnung/Umbauter Raum
             – Pläne
             – etc.
         b) Schlußabnahme/Abnahmebescheinigungen der Behörden
         c) Nutzungsgenehmigungen (ursprüngliche + für derzeitige Nutzung)
         d) Betriebserlaubnis
   4.3   Genehmigungsfragen bei etwa beabsichtigten Umbauten
   4.4   Städtebauliche Verträge
5. **Gebäude/Grundstück**
   5.1   Maßstabsgerechte und vermaßte Gebäudepläne (aktuell)
   5.2   Aktuelle Flächenaufstellungen (BGF, NGF, Verkaufsflächen, Nebenflächen, Hauptnutzflächen, Nebennutzflächen etc.) u. zugrunde liegende Bemessungspraxis
   5.3   Aktueller Mieterbesatzplan
   5.4   Aktuelle Stellplatzaufstellung
   5.5   Grundstücksgröße
   5.6   Aktuelle Baubeschreibung einschließlich Ausstattungsstandard
   5.7   Ausstehende/beauftragte Reparaturen/Instandhaltungsstaus
   5.8   Bauherstellungskosten nach DIN 276/Gesamtinvestitionskosten einschließlich Bau- und Grundstückskosten
   5.9   Angaben zu Investitionskosten/Incentives bei Neuvermietungen
   5.10 Mitteilung zu Asbest und Altlasten (z.B. Auszug aus dem Altlastenkataster)
   5.11 Behördliche Auflagen
   5.12 Laufende TÜV-Zeugnisse etc.

5.13 Mitteilung zu etwaigem Denkmalschutz

5.14 Architektenurheberrechte

5.15 Drohende Beeinträchtigung durch Nachbarn/Dritte/Verkehrsumleistungen etc.

5.16 Gewährleistungsansprüche/Sicherheiten

6. Miet- und Pachtverhältnisse & Nebenkosten

6.1 Kopie aller Verträge (Schriftformfrage) einschließlich Nachträge und Anhänge

6.2 etwaige Nebenabsprachen (z.B. Mietverzichte)

6.3 Bestätigung über Mietgarantieleistungen/Zahlung von Mietkautionen

6.4 Stichtagsbezogene aktuelle excelbasierte Mieterliste mit Mieterdaten, Miete, Mietvertragslaufzeit, Indexierung, Sonderkündigungsrechte

6.5 Aufstellung von sonstigen Einnahmen einschließlich Marketing, Werbung, Innen- und Außenstellplätzen

6.6 Angaben über vereinbarte und geflossene Umsatzmieten und Verkaufsumsätze pro Mieter und Monat (Historie seit Inbetriebnahme)

6.7 Aktuelles Vermietungsprotokoll (Neuvermietungen, zu erwartende Neuvermietungen, Mieterkündigungen)

6.8 Nebenkostenabrechnungen (historische Kosten und Budget)

    a) vergangene 2 Jahre/Unterlagen

    b) laufendes Jahr/Unterlagen

    c) nicht umlegbare Nebenkosten

6.9 Historie der Miet- und Nebenkostenzahlungen (seit Inbetriebnahme)

6.10 Mietminderungen/Meinungsverschiedenheiten/Prozesse

6.11 Werbegemeinschaften etc.

7. Verträge (einschl. aller Nachträge und Anhänge)

7.1 Grundstückskaufverträge

7.2 Erbbaurechtsverträge

7.3 Miet-/Pachtverträge (s.o. Abs. 6)

7.4 Bauverträge (s.o. Abs. 4)

8. Versicherungen

8.1 Kopien der Policen

8.2 Bestätigung über ausreichenden Deckungsschutz

9. Management-, Wartungs- und Serviceverträge/Haustechnische Anlagen

9.1 kaufm. Verwaltung

9.2 technische Verwaltung

9.3 Hausmeister

9.4 sonstige Verträge (Untergliederungen)

9.5 Stand der Zahlungen/Abrechnungen/Unterlagen

9.6 Zusammenfassung der mechanischen, elektrischen und HVAC-Installation (Sanitär/Heizung/Elektro/Sonstiges)

9.7 Messung der Besucherströme; Einkaufskörbe; durchschnittl. Einkaufssumme (seit Inbetriebnahme, pro Monat)

10. Objektgebundene Steuern/Abgaben

10.1 Einheitswertbescheid

10.2 Grundsteuer/städtische Abgaben/Stand der Zahlungen/Unterlagen

10.3 Erschließungsbeiträge/Anschlußgebühren

10.4 Bestätigung, dass keine Beiträge ausstehen, die vom Eigentümer getragen werden müssen.

11. Umsatzsteuer-Thematik

11.1 Grundstücksbehandlung beim Verkäufer

11.2 § 15 a – Thema

11.3 Flächenschlüssel

12. Nachbarabsprachen

13. Gutachten

    13.1 Bodengutachten

    13.2 Bodenverunreinigungen festgestellt

    13.3 Schallschutzgutachen gemäß DIN

    13.4 Wärmeschutznachweis gemäß DIN

    13.5 Gutachten über Bauschäden

    13.6 Standort- und Marktanalyse; Machbarkeitsanalyse

(Quelle: Cushman & Wakefield, 2006)

4. Wesentliche vertragliche und steuerrechtliche Aspekte

Nach der wirtschaftlichen Analyse des Objektverkaufs als Exitstrategie, sollen nun die vertraglichen und steuerrechtlichen Aspekte der, dem Projektentwickler zur Verfügung stehenden, Vermarktungsmöglichkeiten dargestellt werden.

4.1 Mietvertrag

Bei der Vermietung eines Objektes, ist in rechtlicher Hinsicht stets darauf zu achten, dass gewerbliche und Wohnraummietverträge zum Teil erheblich unterschiedlichen gesetzlichen Regelungen unterliegen. So ist zu berücksichtigen, dass für die Vermietung von Wohnraum generell mieterfreundlichere Regelungen Anwendung finden, um die Wohnung als Lebensmittelpunkt des Mieters zu schützen. Bei der Vermietung von Gewerberaum hingegen geht der Gesetzgeber davon aus, dass auch der Mieter hinreichend juristisch vorgebildet ist, weshalb ein großer Teil der Vorschriften abdingbar ist und mithin die Vertragsinhalte stärker privatautonom von den Parteien bestimmt werden können. Hieraus ergibt sich z.B. dass die im Wohnraummietrecht zentrale Begrenzung der Mietzinserhöhung im Gewerberaummietrecht keine Anwendung findet.

4.1.1 Vertragsanbahnung

Es ist zu beachten, dass rechtliche Ansprüche unter den Vertragsparteien auch schon vor der Unterzeichnung eines schriftlichen Mietvertages entstehen können. So kann es zum einen zu einem mündlichen Mietvertrag oder einem Mietvorvertrag kommen, aus welchem dann vertragliche Pflichten für beide Parteien erwachsen. Zum anderen ist zu beachten, dass im Vertragsrecht die Vertragsparteien auch schon vor Vertragsschluss gewisse Schutzpflichten für die Rechtsgüter der anderen Partei treffen, bei deren Verletzung eine Schadenersatzpflicht droht (Grundsätze der culpa in contrahendo – c.i.c., vergl. §§ 311 Abs. 2 i.V.m. 280 Abs 1, 241 Abs. 2 BGB). In diesem vorvertraglichen Bereich ist darauf zu achten, dass regelmäßig die Partei, welche den Vertragsschluss stärker herbeisehnt, dazu tendiert, unverbindlich gemeinte Absichtserklärungen einen Rechtsbindungswillen beizumessen. Rechtssicherheit bringen daher auch hier klare, vorzugsweise schriftliche, Vereinbarungen.

Neben den Grundsätzen der c.i.c. können in diesem Zusammenhang der Mietvorvertrag, ein Vormietrecht, ein Anmietrecht oder eine Begründungsoption rechtliche Bindung entfalten.

Der Abschluss eines Mietvorvertrages entfaltet noch keine unmittelbar mietvertraglichen Verpflichtungen für die Vertragsparteien. Vielmehr handelt es sich hierbei um einen Vertrag, der darauf gerichtet ist, den Parteien das Recht einzuräumen, den Abschluss eines Hauptmietvertrages verlangen zu können. Die hierzu notwendige Willenserklärung kann gegebenenfalls auch klageweise eingefordert werden, wobei dann der Klageantrag den gesamten Vertragsinhalt umfassen muss. Der dabei erforderliche Klägervortrag muss nach der Rechtsprechung des BGH ein derartiges Maß an Bestimmtheit oder Bestimmbarkeit und Vollständigkeit besitzen, dass im Streitfall der Inhalt des Vertrages richterlich festgestellt werden kann. Um dieser Bestimmtheit zu genügen muss mindestens eine Einigung über den Mietgegenstand, die Mietdauer und den Mietzins bestehen. Im Falle eines derartig rudimentären Mietvorvertrages sind für die wirtschaftliche Verwertung des Objekts entscheidende Aspekte wie die Höhe der Kaution, die Übernahme von Schönheitsreparaturen und der Erhaltungslast nicht geregelt, wodurch dem Vermieter erhebliche Nachteile bei der weiteren Verhandlung der näheren Vertragsinhalte erwachsen können. Der Abschluss eines Mietvorvertrages ist nach herrschender Auffassung formfrei möglich, bedarf also insbesondere nicht der Schriftform.

Keiner ausdrücklichen gesetzlichen Regelung unterliegt das Vormietrecht, welches aufgrund der Vertragsfreiheit zulässig und auch in der Praxis allgemein anerkannt ist. Der Inhaber eines solchen Rechts hat die Befugnis, im Falle eines Vertragsschlusses zwischen demjenigen, der ihm das Recht einräumte und einem Dritten an die Stelle des Dritten in den Vertrag einzutreten. In Abgrenzung zum Mietvorvertrag besteht kein Zwang einen späteren Hauptmietvertrag abzuschließen. Vielmehr kann der Vermieter weiterhin frei entscheiden, ob er einen solchen abschließt und wenn ja, mit welchem Inhalt. Die einzige Beschränkung liegt darin, dass gegebenenfalls der Vormietberechtigte als Vertragspartner an die Stelle des ursprünglichen Vertragspartners tritt. Aufgrund des Regelungsmangels ist umstritten, ob die Begründung des Vormietrechts einer bestimmten Form bedarf. Einigkeit besteht darüber, dass die Anzeige des Vormietrechts durch den Berechtigten formfrei möglich ist, was sich aus der teilweise analogen Anwendung der Regelungen des Vorkaufsrechts (§ 463 ff. BGB) ergibt. Aus diesem Regelungstransfer ergibt sich auch, dass das Vormietrecht innerhalb einer Ausschlussfrist von zwei Monaten nach Abschluss des Hauptmietvertrages ausgeübt werden muss, soweit keine andere Frist vereinbart wurde.

Im Gegensatz zum Vormietrecht verpflichtet das Anmietrecht den Vermieter dazu, den Berechtigten das fragliche Mietobjekt zur Miete anzubieten, bevor er mit einem anderen einen Mietvertrag schließt. Dementsprechend kann der Vermieter trotz bestehendem Anmietrecht frei entscheiden, ob, wann und zu welchen Bedingungen er vermieten möchte. Demnach trifft den Vermieter keinen Abschlusszwang wie dies beim Mietvorvertrag der Fall ist. Jedoch ist dem Vormietrecht, aufgrund seiner geringen Reichweite nur begrenzt Bedeutung beizumessen.

Wie das Vormietrecht, ist auch das (Miet-)Optionsrecht nicht ausdrücklich gesetzlich geregelt. Gegenstand des Optionsrechts ist, dass der Berechtigte die Möglichkeit erhält zu bestimmten Bedingungen, i.d.R. innerhalb einer bestimmten Frist einen Mietvertrag zu inhaltlich feststehenden oder zumindest nach vereinbarten Bedingungen inhaltlich festzulegenden Mietvertrag zu begründen. Das Ausüben einer solchen Begründungsoption lässt ein zuvor bestimmtes Mietverhältnis, ohne weiteres Hinzutun des anderen Teils entstehen. Der wesentliche Unterschied zum Vorvertrag liegt darin, dass hier kein gegenseitiger Anspruch auf Abschluss eines Mietvertrages gegeben ist, sondern dieser Anspruch lediglich auf Seiten des Optionsberechtigten besteht. Auch beim Optionsrecht ist es umstritten, ob die Vereinbarung der Option dem Schriftformerfordernis unterliegt.

Generell, besteht auch im Mietrecht eine verschuldensabhängige Haftung im vorvertraglichen Bereich (Grundsätze der c.i.c. vgl. §§ 311 Abs. 2, Abs. 3, 280 Abs. 1 BGB). Grund hierfür ist, dass mit Aufnahme der Vertragsverhandlungen oder einen diesem gleichstehenden geschäftlichen Kontakt, bereits ein vertragsähnliches Vertrauensverhältnis zwischen den Parteien entsteht. Dabei werden unterschiedliche Fallgruppen von der c.i.c.-Haftung erfasst.

So obliegen den potentiellen Vertragspartnern bereits mit Anbahnung des geschäftlichen Kontakts umfassende Verkehrssicherungspflichten, was sich zum Beispiel darin äußern kann, dass der potentielle Vermieter für den Schaden eines Mietinteressenten haftet, den er bei Besichtigung eines im Bau befindlichen Objekts erleidet, weil eine Treppe nicht hinreichend gesichert ist.

Darüber hinaus kann die schuldhafte Verletzung von Aufklärungspflichten gegenüber dem anderen Vertragsteil vor und während des Vertragsschlusses eine Schadensersatzpflicht aus den Grundsätzen der c.i.c. begründen. Eine solche Verletzung liegt vor, wenn der Vermieter es unterlässt über besondere Umstände, Eigenschaften oder rechtliche Beziehungen aufzuklären, die für den potentiellen Vertragspartner in erkennbarer Weise von besonderer Bedeutung wären. Das bedeutet aber nicht, dass sich die Parteien im Rahmen der Aufklärungspflichten das Vertragsrisiko gegenseitig abnehmen müssen, und dass die Vertragspartner nicht dazu verpflichtet sind auf Umstände hinzuweisen, von denen zu erwarten ist, dass der andere Vertragsteil danach fragen würde, soweit er ein Interesse daran hätte. Dabei können Fehleinschätzungen, Unaufmerksamkeiten und Vergesslichkeiten des einen Teils nicht dem anderen Teil angelastet werden. Bei der Frage, welche Umstände zur Aufklärung verpflichten sind die gesamten Umstände des Einzelfalls maßgebend, so dass die Aufklärungspflicht weniger umfamgreich ist, wenn der Gegenüber ein erfahrener Geschäftsmann ist, bei dem davon auszugehen ist, dass er die üblichen rechtlichen und tatsächlichen Umstände kennt. So muss beispielsweise der Mieter eines

Geschäftsraums nicht darauf hingewiesen werden, dass der Vermieter mit anderen Mietern einen Konkurrenzschutz vereinbart hat, oder dass die Annahmefrist eines Vertrages abzulaufen droht. Aufklärungspflichten bestehen z.B. generell bei der Anordnung der Zwangsversteigerng oder Zwangsverwaltung des Mietobjekts, langfristigen Straßensperrungen oder einer langjährigen absichtlichen Störung der Nachtruhe des Vormieters durch einen Nachbarn.

Dagegen trifft auch den potentiellen Mieter die Pflicht, unaufgefordert bestimmte, ihn betreffende Umstände offen zu legen, wie beispielsweise solche, die die Zahlungsfähigkeit des Mieters fraglich erscheinen lassen z.B. die bevorstehende Einleitung eines Insolvenzverfahrens oder die Abgabe der eidesstattlichen Versicherung.

Eine weitere, hier relevante Fallgruppe der Haftung aus §§ 311 Abs. 2, 3, 280 Abs. 1 BGB, ist der Abbruch von Vertragsverhandlungen. Ein solcher Anspruch kann sich ergeben, wenn ein Verhandlungspartner während der Vertragsverhandlungen das Vertrauen auf einen sicheren Vertragsabschluss erweckt und diesen später ohne trifftigen Grund vorsätzlich verweigert.

Der im Rahmen der Grundsätze der c.i.c zu leistende Schadenersatz bemisst sich grundsätzlich daran, wie der Geschädigte dastehen würde, hätte der Verletzer das schuldhafte Verhalten unterlassen. Erfasst wird von der Schadenersatzpflicht demnach der Schaden, der z.B. dadurch entstanden ist, dass der eine Teil darauf vertrauen konnte einen Mietvertrag abzuschließen (Vertrauensschaden – z.B. Anwaltskosten). Vom Erfüllungsinteresse werden dagegen solche Schäden erfasst, die beispielsweise darin bestehen, dass ein Vertrag aufgrund der fraglichen Pflichtverletzung zu ungünstigeren Bedingungen abgeschlossen wurde, als ohne die Verletzung. Neben dem Anspruch auf Ersatz des entstandenen Schadens kann im Rahmen der Grundsätze der c.i.c. auch eine Vertragsanpassung Folge der Verletzung sein.

4.1.2 Voraussetzungen

Die Voraussetzungen für einen gültigen Immobilienmietvertrag variieren bei Wohnraum- und Geschäftsraummiete. Während Erstere stark vom Schutzgedanken des zumeist wirtschaftlich schwächeren Mieters geprägt ist, gewährt Letztere weit mehr Gestaltungsmöglichkeiten und ist weniger abhängig von Formvorschriften.

4.1.2.1 Definition

Immobiliarmiete umfasst die befristete oder unbefristete Gebrauchsüberlassung von Grundstücken oder Gebäuden (bzw. Gebäudeteilen) gegen Zahlung eines Entgelts, basierend auf einem schuldrechtlichen Vertrag. Primär trifft den Vermieter demnach die Pflicht, den Mietgegenstand in vereinbarter Form dem anderen Vertragsteil zum Gebrauch zu überlassen. Der Mieter ist im Gegenzug dazu verpflichtet, den vereinbarten Mietzins zu zahlen. Im vorliegenden Fall muss der Mietgegenstand eine unbewegliche Sache sein, was lediglich bei Grundstücken und damit verbundenen Gebäuden und mithin Gebäudeteilen der Fall ist.

So lässt sich auch die Immobiliarmiete von der Pacht abgrenzen, denn diese kann neben Sachen, auch Rechte, wie z.B. ein Jagdrecht umfassen. Darüber hinaus erstreckt sich die Pacht nicht nur auf die Gebrauchsüberlassung der Sache an sich, sondern auch auf die Ziehung der Früchte aus der Sache. Unterschiedliche Rechtsfolgen bestehen zwischen Immobiliarmiete und Immobiliarpacht im Wesentlichen bei der Unterhaltspflicht für mitüberlassenes Inventar, der Ausgestaltung der gesetzlichen Kündigungsrechte bzw. -fristen und im Verfahrensrecht.

Die Leihe unterscheidet sich von der Miete im Wesentlichen durch die Unentgeltlichkeit der Gebrauchsüberlassung.

Des Weiteren können auch Abgrenzungsschwierigkeiten zwischen der Imobiliarmiete und dem Werkvertrag auftreten, wenn aus Anlass der Grundstücks- oder Raumüberlassung auch werkvertragliche Verpflichtungen auf Seiten des Grundstücksüberlassers oder des Gebrauchsberechtigten begründet werden. Im Falle einer solchen Vermischung unterschiedlicher Vertragstypen ist der für den Vertrag wesentliche Vertragstyp zu bestimmen, wobei dieser Vorgang im Zweifel anhand des Willens der Vertragsparteien zu ermitteln und danach zu entscheiden ist, ob das Schwergewicht auf der Mietzinszahlung oder auf der Herstellung des Werkes liegt.

Keine Typenvermischung in diesem Sinne, sondern einen eigenständiger Vertragstyp stellt das Leasing dar, obgleich es nur rudimentär im BGB geregelt ist und sich an der rechtlichen Schnittstelle von Miete, Darlehen und Kauf befindet. Ein Leasingvertrag ist gegeben, wenn eine Partei (Leasingsgeber) eine Sache einer zweiten Partei (Leasingsnehmer) gegen ein Entgelt (Leasingraten) zum Gebrauch überlässt, wobei die Gefahr(-tragung) und Haftung für Instandhaltung und Untergang der Sache allein den Leasingnehmer trifft. Kauft der Leasinggeber zuvor die Sache bei einem Dritten (Unternehmer) und überlässt diese unmittelbar dem Leasingnehmer, handelt es sich um das im Immobilienbereich übliche Finanzierungsleasing. Eine eindeutige Zuordnung des Leasing zu einem im Gesetz hinreichend geregelten Vertragstyp ist bislang noch nicht erfolgt, wobei die Anlehnung an die Regelungen des Mietvertrages überwiegt.

Neben dem schuldrechtlichen Mietvertrag kann auch ein dingliches Wohnungsrecht an der Immobilie bestehen. Für derartige Rechtsbeziehungen – zwischen Eigentümer und Wohnungsberechtigten – ist das Mietrecht nicht anwendbar.

Ein ebenfalls dem Vertragsrecht enthobenes dingliches Recht stellt der Nießbrauch an einer Sache dar. Der Nießbrauchsberechtigte ist befugt die Nutzung im Rahmen der eingeräumten persönlichen Dienstbarkeit zu ziehen.

Schließlich ist die Unterscheidung zwischen Wohnraummiete und Gewerberaummiete von großer Bedeutung. Dies zeigt sich vor allem daran, dass sich im BGB ein eigenständiges Wohnraummietrecht herausgebildet hat, dessen Bestimmungen zum größten Teil nicht abbedungen werden können, wie die Regulierung der Miethöhe und die Erhöhung des Mietzinses, besondere Kündigungsschutzvorschriften, ein Zuweisungsrecht des Familienrichters für die Ehewohnung, ein Zweckentfremdungsverbot für Wohnraum, ein ausschießlicher Gerichtsstand am Belegenheitsort des Wohnraums, besondere Räumungsfristen und Vollstreckungsschutz bei beendeten Wohnraummietverhältnissen und besondere Zulässigkeitsvoraussetzungen im Falle einer Klage auf künftige Räumung gegen einen Wohnungsmieter.

Entscheidendes Merkmal für die Abgrenzung zwischen Wohnraum- und Gewerberaummietvertrag ist die von den Parteien vereinbarte Zweckbestimmung des Mietgegenstandes. Bei der Ermittlung der zutreffenden Zweckbestimmung ist erneut der Mieterschutzgedanke des BGB zu erkennen. So genügt es auf der einen Seite ein Mietvertrag als Wohnraummietvertrag zu bezeichnen um dem Wohnraummietrecht zu unterfallen, auch wenn der tatsächliche Schwerpunkt des Vertrages auf der gewerblichen Nutzung einer Immobilie liegt. Gleiches lässt sich aber umgekehrt nicht mit der Überschreibung eines Vertrages als Gewerberaummietvertrag erreichen, der tatsächlich ein Wohnraummietverhältnis bezeichnet. Ist die Bezeichnung eines Mischvertrages für die eindeutige Zuordnung nicht zielführend, so ist darauf abzustellen, auf welchem der Vertragstypen der Schwerpunkt des Vertrages liegt. Bei der Schwerpunktsermittlung ist nicht die Größe der unterschiedlichen Teilflächen maßgebend, sondern vielmehr der erklärte Parteiwille und der Vertragszweck.

4.1.2.2 Vertragsvereinbarung

Der Abschluss eines gültigen Immobilienmietvertrages ist grundsätzlich ohne Einhaltung von Formvorschriften möglich. Befristete Mietverträge mit einer Laufzeit von über einem Jahr – sowohl für Wohnraum als auch für Gewerberaum – bedürfen der Schriftform, da sie ansonsten als unbefristet gelten. Entweder sind im Vertrag selbst oder in seinen Anlagen – welche ordnungsgemäß einbezogen sein müssen – die wesentlichen Regelungen zu treffen. Daneben ergibt sich aus § 484 BGB die Schriftform für Teilzeit-Wohnrechtsverträge. Soweit keine Schriftform vom Gesetz gefordert ist, empfielt es sich trotzdem aus Gründen der Beweisbarkeit einen schriftlichen Vertrag zu schließen.

Darüber hinaus ermöglicht die schriftliche Fassung des Vertrages präzisere und detailliertere Vertragsinhalte fest zu legen. Dabei sollte insbesondere bei den „Hauptbestandteilen" des Vertrages, nämlich Mietgegenstand, Vertragspartei und Mietzins besondere Sorgfalt an den Tag gelegt werden.

Bei der Festlegung des Mietgegenstandes empfielt es sich vor allem bei Gewerberaummietverträgen den Mietgegenstand neben der begrifflichen Umschreibung auch durch beigefügte

Grundrisspläne zu konkretisieren, da sich zuweilen die physikalischen Gegebenheiten ändern können. Solche Pläne sind als ausgewiesene Anlagen dem Vertrag beizufügen. Soll eine Quadratmeterzahl festgelegt werden, ist Vorsicht geboten, denn solche Angaben können durch unterschiedliche Berechnungsmethoden variieren. Des Weiteren sind neben dem Hauptmietgegenstand auch alle Nebenräume – wie. z.B. Keller, Aufenthaltsräume, Umkleidekabine etc. – detailliert aufzulisten und deren Nutzung genau festzulegen. Gleiches gilt für die Nutzung der Fassade, Garagenstellplätze, Lastenaufzüge, Schauvitrinen etc.

Neben dem Vertragsgegenstand ist die genaue Bezeichnung der Vertragsparteien erforderlich. Dies ist schon im Falle der Rechtsnachfolge von erheblicher Bedeutung und ist darüber hinaus für die Zustellung von empfangsbedürftigen Erklärungen elementar. Neben der Bezeichnung der Vertragspartei ist es gerade bei juristischen Personen wichtig zu wissen wer für die Partei rechtsgültig handeln darf, um die Gültigkeit des Vertrages nicht zu gefährden. Hierzu kann man sich entsprechende Vollmachten vorlegen lassen oder im Falle einer Vertretungsmacht kraft einzutragender Tatsache Einblick in das entsprechende Handelsregister nehmen. Ist ein solcher Registerauszug über das fragliche Unternehmen eingeholt, läßt sich auch i.d.R. hiervon die genaue Bezeichnung des Vertragspartners verläßlich übertragen.

Im Rahmen des zulässigerweise zu vereinbarenden Mietzinses ist zwischen Wohnraum- und Gewerberaummietrecht zu unterscheiden. Während im Wohnraummietrecht unabdingbare Vorschriften insbesondere über die Mieterhöhung gelten, ist die Miete im gewerblichen Mietrecht, weitestgehend der Vereinbarung der Parteien überlassen. Einzige Begrenzung bildet hier der Maßstab der Sittenwidrigkeit, welche regelmäßig erreicht ist, wenn die ortsübliche Miete um 100 % übertroffen wird. Neben der Festsetzung eines einfachen Mietzinses ist es bei der Vermietung von Gewerberaum zulässig eine umsatzabhängige Miete festzulegen. Dadurch nimmt der Vermieter am wirtschaftlichen Risiko des Mieters teil, was dazu führen kann, dass der Vermieter zum eigenen Wohl stäker auf die Bedürfnise des Mieters eingeht und daraus eine erfolgreichere Geschäftsbeziehung entsteht. Dabei lässt sich für den Vermieter das Verlustrisiko minimieren, indem die umsatzabhängige Miete um einen fixen Mindestbetrag ergänzt wird. Ist die Miete abhängig von der Quadratmeterzahl, sollte zugleich die dem Vertrag zugrundeliegende Berechnungsmethode festgelegt werden. Möchte man sicher gehen, dass diesbezüglich kein Rechtsstreit entsteht, kann hierfür eine Schiedsgutachterklausel vereinbart werden. Für den Fall, dass das Mietobjekt weder vermessen, noch fertiggestellt ist, sollte ein vorläufiger Mietzins festgehalten und gleichzeitig bestimmt werden, wie im Falle einer Abweichung zu verfahren ist. Wird dennoch eine verbindliche Quadratmeterzahl im Mietvertrag angegeben, so kann eine negative Abweichung zu einem Mangel der Mietsache führen und dem Mieter daraus Gewährleistungsrechte erwachsen. Ein solcher erheblicher Mangel soll nach Teilen der Rechtsprechung sowohl für Wohnraum als auch Gewerberaum noch nicht bei einer Abweichung um 10 % von der vereinbarten Quadratmeterzahl vorliegen.

4.1.2.3 Formularverträge

Besondere Regelungen gelten für formularmäßig geschlossene Mietverträge. Hierbei handelt es sich um Verträge, die für eine Vielzahl, von noch unbestimmten Verträgen vorgefertigt sind und vom Verwender einseitig gestellt werden. Diese Form der Mietverträge ist in der Praxis üblich und stellt den Usrpung der Allgemeinen Geschäftsbedingungen dar. Da jedoch regelmäßig die stärkere Partei derartige Vertragsbedingungen zu ihren Gunsten stellt und der Vertragspartner zumeist aufgrund der Fülle der Regelungen überfordert ist, gelten für derartig einbezogene Vertragsklauseln zum Schutze der anderen Partei gesetzliche Kontrolltatbestände gemäß den §§ 305 ff. BGB. Der Vielfalt in der Praxis verwandten formularmäßigen Vertragsklauseln soll hier mit einigen Beispielen – nicht abschließend – Rechnung getragen werden.

Für die Vermietung von Geschäftsräumen ist eine Abtretung von Ansprüchen zur Sicherung der Mietforderungen grundsätzlich zulässig, soweit keine übermäßige Übersicherung eintritt. Für die Vermietung von Altbauten sind Klauseln zulässig, nach denen die Schall- und Wärmeschutzvorschriften des Errichtungsdatums gelten. Ein Aufrechnungsverbot mit Ansprüchen die bestritten oder nicht rechtskräftig festgestellt sind sowie der Ausschluss von baulichen Änderungen sind ebenfalls wirksame Formularklauseln.

Unzulässig sind Klauseln, die dem Vermieter die Festsetzung des Beginns der Mietzeit überlassen. Zulässig sind dagegen Klauseln, die das Mietverhältnis zum Zeitpunkt der Fertigstellung beginnen lassen, soweit vereinbart ist, bis wann der Mietgegenstand spätestens übergeben wird. Zulässig sind ebenfalls Klauseln, welche die Gewährleistungsansprüche des Mieters auf solche Mängel beschränkt, die in einem Abnahmeprotokoll vermerkt sind und den Vertragszweck nicht vereiteln. Wird ein noch unfertiges Objekt vermietet sind Klauseln, die den Vermieter auch an einen potentiellen späteren Erwerber als Vertragspartner binden zulässig, denn sonst könnte nur sehr aufwendig ein neu fertiggestelltes Objekt vollvermietet verkauft werden, was aber zumeist das Ziel im Rahmen der Projektentwicklung ist. Eine Haftungserweiterung für Schäden am Objekt, die durch Personen entstehen, die dem Mieter zuzurechnen sind, gelten als unzulässig und sind somit im gewerblichen Bereich unwirksam. Gleiches gilt für eine Haftungsverschärfung für verschuldensunabhängige Haftungen. Darüber hinaus entfalten Beweislastumkehrklauseln, für den Mieter keine Wirkung und sind unwirksam. Daneben können auch nicht die Primärpflichten des Vermieters, wie z.B. die fristgerechte Übergabe der Mietsache formularmäßig ausgeschlossen werden. Die eigene Haftung für Schadensersatzansprüche kann der Vermieter nur für leichte Fahrlässigkeit, nicht jedoch für grobe Fahrlässigkeit oder Vorsatz ausschließen. Anders als im Wohnraummietrecht kann für Gewerbemietraum formularmäßig bestimmt werden, dass der Mietvertrag nur zustande kommt, wenn die Kaution vor Übergabe der Mietsache gezahlt wird. Ausgeschlossen oder eingeschränkt werden kann die, jedem Gewerberaummietvertrag innewohnende Konkurrenzschutzpflicht des Vermieters.

Nicht eingeschränkt werden kann das Recht, fristlos zu kündigen. Zulässig dagegen ist es die Anbringung von Reklame an der Außenfassade per Formularvertrag auszuschließen oder von der Einwilligung des Vermieters abhängig zu machen, soweit es sich nicht um übliche Firmen- oder Praxisschilder handelt. Im Falle der formularmäßigen Abwälzung von Schönheitsreparaturen und der Instandhaltung der Mietsache auf den Mieter hat sich in den letzten Jahren eine Konkretisierung durch die Rechtssprechung ergeben. Hiernach sind Klauseln, die eine starre Fristenregelung für die Durchführung von Schönheitsreparaturen vorsehen grundsätzlich unwirksam. Wirksam hingegen sind Klauseln, die je nach Zustand der Mieträume einen Fristenplan als Orientierung vorsehen. Dennoch kann eine derartige Klausel wiederum ihre Wirksamkeit wegen des Summierungseffektes verlieren, wenn sie mit einer Endrenovierungsklausel kombiniert ist. Die Übertragung von Instandhaltungspflichten für Räume, die von mehreren Mietern gemeinschaftlich genutzt werden auf den Mieter, ist unzulässig, soweit sie ihrer Höhe nach nicht beschränkt sind. Formularmäßig zulässig ist die Auferlegung der Kosten des Centermanagements im Falle gewerblicher Miete, soweit die entstehenden Kosten für den Mieter absehbar und der Leistungsumfang beschrieben ist. Ist der Gewerberaummieter vertraglich verpflichtet, den Mietzins inklusive der Umsatzsteuer zu zahlen, kann er auch verpflichtet werden, in den Mieträumen ausschließlich Umsätze zu tätigen, die den Vorsteuerabzug nicht ausschließen und über diese Umsätze dem Vermieter Auskunft zu erteilen. Schließlich ist im Gewerberaummietrecht die Regelung einer Vertragsstrafe soweit zulässig, soweit sie den Mieter nicht unangemessen benachteiligt, was der Fall sein kann, wenn die Höhe der Strafe unabhängig von der Schwere des Verstoßes ist.

4.1.3 Gestaltungsmöglichkeiten

Ungeachtet der umfangreichen gesetzlichen Regelungen im Mietvertragsrecht ergeben sich immer noch privatautonome Gestaltungsmöglichkeiten für die Vertragsparteien. Diese Möglichkeiten sind auch zwingend notwendig, um der jeweiligen Vertragsbeziehung den individuellen Gegebenheiten entsprechend einen wirtschaftlich sinnvollen Rahmen zu geben. So wäre beispielsweise mangels abweichender Regelung ein Gewerberaummietvertrag innerhalb der gesetzlichen Fristen frei kündbar. Jedoch kann es gerade bei gewerblichem Mietraum dazu kommen, dass der Mieter erhebliche Aufwendungen im Objekt getätigt hat, welche aber nur ihm alleine nutzen, damit also bei Beendigung des Mietverhältnisses praktisch nutzlos werden. Gleiches lässt sich auch für die Transaktionskosten des Vermieters sagen, weshalb es für beide

Parteien wirtschaftlich sinnvoll sein kann, eine längere Vertragslaufzeit oder zumindest eine längere Kündigungsfrist zu vereinbaren. In diesem Fall wiederum müsste der Vermieter darüber nach denken, eine Wertsicherungsklausel in den Vertrag aufzunehmen, um eine Preis- und Wertsteigerung im Mietzins darstellen zu können, da entgegen dem Wohnraummietrecht eine Mietanpassung für Gewerberaummiete von Gesetzeswegen nicht vorgesehen ist.

4.1.3.1 Mietzeit
Wie obiges Beispiel zeigt muss bei der Festlegung der Mietzeit die Frage berücksichtigt werden, in welcher Höhe einmalige Aufwendungen auf die Sache gemacht wurden und wie diese Aufwendungen nach dem Ende der Mietzeit weiter für den Mietgegenstand von nutzen sind. Hier stellt sich die Frage wie sich derartige Investitionen armortisieren, so dass der Vermieter so bald als möglich mit seinem Investment in einen profitablen Bereich gelangt. Hier bietet sich entweder eine langfristige Bindung des Mieters mit einer niedrigen Amortisationsquote an, wobei dann zum einen Wertsteigerungsklauseln berücksichtigt werden müssen und zum anderen der Mieter hinreichend liquide sein muss, um entsprechend lange in dem Vertragsverhältnis bleiben zu können. Dem gegenüber kann auch ein kurzfristigerer Mietvertrag zu einer schnelleren Amortisation führen, wobei dann wiederum die Marktfähigkeit des Mietzinses zu prüfen ist.

Generell bestehen bei der Gestaltung der wirtschaftlich sinnvollen Mietzeit keine Bedenken, solange die Laufzeit von 30 Jahren – einschließlich Verlängerungs- und Optionszeiten – nicht überschritten wird. Für den Fall, dass ein Mietvertrag für länger als ein Jahr abgeschlossen werden soll, ist jedoch das bereits erwähnte Schriftformerfordernis zu beachten und einzuhalten. Sollte eine Laufzeit von mehr als 30 Jahren angestrebt werden, könnte ausserhalb des Mietrechts ein Erbbaurecht in Betracht kommen.

4.1.3.2 Mietzins
Neben der Länge der Mietlaufzeit lässt sich auch auf die Mietanpassung in privatautonom, gestalterischer Weise Einfluss nehmen. So ist sowohl im Wohnraum-(hier allerdings eingeschränkt), als auch im Gewerberaummietrecht die Vereinbarung einer Staffelmiete, also eine Mietpreisanpassung mit voranschreitender Mietdauer, denkbar, wobei der Inahlt der Staffelmietvereinbarung im Gewerberraummietrecht außer der Wuchergrenzen, keinen gesetzlichen Reglementierungen unterliegt. Möglich sind Vereinbarungen, die entweder eine betragsmäßige oder eine prozentuale Erhöhung des Mietzinses vorsehen. Hierbei gilt es jedoch zu beachten, dass gerade bei langen Mietlaufzeiten, bei Vereinbarung einer Staffelmiete stets ein spekulatives Element verbleibt, denn die zu Beginn der Mietzeit vereinbarte Steigerungsrate kann sich auch asymetrisch zum Mietmarkt entwickeln.

Daher sind Wertsicherungsklauseln üblich, die eine Anpassung entlang der allgemeinen Preisentwicklung vorsehen, ohne den Parteien einen Ermessensspielraum zu gewähren. Orientieren können sich derartige Klauseln dann an Indices, die die Entwicklung der Lebenshaltungskosten wiederspiegeln. Für diese Fälle gilt seit dem 1.1.1999 die Preisklauselverordnung, wonach entsprechende Wertsteigerungsklauseln Wirksamkeit erlangen, soweit sie sich an einem vom statistischen Bundesamt oder einem Statisischen Landesamt ermittelten Index orientieren und der Vermieter gleichzeitig für die Dauer von mindestens 10 Jahren auf die Möglichkeit das Mietverhätnis ordentlich zu kündigen verzichtet.

Vor dem Hintergrund, dass in näherer Zukunft allein der Verbraucherpreisindex (VPI) des Statistischen Bundesamt weiterberechnet wird, empfielt es sich allerdings ausschließlich diesen Index als Bezugspunkt zu nehmen. Zu beachten ist neben der Frage an welchem Index sich die Preisentwicklung orientieren soll auch die Gestaltung des Steigerungsfaktors. So kann zum einen eine Anpassung nach Punktzahlen vorgenommen werden, was zu einer häufigeren, linearen Anpassung führt oder zum anderen eine prozentuale Anpassung, welche zwar seltener greift, aber die Steigerung der letzten Jahren berücksichtigt. Des Weiteren muss die Preisanpassung nicht parallel zu dem gewählten Index verlaufen, sondern kann um einen zu vereinbarenden Faktor stärker sein. Schließlich können im Rahmen einer Staffelmietvereinbarung Freijahre vereinbart werden, in denen eine Anpassung des Mietzinses ausbleibt. In diesem Fall muss bestimmt werden, ob sich die Mietanpassung am Indexwert zu Beginn des Mietverhältnisses, oder zum Ende des Freijahres orientiert.

Ist eine Wertsicherungsklausel im Vertrag vorgesehen, muss jedoch beachtet werden, dass die Entwicklung des jeweiligen Mietmarktes nicht zwingend mit der allgemeinen Preisentwicklung im Einklang stehen muss. Tatsächlich ist die Mietpreisentwicklung stark abhängig vom Standort des Objektes und der Angebotssituation im Umfeld der Immobilie, welche sich nicht symetrisch zur Entwicklung des allgemeinen Lebensstandards bewegen muss. Damit bleibt hier die Gefahr einer nicht optimalen Vermarktung des Objekts. Um dem weitestgehend vorzubeugen, ist es ratsam zusätzlich zu der jeweiligen Gleitklausel – bei deren eventueller Unwirksamkeit – einen Leistungsvorbehalt in den Vertrag aufzunehmen, welcher darüber hinaus mit einer Schiedsgutachterabrede flankiert werden kann, um – bei Nichteinigung – Rechtsstreitigkeiten zu vermeiden.

Leistungsvorbehalte sind Vereinbarungen, nach denen die Höhe der Mietzinsforderung beim Eintritt bestimmter Bedingungen durch die Parteien oder einen Dritten neu festgesetzt werden können. Sie unterscheiden sich von oben genannten Gleitklauseln dadurch, dass die Mietanpassung nicht nach einem zuvor festgesetzen Schema automatisch, sondern im Rahmen des billigem Ermessens durch die hierzu berechtigte Partei erfolgt. Die Vereinbarung derartiger Klauseln bedarf keiner Genehmigung und kann daher auch für Verträge mit einer Mindestlaufzeit oder in Fällen in der einseitigen Bindung durch den Vermieter von weniger als 10 Jahre vereinbart werden. Wer die Mietanpassung vornimmt, obliegt der Bestimmung durch die Vertragsparteien. Wird keine ausdrückliche Vereinbarung getroffen, so obliegt dem Vermieter als Gläubier der Mietzinsforderung dieses Recht. Dies ist nicht nur sinnvoll, sondern auch regelmäßig günstig für den Vermieter, da die Gerichte bei der Überprüfung, ob die Erhöhung tatsächlich dem billigen Ermessen entspricht zurückhaltend sind. Vereinbart werden kann auch, dass ein Dritter die Anpassung vornimmt.

Neben der einseitigen Festlegung der Mietpreisanpassung kann auch festgelegt werden, dass die Parteien bei Bedarf in Verhandlungen eintreten. In dieser Konstellation ist es jedoch gleichzeitig ratsam festzulegen, zu welchem Zeitpunkt die Verhandlungen als gescheitert anzusehen sind. Tritt dieser Fall ein, so ist auch hier im Zweifel der Vermieter berechtigt die Anpassung nach billigem Ermessen vorzunehmen. Alternativ hierzu kann auch ein Schiedsgutachter z.B. der örtlichen Industrie- und Handelskammer für die Anpassung berufen werden. Hierbei bietet es sich aber an, von vornherein eine Regelung zu treffen, an welchen Parametern (z.B. Steigerungsrate, Vergleichsobjekte etc.) sich der Gutachter zu orientieren hat. Hat der Schiedsgutachter eine Entscheidung getroffen, so kann diese nur bedingt gerichtlich angegangen werden, in der Regel nur wenn diese offensichtlich unrichtig ist.

Neben dem reinen Mietzins muss im Mietvertrag auch eine Regelung über die Betriebs- und Nebenkosten, die bei der Nutzung des Objekts anfallen getroffen werden. Diese Kosten sind in § 27 2. Berechnungsverordnung (II. BV) definiert. Üblicherweise werden diese Positionen auf den Mieter umgelegt, was jedoch der ausdrücklichen Regelung bedarf, da ansonsten der Vermieter von gesetzeswegen verpflichtet ist die Kosten zu tragen. Bezieht der Vermieter die umzulegenden Leistungen, so obliegt ihm hierbei die Pflicht, das Gebot der Wirtschaftlichkeit zugunsten des Mieters zu beachten. Alternativ hierzu kann der Mietvertrag aber auch vorsehen, dass der Mieter zum Direktbezug der fraglichen Leistungen verpflichtet wird. Hierdurch erspart sich der Vermieter Verwaltungskosten, muss aber im Falle eines Wechsels des Mieters neue Vereinbarungen mit den Versogungsdienstleistern treffen. Obgleich der Begriff der Betriebs- und Nebenkosten in § 27 II. BV festgelegt und in dessen Anlage 3 eine exemplarische Auflistung enthalten ist, können gerade im Gewerberaummietrecht Positionen in Frage stehen, die von der Berechnungsverordnung nicht ausdrücklich erfasst werden, weshalb sich eine detaillierte vertragliche Vereinbarung anbietet.

Schließlich gilt es im Rahmen der Mietvertragsvereinbarung die Höhe und Art der Mietsicherheit festzulegen. Während für die Wohnraummiete die Kautionshöhe die Summe von drei Monatsmieten ohne die Betriebs- und Nebenkosten nicht überschreiten darf, findet sich für Geschäftsraummieten keine entsprechende Regelung. Mangels abweichender Vereinbarung ist die Barkaution vom Vermieter zu verzinsen. Alternativ zur Barkaution kann auch eine Bankbürgschaft als Mietsicherheit fungieren. Hierbei ist eine selbstschuldnerische Bürgschaft unter Ausschluss der Vorausklage und der Verwertung vorrangiger Sicherheiten bei Zahlung auf erstes Anfordern – bei wirksamer Vereinbarung – ebenso leicht zu realisieren, wie eine Barkaution. Neben einer Bankbürgschaft bietet sich bei juristischen Personen eine persönliche Bürgschaft der für die Gesellschaft handelnden natürlichen Personen an, da hierdurch gewährleistet werden kann, dass die Verantwortlichen im Sinne des Vermieters handeln.

4.1.3.3 Rechtsübergang

Ist das Objekt vermietet und wird es anschließend veräußert, tritt der Erwerber in den Mietvertrag ein (Kauf bricht nicht Miete). Maßgeblicher Zeitpunkt für den Übergang ist der Eigentumserwerb, dies bedeutet, entweder mit Eintragung im Grundbuch oder dem Zuschlagsbeschluss bei einer Zwangsversteigerung. Hiervon nicht erfasst ist der Fall, dass einer GbR, die ein Grundstück vermietet ein neuer GbR-Gesellschafter beitritt und im Grundbuch eine gesamthänderische Bindung der Gesellschafter eingetragen ist, denn der neue Gesellschafter wird ohne das Erfordernis der Grundbuchberechtigung Mitvermieter des Objekts.

Eine weitere Ausnahme von diesem Grundsatz liegt in den Fällen vor, dass der gewerbliche Zwischenmieter wechselt. In diesem Fall tritt der Vermieter oder der neue Zwischenmieter nur dann in den Mietvertrag ein, soweit der Untermieter Wohnraummieter ist. Problematisch an dieser Situation ist, dass im Verhältnis zwischen Vermieter zu gewerblichen Zwischenmieter Gewerbemietrecht und im Verhältnis Zwischenmieter und Untermieter Wohnraummietrecht zur Anwendung kommt. Demnach kann bei entsprechender Gestaltung des Wohnraummietvertrages der Kündigungsschutz des Wohnraumuntermieters entfallen, wenn der Vermieter in den Mietvertrag des Zwischenmieters nach dessen Beendigung eintritt. In diesen Konstellationen wird die Unterscheidung zwischen Gewerberaum- und Wohnraummiete nicht nur im Bereich des Kündigungsschutzes durchbrochen.

4.1.3.4 Mietgegenstand

Wie bereits dargestellt ist der Mietgegenstand hinreichend genau im Vertrag zu bestimmen. Doch auch hier gibt es tatsächliche Gestaltungsmöglichkeiten, auf die Hauptpflicht des Vermieters, nämlich die Übergabe des Mietgegenstandes Einfluss zu nehmen. So kann es sich ergeben, dass ein Mietobjekt im Zeitpunkt der Vermietung noch nicht gebaut oder bezugsfertig ist. In diesem Fall kann eine Übergabe zum Zeitpunkt der Fertigstellung vereinbart werden – hinreichend bestimmt ist aber eine solche Frist nur – wenn es dem Mieter möglich ist, diesen Zeitpunkt selbst zu errechnen, was nicht gegeben ist, wenn dies aus einem Ereignis aus der Sphäre des Vermieters abhängt. In jedem Fall zulässig ist die Vereinbarung einer angemessenen Frist zur Übergabe des Mietgegenstandes, wobei die Angemessenheit für Wohnraum bei 4 Wochen und für Gewerberaum bei 6 Wochen ihre Grenze findet. Im Falle der Vermietung eines Objektes vom Reißbrett, besteht für den Vermieter die Möglichkeit, sich das Recht vorzubehalten, andere als die Nebenräume, welche Gegenstand des Mietvertrages waren – wie z.B. Speicher, Keller oder Garage – zuzuweisen, wenn dies dem Mieter zumutbar ist und der Vermieter einen triftigen Grund hat. Der Vorbehalt geht nicht so weit, dass der Vermieter berechtigt ist, andere Mieträume dem Mieter zuzuweisen, da dies dem Mieter unzumutbar ist. Zulässig ist dann der Vorbehalt von Änderungen und Abweichungen gegenüber dem Zustand bei z.B. Besichtigung bzw. bei noch zu errichtenen Räumen gegenüber der Baubeschreibung oder den Plänen, wenn der Vorbehalt auf bautechnisch oder baurrechtlich erforderliche und notwendige Änderungen berschränkt wird, und dies ein verständiger Mieter billigen würde, insbesondere im Hinblick darauf, dass sich dadurch die Gebrauchstauglichkeit des Objektes nicht wesentlich verändert.

4.1.3.5 Form

Obgleich Immobilienmietverträge grundsätzlich formfrei geschlossen werden können, sollten und werden sie in der Praxis zumeist schriftlich fixiert. Ein solcher schriftlicher Mietvertrag ist von allen Parteien zu unterzeichnen und muss alle wesentlichen Vertragsinhalte beinhalten. Schwierigkeiten können dann auftreten, wenn Regelungen in den Vertrag aufgenommen werden sollen, die nicht in der Haupturkunde selbst aufgeführt sind, sondern die durch Verweis auf Anlagen in den Vertrag aufgenommen werden sollen und keine feste Verbindung, sondern nur eine verbale Bezugnahme erfolgte. So forderte die Rechtsprechung früher, dass ein aus mehreren Schriftstücken bestehender Vertrag nur dann eine Einheit bildet, wenn auch eine körperliche, feste Verbindung unter den einzelnen Teilen besteht. In neuerer Rechtsprechung wurden diese Anforderungen gelockert, so dass es heute wohl nicht mehr einer solch strengen, körperlichen Verbindung bedarf. Um jedoch die Gefahr einen unvollständigen Vertrag zu schließen weiter zu mindern, sollten alle einzelnen Anlagen von beiden Parteien unterzeichnet und mit einander verbunden werden.

4.1.4 Steuerrechtliche Aspekte

Grundsätzlich sind Mieteinkünfte umsatzsteuerfrei (§ 4 Nr. 12 lit.a) UStG). Allerdings kann der Vermieter auf die Steuerbefreiung verzichten und damit zur Umsatzsteuer optieren (§ 9 UstG), wenn der Mieter das Objekt für sein Unternehmen mietet und ausschließlich Umsätze macht, die den Vorsteuerabzug nicht ausschließen. Da es kaum ein Unternehmen gibt, dass diese Ausschließlichkeit erreicht, hat die Finanzverwaltung – entgegen dem Gesetzeswortlaut – eine Nichtbeanstandungsgrenze von 5 % für schädliche Umsätze eingeführt. Die Regelung birgt demnach das unüberschaubare Risiko für den Vermieter in sich, alle geltend gemachten Vorsteuern aus der Gebäudeerrichtung zurückzuzahlen zu müssen. Wird der Mietgegenstand innerhalb von zehn Jahren seit dem Beginn der erstmaligen umsatzsteuerpflichtigen Vermietung umsatzsteuerfrei verwendet, wie z.B. bei Vermietung an Nichtunternehmer oder an Unternehmer, die steuerfrei Umsätze tätigen (wie z.B. Vermietung an Ärzte, Physiotherapeuten etc.), oder durch umsatzsteuerfreien Verkauf, so ist die erstattete Vorsteuer aus Herstellungs- oder Anschaffungskosten zeitanteilig zurückzuzahlen.

Einkommensteuerrechtlich werden Mieteinnahmen als Einkünfte aus Vermietung und Verpachtung versteuert (§§ 2 Abs. 1 Nr. 6, 21 EStG), sofern das Vermietungsobjekt nicht zu einem Betriebsvermögen gehört. Einkünfte aus Vermietung und Verpachtung erzielt derjenige, der die Einkünfte tatsächlich erwirtschaftet. Die Vermietereigenschaft kann ihre Grundlage in rechtlichem oder wirtschaftlichem Eigentum, aber auch in obligatorischen oder dinglichen Nutzungsrechten, wie z.B. einem Nießbrauch oder Erbbaurecht haben. Einnahmen aus Pachtverträgen werden dagegen häufig zu den Einkünften aus Gewerbebetrieb oder Land- und Forstwirtschaft gehören.

Werden zur Anbahnung eines Mietverhältnisses Aufwendungen getätigt, so richtet sich ihr steuerliche Behandlung bei den Mietvertragsparteien danach, ob der angestrebte Vertrag der Einkünfteerzielung dienen soll und damit die Aufwendungen – wie z.B. Kosten für Inserate, Fahrten, Bewirtung, Rechtsanwalt, Steuerberater, Makler – zu abziehbaren Werbungskosten bzw. Betriebsausgaben führen.

Keiner Einkunftsart werden Einnahmen zugerechnet, wenn die Vermietung nicht mit, anhand äußerlicher Kennzeichen feststellbarer, Überschusserzielungsabsicht erfolgt und als sog. Liebhaberei anzusehen ist. Dies hat insbesondere zur Folge, dass Verluste aus der Vermietung bei der Ermittlung der ESt unberücksichtigt bleiben. Allerdings begründet die auf Dauer angelegte Vermietung den ersten Anschein der Überschußerzielungsabsicht. Entscheidend ist das voraussichtliche, vom Vermieter aufgrund objektiver Gegebenheiten, insbesondere nach den Verhältnissen des bereits abgelaufenen Zeitraums erwartete Gesamtergebnis für die gesamte Nutzungsdauer der Immobilie, wobei Steuerersparnisse und Wertsteigerungen außer Betracht bleiben. Liebhaberei kann also bei Vermietung von Wohn- und Geschäftsraum auch dann nicht angenommen werden, wenn die Anfangsverluste länger als acht Jahre dauern oder wenn Verluste auf der erhöhter AfA oder Sonderabschreibungen beruhen.

Bei Verlustzuweisungsgesellschaften besteht allerdings die widerlegbare Vermutung, dass es an einer Überschusserzielungsabsicht fehlt.

Soweit eine Personenmehrheit Vermieter ist, werden die Einkünfte gem. § 180 AO einheitlich und gesondert ermittelt und festgestellt und nach dem vereinbarten Beteiligungsverhältnis dem einzelnen Vermieter zugerechnet. Allerdings erzielt ein an einer Personengesellschaft Unterbeteiligter keine Einkünfte aus Vermietung und Verpachtung, wenn er nicht nach außen als Vermieter in Erscheinung tritt und er nur im Innenverhältnis am Einnahmeüberschuss beteiligt ist.

Die Einkünfte aus Vermietung und Verpachtung werden als Überschuss der Einnahmen über die Werbungskosten ermittelt. Sind die Mieteinnahmen hingegen den Einkünften aus Gewerbebetrieb, Land- und Forstwirtschaft zuzuordnen, so wird der Gewinn entweder im Wege der Bilanzierung oder im Wege der Überschusseinkünfteermittlung festgestellt. Zu den steuerpflichtigen Einnahmen gehören u.a. neben dem Mietzins auch Entgelte für Nebenleistungen, Betriebskostenerstattungen, Umsatzsteuerzahlungen, Verzugszinsen oder Schadensersatzleistungen soweit sie auf der Verletzung von Mietvertragspflichten beruhen. Von den Einnahmen können – auch bei vorübergehendem Leerstand der Mieträume – die Werbungskosten bzw. Betriebsausgaben abgesetzt werden. Werbungskosten sind alle Ausgaben, die zum Zwecke des Erwerbs, der Erhaltung und Sicherung der Mieteinnahmen getätigt werden, also sofort abzugsfähige Aufwendungen sowie Absetzung für Abnutzung und Substanzverringerung (AfA) und Abschreibungen. Dies sind bspw. Finanzierungskosten, Kontogebühren, Grundsteuer, Instandhaltungsaufwendungen, Rechts- und Steuerberatungskosten, USt aus Werbungs- und Herstellungskosten und die AfA, die nicht in voller Höhe abzugsfähig sind, sondern auf unterschiedliche Zeiträume verteilt zu Werbungskosten bzw. Betriebsausgaben führen.

Zu beachten ist, dass ein Ausgleich von Gewinnen im laufenden Veranlagungszeitraum mit Verlusten aus vorangegangenen Veranlagungszeiträumen und auch der Rücktrag von Verlusten aus dem laufenden Veranlagungszeitraum in den vorangegangenen Veranlagungszeitraum in dem noch Gewinne zu versteuern waren nur eingeschränkt möglich ist. Die seit 1998 geltende Beschränkung des „vertikalen Verlustausgleiches" ist seit dem Veranlagungszeitraum 2004 aufgehoben. Der rücktragbare Verlust in vorangegangene Veranlagungszeiträume beträgt € 511.500 (bei zusammenveranlagten Ehegatten € 1.023.000). Bei Anwendung des Verlustvortrages kann ein Betrag von € 1.000.000 (Ehegatten € 2.000.000) vom Gesamtbetrag der Einkünfte abgezogen werden. Darüber hinaus dürfen nur 60 % des Betrages der € 1.000.000 (Gesamtbetrag der Einkünfte) übersteigt durch bestehende Verlustvorträge gemindert werden (§ 10 d Abs. 2 EStG). Der verbleibende Betrag unterliegt der regulären Besteuerung. Bei Anwendung der Verlustausgleichsregelungen, gleichgültig, ob Verlustrücktrag oder Verlustvortrag kann es vorkommen, dass Sonderausgaben und außergewöhnliche Belastungen ganz oder teilweise unberücksichtigt bleiben, da sie sich nur bei einem positiven Einkommen auswirken und die Verlustvorträge vorher in Abzug gebracht werden.

4.2 Weitere Vermarktungsmöglichkeiten

Neben der Vermietung des Objekts, stehen dem Projektentwickler weitere Möglichkeiten der Vermarktung zur Verfügung, deren rechtliche Gegebenheiten im Folgenden kurz dargestellt werden sollen.

4.2.1 Grundstückskaufvertrag bei fertiggestelltem Gebäude

Das fertiggestellte Objekt kann samt dem Grundstück an einen Dritten veräußert werden. Der hierzu notwendige Immobilienkaufvertrag bedarf, im Gegensatz zu anderen Kaufverträgen, der notariellen Beurkundung, soweit er deutschem Recht unterliegt. Ein gültiger Kaufvertrag verpflichtet den Veräußerer dazu dem Erwerber das Eigentum an der Kaufsache zu verschaffen. Der Eigentumserwerb vollzieht sich wiederum durch Einigung der Parteien über den Eigentumsübergang (Auflassung) und der Eintragung in das Grundbuch. Die Auflassung, als besondere Form der Einigung, muss vor einem Notar von den Parteien erklärt werden. Neben der Veräußerung des jeweiligen Grundstücks samt dem darauf befindlichen Gebäude besteht aber auch die Möglichkeit Wohnungen einzeln zu veräußern.

In Ermangelung anderweitiger, eindeutiger Regelungen im Kaufvertrag, erstreckt sich dieser auch auf das Zubehör des Grundstücks. Als Zubehör gelten alle „beweglichen Sachen, die ohne

Bestandteil der Hauptsache zu sein, dem wirtschaftlichen Zweck der Hauptsache zu dienen bestimmt sind und zu ihr in einem räumlichen Verhältnis stehen". Zu beachten ist hier, dass der Veräußerer nicht Eigentümer der Sache sein muss, um vertraglich zur Eigentumsverschaffung verpflichtet zu werden. Daher empfiehlt es sich entweder die Erstreckung des Kaufvertrages auf das Zubehör auszuschließen, oder eine detaillierte Inventarliste zum Bestandteil des notariellen Immobilienkaufvertrags zu machen.

Die Veräußerung von Zubehörgegenständen unterliegt nicht der Grunderwerbssteuer, weshalb für deren Berechnung der Wert des mitveräußerten Zubehörs abgezogen werden muss. Wertansätze unter 15 % des Kaufpreises werden dabei regelmäßig nicht von den Finanzämtern geprüft.

Ist der Veräußerer Unternehmer nach dem Umsatzsteuergesetz, unterliegen die beweglichen Gegenstände jedoch der Umsatzsteuerpflicht.

Soweit der Verkäufer Unternehmer i.S.d. UStG ist, unterliegen die mitverkauften beweglichen Gegenstände, also insbesondere veräußerte Betriebsvorrichtungen, die steuerrechtlich als bewegliche Wirtschaftsgüter behandelt werden, auch wenn sie zivilrechtlich als wesentlicher Bestandteil der Immobilie (§§ 94, 946 BGB) angesehen werden, der Umsatzsteuerpflicht. Dabei ist zu beachten, dass hinsichtlich der Grundstücksveräußerung § 13 b UStG Anwendung findet, also der Erwerber – als Leistungsempfänger – Schuldner der Umsatzsteuer aus dem Veräußerungsvorgang wird. Sofern der Erwerber das Grundstück selbst zur Erzielung umsatzsteuerpflichtiger Umsätze verwendet, kann er die Umsatzsteuer als Vorsteuer in Abzug bringen und ist insoweit wirtschaftlich nicht belastet. Für den Verkauf von Mobilien gilt § 13 b UStG allerdings nicht. Der Verkäufer ist daher nach wie vor Schuldner der Umsatzsteuer und muss diesen entsprechend erklären und die entstehende Umsatzsteuer abführen.

Ist das verkaufte Objekt im Zeitpunkt der Übergabe mangelhaft, so stehen dem Käufer schuldrechtliche Gewährleistungsrechte zu. So kann er nicht nur Nacherfüllung verlangen, sondern auch den Kaufpreis mindern, vom Kaufvertrag zurücktreten und Schadens- oder Aufwendungsersatz fordern. Um Streitigkeiten über die Frage, ob ein Mangel bereits vor oder erst nach der Übergabe entstanden ist, zu vermeiden, empfielt es sich ein ausführliches Abnahmeprotokoll mit dem Erwerber zu erstellen, wobei hierdurch die Gewährleistungsansprüche für sog. versteckte Mängel nicht ausgeschlossen werden können. Während bei der Veräußerung von älteren Gebäuden Haftungsausschlussklauseln üblich und von der Rechtssprechung gebilligt werden, wird deren Anwendung auf Verträge für neue Bauwerke von der Rechtssprechung nicht zugelassen. Ebenso unwirksam sind solche Ausschlussklauseln bei arglistig verschwiegenen Mängeln. Im übrigen gelangen Formularklauseln im Rahmen der Regeln über Allgemeine Geschäftsbedingungen (§§ 305 ff. BGB) an ihre Grenzen, welche grundsätzlich solche Klauseln untersagen, mit denen der Verwender nicht rechnen musste oder die gegen die Gebote aus Treu und Glauben verstoßen.

Ist ein Objekt zum Zeitpunkt des Verkaufs bereits vermietet, tritt, wie obige Ausführungen zeigen, der Erwerber an die Stelle des Veräußerers und ursprünglichen Vermieters. Zu beachten hat der Veräußerer/Vermieter an dieser Stelle, dass für den Fall, dass der Erwerber und neue Vermieter seinen Verpflichtungen aus dem Vertragsübergang gegenüber den Mietern nicht nachkommt grundsätzlich als selbstschuldnerisch haftender Bürge für diese Versäumnisse einzustehen hat. Ein vertraglicher Ausschluss dieser Verpflichtung ist zwar denkbar, bedarf aber der Zustimmung aller Beteiligten und ist nicht formularmäßig möglich.

4.2.2 Bauträgervertrag

Im Gegensatz zu dem oben dargestellten Verkauf eines Grundstücks, samt fertigen Bauwerks, ist es für das Bauträgermodel typisch, dass die Einigung über die Veräußerung des fraglichen Grundstücks und dem darauf zu errichtenden Objekts i.d.R. bereits vor Fertigstellung erfolgte. Dabei kauft der Bauträger regelmäßig ein Grundstück und lässt dieses von Drittunternehmern bebauen, um dann das gesamte Objekt an einen Dritten weiterzuveräußern. Wie ein solches Bauträgermodell im Einzelnen ausgestallet ist variiert regelmäßig. Obgleich üblicherweise das

Objekt bereits weiterveräußert ist, bevor das Grundstück erworben ist und der Bau des Objektes noch nicht begonnen hat, kann auch ein Projekt zunächst auf Kosten des Bauträgers in der Hoffnung begonnen werden, während der Bauphase einen Erwerber zu finden (Vorratbauten). In diesem Fall jedoch können die Beteiligten nicht von einem maßgeblichen Vorteil des Bauträgermodels profitieren, nämlich der Tatsache, dass der Erwerber regelmäßig günstiger finanzieren kann als der Bauträger, wodurch die Kosten für das Projekt sinken. Des weiteren mindert eine frühzeitige Veräußerung des Objektes das wirtschaftliche Risiko des Bauträgers, womit erneut der Gesamtpreis sinkt. Schließlich hat der Erwerber mehr Möglichkeiten auf die endgültige Gestaltung des Objekts Einfluss zu nehmen, je früher die Weiterveräußerung abgeschlossen ist.

Damit treffen den Bauträger gegenüber dem Erwerber stets die Pflicht das Objekt zu übereignen und das Bauvorhaben durchzuführen. Aus diesen beiden Hauptpflichten ergibt sich auch die gespaltene Stellung des Bauträgervertrages zwischen Kauf- und Werkvertrag. Eine eindeutige Zuordnung dieses Vertragstypes ist bis heute nicht erfolgt, was gerade im Bereich der Mängelgewährleistung einige Schwierigkeiten mit sich bringt. Schließlich verjähren Gewährleistungsansprüche aus Kauf innerhalb von 2 Jahren, wohingegen solche aus Werkvertrag innerhalb von 5 Jahren verjähren. Zu dieser Frage hat sich in der Rechtsprechung ein Faustregel herausgebildet, welche jedoch keine abschließende Gültigkeit beansprucht. Hiernach kann das Grundstück und das zum Zeitpunkt des Vertragsschlusses fertiggestellte Gebäude unter die Regeln des Kaufvertrages fallen und die nachträglich vorgenommen Bauleistungen dem Werkvertragsrecht. Bei nicht fertig gestellten Gebäuden wird heute regelmäßig im Bauträgervertrag eine Gewährleistungsfrist von 5 Jahren vereinbart.

Ein vertraglicher Haftungsausschluss wird regelmäßig an den Vorschriften für Allgemeine Geschäftsbedingungen (§§ 305 ff. BGB) zu messen sein, denn Bauträgerverträge sind aufgrund ihrer Komplexität zumeist in weiten Teilen vorgefertigt. Dadurch sind dem Haftungsausschluss enge Grenzen gesetzt. Das trifft auch für den Versuch zu, die Gewährleistungsregeln der VOB/B in die Bauträgerverträge aufzunehmen.

Der Abschluss eines gültigen Bauträgervertrages bedarf, so wie ein Grundstückskaufvertrag auch der notariell beglaubigten Form. In diesem Vertrag ist auch das Bauvorhaben anhand einer Baubeschreibung, detailliert darzustellen. Vereinbart wird regelmäßig die Übergabe eines schlüsselfertigen Objekts zu einem, zuvor festgesetzen, Preis. Dieser kann vom Erwerber in Teilzahlungen geleistet werden, wodurch erneut die Finanzierbarkeit des Projekts vereinfacht wird.

Der Erwerb im Wege des Bauträgerkaufvertrages ist umsatzsteuerfrei, da er der Besteuerung nach dem Grunderwerbsteuergesetz unterliegt. Die Grunderwerbsteuer beträgt 3,5 % des Kaufpreises, dem Sonderwünsche hinzugerechnet werden und damit auch besteuert werden, und zwar unabhängig davon, ob sie mitbeurkundet worden sind oder nicht.

4.2.3 Generalübernehmermodell

Der Generalübernehmer übernimmt im Rahmen eines Bauvertrages die Verpflichtung, alle notwendigen Baumaßnahmen des Projektes durchzuführen. Im Unterschied zum Bauträgermodell ist der Generalübernehmer lediglich zur Ausführung der Bauleistungen verpflichtet, wohingegen der Bauträger auch das Grundstück mitübereignen muss. Dabei übernimmt der Generalübernehmer jedoch nicht selbst die Erbringung der Bauleistungen, sondern beauftragt Nachunternehmer mit diesen Aufgaben, womit er sich vom Generalunternehmer abgrenzt, der alle Bauleistungen selbst vornimmt. Ein entscheidender Vorteil für den Erwerber ist, dass dieser lediglich einen Vertragspartner, nämlich den Generalübernehmer hat und im Falle von Gewährleistungsansprüchen auch nur diesen in Haftung nehmen muss. Generell unterliegt der Generalübernehmer nicht § 34 c der Gewerbeordnung und der Makler- und Bauträgerverordnung (MaBV), obgleich sich dies ändern kann, soweit er maßgeblichen Einfluss auf die Abwicklung des Grundstückskaufs nimmt.

In der praktischen Ausgestaltung wird das Generalübernehmermodell regelmäßig so ausgestaltet, dass der Bauherr sich vom Eigentümer ein befristetes Verkaufsangebot geben lässt, in welchem er zur Benennung der Käufer berechtigt wird. Das entsprechende Bauunternehmen benennt in der Folge nur solche Käufer, die gleichzeitig mit Annahme des Angebots mit ihm einen Bauvertrag (Generalübernehmervertrag) abschließen. Der Generalübernehmer baut dann meist nicht selbst, sondern lässt Subunternehmer bauen. Dadurch wird er also zum Auftraggeber, ohne Bauherr zu werden.

Wie auch im Bauträgermodell lassen sich die Gewährleistungsrechte des Erwerbers aus dem Werkvertragsrecht nicht umgehen, womit die gesetzliche Verjährungsfrist für Werkverträge über Bauwerke von 5 Jahren gilt.

4.2.4 Geschlossener Immobilienfonds

Eine andere Dimension wird von dem Projektentwickler mit der Auflage eines geschlossenen Immobilienfonds beschritten. Während bei zuvor besprochenen Vermarktungsmöglichkeiten regelmäßig nur ein Objekt und zumindest bei gewerblichen Projekten oftmals nur ein Investor auftritt, eröffnet der Immobilienfonds die Möglichkeit eine Vielzahl von Projekten, mit einer Vielzahl von Investoren zu verwirklichen. Ein solcher Fonds sammelt Kapital bei Anlegern um dann in Immobilienprojekte zu investieren. Dabei zeichnet sich der geschlossene Immobilienfonds dadurch aus, dass die Aufnahme von Investoren begrenzt ist. Die Vorteile die sich hieraus ergeben, sind zum einen dass der Projektentwickler durch eine breite Streuung der Anleger die Möglichkeit hat eine größere Menge an Kapital zu generieren. Zum anderen kann der Anleger schon mit einem relativ kleinen Betrag in relativ kriesenfeste Immobilienwerte investieren und zu dem noch steuerliche Vorteile geltend machen. Eben diese steuerlichen Vorteile waren es auch, die den Immobilienfonds im Laufe der 90er Jahre eine besondere Blütezeit bescherten. Mit Auslaufen von Sonderabschreibungen für Immobilienerwerb in den neuen Bundesländern und Einschränkung der Verrechnungsmöglichkeiten von Verlusten aus Vermietung und Verpachtung mit anderen Einkünften, sind die steuerlichen Anreize für die Investition in Immobilienfonds stark zurückgegangen. Nichts desto trotz bleibt der Immobilienfonds eine bequeme Möglichkeit am Immobilienmarkt teilnehmen zu können.

In der rechtlichen Konstruktion werden Immobilienfonds zumeist als Personengesellschaften aufgelegt, deren gemeinsamer Zweck in der Errichtung und Vermarktung von meist zuvor festgelegten Objekten besteht. Durchgesetzt haben sich die GbR und die KG als Fondsgesellschaften, abhängig davon, ob eine renditeorientierte oder eine Steuersparanlage angestrebt wird. Die GbR entsteht durch einen Gesellschaftsvertrag in dem sich die Gesellschafter zur Förderung eines bestimmten Zwecks durch die Leistung von Beiträgen verpflichten. Ihre Errichtung ist grundsätzlich formfrei möglich, was auch für die KG gilt. Diese besteht ebenfalls aus Gesellschaftern, die sich zur Verwirklichung eines gemeinsamen Zwecks verpflichtet haben, wobei dieser Zweck bei der KG auf den Betrieb eines Handelsgewerbes gerichtet sein muss und zumindest einer der Gesellschafter nur beschränkt für die Gesellschaftsschulden haftet. Obgleich beide Gesellschaften grundsätzlich formfrei gegründet werden können muss der Gesellschaftsvertrag eines Immobilienfonds notariell beurkundet werden.

Herzstück der Gesellschaft ist die Satzung, in der alle, die rechtliche Gestaltung der Gesellschaft betreffenden, Regelungen getroffen werden. Für Immobilienfondsgesellschaften empfiehlt es sich, abweichend von den gesetzlichen Bestimmungen die freie Übertragbarkeit der Gesellschaftsanteile zu vereinbaren. Ebenso sollte eine Regelung für den Fall getroffen werden, dass ein Gesellschafter aus der Gesellschaft frühzeitig ausscheidet, um die Gesellschaft dann nicht auseinandersetzen zu müssen (Fortsetzungsklausel). Die Durchführung des Projektes erfolgt durch die Geschäftsführungs- und Vertretungsberechtigten der Gesellschaft. Im Rahmen der GbR sind dies, nach den gesetzlichen Regelungen die Gesellschafter. Die Investoren eines Immobilienfonds wollen jedoch eben nicht derartige Aufgaben übernehmen, weshalb ein Geschäftsführer zu bestellen ist, der die Geschäfte der Gesellschaft führt. Ebenso kann auch in der KG verfahren werden, wobei dies hier nicht von Nöten ist, denn die Investoren treten hier als nicht persönlich haftende Gesellschafter (Kommanditisten) auf und die Initiatoren als perönlich haftende Gesellschafter (Komplementäre), welche für die Vertretung und Geschäftsführung schon von gesetzeswegen zuständig sind. Um die Investoren weiter zu entlasten und gleichzeitig ein neutrales Überwachungsorgan den Initiatoren gegenüber zu stellen, kann von den Anlegern auch ein Treuhänder bestimmt werden. Der Treuhänder hat auch schon vor dem Angebot an die potentiellen Investoren das Projekt zu prüfen, wodurch das Risiko der Anlage verlässlicher dargestellt werden kann.

Der Beitritt von Anlegern kann im Wege des Beitritts durch Aufnahme und durch Übertragung von Anteilen an der Gesellschaft erfolgen. In der Praxis geläufig ist die Variante, dass die Gesellschaft, vertreten durch einen bereits im Gesellschaftsvertrag bestimmten Gesellschafter, laufend neue Gesellschafter aufnimmt. Dabei werden den Anlegern häufig sogenannte „Zeichnungsscheine" oder „Beitrittserklärung" vorgelegt. Die Beurkundungsbedürftigkeit derartiger Vereinbarungen ergibt sich unabhängig von der gewählten Gesellschaftsform daraus, dass sich der einzelne an einer Gesellschaft beteiligt, die noch nicht im Grundbuch als Eigentümer eingetragen ist oder die für die Zukunft noch Veräußerungs- oder Erwerbsverpflichtungen treffen. Der Beitritt zu einem geschlossenen Immobilienfonds ist allerdings schon dann formfrei möglich, wenn die Vorgesellschaft den Grundstückskaufvertrag abgeschlossen hat oder die Gesellschaft ein Ankaufangebot abgegeben hat.

Der Beitritt von Anlegern erfolgt durch die Aufnahme in die Gesellschaft und die Übertragung von Gesellschaftsanteilen. Dieser Vorgang ist zwar grundsätzlich formfrei möglich, doch wird im Regelfall schon aus Beweiszwecken der schriftliche Antrag auf Aufnahme auch schriftlich bestätigt. In der Praxis werden für das Aufnahmeangebot sogenannte Zeichnungsscheine verwandt. Der notariellen Form kann der Beitritt dennoch bedürfen, wenn die Gesellschaft das fragliche Objekt noch nicht erworben hat, oder sie in Zukunft weitere Akquisitionen tätigen soll.

4.2.5 Verkauf der Objektgesellschaft

Neben der Veräußerung des jeweiligen Projektgegenstandes und den anderen oben angeführten Vermarktungsmöglichkeiten den Gegenstand selbst betreffend, kann der Projektentwickler auch die Objektgesellschaft selbst verkaufen. Dabei handelt es sich um den sog. Share-Deal. Damit geht dann, das im Gesellschaftsvermögen befindliche Objekt mittelbar in den Besitz des Erwerbers über. In dieser Konstellation ist danach zu unterscheiden, ob Anteile der Gesellschaft, oder nur einzelne Vermögensbestandteile den Eigentümer wechseln sollen. Der, diese Entscheidung überwiegend beeinflussende, Faktor ist die Frage nach der Besteuerung der jeweiligen Transaktion.

Generell ist der Unternehmenskauf, unabhängig davon ob er sich auf die gesamte Gesellschaft oder nur Gesellschaftsanteile bezieht ein Rechtskauf, welcher sich seit der Schuldrechtsreform 2002 gänzlich nach nach den Vorschriften über den Kauf von Sachen (§ 453 BGB) richtet. Demnach greift auch hier das Gewährleistungsrecht des Kaufvertrags. Nichts desto trotz geht die Rechtsprechung dazu über, bei Mängeln des verkauften Unternehmens auf die vorvertragliche Haftung nach den Grundsätzen der c.i.c. (§§ 311 Abs. 2, Abs. 3, 280 Abs. 1 BGB (vgl. 4.1.1.)) abzustellen, da diese weit flexibler ist und damit für die Behandlung des zumeist komplexen Unternehmenskaufs besser geeignet scheint. Dennoch ist es ratsam eine umfassende Vereinbarung über die Haftung im Kaufvertrag zu treffen, in der vor allem zu regeln ist, welche Zusicherungen der Verkäufer macht um dementsprechend bei Abweichungen die Haftung zu begründen.

Neben der Haftungsregelung wird üblicherweise eine Vereinbarung getroffen, mittels derer der Käufer von steuerlichen Lasten frei gestellt wird, die aus der Zeit vor dem Unternehmenskauf resultieren, wobei der Umfang der Freistellung der Vereinbarung der Parteien obliegt, welche regelmäßig von steuerlichen Aspekten beeinflusst wird.

Soweit Grundstücke und damit verbundene Gebäude zu dem Vermögen der Gesellschaft gehören, so ist darauf zu achten, dass die Veräußerung und der Eigentumserwerb von Immobilien regelmäßig zeitlich nicht zusammenfallen (vgl. 4.2.1. – Auflassung und Eintragung). Daher ist es ratsam Auflassungsvormerkungen eintragen zu lassen, soweit entsprechende Sicherungen vorgelegt werden.

Wird der Unternehmenskauf rechtmäßig angefochten, oder muss er aus sonstigen Gründen rückabgewickelt werden, greifen die Regeln des Bereicherungsrechts. Daraus resultiert, dass stets das Unternehmen in seiner Gesamtheit an den Veräußerer zurück zu übertragen ist. Ist dies dem Erwerber nicht möglich, wird er ungachtet der tatsächlichen Möglichkeit einzelne Gegenstände zurückzugeben wertersatzpflichtig. Für die Höhe des Wertersatzanspruches ist der Zeitpunkt maßgeblich, zu dem feststand, dass der Vertrag keinen Bestand haben wird.

4.3 Zusammenarbeit mit Maklern

Bei der Verwertung des Objekts nimmt der Makler in der Praxis eine gewichtige Rolle ein. Er fungiert als eine Art Vermittler zwischen dem Projektenwickler und der angestrebten Zielgruppe. Dabei ist der Makler spezialisiert auf den Verkauf oder die Vermietung von Immobilien und hat in der Regel eine Marktposition, von der der Projektentwickler profitieren kann. Der Makler kann sowohl vom Objektsuchenden als auch vom Anbieter beauftragt werden. Zwischen dem Anbieter und dem Makler wird ein Maklervertrag geschlossen, der den Vermieter/ Verkäufer einseitig gegenüber dem Makler zur Provisionszahlung verpflichtet. Den Makler hingegen trifft aus dem Vertrag regelmäßig keine Verpflichtung zum Tätigwerden, wodurch die Abgrenzung zum Dienstvertrag deutlich wird. Etwas anderes kann für den speziellen Vertragstyp des Makleralleinauftrags gelten. In diesem Falle wird auch eine Tätigkeit geschuldet, der Auftraggeber aber dennoch nur erfolgsabhängig zur Provisionszahlung verpflichtet.

Grundsätzlich sind zwei Arten von Maklervertägen zu unterscheiden, welche sich nach der Art der den Provisionsanspruch auslösenden Tätigkeit richtet. So kann der Makler zum einen beauftragt werden einen Vertragsschluss zu vermitteln (Vermittlungsmakler) und zum anderen kann die Vereinbarung ledglich auf den Nachweis von potentiellen Vertragspartnern gerichtet sein (Nachweismakler). In beiden Fällen hängt jedoch die Entstehung des Provisionsanspruchs von der Kausalität der fraglichen Tätigkeit für den Abschluss des angestrebten Vertrages ab. Dabei bleibt es dem Auftraggeber regelmäßig unbenommen, eigenständig Vertragsabschlüsse anzustreben und diese auch ohne eine Provisionsverpflichtung auszulösen einzugehen. Dem entgegenstehende Vereinbarungen können jedoch individualvertraglich getroffen werden, während eine wirksame formularmäßige Einbeziehung solcher Regelungen an den Vorschriften über die Allgemeinen Geschäftsbedingunen (§§ 305 ff. BGB) scheitert.

Gesetzliche Regelung erfährt der Mäklervertrag in den §§ 652 bis 655 BGB, die oben dargestellte Grundsätze festlegen. Neben den BGB-Vorschriften findet sich für den Makler in § 34 c GeWO eine gesetzliche Regelung, die eine Berufszulassungsregelung enthält. Weitere Bestimmungen über die Art und Weise der Ausübung des Maklerberufes finden sich in der Makler- und Bauträgerverordnung (MaBV) und dem Wohnungsvermittlungsgesetz. Hiernach werden dem Makler bei seiner Tätigkeit gewisse Dokumentations- und Informationspflichten gegenüber seinem Auftraggeber auferlegt.

Für den Abschluss eines Maklervertrages ist grundsätzlich nicht die Einhaltung einer bestimmten Form notwendig, was bedeutet, dass der Vertrag sowohl mündlich als auch durch konkludentes Handeln geschlossen werden kann. Jedoch ist auch hier anzumerken, dass es schon zu Beweiszwecken ratsam ist einen schriftlichen Vertrag zu schließen. Ist nichts weiter bestimmt, so gilt regelmäßig ein Maklerlohn als vereinbart, wenn der Makler üblicherweise nur gegen Entgelt tätig wird.

Neben den oben angeführten Hauptpflichten aus dem Maklervertrag treffen beide Parteien weitreichende Neben- und Sorgfaltspflichten. Der Umfang dieser Pflichten bestimmt sich durch die Intensität des Vertrauensverhältnisses, der wirtschaftlichen Bedeutung des in Frage stehenden Geschäfts und der Erfahrenheit der Vertragsparteien.

Den Auftraggeber trifft dabei die Pflicht den Makler hinreichend und richtig über das Objekt zu informieren. Darüber hinaus ist der Auftraggeber zur Vertraulichkeit verpflichtet, was sich insbesondere darin äußert, dass es ihm untersagt ist, die vom Makler gelieferten Nachweise an Dritte weiterzugeben.

Auf der anderen Seite treffen auch den Makler Aufklärungs- und Informationspflichten. Von besonderer Bedeutung ist dabei die Pflicht dem Auftraggeber alles mitzuteilen, was für diesen von Bedeutung sein kann um eigene Schäden zu vermeiden. Von dieser Pflicht wird allerdings nur die Weitergabe der erhaltenen Informationen erfasst. Für die Richtigkeit der Angaben haftet der Makler nur, soweit sich ihm die Unrichtigkeit der Informationen erschloss. Darüber hinaus untersagt die Treuepflicht dem Auftraggeber gegenüber die Vornahme einer Doppeltätigkeit für die andere Vertragspartei.

Konflikte mit dem Rechtsberatungsgesetz können dann bei der Maklertätigkeit auftreten, wenn der Makler mit der Vertragsgestaltung oder der Erteilung von Rechtsauskünften betraut wird. Oftmals werden diese Tätigkeiten jedoch einen hinreichenden Bezug zu dem angestrebten Vertragsschluss aufweisen, so dass kein Verstoß gegen das Rechtsberatungsgesetz vorliegt. Jedoch ist zu erwarten, dass in näherer Zukunft das Rechtsberatungsgesetz so weit gelockert wird, dass der Makler in der Kundenbetreung weniger Einschränkung erfahren wird.

Stichwortverzeichnis

Stichwortverzeichnis

Stichwortverzeichnis

Stichwortverzeichnis

Stichwortverzeichnis

Stichwortverzeichnis

Stichwortverzeichnis

Stichwortverzeichnis